宮家 準

日本仏教と修験道

春秋社

はじめに

一般に修験道は仏教の一宗派と見なされ、文化庁宗務課の『宗教年鑑』の「日本宗教の概要」では、修験教団は「仏教と仏教系諸教団」の平安仏教の項に天台・真言・修験道として紹介されている。ただ修験道は古来の山岳信仰にシャマニズム、神道、道教、仏教が習合して中世初期に芽生え、後期に確立したもので、山伏・修験者の霊山などでの修行による験の獲得と、それにもとづく常民の不安解消をはかる事を眼目とする宗教である。それ故日本仏教の諸宗のように開祖、その教説などは見られない。またその担い手の山伏・修験者も諸霊山などの寺院で堂衆、客僧とされていた。そして中世後期には熊野三山検校の聖護院門跡に属したり、近畿の諸大寺の当山方と呼ばれる結社に属していた。そうした中で当時開祖に仮託した役小角や霊山の開山にふれた縁起、峰入作法、呪法、その説明の切紙を集成した書物が編まれ、中世後期に修験道という宗教が確立したのである。ただ近世には天台宗の聖護院門跡を本寺とする本山派と当山正大先達衆を包摂した真言宗醍醐三宝院を本寺とする当山派の両宗が公認された。ただ両派は天台・真言の寓宗ともいえる存在だった。近代には明治五年（一八七二）の修験宗廃止令により、本寺統轄のまま本山派と吉野・羽黒の修験は天台宗、当山派は真言宗に包摂された。けれども太平洋戦争終了後、宗教法人令によって、旧本山派系の本山修験宗、修験道、旧天台宗の吉野山の金峯山修験本宗、羽黒山の羽黒山修験本宗、旧当山派系の真言宗醍醐派などの修験教団が独立した。ただ、さきに述べたように修験道は仏教諸宗のように開祖、その教説、檀那組織を持たず、峰入、加持祈祷、巫呪を主とし、登拝講など在俗信者に支えられているのである。

私はこれまで宗教学の視点から修験道の儀礼、思想、組織の解明を試みた。そして中世後期から近世の儀礼・思想、中世後期から近世の霊山や本山派・当山派、近・現代の組織をとりあげて、『修験道儀礼の研究　増補決定版』『修験道思想の研究　増補決定版』『修験道組織の研究』（いずれも春秋社、一九九九）を発表した。今一方で修験道を構成する山岳信仰、シャマニズム、仏教、神道、道教との関わりや、修験道の影響を受けた新宗教についてまとめた『修験道と日本宗教』（春秋社、一九九六）を刊行した。そしてこうした研究を通して、修験道をより的確に捉える為には、修験道を古来山岳を神霊や祖霊の居所とし、それとの関わりの中で里の日常生活を営んできた常民が育んできた民俗宗教に位置づけて解明する方が望ましいのではないかと思うようになった。

実は、私は修験道研究とあわせて民俗宗教を解明する方法を求めて『宗教民俗学』（東京大学出版会、一九八九）を発表し、それをもとに『日本の民俗宗教』（講談社学術文庫、一九九四）なども刊行した。そして修験道を山麓に山の神と融合した祖霊を氏神として祀る神社に淵源を持つ神道と関連づけて民俗宗教思想の展開を跡づけた、『神道と修験道――民俗宗教思想の展開』を春秋社から二〇〇七年に刊行した。またあわせて全国各地における修験道の展開を『修験道の地域的展開』（春秋社、二〇一二）、『修験道――その伝播と定着』（法蔵館、二〇一二）などで発表した。この試みを通して、修験道が日本全国に於いて民俗宗教と密接に関わっている事を確信した。

もっとも冒頭に述べたように、修験道は仏教とみなされ、天台・真言に付属されてきた。この天台宗は比叡山、真言宗は高野山を道場としている。その他でも東大寺、興福寺の堂衆は春日山、鎌倉新仏教の開祖はいずれも当初は比叡山で修行した。そして天台・真言の密教は験を重視し、南都の戒律では自誓授戒をもとにしている。禅宗はかつて霊山でなされた禅定を継承し、浄土教には山を他界とする古来の山岳信仰とのつながりが感じられる。日蓮も霊山で修行した法華持経者の流れをくむと考えられる。こう見てくると修験道に見られる古来神霊の居所とされる霊山での修行と、そこで得た験の行使による常民の不安解消の営みと仏教諸宗それぞれの修行形態、思想内容、具体的な救済方法は外見では異なっているものの、それらに通底する民俗宗教の思想があると思われるのである。

そこで本書では日本仏教の諸宗の中で修験道をいわば寓宗とした天台、真言両宗では、その中の「修験道」を解明する。そして他の諸宗に関しては、その開祖や後継者の霊山での修行や修験者との関わり、それぞれの験の行使のあり方を「山岳修験」と名づけてその内容の解明を試みた。なおその際にこれらに関する史実よりも、その宗派における開祖や後継の僧侶に託した語りや伝承の中に民俗宗教思想の展開を解明する事に重点をおいたことをあらかじめおことわりしておきたい。

なお本書の刊行に際しては春秋社の神田明会長、澤畑吉和社長の御高配をいただき、編集に関しては佐藤清靖編集取締役、大成友果氏、原稿の整理入力に関しては元國學院大学宮家研究室の村瀬友洋氏のお世話になった。紙面を借りて御礼申し上げたい。

目　次

第三章　真言宗と修験道

結章

序章

本書は日本仏教の中に民俗宗教である修験道と共通する事項を抽出し、それを通して民俗宗教思想の展開を跡づけることを試みたものである。そこでこの序章の第一節ではまず民俗宗教そのものと、民俗宗教と修験道の前提をなすと共に日本仏教とも密接に関わる山岳信仰と修験道の概略を述べる。次いで第二節で日本仏教各宗の宗旨・依経などを紹介し、第三節で日本仏教の諸研究視点を提示し、それに則して修験道に関する先学の研究を紹介したうえで、第四節で本書の研究視点を提示する。

第一節　民俗宗教と山岳信仰、修験道

私は宗教をその発生から考えて大きく自然宗教 natural religion と創唱宗教 founder religion に分類している。前者は人類が自然の中で生活を営む際の不安を聖なるものに頼って解消すると共に災厄の除去をはかるものである。一方、後者は独自の宗教体験によって聖なるものを感得した宗教者が、それをもとに教義、儀礼を定めて創唱し、自然宗教で不安を除き、災厄を克服し得なかった人の救済をはかるものである。なお自然宗教は、その思想や儀礼を整え特定民族全体に及ぶと民族宗教 ethnic religion となっていく。そしてその民族が国家を形成すると国民が信者と見なされる。一方創唱宗教は教義・儀礼、組織を確立し、成立宗教化したうえで、全世界の人々を信者とする世界宗教 world religion となることを目指している。日本に焦点をおいて考えてみると、神道が民族宗教であり、仏教、キリスト教が創唱宗教である。仏教は周知のように釈迦（BC四六三～AD三八三頃）が自己の悟りをもとに開教し、中国・朝鮮をへて日本に伝わった。それ故創唱宗教としての仏教の本質は釈迦の教えにある。ただ本書では日本仏教を、その請来を受けて日本で成立した仏教と捉え、天台宗は最澄、真言宗は空海、浄土宗は法然、浄土真宗は親鸞、時宗は一遍、臨済宗は栄西、曹

洞宗は道元、日蓮宗は日蓮を開祖とする、日本で発生し展開した創唱宗教とする。また南都六宗は伝来後、日本の民俗宗教に照らして受容されたものと考える。これらはそれぞれ独自の教義・儀礼・組織を擁して展開し、日本仏教を形成した。そして各宗派ではその教えを唱導した。また民族宗教である神道も現在は全国の大多数の神社を包括する神社本庁がその教えを唱導している。キリスト教もその教えを伝道している。このようにこれらはいわば宗教の送り手なのである。

ところが、これら諸宗教の受けとめ手である日本人は年間では正月は神社、彼岸や盆は寺院、クリスマスは教会、この間誘われれば新宗教の霊地参拝などに参加する。また一生では出産や七五三は神社、結婚式は教会、その間の悩みごとは新宗教、葬儀は僧侶に依頼している。このことは日本人が諸宗教を当事者は意識しないにしても、独自の宗教体系に位置づけて取り入れていると考えられるのである。私はこの宗教を民俗宗教と名づけ、その担い手は日本で生活するすべての日本人で、これを常民と捉えている。この民俗宗教は具体的には人生儀礼、年中行事や病、貧、争い、自然災害からの救済をはかるもので、その内容は古来の神道、日本仏教、中国の民族宗教である道教、儒教などが習合したものである。ただほとんどの日本人は宗教と意識していない。それ故研究者がその儀礼、語り、風景も含む施設、図像などから解読しなければならない。私はかつてその概要と研究方法については述べたことがある。(1)そこでここでは私が民俗宗教の担い手とした常民についてのみふれておきたい。

常民は柳田国男が提示した民俗の担い手に関する概念である。ただ彼はこれについて、(1)平民や庶民と同義の身分階層を示す実体概念、(2)農民を意味する実体概念、(3)folkの訳語で、皇室の人々も含む日本人なら誰でもが営む生活様式の担い手を意味する文化概念の三つの用い方をしている。(2)なお渋沢敬三は、common peopleの訳語として常民を用い、常民研究所を設立し、宮本常一がこれを継承した。私は柳田国男が晩年に用いたこの第三の見方に立って、日本の民俗宗教は身分の上下をとわず、すべての日本人が共有する宗教と考え、その担い手をさす文化概念として常民を用いることにしたい。

ところで私はこの序章の冒頭で修験道を民俗宗教と捉えると記した。この修験道は日本古来の山岳信仰がシャマニズム、道教、神道、仏教などの影響のもとに山岳などでの修行による験力の獲得とその行使を中核とし、中世初期に成立し、後期にその思想、儀礼、組織をととのえて確立した宗教である。そこで以下、山岳信仰、シャマニズム、道教、神道と、その中核をなす験力の獲得とその行使に関する先学の研究成果を簡単に紹介しておきたい。

山岳信仰に関しては考古学、記紀などの古代史、万葉集・縁起などの文学、民俗学、宗教学の成果を紹介する。まず考古学によると、縄文時代（BC一万三〇〇〇～BC三〇〇）には妙義山、岩木山、浅間山など円錐形の美しい山を望見し得るところに遺跡が認められる。また白山、相模の大山、蓼科山の山頂付近からは石刀、独鈷石、土器などが出土している。そして縄文を代表する遺物の女性の乳房や陰部を強調した土偶は山の女神に繁殖を祈願したものとされている。[3]水田稲作が始まった弥生時代（BC三〇〇～AD三〇〇）には水源の谷に水分の山の神を招く銅鐸や青銅の祭具が埋納されている。古墳時代（AD四〇〇～AD七〇〇）に入ると、遺骸や副葬品を納めた円形の盛土と祭場を思わせる方形の盛土から成る前方後円墳が造られている。そして死霊を他界に運ぶ土器の鳥、馬、船などの副葬品が見られる。また『古事記』の中巻にあげられている歴代天皇の葬地名には、尾上、山上、谷上、岡上などの文字が付されていることから山陵と考えられる。[4]古墳時代後期の大和の三輪山の山中の磐座からは豊穣を祈ったと思われる子持勾玉が発掘されている。[5]そして『古事記』には崇神天皇の御代に疫病が流行した際、天皇の夢に三輪山の大物主神が、自分がこの地の活玉依毘売を娶って儲けた子の子孫の意富多多泥古に祭らせれば疫病をおさめると指示し、それによって蔓延を防ぐことが出来たとの話をあげている。[6]

『古事記』にはこの他に倭建尊が東征の帰りに近江国伊吹山で猪の姿をして現れた山の神を殺そうと言挙げした処、怒った神が大氷雨を降らして尊を死においやった話や、[7]雄略天皇が大和の葛木山に登った時、天皇と同じ衣裳を着た一言主神が現れたので、天皇が帰伏したとの話をのせている。[8]ちなみにその後九世紀初期になる『日本霊異記』では、役優婆塞の命に従わなかった一言主神が、その讒責をうらんで天皇に彼が謀反を企てていると託言したので、役優婆塞は伊豆に配流された。そして彼は赦免された後、一言主神を呪縛したとされている。[9]八世紀初頭になる『古事記』では天皇すら敬した山の神を思わせる一言主神が、九世紀には葛木山で修行した役優婆塞に使役され、縛されているのである。『万葉集』には後に修験道の中心地となった吉野山に関して「溺れ死にし出雲娘子を吉野に火葬せし時、柿本朝臣人麿の作れる歌」に、「山のまゆ出雲の児らは霧なれや吉野の山の嶺にたなびく」との吉野山を死霊の居所と思わせる歌がある。[10]また今一方で吉野山には「神さぶる磐根こごしきみ芳野の水分山を見ればかなしも」というように水分神の信仰も認められる。[11]なおこの吉野山には天智天皇（六二六〜六七一）の崩御の直前に皇弟大海人皇子（後の天武天皇）は近江の大津宮で髪を剃って出家し、この吉野山で入道修行（おこない）している。そして七ヶ月籠山した後、壬申の乱を起こして、天智天皇の皇子弘文天皇（六四八〜六七二）を自殺させて、天武朝を樹立した。この戦に際して天皇は伊賀のさき横河で黒雲を見て自ら吉凶を占い、伊勢で天照大神を遥拝し、雷電を祈願して止め、高市の事代主神、さらに身狭村屋の神から戦勝の託宣を得ている。[12]これらの奇瑞は皇子が吉野山での修行で得た験にもとづくとも思われるのである。

この天武天皇の死後第二皇子大津皇子（六六二〜六八六）は謀反の嫌疑を受けて捕えられ、自殺して葛城山系の二上山に葬られた。その死を悼んで伊勢の斎宮だった姉の大来皇女は「うつそみの人なる吾や明日よりは二上山を兄弟とわが見む」と、後に念仏霊場となった二上山の他界信仰を育んだとも思われる歌を手向けている。[13]この二上山では「かき数ふ二上山に―中略―手携はりて射水川、清き河内に出で立ちて」というように水分の信仰を思わせる歌も認められる。[14]なおこの二上山は中世以降は吉野山と並ぶ修験道の中心道場となっている。

ここで時代は下るが古代末から中世にかけての霊山縁起に見られる山岳信仰を紹介しておきたい。これらでは大峰山の役行者、日光山の勝道、羽黒山の能除大師、戸隠山の学問行者、白山の泰澄など開山に関わる話が注目される。まず中世初期の『諸山縁起』では、役行者が大峰山中の宝塔が嶽の岩窟に居す、山の神を思わせる母を日夜参詣する話が注目される。なお同書にはこの他に大峰山のインドの霊鷲山飛来譚、大峰・葛城・笠置の霊地をあげている。[15]永治元年（一一四一）になるとされる「羽黒山縁起」では、鼻高で目尻が頭までつりあがり口が耳までさけた異形の能除太子が、猟師降待次郎の導きで山を開いている。なお空海も猟師狩場明神の導きで、水神の丹生津姫神にあって高野の地を譲られたとされている。戸隠山では嘉祥二年（一一〇七）学問行者が戸隠の岩屋にいた九頭一尾の鬼（九頭竜）の外護を受けている。また元亨二年（一三二二）成立の『元亨釈書』には白山の開山泰澄（六八二～七六七）が養老元年（七一七）に白山登拝を志して山麓の池の辺で祈念すると、九頭竜が出現し、彼が真身を示すようにいうと十一面観音が姿を現したとの話をあげている。これを見ると霊山の修行者の開山にあたっては、山中の鬼を思わせる異人や猟師が山の女神のところに導いている。なお役行者の従者前鬼・後鬼など、山の異人が開山者に服従して弟子となる話も見られるのである。(16)

日本民俗学によると、古来日本人の生活にとって山は欠かせないものだった。そしてマタギ（猟師）、木こり、鉱山師などの山人は獲物、木、鉱石は山の女神が授けてくれる幸と信じていた。また水田稲作を営む農民は山の神は稲作が始まる春には里に下って田の神になるとして豊作を祈る春祭りを、秋の収穫時には感謝の秋祭りをして山に送り返した。また山の残雪の形を山の神の指示として苗代作り、種蒔きなどの時期を決めた。漁民も山を目印にして漁場や航路を定めたのである。

山と里の境界の野は人の生死にとって重要な意味を持っていた。野は「野合」の語に見られるように若い男女が愛を交わす場とされた。そして出産は山麓の川辺の産屋でなされ、胎児は山の女神から魂を授かって生を得ると信じられた。山の神に子授けを願う申し子信仰も見られた。成人式には登拝がなされもした。そして死後の霊魂は山に行くとされ、遺骸を山麓の墓地や火葬場に送ることを野辺おくりと呼んでいる。山の墓に埋められた祖霊は正月と盆にはその生家に帰り子孫に祀られることによって次第に浄化し、三十三回忌をへると神となり、山の神と融合して氏神・産土神になるとされ、山麓にそれをまつる神社が造られた。今一方で噴火、土砂くずれなどの災害は山の神の怒りとされ、それを鎮めるために盛大な祭りが行なわれた。特に大きな霊山の噴火などに際しては朝廷からその山の神に神階を授けるなどのことも行なわれた。また山には鬼、天狗などの魑魅魍魎、熊、猪、毒蛇などが棲まうことから、里人は山に入ることを忌み、山麓の神社で山の神と融合した先祖を氏神・産土神として祀ったのである。なお夏には川水の汚染などにより疫病が流行するが、これを防ぐために夏まつりが行なわれた。ちなみに折口信夫は日本の祭を春に山の神をむかえて豊穣を祈る春祭り、秋に新米などを神に供える秋祭りとあわせて、人々が神と観じた神主が冬に山に籠って山の神の力を身につける冬祭りを想定した。そして春祭には山の神の力を体得した神職に豊穣を願ったと推定した。[17] 藤井貞文はこれを更に展開させて、熊、猪、蛇などの冬眠動物が神の使いとされるのはこの信仰にもとづくとしている。[18]

最後にこれまでなされてきた先学による山岳信仰の類型化の試みを紹介しておきたい。まず宗教学の岸本英夫は山に対する信仰者の行動をもとに（1）おがみ型（山岳崇拝型）＝山自体を神そのものとし、あるいは神々が降臨し鎮座する場所として、これを遥かに拝む山、純粋な形では入山が禁じられる。（2）まつり型（山岳祭祀型）＝山を神を祀るための特殊な壇場と見て、山に入って祭祀を営むことを主要行事とする。（3）のぼり型（山岳登拝型）＝潔斎などの行事によって心身を清めて登頂し、御来光をおがむ。孤峰の高山で山上からの景観が雄大である。（4）山岳修行型（こもり型）＝山に籠って峰入修行したり、シャマニズム的能力を得るもので、修験道の山となったものから成る四類型をあげている。[19] 宗教民俗学では堀一郎は（1）火山系、（2）水分系、（3）葬所系をあげ、池上広正は、その山に結合している諸信仰的要素の中で最も強力に結びついているものに注目して、（1）仏教の山（例、恐山）、（2）神社神道の山（例、三輪山）、（3）修験道の山（例、大峰山）、（4）教派神道の山（例、木曽御嶽）、（5）民間信仰の山をあげている。[20]

さて日本の山岳信仰に影響を与えたシャマニズム、道教、神道、仏教については私はかつて著書『修験道と日本宗教』（春秋社、一九九六）でとりあげ、特に神道については『神道と修験道』（春秋社、二〇〇七）を発表した。仏教については本書で詳説する。そこで以下その要点のみ簡単にあげておきたい。シャマニズムはアニミズムを前提とし、シャマンがトランスに入って精霊を自己に憑依させて託宣を得る憑依型のものと、エクスタシー状態になって自己の霊魂を身体から離脱させて神霊の居所などに赴かせる脱魂型のものに二分される。なお憑依にはシャマンに憑依した神霊が直接語るものと、シャマンが憑依のあと託宣の内容を自分で説明するもの、シャマンに神霊を憑依させ託宣をきく仲介者が存在するものがある。このシャマニズムはアニミズム同様、人類に普遍的な呪術宗教的形態とされている。[21] さきにあげた大海人皇子への高市での事代主神の神託などは憑依によるものである。また『古事記』所携の神功皇后が熊野征伐に際して建内宿禰を沙庭にして帰神（かむかかり）して託宣を得たのは後者にあたると考えられる。また脱魂型には、時代は下るが一二世紀後半成立の『扶桑略記』所収の「道賢上人冥途記」所掲の道賢が天慶四年（九四一）金峰山の洞窟で修行中に気息を失って執金剛神の導きで金峰山浄土に赴いて金剛蔵王権現に見えた話がある。(22)

道教の伝来に関してはつとに小柳司気太が「道教と真言密教の関係を論じて修験道に及ぶ」（哲学雑誌四五〇、一九二四）で修験道の祈祷所の鏡、九字、十字の呪法、霊符などが葛洪の『抱朴子』所掲のものと類似していることに注目している。その後窪徳忠はこの小柳の指摘を展開して修験道に見られる九字・嗚急如律令などの呪文、魔や祟りを除く祈祷、鬼神の使役、火渡り、辟穀、服餌などの修行、神仙思想は道教から伝えられたものとしている。(23)神道に関しては拙著『神道と修験道』において、伊勢・三輪の修験、比叡山や高野山の鎮守と修験、御霊信仰・疫神と修験、護法神や使役神と修験、吉田神道と修験について論述したのでここでは割愛したい。また仏教に関しては本書で詳論する。

次に修験道の中核をなすとした験力の獲得とその行使についてふれておきたい。近世後期の修験道の碩学行智はその著『木葉衣』の中で「修験ハ古ヘ験者ト云ヘリ、持咒勤行ノ功積リテ効験ヲウルコトアル称ナリ」といっている。(24)この「験」の字を一一世紀に法相宗の学僧撰とされる『類聚名義抄』では「シルシ」と読ませている。(25)次に修験の語の初出を見ると、『日本三代実録』貞観一〇年（八六八）七月一九日の条に「大和国吉野郡深山有沙門、名道珠、少年入山未出、天皇聞有修験」の記である。(26)ここでは道珠が少年の頃から吉野の深山に籠ったことが修験（修法の効験）を有することと結びつけられている。その後一二世紀成立の『今昔物語』の「備中国僧阿清依地蔵助得活語」には阿清について「天性トシテ修験ヲ好ミ、諸ノ山ヲ廻リ、海ヲ渡リテ、難行苦行ス」(27)とある。ここでは「修験ヲ好ミ」の語が諸山や島を遍歴して修行することを示すが、それによって人々に効験をもたらすことを好む意味も内包していると考えられる。そこで私はこれらから修験は霊山に籠ったり、諸霊山や島をめぐって修行し、それで得た験を人々にもたらすことを意味すると考えている。

注

（1）宮家準『生活の中の宗教』ＮＨＫブックス、一九八〇年、『日本の民俗宗教』講談社学術文庫、一九九四年、『宗教民俗学』東京大学出版会、一九八九年など参照。
（2）柳田国男「常民の生活知識」『底本柳田国男集』三一巻上、五〇六頁。なお中井信彦『歴史学的方法の基準』塙書房、一九七三年、一四四～一六一頁。
（3）小林達雄「縄文人――山を仰ぎ、山に登る」國學院大学考古学資料館紀要一二、二〇〇五年。
（4）堀一郎『民間信仰』岩波書店、一九五一年、二一三～二一五頁。
（5）樋口清之「大神神社の考古学的研究」神道史研究九―六、一九六一年。
（6）『古事記』岩波文庫、九五頁。
（7）『古事記』岩波文庫、一一八頁。
（8）『古事記』岩波文庫、一七八頁。
（9）「孔雀王の呪法を修持し異しき験力を得、もちて現に仙となりて天に飛ぶ縁」第二八『日本霊異記』上巻、角川文庫、五五～五七頁。
（10）『万葉集』第三巻四二九、岩波文庫 上、一四四頁。
（11）『万葉集』第七巻一一三〇、岩波文庫 上、二八八頁。
（12）『日本書紀』巻二八、岩波文庫 下、三一五～三三九頁。
（13）『万葉集』第二巻一六五、岩波文庫本 上、八六頁。
（14）『万葉集』第七六巻四〇〇六、岩波文庫本 下、二一九頁。
（15）『諸山縁起』『寺社縁起』日本思想大系二〇、岩波書店、一九七五年、九〇～一三九頁。
（16）宮田登「霊山信仰と縁起」上掲『寺社縁起』五〇一～五一九頁。
（17）折口信夫「村々の祭り」『古代研究（民俗学篇一）』中央公論社、一九五五年、四四一～四六六頁。
（18）藤井貞文『神とたましい――国学思想の深化』錦正社、一九九〇年。

（19）岸本英夫「三輪山と山岳宗教」『信仰と修行の心理』渓声社、一九七五年、二〇三〜二〇四頁。
（20）池上広正「山岳信仰の諸形態」人類科学Ⅻ、一九六〇。
（21）佐々木宏幹『シャマニズム――エクスタシーと憑霊の文化』中央公論社、一九八〇年参照。
（22）「道賢上人冥途記」『扶桑略記』新訂増補国史大系一二巻、二一九〜二二二頁。
（23）窪徳忠「道教と修験道」宗教研究一七三、一九六二年。
（24）「木葉衣」修験道章疏Ⅲ、一七七頁。
（25）『類聚名義抄』図書寮本、宮内庁書陵部蔵。
（26）『日本三代実録』新訂増補国史大系四、一二三四頁。
（27）『今昔物語　本朝』一七巻八、新訂増補国史大系一七、四〇三頁。

第二節　日本仏教の諸宗

日本仏教はインドで釈迦の悟りをもとに成立した仏教が中央アジア、中国、朝鮮などを経由してアジアの東端の日本に伝来し、自主的に選択、改変した形で成立した宗教である。爾来奈良時代の南都六宗、平安初期の天台宗・真言宗、鎌倉期に浄土教の浄土宗・浄土真宗・時宗、禅の臨済宗・曹洞宗、日蓮宗などの諸宗が成立した。以下このそれぞれについて開祖（南都仏教は伝来者）、宗義、依経、展開などについて簡単に紹介する。(1)

まず南都六宗の三論宗は『般若経』にもとづく空の思想を説くもので、龍樹（一五〇～二五〇頃）の『中論』『百論』その弟子提婆の『十二門論』の三論を依経とする。宗名はこれに因んでいる。推古天皇三三年（六二五）に高句麗僧慧灌によって伝えられた。大安寺と元興寺の系統がある（『八宗綱要』）。初期の奈良仏教の主流である。平安初期醍醐寺の開山聖宝（八三二～九〇九）は元興寺で三論宗を学び、東大寺東南院を三論宗の拠点とした。その寓宗(2)の成実宗は俗諦（世俗の世界）の有に対する真諦（真実の世界）は空であると説く。依経はBC二五〇～三五〇年にインドの訶梨跋摩の教えを鳩摩羅什（三〇五～四〇九頃）が訳した『成実論』で、百済の僧道蔵によって伝えられた（『八宗綱要』）。

法相宗（唯識宗とも。平岡定海）は心の働きは識（認識作用）によるとする唯識を宗義とする。依経は玄奘三蔵（六〇二～六六四）がインドからもたらした『瑜伽師地論』と護法の『成唯識論』である。日本には入唐して玄奘に師事した道昭（六二九～七〇〇）によって請来され、その後元興寺、興福寺、薬師寺に伝わった。道昭は既述の『日本霊異記』第二八の「役優婆塞譚」では新羅で五〇〇の虎の求めに応じて法華経を講じたが、その虎の中に役優婆塞がいたとしている。また元興寺の護命（七五〇～八三四）は月の半分は深山で虚空蔵法を修している。倶舎宗は法相宗の寓宗とされている。

その依経は世親作、玄奘訳の『阿毘達磨倶舎論』で一切の諸法は実有なりと説く。道昭が法相宗とあわせて請来した（『八宗綱要』）。

律宗（平岡定海）は、戒律の修学と授法を旨とし、後秦の仏陀耶舎と竺仏念が四一〇～四一二年に漢訳した『四分律』を依経とする。天平勝宝六年（七五四）鑑真（六八七～七六三）が来日し『四分律』にもとづいて東大寺で授戒会を行なった。その後天平宝字三年（七五九）唐招提寺が建立され、律宗の根本道場となった。華厳宗（平岡定海）は事実無礙（事物事象がお互いに何のさまたげもなく交流し融合する事）を宗義とする。依経は『華厳経』である。これには六〇巻本と八〇巻本があり、唐の法蔵（六四三～七一二）が六〇巻本の注釈『探玄記』を著わした。天平一二年（七四〇）新羅の審祥が来日して東大寺前身の金鐘寺で『探玄記』をもとに六〇巻本の華厳を講したのを初伝としている（『八宗綱要』）。その教主としての仏の毘盧遮那仏を祀る東大寺を本寺としている。

以上のように南都六宗はいずれも中国または朝鮮から伝来した経（華厳経）、論（三論、瑜伽、倶舎、成実）、戒律をもとにした学問仏教であり、東大寺、興福寺をはじめ元興寺、法隆寺、大安寺、薬師寺、唐招提寺、西大寺の南都七大寺などは、古代にはこれら諸宗を学ぶ学問寺的性格を有していた。

天台宗（塩入良道）は、中国天台山の智顗（五三八～五九七）を開祖とし、比叡山延暦寺の最澄（七六七～八二二）を宗祖とする。宗義は法華経の方便品に説く諸法実相を中心とする。本尊は久遠実成無作の本仏としての釈迦如来である。依経は『法華経』を根本とし、『涅槃経』、『梵網経』、『大智度論』を傍依とする。なお天台宗では天台教学、密教、禅観、念仏、山王神道などを法華一乗の教意で統摂することを目指した。また比叡山には『梵網経』に基づく大乗戒壇が設けられている。なお円珍（八一四～八九一）は長安の青龍寺の法全から胎蔵界、金剛界、蘇悉地の三部大法を受法して台密の基盤を作ると共に貞観八年（八六六）に大津の園城寺を別院とした。後にその門流はここを拠点に比叡山の山門派に対峙する寺門派を形成した。また安然（八四一～八九八）は万物に仏陀の法身、報身、応身の徳があるとする『蓮華三昧経』冒頭の偈を唱導した。また台密を大成した。なお一二世紀以降、現実を絶対的に肯定する天台本覚思想が、天台のみならず、親鸞、道元、日蓮などにも影響をもたらした(3)。

真言宗（金岡秀友）は空海（七七四〜八三五）が渡唐して恵果（七四六〜八〇五）から胎蔵界、金剛界の灌頂を授かり、弘仁一四年（八二三）東寺を根本道場とし高野山を修行の道場として開教した。なお真言宗の密教は天台宗の台密に対して東密と呼ばれている。宗義は六大・体（本体・本質—地水火風空識）、四曼・相（現象—諸尊の姿、持物、印契、働きを示す曼荼羅）、三密・用（身口意）の行をすれば速やかに成仏しうるというものである（『十二宗綱要』）。依経は『大日経』、『金剛頂経』で本尊は大日如来である。なお平安末、浄土教の隆盛に際して覚鑁（一〇九五〜一一四七）は東密に浄土思想を導入し、高野山に台密の要素も加えた大伝法院、密厳院を開くなどしたことから一山を追われて根来寺に移った。その後頼瑜（一二二六〜一三〇四）は根来寺に大伝法院と密厳院を移して新義真言宗を樹立した。ただ天正一三年（一五八五）豊臣秀吉の根来攻めで同寺が壊滅したことから、学頭の専誉（一五三〇〜一六〇四）はその門弟と大和の長谷寺を本寺として豊山派、同じく学頭の玄宥（一五二九〜一六〇五）は京都智積院を本寺として智山派を形成した。

浄土教の浄土宗（藤井正雄）は法然（一一三三〜一二一二）を宗祖とする。その教えは浄土往生を正明にすることを目指し、『無量寿経』、『観無量寿経』、『阿弥陀経』の浄土三部経と世親の『往生論』を正依の経論とする。法然は善導の『観無量寿経疏』の「散善義」をもとに一向専修の念仏を正定の業とし、『選択本願念仏集』を著わして教義を明示した。浄土宗では本尊は阿弥陀如来で善導を高祖と崇めている。浄土真宗（福間光超）の宗祖親鸞（一一七三〜一二六二）は『無量寿経』にあげる法蔵菩薩（阿弥陀如来）の四八願中の一八願の「その本願を信じて十念（一〇回の念仏）をすれば往生できる」との教えをもとに絶対他力の真を説いている。本尊は阿弥陀如来、依経は浄土三部経である。親鸞の主著『教行信証』では、称名は阿弥陀仏の本願力にもとづくものとして絶対他力の信を説いている。時宗の宗祖一遍は熊野権現の神託をもとに「南無阿弥陀仏決定往生六十万人」と書いた札を全国を遊行して賦算（配布）した。歓喜した信者は念仏を唱えて踊躍した。本尊は阿弥陀如来、依経は浄土三部経だが、『阿弥陀経』を重視した。なお時宗の列祖も遊行して賦算した。

禅宗は坐禅の実践と悟りの体験を通して見性成仏（仏性の大覚に直参する）することを宗旨とする。また行往坐臥のすべてを禅の実践としている。達磨（?〜五三〇）が伝持した楞伽経を所依とし、同経にあげる不立文字を旨としているが、般若心経を重用する。本尊は釈迦如来。禅には栄西（一一四一〜一二一五）が入宋して招来した唐の臨済義玄（?〜八六七）を宗祖とする臨済宗と道元（一二〇〇〜一二五三）が入宋して南宗の如浄（一一六二〜一二二七）のもとで会得して開宗した曹洞宗がある。臨済宗（西村恵信）は公案を用いる看話禅で義玄の語録の『臨済録』を成立の根拠としている。なお栄西は文治九年（一一九八）『興禅護国論』と著わした。現行の公案は白隠（一六八五〜一七六八）が自己の見性にもとづいてまとめたものを用いている。道元の曹洞宗（鍋島元隆）は余念を交えず、ひたすら坐禅する只管打坐による正覚の証得を目指す黙照禅である。道元は白山麓の永平寺で主著『正法眼蔵』を著わした。その後瑩山紹瑾（一二六四〜一三二五）が能登に総持寺を開き教勢を拡大した。現在曹洞宗では道元を高祖、紹瑾を太祖とし、明治二〇年（一八八七）に大内青巒が『正法眼蔵』の要旨をまとめた『修証義』を根本聖典としている。

日蓮宗（渡辺宝陽）は日蓮（一二二二〜一二八二）が、比叡山などでの修行によって『法華経』こそが末法の世の衆生を救うと確信して建長五年（一二五三）、郷里房総の清澄寺で「南無妙法蓮華経」の題目を唱えて開教した。その宗義は教（法華経の後半〈本門〉を真の救済を示すものとする）、機（末法の凡夫こそ救済の対象である）、時（末法の時こそ本門の教えが広まる時である）、国（末法の日本こそ本門の教えが確立する国である）、師（上行菩薩の応現である日蓮こそが法華経の真実義を説く師である）の五義とその教えを実践する本門の本尊（法華経如来寿量品に説く久遠実成の釈迦）、本門の題目（久遠実成の釈迦の功徳を内包した「南無妙法蓮華経」の題目）、本門の戒壇（本門の本尊を礼拝し題目を唱えることによって出現する道場）の三大秘法から成るとしている。そして依経は法華経の本門八巻を正依とし、無量寿経（法華経の従多帰一の妙法）『観普賢経』（法華経の得益等を結帰する）を傍依の経とする（『本宗宗義綱要』）としている。

ところで『古事類苑』九、宗教部一では仏教一五として「修験道」をあげている。そしてその宗義と依経について「修験道者、役優婆塞仰二遺風一、一乗菩提胎金両部峯修行、十界一如覚二悟正理一、而凡聖一到無差平等住二心地一、利益二一切衆生註曰一乗ト者、葛城金剛界、菩提トハ、大峯胎蔵界、是ヲ両峯ノ峯云ナリ　古祖曰、山伏者隠二質俗一法顕レ真、是則凡身即仏観解也―中略―問曰山臥何教経ヲ学哉、答曰吾道ハ法爾常恒経自然具足学文也、以二天地一為二書釈一、以二日月一為二証明一、然諸宗兼学ニシテ、何ヲモ不レ捨、何ヲモ無レ不レ学、―中略―第一法華経ヲ以テ可二修学一、法華懺法、阿弥陀経、平生勤行スベシ、峯中護摩経ニモ法華懺法也当山護摩経ハ観音経ニテツトム」としている。(4) ここでは宗義は峰修行で十界一如、凡聖一如の心地に住して衆生の利益をはかる事とし、依経は法爾常恒の経としつつも法華経と阿弥陀経をあげているのである。なおここで修験道は諸宗兼学で、どの宗教も捨てないとしているが、一六世紀初頭に彦山で修験道の切紙を集成し教義を整えた即伝の『修験頓覚速証集』では、諸宗の立義を天台は一心三観、真言は阿字不生、華厳は三界唯一心、法相は万法唯識、三論は八不中道、禅は見性成仏、浄土は一念無生、修験は十界一如としている事を指摘しておきたい。(5)

注

（1）各宗の説明は『古事類苑』九、宗教部一の仏教各宗の項（本文括弧内に出典）。金岡秀友、鎌田茂雄、藤井正雄監修『仏教大辞典』小学館、一九八八年（本文の宗名あとの括弧内に筆者）。大野達之助、新稿『日本仏教思想史』吉川弘文館、一九九三年などによる。

（2）持統天皇一〇年（六九八）に始まった律令政府の各宗に毎年一定数の官僧の得度を許す年分度者に於いて三論宗と法相宗は各三名のうち、三論の一名は成実宗、法相宗の一名は倶舎宗にあて、成実宗は三論宗の、倶舎宗は法相宗の寓宗とされた。私は修験道は天台、真言のこうした寓宗的存在と推測している。なお華厳宗、律宗の年分度者は各二名だった。その後大同元年（八〇六）に天台宗に二名、承和二年（八三五）に真言宗に三名の年分度者が認められた。

（3）田村芳朗『鎌倉新仏教思想の研究』平等寺書店、一九六五年参照。

（4）「修験日用見聞鈔」『古事類苑九　宗教部　仏教十五　修験道』吉川弘文館、一九六七年、一〇六八頁、一〇七一頁。

（5）『修験頓覚速証集』修験道章疏Ⅱ、四四九頁。なお日蓮宗は見られない。

第三節　先学の研究視点

日本仏教の研究はこれまで歴史学、仏教学、宗学、仏教民俗学などの視点からなされてきた[1]。歴史学では政治権力が仏教の思想や儀礼をもとに支配を進める経緯を権力の側から、または逆に支配される側から捉える視点が中心となっている。そして辻善之助の『日本仏教史』全一〇巻（岩波書店、一九四四〜一九五五）を始め、数多くの概説書がある。けれども修験道にふれたものはほとんど見られない。管見に及んだものをあげると、上記の辻善之助『日本仏教史上世篇』第四章の平安時代中期の項（「修験」）で、役小角、円珍、聖宝、白河上皇の熊野や金峰への御幸、本・当両派について記されている[2]。また一九四〇年の圭室締成の『日本仏教史概説』では、鎌倉新仏教の後の第一二章「修験道の誕生」で密教の庶民的誕生として修験道を紹介してうえで役小角・聖宝・行尊と葛城・金峰・大峰・熊野三山などの修験道の霊地を紹介している[3]。現在最も標準的な通史とされる、この圭室と家永三郎、赤松俊秀編の『日本仏教史』全三巻（法蔵館、一九六七）では、巻一「平安仏教の展開」の章に「修験道と地方霊場の進出」（村山修一執筆者。以下同様）、巻二の「旧仏教の中世的展開」の章に「密教の興隆と修験道の成立」（石田善人）、巻三の「近世の宗派の問題」の項に「修験道の統制」（柏原祐泉）が収録されている。なお現在最も広く読まれている末木文美士の『日本仏教史――思想史としてのアプローチ』では第六章「神と仏」の「山の宗教・修験道」の項で、修験道への密教と本覚思想の影響にふれている[4]。けれども、日本仏教思想史を代表する大野達之助『日本仏教思想史』（吉川弘文館、一九五七）、古田紹欽『日本仏教思想史』（角川書店、一九六〇）では修験道は全くとりあげられていない。

仏教学の日本仏教研究は、仏教思想の淵源、展開をインド、チベット、中国、日本などの文献にもとづいて把握する研究である。これに対して宗学は各宗の教団や宗門大学、学会が主体となるもので、宗祖の伝記や思想、依経やその論疏、列祖を中心とした宗史が中心となっている。特に宗祖や列祖の真筆をもとにその伝記や教えを明らかにし、それを現在に生かすことをめざしている。

仏教民俗学は、仏教が常民の宗教生活にどのような形で受け入れられているかを特定宗派に限ることなく調査研究するもので、その提唱者の五来重は一九五九年の論文「仏教と民俗」では、その対象として（1）仏教的年中行事、（2）法会（祈祷と供養）、（3）葬送習俗、（4）仏教講、（5）仏教芸能、（6）仏教伝承、（7）仏教的俗信をあげている。[5]またその後、五来と桜井徳太郎、藤井正雄らが中心になって一九八六年から一九九二年にかけて刊行した『仏教民俗学大系』は、第一巻「仏教民俗学の展望」、第二巻「聖と民衆」、第三巻「聖地と他界」、第四巻「祖先祭祀と葬墓」、第五巻「仏教法会と祈祷」、第六巻「仏教年中行事」、第七巻「寺と地域社会」、第八巻「俗信と仏教」、第九巻「仏教芸能と美術」、第一〇巻「縁起と仏教伝来」から成っている。なおこの他仏教文学、仏教美術、仏教建築の分野もあるが、詳細は割愛したい。[6]

次に修験道に関する上記研究視角の代表的な先学の研究を紹介する。まず歴史学からの修験道研究は、一九四三年の和歌森太郎『修験道史研究』より本格的な研究が始まった。彼は修験道を民俗学の対象となる表層文化と、高度の精神文化の接点にある宗教で平安末期に成立し、中世期の武家社会に融合する形で展開した日本的本覚思想の一発現形態としている。[7]ただ彼が指摘した本山・当山両派の形成などに関しては、その後本山派と熊野三山検校の検討や大和で独自に展開した当山方先達の解明、近世期の里修験、主要霊山の研究が進展した。これに関しては、時枝務、長谷川賢二、林淳編『修験道史入門』（岩田書院、二〇一五）を参照されたい。なお、和歌森他編の山岳宗教史研究叢書の第一期六巻（山岳宗教の成立と展開、比叡山、高野山、吉野・熊野、出羽三山、山岳宗教と民間信仰）と五来重監修の同第二期七巻（東北、関東、中部、北陸、近畿、中国四国、九州、美術・芸能文学二、伝承文化、史料集二）と日本山岳修験学会機関紙「山岳宗教」（一九八五年創刊、二〇一七年現在六〇号）には、歴史学のみならず、考古学、民俗学、歴史地理学、美術史など山岳宗教や修験道の多様な研究があげられている。

仏教学からの修験道研究には、天台系のものには浅田正博の中世後期の修験道確立期になる本山派系の『修験三十三通記』や『修験修要秘決集』、近世期のその注疏の研究がある。(8) また和歌森太郎が指摘した本覚思想に関しては、中山清田が中世後期の修験道確立期の思想に見られる「三即一」「不二」の思想を解明している。(9) これに対して印度哲学を学んだ天野観明は一九八四年に日本仏教に位置づけて当山派の恵印法流を解明した『修験道の真髄』を著わしている。(10)

宗学としての研究は、本書第七章で紹介するように、当山派系の海浦義観・細川孝源・服部如実、本山派系の牛窪弘善・三井豊興・宮城信雅らによってなされている。ただその多くは天台・真言の教義に即した即伝らによる中世思想の解説や、役行者、聖宝、円珍、増誉などの伝記や系譜の解説である。この海浦や牛窪からの影響のもとに宗教学の視点から修験道研究の先鞭をつけたのが宇野円空である。彼は一九三四年に著わした著書『修験道』で、修験道は山に関する民間信仰を基調としてこれに仏教をとり入れ民族的生活に適充させた国民的仏教である。それ故多くの宗派に共通する要素を持つ超宗派的な一個の道である。修験の語は修密得験を意味するが、それを得るためには山林に入るなどして自行自得し霊威を得、験得をねることを必要とすると述べている。なお同書は序説、修験道の起源、順礼と山臥、熊野山臥と派別、山臥の社会的勢力からなっている。(11) 次いで一九四三年に村上俊雄が『修験道の発達』を著わした。同書は第一篇「修験道の発展」でその歴史を概説し、第二篇「その教義及び行事」で修験道の教義を真言密教に基づいて説明したうえで、山伏十二道具と峰入作法を紹介している。なお一九七八年の再版には、方位・日・出産・恋愛・病気に関する符呪作法を加えている。(12) またヨーガに見られる神秘主義を研究した岸本英夫はそれをもとに修験道の修行を自ら体験して研究している。(13)

仏教民俗学提唱者の五来重は密教の民衆化という観点から修験道に関心を持ち、自ら峰入体験をし、それをもとに一九七〇年に『山の宗教　修験道』（淡交社）を著わした。そして一九八〇年には仏教民俗に庶民仏教の観点を加味した『修験道入門』（角川書店）で、修験道の開祖、峰入、聖火、衣体、美術、芸能を解説している。ただ彼はその後、宗教民俗学を提唱し、その視点に立って修験道の修行、遍路、木食、念仏、験くらべなどを捉えた『修験道の修行と宗教民俗』（著作集第五巻、法藏館、二〇〇八）をまとめている。[14] これらにおいて彼は、修験道は習合的性格を持ち、その中には縄文から原始宗教の残滓を含む日本人の宗教の原点ともいえるものがあるとしている。そして修験道の実践の中に擬死再生や原始回帰思想の抽出を試みている。

注

（1）仏教研究の種々の視角に関しては末木文美士「日本仏教の一視角」『日本仏教史――思想史としてのアプローチ』新潮社、一九九二年、二四五～二四八頁。

（2）辻の『日本仏教史上世篇』では「修験」の項目の前に俗信仰（陰陽道など）をあげている。

（3）圭室締成『日本仏教概説』現代仏教名著全集八、隆文館、一九六〇年、一五三～一六五頁。なお圭室「江戸時代の山伏研究序説」『仏教学の諸問題』岩波書店、一九三五年参照。

（4）上掲末木『日本仏教史』二三二～二四〇頁（新潮文庫本。同書は二〇一二年現在二二刷）。

（5）五来重「仏教と民俗」日本民俗学大系八、平凡社、一九五九年。なお、その後本論文を採録した五来重『続仏教と民俗』角川書店、一九七九年には八として修験道を追加している。

（6）吉原浩人「仏教文学」、斉藤理恵子「仏教美術」、山岸常人「仏教建築」、日本仏教研究編『日本仏教の研究法――歴史と展望』法藏館、二〇〇〇年参照。

（7）和歌森太郎『修験道史の研究』和歌森太郎著作集二、弘文堂、一九八〇年。なお同書に付した「解説」（宮家準）参照。

（8）浅田正博『仏教からみた修験の世界――『修験三十三通記』を読む』国書刊行会、二〇〇〇年、同「修験教義書に引用された口伝書の考察――『修験三十三通記』ならびに『修験修要秘決集』を通して」大倉論集二七、一九〇〇年、同「修験修要秘決集の注釈書としての『修要鈔』三巻と『修験記』一〇巻について」龍谷大学論集四三七、一九〇〇年、浅田「聖護院所蔵『修要秘決伝講筆記』について」仏教学研究四五・四六号合併号、一九〇〇年。

（9）中山清田「修験道における「三即一」「不二」思想」『塩入良道先生追悼文集　天台思想とアジア文化の研究』山喜房仏書林、一九九一年、同「修験道における「三即一」「不二」思想――法具に表現された事例」東洋学術研究三〇、一九九三年、同「「天台本覚思想と神仏混合思想」――特に「柱源護摩」を中心にして」印度学仏教学研究三八―二、一九七五年。

（10）天野観明『修験道の真髄』佼成出版社、一九八四年。

（11）宇野円空『修験道』東方書院、一九三四年。

（12）村上俊雄『修験道の発達』名著出版、一九七八年。

（13）岸本英夫「山岳修行」『信仰と修行の心理』渓声社、一九七五年。

（14）五来重『修験道の修行と宗教民俗』五来重著作集五、二〇〇八年。なお同書所掲の宮家準「解説　修験道から宗教民俗へ」四七九～四九〇頁参照。

第四節　本書の研究視点

本書はこの序章の冒頭で述べたように、日本仏教と修験道を通して民俗宗教思想の展開を跡づけることを目的としている。そこで本節では上記の日本仏教研究や修験道研究に照らして本書の視点を提示しておきたい。

日本には古来山岳信仰や験者に生活の不安や除災を求める信仰が存在した。そして天台宗、真言宗、禅、日蓮宗などの鎌倉新仏教やそれに触発された南都の戒律復興運動などはそれと習合する形で定着した。修験道もこうした流れに触発されて起り、中世後期に諸霊山の縁起や諸霊山を遍歴した修験者が峰入や呪法の切紙を集成した教義書をもとに確立した。そして近世初頭幕府の修験道法度により、天台宗の聖護院が熊野先達などの地方修験を統轄した本山派、真言宗の醍醐三宝院が当山正大先達衆とその配下を包摂した当山派の、いわば天台宗、真言宗の寓宗として活動した。そして近代は明治政府の修験宗廃止令により、本山派は天台宗、当山派は真言宗に包摂された。

こうした歴史を持つ修験道は既述のように近世期の『修験日用見聞鈔』では諸宗兼学とされた。また宇野円空は修験道は多くの宗派に共通する超宗派的な一個の道としている。この指摘に見られるように修験道には仏教諸宗と相通じる面が認められるのである。また仏教諸宗にしても修験道と同様に常民に受容されるためには古来の山岳信仰やそれともすびつく験の思想を無視しえなかった。勿論日本仏教の諸宗はそれぞれ独自の教義や儀礼を展開させた。また諸宗兼学とされる修験道も天台、真言や鎌倉新仏教や律宗などの影響を受けながら中世後期に確立し展開した。逆に日本仏教の諸宗も常民の生きる不安や除災の希求に応える為に、常民の宗教生活に密着した修験道と関わっていった。それ故民俗宗教思想の展開を全体的に把握する為には、この仏教諸宗に見られる山岳信仰と験の思想を修験道の山岳修行とそれによって得た験の行使と照らし合わせて検討することが必要とされるのである。

そこで本書で日本仏教各宗の開祖の山岳での修行、そこで体験した験（しるし）、その説明、常民の不安に応じた験の行使と、これらのその後の展開について述べるのに先立って、日本仏教の霊山との関わりと修験道の成立・展開を簡単に紹介しておきたい。

まず白雉四年（六五三）に法相宗を請来した道昭（六二九～七〇〇）は『日本霊異記』では、新羅で役優婆塞と見えたとしている。またこの法相宗の元興寺の護命（七五〇～八三四）は吉野に籠って虚空蔵求聞持法を修行し、後に比叡山の戒壇設立と関わっている。また空海も吉野から高野山に赴いている。なお虚空蔵求聞持法は自然智を得てそれをもとに当時官僧になる為に必要とされる法華経の暗唱力を得るためのものだった。そして、こうした流れの中で最澄は比叡山で法華経を中心とした密・戒・禅も兼ねた天台宗を樹立した。また山中で修行する法華持経者も続出した。

空海は東寺を拠点に、高野山を道場として真言宗（東密）を開教した。また天台宗でも円珍（八一四～八九一）や安然（八四一～八九八）が台密を確立した。その後園城寺を拠点に比叡山の山内に対峙する寺門派が成立した。そしてこの密教をもとに加持祈祷によって効験をもたらす僧は験者と呼ばれた。[1] やがて一三世紀頃になると、霊山などで験を得るために修行した者が、験を修めているとされ「修験」と呼ばれるようになった。

平安時代中期の永承七年（一〇五二）からは末法に入るとされ、金峰山は弥勒の浄土、熊野は阿弥陀の浄土になぞらえられた。そして寛弘四年（一〇〇七）の藤原道長の金峰山登拝、寛治四年（一〇九〇）の白河上皇の熊野御幸以来、この両山への貴紳の参詣が相い続いた。この白河上皇の熊野御幸の先達を勤めた園城寺の増誉（一〇三二～一一一六）は熊野三山検校に補され、上皇の護持僧を勤め聖護院を賜わった。爾来熊野三山検校はほぼ園城寺の高僧の重代職となり、やがて熊野別当が熊野本宮の長床衆と呼ばれる諸国から熊野にきて修行する山臥を掌握した。なお熊野三山検校は験者として宮中の女御たちの出産などの加持を行なった。その折は障礙をもたらしている物怪をヨリマシに移して調伏した。[2] この他密教僧が験者として貴紳の加持祈祷に従事することが多かった。その中には霊山で修行した者も少なくなく、鎌倉初期になる『諸山縁起』には大峰、葛城、笠置などの霊山の行場や伝承が記されていて、当時修験者の集団が形成されていたことが推測される。

一方比叡山では源信（九四二～一〇一七）の『往生要集』などの影響で念仏聖が輩出し、種々の往生伝が編まれていた。こうした中で南無阿弥陀仏の称名のみで往生が可能とする比叡山の別所に住した法然の浄土宗、親鸞の浄土真宗が現れた。また一遍は熊野本宮で万人に賦算するようにとの神託を得て全国を遊行した。特に親鸞の浄土真宗はその後蓮如（一四一五～一四九〇）が白山周辺や吉野などで修験と関わりながら教勢をのばして行った。さらに近世期には弾誓、円空、木喰行道などの念仏聖が霊山を巡って修行すると共に庶民救済を図っている。南都では中世初期東大寺、興福寺の堂衆たちが奈良の春日山で当行をする他、大峰山でも修行した。そして大峰山で修行した重源（一一二一～一二〇六）が勧進により東大寺を再建し、笠置山で修行した貞慶（一一五五～一二一三）や西大寺に住した叡尊（一二〇一～九〇）が自誓授戒にもとづいて戒律の復興を目指している。

中世初期、栄西（一一四一～一二一五）は比叡山で台密を修行したうえで、入宋して天台山麓で臨済宗の虚庵懐敞（一一八七～一一九一）から臨済禅を学び、帰国後公案を用いた臨済宗を開いた。一方やはり比叡山で修行した道元（一二〇〇～一二五三）は入宋して天竜山で曹洞宗の如浄（一一六二～一二二七）に師事し只管打坐による曹洞宗を開いた。彼が比叡山末の白山越前馬場平泉寺近くの永平寺を道場としたことから、その後曹洞宗は白山信仰と結びついて伝播した。ほぼ同じ頃比叡山で修行した日蓮（一二二二～一二八二）は法華経の本門を重視し、南無妙法蓮華経の唱題によって末法の衆生の救済をはかり、身延山を拠点に日蓮宗を開教した。この日蓮宗の祈祷には九字、木剣加持など修験的な要素が認められる。なお一四世紀初期頃、比叡山では三塔の霊所を巡り葛川に参籠する相応（八三一～九一八）を始祖に仮託した回峰行が行なわれ、大峰を中心とした南山の修験に対峙する北嶺修験が確立した。

鎌倉後期には金峰山や熊野に関する縁起や神格、儀礼などを記した書物が編まれている。また一六世紀初期には日光出身で金峰山でも修行した即伝が彦山に居を定めて、金峰山や彦山に伝わる切紙をまとめた『修験修要秘決集』、その背景をなす仏教思想をまとめた『修験頓覚速証集』、峰中作法をまとめた『三峰相承法則密記』などを著わしている。同じ頃、役行者の系譜、箕面山での龍樹からの授法、全国各地の霊山での修行を記した『役行者本記』が編まれている。なお当時各地の修験者には、熊野三山検校職の聖護院門跡が三山奉行を通して掌握した熊野先達系のもの、興福寺につながる近畿の寺院に属した当山正大先達衆の配下の各地の修験者、羽黒山・彦山などの霊山に所属したものが見られた。そうして一六世紀後半頃にこうした形で修験道が確立したのである(3)。

江戸幕府は慶長一八年（一六一三）修験道法度を定めて、聖護院を本寺とする天台系の本山派と当山正大先達とその配下の修験者を醍醐三宝院に掌握させた当山派を公認し、競合させた。また羽黒山、吉野、戸隠山などは東叡山に所属させた。それ故近世の修験道はいわば天台宗、真言宗の寓宗的なあつかいをされたのである。なお聖護院や三宝院では配下の修験の補任を行なったが、彼らの活動はそれぞれに委ねる形をとっていた。そこで里修験は師僧や近隣の修験者から修法を習得した。ただ幕府の教学振興の政策もあったことから、両派では学僧に中世後期に成立した修験書の注疏や啓蒙書の執筆を依頼した。一方里修験は地域住民の依頼に応えて、それぞれの次第書をもとに加持祈祷、卜占、巫術などを行なっていた(4)。また遊行の修験者は各地の霊山、四国遍路、巡礼などで得た験をもとに遊行先で人々の依頼に応えてこうした活動を行なった。

明治政府は明治五年（一八七二）に修験宗を廃止し、本山派・当山派の修験は聖護院、三宝院など本寺統轄の形で天台・真言に帰属させた。この結果、修験道は天台宗、真言宗の仏教教団に所属することになったのである。けれども太平洋戦争敗戦後の昭和二〇年（一九四五）の宗教法人令施行にともない、天台宗から修験宗（現在本山修験宗）、大峰修験宗（現在金峯山修験本宗）、修験道、羽黒山修験本宗など独立した修験教団が成立した。一方真言宗に属していた旧当山派は真言宗醍醐派という仏教教団の形をとっている。

上記のように修験道は霊山などで修行し験を修め、それを行使する形で展開し、中世後期に一定の宗教形態をとるに至ったが、近世期は天台、真言のなかば寓宗として存続し、近代は天台、真言に包摂されるというように仏教と密接に関わって展開した。こうしたことから天台、真言に限らず開祖が比叡山で修行した浄土教、禅、日蓮宗や中世期にその堂衆が春日山で当行をし、大峰山でも修行した東大寺、興福寺などの南都の仏教とも多くの共通点を有し、その中には日本の民俗宗教につらなるものも数多く認められる。こうしたことを考えて、本書では以下の各章で日本仏教に見られる修験道的要素の解明を通じて、民俗宗教思想の展開を跡づけることにしたい。その際、天台、真言は修験道を寓宗として包摂したのでその章題に「修験」の語を用いたが、その他の諸宗に関しては山岳での修行と験を行使する活動をさす語として「山岳修験」を使用した。

以下順にその要旨をあげると、第一章ではまず東大寺、興福寺の堂衆から当山方修験が成立する経緯をあとづける。次いで中世初期に遍歴後三輪山に平等寺を開いた慶円と、大峰山などで修行後、勧進により東大寺を再建した重源、戒律復興に努めた実範、明恵、叡尊をとりあげる。第二章では天台修験の経典形成とそれを確立した即伝に見られる天台本覚思想と比叡山の回峰行とその背景をとりあげる。第三章では、醍醐三宝院が近世中期に当山正大先達衆を掌握後に案出し、現在も当山派修験の眼目としている恵印法流の諸行法、密教の両界曼荼羅と大峰山の霊地の対応、恵印曼荼羅と諸霊山の曼荼羅、密教と里修験の行法、符呪の比較、四国遍路の霊場に見られる修験行場を紹介する。

第四章では、まず念仏聖の諸相、源信の『往生要集』、種々の往生伝に見られる山岳信仰を紹介したうえで、法然、親鸞、一遍の活動と修験との関わりを示す。ついで中世後期の一向宗の異端者と修験、蓮如の白山や吉野との関わり、近世の遊行聖などの修験的活動をとりあげる。第五章では古来の霊山などでの禅定にふれたうえで栄西と密教、神子栄尊と大峰、無本覚心と熊野、円爾弁円と修験僧慶政のつながりなどにふれる。ついで曹洞宗では道元が道場として永平寺が白山山麓に位置したこともあって、曹洞宗の展開が白山信仰と密接に関わっている事を指摘する。第六章では日蓮の活動が法華持経者の流れにつながる事を指摘する。ついで修験者が転じて日蓮僧となった事例や日蓮宗と修験道の常民教化や日蓮宗の寄加持と修験道の憑祈祷の内容を比較検討する。そして第七章では明治政府によって天台、真言に包摂された旧本山派・当山派の教学者、大峰・羽黒などの霊山、在野の修験教学者の活動を比較検討する。そして最後の結章では修験道及び仏教諸宗の活動における霊山、そこでの修行、その結果得た神秘体験、その表現、それにもとづく常民の不安を鎮め、災厄の除去をはかる為の活動を跡づけることによって、日本仏教と修験道に見られる民俗宗教の展開を解明することにしたい。

注

（1）験者は加持祈祷をして物の怪などを退散させて治病などに霊験を示す行者をさす。なお徳永誓子「修験道成立の史的前提――験者の展開」史林八四―一、二〇〇一年参照。

（2）徳永誓子「熊野三山検校と修験道」年報中世史研究二七、二〇〇二年、八七～八八頁。

（3）長谷川賢二『修験道組織の形成と地域社会』岩田書院、二〇一六年、近藤祐介『修験道本山派成立史の研究』校倉書房、二〇一七年、関口真理子『修験教団形成史――当山派を通して』勉誠出版、二〇〇九年、伊藤清郎『羽黒山と出羽三山信仰』吉川弘文館、一九九七年、長野覺『英彦山修験道の歴史地理学的研究』名著出版、一九八七年など参照。

（4）里修験に関しては、宮本袈裟雄『里修験の研究』、『里修験の研究　続』ともに岩田書院、二〇一〇年参照。

第一章　南都仏教と山岳修験

第一節　南都における修験の歴史と活動

序

古来南都仏教の中心をなす東大寺と興福寺では、その奥山である若草山や春日山に入って閼伽水を汲み、樒をとって諸堂に供える当行と呼ばれる修行がなされていた。この当行は、中世には興福寺末の正暦寺、金峯山寺、法隆寺などでも行なわれていた。そして中世中期には東大寺や興福寺の堂衆は大和を中心とした諸寺の堂衆を導いて大峰山の峰入を行なって当山方とも呼ばれていた。その後中世後期には大和の修験は東大寺や興福寺から離れて、内山永久寺を中心に当山正大先達衆を結成した。そして近世期には幕府の政策もあって、醍醐三宝院に掌握されて、当山派となっていった。こうした経緯を見ると、東大寺、興福寺の堂衆の当行に始まる南都の堂衆の古代末から中世の活動の中に、近世以降はほとんどの修験の峰入がそうなった修験の本来の姿が見られるとも考えられるのである。そこでここでは東大寺、興福寺の堂衆の当行に始まる南都の修験に見られる活動を検討することにしたい。なおここで南都の修験といった場合は、東大寺、興福寺とその末寺など両寺と密接な関係を持った奈良市、南山城（相楽郡など）、中和（現天理市、桜井市）の寺院に依拠した修験をさすことにする。

第一項　古代

東大寺の前身は若草山（蔦尾山）の山房金鐘寺とされている。この金鐘寺では天平一四年（七四二）頃、光明皇后（七〇一～七六〇）の令旨により、「八箇寺例」に与って、恒例として夏安居を行なっていた[1]。その後金鐘寺は大和国国分寺の金光明四天王護国之寺とされ、さらに聖武天皇、光明皇后、橘諸兄の意を受けた行基（六六八～七四九）の諸国の勧進などによる大仏殿建立を契機に、諸国の国分寺の中心となった。この行基とともに大仏殿建立の中心となった東大寺初代別当良弁（六八九～七七三）は、天平五年（七三五）に金鐘寺に法華堂を建立し、その堂に執金剛神を祀ったとされている[2]。「東大寺縁起」ではこの執金剛神像が放った光が宮中に達したことから、聖武天皇が良弁を信任し、大仏建立を委ねられたとしている。ちなみに執金剛神は図像上は金剛蔵王権現の前身とされている。なお良弁はその後華厳経を習学し、東大寺を華厳宗の根本道場としたのである。

東大寺の伽藍は天平勝宝八年（七五八）の正倉院蔵の「東大寺四至図」によると、大仏殿を中心として、南・西・北を築垣で囲い、南門から入ると、左右に西塔・東塔があり、中門をへて大仏殿に至る。その背後には講堂を囲んで東・西・北に僧坊がある。そして東の高台には不空羂索堂（そこで法華会がなされたので法華堂とも呼ぶ）があり、その後堂には良弁の念持仏の執金剛神が祀られている[3]。その上方には奥院ともいえる実忠（七二六～?）創建の二月堂（観音堂）があり、秘仏の十一面観音が祀られている。ここで天平勝宝四年（七五二）以来毎年二月一日から二・七日間十一面悔過行（お水取り）がなされている。その東方には若草山、東南に花山・春日山・香山などの山々」がある[4]。このうち後に南都の修験と密接に関わるのは、法華堂、中門堂の堂衆、二月堂の十一面悔過行と、当行がなされた若草山から春日山に至る東方の山々である。

なかでも二月堂の十一面悔過行はお水取りとして広く知られている。この行事では二月二〇日から別火坊、二八日からは二月堂の参籠宿所に籠って十一面観音の悔過行をした練行衆が三月一二日に深夜から二月堂下の閼伽井の香水を汲んで本尊に供える。また一二日から三日間は礼堂内で松明に火を転じ、水を鎮める達陀作法がなされている。このようにお水取りでは、練行衆の十一面悔過行とあわせて、水と火による悔過がはかられている。なお天文一三年（一五四四）の『二月堂縁起』では、このお水取りは良弁の弟子実忠が笠置山の龍穴で兜率天の四九院のうちの常念観音院で聖衆が行なっていた十一面悔過行を東大寺の二月堂に移したのに始まるとしている。(5)

東大寺は弘仁元年（八一〇）空海が別当となって、真言院を建立し、その中に灌頂道場を設けるなど密教化した。その後東僧坊（東房）で修行していた聖宝（八三二〜九〇九）が貞観一七年（八七五）に子院の東南院を創設した。彼は延喜二年（九〇二）に東大寺別当となり、この年に中門を建立している。さらに山城の笠取山に如意輪観音を祀って醍醐寺を開基し、真言宗小野流の祖となった。今一方で三論宗を広め、東南院を三論宗と密教の寺としている。彼の死後二八年に記された『醍醐根本僧正略伝』には、東房で修行中に荒室に住む鬼神を退散させた話や、金峰山に如意輪観音、多聞天、金剛蔵王権現を祀る堂を造り、吉野川に渡船場を設けたことを記している。(6)また鎌倉初期になる『諸山縁起』には、大峰山中の般若波羅蜜の峰に法華経を安置し、忿怒月黶菩薩の峰に三部経と『摩訶止観』を埋納したとの伝説をあげている。(7)その際一三世紀末に書写された『醍醐寺縁起』の末尾には聖宝が役行者の修行後大蛇があらわれて途絶えていた峰入を、これを退治して再開したとある。(8)このこともあって聖宝は修験道界では大峰修行再興の祖と崇められた。なおこの頃、鹿野園、(9)誓多林、大慈仙、忍辱山（円成寺）、茗荷さらに東方の神野寺（山添村）をめぐる巡拝をし、そのあと東大寺の大仏前で法華経の供養会が行なわれたともされている。

東大寺では法華堂と中門堂の堂衆が若草山の閼伽井山の閼伽水を汲み、山中で樒を採り、法華堂などに供える当行（花供）と呼ばれる修行をしていた。このことを示すものに次の法華堂の本堂内陣の東西両扉の附柱の次の五つの落書がある。(10)

（1）始自長承元年（一一三二）十一月廿八日千日不断花也（西側扉北附柱）銘の長さ二尺八寸

(2) 保延元年（一一三五）八月廿五日千日満但結願九月十二日畢（西側扉南附柱）二尺二寸
(3) 久安五年（一一四九）四月十四日自千日花奉始畢也（東側扉北附柱）一尺五寸
(4) 仁平元年（一一五一）十二月卅日（東側扉南附柱）一尺
(5) 平治元年（一一五九）七月十三日千日花奉始（東側扉南附柱内面）九寸
(6) 仁治元年（東出仕口南柱）三寸

これには当行を思わせる千日不断供花行の始行の四月一四日、七月一三日、一一月二八日、一二月三〇日と、結願の日の九月一二日の月日があげられている。

興福寺は藤原鎌足（六一四〜六六九）の病気平癒を願って妻の鏡女王が山背国山科に創建したことから山階寺と呼ばれた。その後飛鳥遷都の際に高市郡の厩坂に移されたので厩坂寺とされたが、平城遷都の際に藤原不比等（六五九〜七二〇）によって当時の外京にあたる現在地に中金堂（本尊釈迦）が建立され、興福寺と称した。その後聖武天皇が神亀三年（七二六）に東金堂（本尊薬師）、天平六年（七三四）に光明皇后が西金堂（本尊釈迦三尊）、弘仁四年（八一三）に藤原冬嗣（七七五〜八二六）が後に観音巡礼九番札所となった南円堂（本尊不空羂観音）を建立し、伽藍が整った。爾来藤原氏の氏寺として華厳宗の東大寺に次ぐ法相宗の大寺となった。そして唯心浄土を崇める法相の教えを擁護する春日権現、さらに春日山を聖地として崇める信仰と結びついて発展した(11)。

春日山の聖地には春日権現（現春日大社。一五〇m—標高。以下同様）、若宮社、その東側を積石列石で仕切った御蓋山（二八三m）の本宮神社、春日山（四九八m）、さらに芳山に至る山並みと、春日山の北に位置する水谷川の水源に祀られた長尾の上水谷社と花山（四七六m）があった。またこの南には神野山（四六〇m）の添上郡の神野山逢拝所の神野社とそのさきの薬師悔過の道場とされた香山堂（現在は跡地のみ）がある。なおこの堂は新薬師寺の奥院ともされた。香山堂の近くには香山龍王（現鳴雷神社・高山神社）と能登川・佐保川の水源の龍王池がある。ただ香山寺は『東大寺山堺四至図』の南端に記されている故、古代には若草山からここに至る山房道は東大寺僧の修行道でもあったと考えられる(12)。もっともこれらの春日山中の社堂は春日社の祭祀に関わろうとした興福寺が一二世紀中頃に創祀したとも思われるものである。

春日山の東南には春日山石窟、香山寺跡近くには地獄谷聖人窟がある。どちらも東西二窟から成っている。このうち春日山東窟には東壁に観音、西壁に地蔵を刻み、窟内の層塔の初層に東・薬師、南・釈迦、西・阿弥陀、北・弥勒の顕教の四仏が半肉彫されている。西窟には正面の壁に大日を始め密教の金剛界五仏、西壁に多聞天を刻み、保元二年（一一五七）の年紀がなされている。一方香山寺近くの地獄谷聖人窟の東窟には仏像は刻まれていないが、西窟には正面の壁に、東大寺大仏台座の須弥山図の如来と酷似した如来と十一面観音、東壁に妙見菩薩、西壁に観音と阿弥陀が線刻されている。なお芳山には奈良時代後期の釈迦と阿弥陀の石仏がある。新薬師寺にはこの石仏と同様の二尊の石仏があり、薬師悔過がなされた香山堂を峰の薬師とする信仰があったとも考えられる[13]。

平安前期から中期の興福寺僧は維摩会を勤めると共に、春日山などの霊山で修行した。主なものをあげると、一四代興福寺別当空晴（八七八～九五七）は喜多院を開基し、菩提山上綱を勤めた。その弟子の興福寺松室院の開基仲算（八九九～九六九）は、近江で浄蔵に見え、箕面や那智の滝で修行した[14]。一九代興福寺別当となった真喜（九三二～一〇〇〇）は、『金剛山内外両院代々古今記録』には、葛城山で修行したと記されている[15]。彼の弟子で仲算にも師事した二一代別当林懐（九五一～一〇二五）は熊野などで修行している。その門下からは小田原に隠棲し、後に高野山に移って浄土院谷に東別所を開いて高野聖の祖となった教懐（一〇〇一～一〇九三）や、金峰山で他界遍歴をした道賢（九〇五～九八五）が現れている。また同様に真喜の弟子の定澄（九三五～一〇〇五）と扶公（九六六～一〇一五）は、藤原道長（九六六～一〇二七）の弥勒下生に見えることを願っての御岳詣の先達を勤めている。また扶公の弟子円縁（九九〇～一〇六〇）は永承四年（一〇四九）に金峯山寺検校になったあと、天暦九年（九五五）に興福寺三五代別当となっている。爾来金峯山検校は興福寺別当が兼務することになった[16]。なお道長の孫師通の御岳詣の先達を勤めた興福寺僧済尋は山上ヶ岳で修法を行なっている。ちなみに興福寺は久安二年（一一四六）春日社の若宮の摂社として、金剛蔵王と三十八所を創祀している。この三十八所は金峰山の水分神をまつる子守社（上宮、上御前、本地勝軍地蔵、阿弥陀とも）の若宮（本地千手観音）である。[17] これは上記のように同寺別当が金峯山寺検校を兼務したことによると考えられる。

笠置山は『今昔物語』所掲の縁起によると、天智天皇の皇子が山城国相楽郡加茂の郷で鹿狩りをした際、乗馬もろとも岩壁から落ちそうになった。その時山の神にこの岩壁に弥勒菩薩像を刻むゆえ助けてほしいと願って助かった。そこで目印に笠を置いて帰り、後に天人の協力を得て弥勒の像を刻み、兜率天の内院として崇めたとしている。[18] その後の天文七年（一五三八）書写の『笠置寺縁起』には、良弁が東大寺造営に際して、笠置山北麓の木津川の岩場を破砕して、木材を筏にくんで流した際に、この弥勒の像を発見し、さらに磨崖仏を彫って笠置寺を開いたとしている。[19]

なお延喜一六年（九一六）の年紀がある『一代峰縁起』には、笠置山は金峰山が弥勒菩薩の兜率天の内院であるのに対して外院であって、ここで修行すれば、弥勒の浄土に往生しうるとしている。そして白鳳一一年（六八三）四月に役行者が笠置の千手窟で修行して両部の如法経を安置した。その後延喜八年（九〇八）八月に金峰山の椿山寺で出家した道賢が笠置山に参籠して、千手窟から兜率天に入り、自分の皮膚をはいで書いた三部の秘密曼荼羅を安置した。彼は笠置の仙宮で大乗経を読誦していた役行者と会い、共にこの峰に住んで末代の行者を守護することを誓いあったとしている。また笠置山は霊鷲山の西北の角が欠けて飛来したともしている。ちなみに『諸山縁起』所収の『大峰縁起』では大峰山は霊鷲山の南西の角が飛来したとしている。このように笠置山は金峰山と並存する修験道場とされているのである。

『諸山縁起』には、この「一代峰縁起」に続けて「峯間の宿所卅所と云々」として、

1楊（一〇―次の宿までの距離、単位町、以下同様、字ウツタキ）、2阿弥陀（一五峰）、3西方（一八峰）、4大般若（二〇東―進む方向、以下同様）、5国見（一〇西）、6石本（三〇東）、7如法（六東）、8岡本（一八西）、9辻（二〇西）、10尾上（一六東西、水なし）、11手車（一〇）、12弥勒（一五）、13往生院（二〇）、14堂本（二五峰）、15最勝（五西）、16如意（一一東谷）、17法花（二〇西）、18普賢（三西）、19金剛（一〇西）、20峰（一五東）、21椿木（一〇西）、22無量（二〇西）、23今御竹（二〇西）、24滝本（一〇西）、25石上（一二東）、26郷見（一〇東）、27石屋室（二〇東）、28松本（一二西）、29井本

（一一東）、30長谷峰（一〇東）[20]の三〇の宿をあげている。この一の宿の楊は長岡京市浄土谷にある楊谷寺（本尊十一面千手千眼観音）をさすと考えられる。同寺の開山は京都の清水寺を開いた延鎮（〜七七八〜）である。その後法然の廟が設けられ、山内には阿弥陀堂がある。2の阿弥陀はこの堂と思われる。また24滝本は龍神と不動明王を祀る石上神宮とも関わった桃尾寺（龍福寺）近くの桃尾の滝と考えられる。25の石上は石上神宮、最後の長谷峰は長谷寺をさすと考えられる。ただその他の宿の比定は不明だが、笠置から奈良の奥山、桃尾の滝、石上、三輪などをへて長谷に至ったと推定しておきたい。なおさきにあげた『笠置寺縁起』には、役行者が山城国光明山寺を一の宿とし泊瀬の峰に至る一代峰の修行を始めたとし、その後に「私云」として、五月の晦日に笠置山で会式をして、そこから一代峰に分け入って、六月一八日に長谷寺で出峰して蓮華会を行なったと記している。[21]

東大寺や興福寺の僧侶は奈良周辺の山寺と密接に関っている。主なものをあげると、笠置山近くには蔵王権現を祀り、勝手明神を鎮守とする北吉野山神龍寺がある。また良弁の師義淵（？〜七二八）は、龍福寺（桃尾寺）を開いたが、同寺は石上神社の神宮寺とされ、近くには桃尾滝があり、龍蓋寺（岡寺）、仙人の居拠とされた吉野の龍門寺と共に三大龍寺とされている。慶円（一一四〇〜一二二三）は、東大寺末の安倍の別所、吉野の龍門寺で修行し、石清水八幡で即身成仏の秘印を授かり、室生で善女龍王にこれを授けている。そしてこの後三輪明神の神宮寺平等寺を開基している。[22]この室生の善女龍王は『古事談』所収の伝承では、猿沢池に住した善達龍王が、天平の頃、采女が猿沢池に身なげしたので、その不浄を忌んで東大寺の四至の南端に位置する香山に移った。ただこの近くが葬地とされたので、死の穢れを忌んで室生の龍穴に住んだとしている。[23]なお『今昔物語』には、香山には天狗を祀って験を示した聖人が住んでいたとの話があげられている。[24]また真如親王が承和二年（八三五）に創建した超昇寺には、親王が渡印をめざして出国した後、薬師寺の壱演（八〇三〜八六七）が別当となったが、その後東大寺僧が入り、一〇世紀後半には興福寺僧の清海（？〜一〇一七）が移住し、清海曼荼羅を伝え、南都浄土教の淵源となっている。

平安中期には春日山の興福寺僧が奈良近くに山寺を開いている。鎌倉初期成立の春日社の『古社記』によると、春日神は当初安倍山に住し、現在の春日山には榎本明神が祀られていた。両神は土地を交換し、春日神は春日山に移った。けれども安倍山に来た榎本明神は参詣者が少なくなったので、再び春日に帰り春日社の瑞垣の外に鎮座したとしている。[25]興福寺一四世別当空晴は菩提山上綱と称したが、この菩提山には正暦三年（九九二）に一条天皇の勅願所として兼俊により正暦寺が建立され、後に興福寺の別院となっている。[26]永久年間（一一一三～一一一八）には興福寺大乗院門跡の頼実が隠居所として内山永久寺を建立している。[27]永承六年（一〇五一）には当麻で生まれた義明が小田原に浄瑠璃寺を開いて阿弥陀如来を祀った。その後同寺は金峯山寺検校をへて興福寺三九世になった慧信（一一二四～一一七一）によって中興された。[28]

古代末から中世初頭に南都の法相と律の復興に尽力した貞慶（一一五三～一二一九）は、興福寺で活躍し、東・西金堂に律を導入して、彼らを対象とした律の道場常喜院を創設した。また醍醐寺とも関っている。その後彼は笠置に隠遁し、霊山会を始め、伽藍の整備に努めたが、晩年は海住山寺に移っている。なお彼は三輪山平等寺の一乗上人にも影響を及ぼしている。[29]また興福寺慶玄の子叡尊（一二〇一～一二九〇）は、青年期に高野山、醍醐寺、大和神社神宮寺の長岳寺で密教を学んだ後、貞慶の影響を受けて、西大寺を中興して光明真言会を開くと共に戒律の道場とした。この他、興福寺で法相を学んだ実範（?～一一四四）は忍辱山円成寺に隠棲して中川成身院を開いて真言律中川流の祖となっている。なお彼は保安三年（一一二二）興福寺の欣西の求めに応じて東・西金堂衆の為に「東大寺戒壇院受戒式」を定めている。この貞慶や実範の影響もあって興福寺東・西金堂は律の道場にもなったのである。

第二項　中世

中世初頭、平重衡（一一五七～一一八五）によって焼失された東大寺の再建を大勧進としてなしとげた重源（一一二一～

一二〇八）は醍醐寺で出家後、大峰に五度峰入し、熊野、白山、立山でも修行した他、中国の天台山や阿育王山にも赴いている。[30]彼によって再建された後の東大寺では法華堂衆と中門堂衆の若草山での当行や大峰山の峰入、修二会の練行衆の修行が注目される。

中世後期の東大寺では法華堂衆や中門堂衆によって若草山を中心に当行がなされていた。その内容は、応仁二年（一四六八）の『東大寺法華堂要録』、近世初頭成立の蓮乗院寅清の『寺辺の記』や、幕末期に龍弁が書写した、元和二年（一六一六）の奥書の『当行密記』から知ることが出来る。これらによると、当行には、夏中当行（夏入、安居供花とも）と冬中当行（年籠とも）があった。夏中当行は四月一三日から八月一三日、冬の当行は一〇月一〇日から一一月末頃まで、この間に日花、片荷水、丑時の三種の行がなされ、このそれぞれの当行を行なうことが、堂衆の位階昇進の条件となっていた。日花は山中の樒を採る行で、七五日から一二一日が単位でこれを五〇〇日すると、閼伽井の水を汲む片荷水の行に入り、七〇〇日勤める。これを終えると丑時に、山中に峰入する行に入り、全体で二二〇〇日勤めると満行とされた。

堂衆にはこれとあわせて大峰への峰入が課せられ、後にはこの方が「大行」として重視された。峰入には四月二九日に出寺して、五月一一日に帰寺する花供と、七月八日に峰入して九月一一日に出峰する逆峰があった。もっとも中世後期にはこの両峰入は、後述する当山正大先達衆の先達のもとになされていた。[31]

法華堂衆の延恵（?～一四九七）は自著の「執金剛神講式」の奥書に、「文明七年（一四七五）乙未大峯先達少（小カ）野流三重位延恵書云五十八。入峰十八度」と記している。執金剛神は法華堂の後堂に祀られていた尊像である。彼は寛正六年（一四六五）に足利義政が訪れた時には、この尊像の幕を自分の貝緒で巻きあげて見せている。長禄四年（一四六〇）に彼が花供の峰入をした時には、同じく法華堂の願春、興福寺西金堂の定信、近江の己高山から菩提山にかけての修験が従った。この己高山（伊香郡木之本町）は、縁起では、役行者と泰澄が修行したとされる伊吹修験の寺、菩提山（湖南町中西町）には良弁開基とされる菩提寺がある。彼はその後応仁三年（一四六九）の逆峰には法華堂の新客二人を含めて二六人の同行衆を率いて峰入している。この他、文安六年（一四六九）から文明二年（一四七〇）にかけて、修二会に練行衆として出仕している。[32]

同じく法華堂衆の蓮乗院寅清は天文二三年（五五四）に当行を勤めたが、これに先立つ同一六年には霊山寺、菩提山の先達と共に峰入している。なお彼は中之川の忍辱山の真言律も学んでいる。今一方で永禄六年（一五六三）から慶長一四年（一六〇九）まで修二会の練行衆を勤めている。彼の著書『寺辺之記』には修二会とあわせて当行に関する記載も認められる。[33]

東大寺の中門堂衆は大仏殿への供華や維持を担当した。文明一六年（一四八四）にその堂司となった長宗は、法華持経者として知られ、興福寺の大乗院門跡尋尊から法華経の転読や荒神供を依頼されている。彼も夏中当行を行ない、文明二年（一四七〇）から明応六年（一四九七）にわたって修二会の練行衆を勤め、尋尊に牛王宝印を届けている。[34]

興福寺の東金堂は一四世紀後期になる『大峰当山本寺興福寺東金堂先達記録』には、大峰当山の本寺としている。そしてその根拠として、東金堂初代司の龍澄が、役行者が修験道を始めた後、神亀三年（七二六）に行者の威儀を整えて峰入りをした。その後、寛平七年（八九五）、八代の聖宝が東金堂に籠って宝剣と足駄を授かって大峰山の大蛇を退治して峰入を再開した。爾来東金堂を当山の本寺とし、当山検校と称し、同行を率いて峰入をしたとしている。[35]なお永徳二年（一三八二）の奥書がある『当山検校記』では、この龍澄に始まる当山検校（大峰検校とも）は、貞治二年（一三六三）の永専で断絶したとしている。また永徳二年（一三八二）から、峰中での採灯出仕の時の「座牌」が寺位から度数（峰入回数）にかわっている。[36]西金堂衆に関しては定かではないが、さきに述べた長禄四年の延恵の花供の峰入に同行した西金堂衆の定信房寛清は、後に堂司となっており、やはり延恵の同年の七月六日から九月一日の逆峰には西金堂衆の覚実、常玄、信禄が峰入している故、西金堂衆も峰入を重視していたことがわかる。

東・西金堂衆は東大寺の堂衆と同様の当行を実施していた。すなわち一四世紀後期の東金堂金勝院実厳の記録『細々要記』には、「日荷、片荷、丑」の記載が見られる。この日荷は山中の樒採り、片荷は閼伽汲み、丑は深夜の登拝にあたると思われる。なお四度び興福寺別当となった経覚（一三九五～一四七三）の『経覚私要抄』の寛正三年（一四六二）二月三日の条では、入峰、年籠、真言の三事をおえることを、戒和上、呪師、戒師を担当する堂衆、三臈就任の必須の条件としている。この三事は春日の峰入、籠山と真言の習得をさしている。

興福寺別当は東西金堂衆に学侶が支配する春日山の神社の祭祀にあたらせた。そして大乗院門跡は西金堂衆に長尾社の祭祀を担当させた。また室町期には地獄谷の山は大乗院門跡、若草山南部の鎌研山は一条院門跡が知行した。大乗院はここで二人の湯行事に地獄谷の山を支配させて、湯沸しの柴木を採った。そして湯行事は四人の修験者を「巡検」に任じて山守りにあたらせ、巡検は四〇人の山子を使って柴木をとらせ、湯行事に納めたが、そのあまりの売却は許されていた。なお巡検の修験者は世襲できめられていた[37]。

興福寺一八〇世尋尊（一四三〇～一五〇八）の『尋尊大僧正記』（『大乗院寺社雑事記』）では、春日の北の花山は維摩会講師出仕用の松明や堂社の作事の材木を伐採する所、香（高）山は龍神が鎮座し、学僧が祈雨の為に法華十講を営む所、また郷民が岳のぼりをする所としている。花山の近くの長尾（現上水谷神社）には文和二年（一三五三）に東金堂衆が納めた水船、高山の龍王池には東金堂衆が正和二年（一三一五）に納めた水船がある。それ故、峰入した西金堂衆は花山、東金堂衆は香山で閼伽汲みや採華にあたったとも考えられる。なお戦国期には香山で雨乞のために法華八講がたびたび行なわれているが、これには東金堂衆が関わっていたと思われる[38]。

戦国期には大乗院は春日社の御廊で一切経を転読する経衆を任命していた。このうち五番の真言経衆は早朝に加持御供を行なっていた。その五番は一番衆隋願寺号東小田原、二番衆永久寺内山、三番衆南法貴寺号荒（壺カ）坂、四番衆菩提山、五番衆金峰山吉野である。各寺院では灌頂を受けた者が、一人ずつ選ばれた。特に菩提山と内山永久寺は良家衆から選ばれている。この五ヶ寺は既述のように平安中期に興福寺の末寺になっており、後述する当山正大先達寺院でもある。なおこの五番の真言経衆の宿所は、鹿島の神が春日社に鎮まる前に留まったとされる浮雲社（浮雲峰に祀られる本宮神社の別称である浮雲社と同体）を鎮守とし、木造の十三重塔があったことで知られる四恩院である。この四恩院では

かつては同寺の僧がこの加持御供を行なっていたとされている。(39)

興福寺の東・西金堂衆は『大峰当山本寺興福寺先達記録』によると、大峰入峰を重視していた。そしてこの峰入にあたっては一臈の先達は南円堂の南、二臈は香山、三臈は長尾で採灯護摩を修した。そして南大門で別当の立会いのうえで、諸末寺の同行者の席次を定めていた。峰入には花供峰と逆峰があった。花供峰は四月二七日に出寺して三重（前鬼の三重滝カ）に至り、五月一八日に帰山する。逆峰は六月二九日に吉野に入り、翌晦日に山上ヶ岳、七月朔日に小笹、さらに大峰をへて熊野、金剛山、二上山をへて帰山する七五日の修行をした。この後今一度秋に二上の岩屋に赴いて結願の大念仏を行なっていた。この大念仏には東・西金堂衆のほか、六大寺、大和東郷・西郷、伊賀、和泉、河内、摂津の修験も参加していた。なお『細々要記』の貞治五年（一三六六）四月二日の条によると、興福寺の堂衆が六方衆の稚児誘拐の件を、松尾寺と二上山東麓の当麻寺、高尾寺、向谷寺を通して、これらの地域の山伏に連絡している。このことから当時、松尾寺や上記三ヶ寺が配下の山伏への情報伝達の仲介を勤めていたことが理解される。(40)

内山永久寺では室町後期には山内の上乗院が勢力を有していた。同院は旧上乗院衆の常磐木家蔵の『上乗院門跡伝』では東大寺長老（東寺長老か）で、備前の児島五流を確立した道乗（一二一五〜一二七三）を始祖としている。(41)室町後期に同寺の上乗院はその多くが興福寺末の大和の寺院の修験を掌握した。そして徳治三年（一三〇八）には七代住職亮位、天文一八年（一五四九）には一七代実祐が大和の先達を率いて峰入している。このうち後者の実祐の峰入には、次の諸寺が助成金を出している。その多くは寺院が全体として助成金を出す形をとっているが、特に先達が助成している寺院に関しては括弧内に先達と記しておいた。(42)

菩提山（宝光院、大坊）、伊勢世義寺、超昇寺、法隆寺、根来寺（東、西）、粉河寺（先達）、中川、奈良絵師助、和田（先達）、飯道寺（梅本、岩本）、山城海住山、多武峰（先達）、松尾寺（先達）、伏見（先達）、安倍山（先達）、吉野山（先達）、三輪（先達）、釜口、小田原、高蔵（先達）

彼はこの峰入に際して、飯道寺梅本院・信貴山・安倍山・三輪山・多武峰、頭襟頭の定舜坊と宿坊の吉野桜本坊・西蔵坊に支払いをしている。これを見ると、峰入をした先達は飯道寺梅本院の他は、その多くが中和の先達で、紀伊の高野、根来、粉河と和泉の先達がこれに加わっている。ただし、既述の興福寺堂衆の峰入後の二上岩屋大念仏に関った伊賀、河内、摂津の修験は見られない。

ところで松尾寺には天文二三年（一五五四）七月一九日に当山正大先達衆が峰中の笈の実や頭襟役について申合わせをし、記名、押印した記録がある。これには上乗院はなく、世義寺・釜口長岳寺・霊山寺各二・超昇寺、槇尾、岩本、下坊、ミキタ（右田）、箸尾の清音寺（奈良市広隆町か）、ムメモト、根来東、多武峰、高倉、粉河、中之坊、菩提山大坊、伏見、法隆寺、吉野、三輪、内山、丹生寺、安倍、根来西、高天、高野、鳴川、神野寺（山添村か）、矢田、信貴山が署名している。(43)ここでは、さきの上乗院の峰入には見られなかった葛城山や生駒山近くの矢田寺、千光寺、高天寺、和泉の槇尾寺が認められる。

もっとも上乗院は当山正大先達衆をほぼ掌握していたらしく、これに先き立つ天文一二年（一五四五）には、上醍醐の年預の深増が上乗院の口添えで上醍醐の聖宝の御影堂の上葺の寄進を当山正大先達衆の大宿と二宿に依頼している。その後慶長四年（一五九九）当山正大先達衆は豊臣秀頼を願主として峰入をしているが、この時には上乗院宗仁が御引導先達を勤めている。(44)

さきに上乗院実祐の入峰に飯道寺梅本院が関っていたことを指摘したが、当時梅本院は熊野新宮の勧進聖としても活動していた。中世後期には各地で熊野先達が檀那の熊野詣の先達を勤めていた。そして熊野にはこれらの先達、檀那に宿泊、祈祷などの便をはかる御師がいた。この御師家に伝わる文書を見ると、一四世紀後期から一五世紀にかけて、大和には二三人の先達がいた。この数は近畿では近江七八、丹波三五、山城三一、伊勢二八、に次いでいる。その初出は元弘三年（一三三三）の高市郡真弓寺のりゅうにん房せんそうである。この真弓寺は飛鳥の草壁皇子（六六二〜六八九）の墓近くに設けられた寺と考えられる。そして一四世紀後半には多武峰（一三四二―御師文書所掲の年号。以下同様）、三輪（一三六九）、福住寺（天理市一三八二）、橘寺（一三八四）から須川寺（奈良市一四〇一）というように、現在の桜井市から北の奈良にと広がっている。

そして一五世紀には広瀬の観賢坊（一四〇〇）と、笹尾の権現講中の先達を勤めた（一四七二）観音院、法隆寺（一四六五、一四六七、一四七〇、一四七九）などの先達があらわれている。その後は釜口長岳寺（一四八二、一四九一）、菩提山（一四九七、一五二〇）、中之川（一五四八）というように、さきの法隆寺同様、当山正大先達衆が先達を勤めている。[45] 彼らは吉野から大峰山中を抖擻して熊野詣をしたとも考えられる。上乗坊実祐が熊野新宮本願の梅本坊の支援を得ているのも、こうした事情があってのことかも知れない。

白山信仰は御前峰の十一面観音、別山の正観音、大汝峰の阿弥陀の信仰を中心とした。そして山麓の比叡山と直結した平泉寺を拠点とした越前馬場、白山比咩神社の加賀馬場、当初法相宗で後に天台宗となった美濃馬場の長滝寺やそれと関わった石徹白の御師などが各地に白山信仰を伝播させた。大和にはこのうち美濃馬場の御師が熊野信仰より先に、美濃、近江を経由して伝播させたと考えられる。その初期のものは『長谷寺霊験記』所掲の長谷の奥山の滝蔵権現が泰澄（六八二～七六七）を長谷に導き、この故事をもとに天禄二年（九七一）に京都の革聖行円が白山を境内社として勧請したとの話である。このほか平安時代には安倍寺文殊院の鎮守、内山永久寺の白山社、西大寺の鎮守十五所神社の一つ白山社がある。鎌倉期には忍辱山円成寺に春日とあわせて、白山が鎮守として祀られている。また紀伊の玉置権現にも白山が勧請された。室町期には、興福寺観禅院大御堂、奈良市の寿福寺、生駒斑鳩の福安寺釈尊院、龍福寺（桃尾寺）、宇陀郡榛原村の初生寺、川上村の白山権現、室生龍口村の白山権現がある。江戸時代には釜口長岳寺、永照寺、桜井市の福貴寺、高市郡の慈明寺、奈良の元興寺の鎮守として勧請されている。これらはすべて美濃馬場からの伝播だが、桜井市黒崎には加賀馬場から白山比咩神社が勧請されている。

このように白山は多くの場合鎮守として勧請されているが、それぞれの本地仏を見ると、御前峰と同様に十一面観音を祀る元興寺、桃尾山、長谷寺、慈明寺、永照寺と、大汝峰と同様に阿弥陀を祀る興福寺、円成寺、安倍寺、永久寺となっている。なお当山正大先達寺に白山権現が勧請されていることが注目される。この他、江戸時代後期には、白山社

原春日社境内社、修験と関わる天理市の中山寺白山堂などに認められる。(46)
を「歯定」社、白山を「歯愴」（ハクサ）と結びつけて、歯痛よけの神としたことが、安倍山、三輪山平等寺の白山、櫃

第三項　近世

近世の南都の修験では醍醐三宝院に包摂された当山正大先達衆が中心をなしていた。もっとも中世後期には四〇余を数えた当山正大先達衆も室町末には二六ヶ寺二九院となり、奈良近くでは長谷寺、円成寺、西浄瑠璃寺が出職をやめている。さらに一七世紀中後期には一四ヶ寺一七院となり、奈良近くでは安倍寺、多武峰、長岳寺、桃尾寺、中之川、海住山寺、法隆寺、矢田寺が出職をとりやめた。そして延宝から幕末期までは、内山永久寺、菩提山、三輪山平等寺、松尾寺、超昇寺、霊山寺、桜本坊、高天寺、高野山行人方、飯道寺梅本院・岩本院、伊勢世義寺の一一ヶ寺一二院となり、奈良周辺では内山永久寺、三輪山平等寺、菩提山、超昇寺、霊山寺、松尾寺のみが存続した。

当山正大先達衆は峰入期間中に大峰山中の小笹で集会して、峰入回数などをもとに決めた代表の大宿、二宿、三宿を中心にそれぞれの配下の補任などを行なっていた。各先達寺は各地に配下を持ち、それぞれの地域に袈裟頭を置いて、その下で事務を担当する帳本を通して配下を支配した。そして各先達寺院の代表は山内の諸院が順番に出仕する廻職や、特定寺院が重代職をする場合があった。(47)南都の先達寺院を見ると、内山永久寺は近畿、中国、四国を配下に持ち、山内の龍蔵院、世尊院、普門院、唯心院が廻職で出仕していた。菩提山正暦寺は、関東、甲信越に配下を持ち、戦国期は山内の宝蔵院と大坊が交代で出仕していた。その後近世初期には宝蔵院が実相院の先達職を継承した。もっとも実際は山内の二四院の修験が延宝三年から明治五年（一六七五～一八七二）まで宝蔵院の名（株）のもとに輪番で当山十二正大先達を勤めていた。(48)三輪山平等寺は東座と西座が交代で先達を勤め、九州特に島津藩領に多くの配下を擁していた。これは関ヶ原の戦後、平等寺の修験が島津義弘の帰国を助けたことによっている。(49)松尾寺は興福寺一乗院末で、別当福寿院が

重代職を勤め、配下は肥前と美濃などにいた。なお同寺は当山正大先達衆の仲間文書を所有している。霊山寺は地蔵院他一一院が廻職で出仕し、関東に配下を擁していた。超昇寺は西福院と本覚寺が廻職で、配下は上野国や信越にいた。なお寛文七年（一六六七）には配下の水戸の愛染院が内山永久寺、菩提山、松尾寺の配下を自己の小笹の宿に導いて争いをおこしている。[50]

近世初期の当山正大先達衆の峰入には、四月八日に吉野山の桜本坊が勤める御戸開き、四月下旬から五月中旬に諸先達全員が参加する花供峰。五月下旬から六月中旬に桜本坊が勤める御影供峰、七月上旬と八月中旬に先達衆全員が参加する逆峰、先達衆のうち七人が勤める葛城峰一言主の行があった。[51]

東大寺の堂衆は近世期にも若草山で聖宝に始まるとした法華堂東の若草山や春日山中の花山から毎日二荷の樒をとって法華堂に供える当行を行なっていた。その次第は宝珠院に伝わる『当行日記』（元禄一二年）によると、次のようなものだった。[52]まず当行に先きだって、堂衆は法華堂内陣や若草山の閼伽井を掃除する。そして花山から花柄七本（一本は大、六本は小）を採って、閼伽井の掘溜りに浸した後、法華堂に持ち帰って、東戸口に立てておく。当行は四月からの夏中当行と一〇月からの冬中当行があった。法華堂では初夜（八時〜九時）、後夜（深夜）に勤行がある。初夜は阿弥陀経、三條錫杖、阿弥陀讃、尊勝陀羅尼と、内陣で不空羂索悔過、大黒天前で大黒天講式をあげる。後夜勤行は吉祥悔過、懺法、釈迦讃、尊勝陀羅尼、慈救呪をあげ、観音の宝前で心経、観音経など、執金剛神の宝前で心経、尊勝陀羅尼などをあげる。出立は朝山は七つ半あるいは六つ（午前五時か六時）中山は四つ（午前一〇時）、夕山は六つ（午後六時）である。この外、初七日、二、七日など区切りの時は後夜修了後丑の時（深夜）に登拝した。その出でたちは六角笠をかぶり、夜着と脚半をまとい、手拭、袴をつけ草履をはくというものである。

その行程は二月堂の北（または南の飯道社）から、行基が開基し役行者の弟子智光が籠った天地院に至り、同院の弁才天社で弁才天の呪を唱える。次いで石の地蔵をへて蔵王権現（標石あり）で吉野山を遥拝し、弥勒の呪を唱える。そして閼伽井山に登るが、ここには役行者開削とされる閼伽井と八大金剛童子を祀る閼伽井社がある。社前で九條錫杖、尊勝陀羅尼、慈救呪、荒神呪、南無八大金剛の宝号を唱える。この後花山に赴いて、二荷の樒を採る。この樒と閼伽水を入れた二つの閼伽桶を金剛杖の両端に結んで法華堂に持ち帰る。そして、法華堂正面の観音、東正面のこの当行の本尊である不動、西正面の地蔵の前でカワラケで洒水して「我今奉献　清浄妙花　唯願本尊　哀愍納受」と唱えて供花する。この他大仏殿、講堂、二月堂などにも供華した。なお翌日にはこれらは法華堂北の花塚に捨てられた。ちなみにこの当行は聖宝に始まるとされている。

近世期に興福寺の堂衆が当行を行なっていたかどうかは定かでない。ただ興福寺の堂衆は春日社の本社回廊北面に安居屋を借りて、一人の安居師が天下泰平の為に四月一四日から七月一四日まで夏安居を行なっていた。この安居屋は唐門、四脚門を備えた土塀に囲まれた一角で経蔵もあり、鎮守として龍王社が祀られていた。ただ中心をなす屋内には春日明神影向の間があった。安居師は衣服を櫃におさめ、その上に朱塗の太刀を置いた。そして山上でとった水でふかした御飯を円筒形にした特殊な神供や塩をそなえて毎日一切経を転読した。また神前に置かれた花棚に花（しきみ）を献じた。その費用十五石は興福寺の唐院から贈られた。なおこの夏安居は平安後期から行なわれていたが、当時は氏の長者から宣下を受けた安居師が長者から寄せられた経巻を安居屋の影向の間に祀られた掛仏を付した五面の絵馬の前で四月一四日から七月一四日まで毎日転読した。この五面の絵馬の掛仏は釈迦、薬師、地蔵、観音、文殊で、絵馬には奈良絵師によってそれぞれにふさわしい絵が描かれていた。この安居勤修の費用は安居料所の荘園の年貢があてられた。

ところでこの奈良絵師は安居屋が使用される夏三ヶ月以外は、ここを仕事場として借りていた。中世の項で紹介した天文一八年（一五四九）の上乗院実祐の大峰山の峰入に奈良絵師助が寄進しているのはこのことによると考えられる。ここから更に推測を進めると、ここで夏安居をした安居師は大峰の峰入をした興福寺の堂衆の修験だったと推測されるのである。(53) そして興福寺の東・西金堂衆の間では、大峰の峰入を重視したが、古来の春日山での採薪汲水の夏安居のかわりに、この安居屋での夏安居を重視したとも思えるのである。

興福寺が享保（一七一六〜一七三六）頃に奈良奉行に提出した『諸末寺覚』には、当時の当山十二正大先達の内山永久寺（古義真言。以下古義と略す）、松尾寺（古義）、金剛山（古義）、霊山寺（古義）、三輪山平等寺（古義）、中世末に正大先達だった高天寺（古義）、浄瑠璃寺（新義真言）、長岳寺（古義）、龍福寺（桃尾山、古義）、円成寺（古義）、壺坂寺（古義）、海住山寺（古義）、伏見山菩提寺（古義）がある。この他には子島寺（古義）、高雄山岩船寺（真言）、喜光寺（律）、観覚寺（真言）、紀寺璉城寺（浄土）、秋篠寺（古義）、室生寺（古義）、加茂現光寺（律）、岡寺真珠院（古義）、槙原山金勝寺（真言）、称名寺（浄土）、正覚寺（律）、法貴寺（新義）で、計二六寺を数えている。[54]これを見ると末寺のほとんどが真言で、その多くは当時または中世末に当山正大先達だった寺院で、他は浄土と律が各二である。なお当山正大先達のうちに仁和寺末になった菩提山と超昇寺がはずれている。また中世末に当山正大先達衆で末寺だった安倍寺、長谷寺、法隆寺が離れている。

当山正大先達衆を包摂して当山派を結成した醍醐三宝院は、鷹司家出身の門跡高賢（?〜一七〇七）の時、末寺の江戸戒定院を聖宝の廟所吉野鳥栖鳳閣寺と改称し、同寺を諸国総袈裟頭とした。そして当山正大先達衆の配下も含む当山派修験の直接支配を試みた。また高賢の甥の三五代門跡房演（一六六七〜一七三六）は全国の配下を吉野の鳳閣寺に集めて聖宝の八〇〇年忌を盛大に行なった。ところで興福寺の大乗院三六代門跡信賀は高賢の実弟、三七代信覚と三八代隆尊は房演の実兄である。そしてこの信賀の頃から大乗院は真言宗の吉野鳳閣寺を影響下におき、さらに江戸鳳閣寺を三宝院の了解のもとに大乗院の江戸出張所としている。この大乗院坊官の福智院家には軸装した元禄二年（一六八八）一〇月三日付で三宝院門跡が諸国の配下に吉野鳥栖鳳閣寺修復の勧募を呼びかけた文書が保存されている。[55]このことは、大乗院もこれに協賛していたことを示すと考えられる。ここから更に推測を進めると、大乗院は三宝院、鳳閣寺を通して、かつて自己の末寺だった大和の当山派修験への働きかけを試みたとも考えられるのである。

本山派は聖護院門跡を本寺とし、若王子、住心院、積善院、伽耶院や地方の有力先達に一定地域を霞として与え、霞内の年行事、准年行事を通して配下を支配する形をとっている。天保三年（一八三二）の喜蔵院蔵の『山伏帳』（仮題）によると、大和では若王子は、准年行事智光院（高市郡清水谷村）のもとに玉宝院（葛城郡高田村）、喜明院（宇陀郡松山村）、智宝院（城上郡出雲村）、大宝院（吉野郡国栖村）の同行がいた。住心院の配下には泉光院（吉野郡洞川原）、薫高院（添上郡郡山何和町）、京都大政所大善院の配下に添上郡今市村に滝川院と滝学院、奈良に滝生院と理性院、宇智郡五条二見村に理性院、巌勝院、寛隆院がいた。吉野山では喜蔵院が尾張、南陽院が紀伊、真如院が志摩を霞として与えられていた。この他では玉置山権現と天河の来光院、洞川の龍泉寺が聖護院に属していた。(56)

近世期には大和では庶民の山上講が結成されたが、その初期のものに奈良市餅飯殿山上講がある。餅飯殿町には興福寺別院の遍照院があり、春日若宮祭には大宿所が設けられていた。同講に伝わる寛文一二年（一六七二）の「大峰山上講縁起」（餅飯殿財団所有）には、まず役行者の大峰入峰をあげ、ついで聖宝が大峰の大蛇を退治して峰入を再開した時、この町の人が供をし、無事に帰った折に、餅と飯を贈って祝いをし、「山上守」を授かった。また町内に天河弁財天を祀った。毎年夏と秋には大峰から行者が来て会所の「山上守」を拝した。講員は五月から六月頃山上詣をし、あわせて天河弁財天にも詣でた。特に七年目には盛大な大峯詣をしたとしている。この餅飯殿講では現在も七月六日に弁財天夏まつり、七月七日に聖宝と役行者の慶讃法要、八月に山上詣をし、天河弁財天にも詣でている。(57)

なお、現在大峯山寺の戸開、戸閉式を主導する役講筆頭の岩組は、近世初頭に大坂江戸坂の船大工塩屋藤兵衛が、興福寺寺侍の吉川源兵衛と吉川太衛門の協力を得て、大坂、河内、摂津の同信者を集めて山上詣の岩万人講を組織したことに始まるとされている。(58)

ところで当山正大先達内山永久寺配下の長滝村（現天理市長滝）の市兵衛が天理教の開教に関わっている。この市兵衛は寄りましに神霊を憑依させて、災因を明らかにし、それに応じて祈祷する憑祈祷を得意としていた。天保九年（一八三八）一〇月二三日、みきの長男秀司が足の痛みを訴え、市兵衛に憑祈祷を頼んだが、寄りましの都合がつかなかった。そこでみきがその代りを勤めたところ、神霊が憑依して夫の善兵衛にみきを「神のやしろ」にするように命じた。善兵衛がみきを差しあげますと告げ、これを契機に天理教が開教した。(59)このように天理教の立教には内山永久寺の修験が関っていたのである。

第四項　近・現代

慶応四年（一八六八）に、明治政府の神仏分離令が出ると、興福寺では大乗院、一乗院門跡や院家を始め、興福寺一山の僧侶は、復飾神勤した。その際東・西金堂衆は東大寺の堂衆の支援を得て存続を模索したが、成功しなかった。ただ明治八年（一八七五）西大寺住職佐伯弘澄が奈良県社寺係から元興寺の堂舎の守護を命じられた。そして西国巡礼九番札所南円堂や東・西金堂などは維持された。その後明治一四年、興福寺再興が認可され、京都清水寺住職園部忍慶が兼務住職となり、興福寺は法相宗本山となった。そして明治二一年塔頭の世尊院朝倉景隆が専任の住職となり、明治二三年には興福寺、法隆寺、薬師寺が三本山となり、三寺の住職が五年交代で法相宗の管長となった。(60)このうち興福寺では、法相宗呪師部を設けて、当山派の呪師行法や護摩供を始めとする行法を伝授し、昭和一五年位までは修験の免許状を出していた。また薬師寺も呪師部を設けて、般若心経、理趣経、法華経、梵網経、唯識三十頌、因明入正理論、大乗百法明門論、呪師秘法などの講習を行なっている。(61)薬師寺では太平洋戦争後、高田好胤管長が弥山に登拝している。

ここで南都の旧当山正大先達の神仏分離後の去就についてふれておきたい。まず内山永久寺では僧侶が還俗し廃寺となった。超昇寺も同様に廃絶した。三輪山では大神神社が中心となり、平等寺は廃寺となった。また桃尾山龍福寺の僧侶は布留社（石上社）の神職となった。ただ霊山寺、松尾寺、菩提山正暦寺、忍辱山円成寺、小田原浄瑠璃寺、大和神社神宮寺の長岳寺は仏寺として存続した。なお、太平洋戦争後、霊山寺は霊山寺真言宗、菩提山は菩提山真言宗として独立している。(62)

現在春日大社では春日山錬成会が主体となって、春の峰（三月二四日―平成二五年度以下同様）、夏の峰（六月二日）、秋の峰（九月二九日）、冬の峰（一一月二日）の峰入を行なっている。これは、春日山の本宮神社をはじめとして、峰々の高山神社、鳴雷神社、神野神社、上水谷神社、大神神社を巡拝するものである。このうち、春・秋の峰入は特に初入峰をよびかけている。また、近年薬師寺では毎年八月上旬に、天川村洞川から山上ヶ岳の登拝を実施している。

おわりに

この第一節では奈良の東大寺、興福寺の堂衆による当行や彼らが末寺などの修験と共に行なった大峰の峰入りに焦点をおいて論述した。これは唯心を重視する南都近辺の山での当行のうちに修験のあり方を探って見たかったからである。伝承ではあるが、良弁の山房金鷲山寺の執金剛神の光が機縁となった東大寺の大仏の建立、その山房に淵源がある法華堂衆と大仏を護持した中門堂衆による当行、実忠に始まる二月堂の修二会の練行衆の悔過行の中に、懺悔、誦経、閼伽、採薪、採灯を眼目とする修験の行の原型が認められた。また春日の奥山の窟の遺跡は修験の古来の窟修行を物語るものである。なお平安中期の御岳詣の先達には興福寺の僧が関わり、大峰修行もなされていた。そして中世初頭大峰修行をした持経聖の重源が東大寺の大勧進として再建をなしとげている。また中世初頭に律が重視されてくると、堂衆の当行の修行は律に関わる位階昇進の基準にもなっていった。

中世後期には興福寺大乗院隠居所だった内山永久寺の上乗院が、修験の新たな中心となっていった。そして興福寺末の寺院の修験を中心とした当山正大先達衆の組織が形成された。なお中世後期には当山正大先達が熊野先達を勤めたり、白山信仰の伝播にも関った。

近世期の修験は本・当の教派修験が主体となるが、この南都近辺には本山派の修験はさして多くない。なお興福寺の大乗院は醍醐三宝院と門跡相互の姻戚関係を通して結びついて大和のかつて末寺だった修験への接近を試みている。東大寺では中世以来の当行がなされていた。一方興福寺では当行は安居屋の夏安居にと展開したが、堂衆は当山正大先達衆と共に大峰修行を行なった。また奈良の庶民は餅飯殿の山上詣など自主的な講を結成して山上詣をした。内山永久寺の先達は天理教の開教への契機を与えもしたのである。

明治維新の神仏分離政策により興福寺の両門跡や学僧は復飾神勤したが、東・西金堂衆は東大寺や西大寺の援助もあって、仏寺に復帰した。そして古来の法相修験の中に新しい活路を見出そうとしたのである。

注

（1）天平一四年七月十四日付、大政官府『東大寺要領』寛七、続々群書類従　第十一、一九六九年、一三一頁。なお金鐘寺は光明皇后が皇太子基親王の菩提を弔う為に建立したとされている。
（2）『東大寺要録』三八頁。
（3）『東大寺縁起』続群書類従　釈家部二七の上、五〇八頁。『日本霊異記』中の二一話。なお田中久夫「執金剛神と東大寺と金峰山」久里三二、二〇一三年参照。
（4）『東大寺四至図』正倉院蔵。
（5）『二月堂絵縁起』大日本仏教全書八四―二、二九〜三一頁。
（6）『醍醐根本僧正略伝』醍醐寺霊宝館蔵、大隅和雄『聖宝理源大師』醍醐寺、一九六六年、一六七項。
（7）『諸山縁起』『寺社縁起』日本思想大系二〇、岩波書店、一九七五年、三四四頁。なお般若波羅蜜の峰には良弁が法華経を安置したとしている。またこの聖宝や良弁の同様の記載は『金峰山雑記』『金峰山創草記』にも見られる。
（8）『醍醐寺縁起』群書類従、釈家部六―四三〇、第二四輯。
（9）鹿野園には浄土往生人とされるもと元興寺僧善謝（七二四〜八〇四）が住した梵福寺や勤操（七五四〜八三七）が法華八講を創始した石淵寺があった。
（10）「法華堂扉附柱落書」『東大寺現存遺物銘記及文様』寧楽一四、一九七一、二頁。
（11）多川俊映「唯心浄土と春日浄土――真実と方便の形態」山岳修験四六、二〇一〇年。
（12）大東延和『春日の神々への祈りの歴史』私家本、一九九五年。
（13）山本義孝「春日山中の石窟とその周辺」別府大学史学研究室。
（14）『選集抄』六―四、大日本仏教全書九一　芸文四、一三五〜一三六頁、一四六〜一四七頁。
（15）『金剛山内外両院代々古今記録』修験道章疏Ⅲ、四一三頁。
（16）首藤善樹『金峯山寺史』国書刊行会、二〇〇四年、六八〜七一頁。

(17)『金峰山秘密伝』参照。子守社の若宮とされる三十八所の本地に関しては、異説がある。なおこの三十八は金剛界三七尊と胎蔵界大日をさすとされている。『金峰山創草記』、首藤善樹『金峯山寺史』国書刊行会、二〇〇四年、四九〇～四九四頁参照。
(18)「天智天皇御子始二笠置寺一語第三十」『今昔物語』巻一一、新訂増補国史大系一七、五五～五六頁。
(19)『笠置寺縁起』修験道史料集Ⅱ、名著出版、一九八四年、八九頁。なお堀池春峰「笠置寺と笠置曼荼羅についての一試論」仏教芸術一八、小林義亮『笠置寺　激動の一三〇〇年――ある山寺の歴史』文芸社、二〇〇八年参照。
(20)『二代峰縁起』「峯間宿所卅所云々」上掲『諸山縁起』『寺社縁起』三六一～三六三頁。
(21)上掲『笠置寺縁起』九〇頁。
(22)『三輪上人行状』続群書類従二一八。
(23)「室生龍穴事」『古事談』第五、新訂増補国史大系一八、一〇二頁。この説話は興福寺が室生寺の支配権を確立する為に作った話と考えられる。
(24)「祭天狗僧参内裏現被追話」『今昔物語』巻二〇の第四話。
(25)『古社記』神護景雲二年七六八一の条。
(26)「正暦寺原記」大和史料所収。なお岩城隆利監修『正暦寺一千年の歴史』正暦寺、二〇〇二年参照。
(27)内山永久寺に関しては、河野昭昌「中世後期の永久寺と大乗院との構図――禅徒・修験と国人を介して」国学院大学日本文化研究所紀要九一、二〇〇三年参照。
(28)「浄瑠璃寺流記事」大日本仏教全書一一九。なお立松和平・佐伯快勝『浄瑠璃寺』淡交社、二〇〇二年参照。
(29)上田さち子「貞慶の宗教活動について」ヒストリア七五、一九七七年。
(30)菊池大樹『中世仏教の原型と展開』吉川弘文館、二〇〇七年、六九～七七頁。
(31)関口真規子『修験道教団成立史』勉誠出版、二〇〇九年、一〇四～一〇八頁。
(32)大東敬明「中世後期東大寺堂衆と呪師――修験道との関わりに注目して」宮家準編『修験道の地域的展開と神社』国学院大学、二〇〇六年。
(33)大東敬明「蓮乗院寅清の諸活動――東大寺二月堂修二会『中臣祓』研究の一助として」日本文化と神道三、二〇〇六年。
(34)上掲関口『修験道教団成立史』一〇一～一〇三頁。
(35)『大峰当山本寺興福寺東金堂先達記録』修験道章疏Ⅲ。
(36)「当山検校記」徳永誓子「『松雲公採集遺編類纂』所収、修験道当山派史料の紹介」南都仏教七八、二〇〇〇年、一〇九～一一五頁。
(37)『奈良公園史　前編』第二章　社寺の部、奈良県、一九八二年、五一頁。
(38) 赤田光男「中世大和興福寺の祈雨儀礼」日本文化研究三七、二〇〇五年、大矢良哲「鳴雷神社とその信仰」池田源太編『古奈良正統』一九七六年参照。
(39) 松村和歌子「春日社興福寺の中世的確立──毎日一切経転読開始と東西御廊の成立を中心に」立命館文学六二四、二〇一二年、一五九頁。
(40) 徳永誓子「修験道当山派と興福寺堂衆」日本歴史四七五、一九九八年。
(41)『上乗院門跡伝』常磐木文書『天理市史』史料編一、天理市、一九九七年。ただし「内山上々院系伝」（内閣文庫）では、同院初代を元興寺出身で、醍醐三密坊聖賢から密法を授かった亮恵としている。なお河内昭昌「梗概・内山永久寺と興福寺大乗院との位相──内山上乗院系伝の翻刻にあたって」国学院大学日本文化研究所紀要九〇輯、二〇〇二年参照。
(42)「天文十八年乙酉七月六日、御入峰助成日記」首藤善樹編『金峯山寺史史料集成』国書刊行会、二〇〇〇年、三六九～三七〇頁。
(43)「当山方諸下行目録」松尾寺蔵、奈良県教育委員会『松尾山・矢田地域仏教民俗文化財調査報告書』一九九五年、一〇六～一〇七頁。
(44) 上掲関口『修験道教団成立史』六三～九四頁。
(45) 上掲宮家編『修験道の地域的展開と神社』七八頁。
(46) 白井伊佐牟「大和国の白山信仰」皇学館論叢三三─三、二〇〇〇年。
(47) 鈴木昭英『修験教団の形成と展開』修験道歴史民俗論集1、法蔵館、二〇〇三年、一五三～一五五頁。なお近世期の当山正大先達衆全般については、同書八四～一三五頁参照。
(48) 吉井敏幸『正暦寺と修験道』岩城隆利監修『正暦寺一千年の歴史』正暦寺、一九九二年、一五一～一六六頁。
(49) 宮家準『修験道──その伝播と定着』法蔵館、二〇一二年、二六四～二六八頁。
(50) 上掲鈴木『修験教団の形成と展開』一〇〇頁。
(51)「公儀御尋に付、品川寺差上候由緒下書」松尾寺蔵、上掲『松尾山・矢田地域仏教民俗文化財調査報告集』一二八～一二九頁。
(52) 筒井英俊『東大寺論叢』国書刊行会、一九七三年、二五〇～二五七頁。
(53) 松村和歌子『春日安居屋について』奈良民俗通信一六、一九七一年。
(54)「興福寺諸末寺覚」永島福太郎『奈良文化の伝統』中央公論社、一九九四年、四五七頁所収。

（55）河野昭昌「興福寺大乗院と修験宗当山派江戸触頭鳳閣寺との関係」上・下、國學院大學日本文化研究所報二一五、二一六、二〇〇〇年七月、九月。
（56）『天保三壬辰年、喜蔵院孝盛調写、山伏帳（仮題）』上掲宮家編『修験道の地域的展開と神社』七八頁。
（57）『つどう、いのる、たべる――奈良の講と神仏』元興寺文化財研究所、二〇〇三年。
（58）宮家準『大峰修験道の研究』佼成出版社、一九八八年、一八七～一八九頁。
（59）村上重良『近代民衆宗教史の研究』法蔵館、一九六三年、一〇九～一一四頁。
（60）大屋徳蔵「奈良における神仏分離」『明治維新神仏分離資料』Ⅱ、名著出版、一九七〇年、五～一〇八頁。なお多川俊映『奈良興福寺』小学館、一九九〇年参照。
（61）牛窪弘善『修験道綱要』名著出版、二〇〇三年、六八頁。
（62）泉谷康夫『興福寺』吉川弘文館、一九九七年、二〇七頁。

第二節　南都僧の遍歴と山岳修験

第一項　慶円の遍歴と三輪山

序

奈良の南方に秀麗な山容を見せる三輪山には「日本書紀」によると崇神天皇七年に疫病が流行した時、天皇が託宣をもとに三輪山の大物主の神（三輪氏の女と交った蛇神）を、その子の大田田根子に祀らせたのに始まるとされた大神神社がある。(1)同社は『神祇令』では大和一宮とされ、天神の筆頭の伊勢神宮と並ぶ、地祇の筆頭の神社とされている。(2)なお天平宝字年間（七五七〜七六五）頃に鑑真から菩薩戒を受けた文室真人が大神寺で六門院羅尼を講じている。(3)その後一二世紀前半に成立した『今昔物語』には天武・持統期に仕えて功があった三輪山麓に住む大田田根子を祖とする豪族、大神高市麿が自宅を三輪寺としたとしている。(4)なお和田萃は天武期に大三輪朝臣を賜姓された神君（みわのきみ）が、六世紀以降に大物主神の祭祀を始めたとしている。(5)

三輪山の山中には、頂上に奥津磐座、中腹に中津磐座、拝殿の背後に辺津磐座がある他、山麓にも小さな磐座などの祭祀遺跡がある。(6)こうした霊地だったことから大同元年（八〇六）律師に任じられた玄賓（？〜八一八）が隠棲するなど遍歴の聖が訪れることもあった。(7)なお『類聚符宣抄』巻三には天下の悪疫退散のために治安元年（一〇二一）四月大神社の少僧都扶公他六人の僧が、また長元三年（一〇三〇）権律師の平能が読経している。[8] 彼らは大神社の神宮寺の僧と考えられる。この大神寺は当時は室生寺の仏法寺、長谷寺塔頭の加佐寺、白木寺などと共に比叡山無動寺の山岳道場多武峰の末寺となっていた。[9] このように三輪山では当初から水神とも思われる除災力のある大物主神が祀られていて、玄賓のような聖も訪れる霊地だったのである。

この第一項でとりあげる慶円もこの三輪山麓にのちに平等寺となる別所を開いた遍歴の聖だったのである。その後西大寺の戒律を復活した叡尊もかつての大神寺を再興して大御輪寺としたとされている。彼については次節で取り上げることにしたい。

なお慶円が開いた三輪山の平等寺は、中世から近世にかけて三輪一山の中枢をなしていた。けれども神仏分離によって大御輪寺とともに廃寺になり、史料が散逸した。それ故、研究もあまりなされていない。幸いにして平等寺開山の慶円や彼に始まるとされる三輪流神道に関しては史料や儀軌などが伝わり、研究もなされている。[10] これは主として平等寺の学衆の間に伝わったと考えられるものである。けれども修験を主体とし、中世後期、特に戦国期には、山中の主導権を握った平等寺の禅徒方についてはこれまでほとんど研究されていない。そこで本項では大和の霊山や修験の史料に散見する彼らの活動に関する記載をもとに、中世期における三輪山平等寺の修験の活動を跡づける。そして最後にその近世における展開についてふれることにする。

1　慶円の遍歴

慶円に関しては弟子の塔義が彼の没後三二年の建長七年（一二五五）に記した『三輪上人行状』などをもとに、その一生を紹介することにしたい。[11] 慶円は鎮西の出身で、当初東大寺末の安倍の別所に住したが、弟子の死相の変移を見て発心し、明師を求めて乞食抖擻の修行に入った。そして吉野の龍門寺あたりの草庵で大般若経、五部大乗経、天台、真言の経軌を書写し、護摩、陀羅尼の行法を修し、さらに龍門寺の堯仁の下で験者としての力を得て治病などに効験を示した。例えば多武峰では覚鑁（一〇九五～一一四三）の霊が憑いたと称した山伏、良源を名乗った女性の憑依霊をいずれもその欺瞞をあかして落とすなどの験を示している。

その後石清水八幡宮では参籠中に青女房に頼まれて老母の葬儀をし、穢にふれたので参拝を遠慮していた。その折、男性が現れて死穢は禁忌ではないと述べて宝前に導き、即身成仏の印明を授けて、自分は釈迦牟尼の化身と名乗った。建暦元年（一二一一）には室生で一〇〇〇日の参籠行を目指したが、成満一〇日前に、参籠所に行く途中の橋上で貴女に会った。彼女は善女龍王と名乗り、彼に、八幡で授かった即身成仏の秘印を伝授してくれるよう求めた。彼がこの印明を授けて真身を示すように求めると、龍神の姿を示して五色の光を放って龍穴に入った。また彼が一〇〇〇日にわたって舎利法を修したら、結願の日に水晶を砕いたような一〇〇〇粒の舎利が出現した。この他、ある人から笠置の貞慶（一一五五～一二一三）が臨終の時に誦した歌の作者を聞かれた時に、それは金峰山の講讃法橋と答えたなど、貞慶と親交があったことを示す話も記されている。なお大和国明王寺の某房は、一七歳で出家して金峰山の蔵王堂に参籠中に蔵王権現から慶円の死を知らされている。この慶円の死は、建武三年（一三三六）一月二七日に、彼の四代目にあたる照海が龍門近くの吉野町平屋の菅生寺に建立した笠卒都婆によると、貞応二年（一二二三）一月二七日のことで、享年は八四歳だった。

この他、後には慶円が三輪山下の閼伽井で三輪明神の影向を得て、互いに灌頂を授けあった話、承元元年（一二〇七）一〇月八日に室生の楊柳山大野寺の弥勒の磨崖仏の落慶法要を後鳥羽上皇の臨幸を得て行ったなどの話も伝わっている。吉田靖雄は、この『三輪上人行状』には、霊魂の憑依・神の託宣・化身・夢告などの神霊との交流に関する話、即身成仏の印明伝授、偈文伝授などの修法の実践、灌頂伝授、菩薩戒など真言密教、特に覚鑁との関わりがみられるとしている[12]。

このうち覚鑁とのつながりを思わせるものに『三輪上人行状』所掲の次の話がある。伯耆大山の山裾近くの桜山寺（熊野権現と王子あり）の住僧厳朗千明房が、備前国児島の熊野長床領の若王子に参籠して即身成仏の秘法をどこで授かったら良いか祈念した。すると高野山千手院東別所（高野聖の拠点）の理覚房が同法を伝授しうる仁であるとの神託を得た。そこで彼のところを訪ねて三年間修行して、貴師が即身成仏の秘法を相伝されているとの神告を受けたので授けてほしいと懇願したが、知らないと断られた。失意のうちに再度児島の若王子に帰って祈念したところ、神託を得た。その内容を三行の法文に書き留めて高野山に帰って理覚房に見せると、彼は感涙にむせんで、この秘法を真に伝えるべき善知識が現れたと言って、伝授してくれたという。

ところで三輪には平等寺成立以前から寺院が存在した。その初出は『延暦僧録』（七八八年、思託撰『史料』一、六頁）の「沙門浄三（六九三～七七〇）が、鑑真から菩薩戒を受け、大神寺で六門陀羅尼経を講じた」との記事である。その後、『今昔物語集』巻二〇には、三輪の郷に住む中納言（大神高市麻呂〈六五七～七〇六〉）が、自宅を寺にして、三輪寺と名付けたとある。『古事談』（一三世紀初期成立）には、三輪の庵に居した玄賓の記載がある。それによると、河内で生まれ、興福寺で唯識を学んだ玄賓は、道鏡の専横を憎んで伯耆の山里に隠棲した。その後、桓武天皇の治病に効験を示し、律師に任じられたが、「三輪川の清き流れに洗ひてし、衣の袖は更にけがさじ」との歌を残して去って、備中国湯川寺に移り、弘仁九年（八一八）に死亡したとある。[13]さきの『三輪上人行状』と同様に、中世末に児島五流の影響下にあった伯耆と児島近くの備中がみられることが注目される。

慶円死後の天福元年（一二三三）、東大寺の宗性（一二〇二～一二七八）は、三輪別所で著した『春華秋月抄草』の奥書に「三輪別所堂書付之」と記し（『史料』一、三六〇頁）、さらに嘉禎二年（一二三六）に編纂した『弥勒如来感応抄草』（『史料』一、一五四頁）の奥書にも、「三輪山別墅平等寺大智院」と記している。それ故この頃には三輪に平等寺が成立していたと考えられる。なお慶円と同様に宗性も貞慶に私淑し、弥勒菩薩を祀る笠置寺の住持でもあった。このことから平等寺塔頭の大智院が密教的な弥勒の道場だったことが推測される。ちなみに『三輪上人行状』所掲の賢仏房が見た夢は、「慶円の御座所は北に高山をいただき、慶円が感得した仏舎利を納めたと思われる南面した七重塔の中には、大師が揮毫した『南無阿弥陀仏』の軸があった。また塔の巽（東南）には池があり、四色の蓮華が咲いていた」というものだった。

三輪の大御輪寺は、西大寺を再興した叡尊（一二〇一～一二九一）が、先に挙げた古来の大神寺を再興したものとされている。その自叙伝『感身学生記』上（『史料』一、一五五～一五六頁）によると、叡尊は仁治二年（一二四一）に三輪宿で文殊菩薩の供養をし、翌年には西大寺で三輪の少彦名命・石落神と名乗った老翁に菩薩戒を授け、その御礼として薬法を教わっている。また慶円の弟子一乗心上人（禅忍房乗心）から、貞慶の自筆本『勧発菩提心集』を借りるなど、平等寺とも関係を持っていた。その後弘安八年（一二八五）には、三輪社に詣でて法会を開き、神宮寺を再興して西大寺末の律宗の大御輪寺としたとされている。

彼の著とされる『三輪大明神縁起』には、「一、大御輪寺の本尊十一面観音は、三輪明神の若宮の本地であること。二、伊勢の天照皇大神の本地は大日尊である。この天照皇大神は、地上には三輪山と伊勢に降臨され、三輪では大神明神として祀られたこと。三、三輪山の山名はその御神体の松（仏部）、杉（蓮華部）、榊（金剛部）の三種の霊木を輪にして、三部合一の曼荼羅を示すことに因んでいること。四、伝教大師が天台の守護神として吉野の子守、勝手明神を勧請しようとしたが断られ、三輪に行くように指示された。そこで三輪に行くと、三輪の神が大杉の枝を持ち大黒天の姿で現れて、大師とともに比叡山に赴いて、日吉山王の西宮に祀られたこと」などの話を挙げている。[14]

2　大和の霊山と慶円

ここで慶円が関わった大和の霊山の紹介を通してその宗教的背景を検討したい。彼の最初の修行地龍門寺は明日香から多武峰をへて吉野に至る道の途中に位置する龍門岳（九〇四ｍ）の滝近くにある義淵（？～七二八）創建と伝える寺で、近くには雷神社があった。ここは久米仙人など仙人が修行したところである。彼の師尭仁もこの寺にいたと考えられる。慶円の墓所菅生寺もこの近くにある。明日香から吉野へ壺坂峠を越えて進む道の東の高取山には、天平宝字四年（七六〇）三月に大和出身の報恩（？～七九五）が観音を本尊として建立した子島寺がある。報恩はこの寺を弟子の延鎮に譲った。その後延鎮が延暦一七年（七九八）に坂上田村麻呂の外護のもとに京都に清水寺を開基したことから、この子島寺は南清水寺と呼ばれた。

奈良時代後期には山林修行者は吉野川を越えて吉野山、さらに山上ヶ岳に登拝するようになった。東大寺東南院の聖宝（八三二～九〇九）によって、吉野山に堂宇が建立され、やがて蔵王権現を祀る金峯山寺が成立した。同寺は吉野山、登拝口の安禅寺、山上ヶ岳の三宇の蔵王堂などから成ったが、修験の拠点は安禅寺だった。なお鎌倉期に成る『金峰山創草記』には報恩が安禅寺の宝塔を建立したとの伝説が記されている。(15)これは当時金峰山の中宮に位置するこの地が修験の拠点とされ、奈良時代の報恩を同寺の開基とする神話が作られたことを示している。時代と地域を異にするが、治承四年（一一八〇）の奥書（真の成立は室町末）の備前岡山の金山寺の『金山観音寺縁起』では、同寺は備前国津高郡出身の報恩が京都の清水寺の観音と同木で千手観音を作って開基したとしている。彼は備前の児島に藤戸寺・瑜伽寺、さらに備前国内に四八ヶ寺を建立した。その後大和に赴いて高市郡に児島寺を建立したとしている。ちなみに、先に紹介した児島の五流修験の建徳院は近世初頭にはこの備前四八ヶ寺を霞としている。この『金山観音寺縁起』や児島五流の話は、吉野の山林修行者報恩に因んで中世末に作られた話と考えられる。(16)

慶円の次の活動の場所は京都男山の石清水八幡、長谷、室生へと展開する。周知のように石清水八幡は、宇佐八幡神を勧請したものである。宇佐八幡の祭神八幡大菩薩は弘仁六年（八一五）の大宰府の解状に引用された縁起では、欽明天皇の御宇（五三九～五七一）に宇佐郡馬城峰に顕現した応神天皇の御霊を大神比義が祀ったものとしている。(17)遠日出典はこの大神氏は三輪山の奥の宇陀郡伊那佐山周辺を本貫の地とする三輪山の大神神社の祭祀に携わった大神氏の一族が宇佐に移住したものとしている。(18)ちなみにこの宇佐八幡の八幡神が勧請された男山の地は、独鈷石や五清泉がある雷神信仰の霊域とされていた。なお鎌倉初期には葛城峰中の最後の宿である亀尾宿から生駒山系をへて、この男山八幡に至る北峰の抖擻がなされていた。

長谷寺は、養老五年（七二一）に川原寺の道明が、後に慶円も訪れた長谷川上流の神仙境とされた石室に十一面観音を祀る山寺を設けたのに始まる。この長谷寺の地主神が鎮座する滝蔵山（与喜山）は、三輪の側からはいわば本宮山として仰がれる霊山だったのである。また慶円が善女龍王に即身成仏の印明を授けた室生の龍窟は龍神、雷神信仰で知られた霊地だった。この室生には八世紀初期に興福寺の賢璟（七〇五～七九三）が山寺を開いて虚空蔵求聞持法の道場とし、平安初期には比叡山を追われた円修、賢慧らが住していた。なお『諸山縁起』には鎌倉初期に清水寺を開いた延鎮を開基とする山城の楊柳観音から、笠置、奈良東山、石上、三輪のあたりをへて長谷に至る峰間の宿三〇ヶ所が挙げられている。[19]これは後の長谷詣を思わせる道である。この出発点近くの笠置山は、「観音講式」「神祇講式」を著した慶円が私淑した貞慶が開いた弥勒の都卒天の外院とされた霊場である。なおこの貞慶の後に笠置寺の住職を勤めた東大寺の宗性は、三輪に笠置の弥勒信仰を導入している。慶円は興福寺の東金堂の勧進にあたった際、春日神社の社頭で貞慶に会ったともされている。この他、先に挙げた高野聖の拠点の千手院谷の理覚房の話にみられるように、慶円は覚鑁に始まる高野聖とも関わりを持っていた。

3　興福寺と三輪山平等寺

奈良の春日山（東山）には金鷲優婆塞（のちの良弁。六八九～七七三）が設けた金鷲山寺があった。同寺に祀られていた執金剛神は後に東大寺法華堂の本尊不空羂索観音の後堂に祀られた。執金剛神は図像上は修験道の主尊金剛蔵王権現の先蹤ともされている。このこともあってか、鎌倉期には法華堂の堂衆は修験となっていった。前項であげたように、彼らはすでに院政期から春日山に四月から八月と、冬一〇月から一一月にかけて計七五日間登って樒を取ったり閼伽水を汲む当行と呼ばれる峰入を行っていた。また同じく東大寺の中門堂衆の修験もこの当行を行っていた。その後、両堂衆は大峰の峰入を行ない、この二つの峰入を位階昇進の条件とした。時代は下るが、一五世紀後半に「執金剛神講式」を著した法華堂の延慶は、興福寺の西金堂衆、近江・播磨の先達を率いて大峰の峰入を行っている。

三輪山は、かつては多武峰の末寺だったが、中世後期には興福寺に所属した。この興福寺には、東・西の金堂があって、東金堂は一乗院門跡、西金堂は大乗院門跡に属していた。そして東金堂の修験は春日山塊の花山、西金堂の修験は香山（高山）で当行を行っていた。貞治二年（一三六三）の奥書（真の成立は一四世紀後半カ）がある『大峰当山本寺東金堂先達記録』によると、神亀三年（七二六）に東金堂第一司龍澄が大峰修行したが、その後一一代にわたって峰入が跡絶えていたのを聖宝が復活したとしている。同記録によると、東・西金堂衆は当行とあわせて六月から九月に七五日かけて吉野から熊野、さらに葛城の金剛山から二上山にと峰入をし、その後二上山の岩屋で大念仏会を実施していた。そして東大寺の両堂衆と同様に、当行とこの峰入を堂衆の位階昇進の条件としていた。一五世紀後期には東・西金堂衆のこの峰入に、奈良六大寺、東郷（奈良周辺カ）、西郷（生駒、葛城周辺カ）、伊賀、和泉、河内、摂津の山伏が参加している。[20]

室町時代中期の興福寺、特に大乗院と平等寺の関係は第二七代大乗院門跡尋尊（一四三〇～一五〇八）の日記『尋尊大僧正記』（『史料』一、四一八～四八二頁、二、二六三～二八一頁）などに詳しい。ここでは特に平等寺の修験である禅徒に関わるものを、後に当山正大先達衆を結成する大和を中心とする修験にも目を配って紹介することにしたい。三輪は尋尊の『三箇院家抄』の「御末寺御用寺々」に御用銭を納める寺院に挙げられている。その他の御用銭を納める末寺は、長谷寺、菩提山、内山、釜口、安位（倍カ）寺、中山、萱尾、信貴、随願寺（東小田原）、橘寺の一〇ヶ寺である（『猪熊文書』下、『史料』一、四一七頁）。このうち中山、萱尾、随願寺以外は後述する当山正大先達衆である。この御用金の額は寛正三年（一四六二）の大乗院の「引付到来」によると、三輪一五貫文（平等寺学衆五貫文、同禅徒三貫文、両座七貫文）、内山二一貫文（内山寺五貫文、学衆一〇貫文、禅徒六貫文）、釜口両座二〇貫文、菩提山三五貫文、信貴山八貫文で、総計九九貫文である。三輪、内山で修験の禅徒が学衆と別に納めていることは、彼らが山内で独自の勢力を有していたことを示している。

もっとも同年の大乗院の収入は荘園から一〇三一貫七〇〇文、末寺から一二〇貫八七五文、小五月銭六五貫文、一党から一四貫文、座から五貫文ゆえ、末寺への依存はさして高くはなかったようである。なお『尋尊大僧正記』には、一五世紀後半のこれら末寺による御用銭など納入の状況が年月ごとに記載されている（『史料』一）。これを見ると、三輪、菩提山、信貴山などでは、山内で修験の禅徒が大きな勢力を持って学衆と争っていたことから上納が滞っている。

特に三輪では東座の学衆と西座の禅徒が激しく対立していた。そうした中で、寛正二年（一四六一）三月、東座の大智院以下の三宇が焼失し、禅徒の放火との噂がたった。禅徒はこれに対して皓文（起請文）による結着、学衆は湯起請を求めて紛糾した。結局大乗院の命を受けた三輪神領の領主で興福寺坊人の十市遠清の仲裁でなんとか収まった。翌年尋尊は両座の存知すべき一八条を定めている（『史料』二、二六七頁）。ちなみに三輪には古代の海石榴市の歴史に連なる金屋市があり、市神の恵比寿神が祀られていた。また応永一五年（一四〇八）には平等寺の多聞院や大乗院門跡から徳銭を一〇年間免除されていた。

大神神社宝物館蔵の室町末期の三輪山平等寺古図[21]の画面を見ると、上方は三山（中央、高峰、大神神社。左、口の不動、大御輪寺他。右、奥の不動、平等寺）が配されている。平等寺の部分は中央の山（奥の不動）の左裾岩壁（星降）下に鎮守の春日社がある。その一段下に白塀に囲まれて、奥に本堂、その前に善女龍王池、左手に不動堂（護摩堂）、愛染堂、右に鐘楼、左奥に医王院がある。塀の外山手に御影堂（弘法大師カ）、役行者堂、慶円上人堂がある。塀のすぐ下に大智院を大きく描き、楼門を出て下った先の平等川右に十余の院坊、山門外に弁才天社、鎮守、聖天、大行事社、牛頭天王社、明王堂、社僧講義所がある。ちなみに大智院は当時の学頭筆頭で、禅徒筆頭の大門坊は山門左手のやや大きい坊と推測される。

4　当山正大先達衆と平等寺

周知のように南北朝期には吉野一山の修験は南朝方に与した。こうしたことから大和南部の修験にも南朝方に加担するものがいた。三輪では開住西阿とその子良円が吉野山の皇居に参じ、興福寺を拠点にした足利方の南進をくいとめている。良円は興福寺が平等寺に課した屋敷、田畠七反三〇〇歩の反米二石を未進し、さらに興福寺が同領の大田・院入・出雲の三荘に課した造営反銭を押領した。彼は四条畷合戦で戦死した。ただその子弟は後村上天皇の男山八幡進駐に供奉し、同天皇を三輪に迎えてもいる。また一二世紀中頃、興福寺大乗院の隠居寺として設立された内山永久寺でも、同寺の上乗院光賢が後村上天皇に伺候し、長慶天皇皇子海門承朝から河内観心寺の住持職を賜ったとされている。上記の大乗院の御用銭を納めた末寺中、禅徒が独自に上納した平等寺と永久寺はともに興福寺に反して南朝方に与したのである。こうしたこともあってか、室町後期には大和を中心とする修験が興福寺東・西金堂衆から離れて、後に、内山永久寺上乗院を核とする新しい結衆を形成したのである。

上乗院は同院側の史料「内山上乗院系伝」（内閣文庫蔵）では、初代を元興寺出身で醍醐三宝院三蜜房聖賢から密法を受けた亮恵としている。[22] けれども上乗院家の常磐木家蔵の「内山上乗院門跡伝」では、その始祖を頼仁親王息、後鳥羽院の孫で小島宮と通称され、東上条院の安産祈願、蒙古降伏で効験を示した東大寺（東寺カ）長者六五世道乗（一二一五～一二七三）としている。[23] この道乗は先に紹介した備前児島の熊野長床領の若宮（新熊野権現）を祭祀した児島五流一山の中枢尊瀧院を中興している。ちなみに彼の外孫は南朝方の児島高徳ともされている。

「内山上乗院系伝」の七代亮位は徳治三年（一三〇八）、一七代実祐は天文一八年（一五四九）に諸国先達を引率して大峰に峰入した。このうち実祐の峰入にあたっては、三輪を始め、大和の諸寺の先達が助成している。その助成額は三輪先達一貫文（以下貫文を略して数字のみ挙げる）、菩提山三、高野二四、伊勢世義寺五、超昇寺一、法隆寺一、根来六〇、粉河一二、中之川一、和田一、近江飯道寺六、海住山二、多武峰一四、松尾四、釜口一、小田原一、高倉二である。また彼は峰入にあたって飯道寺梅本坊に五〇〇文、信貴山に二〇〇文、安倍山に二〇〇文、三輪に五〇〇文、多武峰に三貫文、頭襟役の当山定舜坊（吉野修験カ）に三〇〇文、宿坊の吉野桜本坊に二〇貫、西蔵院に一五貫を支払っている。[24] このことは内山永久寺を中心にこれらの諸寺の修験が相互に結びついていたことを示している。

その後、天文二三年（一五五四）七月一九日には大和の三一ヶ寺の先達が峰中の費用について申し合わせをしているが、その中には三輪の頼慶と内山の覚深が名を連ねている。また天正一三年（一五八五）五月三日の、お互いの弟子を取り合わないことを約した起請文には、三輪を筆頭に霊山寺、茅原寺、岩本（飯道寺）、大坊（菩提山）、高野、伏見、松尾、多武峰、鳴川、矢田、吉野、内山、高天寺が署名している。その後の慶長三年（一五九八）の還俗を禁じた申し合わせは、この頃には当山正大先達衆と通称されるに至った彼らの結社の代表、大宿矢田弘空、二宿三輪良恵、三宿霊山寺を筆頭に一八八人が署名しているが、その中には三輪の良盛、実口、実成、盛雅、雅海、泰純房尊海、玉瑜、玉龍、弓範が含まれている（『史料』七）。なお近世期には当山正大先達は三輪山平等寺、桜本坊、内山永久寺、菩提山（実相院、宝蔵院）、霊山寺、松尾寺、高天寺、高野山、世義寺、飯道寺（岩本院、梅本院）の一二カ院に減少したが、順に大宿、二宿、三宿を出してそのもとで活動する形で存続した。

一六世紀末に成る「平等寺書上」によると、当時の平等寺の寺領は広瀬郡大塚村内六〇石と、同郡池尻村内二〇石、計八〇石だった。山内は三一坊から成り、人口は衆僧学侶一四人、山伏一六人、客僧二三人計五三人でいずれも真言宗だった。境内には大門、楼門、本堂、護摩堂、鎮守、五大堂があった。末寺はすべて真言宗で山内に浄福寺三坊、十市郡に寂楽寺・正覚寺二坊・神楽寺一坊・妙法寺五坊・薬王寺二坊・神供寺、吉野郡竜門に大蔵寺八坊、宇多郡に如意輪寺、葛上郡に苻（茅カ）原寺一一坊があったが、いずれも無知行だった。(25)

結

中世末から近世初頭の三輪山平等寺の修験の活動を象徴する事件に、薩摩島津義弘の救出活動がある。関ヶ原の戦に西軍に与して敗れた彼は、近江国の多賀、飯道山、伊賀をへて平等寺に至る。ここで修験大門坊に三ヶ月余にわたって匿われた後、堺から海路、薩摩に送られる。その後彼は高野山に蟄居したが、島津藩は存続を認められた。爾来近世期を通して三輪山平等寺は島津藩の厚い外護を受け、同藩内に多くの配下を擁していた。この義弘の救出が可能になったのは、戦国期に島津藩が修験を重用したこともあったが、それより以上に、本項で紹介したように、平等寺の修験が中世後期に、興福寺東金堂や内山永久寺を媒介として、近江から伊賀に影響があった飯道寺、堺や西国と関わりをもった備前の児島五流修験などと何らかのつながりを持って、それを利用してのこととも考えられるのである。

第二項　重源の修行・遍歴と作善

序

山伏、修験道といえば誰でもすぐ思いうかべるのは、弁慶の勧進帳である。その原型をなす一五世紀中頃の能「安宅」では山伏姿の弁慶が平重衡による治承四年（一一八〇）の南都焼き打ちにより絶滅に瀕した東大寺の絶えることを悲しんだ俊乗坊重源が諸国勧進を志したことを述べている。このように中世期には重源が山伏などの聖に勧進にあたらせ、東大寺の大仏や伽藍の再建をなしとげたと伝えられていたのである。この重源（一一二一〜一二〇六）は長承二年（一一三三）一三歳で上醍醐に入り、その後四国の辺路、大峰、葛城で如法経修行をし、渡宋のうえで善光寺で阿弥陀如来を観じ、それを契機に高野山に念仏道場の新別所を開いている。また醍醐寺開山の聖宝が東大寺に三論宗と密教の道場とした開いた東南院とも関わっていた。そして承和五年（一一八一）六一歳の時、東大寺造営の宣旨を賜わって勧進にあたり、文治元年（一一八五）に大仏、建久六年（一一九五）に大仏殿、弘仁三年（一二一三）にはほぼ全伽藍の再建をなしおえた。またこの年に自己の生涯の事跡を録した『南無阿弥陀仏作善集』を著わしている。(26) そしてこれまで同書や彼が関わった建物、仏像などをもとに数多くの研究がなされている。(27) 本項では、まず彼の諸霊山や宋での修行、遍歴をとりあげる。そして彼が東大寺勧進に携わるまで本拠とした醍醐寺と別所を開いた高野山での活動を紹介し、東大寺の大仏と大仏殿再建の拠点とした別所や、第一節で紹介した法華堂、中門、興福寺など後に当山方の修験となった寺院との関わりにもふれることにする。その上で、彼の上記の作善すなわち堂塔建立、造仏、仏事などの善事の根底に見られる信仰を解明することにしたい。

1　重源の修行と遍歴

重源は保安二年（一一二一）に武士の紀季重の子として京都で生まれた。一三歳の時に醍醐寺の上醍醐に入り円明房の下で禅徒（堂僧）として真言を学んだ。そして一七歳の時には四国の海辺や山々を巡る辺路修行をした。さらに一九歳の保延五年（一一三九）頃に大峰山に初入峰して以来五回にわたって峰入した。そのうち三度は大峰山中の釈迦ヶ岳山麓の深山で御紙衣を料紙として、如法経（法華経）を書写した。後の二回は一〇人の持経者と共に峰中で大日経を一人一〇〇部、あわせて一〇〇〇部転読した。また熊野から御岳（金峰山）への峰入を行なったが、この折は熊野の出立から歩きながら、法華経冒頭の「妙法蓮華経巻一、如是我聞」から唱え始め、御岳で最後の「皆大歓喜　受持仏語　作礼而去　妙法蓮華経巻八」で、唱え終わる修行をした。この他、熊野の那智（大滝カ）でも如法経を書写している。ちなみに金峯山世尊寺の鐘銘によると、保延七年（一一四一）に大勧進聖人道寂、永暦元年（一一六〇）に勧進聖人延□□□、寛元二年（一二四四）に勧進聖願阿弥陀仏によって鋳直しがなされているが、[28]重源がこれに関わっていたと思われないでもない。

時代は下るが、元亨二年（一三二二）になる『元亨釈書』では、重源は仁安二年（一一六七）に入宋し、四明山で栄西（一一四一〜一二一五）に邂逅し、相連れだって天台山に登り、ここで阿羅漢を拝して明州に帰り、阿育山で舎利の瑞光に接して、同三年（一一六八）秋、一緒に帰国したとしている。[29]なお栄西は自著の『興禅護国論』で、仁安三年（一一六八）四月に渡航して、天台山に登って虚庵懐敞から臨済禅を学び、このあと阿育王山に詣でて仏舎利の放光を礼拝して九月に帰国したとしている。[30]ちなみに安元二年（一一七六）に重源が高野山の西院谷の行人寺正寿院に施入した鐘銘には「安元二季二月六日、勧進入唐三度聖人重源」と記銘されている。[31]なお重源は寿永二年（一一八三）四月初めに九条兼実に招かれて、東大寺大仏鋳造の状況について説明した際、あわせて入宋のことについて話している。兼実の日記『玉葉』の同日の条によると、その話は次のようなものだった。[32]

「自分はこれまで三度渡宋した。渡宋の目的は文殊菩薩の聖地の五台山（清涼山とも、山西省、三〇五八ｍ）に登ることだった。けれどもこの山は仁平二年（一一五二年〈南宗紹興二二年〉）に金の支配下になっていたので登れなかった。そこで帰ろうとしたが宋人のすすめで、天台山（浙江省、一〇九八ｍ、天台宗の開祖智顗が開いた国清寺がある）と阿育王山（浙江省）に登ることを考えた。天台山には登拝口に石橋があって破戒罪業の人は渡ることが出来ない。ただ求法の志を持って渡海した日本人は渡ることが出来る。その橋は大河の上に架かった幅四寸、長さ三四丈で、その西辺には縦横六尺の大岩がある。その奥には銀橋、さらに金橋があり、正身の悟りを開いた五一八人の羅漢がいる。そして信心して供物を供えて祈念したら石橋の西頭（羅漢カ）にあえる。ただあえる人はほとんどいない。また阿育王山の阿育王寺にはインドの阿育王（治世ＢＣ二六八〜二三二）が仏舎利を納める為に作らせた八万四〇〇〇基の塔の一つがある。その塔には帝王が寄進した金の根本塔、その上には金銅の塔がある。自分はこれらの塔に納められた舎利が仏像に化して光明を現じる神変に二度あった。宋の人は五〇〇人から一〇〇〇人位が一緒になって精進し、三歩ごとに一礼して三ヶ月から半年かけて参拝し、懺悔のうえで、釈迦の宝号を奉唱して神変に出会えるように祈念する。もっとも会えるか会えないかは、罪の軽重によって決まるのである」。この話を聞いた兼実は深く感銘して、重源を聖人として尊敬し、上記のことを日記に記している。

その後重源は文治元年（一一八五）の大仏再興開眼供養に際して、大仏の御身に八〇粒の仏舎利と宝篋印陀羅尼、如法経を奉納した（『作善』四八三）。ただ『東大寺続要録　供養編』にはこの折あわせて彼の願文も納められた。その内容は「五台山に登って文殊の瑞光を拝し、滞在中に三度も同山に登って、その伽藍の造営に援助を与えて帰国したとある[33]。とすると彼は金が五台山を支配する以前に一度渡宋していたことになる。けれども上記の仁安二年以外の二度の渡宋の時期は定かでない。後考を待つことにしたい[34]。なお『作善集』には重源はその後建久七年（一一九六）阿育王寺の舎利殿の修理に際して周防国の四本の木材を寄進し、あわせてその舎利殿に自己の像二体を安置して香華を供えるよう依頼している（『作善』四九〇〜四九一）。

重源は仁安三年に天台山と阿育王寺を巡拝して帰国した後、信濃国の善光寺（本尊善光寺如来・阿弥陀如来）に二回参籠した。一度目は一三日間本尊の前で参籠して百万遍念仏を満行した。その折に夢の中で善光寺如来から、金色の舎利を授かり、これを呑むように指示されそれに従った。二度目には七日七夜にわたって不断念仏を勤修し、本尊阿弥陀如来を直接拝見した。そこで四体の丈六の阿弥陀如来を造立して善光寺に奉納している。ついで白山に加賀馬場から登り、さらに立山にも登っている（『作善』四九〇頁）。この白山は御前峰（十一面観音）、大汝峰（阿弥陀如来）、別山（聖観音）の三所権現から成っている。また立山には地獄と共に弥陀来迎の信仰も認められる。重源はこの善光寺で天台山の羅漢に見える伝承や、阿育王寺の仏舎利の神変を実感した。そして白山・立山で阿弥陀如来に見えた思いをしたと思われるのである。

さて彼はさきにあげた天暦九年（一一八五）の東大寺大仏完成の際に、その胎内に仏舎利二粒と「清浄経」をあわせて納めた願文（起草は蔵人権少納言輔親経）の中で、「初めは醍醐寺、その後は高野山に棲む、霊地名山処々、春草纔に孤庵を結ぶ、巡礼修行年々、秋月を友とし、東鄙奥州の愚民勧誘に赴いて、善心に任せしむ。西ははるかに鎮西の醜類を遐し諭に随って邪執を改む」と国内での遍歴や修行について記している。[35]そこで『作善集』をもとに上記の諸地を次項以下でとりあげる醍醐寺、高野山、東大寺造営関係の別所以外の遍歴地での作善を列記しておきたい。

大和＝諸寺諸山（御明の油―奉納物、以下同様）、奏楽寺（半丈六の迎講の像）、額観寺（半丈六の大仏）、東小田原の萱堂（厨子仏）、大安寺（鐘一口、湯屋と湯釜）、興福寺（湯船二口と五重塔の心柱三本）、春日社（御堂、塔二）、大伴氏の氏寺の伴寺（堂）、菩提山正願寺（十三重塔、鐘、三重塔）

山城＝貞慶中興の笠置寺（大般若、鐘、白檀の釈迦像）、東密広沢流の寛朝開基の光明山寺（湯釜）

摂津＝天王寺（舎利供養二度、西門で念仏百万遍）、乙国寺（丈六の弥勒）、小矢寺（修造）

近江＝弥満寺（仏舎利一粒を納めた五輪塔）

伊勢＝伊勢神宮（大般若六部書写三度）、石淵尼公（三尺の地蔵像）

鎮西＝箱崎宮（如法経）、廟田（博多カ、湯屋）
その他＝相模の笠屋の若宮王子（如法経）、越前の阿闍梨（三寸の白檀阿弥陀、不動、厨子に納めた来迎弥陀三尊立像）、在所不明の国見寺（一切経）

これを見ると近畿を中心としながらも、相模、博多にも遍歴の跡がうかがわれ、阿弥陀如来・法華経・大般若経・舎利・湯釜の寄進などその活動が多方面にわたっている（『作善』四九〇～四九五頁）。

2　醍醐寺と高野山での作善

重源は一三歳の長承二年（一一三三）に上醍醐の円明院に禅衆（堂僧）として入山した。そして仁平二年（一一五二）頃からは醍醐寺上醍醐の円光院の理趣三昧会に携わっている。その後も醍醐寺に籍をおいたまま各地を遍歴した。そして高野山とも関わり、延寿院に銅鐘を納め、蓮華谷の奥に新別所を開いている。けれども養和元年（一一八一）八月六一歳の時、東大寺造営勧進の宣旨を賜わった後も、その籍は醍醐寺にあり、醍醐寺への作善も行なっていた。

ところで醍醐寺、高野山、東大寺は相互に密接な関係にあると共に、いずれも後に修験道の成立、展開と結びついている。そこでまずこのことについて簡単にふれておきたい。醍醐寺は金峰山で峰入修行をした聖宝（八三二～九〇九）が貞観（八五九～七七）の末頃、琵琶湖南の石山寺背後の笠取山の本宮峰の聖水（醍醐水）の辺に地主神の許しを得て、薬師如来と准胝観音を祀る堂を設けたのに始まる。この地主神は清滝宮として祀られた[36]。今一方で聖宝は東大寺に三論宗と密教の道場として東南院を開いている。また高野山で空海の甥にあたる真然（八一二～八九一）から両部の大法を授かっている。なお重源が醍醐寺にいた頃の醍醐寺座主は藤原通憲（信西）の子勝賢（一一三八～一一九六）だった。彼は醍醐寺三宝院の実運（一一〇五～一一六〇）から伝法灌頂を授かっている。彼の兄弟の明遍（一一四二～一二二四）は東南院で三論宗や密教を学んだうえで、高野山蓮華谷に蓮華三昧院を開いた高野山念仏聖（高野聖）である。なお勝賢は一時醍醐寺座主を解任されて、高野山に入ったが、治承二年（一一七八）には座主に再任された。そして文治五年（一一八九）には東南院主にもなって、重源の勧進活動を支えている。なお五来重は重源を東大寺大勧進に推挙したのは、明遍ではないかとしている。[37]

次にその後の醍醐寺や東大寺、興福寺など南都の寺院と修験道の関わりについてふれておくと、醍醐では中世末頃から三宝院などで修験者が活動しており、近世期には修験道法度をもとに三宝院門跡が聖宝を始祖と仰ぐ当山正大先達衆を掌握して当山派の本寺となっている。また東大寺では中世後期には法華堂・中門の堂衆が、興福寺の東・西金堂衆と同様に春日山の当行と大峰修行を行なっている。さらに南都周辺では当山先達衆が活動しており、高野山の修験者もそれに含まれていた。そして本項でとりあげる醍醐寺と高野山、次項でとりあげる東大寺東南院・法華堂、南都の寺院は重源の作善の恩恵を受けているのである。

重源の醍醐寺での作善は『作善集』前段の造寺造像の部分に建物、そして奉納した仏像などが東大寺に次いで列記されている（『作善』四八四～四八五頁）。そこでまず建物について順にあげると、下醍醐栢杜堂、上醍醐経蔵、大湯屋、本堂、新堂、東尾の堂、一乗院、慈心院塔、中院堂、観音堂がある。また後段には、冒頭に重源が上醍醐で一〇〇〇日間無言で六時に懺法を奉行したことなどが記されている（『作善』四八九頁）。そこでほぼ同時期になる慶延が撰述した『醍醐雑事記』や小林剛の研究をもとに造営年の順にその内容を紹介しておきたい。なお慶延は醍醐寺で八代の長吏に従儀師として仕えて、文治二年（一一八六）には三宝院の上座の職にあった。[38]

まず久寿二年（一一五六）六月二一日に下醍醐に栢杜堂一宇を建立して、九体の丈六の阿弥陀像と金色の三尺の立像一体（像名不詳）を奉安している。このうち丈六の阿弥陀像は特に彼が重視したのか、『作善集』冒頭の「奉造立修復大仏并丈六仏像員数」の中に「栢杜九躰」として、あげられている。また『雑事記』にはこの堂は三宝院の敷地に造られた八角二階の桧皮葺のもので、あわせて三重塔も一基つくられ、大蔵卿源師行（?～一一七二）を願主としたことから大蔵卿堂とも呼ばれたとしている（『雑事記』巻五、一五九頁）。なお師行は『尊卑分脈』巻一〇、村上源氏中院家の条によると山城守や長門守をへて大蔵卿となっている。[39]その子に有房、時房、聖慶がいたが、聖慶は東南院に住していた。なお既述の安元二年（一一七六）に重源が延寿院に施入した銅鐘は尼大覚が願主となって、聖慶や時房らの菩提を弔うために重源に依頼したものである。

応保二年（一一六二）には重源は同年五月二七日に死亡した久我雅定の遺骨を下醍醐の一乗院に埋葬して結縁した。なお『雑事記』にはこの一乗院は久我雅実（?～一一二七）が母隆子の遺骨を埋葬した上に建立して法華曼荼羅を安置した桧皮葺三間四面の堂で雅実自身さらにその子の雅定もここに埋葬され、ともに重源が結縁したとしている（『作善』四八四頁、『雑事記』巻二、四三～四五頁）。ちなみに当時は平泉の藤原三代の遺体を金色堂に安置するなど、これに類した追善の試みがなされている。

次の慈心院塔は上醍醐の藤原重兼の遺骨を埋葬した上に、その子の資隆と阿闍梨覚敬が父の菩提を弔って建立した一間四面の塔である（『雑事記』巻二、四六頁）。この覚敬は『醍醐寺新要録』巻五の「慈心院篇」にあげる権少僧都覚鏡のことと思われる。覚鏡は三宝院大僧正定治の付法の弟子であると共に重源の親しい金剛王院源運の弟子で、法琳寺別当となったが建久年間（一一九〇～一一九七）に死亡した。それ故建久以前頃に重源がこの塔の造営に結縁したと考えられる(40)。中院堂は下醍醐の住生院とも呼ばれる三間四面の堂で本尊は仏師長勢の手になる半六丈の阿弥陀如来で、他に一六体のいずれも等身の楽天菩薩と板絵像六体が納められている。その本堂は当初長治二年（一一〇五）に死亡した源元親（法名阿法）が願主となり、念仏聖観照が建立したが、崩壊した。その後乗海（一一一六～一一七〇）が醍醐寺座主の時に慈心院塔に葬られた藤原重兼が再建したものである。なおこの堂に懸けられている藤原公基筆の額はこの折重源が結縁したと考えられている（『雑事記』巻四、一四九～一五〇頁）(41)。

観音堂は『雑事記』によると、上醍醐の桧皮葺三間四面のもので、本尊は金色の半丈六の千手観音で、他に金色等身の如意輪観音一体、等身の五大尊各一体と客仏の丈六の不動明王が安置されていた。そして天徳年間（九五七～九六一）国光大武が本願となって鎮護国家の為に草創したとされている（『雑事記』巻二、二九頁）。それ故これは重源が修理したことを示すと考えられる。本堂は『醍醐寺縁起』にあげる上醍醐に当初建立された薬師堂、新堂はそれにつぐ准胝堂で共に修理したことを示すと思われるが定かでない。また東尾の堂は笠取山の東の尾根に重源が新たに建立したものと考えられる。

寿永二年（一一八三）三月一七日には重源は大湯屋を建立して鋳物師草部是助に鋳造させた鉄湯船と湯釜を納入した。彼はさらに同年四月一四には三宝院の湯屋釜を鋳造している（『雑事記』巻一〇、三九一頁）。なお重源は草部是助のこの仕事を評価して、同年四月一九日からは東大寺大仏の頭部の鋳造を宋の陳和卿とともに行なわしている。この湯屋には浄名居士（維摩居士のこと）、慈恩大師（窺基。六三二～六八二）、五台山で修行し、『成唯識論述記』を著わした法相宗の僧）、菩提達磨（?～五三〇、禅）の御影が安置された。[42] この他、仏師快慶（安阿弥陀仏、生没年不詳）は自ら発願して造立した弥勒菩薩像を三宝院に納めている。[43] また建仁三年（一二〇三）には周防浄土堂の念仏衆の全阿弥陀仏がやはり三宝院に不動明王を納入している。

重源は建久六年（一一九五）一一月六日に醍醐寺に宋版一切経五〇〇〇余冊の折本を五〇〇余の筐に入れて施入した。そして同月八日には栢杜堂でこの施入の讃嘆供養が行なわれた。そして鎮守の清滝宮拝殿の東南にこれを納める経蔵が建立され、建久九年（一一九五）三月九日に落慶を寿いで一切経会が行われた。その後建保六年（一二一八）三月には、この経蔵は御祈祷所となり、一切経会は清滝宮の法楽も兼ねた年中行事となっていった。[44] なお上醍醐には一〇〇〇日の間、六時に無言で懺法を転読する作法があった。また上醍醐、下醍醐にはあわせて一一の道場が設けられて、百余人の請僧が御紙衣に如法経を一日で書写して供養した。なお文治三年（一一八七）八月二三日の供養会は後白河法皇に灌頂を授けた園城寺長吏の公顕を導師としてなされている。こうした如法経書写は上・下醍醐で度々行われた（『作善』四九〇頁）。

重源は天暦二年（一一八五）に東大寺大仏に納めた願文の中で、初め醍醐寺に住し、のちには高野山に住むとしている。この彼が高野山に住み始めたのは既述の高野山延寿院に施入した銅鐘銘の安元二年（一一七六）の年紀の頃と考えられる。この鐘には第一区上部に釈迦三尊（釈迦、普賢、文殊の種子）、その下に「高野延寿院、奉施入鐘一口、為僧照静、僧聖慶、源時房、尼如法兼法界衆生也、安元二季二月六日、勧進入唐三度聖人重源、願主尼、大覚」、第二区に阿弥陀三尊と阿弥陀の小咒、第三区から四区にかけて光明真言、上部に法華曼荼羅、内部に五大の種子が刻まれている(45)。なお延寿院は壇上の西に位置する西院谷にある覚鑁作の不動明王を本尊とし、その一族の融源阿闍梨を開基とする行人寺である。この銘記には釈迦信仰、阿弥陀信仰、真言系の光明真言、法華経信仰の併存が認められる。なお、この前年の寿永三年（一一八四）六月二四日に重源は高野山御影堂に空海所持とした独鈷、三鈷、五鈷などを奉納している（『作善』四九五頁）。このことを示す「俊乗房重源施入置文写」には「寿永三季四月九日亥時伝得之、同季六月廿日御山奉送之、次日廿一日巳刻奉納御影堂、元暦元年甲辰六月廿一日、聖人重源（花押）、検校夏臈六十四年 年臈七十九年請取之、奉安置者也（定兼草名）」とある(46)。この置文写に記されている「御山」の語は高野山居住者が用いるもの故、この頃彼は高野山の居住を自認していたと思われる。

　ところで当時高野山には興福寺の別所だった山城の小田原から移住した教懐（一〇〇一～一〇九三）の浄土院、覚鑁の系統の中別所、東大寺東南院、大和の光明山をへて高野山に入った明遍が開いた蓮華三昧院と東別所があった。そこで重源はこの蓮華三昧院の支院として新別所を開いている。なおこの新別所は二四、五人からなる不断念仏衆の講社を擁したこともあって専修往生院とも呼ばれていた。『作善集』によると、この新別所の伽藍には一間四面の小堂と中心に鉄の湯船と釜を備えた湯屋、等身の賓頭盧と文殊を奉安した食堂、高さ八尺の銅の五輪塔と三寸の唐仏の阿弥陀三尊、三尺の金色の阿弥陀三尊を奉安した三重塔からなっていた。なおこの三重塔に納めた五輪塔には五粒の仏舎利を入れた一尺二寸の水晶の塔が納められていた。

　このほか新別所には真言宗の八大祖師（弘法、不空、龍智、金剛智、一行、龍猛、善無畏、恵果）のそれぞれの御影八軸、三尺の涅槃像、四尺の四天像、執金剛神と深蛇大王の像、『観無量寿経』に説く罪障を滅して弥陀の浄土に往生させる一六の観法を行なうための唐本の十六想観一鋪、唐本の着色と墨絵の二種の十六羅漢像（計三二鋪）、紙の釈迦出山像、弘法大師筆の華厳経一巻と心経三巻、良弁筆の「無辺仏土功徳経」一巻、「涅槃像絵」一鋪、四臂の不動明王像、衆僧の遺骨を納める普同塔、鐘をおさめている。なお重源はこれらとあわせて本寺である蓮華三昧院に鉄船と口径八尺の釜を備えた大湯屋と鐘、伝法院に九輪の鉄塔、蓮華谷に鐘を納めている。

3　東大寺の再建と別所

東大寺の再建に関しては治承五年（一一八一）六月二六日に造営の知識詔書が下され、造仏造寺等の長官に藤原行隆（一一三〇～一一八七）が命じられた。翌養和元年八月には造営勧進の宣旨が重源に下された。重源はこの宣旨と勧進帳をもとに五〇余名の勧進聖と共に勧進にあたった。そして宋の鋳物師陳和卿や醍醐寺の釜などを作った草部是助らに大仏の鋳造を依頼した。なお重源は自ら阿弥陀仏を名乗ると共に寿永二年（一一八三）頃からは配下の勧進聖などにも阿弥陀名号を付与して作善を成仏の保証と感じさせさえもした。そして文治元年（一一八五）には大仏が完成し、九条兼実はその中に上記の願文と仏舎利、重源は「清浄経」を納入した。同年八月二八日には後白河法皇を迎えて開眼師僧正定遍、呪願権僧正信円、導師権大僧都覚憲によって開眼供養が行なわれた。

引き続いて大仏殿の造営にとりかかった。重源はこれに先き立って文治二年（一一八六）二月中旬、六〇名の僧を率いて伊勢神宮に参宮して大般若経を転読して成功を祈っている。また朝廷では同年三月二三日良材の多い周防国を東大寺造営料所にあて、重源にその国務を管領させた。なお彼は同年秋頃、天台宗顕真（一一三一～一一九二）が法然に念仏往生に関する疑問を質した大原談義に参加して、自己の勧進の支えとしてきた念仏信仰を確信している。そして勧進、造営の拠点として本部にあたる東大寺別所の他、周防南無阿弥陀仏、備中別所、備前別所、播磨別所、渡部別所、伊賀別所を設けている。なおこの別所は周防から木材を運ぶ通路にあたる周防、備中、備前、播磨、難波江渡口の渡部に配されていることが注目される。また備中、備前は近くの万富（赤磐郡瀬戸町）で作られた瓦の運搬にかかわるとも考えられる。

これらの別所はそこを拠点として作善にあたる勧進聖がそれを支える信仰を深める場所でもあった。そこで『作善

第一表　東大寺作善関係別所一覧

東大寺別所	周防南無阿弥陀仏	備中別所	備前別所	播磨別所	渡部別所	伊賀別所
浄土堂（丈六10体、内1体は丹後局、9体は阿波庄から）	浄土堂（一間四面、丈六の弥陀）	浄土堂（丈六弥陀像）	常行堂（丈六弥陀像）	浄土堂（丈六の金色阿弥陀立像と観音、勢至）	浄土堂（金色丈六弥陀像、観音、勢至）、仏舎利	古来の霊瑞の岩石の上に、堂（丈六の金色弥陀来迎像、観音、勢至）
	薬師堂 舎利殿（中に仏舎利5粒を納めた鉄塔）	庭瀬堂（丈六）		迎講を正治二年（一二〇〇）に始める 弥陀来迎立像1体	来迎堂（金色来迎弥陀像、高さ八尺）	
金銅五輪塔（舎利3、聖武御所、東寺、西龍寺から）				仏舎利 薬師堂（一間四面、丈六の薬師、旧仏800余体）	娑婆屋一宇 天童装束30具、菩薩装束28具、楽器等	
食堂一宇（救世観音） 供所					建久八年（一一九七）に迎講を始める 小堂（一間四面、二階九間二面、倉一宇）	御影堂（金色三尺の釈迦像、優填王赤栴檀像（第二転画像を模して作る）、十六羅漢、16鋪）
湯屋1（常湯1）	湯屋一宇（大釜1、鉄湯船1）		国府に大湯屋（不断に温室）	湯屋一宇（常湯）	大湯屋一宇（鉄湯船并釜）	湯屋（釜）
鐘1（鐘楼　谷別所） 一切経2部 印仏一面（千余体）	鐘1	鐘1		鐘1 阿弥陀三尊の立像	鐘堂、鐘 印仏一面一千体	鐘（長さ4尺） 阿弥陀三尊の画像
	一宮御宝殿・拝殿・廻廊・楼門	吉備津宮造営結縁	豊原庄内に豊光寺、湯屋、常湯一口	結縁、長尾堂（半丈六3体、観音、勢至、四天王）		
他に木津屋敷	遠石宮、八幡宮、小松原宮八幡三所、末武宮御宝殿、八幡三所、天神宮御宝殿・拝殿・廻廊・楼門	神宮寺の堂、仏舎	国中の別所の寺院を修造			
	庄園：阿波、広瀬、山田、有丸		庄園：南北条、長沼、神前庄、野田庄		難波江渡口	庄園：阿波庄
傍線は重源譲状、建久八年（一一九七）	傍線は庁宣（一二〇〇）			傍線は重源譲状	傍線は重源譲状	

集』などにあげられているそれぞれの堂塔、施設、奉納物などを表化すると、第一表のようになる。なお周防に関しては正治二年（一二〇〇）一一月八日付で周防国衙が発した同寺の堂舎、仏像、法会、寺領の保全を命じる庁宣[47]で、東大寺別所、渡部別所では建久八年（一一九七）六月一五日の重源の定範・含阿弥陀仏への譲状で補っておいた[48]。これを見るといずれの別所にも阿弥陀如来を本尊とする浄土堂（備前では常行堂、伊賀別所では無題）があって、渡部、播磨、伊賀には弥陀来迎像もあり、渡部では建久八年（一一九七）、播磨では正治二年（一二〇〇）に迎講がなされていた。また備中以外別所には湯屋（湯釜、鐘をともなう）が設けられている。この他東大寺、周防、渡部、播磨では仏舎利が納められていた。なお周防、備中、備前では別所近くの社寺の建立、修復の作善も行なっている。特に造営の木材供給地の周防では浄土堂で不断念仏・阿弥陀講、薬師堂で薬師講、舎利殿で舎利講、湯屋では湯施行がなされていた。このように別所では念仏や迎講、浴湯念仏や舎利信仰が見られ、在地の社寺への作善もなされているのである。

重源が東大寺で居拠としたのは、聖宝以来醍醐寺とも関わった東南院である。この東南院の院主の権僧正勝賢はさきに述べたように三宝院の実運から伝法灌頂を授かり、醍醐寺座主でもあった。もっとも東南院は治承四年（一一八〇）の平重衡の兵火により、院主坊と経蔵以外は焼失した。ただ建久元年（一一九〇）に大仏殿の上棟式に行幸する後白河法皇の行在所とする為に急遽再建され、薬師堂も修復された。そして院主の勝賢は同三年には東大寺別当となり、重源の勧進活動を支えたのである。もっとも実務にあたる勧進聖がいたのは東大寺の別所で、その堂塔などの施設や施入の仏像、仏具は地方の勧進拠点の別所の雛形となっている。

そしてこれらの別所を拠点とした重源、惣大工陳和卿などの大工の尽力、源頼朝の外護や佐々木高綱などの御家人の援助もあって、建久六年（一一九五）には大仏殿が完成し、三月一二日には後鳥羽上皇、七条院殖子、源頼朝を迎えて東大寺供養会が、導師興福寺別当権僧正覚憲（一一三一～一二一二）、呪願師東大寺別当前権僧正勝賢によって営まれた。この折、重源は宣旨によって大和尚の位を授けられ、以後、大和尚南無阿弥陀仏と自称している[49]。なお東南院を活動拠点として大仏殿の再建を進めた重源は、この大仏殿完成を契機に上記の別所などの活動拠点の主要なものを、当初は醍醐寺座主で東南院院主として再建に協力した勝賢に譲るつもりでいたが、彼が死亡したのでその後継の定賢に譲渡した。その内訳は、まず寺領は伊賀国阿波・広瀬・山田阿丸庄、播磨国大部庄、周防国椹野庄・同宮野庄、備前国南北条長沼・神前庄、野田庄、別所は高野山新別所、東大寺別所、渡部別所、播磨別所である。

重源はこれ以後も勧進を進めて東大寺の伽藍の再建や修復、仏像、仏具、経典の施入を行なった。また南都の他寺院の作善にもあたった。東大寺に関してはほぼ全伽藍の再建が完了した建仁三年（一二〇三）一一月三〇日に、後鳥羽上皇の御幸をえて興福寺の信円（一一五三～一二二四）を導師として惣供養が行なわれた。なお信円は承安四年（一一七四）には金峰山検校になっている。また晩年には菩提山に正願寺を建立して隠棲した。この菩提山は中世後期には当山正大先達寺の重鎮だった。重源は信円の東大寺惣供養の導師の御礼の気持ちもあったのか、元久二年（一二〇五）に興福寺に五重塔の心柱三本と湯船二口を施入している。また菩提山正願寺の十三重塔、鐘一口、三重塔に結縁している（『作善』四九一頁）。

建仁三年の東大寺惣供養をおえた頃、重源は自己の東大寺堂宇などの再建、修復とそこに納めた仏像などを列記した『南無阿弥陀仏作善集』を録している。そして小林剛によってその研究がなされている。そこでそれをもとに東大寺の諸堂宇の再建、修復、納入した仏像などと判明したその年紀をまとめてあげておきたい。

造立したもの

大仏殿（九間四面、建久六年〈一一九五〉）：大仏、金銅毘盧遮那仏（十丈六尺、文治元年〈一一八五〉開眼供養）、なお大仏には仏舎利八〇余粒ならびに宝篋印陀羅尼経、如法経を納める。脇士の各六丈の観音・虚空蔵と四丈三尺の四天は建久七年〈一一九六〉に康慶・運慶・定覚・快慶作。なおこの四天には東寺と唐招提寺から移された仏舎利をそれぞれに六粒納めて、長日最勝の御読経がなされた）、脇士の石仏四天（宋の石工伊行末など四人が作る）。

中門の二天（梵天、帝釈天、建久五年〈一一九四〉、快慶と定覚作）、石獅子。なお中門の堂衆は修験の当行を行なった。

四面廻廊（建仁元年〈一二〇一〉）、南北中門、東西楽門、左右軒廊（合わせて一九一間）。

南大門（五間・金剛力士、二丈三尺）、戒壇院（一宇、五間四面、建久八年〈一一九七〉）、両界堂二宇（大日如来、金剛薩埵、龍猛、龍智、金剛智、不空、恵果、弘法の真言八祖の御影を安置して、長日供養法を勤修する）。鎮守八幡御宝殿并拝殿（建久八年〈一一九七〉）、等身の木像の御影（建仁元年〈一二〇一〉）、快慶作を安置する。また八幡宮には紫檀の甲箏ならびに和琴を納めおく。

修復したもの

法華堂（正治元年〈一一九四〉、重源の意を受けた弁曉・信阿弥陀仏が縁阿弥陀仏・学阿弥陀仏を行事として大工国宗が修造した。なお法華堂衆は中門堂衆と同様に修験の当行を行なった。唐禅院堂（丈六の三体の二天を祀る）、僧正堂・御影堂（良弁の御影堂）、東南院薬師堂（聖宝堂の傍らにあった）、食堂一宇（救世観音像一体を安置）。大湯屋一宇（鉄の湯船、建久八年〈一一九七〉に作る。大釜二、うち一は伊賀聖人、一は鋳師草部是助が作る）。鯖木の跡に植えられた菩提樹（栄西が天台山から鎮西の香椎宮に移植したものを重源が建久六年〈一一九六〉にここに植えた。橋寺（修復して行基の御影を祀る）。気比宮、天一神宮、拡尼の御宝殿に結縁。天智院堂、大興寺（丈六の仏像あり）、伴寺堂、西向院（金色で三尺の阿弥陀立像一体）、上官堂（金色で三尺の浄土迎〈来迎〉の阿弥陀立像一体）、禅南院堂（釈迦三尊）、尊勝院（華厳宗の東南院と並ぶ二大院家、仏舎利一粒を納めた水精の五輪塔あり）。

これらの中では重源が自己の作善の範として私淑した勧進によって東大寺造営をなしとげた行基の御影を祀った橋寺、その堂衆が東大寺修験でもあった法華堂の前身金鐘寺の開山良弁の御影堂の修復をしている事に注目しておきたい。

4　重源の作善と信仰

重源の作善はその中心をなす東大寺の再建とその拠点とした東大寺、周防、備中、備前、播磨、渡部、伊賀の別所、活動拠点の醍醐寺、高野山以外にも、第一項の最後にあげたように近畿を中心に数多く認められた。ただ東大寺の再建は既存のものの再現ゆえ、直接彼の信仰と結びつくとは考えられない。そこでここではそれ以外のものに関する堀池春

第二表　重源施入にかかる堂舎・法具等一覧表

地域	施入寺社名	堂舎	塔	湯屋	鉄湯船・釜	仏像	聖教	仏具	鐘	備考（＊）
大和	興福寺				二					
	薬師寺		一			一〇〇〇＊				千躰地蔵
	法華寺	一	二			三				
	大安寺								一	
	正願寺		二						一	
	春日社						大般若一部			
山城	光明山寺				二					
	醍醐寺（上・下）	八			二		一切経一部＊			宋版（東禅院版）
	栢杜堂	一				一〇				
紀伊	高野山				二					
	高野別所（蓮華谷）								一	
	高野御影堂							三		
	高野萱堂							一		
摂津・河内	四天王寺		一							
	河内・草香源三				一					
	太子御廟	一								
	小矢寺（昆陽寺）	一								
備前	備前国府			一	二					
	豊光寺	一		一	一					
その他	伊勢神宮（内・外）						大般若＊六部	＊一		内・外宮～各三部 天蓋
	善通寺	一		一	二					
	鎮西・廟田				一					
	計	一四	六	三	一五	一〇一三	一切経一部 大般若七部	五	三	

峰作成の第二表と第三表をもとにその作善と信仰を考察したい(50)。まずこれを見ると、作善の寺社が東大寺や南都の寺院と醍醐寺、高野山、東大寺再建のための別所に関わるものが多いことがわかる。

まず第二表の堂舎では醍醐寺八が最も多く、彼が同寺を本拠として外護者の源師行の下醍醐栢杜堂に仏像一〇、醍醐寺に一切経を納めるなど重視していたことがわかる。次に総計を見ると堂社一四と並んで、鉄湯船・釜が一五、湯屋三と湯施行に関するものが一八を数えていることが注目される。なおこの他にも鎮西の廟田（博多）でも常湯を結縁している。次に重源の信仰を知るよすがとして第三表の納入の仏像を見ると、阿弥陀如来が計四二と圧倒的に多く、この他に阿弥陀来迎像が五ある。これは別所には必ず浄土堂を設け、そこで来迎会がなされたことを示している。なおこの表の五輪塔五は、第二表の塔六に納められたものと思われる。なおこの第二表、第三表にはあげられていないが、『作善集』には、彼が行基が造った播磨の魚住泊の再開、河内の狭山池の堤の修復、備前の船坂峠や伊賀の道路開通、渡辺橋と長羅橋に結縁、清水寺の橋と世多の橋に口入をしている事が注目される。追塩千尋はこれらの土木工事に関する作善は彼が文殊菩薩の化身とされた行基を私淑し、さらに聖徳太子を崇拝したことにもとづくとしている(51)。

重源は勧進活動を通して上記の数多くの作善を行なったが、その思想を示す著作は全くなく、その作善・勧進記録の『作善集』を残すのみである。そこでこの『作善集』、とくに後半の彼の活動記録ともいえる部分を通して、その信仰を考察することにしたい。まず注目されるのは、彼が一三歳で禅衆（堂僧）として入った上醍醐で一〇〇〇日間無言で六時に懺法を転読したり、醍醐寺で一一ヶ所に道場を設けて一〇〇余人の僧と共に園城寺五七世覚朝（一一六〇〜一二三一）が始めたとされる如法経の書写行をしていることである。さらに大峰・熊野・葛城でも如法経修行をし、熊野から法華経を序品から順に唱えながら大峰山中を抖擻し、金峰山で巻八を唱えおえる峰入をしている。これらのことは、彼が当初法華持経者を自認していたことを示している。もっとも重源は曼荼羅に準えられた大峰山系で一〇人の同行者と『大日経』一〇〇〇部を転読し、空海が行なった四国の辺路修行をし、寿永三年（一一八四）には高野山の御影堂に空海伝来とされる独鈷・三鈷・五鈷杵を奉納している。また彼は当時、上醍醐円光院の理趣三昧僧でもあった。なお彼が安元

第三表　『作善集』からみた重源の信仰

地域	大和											山城				近江	紀伊		河内		摂津			伊賀	播磨		備前	備中			周防		筑紫	信濃	不詳			
寺	東大寺							諸寺				醍醐寺		諸寺			高野山		叡福寺		諸寺				諸寺			諸寺										
堂／諸仏など	別所	唐禅院	食堂	西向院	上*官堂	禅南院	尊勝院	法華寺	秦楽寺	額*観寺	大興寺	栢*杜堂	上醍醐寺	笠置般若台	橘寺	弥満寺	新別所	食堂	太子御廟	河内国	渡辺別所	乙国寺	安曇寺	伊賀別所	播磨別所	長尾寺	備前別所	備中別所	吉備津宮	庭瀬堂	周防別所	国府	糸御廻	善光寺	国見寺	実無山	その*他個人	計
丈六仏		三						一*			一											一*	一*															7
丈六阿弥陀仏	一〇											九									一				一		一	一		一	一	一	一	四				31
三尺阿弥陀仏				一	一							一					一		一	一*						一*										一	三	11
阿弥陀来迎像									一*												一			一	一												一	5
観音像			一*														一				一			一	一	一												6
勢至像																	一				一			一	一	一												5
釈迦像						一*								一										一*													一	4
薬師像																									一													1
天部像								二									四									四												10
その他の仏像										一			一		一*		六	二						一													二	14
画像等													三				四五*							一七	一													66
梵鐘	一													一*			一				一			一	一				一		一							8
五輪塔	一															一*	一				一				一*													5
印仏	一						一														一																	3
一切経	一												一*																						一			4
その他の聖教	二部*													六〇〇巻			五																					607
備考（＊）	内宋版一部		救世観音像		上司堂	釈迦三尊像		仏頭墨書現存	迎講本尊、半丈六	額安寺カ		遺址現存	宋版現存	現存	行基像	現存	十六羅漢 八大祖師等			三尺像カ		弥勒仏	仏像名不詳	清涼寺式	現存	半丈六像											隅田入道・帥アジャリ・越後アジャリ等四名	

二年（一一七六）二月六日に高野山延寿院に納めた銅鐘には、阿弥陀の小呪、法華曼荼羅とあわせて、密教で重視される五大の種子と光明真言が刻まれている。このように醍醐寺や高野山に住した彼は密教の験者の性格も持っていたのである。

この延寿院奉納の鐘銘などでは三度入宋したと自称している。これを信じると、第一回目は五台山に三度登って文殊の瑞光に見え、二回目は天台山で羅漢に見え、阿育王寺で金・銀・金銅の塔に納められた舎利が発する光に接している。そしてこれに応えることを考えてか、阿育王寺の舎利殿の修理のために、周防の木材を寄進し、あわせて自己の像も納めている。このうち五台山に三度登って文殊の瑞光に接したとの、大仏の胎内に納めた願文の記述は、彼が青年期に登拝した金峰山を一〇世紀前半の重明親王（九〇六〜九五四）の「李部王の記」や『義楚六帖』で五台山が飛来した文殊の霊場とする信仰と結びつけて、自己の修行を権威づける試みとも思われるのである(52)。

また阿育王寺の体験は善光寺に二度参詣し、一度目は一三日間一〇〇万遍念仏を誦えて、夢中で善光寺如来・阿弥陀仏から金色の舎利を頂いて呑み、二度目の時は七日七夜不断念仏をして阿弥陀如来に見えたとの神秘体験をもたらしている。そしてこれを契機に自己を生身の阿弥陀如来と観じるようになったのである。そして別所に浄土堂を建立し、総計四七を数える阿弥陀像を奉納している。また自ら阿弥陀如来を名乗り、寿永二年（一一八三）頃からは同行の勧進聖にも弥陀号を授けたのである。なおこのことについて慈円は『愚管抄』の中で「東大寺の俊乗房は阿彌陀の化身と云こと出きて、わが名をば南無阿彌陀仏と名のりて、万の人の上に一字をきて、空阿彌陀仏、法阿彌陀仏と云名をつける(53)」としている。一方浄土宗の側では「重源上人同じく浄土の法を信じ、念仏の行を立て、又一の願を発して云、我国の道俗、閻魔の庁に跪かん時、其名を問はば、仏号を唱へんが為に、阿彌陀仏名をつけた迚、まず我名を南無阿彌陀仏といはんといへり、我朝の阿彌陀仏の名、是より始れり(54)」としている。これに対して石田尚豊は、これは覚鑁に見られる人の胸に阿字を宿す密教の阿字観にもとづくもので、この阿字すなわち大日如来を救済の因子である阿弥陀として自分の名前の下に阿弥陀の名をつけたものであると、密教の阿字観の変質とする密教にもとづく解釈をしている。なお、重源が阿弥陀号を付与したのは勧進に携わる同行の念仏聖のみでなく、僧侶（例：定範・含阿弥陀仏、明遍・空阿弥陀仏ほか）、建築担当者（弁曉・信阿弥陀仏）、仏師（快慶・アニ阿弥陀仏）など作善に協力した多様な人に及んでいる。(55)

この阿弥陀如来の極楽往生の思想をよりリアルに示すのは、弥陀来迎像を用いた迎講である。これは『往生要集』を著した源信（九四二〜一〇一七）が始めたもので、念仏者の臨終に阿弥陀如来が廿八菩薩を伴って現れ、死者を浄土に導びく様を演じたものである。重源は建久八年（一一九七）に渡部別所でこれを初めて行なった。同別所には浄土堂（弥陀三尊を祀る）の他に、来迎堂（本尊金色の阿弥陀来迎像）と娑婆堂（本尊釈迦如来像）があり、天童装束三〇具と菩薩装束二〇具、楽器が納められている。そして次の順序で迎講がなされたと考えられる。まず娑婆堂と来迎堂の間に橋掛を設け来迎堂から観音・勢至など二五菩薩が音楽を奏でる天童を従えて、弥陀来迎仏を引いて娑婆堂まで来る。そしてそこにいる死者に模した人を音楽にあわせて来迎堂に導びき入れる。このように阿弥陀仏に導びかれての極楽往生が演じられるのである。(56)この迎講は正治二年（一二〇〇）には播磨別所でも行なわれた。その他来迎像を持つ伊賀別所、寿楽寺などでもなされたと思われる。なお重源は東大寺別所を始め、別所には必らず浄土堂を建立していた。近くに重源が結縁した比叡山末の古刹金山寺がある備前国の別所では、(57)この堂を常行堂と呼んでいる。ここから推測を進めると、浄土堂で念仏聖が念仏を唱えながら阿弥陀如来の周囲を巡る比叡山の常行三昧に準ずる修行がなされたとも考えられるのである。

次に注目されるのはほとんどの別所にある湯屋である。この湯屋では鉄製の湯船や釜を設け、湯を沸かして施湯を行なっていた。文安四年（一四四七）八月の「高野山大湯屋釜鋳目録」には、沐浴は五体の垢穢を浄め、内外身心を清浄にし、さらには病患を除く働きを持つとしている。(58)また正治二年（一二〇〇）一一月八日の周防国庁宣（阿弥陀寺文書）では「念仏の業、温室の功徳は諸仏の歎じたまう所、殊勝の善根なり」としている。(59)このように念仏を唱えながら入浴することによって心身を清浄にすると共に、その快適さを成仏の証と思わせたのかも知れない。

ところで重源は仁安二年（一一六七）宋の阿育王寺で阿育王が仏舎利を納めた塔で仏舎利が発した光明を見て感銘し、帰国後善光寺に詣でて一〇〇万遍念仏を唱えた後、阿弥陀如来の指示で仏舎利を呑んだとしている。このこともあってか『作善集』には、彼が寺院などで舎利供養をしたり仏像や五輪塔に舎利を奉納した事例があげられている。まず、舎利供養は摂津天王寺で御舎利供養を大法会一度と小供養を数回行なっている。ちなみに同寺の西門では百万遍念仏がしばしばなされている。次に仏像への奉納は東大寺大仏へ八〇余粒、脇侍の四天に仏舎利六（うち三粒は東寺、残り三粒は唐招提寺のもの）などがある。五輪塔への奉納は東大寺尊勝院の水精の五輪塔に仏舎利一、東大寺別所の金銅五輪塔へ舎利三、渡部別所の銅五輪塔へ仏舎利三、近江弥満寺の銅五輪塔へ仏舎利一がある。なお重源が舎利を納めた五輪塔は尾根の部分（火部）の底辺が三角形になっている。これは五輪に充当する大日如来を示す五大の地・水・火・風・空のそれぞれの形が正方・円・三角・半月・団形で火部が三角であることを忠実に示したものである。なお彼は東大寺南大門の金剛力士像に納めた木像の小五輪には、大日如来の種子アビラウンケンの種子ではなく、ナム・ア・ミ・ダ・ブツと記したようにこれを阿弥陀信仰と習合させている。

なお醍醐寺には舎利を如意宝珠と同体とする信仰があって、重源もこれを信じていたとされている。[60] ところで重源は阿育王寺で仏舎利が光明を発するのを見たとしていた。また東大寺の大仏に仏舎利と一緒に納めた「大仏開眼敬白文」には、仏像中に仏舎利を納めるとその中で光明を発する奇瑞を示すと記している。事実、文治二年（一一八六）七月二七日に何人かの人が東大寺大仏が眉間から光明を発しているのを目撃したことを、造東大寺司行隆が兼実に注進している。[61] また建久二年（一一九一）五月二二日には、重源の弟子空諦が室生寺の舎利三〇余粒を盗む事件をおこしている。[62]

ちなみに康治二年（一一四三）八月一三日に造られた聖護院蔵の智証大師像には、銀の小箱に入れた仏舎利が納められていた。また建久七年（一一九六）七月五日に供養された興福寺東金堂の維摩居士像には「権律師法橋上人位成□、依師主前大僧正法印大和尚位御命令、仏舎利一粒西隆寺奉籠之」との墨書銘があった。さらに那智・大峰で修行した西念が久寿元年（一一五四）に創建した京都北部花背の大悲山峰定寺の釈迦如来の納入物中に「正治元年（一一九九）十月六日、奉納仏舎利了」と墨書された木匣の中に小さな水晶の五輪舎利塔がある。この釈迦如来像の造立には重源の弟子と思われる帰阿弥陀仏と証阿弥陀仏が結縁している。[63] なおこれらの仏舎利の納入とは別に、下醍醐の久我雅定の母の遺骨の上に建立された一乗院、藤原重兼の遺骨を埋葬した上に建立した慈心塔のように、遺骨を埋葬した上に堂塔を建立することもあった。

今一つ注目しておきたいことは、重源が醍醐寺の鎮守清滝宮で一切経会を行ない、東大寺鎮守の八幡宮に大般若三部を安置し、伊勢神宮で三度にわたって大般若経の書写供養をし、周防で一宮、遠名八幡宮、小松原宮八幡三所、末武宮八幡、天神宮の奉造、備中吉備津宮で鐘納入、箱崎宮での如法経書写をしているように神社信仰を持っていたことである。特に東大寺の八幡、伊勢神宮への祈念は大仏殿再建を祈ってのことだったのである。

ところで浄土宗では重源を法然の弟子としているが、『作善集』には師については何も記していない。ただささにあげた近江弥満寺に施入した阿弥陀三尊を納めた厨子の扉に大仏殿、曼荼羅とあわせて行基・弘法・聖徳太子・鑑真の像を描いている（『作善』四九五頁）。また上醍醐の湯屋には維摩居士、法相宗の窮基、達磨の像をかけ、東大寺の別所には弘法大師筆の華厳経と良弁の「無辺仏土功徳経」を納めている。このことは彼が教学者よりも東大寺創設に尽力した行基・良弁や弘法などに私淑したことを示している。

以上のように重源は法華持経者、密教の験者、念仏聖的な性格、とくに念仏聖の性格を強く持って、迎講、浴湯念仏、舎利（宝珠）納入、阿弥陀号の授与など具体的な教えを通して人々の心をつかんで作善・勧進にあたって東大寺再建をはじめとする作善をなしとげたのである。

結

本項では治承四年（一一八〇）に平重衡の軍勢によって灰燼に帰した東大寺を再建した勧進聖重源の一三歳で上醍醐に入山後の国内外の霊山の遍歴、醍醐寺、高野山での活動、その後の東大寺再建のための別所を中心とした作善を紹介した。そしてこれらの作善の特徴とそこに見られる彼の信仰を考察した。そこで最後にこれらを第一節でとりあげた南都の修験との関わりも考慮して要約しておきたい。

まず重源は醍醐寺に入山後、上醍醐で法華持経者を思わせる如法経修行をし、後には上醍醐、下醍醐に法華経の道場を設置している。また大峰山でも修行しているが、ここでは「大日経」を転読している。熊野の那智、葛城、白山、立山の修験霊山でも修行した。なお当時金峰山では世尊寺の鐘の鋳造を勧進聖が中心になって行なっており、彼もそれに関わっていたかも知れない。その後重源は九州の廟田（博多）に湯屋を設けたり、箱崎宮で如法経を書写するなどしているが、その際に宋の商人にもふれ、さらに入宋して栄西と行を伴にした。そして五台山で文殊菩薩の霊光にふれ、天台山では羅漢に見え、阿育山寺では仏舎利の光を見るなどの奇瑞を体験した。

そして帰国後、善光寺に二度参詣し、一度は善光寺如来から仏舎利を授かって呑み、二度目には善光寺如来に見えている。そしてこの経験を通して自身を生身の阿弥陀如来と認識し、自己のみならず同行者にも阿弥陀号を授けている。

この後醍醐寺座主の勝賢を通して、その兄弟で高野山に別所を開いた明遍に接し、念仏を唱導し高野山への納骨をすすめる高野聖の影響をうけた。そして自身も高野山に専修往生院とも呼ばれる新別所を開き、不断念仏衆の講社を組織した。また勝賢が東大寺東南院主となったことから、東大寺とも関わった。そして六二歳の治承五年（一一八一）、夢告に従って東大寺に赴き、東大寺で大仏や大仏殿の惨状を見て、再興を決意して、大勧進の職を受け、それに専念したのである。

そして陳和卿兄弟や草部是助の尽力や後白河法皇、九条兼実の後援や源頼朝の外護を受けて、文治元年（一一八五）大仏を完成した。ついで大仏殿の再建にとりかかり、東大寺の別所を中心として造営料所にあたられた周防国の木材を備中、備前、播磨、摂津の渡部、伊賀の別所を介して奈良にに運んだのである。なおこれらの別所はそれぞれが浄土堂や来迎堂を持つ念仏道場であると共に勧進、作善の拠点となっている。こうして建久六年（一一九五）に大仏殿を完成した。そしてこの後も東大寺の諸堂の再建・修理にあたった。その際にその堂衆が東大寺の修験でもあった法華堂、中門などや、興福寺の東・西金堂などの修験の拠点の再建にも尽力している。

これらの彼の作善を支えた信仰は当初の法華信仰、密教に加えて、各別所に設けた浄土堂を中心とする阿弥陀信仰が中心となっている。とくにここで迎講を行なって往生を確信させたり、湯屋を設けて念仏を唱えながら入浴がもたらす爽快感を成仏と結びつけるなどしている。さらに生身の阿弥陀と観じた自身のみならず、弟子たちさらには勧進の聖や建築、鋳造にあたる者まで阿弥陀号を与えて往生の保証をしたのである。また大仏のみならず、仏像や五輪塔に仏舎利を納め、それを如意宝珠になぞらえ、それが霊光を発するともした。この他篤信者の遺骨の上に堂や塔を建てるなどのこともしている。そしてこうした信仰にもとづく作善によって多くの人々の帰依・協力を得て、東大寺の再建をはじめとする数多くの作善を成し得たのである。なお彼は特定の師から学ぶこともなく、作善の記録である『南無阿弥陀仏作善集』以外には著作は残していない。そして東大寺の建立に努めた行基、良弁、聖武天皇などを私淑して、自己の活動の範として上記の東大寺再建などの作善を全うしたのである。

注

(1)『日本書紀』中、岩波文庫、四五～四六頁。
(2)『令義解』『神祇令』第一集、新訂増補国史大系二三、一九四頁。
(3)『延暦僧録』大神神社史料第一巻、吉川弘文館、一九六八年、口絵写真（以下同書所収のものは本文中に括弧を付して史料―頁で表記する）。
(4)『今昔物語』第二〇、新訂増補国史大系一七、五八七～五八八頁。
(5) 和田萃『日本古代の儀礼と祭祀・信仰』下、塙書房、一九九五年、二一一～四九頁。
(6) 樋口清之「大神神社の考古学的研究」神道史研究四一六、一九六一年。
(7)『江談抄』群書類従二七、五五七～五五八頁。
(8)『類聚符宣抄』巻三、新訂増補国史大系二七、八四～八八頁。
(9)『多武峰略記』建久八年（一一九七）、群書類従二九、四四九頁。
(10) 大神神社史料編纂委員会編『三輪流神道の研究――大神神社の神仏習合文化』名著出版、一九八三年、宮家準「三輪山の信仰と三輪流神道」『神道と修験道』春秋社、二〇〇七年、八三～一〇四頁参照。

（11）『三輪上人行状』続群書類従二―八。
（12）吉田靖雄「大神神社の神宮寺」大美和八、一九九一年。
（13）『古事談』古典文庫、玄賓の話。
（14）『三輪大明神縁起』三輪叢書、大神神社社務所、一九二八年、一二―二一頁。なお上掲宮家『神道と修験道』九二～九四頁。
（15）『金峰山創草記』修験道章疏Ⅲ、三六四頁。
（16）「金山観音寺縁起」『岡山県史』家わけ文書。
（17）「東大寺要録」第四、諸院章、第四、八幡宮の条。
（18）逵日出典『八幡宮寺成立史の研究』続群書類従完成会、二〇〇三年、一八〇～一八二頁。
（19）『諸山縁起』『寺社縁起』日本思想大系二〇、岩波書店、一九七五年、一三八～一三九頁。
（20）『大峰当山本寺東金堂先達記録』修験道章疏Ⅲ、四〇一～四〇八頁。
（21）上掲『三輪流神道の研究』口絵。
（22）「内山上乗院系伝」内閣文庫。
（23）「内山上乗院門跡伝」天理市史 史料篇、天理市、一九九七年。
（24）「天文十八年乙酉七月六日、御入峰助成日記」首藤善樹編『金峯山寺史料集成』国書刊行会、二〇〇〇年、三六九～三七〇頁。
（25）「平等寺書上」（天理図書館蔵）平井良朋「三輪山平等寺概史」大美和九九、二〇〇一年。
（26）『南無阿弥陀作善集』小林剛編『俊乗房重源史料集成』（以下『集成』と略す）七二（資料番号。以下同様）、奈良国立文化財研究所、一九六五年、四八二～四九五頁。以下『作善集』の引用は本文中に（『作善』頁）であげる。
（27）主要なものには、小林剛『俊乗房重源の研究』（有隣堂、一九七一年）、『重源上人の研究』（南都仏教研究会、一九五五年）、中尾堯・今井雅俊編『重源・叡尊・忍性』（日本名僧論集五、吉川弘文館、一九八三年）、中尾堯『中世の勧進聖と舎利信仰』（吉川弘文館、二〇〇一年）、中尾堯編『旅の勧進聖 重源』（吉川弘文館、二〇〇四年）、『大勧進 重源』（奈良国立博物館、二〇〇六年）がある。
（28）首藤善樹編『金峯山寺史料集成』史料二六、国書刊行会、二〇〇〇年、二四二頁。
（29）『元亨釈書』「重源伝」新訂増補国史大系三一、巻一四、二一三、二一四頁。なお『東国高僧伝』『浄土鎮流祖伝』『法然上人伝記』でも仁安二年入宋、翌三年帰朝としている。『集成』一二、一七～二〇頁。
（30）栄西『興禅護国論』『中世禅家の思想』日本思想大系一六、岩波書店、一九七二年、五三～五六頁。

(31)『集成』一五、二四〜二六頁。なおこの鐘は現在は旧高野山領の紀伊国長谷毛原村長谷宮の嶽原山衆福寺にある〈高さ〈竜頭とも〉二尺六寸二分、口径一尺五寸二分、厚さ一尺五寸〉。
(32)『玉葉』巻二五『集成』二五、四九〜五〇頁。
(33)『東大寺続要録　供養編』『集成』一三三、三四二〜三四三頁。
(34)山本栄吾「重源入宋伝私見」(上掲中尾他『重源・叡尊・忍性』所収)では、重源の渡宋譚は彼が栄西の渡宋の話をもとに創作したものとしている。ただ私は少なくとも仁平三年の栄西と一緒の天台山、阿育王山登拝は史実と考えている。
(35)上掲『東大寺要録　供養編』『集成』三八、六七〜六九頁。
(36)「醍醐寺縁起」大隅和雄『聖宝』醍醐寺、一九七六年所収。中島俊司『醍醐寺略史』醍醐寺、一九五三、五〜九頁。
(37)五来重『聖の系譜と庶民仏教』著作集二、法蔵館、二〇〇七年、一五九〜一六一頁。なお重源の勧進職就任の契機に関しては、他に彼が治承五年(一一八一)二月下旬、夢告に従って東大寺を訪れ、その惨状を見て勧進による再建を発心した(『東大寺造立供養記』)。当初法然が大勧進を依頼されたが、辞退して同行の重源を推挙した(『法然聖人絵伝』)などの説がある。私は重源が東大寺の惨状に慨嘆した頃、造仏造寺長官藤原行隆の依頼を受けて受諾したと考えている(『集成』一七、一八、三〇〜三四頁)。
(38)『醍醐雑事記』醍醐寺、一九二九年。以下同書の記事は本文中に括弧を付して『雑事記』巻、頁と記すことにする。なお、以下の記述に関しては、上掲小林『俊乗房重源の研究』一七二〜一八七頁、ならびに小林剛「醍醐寺における俊乗房重源の事績について」上掲中尾他『重源・叡尊・忍性』所収参照。
(39)『尊卑文脈』巻一〇、新訂増補国史大系六〇上、四八九頁、「村上源氏、中院家の条」。上掲小林「醍醐寺における俊乗房重源の事績について」一二九〜一三〇頁。
(40)上掲小林「醍醐寺における俊乗房重源の事績について」一三二〜一三三頁。
(41)上掲小林『俊乗房重源の研究』一八四〜一八六頁。
(42)上掲小林『俊乗房重源の研究』一七四〜一七五頁。
(43)毛利久「快慶と重源」上掲中尾他『重源・叡尊・忍性』二〇三頁。
(44)上掲小林『俊乗房重源の研究』一七五〜一八一頁。
(45)『集成』一五、二三〜二六頁。
(46)『集成』三二、六二一〜六三頁。
(47)「庁宣」(阿弥陀寺文書)『集成』一五、三八三〜三八四頁。

(48)「重源譲状」『大日本史料』第四編の九、七六〜八二頁。
(49)『吾妻鏡』巻一五『集成』一一九、一二四二〜一二八五頁。
(50)堀池春峰『南都仏教史の研究上　東大寺編』法蔵館、一九八〇年、五一八〜五二一頁。なお第三表の堀池の題は「作善集から見た重源の作善」だが、本項では作善を信仰に改めた。
(51)追塩千尋「利益衆生の足跡——土木事業の勧進」上掲中尾『大勧進　重源』所収参照。
(52)生駒哲郎「山林修行の道場——苦行と神秘」上掲中尾『大勧進　重源』四六〜五〇頁。
(53)『愚管抄』日本古典文学大系八六、岩波書店、一九六七、二九五頁。
(54)『法然上人伝記』巻二下「顕真座主上人論談事」『集成』三〇、六〇頁。
(55)石田尚豊「重源の阿彌陀名号」上掲中尾他『重源・叡尊・忍性』一一九頁。
(56)上掲中尾『中世の勧進聖と舎利信仰』四六〜四八頁。
(57)「金山寺文書」上掲小林『俊乗房重源の研究』一八二頁。
(58)「高野山大湯屋釜鋳目録」(『又続宝簡集』)上掲堀池『南都仏教史の研究上』五二六〜五二七頁。
(59)『集成』一五四、三八五頁。
(60)内藤栄「重源の舎利・宝珠信仰——三角五輪塔の源流をめぐって」『大勧進　重源』奈良国立博物館、二〇〇六年参照。
(61)『玉葉』文治二年閏七月二七日の条『集成』四五、一三二〜一三三頁。
(62)『集成』八一、一九六〜二〇一頁。なお上掲小林『俊乗房重源の研究』二八〜二九頁。
(63)上掲小林『俊乗房重源の研究』二七〜二八頁。

第三節　南都の戒律復興と山岳修験

序

　天平勝宝六年（七五四）四月、鑑真（六八八～七六三）は東大寺大仏殿前で聖武天皇以下四三〇余人に授戒した。そしてその翌年東大寺戒壇院、天平宝字五年（七六一）からは下野薬師寺、筑紫の観世音寺の三戒壇で授戒が治部省玄蕃寮の管轄下でなされ、これによって受戒者は官僧として認められた。その後弘安一三年（八二二）に比叡山での『梵網経』にもとづく「菩薩戒」の授戒が認められた。爾来、官僧になる為にはこの四戒壇での受戒が求められた。もっとも比叡山の戒壇の受戒者は、天台宗に限られていた。

　このうち鑑真に始まる南都の授戒は、東大寺戒壇院、興福寺、唐招提寺、薬師寺、西大寺などの戒師が担当した。その後院政期になると南都の授戒はもっぱら東大寺中門堂衆・法華堂衆、興福寺、東・西金堂衆によって施行された。当時この四堂衆は第一節第一項で述べたように、夏安居の間、奈良の奥山で採華し、寺内の諸仏に供える当行を行なっていた。なお彼らは（1）悔過の行である修正会・修二会を勤行し、国の泰平、藤原氏の繁栄を祈願する、（2）浄土教と戒律に関心を持つ、（3）山林の山寺などに籠って修学する、（4）特定寺院に帰属することなく複数寺院を兼ねたり、適宜に所属を変更するというような特徴を持っていた。[1]ところで当時の南都の仏教界では、永承七年（一〇五二）から末法に入るとされたことから、あらためて釈迦、その当来仏の弥勒の信仰が盛行し、戒律の重要性が認識された。また空海が東大寺に真言院を創設し、聖宝が東大寺東南院を三論と密教の寺としたこともあって密教が隆盛した。今一方で東大寺・興福寺などの学僧が、両寺の別所や山寺に隠棲し、浄土教や密教を説き、戒律の復興を試み、これらをもとに興法利生の活動に尽力した。本節ではこうした活動を代表する実範、明恵、貞慶、叡尊をとりあげて、次の順序でその活動を紹介し、山岳修験との関わりに注目したい。

まず第一項では、後世律宗で戒律復興の祖とされる実範が興福寺西金堂衆の欣西に求められて、戒律復興をなし得た経緯と、彼の験者としての活動、浄土教信仰の両面を紹介する。ついで第二項では、東大寺で受戒した明恵がその後紀伊の浜辺や高雄山などでの修学中の夢を通して得た悟りの世界を紹介する。第三項では興福寺の学僧貞慶が春日明神の神託に従って、笠置山に入り、さらに観音信仰の海住山寺に移り、ここで戒律の復活を考え、興福寺に律院の常喜院を開くまでの活動を跡づける。なおこの貞慶の弟子戒如は、中世初期に戒律の復興を成就した覚盛（一一九四〜一二四九）と叡尊（一二〇一〜一二九〇）らを育成した。そして覚盛は唐招提寺を中興し戒律の教学を振興し、叡尊は西大寺を中興して真言律を広め、興法利生に尽力した。第四項では、叡尊の好相にもとづく自誓受戒とその後の興法利生活動を紹介する。なおこの叡尊や覚盛の好相の獲得は明恵の夢体験にもとづく悟りを思わせるものである。そして結では、上記の実範、明恵、貞観、叡尊の戒律復興運動の独自性と共通点、彼らに見られる山岳修験との関わりをまとめ、最後に中世後期の大峰・葛城の「灌頂式」に見られる戒律を紹介しておきたい。

第一項　実範の戒律復興

実範（一〇八九？〜一一四一）は参議藤原顕実の子、当初興福寺に入り、法相を学び、後に醍醐寺の厳覚から東密小野流、比叡山横川の明賢から止観を学んだ。また大和の円成寺で教真から高野山中院流と戒を伝えられた。そして永久二年（一一一四）頃に中川寺に成身院を開き、ここを拠点に三〇年近く密教の験者として活躍すると共に戒律の復興に努めた。その後東大寺の別所で南都浄土教の中心とされた光明山寺に移った平安末の南都を代表する碩学として知られた。本項では戒律復興の活動に焦点をおくが、あわせて彼が隠棲した円成寺、中の川、光明山など、中世後期に修験と関わった寺院での験者や浄土教の修学についてもふれることにする。(2)

実範は、中川成身院で戒律復興運動に携わる以前には忍辱山円成寺で教真の下にいた。同寺は鑑真の弟子虚滝を開山とするが、万寿三年（一〇二六）に、三輪山の大御輪寺に住した法相宗の命禅（九六三〜一〇四〇）が春日明神の本地十一面観音を祀って中興した。その後天永三年（一一一二）にはもと興福寺にいた東小田原随願寺の念仏聖経源がこの円成寺に阿弥陀如来を祀っている。(3)この経源は九体の阿弥陀如来で知られる西小田原の浄瑠璃寺とも関わりを持っていた。なおこれらに先きだつ延久（一〇六九〜一〇七四）末年頃、この小田原にいた教懐（一〇〇一〜一〇九三）が高野山に入って念仏と密教を兼修して高野聖の祖となっている。実範は円成寺で教真から中院流の東密を学んでいる。ちなみに安貞二年（一二二八）頃には中川寺の子院知恩寺には春日堂と白山堂が建立されている。

実範は天永三年（一一一二）頃、この円成寺から採華のために中の川に至り、その勝景を愛でて永久二年（一一一四）にここに伽藍を建立して移住し、密教の即身成仏に因んで成身院と名付けた。もっともこの中の川には保延三年（一一三七）、興福寺三四世別当玄覚（一〇九九〜一一三八）が隠棲してから、興福寺の別所的性格を持っていたと思われる。なお中川寺は鎌倉末には成身院を中心に弥勒院、清浄院、地蔵院、東北院、仏眼院、十輪院、薬師院があり、全体として法相、天台、真言の三宗兼修だったが、中世後期には成身院は当山正大先達寺院となっている。(4)

ところで南都では鑑真が東大寺戒壇院で授戒を始めた後、その弟子如法（?〜八一四）がそれを継承した。その後の南都では凝然の『律宗瓊鑑章』巻六によると七大寺に律宗が置かれたが漸次廃退し、『戒律伝来記』を著わした如法の弟子豊安（七六四〜八四〇）没後一七〇年をへた三条天皇の代（一〇一一〜一〇一六）には律儀はほとんど行なわれず、鳥羽天皇の代（一一〇七〜一一二三）には全く見られなくなった。(5)もっとも『円融天皇御受戒記』によると、当時南都では東大寺、興福寺、元興寺、薬師寺、大安寺、唐招提寺の六ヶ寺の律僧が授戒のことに関わり、興福寺では東・西金堂衆が律宗を専攻してこれに関わったとしている(6)。ただその後は授戒もあまりなされず、教学面も衰退していたことは否めない事実である。

『元亨釈書』によると、実範は常日頃戒律が衰退したこと、また戒師がいないことを嘆いていた。或る夜、夢で唐招提寺から中川寺に銅の筧を通して清水が流れているのを見た。そこでこれを好相と思って翌朝唐招提寺に赴いた。けれども同寺は廃退していて比丘も見られず、かつて庭と思われたところは田になっていて禿頭の老人が牛を鞭打って田を耕していた。そこで彼が鑑真の御影堂はどこにあるのか、この寺には比丘はいないのかと尋ねた。すると老人は自分は完全ではないが四分律の戒本を少し開いたことがあると応えた。そこで彼はそれを教えてほしいと願った。すると老人は手を洗った上で御影堂で戒伝を授けてくれた。実範はその戒伝を中川寺に持ち帰り、律講を開き、羯磨（授戒）を始めた。これによって戒法が興隆したとしている(7)。

　なお鎌倉時代末頃に成る天平勝宝六年から天徳二年（七五四～一三三〇）に至る唐招提寺戒壇の盛衰を記した『唐招提寺解』には、保安（一一二〇～二四）の頃、興福寺学侶が春日社八講の席で、近年東・西金堂衆の律学が衰微して、東大寺戒壇院で授戒がなされていない。それ故律学を学び、戒法の興隆をはかることが議せられた。そしてこれを受けて西金堂衆の南勝房欣西らが中川寺に赴いて実範に律学の復興を依頼した。そこで実範は春日社に参籠したうえで唐招提寺で戒光から四分比丘戒の講義を聞き、それをもとに「東大寺戒壇院受戒式」を撰述したとしている。なお欣西はその後忠運と号し、中川寺に移って実範に師事し三二年間にわたってその戒律復興運動を助けたとされている(8)。ちなみに、天仁二年（一一〇九）に沙弥源海が東大寺戒壇院で具足戒を受けた際に、証明師の一人として唐招提寺大徳芳静律師が参加している故、実範が訪れた際に同寺に戒師がいたことは事実とも思われる(9)。

　この他時代は下るが元禄一四年（一七〇一）に義澄が撰した唐招提寺の記録『招提千歳伝記』では、実範は戒律の再興を願って身を潔めて春日神社で七昼夜にわたって祈念して得た夢告にもとづいて唐招提寺に行き戒光から鑑真に始まる四分律の戒を継承した老僧からそれを授かったとしている。そして律宗は始祖を鑑真とし、戒光を一四世、老僧を一五世、実範を一六世としている。なお同書では、実範はその後天永二年（一一一一）に唐招提寺に入り、永久四年（一一一六）に同寺の伽藍を修理し、翌年東大寺戒壇院で園城寺の行尊。仁和寺の覚行等三五人に戒を授け、保安三年（一一二二）に『東大寺戒壇院受戒式』（一巻、以下『受戒式』と略す）を撰したとしている。[10] なお行尊は大峰修行もした熊野三山検校で、仁和寺には長承二年（一一三三）二月一二日写了　執筆僧（花押）両山峯先達行延」と奥書された『金峯山本縁起』が伝わっている。それ故にこの話は中世後期に興福寺の東・西金堂衆が当山方修験を掌握する為に創作した話とも思われるのである。

ところで「四分律」は鑑真によってもたらされた後秦の仏陀耶舎（覚明）と竺仏念訳の律宗の基本書『四分律』全六〇巻にもとづくもので、四分は、初分の比丘二五〇戒、二分の比丘尼三四八戒と受戒・説戒、三分の自恣（夏安居の最終日の懺悔など）、四分の房舎・集法から成っている。また具足戒は鑑真が東大寺で始めた小乗律で定めた比丘、比丘尼戒を三師（戒和尚、戒羯磨師、戒教授師）と七証（すでに沙弥戒を受けている七人の証人）から受戒するもので、これによって無量の戒徳が身に具わるので具足戒と呼んでいる。

さて、この一四世紀初期の『唐招提寺解』や、一八世紀の『招提千歳伝記』では、実範を律宗の復興者としている。たしかに彼はさきにあげた『受戒式』の他にも、『戒網菩薩戒法則』（仮題）、『戒壇式』など戒律に関する書物を著わしている。そこでその中心をなす「受戒式」について簡単に紹介しておきたい。[11] 同書は基本的には天台宗の円戒に対して、道璿（七〇二〜七六〇）の教えをもとに法進（?〜七七八）の『授戒方軌』に準拠して編んだものである。なお道璿は菩提僊那と共に来日して、戒と禅と華厳を伝え、大安寺西唐院に住して、大仏開眼供養会の呪願師を勤め、晩年は吉野の比蘇寺に隠栖している。また法進は鑑真と共に来日して東大寺戒壇院を継承した律宗の二祖（初祖は鑑真）である。同書の内容は（1）戒壇院荘厳敷設、（2）最初法式、（3）請師次第、（4）入堂儀式、（5）授沙弥式、（6）講遺教経、（7）教発戒縁、（8）単白差問縁入、（9）出衆問縁、（10）単白喚受者入衆、（11）正教乞戒、（12）単白和僧、（13）正対衆門、（14）正受戒法、（15）説戒相、（16）諸師出堂から成っている。

実範は大治二年（一一二七）九月二二日には藤原忠実の南の御方、長永三年（一一三四）一〇月二五日に同じく北の御方の出家、保延六年（一一四〇）一〇月二日には藤原忠実の宇治平等院での出家の戒師を勤めている。(12) なお中川寺で実範以後も授戒がなされたことを示す次の伝承が『本朝新往生伝』にあげられている。その一つは文人の藤原敦光（一〇六三～一一四四）が天養元年（一一四四）一〇月二八日に臨終の時、善知識（中川聖か）から安楽国に往生する為に八斎戒を受け、次いで光明真言を授かったとの話である。今一つは久安三年（一一四七）に伊賀聖の道寂の往生の時に中川の住僧が西方の東大寺戒壇院末の眉間寺の上に彼の往生の瑞相とも思える紫雲を見たという話である。なお彼は生前、毎日阿弥陀経を読み、霊山、霊寺で修行した。また鐘を鋳て東大寺、長谷寺、金峯山寺に納めていたという。(13) なおこの敦光が臨終の時に授かった光明真言は密教で罪障消滅や往生の為に唱えられたものである。これは中川成身院が密教の道場で、実範が験者であったことを反映しているとも思われる。というのは、彼は永治元年（一一四一）七月には鳥羽法皇の病気の際に孔雀経法を修して治癒し、康治元年（一一四二）七月には内大臣藤原頼長の皮膚病を千手観音に祈って治癒させ、その翌年には彼の息災を祈って炎摩天供を修するなど験者としても活躍していたのである。(14)

保延（一一三五～一一四〇）の末頃、病気がちだった実範は南都の浄土教の霊地だった東大寺東南院別所の光明山寺に隠棲した。この光明山寺は平安末頃にその原型が作られたとされる『笠置寺縁起』では役行者が白鳳一二年（六八三？）四月二二日に笠置山千手窟から長谷寺への一代峰入を始めた時、一の宿とした所とされている。(15) ただこの光明山寺は一〇世紀後期に宇多法皇の孫寛朝（九一六～九九八）が開き、康平七年（一〇六四）東大寺七三世で三論と浄土を兼学した永観（一〇三三～一一一一）が蟄居して四〇年余りを過ごしたことから南都の浄土教の中心となっていた。実範が青年期に横川で止観を学んだ明賢は、源信（九四二～一〇一七）の流れをくむ念仏者でもあった。こうしたこともあって浄土教も学んだ実範は、光明山寺に移って間もない頃に『念仏式』を著わした。同書は源信の『往生要集』をもとにしているが、止観や法相の影響も認められる。ただ密教の要素はあまり見られない。次いで長承三年（一一三四）には病気がちだった自己に問いかけるかのように、真言行者が心得るべき「病中心得八ヶ条」を記した『病中修行記』を著わしたが、これには叡山の浄土教を密教の弥陀観と結びつけている。[16] なお「大日弥陀同体異名、極楽密厳名異一処」を唱えて、浄土思想を密教的に裏付けた覚鑁（一〇九五～一一四三）の著書『一期大要秘密集』には、この実範の『病中修行記』の素材が用いられている。[17] 一方、実範はその後密教の教相を研究し、純密教の立場から『阿弥陀私記』『阿弥陀次第』など西方の弥陀浄土を明示することを試みている。そしてこうした密教的浄土信仰を深化する為に隠栖したこの光明山寺で、天養元年（一一四四）九月に極楽浄土を願って安養のうちに遷化し、弟子達はその折、妙なる音楽を聞いたとされている。[18]

第二項　明恵の修学と夢体験

紀州の有田や京都の栂尾に隠棲しそこでの夢体験を記すと共に、華厳宗と戒律の新展開をはかった明恵（一一七三～一二三二）に関しては、これまで仏教史、仏教学、文学、精神分析などの諸分野から数多くの研究がなされている。[19] ただ本項ではその主要な事績を彼の山中などでの修学、その折りの夢、授戒などに注目して紹介したうえで、「自誓受戒」とのつながりや山岳修験との接点を探ることにしたい。

明恵は承安三年（一一七三）に紀伊国有田郡石垣荘吉原村（現金屋町吉原）で平重国を父、湯浅宗重の娘を母として生まれた。ただ治承四年（一一八〇）八歳の正月に母を失い、九月には父が上総で戦死した。そこで翌養和元年（一一八一）八月、母方の叔父上覚房行慈がいる真言宗の京都高雄山神護寺に入った。その後一二歳の頃、神護寺を離れて籠山を思い立ったが、蛇に遮られた夢を見て断念している。文治四年（一一八八）一六歳で出家し、東大寺戒壇院で具足戒を受けて成弁と名乗った。そして十八道、金剛界、胎蔵界、護摩法を授かった。その後建久二年（一一九一）一九歳の時、仏眼仏母尊を本尊として仏眼法を修している時、その懐に抱かれているような夢を見て、同尊を母と観じた。また釈尊を父と観じ、爾来この信仰を持ち続けた。なおこれ以来折にふれて夢を見ているが、その記録を『夢記』に記し続けている[20]。彼は今一方でこの一九歳の時から六年間にわたって東大寺尊勝院の聖教をもとに華厳経を研鑽している。建久六年（一一九三）二三歳の明恵は本尊と若干の聖教を持って弟子の喜海と共に紀伊国湯浅の栖原村（現湯浅町栖原）の白上峰の西に海ごしに阿波が見られる岩上に草庵を設け、ここに本尊を安置し行法、坐禅、誦経し、学問に勤しんだ。翌七年には母と仰いだ仏眼仏母尊の像に右の耳を切って献じている。また同じ頃山中で釈迦像の前で無相観を修していると獅子王に座した金色の文殊菩薩を観る妙相を得ている。建久九年（一一九八）には喜海等と面苅磨島に渡り、五日間にわたって島の洞で釈迦像を西向きに掛け、断食の上で昼夜誦経、念誦して釈迦の楞伽山での説法に思いをよせている。そして島の自然と一体になったと観じ、後に島への恋文を弟子に託して島の浜辺に置かせている。

この年明恵は上覚の師である高雄山神護寺の文覚（生没年不詳）の依頼で高雄山に帰り、一時栂尾に庵居したが秋の末には、栖原村の奥の石垣庄の符立（現有田郡金屋町）に居を移した。そしてここで「唯心観行式」と「随意別願文」を著わした。前者は心・仏・衆生の三無差別を観じ、普賢菩薩の行願を念じる『華厳経』の真髄を感得する作法、後者は釈尊の在世に生き得なかったが、華厳の法門を通してその教えを学ぶことを願ったものである。なお彼は建仁二年（一二〇二）には同庄糸野（現金屋町）に移り、ここで上覚から伝法灌頂を授かり、密教の三密と華厳の心・仏・衆生を相応させることを試みている[21]。

釈尊を深く崇拝した明恵は建仁三年（一二〇三）インド巡礼を試みたが、叔父浅野宗光の妻に春日明神が憑依して、それを止めるよう託宣を受けた。そこでこれに従って渡印を諦め、春日社に参詣した。すると、霊鷲山で釈迦に仕える夢を見た。彼はこのあと笠置山に行って、貞慶に会い、彼から舎利を贈られている。けれどもインド巡礼を諦めきれず、元久二年（一二〇五）再度渡印を計画し、細かな旅程も定めたが重病になった。そこで釈尊、善財五十五善知識、春日大明神に鬮によって可否を伺ったが否と出たので諦めている。

建永元年（一二〇六）一一月明恵は後鳥羽上皇から高山寺を賜わり、さらに翌年秋には東大寺尊勝院の学頭に任じられ、華厳宗を興隆させるよう院宣を下された。なお彼はこれに先き立つ正治二年（一二〇〇）二月から、弟子の喜海などを相手に折にふれて唐の澄観（七五五〜八三八）の年になる華厳経の疏『大方広仏華厳経疏演義鈔』全九〇巻の講義をしていたが、院宣もあってかこれを継続し、承元四年（一二一〇）にはこれを完了した。また後鳥羽上皇の家臣の藤原長房（一一七〇〜一二四三）の為に唐の華厳三祖法蔵（六四三〜七一二）が華厳教理の要旨を記した『金獅子章光顕抄』に「花厳宗沙門高弁」と署名しているが、高弁は彼が同書で始めて用いた諱で華厳宗を代表する学僧と自他ともに認めていたことを示すと思われる。ちなみに長房は後に貞慶の弟子となり、出家して覚真と名乗り、戒律の復興に尽力している。

ところで明恵は法然（一一三三〜一二一二）が『選択集』で主張した阿弥陀仏の本願を信じて南無阿弥陀仏の名号を称えれば極楽往生出来るとの専修念仏の流布に強く反撥し、建暦二年（一二一二）九月に『摧邪論』、翌建保元年（一二一三）に『摧邪論荘厳記』を著わして反論した。そこでは法然が華厳を始め聖道門が仏道の基本となす菩提心を無視していることを批判している。そして菩提心の発揚を実践することを考えてか、『摧邪論』執筆翌年の建暦三年九月二四日には紀伊国白崎（現由良町）の洞窟で衆生の解脱の為に岩壁に真言を書き、光明真言、尊勝陀羅尼、釈迦の宝号を唱え、さらに三〇日には苅磨島の峰で宝楼閣陀羅尼を誦した。そしてこの後高山寺に帰り栂尾で『大日経疏』の講義を始めている。

高山寺でも彼は山上の草庵練若台の下に石水院を設け、そこで行法、坐禅、読経、学問に勤しんだ。また同院背後の楞伽山の林や岩上で坐禅した。高山寺蔵の「明恵樹上坐禅像」には、「高山寺楞伽山中縄床樹定心石擬⌈凡僧坐禅之影⌋写⌈愚形安禅堂壁⌋　禅念沙門高弁」と自筆の賛が記されている。ここでは菩提心をもとに禅と念仏によって悟りを求める心境が記されている。そしてこれによって得た好相をもとに本尊を案出し、三宝菩提心を示す本尊を石水院の壁に掛けて礼拝した。そして建保三年（一二一五）一一月二五日には『三時三宝礼釈』を著わして、その本尊の意味、礼拝の仕方を説明した。その本尊は、次頁の図のようなものである。この本尊はまず、上端の三宝（梵字）と中央の三宝（仏法僧）の名号（①）を左右の「八十華厳」第二七巻「十廻向品」にあげる二〇種の菩提心から選んだ四菩提心（②〜⑤）によって示された祈願者の菩提心をもって礼拝することを示している。そして実際の礼拝に際しては、まず中央の偈①（唱える順を示す）をあげた上で、「生々世々値遇頂戴」とそれにあう喜びを述べたうえで、②③④⑤の順に菩提心を持って三宝に帰依することを表白し、最後に「生々世々悉皆具足」とその成就を願う形をとっている。ただ在俗者の場合はこの本尊に向かって「南無三宝後生たすけ給まへ」と唱えて三宝（仏法僧）に供養するだけで良いとしている。これは華厳の教えを密教の曼荼羅になぞらえて描いた本尊に向かって自己の菩提心を悟った上で唱える、自行によって往生も含む願事の成就をはかったもので、法然の念仏、日蓮の題目などの易行による救済の仕方を華厳宗にとり入れたものと考えられる。

三宝の梵字

②万相華厳金剛心　③大勇猛智慧蔵心
①南無同相別相住持仏法僧三宝
④如那羅延賢固幢心　⑤如来衆生海不可尽心

承久二年（一二二〇）明恵は唐の李通玄（?～七三〇）が『八十華厳』とその註論を合わせて実践化した『華厳合論』を読み、そこに記されている仏光三昧にもとづく仏光観に強く心を動かされた。この仏光観は李通玄の師の解脱（?～六四二）が五台山の仏光峰で華厳経により仏光観を修して、光の中で文殊菩薩に再三にわたって見えたことをもとに始めたものである。ちなみに五台山では古来ブロッケン現象が見られ、それを文殊菩薩の示現と崇める信仰の霊山として知られていて、仏光観はこれに因むと思われるものである。

かねてから戒律の復興に思いをいだいていた明恵が栂尾石水院で承久二年（一二二〇）七月七日に後夜の坐禅中に白い円光が炎の中にあらわれた。そして、これは光明真言であるとつげられた。ついで八月七日の初夜の坐禅の時、滅罪を祈願し、もし戒体を得、好相を得たら諸人に授戒したいと願った。やがて身心があるかないかのような感覚になり、意識を失なった。すると虚空に瑠璃の杖を持った普賢・文殊・観音が現れた。そこでこの杖につかまると、三菩薩は杖ともども引きあげた。そして兜率天の弥勒の楼閣についたと観じ、身心が気持ちよくなり意識を失なった。すると杖の宝珠から宝水が流れ出てそれを浴びると顔が明鏡のように、身体は水精のようになった。その時「諸仏ことごとく中に入る。汝は今清浄を得たり」と声があった。

明恵はこの後この体験をふまえて、同年九月三〇日には仏光観を教理的に裏付けた主著『華厳修禅観照入解脱門義』、翌三年一一月九日には仏光観にもとづく観法を記した『華厳仏光三昧観秘宝蔵』二帖を著わした。この前者では十信、十住、十行、十廻向、十地の五位を一念におさめ、仏の十身を一観に融合し、菩提の身体を出現させる妙術であり、説法の声を十方世界に開かしめる秘術の三昧について説かれている。また後者では文殊を観じることによって信をおこし、普賢を観じる行をする。そしてこの信と行を一致させることによって、毘盧遮那仏になるとしている。また光明真言を仏光三昧相応の真言とし、これを誦する時には文殊、普賢、観音、弥勒の名をあわせて唱えるように説いて密教と華厳との一致を説いている。[22] 爾来彼はこの仏光観を修すると共に同法について説き、伝授している。その受者の一人に『諸山縁起』を書写し、『比良山古人霊託』を著した慶政（一一八九～一二六八）がいることに注目しておきたい。なお彼は貞応三年（一二二四）に「光明真言効能」を記し、安貞二年（一二二八）には光明真言に関する霊夢を見ている。そして『光明真言土砂勧信記』を著わし、光明真言による土砂の術を行なうなど、光明真言による救済をはかっている。[23]

ところでかねてから戒に関心を持っていた明恵は高山寺で建保三年（一二一五）から五年にかけて、『梵網菩薩戒本』や法蔵の『梵網経菩薩戒本疏』（以下『梵網経疏』と略す）、道宣の『浄心誡観法』などを講じ、承久二年（一二二〇）から三年にかけて、夢の中で懺悔などして自己を浄化し妙相を得て、戒体となっている。これは彼がちょうど仏光観を行ない始めた頃にあたっている。それ故明恵は仏光観の観法に専念する中で、自己の罪障を強く意識し、清浄性を通して好相を得て戒体を獲得したことを示している。そして貞応二年（一二二三）一二月二〇日には『自誓八斎戒略作法』を著して、修明門院（後鳥羽上皇妃）に進上し、さらにこれを道俗に示している。なお八斎戒は在俗信者に課す（1）不殺生、（2）不盗、（3）不淫、（4）不妄言、（5）不飲酒、（6）化粧せず、装身具を着けず、歌舞を見聞きしない、（7）天蓋付きで足の高いベッドに寝ない、（8）正午以降食事をしないの八戒で、この八斎戒を受持することによって、（1）四道（地獄、餓鬼、畜生、修羅）におちない、（2）常に人中に生じる、（3）天に生じれば梵天に生ずる、（4）仏の出生に遇い菩提を得る、というものである。

そして彼は嘉禄二年（一二二六）八月一四日に富光路盛兼、翌三年に修明門院と西園寺公経夫人、安貞二年（一二二八）に藤原孝道に授戒している。また寛喜二年（一二三〇）一月二七日に前斎宮凞子内親王、同年九月一三日松殿基房女の出家の戒師を勤め、同年一一月一八日北白河院道深法親王、尊性法親王に授戒している。なおこれらの授戒の多くは受者の出家、病気平癒、臨終の為で、受者の多くは上記のように好相を得て自誓受戒した明恵から受戒して仏縁を結ぶことによって修法以上の効果を期待したのである。(24)

ただ明恵は当初は授戒よりも戒を説く説戒の方を重視していた。最初の説戒は嘉禄元年（一二二五）六月一五日に栂尾の本堂でなされたもので、『梵網菩薩戒本』の十重戒全部と四十八軽戒のうちの幾つかを講じ、その後衆僧が十重戒の文を誦し、信者もこれに和した。また霊瑞や療病に関する話もあった。この頃から高山寺では毎月一五日と晦日に恒例の行事としてこの説戒が行なわれた。この説戒は一山僧侶の修行ともいえるもので、最初に三帰戒（仏法僧への帰依）、ついで三聚浄戒、さらに十重戒・四十二戒の説明があり、最後に十重戒の文を唱える形でなされていた。(25)もっとも明恵は弟子の長円が記した彼の語録『却廃忘記』に、比丘尼の具足戒の二五〇戒は、ただその大綱をあげたのみで、むしろ「事により、時にのぞみてあるべき也。ただこころのじつぽうに（まじめに）、実（まこと）あるふるまいは、をのづから戒法に付合すべき也」としている。(26)これは各人の分限を法の定めと受けとめて、それぞれの能力、身のほどに応じた充実したふるまいこそが、戒法に合ったものであるということである。この考えは喜海がまとめた『栂尾明恵上人遺訓集』冒頭にある「人は『阿留辺幾夜宇和』と云ふ七文字を持つべきなり、僧は僧のあるべき様、俗は俗のあるべき様なり―中略―此のあるべき様を背く故に、一切悪きなり」との思想にもとづくものである。(27)このように明恵にとって戒は、受者の「あるべき様」の指針となるものを意味していたとも思われるのである。

貞永元年（一二三二）一月一九日午前九時頃、死を覚悟した明恵は兜率天上生の思いを述べ、「南無弥勒菩薩」と唱えて、五秘密法の作法を修し、弟子達に慈救呪、五字真言、宝号を唱えさせた。そして「南無弥勒菩薩」と三度唱えたうえで、懺悔文（『四十華厳』巻四〇所収）を唱え、脇を右にして臥し、右手に念珠を持ち、蓮華拳を結んだ左手を腹におき、「我、戒を護る中より来る」との弥勒菩薩が善財童子に告げた言葉を唱えて閉眼した。

以上明恵の一生を跡づけたが、これを見るとその一生は大きく三期に分けることができる。第一期は養和元年（一一八九）の九歳での神護寺入山以降の密教・華厳の修学と、紀伊白上峰や苅立の山中の草庵や苅磨島の洞穴での籠居の元久二年（一二〇五）三三歳頃までである。第二期は建久元年（一二〇六）後鳥羽上皇から高山寺を賜わると共に東大寺尊勝院の学頭として華厳宗の興隆に努めた時である。この時期には九条家などの貴紳の依頼に応えて加持祈祷に効験を示している。そして密教と華厳を習合した厳密の思想を示す曼荼羅を本尊として、その前で菩提心をもって「南無三宝助け給え」と祈る易行による救済を説いている。第三期は承久元年（一二一九）頃、李通玄の『華厳合論』を読んでそこに見られた「仏光観」を感得し、その好相を通して自誓受戒し、戒体を得たうえで通俗に授戒すると共に、戒律を説く説戒も行なった。また光明真言や光明真言土砂加持の流布に努めた、貞永元年（一二三二）の死までの時期である。ところで修験道では「樹頭に吟じる風、沙石を打つ波の音を法爾常恒の経」と観じ、その中の自己の心身に即して禅定・抖擻し、自己本来のあり方を悟る自然法爾を理想としている。[28]これは彼が山林や窟の中で禅定や仏光観を通して得た「あるべきように」という悟りに似ているとも思われるのである。ただ彼はこれを「自誓受戒」や「光明真言」に展開させている。

最後に明恵が見た修験の霊地、熊野、黒い山、大峰の夢を紹介しておきたい。熊野に関しては建暦六年（一二一八）九月一二日夜、熊野に詣で、その宿所に同行の義淵房（霊典）を留めおいた夢と、承久三年（一二二一）八月一八日馬に乗って大きな池の中を遊戯して熊野に詣でようとした夢で、池は禅観、馬は意識でともに吉相としている。黒い山の夢は承久二年八月二九日の坐禅した時林の樹が繁茂した黒い山を見た。そして九月一日に三罪を懺悔して、験を求めて得たというもので、以上は『夢記』にあげられている。[29]大峰の夢は建永元年（一二〇六）一一月二三日の夜のもので、山の峰から流れ落ちる滝があった。ある人がこの滝の源は山伏の通う大峰に通じるといった。彼は貝の船に乗って滝をの

ぼり大峰に至った。一行の僧が登ろうとしたが上から落とされた、という話である。(30)

第三項　貞慶と春日・笠置・海住山

貞慶（一一五五～一二一三）は右中弁藤原貞憲の子。八歳の応保二年（一一六二）祖父信西の死、父の配流もあって、叔父の興福寺覚憲（一一三一～一二一二）のもとで出家し、法相を学ぶと共に春日明神を信仰した。その後建久四年（一一九三）に弥勒菩薩の磨崖仏で知られていた笠置山に隠棲し、般若台や十三重塔などを建立した。けれども承元二年（一二〇九）には海住山に移り、ここで八斎戒を始めた。なお彼の八斎戒は在俗信者の六斎日（月の八、一四、一五、二三、二九、三〇日）に八戒（不殺生、不盗、不淫、不妄言、不飲酒、不座高床、身を飾ったり歌舞することを禁じる、不可中食）を守らせるものである。さらに建暦二年（一二一二）興福寺に常喜院を設け、「戒律興行願書」を草するとともに戒律の興隆をはかったうえで、建暦三年（一二一三）海住山寺で遷化した。主著『愚迷発心集』三巻『成唯識論尋思抄』一巻の他、多くの著書、説戒、表白を残している。本項では特に山岳修験とも関わる彼の春日山・春日明神信仰と修学、笠置山での活動、海住山での補陀落信仰や戒律再興の試みについて紹介する。(31)

貞慶は永万元年（一一六二）一一歳の時東大寺で受戒したが、承安二年（一一七二）には醍醐寺の運阿闍梨から虚空蔵求聞持法を授かっている。その後治承四年（一一八〇）一二月二八日の平重衡による南都焼打ち翌年の正月、大般若経の書写を発願した。なお一月二〇日に自らが書写した『唯識義私記』巻一には「興福寺沙門貞慶」と自著している。周知のように大般若経の訳者玄奘（六〇二～六六四）はインドで唯識学を学んだ法相宗の祖である。また後述するように大般若経は春日信仰とも関わっている。それ故貞慶の大般若経書写の発願は、唯識を宗旨とする興福寺の再興を願ってのことと思われるのである。その後彼は興福寺で維摩経会、最勝講、法勝寺八講などの講師を勤め、『成唯識論同学鈔』の撰択に関わった。今一方で弥勒、観音、地蔵、薬師や釈迦信仰と関わる舎利、「欣求霊山」などの講式、表白、願文、勧進帳などを数多く作成している。[32] ここでは興福寺在住後に春日明神拝礼の為に作ったとされ、中世後期には修験道でも用いられた神祇講式を紹介する。[33]

『神祇講式』は現在完本ではないが、いずれも鎌倉末の『神祇講私記』と名付けられた宮内庁書陵部所蔵本、真福寺所蔵本、醍醐三宝院所蔵本と、室町期以降の七本がある。また文政八年（一八二五）当山派修験勧弘編の『修験常用集』にも収録されている。[34] これらのうち永正年間（一五〇四～一五二一）の天理図書館蔵の巻子本（冒頭を欠く）の奥書には「右此式者、南都興福寺学侶解脱上人御作也、但後笠置寺上人、于時永正十二年乙亥八月十五日、ヒカンの結願ニ之ヲ書写口也　永正十九年」、また江戸期の西大寺所蔵巻子本には、表紙題簽に「神祇講私記、解脱上人作」奥書に「右此式者、笠置寺解脱上人貞慶之御作也、始興福寺住居之時、為二春日大明神法楽一、有二製作一云々」とある。そこでこれをもとに本講式は貞慶が興福寺在住の頃に作成したものと推定して、その内容を主として、近世期に当山派修験の本寺となった醍醐三宝院本をもとに紹介する。[35]

本講式は最初に惣礼し、伽陀「我此道場如二帝珠一、十方諸神影二現中一、我身影二現神祇前一、頭面摂足帰命礼」をあげ、次いで「南無日本国中大小神祇、本地法身諸仏菩薩、心中所願決定円満」と唱え、三礼後、表白に入っている。この伽陀は源信作とされ、現行の修験懺法でも用いられるが、それでは諸神は三宝、神祇前は在御前となっている。次の表白では、まず「粛敬白豊葦原ノ中国開闢ヨリ天津神、伊弉諾・伊弉冉尊、天照大神、天児屋根等尊神、国家鎮守、諸社宗廟」とあげ、ついで我国では海底に仏法流布の瑞相である大日如来の印文があったが、第六天の魔王が妨げていた。そこで天照大神が魔王と契約し、仏法を擁護させたとしている。なお天児屋根命は春日明神第三殿に鎮座する藤原氏の祖師ゆえ、同氏が王権を支える事を示している。次いで以下、諸神の本地を讃じ、第二に垂迹の利益を明し、第三に回向発願するとしている。

第一の諸神の本地の段では我国の諸神は大日如来が仏法を弘め、王法を守るために現れたものとし、具体的には行教が男山に宇佐八幡を勧請して般若を誦し、興福寺僧仲算は那智滝で般若心経を誦して千手観音をあらわした。このように諸社の瑞籬は厳浄仏土であるとする。そして最後に「本躰盧舎那、久遠成正覚、為度衆生故、示現大明神」という伽陀を唱えるが、これは鎌倉時代以降、春日講式や春日曼荼羅の讃文で広く流布する四句文である。

第二の垂迹の利益の段では、空海と丹生明神、最澄と日吉山王、華厳・法相と春日、弥勒を守る金剛蔵王、熊野権現の極楽への導きなどの例をあげて、「神は法によって霊徳長命也、法は神に依って利生をここにあげんぬ」と神・法の相依論を展開する。なおこの後「殊当社権現者慈悲万行之名称、朝家無相之霊神也」とある。この当社は、この醍醐寺本など鎌倉後期のものは春日権現をさすと思われる。けれども永正年間（一五〇四〜一五二一）の天理大学吉田文庫本では「殊当社神名随所権現」とあり、『修験常用集』所収本は「殊当社権現随所」としている。このことは近世後期には里修験が本講式を鎮守の祭などで用いていたことを示すと考えられる。なお本段の最後では「諸仏救世者、住於大神通、為悦衆生故、現無量神力」と、法華経如来神力品二一所掲の神徳を讃える伽陀を唱えたうえで「南無和光利物、陪（ママ）増法楽、威光心中所願決定円満」と祈念をこめている。

第三の廻向発願の段では、まず諸社の本地、法報応化の三身如来や聖経、菩提薩埵、仏法僧の三宝に香華、灯明などを供えて廻向発願し、次いで諸神祇等を列記している。その諸神祇を見ると、まず天神七代地神五代に続けて天照豊受両大神宮、以下二二社の各々、関東の鎮守二所権現（伊豆・箱根）、三島宮に続けて、総じて金峰・熊野・白山、新羅等普天率土、有勢無勢大小神祇、殊に当社権現をあげている。ここで古来の天神地祇、二二社、鎌倉幕府と結びつく山岳神に続けて、代表的な修験霊山である金峰、熊野、白山、熊野三山検校を重代職とした園城寺の鎮守新羅明神をあげている事が注目される。ちなみに修験道の始祖とされる役小角の図像の多くはこの新羅明神にもとづいている。(36) なお天理大学吉田文庫本では当社権現のあとに「神名随所」の小字が付されている。この後続けて、梵天、帝釈、弁才天、歓喜天、荼吉尼天、宇賀神将、大黒天、三宝荒神、諸宿曜、疫病流行神、閻魔などの他界神、龍神、三国伝統の諸大師、七世父母六親、山川渓谷に充満するすべてのものに廻向したうえで、法華経化城喩品七にあげる「願以此功徳、普及於一切、我等与衆生、皆共成仏道」との伽陀、「南無諸社霊神陪（ママ）増法楽、一切衆生、平等利益」の文を唱え、神分、六種、回向で講式をおえている。ここで回向される諸天善神は里修験の間でも広く崇められており、このことからもこの講式が彼らの間で広く用いられていたことが理解されるのである。

もっともこの『神祇講式』は本来は貞慶が春日明神の法楽の為に作ったと考えられるものである。この春日明神は、その始源は龍神、雷神とされる春日山の神を祀ったものである。その後鹿島（一宮）、香取神（二宮）、藤原氏の祖神・天児屋根命（三宮）、古来の春日山の神（四宮）と若宮が祀られ、さらに春日山中には大和一宮、三輪社が勧請された。この春日明神の諸社への貞慶の本地の充当を見ると、彼の「春日御社事」では一宮・釈迦、二宮・薬師、三宮・地蔵、四宮・十一面観音・若宮・文殊としている。そして春日社頭をこれら本地仏の浄土としている。[37] なお貞慶が笠置隠栖後に記した「春日権現講式」五段には春日明神がその霊地である御蓋山の麓で遥か万年後に弥勒菩薩が下生して成道する蓮華三会の未来まで、興福寺の仏法を守り続けるとの強い意思が示されている。[38] そしてこの春日明神の霊験譚を集成した絵巻に『春日権現験記絵』（以下『験記』と略す）がある。そしてこの詞書の主要部分は、貞慶作の『御社験記』（『笠置上人之旧記』とも）をもとにしたとされている。けれどもこの『御社験記』は現存しない。ただ近本謙介は貞慶の手になる『春日御本地尺』冒頭の「娑婆たちまちに瑠璃の地になり――中略――尺迦尊、薬師仏、現に瑞籬のほとりにいます、補陀落、清涼山（五台山）、何雲海の外をたつねき、出離の道身にたぬるかなや」の文が『験記』の巻二〇第二段の「随心浄処則浄土所なれば、我神すべて諸仏なり、社壇あに浄土にあらすや、しかれば浄瑠璃、霊鷲山、やがて瑞垣の中にあり、補陀落、清涼山、なんぞ霊海の外にもとめむ」などと対応することをもとに、『験記』に貞慶の信仰が反映しているとしている。[39] そこで以下『験記』には貞慶の信仰が反映しているとの仮説にたって、そこに見られる春日山や春日明神の信仰を紹介することにしたい。

『験記』の巻一九の一（絵の番号、以下同様）にはうっすらとした雪におおわれた松を思わせる常緑樹の間に若干の広葉樹を配した御笠山（春日山）が大きく描かれている。これは補陀落、霊鷲山になぞらえた浄土を示すと思われる。この春日山を水源とする川辺の水谷社の鳥居近くには六道の橋がある。そして巻一六の三には貞慶の弟子璋円が訪れた春日野の下の地獄が描かれている。なお巻六の三にはこの春日の六道で般若心経を口にくわえた蛇を虐める少年を描いている。詞書ではこの少年はこの後病気になった。そこでこの親が巫女に護法占をしてもらったところ、春日明神から大般若経を唱えれば快癒すると指示され、それに従って治癒したと説明している。もっとも巻一四には春日明神は法華経を好むが、唯識をより以上好むとしている。これらは貞慶が治承の兵乱後、大般若経の書写を発願し、『唯識義私記』を書写したことと結びつくと思われる。

『験記』には貞慶の笠置山隠棲後の般若台への春日明神勧請についてもふれているが、これに関しては後述することにして、彼自身が悟りを求める心を起こす為に礼唱した『発心講式』執筆の動機とその内容についてふれておきたい。既述のように彼は養和二年（一一八二）に大般若経の書写を発願した。そして多くの協力者を得てその完成間近かになったこの年の八月に自ら笠置山の弥勒菩薩の磨崖仏の前で大般若経理趣分を書写していた。その時、異念が相交って納得ゆく写経が出来なかったことを告白し、「悲しむべし恨むべし」と嘆いている。これに関して山田昭全はこうした不安定な心的状態から脱却する為にこの『発心講式』を作成したと推測している。[40] この彼が自ら書写した大般若経理趣分は、密教では理趣経と呼ばれ、基本経典とされている。その内容は、男女の性行為を肯定しながらも、空の立場からの煩悩肯定説に立って超克し、一切の諸法は清浄であると説いたものである。

さて、この『発心講式』の奥書には、本講式は「世尊の恩によって慈氏（弥勒）に奉仕することを目的とするとしている。そしてその内容は、（1）釈尊の恩に報じる、（2）弥勒の化を仰ぐ、（3）弥陀の願に帰す、（4）罪障を懺悔する、（5）菩薩を受く、（6）廻向発願の六段から成っている。このように釈迦、弥勒、弥陀への帰依を表明し、その加護の上で、自己の罪障を懺悔し、菩提心を発して菩薩戒を受け、仏道の実践をはかるというものである。ちなみにここに見られる釈尊信仰は「釈迦講式」や「舎利講式」にと展開し、弥勒信仰は「弥勒講式」に示されている。[41] なお（4）罪障懺悔では、空の思想に立脚する『観普賢経』と唯識の立場から出家の心得を説いた『心地観経』（大乗本生心地観経の略）とあわせて「本覚讃」（蓮華三昧経）が全文引用されている。[41] この「本覚讃」は一切衆生成仏の偈といわれ、修験道でも広く用いられているものである。

貞慶の笠置隠栖の契機に関しては、平岡定海は「春日大明神発願文」をもとに（1）大般若経書写完成に対する春日明神への帰依、（2）末法思想、（3）自己の病弱、（4）釈迦信仰にもとづく弥勒菩薩への祈願、（5）興福寺学侶の批判と、自行化他の誓願をあげている。(42) また富村孝文は間接的には叔父の明遍、澄憲、覚憲の隠栖や、聖達の活動への注目、直接的には法相、唯識の観法の実践、興福寺時代からの宿願の釈迦、弥勒信仰の実践をあげている。(43) ただ深く春日明神を信じ、その加持のもとで兜率天で弥勒に見える事を願った貞慶が、興福寺在住中に春日山で当行を行なう東西金堂衆の修行に関心を持って、弥勒菩薩の磨崖仏のある霊山の笠置山に関心を持ったとも思えるのである。

彼が隠栖の地として選んだ笠置山は、彼も目にしたと思われる鎌倉時代初期になる『諸山縁起』によると、吉野の金峰山が兜率天の内院であるのに対して、その外院とされている。また金峰山が果曼荼羅・金剛界峰、熊野が因曼荼羅・胎蔵界峰であるのに対して、蘇悉地峰で岩屋は弥勒・慈尊である。そして延喜八年（八〇八）に道賢がここに籠って一昼夜にわたって三部の曼荼羅を観じて修行した。その折天人からこの岩屋の下に池があり、そこに石像の慈尊が祀られていて、ここで修行し祈願すると現世では財宝を与えられ、来世では極楽に往生すると教えられた。彼はさらに虚空蔵の岩屋に入り、そこで鬼神からここが兜率天の外院と教えられた。彼はさらに近くの伴峰で役行者にあった。そして二人で協力して末代の行者を守護することを誓ったとしている。なお笠置山は霊鷲山の戌亥（北西）の角が飛来したものとしているが、これは大峰山を同山の坤（西南）の角が飛来したとしていることと対応する。なお時代は下るが、天文七年（一五三八）書写の『笠置寺縁起』では実忠が笠置山の龍穴から兜率天の内院に至ったとしている。また実忠は笠置寺の正月堂の十一面観音の行法を模して東大寺二月堂の修二会を始めたとしている。(44)

貞慶は笠置隠栖直後に記した「春日大明神発願文」の中で、日蔵（道賢）が金峰山で悶絶中に釈迦牟尼の化身蔵王大菩薩と名乗った聖僧に導かれて兜率内院に詣でたが、その下には閻魔王宮が見えたとの話をあげている。(45) この金剛蔵王菩薩は胎蔵界曼荼羅の虚空蔵院の一尊で一〇八臂を持ち一〇八の煩悩を退治する菩薩とされている。そして虚空蔵院に属することから虚空蔵菩薩の福智二門の徳を持つと考えられている。ところで法相宗の神叡（?〜七三七）は天平（七二九〜七四九）初期に吉野の比蘇寺で虚空蔵求聞持法を修していた。爾来この法は智恵を授かる法として、法華経の暗誦をめざす法華持経者などに重視されていた。貞慶も承安二年（一一七二）一八歳の時、智力の増進を願ってか、醍醐寺の運阿闍梨から虚空蔵求聞持法を授かっている。

伊藤和彦はこれらをもとに彼が早くから虚空蔵信仰を通して金剛蔵王権現さらに蔵王の居所とされる金峰山、その地の弥勒信仰に関心を持ったとしている。そして更に推測をすすめて貞慶は当初隠栖の場所として金峰山を考えていたけれども建久六年（一一九五）大般若経六〇〇巻書写の大功をおえ、春日社で一〇〇日間参籠した際、春日明神から、その意趣を貴み、なお明神を尊崇するよう冥告を受けた。そこで彼はその前で大般若経理趣分を書写した弥勒の磨崖仏がある笠置山に移住して草庵を設け、さらに書写した大般若経を安置する般若台六角堂を建立した。なおこれには笠置山の念仏道場で毎日弥勒信仰の根本経典の一つ、八名経を読誦し弥勒の真言を唱えて、大般若経書写や、般若台建立の結縁者の支援に応えた如経（生没年不詳）らの勧進聖の働きがあったと推測している。(46)

貞慶はこの般若台六角堂に大般若経を安置し、建長六年（一一九五）一一月一九日にはその供養会を行なった。その折にあげた「笠置寺般若台大般若経一部六百巻書写供養文」には「願わくはこの伽藍を以って永く伊勢大神宮、八幡大菩薩、春日大明神、金剛蔵王、当山護法に施し奉り、眼精を守る如くにして失墜せしむなかれ、乃至法界共に仏道を成ぜんことを」とある。(47)この法要の翌七年九月二七日にはこの六角堂の鎮守として春日大明神を勧請した。この折の「春日大明神発願文」では春日大明神を観音の垂迹と見て、それに奉仕することによって兜率天に行くことを願っている。なお重源はこの年貞慶の勧進に応じて般若台六角堂に唐本大般若経一部と銅鐘一口、聖武天皇御本尊とした白檀釈迦像一体を寄進した。この金銅鐘銘には光明真言と「諸行無常、是生滅法、生滅々己、寂滅為楽、笠置山般若台、新鋳華鯨、遠振梵響、願念衆生、発菩提心、建久七年丙辰八月十五日　大和上南無阿彌陀仏」の刻銘がある。(48)これはその前年に重源が東大寺造営の祈念の為に伊勢神宮外宮で行なった大般若経供養の際に貞慶が導師を勤めたことへの御礼と考えられる。

建久九年（一一九八）貞慶は笠置山に一三重の塔を建立した。これは涅槃経後分に「釈迦入滅後その遺骨を一三層の七宝塔に安置した」との記述にもとづくものである。この折に彼が著わした「笠置寺十三重塔供養文」によると、塔内に三粒の仏舎利、釈迦如来・四天王・弥勒菩薩の仏像、大般若経、法華経をおさめ、扉に仏弟子や護法善神の絵、障子に霊鷲山や五台山が描かれていた。そしてこれを釈迦の墳墓とみなして、今後春秋に法華八講を行なうとしている。またこの法華八講の勧進帳の中ではこの塔を霊鷲山般若塔に擬し、笠置山を霊鷲山になぞらえている。(49)

貞慶はこの十三重塔発願の頃に記した「欣求霊山講式」では、実在の霊鷲山に比定した霊山浄土は弥勒の兜率天浄土や阿弥陀の極楽浄土に比べてイメージしやすい。そこで自分はまず霊山浄土への往生を願いたい。そのためには笠置山に釈尊の舎利を納めた十三重塔を建立して、この地を霊鷲山に見たてたとしている。(50)なお大和文華館所蔵の「笠置曼荼羅」にはこの十三重塔、本尊弥勒菩薩像、その前の廻廊状の礼堂など鎌倉期の笠置山の場景が描かれている。(51)ちなみに正治元年（一一九九）七月、貞慶は山城国花背原の峰定山の釈迦如来像に自筆の法相宗の根本経典『解深密経』と結願文を納めている。なおその他の納入品には覚遍、観心など彼の弟子の名前が認められる。(52)この峰定寺は久寿元年（一一五四）に那智・大峰で修行した西念が開いた寺で、中世後期に北大峰と呼ばれた修験道場で、現在は聖護院末の寺院である。

元久二年（一二〇五）一〇月貞慶は興福寺を代表して、法然の専修念仏を批判する九箇条から成る「興福寺奏状」を朝廷に提出した。その内容は（1）新宗を立てる失（朝廷に基づく八宗以外に私に一宗を号するのは不当―以下括弧内は貞慶の反駁の要約）、（2）新像を図する失（法然の「摂取不捨曼荼羅」の弥陀の光明は顕密の宗徒を照らさない）、（3）釈尊を軽んずる失（弥陀のみ崇める）、（4）万善を妨ぐる失（読経、造仏、起立堂塔を認めない）、（5）霊神に背く失（宗廟・神明を崇めない）、（6）浄土に暗き失（発菩提心、読経、授戒などの諸行による往生を認めない）、（7）念仏を誤る失（口称のみをとり、観念や多念の念仏を認めない）、（8）釈衆を損する失（本来往生は戒をもとにするが、破戒を旨とする）、（9）国土を乱す失（王法仏法相即の八宗を否定する）との九箇条をあげて、専修念仏の宗義を糺すよう勅裁を求めたものである。(53)もっとも貞慶にも浄土信仰や解脱志向があり、彼は専修念仏の遍執を批判し、戒律の重視、余教余行への恭敬を求めたのである。

貞慶はすでに興福寺にいた頃から春日山の比売神をまつる四社の本地を十一面観音として崇めていた。そして笠置山に隠栖後はさらに観音を崇めるようになり、建仁元年（一二〇一）には五段式と三段式の「観音講式」を作成している。そして五四歳になった承元二年（一二〇八）には観音霊場として広く知られていた山城国相楽郡加茂瓶原にあった興福寺別当雅縁の瓶原山荘に移って、ここに寺院を建立して熊野那智の海辺の補陀落山寺に因んだのか、補陀落山海住山寺と名付けた。この年九月五日には後鳥羽上皇御願の河内国交野の新御堂の供養の導師を勤め、近臣の藤原長房を介して東寺と唐招提寺の仏舎利二粒を賜わり、これを海住山寺に安置した。なお同四年上皇は海住山寺を御祈願所とし、貞慶はその供養導師となった。またこれを契機に長房は貞慶の下で出家して慈心房覚真と名乗り、海住山寺に入った。

貞慶は海住山寺を補陀落浄土と観じて観音に値遇することを願ったのか、承元三年には七段式の「観音講式」（別名「値遇観音講式」）を作成した。本講式は（1）明号（各段の表題―以下同様）、（2）明方処、（3）明形相、（4）明林地、（5）明宮殿、（6）明業因、（7）明廻向の七段から成っている。この（1）の段では「近くは華洛より、遠くは夷郷に及ぶまで、高き山の峰、深き谷の底、所々の霊験、多くは観音たり、諸社の神明区々なりと雖も、威光殊に甚しきは、また観音の垂迹か、生を我が国に受けん人、誰が観音の機縁を疑わんや」とし、（5）の段では「釈尊の遺跡の祇園精舎、竹林精舎はすでに荒廃し、補陀落に及ばぬ」とし、（7）の段では阿弥陀の極楽浄土も弥勒の兜率天も釈尊の霊山浄土もすぐには行けぬが、観音の補陀落浄土は往還可能な浄土であるとしている。[54]なお海住山寺の本堂には一五世紀の「補陀落浄土図」、「十一面観音来迎図」がある。この「補陀落浄土図」には春日社が書きこまれている。春日社ではすでに一三世紀に春日山を補陀落浄土になぞらえた、「春日補陀落曼荼羅」が作られている。[55]ちなみに修験道ではさきの那智に限らず日光山など各地の修験霊山に観音が祀られ、補陀落浄土信仰が認められる。また近世の『山州名跡志』では鎌倉前期になる海住山寺の文殊堂に関して「文殊堂、本堂の北にあり、南面　本尊文殊大士、坐像一尺余、作不考、脇壇に役行者并びに前鬼、後鬼を安んず、作不考」とある事にも注目しておきたい。[56]

貞慶は海住山寺に移住後、興福寺で「発心講式」を作成して以来、心にかけていた戒律の興行を慈心房覚真などの弟子の協力を得て開始した。すなわちまず承元四年（一二一〇）一一月一日から翌四年正月一五日にかけて、一一人の結衆と共に菩薩戒の加行として八斎戒を行なった(57)。この八斎戒は俗人向けのもので、その後六斎念仏と結びついて中世後期以来民間でも広く行なわれている(58)。

この頃貞慶は「戒律復興願書」を著わした。同書は覚真と共に彼の二大弟子の一人とされる戒如（生没年不詳）の奥書によると、貞慶が興福寺の律宗を崇め、その講義を施行する道場の建立を意図したものである。その中で彼は興福寺の東・西金堂衆は鑑真を祖師とし、律衣を着、授戒に携わる十師を勤め、戒和尚となっていた。けれどもその後継承者もなく衰微している。そこで両堂衆は勧進すると共に新人の為に戒本を勧め、誦させ、教え知らせ戒律の興隆をはかるべきであるとしている(59)。そして建暦元年（一二一一）九月一三日には唐招提寺の鑑真御願堂で『梵網経古迹記』を講じ、覚真・戒如の支援のもとに興福寺に律院の常喜院を設立し、選抜した僧侶に律学を学ばせている。なお常喜院では覚真は財政的な支援と造営、戒如は貞慶の「戒律復興願書」をもとに「律学事」と題する奉唱文を作成し、海住山寺、唐招提寺、西大寺、海龍王寺などで開いて、その教えを講義、実践して戒律の復興に努めている。そして覚盛、叡尊、有厳、円盛など数多くの戒律復興運動のにない手を育んだ。このうちでは唐招提寺を拠点にした覚盛と、西大寺を再興して戒律の民衆化や救民活動に尽力した叡尊が注目される。そこで次項ではこのうちの叡尊をとりあげて紹介することにしたい。

建暦三年（一二一三）一月一一日貞慶は病床で弟子に海住山寺の五箇條の規式「海住山寺起請文」を口述し、署名した。この規則では、（1）山内の尼僧居住禁止、（2）興福寺の上・中臈已下の来住禁止、（3）薪材木の持出禁止、（4）他所で事ある者の移住禁止、（5）山中の闘諍禁止である。そして海住山寺を覚真に託して、同年二月三日に五九歳で示寂した。覚真はこの規式にもとづいて一山を運営すると共に、五重塔を建立して後鳥羽上皇下賜の仏舎利を納めるなど、その繁栄に尽力した。

第四項　叡尊の興法利生と修験

西大寺を拠点に戒律復興に努めた叡尊（一二〇一～一二九〇）に関しては奈良国立文化財研究所から『西大寺叡尊伝記集成』が発表され、これらをもとに史学の和島芳男・追塩千尋・松尾剛次、仏教学の徳田明本・蓑輪顕量などの研究がある。特に追塩は叡尊の密教と修験との関わりに注目している。[60] 本項では彼の密教や修験の習得、自身の受戒、その後の授戒を中心とした興法利生の活動を紹介する。その際、特にことわらない限り、彼が弘安九年に記した自叙伝『金剛仏子叡尊感身学正記』（以下『感身学正記』と略す）を主要史料とし、その他の史料のみ注記することにしたい。[61]

叡尊は建仁元年（一二〇一）五月大和国添上郡箕田村（現大和郡山市白土町）で生まれた。父は興福寺学侶慶玄（源氏の出）、母は藤原氏という。七歳になった承元元年（一二〇七）母が死亡したことから翌年醍醐寺近く（醍醐西大路町辺）の寡婦小坂の御子の養子とされた。けれども一一歳の建暦元年（一二一一）彼女が死亡し、その妹弥座一の御子の家に預けられた。その後彼女の夫の養父だった醍醐山の伊勢阿闍梨の住房に住んで、毎日仏供の花を摘み、尊像に供えることを日課とした。そして建保二年（一二一四）に同じく醍醐の安養院、栄実禅密房の坊に移住した。この彼の出自を見ると父を学侶としてはいるが、在地の妻帯した堂衆を思わせる僧で、少年期は御子（巫女）のもとで養育され、醍醐山では採華して仏像に供える当行的な修行をしている事が注目される。[62]

叡尊は建保五年（一二一七）一七歳の時、顕密いずれを学ぶか迷って、上醍醐の清滝宮で七日間祈請した。すると夢に御子（巫女）が現れて金剛王院に行くように指示した。そこで金剛王院流の円明房恵操の下で得度し、十八道、金剛界を伝授された。その後天仁元年（一二二四）には高野山の堂衆の往生院に宿泊し、大師廟、丹生高野明神を拝した。この後郷里の箕田村に立ち寄り、父の紹介で東大寺中御門（西面中央の門、俗称焼門）にいた父の老師を尋ね、護摩法を修得した。この後一時上醍醐の奥と思われる石山寺南の峰寺に参籠したが、東大寺中御門の老師の紹介で釜口長岳寺（現天理市柳本）霊山院の阿闍梨静慶に師事した。ここで彼から胎蔵界、諸尊法など密教の行事作法『悉曇字記』『菩提心論』を学び、二八歳になった安貞二年（一二二八）には金胎両部合行の深秘の行軌である具支灌頂を授かった。

さて以上の彼の密教修学の場を見ると、清滝宮は娑伽羅龍王の第三女（一女は厳島）、本地は如意輪観音で雨乞に効験があるとされ、修験とも関わっている。峰寺は上醍醐から石山寺への峰道にあった寺とも思われる。東大寺では中門堂衆が法華堂衆と共に当行をし、戒にも関わっていた。中御門にもこうした堂衆がいたと思われるが定かでない。高野山の堂衆の一部は中世後期には当山方の修験となっている。また彼が拝した丹生・高野明神は山麓の同山の鎮守丹生津姫神を祀る天野社を山上に勧請したものである。山麓の天野社では長床衆と呼ばれる修験が葛城山の峰入を行なっていた。彼が密教を学んだ長岳寺は釜口寺ともいい、空海の開基とされている。当時は興福寺末で霊山院はその別院で律宗になっている。この長岳寺には文殊、普賢、観音が祀られていた。そして中世後期以降は当山正大先達として活躍している。このように彼が密教を習学した諸寺の中には、中世後期には修験となったものが認められるのである。

かねてから密教の三密行ではまず菩提心を発して、さらに戒律を修めることが必要であると感じていた叡尊は、文暦元年（一二三四）西大寺の宝塔院で六人の持斎僧を募集して三密行を修行させようとしていると聞いて、翌嘉禎元年一月一六日に西大寺に行ってこれに加わった。さらにこの後東大寺戒禅院で、興福寺の円晴から南山律の基本書である唐の道宣撰の『四分律行事抄』の講義を開いた。また興福寺の常喜院で覚盛らが、仏菩薩の前で自らが戒の発得を願い、好相（仏の出現）を得た上で、誓いを立てて、戒を授かる自誓受戒を試みようとしている事を聞いた。そこで同年七月一八日に同院に赴いて覚盛、円晴、有厳と共に東大寺羂索院で彼らと共に自誓自戒を行なう許可を得て、それに参加した。その自誓授戒の経緯と体験は、西大寺蔵の叡尊像に納入されていた彼の嘉禎二年九月「自誓授戒記」によると次の通りである。

叡尊は自誓受戒参加の許可を得たので、懺悔し、身を清め『四分律比丘戒本』を暗誦した。そして八月二六日常喜院に行った。すると覚盛ら三人はすでに好相を得たと聞いた。その後彼は東大寺大仏殿で通夜した所、白昼数枚の黄色い葉が降ってくる好相を得た。そこで夕方から同寺の戒禅院で祈念した。すると深夜夢の中で実父から貴女を賜わり結婚するよう命じられた。目覚めた後、師の長岳寺霊山院の静慶阿闍梨を念じた。すると梵字の両界曼荼羅が現れ、そのうちの金剛界曼荼羅を感得した。そこで彼は女性は胎蔵界で理、自分が感得した金剛界は智で、さきの夢の女性・胎蔵界・理と、今自分が感得した金剛界の智によって理智金胎不二を感得した。そしてこれこそ戒の義を示す好相と悟った。そこでこれをもとに自誓して近事となり、その夜沙弥、四日に菩薩大苾蒭位にのぼった。そこでやはり自誓受戒をもとに大苾蒭位となっていた覚盛ら三人と一緒に常喜院に帰り、『四分律行事抄』について語りあったという。[63]これを見ると彼が得た好相は大仏からと思われる上方からの黄色い葉の降下と、密教さらに修験にも見られ理智不二冥合を示すものだったと考えられるのである。

叡尊はこの自誓受戒後、嘉禎二年一一月一〇日西大寺に移住した。そして積極的に授戒を行ない、癩病者、乞食、貧者などの非民救済の興法利生活動に携わる決心をした。けれども帰住したものの同寺が地頭に侵犯されていたので、翌月には光明皇后建立の海龍王寺（角寺、奈良市法華寺町）に移り、『四分律行事鈔』などを講じ、五人の僧に十界具足戒を授けている。ただ暦仁元年（一二三八）には西大寺に帰山し、結界を定め、八角五重石塔を建立して所持の仏舎利一粒を納めたり、男女に八斎戒を受戒させ、僧尼とともに月二回、四分律にもとづいて罪を懺悔する四分布薩を始めている。なお仁治元年（一二四〇）には、のちに彼の後継となる忍性（一二一七～一三〇三）に十界具足式を授けている。また彼の求めに応じて聖徳太子建立と伝える額安寺で文殊供養をして四〇〇人に八斎戒を授けている。なお叡尊も聖徳太子を崇めていて寛治四年（一二四〇）には聖徳太子磯長廟（叡福寺）に詣り、ここで五〇二人に菩薩戒を授けている。また「聖徳太子講式」を著わしているが、それには唐の衡山で、文殊菩薩が聖徳太子の前生である慧思に東海（日本）に行って仏法を伝えるよう指示したとの話をあげている。なお叡尊は仁治二年（一二四一）には興福寺常喜院の諸僧に、当行の夏安居後に西大寺宝塔の東壇上で自恣（懺悔）をさせたが、その夜、春日明神がこれを喜ぶ夢を見たとしている。また叡尊は仁治二年（一二四二）四月三日には長谷寺で一〇四人に菩薩戒を授け、翌年二月二五日には同寺の善算に文殊供養について話している。

　ところでこの文殊菩薩に関しては忍性は各地に文殊像を安置して供養することを考え、仁治二年（一二四一）には長岳寺の継実の手配で三輪に文殊像を安置し、叡尊の参加を得て開眼供養した。さらに寛元二年（一二四四）には忍性が発願して諸郷に文殊画像を祀って、総供養をし、一〇〇〇余の貧者に斎粥を施した。また同年一〇月二五日には、文殊菩薩を本尊とし、不動明王と白山を祀る安倍文殊院（磯城郡桜井町）で、三九〇人に菩薩戒を授けると共に、同寺の周辺二五ヶ所で殺生禁断させている。なおこの安倍文殊院は中世後期には当山正大先達となっている。そして翌三年八月二五日には文殊菩薩から「仏性三昧耶妙戒灌頂」を親授された夢をみたことを契機に、翌四年二月には「文殊講式」を作成して、文殊に倣って一切の貧窮孤独に苦しむ衆生の救済を発願した。

　そして建長七年（一二五五）叡尊は般若寺の復興事業の主眼として、同寺に祀る文殊菩薩像の作製を仏師に依頼し、一二年の歳月をへて完成し、文永四年（一二六七）に同寺で開眼供養を行なった。この文殊像の体内には仏舎利五三粒、般若心経・大般若経・法華経・阿弥陀経・理趣経などの経典、宝篋印陀羅尼、比丘比丘尼の発菩提心願文七五通、三万一五八人の受戒名帳が収められた。これは、仏（舎利）、法（経、陀羅尼）、僧（比丘、比丘尼、願文、受戒者名帳）の三宝を納めたことを意味している。なお彼は「文殊経（文殊師利涅槃経）」には、「人々が文殊師利王子（文殊菩薩）を供養し修福の業を為そうと欲すると、王子は苦悩する非人の姿をして彼らの前に現れる。非人は文殊師利王子に他ならないのである。それ故非人に施行することによって文殊から現当二世の利益を得ることが出来る」と記されていると裕福な領主や農民に呼びかけて、生身の文殊菩薩になぞらえた非人たちを集めて施しをさせる無遮の大会・文殊会を開いたのである。文永六年（一二六九）三月二五日般若寺西南の眩野で開いた無遮の大会で施しを受けた非人は三万余人に及んだとされている。なおここで異様な非人が生身の仏とされて、人々から霊験を期待されたことに注目しておきたい(64)。

　ところで『東大寺要録』巻一には東大寺大仏殿の開眼供養会の導師を勤めた菩提僊那（婆羅門僧正。七〇四～七六〇）が中国の五台山で老翁から文殊菩薩が衆生を利する為に日本で行基として再誕したとの話をあげている。東大寺を再建した重源は行基を私淑して文殊菩薩を祀る中国の五台山の登拝を希望したが果たし得なかったと述懐している。なお一〇世紀になる『李部王記』では、金峰山は五台山の一部が飛来したものとしている。このように文殊信仰は金峰山とも関わっているのである。(65)叡尊も金峰山と関わりを持っていた。すなわち寛元元年（一二四三）忍性が金峰山前執行春誉（覚如成願房）と共に渡宋して律の請来を希望した。けれども叡尊は忍性の渡宋を留め、寛元三年（一二四五）覚如と叡尊旧知の京都泉涌寺の俊芿（一一六六～一二二七）の弟子定舜が渡宋し、宝治二年（一二四八）に律三大部十八具と諸経論を請来した。叡尊は文永九年（一二七二）には金峰山で『梵網経十重戒』を講じ、同山講堂（道円寺）で一七二一人に菩薩戒を授け、またあわせて二〇郷で永代の殺生を禁じ、三四郷内で六斎戒を授け、禁断を行なっている。なお金峰山寺別当春豪は奈良時代に虚空蔵求聞持法の道場として成立した吉野の比蘇寺（現光寺）を弘安二年（一二七九）に復興し、叡尊に師事して同寺を西大寺末としている。(66)このほか弘安六年（一二八六）に無住通暁（一二二六～一三一二）が著わした『沙石集』には吉野山の執行が戦いに加わることを避けてその職を弟に譲って西大寺の叡尊から戒を受けて遁世した話をあげている。(67)

文応元年（一二六〇）秋、京都の葉室中納言定嗣が叡尊の下で出家し、心月房定然と号し、一〇月一一日に沙弥戒、二一日に具足会を授かった。そして弘長元年（一二六一）正月には京に庵室を設けた。叡尊はこの寺を浄住寺と名づけ、ここで二八人に菩薩戒を授け、『行事抄』を開講した。その翌年の二月四日から八月一五日にかけて、叡尊は北条実時・時頼の依頼に応じて関東に下向して興法利生の活動を行なった。この定嗣の出家と関東下向を契機に彼の活動は朝廷や幕府とも関わりを持つようになった。ただ『感身学正記』にはこの関東下向の事跡は弟子性海の『関東往還記』に委ねるとして記されていない。そこで以下で同記によって関東での活動を紹介しておきたい。

北条実時と時頼は正元元年（一二五九）頃に常陸国三村寺にいた忍性や渡宋僧の定舜から叡尊の戒徳を聴き、招聘を考えた。そして弘長元年（一二六一）一二月に西大寺に一切経を寄進し、定舜を通して鎌倉来訪を懇請した。これを受けて叡尊は随行の定舜らと共に翌弘長二年二月四日に鎌倉に向かって出立した。その途中二月一一日から一五日にかけて、『沙石集』を著わした無住がいた尾張の長母寺で常住僧三三人、在家衆一九七人に菩薩戒を授けた。二月二八日には鎌倉に到着し、実時から無縁の釈迦堂を与えられ、ここを拠点に早速、説戒、授戒、布薩を行なった。実時も月に三日は聴聞に訪れた。三月八日には時頼に対面している。

三月一二日には三村寺から経典や法具が届けられ、一四日には忍性も到着して加わった。叡尊は連日『梵網経古迹記』などを講じ、説戒、授戒を行なった。やがて北条政村、実時も釈迦堂で受戒し、六月一八日には時頼も受戒した。また将軍宗尊親王も彼に帰依して生貝を放生している。こうして北条一族その女房、御家人などへの授戒が相次ぎ滞在中に八〇〇人に及んだ。なおこのほか病人に対して三月一七日に数十人に五戒、五月二日には疥癩者に食を与えたうえで弟子の盛遍に斎戒を授けさせている。さらに六月一一日にやはり食を与え四〇余人に菩薩戒を授けさせている。また三月には六斎日ごとに一〇〇人から二〇〇人に斎戒したが、六月の六斎日には一〇〇〇～二〇〇〇人が斎戒を受けている。ただ過労もあってか六月二七日から七月初旬にかけて一時体調をこわしている。このこともあって時頼は帰洛をのばすよう懇請したが、彼はこれを断った。ただ聖徳太子を崇めた時頼のために閏七月九日に鎌倉苑寺で聖徳太子御影供養を行ないその表白文を残している。そして八月には鎌倉を発って、同月一五日に西大寺に帰山した。なおその際実時が西大寺に庄園の寄進を申し出たが、断っている。一方時頼はさきにあげた叡尊が関東下向前に発願し、文永四年（一二六七）に開眼供養を行なった文殊像に寄進し、西大寺を院の御願寺とするようにはからっている。(68)

帰山後の叡尊の興法利生の活動はさきにあげた非人を文殊菩薩の化身として崇め喜捨させる無遮大会の他に、文永元年（一二六四）九月四日に西大寺で行なった七日七夜にわたって光明真言を誦える光明真言会、文永八年（一二七一）の法華寺で涌出の二〇〇〇余位の仏舎利供養など独自のものが認められる。このうち前者の光明真言会は文永二年（一二六五）九月四日付の彼の「西大寺光明真言会願文」によると参加者が大日如来と阿弥陀如来の秘密呪である光明真言と戒律を遵守したうえで、誦えることによって魔軍を降伏し、衆罪を悉除し、その結果西国の極楽世界に生まれることが出来るとしている。そしてこの極楽浄土で再会を期する為に参加者の名前を記した過去帳を作成している。もっとも文永元年（一二六四）九月一八日の「西大寺毎年七日七夜不断光明真言勤行式」によると、過去帳に記入される人は、（1）出家五衆（比丘、比丘尼、式叉摩耶、沙弥、沙弥尼）、（2）西大寺ならびにその末寺の近住男女、（3）勤行の為に集まった僧や近住の人、（4）光明真言への寄進者ならびに奉仕者としている。それ故この光明真言会はこれらの人々にとっては現当二世の利益を与えられる機会だが、叡尊にとっては守護、地頭、有力地主、西大寺や末寺を支える篤信者を掌握する試みだったと思われるのである。(69)

舎利信仰に関しては叡尊はつとに歴仁元年（一二三八）に西大寺に還住した際に八角五重石塔を建立し、そこに自らが所持していた仏舎利一粒を奉納して毎月舎利供養を行なっていた。その後建長元年（一二四九）五月五日京都の嵯峨清涼寺の釈迦如来の尊像を模した像を造り、西大寺の四王堂に安置し三密の行儀作法に則って恭敬供養したところ、僧房の二室から舎利が出現した。また建長三年一一月一六日から一二月六日にかけて法華寺で『四分律行事鈔』の序十門を講じたが、この折聴衆の行窮が所持していた仏舎利が机上に現れ数粒に分散した。そこでこれを集めて法華寺に伝えた。なお法華寺ではさらに舎利の分粒が続き二〇〇〇余になった。その後文永七年（一二七〇）彼は法華寺に詣でてこれらの仏舎利を供養し、尼衆の求めに応じて、この建長三年の出来事などを記した「法華寺舎利縁起」を著わした。(70)そして翌年には法華寺で二月六日から同寺で涌出し分粒した二〇〇〇余の舎利と西大寺の仏舎利を集めて六日間にわたって供養会を行なった。するとその結願の日から舎利の涌出が相次ぎ九月には四〇〇〇粒、さらに五〇〇〇粒に及んだ。そこで、彼は西大寺に三〇〇〇粒を奉請し、忍性に一〇〇〇粒、所望者に一〇〇粒を与え、残りの一九〇〇粒は西大寺の鉄の宝塔に納入したという。こうした舎利の涌出・分粒の奇瑞は生身の仏ともいえる叡尊の霊性にもとづくと信じられたと思われるのである。(71)

周知のように仏舎利信仰は釈尊信仰にもとづくものである。とすると叡尊の霊性の根源は、彼が釈尊と信じられていたことによると考えられる。これを裏付けるとも思われるのが、叡尊が弘安八年（一二八五）一〇月二九日に三輪の大御輪寺に詣でた際、守祠が肉身の釈迦が訪れると神託があったので迎えにきたといって出迎え、神宮寺を献じた。そこで彼がこれを大御輪寺としたとの話である。[72] この後彼は弘安八年（一二八五）一〇月二九日大御輪寺に参り、一一月二日には同寺の御塔で胎蔵界曼荼羅供、三日に顕供養を修し、四日に四〇〇余人に菩薩戒を授けている。なお叡尊著とされる『大御輪寺縁起』には、三輪と伊勢の同体論が説かれ、これが展開して三輪流神道が成立したのである。[73] 振り返って見ると、叡尊はそれ以前から三輪と深く関わっていた。すなわち既述の仁治二年（一二四一）一一月一八日の三輪宿での文殊供養の後にも、寛元元年（一二四三）重ねて三輪で文殊供養を行なっている。また建長二年（一二五〇）には三輪別所（貞慶の開いた平等寺）の一乗心上人（覚盛の弟子、禅忍房）の禅室を訪れて、貞慶自筆の唐慧沼撰の『勧発菩提心集』を借用している。そしてこれを香子山別所で弟子に書写させ、三輪で刊行している。その後弘安四年（一二八一）一〇月七日夜には長岳寺霊山院から西大寺に帰る途中に三輪別所に立ち寄っている。そして同六年（一二八三）三月二日には、三輪の御堂で四五八人に菩薩戒を授けた。なおその内一三八人は断酒した。またこの折郷中に酒を持ち込まないように高札をたてさせている。ちなみに前節で述べたように慶円が開いた三輪別所の平等寺は中世後期以来当山正大先達の中心寺院となっている。

次に文永一一年（一二七四）と弘安四年（一二八一）の蒙古襲来の際の叡尊の活動についてふれておきたい。まず文永八年九月朝貢を求める元使が来日し、幕府はこれを拒否して防衛態勢をとり、朝廷は社寺に祈祷を要請した。これに応じて叡尊は文永一〇年二月晦日、伊勢大神宮に参籠して異国の用害を消し、本朝の太平興隆と仏法の繁栄を願って大般若経を奉納している。この折、内宮に参詣した際、霊告を得たという。同一一年一〇月蒙古は襲来した。ただ台風の所為もあって退散した。けれども再寇の恐れもあったことから文永一二年、極楽寺の宋本大般若経一部を伊勢の菩提寺に奉納すると共に三月一二日に二度目の参宮をし、書写した心経三巻を納め、両界種子曼荼羅を持参して祈念した。この折は「蒙古の奢欲心を菩提心に変成するように」祈念した。なおこれにつづいて七月には平岡社・同若宮、天王寺薬師院、住吉社にも参詣している。また文永一二年（一二七五）には後に当山正大先達寺となった菩提山正暦寺でも大般若経を転読して祈念している。

再度元寇があった弘安三年三月一七日には三度目の参宮をした。この折は宋本一切経を奉納した。これに対して巫女にこの法施を随喜するとの神宮の託宣があった。この年彼は西大寺に伊勢神宮の御正体とそれを納める厨子を造立した。(73)なお『西大寺光明真言会縁起』によると弘安四年閏七月叡尊は朝廷からの依頼に応えて石清水八幡宮で七昼夜不断で尊勝陀羅尼、『最勝王経』『仁王経』各一〇〇部を転読して、東風を以て元の兵船を本国に吹き送るように祈願した。すると夢の中で、彼が持参した愛染明王の鏑矢が八幡宮の本殿から西を指して飛来して異賊が破滅したとしている。(74)

亀山上皇は文永の役に際しての祈祷のこともあって、叡尊を信頼され、建治二年（一二七六）閏三月一四日に、彼を嵯峨殿に招かれて、女院と共に菩薩戒を受法され、翌三年七月には西大寺に御幸された。彼はさらに弘安七年（一二八四）閏四月には後深草上皇、東二条院など七〇人に授戒し、ついで後宇多天皇以下公卿女房四〇人に菩薩戒を授けている。

この他弘安八年（一二八五）には修験系山寺の播磨国法華山一乗寺に七月二八日から八月七日まで滞在して『梵網経十重戒古跡』を開講して、二一二四人に菩薩戒を授けている。また今一方で建治元年（一二七五）八月京都の浄住寺近くの非人宿で結縁衆三五九人に菩薩戒を授け、さらに弟子の観心房禅海に貧窮の非人八七三人に斎戒を授けさせた。ただこの折、非人の長吏に授戒の条件ともいえる次の掟を定めている。それは（1）葬送の礼物の強請、（2）堂塔供養仏事への施主の施物への不服、（3）癩病人への恥辱、（4）乞食・悪口・雑言の禁止である。これはそれまでの非人を生身の菩薩として、施物を与えることがもたらした非人の増長を戒めたものである。

叡尊は弘安七年（一二八一）亀山上皇の院宣を受けて宇治川の網代を停廃し、宇治橋を修造した。そして同九年近くの浮島に殺生した魚類を弔うために十三重の石塔を建立した。同年九月二四日に叡尊を四天王寺別当に補すとの院宣と幕府の申し状がとどけられた。それによると古来四天王寺別当は天台僧が務めてきた。ところが近年四天王寺では仏舎利が出現しない。これは「聖徳太子御記文」にある同寺別当は世一の戒律僧をあて、戒律の道場とすべきであるとの主旨に反しているからである。それ故現代の第一の戒律僧である叡尊を別当に任ずるとされていた。そこで彼は弟子とも相談して、これを受諾して弘安八年三月一四日に四天王寺に入堂し、『古迹記』を開講し、四月三日これをおえたうえで七三〇人に授戒した。そして翌四日金堂で舎利を拝見した。それを彼が受けとり呪願したら、三粒の舎利が新たに出現したという。叡尊はこの後、弘安九年『成身学正記』に自己の一生の事跡を記したうえで正応三年（一二九〇）西大寺で入寂した、享年九〇歳である。

叡尊の主著には顕教の『梵網古迹文集』一〇巻、『菩薩戒本宗要補行文集』二巻、『勧発菩提心集流壅記』一巻、『授菩薩七衆戒律法』五巻の他、密教の『四度加行次第』九帳、『金剛界梵漢和鏡』八巻、『胎蔵界梵漢和鏡』八巻などがある。そしてその興法利生活動を見ると、菩薩戒の受者、道俗九七七一〇人、密灌受者七〇余人、講席一〇七二一座、行法四一二〇八座、殺生禁断所一三五六箇所、新寺建立一〇〇余、寺院の修造一〇一九〇余所、末寺一五〇〇余所、戒壇五所、そのほか木像、石像の製作、経論執筆、写経は数知れずとしている。[75]

結

以上、本節では中世初期に南都で戒律の復興に努めた実範、明恵、貞慶、叡尊の活動を山岳修験との関わりを考慮に入れて紹介した。そこで最後にそれぞれの独自性、共通点、山岳修験との関わりを述べた上で、中世後期の『大峰修行灌頂式』『葛城修行灌頂式』所掲の戒を紹介する。

験者の実範は興福寺別所の中川成身院に隠棲中に興福寺西金堂衆欣西らの依頼で唐招提寺の老僧から四分律を学んだ。そして『東大寺戒壇院授戒式』を著わし、唐招提寺で授戒を再開し、律宗中興の祖とされた。明恵は夢の中で仏眼仏母を母、釈尊を父と観じ、華厳と密教を結びつけた厳密思想を提唱した。そして仏光観中の好相により戒体を得て、道俗に八斎戒を授けると共に説戒をしている。興福寺学僧の貞慶は春日明神法楽の『神祇講式』を作り、同明神の夢託で笠置山に隠棲し、写経した『大般若経』を安置する般若台、釈迦を祀る一三重塔を建立した。晩年には観音霊場の海住山寺に移り「戒律興行願書」を作り、興福寺に律院の常喜院を開いた。その弟子の戒如は自誓受戒に基づく授戒を始め、唐招提寺の覚盛と叡尊がそれを継承した。叡尊は自誓受戒で戒体を得たのち、数多くの道俗に菩薩戒を授けると共に光明真言会や文殊信仰、舎利信仰に基づく興法利生の活動を行ない、真言律の西大寺教団を確立した。

次に共通点を見ると第一にいずれも南都の東大寺、興福寺と関わりを持ちながらも、その別所、霊山の小寺などに隠棲している。その場所を見ると実範は別所、明恵は山や島の草庵、貞慶は山、叡尊は別所や古寺である。第二は多様な修学で、実範・貞慶・叡尊は法相、明恵は華厳をもとに戒律の復興に努めているが、あわせて密教、釈尊（舎利）崇拝、浄土教を修学している。まず密教は醍醐（実範、貞慶、叡尊）、高野山（実範、叡尊）、高尾神護寺（明恵）などで学び、実範、明恵、叡尊は光明真言を重視している。なお永正七年（一〇七五）から末法に入ったとされたことから、釈尊（明恵）や仏舎利（明恵、貞慶、叡尊）の崇拝、弥勒の兜率天、釈迦の霊山浄土（貞慶）への信仰が見られた。浄土信仰に関しては明恵、貞慶は法然の専修念仏による極楽往生を否定したが、菩提心にめざめ受戒による往生をとき、叡尊は光明真言による往生、実範も密教的浄土思想を説いている。阿弥陀の浄土以外の霊山・兜率天、観音の補陀落浄土なども信じられた。

第三はいずれも戒律の復興に関わっているが、実範以外は戒体を得る契機として、夢または禅定、読経中に仏菩薩に見えるなどの神秘体験にもとづく好相を戒体を得る契機としている。特に明恵の仏光観中に兜率天に導かれ、そこで身体に仏が入った体験、叡尊の夢中での理智不二の体得などが注目される。また貞慶は春日明神の神託をもとに笠置山に隠棲している。実範も元禄期の伝承では春日明神の夢告で唐招提寺に赴いて受戒したとされている。なお明恵、貞慶が春日明神の託宣を重視し、叡尊も伊勢の内宮の巫女の託宣を尊重している。このようにシャマニズムや神祇信仰も認められる。第四に彼らの道俗への授戒は実範が四分律の他は、梵網経の菩薩戒が用いられている。しかも戒体を得、生身の仏と崇められた彼らからの受戒が一般人には祈祷や往生の保証と見られてもいるのである。また叡尊などは六斎日に授戒し、その日のみ持戒させるなどして戒律の普及を計っている。

ところで彼らが隠棲、修学、授戒の場とした霊山や寺院は修験霊山であったり、その後修験と関わっている。まず修験道の根本道場である金峰山、その山麓近くの虚空蔵求聞持道場の比蘇寺が見られる。また金峰山と対応する笠置山、その近くの海住山寺に貞慶が隠棲している。彼はのちに北の大峰とも呼ばれた山城の峰定寺とも関わっている。この笠置山近くの光明山寺は笠置から長谷寺に至る一代の峰の一の宿となっている。聖宝が開いた上醍醐、ここから石山寺への抖擻道の峰寺もある。また明恵は熊野詣道近くの霊地や高雄で修学している。また奈良周辺の別所、小田原西浄瑠璃寺・東随願寺、中之川成身院、忍辱山円成寺、菩提山正暦寺と奈良から金峰山への道筋にあたる桃尾寺、釜口長岳寺、三輪山、安倍文殊院と法隆寺、葛城山系の粉河寺、高野山はいずれも中世後期には当山正大先達寺となっている。しかも粉河寺、高野山以外は当時は興福寺末で、その修験は興福寺の修験である東・西金堂衆に属していたと見られる。

これらも含めて、中世後期の修験道では懺悔し六根を清浄にし、菩提心を発して峰々を抖擻して即身成仏の悟りを得ることを目指していた。これは本項でとりあげた戒律の復興者やその継承者の懺悔し菩提心を目ざめさせ、自誓受戒により好相を観じたうえで戒体を得る律僧の修行の影響を受けているとも思われるのである。彼らが重視した光明真言、本覚讃、大般若経や般若心経は修験でも重視されている。また明恵の「あるべきように」との悟りは、修験道の自然の中で自己を悟る思想に通じるものがあるとも思われるのである。このこともあってか、応永年間（一三九四～一四二八）に熊野三山奉行若王子良縁が記した『大峰修行灌頂式』『葛城修行灌頂式』には戒律が含まれている。そこで最後にこれを紹介しておきたい(76)。

『大峰修行灌頂式』ではまず三昧耶戒がなされる。この三昧耶戒は空海が『秘密三昧耶仏戒儀』で説いた密教の根本戒で、峰入最後の灌頂の前にこれを授けることによって、菩提心を発し、清浄身を得たうえで諸仏に道場への降臨を願い、帰依を表明し、四弘誓願を唱えている(77)。そのうえで『梵網経』下で説く殺父、殺母、出仏身血、殺阿羅漢、殺和上、殺阿闍梨、破和合僧の七逆罪を犯したか否かを糺す遮難がある。そのうえで『梵網経』に説く十重（殺戒、盗戒、婬戒、妄語戒、酤酒戒、説四衆過戒、自讃毀他戒、慳惜加毀戒、瞋心不受悔戒、謗三宝戒）と四十八軽戒を授ける。次に三聚浄戒がある。これは摂律儀戒（十重四十八軽戒を守る）、摂善法戒（善事をなし悪事をしない）、饒益有情戒（六波羅蜜、四攝などにより衆生を利する）からなる。このあと峰入制戒（先達同行等、断食、斎食、宿宿日数、禅鬼、霊烏、嶮難、灌頂）を説いている。『葛城修験灌頂式』では、三聚浄戒が略されている。また峰中制戒は先達同行、断食、斎食、嶮難、灌頂深秘、当峰濫觴、行所からなっている。このように修験道では大峰・葛城の峰入にさきだって梵網菩薩戒を授け、峰中の秘事を制戒の形で説いているのである。

注

（1）追塩千尋『中世南都仏教の展開』吉川弘文館、二〇一一年、一四〜一九頁。
（2）実範の伝記に関しては、『元亨釈書』巻一三「中川実範」の項（新訂増補国史大系三一、一九六〜一九七頁）、大屋徳城「実範及びその思想」（『日本仏教史の研究』一、法蔵館、一九五一年）、堀池春峰「大和中川寺の構成と実範」（仏教史学六―四、一九五七年）、堀池春峰「大和中川寺の構成と実範　承前」（仏教史学七―一、一九五八）。戒律に関しては、石田瑞麿「実範について――その『受戒式』を通して」（印度学仏教学研究一一―一、一九六三年）。浄土教に関しては、佐藤哲英「中ノ川実範の生涯とその浄土教――新出資料『念仏式』と『阿弥陀私記』を中心に」（密教文化七一・七二、一九六五年）。験者に関しては、上掲堀池「大和中川寺の構成と実範」。関係寺院については、追塩千尋『中世の南都仏教』（吉川弘文館、一九九五年、七九〜一〇八頁）参照。
（3）工藤圭章「円成寺の歴史」『大和古寺大観』四、岩波書店、一九七七年。
（4）上掲堀池「大和中川寺の構成と実範」四六〜四八頁。
（5）凝然『律宗瓊鑑章』（一三六六成立）大日本仏教全書一〇五、名著普及会、一九七九年。
（6）上掲堀池「大和中川寺の構成と実範」五二〜五四頁。
（7）上掲『元亨釈書』一九六頁。
（8）『唐招提寺解』大日本仏教全書一〇五、名著普及会、一九七九年、三〜六四頁。
（9）「金剛寺文書」大日本古文書　家わけ七、七〇八頁。
（10）『招提千歳伝記』上（大日本仏教全書一〇五、名著普及会、一九七九年、および『続々群書類従』一一　宗教部一、国書刊行会、一九八五年）。
（11）上掲石田「実範について」参照。

(12) 南御方（『中右記』同日の条）、北御方（『長秋記』『中右記』同日の条）、藤原忠実（『興福寺年代記』同日の条）。なお上掲追塩『中世の南都仏教』一六三頁参照。
(13) 『本朝新修往生伝』『往生伝・法華験記』（日本思想大系七、岩波書店、一九七四年）、敦光三〇、六九〇頁、道寂三四、六九一頁。
(14) 上掲堀池「大和中川寺の構成と実範」四八～五〇頁。
(15) 『笠置寺縁起』五来重編『修験道史料集』Ⅱ、名著出版、一九八四年、八八頁。
(16) 上掲佐藤「中ノ川実範の生涯とその浄土教」参照。
(17) 櫛田良洪『覚鑁の研究』吉川弘文館、一九九二年、一五九～一八七頁。
(18) 『台記』天養元年（一一四四）九月一〇日の条。
(19) 主なものに、田中久夫『明恵』（吉川弘文館、一九六一年）、末木文美士『鎌倉仏教形成論――思想史の立場から』（法蔵館、一九九八年、二〇五～二七五頁）、前川健一『明恵の思想史的研究』（法蔵館、二〇一二年）、奥田勲『明恵――遍歴と夢』（東京大学出版会、一九七八年）、白洲正子『栂尾高山寺明恵上人』（講談社、一九六七年）、河合隼雄『明恵――夢を生きる』（法蔵館、一九八七年）がある。史料集には、奥田正造編『明慧上人要集』（一九三一～一九三三年）がある。
(20) 『夢記』（『明恵上人集』岩波書店、一九九四年）には建久七年（一一九〇）二四歳の時から入寂二年前の寛喜二年（一二三〇）五八歳までの四六の夢が記されている。
(21) この明恵の華厳と密教を結びつける教学を石井教道は「厳密」と名付けている。石井教道「厳密の始祖高弁」平岡定海・山崎慶輝編『南都六宗――日本仏教宗史論集』吉川弘文館、一九八五年。
(22) 『華厳修禅観照入解脱門義』『華厳仏光三昧観秘法蔵』（大日本仏教全書三六　古宗部七）。なお、玉城康四郎による両著の解説（大日本仏教全書九七　解題一、鈴木学術財団、二六三～二六五頁）参照。
(23) 「明恵と光明真言」上掲末木『鎌倉仏教形成論』。
(24) 上掲前川『明恵の思想史的研究』九四～一九五頁。下間一頼「明恵の戒律復興」龍谷史壇一〇七、一九九七年参照。
(25) 『栂尾説戒日記』高山寺蔵（日本仏教二〇、一九六四年所収。なお「『栂尾説戒日記』について」上掲前川『明恵の思想史的研究』二〇六～二二五頁。
(26) 『却廃忘記』『鎌倉旧仏教』日本思想大系一五、岩波書店、一九七一年、一一五～一一六頁。
(27) 『栂尾明恵上人遺訓』上掲『明恵上人集』、二〇一頁。
(28) 『修験三十三通記』修験道章疏Ⅱ、四二二頁。

(29)『明恵上人夢記』上掲『明恵上人集』熊野の話一（六八頁）、二（八五～八六頁）、黒い山（八六～八七頁）。
(30)「大宝楼閣善住秘密陀羅尼三帳の識語」上掲奥田『明恵』六八～六九頁。
(31)主要な貞慶研究には、平岡定海「貞慶と弥勒浄土思想の性格」（『東大寺宗性上人之研究並史料』下、臨川書店、一九八八年、五七六～六四九頁）、田中久夫「貞慶」（上掲『鎌倉旧仏教』四六一～四六九頁）、上田さち子「貞慶の宗教活動そして伊勢」（上田さち子『修験と念仏――中世信仰世界の実像』平凡社、二〇〇五年、一三三～一八二頁）、舩田淳一『神仏と儀礼の中世』（法蔵館、二〇一一年、五三～二〇四頁）、奈良国立博物館編『解脱上人貞慶――鎌倉仏教の本流』（奈良国立博物館・神奈川県立金沢文庫、二〇一二年）などがある。
(32)山田昭全・清水宥聖編『貞慶講式集』山喜房仏書林、二〇〇〇年参照。
(33)岡田荘司「『神祇講式』の基礎的考察」大倉山論集四七、二〇〇一年、佐藤眞人「貞慶『神祇講式』と中世神道説」東洋の思想と宗教一八、二〇〇一年。
(34)『修験常用集』修験道章疏Ⅰ、三一三～三一七頁。
(35)上掲岡田「『神祇講式』の基礎的考察」三五～四七頁の「醍醐寺本『神祇講私記』の翻刻」による。なお前欠部分は『修験常用集』所収本で補った。なお岡田はこの醍醐寺本の成立は貞慶の笠置隠棲後としている。
(36)宮家準『神道と修験道――民俗宗教思想の展開』春秋社、二〇〇七年、二八二～三一二頁。
(37)『春日御社事』神奈川県称名寺蔵、金沢文庫管理。
(38)「貞慶『春日権現講式』の儀礼世界」上掲舩田『神仏と儀礼の中世』一三五～一三八頁。
(39)近本謙介「『春日権現験記絵』成立と解脱房貞慶」中世文学四三、一九九八、七四頁。
(40)上掲山田・清水編『貞慶講式集』二七九頁。なお発心講式については「貞慶『発心講式』と玄縁『礼仏懺悔作法』をめぐって」上掲舩田『神仏と儀礼の中世』二〇八頁。
(41)上掲山田・清水編『貞慶講式集』所収。
(42)上掲平岡「貞慶と弥勒浄土思想の性格」五七七～五九三頁。
(43)富村孝文「解脱上人貞慶の笠置隠遁について」日本歴史三四八、吉川弘文館、一九七七年。なお、伊藤和彦「貞慶の研究――笠置隠遁について」竹内理三編『荘園制社会と身分構造』校倉書房、一九八〇年参照。
(44)「笠置寺縁起」上掲五来編『修験道史料集』Ⅱ、八九頁。
(45)「春日大明神発願文」『解脱上人小章集』増補改訂日本大蔵経六四　宗典部、法相宗章疏Ⅲ、日本大蔵経編纂会、一九七五年、三一〜三二一頁。

(46) 上掲伊藤「貞慶の研究」三一二〜三二一頁。

(47) 藤田経世編『校刊美術史料』寺院篇下、中央公論美術出版、一九七六年所収。なお、上掲船田『神仏と儀礼の中世』五五〜六〇頁参照。

(48) 小林剛『俊乗房重源の研究』有隣堂、一九七一年、三一四〜三一五頁。

(49) 谷口耕生「貞慶をめぐる二つの聖地図像」上掲奈良国立博物館編『解脱上人貞慶』一九七〜一九八頁。

(50)「欣求霊山講式」上掲山田・清水編『貞慶講式集』所収。

(51) 堀池春峰「笠置寺と笠置曼荼羅についての一試論」仏教芸術一八、一九五三年。なお、上掲奈良国立博物館編『解脱上人貞慶』四八頁。

(52) 石田尚豊「重源の阿弥陀名号」中尾堯・今井雅晴編『重源・叡尊・忍性』日本名僧論集五、吉川弘文館、一九八三年、一一一〜一一三頁。

(53)「興福寺奏状」上掲日本思想大系一五、三二一〜四二頁。なお、田村円澄『法然』吉川弘文館、一九五九年、平岡定海『日本弥勒浄土思想展開史の研究』大蔵出版、一九七七年、六一一〜六四二頁参照。

(54)「観音講式七段」『講式——ほとけへの讃嘆』奈良国立博物館、一九八五年、九頁。

(55) 上掲谷口「貞慶をめぐる二つの聖地図像」一九八〜一九九頁。

(56)『山州名跡志』第二巻、大日本地誌大系一七、雄山閣、一九七一年、三八七頁。

(57)「禁断悪事勧修善根誓状帳」平岡定海『東大寺宗性上人之研究並史料』中、臨川書店、一九八八年、五三六頁。

(58) 小島恵昭「戒律思想の民間受容——八斎戒思想をめぐって」北西弘先生還暦記念会編『中世仏教と真宗』吉川弘文館、一九八五年参照。

(59)「戒律興行願書」上掲日本思想大系一五、一〇〜一一頁。

(60) 奈良国立文化財研究所編『西大寺叡尊伝記集成』法蔵館、一九七七年、和島芳男『叡尊・忍性』吉川弘文館、一九五九年、上掲追塩『中世の南都仏教』一〇九〜一二八頁、松尾剛次『救済の思想——叡尊教団と鎌倉新仏教』角川書店、一九九六年、徳田明本「南山律宗としての西大寺派について」南都仏教一八、一九六六年、蓑輪顕量『中世初期南都戒律復興の研究』法蔵館、一九九九年、四二六〜四七八頁。

(61)「金剛仏子叡尊感身学正記」上掲『西大寺叡尊伝記集成』一〜六七頁。なお長谷川誠著『興正菩薩御教誡聴聞集 金剛仏子叡尊感身学正記』西大寺、一九九〇年参照。
(62)上掲追塩『中世の南都仏教』一四九～一五二頁参照。
(63)「自誓受戒記」一巻、上掲『西大寺叡尊伝記集成』三三七～三三八頁。なお上掲船田『神仏と儀礼の中世』二五四～二六二頁参照。
(64)「西大勅謚興正菩薩行実年譜」上掲『西大寺叡尊伝記集成』一五四～一五九頁、中尾堯「叡尊に見る生身仏の信仰」『中世の勧進聖と舎利信仰』吉川弘文館、二〇〇一年、一三一～一五三頁参照。
(65)生駒哲郎「中世の生身信仰と仏像の霊性――重源の仏舎利信仰を中心に」中尾堯編『中世の寺院体制と社会』吉川弘文館、二〇〇二年、一一〇～一一五頁。
(66)「現光寺縁起」堀池春峰「比蘇寺私考」『南都仏教史の研究』下　諸寺篇、法蔵館、一九八二年、五三八～五三九頁。
(67)「吉野の執行遁世の事」『沙石集』岩波文庫、一〇四～一一四頁。
(68)「関東往還記」上掲『西大寺叡尊伝記集成』六七～九一頁。なお吉田文夫「西大寺叡尊の東国下向」上掲中尾・今井編『重源・叡尊・忍性』一九八三年参照。
(69)上掲追塩『中世の南都仏教』一九二～一九七頁。
(70)「法華寺舎利縁起」（原本橋本凝胤蔵）上掲『西大寺叡尊伝記集成』一五九～一六二頁。
(71)上掲中尾『中世の勧進聖と舎利信仰』一二〇～一二六頁。
(72)「行実年譜」巻下、上掲『西大寺叡尊伝記集成』一八九～一九〇頁、久保田収「叡尊と両部神道」『神道史の研究』皇学館大学出版部、一九七三年、三五九頁、上掲宮家『神道と修験道』九一～九五頁。
(73)「叡尊と両部神道」上掲久保田『神道史の研究』三五三～三五八頁。
(74)「西大寺光明真言会縁起」上掲『西大寺叡尊伝記集成』二四八～二五三頁。
(75)上掲中尾『中世の勧進聖と舎利信仰』一五〇～一五一頁。
(76)「大峰修行灌頂式」「葛城修行灌頂式」修験道章疏Ⅱ、五四～六四頁。なお伊藤浄観「修験道と戒律」神変三二二、一九三六年参照。
(77)「秘密三昧耶仏戒儀」大正新脩大蔵経七八。

第二章　天台宗と修験道

第一節　修験道の教典形成と天台宗

序

修験道は平安時代に霊山で修行した法華持経者などを淵源としたことから法華経を依経とする天台宗と密接に関わって成立展開した。そして彼らが修行した熊野、金峰、大峰などを修行道場とし、役小角（行者）を始祖として崇めている。[1]この天台宗との結びつきの端緒は、寛治四年（一〇九〇）に白河上皇が熊野、同六年に金峰山に御幸され、熊野御幸の先達を勤めた天台宗寺門派園城寺の増誉を熊野三山検校に叙されたことにある。爾来園城寺の門跡がこの職を継ぎ、一五世紀後半からは同寺末の聖護院門跡が重代職として、熊野先達を掌握して、修験道界を支配した。一方天台宗の山門派では円仁（七九四〜八六四）の弟子相応（八三一〜九一八）が、比叡山の堂社を巡拝し、無動寺を開き、中世後期には回峰行の祖とされた。この比叡山の修験道は熊野、大峰を中心とする南山系の修験に対して北嶺修験と呼ばれている。[2]こうした背景があったことから近世期には山門の幸運の『北嶺行門記』や寺門の志晃の『寺門伝記補録』では、ともにその立義は顕、密、修験の三道を中核にするとしている。[3]

周知のように院政期から近世初頭の中古天台では天台本覚思想が中核をなしていた。この思想では現象界の諸相を越えたところに存在する究極の悟りを本覚と捉え、その普遍性を説いている。その教えや伝承は密教の儀軌などの秘宝伝授の影響もあってか、口伝または切紙の形で師弟間で秘密裏に伝授され、それを示す系譜や血脈が作られている。そしてその教典は個々の切紙や口伝を集成する形をとっている。(4) そこで本稿ではまず白河上皇がそれを聞いて熊野御幸や金峰山詣をされ、中世後期以来歴代熊野三山検校が相伝したとされる『大峰縁起』をとりあげる。次いで天台本覚思想の流れをくむ光宗がまとめた『渓嵐拾葉集』の修験に関する記事、修験道の確立を主導した即伝の『修験修要秘決集』、教派修験確立後に成る園城寺の志晃（一六六二〜一七三〇）の『寺門伝記補録』の修験に関する記事の紹介を通して、修験道の教典形成と展開に見られる天台宗の影響について考察することにしたい。

第一項　『大峰縁起』とその継承

1　『大峰縁起』の性格と意義

鎌倉後期になる『熊野権現金剛蔵王宝殿造功日記』には、『大峰縁起』に関する次の記事がある。(5) その第一は延久二年（一〇七〇）八月一日に熊野本宮証誠殿の後四間廊に御聖体の間を設けて、『大峰縁起』を安置したとの記事。第二は寛治三年（一〇八九）一〇月一五日に白河上皇に長円が熊野権現鎮座の因縁を申し述べた。そこで上皇は同四年長円を同行させ、増誉を先達、長円の弟子覚尋を小先達として、熊野に御幸され、『大峰縁起』を御覧になった。その折、園城寺の隆明（一〇二〇〜一一〇四）が読み人を勧めたが読めなかったので大江匡房がこれを読んだとの記事。第三は白河上皇が『大峰縁起』に触発されて、寛治六年に金峰山に御幸されて、そこでも本縁起を御覧になったとの記事である。このほか、一三世紀後期になる『金峰山雑記』には、後鳥羽上皇が元久元年（一二〇四）に金峰山に『大峰縁起』を奉納され、それを納める為に宝庫を造られたとある。(6) これらから推測すると、『大峰縁起』は中世期には貴紳を熊野詣、金峰詣、大峰修行に誘うよすがになっていたと考えられる。そして近世になって、聖護院を本寺とする本山派が確立すると、役行者とその十代弟子に始まる歴代聖護院門跡の系譜では、大峰修行を行ない、『大峰縁起』を相伝することが、熊野三山検校・本山派の統領となる資格とされているのである。[7]

この『大峰縁起』について、近世末の修験の学匠行智はその著『木葉衣』の中で「大峰縁起今ニ是ヲ見ザルヲ憾トス。蓋シ今アリヤナシヤ」と慨嘆している。[8] このように当時『大峰縁起』がいかなる書物だったかは定かでなかったのである。ただ現在はその内題に「大峰縁起、葛木縁起、一代峰縁起」とある鎌倉初期になる『諸山縁起』冒頭の「大菩提山仏生上要之事」の項、天理大学と京都大学所蔵の『大峰縁起』と表記された写本とする二説がある。[9] 前者は大峰山系の峰々を胎蔵界、金剛界曼荼羅の諸尊鎮座の霊山とし、このそれぞれへの貴紳の仏像、経、法典などの奉納の記録である。[10] 後者は鎌倉初期に行俊が大和国葛上郡石井荘が『大峰縁起』所掲の役行者以来自分が相伝した土地として、その所有権を主張したとの史実にもとづくものである。[11] 事実天理本・京大本『大峰縁起』には、この行俊相伝の事が記されている。そこで本稿では史実の裏付けがある後者を歴代聖護院門跡が相伝した『大峰縁起』と想定して、その内容を紹介することにしたい。[12]

この『大峰縁起』は別個の伝承を羅列したもので、若干の重複も認められる。ただ大凡の内容は（1）熊野権現・金剛蔵王菩薩の本縁や神格、（2）役行者の三生と修行、（3）大峰山中の霊地と峰入、（4）縁起・仏舎利・土地の相伝や灌頂血脈に分けることが出来る。なお川崎剛志はこの『大峰縁起』の熊野や金峰の由来、神格と縁起の相伝や血脈の部分は『熊野三所権現・金峰山金剛蔵王縁起』、熊野本宮・新宮・那智の由来は『熊野三所権現金峰金剛蔵王降下御事』、役行者伝や仏舎利の相伝は『役優婆塞事』（いずれも真福寺蔵）とほぼ同文であること、大峰山中の秘所に関する事項は『大峰秘所記并縁起』（竹林院蔵）にもとづくとしている。そしてこれらを証拠として、鎌倉初期に役行者誕生地の石井荘の相伝を主張した行俊の名も入れた、この『大峰縁起』が、南北朝初期に上記の諸書をもとに編まれたと推測している。[13] 以下上記（1）～（4）の順にその内容を紹介する。

2　熊野権現と蔵王権現の本縁と神格

熊野権現の本縁は中天竺摩竭提国の浄飯王（釈迦の父）の五代目で天照大神の五代目でもある慈悲大顕王である。その家臣の雅顕は王の命で霊鷲山と檀徳山で円頓二八軸、法華七軸、同安楽行品第一四を誦して四五年間修行して飛行自在となった。そして日本の衆生を救う為に檀徳山と霊鷲山になぞらえた熊野と金峰にそれぞれの権現が垂迹することの許可を神武天皇から得る為に葛上郡新井郷に来た、としている。ただ熊野三山への権現の降臨譚はそれぞれ異なっている。すなわち本宮では神武天皇五八年に証誠殿と両所権現が本宮備崎の楠に降臨したとする。ただ別伝では孝安天皇の御代に熊野十二所権現が海上の船の艫から藤代にいた役行者の前に示現し、切目、稲持、滝尻、発心門をへて本宮の蓬莱島に降臨した、としている。新宮では天照大神を祀る内宮と外宮から三頭の熊が走り出たのを猟師の是与が射たところ、熊は新宮の西北の岩（神倉）で三枚の鏡と化した。そこで彼が裸行聖人と共に覆屋を作って祀ったのが熊野三所権現である、とする。那智では裸行が那智の南浦和多で水浴をしていると、千手観音が現れて滝に導いたのでそこに祀り、さらに山上に十二所権現を勧請した。裸形の本地は如意輪観音で、その庵室が如意輪堂であるとする。

熊野十二所権現のそれぞれの本地は、証誠殿は慈悲大顕王、その妻は雅顕の娘である。夫妻には娘の結と息子の速玉がいた。そして結は甘露大王の第二王子と結婚して若宮命子、児宮命子、子守命子の三女を儲け、速玉は長寛長者（稲荷大明神）の第一女と結婚して、禅師宮と聖宮（共に僧形）を儲けた。雅顕は勧請十五所となった。一万眷属・十万金剛童子、飛行夜叉、米持金剛は王の家臣である。熊野十二所権現に詣でると、現世安穏、後世善処、悪魔降伏の利益があるとしている。

金峰山の金剛蔵王権現は中天竺波羅那国の金輪聖王七代目の率渇天女の子率渇大王である。この日本の金峰山は霊鷲山を移した山で、法華経を書写して持参すると、現世は安穏で一〇〇年の寿命を得、後世は善処に導かれるとしている。このほか熊野山は胎蔵尊、金峰山は金剛尊ともされている。

3　役行者の三生とその修行

役行者の初生は中天竺の昭王四年に生まれた慶摩童子である。童子が二一歳の時、浄飯王の太子（釈迦）が生まれた。太子は一九歳で出家し能忍と名乗り、檀徳山・霊鷲山で修行した。慶摩も共に出家し智教と名乗り、霊鷲山で能忍の八年にわたる法華経の説経に接した。能忍は七九歳で入滅した。智教はその遺体から二粒の舎利を取り、翌日九九歳で入滅した。

第二生はその三四七年後に中天竺で雅顕長者の姉と真覚長者の子として生まれた。その子は三歳になるまで両掌を開かなかった。三歳になった釈迦の涅槃の二月一五日に両掌を開くと二粒の仏舎利を握っていた。そこで金剛三蔵が塔を建てて仏舎利を納め、法華経を講じると一六〇粒になった。その子は一九歳で出家して顕覚と名乗り、霊鷲山で法華経を書写して修行し、一三五歳で入滅した。

第三生は役行者である。その母は第二五代武烈天皇の時に、勅命を受けた金村大臣に殺された真鳥大臣の娘である。彼女は葛上郡茅原村に逃れて高賀茂氏を名乗った。そして二四歳で熊野詣をした際に、月を飲んだ夢を見て妊娠した。丁度その時やはり二四歳の継体天皇の后が同じ日時に太陽を飲んだと観じて妊娠した。そして二人は同じ日時に出産した。

役行者の誕生の地には茅原堂が建立され福田寺領が与えられた。その四至は北は石井、南は新井郷、西は葛城峰、東は小山である。役行者の五代弟子がこの地を相続したが、既述のように行俊はその流れをくむとして同地の所有権を主張したのである。役行者は九歳で出家し、二五歳の時に熊野に詣でて自己の三生について教えられ、『大峰縁起』を相伝した。一方継体天皇の王子は即位して欽明天皇となった。その治世中に百済王から仏像、経典が献じられた。

役行者は熊野権現の教えに従って一九歳の時に一二月晦日に大峰山に入り、一〇〇日かけて四月一日に金峰山に至り、金剛蔵王権現に見えた。そして金峰山で一夏九旬の間採花汲水の修行をしたうえで、七月一六日に大峰山に入り、七〇日かけて熊野に至った。爾来四五年間にわたって順（熊野・南から金峰・北）、逆（金峰・北から熊野・南）の大峰抖擻を行った。この大峰で修行した者は法華経の薬王菩薩本事品第二三により病を治し、信解品第四によって珍宝を得、不動明王の呪によって悪魔や邪気を除きうるとされた。なお役行者は唐では第三の仙人、金剛山では法喜菩薩、箕面寺では龍樹、箕面の滝では不動明王として化現したとしている。

4　大峰山中の宿と霊地

大峰山中の宿に関しては、『諸山縁起』所収の「大峰の宿名百廿所」とほぼ同様の「大峰宿の次第」に熊野宿から剣光童子に至る七七の宿と、「大峰八大童子の御名」に在所の禅師宿（検増童子。以下宿と童子と略す）、多輪（除魔）、笙の岩屋（虚空）、篠（剣光）、玉木（悪除）、深仙（香精）、吹越（後世）、大峰山中の深仙、別教崛、入宿、月見崛、笙崛、慈童子崛、土曜崛、馬頭崛をあげている。(14) このうちの深仙と笙崛は広く知られた霊地である。

大峰山中の五九の霊地については、個別の説明がなされているが、その内容は文明一八年（一四八六）の年紀がある『大峰秘所記并縁起』とほぼ同様である。(15) これを見ると熊野本宮から玉置山をへて深仙にいたる霊地がほとんどで、特に釈迦ヶ岳、深仙の三重滝やその周辺が多くを占めている。なお釈迦ヶ岳、深仙を護持した前鬼に関しては、その神域の四至をあげている。一方金峰山側は小笹、脇の宿、普賢岳のみである。このうち脇の宿は霊山浄土とされ、普賢岳の近くには法華経を納めた経筥石があった。霊地に関わる神格では峰名には大日、阿弥陀、釈迦、十一面観音、千手観音、五大尊などがある。祀られている神格には、阿弥陀、十一面観音、千手観音の他、天部の聖天、大黒天、弁才天、荼吉尼天（稲荷）などがある。なお承久の乱の時には深仙の三重滝の白蓮花が消失し、治承の乱の際には普賢岳の経筥石が光を放ち、那智の滝から三筋の血が流れ落ちたとしている。

大峰山では入峰行者是与氏女命子が諸の夜叉、羅刹女、鬼、百五十六龍王、二十龍王の守護のもとに春から夏には一〇〇日かけて南から北に、秋から冬には七〇日かけて北から南へと抖擻したとしている。熊野では晦山伏の式がなされている。これは一二月晦日の夜半に伊勢の内宮・外宮、宇佐八幡、出雲、土佐女命子、住吉、伊予三島、稲荷の大明神が大峰山の南の入口（備崎カ）から熊野権現を拝礼する際、役行者が供物を調える作法で、その十代弟子が継承した式である。ちなみにこれらの神格は祈祷の神ともされている。

5　縁起などの相伝と血脈

『大峰縁起』にはこの縁起そのものの他、役行者の誕生地に建てられた茅原堂の神領、役行者が初生の時に祀った仏舎利、晦山伏の式の相伝、灌頂の血脈があげられている。まず縁起の継承者には、役行者の母の高加茂氏女命子の系統、初代熊野本宮礼殿主是与の系統、役行者の十代弟子とその後継者がある。まず高賀茂氏の女命子は縁起を五代にわたってそれぞれ一九歳で相伝し、四五年間保持した上で次に渡している。そしてこれを天平一〇年（七三八）八月八日に峰入した本宮礼殿主の是与の命子が引き継ぎ、以後その後継者が九代にわたって相伝した。この折も一〇代後半から二〇代前半位に相伝し、四五年間保持して次に渡している。なおこの両相伝に関しては、相伝の儀式次第をあげている。

役行者から十代弟子への相伝では次のようにそれぞれ自己の出自の地に熊野権現を勧請して、そこに相伝した縁起を納めている。すなわち、二代の義覚は葛上郡新井村、三代義玄は同郡石井郷、四代義真は箕面寺に権現を祀り、縁起を納めていた。その後六〇年間は継承者がなかったが、五代目となった寿元が彦山、六代目芳元が伊予の石撮（鎚カ）、七代助音が淡路の譲葉に権現を祀り、縁起を納めている。この助音の時に本宮の宝殿が崩壊した。彼は寺門派の祖智証大師と共に四国を勧進して蓬莱島に宝殿を再建し、法華経を講賛している。八代目は出羽の黒珍で石脇嶽（比定地未詳）に納め、九代日代は紀伊愛徳山、一〇代日円は白川（京カ）に納めている。この後一一代長円が相伝し、茅原堂に納めたが、その後器量の人がいなかったので、そのままになったとしている。しかし別伝では行俊が二三歳で相伝したとしている。なお茅原堂の神領や晦山伏の式、役行者が継承した仏舎利も上記の十代弟子らが相承した。ただ最後の行俊は相伝した仏舎利二粒を判官公朝を通して白河上皇に献じたとしている。

灌頂の血脈については寿元以下九人の授者とそれぞれが灌頂を授けた人の名をあげている。すなわち寿元は行信など二〇人（最後は楽与。以下受者数と最初と最後の受者の名をあげる）。それ以後芳元は二二人（行真、誠成）、助音は二〇人（円経、有西）、黒珍は二〇人（願西、月蓮）、日代は二〇人（真智、正順）、日円は二〇人（是覚、行信）、長円は二二人（真行、増誉）、行俊は六人（定宗、道誉）、静観は八人（性禅、貞弘）に授けている。ここでは十代弟子に長円と行俊が加わっている。なおこのそれぞれの伝授は「持経授」とある故、彼らが法華持経者だったと考えられる。これらのうち長円は『大日本国法華経験記』九〇に天台山の僧で法華経を読誦し、不動明王を祀り、葛城山で修行後、熊野から大峰に入り金峰に登った持経者で、長久年間（一〇四〇〜一〇四四）に死亡したと記されている。(16) 白河上皇を熊野御幸に誘ったのも長円だが、この死亡年と符合しない。また彼が最後に授けたとする増誉はこの御幸の先達である。なおこの血脈の最後にも行俊が見られる。

『大峰縁起』を見ると、その構成では冒頭に葛城の高賀茂氏、熊野本宮礼殿主の是与の本縁起の相伝をあげ、ついで仏舎利、茅原堂の神領などの相伝と血脈があげられている。その灌頂の血脈では役行者の十代弟子を法華持経者と捉えていることが注目される。内容面では熊野と大峰に重点が置かれ、熊野に関してはその本縁と神格が述べられ、役行者の伝記も熊野と結びつけている。その三生ではインドの王権と仏法、日本では役行者と欽明天皇を関連づけている。さらに天照大神や神武天皇、日本の神々と熊野との関係が述べられている。また大峰山を霊鷲山や檀徳山に比定するなど法華経が重視されている。大峰山中の霊地は細かく紹介されている。特にそこに祀られている神格では大日如来、十一面観音、阿弥陀如来などとあわせて、弁才天、聖天、荼吉尼天、諸神などが重視されていることが注目される。

第二項　山門と修験道――『渓嵐拾葉集』

1　『渓嵐拾葉集』の性格と光宗

中世の比叡山では山門で伝えられた天台本覚思想に基づく秘伝や口伝などを書きとめて相承する記家が、顕・密・戒と共に教学の四部門の一つとされた。この記家の集大成ともいえるものが、一四世紀初期になる光宗の『渓嵐拾葉集』（以下『渓嵐』と訳す）である。[17] 同書は大正新修大蔵経第七六巻に叡山文庫、真如蔵本を定本とし、浅草寺本を対校本とした全一一七巻のものが収録されている。その内容は目録によると、顕部四（収録書数。以下同様）、密部八二、戒部一、記録部四、雑記部三、計一〇一巻二一帳である。けれども大正蔵経所収本では全体が一一三巻で、その配列は適宜になされている。

この目録の序には「舌相言語皆是真言、身相挙動皆是密印」との天台本覚思想の基本が述べられている。[18] そして最初に天台宗の宗旨は一心三観であるとし、[19] 二七、二八両巻では法華経二八品の解説がなされている。また最も多い密部では不動、観音、地蔵などの他に弁才天、多聞天（毘沙門天）、荼吉尼天、大黒天、聖天などの天部の諸尊、とくに弁才天の記録や秘法をあげている。また六七巻の「怖魔」には天狗、六八巻の「除障事」には狐病などに対する修法が見られる。

著者の光宗（一二七六〜一三五〇）は青年の頃比叡山に入り、延慶四年（一三一〇）から比叡山東塔の神蔵寺で師の興円（一二六二〜一三一七）と共に籠山し、彼から戒・密を学んだ。そしてこの頃から『渓嵐』の執筆に着手した。三九歳になった正和五年（一三一六）には西塔に法然が開いた別所の黒谷の青龍寺慈眼房に居を移した。この寺名は空海が学んだ青龍寺に因むもので、青龍は仏教の守護神清滝権現を意味している。その後正中二年（一三二五）頃から東山の鷲尾の戒家でもあった金山院に移り、建武元年（一三三四）頃までここで同書の執筆に勤んだ。この地名の鷲尾は霊鷲山に因むものである。彼は血脈譜には鷲尾山金山院と記され、鷲尾道光上人とも呼ばれた。そして法脈の上では興円の黒谷流に属したが、台密の穴生流、葉上流、法曼流の流れもくんでいた。なお彼は文保三年（一三一九）正月に記した「渓嵐拾葉集縁起」に同書の執筆にあたって就学した師をあげているが、その分野は神明灌頂三（師の人数。以下同様）、真言三二、悉曇六、天台二四、禅一二、華厳二、三論二、法相三、倶舎四、浄土三、医法三、俗書五、歌道四、兵法四、術法三、作業三、土巧（土木）二、算術三と多方面にわたっている。ただし修験は見られない。この就学からうかがえるように同書は百科全書的性格を持っている。

『渓嵐』の修験道に関する項目には三七巻「弁才天縁起」の目次に「役行者縁起」が見られるが、本文はない。そして、一〇九巻には「比叡山霊所巡礼記　修行記」と題して回峰行の霊地をあげている。もっとも同書には随所に修験道に関する故実や秘伝が記されている。そこでその内容を霊山、役行者と山臥、崇拝対象の順に記すことにしたい。なおそれぞれの最後に括弧を付して『渓嵐』の所収巻数、巻名、大正蔵経所収本の頁を記しておいた。

2　大峰・葛城とその他の霊山

大峰山は金・胎両部の峰で、熊野には胎蔵権現、金峰山には金剛権現が祀られている。そして大峰の中間には両部不二の曼荼羅があって、ここから熊野までの峰は胎蔵界、吉野までの峰は金剛界の三昧耶形（三昧耶曼荼羅）である。また大峰は密蔵・華厳の荘厳地、大日応現の峰で神仙の居所である。そしてこの峰に結縁する者は不知不覚のうちに大善根を得て、入壇灌頂の功徳を具足し得る。また所々の霊窟の秘所は両部曼荼羅の相貌を呈していて、それに結縁することが出来る（巻六、「山王御事」五二〇頁）。熊野・金峰の諸大権現は赤山明神・新羅明神と同様に仏法護持の神明である（巻八九、「禅宗教家同異事」五三九頁）。また大峰山は霊鷲山が欠けて飛来したところで、天逆鉾の最初の本処でもある（巻八九九、「私苗　都率四十九院事」七八九頁）。もっとも別項では霊鷲山の艮（北東）の角が飛来して唐の天台山となり、更にその艮の角が白猿に乗って比叡山に来たとしている（巻八、「山王御事」五一八頁）。

葛城山は法華の峰で宿や霊窟に法華経二八品の名が記されている。葛城山（金剛山）には曇無竭菩薩（梵語の音訳、法喜菩薩）が祀られているが、役行者はその化身である（巻一〇八、「真言秘奥抄」八六七頁）。熊野は日本の浄土で熊野権現に一度参詣すると、極楽往生が保証される。特に本尊の証誠殿を拝すると、上品上生の往生をとげることが出来る。ただ参詣にあたっては十戒を守り、精進潔斎しなければならない。その参詣の作法は仏道修行にもとづくとしている（巻六、「山王御事」五二〇頁）。

大峰山の天川弁才天は日本第一の地蔵弁才天で、第二の厳島の妙音弁才天、第三の竹生島の観音弁才天と共に浄土の三弁宝珠に比せられる日本三大弁才天で、この三大弁才天の在所は地下の穴で通じている。そして「天川縁起」によると、天川が湖だった時、ここに善龍と悪龍がいた。善龍は弁才天で箕面の弁才天と一体である。彼には一五人の子がいて、第一子は大汝（釈迦の垂迹日吉大宮権現）、第二子は小汝（薬師の垂迹春日大明神）、第三子は阿弥陀如来の垂迹熊野権現である。ところが悪龍が毒気を吐いて大汝が殺された。そこで小汝が悪龍を蟇目の矢で射て降伏させた。悪龍は湖水の水を巻き込んで天に昇り、その後が大きな丘になった。これが今の天川であるとしている。この天川は大峰山中の弥山にある奥院の天川弁才天をさすと考えられる。弥山は須弥山の略で、そこに設けられた宿は『大峰縁起』の「大峰宿の次第」では「吉野熊野」とされていた。この天川で役行者が修法をし、弘法大師もしたことを敷衍して、大師は役行者の再誕であるとしている。また天川、厳島、竹生島、江の島、箕面、背振山の弁才天を六所弁才天としている。この中の江の島弁才天には泰澄が籠り、背振山も修験の霊山である（巻三七、「弁才天縁起」六二五〜六二六頁）。

富士山は四方が円満で頂上は八葉の形をしている。この八葉は不動明王の頂の蓮華を意味する。また富士の高根に月を観じることとは、自己の身体に阿字を布置し、その意義を観想する「布字観」を思わせるもので、富士の山名はこの「布字」に因んでいる。また高く秀でた富士山は金剛界、横に平たい武蔵野は胎蔵界である。そして武蔵野の小丘が集まって富士となり、富士の谷水が武蔵野を潤している。両者は不二の曼荼羅であるとしている。このほかでは越中の立山を麓から地獄、餓鬼、畜生、修羅、人、天、声聞、縁覚、菩薩をへて阿弥陀如来に至る十界具足の妙法開顕の地として、地獄に落ちた罪人も立山の浄土で往生しうる。また伯耆大山の鎮守は僧形の不二の地蔵菩薩で、弥勒出生の時には、この山が崩れて多宝塔が湧出するとしている（巻九二、「雑記」七九九頁）。

3　役行者と山伏

役行者は密教第三祖の金剛菩薩（執金剛）とされ、遺骨は笙の岩屋にあり、山上ヶ岳には卒塔婆がある。その本地は五〇〇由旬にわたって大乗の流布に努めた葛城一の宿の二上山南谷の霊窟に座す曇無竭菩薩（法喜菩薩）である。かつて葛城山を巡礼した鑑真（六八八〜七六三）は、鬼神の姿をした多聞天の化身の葛城山の守護神深沙大王が、曇無竭菩薩の法会を知らせる鐘を鳴らすのを聞いて参加したという（巻六、「山王御事」五二〇頁）。『大峰縁起』には役行者は聖徳太子と一体であると記されている。[20]『渓嵐』にも、本文はないものの「役行者太子一体事」の見出しがある（七八七頁）。太子は大神宮（天照大神）の再誕ゆえ、大峰山の役行者につながる。また霊鷲山の一角が飛来した大峰山は天の逆鉾の本拠でもあったとしている（巻八九、「安養都率事」七八九頁）。これは伊勢皇大神宮の心御柱を天逆鉾と捉える鎌倉初期成立の『大和葛城宝山記』の記述と類似している。[21]

役行者は一言主神の讒言によって伊豆の大島に配流されたが、その時島の上に急に五色の雲が棚引いて、六臂の天女が亀に乗って二童子を伴って現れた。その後、園城寺六五世の道智（一二一七〜一二六九）が大島に籠って法華経を誦した時、龍女が現れた。その後を追うと富士の人穴に導かれたという（巻三七、「弁才天縁起」六二五〜六二六頁）。役行者には義覚、義玄、義真の三人の護法がいた。うち一人は前立で後の二人はそれぞれ水瓶と鉾を持って随従し、役行者に給仕した。このほか白山を開いた泰澄は臥行者、立行者を使役したが、この二人は真俗二諦、定恵二徳を示す。また北嶺修験の祖の相応は不動明王の使者で常にその眷属の八大童子を随従させると共に乙護と若護の二童子を使役したとしている（巻八七、「護法事」七八三頁）。

山伏は峰中で地獄、餓鬼、畜生の三途の世界で八難の苦行のうちに甚深の妙行を修めて内面的な悟りを得る。その行体は袈裟は不動袈裟、頭襟は不動の頂の蓮華というように不動明王を表わす。ただ秘伝では山伏の柿衣は辰狐の色、不動袈裟の倶利伽羅が囲繞しているのは弁才天、頭襟は胎蔵の蓮華で聖天の三摩耶というように、荼枳尼天、弁才天、聖天の三天の相貌を示すとしている（巻六、「山王御事」五二〇頁）。このうちの不動袈裟を弁才天とするのは、倶利伽羅不動の剣にまつわりつく話を水神の弁才天と解してのことと思われる。また山伏は天狗と見なされてもいる（巻六七、「怖魔私苗」七三〇頁）。

山伏の字義とも結びつくものに山王の字義の説明がある。それによると、山王の「山」の字は、縦の三画を横の一角で繋いでいる。また「王」の字は、縦の一画で横の三画を結んでいる。これは山王の文字を通して、縦にもあらず、横にもあらず、一にもあらず、三にもあらず、一心三観であることを示すとしている。また山は衆山第一の須弥山、王は諸経の王の法華経をさすとしている（巻八、「山王二字釈事」五二六頁）。この一心三観は、空・仮・中の三諦をひと思いに一時に祈念するという天台教学の基本をなす考えである（巻三、「天台所立宗旨」五〇九～五一〇頁）。後述するように「山伏二字義」でもこの解釈がなされている。

4　崇拝対象

崇拝対象に関してはさきに山伏の衣体と結びつけて説明された不動明王、荼枳尼天、弁才天、聖天に関する口決を紹介しておきたい。不動明王には生身不動（釈迦）、法身不動（大日）、初住不動（除蓋障）、等覚不動（金剛手）の四種があり、それぞれ利益衆生、諸法総体、断煩悩、施作用の効能がある。そして矜羯羅、制多迦両童子など八大童子を眷属とし、智火を示す火焔をせおう降伏の本尊ともされている。また阿弥陀如来、地蔵菩薩と一体で毘沙門とも関わるとする（巻三三、「不動四種身事」以下六一一～六一五頁）。そして不動明王の真言を唱えて加持をして、童男、童女に神霊を憑依させる阿尾捨法(22)や、不動明王の慈救呪を用いて行う「狐病治事」の切紙をあげている（巻六八、「除障事」七三二頁）。

荼吉尼天は智証大師の相承によると、本地は尊星王（妙見菩薩、北極星）、垂迹身は新羅明神で使いは辰狐である（巻一〇五、「仏像安置事」八五三頁）。そして三井寺では金剛童子の秘法は荼吉尼天と一体になることを学ぶものとしている（巻三九、「荼吉尼天秘法」六三一～六三三頁）。弁才天では天川・厳島・竹生島の三大弁才天の縁起をあげている。また弁才天を龍神の宇賀神と結びつけている（巻三七「弁天部」六二五～六二八頁）。聖天は象形の男性（白色、障礙神、智）、女性（赤色、福神、慈悲）が抱きあっている像容で、智悲不二を示す。また男性は大日如来（実者）、女性は十一面観音（権者）で、両者が抱きあっているのは、権実不二を示す。聖天は愛染明王と一体であるともする。また聖天に油を注いで祀ることにもふれている（巻四三、「聖天秘法」六四一～六四三頁）。

最後に上記の『渓嵐』所収の修験に関する記述をさきの『大峰縁起』と比較しておきたい。すると霊山では大峰山を重視していることは共通している。ただ大峰山を霊鷲山になぞらえる事とあわせて、天逆鉾と結びつけていたことが注目される。また『大峰縁起』が大峰山中の霊地を列挙し、深仙周辺の霊地を詳細にとりあげたのに対して、天川弁才天とその奥院の弥山の伝承のみがあげられていた。そして厳島、竹生島さらに箕面、江の島、背振山の弁才天と修験との関わりが指摘されていた。これは光宗が弁才天に関心を持っていたことによると考えられる。(23) なお富士山、立山、白山、伯耆大山など他の霊山も紹介されていた。

役行者は『大峰縁起』では大唐第三の仙人で、金剛山の法喜菩薩、金峰山の大政威徳天、箕面の龍樹菩薩、不動明王の化身とされていた。『渓嵐』ではこれに加えて、金剛菩薩、（執金剛、密教二祖）空海、聖徳太子と関係づけられていた。特に太子との関係を通して天照大神と結びつけたり、大峰山を天逆鉾としてそれと伊勢神宮の心御柱を関係づけていたことが注目される。なお役行者や泰澄が使役した二人の護法を真俗二諦、定恵二徳としていることは、聖天の抱きあっている男女を智悲不二、権実不二としているのと同様に天台本覚思想にもとづく説明である。

山伏の衣体の意味づけは、『大峰縁起』には全く見られなかったが、『渓嵐』では全体としては不動明王、その柿衣は辰狐、袈裟は弁才天、頭襟は聖天を示すとしていた。前者は広く知られているが、後者は『渓嵐』独自のものである。

さらに同書ではこの三天の他に大黒天、多聞天（毘沙門天）などが巻をたてて詳論されていた。これらの諸天は『大峰縁起』の山中の霊地でも見られたもので、中世後期以降、各地の修験霊山でも祀られていた。なお山王の字義を一心三観で説明する論法は後述する『修験修要秘決集』の山伏の字義にも見られるものである。

第三項　修験教典の形成——『修験修要秘決集』

1　即伝と『修験修要秘決集』

『修験修要秘決集』（以下『修要秘決』と略す）は日光出身で金峰山で修行後、彦山南谷華蔵院の客僧となり、正大先達の承運に師事した阿吸房即伝が大永年間（一五二一～一五二八）に完成したものである。同書は近世期には修験五書の第一とされ、元禄四年（一六九一）に不慧が校訂し翌年刊行した。(24) その後寛政一〇年（一七九八）に薩摩の般若院が刊行した。この寛政一〇年の刊本を定本にしたものが、『修験道章疏』Ⅱに収録されている。全体は巻上、衣体分一二通、浅略分七通、巻中、深秘分七通、極秘分七通、巻下、私用分七通、添書分七通の切紙から成っている。ただ原本にはこのほかに最極分三通があり、全体が五〇通から成っていたが、不慧がこれをはずして刊行した。この三通は『彦山修験秘決印信口決集』の最初にあげられている「修験道四重阿字大事」「五箇証文」「修験阿字八箇証義」とされている。(25) そこで以下『修要秘決』の内容を簡単に紹介して『大峰縁起』『渓嵐』の修験に関する記事と比べておきたい。もっとも『修要秘決』には『大峰縁起』や『渓嵐』については、何一つふれられていない。それ故以下の類似点は私見に基づくものである。

2　『修要秘決』の内容

巻上の「衣体分」では、頭襟、斑蓋、鈴懸、結袈裟、法螺、念珠、錫杖、縁笈、肩箱、金剛杖、引敷、脚半の山伏一二道具を紹介し、その教義上の意味を次のように天台本覚思想や密教をもとに説明している。すなわち斑蓋、鈴懸、笈と肩箱、金剛杖、脚半は金胎不二、頭襟は凡聖不二、念珠は煩悩即菩提、引敷は無明即法性、結袈裟は十界一如、錫杖は宝塔、法螺は阿字門に導くことを示すとしている。このように「衣体分」では主として不二の思想をもとに山伏一二道具の意味を説明しているが、この試みは『大峰縁起』『渓嵐』には全く見られないものである。

「浅略分」は「依経用否」「修験用心」「邪正分別」など、修験道の宗是に関するものと、成仏論から成っている。これらも『大峰縁起』『渓嵐』にはないものである。その内容は修験の依経は法爾常恒の経で、宗旨は無相三密、十界一如の理を知ることで、修験は顕密不二、煩悩即菩提の立場に立つとしている。ちなみに即伝の『修験頓覚速証集』でも、修験の立場を十界一如としている。成仏論では、即身成仏（始覚）、即身即仏（本覚）、即身即身（始本不二）の三者を立て、この身このままを無作の三身とする即身即身を理想としている。これは『渓嵐』で山門では無作の成仏を理想としていることに対応している（巻四五、「即身成仏事」六四九頁）。

巻中の「深秘分」では、山伏の「山」の字の縦三角を報身、法身、応身とし、これを横一画で結ぶのは三身即一を示すとし、「伏」の字は法性を示す「イ」（人）と、畜生ゆえ無明である「犬」から成るゆえ法性・無明不二を示すとする。またヤマブシの表記のうち「山伏」は始覚、「山臥」は本覚、「修験」は始本双修、諸国の諸山をめぐる「客僧」は始本不二を示す。そして本覚である「山臥」の方が、始覚の山伏より優れているが、始本不二の客僧を最上としている。次いで山伏の髪形の剃髪・比丘形は応身、摘髪は報身、長髪は法身を示すとしている。なお「不動十界の事」の項では山伏は不動明王の直体で十界本具の極位を示すとし、その個々の行相を十界のそれぞれに充当させている。これは『渓嵐』が山伏の行体は不動明王を示すとしたり、山伏の修行を地獄・餓鬼・畜生の三途と関係づけたのを展開したものである。「法螺両緒の事」では修験者が腰に巻く二本の螺の緒を、胎金不二を示すとしている。なおこの切紙で「本覚讃」を引用していることが注目される。このように「深秘分」では『渓嵐』に見られた山伏の説明が天台本覚思想をもとにより詳細になされている。

「極秘分」は峰入に関する切紙である。最初の「峰中十界修行の事」では、まず『大峰縁起』にも記されていた順、逆の峰入を、春の順峰は従因至果・胎蔵界・無明、秋の逆峰は従果向因・金剛界・法性の峰入とし、両者を行なうことにより因果不二、無明法性不二の境地に入るとしている。そして夏の峰入を順逆不二の峰としている。また『大峰縁起』や『渓嵐』と同様に大峰を胎・金の曼荼羅としている。その上で大峰を十界同居の霊場とし、ここで地獄・業秤（十界の地獄に充当された修行、以下同様）、餓鬼・穀断、畜生・水断、修羅・相撲、人・懺悔、天・延年、声聞・四諦、縁覚・十二因縁、菩薩・六波羅蜜、仏・正灌頂、の十界修行をすることによって入峰者は十界互具の存在になりうるとしている。そしてこれに続けて、床堅、床精、閼伽、小木の作法や碑伝について解説し、最後に正灌頂と柱源をあげている。この両者は龍樹（一五〇～二五〇頃）が開塔の源記を役行者に授けたものとするが、六大本具の印明と柱源誦文をあげるのみで、詳細は口伝としている。なお龍樹開塔の源記のことは『渓嵐』にも記されている。[26]

巻下の「私用分」は灌頂と入峰印証状、血脈などから成っている。最初の「灌頂啓白」の項では、入宿、業秤、穀断・正灌頂、出生を四度灌頂とし、これを不動灌頂ともいうとしている。ここでは峰入全体を灌頂とし、それを不動灌頂と名づけていることが注目される。「添書分」ではまず役行者の伝記と尊形の特徴を述べている。その伝記は『大峰縁起』『渓嵐』と違って、役行者の母が独鈷を呑んだ夢を見て受胎し、妊娠中は青い衣を着た弁才天が守っていたこと、役行者が箕面の瀧穴で龍樹から無相の三密の印璽を授かったことを記している。尊形では役行者は両部不二の直体で、不動明王の尊体でもあるとしている。なお役行者の絵符の図像が霊鷲山を示す鷲の形の岩を背にして、その像容が園城寺の鎮守、新羅明神と酷似していることに注目しておきたい。[27] 次いで葬祭に関する切紙が納められている。そして最後に修験道の衣体、位階、峰中の作法や法具に関する二九九の語と読みをあげた「山用名類集」が付されている。なお版本と『修験道章疏』所収本で略された最極分三通の切紙は「阿字」に関するものである。

3　『修要秘決』に納められた切紙の形成

『修要秘決』収録の切紙には、伝授者や受者は記されていない。また『大峰縁起』のように先行の書物をほぼそのまま引用する形もとっていない。ただ所収の切紙の記述の中に本記（五―言及件数。以下同様）、秘記（三五）、伝記（二七）、御口説（八）に曰くとした引用が認められる。この四者の作者とその年代の考証はかつて試みたので、詳細はそれにゆずり、以下の記述と関わる事項のみをあげておきたい。(28)

まず「本記」は「秘記」に引用されているので、それ以前と思われるが、作者は定かでない。「秘記」は『修要秘決』に先行する『修験三十三通記』の「衣体分」「引敷之事」に「秘記云獅子者運載義也、所乗獅子無明也」とある。(29)ところが『修要秘決』ではこの部分が「解曰、所乗獅子無明也」とある。そして『修要秘決』の別写本の『修験道切紙』では、その解曰に「蓮覚行者」と割注している。(30)それ故、「秘記」の作者は蓮覚と考えられる。この蓮覚は永徳三年（一三八三）に彦山で大廻行（回峰行）を始めた二一代彦山座主蓮覚と思われる。(31)それ故「秘記」は一四世紀後期、それに先立つ「本記」は一四世紀中期のものと推定される。「伝記」は『修要秘決』「衣体分」「結袈裟事」の項に「右秘決者依二智光行者伝記一」とある故、作者は智光である。この智光は「彦山修験伝法血脈」にあげる即伝（一六世紀初頭）の師阿光の先代の智光が該当する。(32)それ故一五世紀中期に成ると考えられる。「御口説」は『修要秘決』「衣体分」の「斑蓋之事」「法螺之事」に「御口説曰」とあり、『修験道切紙』ではこの「御口説曰」の次に阿光と割注がある故、一五世紀後期の即伝の師阿光と思われる。

そこでこの四者の成立年代をもとに『修要秘決』の各切紙のこれらの引用を根拠にその成立順序を推定すると、次のようになる。まず一四世紀中期に「本記」に見られた順・逆、花供の峰入、山伏・山臥・修験・客僧の四種名義の解釈、金剛杖を金胎不二の塔婆とする説明が成立した。(33)次いで一四世紀後期に「秘記」と記された蓮覚の「極秘分」の十界修行、小木など峰入関係、「深秘分」の山伏名義、結袈裟を始めとする衣体の説明、血脈、役行者の伝記や尊形が定まった。そして一五世紀中期に「伝記」所掲の衣体、床堅、閼伽、小木、正灌頂、柱源などの峰中の秘儀が成立した。特に衣体分は彼によって完成されたと考えられる(34)。その後一五世紀末には阿光の御口説に見られる十界修行、床堅、衣体の具体的な説明と葬祭の作法が整えられたと考えられる。そして各期ごとの切紙への引用数から見ると『修要秘決』所収の切紙は一四世紀中期から一五世紀中期に成立し、特に智光が重要な役割をはたしたと考えられるのである。

ところで最初に成立した峰入関係の切紙を多く含みながら、その作者が定かでなかった「本記」は、即伝が当初修行した金峰山に伝わった切紙と推測される。というのは、即伝は建長六年（一二五四）に内山永久寺の旭蓮が先師の口説三三通をまとめた『峰中灌頂本軌』のうちの一二通と(35)、彦山に伝わった六通をもとに『彦山峰中灌頂密蔵』を編集していたからである(36)。その一二通は床堅、十種形儀、峰宿、床定、柱源、無想三密、一心三観などに関わるものである。これらは形をかえて『修要秘決』や『三峰相承法則密記』にもとり入れられている。特に柱源に関しては、即伝はこれを独自に展開させて、『柱源秘底記』を著している(37)。もっとも『峰中灌頂本軌』の成立年代はその内容から見て、一四世紀中頃と見られる。このように即伝の『修要秘決』や『三峰相承法則密記』には、彼が金峰山で授かった切紙の影響も見られるのである。

近世期の修験教典の多くはこの『修要秘決』の注疏やその一部をとりあげて解説する形で展開した。すなわち近世初頭にはその詳細な注疏である『修験記』一〇巻、『修要鈔』五巻が著わされた。また衣体・法具の部分をまとめた『修験宗法具秘決精註』、山伏の字義をとりあげた『山伏二字義』が作られた。そして幕末期には当山派の碩学行智の弟子行阿による『修要秘決伝講筆記』も著わされた。ただこれらについてはかつてとりあげたのでそれにゆずり(38)、ここでは『修要秘決』を『大峰縁起』『渓嵐』と比較しておきたい。『大峰縁起』は熊野権現や金剛蔵王権現の本縁や神格の説明、大峰山中の霊地や『大峰縁起』などの相伝が重視されていた。けれども同書では峰入やその作法、修験道の宗旨、依経など、修験道の確立を目ざすものが多くなっている。また『渓嵐』の山伏や修験の説明に見られた天台本覚思想は『修要秘決』では随所にとり入れられて、その説明の基調をなしているのである。

第四項　三井修験道——寺門伝記補録

1　志晃と『寺門伝記補録』

近世に入ると寺門派の園城寺ではその末寺の聖護院門跡が本山派の統領となったこともあって、寺門派の歴史の中に修験道を位置づけることが必要とされた。こうした状況の中で一八世紀初頭園城寺の学僧慶音印志晃（一六六二～一七二〇）は長吏の命に従って『寺門伝記補録』（以下『寺門補録』と略す）を著わした。[39] なお彼にはこのほかに『寺門伝記撮要』六巻、『智証大師年譜略頌』一巻などの著書がある。

同書は天智天皇七年（六六八）から応永四年（一三九七）に至る寺門派内部に関わる事跡、史伝を叙述したものである。全二〇巻から成り、一巻から五巻が祠廟部（新羅明神祠など）、六巻から九巻が聖跡部、一〇巻から一七巻が僧伝部、一八巻から二〇巻が雑部となっている。修験道に関しては、第一七巻僧伝部の「役優婆塞」の項と、第一八巻雑部甲の「三井修験道始」の項にまとめて記されている。同書は仏書刊行会本の大日本仏教全書一二七（鈴木学術財団本は八六巻寺誌部四）に『園城寺伝記』とあわせて収録されている。後者は鎌倉末期から南北朝初期になる園城寺の草創から正安年間（一二九九～一三〇二）の事歴を随筆風に記したものだが、修験道に関する記述はほとんど見られない。『寺門補録』一七巻の「役優婆塞」の項は、役行者伝、葛城山、大峰山、熊野三山、「修験行人十六道具」、「修験家諸物名言類字」から成っている。次の一八巻雑記巻上の「三井修験道始」の項には智証大師に始まるとする三井修験道の伝承と歴史をあげている。この配列は志晃が修験道は役優婆塞を始祖と仰ぎ、葛城、大峰、熊野三山を道場とし、法典や儀礼を整えていたことを記したうえで、その中心となったのが三井修験道であると主張したことを示している。そこで以下この順序でその内容を紹介する。

2　役優婆塞、熊野と修験道

役優婆塞の項ではまず『続日本紀』の文武天皇三年（六九九）の条の葛城山で修行し、呪術に秀でた役小角が韓国連広足の讒言で伊豆に配流された記事をあげる。ついで彼が大宝元年（七〇一）に勅免を得て帰京し、箕面山の大滝の上方の小滝から昇天したとする。その一四〇有余年後、智証大師は役行者の跡を慕って、葛城、大峰、熊野三山の峰入を始めた。さらにその二五〇年後、三井寺の増誉、行尊が峰入修行をし、ともに熊野三山検校に補され、修験行者の長者となった。爾来三井寺（園城寺）が役氏の正統を受け継いでいるとする。また『元亨釈書』一五の役行者伝をもとに、行者が葛城山の巌窟に三〇余年にわたって籠って松果を食して修行し、孔雀明王の呪を持して五色の雲に乗って仙府を優遊し、日本全国の霊地を修歴して鬼神を使役したとしている。

ついで『修験道秘記』をもとに、役行者が法華経を読誦し、序品の菩薩が勇猛心を持って深山に入って仏道を思惟したとの文に接して、家を捨てて山に入って精進したとする。そしてこれに割注を付して、役行者は仏陀が霊鷲山で法華経を説いた時、集まった大衆が仏陀の眉間の白毫から発した光が東方一万八千世界を照し、この光明の中に人々や神々の三乗の作業が照し出されたのを見たとの話に感動した。そして仏陀の深山に入って思惟する仏の道は、中道の真理に通じる精進修行であるとの教えを聞いて真理を求めて山に入って修行して大菩薩となった。けれども修験道を語る人は役行者を支仏（単独で修行する行者）としている。たしかにその行相は支仏だが、彼は真理を悟り、菩薩の行を修めている。それゆえ役行者は、声聞・縁覚だけでなく、内に菩薩の思いを秘め、法華経を実践する力を得た大士である、としている。

葛城山の項ではこの山名が、神武天皇の大和入りを侏儒の土蜘蛛が妨げた、そこで皇軍が葛の網で捕えて殺したとの神話に因んだ葛木の村名に基づくとの話をあげるのみである。大峰山は金峰山の一峰で深仙とその周辺を指す。その山名は巍峨とした高大な山形を意味する。大峰山は往昔に飛来した故、飛来峰と号したとする。そして『大峰縁起』所掲の大峰山の釈迦ヶ岳、神（深カ）仙岳やその周辺の二六の岳、峰中の不動、聖天、荼吉尼天、笙の岩屋などの九つの窟をあげている。この後に「峰中宿次第」「大峰八大童子の在所」「熊野五所王子（藤代、切目、稲持、滝尻、発心門）」を記すが、熊野王子を大峰五所王子と表記していることが注目される。

次いで『大峰縁起』をもとに、役行者の熊野権現の教えにもとづく熊野から金峰への順峰、金峰での一夏九旬の採花汲水と三世の諸仏の供養、その後の金峰から熊野への逆峰をあげ、行者がこの順・逆の峰入を四五年間にわたって三三度したとする。また『大峰縁起』所掲の役行者の母が熊野で月を飲んだと観じて受胎し、葛城の茅原で行者を生んだ話をあげる。ただ継体天皇の后が同時に受胎して欽明天皇を出産した話は見られない。なお『園城寺伝記』第四の「高祖大師御入峰事」の条には、役行者は龍樹菩薩の化身、法喜菩薩の再来で、白鳳から慶雲に至る七〇年間三峰で修行したとしている。(40)

熊野三山に関しては、『熊野縁起』をもとに、那智、新宮、本宮の三所権現と五所王子、四所明神の本地と相関をあげる。(41)そしてその後に那智の鎮守として、礼殿執金剛神や熊野五所王子、准五所王子に湯峰金剛童子、石上の新羅明神、飛鳥大行事大宮を加えた一一社とそれぞれの本地、新宮の鎮守として神倉権現、飛鳥大行事、三狐神など一七社をあげる。なおこのうち神倉の霊窟には熊野権現の使令の八咫烏が祀られているとする。ただ本宮の鎮守に関しては、未考としている。続いて熊野三山の諸神の異説や造営の記事を記すが、ここで割愛したい。

「修験十六道具」の表題には、割注を付して以下は「彦山法則」をもとに取捨したとしている。(42)ここでは山伏十六道具を三相に分け、常住の衣体八相（頭襟、鈴懸、念珠、結袈裟、錫杖、法螺、柴打、火扇）、これに斑蓋、引敷、脚半、草鞋を加えた十二相の駈路の衣体、さらに縁笈、肩合（箱カ）、走索、金剛杖を加えたものを入峰十六相、この十六相から火扇、柴打、走索、草鞋を除いたものを十二道具としている。「修験家諸物名言類字」は、修験道の用語二七五字を列記し、その読みと一部のものについて簡単な解説を付したものである。その内容は既述の『修要秘決』の「山用名類集」とほぼ同内容のものである。

3　智証大師と三井修験道

一八巻雑記巻上の「三井修験道始」の項によると、智証大師（円珍）は承和（八三四～八四八）の頃、役行者の跡を慕って大峰と葛城を修行後熊野にむかったが、鬼神や魑魅魍魎にさまたげられた。そこで心を無相にして、神呪を唱えて進んだが行路を失った。その時法華経の化城喩品第七にある大通智勝仏の十六童子や八咫烏が来て導いた。その助けで無事証誠殿に至り、昇殿して七日間にわたって法華経八巻を講讃して霊感を得た。これが三井修験道の始まりである。[43]このことは「那智三巻記」または八巻記と名付ける書物に記されているとする。

その後増誉は堀河上皇、白河上皇の先達を務め、熊野三山検校に補された。増誉は聖護院を創始し、そこに熊野三所権現を勧請して修験道を弘めた。また二代熊野三山検校行尊は笙の岩屋で冬籠りした。そして園城寺の長等山を大峰山に準えて毎年峰入をし、山麓に熊野三所権現を勧請した。平治元年（一一五九）には園城寺三四世行慶（一一〇五～一一六五）が三井寺の中院に熊野三所権現を勧請して修験道の鎮守とした。後白河上皇は永暦元年（一一六〇）に覚讃を先達として熊野御幸され、洛東に熊野三所権現を勧請して新熊野社とし、覚讃を検校とされた。爾来熊野三山検校が当社の検校を兼任した。日本六〇余州の修験道場と行人はすべて三井修験道の末流である。このように智証大師が役行者の後、大峰・葛城・熊野三山で修行して以来、三井寺が修験道の正統を受け継いでいる。また熊野三山検校は寺門派が代々継承した。そして寺門派では、顕・密・修験の三道を鼎立して聖朝を護持し、国家を鎮護していると述べている。

上記のように『寺門補録』では『大峰縁起』をもとに、役行者が熊野権現の導きで、順・逆の峰入りや採花汲水の行をしたとしている。その際、『修験道秘記』を引用して、役行者が特に法華経に導かれたことを強調している。また『大峰縁起』と同様の役行者伝をあげるが、欽明天皇とむすびつけてはいない。熊野権現の説明では『熊野縁起』を用いて那智と新宮の鎮守をあげている。また智証大師が熊野詣をして、証誠殿で法華八巻を講じた話は秘書の『那智三巻記』（八巻記とも）にもあるとしている。このほか那智の鎮守に礼殿執金剛神、湯峰金剛童子、五所王子、石上新羅大明神をあげるというように、那智に重点が置かれている。また園城寺の行尊が同寺の長等山を大峰に準え、熊野権現を勧請したこと、行慶が園城寺中腹に熊野三所権現を勧請したこと、後白河上皇が東山に那智権現を勧請して新熊野社を創設したことなどはとりあげているが、上皇がやはり那智権現を祀った聖護院の院家筆頭の若王子社についてはふれていない。これは園城寺の三井修験道が本山派の統領で熊野三山検校の聖護院より正統なことを示そうとしたのかも知れない。なお役行者の伝記、山伏十六道具、「修験家諸物名言類字」は『修要秘決』にもとづいているが、『渓嵐』との関わりはあまり見られない。また天台本覚思想にもとづく説明は、当時の安楽律による戒律復興運動の動きや、史伝書という性格もあって、「名言類字」の山伏四字義に見られるのみである。

結

以上本節ではまず修験道成立期の『大峰縁起』、次いで天台本覚思想の影響を受けた山門の『渓嵐』の修験道に関する記事を紹介した。その上で修験道確立期の経典『修要秘決』の内容と成立過程を検討し、『大峰縁起』や『渓嵐』と比較した。そして最後に顕・密・修験の鼎立を説いた園城寺の志晃の『寺門補録』所収の修験記事を紹介して、上記三著との関わりを指摘した。そこで最後にこの四者の特徴と相互関係をまとめておきたい。

『大峰縁起』はその表題が示すように、大峰・熊野・金峰の縁由と役行者の三生、霊地の説明と縁起の相伝や血脈に重点が置かれていた。熊野権現鎮座譚では神武天皇の承認、役行者伝では欽明天皇との関わりに見られるように、修験道と王権を結びつける試みがなされていた。今一方で大峰山を霊鷲山に準えるなど随所に法華経の影響が認められた。また大峰山中では深仙周辺が強調され、山内の霊地には弁才天、聖天、荼吉尼天が祀られていた。

『渓嵐』では大峰山中の霊地では天川弁才天が強調されていた。また役行者と聖徳太子との一体化を通して、行者を天照大神や伊勢の皇太神宮と関連づけていた。なお山伏の衣体に関しては不動明王だけではなく、荼吉尼天、弁才天、聖天とも結びつけていた。そして随所に天台本覚思想に基づく説明が見られた。『修要秘決』は即伝が当山方に伝わったと思われる「本記」や彦山の蓮覚の「秘記」、智光の「伝記」、阿光の『御口説』などを引用する形で作った切紙を、修行の進展に応じて浅略から極秘分にと与える形で編集したものである。これらの切紙は初期は峰入のもので、それに宗義、衣体の説明が加わる形で成立していた。ただ縁起やその相伝を重視する『大峰縁起』とはその内容を異にしたが、その説明の多くは『渓嵐』同様天台本覚思想に基づいていた。

近世中期の『寺門補録』では智証大師が役行者の活動を慕って、大峰・葛城・熊野で修行し、本宮証誠殿で法華八講を開いて三井修験道の祖となったとしている。ここでは聖護院を本寺とする本山派に対して、智証大師を祖とする三井修験道の独自性が説かれている。けれどもその内容は『大峰縁起』の役行者伝や『修要秘決』の山伏十六道具、役行者伝、語彙集をほぼそのまま用いている。

このように修験道の教典は『大峰縁起』に見られる熊野の縁起、大峰の霊地、役行者伝、『修要秘決』の峰入に始まる切紙を基盤に成立した。一方山門の『渓嵐』には『大峰縁起』の影響は認められるが『修要秘決』との関わりはあまり見られない。ただ大峰に限らず富士、白山、立山などの霊山もとりあげ、役行者を多様な神格と結びつけている。なおそこに見られる天台本覚思想は『修要秘決』の説明の基調をなしていたが、『寺門補録』にはほとんど認められなかった。このように修験道の教典形成には法華経の信仰や天台本覚思想が密接に関わっているのである。

注

（1）当時の法華持経者に関しては『往生伝・法華験記』日本思想大系七、岩波書店、一九七四年、菊池大樹『中世仏教の原型と展開』吉川弘文館、二〇〇七年を参照。

（2）村山修一「天台修験道の成立」読史会編『創立五〇周年国史論集三』読史会、一九五四年。

（3）幸運『北嶺行門記』日本大蔵経九六。なお幸運は寛政年間（一七八九～一八〇一）に回峰行をしている。志晃『寺門伝記補録』大日本仏教全書一二七、仏書刊行会、一九一五年、二五六頁。

（4）天台本覚論に関しては田村芳朗『鎌倉新仏教思想の研究』平楽寺書店、一九六五年、田村芳朗『本覚思想論』春秋社、一九九〇年参照。
（5）『熊野権現金剛蔵王宝殿造功日記』『熊野金峰大峰縁起集』臨川書店、一九九〇年、八〜一〇頁、二三一〜二四頁。
（6）『金峰山雑記』修験道章疏Ⅰ、四七四頁。
（7）『聖門御累代記』『深仙灌頂系譜』、いずれも修験道章疏Ⅲ所収。
（8）行智『木葉衣』（天保三年〈一八三二〉）修験道章疏Ⅲ、二二二頁。
（9）宮家準「『大峰縁起』の内容と思想」『修験道思想の研究』増補決定版、春秋社、一九九九年。
（10）『諸山縁起』『寺社縁起』日本思想大系二〇、岩波書店、一九七五年、九〇〜一〇二頁。
（11）文治元年（一一八五）九月日付、五師所下文（春日神社文書第二二六号）、文治二年一二月五日付、勧学院政所下文（同二二五号、五一七号）、建久二年（一一九一）卯月一五日付、興福寺別会所下文（大東家文書第四号）。
（12）上掲『熊野金峰大峰縁起集』一三一〜一五七頁に天理本の影印、一六五〜一八七頁に京大本の川崎剛志による翻刻があげられている。
（13）この真福寺本の三著は上掲『熊野金峰大峰縁起集』所収。なお『大峰秘所記并縁起』（竹林院蔵）は、五来重編『修験道史料集Ⅱ』名著出版、一九八四年、一三三〜一四〇頁所収。上掲『熊野金峰大峰縁起集』（一三一〜二二〇頁）の川崎剛志による解説参照。なおこれらには鎌倉期から室町期の「熊野の本地譚」、聖徳太子伝などの影響も認められる。牧野和夫『中世の説話と学問』和泉書院、一九九一年、四六六〜四八九頁、伊藤潤「中世太子伝に見られる修験性——太子・役行者・聖宝」伝承文学研究五四、二〇〇四年参照。
（14）上掲『諸山縁起』『寺社縁起』一一二頁。童子の在所は同書一一五〜一一六頁、一三六頁。
（15）小田匡保「大峰の霊地伝承史料とその系譜——秘所一覧と四十二宿一覧を中心に」山岳修験四、一九八三年。
（16）上掲『往生伝・法華験記』一七二〜一七四頁。
（17）田中貴子『渓嵐拾葉集の世界』名古屋大学出版会、二〇〇三年参照。
（18）『渓嵐拾葉集』大正新修大蔵経七六、五〇七頁。
（19）即伝の『修験頓覚速証集』では諸宗の立義として、天台は一心三観、真言は阿字不生、修験は十界一如としている。修験道章疏Ⅱ、四四九頁。
（20）『大峰縁起』には役行者を聖徳太子と一体とする記述は見られない。ただ伊藤潤が指摘したように当時天台宗では役行者を聖徳太子の後身としたり、一体とする中世太子伝がとり入れられていた（上掲伊藤「中世太子伝に見られる修験性」）。
(21)『大和葛城宝山記』修験道章疏Ⅲ、三八一頁。
(22) 阿尾捨法は修験道の巫術を代表する憑祈祷につらなるものである。上掲宮家『修験道儀礼の研究』三四三〜三七二頁。
(23) 上掲田中、一五〜一六頁。
(24) 修験五書は智光・蓮覚編『修験三十三通記』二巻、即伝『修験修要秘決集』三巻・『修験頓覚速証集』二巻（以上修験道章疏Ⅱ）、秀高『役君形生記』二巻（修験道章疏Ⅲ）、著者不詳『修験指南鈔』一巻（神道体系一〇四）。
(25)『彦山修験秘決印信口決集』修験道章疏Ⅱ、五一六〜五一七頁。
(26)『渓嵐拾葉集』巻三一「四箇大秘法」大正新脩大蔵経七六、六〇九頁。
(27) 宮家準「新羅明神と役行者」『神道と修験道』春秋社、二〇〇七年、二八二〜三一二頁。
(28)「『修験修要秘決集』の成立と展開」上掲宮家『修験道思想の研究』一〇〇三〜一〇二三頁。
(29)『修験三十三通記』修験道章疏Ⅱ、四一六頁。
(30)『修験道切紙』慶応義塾大学図書館蔵。
(31)「彦山霊仙寺境内大廻行守護神配立図」英彦山神宮所蔵文書。
(32)「彦山修験伝法血脈」修験道章疏Ⅲ、四一〇〜四一一頁。
(33) 即伝の『三峰相承法則密記』でも宿着、宿出、法螺、十種別役、十界一如、三峰相配、柴灯、峰中血脈など峰入関係の切紙に「本記」の引用が多く認められる。
(34) 近世初頭の『修要鈔』には「役行者入峰建立開山也、智光行者衣体建立之祖師也」とある（『修要鈔』中の下、七丁）。
(35)『峰中灌頂本軌』修験道章疏Ⅰ所収。
(36)『彦山峰中灌頂密蔵』修験道章疏Ⅱ所収。
(37)『柱源秘底記』『阿蘇・英彦山』神道大系五〇。
(38)「『修験修要秘決集』の成立と展開」上掲宮家『修験道思想の研究』参照。
(39) 大日本仏教全書の鈴木学術財団版の解説には同書を室町中期の志晃撰とし、成立年を応永四年（一三九七）頃としている。ただし『日本仏教人名辞典』（法蔵館、一九九二年）には志晃の生年を一六六二年、没年を一七五〇年としている。そこでその内容も考慮して同書の成立を一八世紀初頭とした。
(40)「高祖大師御入峰事」『園城寺伝記』三之四、大日本仏教全書一二七、仏書刊行会、四一〜四二頁。

（41）『熊野縁起』には数多くのものがあるが、同書の内容は熊野那智大社蔵の江戸中期の写本の『熊野山略記』（滝川政次郎他『熊野』地方史研究所、一九五七年）所収と類似している。
（42）ここでいう「彦山法則」は書名ではなく、前項であげた『修要秘決』など当時彦山で編まれた書物をさすと考えられる。
（43）宮城信雅「智証大師及其の門流と修験道」村山修一編『比叡山と天台仏教の研究』山岳宗教史研究叢書二、名著出版、一九七五年。

第二節　修験道と天台本覚思想――即伝を中心に

序

修験道に見られる天台本覚思想に関しては、つとに田村芳朗が修験道関係の文献に『蓮華三昧経』(「本覚讃」)が用いられていることに注目している。(1) また中山清田が山伏の字義、法具に見られる「三即一」「不二の思想」を紹介している。(2) ただいまだ本格的にはとりあげられていない。そこで本稿では室町末期に修験道の思想、儀軌をまとめて修験道を確立した阿吸房即伝の『修験修要秘決集』(以下『修要秘決』と略す)、『彦山峰中灌頂密蔵』(『灌頂密蔵』と略す)、『彦山修験秘決印信口決集』(『秘決印信』と略す)、『三峰相承法則密記』(『三峰相承』と略す)、『修験頓覚速証集』(『頓覚速証』と略す)、『柱源秘底記』(『柱源秘底』と略す)をとりあげて、これらに見られる天台本覚思想を紹介することにしたい。(3)

なお、即伝の手になるこれらの書物は、彼が金峰山や彦山に伝わった切紙を集成したものである。すなわち『修要秘決』は金峰山や彦山に伝わる五〇通の切紙をまとめたもの、『灌頂密蔵』は、彼が中世後期に内山永久寺に伝わっていた旭蓮の『峰中灌頂本軌』所収の一二通の切紙に彦山の六通を加えたもの、(4)『秘決印信』は即伝が彦山の承運などから授かった六一通の切紙を集めたもの、『三峰相承』は即伝が彦山に伝わった峰中作法などに関する口伝や切紙を八五項目にまとめたものである。また『頓覚速証』は、彼が修験道に関わる仏教教義を解説したもの、『柱源秘底』は『峰中灌頂本軌』などに見られる柱源秘法に関する即伝の解説ともいえるものである。このようにこれらの書物は中世後期に大峰山や彦山などの修験者の間で伝わっていた口伝や切紙を即伝がまとめるとともに、若干の解釈を加えたものである。それゆえ、これらは修験道確立期にあたる中世後期における峰入を中心とした修験道の儀軌、それを意味づける思想を示すものである。その主要な内容は、山伏の字義、衣体、峰入、峰中での作法とそれを仏教思想をもとに意味づけたものである。

ところで周知のように天台本覚思想は『大乗起信論』の本来の覚性を意味する「本覚」の語に淵源をもつ院政期から近世初期に至る中古天台の主潮をなすものである。そのこともあって島地大等、硲慈弘、田村芳朗から近年の大久保良峻、花野充道に至る詳細な研究がある。(5) 天台学、仏教思想史については門外漢である筆者がその全体を把握するのは困難である。そこで本節では、まず田村芳朗による天台本覚思想の概要の説明とその前駆をなし修験道で広く用いられている「本覚讃」の内容を紹介する。そのうえで田村らによって天台本覚思想の構造を的確に示すとされた院政期（一〇六八～一一九二）の後期になるとされる皇覚（生没年不詳）の『三十四箇事書』の内容を存在論、仏身論、人間観（衆生論）、成仏観の順に要約する。(6) そしてこれらが即伝の上記の書物にどのような形で認められるかを指摘することにしたい。

その際に、まず上記の即伝の書物に見られる宗義、山伏の字義、衣体、峰中作法などの説明にみられる本覚思想を紹介する。そのうえでこれらの記述や『頓覚速証』『柱源秘底』などにみられる天台本覚思想を第一項で示した『三十四箇事書』の項目別にまとめて考察することにしたい。

第一項　天台本覚思想

1　天台本覚思想の概略

田村芳朗は本覚思想を二元相対の現実をこえた不二、絶対の世界を究明し、そこから現実にもどって二元相対の諸相を不二、本覚の現れとして肯定することで、その内容は本来口伝により、切紙などを用いて秘密に相伝されたとしている。そしてその実践の原理として次の五項目をあげている。第一は成仏否定の論で、仏凡不二、一如の絶対的一元論に立って、成仏のために為すべきことは何もない（無作）とし、成仏を否定する説である。第二は凡聖一如の本覚如来を強調し、一念のうちに自己が本来仏となることを知れば、衆生の色心がそのまま仏になるとする。これは一心一念のうちに不二絶対の境地を感得する一念頓証の説である。第三は教判論の爾前（法華経以前）、迹門（法華経前半一四品・始覚・理本事末・従因至果）、本門（法華経後半の一四品・本覚・事本理末・従果向因）の上に観心（止観）をたて、これを一心一念によって不二本覚の境地を感得することを最勝とする観心最勝の説である。第四は一心三観である。嘉暦四年（一三二九）になる『一帖抄』によると、一心は法界で、三観（空、仮、中）は本有の常住である。法界と常住は同時に円満するというように、一心即法界を強調して、それが一心三観の意であるとしている。第五は衆生の三業（身、口、意）をそのまま本覚の無作三身（法身、応身、報身）とする説である。

このように天台本覚思想では現実の事象のすべてを、本覚の理の顕現態とする理顕本の主張がなされていたが、これがさらに進むと、凡夫である衆生こそが、それぞれの現実の場における仏の生きた姿だということになり、ひいては日常的な行為が修行ゆえ、宗教的な修行は不要だということになる。これに対して天台本覚思想を批判した一三世紀初期の証真（生没年不詳）は、本覚を内在原理にもどし、それを外に現わすには修行が必要だとしている。(7)

2　『本覚讃』

天台本覚思想の前駆をなす「本覚讃」は不空（七〇五〜七七四）記とされる『妙法蓮華経三昧秘密三摩耶経』（別称『蓮華三昧経』『無障礙経』）冒頭の偈頌のことである。古来「三世諸仏随身の偈」、「一切衆生成仏の文」として知られた。わが国では円珍（八一四〜八九一）が『講演法華儀』で「頌曰」として用いている。その後安然（八四一―八八九〜八九八）が『教時儀』（『教時問答』）で、「蓮華経〈三昧経本覚讃〉説」として、この偈をあげて以来「本覚讃」の名で広く知られるようになった。そして天台本覚思想の普及に伴って諸書に引用された。(8) また鎌倉初期には良源（九一二〜九八五）に仮託された和讃の『註本覚讃』や源信（九四二〜一〇一七）に仮託された『本覚讃注疏』が作られた。前者は六二句から成る和讃で、智顗（五三八〜五九七）の一念三千思想や三諦思想にもとづいて解釈したもの、後者は一行（六八三〜七二七）の『大日経疏』や安然の『教時義』をもとにした密教色の強いものである。ただ本覚を生滅の現実内在から真如の世界にと超出させている。こうした点で『三十四箇事書』の前駆をなすと考えられるものである。ここでは「本覚讃」のみをとりあげることにしたい。その本文は、

帰命本覚心法身　常住妙法心蓮台
本来具足三身徳　三十七尊住心城
普門塵数諸三昧　遠離因果法然具
無辺徳海本円満　還我頂礼心諸仏

である。次に拙訳をあげておく。

「本来さとられていることを讃える」

本来すでにさとっている自己の中なる仏の法身を心から信仰する。いかなるときも仏法は私たちの心に蓮華である妙法として常住していて、仏の法身、報身、応身として説法されている。そして仏法のすべての理想は過去からこの身に備わっている。それゆえ私たちの心身には金剛界曼荼羅の三七の諸尊がすでに宿っている。これらの私たちの心身に常住する諸尊の無限のさとり方は、仏法の未来にまで備わっていて、世間的な因果を超越している。そしてこの諸尊の大海のような無量の功徳がすべてのものに浸透している。このように私たちの心身にはすでに仏徳が備わっている。そこで私たちの心身に内在する諸尊に頭を垂れて礼拝する。

田村芳朗はこの冒頭の「本覚心法身」の語を「万象を支える真理（法）を心によせて表現したもの、真理は客観的にして主体的なもの（理智不二）であり、そこから真理の主体的把握が強調され、すすんでは主体としての心に真理が盛

られてくる」と解し、ついでその心にある法身は蓮台に座し、金剛界曼荼羅の三十七尊（五仏・四波羅蜜菩薩、十六大菩薩、八供養菩薩、四摂菩薩）であるとしている。また真理は無数の諸相を持つ、因果を超えたあるがままの姿（法然）を示す、としている。(9)

3　『三十四箇事書』（伝源信）

『三十四箇事書』（刊本は『枕双紙』）は天台本覚思想の基本構造を示すものとして注目され、末木文美士は田村芳朗校注の「三十四箇事書」（『天台本覚論』日本思想大系九所収本、定本は金沢文庫所蔵の写本）をもとにその仏身論、衆生論、成仏論を紹介した。(10)また花野充道は同書の古写本の紹介、解説とあわせて校注、現代語訳を試みている。(11)そこでこれらを参考にして『天台本覚論』所収の『三十四箇事書』をとりあげて、その内容を紹介したい。なお同書は三四の切紙を適宜に羅列する形をとっている。そこでこれを存在論、人間観（衆生論）、仏身論、成仏論に分類し、それぞれが述べられている項目名と各項目の番号（筆者が付した通し番号）とその要旨をあげた。

i　存在論

存在論の基本をなすのは、空（あらゆる存在を実体のない空とする）、仮（縁起による仮の存在とする）、中（空、仮を超えた本体的な面を意味する）の三諦である。これに関して「三諦同異事4」では、迹門（理）では差別を捨象して、円融平等の三諦を説き、本門（事）では差別を捨象せず、差別そのものを円融平等の三諦とすると説く。そして「円融三諦の事27」で、この三諦に不二と而二を立て、不二は一諦即三諦、三諦即一諦で三諦に勝劣はない。而二では、仮諦が森羅万象に本然として存在するゆえ、空、中よりも勝れているとする。また最初の一念の仮諦が根本で、その常住を中、泯合（生滅）を空としている。そして仮諦がそのまま常住の実相（真如）であるとしている。なお、「一心三観、三観一心の事21」では、三観は一切を空仮中と観じることとする。そして現実相を説く迹門は万法を一に帰すから三観一心、事実相を説く本門は諸法の根源であるから一心三観が正意であるとしている。

次に「権者実者の事7」では、一般の解釈では久遠の仏菩薩（実者）が凡夫・聖人（権者）の姿で現れて、衆生を救済する。しかし本覚論では仏も衆生もすべて権者で平等であるから、衆生の生死、仏の生死も皆、神通で神変であるとしている。また垂迹を開いて本地を顕わすことを意味する「顕本の事25」では、（1）久遠における実修実証を本地とする事の顕本、（2）久遠における成仏、不成仏の顕本を論じる屈曲の顕本、（3）十界の当体を改めることなく、そのまま顕本とする理の顕本、（4）衆生の一念に十界のすべてがあると見る観心の顕本の四種の顕本を挙げている。

「本迹二門実相同異事23」では、迹門（理）の実相では万法に差別があるがいずれも真如であるとし、本門（事）の実相では迷妄の衆生の当作をそのまま実相としている。そしてこの本迹二門の事理の実相は衆生の一念に納まっていて、己心の他に実相はないとして、最後に「本覚讃」の「帰命本覚心法身」の偈をあげている。また「随縁不変二真如事15」では、迹門（理）では万物がそこに帰入する不変真如、本門では縁によって万物が現出する随縁真如を説く。ただし観心の立場に立てば両者は不二一体であるとしている。

以上のように三諦に関しては円融平等としつつも仮諦を真如としている。また、一心のうちに三諦を観じる一心三観を主張し、さらに己心の中に実相があるとしている。

ii　仏身論

仏身論では一般に真理・真如を意味する法身、救済と関わる応身、行による功徳と結びつく報身の三身がたてられている。これについて「爾前円教三身の事1」では、爾前（法華経以前）には、法身を体、報・応の二身を用と説くのに対して、円教（法華経）では一身即三身、三身即一身とするとしている。また「別教三身の事19」では、別教には抽象的な無相の三身、ならびに始めに本有の法身があり、次に酬因の報身があり、最後に応物の応身があるというように、歴別の三身の見方があるとしている。次に「迹門三身の事13」では一身即三身で、しかも三身相即である。それゆえ三身がそれぞれ三身を互具する故、九身となる。これに対して本門では一身が直ちに三身であるとする。「常差別三身の事24」では本有常住の如来蔵の理の中に、垂迹としての法・報・応の三身の徳や妙理が見られる。すなわち本有の三身は垂迹の三身そのものであるとしている。

三身と事（個別的・具体的な事象・現象）と理（普遍的な真理）の関わりについては、まず「事開三身の事」では、釈尊が久遠の昔に成道したことも、インドで成道したことも「事」とする。そして昔の事の成道をそのまま事の成道と開会することを事開の三身とする。一方、「理開三身の事12」では、本有常住の平等法界（理）の中の仮りのものとして三身の成道を論じている。「常同三身の事2」では、本地の仏と垂迹の仏は全く一体（常同三身）である。それゆえ迹門の三身（垂迹仏）と本門の三身（本地仏）は常に同じ（常同三身）であるとする。また「本地無作三身の事22」では、無始の時から森羅万象はことごとく本有として法・報・応の三身の当体である。それゆえ我々の行住坐臥（応）、妄想（報）、生死（法身）はそのまま三身の当体であるとしている。なお、「識の事10」では眼、耳、鼻、舌、身、意、末那、阿頼耶、無垢の九識は心のさまざまな認識作用を論じたものである。この九識は法・報・応の三身であり、また三身は衆生の一念の心である。それゆえ九識は、己の心に他ならないと説いている。

三身以外の仏身のあり方に関しては「爾前法華分身同異の事17」には、爾前（法華経以前）では本身がここにありながら、その身を十方世界に分かって現じるのを分身というが、法華経で説く分身はあまねく宇宙法界に遍満している仏の色心（仏身）が、衆生の浅根に応じて彼方、此方に現じることをいうとしている。「諸仏惣願満時節の事34」では諸仏の惣願は、仏界、九界をとわず、無始無終、不生不滅でわれらの己心に備わっていた願いと同じであるとする。また、「法身地本地四教の事14」では、法身は真理と智恵が一体になった仏である。そしてこの法身の本地は本有の四教（蔵・通・別・円）である。それゆえ一切の教えは無始以来本有常住であるとしている。

以上のように仏身論では三身は一即三身、三身即一というように相即の関係にある。また作為を越えた自然のままの無作三身である。垂迹の三身は本有の三身そのものである。また衆生の行住坐臥・想い・生死は応・報・法身の三身そのものであり、さらに衆生の己心は一切の法、仏そのものであるとしている。

iii　人間観（衆生論）

人間観（衆生観）では生死即涅槃、煩悩即菩提、業即解脱など主として衆生の心の持ち方に関するものを取り上げる。「生死即涅槃の事5」では、諸法は十界を具足しているゆえ、生死、生滅の変換があっても十界そのものは変転することはないと、十界に即して世間即常住を説いている。また「煩悩即菩提の事28」ではあらゆる存在はことごとく平等で寂静である。それゆえ煩悩の当体はそのまま菩提、悟りの真理、法界そのものであるとする。そして「業即解脱の事29」では、業と解脱は互具（相互に相手を共有し）、相即（融けあって一つになる）で、ともに常住であるとしている。「仏界衆生界不増不滅の事28」では、仏界も衆生界も己心の所具であるゆえ、衆生は衆生のまま仏であり、仏界も衆生界も増減はないとしている。これと関連した「唯識唯心口決20」では心は法界の全体、諸法は法界の全体ゆえ、心と諸仏は合同、不二であり、心外に法は存在しないとしている。また「正了縁三因の事18」では天台宗で説く衆生の成仏のための三要因である正（真如）、了（智恵）、縁（善行）について、正は本来ある性、了・縁は修行による修とする。そしてこの性と修は不二でともに一法の異名であるとしている。

以上の人間観では十界に即して世間即常住すなわち世俗の現象世界をそのまま常住と説き、煩悩も菩提であり、業と解脱もともに常住である。これは仏界も衆生界もその根底に己心があるからであるとしている。

iv　成仏論

成仏論では天台宗で説く成仏に至る修行の六段階（六即）の理即（仏性を具えるが、まだ仏の教えを聞かない段階）、名字即（仏の教えを聞き仏性を理解した段階）、観行即（止観などの修行をする段階）、相似即（智恵を起こす段階）、分身即（部分的に真理を悟った段階、等覚）、究竟即（究極的に真理を悟った仏の段階、妙覚）に関わる項目が中心をなしている。末木文美士は同書に見られる六即の相関を図のように示している。そこで以下この図に即して関係項目の内容を紹介したい。

まず、「妙覚成道の事6」では理即の段階での妙覚成道（図の＝＝で示す）が説かれている。また「元品の無明の事9」では妙覚の段階に入って無明即知恵と知って、理即に帰るとしている。なお「草木成仏の事16」では草木は常住でそのまま仏であるゆえ、成仏の必要はないとする。ところが同書では今一方で図に矢印で記したように名字即から究竟即に至る過程がその出発点である名字即に焦点をおいて示されている。すなわち「元初一念の事31」は理即から名字即に向かう（→で示す）前の一念をさしている。そして「一念成仏の事30」では、名字即に入ると即解、即行、即証し、一念のうちに瞬時の証を得ることができるというように展開する。より具体的には「読時即断惑の事32」では名字即に入り、正教を読み、心に中道を観じると成仏に導かれるとして、「入位断惑断惑入位の事33」では名字即に入って惑を断じ、凡聖不二の教えを聞くと直ちに成仏が決定し、信解を得ることができるとしている。なお、「四句成道の事3」では名字即から妙覚までを仏とし、この間の本迹高下の四句分別を論じている。このように成仏論では一方で理即から究竟即に至る段階的成道を説きながら、今一方で理即と妙覚の不二を説いているのである。

→名字即→観行即→相似即→分身即（等覚）→
理即＝＝＝＝＝＝＝＝＝＝＝＝究竟即（妙覚）

以上先学の研究をもとに『三十四箇事書』の内容を紹介した。なお、末木文美士は上記の図をもとに「本書は仏や衆生の捉え方、いわば存在論的な方面に関しては、一貫して自己同一性の論理に基づく成仏をとりながら、今一方で名字即における転換の論理を採用している。この二つの論理を採用することにより、最低限の宗教性を維持しながら、本覚思想の現実肯定、凡夫主義を展開しているのである」と『三十四箇事書』の基本とその構造を解明している(12)。

第二項　修験道の宗義と山伏の字義

1　修験道の宗義

『修要秘決』では「修験宗旨之事」（浅略2。以下即伝の書物の引用は書名の略表記、切紙の題、番号で示す）の冒頭に修験の宗旨は無相三密の法義、十界一如の妙理で、その状相は両部本具の直体で、その勝理は即身頓悟の内証、色心不二、凡聖一如によって迷路を絶することで、そこで求められている真理の本源は自性清浄心にあるとしている。そして修験者は無作本覚の体性、六大法身の極位にあるとする。また修験道では仏が法を説く以前の心を宗旨とし、「法爾常恒の経」を依経とする。具体的には樹頭をかすめる風、砂石を打つ波音などは法界の音声であり、十界の衆生の言葉は阿字恒説の妙経であるとしている。（『修要秘決』「依経用否」浅略1）。ちなみに『頓覚速証』では諸宗の立義を記した項で「修験の立義は十界一如である」としている。(13)

2　字義

字義に関しては『修要秘決』ではヤマブシをあらわす山伏、山臥、修験、客僧の語に託した説明の「四種名義之事」（深秘3）、山臥と山伏の「臥」と「伏」の字を解釈した「臥伏二字之事」（深秘2）、山伏の「山」と「伏」の字画をもとにした説明の「山伏二字之事」（深秘1）がある。

まず、「四種名義之事」では山伏は修生・始覚・従因至果、山臥は本有・本覚・従果向因を示すとし、この両者は始本相対の関係にあるとする。これに対して修験は、「修」は修生始覚の修行、「験」は本有本覚の験徳ゆえ始本双修を示す。客僧は無住無着の心地に住して、阿字不生の覚位にあるゆえ、始本不二を意味するとしている。なおこれとあわせて修験では修験道、山伏道、客道というように「道」を付して「宗」といわないことにふれている。そして、「宗」は一家一宗の我法だが、「道」は諸宗融通の中道不生の心地、十界互通を意味するゆえ「道」をつけるとしている。

「臥伏二字之事」では「山臥」は生前から本覚無作の法体ゆえ、生仏の仮名を絶し、迷悟の二法を越えたものとする。

一方「山伏」は金胎両峰の峰入り、修行をつんで自性の心蓮を開くことを意味する。それゆえ修行門から見るときは山伏が勝れているが、法体においては、入峰修行者は始覚においてすでに十界自爾、無相の三密の内証を得ているので、山臥の方が勝れているとする。

「山伏二字之事」では、まず「山」の字画を縦の三画を左から報身・金剛部・仮諦、法身・仏部・中道、応身・蓮華部・空諦とし、これを下の一画で結ぶゆえ、三身即一、三諦一念で、本地無作の内証、色心不二の三徳を示すとする。(14) 次に「伏」は、イは人ゆえ法性、犬は畜生ゆえ無明で、無明法性不二一体を示すとする。また山伏の行状坐臥は無作三身の妙用で、その言葉は法爾恒説の法楽である。山伏は成仏を求めずして成仏し、凡身を改めずして覚位を証しているとしている。

第三項　修験者の衣体

修験道では山伏十二道具と通称される衣体の形、着装、字義などの説明を通してその思想を表明している。しかも『修要秘決』やその前駆をなす『修験三十三通記』でも、最初に「衣体分十二通」があげられている。「勧進帳」の山伏問答に見られるように、これは衣体をかりて山伏の思想を一般に知らせることを目的としたことによると考えられる。そこで以下山伏十二道具のそれぞれに託された思想を簡単に紹介しておきたい。(15)

1　頭襟

一般には修験者が額につける黒色の漆沙を宝形（径約一〇㎝）で一二の襠が中央に集まる形にかためたものをいう。その形の宝形は大日如来の五智の宝冠、黒色は衆生の煩悩を意味し、両者で凡聖不二を示す。また一二の襠は十二因縁を示すとする。この十二因縁は、煩悩・業・苦の三道がそのまま法身（中道・理体）、般若（智慧・巧用）、解脱（座禅・三昧）

の三徳であることを示す。そして三道と三徳の不二、ひいては凡聖不二を意味する。また「頭」の字は衆生所生の頂上、「襟」は衆生能生の妄想で、所生（生ぜられるもの）と能生（生ずるもの）の不二をあらわすという。

2　斑蓋

斑蓋は仏頂を荘厳する天蓋にあたるものである。天蓋は衆生が母胎内にいる時の胞衣を意味する。修験者が用いる斑蓋は桧製の円形の笠だが、白色の円形のふちどりは金剛界の月輪、中央の赤のふちどりの八葉は胎蔵界の八葉で、この両者で胎金本具の内証、父母の二滴和合を示すとしている。

3　鈴懸

鈴懸は柿色の九布の上衣と、八布の下衣（袴）から成る。この上衣九布は金剛界九会、下衣の八布は胎蔵界八葉を示し、両者で金胎不二を示す。字義は「鈴」は五鈷鈴、「懸」は行者が金胎不二の鈴懸を懸けて修行することを示している。この他に青黒で石畳を画いた摺衣があるが、これは不動明王が磐石に座すことを示し、修験者がこれを着することによって不動明王と不二一体となることを示している。

4　結袈裟

結袈裟は九条袈裟を折りたたんで前二、後一と三股に分けて、前二つを下部の威儀線で結び、三股に各二計六の総をつけたものである。九条袈裟の九条は十界から仏界をのぞいた九界を示し、これを仏身である行者が着することによって行者が十界一如、凡聖不二であることを示している。また三股に分け威儀線で結ぶ形が山字となることから、山伏の字義で示した三身即一、三諦一念を意味するともしている。六つの総は六波羅蜜を表している。当山派では前面左側が線策で右帯に二個、背中に三個の金属製の五個の輪宝（打越）をつけた磨紫金袈裟を用いている。この五個は般若波羅蜜をのぞく五波羅蜜を示すという。この磨紫金袈裟も九条袈裟にもとづくもので十界一如を示している。なお結袈裟の着脱に際しては「結袈裟威儀、帰入阿字門、解袈裟威儀、即断輪廻道」との観文をあげている。

5　法螺と螺の緒

法螺はその形がバン字に似ていることから、金剛界の智体で、法身説法の内証を示すとする。そしてこの法螺の音を聞くことによって三界（欲界、色界、無色界）で生死輪廻する衆生が六道の迷夢からさめて、中道不生の覚位に達し、自己の心の中にある仏性をあらわすとしている。この法螺を吹くときには「三昧法螺声、経耳滅煩悩、当入阿字門」と唱えている。

ところで、修験者が腰に巻く二本の螺の緒に関してはバン字型に結んだ獅子繋縛の宝索で、陰陽和合を示すとし、深秘の意は正先達の位に至った者のみに示すとする。これにあたるのが、『修要秘決』（深秘7）の「法螺両緒之事」と思われる。ここでは二本の緒のうち右緒（一六尺）は螺緒、左緒（二一尺）は曳周とよび、両者をあわせた三七尺は金剛界三七尊を示すとする。また右緒は智体成仏の意、左緒は理体即仏の意で両者で因果円満理智の法身を示すとする。なお、日蔵（九〇五？～九八五？）の伝では両緒を腰に巻くのは、胎金不二を示すとしている。そして「本覚讃」の「帰命本覚心法身」の句は金剛界の智法身、「常住妙法心蓮台」は胎蔵界の中台八葉院、「本来具足三身徳」は我等の一身が無作三身であること、「三十七尊住心城」は自身が浄土の大日の心王宮にあることを示すとしている。あわせて聖宝（八三二～九〇〇）の伝として、右緒は金剛界・智・父・陽・慧、左緒は胎蔵界・理・母・陰・定で、これを行者が腰に巻くことによって、両者の不二を示す。また、螺の緒は色身不二の根源、父母未誕の元気、三世不断、生仏平等の源としている。なお、『修要秘決』（私用7）の「螺緒印言」では左緒は胎蔵界ア字の命息、右緒は金剛界バン字の智水、先達の当体は胎金不二のウン字を示すとしている。そして先達にこの両緒を結ぶときには、三十七尊の総印を結び、バンと唱えたうえで「本覚讃」を誦じることを課している。なお本印信ではこの後に本覚讃の字句の解釈がなされているが、これについては後に即伝の仏身観を紹介するときにふれることにしたい。

6　最多角念珠

念珠はソロバンの珠状の木（最多角）一〇八珠、その中央に母珠、反対側の緒のもとにある緒珠からなる。この最多角の珠は智を、一〇八の数は煩悩、両者で煩悩即菩提を示す。また母緒は仏界、緒留は衆生で、生仏均並をあらわす。そして念珠を摺ることによって一〇八の煩悩を摧滅して、菩薩の妙理を証得するとしている。字義は念は己身の本覚の智、珠は実相真如の体、両者で本覚真如の智体を意味する。

7　錫杖

錫杖は法界の総体で衆生覚道の智杖である。修験道では六角の短い小杖の先端部に金属の五輪塔、その下に小さな三つの五輪塔をつけ、大きな円環で囲み、左右に各三つの小輪を付した菩薩錫杖を用いている。この外側の五輪は法界の塔婆（横五大）、中央の三個の五輪は行者・仏・衆生の五大（縦の五大）で、三心一体・己身実相の宝塔、大きな円環は大虚、それに付された四つの半月は四州、六個の小輪は六波羅蜜を示す。杖の六角は六道、六輪は六波羅蜜、両者をあわせて六道の衆生が六波羅蜜を修行することによって輪廻を脱して仏界に入ることを意味している。なお錫杖は読経などの際に振られているが、三振は群類、六振は衆生、九振は九界の迷情の眠りを覚すためとする。なお修験道では錫杖の功徳をといた「錫杖経」を錫杖を振りながら読誦している。

8　縁笈

縁笈は縦一尺八寸、横一尺二寸の箱に各一尺の四本の足をつけたものである。この縦の一尺八寸は悲母の十八界、横の一尺二寸は十二因縁、左の足は衆生・右の足は仏の十界、両者で凡聖互具の十界を示すとする。そして全体では胎蔵界の阿字の理体の中に十界の依正を含蔵し、行者はこれを負うことにより凡聖不二、能所不二になるとしている。

9　肩箱

肩箱は峰中で用いる峰書などを入れて縁笈の上につける箱で、金剛界バン字の智蔵とされる。その縦の一尺八寸は行者の十八界、横の六寸は行者の六大、高さの五寸は、金剛界の五智で、行者が金剛界大日と不二であることを示し、その箱と蓋が密着しているのは定慧和合、凡聖不二、十界一如を意味している。なお縁笈の上に肩箱を乗せて携行するのは金胎一致を示すとする。

10　金剛杖

金剛杖は入峰二度以上の度衆が用いる杖で、独鈷になぞらえている。その名称は度衆を金剛菩薩（執金剛）とみなしたことによるとする。その上端が剣形なのは金剛界バン字の智体、その下が方形なのは胎蔵界のア字で全体は金胎不二を示す。なおその長さを行者の身長にあわせることで行者がバン字の塔と化したことをあらわすとしている。

11　引敷

引敷は入峰の際に腰に当てる鹿などの毛皮に紐をつけたもので獅子乗をあらわす。そして獅子は凡、無明で、それに乗る行者は聖、法性ゆえ、無明法性不二、凡聖不二を示すとする。

12　脚半

脚半には筒脚半と剣先脚半がある。筒脚半は上が平らなもので、胎蔵界の脚半とされ、春の従因至果の順峰で用いる。剣先脚半は上が三角のもので金剛界の脚半とされ、秋の従果向因の逆峰で用いる。なお脚半をしばる上の紐は上求菩提、下の紐は下化衆生を示す。このほかに剣先脚半の先を折り曲げて平たくしてしばる胎金不二の脚半がある。これは順逆不二の夏の峰に用いるもので、胎金両部不二即一を表すとしている。

13　三身山伏（『修要秘決』、深秘4）

三身山伏は山伏をその髪型の長髪（髪をのばしたまま）、摘髪（一寸八分の短髪）、剃髪（比丘形）をもとに三種に分類して、それぞれの意味を説いたものである。すなわち長髪は優婆塞形で凡聖性相本有常住の理体・十界依正の法身の体性を示す。摘髪は報身形で髪の長さの一寸八分は胎蔵界九尊・因と金剛界九会・果の計をあらわし、胎金両部因果一体または修因感果の智体を示す。最後の剃髪は応身形で三乗（声聞、縁覚、菩薩）同見、随類応現の色身であるとしている。

第四項　入峰修行と峰中の作法

峰入に関しては入峰修行全体と、主要な作法である床堅、閼伽、小木、採灯護摩、正灌頂、柱源などの儀礼のそれぞれの意味づけに天台本覚思想が用いられている。そこで以下これらを取り上げることにしたい。

1　入峰修行

入峰修行は理の修行で、その本懐は十界一如の妙行を修めることにある（『三峰相承』133）。そして峰入する「当峰」は金胎両部、無作本有の曼荼羅で、峰中の「宿」は十界同居の曼荼羅、秘密灌頂の道場（『修要秘決』私用1）、入峰修行者は無相三密の内証、十界一如の形儀にある（『秘決印信』16）。また因果不二の内証にある者ともしている（『三峰相承』109）。「峰中の名義」には、遮情、表徳とこの両者を越えた正灌頂の三義がある。この遮情は世間一般の事法における妄法、虚偽の仮名を転じて、法性真如の言語となすこと、表徳は行者の三業に自性三密の本徳を顕し、一切の言語、念々の作業は阿字不生の真理であると観じさせるものである（『三峰相承』54）。正灌頂には四度灌頂と十種所役、十界修行の最後に授けられる正灌頂・柱源の二つがある。四度灌頂は胎内＝手一合・正灌頂・胎内本有印、胎外＝床堅、生起＝柱源・閼伽、死滅＝乳木・護摩で、常住坐臥、法爾恒行、修験成道正覚の要路とされている（『灌頂密蔵』80頁）[16]。なお、十種所役、十界修行の最後に授けられる正灌頂、柱源については後述する。

峰入の種類には春の順峰、秋の逆峰、夏の順逆不二の三種がある。順峰は無明縁起の軌則で従因至果（地獄界から仏界）の修行、逆峰は法性縁起の表示で従果向因（仏界から地獄界）の修行、夏峰は順逆不二の峰で無言無行で非因非果の修行としている（『修要秘決』極秘1）。このほかに修験の入峰修行は事相をもって理性をあらわすもので、高山の峰に登るのは従因至果の道をあらわし、幽谷に下るのは従果向因の理を示すとの説明もなされている（『三峰相承』108）。

もっとも実際の峰入では種々の修行がなされていて、これをまとめた切紙に「十種所役事」（「峰中十種形義」とも）がある。この一〇種は床堅、懺悔、業秤、水断、閼伽、相撲、延年、小木、穀断、正灌頂である。このうちの床堅は即身即仏の形儀、十界一如の極位とされ、閼伽には「バン字法界種、相形如円塔、以理智不二、是名法界体」との閼伽水の頌が付されている。正灌頂には無相三密、依正一体の極位との説明が付されている。そして床堅と正灌頂の二つを凡聖絶対、能所不二、独立法身の正体ゆえ、凡聖絶対の修行としている（『三峰相承』106）。なおこれとあわせて修験行者の色身は法界体性の六大ゆえ、峰中の十界の形義は十界一如、因果不二、本有無作の覚体であることを示すとしている（「峰中灌頂」14）。ちなみに峰入りの三日前に新客が峰中で特に必要なものとして授かる頌文には「法螺の文」、「閼伽の文」「小木の文」「床堅の文」「柱源の文」、床堅にかかわる五輪の観文とあわせて「本覚讃」があげられている（『三峰相承』22）。

これに対して『修要秘決』（極秘1）の「峰中十界修行之事」では、地獄・業秤、餓鬼・穀断、畜生・水断、修羅・相撲、人・懺悔、天・延年、声聞・四諦、縁覚・十二因縁、菩薩・六波羅蜜、仏・正灌頂というように十界のそれぞれに修行を充当した十界修行があげられていて、現在広く知られている。ここには正灌頂を除けば修験独自の床堅、閼伽、小木、柱源は含まれていない。なおこの十界は六道（凡）と四聖からなるが、このうち六道は懺悔滅罪の事の行、四聖は理の行とされている。

2　床堅

床堅は峰中で毎日行われている。その作法では肘比（長さ一尺二寸、周囲八寸の小丸太）を左手、小打木（長さ五寸、周囲一尺の小丸太）を右手に持って、身体の前で一度うちあわせる。次いで肘比を左腰、小打木を右腰にあて、図に示すように自己の身体を一字金輪の種子ボロンになぞらえたうえで、身体の各部分に五大と大日如来の真言アビラウンケンを観じている。なお、この一字金輪は仏菩薩の功徳を一尊のうちに帰した仏である。

アビラウンケン
空風火水土

頂額心腹犍

そして「悪罵及捶打、皆悉当能忍、我今成仏身、瑞座思実相」との床堅の観文をあげ、最後に今一度、肘比と小打木を打ち合わせている（『修要秘決』極秘2）。なお肘比と小打木はともに合歓木だが、この「合」は生仏冥合の義、「歓」は心性歓喜を意味し、この木の葉が昼は開き、夜は閉じるのは明暗一体の義を示すとしている。なお肘比の長さ一尺二寸は十二因縁、周八寸は胎蔵界の八尊で小打木の長さ五寸は行者の五大、周一尺は十界互具で、両者を即身即仏の密具としている。また、床堅のはじめと終わりに、肘比と小打木を一度打ちあわせるのは色心不二を示すとしている（『灌頂密蔵』4）。総じて床堅は事の用を以て、理体をあらわし、五輪の当体に一如の仏位を覚らせる十界自爾当相即道の実義とされている（『柱源秘底』八二頁）[17]。修験者は峰入りの初日に行うこの床堅で即身即仏の形をとることによって、自己の行住坐臥を仏体と悟っているのである（『灌頂密蔵』14）。

3　閼伽

閼伽は新客が毎日二つの閼伽桶に入れた三荷の閼伽水を担木でかついで閼伽先達に、虚心合掌をして既述の閼伽水の頌を唱えたうえで納めて、閼伽札を授かる作法である。閼伽札は柳の板を将棋の駒状（長さ一寸八分、周囲二寸八分）に加工したもので、表にバンの種子と受者の院号、裏に春の峰は従因至果、秋の峰は従果向因、夏の峰は非因非果と記したものである。

閼伽は梵語で無垢清浄を意味する。また水は清浄な本性を持ち、依正二法の根源である。そして諸仏は水を性とし、衆生は水を体とする。また水は風によって波浪の声（音）を発する。その音は五智の説法である。その五智は水が澄寂で一切の色相を顕現する大円鏡智、万像を高下なく影現させる平等性智、一切の色相を水面に示す妙観察智、万物を生長させる成所作智、隔たりなくすべてに及ぶのが法界体性智というように水の特性に備わったもので、この五智の徳をバン字であらわしている。なお二つの閼伽桶は双円性徳の本源、胎金両部理智の水（右は金剛界の智、左は胎蔵界の理）、担木は一切衆生の二バン和合の五大所生の三形である。毎日納める三荷の閼伽水は、三時供養の法華水としている（『修要秘決』極秘４）。

4　小木と採灯護摩

小木は新客が毎日三荷の小木を集めて、小木の先達に納める作法である。これを用いて採灯護摩が施行される。小木の作法では新客は小木の先達から授かった一尺八寸の小木量（物差）の長さに集めた小木をそろえ、一尺八寸の束にして繞索を三回半まわしてしばり、担木の両端に各一束をつけて持ち帰る。そして小木先達の前で「四大和合身、骨肉及手足、如薪尽火滅、皆共入仏道」との小木の頌を唱えて納める作法である。この小木の長さの一尺八寸は行者の十八界で縦の差別、束周の一尺八寸は衆生の十八界で横の平等を意味する。結びの三匝半は三は三身円満、半は成就の義である。なお、繞索の字義は繞は三身円満、索は自性潔白を示すとしている。

採灯護摩は毎日新客が納めた小木を用いて施行することによって、三業所犯の罪垢を焼尽し、三身万徳の覚体を証得することを意味している。なお、護摩壇の大採灯（井桁の太い木）は衆生の大骨、新客が各三荷おさめたものを六束に積んだ小木は小骨の棺形を意味し、これを積むのは依身五大の家を示す。そしてこれに点火する採灯護摩は衆生の無明煩悩の薪を焼尽して、本有五仏の心地に帰する義としている。なおこの採灯護摩の観念には事、理の二つがある。「事」の観念では先達が五仏の三摩地に住して修行することによって、無明煩悩の薪を焼尽し、本有五仏の心地に還帰することを示す。「理」の観念では、修験の行者は常に三業の四威儀（行往坐臥）において、六大の理観に安住する。この六大法身の極意は自性心具の内（理観）護摩である。このように六大本有の理観に安住した行者の六大は、法爾として無作の仏体である。それゆえこの自性心具の内（理観）護摩は、甚深で無相の法楽で、即身頓悟の内証であるとしている（『修要秘決』極秘6）。

5　正灌頂・柱源大事[18]

正灌頂は穀断満行の日に行われる。その中心は「柱源大事」である。『柱源秘底』によると、その作法は、まず床堅をしてその頌を唱えたうえで、「柱源大事」の六つの壇具の壇板を地、柱源を水、源蓋を火、洒水器を風、華鬘を空、乳木を識と観じる六大観をし、六大本具印（虚心合掌）を結んで、その明を唱える。ついで床堅のままで「能食所食、二倶六大、依正一体、供養自身」との柱源の誦文を唱えて、この二本の乳木を水輪に立て、「本覚讃」前半の「帰命本覚心法身、常住妙法心蓮台、本来具足三身徳、三十七尊住心城」を唱える。続いて二本の乳木をとって虚心合掌の両掌に挟んで三回もみ、「有漏生死の依身を摧滅して本有不生の阿字に帰入する」と観想する。そのうえで受者の法名を記した水輪正面の閼伽札をとって、虚心合掌にはさんで顎の下につける。最後には舎利塔の大事がなされている（『修要秘決』極秘5、『柱源秘底』八〇頁）。

この「柱源大事」の意味については、まず字義では「柱」は出入りの命息、源は陰陽和合の意とする。二本の乳木にはア・ウンの種子が記されている。この乳木を虚心合掌に入れてもむのは、父母の陰陽二気を受けて十界の衆生が所生することを示す。次に水輪中央の閼伽札を虚心合掌にはさむのは、虚心合掌の左手の五指は九界の衆生の五大、右手の五指は仏の五大で十界の凡聖はすべて五大の所生で差別がないことを示す。そして閼伽札は五智を示し、十界の凡聖が果位の五智になることを意味するとしている。なおこれに先立って結ばれる六大本具印も虚心合掌とされていることに注目しておきたい（『柱源秘底』八六〜八九頁）。

ところで『柱源秘底』では峰中灌頂は一般の阿闍梨所伝の修正灌頂と違って、本有無作の灌頂としている。すなわち、その字義では「灌」は五大所生の万法流出のバン字の水を灌ぐこと。「頂」は六大所生の阿字不生の心地を意味する。そして道場は天地即両部の処で、受者は全く大日如来の直体である。その道理は十界依正、森羅の万法は皆ことごとく毘盧の万徳を具し、欠減はない。なぜなら一切衆生の色心依正の六大は本来金胎両部の体性ゆえ、行者の三業がそのまま無相三密の法体を示すからであるとしている。このように如来の三密と衆生の三業は全く差別の相がなく本来清浄であり障礙することもなく、法界に充満している。これを無相の三密という。ここにあっては、衆生の挙手動足、言語は法爾無作の印明である。このように修験の峰中灌頂は一般の師資相承の灌頂とは全く異なっているとしているのである（『柱源秘底』八四頁）。

第五項　即伝の本覚思想

即伝の著作には先に紹介した『三十四箇事書』など天台本覚思想の書物からの引用は全く認められない。ただ上記の字義、衣体、峰入など以外にもその影響を思わせる記述が随所に認められる。そこでさきに『三十四箇事書』の内容を紹介した項目ごとに天台本覚思想を思わせるものをあげておきたい。

1　存在論——三諦

空・仮・中の三諦に関しては、修験行者が一念のうちに三諦を観じる三諦一念が「山伏」の「山」の字の縦三画を左から仮・中・空とし、これが下の横の一で結ばれていることの意味づけとして説かれていた。このほか一念一心の中に色質（物質的存在）無しと観じるのが空、一切の慮相が起こるのが仮、有無とも一心を離れないのが中とし、これを一念三諦と捉えている。（『秘決印信』23）。なお、これとあわせて色心上の三諦として、色法が仮、心法が空、色心不二を中としたり、生死上の三諦として、生を仮、死を空、不生不滅を中とし、これを生死即涅槃と捉えてもいる（『秘決印信』4）

この他では衆生の一念の妄執を「仮」、法性寂然の聖徳を「空」とし、この「仮」と「空」が相即円融して相容れず、一念不生前後際断の心地にある本有無作の妙覚を「中」とし、この三諦を性・浄・円明の三点、仏部・金剛部・蓮華部の三部、三密、三身になぞらえている。そしてこの根底には、我々がともすれば念々起す貪・瞋・癡は阿字の三徳で、生滅ともに常住ゆえ、我々の色心は金剛不壊の法身である。それゆえ、われわれの行往坐臥の挙動は三密自楽の修行であり、世事において語ったり黙したりするのは、阿字円明の作用であるとの見方があるとしている（『柱源秘底』九二、九三頁）。

2　仏身論――三身

三身に関しては、既述の「山」の字画に則した、縦三画を左から応身、法身、報身とし、これを下の横一で結ばれているのを三身即一を示すとの説明があった。また法身を色法、報身を心法、応身を色心不二とし、これらを一身上の三身としている。そして一身のうちに無作三身があるとする三身即一が説かれている（『秘決印信』19）。また色即法身、心即報身、不二即応身とし、これを無作三身と名付け、これをもとに人間、畜生、草木、森羅万象はすべて六大法身を備えた本有の仏体としている（『修要秘決』極秘1）。より具体的には修験では大日如来を法身仏として崇めるが、この大日如来は三世常住で、無始無終の覚皇で法界に周遍する万徳輪円の体性を持つ、生滅なく迷悟不二の存在としている（『灌頂密蔵』5）。そして修験者が心に「我即大日、大日即我」と念じると、妄想や乱れがこの観念の中に収斂されて、久遠にいたり、大日と冥合して、理智不二の境地に至る。これは大日の本源が行者の本位であることによるとしている

（『柱源秘底』九六頁）。あわせて修験道の主尊の不動明王、始祖とされる役優婆塞も金胎両部不二の尊体ととらえていることに注目したい（『柱源秘底』八三頁）。

この仏身論を修験者の心の在り方と結び付けて表現したのが「本覚讃」である。そして即伝は『修要秘決』の「螺緒印信」（私用7）で本覚讃の主要な語について独自の解釈を提示している。そこでここでこれをもとにした拙訳をあげておきたい。

衆生の心の中で不二となっている金剛界（智）と胎蔵界（理）の大日如来に帰命する。胎蔵界の八葉と金剛界の九尊は衆生の心の中にある。そして心と報身と本覚の三身を具足している。また金剛界大日の五智（如来）はそれぞれ無数の眷属を擁している。両部の諸尊の性徳や三密は本来のもので、世間的な因果を超越している。それゆえ、自己の不二心となっている理智の両部の仏に帰依し、頂礼し、全身をこめて敬うことを約束する。

3　人間観（衆生論）——十界

即伝は修験の立義は十界一如にあるとしていた。十界は迷える者、悟れる者のすべての境地を一〇種に分けたものである。彼はこの十界を峰入修行と結び付けて論じ、修行する霊山（当峰）や峰宿を十界同居の曼荼羅としている。そして峰中の修行を具体的に、地獄・業秤、餓鬼・穀断、畜生・水断、修羅・相撲、人・懺悔、天・延年、声聞・四諦、縁覚・十二因縁、菩薩・六波羅蜜というように、十界のそれぞれに位置付けている。このうち最初の六つは六道の修行、後の四つは四聖の修行としている。そして特に四聖を次のように天台本覚思想と結び付けて説明している。

すなわち声聞は因果の一念諦理の観行で、苦諦即法界、集諦（煩悩）即菩提、滅諦即涅槃、道諦即自性と観じている。縁覚では生死の苦悩に関わる十二因縁（無明、行、識、名色、六処、触、受、愛、取、有、生、老死）のうちに煩悩即菩提、業障即解脱、苦道即安楽を観じている。菩薩では衆生が本来具えている地・水・火・風・空・識の無相の六度と大悲に関わる六種の実践徳目の六波羅蜜を結びつけている。そしてこの三つは三乗の修行で、これによって妙理不思議の内証を得るとする。最後の仏は我々の色心が即、胎金本具の曼荼羅で、行者はその当体のままで大日如来と同様の色心不二、衆生本有の仏体であることを示すとする。そして本来凡聖一如ゆえ六道の衆生は皆本覚の妙理を備え、十界互具で毘盧遮那仏に他ならないとしている（『修要秘決』極秘1）。

そしてこの立場にたって、修験の立義は十界依正、森羅万象は悉く皆法身の体性である。それゆえ万法の当体は毘盧遮那仏の円明遍照な万徳を備えていることにあるとする（『修要秘決』浅略3）。具体的には既述のように修法の基本をなす虚心合掌は十界一如、凡聖不二を表象していた。また妙法蓮華（法華経）の体とされる未敷蓮華印においても、左手の五指は生界の五大、右手の五指は仏界の五大で、これを合わせた印義は十界の凡聖がともに五大の所生で差別がないことを示すとしている（『柱源秘底』九五頁）。

4　成仏論——三種成仏

修験道では即身成仏・始覚、即身即仏・本覚、即身即身・始本不二の三種の成仏を説いている。このうち即身成仏と即身即仏は顕教の所談で生（修行者）と仏を対弁したものである。これに対して即身即身は始本不二の修験独自の極理である。すなわち性得本分の頓桟を動じないで、常境無相、常智無縁の内証を示す無作三身の直体である。それゆえ日常における語ること、沈黙すること、動くこと、静止することはすべて無作三密の妙用である。すなわち修験即正覚に座し、仏果の当位の源底をなしている（『修要秘決』浅略3）。なおここに見られる始覚と本覚のあり方は先にあげた山伏を始覚、山臥を本覚、修験を始本双修、客僧を始本不二とする見方を想起させるものである。そして彦山の客僧だった即伝が始本不二を理想としたことを示すとも思われるのである。

この即身即身に示される修験の内証においては、婬欲酒肉を不浄とせず、覚道をもって清浄の本源としている。これを修験の無作三覚の実談としているのである（『修要秘決』浅略4）。より具体的には自身これ仏の道理に立てば、行者の行住坐臥の所作はすべてが仏事となる。また衆生も本来仏である。この仏、行者、衆生の三者はの仏性の徳を輪円している。それゆえ自心を知れば仏心を知り、さらに衆生心を知るのである。この三心を平等に知ることを大覚と名づけ、これを修験の本懐としている（『修要秘決』浅略5）。なおこの仏、行者、衆生の三者の関係は修験における仏の加護力、行者の慈悲心、衆生の救済を求める心の一体を前提とする修験における加持の論理につらなるとも思われるものである。

結

即伝のとく修験道では十界一如を立義とし、金胎両部本具、凡聖不二、色心不二を説き、自性清浄心を理想の境地としていた。そして主として字義、衣体、峰入りや峰中作法の説明を通してこの教えを示した。まずヤマブシの名義では彼自身がそうだった客僧を始本不二として重視した。また山伏の字義では「山」は三身即一・三諦即一、「伏」は無明法性不二を示すとした。衣体では凡聖不二（頭襟）、金胎不二（斑蓋、鈴懸、螺緒、笈と肩箱、金剛杖、脚半）、三身即一・三諦即一（結袈裟）が説かれていた。ここでは密教とかかわる金胎不二が多く見られている。

峰入りに関しては「当山」は金胎両部、「宿」は十界同居の道場、「入峰者」は無作三密・因果不二で、全体では十界一如の行としている。その種類では春の順峰は従因至果・無明、秋の逆峰は従果向因・法性、夏の峰は順逆不二・非因非果としている。峰中の具体的な修行を示す十種所役（形儀とも）は因果不二、本有無作を示すとし、独自の床堅、閼伽、小木、正灌頂など一〇種の修行をあげている。また十界のそれぞれに具体的な修行を充当した十界修行では、六道と四聖を凡聖不二・理智不二の行としている。そしてとくに四聖では煩悩即菩提、業即解脱や六波羅蜜と衆生の六度を結びつけ、最後の仏で本有の仏体を悟るとしている。なお、独自の作法である床堅は行住坐臥即仏体、閼伽では理智不二、護摩は三身円満、柱源は陰陽和合を示すとともに「本覚讃」を唱えている。正灌頂では行住坐臥や日常の言語を無作の印明としている。このように峰入りでは成仏を目指す修行を説きながら、四聖や主要な作法では自己同一の不二の論理が説かれているのである。

これらの説明や即伝の思想を示す『頓覚速証』や『柱源秘底』などの記述をさきに要約した『三十四箇事書』と比べると、次のような相関が認められる。まず「存在論」三諦については『三十四箇事書』では三諦を円融平等としながらも、仮諦を真如として重視する。ただ一心のうちに三諦を感じる一心三観を主張し、己心の中に実相があるとする。これに対して即伝も衆生の一念のうちに三観を観じる三諦一念を説いている。ただあわせて衆生の妄執を「仮」、法性の聖徳を「空」とし、この仮と空が円融した本有無作の妙覚を「中」とするというように中に重点をおいている。そして衆生の行住坐臥を三密自楽の修行としている。仏身論に関しては『三十四箇事書』では三身が即一と相即関係にあること、垂迹の三身が本有の三身と同一のこと、衆生の己心が一切の法、仏であるとしている。一方即伝も一身のうちに無作の三身があるとの三身即一を説くが、これとあわせて密教の影響のもとに大日如来、不動明王、役行者が金胎両部を意味するとしている。

衆生論については『三十四箇事書』では生死即涅槃、業即解脱などの自己同一の論理と十界の不変性をもとにした世間即常住を説いている。これに対して即伝は十界一如、十界互具とあわせて、十界修行の六道と四聖を凡聖一如とする。そしてこの四聖の説明では煩悩即菩提、苦即安楽などの自己同一性の論理を用いている。成仏論については『三十四箇事書』では理即と究竟即（妙覚）を一体としつつも、この間に名字即をへて究竟即（妙覚）に至る修行の階梯を設けていた。一方即伝は即身成仏・始覚、即身即仏・本覚、即身即身・始本不二をあげる。そしてこのうちの即身即身は衆生の行住坐臥、言語を無作三身の妙用とする修験の成仏とする。もっともその一方で地獄から仏に至る十界修行による成仏を説いている。なお彼は仏、行者、衆生がともに無作三身で平等の関係にあることを修験の本懐としている。これは仏の加護力、行者の慈悲心、衆生の帰依を前提とする加持の論理につらなると思われる。

即伝においてはこれらのほかに、螺緒、床堅、柱源などでは本覚讃が唱えられていた。また宗義の十界互具や衣体の不二、峰入りの十界一如などに天台本覚思想の影響が認められた。けれども衣体や峰入さらに大日如来、不動明王、役行者の説明には金・胎の密教思想が用いられていることに注目しておきたい。

注

（1）田村芳朗「天台本覚思想概説」『天台本覚論』日本思想大系九、岩波書店、一九七三年、五四二頁。

（2）中山清田「修験道に於る『三即一』『不二思想』」『塩入良道先生追悼文集――天台思想と東アジア文化の研究』山喜房仏書林、一九九一年、同「修験道に於る『三即一』『不二思想』――法具に表現された事例」東洋学術研究三〇、一九九三年、「天台本覚思想と神仏混合思想――特に『柱源護摩』を中心にして」印度学仏教学研究三八―二、一九七五年など参照。

（3）『修要秘決』『灌頂密蔵』『秘決印信』『三峰相承』『頓覚速証』はいずれも修験道章疏Ⅱ所収。なお、宮家準編『修験道章疏解題』（国書刊行会、二〇〇〇年）のこれらの書物の解題参照。『柱源秘底』は神道大系五〇（神道大系編纂会、一九八七年）所収。

（4）『峰中灌頂本軌』異名『修験秘奥鈔』修験道章疏Ⅰ所収。

（5）島地大等『天台教学史』隆文館、一九七七年、硲慈弘『日本仏教の開展とその基調』下、三省堂、一九四八年、田村芳朗『鎌倉新仏教思想の研究』平楽寺書店、一九六五年、同『本覚思想論』春秋社、一九九〇年、大久保良峻『天台教学と本覚思想』法蔵館、一九九八年、花野充道『天台本覚思想と日蓮教学』山喜房仏書林、二〇一〇年。

（6）『三十四箇事書』（『枕双紙』）の成立時期は金沢文庫蔵の首題の下にある「釈皇覚𠫤」とあることにもとづく、花野充道の説による。上掲花野『天台本覚思想と日蓮教学』五二七～六一七頁。なお田村は同書の皇覚撰を否定し、同書に付された系図の最後にある静明の頃（鎌倉中期）になるとしている。上掲田村「天台本覚思想概説」五二八～五三二頁。なお同書は伝源信とされているが勿論仮託である。

（7）田村芳朗「本覚思想における実践の原理」『本覚思想論』一五九～一七九頁。なお田村は「本覚思想における基本原理」では、不二相即論（万物は無我、空ゆえ不二で相即している）、自然本覚の原理（現実の事象はそのまま本覚のあらわれである）、因果形成の原理（事物が作為的、恣意的ないし主観的な因果を越えて客観的に存在する）の三原理をあげている（同書一二九頁）。

（8）硲慈弘「蓮華三昧経に関する研究」大正大学学報一、一九二七年。

（9）『天台本覚論』日本思想大系九、岩波書店、一九七三年、九八頁。

（10）末木文美士『日本仏教思想史論考』大蔵出版、一九九三年所収。

（11）上掲花野『天台本覚思想と日蓮教学』五二七～六一八頁、六六九～八六四頁。

（12）上掲末木『日本仏教思想史論考』三二六～三三八頁。

（13）『修験頓覚速証集』修験道章疏Ⅱ、四四九頁。

（14）上掲中山「修験道における『三即一』『不二』思想」参照。なお中山は本論文で『元亨釈書』で山王神道では山の字の縦三画を空・仮・中の三諦、横一画は即一、王字の横三画を三諦、縦一画は即一で、三諦即一を示すとしていることを指摘している。

(15) 上掲中山「修験道における『三即一』『不二思想』」。中山は本論文でこの三即一の思想は天台本覚論の『天台法華宗牛頭法門要纂』(鎌倉初期『伝教大師全集』巻五、仏書刊行会、六四頁、『断証決定集』(鎌倉中期、同書、二二八頁)に見られることを指摘している。

(16)『修要秘決』では四度灌頂として入宿灌頂、業秤灌頂、穀断并正灌頂、出生灌頂をあげ、これを不動灌頂とよぶとしている(『修要秘訣』私用分1)。

(17)『柱源秘底』については上記神道大系五〇所掲の頁数を表示する。

(18) 中山清田「天台本覚思想と神仏混合思想――特に柱源護摩を中心にして」印度学仏教学研究三八―二、一九七五年、宮家準『修験道思想の研究』増補決定版、春秋社、一九九九年、二一三～二三五頁参照。

第三節　比叡山の回峰行と北嶺修験

序

比叡山の回峰行は七年間かけて一〇〇〇日にわたって比叡山内の七里半（三〇㎞）の山道に点在する霊所で読経、誦呪、拝礼しながら抖擻する修行である。その間には七〇〇日直後の九日間、無動寺で断食・断水・不眠・不臥して不動呪念誦の行をする堂入り、その後、西麓の赤山禅院を加えた一五里（六〇㎞）を一〇〇日、七年目前半一〇〇日洛中洛外の大廻り（二一里）、後半一〇〇日の山内の回峰をへて成満し、大行満となるのである。この壮絶な修行が耳目を引き、大阿闍梨の体験記が注目されている。この回峰行は比叡山東塔に無動寺を開基した相応（八三一～九一八）に始まるとされ、同寺は彼が比良山系葛川の滝で不動明王と観じた霊木で刻んだ不動明王を本尊としている。なおこの折彼は三体の不動明王を刻んで、無動寺、葛川明王院、奥島（近江八幡市）の伊崎寺に祀ったともされている。なお現在は比叡山内の住職になる為には、回峰行の最初の一〇〇日間後、葛川明王院に五日間参籠することが課せられている。

比叡山の回峰行に関しては、修験道章疏Ⅲに「台嶺行門修験書」として、その前行、山中の霊地とそこでの行法、「無動寺検校次第」などを含む二二点の史料が収録され、宗門内外の研究者や大行満した阿闍梨の手記などが発表されている。そこで本節ではこれらをもとにして、この回峰行の背景と展開を比叡山と比良山系も含む北嶺修験に位置づけて考察する。以下、第一項では日吉社と比叡山三塔の成立と、相応の比叡山や葛川などでの修行をとりあげる。第二項では北嶺修験の行場とされた比良山、葛川と奥島、伊崎寺の修験を紹介する。第三項では一四世紀初頭に記家の光宗がまとめた『渓嵐拾葉集』所掲の「当山霊所巡礼次第」と『霊所法施記』をもとに三塔の宗教的性格と三塔内の霊所とそこでの法施を紹介する。第四項では西塔の『当山巡礼修行記』、東塔の『巡礼所作次第』をもとに中世末と織田信長の焼打後の山内の巡礼をとりあげる。第五項は近世期における回峰行者、その思想、霊地をとりあげる。第六項では、天明二年（一七八二）に成り、現在も使用されている『回峰手文』をもとに三塔と日吉の霊地の性格と信仰を考察する。そして最後に比叡山の千日回峰行の成立、展開、信仰を北嶺修験の修行の典型としてまとめることにする。

第一項　比叡山の相応と葛城

比叡山は『古事記』に「大山咋神またの名山末の大主神の座す近淡海国の日枝山」と記されている。[1]その後天智天皇六年（六六七）近江への遷都に際して大和の三輪明神（大山祇神）を勧請して、大宮（大比叡）として祀り、古来の地主神の大山咋神は小比叡（二宮）とされた。天台宗の開山最澄（七六六〜八二二）は、大津京があった布留知の三津百枝の子として生まれ、二〇歳で東大寺で授戒後、比叡山に入った。そして延暦二三年（八〇四）弟子義真と共に入唐し、中国天台七祖の道邃（生没年不詳）、行満（生没年不詳）から天台の教えを学び、さらに順暁（生没年不詳）から密教を受法し、比叡山で天台宗を開教した。そして『山家学生式』を定めて、比叡山に大乗戒壇を設けて、授戒者に一二年間籠山して、天台の止観業の四種三昧か、密教の遮那業のいずれかを学ぶようにした。けれども実際に戒壇が勅許されたのは彼の死の直後の弘仁一三年（八二二）である。なお翌年には比叡山に延暦寺の寺号が与えられ、義真が初代の座主となっている。

最澄は延暦七年（七八八）に比叡山に薬師如来を本尊とする一乗止観院（後の根本中堂）を建立し、同九年（七九〇）に八部院（妙見堂）、延喜年間（七八二〜八〇六）に山王院（本尊千手観音）、弘仁三年（八一二）に法華三昧院、同一一年（八二

○）に宝幢院（金銅の九輪からなる相輪橖がある）を建立した。なお最澄と義真連署「九院之事」には、一乗止観院・八部院・山王院とあわせて定心院・総持院・四王院・戒壇院・西塔院・浄土院を創設する構想が述べられている。[2] このうち戒壇院は大乗戒壇の勅許後、義真が建立した。浄土院は三世天台座主円仁（七九四～八六四）が斉衡三年（八五六）に最澄の廟として建立し、総持院も貞観四年（八六二）に円仁の手になるものである。また定心院は最澄が一山の鎮守山王に対面したところに設けられた。

　義真の後、第二世天台座主となった円澄（七七一～八三六）は比叡山内の西側に釈迦堂を創設した。爾来、最澄が開いた東の一乗止観院を中心とする地域の他に、この釈迦堂を中心とする地域が開発された。なおこの釈迦堂の近くには最澄が安国の為に東（上野）、西（筑前）、北（下野）の三方に対して中央の山城に位置づけた法華経一〇〇〇部を安置した宝塔院が設けられた。その後、一乗止観院近くにも近江国の宝塔院が作られ、これを契機に一乗止観院を中心とする地域を東塔、釈迦堂を中心とする地域を西塔と呼ぶようになった。なお円仁は東塔北の横川の老松の洞窟で法華懺法を唱え、四種三昧の坐禅練行をしたと伝えられる。彼は承和五年から一四年（八三八～八四九）にかけ入唐し、『入唐求法巡礼記』にみられる巡礼の上で密教を招来した。そして横川に観音堂を創建し、聖観音とその化身と信じた毘沙門天を祀った。また帰路の航海を守護した赤山明神を京都の西坂本に祀った。その後、比叡山中興の祖とされた良源（九一二～九八五）が、この観音堂を横川中堂とし、本尊を不動明王、脇侍を正観音・毘沙門天とし、横川を東塔・西塔と並ぶ霊場とした。なおこの三尊安置の形態は北嶺修験の本尊安置の定型となっている。

　円仁は東塔に台密の根本道場総持院、堂行三昧堂を建立した。この円仁に師事したのが回峰行の始祖とされた相応（八三一～九一八）である。そこで以下、延長元年（九二三）頃に成立した『天台南山無動寺建立和尚伝』などによってその略歴を紹介しておきたい。[3] 相応は天長八年（八三一）に近江国浅井郡の櫟井氏に生まれた。母が短剣を呑んだ夢を見て受胎したと伝えられている。承和一二年（八四五）一五歳で比叡山に登り、東塔定心院の十禅師鎮操の山房に入った。一七歳で剃髪し、十善戒を受け法華経を学び、常不軽菩薩品所掲の同菩薩の万民の仏性を信じて礼拝する修行に感銘して、六〜七年にわたって毎日根本中堂の薬師如来に山中の華を供えて礼拝した。これを円仁に認められ、年分度者にといわれたが、篤信の同行者を推挙した。その後、斉衡三年（八五六）大納言西三条良相が円仁に一門の祈祷を委ねるに相応しい僧を求めてきた。そこで相応を推して、彼に良相に因んで相応の名を与えた。彼はこの期待に応える為に一二年の籠山に入り、円仁から不動明王法や別尊儀軌、護摩法を授かって生身の不動明王になる決心をした。また薬師如来の霊示を得て、東塔の南に堂（後の無動寺）を設けて不動明王を祀り、自他の罪障消滅、天下国家鎮護の為に祈念した。なお元慶六年（八八二）には無動寺は官符により天台別院となっている。この後、天安二年（八五八）には良相の娘で、文武天皇の女御（西三条女御）の病を憑依霊を屈服させて治癒している。

相応は貞観三年（八六一）から三年間にわたって穀類を断って山菜を食して比良山西の都河の滝で安居して智恵を得るように祈念した。そして普賢菩薩から一読して聖経の意を体得する普賢の智慧を授かったという。なお一二世紀になる『葛川縁起』では、相応が滝に向かって祈念していると、七日目に老翁が現れて対座した。そこで何者かと尋ねると、老翁が汝は何者か、何故この人跡未踏のここに来たのかと尋ねたので、相応は自分は円仁の弟子で生身の不動明王を拝する為にここに来たと応えた。すると老翁はそなたは生身の不動明王である。自分は東は比良峰、南は黄の滝から南へ一里の花折谷まで、西は駈籠谷、鎌鞍谷、北は右淵の瀬の内側を領している。ここには一九の清滝と七の清流がある。この滝は第三の葛川滝で兜率天の内院に通じている。名は信興淵明神という。今後は仏法の修行者を守り、弥勒下生の時まで仏法を護持しようといった。相応はこれは不動明王の化身か魔王の変化かと怪しみながら、さらに祈念をこめた。すると滝の中に火炎を背負った不動明王が出現した。そこで喜んで滝に飛び込んで明王を抱きあげて岩上に安置すると、明王は丸太となっていた。そこで一〇〇〇日にわたって五穀を断って祈念した。この間一度清和天皇の依頼で加持祈祷して効験を示している。そしてこの丸太で不動明王を刻み、持ち帰って無動寺の本尊とした。なお彼の弟子の遍斁は延喜一九年（九一九）にこの葛川で法華八講を始めた。これが今の法華会の始まりである、との話をあげている。[4]このほか長久四年（一〇四三）になる『本朝法華験記』では相応とその門弟はその後、葛川に参籠して穀断塩断のうえで一九の滝で一九字一九観を修して矜伽羅、制多迦二使者を従えた不動明王にあって蓮華会を行なった。そして兜率天の外院に至ったが法華経末誦の為に内院に至り得なかった。そこでその後法華会を修するなどして兜率天の内院に入ることが出来たとしている。(5) また至徳四年（一三八七）に亮海が著した『諸国一見聖物語』には、相応は葛川の滝で感得した霊木で三体の不動明王を造り、無動寺、葛川明王院、琵琶湖東の奥島の伊崎寺に納めたとの話があげられている。(6)

相応は貞観三年（八六一）には西三条女御の病気を戸童に災因を尋ねて祈祷する阿尾奢法によって治癒し、染殿皇后（明子）についた天狐に対しては大威徳明王に祈願している。その翌年の貞観四年（八六二）から三年間は金峰山の草庵に籠って修行した。この折は金剛童子に見えたり、同行者の堪誉と使者（護法）を使役して香火をつける験くらべをした。また同行の朗善が鬼の呪法で瀕死の状態になった際には、剣を用いて加持し、蘇生させた。ちなみに山内では彼以前に最澄・義真に師事した延暦寺別当光定（七七九〜八五八）が弘仁三年（八一二）に金峰山で修行している。なお相応はこの年清和天皇の歯痛を加持して治癒している。

貞観七年（八六二）相応は上奏して最澄に伝教大師、円仁に慈覚大師の諡号を下賜されている。またこの年六条皇后に憑依した天狐を調伏している。天慶五年（八八一）には無動寺は天台別院とされ、同七年西三条の女御から滋賀郡倭荘を施入された。また仁和三年（八八七）には日吉山王の大宮権現の宝前に塔婆を立てて法華経を納め、二宮の宝殿を造立した。さらに寛平二年（八九〇）には大宮の託宣にもとづいて大宮権現の宝殿を建立した。さらに延喜一五年に選述された『七社検封記』によると延喜七年（九〇七）には山王七社に詣でて封印を解いて御神体を拝している。また仁和元年（八八五）には光孝天皇の皇后の霊狐の祟り、寛平二年（八九〇）に宇多天皇の歯病の治療、延喜三年（九〇三）に玄照行師や醍醐天皇の難病の治癒、五条女御の御産に際して効験を示している。上記のように相応は葛川や金峰山での修行によって得た験力にもとづく加持祈祷で多くの効験を示し、貴紳の幅広い帰依を得ていたのである。

晩年の相応は浄土教に関心を持ち、円仁の常行三昧堂を継承し、延喜一〇年（九一〇）には六道の衆生を引摂する為に阿弥陀像や六観音を祀っている。またその頃から一二月一日から三日間、日夜一切衆生の滅罪増益招福の為に仏名会を行なっている。そして延喜一一年（九一一）からは無動寺谷の庵で理趣・般若・法華経を誦んで寂静の生活をおくり、夢の中で法華一乗読誦の効によって不動明王の導びきで兜率天の浄土を観じてもいる。その後延喜一八年（九一八）には十妙院に移り、同年一一月三日に入滅した。その折比叡山では伎楽の音が聞え祥雲がたなびいたという。なお相応の度者は一三一人、授法者は一六人、印真の授者は五六人を数えている。彼は弟子の役は臈次に基づくように定めている。また常日頃食後に桐の材を剣の形に削って、これは不動明王の利剣であるといって帰依者に頒ち与えていた。これは自身を生身の不動明王であると認識していたことを示すと考えられる。

ところが以上の相応の略歴の中には回峰行を創始した事跡は全く認められない。しかしながら、そこに見られる常不軽菩薩の行、根本中堂への供花、葛川参籠、生身の不動たらんとした修行、日吉山王の三聖の崇拝、加持祈祷の効験のうちに回峰行者の行態、思想の萌芽が認められるのである。(7)

第二項　比良山と奥島の伊崎寺

亮海の『諸国一見聖物語』では、相応が葛川の滝で得た霊木で三体の不動明王像を刻んで、無動寺と葛川明王院さらに琵琶湖東岸奥島の伊崎寺に祀ったとされていた。また相応は金峰山でも修行していた。そこで比叡山回峰行成立の背景を知るために、比良山系や湖東の霊山の伝承にふれておきたい。

比良山の正史の初見は、承和三年（八三六）三月一〇日に、近江国比叡山・比良山、美濃国伊吹山、山城国愛護山、摂津国神峰山、大和国金剛山・葛城山の七高山の各寺に穀五十斛を与えて、阿闍梨に春秋各四九日間薬師悔過を修して五穀豊穣を祈らせたとの「七高山阿闍梨条」の制である。(8) なお『三宝絵』下には良弁（六八九〜七七三）が東大寺七仏に塗る金を金峰山の蔵王権現に祈念したところ、弥勒下生の時に用いるものゆえ譲ることは出来ない、観音の霊験地である湖西の山で祈念するよう指示された。そこで湖西の勢多の大石のところで、老人の姿をして現れた比良明神の指示でそこに如意輪観音を祀って祈念したところ、陸奥国から黄金が出たとの報を得たとの話をあげている。[9]この彼が如意輪観音を祀った大石のところに創建したのが観音巡礼一三番札所の石山寺である。この比良神は九世紀の『日本三代実録』の貞観四年（八六二）正月四日の条に「無位比良神、従四位下」と記されている。[10]

貞観一一年（八六九）になる『続日本後記』の承和五年（八三七）一一月一五日の条には、律師静安（七八六〜八四四）、大法師願安、実敏、願上、道昌らが清涼殿で仏名懺悔を修したとある。このほか同書の同七年四月八日の条では静安が清涼殿で供花のうえで観仏会を修している。[11]この静安は時代が下るが『元亨釈書』巻九には、西大寺常騰に法相を学び、比良山で修行した僧としている。[12]なお『日本三代実録』の貞観九年（八六七）六月二一日の条には静安は比良山に官寺の妙法寺、最勝寺を創建し、度者に法華経と最勝王経を読誦させたとあり、同年四月の『太政官符』には、近江国司の命で和邇（現在滋賀町和邇）に船瀬を設けて湖上運輪を補助している。彼には賢護、賢真、賢和の三人の弟子がいた。このうち東大寺僧賢護は朝廷から仏名会を諸国で遍く行なう許可を得て活動し、入唐僧の賢真は比良山の妙法寺と最勝寺の運営に携わり、元興寺僧の賢和は和邇の船瀬を拠点に湖上交通に関わると共に奥島の島神の後に阿弥陀寺の前身となる神宮寺を建立している。[13]

美濃の秦氏出身の恵達（七九六〜八七八）は薬師寺の仲継に法相、唯識を学んだうえで比良山に入って修行し、文徳天皇の治癒に効験を示した。また神泉苑の御霊会や薬師万灯会を数年間にわたって行なっている。なおこの静安や恵達が比良山で活躍したのは、前項にあげた相応が葛川の三の滝で不動明王に見えたのとほぼ同じ頃である。

ところで比良明神は初代天台座主義真の弟子法勢が比叡山で一二年籠山後、竹生島に詣でた帰りに泊った和邇の民家の女性に憑依して、彼に観音経を誦むように求めている。[14]なお『三宝絵詞』下「長谷菩薩戒」では、大和の長谷寺の本尊は、琵琶湖の三尾ヶ崎に流れついた比良山の霊木を刻んだものとしている。[15]

天暦九年（九五五）三月一二日には比良宮の禰宜神良種の子太郎丸に菅原道真の霊が憑依して、京都の右近の馬場に祀るように指示している。時代は下るが延応元年（一二三九）には天台寺門の僧慶政が比良山の天狗次郎坊の託宣をまとめた『比良山古人霊託』を著わしている。比良山は巫祝とも関わっていたのである。

この他『本朝法華験記』には、葛川の沙門が断食修行していた際、僧の夢告により比良山に入って出会った法華持経者がもと興福寺にいた蓮寂と名乗ったとの話をあげている。[16] また『梁塵秘抄』には「聖の好むもの比良の山をこそ尋ねたれ」として、松茸、平茸、滑薄、蓮の這根、芹根、蓴菜、牛蒡、河骨、蕨、土筆をあげている。[17] 比良山は法華持経の聖の行場でもあったのである。

大江匡房（一〇四一～一一一一）の『本朝神仙伝』には比良山の僧某が仙道を学んで大津の港の船に鉢をとばして喜捨を求めた。水夫がそれを嫌がって米俵を鉢の上に投げたら、船中の米俵が鴈の群のように飛び去った。そこで綱丁（頭）が帰命拝礼したら米がもとに帰ったとの話をあげている。[18] また時代は下るが比良山南端の還来神社の天文二三年（一五五四）模写の「還来大明神縁起」には、比良山中の静安が開いた最勝寺で、空鉢の法を行なっていた空鉢上人の尿を舐めた女鹿が女子を生んだ、成長して美女となった彼女を夢見た淳和天皇が后とした。彼女の死後、神子の託宣をもとにその出生地に還来大明神（本地十一面観音）として祀ったとの伝承をあげている。なおこのあと空鉢上人はその後大峰山の布薩の会（懺悔会）に遅れたので、石と化した。この処を空鉢谷（釈迦ヶ岳近くの空鉢嶽か）との話が加わっている。ここでは比良山の空鉢伝承を大峰山と結びつけているのである。[19]

相応が開いた比叡山横川の無動寺では関白藤原師実の子行玄（一〇九七～一一五五）が保安元年（一一二〇）に別当となった。彼は同四年に四八世天台座主、さらに久安六年（一一五〇）に美福門院の御願寺青蓮院門跡一世となり、仁平三年（一一五三）には京都の三条北白川の現在地に殿舎を新造した。そこで無動寺は青蓮院に属し、葛川は無動寺を領家、青蓮院を本所とした。その後第三代青蓮院門跡となった九条兼実の弟慈円（一一五五～一二二五）は安元元年（一一七五）無動寺で千日入堂し、内陣で供華・八〇〇〇枚の行法を行なった。[20] また治承四年（一一八〇）には葛川に入って六月の蓮華会、一〇月の法華会に携わった。彼は無動寺の検校となり、天台座主を四度も務めている。この間、葛川明王院の経営にも携わり、葛川の当時の在家一五戸を承認し、東は比良峰、南は花折峠、西は駈籠谷・鎌鞍峰、北は右淵瀬を境とする朽木谷と接する九万八千町歩の葛川領を定めている。なおさきにあげた『葛川縁起』は、この慈円の頃になったと思われるものである。[21]

その後文保二年（一三一八）に葛川行者から御事務に届け出た「葛川行者衆議陳状案」では、「葛川縁起」にもとづいて、葛川の聖地は地主神の信興淵明神から相応に譲与され、その守護の誓約を受け、彼の弟子遍斅以来報恩の為に縁起にある葛川草創の次第に因む葛川参籠を再現した六月の蓮華会と信興淵明神の為の祭式である一〇月の法華会を五個の頭役によって修験の道として行なってきたとしている。[22]なおこの五個の頭役は嘉暦四年（一三二九）五月晦日付の「葛川頭役勤仕目安」によると、大頭（調理—役割。以下同様）、花頭（行事受持）、荘厳頭（堂内設備）、灯明頭（夜の照明）、仏供頭（供物準備）である。[23]なお文保二年（一三一八）の「葛川根本住人注進状案」によると、当時の葛川の根本住人は五家、根本浪人（葛川に入ってから数代定住した家）七家、在家一〇〇余、田畠は一〇〇余町だった。そして住民は製炭の生業と当時は一九ヶ所に増加した葛川明王院の堂舎の修理や、蓮華会・法華会の所役を負担した。[24]なお建武元年（一三三六）五月には時の別当前権僧正某が奏上して「息障明王院」の勅号を得ている。そして承和二年（一三七六）北嶺修験の練行者は七〇〇日の三塔巡礼と葛川抖擻の薫修を修験肝心の一輪として相承すると起請したのである。[25]

葛川明王院の主要行事の蓮華会は七日間にわたる参籠で、文安四年（一四四七）八月一六日から二二日の『参籠中日記』によると次の通りである。第一日は先達に導かれた新達が桧笠を被り、不動袈裟をかけ法螺を持って、八瀬、大原から途中をへて勝華寺に入って道中で採った華を納めて休憩する。この後政所に到着し御内仏に懺法による法要をする。二日目は本堂で懺法による法要、三日目は断食、四日目には新達は竹をたわめて華鬘を作り、これに蔓草をつけて本尊や政所、地主神の要所に懸ける。また木片を刻んで五輪塔、毘沙門天の宝棒、不動明王の三昧耶形の剣を作ってまつる。五日目は断食のうえで、葛川の滝へ相応を導いた信興淵明神の眷属の子孫とされる常喜・常満の先導で滝に行って滝行をする。六日目には三時の勤行と大頭が準備した卒塔婆形のおおきな参籠札に参籠年月日、先達や籠山者名など所定の事項を記入する。最後の七日目には相応の御影を開帳し護法鎮守の法が行われる。[26]この中でも五日の滝詣と七日の地主神（護法鎮守）の法要が重視された。一〇月の法華会もほぼこれと同じ順序でなされていた。なお現在は参籠第三日の七月一四日に蓮華会が地主神社の例大祭とあわせて行われている。その次第は明王堂本堂で夜阿弥陀経の読経、過去帳の読みあげ後、葛川住民の若衆が大きな音を立てて太鼓を回す、太鼓がとまると新達の行者が太鼓の上にあがり、常喜・常満の「大聖不動明王、これに乗って飛ばさっしゃれ」との大喝に応じて合掌して飛び降りる。これは葛川の三の滝で相応が生身の不動明王を感得した故事を再現したものとされている。(27)なお最古の参籠札は元久元年（一二〇四）の六月会のもので、四mの巨大な碑伝形の板の最上部に護法童子を描き、その下に「七所大明神・地主大権現、八大金剛童子、元久元年六月廿四日、権大僧都法眼和尚位成円、第十四箇度十箇日之内滝五日八千枚、以下六人の同行者名」が記されている。以後中世期二七本、近世以降はより簡単なものが多く作られ、近代以降のものは本堂の長押に収められている。(28)

元亀二年（一五七一）九月一二日に比叡山は織田信長の焼き打ちにあい、無動寺も含む一山は焼失し、行者の葛川参籠も跡絶えてしまった。そこで六月の蓮華会と一〇月の法華会は若狭神宮寺の僧侶が代行した。その後葛川参籠も復活し、天正一二年（一五八四）六月には葛川牛王宝印に参籠の行者が帰山の上で修験を再興する起請文に署名し、不動明王の朱印を押している。なおこの起請文には爾来昭和三八年現在まで五六七人が署名している。(29)そして翌天正一三年には西塔北谷の金光院好運が一〇〇〇日の三塔巡礼を行満している。そして慶長八年（一六〇三）一〇月の「十月会衆議条々事書」では、葛川の行者は寺の法度を厳重に守り、堂舎の修理を怠りなく勤める事や、蓮華・法華の両会を常喜・常満の申しつけに従って実施することを決議している。(30)

ここで比良山系対岸の猪奈屋山伊崎寺にふれておきたい。延享七年（一六七四）書写の「伊崎寺縁起」によると、役行者は日本六十六峰の巡礼の際にこの地を訪れて、猪（本地は深沙大将）に案内されて通路を塞ぐ磐石を砕いて、この岩を本尊とする堂（後の伊崎寺）を創建した。そしてさらに法華峰、洛叉峰（不動明王の真言を十万遍唱えながら抖擻する峰入り）の峰中の宿を定め、この堂を結願所とする峰入を始めた。このうち、洛叉峰では岡山香仙寺を一の宿とし姨綺屋山、長命寺、阿弥陀寺をへて伊崎寺に至る抖擻、法華の峰では法華峰香仙寺を一の宿として、比牟礼山、成就寺からやはり長命寺、阿弥陀寺をへて伊崎寺に至る抖擻を行なった(31)。

伊崎寺では一六世紀には葛川での上記の蓮華会を終えた北嶺行者が護摩堂（竿飛び堂）裏の崖に突き出すように設置した七尺五寸の竿から湖に飛び込む竿とびを行なっていた。なお本来はこの竿の先に鉢を袋に入れてぶらさげて、航行する船から喜捨を求めたとされている。ただ北嶺修験では竿は胎蔵界、湖上のその影は金剛界、袋は万法の含蔵、竿の長さの七尺五寸は洛叉峰と法華の峰の七里半の道程を示し、行者がこの先端から湖に飛び込むのは捨身求菩提を意味するとしている(32)。『伊崎寺縁起』では、比叡山内の修行、葛川の参籠によって生身の不動と化した相応に従った、この地域の阿弥陀寺の行能、長命寺の栄尊、安楽寺の親仙、石馬寺の弘盛、千手寺の全知の五人の近習が伊崎寺の大勧進として檀那の喜捨にあたったとしている。伊崎寺で竿とびの竿の先端に鉢を下げて航行中の船から喜捨を求めたという伝承はこれを物語るものとも考えられる。なお『聖記』（抄）には、葛川・伊崎寺・無動寺の修行は空・仮・中の一心三観を表し、それぞれ空諦、仮諦、中道（真諦）を示すともしている。このうち「伊崎寺の不動明王は、俗諦、常住、仮諦を表示して、山門の行者に限らず、南山（大峰をさすか）の行者も皆群集して頭陀の行体を修して、十方の檀施を得て、施主の現・当の悉地を祈る。是は則楽行也、是仮諦の明王也(33)」としている。これは葛川の籠山をおえて生身の不動と化した行者がここで檀那の現当二世の悉地成就を祈り、それによって布施を得ていたことと、その檀那に琵琶湖の水運に関わる者が多かったことから竿とびと結びついた空鉢の伝承が生まれたとも思われるのである。

第三項　比叡山三塔の霊所と法施

最澄は自らも行なった一二年間籠山の制戒に見られるように山居を重視し、相応もそれを継承した。彼の弟子遍斆は無動寺検校を勤めたが、葛川にも参籠している。その後良源は横川中堂（根本観音堂）を改造し、中央に聖観音、左右に不動明王と聖観音を祀り、葛川明王院にも千手観音、不動、毘沙門天が祀られた。こうして横川が整ったこともあって、この頃から東塔、西塔、横川の三塔の巡拝がなされるようになった。その公式の記録は『天台座主記』所掲の四六代天台座主忠尋が大治六年（一一三一）一月一一日の「拝堂を遂ぐ」との記事である。[34]その後天台座主を四度も勤め、青蓮院三世となった慈円（一一五五～一二二五）は無動寺に一〇〇〇日入堂すると共に供僧を伴なって三塔を巡拝した。[35]爾来歴代座主が行粧を整えて三塔を巡拝することが慣例化したと考えられる。保延四年（一一三八）には白河上皇も三塔を巡拝した。なお『華頂要略門主伝』によると青蓮院八世尊助は建長五年（一二五三）八月晦日から一〇〇日間無動寺に入堂した（『華頂』巻六、六六巻、九七頁—以下同書の記事は『大日本仏教全書』仏書刊行会本をもとにし、本文中に上記のように注記する）。また青蓮院一六世道玄は正嘉元年（一二五七）三月一六日に葛川に参籠している（『華頂』巻六、六六巻、一二三頁）。

当時比叡山では不二絶対をとく本覚思想が隆盛していた。そして法華経の一切衆生悉有仏性の思想をさらに展開して、全山を霊妙神秘の山として、堂社は勿論岩石、池、草木などをすべて仏身と崇める信仰が盛行した。そして比叡山の一切を浄刹、仏像、厳神、鎮護国家、法住方軌（顕密の軌則）、禅侶修行の六科に分けて記述する記家が顕・密・戒とあわせて重用された。そしてこの記録の営みが天台の本旨とする一心三観、すなわち一念のうちに空（執着心を破する）、仮（すべての現象を仮のものと観じる）、中（絶対的世界に達する）の三観を体得する手立てとされたのである。そして三塔内の祠堂、廟、丘、池、岩、木などの霊性やその根拠となる伝承を細かく記述することが本覚門の観心とされた。またあわせてこれらの拝所での法施の方法が定められ、その口伝をまとめた「手文」が作られた。そしてこれにのっとって三塔内の霊地を巡拝し、その霊性を自己の身心に記録させることによって一心三観を体得しうるとしたのである。

この記家を代表する学僧の光宗（一二七六～一三五二）は、比叡山の堂塔、尊像、神祇、護国の由縁、行儀などをまとめた『渓嵐拾葉集』と、山内で心を寄せて祈念をこらすべき霊地一七〇ヶ所をあげた『運心巡礼私記』を著わしている。この後者では東塔・西塔・横川を密教の金・胎・蘇の三部の曼荼羅、顕一・本門、開三・迹門、観心・無作を示すとしている。そしてこの「運心」（心をめぐらし懺悔する）すべき拝所として三塔の堂塔、尊像、日吉の上・中・下の七社の約七〇ヶ所をあげている。[36] なおこの運心の語は小止観に「運心縁想」とあり、慧思の『受菩薩戒儀』には「逆順の十心を運び、重罪方めて滅す」とあるが、密教の観想に近いものと考えられる。ちなみに同書の寂光御廟を拝する所には「私云行者始㆓懺法㆒至㆓小比叡㆒結願云々。大峰作法同㆑之。可㆑有㆓順逆㆒。其間無音也」とある。それ故ここでは霊地を観ずることをさし、後にこれが霊地の巡拝に展開したと考えられる。

一方、『渓嵐拾葉集』の『大正新脩大蔵経』七六巻所収本の最後には「嘉祥元季歳次戊年八月三日円—記」と奥書された『当山霊所巡礼次第』『霊所法施記』と「嘉祥元年歳次戊辰八月十八日、円—記、元禄十五年歳次壬申六月十八日後学実観閲」と記した『当山巡礼霊所法施記』『当山霊所巡礼次第』のそれぞれ二種類からなる二つの次第が納められている。[37] 以下それぞれ二種類のうち前者を『三塔記』後者を『霊所記』と名づけておきたい。なおこの二次第のうち後者は修験道章疏Ⅲにも収録されている。ただその奥書には「円—記」のあと承和元年（一三七五）叡憲が義源から伝来した同書を覚源に授け、さらに至徳二年（一三八五）に覚源から定憲に授け、応永三一年（一四二四）に定憲が慶舜に授け、その後元禄一三年（一七〇〇）六月祐円の命で鶏頭院厳覚が写し、文政一〇年（一八二七）にこの鶏頭院蔵本を満位大先達豪実が写したとして花押を押している。[38] なおこの奥書にある最初の本次第所持者の義源は正応二年（一二八九）に六一代天台座主顕真（一一三〇～一一九二）撰の『山家要略記』（一一七四年成立）を伝写している。それ故一二世紀末には本次第が成立し、それを光宗が『渓嵐拾葉集』に収録したとも考えられる。

以下この『渓嵐拾葉集』にのみ収録されている前者を「渓嵐本」、修験道章疏にも収録されている後者を「修疏本」と略記してその内容を検討する。なお「渓嵐本」「修疏本」奥書の「円—記」は、両者の年紀の嘉承元年（一八四六）が、唐で五台山巡礼をおえてその前年に帰国した円仁を意味すると思われるが、勿論これは仮託である。

さて、まず「渓嵐本」「修疏本」の『三塔記』の共通点をあげると、両者はともに冒頭に「比叡山三院分浄結界地、三拾陸町、周山四方各陸（六）里」としたうえで、「西塔院、理拳峰と名づく胎蔵界理拳峰十三大会有」とある。次いで「東塔院、智拳峰と名づく」とあるが「渓嵐本」はこの後に「金剛界智拳峰に九会あり」と付記がある。次の横河も両者ともに、「横河不二峰と名づく」とあるが「渓嵐本」には「蘇悉地不二峰にも十三尊有」と付記している。この胎（理）、金（智）は大日経と金剛頂経をもとにした密教の基本的な考えで、これに蘇悉地経にもとづく蘇悉地（理智不二）を加えるのは台密の思想である。この蘇悉地経は金剛薩埵が大日如来の教勅を奉じて、須弥山山頂の普賢宮で忿怒軍荼利菩薩の請問に応じて開示した胎金両部不二の秘経である。次にその内容では、「渓嵐本」は西塔の胎蔵界一三院、東塔の金剛界九会、横河の蘇悉地三重のそれぞれに座す諸尊の数と総数をあげている。総数のみ記すと西塔・胎蔵界四一八尊、東塔・金剛界四一八尊、横河・蘇悉地不二峰七二尊である。これに対して「修疏本」では、西塔・胎蔵界一三院、東塔・金剛界九会、横河三重のそれぞれの印明をあげている。なおここでは何故か横河を疏陀（険しい草地か）の峰としている。

次に『霊所記』を見ると、「渓嵐本」と「修疏本」は金剛界智拳峰、胎蔵界理拳峰、蘇悉地不二峰の順序で霊所をあげている。なお「渓嵐本」では霊所名とあわせてそこに祀られている神格名を付記し、一乗止観院のみ法施をあげている。これに対して「修疏本」は同じ順序で霊所名とそこで法施の印明をあげている。ただし東塔院は表題はなく、霊所のみ、横川は霊所はなく、全体が印明のみである。まず「渓嵐本」の「霊所法施記」をあげると次の通りである。

金剛界智拳峯＝根本神宮寺　震国鎮国道場　御髪塠山王　霊告岳舎利　天人普礼踏石　巌間埋水摩利支天　巌下幽水水天　御影大巌天照大神　影向巌梵天二天　小平嶂将経童子　香興塠浄名居士　崿壑五大尊　磊硅四天王　磐坂鬼石　玄龍宮遍吉龍神　波羅崛負法龍神　巌阿谷水月観音　巌阿橋飛龍神　三上明神　隠吹明神　寂定霊地五百賢聖徐難塠渋那天神　満土混崙堅牢地神　作礼辻　山内所有護法善神

一乗止観院　五智　四波羅蜜　十六大菩薩　八供養　四摂　仏法与文殊　多門　摩訶迦羅天　山王及諸神　伽藍諸護法　入堂　出堂　口伝八五二九昼 四一五八夜

胎蔵理拳峯＝転法輪堂　法華延命宝幢院　陽勝仙人登天石　王城鎮守　伏拝　仁寿殿密行所　阿字休息峯　疫神塠　十羅刹岳　七星影向秘水

蘇悉地不二峯＝檀那峯　持戒峯　忍辱峯　精神峯　禅定峯　智慧峯　法身峯　解脱峯　都率峯　蘇陀峯　宝幢峯

嘉祥元季歳次戊辰八月三日　円記

これを見ると東塔（金剛界智拳峰）は、比叡山の山神に関わる根本神宮寺のあと山内の塠（塚）、岩石、霊水などの諸神を拝し三上明神、伊吹明神を遥拝したうえで一乗止観院（薬師）で法施をしている。一方西塔（胎蔵界理拳峰）では本堂の転法輪堂（釈迦）、宝幢院（千手観音・不動・毘沙門）の後、金峰山で仙術を修めた陽勝が登天した霊石を拝し、王城鎮守を遥拝し、阿字峰で休息し、疫病を追い、七星の影向に見え、秘水を飲んで終えている。横川（蘇悉地不二峰）では六波羅蜜とも関わる修行の峰を歩んでいる。なお全体を通じて霊所では峰一五（うち一二は横川）、岩石七、塚・水各三など、神格では龍神三、天神、地神、護法、疫神などが注目される。このように東塔の神宮寺、一乗止観院、西塔の転法輪堂、宝幢院をあげるが、無動寺は含まれていない。また横川ではすべて自然物（峰）を拝していることが注目される。なお「三塔記」の西塔、東塔の順が、「霊所記」では東塔、西塔となり、両者共に横川が簡単になっている。これは「三塔記」は西塔で、「霊所記」は東塔で作られたことを示すと考えられる。

ちなみに鎌倉初期になる『諸山縁起』の第一項「大菩提山仏生土要之事」では大峰山系の熊野側半分を胎蔵界曼荼羅の一三院のそれぞれの諸尊の峰とし、金峰側半分を金剛界九会の諸尊に充当している。比叡山の西塔を胎蔵界十三院、東塔を金剛界九会と結びつけるのは、この思想につらなるものと考えられる。さらに第一九項一代峯（笠置山）縁起では、金剛山（葛城）は法起菩薩・金剛界峰・果曼荼羅、金峰山は大聖威徳天・蘇悉地峰、一代峰・笠置石屋は補処の弥勒慈尊・胎蔵界峰・因曼荼羅で、この三山は金・胎・蘇悉地の三部の秘法を示すとしている。また同縁起には第九項「大峰の宿名百廿所（実際は七八所）」、ほぼ同様の第一七項「峯の宿」（宿数八二）をあげているが、その多くは峰中の水、木、岩のある霊地である。[39] このように中世初期には大峰山系、笠置山、比叡山を曼荼羅に準えたり、その自然の中の霊地を巡拝する抖擻がなされている。ちなみに後醍醐天皇の『比叡山御幸記』の元徳元年（一三二四）三月一八日の「無動寺御幸の条」には「難行苦行の抖擻も其効之に過ぎずと覚え給ふ」とある。

その後の至徳四年（一三八七）になる亮海の『諸国一見聖物語』には大峰、葛城を抖擻する役優婆塞に始まる南山の修験に対して、同じく山伏道の相応に始まる北嶺の行者は「毎日往復七里半を行道し、巡礼七〇〇日を行満とし、七〇〇日已満の夜より無動寺の生身の明王の御前にて首尾九日間断食す。是を以て行満の結願とす。また毎年かかさず葛川両季の参籠（六月の蓮華会と一〇月の法華会—宮家）各七ヶ日、その間の行体は七ヶ日の間、一食を以て身命を助け、十方より来る者の邪気、死霊の祟を得たる道俗男女貴賤上下を加持し、不動呪十万遍を一洛叉とし、眠を禁じ、定坐三昧の行法、昼夜の供花、焼香退転なく、これを以て行体とする身也」としている。また行者の装束は白の浄衣、袴、はばきで左手に桧笠を黒衣で包んだものを臂にかけるというものだった(40)。これを見ると一四世紀後期には七〇〇日を行満とし、その後の九日間の断食で結願としている。また葛川参籠が重視されていることが注目される。

第四項　比叡山内の巡礼

三塔の霊所の巡拝は、円仁の『入唐求法巡礼記』に因んだり、平安末以来の南都の七大寺巡礼、一五世紀以降の西国・坂東・秩父などの観音巡礼の盛行もあって、その手文の表題に「巡礼」と明記するようになり、その内容もより精緻化した。そこで本項では主として、西塔を出発点とする応永二九年（一四二二）の『当山巡礼修行記』（以下『当山巡礼記』と略す）、東塔から出立する慶長二年（一五九七）の『巡礼所作次第』（以下『巡礼次第』と略す）の内容を紹介することにしたい。

『当山巡礼記』（修疏Ⅲ、四八六〜四九九頁）は奥書によると、証憲が応永二九年（一四二二）正月に伝授された秘本の抄を、宗澄が抜き書きしたものを、宝徳二年（一四五六）九月三〇日に宗英が伝授されたものである。その内容は西塔院、胎蔵界理拳峰、以下四四の項目をたてて堂塔や奇岩、霊山などの霊跡の本尊、縁起、史伝、法施などを記す形をとっている。このうち西塔は釈迦堂、宝幢院、法華・常行両堂、丈六堂、相輪橖、椿堂に関する一二項目である。次いで東塔の大納艮岳（亦名狩籠岳）、御髪堉山王、総社のあと前項であげた「渓嵐本」と同様の順序で一乗止観院と同院の霊木、南・北の竹台にふれたあと、西塔に帰ってやはり「渓嵐本」と同様の陽勝仙人登天石から七星影向秘水までの霊所をあげている。ただし表記は冒頭の西塔院のみで東塔や再度西塔をめぐるとの説明は全くなく、あたかもすべての霊所が西塔のものであるかのように記されている。また横川は全くあげられていない。

ただ「渓嵐本」の「霊所記」と比べると、本項では省略するが、各項目について本尊、縁起、法施などの細かな説明のあることが大きく異なっている。特に西塔に関してはその成立や中心をなす釈迦堂（転法輪堂）の本尊、供養、伝承などを項目を立ててあげ、宝幢院の他に常行堂、法華堂、丈六堂、椿堂と相輪樘が追加されている。なお東塔では一乗止観院に霊木や竹台の項目を付している。また神宮寺を総社（伊勢・石清水・加茂・春日・日吉七社）に加えるなど神社への配慮が認められる。このように『当山巡礼記』は比叡山の霊地全体を西塔の立場から列記して説明したもので、次項で紹介する西塔の正教房流の『北嶺回峰次第』の先駆をなすものと考えられる。

これに対して東塔の無動寺から出立する慶長二年（一五九七）の『巡礼次第』（修疏Ⅲ、四七二～四七八頁）は、その後の回峰行の主流をなす東塔の玉泉房流のものである。ただ、成立は比叡山史上最大の法難である元亀二年（一五七一）の織田信長による全山焼き打ち後の再興への盡力の賜物である。そこでこの次第の紹介に先き出って、同書成立をもたらした比叡一山の再興の経緯を述べておきたい。

この法難後、近江観音寺に移った観音院詮舜とその弟子賢珍は琵琶湖畔の問丸に再興の喜捨を求めた。また正覚院豪盛、天海は甲斐の武田信玄を頼り、信玄は延暦寺を身延山に再興しようとした。天正一〇年（一五八二）一〇月には三二名が比叡山に帰山して延暦寺再建計画を立てた。そして豊臣秀吉から山門再興の許可を得て、同年一二月に青蓮院門跡尊朝が揮毫した「比叡山再興勧進帳」をもとに勧進活動に入った。一方、日吉社社家の行丸は下坂本城主浅野長政や南光院祐能の助けを得て天正一三年に大宮（大比叡）を落慶している。山上では東塔の一乗止観院を豪盛、西塔の宝幢院を詮舜、横川の楞厳院を恵心院亮信が分担して復興にあたった。そして天正一三年二月には一一年間空席だった天台座主に青蓮院尊重が就任した(41)。

また葛川では前項でふれたように天正一二年の六月会の際に西塔北谷金光院再興一世好運の千日巡礼の修行に感動した葛川参籠行者が横川無動寺の再建を誓い、青蓮院・梶井・妙法院三門跡の判をいただいて勧募に努め、同一五年に完成した。この間天正一三年（一五八五）七月六日には好蓮は千日巡礼を成満した。さらに天正一八年（一五九〇）には横川飯室谷松禅院慶俊が一〇〇〇日の巡礼を成満している。

『巡礼次第』は奥書に大先達東塔西谷宝積院豪円の本を慶長二年（一五九七）九月に飯室谷松禅院で慶俊が写したものを、貞享五年（一六八八）五月に安楽谷で兜率谷鶏頭院厳覚が識したとある。慶俊が天正一八年に一〇〇〇日の巡礼をおえたあと慶長二年に豪円の本を借りて書写しているのである。この豪円（一五三四〜一六一一）は伯耆国汗入郡坊領村出身で伯耆大山南光谷金剛院で得度し、円智と号した。その後比叡山東塔西谷地福院に入り、東塔南光院に住した天海の協力を得て延暦寺の再興に盡力した。慶長一〇年（一六〇五）には豪円と改名し、備前国金山寺学頭となった。この間伯耆大山の運営にも関わっている(42)。

さてこの『巡礼次第』では、現在の回峰行と同様に無動寺を出立し、東塔、西塔、横川、日吉社を巡っている。そして三塔に関しては東塔＝金剛界・智拳峰、西塔＝胎蔵界・理拳峰、横川＝蘇悉地不二峰の記述に加えて、東塔の九院は九院本門顕一峰、西塔は迹門で三峰行門を開く修禅峰、横川は観心無作峰と、前項で述べた光宗の『運心巡礼私記』にもとづく説明が付記されている。そして三塔の後に日吉を加え、最澄が最初に草庵を設けた旧跡の神宮寺、伝教大師御髪塴、山王三聖（大宮・二宮・聖真子）など多くの霊地をあげていることが注目される。この日吉の追加は、『運心巡礼私記』の日吉二一社にも見られたが、むしろやはり信長の焼き打ち後に復興した「長享秘儀参社」などにもとづく日吉山王七社の秘密社参を包摂したものとも考えられる(43)。全体の経路は無動寺を出て、近江の諸社寺を遙拝し、叡南の辻の先きで、役行者を観じた上で、東塔に入り根本中堂、文殊楼、法華・常行両堂、最澄廟の浄土院をへて西塔に入り、法華・常行両堂、釈迦堂などを拝する。次いで華芳峰で懺法後、大峰行法を修したうえで、三本杉で王城の鎮守を拝している。このあと横川で中堂、四季講堂、常行・法華両堂を拝し、最後に西塔・東塔を拝する。そして神宮寺から八王子を下って、日吉七社を始めとする諸社、霊所を拝したうえで、無動寺に帰っている。

さてこの無動寺谷、三塔、日吉社のそれぞれの拝所を寺堂、院坊、山外寺院、山外神社、神格（堂社、院坊に祀られているものを除く）、自然仏（山、水、木）、廟ごとにあげると第一表の通りである。詳細はこれにゆずることにして全体の特徴を見ると、無動寺谷では近江を中心とする社寺を拝し、中心をなす東塔では根本中堂を始め寺堂や院坊が多い。これに対して西塔では寺堂と王城の鎮守、六所鎮守（伊勢・八幡・加茂・鹿島・熱田・山王）など全国の神社と峰・木・岩石などの自然物が多い。横川は山内の堂社が多いが、ここで伊崎寺、飯道寺、竹生島、比良明神、長浜明神など近江の寺社の遥拝がなされている。日吉では日吉七社を中心とする神社と神・仏・岩・竹林など自然物を拝している。

ところでこの『巡礼次第』と同様に慶長二年に慶俊が記したものに『北嶺大廻り次第　東塔巡之様』（修疏Ⅲ、四七一～四七二頁、以下『大廻次第』と略す）がある。本次第は奥書によると相応の修験抖擻の行業を応永六年（一三七七）一一月二日に叡憲が行弼に伝え、これを源慶が秘蔵の伝記として所持していたものを賢心が受け、これを飯室谷松禅院で慶俊が慶長二年一〇月七日に書写し、貞応五年（一六八八）に兜率谷鶏頭院の厳覚が真俗興隆の為に書写したものである。その内容は東塔の文殊楼から始まって、根本中堂と堂内の赤山明神、法華・常行両堂、戒壇院、無動寺を拝し、叡南の辻で竹生島、伊崎寺、飯道寺を伏拝み、最澄廟の浄土院を拝する。次いで西塔に入って椿堂、常行・法華両堂を拝し本堂で法施をし、宝幢院、相輪樘、六所明神（伊勢、加茂、八幡、住吉、春日、日吉）、瑠璃堂（千手、不動、毘沙門）を拝する。そして根本杉のところで葛川を伏拝む。次いで弥勒の辻から横川に入って、四季講堂、常行・法華両堂、沙堆堂（薬師）、釈迦を祀る霊山院、飯室本院の良源作の不動明王を拝したうえで、八王子から山を下って日吉社を巡拝している。

この『大廻次第』では、その巻頭に大廻とあること、最後に飯室の本院で良源が祀った不動明王を拝していることが注目される。特に飯室を最後としているのは、東塔の無動寺を拠点とする『巡礼次第』が、玉泉房流のものであるのに対して、同書が飯室を拠点とする恵光房流の当初のものと思われるからである。なお武覚超は、横川の飯室回峰の恵光

第一表『巡礼次第』拝所一覧

	寺堂	院坊	山外寺院	山外神社	神格	自然物
無動寺谷	無動寺（不動）、大師堂（最澄）、如法堂、法華堂（普賢、不動、毘沙門）	南山房、松林坊、大乗院	三井寺（弥勒）、石山（如意輪）、竹生島（不動）2、伊崎不動	白山2、志賀八幡、唐崎女別当、三聖影向柱、新社、山王、伊勢、王城鎮守、鹿島、八幡、白龍明神	護法2、地蔵、三十番神、白鬚、弁才天、役行者、天狗、摩多羅天神	天狗石、御廟山、三尊石、閼伽井（水天）、簀橋、立石（千手、弥陀、地蔵）、叡南辻、山（四明、妙喜峰）
東塔	戒壇院（釈迦、文殊、弥勒）、講堂、根本中堂（薬師）、毘沙門堂、大師堂、西塔（釈迦）、本願堂、経蔵、文殊楼、食堂、法華堂、常行堂、政所、灌頂堂、熾盛光堂、地蔵堂、千手堂、不動堂、阿弥陀堂、浄土院（最澄廟）	西尊院、延命院、禅林院、前唐院、定心院、五仏院、実相院、三昧院、八部院、総持院、円城院、山王院	竹生島	山王、伊勢、八幡、加茂、赤山	護法3、明星、赤山	槌（塚）、竹台2、竹林、御廟、閼伽井（水天）、水
西塔	椿堂（千手、聖徳太子、如意輪）、法華堂、常行堂、丈六堂、政所、釈迦堂、相輪楼（宝幢院）、瑠璃堂	経蔵院、竹林院、蓮実坊、東陽坊、西塔院	鞍馬（多聞天）	王城の鎮守、六所鎮守（伊勢、八幡、加茂、鹿島、熱田、山王）、山王、白山、七星、伊勢	小比叡、疫神、夷、聖観音	竹林山王、狩籠岡、寂光廟、華芳峰、隠水、黒谷、三尊石、陽勝登天石、三本杉、槌、一峰・岳・岡
横川	中堂（聖観音、不動、毘沙門）、如法堂、根本塔、文殊塔、四季講堂、常行堂、法華堂、砂雄堂（仙人）、政所、飯室不動、帝釈寺、無動寺、神宮寺	般若院、山王院、恵心院、華台院	鞍馬、高田虚空蔵、伊崎、竹生島、飯道寺、白山	比良明神2、長浜明神、鏡明神、赤山	三十番神	護法、池、閼伽井、水、杉、洞
日吉	〈神社〉七社（大宮2、二宮、聖真子、八王子、客人、十禅師3、三宮）、若宮、七郎八郎社、早尾社、児宮、陰吹明神、双宮	〈寺堂〉千手堂、森下観音堂、夏堂、仏頂堂		吉備津宮、稲荷、貴船、伊豆山権現、走井、住吉、伊勢、春日、三上明神	地蔵2、摩利支天、阿弥陀、虚空蔵、大威徳、歓喜天、護法3、夢妙幢、夷、大将軍	竹林3、滝（弁才天）・岩（不動）2、天台林、華芳峰、大岳、香興塠（大神宮影向）、岩阿橋、鼠禿倉、廟、崛

房流の行程は、『飯室回峰手文』（慶長二年、慶俊書、貞享五年覚深写、寛延元年智英写、昭和一八年文応写、昭和五〇年雄哉写）によると、飯室―日吉大社―無動寺坂口―日吉大社―八王子山―悲田谷―東塔―無動寺―大比叡峰智証廟―西塔―峰道―横川―飯室の順である。そしてその特徴はまず日吉大社を拝していること、その拝所に比叡山高僧の廟が多く含まれていること、すなわち玉泉房流では、伝教・慈恵両大師・恵心僧都のみだが、これに加えて慈覚・智証両大師、覚運・慈忍の廟への巡拝がなされているとしている。(44) こうして近世初頭には信長による災禍を克服して、東塔無動寺の玉泉房流、西塔の正教房流、横川の恵光房流の三流の回峰行が成立したと考えられるのである。

第五項　千日回峰行の成立と展開

前項でとりあげた天正一八年（一五八三）に千日巡礼をおえた横川飯室谷の慶俊は、先師源慶から賢心にと伝わった『北嶺大廻次第』（修疏Ⅲ、四七一～四七二頁）を書写している。同書は当初「東塔巡之様」とあったものを彼が『北嶺大廻次第』と改称したと思われるものである。この「巡」を「廻」に変えたことに象徴されるように、近世期には「比叡山回峰行」が通称となっていった。なお、無動寺什善房の重華は享保一〇年（一七二五）『行門還源記』の「回峰名目本拠」の中で回峰の語は『金剛頂経一字頂輪王瑜伽一切時処念誦成仏軌』の「勇進に修すれば一切時処において念誦皆成就す、若し閑静の処、各山に於いて意楽に随い回峰するを最殊勝とする」との文にもとづくとしている（修疏Ⅲ、五二一頁）。

近世期には葉上照澄作の「大行満名帳」によると、三二人の満行者があらわれている。(45) なお中世後期以来この回峰行は主として青蓮院門跡が管轄する無動寺と葛川明王院を主要道場とした。それ故『華頂要略門主伝』には回峰行者や葛川の記録が散見する。さらに青蓮院は鞍馬山、国東の六郷満山を支配していたことから、修験とも関わっていた。また回峰行の盛行に伴って、その手文や縁由、思想を記した書物もあらわれた。そこで以下これらを通して主として回峰行の行満者に焦点をおいてその歴史を紹介する。

寛永一一年（一六四四）五月、東塔北谷観行坊善学院第二世幸運は『北嶺行門記』（修疏Ⅲ、五〇〇～五〇一頁）を著わし、比叡山では顕・密・修験を三本柱とする。この北嶺修験の眼目である回峰行は好運による復活以来、従来の七〇〇日を一〇〇〇日としたと記している。なお同一七年（一六九〇）には西塔北谷正教房一三代良運が、七〇〇日の行満後に参加した葛川六月会や、この幸運がやはり出堂を許された葛川の十月会の際の法会の内容を記した『修験行満雑記』（修疏Ⅲ、五〇二～五一一頁）を編んでいる。この両書は近世の回峰行の基本をなすものゆえ、その内容については後述する。

青蓮院には寛永二〇年（一六四三）英彦山座主有清の真弟が二五世門跡尊純の下で得度を受ける為に訪れている（「華頂」巻二五、六七巻、五二〇頁〈頁数は通巻〉。以下『華頂要略』の引用はこの形で表記する）。翌二一年六月八日には上記の幸運（3）が一〇〇〇日回峰行を成満し、慶安三年（一六五〇）賜綸旨、参内加持している。その後寛文八年（一六八八）には西塔喜多谷政教房舜雄が師伝をもとに『北嶺回峰次第―正教房流手文』（修疏Ⅲ、四七九～四八五頁）をまとめ、同一〇年九月、東塔無動寺谷宝珠院第二世大僧都栄範（4）が千日回峰を行満し、賜綸旨の上参内加持、天和二年（一六八二）一〇月三日東塔西谷玉泉院第八世大阿闍梨公純（5）が行満し、貞享二年（一六八五）六月八日に賜綸旨、参内加持、同四年東塔無動寺谷金蔵院第四世大阿闍梨憲海（6）が行満し賜綸旨、参内加持している。

元禄六年（一六九三）輪王寺門跡、一九〇代天台座主公弁は中古天台檀那流の玄旨帰命壇を排し、大乗円頓戒に四分律戒を兼持することを主張した妙立慈山（一六三七～一六九〇）の弟子霊空光謙（一六五二～一七二九）に横川飯室谷安楽律院を管轄させた。光謙は同院を天台律院とし、慈山を開山として一紀籠山の制法を定め戒律を強調した。その後、安楽律院は東叡山、日光にも設けられた。さきにあげた『北嶺大廻次第』『巡礼所作次第』を貞享五年（一六八八）に厳覚が安楽谷（安楽寺カ）で書写しているのは、この戒律重視の傾向が千日回峰行と結びついたことを示すとも考えられる。なお青蓮院二六代尊祐は元禄二年（一六八九）四月に「熊野縁起」を染筆、同七年一二月九日には羽黒権現の神号を染筆している（「華頂」巻二六上、六七巻、五六五頁、補遺五〇）。

宝永七年（一七一〇）四月五日には六郷山興道寺宥恵僧都が住職就任の御礼に参上した（「華頂」巻二七、六七巻、五八四頁）、同一〇月一四日東塔無動寺谷蓮光院第五世広海（7）が満行し、同日賜綸旨の上、参内加持をした。なお享保六年（一七二一）八月二七日に回峰行者の玉照院と金剛院が大廻に際して青蓮院に参殿のうえ、不動堂で法楽し、翌七年青蓮院ではこの回峰行を支えた末寺の若狭国神宮寺俊澄、栄弁にその労に対して三緒袈裟を許可している。なお同八年八月二四日には青蓮院二七代尊祐は比叡山に登り、三塔の根本中堂、釈迦堂、観音堂、明王堂、不動堂、浄土院、四季講堂、相応堂などを巡拝した（「華頂」巻二七上、六七巻、六〇八、六一三頁）、享保一〇年（一七二三）には上記のように無動寺の重華が『行門還源記』（修疏Ⅲ、五一一〜五二一頁）を著わしている。

延享三年（一七四六）八月二八日には相模国出身の無動寺谷松林坊第一一世大僧都正偏（8）が八月一四日に満行し、賜綸旨の上で参内加持した。なお宝暦二年（一七五二）にはかって栄西（一一四一〜一二一五）が修学し、その後中古天台檀那流の玄旨帰命壇の学室だった東塔北谷の竹林院住職の忍達が吉野の金峯山寺の学頭になっている。[46]宝暦四年（一七五四）八月一六日には東塔西谷玉泉院権大僧都法珍（9）が満行、九月二一日賜綸旨の上参内加持、同六年閏九月一九日、武蔵国出身の東塔無動寺谷明徳院九世大僧都慧航（10）が満行、賜綸旨、参内加持、同八年一一月二四日東塔北谷観明院大僧都義厳（11）が満行、賜綸旨、参内加持と回峰満行者が続いた。なお『華頂要略』には二八代門跡尊英の寛延四年（一七五一）五月二二日に回峰行者の明徳院、政教坊、成就院が参上して阿弥陀の宝前で加行したこと、二九代門跡尊真の宝暦六年（一七五六）五月一〇日に北嶺行者先達法曼院大僧都正偏、観泉坊権少僧都智梁などが大廻の際に参殿し、不動堂に詣でたことや、同年六月二〇日に北嶺行者が葛川に参籠し、二五日から不動堂で加行を始めたことが記されている。なお尊真は同年二月二四日に日吉社に詣でた上で、翌日登山して三塔を巡拝している（「華頂」巻二九、六七巻、七三四、七三三頁）。翌七年六月一六日には六郷山天念寺の住職が継目御礼に参上している（「華頂」巻二九、六七巻、七三六頁）。

明応二年（一七五六）二月一二日には尊真は比叡山に登山し、相応堂に無動寺谷の者を参集させ、その後根本中堂に詣で三塔巡礼をしたが、その途中で特に安楽律院で休息している。このほか同年二月一七日頃、聖護院増賞親王を猶子としている。明応四年一一月一日には相応和尚八五〇年忌を釈迦堂で行なった（『華頂』巻二九、六七巻、七九三、八二一頁）、翌五年八月二一日には横川解脱谷華蔵院権大僧都湛孝（12）が満行し、九月一九日に賜綸旨、参内加持した。翌六年九月二〇日には若狭神宮寺桜本坊法印俊幸がこの回峰行の際の葛川先達を勤めたことから結袈裟着用の許可を得ている。なお同年六月一〇日に英彦山座主孝有の弟子世丸（一四歳）が青蓮院で得度し（『華頂』巻二九、六七巻、八三〇、八二七頁）、安永八年（一七七九）一〇月一六日には六郷山住職浄満寺豪順が住職継目御礼に参上し木蘭色衣の着用を許されている（『華頂』巻二九、六八巻、八七七頁）。

安永三年（一七七四）八月二九日には武蔵国出身の東塔無動寺谷金蔵院権少僧都堯詮（13）が三七歳で満行し、同年一〇月一四日に賜綸旨のうえで参内加持、同五年には一〇万枚護摩修行を成満した。同九年九月一日には東塔谷雙厳院大僧都寂潤（14）が満行し、一〇月二四日に賜綸旨のうえで参内加持、天明元年（一七八一）九月三日には東塔西谷密厳院権大僧都覚純（15）が満行し、一〇月二四日に参内加持し、同三年九月一日には東塔無動寺谷玉照院第一一世権大僧都憲雄（16）が九月一日に満行して賜綸旨、参内加持している。寛政年間（一七八九～一八〇一）には同二年九月二一日に東塔無動寺谷大乗院第一一世権大僧都慈範（17）が満行して参内加持、同三年九月一六日に西塔北谷瑞雲院大僧都貞剛（18）が満行して参内加持、西塔北谷聖教坊権少僧都聖諦（19）が満行して参内加持、同一一年八月二八日に東塔西谷地福院権大僧都堯諄（20）が満行して参内加持、同一二年八月二二日に大和大西氏出身の東塔無動寺谷什善坊第一四世大僧都真超（21）が満行して参内加持というように五人の回峰行者が輩出している。

このうち寛政一二年に満行した真超は、その後豪実と名乗って探題大先達となり、文政八年（一八二五）二月一七日に弟子の昭順に『北嶺回峰前行次第　附制誡』を授け、同一〇年一一月上旬には鶏頭院所蔵の『葛川加行次第』を書写している。この前者の所掲の前行作法では不動明王を本尊として、後夜は九条錫杖・懺法・尊勝陀羅尼一巻・不動供一座・慈救呪千返、日中は懺法、初夜は例時作法、三条錫杖、懺法、建立大師（相応）法楽、自我偈一巻、宝号七返、後唱をするとしている。そして制誡では回峰行は捨身の苦行ゆえ一〇〇日間身心を清浄にして、浄衣袈裟を身につけて信心をもって作法せよ、もしこれに背けば満山三宝・明王の冥罰を蒙るとしている。ここで一〇〇日間だけの回峰にふれていることに注目したい（修疏Ⅲ、四六九頁）。また豪実の『葛川加行次第』では、葛川明王院の千手・不動・毘沙門の三尊、七所明神（山王大宮、江文、加茂、平野、松尾、三輪、鹿島）、相応、地主権現と志古淵、山神、大行事、八（大）金剛童子、護法、穂積、十九守護、大威徳への法施がなされている。なお読経には心経、尊勝陀羅尼、慈護呪、慈救呪、自我偈などが用いられている（修疏Ⅲ、四七八〜四七九頁）。このように寛政年間（一七八九〜一八〇一）頃には多くの回峰行がなされ、豪実らによってその次第も整えられているのである。ちなみに寛政一一年には役行者一一〇〇年御遠忌に際して神変大菩薩の諡号が聖護院に授けられ、文化元年（一八〇四）六月には三宝院門跡高演が三宝院門跡としてはじめて大峰奥駈入峰をし、同三年七月には聖護院門跡盈仁が峰入をし、青蓮院門跡尊真はこの盈仁の京都での峰入行列を御覧になっている（「華頂」巻二九、六八巻、一〇五九頁）ちなみに当時大峰奥駈では七五の霊地を巡る七十五靡の抖擻がなされている。

文化七年（一八一〇）五月二六日には回峰行者先達権大僧都寿量院覚山と回峰四〇〇日の権少僧都明徳院照航、一〇〇日の宝積院亮信・練因房が大廻に際して青蓮院に立ち寄って不動堂に参詣した（「華頂」巻二九、六八巻、一〇八七頁）。同一四年（一八一七）四月一五日には宝暦年間（一七五一〜一七六四）からの慣行にもとづいて葛川の行者に祈祷の勤仕を申しつけている。またこの年が相応の九〇〇年忌にあたることもあってか、青蓮院門跡三〇代尊宝は八月四日に登山して無動寺から三塔を巡礼している（「華頂」巻三〇、六八巻、一二四八頁）。そして同年九月一日には無動寺谷南山坊、葛川息障明王院、一一月一日には西塔中堂の釈迦堂で相応の九〇〇年忌を施行している（「華頂」巻二九、六八巻、一一六八〜一一六九頁）。文政三年（一八二〇）四月二九日には回峰行者の覚王院権僧正真超、二〇〇日の善明院資の右中将、一〇〇日の什善坊資の宰相が参入し不動堂拝礼後、黒書院で加持している（「華頂」巻二九、六八巻、一一七五頁）。同四年八月二七日には東塔西谷地福院堯覚（22）が回峰を満行して参内、同六年九月二四日には三七歳の東塔無動寺谷玉林院覚道（23）

が回峰行を満行して参内した。なお文政一二年（一八二九）尊宝は七月一日から一〇月一一日まで一〇〇日間加行をしている（『華頂』巻三〇、六八巻、一二九八頁）。

天保年間（一八三〇～一八四四）には、同二年八月二一日に東塔無動寺谷十妙院第一三世権少僧都観達（25）が満行、賜綸旨、参内加持、同五年八月一二日に東塔無動寺谷宝珠院第九世阿闍梨徧典（後に探題僧正24）が満行、賜綸旨、参内加持、同六年七月二五日に東塔南谷竜城院大阿闍梨堯海（26）が満行、賜綸旨、参内加持、同七年八月二一日に東塔無動寺谷明徳院第一二世大僧都昭順（27）が満行、賜綸旨、参内加持、同一〇年八月二一日に東塔無動寺谷千手院第一九世大僧都真湛（28）が満行、賜綸旨、参内加持と実に五人の回峰行者が満行している。なおこれらのうち天保二年の徧典と同五年の観達は大廻の際に青蓮院に参殿した記録がある（『華頂』巻三〇、六八巻、一三三三、一三五五頁）。ちなみに天保三年には当山派の学匠行智が『木葉衣』を著わし、同一〇年には聖護院門跡雄仁が峰入するなど修験が高揚し、その対応もあってか、幕府の寺社奉行所は本山方・当山方に『修験十二箇條御答書』を求めている。

嘉永六年（一八五三）九月一〇日には西塔南谷常楽院大阿闍梨願海（29）が四〇歳で満行し、同年一一月一七日に参内、翌日祐宮（後の明治天皇）の加持をしている。彼は尊勝陀羅尼の功徳を信じ『尊勝陀羅尼明鏡録』を著わすと共に、その陀羅尼を摺りものにして、七万人に配布したとされている。(47) その後万延元年（一八六〇）八月一一日に三六歳の西塔北谷千葉院権大僧都豪俊（30）が満行して賜綸旨、参内加持、元治元年（一八六四）八月一〇日に大坂藩士の東塔東谷寿量院第一三世大僧都覚宝（31）が五七歳で満行し参内加持、慶応元年（一八六五）九月二二日に東塔東谷五智院阿闍梨晃順（32）が満行し参内加持した。このうち覚宝は後に天台座主探題大僧正になっている。

明治以降とくに近年は回峰行者が急増した。そこで以下順にその法名、所属寺院、満行年月日をあげておきたい。

33中山玄親、東塔無動寺谷真乗院、明治一九年（一八八六）、34中川覚忍、同玉照院、明治三六年（一九〇三）、35正井観順、同十明院、明治三八年（一九〇五）、36奥野玄順、同宝珠院、大正七年（一九一六）、37筑崎文応、同大乗院、昭和一五年（以下西暦を略す）、38叡南祖賢、同玉蓮院、昭和二一年、39葉上照澄、同南山坊、昭和二八年、40勧修寺信忍、同善住院、昭和二九年、41叡南覚照、同玉照院、昭和三五年、42小林栄茂、同龍珠院、昭和三六年、43宮本一乗、建立院、昭和三七年、44光永澄道、同大乗院、昭和四五年、45叡南俊照、同律院、昭和五四年、46酒井雄哉、同宝珠院、昭和五五年、47光永覚道、同大乗院、平成二年、48上原行照、東塔南谷龍城院、平成六年、49藤原源信、東塔無動寺谷宝珠院、平成一五年。(48)

以上の近世期の千日回峰行者を見ると、二一名中東塔一七、西塔三、横川一でほとんど東塔である。そのうち無動寺が九、北谷と西谷が四、解脱谷が一である。明治以降では全体のすべてが東塔で、南谷一をのぞくすべてが無動寺谷である。なお『華頂要略』の記事の中で若狭神宮寺が横川で回峰行者の援助をしているのは、信長の焼き打ち後、彼らが葛川の蓮華会・法華会を代行して以来のことと思われる。また英彦山と六郷山との密接な関係が見られるが、英彦山では一四世紀後半から近世にかけて山中を巡回する大廻行がなされており、(49)六郷山では近世以来現在も国東半島を巡る峰入がなされている。

さてさきに述べたように寛永一一年（一六三四）に東塔北谷の観行坊幸運が著わした『北嶺行門記』では、冒頭に比叡山では顕、密、修験を三本柱とし、そのうちの修験行は相応に始まる一山の三塔を巡るものであるとしている。そしてこの東塔・西塔・横川は台密の胎蔵・金剛・蘇悉地と天台の空・仮・中の顕密一致、一心三観、三部一乗の玄妙を示す。そしてこれを巡る回峰行は三塔九院の寺塔で法施し、山王七社などの神祠を拝し、さらに曼荼羅を構成する山川草木、岩石などを巡拝し、貪欲、瞋恚、愚癡の三惑を断ち、常・楽・我・浄の四徳を得る修行である。その日程はまず一〇〇日の回峰をおえると、葛川の深山に入って七日間にわたって四種三昧を行い、日夜三時の読経、朝晩二会の秘法を修する。なおこの間に密呪を一〇万遍あげる。次いで葛川の滝に入って相応と同様に生身の不動明王を観じる。そして五〇〇日をおえて下根を満たした者を白帯行者と呼ぶ。七〇〇日をおえると不動明王の堂に入り、穀物や屎気を断って、九日間で一〇万遍密呪を唱えて行満する。さらに七〇〇日から八〇〇日にかけては一山を巡ったうえで西麓の赤山明神に詣でて国家安穏を祈る赤山苦行を行ない、九〇〇日からは山中に加えて洛中洛外の社寺をまわる二一里の巡礼をし、最後一〇〇日は山上を巡って一〇〇〇日の回峰をおえて大満行者になるとしている。なおこの回峰行は蘇悉地経第四具支法品にあげる釈迦の八聖跡をめぐって乞食精励念誦して恭敬供養して成仏をはかる修行にもとづいている。ただ日本にはこうした仏陀の聖跡がないので、堂塔、神社、霊神降臨の霊跡を巡って巡拝するとしている。

次に『修験行満雑記』は寛永一七年（一六九〇）の比叡山回峰行の際の葛川明王院の六月会に西塔北谷の正教房一一代新達阿闍梨良運の七〇〇日行満が披露され、さらにやはり回峰行中の東塔観行房幸運が一〇月一九日に結願して出殿を許され、以下この際に執行された集会の諸次第、人名、行法、座位、饗応、膳部などを良運が筆録したものである。なおここでの席では新達、無官の者でも行満の者を上座にするというように、比叡山で回峰行者が重視されている（修疏Ⅲ、五〇二～五一一頁）。

その後時代は下るが、享保一〇年（一七二五）には無動寺の重華が『行門還源記』を著して一二の項目を立てて北嶺修験の特徴を述べている（修疏Ⅲ、五一二～五二一頁）。それによると回峰行は決定成就の妙行で、除災与楽をもたらすとした上で、次の一二の事項をあげている。

第一　洗浴は外清浄、断食は内清浄で、この内外清浄を法成就の前提とする。第二　無動寺の不動明王は毎月二三日を式日、六月二三日を縁日とする。第三　断食は制心要期して行なうもので、一心になって自然に食を忘れる不食と異なる。第四　回峰行は『蘇悉地羯羅経』の第四巻「成就具支法品」に説く釈迦の八聖跡巡拝にもとづく乞食精勤念誦して悉地成就する修行だが、比叡山では堂塔、神社、霊神降臨の聖跡を巡って行道し法験を得るものとする。第五　回峰行に際しては法施を信じて実施すれば必ず成就する。第六　行衣の白色は息災の色ゆえ、これを着て天下泰平を祈ること。第七　巡礼する三塔は三部、七社権現は三聖七菩薩、仏の谷という霊窟から流れ出る二八ヶ所の滝は法華経二八品を示す。こうした霊地の巡拝は常不軽菩薩の行である。また毎日の行道は七里半で七〇〇日の行満後、無動寺の生身の不動明王の前で九日間に不動呪を一〇万遍となえ、断食・不眠・不臥で常坐三昧の行をすること。比叡山は法身の峰で東塔・金剛界峰、西塔・胎蔵界峰、横川・蘇悉地の峰から成る(50)。第八　北嶺の修験は母が剣を呑んだ夢を見て受胎した生身の不動明王となった相応を祖とするもので、役行者を祖とする南山の修験とは異なる。この項では具体的に三塔の霊所をあげる（略）。第九　正徳三年（一七一三）七月一日大原寺塔之坊秀声は回峰中、白衣を着た師に見えたが、それは師が自坊で臨終した時刻に付合した（奇跡の例）。第一〇　行門で崇める摩多羅神は『瞿醯壇醯羅経』上巻にあげる摩蹉羅天のことで歓喜天に似た三鈷杵を持つ像である。なお摩多羅神は安楽律で否定する玄旨帰命壇の灌頂の主尊である。それ故ここでは回峰行ではそれと異なる三鈷杵をもつ聖天に似た像を崇めるとしていると思われる。第一一　回峰行は顕密に通じる十方刹土中唯一の仏乗である。第一二　琵琶湖岸の伊崎寺の蓮華台に乗る不動明王は『底哩三昧耶軌』に、河海の岸に安座する像は宝蓮華に座すとあることにもとづいている。また無動寺の不動明王は除災与楽の仏である。そして最後に、さきにあげた「回峰名目本拠」で閑静な各山で意楽に従って念誦する回峰は殊勝のものであると回峰行の意義をまとめている。このように同書は回峰行の性格や意義を内外に説明する意図で書かれたものである。

さて回峰行の東塔無動寺谷の玉泉房流、西塔の正教房流、横川の恵光房流の三流の手文のうち最も広く用いられる玉泉房流に関しては前項で慶長二年（一五九七）の『巡礼所作次第』を紹介した。ただ同じく前項でとりあげた正教房流の「北嶺回峰次第」は不完全なものだった。そこで寛文八年（一六六八）に西塔喜多谷正教房舜雄が記した『北嶺回峰次第—正教房流手文』（別名『回峰私日記』修疏Ⅲ、四七九～四八五頁）によって正教房流の主な拝所を紹介しておきたい。本手文は西塔の華台院から始まって、法華堂、常行堂、龍禅院、無動寺を拝したうえで、神宮寺をへて八王子宮から坂を下って日吉の各社を巡拝する。そして今度は東塔に上って文殊楼、大講堂、戒壇院、根本中堂、南北の竹台を拝し、無動寺谷に入り、諸堂を巡拝し、遠近の社寺を伏拝み山王院から浄土院をへて、西塔に帰る。そして西塔の諸堂を巡拝して黒谷から横川に入り、陽勝仙人登天岩、中堂御廟をへて、休息峰で王城の鎮守を伏拝んだうえで、解脱五所（独鈷水、寂場水、寂場室〈良源廟カ〉、影向山王、七星尾〈虚空蔵〉）を拝して終っている。なお本手文では拝礼する堂舎、神社も多く、加えて随所で遠近の神仏も数多く伏拝んで、総数は三〇〇余に達している。そしてその内容は顕、密、修験、民俗宗教などを包摂している。

第六項　東塔『回峰手文』の霊所

本項では近世期を通じて最も多くの回峰行者が拠点にした東塔無動寺谷を出発点とする「天明二年（一七八二）寅仲春北嶺善海写之」と奥書がある玉泉房流の『回峰手文』を検討したい[51]。まずその巡路を見ると、東塔の各自の宿坊の本尊不動明王を拝し、九字を切って出立し、明王堂で法施をし、祖師堂を拝する。そして叡南で南に向かって役行者、笙の岩屋不動、西に向かって四明弁才天、北に向かって竹生島弁才天、白鬚不動、伊崎不動を遥拝し、根本中堂に至り法施の後、南・北の竹台などを拝する。次いで文殊楼、法華・常行両堂、講堂、戒壇院、惣持院、熾盛光堂、浄土院、光定大師廟、法華堂、常行堂、丈六堂、政所、経蔵院をへて、慈恵大師廟の先きで北野天神、下賀茂、上賀茂などを遥拝し、西塔に入る。

西塔では相輪樘、宝幢院、鎮守六所、瑠璃堂、寂光大師廟、陽勝仙人登天石、三本杉をへて阿字休息の峰で王城の鎮守を遥拝する。次いで行疫神塠、十羅刹峰、七星降臨所をへて横川に入り、まず中堂と赤山宮を拝し、如法堂、四季講堂、楞厳三昧院、法華・常行両堂、仙人の居所とされる沙堆堂、政所、恵心院、華蔵院、飯室妙香院などを巡拝する。この先の安楽律院で弥陀を拝し、西塔、東塔、無動寺さらに遠く伊崎不動、比良明神、白鬚明神、飯道寺などを伏拝んだうえで、神宮寺、八王子宮、三宮から坂を下って日吉社に入り、十禅師、二宮、新行事、大行事、塔下社、剣宮、客人社、聖真子、大宮、早尾社、東照宮、新羅明神、三上明神、伊吹明神が影向した天梯権現、王子宮を巡拝し、相応の御廟に詣で大乗院をへて、松林坊で慈恵大師と三十番神を拝して回峰を終っている。なおこの『回峰手文』には、ここにある上記奥書のあとに「十妙院観達蔵」と記し、行をかえて「大回記　慈栄蔵」の題に続いて、京都大廻の拝所と思われる赤山明神、栗田（青蓮院門跡の在所、庚申、役行者、蔵王権現を祀る）、松尾社、清水寺、祇園、因幡堂薬師、北野天神、河合社、下鴨社などの祭神や境内図をあげている。

第二表　比叡山内の霊所数

		堂舎・僧坊		社殿		霊跡(山·水·石)		計	
		全体	回峰	全体	回峰	全体	回峰	全体	回峰
東塔	惣堂分	35	24	0	0	17	12	52	36
	南谷	37(2)	10(2)	3	0	18	2	58(2)	12(2)
	東谷	32	4	4	1	8	2	44	7
	北谷	33(3)	5(3)	4	0	15	2	52(2)	7(3)
	西谷	23(2)	6(1)	4	1	21	2	48(2)	9(1)
	無動寺谷	33	6	2	1	34	16	69	23
	小計	186 ()内をひく	49	17	3	113	36	316	88
西塔	惣堂分	32	10	1	0	16	2	49	12
	北谷	21	3	2	1	9	0	32	4
	東谷	17	3	2	1	6	2	25	6
	南谷	10	3	1	0	4	0	15	3
	南尾谷	13	1	1	0	6	0	20	1
	北尾谷	15	2	2	2	23	12	40	16
	小計	108	22	9	4	64	16	181	42
横川	惣堂分	18	10	4	2	16	10	38	22
	兜率谷	16	4	2	0	8	2	26	6
	般若谷	12	2	2	0	3	2	17	4
	香芳谷	8	0	2	0	4	0	14	0
	解脱谷	14	2	1	0	6	3	21	5
	戒心谷	7	1	2	0	1	0	10	1
	飯室谷	24	5	6	2	10	1	40	8
	所属不明	7	0	0	0	0	0	7	0
	小計	106	24	19	4	48	18	173	46
合計		400	95	45	11	225	70	670	176

武覚超は「山門諸記録」に見られる三塔の堂舎僧坊、社殿、霊跡（霊地・霊水・霊石等）の総数と、この「回峰手文」の数の一覧表を作製している。[52] そこでこの一覧表の総数とこの天明二年『回峰手文』の数を表化すると、第二表のようになる。ただこの表には日吉社の地域は含まれていない。そこで日吉社地域の数をあげると、堂舎・僧坊一七、社殿三八、霊跡二九である。さて、このうちの三塔に関して比叡山全体のそれぞれの記録総数、『回峰手文』の数を比較して見ると、堂舎・僧坊四〇〇、九五（前が総数、後が『回峰手文』の数、以下同様）、社殿四五、一一、霊跡二二五、七〇、全体では六七〇、一七六である。次に『回峰手文』に限って見ると、堂舎・僧坊は東塔四九、西塔二二、横川二四、日吉一七で東塔が多くなっている。このうち三塔の惣堂分を見ると、東塔二四、西塔一〇、横川一〇である。社殿では東塔三、西塔四、横川四、日吉三四とここでは日吉大社がある日吉が突

出している。霊跡では東塔三六、西谷一六、横川一八、日吉二九と東塔と日吉が多い。三塔の各谷の中で霊所が多い谷をあげると東塔では無動寺二三、南谷一二、西塔では北尾谷一六、横川では飯室谷八が多くなっている。なお東塔南谷は天海（一五三六〜一六四三）の本坊であり、背振山で修行した皇慶（九七七〜一〇四九）に仕えたとされる乙護（童子形）を祀った護法堂がある。また横川の飯室谷は恵心房流の拠点である。

第三表　霊跡内訳

	総数	東塔	西塔	横川	日吉	計
霊地Ａ（峰・谷・崛）	60	7	6	1	8	22
霊地Ｂ（塚・墓・塔）	48	6	3	2	1	12
霊石（護法石・登天石等）	40	10	2	2	12	26
霊水（泉・滝・閼伽井等）	35	4	1	2	6	13
霊木（杉・竹・松）	16	4	1	0	2	7
その他	26	5	0	1	0	6
計	225	36	13	8	29	86

次にこの霊跡の内訳を見ると、第三表のようになる。これを見ると東塔三六と日吉二九が多く、内容では霊石二六と峰・谷・崛二二が多くなっている。また日吉に霊水が多いことも注目される。総じて回峰行では峰、谷を抖擻し霊石、霊水のうちに神格を観ずる信仰が認められる。

次に『回峰手文』に見られる信仰形態を知るために、まず三塔と日吉の霊地に関わる僧、仏、菩薩、神、俗信、霊跡に関するものを表化したのが、第四表である。まず僧の全体では比叡山中興の祖良源一〇が最も多く円仁五、相応四、最澄三、葛川を経営した慈円二がこれに次いでいる。三塔別では東塔は最澄、円仁、相応とその弟子遍斅、西塔は釈迦堂を創設し、この地を常寂光土とした良源、横川は中堂に聖観音・不動・毘沙門を祀った良源、ここに居を定めた円仁がこれについでいる。仏菩薩では根本中堂の薬師、無動寺の不動明王、横川中堂の観音のほか、山の念仏と結びつく阿弥陀が多くなっている。神格では日吉社は二一社のほとんどが見られる。なお良源、尋禅の廟と並ぶ三大魔所の一つ東塔天梯権現や横川、日吉の三十番神が注目される。

回峰行ではこのほか抖擻中に随所で近江、京都さらに全国の社寺を観じたり伏し拝んでいる。特に重視されているのは、西塔の阿字休息の峰での王城鎮守諸大明神の遥拝である。地域別では、近江が竹生島弁才天四、志賀八幡・唐崎・園城寺・白鬚明神・伊崎不動・堅田明

第四表『回峰手文』にみる信仰

	東塔	西塔	横川	日吉	全体
僧	最澄3、円仁2、慈円・皇慶・覚運・良源・相応・遍斅各1	良源3、恵亮・勝範・延秀・恵心各1	良源4、円仁・相応各2、慈忍・覚超・忠快・叡桓各1	良源2、相応・慈鎮・円仁各1	良源10、円仁5、相応4、最澄3、慈円2
仏・菩薩	薬師・不動・千手・地蔵各3、毘沙門・文殊・阿弥陀・弁才天・仏頂各2、五仏・大黒・大威徳・聖・如意輪各1	阿弥陀・弁才天各3、釈迦2、弥勒・文殊・如意輪・十一面・千手・聖・五大尊・大黒各1	阿弥陀4、薬師3、五大尊・弁才天・六観音・観音各2、大黒・文殊・弥勒・地蔵・虚空蔵・不動・千手各1	不動・聖天各3、毘沙門・摩利支天・水天・勢至・子安・弥陀・観音・弁才天・大黒各1	観音10、阿弥陀9、不動7、薬師6、弁才天5、地蔵・文殊・大黒各4、聖天3
神	山王・白山各2、天梯権現・赤山明神各1	山王・鎮守六所（伊勢・山王・八幡・熱田・賀茂・鹿島）・地主神各1	赤山・山王・住吉各2、三十番神・白山・十禅師各1	夷三所・白山各2、山王・天梯権現・山神・三十番神各1	山王6、白山4、赤山・天梯権現・三十番神各2
俗信	護法8、妙見2、聖女・明星・五百羅漢・天狗・白蛇各1	天人・護法・仙人・五百羅漢・疫病神・七星・十羅刹各1	護法・八大竜王・七星各1	護法8、子の神1	護法16、星5、五百羅漢2
峰	塠4、岳・峰各3、森1	山・峰各2、塠1	塠・洞・辻各1	峰3、塠2、谷・岳各1	塠7、峰6
墓	廟4、崛1	廟2、塚1	塚7、廟4	廟1	廟11、塚2、崛1
石	岩石6	石2	石2	石16、岩石2	石20、岩8
水	閼伽3	隠水2、霊水1	閼伽4、水3、池2	滝2、水1	閼伽7、滝2
木	松・竹各2	竹・椿・杉各1		竹林2	竹5、松2、椿・杉各1
その他	別所1		別所1		

神・比良明神各二、葛川・長命寺観音・雄琴社・以香立社・真野社・衣川天神・三上明神・能賀社・飯道寺各一で、特に竹生島、葛川、比良明神と琵琶湖周辺が注目される。次に京都では加茂四、祇園・北野天神各三、鞍馬・愛宕・石清水八幡、伏見稲荷各二で北野天神、松尾社、栗津社など回峰行の大廻に参詣するところが注目される。近畿では伊勢四、春日三、住吉二の他吉野山と笙の岩屋、熊野三所がある。その他では熱田、鹿島、白山、石動山、厳島、伊豆、三嶋、

気比、吉備津宮がある。なお三塔では東塔と横川では葛川を始め近畿の多く、西塔では王城の鎮守と鎮守六所（伊勢、山王、八幡、熱田、加茂、鹿島）、日吉では東照宮、新羅明神、三上明神、伊吹明神が注目される。

最後に時代による拝所の変化を知るために、第一表にあげたこの天明二年（一七八二）の『回峰手文』と同様に東塔無動寺を起点とする慶長二年（一五九七）『巡礼所作次第』の玉泉房流巡礼拝所一覧と比べて見ることにしたい。すると『巡礼所作次第』（以下『巡礼』と略す）は、無動寺を出て近江の諸社を拝したうえで東塔に入り、諸堂舎を巡っているのに対して、『回峰手文』（以下『回峰』と略す）では、まず宿坊（自坊か）の本尊を拝したうえで明王堂の不動と両童子、五大明王の呪を唱え、やはり近江の寺社を巡拝してから東塔の堂舎に入っている。三塔内の拝所は『回峰』では『巡礼』よりも増えている。そこで以下、武覚超が作成した「山門諸記録にみられる比叡山諸堂・霊跡一覧」の『巡礼』になく『回峰』に見られるものを三塔の順にあげると、

東塔：政所、寂光霊地、鎮壇埫、井森弁天、法性坊、登天石、新延命院、天梯権現、檀那院、円常院、行光坊、相住坊、施薬院、坂護法、鐘楼、遍斅廟、慈鎮廟、大樹坊、護法石、秘密護法、立石。逆に『巡礼』のみは「大嶽」西塔：大日院、観音堂、本覚院、寂光院、箕淵弁才天、行楽坊、観泉坊、五百羅漢洞、阿弥陀峰、五大尊石、一如頓証の結界（近江と山城の境）。逆は○。

横川：政所、香福寺、覚超廟、蟻塚（相応旧跡）、華蔵院、独鈷水、七星尾、龍禅院となっている。逆は○。

日吉：「巡礼」では上七社が中心だったが「回峰」では中七社、下七社も含めて二一社のほとんどが加わり、そのほか塔下社、猿行事、施台社、田附宮、東照宮の他、護摩堂、多宝塔、さらに坂本の六地蔵、最澄誕生地の生源寺、熊野三所権現影向所が加わっている(53)。

以上のように『回峰』は『巡礼』を踏襲しているが、院坊や霊地が追加され、特に日吉の東照宮や坂本の生源寺、六地蔵の追加が注目される。

結

本節では比叡山の千日回峰行の展開を比叡山、比良山さらに奥島伊崎寺周辺など琵琶湖岸にかけて展開した北嶺修験に位置づけて説明することを試みた。回峰行の祖に仮託された相応は、常不軽菩薩に私淑して根本中堂に供花を続けたことを円仁に認められて、その門弟となり、西三条良相の帰依を受けた。その後比良山の葛川の滝で不動明王を感得し、東塔無動寺谷に不動明王を祀って無動寺明王堂を開いた。さらに金峰山でも修行した。なお彼は葛川では土地神の志古淵神からこの地を譲られ、守護を約されている。そして葛川の滝で感得した不動明王が化した霊木で三体の不動明王を刻み、無動寺、葛川明王院、琵琶湖東岸奥島の伊崎寺の本尊としたともされている。

葛川明王院がある比良山系は横川から峰つづきに仰木峠、花折峠を越えて達する山系である。承和三年（八三六）に定められた薬師悔過を修する七高山の筆頭に比叡山と並んで記載され、ここで修行した静安は宮中で仏名会を始めている。彼はまた妙法寺、最勝寺を創建すると共に、志賀の和邇の港と堅田を結ぶ湖上交通にも関わっていた。伊崎寺近くの阿弥陀寺にはかつて『渓嵐拾葉集』を著わした光宗も居住し、その弟子運満は湖北の唐崎神社と奥山寺を結ぶ湖上交通とも関わっていた。なお一四世紀末には比叡山で巡礼修行した行者は葛川で七日間山籠りしたうえで伊崎寺に修行に訪れた。そしてその結願の日には、伊崎寺裏の岩壁に先端に鉢を入れた袋をつけた竿を設置し、そこから湖に飛び込む捨身求菩提の修行をした。ただその先端の鉢は、湖上を航海する船から喜捨を求める飛鉢伝説にもとづくともされている。とすると、中世後期には比叡山巡礼後、葛川の修行で生身の不動明王と化し、伊崎寺でその験を示して勧進し巡礼費用を得たとも推測されるのである。

比叡山の三塔を巡る修行の初出は、文保二年（一三一八）に光宗がまとめた『渓嵐拾葉集』所収の「嘉祥元年（八四八）八月三日円―記」と記した『当山巡礼修行記』『霊所法施記』と、同年八月一八日のやはり「円―記」と記した『当山巡礼霊所法施記』と『当山霊所巡礼次第』である。このうち後者は修験道章疏Ⅲにも収録されている。この嘉祥元年は円仁が唐の五台山巡礼をおえて帰国した翌年をあてたもので、この両者は『渓嵐拾葉集』成立の一三世紀末から一四世紀初期迄には成立していたと考えられる。このうち『当山巡礼修行記』と『当山巡礼霊所法施記』は、ともに台密の思想をもとに西塔を胎蔵界理拳峰・胎蔵界曼荼羅一三大院、東塔を金剛界智拳峰・金剛界九会、横川を蘇悉地不二峰・三重としている。そして前者は三曼荼羅の各院・会・重に含まれる諸尊名、後者はその各院・会・重での法施の印明をあげている。これは鎌倉初期になる『諸山縁起』で大峰山の熊野側半分に胎蔵界一三院、金峰側半分に金剛界九会の諸仏諸尊を充当するのと同様の思想である。

次に『霊所法施記』と『当山巡礼次第』は、ともに金剛界智拳峰（東塔）の根本神宮寺と岩、木、水など自然の霊地、続いて一乗止観院（そこでの法施）、次いで胎蔵界理拳峰（西塔）の転法輪堂、宝幢院と王城の鎮守を伏し拝む霊所、蘇悉地不二峰（横川）の一一の峰名のみをあげている。ただ前者では拝所名と神格をあげるのに対して、後者はすべての拝所での法施の印明をあげるが、横川については全体に通じる法施の印明をあげるのみである。なおここに見られる山中の自然の霊地を拝する形は『諸山縁起』所掲の大峰宿名一二〇所（実際は七八）、「峰の宿」にあげる宿名（八二）から推測される自然の霊地と類似している。それ故比叡山三塔巡礼も大峰山の抖擻同様、自然の霊地に神仏を観じて巡拝するものと考えられる。その後至徳四年（一三八七）の亮海の『諸国一見聖物語』には三塔巡礼は毎日七里半の抖擻を七〇〇日かけて行ない、その後無動寺で九日間断食して行満する。また毎年春秋二季葛川に七日間籠って道俗の死霊、邪気の祟りを除く修法をするとしている。

室町後期の応永二九年（一四二二）になる『当山巡礼記』は、西塔院との表記のもとに、釈迦堂（転法輪堂）、法華・常行両堂、相輪橖、丈六堂など六霊地のあと、東塔の自然の霊地、一乗止観院をへて王城の鎮守を遥拝し、七星影向秘水でおわっている。横川の拝所は見られない。また東塔の霊地は特に明記することなく西塔に含むかのように記されている。ただこのそれぞれについては記家の伝統にもとづいて、神格・縁由・法施などが記されている。それゆえ比叡山内の拝所を西塔の表記のもとに一体として捉える正教房流手文の前駆をなすものと考えられる。比叡山はこの後元亀二年（一五〇一）には織田信長の焼き打ちにあって焼土と化した。けれども天正一三年（一五八五）西塔北谷金光院好運によって巡礼が再興された。その手文は存在しないが、正教房流にもとづくものと思われる。

その後天正一八年回峰行を満行した横川飯室谷松禅院慶俊は、慶長二年（一五九七）に東塔南谷宝積院にいた伯耆大山出身の豪円所持の『巡礼所作次第』を書写している。本次第は無動寺を出て東塔、西塔、横川に加えて、日吉七社などを巡るものである。日吉の追加は当時復活した「長享秘儀参社」を包摂したものとも思われる。なお慶俊はこの年に慶安六年（一六五三）に叡憲が記した『北嶺大廻次第　東塔巡之様』を書写している。同書は東塔文殊楼を出て無動寺、根本中堂などを拝して西塔、横川をへて、最後は神宮寺のさきで坂を下って宮廻りをする。また堂舎を巡る東塔中心の玉泉房流の原型をなすと考えられるものである。『巡礼所作次第』はこれに数多くの自然の拝所を加えたものである。なおこの二派の他に飯室からまず日吉社に下って、七社などを巡拝後、東塔、西塔、横川を巡る飯室を拠点とする恵光房流の巡礼もなされていた。

寛文八年（一六六八）には西塔喜多谷正教房舜雄により正教房流の『北嶺回峰次第』が作られている。そして爾来これまでの巡礼にかえて回峰の語が用いられている。なお寛永一一年（一六三四）には東塔北谷観行坊幸運は『北嶺行門記』を著わした。そして比叡山では顕教・密教・修験を三本柱とすること、三塔は胎蔵界・金剛界・蘇悉地、空・仮・中を示すこと、千日回峰行は曼荼羅を巡拝して三惑を断ち、四徳を得る修行であるとしている。そしてその行態は回峰一〇〇日行ごとに葛川に入って七ヶ日に一〇万遍の密呪を呪すこと、五〇〇日の回峰をおえて白帯行者となり、七〇〇日の回峰後、不動堂に入って断食・断水・不眠・不臥して不動呪念誦のうえで行満となり、八〇〇日の赤山明神参詣後、九〇〇日目から五〇日は京都大廻り、最後五〇日の回峰を終えて最上の行満道者になるとする。なおこの回峰行の根拠は蘇悉地経第四具支法品にあげる釈迦の八聖跡をめぐって断食念誦する巡礼にあるとする。そして彼自身それをもとに一〇〇〇日回峰を行ない、寛永二一年（一六四四）に行満している。爾来近世期を通じて千日回峰行は一般化し、一八世紀後半に一二人、一九世紀前半に八人、後半に五人、それ以後平成一五年まで一六人を数えている。そしてそのほとんどが無動寺から出立する玉泉房流によっている。

この玉泉房流の一〇〇〇日回峰の道程を最も詳細に記した現行のものが天明二年（一七八二）に善海が書写した『回峰手文』である。本手文には堂舎九五、社殿四五、自然の霊地七〇をあげている。このうち東塔は堂舎四九、霊跡三六が多く、日吉では社殿三八が多くなっている。なお霊跡では霊石が二六、峰・谷が二二、霊水一三が注目される。拝される対象は僧では良源一〇・円仁五・相応四、仏菩薩では観音一〇・阿弥陀九・不動七・薬師六、神格では日吉では山王二一社のほとんどが見られる。その他では赤山明神・三十番神と良源廟・尋禅の廟と並ぶ三大魔所の天梯権現が注目される。俗信では護法一六が最多で星五がこれに次いでいる。なお回峰中に拝する社寺では西塔の王城の鎮守が最も重視されるが、その他葛川・比良・伊崎寺・竹生島・唐崎・飯道寺・三上社・伊吹山・石山など琵琶湖周辺、京都大廻りの社寺、伊勢・熊野・吉野・住吉などというように比叡山を中心とした当地方の主要社寺が包摂されている。

以上のように千日回峰行は比叡山三塔の本堂や日吉七社など主要堂社を含むがそれ以上に自然の霊地が多く、記家の記録を通してそれを知るだけでなく、これらを巡拝することを通して体感させている。そしてこれに葛川明王院の修行が加わっている。また元亀二年（一五七二）の一山消失後は、復興した堂舎の巡礼や復興の勧進が重視され、伊崎寺の行事も追加された。そして天明二年（一七八二）の玉泉房流の『回峰手文』にみられる拝所が定まり、それにもとづいて七〇〇日の回峰、九日の堂入り、一〇〇日の赤山苦行、一〇〇日の京都大廻り、最後一〇〇日の山内回峰から成る現在の千日回峰行の行態が整ったと考えられるのである。

注

（1）『古事記』岩波文庫、五三頁。
（2）武覚超『比叡山諸堂史の研究』法蔵館、二〇〇八年、三～二〇頁参照。

(3)『天台南山無動寺建立和尚伝』群書類従六九、五四四～五五三頁。
(4)「葛川縁起」続群書類従八九三　釈家部九八。なお桜井好朗「山の民を守る神――葛川縁起」『神々の変貌』東京大学出版会、一九七六年、一〇五～一二四頁。
(5)『本朝法華験記』上の五『往生伝・法華験記』日本思想大系七、岩波書店、一九七四年、五九～六一頁。『本朝法華験記』には比叡山西塔の蓮坊阿闍梨と陽勝仙人、相応の弟子喜慶、さらに比良山の持経者蓮寂仙人の山林巡行、喜慶の弟子の金峰山で修行した持経者某をあげている。
(6)京都大学文学部国語学国文学研究室編『諸国一見聖物語』臨川書店、一九八一年、八五～八六頁。
(7)小寺文頴「比叡山回峰行の史的展開」日本仏教学会学報四五、一九七九年、二七七頁。武覚超『比叡山仏教の研究』法蔵館、二〇〇八年、三八頁。
(8)『釈家官班記』上、群書類従四二六、二四～四五頁。なお平安中期になる『新猿楽記』には右衛門尉次郎君の修行した霊山として大峰、葛城、熊野、金峰山など一三をあげた中に根本中堂、葛川がみられる。
(9)『三宝絵』下「東大寺千花会」の条、大日本仏教全書九〇　芸文部三、講談社、一九七二年、二六八頁。
(10)『日本三代実録』新訂増補国史大系四、八五頁。
(11)『続日本後紀』承和五年一一月一五日の条（新訂増補国史大系三、八一頁）および承和七年四月八日の条（新訂増補国史大系三、一六一頁）。
(12)「元亨釈書」九巻、新訂増補国史大系三一、一四七頁。
(13)阿部泰郎「比良山系をめぐる宗教史的考察」『比良山系における山岳宗教調査報告書』元興寺文化財研究所、一九八一年、一〇～一三頁。なお本項の比良山の記述の多くは同書によっている。
(14)「観音利益集二九、比良大明神観音経聴聞Ｉ」『中世神仏説話集』古典文庫、上掲阿部「比良山系をめぐる宗教史的考察」二七頁。
(15)『三宝絵』下「長谷菩薩戒」上掲大日本仏教全書九〇、二六七頁。
(16)上掲『往生伝・法華験記』七六～七七頁。
(17)『梁塵秘抄』岩波文庫、七五頁。
(18)『本朝神仙伝』上掲『往生伝・法華験記』七六～七七頁。
(19)「還来大明神縁起」上掲阿部「比良山をめぐる宗教史的考察」七八～七九頁。
(20)『華頂要略門主伝』第三、大日本仏教全書六六、一八頁。

(21) 村山修一『比叡山史』東京美術、一九九四年、二二二～二二三頁。
(22)「葛川行者衆議陳情案」村山修一編『葛川明王院史料』史料四九一、吉川弘文館、一九六四年、二九三～二九四頁。
(23)「葛川頭役勤仕目安」上掲村山編『葛川明王院史料』史料五二五、三四三頁。なお村山修一「葛川の社会と経済」比叡山文化研究会編『葛川明王院――葛川谷の歴史と環境』葛川明王院、一九六〇年。
(24)「葛川根本住人注進状」上掲村山「葛川の社会と経済」五一～五二頁。
(25)「北嶺修験行者起請文」上掲村山編『葛川明王院史料』史料一四三、一〇八～一一一頁。
(26)「参籠中日記」上掲村山編『葛川明王院史料』史料九三八、八三三～八四六頁。これに先き立つものに建武二年(一三三五)八月二四日、源愉の『古記葛川行者用心私』(上掲村山編『葛川明王院史料』史料九三七)があり、建長六年(一二五四)から延慶二年(一三〇九)までの参籠の記録が納められている。なお村山修一「天台修験道の成立」『国史論集創立五十年記念』国史学論叢、一九五九年、四八四～四八九頁参照。
(27) 景山春樹「葛川の信仰」上掲村山編『葛川明王院史料』一四六～一四八頁。
(28) 景山春樹「葛川明王院と参籠札」『比叡山と中心とする文化財』第二集、文化財保護委員会、一九六三年。
(29)「葛川修験目安」上掲村山編『葛川明王院史料』史料九三六、八〇三～八〇四頁。
(30)「十月会衆議条々事書」上掲村山編『葛川明王院史料』史料一四一、一〇六～一〇七頁。
(31)「伊崎寺縁起」上掲景山『比叡山を中心とする文化財』一五三～一六三頁。なお池上洵一『修験の道――三国伝記の世界』以文社、一九九九年、一八九～一九五頁参照。
(32)「伊崎寺勧進帳」上掲池上『修験の道』一九一～一九三頁。
(33)「聖記」(抄)大谷大学図書館蔵、上掲阿部『比良山系における山岳宗教調査報告書』一四〇頁。
(34)「天台座主記」『続群書類従』四の下、五九八頁。慈円「御拝堂拝賀次第記」(叡山文庫。生源寺蔵)。
(35) 三崎良周「比叡山の回峰行とその理論的根拠」日本仏教学会年報四五、一九七九年、二九三～二九五頁。
(36)「運心巡礼私記」(三千院門跡円融房出版部、一九八四年)の奥書に正和元年(一三一二)一〇月二〇日、光宗東塔神蔵寺で書写とある。上掲三崎「比叡山の回峰行とその理論的根拠」二八三頁および二九六～二九九頁。
(37)『渓嵐拾葉集』巻一〇九、大正新脩大蔵経七六、八六七～八六九頁。
(38)『当山巡礼霊所法施記』修験道章疏Ⅲ、四六五～四六六頁、『当山霊所巡礼次第』修験道章疏Ⅲ、四六六～四七〇頁。以下、修験道章疏所収本は本文中に(修疏Ⅲ、頁)で示す。

(39)『諸山縁起』『寺社縁起』日本思想大系二〇、岩波書店、第一項九一〜一〇二頁。第一九項一三六頁。第九項一一二頁。第一七項一三四〜一七五頁。
(40) 上掲『諸国一見聖物語』三九〜四〇頁。
(41) 上掲村山『比叡山史』三〇一〜三〇八頁。
(42) 沼田頼輔『大山雑考』稲葉書房、一九六一年、一〇〇〜一〇九頁。なお天正一二年六月の「葛川修験目安」の連署者に豪円、慶長八年の「十月会衆議条々事書」の署名者に慶円が見られる（注29参照）。
(43) 宮家準『神道と修験道』春秋社、二〇〇七年、一一八〜一二四頁。
(44) 武覚超『比叡山諸堂史の研究』法蔵館、二〇〇八年、二六一頁。なお酒井雄哉の恵光房流にもとづく回峰行のルポルタージュに和崎信哉『阿闍梨誕生』講談社、一九七九年がある。
(45)「大行満名帳」葉上照澄『道心』春秋社、一九七一年、二三〇〜二三七頁。以下本『名帳』所掲の千日回峰満行者は1好運、2慶俊に続く順番を法名の後に括弧を付して記入した。
(46)「比叡山三塔補略」首藤善樹『金峯山寺史』国書刊行会、二〇〇四年、七九五頁。
(47) 星宮智光「比叡山回峰行の成立とその形態」『天台教観の研究』私学研修福祉会、一九七三年、一九三頁。
(48) 武覚超『比叡山仏教の研究』法蔵館、二〇〇八年、四五〜四六頁。
(49) 長野覚『英彦山修験道の歴史地理学的研究』名著出版、一九八七年、五六〜七〇頁。
(50) この『行門還源記』の第七項目については、上掲三崎「比叡山の回峰行とその理論的根拠」二八八〜二九〇頁参照。
(51)『回峰手文』村山修一編『比叡山と天台仏教の研究』山岳宗教史研究叢書二、名著出版、一九七五年、四〇七〜四二四頁。なお武覚超は本手文を現行のものとしている。上掲武『比叡山諸堂史の研究』七八〜七九頁。
(52) 上掲武『比叡山諸堂史の研究』七八〜七九頁。
(53)「山門諸記録にみられる比叡山諸堂霊跡一覧」上掲武『比叡山諸堂史の研究』二八〜七三頁。

第三章　真言宗と修験道

第一節　当山派の恵印法流

序

当山派では古来派祖聖宝が昌泰三年（九〇〇）に吉野山鳥栖で開壇したのに始まるとする恵印灌頂とそれに関わる諸作法や曼荼羅から成る恵印法流を重視している。そして当山派の儀軌・聖教類をまとめた『修験道章疏』Ⅰには、表題の最初に「最勝恵印三昧耶」をつけたいずれも聖宝撰とする「極印灌頂法」「普通次第」「六壇法儀軌」「護摩法」「柴灯護摩法」と『大峰道場荘厳自在儀』『理智不二界会礼讃』、観賢・貞崇編『霊異相承恵印儀軌』、仁海『修験最勝恵印三昧耶法玄深口決』などが納められている。そのほか元杲、義範に仮託された法則もある。このうち観賢、元杲、仁海、義範は聖宝を始祖とする真言宗小野流の法脈を継いでいる。また貞崇（八六六〜九四四）は聖宝の弟子で、彼の死後吉野山鳥栖に隠棲し、鳳閣寺（真言院）にその廟を建立したとされ、後に醍醐寺四世となっている。

ところでこれらの聖宝撰とされる法則については、つとに大隅和雄が「修験道が教団の組織を確立し醍醐寺がその中心になった頃に聖宝に仮託されたもの」としている。また佐伯有清は、これらの奥書などの記述の検討をもとに、明確な成立時期は示さないものの、かなり後のものと推定している。[1] なお恵印法流は室町中期に本来四四流を数えた小野流の中には含まれていない故、東密の法流とは別の当山派独自のものと考えられる。[2] ただその内容には小野流の影響が認められる。

本節は上記の『修験道章疏』Ⅰや、『修験聖典』所収の恵印法流の儀軌、教義書などの検討を通して、その成立・展開を跡づけ、各時期の特徴などを真言宗小野流の儀軌との比較を試みたものである。

まず恵印法流の成立と展開についての仮設を記すと、私は恵印法流の儀軌の成立は、正平二四年（北朝応安二〈一三六九〉）に勧進聖円口が二万人近くの信者の寄進を得て吉野の鳥栖に聖宝の廟塔を建立した[3]一四世紀後期になる『霊異相承恵印儀軌』『玄深口決』[4]『大峰道場荘厳自在儀』などに始まり、近世中期に醍醐三宝院門跡高賢（?～一七〇七）が江戸の同寺末の戒定院に鳥栖鳳閣寺の名跡を移し、同寺を当山派諸国総袈裟頭とした元禄一三年（一七〇八）頃に、聖宝撰とされる、いずれも最初に『修験最勝恵印三昧耶』と付した『極印灌頂法』『普通次第』『六壇法』『護摩法』などが編まれたと推測している。ちなみに宝永四年（一七〇七）正月には聖宝に「理源大師」の諡号が授けられている。なお明治五年（一八七二）の修験宗廃止令後、当山派修験を包摂した醍醐三宝院は明治三六年（一九〇三）に恵印部を設けて、同四三年（一九一〇）には恵印灌頂を開壇し、切紙伝授を行なっている。これを契機にさらに恵印法流の儀軌の整理が行なわれて、昭和二年（一九二七）に醍醐三宝院から刊行された『修験聖典』には「恵印法流」として関連儀軌がまとめて収録されている[5]。

本節では上記の恵印法流の成立期（中世後期）、確立期（近世中期）、展開期（近代）の、主要な儀軌や聖教をとりあげて小野流との相違も考慮に入れてその内容を紹介することにしたい。

第一項　中世後期の恵印法流

1　恵印法流の主要儀軌

吉野の鳥栖の鳳閣寺に聖宝の廟塔が再建された一四世紀後期頃に成立したと思われる儀軌には『霊異相承恵印儀軌』

『玄深口決』『大峰道場荘厳自在儀』『大峰界会万行自在次第』『大峰界会万行自在法』などがある。(6)『霊異相承恵印儀軌』には、寛平七年（八九五）七月に聖宝が大峰山で金剛蔵王権現と役行者の導きで、龍樹（一五〇～二五〇頃）から授かった秘法をまとめたと、貞崇（八六六～九四四）とその兄弟子観賢（八五四～九二五）が奥書している。ただし、この奥書の前に十界修行の事や、吉野・飯道寺、世義寺の徒が季節の峰入をしたなどと記している故、これらがなされた一四世紀後期頃に成立したと推定した。その内容は聖宝の龍樹からの受法譚、即身に深秘密を感じる一重の滅罪・覚悟・伝法の三灌頂、二重の即身頓証の秘旨、三重の即身極頓正覚、四重の断徴細妄執、五重の極頓即秘中の深秘によって不動明王の三昧に入るとする五重の法流である。『玄深口決』には、奥書に長久三年（一〇四二）二月二五日「山伏正宗僧正　仁海謹疏」とある。仁海（九五一～一〇四五）は聖宝に始まる東密小野流を確立した祈雨に効験を示した東寺長者である。同書にはこれに続けて明徳三年（一三九二）、醍醐寺道場で三宝院門跡満済（一三七八～一四三五）の前で同書にもとづく灌頂がなされたと記し、その後に「永享二庚戌年三月十八日秘法伝受了　駿河国富士郡岩淵村最勝院法印龍意慧秀」とあり、この永享二年（一四三〇）から文久元年（一八六一）に至る主として伊豆、駿河の寺院での三〇回（うち慶長二年〈一五七七〉まで一五回）にわたる秘決伝授の記録が付されている。それ故、一五世紀初期に成立したと推測しておきたい。その内容は（1）恵印法流の大意、（2）恵印七壇の大綱、（3）恵印曼荼羅総会印信、（4）小次第略名義、（5）壇場の荘厳、（6）祇師憶持、（7）印信口決である。

『大峰道場荘厳自在儀』は、修験独自の法具である法螺、梵篋、金剛杖の功徳によって心を不退に住し、それによって自身を荘厳にする自心自供養の荘厳法である。「本自在儀」は聖宝が龍樹から授かったものを、延喜九年（九〇九）に観賢、その後寛徳二年（一〇四五）に皎山、文治五年（一一八九）に峰入した成賢をへて、永享八年（一四八六）の花供の峰入の際に権少僧都法橋位兼大越家二僧祇龍意が法頭の御所で拝写したと奥書されている。この龍意は上記の『玄深口決』の初伝の龍意と考えられる。それ故、同口決と同様に一五世紀初期成立と考えられる。

類書の『大峰界会万行自在次第』には、次第中の「当道の一大事の九箇条」の最後に建保三年（一二一五）四月一三日末資成賢判とある。成賢（一一六二〜一二三一）は「孔雀経法」を修め、雷雨を操作したとされる三宝院に住した醍醐寺二四世・二六世座主である。その内容は最初に同書の表題の「大峰界会万行自在次第」をあげ、次は上記の「当道の一大事の九箇条」、最後は昌泰三年（九〇〇）四月二五日の鳥栖山真言院での「理智不二秘密灌頂式衆之事」の三部から成っている。ただこの最後の部分は式衆に世義寺深玄、飯道寺了宗などが見られる故、近世中期のものと考えられる。今一つの類書『大峰界会万行自在法』（異名『自身自在法』）は貞崇に仮託して、上記の『大峰界会万行自在次第』の道場観と本尊観をあげている。なおこの異名から推測すると、「大峰界会」は「自心」、「万行」は随尊修行をさすと考えられる。

恵印法流と密接に関わる経には「仏説三身寿量無辺経」と「理智不二礼賛」がある。前者は鳥栖鳳閣寺に伝わったもので、役行者が密観修法の際に文殊師利菩薩から授かった秘経としている。後者は聖宝親撰の恵印灌頂の基本をなす胎蔵界・金剛界両界不二の深秘を礼賛したものである。以下これらの儀軌や諸経をもとに中世後期の恵印法流の主旨、伝承、思想、恵印灌頂、基本法、七壇法の順序でその内容を紹介したい。なお恵印曼荼羅に関しては第二節でとりあげることにする。

2　恵印法流の大意

恵印法流は『玄深口決』では、末世の衆生に下化衆生の心を持って接してもそれに応じる心身がないと度しがたい。そこで龍樹が心身を改めず頓覚する恵印の法を定めて聖宝に授けたものを相承した法則としている。その目的は闇迷の衆生を弥勒菩薩の兜率天の内院に引入して自身成仏させることにある。具体的には修験の峰入と結びつけて、大峰山は胎蔵界の表の山で金剛具足の地、葛城山は金剛界円満の峰で、大峰修行後葛城山に向かうのを逆峰・従果向因、葛城修行をおえて大峰に向かうものを順峰・従因至果の修行としている。また金・胎両部和合を本有無作としている。

なお恵印法流の軌則は本書の『修験道章疏』Ⅰ所収の『玄深口決』本の表題の最初の「最勝恵印三昧耶」によって示

されるが、この「最勝」は大日如来の別称、「恵」は戒定慧の三学、「印」は大日如来の挙手動足を示す印相をさすとしている。(7)ちなみに『霊異相承恵印儀軌』では同様の説明とあわせて法流名を「峰受三昧」と名付けるともしている。さらにこの万行自在の法は聖宝が『本軌』の心を熟考して編んだもので、『理智不二礼讃』も同様のものとしている。(8)

ところで『玄深口決』では冒頭に本宗は内に慈悲の心を持ち、外に忿怒の姿を示す不動明王を本尊とするとしたうえで、不動明王を釈迦とその脇侍の普賢・文殊の化身とする考えと、理智不二の妙体で十方の諸仏共集の体とする二つの見方があるとしている。また『霊異相承恵印儀軌』では、本宗で不動一尊を奉信する理由として、不動明王は行者の意楽に住して無量億万の諸仏、諸菩薩、人・天、鬼畜を恵印曼荼羅の聖衆となすので、この不動明王の実体を理智不二遍法界と観じるとしている。なおここでいう理智不二は、性・無形・滅の行である理と、相・有性・生の行である智の不二を意味するとしている。

3　霊異相承の伝承

『霊異相承恵印儀軌』によると、寛平七年（八九五）七月に聖宝が龍樹から理智不二の妙理と五種の瑜伽法を授かった伝承は次の通りである。聖宝は吉野から法螺を吹き、異類を降伏して山上を越えて激しい嵐の中を奥に進んで行った。すると嵐が鎮まり、霧の中に宮殿が出現した。その中央の金剛宝蓮華の上には金剛蔵王菩薩が座し、法喜菩薩を上座に一五の童子、人・天、聖衆が座っていた。金剛蔵王菩薩は自分の真身は釈迦牟尼である。しかし法喜菩薩の願いに応えて忿怒身となって現れ、この山を浄土とした。またの名を悉壇陀菩薩、忿怒金剛童子という。自分を守る眷属には除魔、慈悲、後世、悪除、剣光、検増、虚空、香積、経護、福聚、常行、聚飲、宿眷子、禅前、羅網の一五童子がいると述べて、この一五童子の真言と印明を示した。(9)

また法喜菩薩は自分は菩薩道を修めて、十地、十忍、十具足を円満して蔵王菩薩に随順していると説明し、その印と真言を教えた。法喜菩薩は文殊師利菩薩のように白肉色の身体で、右手に利剣、左手に金剛一股杵を持ち宝冠を戴き、宝蓮華に座していた。ほどなくして三摩地に入った同菩薩は総髪を背中まで垂らし、右手に六輪の錫杖、左手に金剛一鈷杵を持ち、鉄の下駄をはいた老翁（役行者）と化した。そして聖宝に向かって「汝は大聖自在如意輪観音だが、人々を救済する為に肉身を現じた。自分はこの山中に蔵王菩薩を顕し、この山や国を擁護してきた。しかし今この山では魔力が強勢になってきた。汝は菩提心を発して山中で難行を終えた。そこで汝に自分が龍樹から授かった秘密の奥儀を伝えよう」といって、理智不二の密印と真言ア・バン・ウンを授けた、そして龍樹菩薩の浄土に誘った。

聖宝は喜んでこれに応じ、二人は獅子に乗って昇って行った。すると黄金の大地の上に七宝から成る多宝塔があり、その中央の宝座に龍樹菩薩が座し、周囲で天衆が音楽を奏し、天女が歌舞していた。龍樹は白肉色で頭に五智の宝冠を戴き、右手に独鈷、左手に理智の宝篋を持っていた。そして「理と智は本来不二でその本性は自然の要諦である」との理智倶密の妙理を説き、このことを具体的に悟らせる為に五重の別壇、すなわち一重法流の滅罪・覚悟・伝法の三灌頂、二重法流・三重法流・四重法流・五重法流の五種の秘法を伝授した。聖宝がこれらを授かりおえると、すべてが消え、霧も晴れてもとの状態にもどったという。

4　恵印法流の経典

恵印法流の経典には聖宝撰、観賢加譜とされる「理智不二礼讃」と恵印灌頂の時に用いられた「仏説寿量無辺経」がある。「理智不二礼讃」は、理智不二の深秘を恵印総曼荼羅の諸尊への礼拝と、理智不二の理観によって体得した境地を理智不二（大日如来）の教令輪身の不動明王の火界呪と漢讃によってあらわしたものである。このうち恵印総曼荼羅の諸尊への礼拝は次節の恵印曼荼羅の項でとりあげることにして、ここでは理智不二の理観と不動明王の火界呪、漢讃、回向文を紹介しておきたい(10)。

まず理智不二の理観では理（道理、生、平等、胎蔵界）と智（智慧、死滅、差別、金剛界）の不二を、自己で悟り、他人にも悟らせる道を説いている。この道は菩提心を発し、修行に励み、悟りを得て、仏の誓願を実証したうえで、人々に仏の大悲心を説いて涅槃寂静の境地に導く手だてである。その際、菩提心は本来自心のうちにある故、菩提心を起こせば生活の場が即悟りの道場となる。なお理智不二の本性は清浄ゆえ、このことを悟って迷いの心を遠ざけると、自性が清浄になり、自己の内に宿る清浄な仏性を知ることが出来る。こうして悟りに至ると万物の五蘊（色・受・想・行・識の五つの性格）はすべて因縁所生ゆえ、この縁が滅して空となる。

こうして五蘊が空になると、さらに六根（眼・耳・鼻・舌・身・意）の本性も空となる。また六根のそれぞれと結びついて煩悩や障礙をもたらす六塵（色・声・香・味・触・法。六境ともいう）の本性も空となり、それと結びついた六識（見る・聞く・嗅ぐ・味わう・触れる・知る）の本性も空となる。というのは、六根、六塵（境）、六識は不即不離の関係にあるので、最初に五蘊の本性を空と悟ることによって、六根、六塵（境）、六識のすべてが空となる、我々は一切の執着から離れて、存在の本覚を覚知することが出来るのである。

このように一切の執着を離れた自在の状況の理智不二の本性は声聞乗の四諦、縁覚の十二因縁や菩薩の十地（歓喜・離垢・発光・慧光・難勝・現前・遠行・不動・善慧・法雲）の修行に頼らなくても、修験の妙行である六波羅蜜を成就することによって悟ることが出来る。そこで私たちはこの真如の根源である理智不二を衆生を導く為の方便智としている。そしてこの方便智を通して大日毘盧遮那仏如来の世界に至るのである。この如来の三世常恒の妙覚の心地こそ、理智不二の本性である。それは不生にして不滅、不来にして不去、すなわちかたよりのない中道なのである。

次に不動明王の火界呪（意味は「一切如来、一切法門、とくに一切行に猛威大忿怒の相を現じ、一切の障礙を噉食し、徹底的に調伏の行をなして、常に止むことなく、大忿怒叱呵の聖徳を備えた不動明王に帰命し奉る」）を唱えたうえで、この不動明王の秘密呪（火界呪）は、理智不二の究極の証しであると説く。そして不動明王の青黒の身相は天魔を畏怖し、衆生を摂化する。不動明王は利剣を執持し、救済の索を持ち、火焔を生じる。皆これ不二である。その応化を賛じると、「阿・吽」を合した大日の忿怒心の前に障礙はない。諸仏の三昧に住し、降し難いものを調伏し、人々を救済する。その遍満な海に準えられるような無比の威力や無辺の功徳に頂礼するとの漢讃を唱える。そして最後に「帰命慧三昧耶身、願以此最勝功徳、有情共到一乗峰（大峰山）、疾得理智不二身、帰命頂礼大悲毘盧遮那仏」と唱え、三礼して終えている。

「仏説三身寿量無辺経」の内容は、まず文殊師利菩薩の像容を五髻の冠をかぶり、肩に紺髪を垂らし、黄金色に輝いた身体をし、左手に定を示す五貼を乗せた青蓮華、右手に大悲を示す梵筺を持ち、月輪の中の宝華に座した菩薩と説明する。この文殊菩薩が釈尊にその説法の来由を聞いた。すると釈尊は四一重の内大院すなわち十住、十行、十廻向、十地、等覚の四十一位を越えた妙覚地の大毘盧遮那仏からその法を聞いた。そして大毘盧遮那仏は無始無終一心一念の本仏からその法を聞き、一心一念の本仏は無心無念の本仏から聞法したと答えた。またこの無心無念の本仏は不思議を性とし、この不思議の性から三身・十界の衆生の不思議な性と、無性の性が出生したと答えた。そこで文殊が釈尊にこの無心無念の本仏の上に、さらに教えを説く本仏はいないかと尋ねた。すると釈尊はその上には教えを説く本尊はいない。それ故、眼を開いてこの無始無終の本仏を観ぜよと告げ、最後に釈尊は「諸仏無上の道は円明常住の相なり、共に禅定に入る者は、同じく菩提心を証ずるなり」との偈を説いたという内容のものである。(11)

恵印法流ではこれを役行者が密観修法をした際に文殊師利菩薩から感得したものとしている。なお一六世紀初頭になる『役行者本記』には役行者が大峰山の深仙近くでこの経を文殊師利菩薩から授かったとしている。(12)ちなみに本経の冒頭にあげる文殊菩薩の像容は現図曼荼羅中台八葉院西南隅のそれと同様である。それ故、本経は胎蔵界曼荼羅に擬し、円教四十二位説を数重の内大院であらわし、久遠実成の法仏を顕現することを示したものと解することが出来る。(13)

5　恵印灌頂とその伝承

『霊異相承恵印儀軌』には聖宝が龍樹から授かった五重の別壇の主旨と授かった次第をあげている。このうち第一重は滅罪、覚悟、伝法の三恵印灌頂で、第二重から第五重は伝法灌頂の真髄ともいえる即身に深秘密を成ずる為の秘密の印明である。(14)そこでまず第一重の恵印三灌頂の内容を簡単に紹介しておきたい。滅罪灌頂は除悪趣菩薩の瑜伽に入って三摩波提（心安らかな状態―意味。以下同様）の法身となる為の灌頂である。その次第はまず本菩薩の真言を念じ作礼して、所作の罪報を懺悔する。次に金剛眼（目の威光）で結界し、召罪し（罪を招く）、摧罪（本尊の印で罪を摧破）する。その上で浄菩提心（無上の菩提心）を円満し、本尊滅悪趣菩薩と一体となり、業障を除く。そして中央に法界解縛の種子バン、その周囲に菩薩聖衆を配した曼荼羅を恭敬する。次いで本尊の印明の五指を伸ばし掌を外に向けて動かして業障を滅し、菩提の道を進む事を示している。

覚悟灌頂は三摩地に入り、菩薩の芽を速生し、如来の究極地を目指して独歩するもので、その次第は次の通りである。（1）覚悟台の印明（寂静の印明とも）、（2）法界円満、（3）仏果輪円（自在の無礙心を頓証する）、（4）度欠思議（三毒の性鬼を撥去）、（5）入門印明（仏の菩提に入る）、（6）合門生の印明（如来の真実智と一体になる）、（7）十三地の印明（衆生を菩提の道に導く）、（8）大智恵印明（般若の無尽蔵を成就）、（9）金剛摩抳転成福智種印明（理智同体を示す）、（10）環輪円成の印明（大菩提を円満する）、（11）龍樹菩薩遍法界無礙観（龍樹出世の大道を示す）、（12）投華（龍樹の印に挟んだ華を曼荼羅に投華）、（13）金剛壇限量曼荼羅説（龍樹曼荼羅の構成とその諸尊の説明）。

伝法灌頂は本有無作の秘術により、自在無礙常住の楽を得る灌頂である。その次第は（1）昇壇の真言（受者を修法壇に導く）、（2）三種印明（応・報・法の三種の印明の意義を説いた上で授ける）、（3）諸仏自性三昧耶（寂静不動三昧すなわち即身即心の秘密定）、（4）両部大日の印明、（5）理智不二界会（中央に本有無作の大毘盧遮那如来が坐す理智不二界会の曼荼羅の説明）から成っている。

この三灌頂を見ると、滅罪灌頂では滅悪趣菩薩の印明を授けているが、その内容は小野流の伝法灌頂に先だつ三昧耶戒に対応している。これに対して覚悟灌頂は恵印灌頂独自のもので、その中には覚悟台（供養法の登覚台と類似）、法界円満、仏果輪円、度欠思議、入門印明、合門生の印明、大智恵印明、環輪円成の印明と、後に恵印法流の供養法の項で詳述する恵印法流独自の印明が用いられている。これに対して伝法灌頂は小野流のそれと類似している。[15]このこともあって、伝法灌頂やそれに先だつ三昧耶戒に対応する滅罪灌頂については、その説明は簡単である。

恵印法流の五重別壇の第一重にあたるこの三灌頂に続く第二重では即身頓証の秘旨、第三重では即身極頓の正覚、第四重では微細の妄執を断ずること、第五重では極頓即妙の秘中の深秘を説いている。なおこの項の最後に理智不二界会では大悲の為に暴悪瞋恚の形を示すが、実は大慈大悲の心を持って利益をもたらす阿遮羅明王（不動明王）の一尊を崇めると観じた上で、虚心合掌して不動明王の火界呪さらに慈救呪を唱えている。そしてこのことは修法者が自身本具の不動明王を衆生の無作本有の不動明王と冥合させて済度することを意味するとしている。(16) さきにあげた「理智不二礼讃」で、理智不二の理観に続けて、不動明王の火界呪と漢讃を示し、回向しているのと同じ構成をとっているのである。そしてこのことは最終的には龍樹菩薩が聖宝に授けたことに始まるとする最極恵印三昧耶法が不動明王を最も重視していることを示すと考えられる。

6　供養法の種類と構成

恵印法流では弁才天、深沙王、金剛童子、囉誐大明王（愛染明王）、不動忿怒王、大祖龍樹大士、大日如来の修法を七壇法としている。そこでまず『玄深口決』の「七壇の大綱」所掲のこの各諸尊・諸天の根本義を紹介する。(17) 弁才天は蛇形の水精神で一乗山（大峰山）の守護神、天川弁才天をさす。八大龍王と不二の玄身でこの仏に罪障を懺悔すれば、それを断除する。深沙王は太山部君（泰山府君）ともいい、現在と未来を明察する一乗山擁護の王で兜率天の内院に住して、罪障を明らかにしたうえで、それを浄除し一つ上の法に導く倶生神（閻魔王の脇に座す）である。金剛童子は蔵王権現のことで、修行者の意楽に応じて自在に出現し、濁世を化度する。内では蔵王権現、外では金剛童子という。その像容は頭髪を逆立し、右足を空中にあげ、左足は磐石を踏み、右手に一鈷杵を持ち、左手は左脇に安んじている。なお『別尊雑記』にあげる二臂の金剛童子像を蔵王権現の先駆とする考えもある。(18) 囉誐大明王（愛染明王）は金剛愛菩薩の忿怒身で胎金不二の身で、大峰山に出現して益をもたらすという。吉野山の勝手明神は愛染明王の化身とされている。

不動忿怒王（不動明王）は金胎・理智不二を示し、仏部・蓮華部・金剛部の三部を本有とし、忿怒の姿だが本心は慈悲で十界平等の遍身である。背に負う火焔は火大の徳を示し、二眼で天地を睨見し、手に持つ羂索は大魔降伏、剣は両部具足の相を示し、恵印法流の万の大義を建立する神格である。大祖龍樹大士は如来の教え、顕密の教法を伝通する大士である。末世の濁悪の衆生は忿怒形でないと化度しがたいので、まず役行者に授法して蔵王権現を出現させ、さらに聖宝にあらためて法を授け、毒蛇を鎮めさせ、八大龍王を勧請させた。大峰に伝わる行法は龍樹所伝の秘法であるとしている。大日如来に関しては、逆五輪の地大が展開したバン字の塔姿の金剛界大日・陽と、順五輪の空大が展開した須弥山上の宮殿の月輪にあらわれたア字の塔姿の胎蔵界大日・陰、ならびに大峰山上の宮殿の壇場の蓮華が転じた恵印の金胎不二の大日遍照如来をあげている。ここで金胎の大日如来の出現の場を須弥山としているのに対して恵印の大日が出現した山を大峰山としていることに注目しておきたい。

なおこの七壇のあとに護摩供をあげ、不動法にもとづいて修法するように定めている。その際にはまず蔵王権現の意楽に従って無上の大日如来の本誓に帰して修行するようにとしている。また『玄深口決』では、この他「壇場荘厳之事」の項で修法に用いる四橛、二柱、五瓶、金剛盤、磬、念珠、柄香炉、香水、閼伽、塗香、華鬘、羯磨、輪法、壇場法についても説明している。[19]

ところで、これらの諸供養法の次第はいずれも『玄深口決』の「小次第略名義」（以下「略名義」と略す）にもとづいている。「略名義」には個々の次第について簡単な説明が付されているので、それを紹介し、検討することにしたい。[20]なおこの次第は醍醐の小野流の根本次第の「持宝金剛念珠次第」とほぼ同様である。そこでこれと対比して全体の構成を紹介し、恵印法流の供養法独自のものを指摘することにしたい。まず両者はともに、Ⅰ荘厳行者法、Ⅱ普賢行願法、Ⅲ結界法、Ⅳ道場荘厳法、Ⅴ勧請法、Ⅵ結護法、Ⅶ供養法、Ⅷ念誦法、Ⅸ後供方便分からなっている。なおこのうちⅦ供養法までには密教の四度加行で十八道（不動法）と呼ばれる一八の根本印明が含まれている。そこで以下「略名義」のこの九段階のそれぞれに含まれる次第を「持宝金剛念誦次第」（十八印明）と対比してその特徴を指摘したい。[21]

Ⅰ荘厳行者法：（1）普礼（無数の諸尊を恭敬・礼拝する――「略名義」の説明。説明がないものは空欄。以下同様。○――「持宝金剛次第」にある事を示す。以下同様）、（2）塗香（清浄無垢の身となる、○）、（3）平等観（身口意の三密を観じる）、（4）浄三業

（即身成仏を正覚する、○。十八―1―十八道の印明番号。以下同様）、（5）仏部（両部不二、二諦和合の自身の体内に仏身を生じる、○、十八―2）、（6）蓮華部（胎蔵に属す。蓮華部の諸尊の本誓を示す印明により、悲母の成仏を確信、○、十八―3）、（7）金剛部（金剛界諸仏の三摩地に入り、慈父の成仏を確信、○、十八―4）、（8）被甲（諸尊の本誓、父・母の所生身、○、十八―5）。

なお密教では（4）～（8）は護身法と通称され、読経、諸修法に先立って修される。

Ⅱ普賢行願法：（9）香水（壇上と修法者の汚穢を除浄、○）、（10）砕除魔民（大小の罪障を消除し、身心を清潔にする）、（11）怖魔（諸魔を除き、菩提を証す）、（12）観仏（空中に遍満する諸仏の形相を観じる）、（13）金剛起（如来を驚覚し、行者を護念させる、○）、（14）普礼、（15）表白、（16）神分（天照大神などの三界の諸天の加護を求める、○）、（17）登覚台（如来の究意の境地を求めて独歩する）、（18）発菩提心（菩提心を発して諸如来の誓契にあう、○）、（19）三昧耶戒（凡夫の三業を仏の三密と融合する、○）、（20）勧請（○）、（21）五大願（五輪観―宮家、○）、（22）法界円満（一切如来の広博の蔵が皆円満する）、（23）仏果輪縁（諸尊に行者への転法輪を願う）。

Ⅲ結界法：（24）大金剛輪（法界の衆生を金剛の大曼荼羅に導く、○）、（25）地結（不浄の心を清浄にして大魔を防ぐ、○、十八―6）、（26）地天（地神に法施して不生不滅の三昧に導く）、（27）四方結（四方に墻を作って結界する、○、十八―7）。

Ⅳ道場荘厳法：（28）金剛合掌（一切の心及び壇上の垢穢を浄める）、（29）入門（十界がすべて仏果と観じて、高下なく化度する）、（30）合門生（両部あわせて理智不二を生じる）、（31）道場観（○、十八―8）、（32）大虚空蔵（大供養の義、○、十八―9）、（33）大智慧（一切の智慧を円満し神通を得る）、（34）小金剛輪（○）、（35）金剛摩尼（金剛摩尼を転じて福智を生じる。福は如意宝珠、智は文殊の智慧を指す）。

Ⅴ勧請法：（36）送車輅（自己の心地の諸仏を車に乗せて、常住の道場に招き、心地の仏と常住の道場の仏を冥合させる、○、十八―10）、（37）請車輅（冥会した諸仏を車に乗せて道場の空中に召請する、○、十八―11）、（38）召請（降臨影向の義、○、十八―12）、（39）四摂（四明・鉤によって集会した聖衆を大曼荼羅に牽引する）、40拍掌（聖衆を歓喜させる）。

Ⅵ結護法：（41）法螺（諸天善神が歓喜して罪障を消滅する）、（42）結界（諸魔の辟除・障難の消除、○、ただし馬頭観音、十八

―13）、（43）度欠思議（不詳）、（44）金剛網（諸天の障難を防ぎ安楽にさせる、○、十八―14）、（45）火院（墻外に火焔を満し、清浄の火界とする、○、十八―15）、（46）大三摩耶（諸天魔を降伏し、堅固な法界とする、○）。

Ⅶ供養法：（49）閼伽（○、十八―16）、（48）蓮華座（大曼荼羅に無量の金剛蓮華を敷き大日如来、諸尊、行者もこれに座し、仏性を成就させる、○、十八―17）、（49）讃（秘密瑜伽の歌讃により如来を嘆讃する）、（50）振鈴（口伝、○）、（51）五供養（塗香、華鬘、焼香、飲食、灯明）、（52）摩尼供（諸仏の大会で神通を得て、受苦の衆生を救う、○）、（53）小祈願（○）、（54）礼仏（○）。

Ⅷ念誦法：（55）環輪円成（諸の悪趣を摧破し、転法輪を成就させる）、（56）本尊加持、（57）加持念珠（正念誦、○）、（58）字輪観（本尊と行者の無礙一体を観じる―宮家）、（59）仏眼（一切如来の眼根を円満し、慈悲心により障礙を除く）、（60）散念珠（○）。

Ⅸ後供方便品：（61）六種回向（閼伽・塗香・華鬘・焼香・飲食・燈明の六種の供物による回向）、（62）至心廻向（修行の功徳を衆生に向ける回向、○）、（63）解界（秘密瑜伽の観法を成就し解結する、○）、（64）奉送（撥遣とも。招いた如来などを曼荼羅に奉送する、○）、（65）法螺（奉送）、（66）普礼（印、仏、読経など）。

以上『玄深口決』の「略名義」の各段の次第を個別に紹介し、それを小野流の根本次第『持宝金剛念珠次第』のそれと対応させた。そこでこれをもとに小野流のものと比較して恵印法流の小次第の各段の特徴を要約しておきたい。Ⅰ荘厳行者法（1―玄深口決のみに見られるものの数。以下同様）は修法に先だって諸尊を拝礼するとともに自己の三業を清め身体を堅固にする法である。『玄深口決』の小次第（以下『玄深』と略す）ではこれとあわせて三密を観じている。Ⅱ普賢行願法（5）では如来に香水、供物を供して驚覚させた上で菩提心を発して、行者の三業と如来の三密を融合させると共に五輪を観じている。『玄深』ではこれに加えて、除魔、罪障を消滅し、諸仏を観じ究極の境地を求めて独歩し転法輪を願っている。Ⅲ結界法（1）では四方に墻を作るなど結界して大魔を防ぎ衆生を大曼荼羅に導いている。『玄深』ではさらにその土地を守護する地神を不生不滅の三昧に導いている。Ⅳ道場荘厳法（4）では本尊（自性身）の道場を建立し本尊を供養しているが、『玄深』では十界、理智不二、福（如意宝珠）、智（文殊の智慧を得ること）を願っている。Ⅴ勧請法（21）では車を出して本尊を道場の空中に招請しているが、『玄深』では集会した聖衆も鉤で大曼荼羅に引入して歓喜させている。Ⅵ結護法（2）では上方の網、墻外の火炎によって魔を防ぎ、天魔を浄界に導いている。『玄深』ではこれに加えて法螺によって諸天、善神の罪障を消滅し、不動明王の度欠思議の世界に導いている。Ⅶ供養法（2）では如来・諸尊・行者を大曼荼羅に座さしめ、供養すると共に祈念をこめている。『玄深』ではこれとあわせて秘密瑜伽の歌讃により、如来を随喜させている。Ⅷ念誦法（4）では如来の根本印を結び本尊加持をし入我我入し、正念誦している。『玄深』ではこれに加えて、如来と無礙一体になったうえで、その眼根を得て、諸の悪趣を摧破して転法輪を成就している。Ⅸ後供方便分（3）では、礼仏し至心に回向したうえで解界し、如来を曼荼羅に奉送している。『玄深』ではさらに六種の供物による回向をし、普礼し、法螺によって奉送している。

上記のように総じて『玄深』では、行者は自ら独歩して、登覚台にのぼって修法することによって、理智不二や文殊の智慧を体得し、煩悩や魔の辟除をはかると共に、不動明王の度欠思議の世界にはいっている。なお結護や奉送に法螺が用いられていることも注目される。

第二項　近世中後期の恵印法流

1　当山派と『修験心鑑書』

醍醐三宝院は慶長一八年（一六一三）修験道法度により当山派の本寺とされ、当山正大先達衆を包摂した。この正大先達衆の中には内山永久寺、松尾寺、霊山寺、菩提山正暦寺、三輪山平等寺など興福寺や東大寺に関わった修験も多かった。三宝院ではこれらの正大先達とあわせて各地の真言修験を掌握する必要から、醍醐寺の開山で当山正大先達衆が役行者以来跡絶えていた大峰山の峰入を再開したことから始祖として崇めた聖宝に始まるとする恵印法流を確立する必要にせまられた。こうしたことから三宝院門跡高賢（?～一七〇七）は、寛文八年（一六六八）に同門跡として始めて大峰の奥駈をし、元禄一三年（一七〇〇）には大峰山中の当山正大先達衆の拠点の小笹の役行者堂、聖宝堂の入仏供養を行なった。また江戸の三宝院直末の戒定院を吉野鳥栖鳳閣寺に因んで鳳閣寺と改称し、同寺を当山派諸国総袈裟頭とした。その後を継いだ三宝院門跡房演（一六六七～一七三六）は宮中に願い出て、宝永四年（一七〇七）に聖宝に理源大師の諡号を授かり、翌年八〇〇年忌を施行した。[22] なおこれに先立つ寛文一二年（一六七二）には会津若松の修験常円が、聖宝に仮託した教義書『修験心鑑書』とその注釈を刊行し、以後当山派では最極の書として重視された。こうした中で昌泰三年（九〇〇）に聖宝が大峰山中で龍樹から授かったとする恵印灌頂、その加行としてなされた供養法などがやはり聖宝に仮託して編まれ、当山派の恵印法流が確立したと推測される。その代表的なものは『修験道章疏Ⅰ』にいずれも聖宝撰としてあげられている。冒頭に「修験最勝恵印三昧耶」を付した『極印灌頂法』一巻、『普通次第』一巻、『六壇法儀軌』一巻、『護摩法』一巻、『柴灯護摩法』一巻である。そこで本項ではこれらの恵印法流の諸法則を検討するが、それに先立って当山派の修験者が自己の仏性を見定めるための心の鏡とすることを意図した『修験心鑑書』の内容を紹介しておきたい。[23]

同書の上巻では冒頭に修験の目的は六波羅蜜の修行によって般若の智慧を得て涅槃（悟り）に至ることにある。その般若の智慧は一切の心・法を「空」と悟ることにあるとする。そしてこの般若の智慧を得るためには主尊の不動明王の利剣によって、煩悩や迷い惑いに準えた悪魔を降伏して識（悟り）に導くようにと説いている。また貪瞋癡の三関を戒定慧の三学で打破する三関三度によって十の解脱力である十力（発心力、大慈力、大悲力、精進力、禅定力、智慧力、不厭生死力、無生法恵力、解脱力、無礙力）を得ることを求めている。なお修行の「修」は本有の智、「行」は心で、この智と心を不二とする。そしてこの十力を得てさらに修行して剛力を得ることによって、最上の悟りに入るよう求めている。この修行者が迷夢を醒して悟りに入る為には、空の真実を知ることが必要であるとの説明は法相宗の唯識の思想にもとづくと思われる。

下巻は修験者が発心道場とする大峰山（一乗菩提の峰）の峰入の功徳、修行、法具の説明である。このうち法具の説明は一般のものと同様ゆえ割愛し、峰入に関するもののみ紹介する。(24)まず入峰は五蘊（色受想行識）を空と観じることによって解脱し、不動不変の心地に達する修行であるとする。そして「入」を信、「峰」を心と解して信心不二を説き、これは大日如来と凡夫の入我我入の境地でもあるとする。特に峰中の垢離は無我の境地に入ることによって自性を明瞭にする修行とする。今一方で仏は大医王ゆえ、あらゆる煩悩の病を治すとし、その為の秘密神呪、礼拝、供養、読誦、懺悔、誓願と回向をあげている。

2　恵印四灌頂と血脈

恵印灌頂に関しては『修験最勝恵印三昧耶極印灌頂法』（以下『極印灌頂』と略す）には、滅罪、覚悟、伝法、結縁の四灌頂をあげている。(25)このうち結縁灌頂をのぞく三灌頂は、『霊異相承恵印儀軌』（以下『霊異』と略す）にもあり、それとほぼ同様だが曼荼羅をあげると共により細かくなっている。この四灌頂については八田幸雄作成の表を参照した第一表をもとに『霊異』に見られなかったものに焦点をおいて簡単に紹介したい。(26)ただし曼荼羅の内容については次節で紹介する。

滅罪灌頂は滅罪菩薩を本尊として小祇師が受者に垢穢の身に昼夜おこした業報を滅させる灌頂である。小祇師は受者を道場の大曼荼羅のところに導き三昧耶に入らせ、三礼・五悔させ、讃を唱えさせる。あとは『霊異』と同様に罪を招き摧破し菩提心を起こさせて除一切悪趣菩薩の根本印を授ける。ただこの後、曼荼羅の前に導き本尊の除一切悪趣菩薩根本印明後、摧罪印に挟んだ房花を本尊の曼荼羅に投じ、本尊滅悪趣菩薩の宝号、僧伽讃を唱えて終えている。

覚悟灌頂は龍樹菩薩を本尊として中祇師が受者に闇迷愚心の無明道を悟らせ、無常正等の覚台に登らせる為に一乗峰（大峰山）に準えた道場に導いて行なう灌頂である。まず受者を覆面して入壇させ、普礼、独鈷印後、浄三業、三部、被

第一表　恵院灌頂法一覧

	滅罪灌頂	覚悟灌頂	伝法灌頂	結縁灌頂
一	礼拝	授者入壇覆面	覆面	入壇場
二	覆面	一切普礼	至高座前　礼拝	覆面
三	懺悔	護持独鈷印	授者護身法	越一筐
四	入登大曼荼羅	浄三業	登坐華台	懺悔
五	入仏三昧耶	三部	発覚台印　法界定印	授懺悔文
六	三礼	被甲	制約文	灑浄
七	五悔	登覚台	示衆曰	授与入仏三昧耶印明
八	讃	仏果輪縁	授者謂曰	至曼荼羅前
九	三礼	度欠思議	大祇師高声曰	授与三帰依
一〇	智拳印	本尊を順に一遍透る	授伝灯印明	授与入門印
一一	金剛眼印	入門印	血脈相承　授者登華台	至本尊前　普礼
一二	招罪	合門生印	仏讃	授胎蔵界秘印
一三	摧罪	無所不至印	至曼荼羅前　普賢三昧耶印	授合門生印明
一四	業障除	逆に一遍透る	外五鈷印　房花を挟む	無所不至印
一五	成菩提心	至仏前	授両部印明	小祇師取受者逆一遍透
一六	除一切悪趣菩薩根本印	大智恵印	伝法灌頂大護摩供	受者至仏前
一七	曼荼羅前　本尊印明三遍	環輪円成印	諸衆列座大祇師被勤行	授大智恵印明
一八	摧罪印　房花を挟む	本尊名号　南無大聖龍樹尊	諸衆列座中祇師被勤行	令坐華台
一九	僧讃	授与本尊秘印　龍樹菩薩根本印	諸衆列座小祇師被勤行	授登覚台印明
二〇	本尊宝号　滅悪趣菩薩	本尊印明	伝供加持	授仏果輪縁印明
二一	僧伽讃	至曼荼羅前　法讃	小祈願	授金剛界秘印
二二		本尊印明	遶行礼拝　礼仏	仏讃
二三		鐃鉢	仏眼	三礼
二四		外五鈷印　房花を挟む	本尊	受者至敷曼荼羅前作覆面
二五		当尊印明を授く	不動	授普賢三昧耶印
二六		本尊真言　三礼　普礼	大金剛輪	四智心略讃
二七		伝法灌頂壇場に遺送	一字	
二八		達磨讃梵	中祇師引授者出道場	
二九		達磨讃漢	伝授柴灯大護摩供	
三〇			仏讃梵漢	

甲後『霊異』と同様の作法で無礙心を除いた後、ここでは本尊を順逆に二巡したうえで智慧の主体となり、菩提を証した後に南無大聖龍樹尊と唱えるが、この後その印明を授かるところは同じである。けれどもついで曼荼羅の前に至りそれを讃じたうえで外五鈷印の中指の端に房花を挟んで曼荼羅に投華し、当尊（得仏）の印明を授かり、本尊に三礼をしておわり、伝法灌頂壇に導かれている。なお最後に達磨の讃を梵語と漢語であげている。なお『霊異』の（7）十三仏地の印明（衆生を菩提の道に導く）、（9）金剛摩抳転成福智種印明（理智同体）は見られない。

伝法灌頂は大祇師が大日如来を本尊として山伏道の秘法と血脈相承譜を伝授するもので、伝灯秘密灌頂ともいう。本灌頂については『霊異』には登壇、三種印明、三昧耶、両部印明の伝授しか記していない。しかし本軌では大祇師が受者を道場に導いて登覚台のあと直ちに本道場（地名、寺名をいう）を大峰一乗菩提薩埵山として浄信の弟子に山伏相承の秘法と血脈を伝授すると告げ、已満の人に洩らさないように誓約させる。その上で本尊の前で外五鈷印に挟んだ房花を敷曼荼羅に投華させる。そしてここで両部の印明を授けている。これで伝法会を終わり、続いて大祇師により大護摩がなされる。この間中祇師を経頭として、金剛界三十七尊、慈氏（弥勒）と七壇法の本尊、一乗峰（大峰山）中の諸尊聖衆の宝号、仏眼（21―回数。以下同様）、本尊（100）、不動慈救呪（100）、大金剛輪（21）、一字金輪（100）の真言が唱えられる。大護摩が終わると中祇師が受者を道場の外に導いている。なお本軌の伝法灌頂の次第は、この宝号の部分を除けば、後で護摩を修することも含めて、小野流とほぼ同様である。

結縁灌頂は大日如来を本尊として行なわれる。その次第では受者はまず覆面して小祇師に導かれて壇場に入り、懺悔、灑浄後、入仏三昧耶の印明を授かり曼荼羅の前で三帰依、入門印を授かる。次いで本尊前で普礼し、胎蔵界の印明、合門生の印明、無所不至の印明を授かったうえで小祇師に導かれて、仏前に進み、大智慧の印明を授かる。このあと華台に座り、登覚台、仏果輪縁の印明の後に金剛界の秘印明を授かり、南無三世常住浄妙法身摩訶毗盧遮那仏、南無大悲胎蔵清浄法身摩訶毗盧遮那仏、南無一乗峰中大法集身大聖龍樹菩薩と唱える。そして覆面され敷曼荼羅（伝法灌頂のものを用いる）の前に導かれ三昧耶印の中指に房花を捧げ、曼荼羅に投華する。これをおえると受者は小祇師に導かれて「四智心略讃」を誦えて出壇する。

以上、四灌頂の次第を紹介したが、全体として『霊異』に小野流の前作法などを追加するなど、特に伝法灌頂や本軌に初出の結縁灌頂に小野流の影響が認められる。またすべてに曼荼羅への投華がなされている。これに対して滅罪灌頂や覚悟灌頂には『霊異』の修験的要素が継承されている。

ところで『大峰界会万行自在次第』には、奥書に「建保三年乙亥（一二一四）四月十三日、末資成賢判」と記した「当道九箇條の大事」の後に、昌泰三年（一九〇〇）四月二五日から二九日にかけて、吉野山の鳥栖山真言院道場で行なわれた理智不二秘密灌頂の日程と式衆をあげている。[27]これには上記四灌頂のすべてが含まれている故、上記の四灌頂が整った近世中期以降の創作と考えられる。ちなみに昌泰三年は聖宝が宇多法皇の金峰山詣に供奉した年である。まず二五日の九つ時（午前一二時）には参堂庭儀が行なわれた。この折の大祇師は聖宝、中祇師は観賢、小祇師は寺主の貞崇で、玄蕃允小野常胤が加わった。そして布位（衣カ。庶民の意）四四、打金剛衆三七、児童二二、住位（僧階五位の第二）一六、讃衆・法螺各四、別当・判官各二、公務一が参加している。この住位には吉野山・飯道寺各二、世義寺・昇室寺・多武峰・興福寺各一、東大寺一円の修験と思われる者が見られる。なおこの折の庭讃には「百八名讃」、読経には「寿量無辺経」が用いられた。同日七つ時（午後四時）には柴灯護摩供が法務大僧都聖宝を修法師として施行され、衆僧がこれに和して金剛童子の呪を誦えている。同日夜には滅罪灌頂が小祇師寺主貞崇、懺悔師大法師真願を中心に、引導・鉢・讃各二の伴子（僧カ）によって不動明王法で修された。

二六日の午時（一二時）には理趣三昧があるが、これには聖宝が同年四月一八日に自らが作ったとされる「理智不二礼讃」が用いられたと思われる。同夜には観賢が中祇師となって引導・鉢・讃各二の伴子と共に、覚悟灌頂を龍樹大士の法にもとづいて修している。二七日の四つ時（午前一〇時）には五部の大乗経（華厳経、大集経、大品般若経、法華経、涅槃経）の転読が大祇師長者聖宝、読師中祇師観賢、小祇師で当寺の寺主の貞崇の主導で五三人の転読者によってなされた。同日夜は伝法灌頂が大日如来法によって行なわれた。大祇師は大峰検校前法務正官権大僧都（聖宝）、中祇師は別当観賢、小祇師は当山主貞崇で引導・鉢・讃各二の伴子が職衆を勤めた。ここで聖宝に大峰検校の肩書が付されていることが注目される。受者は東大寺三、比叡山・安倍山各二、吉野山・多武峰・帰命寺・鳳閣寺・西大寺・三井寺・客僧各一である。このうち飯道寺は山伏覚乗、安倍山は山伏均慧である。この他に俗衆が五人いる。なお記名された上記の者の他に信心受者僧六人、山伏二三人がいた。このほか二七日には昼夜にわたって小祇師寺主大法師貞崇と九人の伴子により大日如来法によって結縁灌頂がなされて、王子、公卿、武士、庶民三四〇余人が受法している。

恵印法流の血脈には『修験道章疏』Ⅲ所収の『当山派師々相承血脈』、海浦義観の『恵印相承血脈』、武田尚信が所持した血脈の三者がある。『修験道章疏』Ⅲ所収の血脈は、最後に文化六年（一八〇九）五月三日に武蔵国足立郡小松原配首坂東坊一乗寺小松山滝本院の道場で授与されたとしている。(28)海浦の「恵印相承血脈」は「大日如来　金剛薩埵　龍樹菩薩　理源大師　観賢僧正　淳裕僧正　元杲僧都　仁海僧正　成尊僧都　義範僧都　勝覚僧正　定海僧正　元海僧正　実運僧都　勝賢僧正　成賢僧正　憲深僧正　定済僧正　定勝僧都　定任僧正　勝助僧正　賢俊僧正　実済僧正　満済准后　龍意法師　憲龍法印　理儔法印　如明先達　恵旭先達　高琴先達　天栄法橋　栄海先達　憲澄上人　慶海僧都　憲厚先達　胎嶺法印　大俊先達　良純先達　良昌先達　昌善阿闍梨　良探先達　探然先達　博盛先達　澄海先達　融慧先達　宥尚先達　盛壽僧都　大観僧都　裕弘僧都　尭山先達　尊海先達　義觀」である。武田尚信所持の血脈はこの海浦の血脈を掲載した論文に引用されたものである。(29)いずれも前半は大日如来、金剛薩埵、龍樹、役行者、理源大師（聖宝）をへて満済に至るもので、聖宝以下は醍醐寺三五世憲深（一一九二～一二六三）を祖とする三宝院流末の報恩院流の系譜をあげる。(30)後半『玄深口決』の秘法伝授記録の最初の永享二年（一四三〇）三月一八日に伝授された駿河国富士郡岩淵村最勝院法印龍意に始まって、主として伊豆・駿河の寺院でのこの伝授記録にもとづくものである。ただし海浦の血脈には役行者がなく、融慧までは『玄深口決』の同書の伝授と対応するが、宥尚以下義観までは『玄深口決』の慶命空観、慧宥等空、慧慶等観、尚信慧浄とは異なっている。一方武田尚信所持の血脈の融慧以後は慶明、慧宥、慧康、尚信で、これと一致している。また『修疏』Ⅲ所収血脈も、慶明、等空慧宥、等観金剛慧慶となってほぼこれと一致している。

それ故これらから推測すると、恵印法流は本来駿河・伊豆など東国で成立したものを三宝院が整理したが、その後も主として東国で伝来した法流で、それを小野流に属す報恩院の僧侶が整理したものと推測される。

3　普通次第と六壇法

恵印法流の供養法の基本をなす『修験最勝恵印三昧耶普通次第』一巻は、前項であげた『玄深口決』の「小次第略名義」の九法（Ⅰ～Ⅸ）のそれぞれに若干の次第を追加したものである。[31] そこで各法ごとに追加されたものをあげると、次の通りである。

Ⅰ荘厳行者法：壇前普礼、登礼盤、弁備供具。
Ⅱ普賢行願法：ラン・バン、加持供物（○―小野流の『持宝金剛次第』にある事を示す。ラン字観）。
Ⅲ結護法：なし。
Ⅳ道場荘厳法：浄土変（○）。
Ⅴ勧請法：なし。
Ⅵ結護法：なし。
Ⅶ供養法：本尊讃、献供、三力偈（○）。
Ⅷ念誦法：本尊加持（智拳印）、本尊加持（○）、本尊加持。
Ⅸ後供方便品：後供養（○）、献供、普供養、振鈴（○）、四智讃（○）、本尊讃、小祈願（○）、礼仏（○）、至心回向（○）、護身法（○）、印仏読経（○）。

これを見ると、本尊讃、本尊加持、供養などと、本尊を祀り供養する部分と、Ⅰ荘厳行者法の最初の壇前普礼、Ⅸ後供方便品の回向や祈願が追加されている。この他で注目されるのは、Ⅱ普賢行願法の神分の処で「玄深口決」では天照大神と三界の諸天のみだったのに対して、外金剛部、金剛天、三界の天王天衆、王城の鎮守、諸大明神、天照・八幡など六〇余州の大小の神祇に続いて、殊にとして大峰の蔵王権現、地主の金精・深沙・子守・勝手、天河弁才天など万山諸神、熊野三所、葛城護法、本命元辰、諸宿曜、焔魔法皇、太山部君（泰山府君）、司命司録、冥官冥衆、当年の疫病神などの多くの神々をあげ、さらに山伏伝統の僧祇の霊、顕密伝来の諸大祖師、貴賤霊、天皇の菩提、将軍、国主、師長、父母の息災延命を祈念していることである。このように本普通次第では小野流などの密教の儀軌から周到な準備の上で本尊のみならず、神分に見られたように多様な神格を招いて、供養・祈願したうえで最後もきちんと結界して送っているのである。

六壇法は『修験最勝恵印三昧耶六壇法儀軌』一巻所掲の大日如来、龍樹、愛染明王、金剛童子、深沙大王、弁才天の供養法である。(32) これらは『玄深口決』では『七壇の大綱』として、弁才天、深沙王、金剛童子（金剛蔵王）、曤誐大明王（愛染明王）、不動忿怒王、龍樹、大日（金・胎・恵印）の順にあげられて、主としてその縁由、利益、像容のみ記されたのに対して、本儀軌では不動明王以外のものの次第があげられている。本六壇法のそれぞれの構成は大日、龍樹、愛染・金剛童子の各法は（1）勧請、（2）道場観、（3）召請、（4）結界、（5）華座、（6）讃、（7）本尊加持、（8）加持念誦、（9）字輪観、（10）散念珠で、深沙法と弁才天法は（4）結界、（8）加持念誦、（9）字輪観を欠いている。その内容は第二表の通りである。各壇の構成は表にあげたようにほぼ同様なので、これを見ていただくことにして、ここでは道場観の部分のみを比較検討したい。

道場観はいずれも如来拳印を結んで前半では各壇の主尊の出現の経緯とその像容を観じている。出現の経緯はいずれも弁才天の種子が大峰山または葛城山となり、その山頂に宝殿が現れて、大日と龍樹は中央の壇に、愛染は蓮華座に、金剛童子は磐石に、深沙と弁才天は荷葉座に三鈷杵（大日）、三鈷金剛杵ついで錫杖（龍樹）、五鈷金剛杵（愛染）、一鈷杵（金剛童子）、人頭幢（深沙）、琵琶（弁才天）というように各尊の働きと結びつく法具に変わったうえで、それが各尊となっている。

その像容は大日如来は結跏趺坐し、三二相八〇種好を示し、法界定印を結ぶ。龍樹は赤色の袈裟を着て左手に錫杖を

第二表　恵印六壇法一覧

	大日法	龍樹法	愛染法	金剛童子法	深沙法	弁才天法
1 勧請	一心勧請大日尊 内外権実諸聖衆	—、龍樹尊 —	—、愛染王 三十七尊諸大衆	—、金剛童子 —	—、深沙王、—	—、弁才天、—
2 道場観	出現の経緯（大峰–三鈷–杵–種子）–像容–如来尊印、七処加持	—（大峰–三鈷金剛杵–錫杖–種子）—、—、—	—（大峰–五鈷金剛杵）—、—、—	—（大峰–一鈷杵）—、—、—	—（葛城–人頭幢）—、—、—	—（葛城–琵琶）—、—、—
3 召請	二手外護、二大竝立屈、真言	大鉤召印、真言	不動次いで愛染	不動次いで金剛童子	大鉤召印明	大鉤召印
4 結界	不動剣印、慈救呪	—、—、—	—、—、—	—、—、—	×なし	×なし
5 華座	八葉印明	—	—	六葉印明	四葉印明	四葉印明
6 讃	四智讃 心略讃	寿命陀羅尼讃	本尊讃	四智讃用不動讃	諸天讃	諸天讃
7 本尊加持	智拳印、又智拳印、外五鈷印	外五鈷印、金合	根本印 外五鈷印、内五鈷印	根本印明、一鈷印明 獅子爪印明	金剛合掌、又印明、又印明、大慧刀印明	根本印（琵琶を弾く形） 如意宝珠印明
8 加持念誦	種子	呪	中咒	小咒	×なし	×なし
9 字輪観	因業 塵垢、諸法本不生、等空 言説	五大	了義 作業、因業、遷変 慉慢	五大	×なし	×なし
10 散念珠	仏眼 21、本尊初咒 100、中・後 1000、不動 100、大金 7、一字 100	仏眼 20、大日 100、本尊初 100、後 1000、不動 100、法施・大金 7、一字 100	仏眼、大日、本尊 3、不動、大金、一字	仏眼 21、大日 100、不動 100、本尊三種咒（大 21、中 100、小 1000）、大金 7、一字 100	仏眼 21、大日 100、本尊初咒 1000、次咒 100、大咒 21、後咒 100、大金 21、一字 100	仏眼 21、大日 100、本尊初咒 1000、次咒 100、大金 7、一字 100

（—は大日法と同じであることを示す）

持ち、右手は施無畏印で四摂八供などの菩薩に囲繞されている。愛染明王以下は儀軌に示す像容である。すなわち愛染明王は三目で六臂に弓矢などを持つ忿怒像（大正蔵図像五―一二三六）、金剛童子は一面三目で狗牙を出し下唇をかみ、右足は磐石を踏み、左足は空中にあげ、一鈷杵を持ち、大蛇を身にまとい背中に火焔と雷電がある忿怒身である（大正蔵二〇―一二二上・中）。深沙大王は白肉色二臂で頭に宝冠をいただき、右手に人頭幢、左手に巻物を持ち、司命司録を始め多くの眷属に囲まれている（大正蔵図像三―五四上）、弁才天は宝冠をいただいた白肉色の美妙な姿で八臂に弓矢、索、利剣などを持ち十五童子に囲繞されている（義浄訳『金光明最勝王経』大正蔵一六―四三七下）。このように『恵印六壇法』の道場観では『玄深口決』では主に縁由、利益が説かれていたのに対して、大日如来と龍樹以外は括弧内に注した経軌にもとづく像容になっていて、この儀軌が三宝院の学僧の手になったことを示すとも思われるのである。なおこの諸供養法は灌頂の受法に先だつ加行ともされたが、その時はまず前行を五〇日修して、その後大日、龍樹、不動、愛染、金剛童子、深沙大王、弁才天の順序で各法二一日ずつ、計一九七日にわたって行なっている。

4　息災護摩と柴灯護摩

『修験最勝恵印三昧耶護摩法』（以下、恵印護摩法と略す）は屋内で行なう護摩である。[33] 東密では屋内の護摩には目的に従って息災、増益、敬愛、調伏、鉤召の五種がある。本護摩法は乳木（焼供）の真言に「息災のために」とあるので、息災護摩と考えられる。小野流の息災護摩は仁海（九五一～一〇四六）の「息災護摩次第」を見ると、既述の「持宝金剛念誦次第」とほぼ同様の構成で、この中のⅧ念誦法の中に火天段（火天―勧請する神格。以下同様）、部主段（不動）、本尊段（大日）、諸尊段（金剛界三十七尊）、世天段（不動、十天、七曜、二十八宿）を挿入する形をとっている。『恵印護摩法』はこの挿入部分を火天段（火天）、部主本尊段（不動、大日）、諸尊世天段（金剛界三十七尊、不動、恵印六尊、十二天、七曜、二十八宿としたものである。以下各段の次第を紹介し、仁海の『息災護摩次第』との相違を検討することにしたい。[34]

火天段は大日如来の無所不至の印明の後、炉・薪を整え、扇火後、炉中に投じた花が化した荷葉座に火天を勧請する。

その際に仁海の次第にはない四明、法螺がある。ついで炉に油・乳木を加え、五穀などを供して祈願後、奉送するが、これらは仁海の次第とほぼ同様である。

部主本尊段もほぼ同様の順序でなされるが、炉中に二花を投じ弥陀の定印を結んで、それが智剣と卒塔婆、さらには不動と大日に化すと観じている。このあと外五鈷印で招き、四明、法螺があるが、これらは仁海の次第には見られない。このあと種々の供物後、弥陀の定印で瞋恚、煩悩及び一切の怨敵を焼尽すると観じる。さらに混沌供も加えた供養の上で、弥陀の定印で如意宝珠により貪欲・業・煩悩を滅除して福貴延命を得ると観じる。そして最後に今一度弥陀の定印により、愚癡煩悩を照融して無上の大覚位を証じると観じたうえで、具体的に我身を見る者、我名を聞く者、我説を聴く者が至心に発願して護摩を修した故、悉地を円満するように願った上で本座に送っている。このように本段では智剣と卒塔婆が化した不動と大日によって無上の大覚位を証し、煩悩や瞋恚を祓い、悉地を円満することを四度にわたって弥陀の定印で観じている。

諸尊世天段では、さきの両段と同様の手続きで五智如来所属の諸尊、十二天、十二宮、七曜、二十八宿を勧請している。また最後近くで乳木を投じてする混沌供の際には、金剛界成身会（ただし不空成就のかわりに釈迦）、金剛界三十七尊、恵印七尊、一二の諸天、七曜、二十八宿の真言を唱えたうえで悉地成就を祈願して奉送している。

さてこの『恵印護摩法』を小野流の仁海の『息災護摩法次第』と比べると、勧請する本尊は仁海は火天段は火天、部主段は不動、本尊段は大日、諸尊段は金剛界三十七尊、世天段は不動・十天・七曜・二十八宿である。一方『恵印護摩法』は火天壇は火天、部主本尊段は不動・大日、諸尊世天段は金剛界三十七尊・不動・上記六壇法の修験六尊・十二天・七曜・二十八宿である。次に勧請方法は仁海は呪のみだが、『恵印護摩法』は、鉤召の呪、四明（鉤、索、鏁、鈴の四菩薩）による鉤召に法螺が加わっていることが注目される。また、『恵印護摩法』では、部主と本尊段、諸尊段と世天段をあわせていることから、勧請前の作法、最後の奉送の作法は一本化している。なお供養の供物は両者ともほぼ同じだが、『恵印護摩法』では諸尊世天段の混沌供で、金剛界成身会の五仏、金剛界三十七尊、恵印七尊、諸天、七曜、二十八宿の真言があげられていることが注目される。

柴（「採」は本山派の用字）灯護摩は屋外で行なう修験独自の護摩で、本・当両派、霊山でその作法を異にしている。聖宝撰とされる『修験最勝恵印三昧耶柴灯護摩法』は、上記の『恵印護摩法』と同様に、火天段、部主本尊段、諸尊世天段から成る(35)。その次第はまず道場に入り、念珠を摺り、護身法後火天段に入り、小木文「四大和合身、骨肉及手足、如薪尽火滅、皆共入仏地」を唱える。ついで松の丸太を井桁に組み杉葉をつめた護摩壇を金剛界五仏に準えて「東方阿閦如来の木を西方阿弥陀如来の金で切り、中央大日如来の大地に置き、南方宝生の火でこれを焼き、北方釈迦の水を灌ぎ五大の依身を焼き尽し、還帰せしむ」と観じて、護摩壇に点火し火天を勧請し、四明後火天の真言を唱えて念珠を摺った上で撥遣している。

部主本尊段では念珠を摺り、散杖を護摩壇の左右で三度上下する散杖作法後、部主の降三世明王を勧請し、次いで本尊の不動明王を勧請して四明後、念珠作法をし、小木を三度護摩壇に投じて扇で煽ぐ扇火後、大杓・小杓で水を灌ぐ、そして不動明王の独鈷印で火界呪、同じく剣印で慈救呪さらに一字金輪呪後、大日如来の印明、引念珠、摺念珠、扇火後、降三世、不動を送る印明を結び、護摩を納受して悉地を円満するように願っている。

諸尊世天段では、念珠と散杖の作法後、外五鈷印で金剛界の五部諸尊、世天を鉤召し、さらに独鈷印で不動、十二天、七曜、二十八宿を招き、四明後、念珠、小木、扇火、大杓、小杓がなされる。次いで外五鈷・独鈷の印明後、念珠を摺りながら不動、金剛童子、十方の世天に護摩の妙供を納受し、悉地円満するように願っている。このあと摺念珠、杓、箸、扇火があり、一礼して祈念後、護身法を修して護摩をおえ、一礼後道場を去っている。なお全体として見ると、本尊の不動明王が部主本尊段のみならず、諸尊世天段でも再度招くというように重視されている。

第三項　近現代の恵印法流

1　真言宗醍醐派と恵印法流

明治五年（一八七二）の修験宗廃止令により、当山派は醍醐三宝院に統括されたまま真言宗に所属した。当時醍醐寺では、智積院や長谷寺を教相の本寺とし、醍醐寺で事相の法流を継承して同寺を事相の本寺とした、いわゆる公称寺院が末寺のほとんどを占めていた。ところが真言宗の分派の動きの中で、これらの醍醐寺末の公称寺院のうち、明治七年（一八九四）には一〇〇九ヶ寺が智積院を本寺とした智山派に、翌年には一四五五ヶ寺が長谷寺を本寺とした豊山派に転派し、醍醐寺の末寺は一六〇ヶ寺ほどに減少したので、醍醐寺はその組織基盤を在俗の一般修験者に求めざるを得なくなった。そこで明治三三年（一九〇〇）に真言宗から分派して真言宗醍醐派になった翌年に修験部を設け、明治三六年（一九〇三）にはその名称を古来の恵印法流に因んで、恵印部と改称し、修験者を掌握し、新寺院の設立に努めていった。そして明治四三年（一九一〇）には恵印灌頂を復活した。ちなみに同年の醍醐派の教勢は寺院八〇四（その多くは修験寺院）、住職四八三人、教師一二四九人、非教師一八六五人である。[36]いわば恵印灌頂が真言宗醍醐派再生の契機となり、爾来恵印法流が同寺の事相の中核をなすことになったのである。なおこうしたこともあってか、大正五年（一九一六）刊行の当山派の法則教義をまとめた『修験道章疏』第一巻には、海浦義観らによって集められた上記の中世後期、近世中後期成立と推定した恵印法流の法則、儀軌が多くを占めている。

その後醍醐三宝院では古来修験道に伝わる行軌、秘決、注解を集めて斯道修行の指針とすることを目的として、昭和二年（一九二九）に『修験聖典』を編集した。[37]同書では峰中法流（柱源、正灌頂、柴灯護摩）とあわせて「恵印法流の部」を設けて恵印三昧耶加行次第、「恵印三灌頂」と「結縁灌頂」など灌頂に関する法則をまとめている。近世中期には供養法とも捉えられていた「恵印六壇法」が、明治四三年の恵印灌頂復活の際になされたのか、灌頂のための加行と捉えられているのである。なお平成六年（一九九四）に当時の真言宗醍醐派宗務総長（現管長）の仲田順和は論文「当山派修験の修行」で、恵印法流、加行、灌頂などに関して適切な解説を行なっている。(38) そこで以下『修験聖典』収録の次第を、この解説をもとに近・現代の醍醐三宝院の恵印法流を簡単に紹介しておきたい。(39)

2　恵印三昧耶の加行

近代の恵印法流では灌頂に先だって加行が行なわれた。その次第をあげた『恵印三昧耶加行次第』（以下『加行次第』と略す）は、礼拝加行作法、弁才天法、深沙大王法、金剛童子法、愛染法、不動明王法、龍樹菩薩法、大日法の八壇と護摩供次第、神供作法の九巻から成っている。(40) 本次第はまず最初にこれらを加行として行なう際の初行・本行の日数・座数、減縮座数をあげている。それによると礼拝加行は五〇ヶ日、座数一五〇座、減縮五〇座だが、七壇と護摩はいずれも初行七日、座数二一座、減縮七座、正行二一日、座数六三、減縮二一座で、全体で総日数二七四日、総座数八二二座である。しかし現在は減縮の形で、礼拝五〇座の後、各七尊と護摩を初行七座、減縮二一座、計二七四座を終えたあと三灌頂を受法する形をとっている。なお『加行次第』に新たに加えられた「礼拝加行作法」は、大弁才天の宝号を一〇〇遍唱え、理趣経、理智不二礼讃、仏眼大呪二一遍、大日呪一〇〇遍、不動明王慈救呪・弁才天心呪各三〇〇遍などを唱える「峰授恵印三昧耶加行作法」、神変大菩薩と理源大師の宝号を各一〇〇遍唱え、理智不二の身を疾得する事を毘盧遮那仏に願う「両祖師作法」、毎朝鎮守に参詣して心経三巻、諸神呪（オンロキャロキャキャラヤソワカ）、一字金輪呪各一〇〇遍などを唱える「鎮守法楽」からなっている。

七壇の各作法の次第はいずれもさきに紹介した近世後期の普通次第と同様だが、各壇を見ると、括弧内にあげた修験に関する部分が削除されている。Ⅰ荘厳行者法（削除なし）、Ⅱ普賢行願法（17登覚台、22法界円満、23仏果輪縁）、Ⅲ結護法（26地天）、Ⅳ道場荘厳法（28加持道場、29入門、30合門生、33大智慧）、Ⅴ勧請法（削除なし）、Ⅵ結護法（41法螺、42結界〈不動〉）、

43度欠思議（削除なし）、Ⅶ供養法（52摩尼供）、Ⅷ念誦法（55環輪円成、57加持念珠、59仏眼）、Ⅸ後供方便品（削除なし）。これは制度的に修験宗が廃止されたことから、修験独自のものを外したことによると考えられる。ただ護摩の場合はⅣ道場荘厳法の部分がなく、Ⅷ念誦法の本尊加持の後で、火天段、部主本尊段、諸尊世天段を入れ、最後にⅨの後供方便分をする形をとっている。なおこの八法の道場観の部分を見ると、いずれも如来拳を結び、弁才天の種子を観じ、それが変じて弁才天法・不動法・護摩は葛城山、愛染法・深沙大王法・大日法は大峰一乗菩提山となり、それぞれの宝楼にその諸尊が現れるとしている。なお「神供修行法」は、浄所を四角に区切り、中に十二天の幣を立て十二天と七曜、二十八宿を勧請して粥を供え、光明真言、心経、尊勝陀羅尼により法施をしたうえで撥遣する作法である。

3　恵印灌頂と法要

恵印灌頂は醍醐三宝院の道場で行なわれているもので、修験僧侶の為の滅罪、覚悟、伝法の三灌頂と、一般俗人も対象とした結縁灌頂がある。(41) その内容は従来のものと異なり、東密小野流の事相をもとにしている。滅罪灌頂は滅悪趣菩薩を本尊とするもので、その内容はまず小祇師が受者に催罪業障除の印相を授け、これによって罪障を除滅すると観じさせる。次いで不動明王の独鈷の印明を授け、覆面の上で曼荼羅の前に導き、受者の掌の花を本尊に投華させる。そのうえで大祇師が滅悪趣根本印明を授け、真如の妙理を悟り、諸悪趣を壊し、法利を授かったとして本尊に帰命させると共に両祖師（役行者と聖宝）に三礼させている。

覚悟灌頂は龍樹菩薩を本尊とする。本灌頂では覆面し、入仏三昧耶の真言を唱えて、受者を大壇の前に導き龍樹の真言を三度唱えたうえで大壇に投華させたあと合目生、仏果輪円、度欠思議などの印明後、大祇師の前に導き、無所不至、大恵刀、環輪円成と本尊の印明を授けている。そしてこれによって解脱道に入り、本覚を悟ったので、龍樹大師の恩に報いる事を誓わせている。なおここでは合門生、仏果輪円、度欠思議など修験独自の印明を授かっている。

伝法灌頂は大日如来を本尊とする。まず中祇師が受者を大壇の前に導き、覆面して投華させる。ついで大祇師の前に導く。大祇師は伝法灌頂は胎蔵界の八葉の蓮台に登り、父母所生の肉身のままで金剛不壊の法身に入る秘法で、大峰山に準えた三宝院道場で授ける故、その秘印、血脈は堅く秘すように制誡する。その上で金剛界、胎蔵界の伝統印明を授け、出堂させる。こうした灌頂をおえると、再度受者や祇師が登壇し、灌頂護摩が修される。この後中祇師の唱導で摩訶毘盧遮那仏から始まり、金剛界三七尊、恵印七壇の主尊、一乗峰（大峰山）の諸尊聖衆など四七尊の宝号、仏眼小呪二一遍、不二大日・両部大日・慈救呪を各一〇〇遍唱えて成満している。結縁灌頂は主として在俗修験を対象としたもので、大日如来を本尊としている。その次第は近世中期の「極印灌頂」とおなじものである。なお三宝院では明治四三年（一九一〇）の恵印灌頂の復活後も伝法学院を中心に次第を整え、不定期に恵印灌頂を開壇している。近年では平成一三年（二〇〇一）一一月九・一〇日に神変大菩薩御遠忌奉讃記念として恵印七壇法の加持満行者二二人に対して滅罪・覚悟・伝法の三灌頂を開壇している。

このほか醍醐三宝院では現在、毎年四月一五日の清滝宮桜会の中日法要として、当山派修験恵印法流を一座厳修している。その次第は、宿出の螺を合図に三宝院唐門を出た山伏が行列をくんで金堂に入堂し、大祇師を導師として、法螺、三礼、護身法、床堅文、五輪観文、表白、前讃、理智不二礼讃、九條錫杖、後讃、般若心経、回向、本覚讃、諸真言、解界、三礼を修し、出堂するものである(42)。

結

当山派独自の恵印法流の主要な儀軌は大峰山の峰入を再開し、醍醐寺を開基した東密小野流の祖、聖宝とその弟子に仮託されている。けれどもその成立や展開は当山派の成立、確立と密接に関わっている。本節ではその成立を聖宝の弟子貞崇が吉野山鳥栖鳳閣寺に設けたとされる聖宝の廟が多数の帰依者により再建された一四世紀後期と推定した。そしてその確立を醍醐三宝院が江戸の末寺戒定院にこの鳳閣寺の名跡を与え、同寺を当山派諸国総袈裟頭とし、さらに聖宝に理源大師の諡号が与えられ、その八〇〇年忌がなされた一八世紀初期とした。また近代初頭醍醐寺が多くの末寺の新義真言宗への転派後恵印部を設けて恵印灌頂を開壇するなどして、傘下の修験者の掌握に努めた二〇世紀初頭を展開期とした。以下本文で述べたこの三期における恵印法流の特徴を簡単にまとめて結論とすることにしたい。

成立期の「理智不二礼讃」の理説では、理智不二の本源を空に求め、中道を説き、六波羅蜜の菩薩行と不動明王を重視している。また釈迦が無心無色の本仏から教えを聞いたとする「三身寿量無辺経」が作られている。一四世紀後期頃成立と思われる『霊異相承恵印儀軌』には聖宝が大峰山で役行者を介して龍樹から五重の相伝を受けたとしている。その一重は滅悪趣菩薩を本尊とした滅罪灌頂、龍樹を本尊として三摩地に入る覚悟灌頂、大日如来を本尊とする本有無作の秘術とする伝法灌頂である。この伝法灌頂は小野流のものに近く、滅罪灌頂はその三昧耶戒にあたるが、覚悟灌頂には恵印法流独自の印明が認められる。第二重から第五重は段階を追って、自身に内在する無作本有の不動明王になる為のものである。

永享二年（一四三〇）に富士山麓で龍意が伝授されたとする『玄深口決』には、弁才天、深沙王、金剛童子（蔵王権現）、囉誐大明王（愛染明王）、不動明王、大日如来の大峰に関わる諸尊の縁由と像容、恵印曼荼羅次第と「小次第略名義」をあげている。この最後の「小次第」は、荘厳行者、普賢行願、結界、道場荘厳、勧請、結護、供養、念誦、行供方便の次第から成るが、その内容は、小野流の「持宝金剛念誦次第」をもとにしている。ただ「小次第」は行者が自ら登覚台に登って修法することによって煩悩や魔を除いて、不動明王の度欠思議の世界に入っていることや、結護や奉送に法螺が用いられていることが注目される。

一八世紀初期の恵印法流を代表する儀軌は、三宝院による聖宝讃仰の中で作られたいずれも聖宝撰とし、その巻頭の最初に「修験最勝恵印三昧耶」を付した「極印灌頂法」「普通次第」「六壇法」「護摩法」「柴灯護摩法」を主なものとしている。なおこれらに先だつものに役行者言、聖宝撰とした常円の『修験心鑑書』がある。同書は貪・瞋・癡の三関を戒・定・慧を意味する三度（学）によって克服する三関三度によって解脱力である十力を得て悟りに入ることを求めると共に、菩薩行の六波羅蜜を強調している。また理智不二に見られる「不二」を、修（智）行（心）の智心不二、入（修）峰（心）の信心不二にと展開すると共に、救済の為の神呪、礼拝、供養、読誦、懺悔、誓願についてもふれている。『極印灌頂』では、滅罪、覚悟、伝法、結縁の四灌頂をあげる。なおこれらではいずれも、それぞれの曼荼羅が用いられている。滅罪灌頂では滅罪菩薩を本尊とし除一切悪趣菩薩の根本印を授ける。覚悟灌頂では龍樹を本尊とし無明道を悟り、無上正等の覚台に登らせる。伝法灌頂では大日如来を本尊とし、両部の印明を授け、その後の護摩では、金剛界諸尊、恵印七尊名を唱えている。また血脈を授けるが、これは大日如来から満済までの報恩院流のものに、上記の『玄深口決』初伝の龍意以下の受者をあげている。結縁灌頂は本尊を大日如来とし、敷曼荼羅に投華して得仏している。これらは覚悟灌頂を除けば小野流の影響を強く受けている。

六壇法は大日、龍樹、愛染、金剛童子、深沙、弁才天の修法である。構成はすべて勧請、道場観、召請、結界、華座、讃、本尊加持、加持念誦、字輪観、散念珠（ただし深沙と弁才天には結界、加持念珠、字輪観がない）である。なおいずれも道場観で如来の拳印を結んで、弁才天の種子が変じて大峰（大日、龍樹、愛染、金剛童子）・葛城（深沙、弁才天）に変じ、さらに各尊の持物、最後に本尊そのものになると観じている。なお本尊の像容は大日如来と龍樹を除けば、儀軌の図像に基づいていて三宝院の学僧の関与が予測される。護摩法は息災護摩で、小野流の仁海の五段の「息災護摩次第」とほぼ同じだが、火天、部主本尊（不動、大日）、諸尊世天の三段にまとめられている。また諸尊世天段で金剛界三十七尊、不動、恵印六尊、十二天、七曜、二十八宿と多様な神格を招く点が異なっている。柴灯護摩も同様の三段構成だが、ここでは諸尊世天段は不動、十二天、七曜、二十八宿のみを招いている。

近・現代の恵印法流は近世中期のものをさらに整理したうえで『修験聖典』（一九二九年、醍醐寺）に「恵印法流」としてまとめたものに示される。本項ではその中の灌頂のための加行としてまとめた『恵印三昧耶加行次第』九巻、恵印灌頂（滅罪、覚悟、伝法）と結縁灌頂をとりあげた。『加行次第』は、近世中期の七壇法と護摩供の前に「礼拝加行作法」（弁才天に帰命し六根を清浄する頌一〇八遍、理趣経、理智不二礼讃などをあげる）と付属の「両祖師供」（理源大師と神変大菩薩の宝号を一〇〇遍となえる）、「鎮守法楽」（神呪「オンロキャロキャキャラヤソワカ」一〇〇遍を中心とする）、後に十二天などをまつる『神供略作法』を加えて九巻としたものである。滅罪、覚悟、伝法の三灌頂と結縁灌頂は、覚悟灌頂に恵印法流独自の印明が見られる。他は近世中期の「極印灌頂」同様に小野流と類似している。そして三宝院では明治四三年（一九一〇）の復活以後、ときおり開壇している。なお醍醐寺では現在毎年四月一五日の清滝宮桜会の中日に金堂で、「理智不二礼讃」と「九條錫杖経」を中心とした恵印法要を行なっている。総じて近・現代の恵印法流では九巻の加行次第に見られたように、灌頂前の二七四座にわたる加行に重点が置かれ、小野流の影響がより強くなっている。

注

（1）大隅和雄『聖宝――理源大師』醍醐寺事務所、一九七六年、一二六～一三三頁、佐伯有清『聖宝』吉川弘文館、一九九一年、一九六～二〇一頁。
（2）高井観海『密教事相大系』藤井佐兵衛、一九五三年、三四～四三頁。
（3）『重要文化財鳳閣寺廟塔修理工事報告書』奈良県教育委員会、一九五六年、一一頁。
（4）本『玄深口決』は修験道章疏Ⅰでは「恵印三昧耶法玄深口決」との題を付して、異名を『玄深口決』としている。ただ私は同書の成立当初の名称はこの異名と考えてこの表記を使用した。
（5）『修験聖典』醍醐三宝院、一九二九年、一五三～三四二頁。
（6）修験道章疏Ⅰ所収の恵印法流の儀軌に関しては、加藤章一「恵印灌頂」宮家準編『修験道章疏解題』国書刊行会、二〇〇〇年、六七～七二頁ならびに同書所収の各儀軌の解題参照。
（7）『修験最勝恵印三昧耶法玄深口決』修験道章疏Ⅰ、一一八頁。
（8）『霊異相承恵印儀軌』修験道章疏Ⅰ、八七～八八頁。
（9）『霊異相承恵印儀軌』修験道章疏Ⅰ、七一～七四頁。このうち除魔童子から香積童子までは大峰八大金剛童子、経護童子から羅網童子は葛城七大童子である。なお法喜菩薩は華厳経にとく金剛山の守護神で、葛城山（金剛山とも）では役行者はその化身とされている。
（10）『理智不二礼讃』一巻、修験道章疏Ⅰ、六一～六五頁。なお斎藤明道『理智不二礼讃に聞く』総本山醍醐寺事務所、一九八二年参照。
(11)『仏説三身寿量無辺経』修験道章疏Ⅰ、一～二頁。海浦義観「仏説三身寿量経序」神変五七、一九一四年、二～五頁参照。
(12)『役行者本記』修験道章疏Ⅲ、二五〇頁。
(13)「諸説不同記」巻二、大正蔵図像一～一五上。木内堯央「『仏説三身寿量無辺経』解題」、上掲宮家編『修験道章疏解題』一二三頁。
(14)『霊異相承恵印儀軌』修験道章疏Ⅰ、七四～八二頁。
(15)小野流との比較については、八田幸雄「修験恵印法流の儀軌と密教　一　恵印灌頂」日本仏教四〇号、一九七七年参照。
(16)『霊異相承恵印儀軌』修験道章疏Ⅰ、八二～八三頁。
(17)『修験最勝恵印三昧耶法玄深口決』修験道章疏Ⅰ、一一八～一二〇頁。
(18)猪川和子『日本古彫刻史論』講談社、一九七五年、二七六～二八六頁。
(19)『修験最勝恵印三昧耶法玄深口決』修験道章疏Ⅰ、一二八～一二九頁。
(20)「小次第略名義」『修験最勝恵印三昧耶法玄深口決』修験道章疏Ⅰ、一二四～一二九頁。
(21)「持宝金剛念誦次第」『弘法大師全集』四、七九四頁、八田幸雄「修験恵印法流の儀軌と密教　二　供養法・護摩法」密教文化一一八号、一九七七年、三八～四一頁。
(22)宮家準『修験道組織の研究』春秋社、一九九九年、七三二～七三五頁。
(23)『修験心鑑書』一巻、修験道章疏Ⅰ、三五五～三五八頁。同書は役行者の言を聖宝がまとめたとされ、これに常円が註を付した『修験心鑑鈔』が付されている。しかし実際は『修験心鑑書』も常円の著と考えられる。なお斉藤明道『修験のこころ――修験心鑑書講話』醍醐寺事務所、一九七八年参照。
(24)法具については笈、形箱、被蓋、鈴懸、結袈裟、頭巾、螺の緒、金剛杖、法螺、引敷の説明がある。
(25)『修験最勝恵印三昧耶極印灌頂法』修験道章疏Ⅰ、二二一～三〇頁。
(26)上掲八田「修験恵印法流の儀軌と密教　一　恵印灌頂」五四～五五頁所載の「修験最勝恵印三昧耶極印灌頂法一覧」をもとに作成。
(27)『大峰界会万行自在次第』修験道章疏Ⅰ、一六六～一六九頁。
(28)「当山派師々相承血脈」修験道章疏Ⅲ、三〇八頁。
(29)海浦義観「恵印法流と風儀」神変三七、一九一二年、五～八頁。
(30)上掲高井『密教事相大系』三七～四三頁。

(31)『修験最勝恵印三昧耶普通次第』修験道章疏I、三一〜四三頁。
(32)『修験最勝恵印三昧耶六壇法儀軌』修験道章疏I、四四〜五一頁。
(33)『修験最勝恵印三昧耶護摩法』修験道章疏I、五二〜五七頁。
(34)仁海『息災護摩次第』(小野新本)勧修寺刊「勧随通用四度聖教中」。なお、上掲八田「修験恵印法流の儀軌と密教　二　供養法・護摩法」二四〜三一頁。
(35)『修験最勝恵印三昧耶柴灯護摩法』修験道章疏I、五八〜六〇頁。
(36)林淳「修験道研究の前夜」時枝務・長谷川賢二・林淳編『修験道史入門』岩田書院、二〇一五年、一三〜一八頁、宮家準『修験道組織の研究』春秋社、一九九九年、一〇二三〜一〇二五頁。なお仲田順和「当山派の修行」神変一〇二七号、一九九八年によると、一九九八年現在は修験寺院三五〇(全寺院の三分の一)、修験教師三〇〇余名である。
(37)『修験聖典』編者岡田戒玉宗務総長の序。なお本聖典の成立には共編者高井善証の尽力があったと考えられる。
(38)仲田順和「当山派修験の修行」修験道修行大系編纂委員会編『修験道修行大系』国書刊行会、一九九四年、一九三〜二一四頁。
(39)『修験聖典』一五三〜二二四頁。なおこの部分については渡部俊現編著『恵印三昧耶加行次第』全三巻(醍山青年連合会、一九七六年)、渡部俊現『修験道当山派恵印七壇法次第』(私家本、一九八五年)がある。
(40)『修験聖典』一五三〜二二六頁。
(41)『修験聖典』二二七〜二四四頁、二四五〜二四六頁。
(42)上掲仲田「当山派修験の修行」二〇九〜二一一頁。

第二節　霊山曼荼羅と修験道

序

密教における曼荼羅の語義は曼荼は本質・心髄、羅は成就で、全体として本質、道場、壇、聖衆を意味するとされている。(1)そして一般には大日経に基づく理性の働きを示す諸仏諸尊を配した胎蔵界曼荼羅と、金剛頂経に基づく智慧の働きをはたす諸尊を配した金剛界曼荼羅の両界曼荼羅が空海が請来して以来、広く知られている。なお曼荼羅にはその表現形態により、画像による大曼荼羅、仏菩薩の所持物による三昧耶曼荼羅、種子による法曼荼羅、仏像による羯磨曼荼羅の四種類がある。修験道では主に大曼荼羅と法曼荼羅が用いられている。このほか特定の尊格に関する別尊曼荼羅もある。前節でとりあげた恵印法流ではいずれも種子から成る修験恵印六壇曼荼羅と修験恵印総曼荼羅がある。この前者は龍樹、不動、愛染、弁才天、深沙大王、金剛童子の供養法に用いる各曼荼羅を一軸にまとめたもの、後者は恵印灌頂に用いる四重曼荼羅である。

この他、熊野には神仏習合思想に基づく本地曼荼羅、垂迹曼荼羅、本迹曼荼羅、また社寺風景を描いた社寺参詣曼荼羅、さらに独自のものに熊野の比丘尼や山伏が唱導に用いた勧心十界曼荼羅もある。吉野には一山の神格を種子で表した吉野曼荼羅、蔵王権現涌出の場景を描いた別尊曼荼羅がある。また立山、白山、富士などの修験霊山には神格、風景に伝承も加えた霊山曼荼羅がある。本節ではこれらの曼荼羅に見られる仏教思想や修験道の思想について考察したい。

第一項　両界曼荼羅と修験道

修験道では現在も熊野から吉野にいたる大峰山系の熊野側半分を胎蔵界、その中間に位置するクレバスの両部分けから吉野迄を金剛界の曼荼羅としている。そして中世初頭になる『諸山縁起』では、その第一項の「大菩提山（大峰山）仏生土要の事」の項で、白鳳の年に禅洞が熊野権現の宝前に参でた後に大峰山に入った。すると峰々に胎蔵界から金剛界の仏菩薩が現れた。その後大峰に入った僧がそれぞれの峰に経、仏像、法具などを納めたとして、各峰ごとに関わった僧、奉献物の名称、霊地の特徴をあげている。(2) 以下、本項ではこのうちの胎蔵界曼荼羅に関するものを「大峰・胎蔵」、金剛界に関わるものを「大峰・金剛」と略記する。その具体的な内容に関しては、かつて「大峰山中の遺跡伝承表を作成して紹介した。(3) そこで本項ではこれを胎・金両曼荼羅の各院ごとにまとめて、各院の性格を記したうえで各院内の峰に納められた経、仏像、納めた僧侶、霊地の特徴を紹介する。

まず胎蔵界については、次頁の表（番号は曼荼羅内の数字を指す）と第一図（数字は表の峰名の番号を示す。○のみで数字がないものは大峰山中の峰名としてあげられていないことを示す(4)）を掲載する。そして、これをもとに胎蔵界曼荼羅を構成する各院ごとに、そこに含まれる各峰への奉納僧、経、仏像、仏具などの奉納品、霊地の特徴を紹介する。ついで、胎蔵界の峰全体を通しての奉納僧、奉納品や霊地の特徴を要約する。そして最後に数字が示す抖擻の順序に従って大峰山の胎蔵界の峰の抖擻を推測することにしたい。

胎蔵界曼荼羅第一重の中台八葉院（全九尊）は修行によって達せられる至高の境地を示すものである。(5) 中尊は毗盧遮那如来（44—第一図の番号。以下同様）で、その周囲に四仏四菩薩を配している。「大峰・胎蔵」では九尊すべてをあげ、特に中尊の峰には行基が大日経、金剛頂経、大日如来像、幡三流を納めている。そして真言宗の真然、寛空と伝記不詳の観恵、慎貴、西向、忠蓮（以下伝記不詳者は名前のみあげる）が法華経一三、阿弥陀経一を納めている。この上の遍智院は煩悩を焼きつくす火炎を三角形で示す一切如来智印発生菩薩（82）他五尊から成るが、「大峰・胎蔵」ではそのうちの四尊をあげている。ここでは天台宗の良源、念阿（法然に師事）と西雲、浄海が、法華経、理趣経、阿弥陀経を納めている。ここには洞が三ある。中台下の持明院は煩悩を断ち智恵を求める院で、不動尊菩薩（51）など五明王から成るが、「大峰・胎蔵」にはこの五尊すべてが見られる。関連した僧は良弁、法相の護命と長訓、聖宝と南都の僧である。納経は法華経二、蘇悉地・大集経など密教のもので、不動明王など明王部の諸尊が納められている。中台左側の蓮華部院

大峰山胎蔵界峰名

1 難波天	37 観自在菩薩	73 忿怒持金剛菩薩
2 対面天	38 天鼓音如来	74 金剛鉤母菩薩
3 難陀（難陀龍王）	39 多羅菩薩	75 発生金剛部菩薩
4 毗楼縛叉天	40 大白身菩薩	76 大安楽不空三昧耶菩薩
5 水天	㊶ 孔雀明王宿	77 大勇猛菩薩
6 不空供養宝菩薩	42 馬頭観自菩薩	78 普賢菩薩
7 共発意転輪菩薩	43 観世音菩薩	79 宝幢如来
8 生念処菩薩	44 毗盧遮那如来	80 弥勒菩薩
9 孔雀明王母菩薩	45 阿弥陀如来	81 仏眼仏母
10 一髪羅刹王菩薩	46 文殊師利菩薩	82 一切如来智印発生菩薩
11 心忿怒鉤観自在菩薩	47 開敷花王如来	83 釈迦牟尼仏
12 婆蘇大仙人所	48 持金剛降菩薩	84 虚空蔵菩薩
13 十一面観自在菩薩	49 金剛拳菩薩	85 観自在菩薩
⑭ 堅固身菩薩	50 忿怒月獣菩薩	86 大輪仏頂輪嚕菩薩
15 供養仏	51 不動尊菩薩	87 宝冠菩薩
16 如飛菩薩（飛天カ）	52 聖三世菩薩	88 光網菩薩
17 白処観自在菩薩	53 般若菩薩波羅蜜	89 対面護門
18 持地菩薩	54 大威徳明王	90 文殊師利菩薩
19 大吉変菩薩	55 降三世金剛菩薩	91 観自在菩薩
20 水吉得菩薩	56 忍波羅蜜菩薩	92 普賢菩薩
21 不空羂索菩薩	57 戒波羅蜜菩薩	93 烏波髪天儞使者
22 地蔵菩薩	58 檀波羅蜜菩薩	(94) 拳放菩薩
23 普光菩薩	59 発意転輪菩薩	95 文殊師利化使菩薩
24 宝印手菩薩	60 無垢遊菩薩	96 無垢光菩薩
25 普観菩薩	61 蘇波胡菩薩	97 日天后
26 除一切憂冥菩薩	62 方便波羅蜜菩薩	98 文殊師利使者菩薩
27 平等所（如来捨菩薩カ）	63 願波羅蜜菩薩	99 釈処天
28 如来慈護念	64 力波羅蜜菩薩	100 帝釈天
29 大随求菩薩	65 智波羅蜜菩薩	101 守門天女
30 波葉衣菩薩	66 一百八臂金剛蔵王菩薩	102 鉤召使者菩薩
31 白身観世音菩薩	(67) 住無戯論菩薩	103 使者衆
32 豊財菩薩	68 持金剛菩薩	104 大梵天王
33 耶輸多羅菩薩	69 持妙金剛菩薩	105 守門天母
㉞ 降仙菩薩	70 金剛持菩薩	106 石崎峰
35 大勢至菩薩	71 離戯論菩薩	
36 毗里倶胝菩薩	72 虚空無遍超越菩薩	

（○の数字は所在不明を示す）

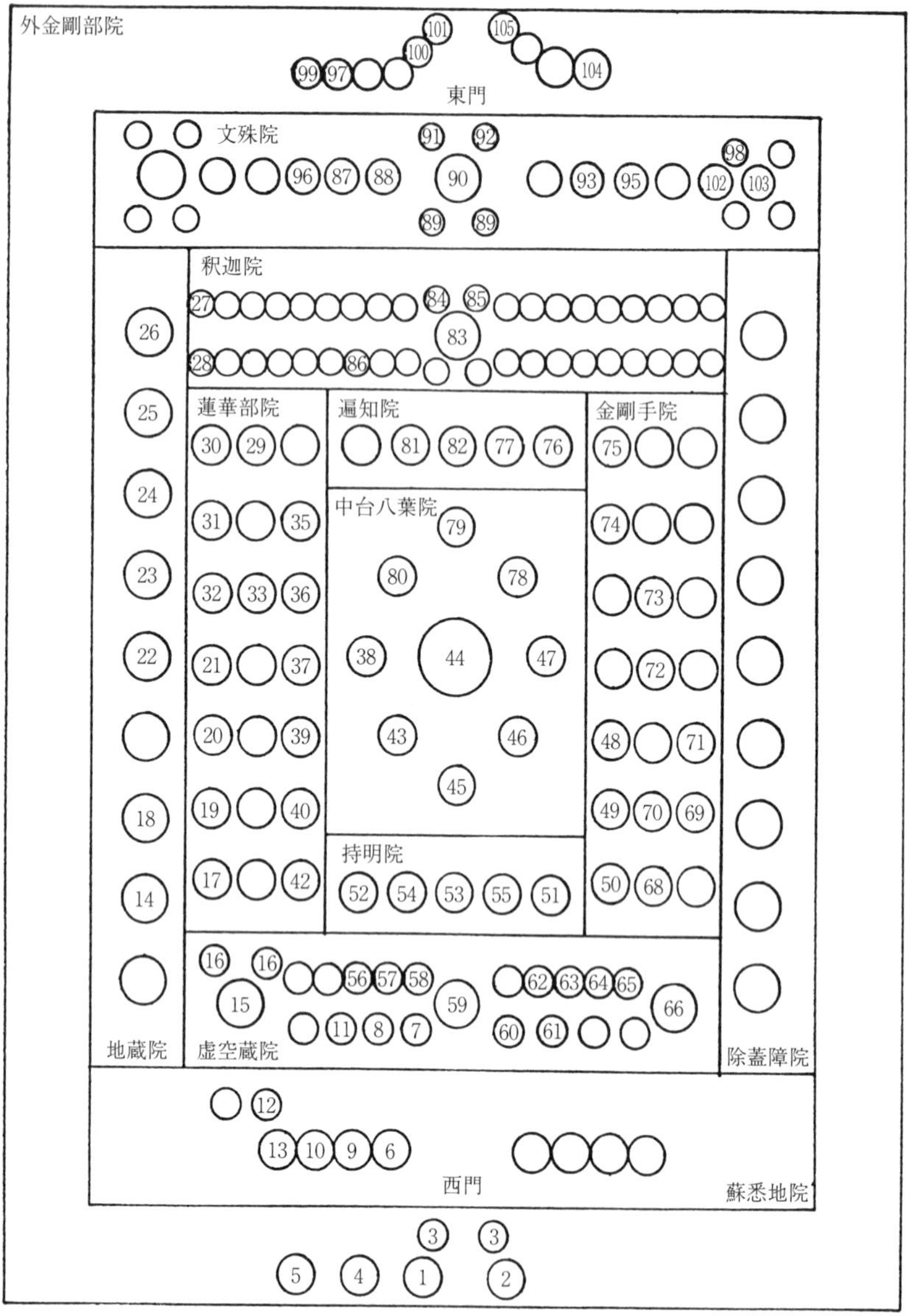

第一図　胎蔵界曼荼羅と大峰山中の峰名

(観音院)は慈悲と救済の観自在菩薩(37)を中心とする縦三列に配した観音系の二一の諸尊からなるが「大峰・胎蔵」には、このうちの一五尊をあげる。ここでは真言宗の真済・壱演・益信のほか、良弁、法相の善珠、三論の勤操と伝記不詳の西禄、定宣、日代、菊南、大原聖人、真禅が関わっている。納経は法華経が八と多いが、華厳経、観音経、大日経もあり、聖・如意輪などの観音像が納められている。中台右の金剛手院には魔を断ち切る金剛薩埵を中心に二一尊と伴尊一二尊が三列に配されている。ただ「大峰・胎蔵」には、金剛薩埵はなく、左側最下段の忿怒月猒菩薩(50。降三世明王と同性格)など一一尊をあげている。関連した僧は一一人だが、役行者、聖宝以外は伝不詳の石崎聖人、心空、明豪、宰相君、明真、永西、菊南、石井式部、西願だが、法華経の納経が二八と多いことから、彼らの多くは法華持経者と思われる。その他の納経には止観、心経、浄土三部経がある。奉納仏像は薬師、観音などである。なおここには滝が六、洞が三ある故、行場があったと思われる。

第二重の遍知院の上に釈迦院がある。ここは第一重の諸院の悟りや法を第三重の実践に結びつける役割を釈迦に委ねた院で、釈迦と脇侍の虚空蔵、観音など三九尊から成っている。ただ「大峰・胎蔵」では上記の三尊と、釈迦の悟り(仏頂86)、救済(捨菩薩27、慈護念28)を示す三尊の峰のみがある。関わる僧は山門の願心、寺門の円珍・隆円、彦山の寿元と伝不明の願意と良象である。納経は大乗経・大集経各五、仏像は釈迦、御仏三尊、虚空蔵である。なおここには岩屋六の他、仏生土石がある。第三重の諸院は上求菩提、下化衆生の道場である。まず釈迦院の上の文殊院は智慧を授けるところとされ、中央の文殊師利菩薩と脇侍の観音、普賢ほか二五尊から成るが、「大峰・胎蔵」ではこの三尊を含む一三尊をあげている。僧は山門の陽証(仙人とされた)・尋禅・義海、寺門の猷憲と伝不詳の薬医入道、寛西、静空、定賀である。納経は法華経、涅槃経、台密の蘇悉地陀羅尼、仏像は五大尊などである。ここには洞七、滝四からなる行場があって錫杖などの法具が収められている。左端の地蔵院はその内側の蓮華院(観音院)の観音の徳を人々に施すところで、地蔵菩薩を中心とする九尊からなるが、「大峰・胎蔵」ではそのうちの七尊をあげている。ここには天台の道命・長意・猷憲・惟首、真言の真雅、法相の護命が関わっている。納経は法華経四の他、地蔵の功徳を説く十論経、華厳経で、仏像は地蔵と薬師である。右端の除蓋障院は菩提心を覆う障害を除く除蓋障菩薩など九尊から成るが、「大峰・胎蔵」には全くみられない。

下の虚空蔵院は空の境地を示す院である。その左端には千手千眼観自在菩薩（供養仏15）、右端には下の蘇悉地院をまたぐ形で一百八臂金剛蔵王菩薩66）、中央に虚空蔵菩薩（「大峰・胎蔵」にはない）を配し、上段に波羅蜜菩薩一二尊中の九尊、下段には観音などの菩薩八尊中五尊をあげている。関わった僧は良弁と真言の壹演・寛空、天台の尋尊他、伝不詳の豊安、延禅、智蔵、戒常、観乗、音原聖人、石上聖人である。納経は法華経四、仏像は薬師七の他、釈迦、如意輪観音、普賢である。その下の蘇悉地院は虚空蔵院の空の境地を補うもので、上記の金剛蔵王菩薩の配下の諸尊や孔雀明王母菩薩（9）など一〇尊からなるが「大峰・胎蔵」にはそのうち五尊をあげている。僧は金峰山の他界に赴いた日蔵、納経には法華経、仏像は除魔所（一髪羅刹王菩薩10）に五大力菩薩が納められている。最外院の外金剛部は上記の各部の諸尊を外護する八部衆、一二天、天文神計二〇二尊から成るが、西の入口の難波天（1）、東の出口の守門天母（105）など一二天のみがあげられている。僧はいずれも伝記不詳の戒仙、恵倫、西縁、観行、成西、信西、冒阿と観音院、金剛手院にも見られた菊南が二つの峰に関わっている。納経は法華経が一四と多く、他は護国経典、華厳経、観無量寿経である。また虚空蔵菩薩と九頭竜の像、錫杖が納められている。ここには洞窟が一〇、滝が二ある故、行場があったと思われる。

以上の各部の状況を見ると、「大峰・胎蔵」では第一重の悟りの境地を示す中台八葉院と第二重の煩悩を断つ遍知院、持明院が重視され、中台左の慈悲を施す観音、魔を断つ金剛手がこれを補っている。次いで救済や徳の実践を示す第三重の文殊・地蔵・虚空蔵・蘇悉地院の「大峰・胎蔵」所掲の峰々は蓮華部院の観音の徳を補う地蔵院を除けば全体の半分か三分の一で、除蓋障院はゼロである。また外金剛部は入口と出口の周辺のみで行場的性格を持っている。

次に「大峰・胎蔵」全体を通して関わった僧、納入物、霊地を見ると、僧は天台・真言の密教僧が多いが、法華持経者、役行者・聖宝・寿元などの修験、良弁を始めとする南都の華厳、法相、三論の僧も見られる。このほか伝記未詳の僧も多いが、特に菊南が四峰に関わっていることが注目される。納経は法華経が最も多く、大日経、金剛頂経、蘇悉地経など密教、華厳経、浄土経典も見られる。仏像は不動・五大尊・薬師、法具には錫杖、経筥が見られた。また窟や滝などの行場、霊石や仏生土なども認められた。

最後に表と第一図にあげた外金剛部院の西門の難波天（1）の峰から入って、各部の諸尊名を付した峰を抖擻して中台八葉院の毗盧遮那如来の峰（44）に至り、さらに抖擻を続けて東門の守門天母（105）を出る抖擻の内容を第一図の胎蔵界曼荼羅の番号をおう形で跡づけておきたい。するとまず西門の難波天（1）から入り、蘇悉地院右側の十一面観音（13）をへて、虚空蔵院の供養仏（千手観音15）から蓮華部院（観音院）左下に入り、諸観音を拝して、その働きを助ける地蔵院の上半分、釈迦院左端をへて再度蓮華部院に入り、同院の主尊観自在菩薩（37）のところから一度中台の天鼓如来（38）の峰に至っている。そして再び蓮華部院に戻って右列下の三尊をへて中台八葉院に入り、中央の毘盧遮那如来と下半分の諸尊を拝している。

ついで金剛手院の左側下の忿怒月獣菩薩（50）、持明院の不動尊（51）など明王部の諸尊を巡ったうえで、虚空蔵院の六波羅蜜と関わる峰、修験の主尊との繋がりを思わせる左端の千手千眼観自在菩薩（供養仏15）、蘇悉地院にもかかわる右端の一百八臂金剛蔵王菩薩（66）をへて金剛手院に入って上方に向かって抖擻して、遍知院右の二尊をへて、再度中台八葉院に入って宝幢（79）、普賢（78）、弥勒菩薩（80）に見えている。次いで煩悩を焼きつくす火炎を示す如来智院発生菩薩（82）をへて釈迦院に入り、釈迦如来（83）に接したうえで、文殊院に入って文殊師利菩薩（90）などから同院の諸尊の智恵を授かり、一度外金剛部院に出て日天后（97）に接し、再度文殊院に帰って文殊師利化使菩薩（95）などに接したうえで、外金剛部に出て帝釈天（100）に見えたうえで東門の守門天母（105）、石崎峰（106）から出峰している。このように前半では西門から入って慈悲を旨とする観音院などをへて、中台の大日如来に登っている。そして後半ではまず金剛手院の忿怒月獣菩薩（50）、持明院の明王や遍知院の諸尊により煩悩を滅したうえで、中台の宝幢（79）、普賢（78）、弥勒菩薩（80）に見える。そして今一度遍知院に入って煩悩を滅し、文殊の智恵を得、日天后（97）や帝釈天（100）を拝して出峰していると考えられるのである。

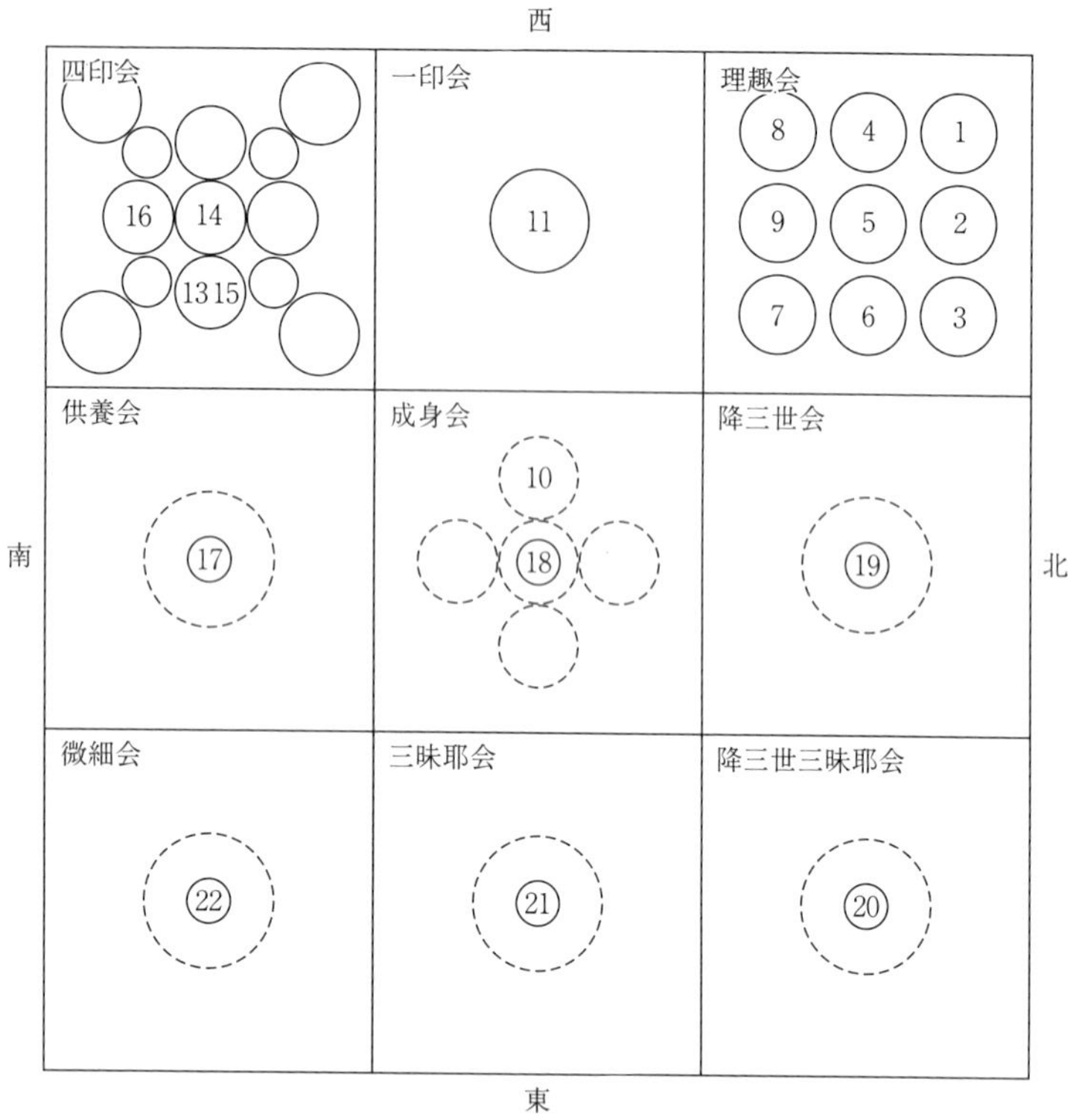

大峰山金剛界峰名

1 秋金剛（理趣）	9 雨金剛（理趣）	17 大日如来（供養）
2 金剛曼（理趣）	10 千仏（成身）	18 大日如来（成身）
3 冬金剛（理趣）	11 毘盧遮那如来（一印）	19 大日如来（降三世）
4 愛金剛（理趣）	12 葉金剛（四印）	20 大日如来（降三世三昧耶）
5 普賢菩薩（理趣）	13 金剛薩埵（四印）	21 大日如来（三昧耶）
6 欲金剛（理趣）	14 大日如来（四印）	22 大日如来（微細）
7 春金剛（理趣）	15 普賢菩薩（四印）	23（常身不清浄会）
8 計里計羅（理趣）	16 虚空蔵菩薩（四印）	24 椿金剛童子

第二図　金剛界曼荼羅と大峰山中の峰名

大峰山系の吉野側半分に充当された金剛界曼荼羅の諸尊の峰の記述は胎蔵界のそれに比べると簡略である。その峰名と金剛界曼荼羅での位置は第二図の通りである。[6] 以下、胎蔵界に準じてまず金剛界曼荼羅各会の特徴と各会に配された「大峰・金剛」諸尊の説明を記載する。[7] 本来金剛界曼荼羅は（1）成身会、（2）三昧耶会、（3）徴細会、（4）供養会、（5）四印会、（6）一印会、（7）理趣会、（8）降三世会、（9）降三世三昧耶会と右廻りに展開し、下化衆生を示すとされているので、以下この順序で記述する。

（1）成身会は中央の即身成仏の境地を示す大日如来と四方の四菩薩など、「大峰・金剛」ではこのうちの中央の大日如来（18—図の番号）の峰をあげ、ここを金峰の洞で弥勒が宿る所としている。なお「大峰・金剛」の数多くの如法経を納めた処とされる千仏（10）の山は、この成身会周囲の賢劫千仏を指すと捉えておきたい。（2）三昧耶会は成身会の諸尊の三昧耶をあげたもので、「大峰・金剛」では中央の宝塔で示された大日如来（21）のみをあげて、「天の後の上の峰」との説明を付している。これは天川弁才天の奥院の弥山をさすと考えられる。（3）徴細会には三鈷杵の内に成身会と同様の諸尊を配しているが、ここでも金剛智を示す中央の大日如来（22）をあげ、金精明神（現金峰神社）の峰としている。（4）供養会も徴細会と同じ構造で、行者を瑜伽の境地に導く処としている。ここでも中央の大日如来の峰（17）のみをあげ、滝、洞があり、納経するところとしている。（5）四印会では中央の金剛界大日の左に金剛宝、右に金剛業、上に金剛法、下に金剛薩埵を配している。「大峰・金剛」ではこのうちの金剛界大日の峰（14）に一二部の経を納めた石屋、金剛宝（16）を虚空蔵菩薩の峰としてあげている。ここには石屋が二つあり、彦山の寿元が五尺許りの卒塔婆を二〇納めている。また金剛薩埵の峰（13）をあげて、観音が座す成就満願の地で篠の下の洞に仙宮があるとしている。なお普賢菩薩の峰（15）は、密教では普賢菩薩は金剛不壊の菩提心を象徴することから金剛薩埵と同一視する故、13金剛薩埵に準ずる峰としてあげたと考えられる。ここには石の中に経筥が納められている。（6）一印会は金剛界大日一尊（11）のみである。「大峰・金剛」ではこれを仏頂山毘盧遮那如来の峰とし、役行者が如法経二部ほか一二部の経を納めた所とし、精進潔斎して登るようにとしている。

（7）理趣会は理趣経、とく煩悩即菩提を示す会で、中尊の金剛薩埵（普賢菩薩5）と周囲の八尊から成るが、「大峰・金剛」ではこのすべてがあげられている。八尊は右上から愛染金剛女（秋金剛1―「大峰・金剛」の表記。以下同様）、慢金剛（金剛曼2）、意気金剛女（冬金剛3）、愛金剛（4）、欲金剛（6）、意生金剛女（春金剛7）、触金剛（計里計羅8）、計里計羅女（雨金剛9）と四方に金剛女を配し、慢、欲、愛、触と男女の情愛を思わせる金剛（男）がそれと接している。また金剛女の持物は香（冬3）、華（雨9）、灯（秋1）、理（春7）というように外四供養を表している。そして秋金剛（1）には火炎を生じる滝、金剛曼（2）と冬金剛（3）にはともに石屋と滝、愛金剛（4）には石屋が三あり、普賢菩薩の峰（5）は明養仙人が呪を持した処で経筥があり、欲金剛（6）には五鈷、三鈷があるとする。そして春金剛（7）は仏果を生じる峰、計里計羅（8）は諸天集会の所で三丈余の滝、雨金剛（9）にも滝と洞があるとしている。（8）降三世会は成身会同様中央の智拳印を結んだ大日如来の周囲に四如来を配するが、中央下の阿閦如来内の金剛薩埵をこの会名に因んで降三世明王にかえている。ただ「大峰・金剛」には中央の大日如来の峰のみをあげ、滝と岩屋があり、弥勒が座すところとしている。（9）降三世三昧耶会は諸尊を忿怒の三昧形で示し、狂暴な衆生を救済することをはかっている。ただ「大峰・金剛」では宝塔で示される大日如来の峰のみをあげ、ここを三教の峰としている。なお「大峰・金剛」ではこの九会の各尊の峰のあとに大日如来と弥陀が同居する常身不清浄会をあげ、これをへて椿金剛童子の処から出峰するとしている。なおこの椿金剛童子は日蔵開基とされる椿山寺（現吉野山竹林院）をさすとも思われる。

ところで「大峰・金剛」は、秋に峰入し、窟で越冬して煩悩を断って春に出峰する冬の峰の修行を思わせるような理趣会の秋、冬、春を冠した金剛の峰から始まっている。本会の主尊の金剛薩埵（普賢）は仙人の居所の洞であり、各峰は滝、岩屋がある霊地である。そして成身会第二重の千仏が座し、多くの法華経が納められた賢劫千仏（10）をへて、最上地とされる一印会の毘盧遮那如来の峰（11）に至る。ここから弥勒の転法所とされる葉金剛（12、曼荼羅の比定は不明）をへて、四印会の金剛界大日（14）や成就満願のところとされる仙宮がある金剛薩埵の峰（13）をへて、供養会の大日如来の峰（17）で瑜伽の境地に入る。その上で成身会中央の大日如来の峰（18）に入る。そして降三世会中尊の大日如来の峰（19）で弥勒に接し、降三世三昧耶会の大日如来（20）や三昧耶会の大日の宝塔（21）を拝したうえで、最後は吉野の金精明神に比定された微細会の大日如来の処で金剛界の峰入をおえて、金峰山の他界に赴いた日蔵の旧跡の椿金剛童子の処から出峰している。なおこの金剛界曼荼羅の諸尊に充当された峰については、その最初が冬の峰を思わせる秋、冬、春の金剛から始まり、その場所も窟や滝などの行場、仙人や役行者や彦山の寿元の修行の伝承があげられている。けれども胎蔵界の各峰のように特定の僧が経、仏像、仏具を納めた記述は見られない。ただ金峰山の洞、弥山、金精明神、椿金剛童子（椿山寺）など、特に吉野山近くの具体的な霊地への比定がなされていることが注目される。

第二項　恵印法流の曼荼羅

第三図　滅罪灌頂の曼荼羅

近世中期になる『修験最勝恵印三昧耶極印灌頂法』には、恵印法流の曼荼羅として、滅罪灌頂、覚悟灌頂に用いられた曼荼羅の図をあげる他、伝法灌頂と結縁灌頂に敷曼荼羅がもちいられたことが記されている。また同書には龍樹、不動明王、愛染明王、金剛童子、深沙大王、弁才天女の別尊曼荼羅があげられている。[8]これらはこのそれぞれを主尊とする六壇法で用いられたものである。この六尊の曼荼羅を一鋪に納めた「修験恵印六壇曼荼羅」もある。これに対して金胎の大日如来を主尊とし、この六壇曼荼羅もとり込んだ「修験恵印総曼荼羅」も作られている。[9]なおこれらの曼荼羅はいずれも種子による法曼荼羅であ

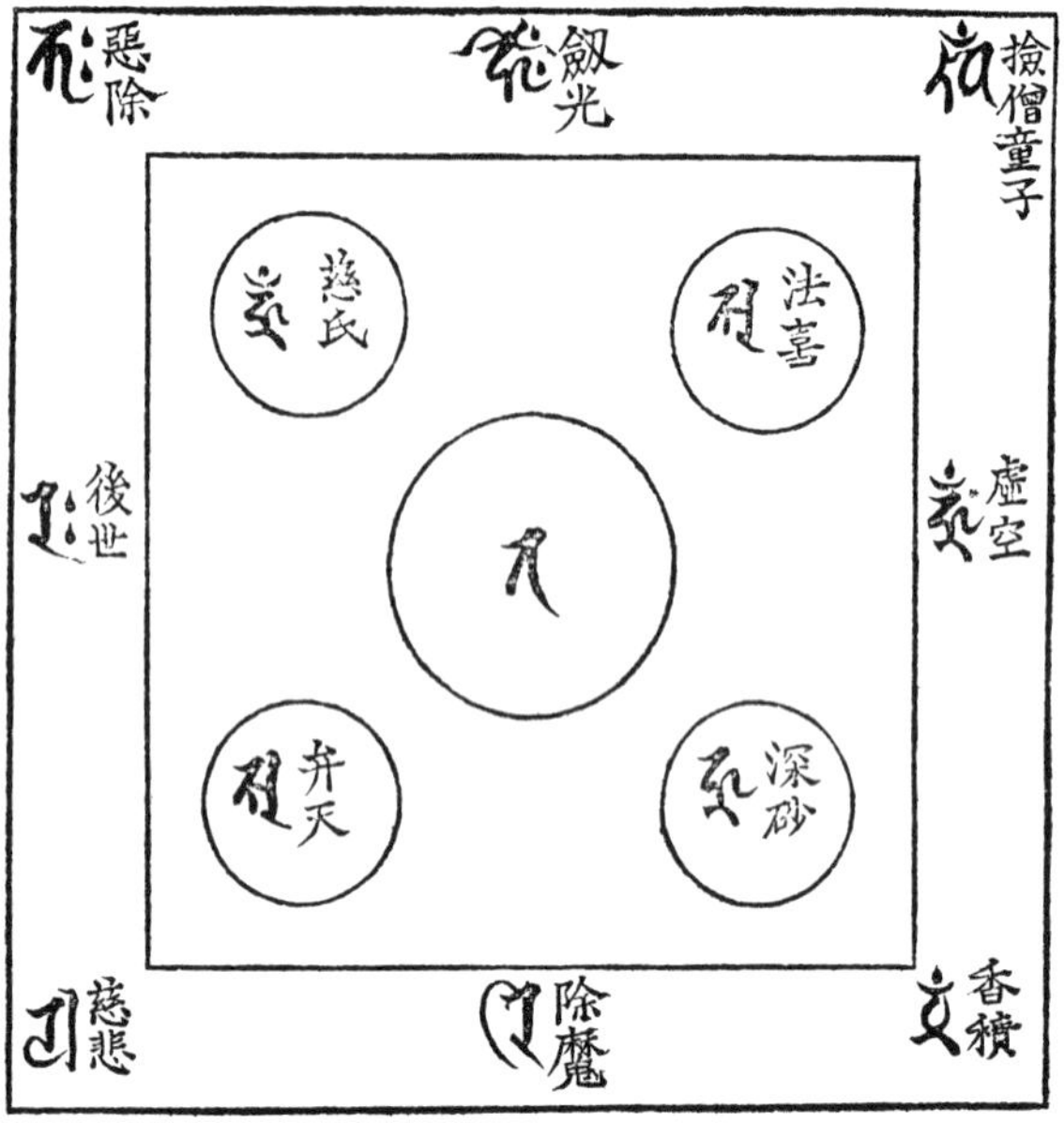

第四図　覚悟灌頂の曼荼羅

る。本項ではこのそれぞれの曼荼羅図をあげ、その内容を紹介することにしたい。

滅罪灌頂の曼荼羅は第三図にあげたように、中尊を滅悪趣菩薩としている。この滅悪趣菩薩は金剛界曼荼羅の三昧耶会、微細会、羯磨会、降三世会、降三世三昧耶会の東方の五菩薩の一つで、三昧耶会では梵篋で画かれている。なお胎蔵界曼荼羅では除蓋障院の最上段に破悪趣菩薩がこれにあたると考えられる。その働きは一切の業障を消滅させることにある。本曼荼羅ではこの主尊の周囲の第二重には、大慈生、非族潤、除一切熱悩、不思議慧、除蓋障、除疑怪、施無畏、救護の八菩薩を配している。このうちの不思議慧は胎蔵界曼荼羅の除蓋障院では、主尊とされ、その別称を除蓋障菩薩としている。ただ本曼荼羅では両者を別尊としている。また施無畏も同院に見られ、本曼荼羅の救護は同院の賢護、除一切熱悩は折諸熱悩と考えられる。それ故、本曼荼羅のこの第二重は胎蔵界曼荼羅の除蓋障院と同様に障、怪、不思議、悩から救護し、無畏をもたらし、潤にし、慈悲を施すことによって、中尊の滅悪趣菩薩の働きを助けることを示している。

そして第三重では四隅に嬉、鬘、歌、舞の四内供をあげ、第四重の四隅には、香、花、灯、塗の四外供、四方には鉤、索、鎖、鈴の金剛界三十七尊中の四摂地菩薩、その間に十二天のうち梵天・地天・日天・月天を除く八天とその后を配している。ちなみに金剛界曼荼羅の理趣会では金剛と金剛女が対をなして、愛欲を超克した煩悩即菩提を説いていたが、この八天とその后の配列もそれを示すと考えられる。ところで前項でとりあげた鎌倉初期の大峰山系の各峰への胎蔵界曼荼羅各尊の比定では、除蓋障院の諸尊は全く見られなかったが、この滅悪趣菩薩を主尊とする曼荼羅では、この除蓋障院の諸尊が中核をなしている。また第四重の八天とその后は、金剛界曼荼羅の諸院への大峰山中の峰への比定において、理趣会で四金剛とそれぞれの后の四金剛女を配していたことと類似している。

覚悟灌頂では第四図の龍樹を主尊とする曼荼羅が用いられる。ここでは第一重中央の龍樹の左上に慈氏、右上に法喜菩薩、左下に弁才天、右下に深沙大将を配している。ところで『修験最勝恵印三昧耶六壇法儀軌』所掲のこの弁才天と深沙大将の供養法の道場観では、ともに葛城山上の宝楼閣の壇場に眷属を伴って出現したと観じている。[10]ちなみに深沙大将は大般若経の守護神とされ、数少ない遺像が醍醐寺に伝わっている。これに対して左上の慈氏（弥勒）は、金峰山が弥勒の兜率天とされていることを想起させる。一方右上の法喜菩薩は華厳経で説く金剛山（大和の葛城山を充当）の守護神で、修験道では役行者はその垂迹とされている。第二重には撿僧、虚空、香積、除魔、慈悲、後世、悪除、剣光の大峰八大金剛童子を配している。このように龍樹曼荼羅は大峰、葛城の霊山の神格とそこでの役行者の龍樹からの受法を示している。

修験恵印六壇曼荼羅（以下六壇曼荼羅と略す）は第五図のように右側に上から龍樹、不動、愛染、左側に金剛童子、深沙大将、弁才天を主尊とする六壇法で用いる各曼荼羅を金剛界曼荼羅の一印、成身、三昧耶、四印、供養会、微細会の六会のように組み合わせている。順に説明すると、右側の龍樹曼荼羅は一重上に龍樹、その左下に地蔵、右に薬師の三尊をあげる。二重は大峰八大童子と思われる。不動曼荼羅は一重に不動明王、二重右上に降三世、右下に軍荼利、左上に大威徳夜叉、左下に金剛夜叉明王を配する。三重は十二天と思われる。その下の愛染曼荼羅は一重は愛染明王一尊で、二重は両頭二臂尊、宝幢、不動、観音、大威徳、剣龍、十二臂大王、弥勒の八尊、三重も愛染院八尊の種子をあげている。左側上の金剛童子曼荼羅は第一重の中央に金剛童子、その右上に除魔、右下に剣光、左上に慈悲、左下に悪除、第二重、第三重には各八尊の蔵王院の諸尊をあげる。中の深沙曼荼羅は一重に深沙大将、二重に八尊、三重に九尊の深沙

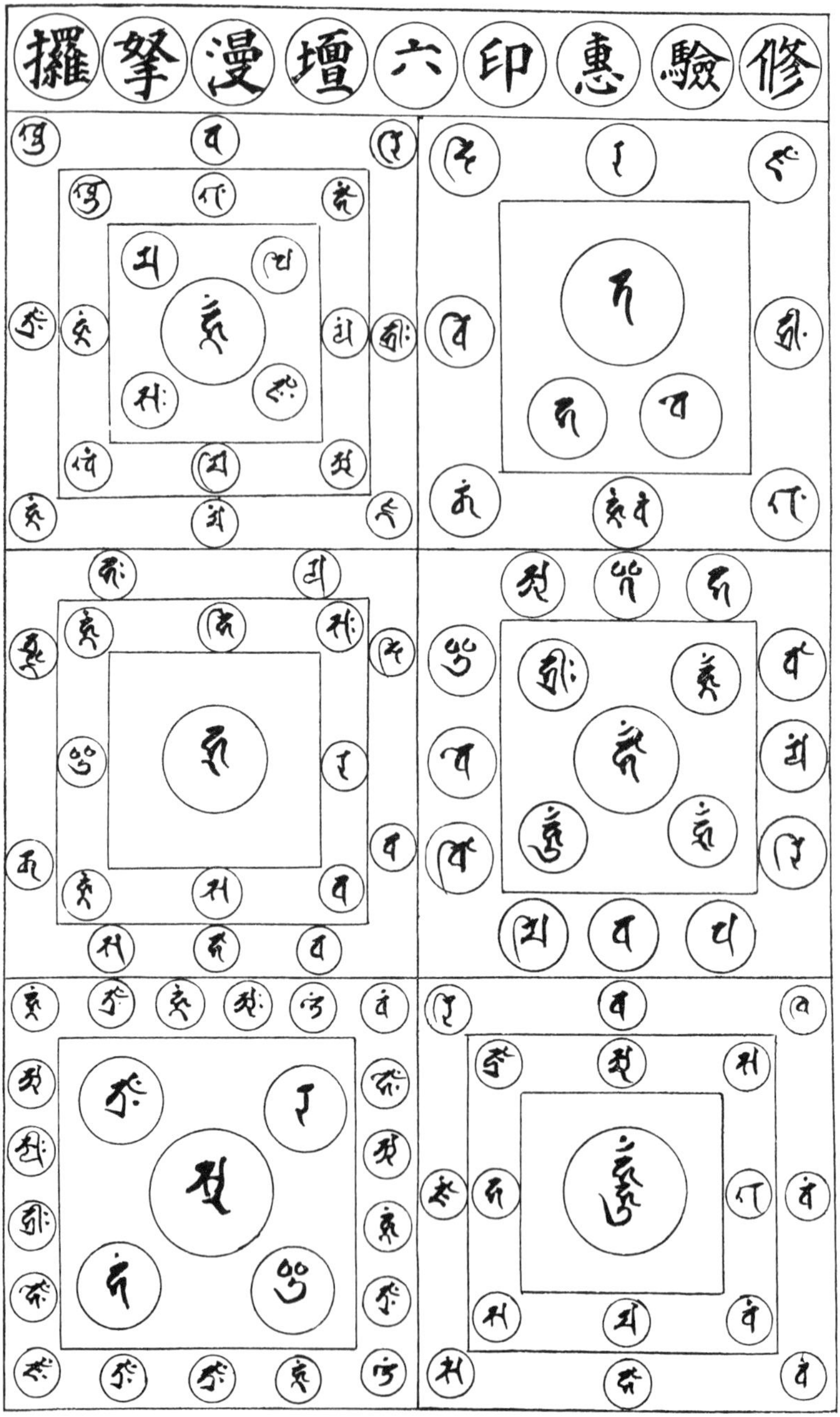

第五図　修験恵印六壇曼荼羅

大将院の諸尊を配している。下の弁才天曼荼羅は一重に弁才天を中尊とし、右下に伊舎那天、左下に荼吉尼天、左上と右上は不詳、二重に一九尊の宇賀神王院の諸尊をあげている。

さてこの六壇曼荼羅の右側の配列を見ると、上段に役行者が恵印法流の秘法を授かった龍樹、その下に「理智不二礼讃」などで、修験道の主尊とされ、中世後期以降、修験道の本尊とされた不動明王の曼荼羅がある。下段の愛染明王は佐和隆研編『密教辞典』(法蔵館、一九七五年)では「衆生が本来具備する愛欲貪染がそのまま金剛薩埵の浄菩提心の三昧とする煩悩即菩提を表象する尊で本地身は金剛薩埵(金剛王菩薩と同体)でその十七尊を眷属とする(愛染曼荼羅)」としている。[11] なお金剛頂経では金剛界曼荼羅の一印会の仏を金剛薩埵としている。[12] また現図金剛曼荼羅の理趣会の主尊は金剛薩埵である。そして四印会では毘盧遮那如来の下に金剛薩埵を位置づけ、一印会以外の諸院では阿閦如来の四眷属の筆頭として金剛薩埵をあげている。このように六壇曼荼羅の右側は、恵印法流の始祖の龍樹、修験の本尊不動明王、金剛薩埵によって恵印法流の根幹を示しているのである。

これに対して左側では最上段に大峰山の金剛蔵王権現と結びつく、大峰八大金剛童子を思わせる金剛童子をあげていた。そしてその下の深沙大将と弁才天はその供養法の道場観では葛城山の神格とされていた。このように右側は修験道の根本道場である大峰、葛城と結びついている。深沙大将と弁才天は竜神信仰とも関わるものである。なお最後に今一度この六壇曼荼羅の構成が六区画ではあるが、金剛界曼荼羅と同様の方形の組みあわせで、しかもそこで重視されている愛染明王の本地身が金剛頂経で金剛界曼荼羅の主尊とされている金剛薩埵であることに注目しておきたい。

修験恵印総曼荼羅(以下総曼荼羅と略す)については八田幸雄がその種子を解読して詳細に検討している。[13] またそれにもとづく仲田順浩の解説もある。そこでこの曼荼羅の全体像を知っていただくために、まず第六図と第七図を掲載する。なお本曼荼羅の下に記された説明では、本総曼荼羅は大峰山中で聖宝が龍樹から授かった金剛胎蔵不二の教法にもとづいて摂聚合成した理智不二の定証であるとしている。周知のように胎蔵界は理(平等性、五大)、金剛界は智(分別智、識大)を意味する。そして理智不二は真理の源底をなす法性を示すとされている。前節で紹介した「理智不二礼讃」の主

第六図　修験恵印総曼荼羅

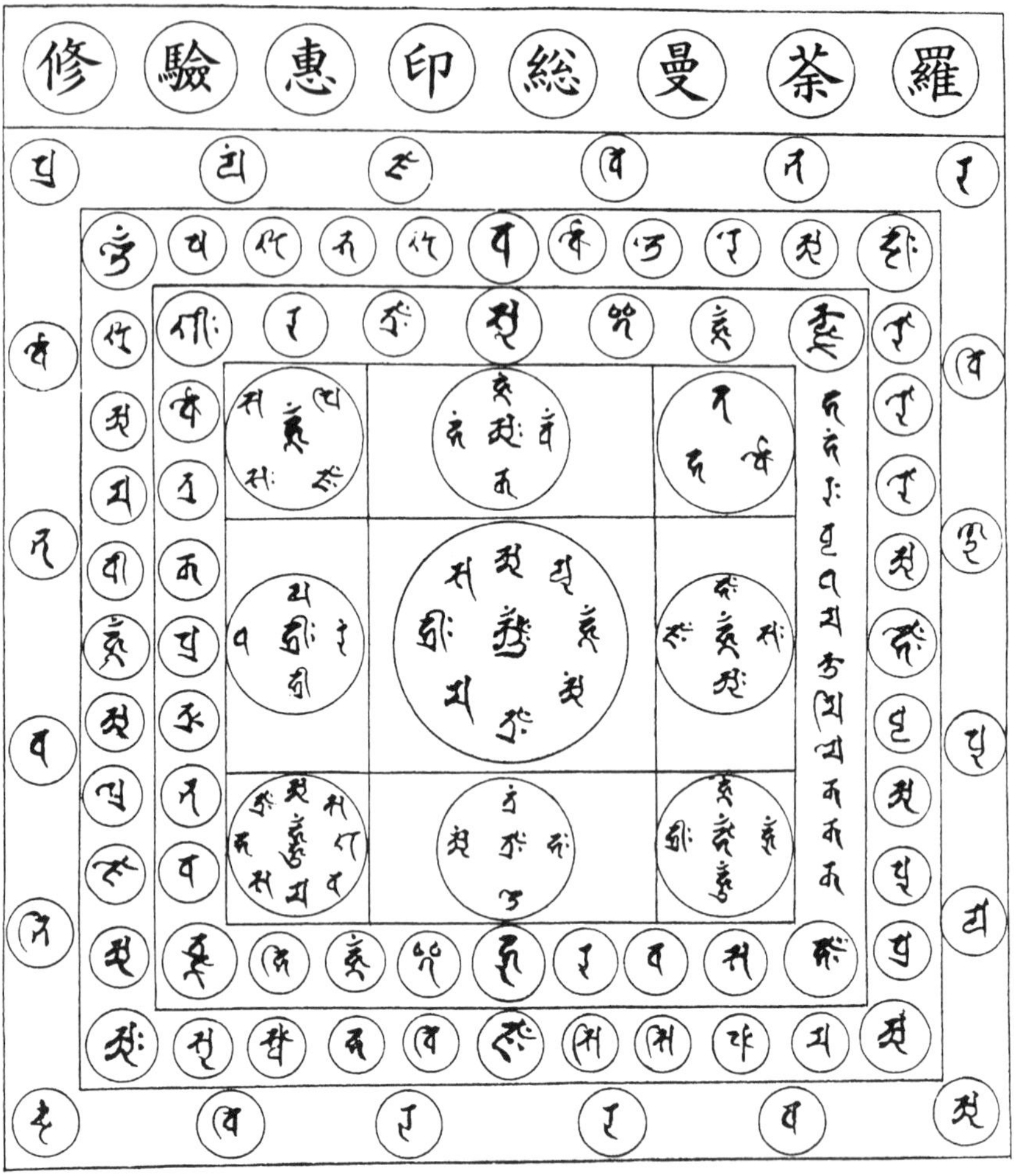

第七図　修験恵印総曼荼羅各院諸尊一覧

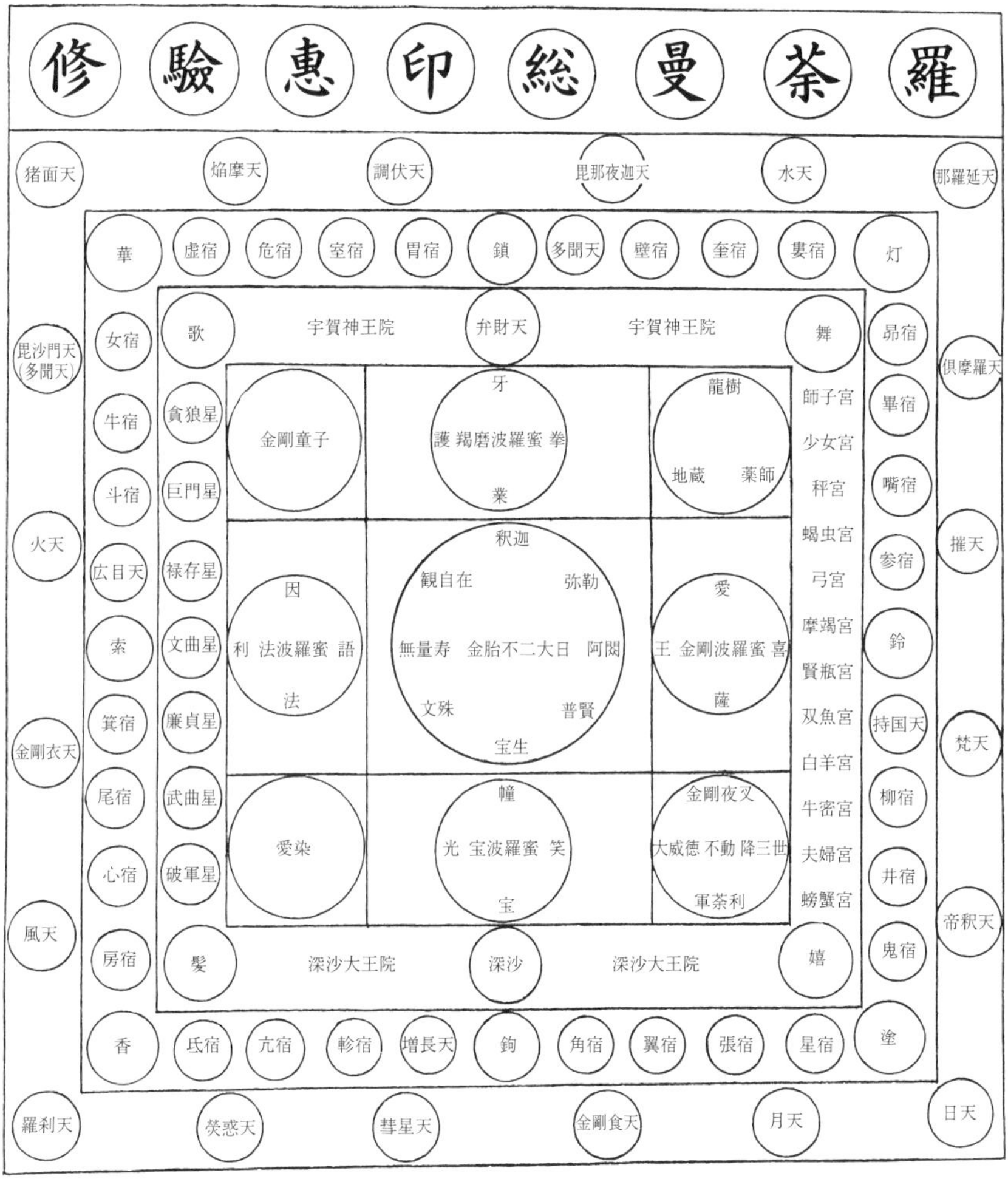

要部分はこの総曼荼羅の各重にあげられた大日如来を始めとする諸尊を知悉したうえで、礼讃帰命し、無上の覚心を発することによって、華厳界に至ることを願ったものである。そしてその為に総曼荼羅の各院にあげられた諸尊の説明がなされている。そこで「理智不二礼讃」の記述をもとに「総曼荼羅」の構成とそこに見られる思想を考察することにしたい。(14)

総曼荼羅の中心（第一院）は金胎不二の大日如来である。そして、これを囲む金剛界の阿閦、宝生、無量寿、釈迦と、胎蔵界の普賢、文殊、観自在、弥勒の金・胎の諸尊が中台八葉院（第二院）を構成している。第三院は四方のうちの東の金剛波羅蜜尊と、それを囲む金剛王・愛・喜・薩菩薩、南方の宝波羅蜜尊とその周囲の金剛光・幢・笑・宝菩薩、西方の法波羅蜜尊と周囲の金剛利・因・語・法菩薩、北方の羯磨波羅蜜尊と、金剛護・牙・拳・業菩薩、四隅の龍樹曼荼羅は龍樹と下の薬師、地蔵、不動曼荼羅の不動とその四方の降三世、軍荼利、大威徳、金剛夜叉明王、愛染曼荼羅の愛染明王と周囲の愛染院の諸尊、金剛童子曼荼羅の金剛童子と蔵王権現と関わる蔵王院の諸尊から成っている。このように第三院は四波羅蜜菩薩と六壇曼荼羅中の四曼荼羅の中台から成っている。

その外側の第四院は上に弁才天曼荼羅の弁才天とその眷属の宇賀神王院の五尊、下に深沙曼荼羅の深沙大将と深沙大王院の六尊の六壇曼荼羅中の葛城山と関わる二曼荼羅をあげている。なおこの第四院の四隅には金剛嬉・髪・歌・舞菩薩の内供養四仏、左側には北斗七星、右側には天の黄道を一二ヶ月に充当した一二宮をあげている。第五院は四隅に金剛香・華・灯・塗菩薩の外供養四仏、四方に金剛界三七尊中の四摂菩薩の金剛鉤・索・鎖・鈴菩薩と、増長天・広目天・多聞天・持国天の四天王、この三者の間に二八宿（南方七星、西方七星、北方七星、東方七星）をあげている。そして最外の第六院では日天、月天など南方五天、風天、火天、毘沙門天など西方五天、焔摩天、水天など北方五天、梵天、帝釈天など東方五天の二〇天をあげている。なおこの第六院の二〇天は胎蔵界曼荼羅の外金剛部や金剛界曼荼羅の成身会、三昧耶会、徴細会、供養会、降三世会、降三世三昧耶会でも最外院にあげられている。

さて上記の構成の特徴を理（胎）智（金）不二に焦点を置いて検討して見たい。まず中尊（第一院）は金胎不二の大日如来で、それと金剛界曼荼羅の四印会、一印会、理趣会以外の六会の第二重の四仏と胎蔵界曼荼羅中台八葉院の四菩薩（第二院）を中台とし、その外の第三院では金剛界曼荼羅同様に方形の組み合わせの六壇曼荼羅中恵印法流の始祖ともいえる龍樹、修験道の本尊の不動、大峰の主尊金剛蔵王権現とも関わる金剛童子、金剛頂経で金剛界曼荼羅の中尊とする金剛薩埵（愛染明王）を配している。なお既述のように金剛薩埵は現図金剛界曼荼羅でも四印会ほかで重視されていた。このように第三院では恵印法流の始祖、修験道の本尊、金峰山の主神、金剛界曼荼羅の主尊をあげている。そしてこれとあわせて、四方には金剛、宝、法、羯磨の彼岸に導く胎蔵界曼荼羅持明院主の波羅蜜菩薩を思わせる菩薩が配されている。

第四院では上に弁才天曼荼羅、下に深沙曼荼羅の主尊を中央にし、両側にそれぞれの曼荼羅を構成する諸尊を配している。これらは葛城山に関わるものである。これは聖宝が龍樹から授法した金峰山が葛城山より重視されていることを示している。なおこの第四院の四隅には内供養四仏、左側に北斗七星、右側に太陽の運行する黄道を一二ヶ月に応じて分けた一二宮の天文神をあげ、上記の諸尊を宇宙に位置づけている。そして第五院は四隅に外供養四仏、四方に四天王と二八宿からなっている。そして最外の第六院は二〇天である。このように第四・第五院の内外八供養仏によって本曼荼羅の諸尊諸仏を供養している。また第四院の左右、第五・第六院は内側の三院を外護すると共に、その多くが天文神ゆえ、内側三院を宇宙に位置づけているとも思われるのである。なおこうしたことは胎蔵界曼荼羅の外金剛部、金剛界曼荼羅の四印会、一印会以外の諸院の外院にも認められるのである。

最後に「理智不二界会礼賛」に従って、理智不二を顕現した「総曼荼羅」の思想を紹介しておきたい。まず中心の金胎不二の大日如来は三世常住の清浄な法身である。その周囲に配された第二院の阿閦で堅固な気持ちで発心し、美妙な開敷華王の下で修行し、智慧ゆたかな無量寿（阿弥陀）から妙覚をえ、釈迦如来の下で変化し、円寂の境地に入る。あわせて普賢菩薩の下で菩提心に目ざめ、文殊の智慧を授かり、観音の下でそれを成就し、弥勒に見えて三昧の境地に入る。第三院では阿閦の持つ大円鏡智によって煩悩を摧破して金剛波羅蜜ほか四菩薩の彼岸（悟り）、宝生の平等性智で不変の真理を知って宝波羅蜜ほか四菩薩の彼岸、無量寿仏の妙観察智で衆生の心を知ることにより、法波羅蜜ほか四菩薩の彼岸、不空成就仏の成所作智により衆生を教化して羯磨波羅蜜菩薩ほか四菩薩の彼岸に至っている。そしてより具体的には恵印法流の始祖の龍樹、修験道の本尊の不動明王、金剛界の主尊金剛薩埵（愛染明王）や大峰山の金剛童子、葛城山の弁才天や深沙大将などの守護神の覚りを求めて修行している菩薩（覚有情）や主尊の大日如来などのようにすでに覚りを得た如来（大有情）、これらの眷属に内外八供養菩薩がもたらす供養の営みや物を供えて、帰命する。また第四〜六院にあって、これらの仏菩薩を外護する天文神や諸天などに対しても、その理智不二性を讃歎し帰命する。そして総じてこの総曼荼羅を十方の蓮華蔵世界そのものであるとしたうえで、その中に常住して尽きることのない金胎不二の大日如来を始め、一切の三宝に一心に帰命するように説いているのである。

第三項　熊野曼荼羅と観心十界曼荼羅

熊野曼荼羅に関しては寛治四年（一〇九〇）に園城寺の増誉が白河上皇の熊野詣の先達を勤め、熊野三山検校に補され、聖護院を賜わって以来、熊野と密接な関わりを持った聖護院蔵のものなどをとりあげる。それに先だって近世期に聖護院門跡がそれを相伝することが、熊野三山検校、本山派の統領になる条件とされた鎌倉初期成立の『大峰縁起』記載の熊野十二所権現の本縁譚をあげておく。(15)

熊野十二所権現の主尊証誠殿の本縁は釈尊の父浄飯王の五代目で、天照大神の五代目でもある中天竺摩竭掲国の慈悲大顕王である。彼は釈尊の弟子迦葉の子孫の雅顕長者（勧請十五所）を臣下とし、その娘慈悲母女を妻とし、王女の結（西宮）と皇子の早玉（中宮）を儲けた。やがて結は甘露大王の第二王子と結婚して若女命子、児宮命子、子守宮の三女、早玉は雅顕長者の弟の長寛長者の長女と結婚して禅師宮、聖宮の二王子を儲けた。なお長寛長者は日本では伏見の稲荷大明神として祀られた。慈悲大顕王には雅顕のほかに、一万眷属、十万金剛童子、勧請十五所、飛行夜叉、米持金剛の家臣がいた。王は日本の衆生を救うために雅顕を日本に遣わして神武天皇から熊野と金峰山に権現として垂迹することの許可を得た。そして神武天皇五八年に上記の家族、家臣と共に本宮備埼の楠の木に降臨した。なお長承三年（一一三四）に源師時が記した鳥羽上皇と待賢門院璋子の『熊野参詣記』によると、熊野十二所権現の神格、本地は次の通りである。[16]

三所権現＝丞相（家津王子）・阿弥陀、西宮（結宮）・千手観音、中宮（早玉明神）・薬師如来。五所王子＝若宮・十一面観音、禅師宮・地蔵菩薩、聖宮・龍樹菩薩、児宮・如意輪観音、子守宮・聖観音。四所明神＝一万・普賢菩薩と十万・文殊菩薩、勧請十五所・釈迦如来、飛行夜叉・不動明王、米持金剛童子・毘沙門天。その他＝礼殿執金剛神（本宮）・文殊菩薩、満山護法神（本宮）・弥勒菩薩、神倉権現（新宮）・愛染明王、阿須賀権現（新宮）・大威徳明王、滝宮飛滝権現（那智）・千手観音。

以下、聖護院門跡所蔵の熊野本地曼荼羅、熊野垂迹曼荼羅、熊野本宮宮曼荼羅と兵庫の湯泉神社所蔵の熊野本迹曼荼羅、ならびに岡山県瀬戸市笠加の旧熊野山伏・比丘尼家に伝わる熊野那智参詣曼荼羅と熊野観心十界曼荼羅を紹介する。[17]なお以下の熊野曼荼羅図に関しては、特に聖護院蔵の修験のもののみをとりあげ、これも含めたその他の曼荼羅に関しては、表題の後に括弧を付して形状、材質、法量、時代、所蔵者、掲載図録名、掲載図録番号をあげる。また以下の吉野・白山・立山・富士の曼荼羅に関しても同様とする。

熊野本地曼荼羅には八葉形と雛壇形がある。まず八葉形の熊野本地仏曼荼羅（絹本着色、一〇七・六×四九・八、南北朝、聖護院蔵、大阪市立美術館編『役行者と修験道の世界』毎日新聞社、一九九九年、189―以下同書を『役行者図』と略す）をとりあげる。[18]本曼荼羅は月輪を示す円に八葉の蓮華を書き、中心に阿弥陀如来（証誠殿・慈悲大顕王―垂迹、以下同様）、その左に千手観音（結）、右に薬師如来（早玉）、上に釈迦如来（勧請十五所、雅顕）、下に十一面観音（若宮・天照大神）、左斜め上に聖観音（子守）、右斜め上に如意輪観音（児宮）、右斜め下に龍樹菩薩（聖宮）、左斜め下に地蔵菩薩（禅師宮）を配している。そして釈迦の上の月輪外の左右に普賢（十万）と文殊（一万）の両脇侍、その間に愛染明王（新宮神倉）、上方の山岳左に役行

（右）熊野本地仏曼荼羅図（八葉形。南北朝）
（左）熊野本地仏曼荼羅図（雛壇形。鎌倉末）

者と金剛蔵王権現、山岳中に大峰八大金剛童子を描く。また八葉の真下に文殊菩薩（礼殿執金剛神）、その下に大威徳明王（阿須賀社）、その左に毘沙門天（米持金剛）、右に不動明王（飛行夜叉）、さらにこの下方に熊野参詣路と熊野九王子を配している。なお八葉内の諸尊を守るかのように内側に三鈷杵、外側に忿怒形の修験の諸尊を配している。そして八葉の外側は熊野街道の王子を拝して熊野権現に詣でた役行者が大峰八大金剛童子の導きで大峰山を抖擻し、金峰山で蔵王権現を感得したことや、雅顕が王の一家を熊野に導き、熊野三山の神格がそれを迎えて外護していることを示すとも思われる。

　雛壇形の熊野本地仏曼荼羅（絹本着色、一〇四・五×五一・二、鎌倉末、聖護院蔵、『役行者図』186）は、画面中央左側よりの熊野の海を思わせる青地の中に熊野十二所権現の本地仏を、上段に三所権現（左から千手、薬師、阿弥陀）、中段に五所王子（左から十一面、地蔵、龍樹、如意輪、聖観音）、下段に四所宮（左から普賢、文殊、釈迦、不動、毘沙門）の順に描く。そしてその下に礼殿執金剛神、右に那智の滝、その下に滝宮の本地千手観音、その左に智証大師、画面下方の中央から左にかけて熊野詣道の九王子を描く。なお雲で仕切られた画面の上半分には、右上から左下方に山岳を描き、右上方に金剛蔵王権現と僧形の役行者、左下方に大威徳明王（阿須賀社）と愛染明王（神倉）、その間に大峰八大金剛童子を配している。このように本図では園城寺の開基智証大師、大峰山系の金剛蔵王、その眷属の八大金剛童子、僧形の役行者を記すというように三井寺の修験の影響が認められる。ちなみに熊野本地曼荼羅は上記の聖護院本の二本の他に一一本ある。

熊野垂迹曼荼羅（絹本着色、一二八・八×五七・六、鎌倉、『役行者図』197）には、上半分の上段左に金剛界曼荼羅、その下に役行者・金剛蔵王権現や大峰八大童子、右に胎蔵界曼荼羅、その下に那智大滝・滝宮、新宮の阿須賀、神倉の神、下半分の上段に左から両所宮と結・早玉、証誠殿と家津御子神、若宮殿と若宮、中段に右から若宮以外の禅師、一万・十万、勧請十五所、飛行夜叉、米持金剛の四所明神とその社殿、満山護法神とその社殿を記す。そしてこれらの三段の社殿の下に礼殿執金剛神、智証大師、熊野五体王子を描いている。なお熊野垂迹曼荼羅は他に二本が知られている。

熊野垂迹曼荼羅図（鎌倉）

熊野本宮宮曼荼羅（絹本着色、八八・五×四〇・〇、室町初期、『役行者図』193）には、画面上部に大峰山を思わせる山容、大峰八大金剛童子や堂宇が見られるが、剥落や退色がひどく定かでない。その下に熊野十二所権現の本地仏を、上段に左から千手、薬師、阿弥陀の三所権現と十一面観音、地蔵、龍樹、これに下段の左から如意輪観音、聖観音からなる五所王子、文殊、普賢、釈迦、不動、毘沙門の四所宮、その下左端に束帯姿の男神（礼殿執金剛神か）、右端に満山護法社の本地弥勒菩薩をいずれも月輪の中に描いている。これらの下には回廊に囲まれた本宮の礼殿を左から両所権現社、回廊を挟んで証誠殿、若宮社、五所王子社（若宮以外）、小さな満山護法社の順に記す。なお両所権現社の前には礼殿（長床）がある。そして画面下方には熊野川を描き、その下右端には備崎を思わせる丘があり、それに続く山中に役行者と前鬼・後鬼が見られる。なお社殿の証誠殿、若宮社の前庭に約一〇人の社僧、参詣人、前の廻廊の前には市女笠姿の女性のその二人の侍者をあげている。このように本宮曼荼羅には本地仏、社殿、山容の他に参詣者などを描き、後述する那智参詣曼荼羅などの先駆をなすものと考えられる。

熊野本迹曼荼羅は兵庫県の有馬湯泉の守護神、湯泉神社所蔵の熊野本迹曼荼羅図（絹本着色、八三・三×四〇・二、鎌倉、『役行者図』198）と高野山西南院本があるのみである。湯泉神社本は上段に左から三所権現と若宮の本地千手観音、薬師、阿弥陀、十一面観音を月輪内に描き、それぞれの斜下に女神（結）、唐装の俗人（早玉と証誠殿）、女神（若宮）を記す。次の段には若宮を除く五所王子の本地を左から如意輪観音、地蔵、龍樹、聖観音と垂迹神を児宮・禅師宮・聖宮は童形、子守宮は女神の姿で斜下に小さく描いている。そしてその下中央には左右に各三人の道服の俗人を従えた勧請十五所の本地釈迦如来をあげる。その左には愛染明王（神倉）、右には大威徳明王（阿須賀）を配する。さらに雛壇中央真下には弥勒菩薩（満山護法の本地）、その左に文殊（十万）と毘沙門天（米持金剛）、右に普賢（一万）と不動（飛行夜叉）、左下に馬頭観音、右下に礼殿執金剛神と湯峰の大日如来を描いている。なお本図の下壇中央には仁王門があって、そのさきの太鼓橋を渡って熊野の諸王子を拝して、熊野三山を示す山の背後の本宮護法善神（弥勒菩薩）をへて雛壇の諸神に見える形をとっている。なお左下隅には聖天が描かれている。これを見ると本図では四所明神のうちの六人の配下を従えた勧請十五所（雅顕）が特に重視されている。また他の四所宮の諸神以上に、本宮の護法善神、礼殿執金剛神、新宮の神倉や阿須賀社が重視されている。なお本迹曼荼羅と称しながら本地が垂迹神より以上に大きく描かれ、特に修験と関わる愛染明王、不動明王、大威徳明王などは本地仏のみが記されている。けれども大峰山系、役行者、蔵王権現、大峰八大金剛童子は見られず、湯峰の大日如来や聖天が描かれていることが注目される。

熊野の那智山には熊野十二所権現と滝宮の他に、補陀落渡海がなされた浜近くの補陀落山寺と浜宮、観音巡礼の札所如意輪堂、死霊が赴く妙法山の阿弥陀寺がある。そしてこれらの場景を描いた「那智参詣曼荼羅」が作られ、熊野比丘尼や山伏がこれを絵解きして勧進にあたった。現在三五点が発見されているが、ここでは岡山県瀬戸内市下笠加の武久家本（紙本着色、一五一・五×一五八・〇、江戸初期）をとりあげる。[19] 本曼荼羅は近世期に当山派修験大乗院に属した那智七本願の一つ御前庵主配下の比丘尼が絵ときに用いたものである。本曼荼羅全体の構図は第八図にあげたように上部に日・月と森、下部に補陀落の浜を配し、その間に上記の那智山の全容を描いている。以下この説明図をもとに下から順に主な場景を説明する。

右下の川関（A―第八図の記号）の先には、浜宮（B）と補陀落山寺（D）があり、浜には補陀落渡海僧の出帆が描かれている（C）。その先の二の瀬橋（下）の下では道者が垢離をとっている。また振架瀬橋（H）の上では高僧が大滝の神格を示すと思われる龍に乗った童子を拝している。左手には御師の実報院（J）がある。右側に奥の院（K）、さらに那智の大滝（N）の滝見堂（L）、同拝所（M）がある。滝の中ほどには不動明王の火炎、滝壺には滝行中に意識を失った文覚が不動明王の矜羯羅、制吒迦両童子に助けられた伝承が記されている。中門の上には三重塔（P）があり、その前の広場では御木曳や田楽が見られる。その左手には如意輪堂（Q）、礼堂（R）がある。熊野十二所権現本殿（T）前の斎庭には熊野詣をした上皇と修法をする僧が見られる（S）。そして左側の坂道の上には妙法山阿弥陀寺（U）がある。

このようにこの曼荼羅には山内の風景のみでなく、補陀落渡海、文覚の滝行、上皇の熊野詣などの伝承、高僧の竜神への祈願、田楽、普請（御木曳）などの活動も描かれている。なお黒田日出男は、上記の説明の順を追うような形で、説明図に×で示した先達に導かれた白衣の道者が川関から二瀬橋、奥院、斎庭などをへて妙法山に至り、最後の妙法山で先達だけを残して、姿を消していることに注目する。そしてこれを死霊が先達に導かれて那智詣をしたうえで、死霊の山である妙法山に鎮まることを示すと解釈している。[20] とすると熊野の比丘尼や山伏は信者へ、那智へ参詣したり寄進

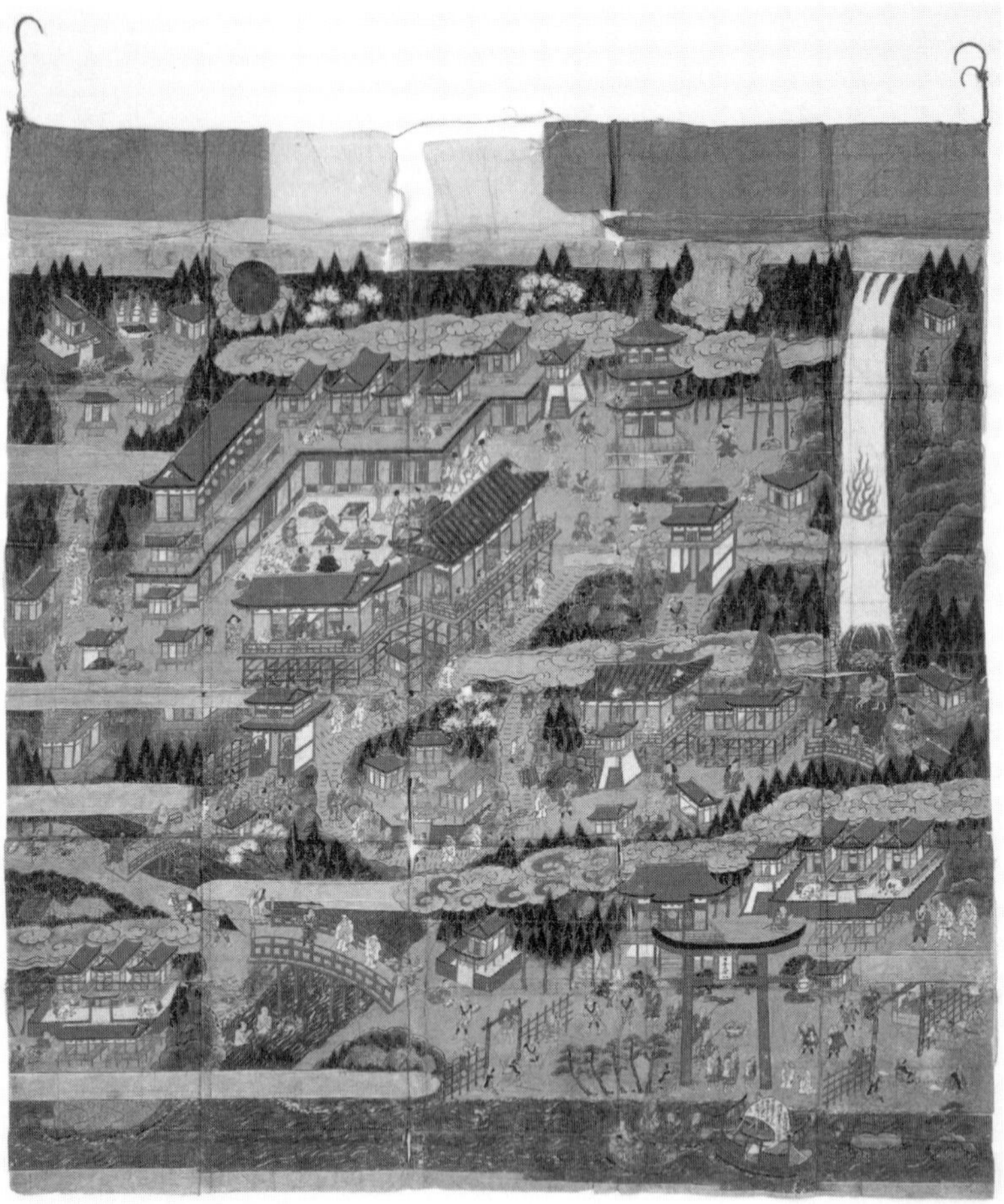

（上）那智参詣曼荼羅図（江戸）
（左）第八図　那智参詣曼荼羅説明図

Ⓐ川関　Ⓑ浜宮　Ⓒ補陀落渡海　Ⓓ補陀落山寺　Ⓔ井関　Ⓕ二の瀬橋　Ⓖ天満社　Ⓗ振架瀬橋
Ⓘ大門　Ⓙ実報院　Ⓚ奥の院　Ⓛ滝見堂　Ⓜ滝本拝所　Ⓝ大滝　Ⓞ中門　Ⓟ三重塔
Ⓠ如意輪堂　Ⓡ礼堂　Ⓢ斎庭　Ⓣ本殿　Ⓤ妙法山阿弥陀寺

すれば、観音の補陀落浄土、妙法山の阿弥陀の浄土に往生することが出来ると絵解きしたと考えられるのである。事実、熊野に阿弥陀如来が来迎したことをイメージ化したとも思われる。山越阿弥陀図（金戒光明寺蔵）が作られてもいるのである。

下笠加の武久家には那智参詣曼荼羅とあわせて次頁の熊野観心十界曼荼羅（紙本着色、一四一・三×一二八・六、江戸初期）が伝わっている。なおこれと同種の曼荼羅は現在五八点発見されている。[21] この曼荼羅では上端に日月を配し、その下に半円の老の道（人生の階梯）を記し、画面下からこの道の内側の間に地獄から餓鬼、畜生、修羅、人、天、声聞、縁覚、菩薩、仏の十界のそれぞれの場面をリアルに描いている。その最後の仏は上端の阿弥陀如来で示され、その

（上）熊野観心十界曼荼羅図（江戸）

（左）第九図　熊野観心十界曼荼羅説明図

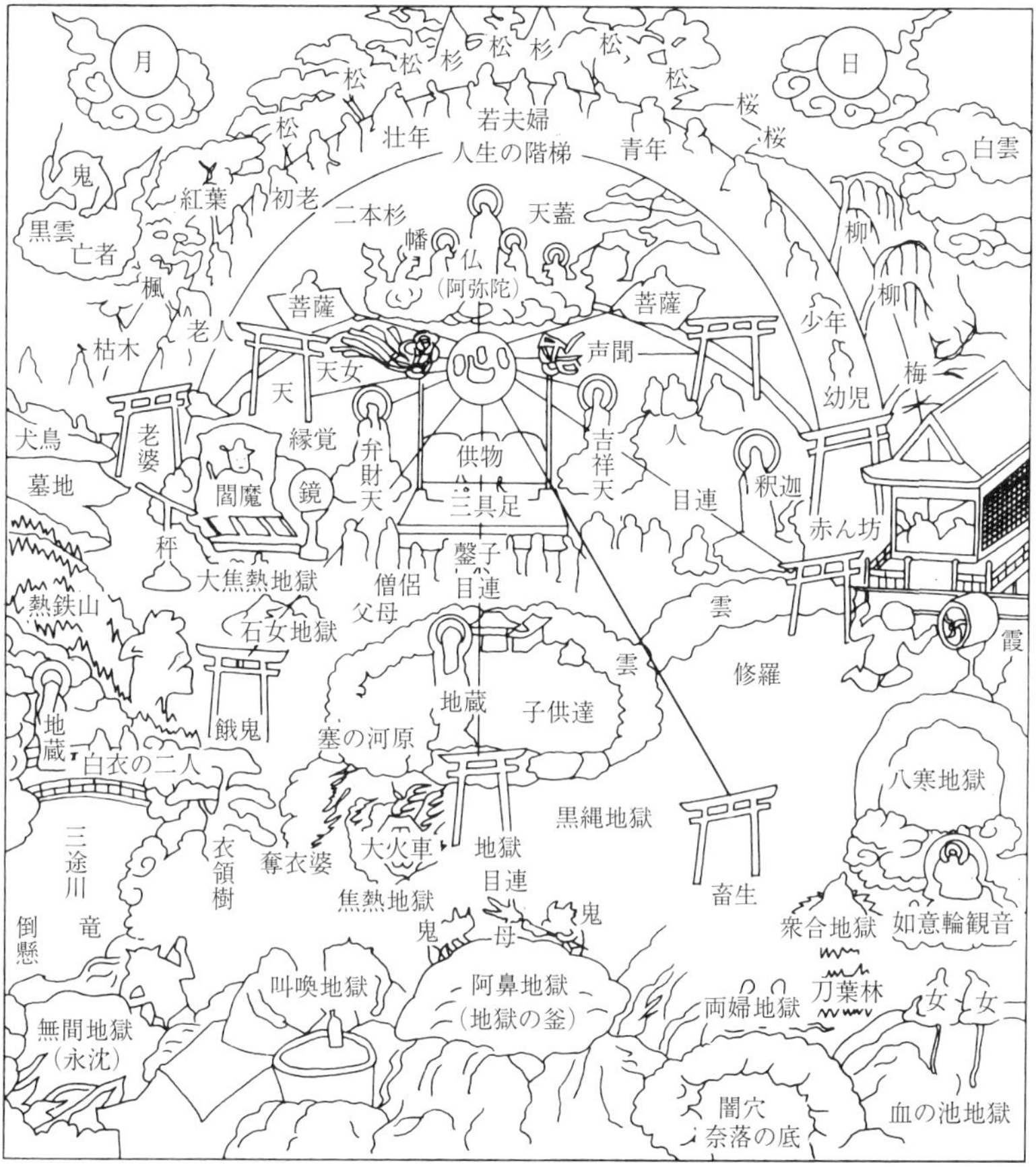

下に「心」の字が描かれている。以下第九図をもとにその概要を簡単に説明しておきたい。

画面中央右の鳥居の赤子から始まる「老の道」（人生の階梯）は、幼少期は春の梅や桜、成年期は夏の松、壮年期は秋の紅葉、老年期は冬の枯木というように四季に位置づけられている。そしてこの階梯なかばの不慮の死は鬼によって道の外にひき出される形で示している。画面の下方三分の一は「地獄」である。その入口には閻魔大王、罪状を調べる浄玻璃の鏡、その重さを秤る業の秤が見られる。次いで三途川の奪衣婆、石女地獄、針の山、焦熱地獄、大釜で煮られる阿鼻地獄、刀葉林、八寒地獄、血の池地獄など、『往生要集』の記述を思わせる地獄の場景が細かく描かれている。次いで泥水を飲む「餓鬼」、人頭の動物で示される「畜生」、戦場の争いで示す「修羅」、地蔵菩薩を囲んで子供が遊ぶ「人」迄が、下半分に見られる。そして閻魔大王の上には天女が舞う「天」、供物の右・吉祥天の上の「声聞」、弁才天のそばが「縁覚」、心字の左右の僧の所が「菩薩」、中央上の阿弥陀が「仏」である。

ところで中央の「心」から鳥居で示された上記の十界のそれぞれには赤い線が引かれている。これは『織田仏教大辞典』に「心は万法の主、一事として心に漏るるものなければ、心と観察するは即ち一切を観察するなり。依て凡そ事を究め理を観ずるを盡く称して観心という―中略―天台の一心三観は観心なり」とある事を示すと思われる。[22]ところでこの十を心に収斂させる十界図の淵源は宋の天台僧遵式（九〇四～一〇三二）編の『天竺別集』所収の「円頓観心十法界図」に基づいている。本図では「心」字を中心にしてその周囲に一〇個の小円を描いて、真下に地獄、真上に仏、下の地獄から左側に畜生、修羅、天、声聞、右側に餓鬼、人、縁覚、菩薩を示す絵を書いて、それぞれを曲線で結んでいる。そして十界互具、一念三千、即空仮中故、一念（心）は、この理を悟れば極楽往生し得ることを説いたものとしている。またこれは華厳経で「一切唯心造」を説く「唯心偈」に基づくものである。[23]なお地獄の業の秤に始まる十界は修験道の十界修行を思わせるものでもある。[24]ちなみにこの信仰は弾誓、円空などの念仏聖が自己の家押に心字を用いたことと結びつくとも思われるのである。

なおこの曼荼羅には『盂蘭盆経』に説く、目連が閻魔大王に頼んで地獄におちた母が地獄の釜で煮られているのを見て、釈迦にその救済方法を尋ね、盆に施餓鬼法要をして四九餅を供えるなどして成仏を願うことを教えられて、盆供養を始めた故事を書きこんで、それを勧める絵解きもなされている。また血の池地獄と結びつけて女性に『血盆経』に説く世俗倫理を教えてもいる。このように熊野観心十界曼荼羅は天台思想や華厳経、修験道の十界修行や盆などの仏教民俗と結びついているのである。

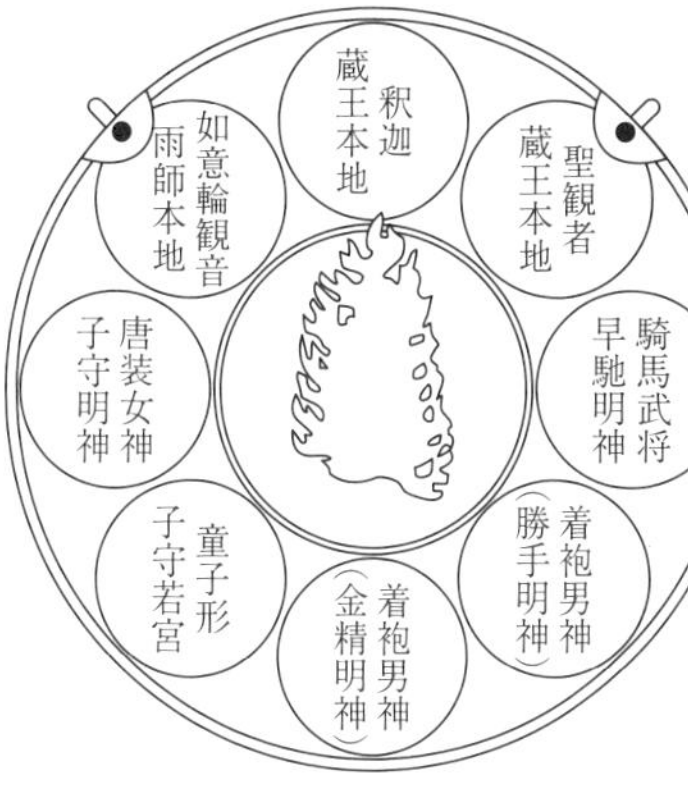

吉野本迹曼荼羅懸仏と説明図

第四項　吉野曼荼羅と役行者図

吉野曼荼羅の萌芽は山上ヶ岳の井筒岳出土の平安後期の吉野本迹曼荼羅懸仏（大峯山寺蔵、重文、径三二cm、銅製）である。[25] 本懸仏は胎蔵界曼荼羅中台八葉院に準じて、中央に毛彫で二重円を描き、その周囲に同様の八個の小円を配している。中央の円には透かし彫りの火炎が鋲どめしてある故、もとはここに蔵王権現が装着されていたと思われる。その上の円には釈迦（蔵王権現の本地）、その右斜上に聖観音（蔵王権現の本地）、右横に騎馬の武将（早馳明神—祭神名。以下同様）、右斜下に着袍男神（勝手明神）、真下に着袍男神（金精明神）、左横に唐装女神（子守明神）、左斜上に如意輪観音（雨師の本地）、左斜下に童子（子守若宮）を線刻している。このように本懸仏には金峰山の守護神の蔵王権現とその本地、吉野三神（子守、勝手、金精）に早馳明神の神像と雨師の本地の如意輪観音が胎蔵界曼荼羅中台八葉院に準ずる配置で刻まれている。

　これに次ぐものは「延元二年（一三三七）七月法務僧正」謹書との奥書がある、『金峰山秘密伝』所収の「金剛蔵王行法次第」所掲の、蔵王権現を中心とする諸尊の種子と尊像名をあげた次頁の図の法曼荼羅である。[26] 本曼荼羅は、中心（初重）に蔵王権現、二重の上段中央に釈迦、右に弥勒、左に千手観音の役行者が山上ヶ岳で守護仏を求めて祈念した際に、蔵王権現に先だって出現した三尊、右側に大峰山系の吉野側半分の主尊金剛界大日如来、左側に熊野側半分

第一〇図　金剛蔵王法曼荼羅

の主尊胎蔵界大日如来、両者の下及び下段に大峰八大金剛童子、第三重の上の中央に大峰山系弥山（吉野熊野ともいう）に奥院がある山麓の天河弁才天、その左右に吉野に祀られている御霊神の天満と疫神の牛頭天王、熊野と吉野の三十八所（子守社の摂社の金剛界三七尊と胎蔵界大日をさす）、さらに、雨師、金精と若宮、子守と若宮、勝手と佐投社の吉野八所明神（除く若宮）をあげている。

　ほぼ同時期になるものに吉野如意輪寺蔵の「延元元年（一三三六）正月十六日拝領吉野山八ヶ所地下」との墨書銘がある金剛蔵王権現像を納めた厨子の板絵（厨子、高一六一・〇、幅九六・一、奥八五・七、『役行者図』175）がある。この板絵は背面に大峰山系を描き、その中に大峰八大金剛童子を配している。そして四枚の扉絵には次のように四季の風景の中に上下各一体の垂迹神を記している。

春（桜花）、上　佐投明神、下　子守と若宮

夏（緑葉）、上　金精明神、下　八王子神

秋（紅葉）、上　天満天神、下　勝手と若宮

冬（雪山）、上　牛頭天王、下　役行者と前鬼・後鬼

ここで一山の神格を四季の中に位置づけていることは、「大峰・金剛界」で吉野側の金剛界曼荼羅の充当を理趣会の

秋・冬・春金剛で始めたり、「熊野観心十界曼荼羅」で少年、青年、壮年、老年の人生の階梯を四季折々の木と結びつける試みと同様に、四季にあわせて峰入する修験道のあり方を示すとも考えられる。

やはり南北朝期（一四世紀）になる金峯山寺蔵の吉野曼荼羅（絹本着色、一三八・二×四〇・〇、『役行者図』177）は、上部に大峰山と八大金剛童子、その下に右足を蹴りあげ、右手に三鈷杵を掲げ、剣印を結んだ左手を腰にあてた金剛蔵王権現、それを拝する足元の役行者と前鬼・後鬼を描いている。そしてその第一段左に牛頭天王、右に団扇を持つ女神姿の水分社の境内社の率川神、第二段左に若い男神の金精明神、右に老体の男神の佐投明神、第三段左の屋形に勝手明神と若宮、右に女神の子守と若宮、第四段左に天満天神、右に武官姿の八王子神を描いている。同じく金峯山寺蔵の室町初期の吉野曼荼羅図（絹本著色、七七・九×三九・五）は上方中央に金剛蔵王権現、その横の第一段右に役行者と前鬼・後鬼、左に男神の雨師大明神、第二段左右にいずれも衣冠束帯姿の男神の三八所と金精明神、第三段左に唐服女神の子守と若宮、右に衣冠束帯正笏の大威徳明王と牛頭天王、第四段（最下段）の左に騎馬姿の勝手明神と童子姿の若宮、右に衣冠束帯の大南持を描いている。(27)

吉野曼荼羅

吉野宮曼荼羅

近世期には室町末の西大寺本系統のもの四点（西大寺本以外は近世）と、吉野山内に多く伝わる岩本光徹氏本系六点（いずれも近世）がある。西大寺本（絹本着色、九四・二×三九・八、『役行者図』176）は、上方に横長の区切りをつけて山岳を描き、中央上に如意宝珠、上方右下に多宝塔、鳥居、堂宇を描く。これは吉野の安禅寺多宝塔、鳥居は等覚門、堂は山上蔵王堂を示すと思われる。なお、山岳の左には三重の滝を描いている。中央には大きく金剛蔵王権現をあげ、その中央下段に金銅灯籠、その上に火舎と六器を乗せた机を置く。そして左側に上から牛頭天王、八王子、勝手と若宮、佐投、右側に役行者と前鬼・後鬼、金精明神、子守と若宮、天神を配している。[28] 岩本光徹氏本（絹本着色、九八・〇×三七・七）は画面上方に山並みの中央に宝珠を記し大峰八大金剛童子を配する。その下の山上に弁才天、左に地蔵、右に大黒天を描き、上の山並みの左端には三重の滝をあげる。[29] この弁才天と地蔵は役行者が山上ヶ岳で守護神を求めると最初に弁才天が現れたが退けられて天河弁才天となり、次いで現れた地蔵はやはり退けられて川上地蔵になったとの近世期の吉野の伝承を示している。また大黒天は当山派の山中の拠点小笹で祀られた神格である。なお大峰山中の三重の滝は本山派の灌頂道場深仙を管理した前鬼の裏行場の滝である。このように近世の吉野曼荼羅には当時の信仰が書き込まれているのである。

吉野の宮曼荼羅は管見に及んだのは如意輪寺蔵の吉野宮曼荼羅（紙本着色、一二五・七×一八一・五、近世、『役行者図』184）のみである。本図は上部に大峰山系の山並みに大峰八大金剛童子を配し、中央に大きく涌出した金剛蔵王権現とそれを拝する役行者と前鬼・後鬼を描いている。そしてその下三分の二に随所に桜を配した吉野一山の社寺を描いている。下から順に主なものを紹介すると、黒門、発心門、仁王門、四天門、蔵王堂とその境内の社堂、佐投社、勝手宮、世尊寺、子守社、修行門、金精明神、蹴抜塔、牛頭宮、安禅寺宝塔と蔵王堂などである。なお黒門、蔵王堂、勝手宮、子守社の境内には山伏、社僧、禰宜、参拝者などが描かれていて参詣風俗を知ることが出来る。

役行者図の代表的なものには聖護院、金峯山寺、醍醐寺蔵のものがある。いずれも背後に岩山を背負うかのように役行者を描き、その下に前鬼・後鬼を配している。また岩山には大峰八大童子、画面下には獅子・虎・狼の三獣（三宝院は狼のみ）の動物が見られる。南北朝期の聖護院蔵の役行者、前鬼・後鬼、八大童子像（絹本着色、一四八・四×八二・一、『役行者図』24）では長頭巾をかぶり蓑をまとい足駄をはいて半ば開口して、左手に独鈷、右手に長い錫杖を持って岩座の上に左向きに待座した役行者を中央に大きく描いている。そしてその右下に肌色の肉身で両手に杖を持つ前鬼と、緑青の肉身で二本の角をはやして板笈を背負い右手に水瓶を持つ後鬼を描いている。また下にはインド、朝鮮、日

役行者、前鬼・後鬼、八大童子像（聖護院蔵）

役行者、前・後鬼、八大童子像（醍醐寺蔵）

本の山の神を意味する三獣を配している。そして役行者の背後の岩山には大峰八大金剛童子がさまざまな姿態で描かれている。なお室町期の金峯山寺のもの（『役行者図』25）はほぼこれと同様のものである。

けれども同じく室町期の醍醐寺蔵の役行者、前・後鬼、八大童子像（一五八・八×六〇・八、『役行者図』26）の役行者は右向きである。そしてその像容は老相で、開口して歯と舌を出し、瞳の周りを群青で塗って異相を表し、左手に独鈷、右手に念珠を持っている。また下の前鬼は錫杖を持ち、後鬼は笈を背負い、二股棒と水瓶を持っている。また動物は狼のみである。背景の岩山や樹林はうすく描いて大峰八大金剛童子を浮き立たせている。なお現在大峯山寺では霊鷲山を示す鷲の形の岩を背負い、手に大錫杖と経巻を持った老翁姿の役行者が、両手に大斧を持った前鬼と笈を背負い水瓶を持った後鬼を従えた絵符を出している。

第五項　立山曼荼羅と布橋灌頂会

立山曼荼羅は立山の主峰雄山などの峰々、山内の地獄、浄土、堂社、縁起、行事などを、携行の便もあってか四幅に描いたもので、近世中期から近代初期まで作られた。ただ近世末までは「立山御絵伝」「絵伝」「立山絵図」と呼ばれていた。近世の立山には雄山に立山権現、山麓の芦峅寺に中宮寺、さらに下った岩峅寺に立山寺と地主神の刀尾天神社があり、いずれも天台宗に属した。そして雄山の立山権現は岩峅寺の衆徒が管理し、芦峅寺の衆徒は東国各地を回壇して立山曼荼羅を絵ときして、立山信仰を唱導して檀那を立山に導いた。一方岩峅寺の衆徒も越中、加賀、能登で回壇した。こうしたこともあって、立山曼荼羅は大きく芦峅寺系と岩峅寺系、その他に分けることが出来る。その特徴は芦峅寺系は独自の法要である布橋灌頂会を強調し、岩峅寺系は立山禅定に重点をおき登拝案内の性格を以ていた[30]。ただどちらも古来の立山信仰である地獄と阿弥陀如来の来迎を説いている。福江充は二〇一一年現在で発見された四九点の立山曼荼羅を検討して、芦峅寺系二九、岩峅寺系一九、その他一としている[31]。本項では立山曼荼羅の主流である芦峅寺系のうち、天保（一八三〇）以前になる坪井家A本をとりあげる。なお本軸を含む芦峅寺系の立山曼荼羅の画面は、（1）立山開山伝説、（2）立山地獄、（3）立山浄土、（4）立山禅定、（5）布橋灌頂会から成っている。

次頁の坪井家A本（紙本着色、内寸一八〇・〇×一八六・〇）は名古屋市の坪井家が所有するもので、「立山絵伝」と呼ばれていた[32]。その第四軸の裏書によると、当初芦峅寺の教順坊が所蔵していたが、破損がはげしかった。そこでこれを後述する高野山の学僧で文政年間（一八一八～一八三〇）芦峅寺にいた龍淵が教順坊から譲り受けて修復し、画師飛陽蘭江斎に補筆させた。それを芦峅寺の日光坊が用いて、主として尾張国知多郡や名古屋で絵解きした。それを坪井本家に預けておいたのが、今に伝わっている。

この旧教順坊本を補筆させた龍淵（一七七二～一八三二）は安永元年（一七七二）、淡路国三原郡松帆浦櫟田村の倉本忠左衛門広信の次男として生まれた[33]。一五歳になった天明七年（一七八七）出家して同村の五大力山遍照院願海秘密一乗院（現真言宗願海寺）に入り、龍成に師事した。けれども翌夏に高野山に入り、天徳院の快翁に師事し学僧として活動した。そして文政二年（一八一九）頃、快翁の意もあって、加賀藩に下向し、金沢城下に五年間滞在するなかで、前田家の菩提寺である天徳院の改修負担をめぐって加賀藩寺社奉行と交渉を続けた。その結果天徳院に新たな霊堂が建立されている。そして文政五年（一八二二）に芦峅寺に庵をかまえ、衆徒や宿坊の弟子の教育、上記の曼荼羅の補修、立山開山慈

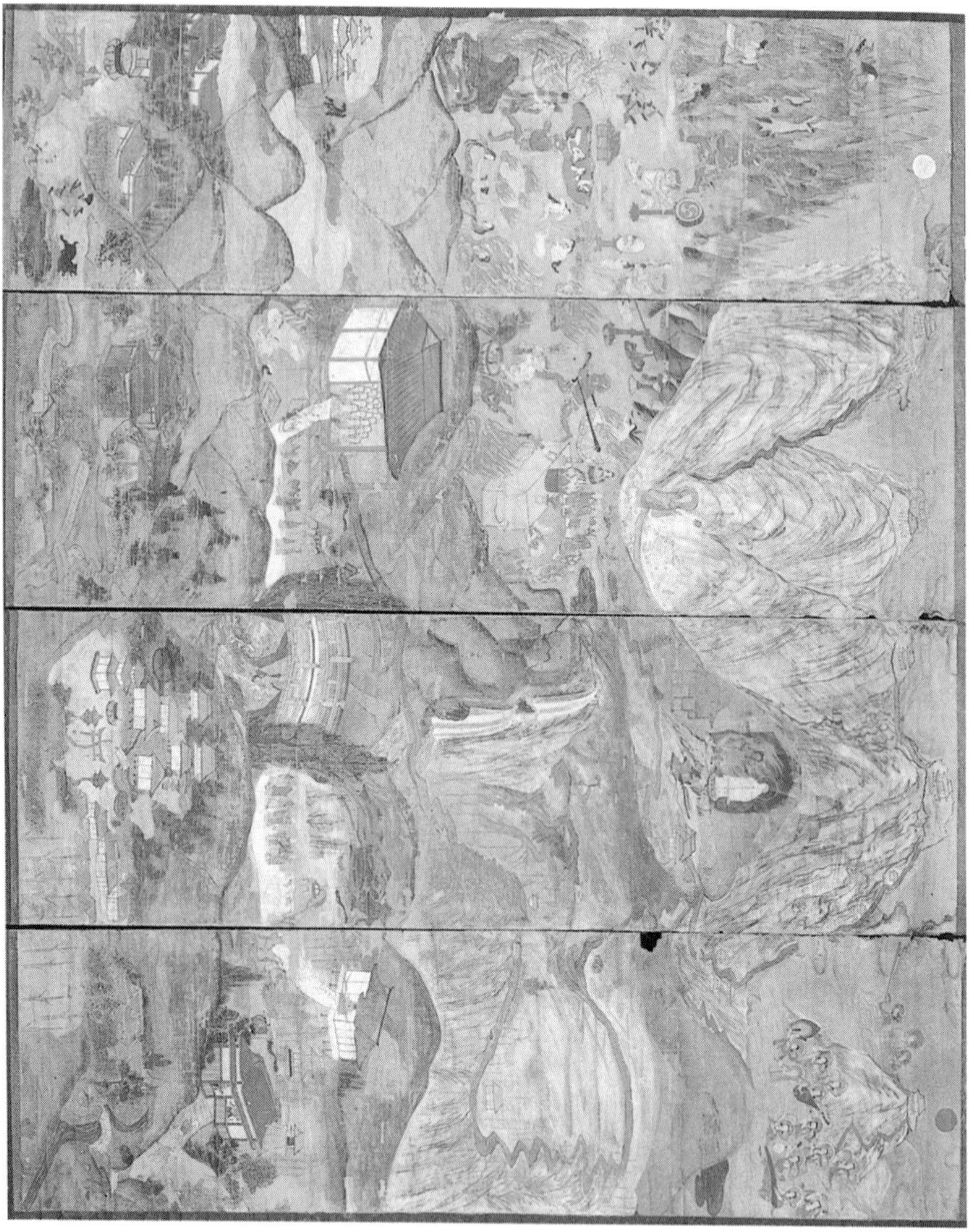

坪井家Ａ本立山曼荼羅（富山県[立山博物館]蔵。福江充『立山信仰と立山曼荼羅』より転載）

興上人廟の建立、仁王門の再建、村内の道路の修補、芦峅寺と加賀藩の折衝にあたった。今一方で彼は光明真言や阿弥陀念仏を唱導したり、布施行をするなど、遊行聖的な性格も持っていた。文政一二年（一八二九）には富山藩領八尾に宝幢寺を開基し、移住したが、その後も芦峅寺を支援した。そして天保八年（一八三七）に宝幢寺で没した。芦峅寺ではその死後、閻魔堂に位牌を安置すると共に、堂の前に胎蔵界大日の種子・光明真言を刻んだ墓碑を建立して、その遺徳を顕彰した。

この坪井家A本立山曼荼羅とその図像内容の他本との比較に関しては福江充の詳細な研究がある。ただ本項では同本の写真と福江による説明図を参照し作成した第一一図を参考に、以下まず立山の開山伝承、立山地獄、立山浄土、立山禅定の内容を簡単に説明する。次いで布橋灌頂会の歴史にふれたうえでこの図をもとに彼が確立した本灌頂の内容を考察する。(34)

立山の開山伝承：立山の開山とされた佐伯有頼が居城の布施城（25―第一一図の番号）で、不注意に逃がした白鷹を追って室堂（44）さきの玉殿（2）に入る。すると熊は胸に矢疵を受けた阿弥陀如来（立山権現の本地）、白鷹は不動明王に化した。有頼は改悛し出家して慈興と名乗り、立山の開山となる。

立山地獄他：地獄は第一帳上端の剱岳の山頂から山腹にひろがる。現在の地獄谷にあたる。なおこの地獄に始まる六道の場景は、第三項で紹介した「熊野観心十界曼荼羅」のそれと類似している。そこで同本と対応するものは番号を○で囲んで示すことにする。まず剣山は刀波林とされ、その上端に美女がいる③。なお本曼荼羅には何故か閻魔大王は地獄の入口に見えないが、死者の生前の罪を映す浄玻璃鏡④、犯した罪の重さを秤る業秤⑤はある。そして火の車⑥、亡者の舌を抜く鬼⑦、灼熱地獄⑧、臼に入れられ杵で搗かれる叫喚地獄⑨、鬼に石材で挟まれる地獄⑩、目連が串刺しにされた母を見せられる阿鼻地獄⑪、女性がおちる血の池地獄⑬、子供が落ちる賽の河原⑭、子を儲けなかった女性が落ちる石女地獄⑮、妻以外の女性と交わった男性が落ちる両婦地獄⑯、地獄の釜㉑などが書かれている。次いで「餓鬼」⑳と「畜生」⑱の世界がある。ここに描かれた牛は越中国森尻（富山県

(46)
(22)
(56)
(45)
(2)
(23)
(44)
(55)
(43)
(42)
(39)
(37)
(40)
(38)
(41)
(36)
(33)
(48)
(47)
(34)
(50)
(32)
(31)
ⓐ
(30)
(52)
(28)
(27)
(29)

第一一図　坪井家Ａ本立山曼荼羅の画面構成と図像内容

中新川郡上市町）の悪僧智明坊の死後の姿である（19）。「修羅」では二人の武士が争っている（20）。「人」は施餓鬼法要（13）、「天」は第一帳右上部の飛天（24）で示されている。ただ何故か龍淵はこのうちの鬼が石材で亡者を挟む場景（10）、畜生（18、19）と餓鬼（20）の部分を塗り潰している。

浄土：第四幅上部の浄土山右の阿弥陀三尊、浄土山の中腹から雄山に向かう方向の二五菩薩（23）で来迎が表されている。この浄土の場景は現在も夏晴れた日に東の浄土山の方向から朝日が昇る時、西から霧が浄土山にかかってくると霧の中に美しく見える自分の影を阿弥陀の来迎と観じる信仰に基づいている。これはブロッケン現象と呼ばれるものだが、立山禅定をなしおえて、雄山の山頂で御来光の中にこの現象にあった修験者はこれを即身成仏のあかしと見たのである。

立山禅定道：登拝は第一幅下段左端の岩峅寺の堂舎（26）から始まる。ここには鳥居と立山の地主神刀尾天神、宿坊と湯釜が見られる。続いて二幅から四幅の下部に芦峅寺の鳥居、三重塔、湯釜、堂宇（27）、宿坊（28）、玉橋（29）、仁王門（30）、鐘楼（31）、三重塔（32）、閻魔堂と閻魔（33）、布橋（34）、媼堂（35）、ここでなされる布橋灌頂会の場景が描かれている。なお布橋灌頂会に関するものについては後述する。媼堂の右から山道にかかると、称名滝（37）、その下の媼谷川の激流に架かった藤橋（36）がある。この橋は有頼が熊を追ってここまで来たが、渡河出来ず立ち往生した際に猿が藤蔓で吊り橋を造って渡したとの伝承に因む命名である。この先の一の谷が女人結界の処とされたのか、若狭国小浜の尼僧の止宇呂尼が壮年の美女と禿頭の童女を伴って立山禅定を試み、山の神の罰を受けた伝承が地名として残っている。まず材木坂（38）は一行が峰本社再建の材木を跨いだら材木が石になったところ、美女杉（39）は壮年の美女が、番杉（40）は番頭の童女が女人禁制を犯した咎でいずれも杉にされたところである。止宇呂尼はこれにも怯まず、弥陀ヶ原を進んだが、媼石（42）とされた。その時彼女が山頂めざして投げた鏡が石になったのが鏡石（43）とされている。この先が雄山登拝の拠点室堂（44）である。ここから雄山山頂までは一の坂から五の坂までの急坂である。なお雄山山頂には立山権現が祀られている。そのほか東の浄土山、雄山のすぐ西の大滝、その先の富士の折立、別山にも堂舎とそれぞれへの登拝路が設けられている。ただ剱岳には登拝路も堂舎もない。これは剱岳が山麓の不動明王の磨崖仏がある真言宗の大岩山日石寺の管轄下にあったことによるのかもしれない。なお浄土山の上方には太陽、剱岳の上方には月が描かれている。

布橋灌頂会の濫觴と思われるのは慶長一九年（一六一四）に加賀藩初代藩主前田利家の妻芳春院（松）と二代利長の妻玉永院（永）が芦峅寺に参詣した際に「媼堂御宝前之橋に布橋を御掛大分之儀式被為成」との『一山旧記扣』の記録である。(35) この「大分之儀式」は逆修の儀礼を意味するとも考えられる。その後延享四年（一七四七）九月に芦峅寺衆徒、社人中から加賀藩寺社奉行所へ宛てた書付には、冒頭に「御媼堂御宝前之橋之秋之御祭礼布橋之由緒申上候、御媼御宝前之橋を金胎両夫《（ママ）》曼多《（ママ）》羅天地和合天之浮橋与奉申候、然所、彼岸中日御祭礼ニ而白布百三拾六反を以、閻魔堂御媼堂御宝前迄配荘現当二世諸願為成就秘文勤行仕候―中略―橋前に配両端ニ而引導師、来迎師御渡之勤行仕候(36)」とある。

これを見ると、まず一三六反の白布を閻魔堂から御媼堂の御宝前まで敷く、そのうえで金胎曼荼羅、天地和合を示すとした雨浮橋の両端で引導師と来迎師が現当二世の諸願成就の勤行をしているのである。天浮橋の敷板の裏には金胎の曼荼羅の仏の種子が記されてもいた。またこの橋を唐の天台山方向寺の石橋（石梁飛瀑）や高野山奥の院の御廟橋に架かる無明の橋に譬えてもいた。さらに橋の長さ二五間は二五菩薩、高さ一三間は一三仏、橋幅九尺は九品の浄土、橋桁四八本は法蔵菩薩の四八願、敷板一〇八枚は一〇八煩悩、欄干の擬宝珠六は南無阿弥陀仏の六字名号、橋の四方の杉大木や四本幡は阿弥陀・薬師・釈迦・弥勒の四方浄土というように橋の各部分に託して浄土思想が説かれてもいた。(37) その後の文政一〇年（一八二九）の『北国立山御媼堂別当奉加帳』には、「御宝前天浮橋有、此橋善根男女外不渡故、十方男女後生成仏為、秋彼岸中日白布三六〇端《（ママ）》懸渡、貴賤男女導渡故布橋大灌頂号(38)」とある。ここでは彼岸中日の行事が貴賤男女の後世成仏の為の布橋大灌頂と位置づけられているのである。

さて坪井家A本における布橋灌頂の場景についてはさらに詳細に説明したい。(39) 図の右の閻魔堂（33）には閻魔が祀られている。ここで懺悔し三昧耶戒を授かった白装束で白笠の女性（50）が赤い桧扇を持った長官が代表を勤める八人の先導で、媼堂迄の間に敷かれた白布（49）の上を布橋（34）に向かっている（図のa参照）。橋の四方には四本杉と四方幡、橋の左側には媼堂（35）がある。媼堂内には最前列の三体の本尊の後に多数の媼尊が見られる。橋の手前には院主が代表を勤める一七人の来迎師（51）が、引導師による橋の上の法要をおえた女性達の到着を待っている（図のb参照）。到着すると一同は媼堂に入る。なお布橋下の媼谷川中には、龍がそれまでの悪事の故に橋から転落した白装束の女性を飲みこもうとしている（52）。

ところで文政一二年（一八二九）になる『当山古法通諸事勤方旧記録』によると、布橋灌頂会にあたっては、まず集会所で中老以上が役割の打ちあわせをする。(40) 法要ではまず閻魔堂で参加者が懺悔し十念のうえで三昧耶戒を授かる。堂を出ると経讃や庭讃があり、声明や楽器の音を聞きながら行道がなされ布橋を渡る。媼堂に入ると式衆による梵唄、散華、梵音、錫杖から成る天台宗の四ヶ法要がなされ、円頓章を唱える。そして終了後参加者に血脈などが授けられている。なお立山博物館蔵の裏面に「文政九戊戌九月出来大仙坊内道代□紙龍淵法印作之　乞者龍応」と墨書した版木には、梵字五文字と合わせて「皈命頂礼御媼三尊、本地阿弥陀　釈迦　大日如来　理智灌頂証法一心清浄　橋渡三摩耶行我今生身引導、当来値遇往生極楽矣　仲秋彼岸日、立山中宮寺　信心施主」と刻まれている。(41) おそらく血脈とあわせてこれを刷った札を受者に与えていたと思われる。これは龍淵が布橋灌頂会を恵印法流を思わせる理智灌頂として行ない、生身の受者に極楽往生を保証する逆峰として行なったことを示している。

なおこの坪井家A本立山曼荼羅に描かれた布橋灌頂会の受者はすべて女性である。おそらくこれ以降、布橋灌頂会は女性救済の為のものになったと思われる。この布橋灌頂会の出発点は閻魔堂であり、媼堂の下には奪衣婆に衣を剥がれる女性が書かれていた（54）。また石女、血の池など女性を対象とした地獄も認められた。雄山に登り立山禅定をした男性は阿弥陀の来迎に見える事が出来る。けれども女人禁制の立山では一の谷から先は止宇呂尼一行のように女性は登り得なかった。こうした彼女たちに立山禅定をしなくても、極楽往生しうることを身体感覚を通して確信させたのが、龍淵によって確立されたこの布橋灌頂会だったのである。

第六項　白山曼荼羅と富士曼荼羅

近世期には立山、白山、富士を巡る三山禅定がなされていた。この白山、富士でも立山ほどではないが、他の地方霊山よりは多くの曼荼羅が作られている。しかもその作成は立山より古く室町期に始まっている。そこで本項ではその主要なものを紹介したい。白山には八世紀に泰澄が登頂し、御前峰に白山妙理大菩薩（本地十一面観音）、大汝峰に大己貴命（本地阿弥陀如来）、別山に別山大行事（本地聖観音）の白山三所権現を感得して祀ったとされている。その後加賀側登拝口（馬場）には白山寺、越前馬場には平泉寺、美濃馬場には長滝寺が創建された。平安時代末にはいずれも延暦寺末となり、日吉山王七社には客人神として白山権現が勧請され、南北朝期の滋賀浄厳院蔵の山王曼荼羅（『山岳』一二）には唐の貴婦人姿の団扇を持つ白山神が描かれている。

白山曼荼羅には白山の垂迹神を描く垂迹曼荼羅と、白山の山麓から山頂に至る禅定道を中心とした霊山曼荼羅の二種類がある。そして、加賀、越前、美濃の三馬場でこれらが作られた。川口久雄によると、垂迹曼荼羅は七（加賀三、越前・美濃各二）、霊山曼荼羅七（加賀・越前各三、美濃一）で、前者は室町後期、後者は江戸中期のものが多い。なお三馬場で個々の図像の違いは多少認められるが、そのモチーフはほぼ同様である。(42)そこでここでは室町期（一五世紀）の越前系の藤沢遊行寺蔵の白山垂迹曼荼羅図、寛政元年（一七八九）になる能美市蔵の加賀馬場系の白山曼荼羅を紹介しておきたい。

遊行寺蔵の白山垂迹曼荼羅図一幅は絹本着色で法量は九三・〇×三九・〇（『山岳』三〇）である。その画面の構成は、上方に日・月と三山を配し、各山の下一段目は左から大己貴命、白山妙理大菩薩、別山大行事、二段目に六所王子を左から第三賀宝、第一佐羅、第六児宮、第二三宮、第四禅師を並べ、三段目左に残った第五金剣を配し、同右に釆女、四段目に金剛童子と眷属、その下の丘の左に泰澄、右に弟子の頭巾姿の臥行者、蓮髪異相の浄定行者を描いている。なお

白山曼荼羅（能美市蔵）

明応九年（一五〇〇）に平泉寺の豪仙が書写した「白山権現講式」によると、三所権現の本地（括弧内に記す）は、大御前（十一面観音）、大己貴（阿弥陀如来）、別山大行事（聖観音）で、六所権現の本地は、佐羅王子（多聞天）、三宮王子（如意輪観音）、加宝王子（虚空蔵菩薩）、禅師王子（地蔵菩薩）、金剛童子（不動明王）、児宮王子（如意輪観音）とされている。[43]

白山霊山曼荼羅は一般には上方に日・月と阿弥陀三尊の来迎、御前・大汝・別山の三峰、その下にそこに至る禅定道と堂社、地獄、泰澄と臥行者・浄行者を描くが、特に山麓から山頂への禅定道を細かく記している。能美市蔵の白山曼荼羅（三幅、絹本着色、一五九・五×八二）は白山禅定の道案内的性格を持つもので、「寛政元年（一七八九）己酉九月穀旦　加賀国金沢府下之匠司　清水治左衛門尉峯允　奉納焉　芸台南肇敬書」との背記識語がある。[44]以下その内容を禅定道の順に紹介したい。まずこの出発点に尾添の大宮には泰澄の弟子とされた白山寺別当の宝代坊と中宮（宮司右京進安本）が見られる。ここから尾添川ぞいに少し進んだところに加宝宮があり、その近くに泰澄と臥行者、浄定行者がいる。この先には同行坂、水無八町がある。坂上には桧神宮がある。少し進むと六地蔵、阿弥陀ヶ原がある。その下方には金剣宮、滝が見られる。なお御内陣（大汝）の山麓には加賀室が見られる。この先の千歳の池では泰澄と前述の二行者と行基が出会う場面が描かれている。その上方の火炎の周辺には地獄窟、血の池、鍛冶屋・紺屋、百姓、油屋など職業名を付した地獄がある。火炎の上の緑ヶ池では泰澄が九頭竜に向かって祈っている。

ここから主峰の大御前（御前峰）の山頂までは急坂である。左には御内陣（大汝）、その左下に剣ヶ岳、大御前右には白い雪に覆われた別山が描かれている。別山の麓には越前室、美濃室がある。そして両室から畜生谷をへて油坂を登って山頂の聖観音に詣でる禅定道がある。なおこの三山やそれに連なる峰の下に白い雲をたなびかせて、その下に上記の禅定道の霊地を描いている。なお大御前の左中腹には朝日の窟があり、その中から泰澄が御内陣（大汝）東の朝日を背にして来迎する弥陀三尊を拝している。ブロッケン現象と呼ばれるものだが、この来迎に見えることが白山禅定の目的とされていたのである。

ところで小阪大はこの白山禅定の出発点の大宮（中宮）に泰澄の弟子として描かれていた宝代坊は元禄年間（一六八八

～一七〇四）に尾添の高野山天徳院末の白山寺別当真言僧澄隆、大宮宮司右京進安本は中宮の有力士豪としている。[45] 特に澄隆は元禄一一年（一六九八）尾添村が白山寺の支配権を越前側と争って幕府に訴えた時、これに与して勝訴をもたらした。そして同一四年六月二一日には高野山南院預龍を迎えて大汝山の阿弥陀如来を本地とする大己貴社の遷座式を行なった。さらに尾添村の金剣宮、桧神宮、加宝宮の三社修繕の勧募の為に加賀本宮の支えもあってか白山の十一面観音などを江戸の護国寺で開帳した。そして白山寺を高野山の金沢藩主前田利常の妻の菩提寺であり、徳川綱吉生母桂昌院の祈祷寺でもある天徳院の末寺にしたのである。白山禅定の絵解きの為の本曼荼羅の出発点に越前馬場との争いに勝訴し、金剣、桧神宮、加宝宮の修覆を江戸での勧募をもとに完成し、白山寺を高野山天徳院の末寺とした、白山寺住職の宝代坊と当地の士豪でもあった中宮の宮司を泰澄の弟子として出発点に記したのは、中宮の衆徒が彼らによってもたらされたかつての栄光を語りつぐことも意図して本曼荼羅を作ったことを示すとも思われるのである。ただその後白山寺は生滅した。

富士曼荼羅はすでに室町後期に大宮口からの登頂風景を描いた富士本宮浅間大社所蔵の二点と桃山期の竹内尚次氏所蔵本がある。また近世期のものも四点が発見されている。[46] これらは雲間に抜きだすように富士山を描き、山腹の左右に日月を配する。山頂には小さな三峰と三尊あるいは弥陀来迎が見られる。そして雲の下に山麓の大宮、村山から山頂の間の諸堂舎と登拝路や道者を描いている。広く知られているのは狩野元信（一四七六～一五五九）の壺印がある本宮神社本（絹本著色、一八〇・〇×一一七・五、『山岳図』三四）である。本図はやはり霞で分けられた下方に三保松原・田子浦・清美関、中間に本宮と涌玉池、聖護院末の村山一山の大棟梁権現と竜頭の滝から山腹の中宮や御室、上部山頂の三峰に右から大日、阿弥陀、薬師の三尊を記し、山腹左右に日月を配している。また涌玉池や竜頭の滝、禅定道の随所に道者を描いている。ただし中宮から上には女性道者は見られない。[47] なお今一つの富士本宮浅間大社本（絹本著色、九一・五×六七・三、『役行者図』206）は山頂は三峰に分かれているが、三尊もなく、中腹の日月も見られない。そして画面中央に大きく涌玉池とそこで垢離をとる道者を描いている。また画面の下方には駿河湾や富士川と俗界の場景を俗人、小船、馬な

富士曼荼羅（竹内尚次本）

ども入れて細かく記している。[48]

これらに対して前頁にあげる桃山期の竹内尚次本（絹本著色、一〇九・四×八〇・三、『山岳』三五）は画面中央上部の虚空に胎蔵界大日の中台八葉院に準えた八葉の蓮華を描き、中央の大日如来の周囲に八尊を配している。ただこの八尊の尊名は定かでない。その下には三峰を記すが、その中央と左峰の鞍部で一人の道者が八葉の蓮華を拝している。また山腹の左右の雲上に迦陵頻迦、日月を配し、その下方の雲と富士川の間の左側に大宮、右側に村山一山を描いている。そしてその下の富士川と駿河湾の間の左に清美関、中央に民家、右に地獄の火車を押す赤鬼・青鬼が見られる。なお山頂への左右の急坂を多数の道者が登っている。また坂下の雲の左右の端にはそれぞれ四人の道者がいるが、これは御中道巡りを意味すると思われる。

ところで近世後期に聖護院末の村山一山の大鏡坊が板行した後出の三国第一富士禅定図には、禅定道とあわせて富士山麓の社堂、旧跡などが記されているが、その右側上の空欄に「頂上八葉嶽、一嶽地蔵、二阿弥陀、三観音、四釈迦、内院両界曼荼羅、中央胎蔵界大日如来、八葉九尊五智四菩薩、五嶽弥勒、五大明王、五大力菩薩、六嶽薬師、八大金剛童子一千二百余尊、七嶽文殊、開山役之行者大菩薩、八嶽宝生如来」と記されている。[49]これは富士山頂の内院（噴火口）周囲の八嶽に胎蔵界曼荼羅中台八葉院の大日如来に因む八葉を観じたものである。さらにこれに大日如来の五智、五大明王、五大力菩薩を充当させている。なお胎蔵界曼荼羅では中台八葉院には普賢、文殊、観音、弥勒の四菩薩をあげるが、この禅定図でもこれらの諸尊が見られる。そして残り三菩薩に古来山頂の三峰に祀る大日如来以外の薬師と阿弥陀、宝生を加えている。ただしその根拠は定かでない。また内院を大峰山同様金胎の両曼荼羅と捉えたこともあってか、大峰八大金剛童子、金胎の曼荼羅内の一二〇〇余尊をあげている。これから考えると、さきの竹内尚次本はこの絵図を伝える村山修験のものだったとも考えられる。ちなみに近世の縁起書には、この八尊を（1）地蔵・天照大神、（2）阿弥陀・熊野、（3）観音・伊豆山権現、（4）釈迦・白山、（5）弥勒・日吉、（6）薬師・鹿島金山明神、（7）文殊・箱根権現、（8）宝生・三島明神というように神格に対応させてもいる。[50]

三國第一富士山禅定圖
仁王七代孝安天皇九十二庚申年
涌出秘密瑜祇之金亀ナリ
穀聚山 蹲踞山 御影山 來集山
妙高山 天童山 不老山 四方山
般若山 養老山 不尽山 谷合山
不老山 四四山 仙人山
晨向山 七宝山 後山
蓮華峯 冨士山
郡名ト
不二山ト書ス
宝永山
泉水
中宮
駒立
大日
八幡宮
今宮
新山
新宮
日吉宮
浮島原
田子浦

三国第一富士禅定図（竹谷靭負『富士山の祭神論』より転載）

このほか近世初期の茗荷第三農業組合蔵の富士曼荼羅図では、日・月を最上段に描き、山頂に弥陀三尊の来迎を描いている。また近世中期の駒込富士神社所蔵本でも、山頂の雲の上に弥陀三尊の来迎が見られる。(51) さらに近世後期の富士講の高田宮元講の富士曼荼羅では上部に雲中に見られる弥陀三尊の来迎、富士山頂、雲で仕切った中央に小御岳石尊大権現の石碑と両脇の二天狗、さらに雲で仕切った画面下に食行身録が描かれている。(52) このように富士曼荼羅では大宮や村山で水垢離をとり、峻険な禅定道を登って山頂に至って、大日、薬師、阿弥陀の三尊、弥陀三尊の来迎、胎蔵界の中台八葉院に準えた御内院（噴火口）とその周囲の峰の諸尊に見えることが描かれているのである。

結

本節の冒頭で述べたように、曼荼羅の語義は本質、道場を意味する。そして修験道の本質は峰入にあり、その道場は霊山である。この修験道の峰入は大きく二種類に分けられる。一つは熊野または吉野から山中に入って大峰山系を抖擻するように峰々を歩きとおすものである。その際、各峰あるいはそこの木、岩、滝などに神格を観じて祈りをこめている。今一つは立山、白山、富士などの頂上を極め、山上の御来光の中に神格を観じる禅定型のものである。そこで本節ではまず第一項で大峰山の峰々を胎・金の曼荼羅と捉える見方の内容を「大峰・胎蔵界」「大峰・金剛界」で紹介した。そして第二項では、金胎不二、理智不二を表現した恵印曼荼羅をとりあげた。第三・第四項では大峰山の入口の熊野と吉野の曼荼羅、第五・第六項では山頂への禅定道や山中の他界、山頂の御来光を描いた立山、白山。富士の曼荼羅の特徴を紹介した。以下その内容を簡単に要約しておきたい。

胎蔵界曼荼羅は大日如来を中心に九尊から成る中台八葉院の周囲を長方形の中に諸仏を配した一〇院で包み、外側は外金剛院となっている。「大峰・胎蔵界」ではこの外金剛部西門（下段中央の難波天）とされた熊野から入って、各院の諸尊に充当された峰々を経て、中台の大日如来に到り、さらに諸院の峰々をへて、最後は東門（上段中央守門天―現在の両峰分けか）に至る。各峰には天台・真言・南都の僧が法華経、密教経典、不動・観音・薬師などの小像を納めている。行場とされている処も多い。金剛界曼荼羅は碁盤目状の九会から成り、その中央の成身会中心に大日如来と千仏を配している。そしてここから左まわりに八印を巡る下化衆生の配列が説かれている。ところが「大峰・金剛界」の充当は右上の理趣経にもとづいて煩悩即菩提を説く理趣会から始まって右まわりで成身会に至る上求菩提の形をとっている。しかもこの理趣会では秋に峰入し、冬を山で過ごし春出峰する晦山伏や笙岩屋冬籠りを想起させるかのように、秋金剛、冬金剛、春金剛から始まっている。そして「大峰・胎蔵界」のように僧が峰々に経、仏像を納めた記録はない。けれどもその中には行場とされた峰も多く、弥山、小笹、金精明神など現在の霊地に比定しうるものもある。

恵印曼荼羅は当山派の派祖聖宝が大峰山で役行者の導きで秘法を授かり、吉野の鳥栖鳳閣寺で恵印灌頂を始めたとの伝承にもとづく法曼荼羅である。まず恵印灌頂の最初の滅悪趣灌頂で用いる滅悪趣菩薩を主尊とする曼荼羅では「大峰・胎蔵界」には見られなかった胎蔵界曼荼羅の除蓋障部の諸尊から成るものである。次の覚悟灌頂では聖宝の龍樹からの受法に因んで龍樹を主尊とし、弁才天と深沙大将を配した龍樹曼荼羅が用いられている。もっとも恵印曼荼羅の中心をなすのは「修験恵印六壇曼荼羅」と「修験恵印総曼荼羅」である。前者は恵印六壇法の主尊である龍樹、不動、愛染明王（金剛薩埵）の曼荼羅を右側三会、大峰に関わる金剛童子（金剛蔵王）、葛城に関わる弁才天と深沙大将の左側三会の六会から成る金剛界曼荼羅型の曼荼羅である。後者は中尊の金胎不二の大日如来を第一院にして、金剛界四仏、胎蔵界中台八葉院の四菩薩を第二院とする。そして第三院には四波羅蜜と龍樹、不動、金剛童子、愛染明王の曼荼羅、第四院上に弁才天、下に深沙大将の曼荼羅を配する。なお第四院の左右には七星と一二宮、その外の第五・第六院には内・外の供養仏や天文神を配している。そして総じて理智不二、金胎不二と恵印法流の主尊の世界を観じ、これらに帰命することを示している。

熊野曼荼羅の聖護院本には基本的には上方に大峰山系の中に金剛蔵王権現、役行者、大峰八大金剛童子を配し、中層に熊野十二所権現の本地仏・垂迹神・社殿、下部に熊野詣道の九王子とあわせて、新宮の神倉、阿須賀、那智の滝宮、本宮の礼殿執金剛神を配している。三山の諸神の一部を上方に書いたものもある。なお最上段に金・胎の曼荼羅をあげた垂迹曼荼羅も見られた。ただ本宮の宮曼荼羅では大峰山系の下に熊野十二所権現の本地仏を描き、その下に本宮の社殿を描き、下方に熊野川と備崎、下方右端に役行者が見られた。ただ八葉形の本地曼荼羅では上方に大峰山系、中央に胎蔵界曼荼羅の中台八葉院に準じる形で、八葉の円中央に阿弥陀如来（証誠殿・慈悲大顕王）、その上に釈迦（勧請十五所・王の家臣で妻の父）、周囲に五大王子、円の周囲に家臣の四所明神を配し、下に熊野諸道と熊野九王子などを配している。

けれども直接修験と関係のない湯泉神社の熊野本迹曼荼羅は大峰山系と八大金剛童子や役行者はなく、勧請十五所（雅顕）が自己の家臣も従えて描かれている。また熊野の諸神が重視されている。熊野比丘尼が唱導に用いた那智参詣曼荼羅には那智山内の場景とあわせて、死霊が先達に導かれて那智詣をして、妙法山に鎮まることが描かれている。また熊野観心十界曼荼羅は、四季の木を背景に示された人生をおえた死者が地獄から始まる一〇界をへて成仏することを「唯心偈」「十界一如」の思想で説明すると共に、盆の先祖供養をすすめたものである。

平安後期の懸仏に見られる吉野本迹曼荼羅では八葉の中心に蔵王権現、その上に蔵王の本地、周囲に吉野山の神格を配している。なお南北朝期の如意輪寺の蔵王権現の厨子の背面と側面左右四段の扉絵には、背面に大峰山と大峰八大金剛童子、側面には四季にあわせて吉野八神と役行者、前鬼・後鬼が描かれている。また同じ頃になる『金峰山秘密伝』所収の法曼荼羅には初重に蔵王権現、二重の上にその出現に先だって現れた釈迦・弥勒・千手観音、金胎の大日、大峰八大金剛童子、三重の上に天河弁才天、周囲に熊野と吉野八所明神というように吉野山だけでなく大峰全体の諸尊をあげている。なお近世期には大峰八大金剛童子を配した大峰山系の前の山の中央に当時の金剛蔵王権現涌出譚で最初に出現した弁才天、左にその次に出現した地蔵、右に当山派の拠点の小笹の地蔵を記し、さらに中央下に蔵王権現を拝する壇と灯籠を加えている。また吉野宮曼荼羅にも、随所に桜を配した吉野山の社堂などの風景の上に涌出した金剛蔵王権現を大きく描き、その右下にそれを拝する役行者、上方に大峰山と八大金剛童子を描いている。このように吉野曼荼羅では役行者の金剛蔵王権現涌出譚、大峰山と八大金剛童子、吉野八所明神が必須のものとされている。なお役行者図では役行者と前鬼・後鬼、背後の大峰八大金剛童子とあわせて、獅子・虎・狼の三国の山の神を描いている。また大峯山寺の役行者の絵符では霊鷲山を思わせる鷲の形をした岩を背にした前鬼・後鬼を従えた老翁姿の役行者を描いている。

山頂と禅定道を中心とした立山、白山、富士の曼荼羅は、上部の左右に日・月、三つの峰と本地仏、来迎する弥陀三尊、中央に地獄、社寺（中宮）、下に社寺や風景を描いている。また開山の伝承や主要な儀礼なども記入している。立山、白山、富士の各曼荼羅の特徴のみあげると、立山曼荼羅は携行の便もあって、多くは四軸からなっている。その坪井家A本では浄土山と雄山山頂の間に弥陀三尊と二十五菩薩の来迎を描いている。また左の剱岳の下方には「熊野観心十界曼荼羅」と同様の地獄を細かく描いている。また画面の下方中央には布橋灌頂会が大きく記されているが、これは高野山天徳院の学僧だった龍淵が理智灌頂としてまとめた女人往生の為の逆峰の灌頂である。また開山の佐伯有頼が室堂の先の玉屋窟で雄山の本尊阿弥陀如来と不動明王と見える場景も描かれている。

白山三馬場には室町期に上に日月と御前峰、大汝、別山の三山、その下の一段目に三神、二段目と三段目に六所王子、采女、金剛童子、四段目（最下段）に泰澄と臥行者・浄定行者を記した垂迹曼荼羅が作られている。近世期の寛政元年（一七八九）になる能美市蔵の加賀馬場の白山曼荼羅は上方に大御前、その左に大汝、右に別山を書き、大御前中腹の朝日窟で泰澄が太陽の光の中に現れた弥陀三尊を拝する姿を描いている。そして下方左の出発点の尾添には白山寺を高野山天徳院の末寺とし同村の金剣宮などの修復に尽力した宝代坊と大宮の宮司を泰澄の弟子として描いている。そしてここを出た泰澄が桧神宮、六地蔵、弥陀ヶ原、金剣宮、種々の地獄をへて緑ヶ池で九頭竜に祈ったうえで、さきの朝日窟で弥陀三尊の来迎に見えたことが描かれている。

富士曼荼羅は室町後期から作られたが、多くは富士山中腹左右に日月、山頂の三峰に大日、阿弥陀、薬師の三尊か弥陀来迎図、中間に大宮や村山一山、中宮など、下方に駿河湾や三保の松原を配し、随所に登拝の道者を描いている。もっとも一六世紀後期の竹内尚次氏本では、画面上部に八葉の蓮華を描き、その中に中尊の大日と八尊を配し、その下に山頂の三峰とそれぞれの社殿を記し、中心の峰から一人の道者が八葉の蓮華を拝している。これは山頂の内院（噴火口）

周囲の八峰の仏とそれを拝する道者を描いたものである。

以上のように修験道の曼荼羅は大峰山系の峰々を金胎の曼荼羅に準えて峰々に曼荼羅の諸尊を観じる形から出発する。そしてこの後、金胎、理智不二や恵印六壇法の諸尊を含む、恵印総曼荼羅が作られた。大峰山の入口の熊野では中央に熊野十二所権現の本地や垂迹神、上方に大峰山と役行者・蔵王権現・大峰八大金剛童子、下に熊野の九王子や熊野の諸神を配する本地曼荼羅や垂迹曼荼羅、絵ときに用いた那智参詣曼荼羅や熊野観心十界曼荼羅が作られた。一方吉野では、役行者による金剛蔵王権現涌出の場景を中心に上に大峰山系と大峰八大金剛童子、中から下の左右に吉野八明神などを描いた曼荼羅が作られた。また立山、白山、富士では上方に日月、山頂に主神や弥陀の来迎、山腹に地獄や主要行事、伝承、山麓に社寺を配して、山頂を目指す道者を描いたものが作られている。なお恵印曼荼羅、熊野、吉野、富士では胎蔵界曼荼羅の中台八葉院の図案が用いられていることに注目しておきたい。

注

(1) 栂尾祥雲『曼荼羅の研究』密教文化研究所、一九五八年、一～一五頁。
(2) 『諸山縁起』『寺社縁起』日本思想大系二〇、岩波書店、一九七五年、九〇～一〇二頁。
(3) 宮家準『修験道思想の研究』増補決定版、春秋社、一九九九年、二八一～二九一頁。
(4) 上掲宮家『修験道思想の研究』二三七～二四一頁。
(5) 胎蔵界曼荼羅に関しては、石田尚豊『曼荼羅の研究』研究篇、東京美術、一九七五年、石田尚豊『両界曼荼羅の智慧』東京美術、一九七九年。
(6) 上掲宮家『修験道思想の研究』二八七～二八八頁、二四〇～二四二頁。
(7) 金剛界曼荼羅については、上掲石田『両界曼荼羅の智慧』一一五～一四三頁参照。
(8) 「修験最勝慧印三昧耶極印灌頂法」修験道章疏Ⅰ、滅罪灌頂曼荼羅　二二二頁、覚悟灌頂曼荼羅　二二四頁、龍樹・不動・愛染・金剛童子・深沙・弁才天女曼荼羅　二二九～二三〇頁。
(9) 「修験恵印総曼荼羅」「修験恵印六壇曼荼羅」修験道章疏Ⅰ、二二五〇頁の折り込み。

(10)「修験最勝慧印三昧耶法六壇法儀軌」修験道章疏Ⅰ、四八～四九頁。
(11) 佐和隆研編『密教辞典』全、法蔵館、一九七五年、一～二頁。
(12) 上掲石田『両界曼荼羅の智慧』一三六～一三七頁。
(13) 八田幸雄『修験恵印総曼荼羅の世界』宗教研究二二七、一九七六年、仲田順浩「修験恵印総曼荼羅の一考察」神変一〇〇号、一九九五年。
(14)「理智不二界会礼讃」修験道章疏Ⅰ、六六～六八頁。なお、斎藤明道「理智不二礼讃に聞く」総本山醍醐寺事務所、一九八二年参照。
(15)「大峰縁起」『熊野金峯大峯縁起集』臨川書店、一九九八年、一三一～一四三頁。なお本縁起に関しては、上掲宮家『修験道思想の研究』九七三～一〇〇四頁参照。
(16)「長秋記」『増補史料大成』一六・一七。
(17) 熊野曼荼羅については、宮家準『熊野修験』吉川弘文館、一九九二年、五九～七三頁、鈴木昭英『霊山曼荼羅と修験巫俗』法蔵館、二〇〇四年、五～三五頁、八三～八九頁参照。
(18) 以下、山岳曼荼羅の図像についてはは主として『特別展　山岳信仰の遺宝』（奈良国立博物館、一九八五年）、『役行者と修験道の世界――山岳信仰の秘宝』（毎日新聞社、一九九九年）掲載のものを用い、本文の法量などの説明の括弧内に「山岳図」掲載番号、「役行者図」掲載番号で示す。なおこの両図録にないものは所掲書物を注記する。
(19) 宮家準『修験道組織の研究』春秋社、一九九九年、七九八～七九九頁。
(20) 黒田日出男「那智参詣曼荼羅を読む」思想七四〇、一九六六年。
(21) 上掲宮家『修験道組織の研究』八〇二～八〇三頁。なお、小栗栖健浩『熊野観心十界曼荼羅』岩田書院、二〇一一年参照。
(22)『織田仏教大辞典』大蔵出版社、一九五四年、三四五頁。
(23) 上掲小栗栖『熊野観心十界曼荼羅』二九九～三〇七頁。
(24) 修験道の十界修行については、上掲宮家『修験道思想の研究』七一四～七三七頁。
(25) 上掲鈴木『霊山曼荼羅と修験巫俗』一〇六～一〇七頁。なお、吉野曼荼羅については同書三六～六七頁、一〇六～一一四頁。
(26)『金峰山秘密伝』中、修験道章疏Ⅰ、四五三頁。
(27) 上掲鈴木『霊山曼荼羅と修験巫俗』四七～四八頁。
(28) 行徳真一郎「奈良・西大寺所蔵吉野曼荼羅図について」ミュージアム五七二、二〇〇一年。

(29)上掲鈴木『霊山曼荼羅と修験巫俗』五五頁。
(30)米原寛「立山曼荼羅とその背景」『立山のこころとカタチ――立山曼荼羅の世界』立山博物館、一九九一年、一七〜三三頁。
(31)『綜覧立山曼荼羅』（富山県立山博物館、二〇一一年）には、芦峅寺系立山曼荼羅『大徳寺本』を除く四八点の写真（八〜八九頁）と、福江充による作品解説（九八〜一一〇頁）、及び立山曼荼羅の系統分類を示した掲載図版一覧（一二八〜一三〇頁）が掲載されている。その後、二〇一四年に岩峅寺系立山曼荼羅の『富山県立山博物館E本』が同館に収蔵され、現在における立山曼荼羅の総数は五〇点となっている。なお福江充『立山曼荼羅の成立と縁起登山案内図』岩田書院、二〇一八年参照。
(32)福江充『立山信仰と立山曼荼羅』（岩田書院、一九九八年）口絵三。
(33)龍淵の伝記については、福江充「もと高野山学侶龍淵の在地宗教活動――芦峅寺一山との関わりを中心として」『立山信仰と立山曼荼羅』一一〜四〇頁、福江「高野山学侶龍淵筆『高野山天徳院由来等縷記　文化七年』」『富山史壇』一四二・一四三、越中史壇会、二〇〇四年、八六〜一〇四頁。
(34)上掲福江『立山信仰と立山曼荼羅』一〇一〜一〇八頁。なお、福江充『立山曼荼羅――絵解きと信仰の世界』法蔵館、二〇〇五年参照。
(35)『一山旧記扣』広瀬誠・高瀬保編『越中立山古記録』桂書房、一九九〇年、二七頁。
(36)「芦峅寺雄山神社所蔵文書」上掲福江『立山信仰と立山曼荼羅』八二〜八三頁。
(37)「芦峅寺媼堂前の天の浮橋に関する断簡」芦峅寺雄山神社所蔵文書、福江充『立山信仰と布橋大灌頂会』桂書房、二〇〇六年、一九一頁。
(38)「北国立山御媼堂別当奉加帳」立山博物館、上掲福江『立山信仰と布橋大灌頂会』七七頁。
(39)上掲福江『立山信仰と布橋大灌頂会』一六五〜一七〇頁参照。
(40)「当山古法通諸事勤方旧記録」上掲福江『立山信仰と立山曼荼羅』六四頁。
(41)「布橋灌頂に関する版木」富山県立立山博物館所蔵、旧資料番号二〇四一。上掲福江『立山信仰と立山曼荼羅』七四頁。
(42)川口久雄『山岳まんだらの世界』名著出版、一九八七年、八九〜九七頁、一一〇〜一二五頁。
(43)上掲川口『山岳まんだらの世界』八一頁。なお、六〇〜八六頁も参照。
(44)白山本宮神社史編纂委員会編『白山信仰』白山比咩神社、二〇一〇年、一六〇〜一六一頁。
(45)小阪大「白山曼荼羅図から見た加賀禅定道」山岳修験四八、二〇一一年参照。
(46)三宅敏之「富士曼荼羅と経典埋経」五来重編『修験道の美術・芸能・文学』Ⅰ、山岳宗教史研究叢書一四、名著出版、一九八〇年、四二〇～四三五頁。

(47) 大高康正『参詣曼荼羅の研究』岩田書院、二〇一二年、二二五～二五三頁。

(48) 上掲三宅「富士曼荼羅と経典埋経」四二七頁。

(49) 竹谷靭負『富士山の祭神論』岩田書院、二〇〇六年、二八～二九頁。

(50) 上掲『特別展　山岳信仰の遺宝』掲載の竹内本の解題、二〇一頁。

(51) 上掲三宅「富士曼荼羅と経典埋経」四三一～四三七頁。

(52) 岩科小一郎『富士講の歴史』名著出版、一九八五年、口絵写真。

第三節　密教と修験道の行法、符呪

序

一九四〇年に著されて以来、広く注目され、一九六〇年に隆文館の現代仏教名著全集に収録された圭室諦成の『日本仏教史概説』では、その第一二章第一節「密教の庶民的誕生」の項で、修験道は古代の貴紳の加持祈祷の要請に応えた密教を山林修行によって験力を得た修験者が光明真言や宝筺印陀羅尼をもとに民衆化したものとしている。[1] また一九四三年の村上俊雄『修験道の発達』では、修験道の教義は真言密教とほぼ同一でその呪験の中心をなす符呪作法は『修験深秘行法符呪集』（修験道章疏Ⅱ所収）などにもとづくとしている。私も一九六四年にこれら先学の指摘をもとに「修験道と庶民生活――『修験深秘行法符呪集』をもとに」を発表した。[2] その後、宮本袈裟雄も一九八四年に『里修験の研究』の中で『修験深秘行法符呪集』の治療儀礼に注目している。

ところがこの『修験深秘行法符呪集』（以下『行法符呪集』と略す）は、修験道章疏全三巻を編集した中野達慧（一八七一～一九三四）の解題によると、中野が主として三宝院義演、金峰山大先達勧修寺蓮光坊良勝、醍醐寺東院仁寛、高野山印融、豊山勝海房章如、智山隆誉と『修験抜集記』五巻をもとに全一〇巻、三七六種、四四〇法をまとめたものとしている。[3] ただ本節の以下の記述で解明するように、実際は良勝が金峰山大先達かどうかは定かでなく、他の五人は密教僧で『修験抜集記』は近世期になる高野山に伝わったと思われる『秘術抜集記』をさすと考えられる。[4] そして『行法符呪集』は、この『秘術抜集記』（以下『抜集記』と略す）をもとに、一部に印融の「作法集口決」や新義真言の章如、隆誉の次第を加えて、中野が編集した密教民衆化を示す資料と考えられるのである。

そこで本節では、こうした仮説に立って、まず第一項では、中世初期に編まれて以来、密教の基本的な事相集成とされている、東密の覚禅による『覚禅抄』、台密の承澄らの『阿娑縛抄』の内容を紹介する。ついで第二項では、まず中野達慧が『行法符呪集』に収録した切紙の出所とした義演、勧修寺良勝、醍醐寺東院の仁寛、高野山の印融、豊山の章如の『五十通口決』、智山の隆誉の『十結次第』と『秘術抜集記』を紹介する。そして『行法符呪集』所収の切紙のほとんどが『抜集記』所掲の切紙と一部印融、章如、隆誉の切紙であることを明示する。この試みによって『行法符呪集』は、中野達慧が編んだ密教の事相集であることを検証したうえで、常民の宗教生活との関わりを解明する。

第四項では、羽黒山、彦山、求菩提山の修験霊山と、里修験の当山派の西津軽郡深浦円覚寺の尊海と秋田郡綴子の般若院英泉、本山派の会津郡只見の龍蔵院と吉祥院の行法符呪を紹介する。そして第五項は本山派の越後高田金剛院の性格と同院三世空我が編んだ『行法十二巻』の内容と常民（貴紳も含む日本人の日常生活面をさす）の宗教生活とのかかわりを検討する。そして結では、第一〜三項の密教の行法を第四、第五項の修験の行法符呪を比較検討し、修験道で特に重視した行法が如何なるもので、常民の宗教生活とどのように関わったかを、伝統的な密教の行法と対比させて、明らかにすることにしたい。

第一項　密教の行法——『覚禅抄』と『阿娑縛抄』

『覚禅抄』は小野流の覚禅（一一四三〜一二一七）が編集した東密の修法別百科全書で『浄土院鈔』『百巻鈔』とも呼ばれる。主要な刊本には観修寺本（大正新脩大蔵経図像部八・九巻所収）と増上寺本（大日本仏教全書四一〜五一）がある。編者の覚禅は康治二年（一一四三）に第五か六位くらいの官吏の家に生まれ、勧修寺の興然（一一二一〜一二〇三）から灌頂を受け、諸尊法や儀軌・図像の収集に努めた。また後白河法皇の近臣の東寺八七世長者、醍醐寺一八、二〇、二二世となった勝賢（一一三八～一一九六）に師事した。そして四一歳の嘉永二年（一一八三）頃から、建暦三年（一二一三）の死の直前まで、諸師を訪ね、また檀所の貴書を書写して、『覚禅抄』全一四四巻を編集した。同書には勧修寺浄土院に伝わる小野流、勝賢らの醍醐系の先学、御室広沢流、仁和寺安養方さらに一部三井寺系のものも含まれている(4)。そこで、上川通夫らが勧修寺を再調査のうえで新たに作成した「勧修寺本覚禅抄目録」の一六四巻の内容を各部ごとにまとめてあげると、次の通りである(5)。

Ⅰ仏部＝両部大日一（修法数、以下一は略す。配列は巻の順序による）、仏眼二、薬師二、七仏薬師二、阿弥陀二、釈迦二、光明真言、計一二

Ⅱ仏頂部＝大仏頂法二、熾盛光法三、尊勝法六、大勝金剛法二、一字金輪法二、計一五

Ⅲ経部＝請雨経四、止風雨経二、法華経三、仁王経三、理趣経二、守護経二、六字経三、童子経三、宝楼閣経・円満金剛法・宝篋印経・無垢浄光陀羅尼経、計二六

Ⅳ観音部＝聖観音二、十八日観音、千手観音三、十一面観音、馬頭観音、白衣観音二、如意輪観音二、不空羂索二、准胝二、転法輪法、阿摩提観音（聖観音の化身）二、葉衣観音、青頸観音二、計二一

Ⅴ文殊部＝一字文殊、六字文殊、五字文殊二、計四

Ⅵ菩薩部＝弥勒、多羅菩薩二、五大虚空蔵、求聞持法、般若菩薩二、持世菩薩二、随求法、延命法二、地蔵、普賢、金剛菩埵、五秘密法、計一六

Ⅶ明王部＝不動二、安鎮法、愛染三、降三世二、烏枢沙摩二、孔雀経法二、大元法、軍荼利、地鎮鎮壇法、大威徳七、金剛童子三、金剛薬叉六、計三一

Ⅷ天部＝歓喜天、尊星王二、北斗二、星宿、諸施餓鬼法、聖天、訶利帝母二、迦楼羅（天狗）、吉祥天、地天三、摩利支天、大黒天、大自在天（伊舎那天）三、鳩摩羅（韋駄天と同体）二、毘沙門天、焔魔天、嚢盧利童女法

（観音の化身）、那羅延天（金剛力士）、深沙大将、金剛力士、計二八
Ⅸ雑部＝造塔二、雑要集、大結界法、舎利法二、宝珠法二、支度、巻数、後七日法五、覚禅鈔目録二、計一七

これを見るとそのほとんどが諸尊法で、その中に含めたⅢ経部と最後のⅨ雑部から成っている。そこでこれを諸尊別に見ると、菩薩が四二と最も多く、そのうち二二を占める観音と、Ⅳの文殊が独立した一部を構成している。なお観音は聖、十一面、千手、不空羂索、馬頭、如意輪の六観音すべてが含まれている。次は明王部三二で、不動、降三世、軍荼利、大般若、金剛夜叉の五大明王がすべて含まれている。このうち大威徳七、金剛夜叉六だが、主尊の不動は二である。次は天部二八だが、尊星王、北斗、星宿（計五）と星に関するものが注目される。これらに対して、仏頂に関わるものが一五で部を設けているのに対して、釈迦は二である。なお薬師・七仏薬師四であるのに密教の主尊の大日は一である。経部では雨に関する請雨経四、止風雨経二が注目される。また童子の疾病を防ぐ童子経、調伏の六字経、除滅の仁王経など現世利益に応じるものが多く、大日経、金剛頂経など密教の依経は見られない。なお圭室諦成が修験道における密教民衆化の典型とした光明真言、宝篋印経は各一である。

『阿娑縛抄』は台密の学僧承澄（一二〇五〜一二八〇）らによる灌頂、四度加行、諸尊法、典籍などをまとめた百科全書である。書名の阿娑縛の「阿」は仏部（諸法本不生法身の義）、「娑」は蓮華部（諸法無染着蓮華の義）、「縛」は金剛部（諸法離言説の義）の胎蔵界の三部の種子に因んで、修行と悟りを意味する修証門を示している。承澄は元久二年（一二〇五）藤原師家の四子として生まれ、八歳で出家し覚審から台密の法曼流を授かった。さらに鎌倉幕府の祈祷僧で、比叡山楞厳院長吏を務めた台密小野流の祖忠快（一一五九〜一二二七）から『密談鈔』六〇巻を授かった。その後忠快がいた京都東山三条小川に居を定めたことから小川僧正と呼ばれた。そして仁治から延長（一二四〇〜一二五六）にかけて、『密談鈔』静然の『行林抄』『息心抄』や諸師の口決を集めて、弟子の尊澄、澄豪らと共に『阿娑縛抄』の編集に専念した。さらに文永元年（一二六四）から弘安四年（一二八一）に死亡するまでの間、爾然の助けを借りて同書を完成させた。(6)

その内容は大正新脩大蔵経図像部八・九巻収録本（原本は叡山文庫天海蔵本、毘沙門堂本）によると、諸私記、諸仏（諸経

を含む）、諸作法、諸加持、諸雑抄から成っている。これを見ると『覚禅抄』が諸尊法に重点をおいているのに対して、灌頂、金・胎、十八道、護摩などの加行から成る「諸私記」（一〜八巻）や悉曇、明匠等の略伝、諸寺略記などから成る「諸雑抄」（一二）を含む、より百科全書的性格をおびている。ここではさきの『覚禅抄』と比較するために、諸仏、諸経、諸加持の部分の目次（重複の場合はその数）をあげると、次の通りである。(7)

諸仏＝一切仏一（修法数、以下一は略す）、薬師二、七仏薬師二、阿閦、釈迦、阿弥陀二、計九

諸仏頂＝五仏頂、大仏頂二、一字金輪二、時処、熾盛光二、尊勝二、白傘蓋、仏眼四、孔雀明王二、准胝二、舎利、光明真言、計二一

諸経＝法華経三、仁王経二、普賢延命二、請雨、造塔、無塔淨光、宝筐印、宝楼閣二、持世菩薩三、菩薩場二、計一八

諸観音＝聖観音二、請観音、六字（六観音）四、千手二、十一面三、馬頭、不空羂索、如意輪七、輪宝、葉衣観音三、白衣観音二、多羅菩薩、青頸観音、六観音合行、計二九

諸菩薩＝普賢二、五秘密菩薩二、文殊七（うち文殊滅婬欲法二）、令法久住法、虚空蔵四（うち求聞持三）、大随求二、弥勒三、地蔵三、薬王二、勢至、龍樹、延命菩薩（普賢）、転法輪二、放光、馬鳴二、計三四

諸忿怒諸金剛＝愛染、不動三、五壇法二、安鎮四、支仏加持、輪橛供養、受地、降三世二、軍荼利二、大威徳二、金剛夜叉二、五大尊合行、金剛童子三、烏枢沙摩、大輪二、歩擲二、無能勝二、計三二

諸天＝毘沙門天五、吉祥天三、四天、最勝天子、訶利帝母（鬼子母神）三、北斗、星供、妙見、摩利支天三、氷掲羅二、嚢虞梨二、童子経二、歓喜天六、施餓鬼、帝釈天二、火天二、閻魔天三、弁才天二、羅刹天二、水天六、風天二、伊舎那天二、梵天二、地天二、日天二、月天二、迦楼羅二、深沙大将二、大黒天、冥道供三、七十天、十二天、十羅刹、大師供、山王供、玉女供、計七四

《諸作法》

受地作法、五色糸、護作法、護身作法、験者作法、伝法作法（血脈）、授戒作法、八斎滅作法、授衣鉢作法、仏経供養作法、開眼作法、印仏作法、食法作法、睡眠法、上厠作法、澡浴作法、計一六

《諸加持》

御衣木加持、仏絹加持、鋳尊作法、念珠加持、鉢杵等加持、妊者帯加持、易産陀羅尼経、浴場加持、衣等加持、食等加持、龍馬鞭加持、計一一

これを見ると、諸仏では諸天が七四、菩薩が六三（うち二九は六観音を含む諸観音）、諸忿怒は三一（うち五大明王のそれぞれと五壇法が一三）、諸天では十二天（帝釈天、火天、焔魔天、羅刹天、水天、風天、毘沙門天、伊香那天、梵天、地天、日天、月天）全体とすべてを含むが、水天六、毘沙門天五が多くなっている。その他では歓喜天（聖天）六、訶利帝母（鬼子母神）三、弁才天・迦楼羅天・深沙大将各二、天空と関わる北斗星・星供・妙見・摩利支天（陽炎）計六などが注目される。なお童子経（産育、除病、延寿、除災、冥道供）もここに入れられている。

諸仏では薬師は四だが阿弥陀二で釈迦は一のみである。菩薩には釈迦の脇侍の文殊七、普賢が三だが、文殊滅欲法が注目される。求聞持法の虚空蔵四と地蔵・弥勒など他界観に関するものがある。なお諸忿怒では五大明王と合せて八大明王を構成する烏枢沙摩・無能勝・歩擲の三尊も見られる。またここに地鎮祭と関わる安鎮法が四あることが注目される。

諸経では天台宗の依経である法華経三の他に、鎮護国家・七難除滅の仁王経、請雨経、延命の普賢延命経と宝篋印陀羅尼など現世利益に応じるものも見られる。諸作法はその多くが修法に関するものだが、この他に食、睡眠、厠、澡浴など生活に関わるものがある。諸加持でも仏像や法具に関するものの他、妊者帯、易産、浴湯、衣、食などの加持が注目される。項目別の数を見ると、仏頂は覚禅一三、阿娑縛二一（以下この順で記す）、諸仏（一〇七、一七八）、諸経（二六、八）で他に覚禅は雑一七、阿娑縛は作法一六、加持一一となっている。『阿娑縛抄』では、『覚禅抄』よりも法華経を含めて天台色を出し、諸仏が多くより網羅的で、しかもその中に現世利益的な諸尊を含めている。また作法、加持では産育、延命など直接それに関わるものをあげている事が注目される。

第二項　『行法符呪集』の背景

『行法符呪集』のみならず『修験道章疏』全三巻を編集した中野達慧は、明治四年（一八七一）に奈良の紙問屋中野六三郎の子として生まれた。明治二九年（一八九〇）西本願寺大学林を卒業後、プロテスタントの神学校で宗教哲学を学んだ。そして大日本校訂訓点大蔵経、大日本続蔵経、この『修験道章疏』を含む『日本大蔵経』の編纂にした。さらに「仏教総合著作目録」の作成を試み、古刹の仏書調査も行なっている。この間、覚鑁に私淑し『興教大師伝』を著すと共に、興教大師全集を編集した。また修験道にも関心を持ち、修験の学匠海浦義観、島田蕃根らの協力を得て『修験道章疏』全三巻を編集した。彼は修験道を「本邦古来の神道の粋をもとに我国民性に通底した神仏一般の融和弘通に努め、さらに病気で苦しむ人を直接に救い助けることをめざして万民普済的宗教の要素を具備したユニバーサルレリジョンである」としている(8)。そして古来常民の現世利益の希求に応じてきた密教の流れの中に修験道を位置づけることを意図して、三宝院義演の集録の切紙、金峰山大先達勧修寺蓮光坊良勝伝授の切紙大事、醍醐寺東院仁寛付法の大事印信、高野山印融の大事作法、豊山勝海坊章如の五〇通、智山隆誉の『十結抜次第』一〇巻、『修験抜集記』五巻などをもとに『当山修験深秘行法符呪集』一〇巻（一名『修験伝授切紙類蔵鈔』）を編集したとしている。そこで以下同書の背景を知るためにこの六人の僧と『修験抜集記』について検討することにしたい。

義演（一五五八～一六二六）は関白二条晴良の子で、将軍足利義昭の猶子として一二歳の時、醍醐寺報恩院雅厳の下で得度し、その後金胎両部を受法した。天正四年（一五七六）には根来寺の座主を兼任している。醍醐寺では自坊の金剛輪寺に当時衰退していた醍醐五門跡筆頭の三宝院の名跡を与えることによって再興した。さらに豊臣秀吉の外護を受けて醍醐寺の伽藍を整え、中興の祖とされている(9)。また江戸幕府に働きかけて、慶長一八年（一六一三）には三宝院を本寺とし、当山正大先達衆を傘下にした当山派を創設した。なお高野山と根来の修験は当山正大先達である。義演はその著『義演准后日記』冒頭の文禄五年（一五九六）正月小朔日の条に愛染護摩、歓喜天供、理趣三昧、舎利講、駄都供、不動供、毘沙門供を修したことを記している。[10]また同日記には随所に彼がこうした修法を行なったとの記事があるが、管見の限りでは彼が集録した切紙の全容は定かでない。

金峰山の大先達とされた勧修寺蓮光坊良勝（一〇七九～一一六二）は従三位源道良（一〇五〇～一一一一）の子で承久二年（一一一四）に熊野三山検校行尊の弟で勧修寺長吏七世の厳覚（一〇五六～一一二一）から小野流の伝法灌頂を受け、勧修寺の進士（文章生）となった。また醍醐寺一五世で三宝院流の祖定済（一〇七四～一一四九）からも灌頂を受けている。なお『真言附法本朝血脈』の「小野阿闍梨良勝」の条には、彼は俗塵を厭うて閑静を好み、白川の草庵に蟄居したが兄弟子寛信の招きをうけて勧修寺西明院に住したとしている。なお「師資血脈」の定海付法の条では良勝を大峰先達で高名な画工としている。また「醍醐寺有職補任」の釈迦堂五口の条では三位良勝を山伏と記している。[11]中野の金峰山の大先達との表記はこれにもとづくと思われる。ただその「切紙大事」がいかなるものかは定かでない。

醍醐寺東院の仁寛（一〇八三～一一一四）は源俊房の子で兄は醍醐寺一四世で三宝院を創設し、上醍醐の清滝宮を醍醐寺の鎮守とした勝覚（一〇五七～一一二九である。彼はこの兄勝覚から伝法灌頂を受け、東寺灌頂院の阿闍梨、上醍醐の清滝宮の御読経執事職などを務めている。ただ護持僧となった後三条天皇の三宮輔仁親王（一〇七三～一一一九）の天皇擁立を計った父俊房らの謀反に連座して永久元年（一一一三）伊豆に配流され、蓮念と改名したが、翌年配所で死亡した。[12]中野が表記した醍醐山東院は醍醐寺六世定助（八八八～九五七）が醍醐天皇の追善のために創始した堂に淵源を持つ御願寺である。

印融（一四三五～一五一九）は武蔵国久保（現横浜市緑区）に生まれた。長禄四年（一四六〇）武蔵国烏山三会寺で賢継から三宝院流道教方の秘法を伝授され、さらに文明一二年（一四八〇）、石川宝生寺で長円から西院流能禅方の奥義を学んだ。その後高野山無量寿院の長任が鶴岡八幡宮学頭として滞在中に、彼から高野山の寿門方を学んだ。そして彼が高野山に帰山した際同行し、四年余り高野山に滞在した。その後長享二年（一四八八）には武蔵国に帰り、金沢光徳寺、川口錫杖寺、三会寺などを歴任した。そして関東一円で密教の流布に努めたが、永正一六年（一五一九）八五歳で死亡した。弟子に融弁と覚融がいる。

彼は東密諸流の事相、教相、図像、悉曇、音韻、漢詩文、辞書などにわたって六〇余の著作や筆写本を残している。その中には事相に関する三宝院、西院流の四度加行を始めとする作法が多く含まれている。彼は空海を崇め真言宗は除災の秘術と認識していた。そして寛正二年（一四九一）三宝院流の諸尊法を伝授され、自らも延徳三年（一四九一）に川口の錫杖寺で『諸尊表白抄』、永正一一年から一三年（一五一四～一五一六）にかけて浦和の延命寺で真言宗の宗義を総括した主著『杣保隠遁鈔』を著わしている。また今一方で文明一〇年（一四七八）には三宝院道教方の印信口決をまとめた『三宝院口決廿四帳』をまとめている。その一部をなす『作法口決』（高野山図書館高野山三宝院文庫）には供養略作法、開眼作法、防瘧病作法、帯加持、御産符、子供の夜泣、素木加持、手水加持、柴手水、飯食加持、衣服加持、病者湯加持、土砂加持、眠臥事、鎮守読経作法、隠所作法、施食作法などが含まれている。[13]

豊山章海房章如は土佐出身の豊山派の学僧である。その五〇通というのは、彼が嘉永年間（一八四八～一八五四）頃に初め一七通、後三三通を集めて編んだ『五十通口決』のことである。これは「初め十七通」と「三十三口決」から成り、それぞれの内容は次の通りである。

初め十七通

第一　大黒の千座、第二　那々夜大事、第三　七月精進並一度大事、第四　帯加持、ならびに産浴湯加持、易産符、ならびに小児の夜啼を止める法、第五　衣服加持、第六　火伏四方堅等方違等札案文、第七　武具加持・具足加持、第八　船祭法則、第九　十五日行事、第十　文殊五十万遍作法、第十一　観音経大事、第十二　立座大事、第十三　畑愛染法、第十四　灌頂讃鉢次第、第十五　印可大事、第十六　散杖大事、第十七　開門方大事

三十三通口決

第一　臨終大事、第二　不動極秘臨終大事、第三　引導大事、第四　自心引導の大事、第五　光明真言秘印、第六　光明真言破地獄曼荼羅、第七　施餓鬼一印作法、第八　施餓鬼作法、第九　施食作法、第十　霊供作法、第十一

御精進供、第十二　後夜念誦作法、第十三　ウ一山大事、第十四　厠作法、第十五　開眼作法、第十六　古仏修復などの大事、第十七　邪気加持、第十八　身堅作法、第十九　除魔大事、第二十　悪夢生滅法、第二十一　疾病大事、第二十二　四方竈王大事、第二十三　弁才天八印一明大事、第二十四　四方堅作法、第二十五　野孤放大事、第二十六　心経大事、第二十七　仁王経大事、第二十八　大日経疏印信、第二十九　早念誦大事、第三十　阿字観略作法、第三十一　諸社大事、第三十二　拝見大事（三部―春日・九社、大師・密厳）、第三十三　九字大事

これを見ると葬祭（引導、光明真言、施餓鬼など一〇）、諸尊（大黒天、文殊、愛染、弁才天）、諸経（観音経、心経、仁王経、大日経）の他、諸社、作法（印可、散杖、開門など）、徐災（邪気、除魔、悪夢、疾病、野孤、九字）産育など多様なものが認められる。[14]『十結抜次第』一〇巻を著わした智山派の隆誉（一六五七～一七一一）は京都六波羅蜜寺に住した学匠で字は慈蓮房といった。姓は不詳である。釈迦院大僧正から受法し、智山派の事相の権威とされ、同書の他に『諸大事口決』二巻、『要法授結鈔』二巻の他、『金胎略次第』二巻、『伝法灌頂金剛界式幸聞記』『同胎蔵界式幸聞記』『諸加持幸聞記』など、数多くの著作がある。なおその弟子元瑜は『十結聞書』一巻をあらわしている。

現在、吉祥院本の十結（各巻）の内容は次の通りである。

一結＝後夜年誦一（修法数。以下一は略す）、毎朝灌頂、日需（待）三、日天三、日想観、三日月、月宮殿

二結＝日待（十五・十七・十八・二十三・七夜二、霜月二十六夜）、庚申待、例時法則二、除夜心経

三結＝開眼、古仏修復、御衣木、卒塔婆、衣加持、柴手水、洗手・口・面、隠所、眠臥、悪夢隠没、渡海、新衣服、請布施、散杖、洒水

四結＝荒神放捨、大黒天一夜千座三、仁王経・観音経・理趣経の大事、長生、能延六月、招魂、禁五路、去職還来之守、邪気加持二、病者加持、稲荷大事

五結＝三部権現（根来寺鎮守）三、九社明神二、春日二、大師三、覚鑁拝見二、霊供二、鉢、施食、施餓鬼、三昧耶、念珠作法四、顕露不結印

六結＝調伏、除罰、隠形・利根、転禍為福、愛染、立待、産児浴湯、取子、子安守、足裏張、求子五、月輪之守
七結＝護身法、九字六、十字四、摩利支天二
八結＝火防三、棟札四、雷除三、金神除三、疱瘡二、瘧、疫病、盗賊除、馬加持、苗虫
九結＝引導四、土葬、臨終二、五輪九字、為亡者阿弥陀行、光明真言二、不動断末魔、入魔除汚穢不浄二、墓焼留二、亡魂来留、葬所二、卒塔婆、位牌
十結＝二手十指異図、巻数、生家養者、御影供、阿弥陀大呪、袈裟、一葉観音、理智二拳、諸尊通用結願、無縁葬、二十八宿(15)

これを見ると密教の諸作法、葬祭の他、権現、神社、日待・月待、九字・十字、降魔、治病、産育等がある事が注目される。

『修験抜集記』は『仏書解説大辞典』『国書解題』にあげる刊本の『抜集記』五巻がこれに当たると思われる。東京大学図書館所蔵本は一～三巻、四、五巻と二冊で、三巻と四巻の巻尾に『諸大事類蔵』とある。刊行所、刊行年はないが巻末に「承鐘」（花押）の墨書がある。これは蔵書者と思われる。同様のものがケンブリッジ大学アシュトン文庫に収録されていて、私はこのコピーをいただいた。同書は巻題を『秘術抜集記』とし、表紙右上に「門外張不出　境念窟蔵」と張り紙がされている。これも所蔵者と思われる。ただ朱墨の書き入れから見て高野山に伝わったものと思われる。ちなみに同書は高野山真別所にも所蔵されている。各巻の収録次第数を見ると、一巻五三、二巻四五、三巻五三、四巻五八、五巻六〇、計二六九である。この各巻ごとの切紙の種類を作法、諸尊、諸経、仏具、神道、待、兵具・戦、降魔（含九字）、治病・産育、生活、葬儀、卜占に分けて、その数をあげると、第一表のようになる。

この総計を見ると『覚禅抄』『阿娑縛抄』が諸仏、諸尊（一〇七、一七八—覚禅・阿娑縛の順。以下同様）、経（二六、八）、仏頂（一三、二一）、作法など（一七、二七）だったのに対して常民の現世利益に直接応じる5神から10生活と12卜占が一三五と『覚禅抄』『阿娑縛抄』の諸仏・諸尊と近くになっている。これらは近世期の印融の「作法口決」や、智山派の

隆誉の『十結祓次第』に見られたものと連なっている。具体的には密教関係では諸尊法が三七、個別の作法が三五とほぼ同数である。現世利益では九字などの除魔二九、生活三一、日待・月待二二、治病・産育二〇がこれである。これを巻別に見ると一巻と二巻はほぼ全域にわたっているのに対して、三巻と四巻は密教関係が多く、五巻はほとんどが現世利益に関するものである。

ところで、この『抜集記』の切紙のほとんどは「念仏印大事　一遍ガ当二ル六万遍一云々　一智拳印　南無阿弥陀仏　二無所不至印　南無阿弥陀仏　三外五胋胡印　南無阿弥陀仏　四法界定印　南無阿弥陀仏　五弥陀定印　南無阿弥陀仏　六内縛印　南無阿弥陀仏」（第一巻の五）というように、次第名とその内容をあげるのみで、『覚禅抄』『阿娑縛抄』のように準備、道場、尊像、授受者、授受年代の記録はない。ただ次の一一枚の切紙には年紀と授受者名（どちらかがないものもある）があげられている。

不動五箇印明（授者大法師→受者快成。以下にこの順で記す。正中二〈一三二五〉—年紀は初回のみ）
臨終大事（頼雄→全雄、天文三〈一五三四〉）
護身法大事（頼雄→秀尊、天文一七〈一五四八〉）
病者加持（上醍醐で隆源書写、弘治三〈一五五七〉）
大師拝見（慶長一四〈一六〇四〉、長谷寺で書写）
病者加持（慶長一四〈一六〇四〉、長谷寺で書写）
弁才天大事（石川淳佑）
夢違い（醍醐三宝院の蔵より）
臨終大事（根来寺聖憲→薩摩荘厳寺）

第一表　抜集記の切紙内容

	巻1	巻2	巻3	巻4	巻5	計
1作法	7	7	8	13	0	35
2諸尊	2	8	13	14	0	37
3経	6	0	8	4	0	18
4仏具	1	7	3	10	0	21
5神	0	3	3	3	12	21
6日待・月待	11	5	5	1	0	22
7武器・戦	3	1	3	1	1	9
8除魔・九字	5	6	2	2	14	29
9病・産育	3	1	2	1	13	20
10生活	2	6	2	3	18	31
11葬儀	11	1	4	6	1	23
12卜占	2	0	0	0	1	3
計	53	45	53	58	60	269

龍伏大事（性盛）

日待大事（武州幸手性福寺隆鑁→淳海）

これを見るとすべてが東密で戦国期から近世初頭である。それ故、本『抜集記』は近世初期から中期に東密の内で密教民衆化の意図で編んだものと推測されるのである。

第三項　『行法符呪集』と常民の宗教生活

序

中野達慧は前項で紹介した六人の次第と『修験抜集記』をもとに『行法符呪集』を編纂したとしている。しかしながら実際は、次の『行法符呪集』の目次の諸次第の番号を太字で示したものは『抜集記』のもので、その数は抜集記所収の二六九法中二三九に及び、その他は印融や隆誉の『十結祓次第』のものである。(16) そして前項で指摘したようにこれらは密教の民衆化を示すものである。それ故、『行法符呪集』の内容も、中野がその冒頭に「修験深秘」の題を付したとはいえ、やはり密教の民衆化――中野はそれを修験と捉えたかも知れないが――をあらわすものと考えられる。本項ではこうした視点から密教の『行法符呪集』所収の諸切紙が常民の生活にどう関わっているかを考察することにしたい。

巻第一

一　入堂時印言、二　朝暮例時次第（東寺法則）、三　例時諸真言（附後夜）、四　初夜後夜例時法則、五　後夜作法、**六**　後夜念誦作法、**七**　早念誦大事、**八**　大師毎日御所作事、**九**　高祖大師深秘、**一〇**　（大日金剛頂）二経大事、**一一**　三種法大事、**一二**　奥疏印信、一三　大疏印信開心仏事、**一四**　即身義大事（二通）、**一五**　本願御名字事、**一六**　菩提心論大事、**一七**　釈論印信塔印、**一八**　瑜祇経大事、**一九**　瑜伽瑜祇経灌頂密印、**二〇**　理趣経灌頂大事（二通）、二一　毎朝灌頂法、

二二　秘密灌頂印言、**二三**　大般若経大事、**二四**　般若大事、**二五**　略大般若経、**二六**　仁王経大事二通、**二七**　般若心経大事、**二八**　心経十万遍大事、**二九**　秘鍵大事、**三〇**　法華経大事、**三一**　観音経大事、三二　観音経一万巻秘事、三三　普門品二句偈文大事、三四　通二諸経一秘事、**三五**　印仏読経作法

巻第二

三六　正観音灌頂大事、**三七**　十一面名字、**三八**　阿弥陀四十八願成就印、**三九**　念仏六印大事、**四〇**　九品浄刹事、**四一**　文殊灌頂事、**四二**　文殊童形事、**四三**　薬師大事、**四四**　薬師十二神事、**四五**　虚空蔵一印許可大事、**四六**　不断求聞持大事、**四七**　飛行自在之法、四八　仏母大孔雀明王経法、四九　日和揚之秘印、五〇　止雨法、**五一**　不動隠形之大事、**五二**　不動五箇印明、**五三**　不動与二大師一一体事、**五四**　不動秘印事、**五五**　不動十界私記、**五六**　加句大事、**五七**　愛染王灌頂印大事、**五八**　愛染百万遍大事、**五九**　摩利支天大事、六〇　摩利支天鞭法、六一　鞭加持法、六二　摩利支一印法、六三　鞭之法大事、**六四**　弁財天大事、六五　弁財天摩尼秘法二通、**六六**　弁財天八印一明大事、**六七**　弁財天七月精進大事開白結願作法、**六八**　弁財天七月結願作法、**六九**　宇賀神将法、**七〇**　毘沙門二重大事、**七一**　毘沙門拝見大事、**七二**　荒神拝見大事、七三　大六天六印大事、七四　倶利加羅大事、**七五**　大黒天一時千座頓成法五通、**七六**　大黒天大事、**七七**　大黒天鎚袋大事、**七八**　十二天法、**七九**　十二天持物法、**八〇**　水神六印大事、**八一**　山神六印大事

巻第三

八二　八祖印明事、**八三**　八祖懸様事、**八四**　高野参詣大事、**八五**　大師拝見大事二通、**八六**　大師拝見作法、**八七**　御影堂大事、**八八**　大師御影供養、**八九**　童子形大師大事、**九〇**　覚鑁上人拝見作法二通、**九一**　ラギヤ（愛染王）三十万遍大事、**九二**　護身法大事二通、九三　験者作法池上伝、九四　持戒清浄法、九五　立座之法、九六　顕露不レ可レ結レ印法、九七　法界調伏法、**九八**　悉地成就事、**九七**　不動悉地成就秘法、一〇〇　転禍為福法、一〇一　祈祷之事、**一〇二**　祈祷成就大事、一〇三　祈念成就印明又云二悉地成就印明一、**一〇四**　行住坐臥四威儀法、**一〇五**　総許可印

信〔又云二未読法一〕、一〇六 真言妄失時用心事、一〇七 請布施作法、一〇八 布施物之大事、一〇九 隠所作法〔二通〕、一一〇 屎土之大事、一一一 神祇講式法、一一二 諸社大事、一一三 春日拝見大事、一一四 伊勢灌頂、一一五 社参七種秘印〔付除触穢〕、一一六 同札守事、一一七 愛宕拝見大事、一一八 三部権現拝見大事、一一九 四処明神事、一二〇 九社拝見大事

巻第四

一二一 日待大事〔作法五通〕、一二二 日待夕日礼法、一二三 日天大事〔二通〕、一二四 毎日日天拝見作法、一二五 居待大事、一二六 八幡輪法〔二通〕、一二七 身堅法、一二八 日礼作法〔又云二日想観、大事一三通〕、一二九 十五日行作法、一三〇 十五日精進大事、一三一 十五日行大事〔二通〕、一三二 月宮殿法〔又云二三日月、拝見法一二通〕、一三三 三日月待大事、一三四 十七夜待作法、一三五 十七夜立待大事、一三六 十八夜待大事〔二通〕、一三七 二十日待大事、一三八 二十三夜待大事〔二通〕、一三九 通用月待大事〔用二七、夜待一〕、一四〇 七七夜待大事〔二通〕、一四一 七夜本尊之事、一四二 二十四夜待大事、一四三 二十六夜待大事、一四四 庚申待大事、一四五 霜月二十六夜待作法、一四六 除夜心経会作法〔節分会作法〕

巻第五

一四七 堂棟之札、一四八 龍伏事〔柱立、次第〕、一四九 古仏修覆時撥遣法、一五〇 古仏修覆了勧請表白、一五一 鋳仏作法、一五二 御衣木加持作法〔院中、作法〕、一五三 新仏開眼作法、一五四 開眼之大事〔二通〕、一五五 五眼印之事、一五六 開眼口決之事、一五七 戸帳文之事、一五八 大壇曳二金胎糸一事〔二通〕、一五九 糸引事、一六〇 五色線曳略作法、一六一 鳥居五色巻付事、一六二 炉壇寸法之事、一六三 炉之大事、一六四 弊串之大事、一六五 香華等弁備次第、一六六 神楽大事、一六七 御供大事、一六八 散供大事、一六九 仏供加持作法、一七〇 御精進供次第〔又云二生身、供一二通〕、一七一 汲二閼伽一時作法、一七二 灑水大事、一七三 茶湯大事、一七四 常途散杖作様、一七五 通用散杖切様事、一七六 削二散杖一口伝、一七七 伐二護摩乳木一事、一七八 鰐口次第、一七九 神祇通用之祭立、一八〇 巻数書様、一八一 袈裟加持、一八二 三衣加持、一八三 衣加持、一八四 三衣一鉢法、一八五

着二袈裟衣一偈、一八六　着二袈裟衣一大事、一八七　袈裟書入大事、一八八　柴洗レ手法、一八九　洗レ手漱レ口洗二面目一
作法、一九〇　行水大事、一九一　典鑰法、一九二　真言宗四箇処本寺、一九三　百二十五箇余之内一字二字三字
之秘字
巻第六
一九四　陣払法兵法番大事、一九五　陣着法兵法冠大事、一九六　陣払法兵法雷大事、一九七　九字垂迹、一九八
九字本地、一九九　九字本位、二〇〇　九字大事、二〇一　九字印大事、二〇二　摩利支天九字法、二〇三　兵法
十字之事、二〇四　十字大事通二、二〇五　新衣服加持作法、二〇六　兵具加持大事、二〇七　具足加持武具加持、二〇
八　武具加持、二〇九　弓箭加持通二、二一〇　矢違之大事、二一一　刀加持、二一二　鞭加持通二、二一三　馬加持
法、二一四　付レ馬守之事、二一五　押二馬屋一札之事、二一六　乗馬大事、二一七　出行大事、二一八　船乗大事、
二一九　渡海安全法
巻第七
二二〇　方違守、二二一　金神除法通二、二二二　趣二金神方一時呪符、二二三　従二金神方一来入守内符、二二四　荒
神濡手大事通二、二二五　荒神灌頂大事通二、二二六　三宝荒神秘法、二二七　同支度、二二八　荒神放捨秘法、二二
九　牛王返大事通二、二三〇　呪詛返大事、二三一　除罰大事通二、二三二　諸神除罪大事、二三三　除魔大事、二三
四　留二霊火一大事、二三五　火伏大事通三、二三六　焼火大事、二三七　取二火傷一事、二三八　治二火傷一呪、二三九
酒之口開加持、二四〇　悪酒為レ善符、二四一　槌造作呪事、二四二　生死霊放符形之事、二四三　死霊教化之事、
二四四　狐付呪大事、二四五　野狐放大事、二四六　同狐之符形通二、二四七　狐荒時立レ穴符形、二四八　止二狐通
道一大事、二四九　狐鳴之大事、二五〇　狐荒啼亘時立符形、二五一　鼬切レ道時立符、二五二　虵呪之事、二五三
霊虵大事、二五四　防二虵来一事、二五五　井中虵入時符形、二五六　鼠対治符、二五七　鼠喰二衣裳等一時立符形
二五八　烏入二家内一時立符、二五九　烏鳴大事、二六〇　鍋ツム入時呪符、二六一　家内有二諸事怪異一時札守、二

六二　釜鳴吉事日、**二六三**　杵落大事、**二六四**　盗人調伏事、**二六五**　盗賊除滅大事、二六六　盗賊除之札、**二六七**　祭㆓神烏㆒大事、二六八　除㆓悪人来㆒符呪

巻第八

二六九　諸仏枕加持大事、二七〇　十喼之事、**二七一**　喼急之大事、**二七二**　六算之大事、二七三　邪気等加持作法、二七四　邪気等加持口伝、**二七五**　病者加持作法略、**二七六**　神気平愈大事、**二七七**　黒符口伝、二七八　天照大神黒符、**二七九**　年長打事、二八〇　押㆓諸病㆒符、二八一　疾病加持作法、**二八二**　疾病不㆑感守、**二八三**　疱瘡除之符、**二八四**　疾病落大事、**二八五**　疾病入大事、二八六　疱瘡呪、**二八七**　疱瘡除守呪二通、**二八八**　嘔腫起請大事二通、二八九　治瘧法、二九〇　瘧之呪、二九一　治㆓癪気㆒呪、二九二　虫腹即治法、**二九三**　歯噛之符、二九四　治㆓歯痛㆒法、二九五　魚骨立㆓咽喉㆒時抜呪、二九六　田虫食損祈祷札、二九七　禁㆓苗稼等虫㆒呪、二九八　柱梁等虫除符

巻第九

二九九　金縛大事、三〇〇　同解界法、三〇一　不動明王金縛大事、三〇二　金縛許大事解縛法、三〇三　足留口決、三〇四　西大寺流走人盗賊足留、**三〇五**　呼識大事、三〇六　還㆑人秘事、**三〇七**　虚空呼㆓人名㆒事、**三〇八**　衆人愛敬大事二通、**三〇九**　敬愛之口伝、三一〇　生家養者方、三一一　取子大事、三一二　千手愛法、三一三　恋合呪、三一四　離別法二通、三一五　月水留守、三一六　同加持作法、三一七　同流出守、三一八　同加持作法、三一九　月水延符二通、**三二〇**　月水之守、三二一　月水清大事、**三二二**　求子大事、**三二三**　同大事行法薬法付同符、三二四　求子符、三二五　愛染明王求子秘法、**三二六**　変子之符守、**三二七**　変成男女子大事二通、**三二八**　難産変子変胎守、三二九　姙者帯加持、三三〇　易産護符四通、三三一　安産握符、三三二　難産呑生児手握生符二通、三三三　難産御符、三三四　産児湯加持、**三三五**　母衣大事、**三三六**　乳不㆑出吉符形之大事、**三三七**　留㆓小児夜泣㆒加持法二通、三三八　子不㆑持呪、**三三九**　大槌小槌呪、**三四〇**　元服大事、三四一　長生法、三四二　能延㆓六月㆒法、**三四三**

延命招魂作法、三四四　眠臥法、三四五　見二善夢一時大事、三四六　見二悪夢一時違大事通二、三四七　夢違大事、三四八　大威徳明王悪夢隠没法、三四九　悪夢滅除法、三五〇　返二悪夢一符形、三五一　婬欲罪滅法

巻第十

三五二　密厳上人臨終印、三五三　臨終大事通二、三五四　不動極秘臨終大事、三五五　不動断末魔大事、三五六　引導作法通四、三五七　父母成仏法、三五八　自身引導作法通三、三五九　光明真言土砂加持、三六〇　光明真言破地獄曼荼羅、三六一　亡者曳覆曼荼羅、三六二　穢気之大事、三六三　汚穢不浄除法通二、三六四　墓焼留之法、三六五　棺分之事、三六六　亡魂来留事、三六七　三途河大事、三六八　塔婆書様之事、三六九　日率都婆作法通四、三七〇　率都婆開眼大事、三七一　仏菩薩并五輪率都婆開眼、三七二　鉢作法、三七三　霊供作法通二、三七四　霊供立レ箸事、三七五　施食略作法、三七六　施餓鬼作法通二、総計四百四十法

さてこの『行法符呪集』全体の構成を知っていただく為に、この目次の各巻ごとの大体の性格をあげると、第一巻は例時作法、諸経、第二巻は不動・弁才天・摩利支天など諸尊法、第三巻は弘法大師・祈祷・神祇、第四巻は日待・月待、第五巻は堂・仏像・法具、第六巻は兵具・武具・九字、第七巻は降魔・憑き物・生活、第八巻は治病・虫除、第九巻は産育・夢・第一〇巻は葬祭となっている。このように密教のみではなく、神道、道教、陰陽道、俗信に関するものも含んでいる。ただ『抜集記』よりもそれぞれの巻に特定のものをまとめ、より体系化しているといえよう。

ところで、常民の日常生活は生理的な土台をもつ個体保存、種保存の充足を目的として営まれている。そしてその内容は直接的に個体保存・種保存と関係している健康管理・産育の面、経済と密接に関係した生産や衣食住（消費）の面、家族関係や日常の社交などの社会生活の面、こうした生活を意味づける精神生活の面にわけられる。つまり常民の私的な日常生活は健康管理・産育・生産・衣食住（消費）・社交・精神生活から成り立っていると考えられる。[17]

このうち精神生活は他の生活局面に意味をあたえ、その挫折を克服する働きを持つものであるから、その中核をなす宗教は、健康管理・産育、生産・衣食住（消費）、社交、精神生活と、煩瑣にわたる人間生活に意味を与えるものとなる。

またこれらの局面で当事者が究極的挫折と信じたものを解決する働きも示すのである。

日常生活の諸局面に対する宗教のこうした役割を期待して、常民が宗教生活をいとなんでいると考えるならば、常民の宗教への期待は次の八つの面を含んでいるといえよう。

（1）健康、産育等の順調を求める面
（2）生産、消費生活の順調を求める面
（3）社会生活の順調を求める面
（4）精神生活をゆたかにする面
（5）健康、産育等における挫折の克服を求める面
（6）生産、消費生活における挫折の克服を求める面
（7）社会生活での挫折の克服を求める面
（8）精神生活での挫折の克服を求める面

そして『行法符呪集』所収の諸切紙も宗教である以上、当然常民の宗教への上記の八つの要請にこたえなければならない。そこでその目録をあげた四四〇の次第が常民のこうした八種類の宗教的要請にまんべんなくこたえているのか、それとも特に特有とする分野があるかどうか、あるとすればどのような分野であるのかを本項で考察することにしたい。

1　諸次第の儀礼形式

『行法符呪集』所収の諸次第がどのような儀礼形式によって、常民の要請に応えているかという観点から整理してみると、第一に常民の願事に応じて特定の崇拝対象をたて、その対象に願事の達成を祈るという方法によるものが考えられる。これに類するものは一〇一法ある。ここで崇拝対象とされているものには、まず二〇の諸尊、すなわち、弁才天七、摩利支天六、愛染明王四、大黒天四、毘沙門天四、十一面観音・文殊・十二天・虚空蔵・薬師・荼枳尼天各二、正

観音・千手観音・准提・八字文殊・普賢・阿弥陀・大六天・五眼・一字金輪各一、計四六がある（数字は切紙の数を示す）。また諸尊と並んで崇拝対象として、真言宗の高祖・大師をあげているものが一四、神道の神を崇拝対象とするものが一五法ある。さらにこれら以外に経本を崇拝の対象とすることもあるが、これに類する諸経の大事では、法華経系五・般若系九・密教系一二のものがおさめられている。これらのほかに、修法者自身がこうした諸尊や、高祖・大師に接するに先立って行なわねばならない種々の行為に関する切紙には、道場結界三一・自行二七があり、さらに崇拝対象一般に対する供養法八・念誦法七・行法三がおさめられている。

第二に、病気などの不幸を、諸霊の祟りとし、占術、巫術などによって、何が何故に祟っているかを明らかにし、祟っているものに応じて、これをのぞく修法をしたり、本尊である不動明王の力を用いてこれをのぞくという宗教活動がある。これに類する切紙は七三ある。そのうちわけは、占術の類一一、除災の法三〇、不動明王に関する諸法一九である。他に九字関係が七、火伏の関係のものが六つある。

第三に、庶民が持っている現実生活において生じるなやみを、それに応じて直接的に解決するための修法、符呪、守、札の類が一七四ある。これは歯痛をとめる修法、符、呪などというように、庶民の希求することが明瞭に記されているので、本項の目的にはもっともかなったものといえよう。そのうちわけは、修法一二六、符二〇、呪一三、守五、札一〇となっている。

以下、『行法符呪集』所収の上記三種類の宗教儀礼が、それぞれ常民のどのような要請に応じているかをあきらかにし、それを通して修法者の常民生活に対する役割を考えて見ることにしよう。

2　崇拝対象への祈願

特定の崇拝対象をたて、それに願事の達成を祈るものに関しては、崇拝対象とされる前項であげた二一〇の諸尊などの働きが何であるかを知ることによって、常民の願事の内容を推測することができよう。

ただこれに類する諸次第には、諸尊などの働きを具体的に記していない。わずかに、「初夜後夜例時法則」符呪四（『行法符呪集』の通し番号。以下これを用いる）に諸尊の真言の効果を記した部分がある。関係分のみを列記すると（括弧内は宮家による要約、数字は『行法符呪集』におさめられている修法の数を示す）、

弥陀小呪	自他平等	往生極楽	（極楽往生）	一
愛染真言	衆人愛敬	師檀相応	（敬愛）	四
理趣経	法界聖霊	倍増法楽	（法楽）	一
光明真言	代々祖師	七世父母	（供養）	二
般若心経	当所鎮守法楽		（法楽）	四
薬師真言	衆病悉除	自身安楽	（除病）	二
虚空蔵真言	福慧具足	心蔵虚空	（福徳）	二
毘沙門天真言	仏法擁護	真俗自在	（守護）	四
弁才天真言	福慧	福寿無量	（福徳）	七
水天真言	家内安全	防除火焼	（家内安全）	一
荒神呪	無礙天障	如意満足	（除災）	七

である。これは二〇の諸尊を全部網羅しているわけではないから不充分ではあるが、これらの諸尊を対象としておこなう諸尊法のみを集計すると、福徳九、除災七、法楽五、敬愛四、守護四、除病・供養各二、極楽往生・家内安全各一となる。けれどもこれだけでは密教のこの面での庶民生活への役割を完全に知ることはできない。

そこで次にこれらの諸尊が密教の三十三尊法の諸尊に包含されていることに注目し、大山公淳著『中院流の研究』をもとにして諸尊の働きを整理してみた。第二表がこれである。(18) この表では、崇拝対象の働きが一つに限定されない場合にはその全部を記しておいた。そのために修法の数と諸尊の働きの数は必ずしも一致しない。また直接記載のあった諸

尊の働きが常民の生活のどの部分に充当するかを再分類してみた。これによって各崇拝対象の諸次第が常民の生活のどの分野に対していかなる役割をはたしているかを知りたかったからである。

これで見ると、生産や衣食住などの順調を求める福徳が一番多くなっており、これらの面での挫折からの克服がこれに次いでいる。もっともこの場合の福徳は、七難即滅七福即生と書いてあるものが大部分であり、息災と同じく除災を前提としてのものであることに注意しなければならない。これについで社会生活、最後に健康が問題となっている。そして総じて、衣食住・生産・社交・健康・産育などが順調に行くように、祈願する面の方がそれらの挫折からの克服よりも大きな部分を占めている。なお不充分ではあったが、前記の「初夜後夜例時法則」の記載にもとづく分析結果を、この表に位置づけて見ると、やはり生産・衣食住の問題が二一で一番多く、宗教生活八、社会生活四となっている。ここにおいてもやはり類似の傾向が見られるのである。

第二表　崇拝対象の働きと庶民生活

			三十三尊法	（小計）	後夜作法
健康・産育	順調	産生	4	12	4
		護身	6		
		延命	2		
	挫折	病除	7	8	2
		求子	1		
衣食住・生産	順調	増益	11	34	14
		福徳	21		
		智慧	2		
	挫折	息災	16	20	7
		除災	3		
		悪夢	1		
社会生活	順調	敬愛	9	16	4
		鉤召	1		
		勝利	6		
	挫折	怨敵退散	6	11	0
		調伏	5		
宗教生活		護法	2	5	8
		法生	1		
		通力	2		
その他		所望	1	1	0

これらはいずれも仏教の諸尊を崇拝対象としたものであるが、次に高祖・大師を崇拝対象として行なう修法を見ると、一四のうち四が即身成仏を祈るもので他は不明である。また諸経の大事は一八の内、福徳五・除病一・滅罪一・即身成仏三・不明八となっている。次に神祇関係一五は、所望一・除災一・除触穢一、以外はすべて不明である。これを総じて見ると、宗教生活に関係したものが八で一番多く、次に福徳五となり、除病・除災・除穢など除難に類するものがこれについでいる。

第三表　庶民生活と祈願

		崇拝対象の働き	修法内容
健康・産育	順調	12（0）	3
	挫折	8（3）	2
衣食住・生産	順調	34（19）	8
	挫折	20（8）	3
社会生活	順調	16（4）	0
	挫折	11（0）	5
宗教生活		5（16）	5
その他	悉地成就	1（1）	14

括弧内は祈願文により作成

『行法符呪集』におさめられている修法の中には、その修法を行なうことの利益及び祈願文などが簡単に記されているものも若干ある。たとえば弁才天大事（符呪六四）の最後には、「任意祈念、世出世悉地成就無疑」の記載があるし、摩利支天鞭法（符呪六〇）では、「次以鞭止、止三度唱可衡敵名怨敵消滅」となっている。こうしたものを判明し得た限りとりあげて集計して見ると、悉地成就九・息災延命三・除病一・七福即生七・怨敵消滅二・護法一・即身成仏一・不明一九となっている。ここにおいても宗教的目的についで、七福即生に類するものが多くなっている。

これらのもの以外に特定の崇拝対象に対するものでなく、唯本尊供養、念誦・行法などについて記した切紙が若干含まれている。本尊供養八・念誦七・行法一三である。このうち念誦関係は鎮守法楽二・祈念一となっており、行法関係は、息災一・七福即生一・調伏一・悪魔よけ一・除触穢一・悉地成就四・除病一・滅罪一・不明二となっている。大体において念誦が法楽に関係し、行法が除災に関係しているといえよう。

今一応願事に応じてたてる崇拝対象の働きと、それに向って依頼する修法者の願文の二つの観点から常民の生活に対する修法者の役割を推測して見たが、これをまとめて表示すると、第三表のようになる。この内、常民よりむしろ修法者との関係の方が強い宗教生活と具体的な目的が不明の悉地成就をぬいて考えると、衣食住・生産に関するものが最も多く、社会生活に関するものがこれについでいる。またこうした生活の諸局面が順調に行くように祈願するものが六二であるのに対し、これらの面での挫折の克服に関するものが、三九となっており、前者の方が多くなっている。なお健康・産育・衣食住・生産の場合はこの差が四となっている。これらのことから、『行法符呪集』所収の諸次第に見られる崇拝対象への依頼は主に招福を中心とする、衣食住・生産等の順調の希求であるといいうるのであろう。

3　災因とその除去

人間の運命が何か超自然的なものによって動いていると考え、これを知ろうとするこころみは種々の方法でなされている。『行法符呪集』所収の切紙にも、循環暦による占である生家養者方（符呪三一〇）・大槌小槌呪（符呪三三九）・槌作呪事（符呪二四一）、日の吉凶のうらないである唐一行禅師出行日之吉凶秘事（行法四七）・六算之大事（符呪二七二）・釜鳴吉事日（符呪二六二）など、占に関するものがある。

人間の運命が超自然的なものによってうごいていると考えると、それが順調にいかず、何か災難がふりかかった時には、その原因を超自然界の現象に帰そうとする。悪霊などの祟りを考えるのはこうした思想にもとづいている。年長打事（符呪二七九）・験者作法（符呪九三）などは何が祟っているかを明らかにするためのものである。なお修験道では、巫女に神がかりさせて、不幸の原因である祟りが何であるかを語らせる方法が広く見られるが、『行法符呪集』にはこれに関する切紙ははいっていない。

『行法符呪集』から見ると、祟りの原因となるのは、荒神四・金神三・水神一・山神一・生霊四・死霊五・疫神五・諸神一・邪気五・牛王一・狐八・へび三・いたち一・からす二などである（数字は切紙数）。ところが庶民のうったえる挫折と祟っているものの間の関係ははっきりしない。病気なら荒神、家族間の不和なら金神というようにわり切れないのである。それ故にこそ、ここに占術が介在する余地がある。そこでこの場合には前項で見た諸尊法の場合のように、上記の諸神・諸霊などの働きを通して常民の修法者への期待を知ることができないのである。

そこで、これら諸神・諸霊の祟りをのぞくために祟っているものに応じておこなわれる修法の次第の内から、これら諸神・諸霊の祟りの結果おこったいかなるものを正常にするように祈っているかを考えて見ることにしよう。第四表はこれである。なおこの場合には生活の順調を希求するのではなく、すべてが挫折からの克服を請願するものであることはいうまでもない。なお他に除罰の法が三法ある。狐憑きも一種の精神病と考えて除病に入れると、除病関係が最も多

第四表　祟りの原因と除祟

祟りの原因		除病	除障	除呪詛	狐憑き	不明
荒神	7	2				4
疫神・諸神	2	1				1
生霊	4	2	1	1		0
死霊	5	2	1	1		1
牛王	1	3	4	0	1	
邪気	5		1			
狐	8	1			6	1
へび	3	1				2
計		12	7	2	7	9

く一二法となっている。ついでさわりになっているが、この内容は必ずしも明瞭でない。

病気、さわり、呪詛などが災因の際には、その原因となっているものをさがしだして、それに応じた方法をとって出ていってもらうという方法でなく、より強力な不動明王の力を用いて祟りの原因となっているものを一律におい出してしまう方法がある。

不動明王の庶民に対する働きは、聖不動経によれば、「是大明王は大威力あり、大悲の徳の故に青黒の形を現じ、大定徳の故に金剛磐石に坐し、大智慧の故に大火焔を現じ、大智の剣を執って貪瞋癡を害し、三昧の索を持して難伏の者を縛す。無相の法身虚空同体なれば、其住処なし、但だ衆生心想の中に住したもう。衆生の意想各々不同なれば、衆生の意に随うて利益を作し、所求円満せしめたもう」とある。また、その眷属である三十六童子の働きは、「若し苦厄の難怨呪詛病患あらん者当に童子の号を呼べば須臾にして吉祥を得ん[19]」と記されている。これを見ると、不動明王及びその眷属の庶民生活に対する働きが、苦厄の難怨・呪詛・病患などの除去となっていることがわかる。さきに諸神諸霊のたたりよけの修法が、除病・除障・呪詛よけなどにむけられているのとほぼ完全に符合している。それ故にこそ、不動明王の働きがさきのものを包轄しているのではないだろうか。

そこで『行法符呪集』におさめられている不動明王関係の修法名とそれを行なう目的を列記すると、次のようになる。数字はその修法の数を示している。

不動尊立印加持　一　除病
不動尊秘印　二　悉地成就　不老不死
不動尊根本印　一　除魔

不動五箇印　一　　　　浄土往生
不動断末魔の法　一　　断末魔の苦をのがれる
不動悉地成就　一　　　悉地成就
不動隠行　二　　　　　当病二　産生　狂乱
不動金縛　四　　　　　悪霊・死霊をからめとる
金縛許之法　一　　　　除障
倶利加羅法　一　　　　除魔
その他　五

これを見ても、病気・産育などの挫折の問題が六となっており、最も多くなっている。次いで除魔・除障が三である。なお除魔二、悪霊よけ四は、いずれもさきの祟りの原因をおい出す方法と大同小異である。また悪霊・死霊よけ四は、不動金縛の法である。

不動明王の力によって、除病、除障などを行なう方法と同様の目的の『行法符呪集』所掲の諸次第には、九字七・十字二・噫々二・飛行自在一・火伏二・火生三昧二・示火一・鉄火大事一などがある。これらによって達成される願事は、心願円満一・当病一・延命一・福徳二・怨敵退散一・魔よけ二・息災一となっている。

もっとも、九字、十字、十噫などは単に一つでなく、非常に多方面の機能を持っている。今その代表的なものを二、三列記して見よう。

九字垂迹（符呪一九七）

「悪魔外道疫神悪霊強敵等をかみ失ぞと可ㇾ観、深秘也」

九字本地（符呪一九八）

「九字に各九字を具足する故に九九八十一之寿命を保つ也。即延齢却老之秘薬也。―中略―弓箭刀鋒にかぎらず。

非時、中央、短命、怖畏難、悪霊、邪気、怨敵、疫病等離免るる事全無㆑疑也」

このように九字は疫神、悪霊などの祟りよけとして広く用いられていたと推測し得るのである。

次に十字、十噫に関しては、

兵法十字之事（符呪二〇三）

勝　戦に勝利を得る

鬼　病を受けず

竜　渡河に障無し

一　野山に道を迷わず

角　塞の方に行く時無難

行　出行の時無難

命　寿命安穏

水　中毒の時毒を消す

天　仏神高官に向う時加える

虎　獣の難をまぬがれる

太　敵に向っても身心堅固

合　大事相かなう

十噫之事（符呪二七〇）

隠　火伏吉　䜹　他福召

噫　一切所望吉　憶　息災時吉

噫　沙汰吉　熄　軍勝

第五表　庶民生活と除災

		諸神・諸霊	不動明王	九字など	計	
健康・産育	除病	19	3	1	23	26
	産育		2	1	3	
衣食住・生産	除障	7	2	1	10	12
	福徳			2	2	
社会生活	除呪詛	2			2	3
	調伏			1	1	
宗教生活	浄土往生		1		1	1
その他	除魔		6		6	9
	悉地成就		2	1	3	
計		28	16	7	51	

⿰月急　愛染吉　⿰金急　万病消滅
⿰☆急　疫病吉　⿰土急　物怪除

などがある。

さて、以上述べてきた、諸神・諸霊のたたり除けが、常民生活のどのような挫折を救うかという面と、不動明王、九字などの働きをまとめて表にすると第五表のようになる。

これを見ると、除病が圧倒的に多く、除障がこれについでいる。また全体として、除災に類するものが全体の八割にあたる四二を数えている。これらのことから、この面での密教の修法者の宗教活動は圭室諦成が指摘したように庶民の除災の要求、なかんずく病気の除去の諸願に応ずるものであるということができよう(20)。

4　符、呪、守、札、まじない

符は願事に応じて経の要文とか神呪を書き与え、服させるものであり、呪は密教の真言とか呪歌をとなえるものである。さらに修法の場合にも符や呪を併用することが多く見られている。一方、守は経文、神呪などを書いて常時保持させるものであり、札は同じく経文、神呪などを書いたものを神棚にまつったり、屋内の所定の場所にはるものである。こうした性格から判断すると、大体において、符呪・まじないの類は病気の治癒とか、実際に直面している挫折の打開に向けられているのに対して、守、札の類は生活が順調に行くための守護の役割をはたすものと考える事ができよう。

これらの符、呪、守、札、まじないなどはいずれもそれを行なう目的を具体的に明記したものが多い。そこで以下、前例に従って、この目的を常民の健康管理・産育、衣食住（消費）・生産、社会生活という生活の諸局面に分けて考えて行くことにしよう。

まず、病気に関するものが二九ある。そのうち主なもののみを記すと、第六表のようになる。これ以外に、嘔種・虫腹・病者加持・業病の修法が各一つずつ計四、呪に火傷・癪気・のどに骨がたった時のもの各一、計三、諸病の符一となっている。それ故これを合わすと、修法一一・呪八・符四・札一・守五となる。

第六表　病気と符呪

	修法	呪	符	札	守	計
疫病	3	0	0	1	1	5
疱瘡	0	2	1	0	1	4
おこり	1	1	0	0	0	2
歯痛	0	2	1	0	0	3
月水	3	0	1	0	3	7

これを見ると、修法・符・呪が二三もあるのに対し、守、札は六にすぎず、しかもその内三つが月水である。病気の場合、月水をのぞいては、予防よりむしろ治療の方に重点があったといえよう。またあげられている病気の種類を見ると疫病・疱瘡など当時においては医療をもってしても、治療不可能と考えられたものと、歯痛・月水・虫腹など一時的なもので、すぐ回復する可能性のあるものに分けられる。このことは、当時の医学の状況と対比して考える時きわめて興味深い。当時の常民は疫病など非常な難病にかかった時には、医者にかかると共に密教や修験の修法を求めたのであろうし、反面簡単な病気の場合には、経済的に安くつきしかも手軽な符や呪に助けを求めたのであろう。[21]

次に産育の関係では、母胎内の子供の性をかえる変成男子法が修法一・守二、現在の避妊薬にもあたる子不レ持呪一、求子法三・同符一など妊娠に関係したものが七つある。この内、求子法関係四・変成男子法三は、世つぎなかんずく男子を求めた当時の社会状況を反映しているのかもしれない。

女性にとって大きな問題である出産に関しては、妊者帯加持二からはじまって、母衣之大事一・湯加持二というように出産のそれぞれの場面に応じてなされる修法と共に易産符が八、易産の守が一ある。

泣きわめく子供をあやし、（留二小児泣一加持法　符呪三三七）・乳をのませる（乳不レ出吉符　符呪三三六）など育児は大変な仕事である。そこで修法者に頼んで、子供を神の子にしてもらい、神の力によって無事に成長させてもらおうという信仰が生まれた。取子の大事（符呪三一一）がこれである。「生るるもそだつも知らぬ人の子を神かつらかけて、神の子にせん」と修法者に祈ってもらって特別の名前をもらい神の申し子にするのである。

やがて元服もすむ、（元服大事一）と強欲な人間は長生を祈るようになる（長生三）。けれどもそうはいかず、やがて死がおとずれる。『行法符呪集』にはいくつか死と関係した修法が入っている。臨終の大事四、卒都婆四、引導・施餓鬼・霊供作法各二、汚穢不浄除・亡者曳覆・四気・棺分・墓焼留・亡魂来留・三途河・父母成仏各一、計二二である。

上記のように、病気・出産・死という人生の大きな問題に関する修法・符・呪・守・札が数多く含まれ、なかんずく病気が最も大きな部分を占めているのである。

次に衣食住などの消費生活に関しては、前の二種類の儀礼の場合が、増益、福徳・息災などの文字からうかがえるように、目的が抽象的であるのに比して、実に具体的なものがいくつか含まれている。

まず衣に関しては、新衣服加持作法（符呪二〇五）・鼠喰衣裳等時立符形（符呪二五七）などがある。なお、鼠には困ったらしく、他に鼠退治符（符呪二六五）がある。

次に食生活においては、特に生活と深い関係を持つ水の問題が重視されており、井戸水を清浄にする修法二・埋井の札一、井の中に蛇入時符など井戸に関するものが四つある。なおさきに祟り神としてとりあげた水神は水の守神ともされている。食生活に必要なかまどの神である荒神も常時まつっておかないと祟りをすることはさきに記したとおりである。住の面では、まず普請と関係した堂棟の札（符呪一四七）、柱立の次第（符呪一四八）がある。普請に際しては、地相をよく考えねばならぬとされた。前に見た金神の祟りは大部分これを行なわなかったことからおこるといわれた。なお他に柱梁等虫除符（符呪二九八）がある。住生活と多少関係するが、火災はやはり恐れられたらしく、火災除けの修法が三つおさめられている。

農業生産の関係では天候に関するものとして、雨乞と止雨の修法が各一つずつ、虫除の修法が三、呪一、札一がおさめられている。

以上を表にすると第七表のようになる。これを見ると、住居の問題と生産の問題が他よりも若干多くなっている。けれども、衣食住のように消費に関係したものと、生産に関するものを比較した場合には消費の方が数が多くなっている。

社会生活に関するものには、まず、恋愛呪（符呪三一三）、千手愛法（符呪三一三）などの男女を一緒にする法、離別法二、婬欲罪滅一（符呪三五一）などの男女の恋愛に関するものがある。他には敬愛の法二、足留の法六などがある。またこれらとは多少性格を異にしているが、盗人よけに関して、修法二、呪一、札一がある。

地域社会では成員があつまって生活の安全のために講をひらくことも多かったが、こうしたあつまりに密教僧が招かれて導師をすることもたびたびあったらしく、日待六、月待一七、庚申待一などの修法が見られる。

なお、これらとは別に戦争に関係した修法もいくつか散見する。陣払（着）の法三、出行二、馬五、船乗二、むち加持二、具足加持三、弓矢加持二、刀加持一がこれである。密教僧が不安がつきまといがちな戦争に祈祷者として参加していたことを示していると考えられよう。

第七表　消費生産生活と符呪

		修法	符	呪	守	札	計
消費	衣	1	1	1			3
	食	2	1			1	4
	住	5	1			2	8
生産		5		1		1	7
計		13	3	2	0	4	22

これらから見ると社会生活の面では、地域社会における講の修法が二四、戦争に関するものが二五を占め、次いで主として男女間などの問題が七、足留六、盗人よけが四となっている。

以上、病気、産育、衣食住（消費）、生産、社会生活に分けて記載してきたが、最後にこれをまとめて見ると、第八表のようになる。なお、この表の他に、日待、月待などの講に関するものが二四、戦争関係二五、死に関するものが二二ある。

これを見ると、産育三〇、病気二九と人間の個体保存・種保存の欲求とむすびついた健康管理、産育に関するものが最も数多く見られるのである。また消費や生産活動の面では、生産面よりは、衣食住などの消費面が多く、社会生活の面においても、政治的な権力争いよりは、家庭や地域社会などでの身近な人間関係に関する符呪を多く含んでいる。

これを儀礼形式から見ると、修法、符、呪によるものが八二で、守・札によるものが一五にすぎず、前者が圧倒的に多くなっている。さきにも見たように、符・呪はどちらかというと挫折の克服にむけられるものであるから、このことは、符・呪・守・札などによる密教僧の活動が、庶民の、健康・産育・衣食住などの消費生活、身近なつきあいなどにみられる挫折の克服にむけられていることを示していると考えられるのである。

第八表　常民生活と符呪

	修法	符	呪	守	札	計
病気	11	4	8	5	1	29
産育	15	10	1	4	0	30
衣食住（消費）	8	3	1	0	3	15
生産	5	0	1	0	1	7
社会生活	14	0	1	0	1	16
計	53	17	12	9	6	97

結

私は本項のはじめに、常民の生活が、個体保存と種保存という欲求の充足をめざす、健康・産育、衣食住（消費）・生産、社会生活、精神生活の四つの面から成り立っていることを想定した。そして、狭義に解すれば精神生活の内に入る宗教は、ただ単にそれだけにとどまらず、他の四つの生活を意味づけ、これがより順調に行くように計ると共に、その究極の挫折——当事者によって認識された範囲内での——への解決方法を与えるものであると述べた。そして、常民の宗教に対する期待はこうした八つのものから成立すると考えた。それ故、『行法符呪集』所収の諸次第も、常民生活に応じようとするならば、当然この八つの要請に応えねばならないといえよう。密教がこれら八つの常民の宗教的要請のどの局面にもっとも多く応じているかを示すことが、本項の課題であった。そこで最後にこれら全部を通して見た場合、『行法符呪集』所収の諸次第が、常民の生活のどの部分と特に密接に関係していたかを考えて見よう。

そのためにまず、これまで儀礼の種類に従って三つに分けていた表を一つにまとめると第九表のようになる。まず、儀礼形式の面からこれを見ると、符呪が最も多く一六八を占め、祈念が一〇七でこれにつぎ、除災が、意外に少なく五一になっている。次に常民の生活のどの分野にこの

第九表　庶民生活と諸儀礼

		祈念	除災	符呪	計	
健康・産育	順調	12	3	10	25	105
	挫折	8	23	49	80	
生産・消費	順調	34	2	4	40	88
	挫折	20	10	18	48	
社会生活	順調	16	0	26（含戦争）	42	71
	挫折	11	3	15	29	
精神生活	順調	5	1	24（講）	30	58
	挫折	0	6	22（死）	28	
その他		1	3		4	4
計		107	51	168	326	

『行法符呪集』が最も密接に関係していたかという点に目を転じると、個体保存・種保存という人間の欲求充足と直接関係した、健康・産育に関するものが最も多く一〇五を数えている。第二番目を占めるのは、生産、衣食住などに関係したものであるが、この内、特定の本尊に祈願する儀礼では、福徳二一、増益一一、息災一六等の抽象的なものが若干含まれている。けれども、符呪の類には、具体的な消費生活に関係したものが多く見られる。これに反し、農耕などと直接むすびついた生産儀礼があまり見られないのは注目に値する。ちなみに神道の雑祭式では、平岡好文著『雑祭式典範』の目次から判断すると、全五五のうち農耕儀礼と人生儀礼が各一〇で、他と比べて重要な位置を占めている。[22]生産儀礼や人生儀礼は密教よりも、神道の方が関与することが多かったと思われる。

次に社会生活に属するものが七一ある。この内容はさきに見たとおり、私生活での男女間などかなり身近な人間関係の確執に関するものであった。ちなみに実運の「諸尊要抄」[23]所掲の真言密教の修法の目的を見ると、延命七、産生一〇、悪夢三、天変七、除災三〇、所望二八、呪詛五、怨家二、得道三、滅罪九となっており、ここでは密教が私生活よりむしろ、公的な政権争いなどからくる人間関係の確執の解決に用いられたあとがありありと見られるのである。

宗教（精神）生活に関する儀礼をとりあげて見ると、全体で五八で他と比べて多くない。このうち常民の比較的自主的な宗教生活である講関係の儀礼が約半分の二四を占めている。また葬祭に関係したものは、二八で必ずしも大きな部分は占めていない。ちなみに坐禅を本業としているように考えられている禅宗の場合に比較して見よう。まず、臨済宗の大休宝林（一四六八～一五四九）による「見桃録」を見ると、総頁数六六のうち坐禅の記述が九頁であるのに対し、葬祭に関する記述は二三頁に及んでいる。曹洞宗の菊隠和尚（一四四七～一五二四）の下語に到っては、総頁数五〇頁のうち、葬祭関係の記述が二九頁であるのに、坐禅に関する記述は皆無となっている[24]。これらと比べて見ると、死に関する儀礼が来世利益の信仰にもとづくのに対して、健康、産育、衣食住（消費）、生産、社交など常民の日常生活の諸局面への請願や希求に応じることが、現世利益であるとするならば、『行法符呪集』所掲の諸次第は文字通り現世利益的色彩を濃厚に持っていたということができよう。

上記のことから、『行法符呪集』所掲の諸次第が常民の日常生活のうちで、特に健康、産育、次いで衣食住などの面に密接な関係を持っていたことがわかったが、次にこうした日常生活の諸局面がより順調に進展することを求める面と、これらの挫折からの克服を求める面を比較して見ると、挫折の克服一八七、順調の希求一三七で、信者の挫折の克服という役割をはたすものが多くなっている。これに反して、高野山の中院流の諸尊法の場合や、『雑祭式典範』に見られる神道の場合は、生活の順調を希求する儀礼が多くなっている。

以上から推測をすすめると、『行法符呪集』所収の諸次第の機能は、常民の日常生活における欲求の充足と最も密接に関係した、健康、産育などの面での挫折の克服及び健康産育に必要な衣食住などの面での息災や福徳、人間関係の安穏などを守る面にあったと結論づけることができよう。

第四項　霊山と里修験の行法符呪

修験道章疏には羽黒山に伝わった行法符呪を中野が編んだ『修験深秘行法符呪続集』と彦山の『彦山修験最秘印信口決集』の修験霊山の行法符呪集と里修験の青森県西津軽郡深浦村（現深浦町）の尊海（一八二六〜一八九二）が所持した『大聖不動明王深秘行法符呪集』『修験常用秘法集』一巻『修験常用秘法集』三巻が収録されている。また近年は里修験の研究が進展したことから彼らが所持した行法符呪の切紙を含む聖教の目録が作られている。そこで本項ではこれらの性格と内容を紹介しておきたい。

羽黒山の『修験行法符呪続集』は上巻三〇法、下巻一七法からなっている。(25) このうち「宇津室神法切紙」のみ、最後に「文化乙亥夏　金峯山五鬼童義雄示焉　受者歓賢　佐賀人」と文化一二年（一八一五）の年紀と授受関係が記されている。この五鬼童は大峰山中の本山派修験灌頂道場の深仙を管理した前鬼の修験である。その内容はさきの『抜集記』の分類に即して実数をあげると、修法九、諸尊二一、経二、仏具一、神・日待一、戦一、除災一〇、病一、生活一、卜占二である。諸尊では不動五が最も多く、観音・毘沙門天が各二でこれについでいる。次に注目されるのは除災で、特に災因をなす荒神、鬼霊、生霊、死霊、疫神の教化文が注目される。

彦山に関しては島田蕃根が所蔵した『彦山修験最秘印信口決集』に六二通の切紙が修験道章疏Ⅱに収録されている。同書は上下二巻から成り、上巻は峰入に関するもの三四通、下巻は山伏十二道具のそれぞれを説明した十二種口決、神道に関する「神道十種作法」、その他の個別の一六通からなっている。(26) このうち授受関係とその年を記したものは、「信施罪滅大事」（三宝に供物をし、八葉印明を結ぶ）、宝暦一四年（一七六四）二月吉日、伝灯大先達権大僧都広延が岡坊有懿に授ける。

「走縄之事」（走縄を金縛りに用いる法）天明三年（一七八三）六月吉日、修験伝灯前大越家神祇阿闍梨法印広延が堯真に授ける。

「駈入竈前観心」、文化一一年（一八一四）正月大吉辰、大越家光林院法印亨安が能円房安国に授ける。

の三通である。なお佐々木哲哉は本口決集の解題で、弘化二年（一八四五）の「英彦山大先達印信六々通目次」に彦山には「十二物記」とあわせて「彦山大先達印信六々通」とある事に注目する。そして巻下はこの「十二物記」を衣体十二通をあげた「十二種口決」とし、「神道十種作法」と個別の一六通をあわせた三六通が六々通にあたるとしている。なおこの授者の広延は明和年間（一七六四～七二）に彦山の故実をまとめた『麈壺集』を著わすと共に彦山の教義、儀礼の整理を行なった碩学である。(27)

この六々通（三六通）の内容は、

神道：十種作法（聞神、榊大事、神道灌頂、即位灌頂、奥旨灌頂、男女和合、児僧、小児懐犯、男女犯罪消滅、婬欲消滅）、注連口決、御供、遷宮、御幣、子良口決、祝詞、計一六
修法：牛王二、印文、撫物、計四
諸尊：大黒、毘沙門、不動、観音、孔雀明王、計五
降魔：障礙神法楽、信施罪滅、走縄（縛）、計三
生活：竈、変成男子、計二
葬祭：無常導師、霊供、計二
峰入：盟約、入宿現則、証状、制徒、計四

である。これを見ると十種作法をはじめ神道関係が最も多く、行法の牛王、撫物、降魔が注目される。

なお彦山六峰の一つ求菩提山には重松敏美によると、諸祈祷大吉事、十七夜待、三宝上吉日、二十三夜待、密教作法大事、天形星秘法、寄付之大事、弁才天秘法、三宝荒神秘法、白山大権現七部大事、不動法、星供、不動魂法、愛宕大郎護身法、不動尊索縛大事、九字、愛染明王秘法、十字秘術、御日待大事、十六神呪、日待大事、水神・仏頂尊勝・宝筐印陀羅尼、施餓鬼作法、不動明王本地祭文、秘密大祓、鎮宅の法の他、年中行事式、諸祈祷に大吉日の切紙、護符（呪詛、愛敬、産育、月水、治病、憑きもの落しなど）、医薬や、生活の諸事の秘伝が伝わっている。(28)

以上のように羽黒山、彦山、求菩提山では修法では牛王・撫物、崇拝対象では不動・観音・天部の諸尊・荒神、除災、治病が多く、彦山では神道関係が多い事が注目される。

次に里修験の修法を検討する。まず修験道章疏Ｉ所収の『大聖不動明王深秘修法集』一巻、『修験常用秘法集』一巻と同三巻を所持した当山派修験の尊海（一八二六〜一八九二）は西津軽郡深浦村円覚寺の尊岩の子として生まれ、松斉と号した。父ならびに大行院永朝から仏典を学び、さらに岩木山百沢寺の朝海から諸尊法や悉曇を学んだ。嘉永五年（一八五二）には大峰山に峰入し、正大先達慧明、賢澄、仁秀から峰中灌頂を授かり、その後醍醐寺で仏眼院僧正から修験

道の次第を受法して帰国し、円覚寺住職となっている。(29)

『大聖不動明王深秘修法集』は不動金縛法四法、その解縛法二法、不動と一体と観じる不動即我法と不動如影随形法、不動秘密悉地成就法といずれも不動明王に関わる九法から成っている。『修験常用秘法集』一巻、同三巻の諸法をさきの羽黒山の行法符呪集に充当すると、

修法：火渡り三、鉄火（以下一は名のみ）不動金縛り、御符認の作法、千日法、計七
諸尊：五大尊三、毘沙門、愛染、文殊、牛頭天王、計八
仏像：古仏修補、開眼供養、計二
祭：社頭棟札、計一
戦：乗馬、兵法九字、計二
除災魔：除罰、調伏、障礙よけ、不浄よけ、邪気よけ、降霊、金神よけ、計七
病・産育：虫歯、神灸、疱瘡、疫病、易産七、計一一
生活：足どめ、忌服、糞土、柴手水、害虫よけ二、井戸水三、地鎮祭、鎮火、葬祭は〇、計一一

これを見ると病気・産育、生活が合計一一、除魔が七と常民の生活に関わる事が多くなっている。修法では火渡り、鉄火など火の操作、不動金縛りが重視され、諸尊では五大尊と毘沙門天、愛染明王、牛頭天王が見られる。さきの『不動明王深秘修法集』とあわせると不動明王による調伏、火の操作、降魔、治病が注目される。

出羽国秋田郡綴子（現北秋田市）の当山正大先達世義寺の袈裟下の修験般若院英泉（一七一四〜一七八二）は山形の当山派修験行蔵院俊峰に師事して行法を学んだうえで、大峰山前鬼、伯耆大山、彦山などを巡って集めた五二三点の修験の聖典を残している。このうちの行法符呪に関するものは次の通りである。(30)


修法＝柱源一七、不動法一二、行法書一〇、護身法八、開眼作法・諸大事七、諸尊法六、採灯五、九字・千返陀羅尼三、十字・秘集・六算二、その他一四、計九八

諸尊＝不動二〇、役行者・十一面観音一七、如意輪観音七、毘沙門天・弁才天・愛染明王五、阿弥陀・普賢・虚空蔵四、釈迦・稲荷三、観音・大師・地蔵二、その他（飯縄・薬師・天狗など）一〇、計一一〇
諸経＝孔雀経二二、大般若経一二、仁王経九、法華経八、諸経一般二、地神経・心経一、計五五
神道＝村祭三、星祭一、神楽一、計五
待・法会＝星供一一、月待・地鎮祭五、日待三、仏名会・祖師会・寅祭一、計二七
生活＝雨乞七、止風雨五、治病四、産・虫除二、雷・酒・人間関係一、計二三
除災＝生霊・疫神・鎮火一、計三
葬祭＝光明真言一六、引導五、霊供・無常作法三、施餓鬼二、その他（卒塔婆・念仏・舎利・十三仏二）、計三三

これを見ると英泉が学僧で彦山などの霊山や各地の里修験に求法したことを示すかのように、諸尊一一〇、修法九八、諸経五五が多くなっている。その内訳は、修法では修験独自の柱源神法が一七と最も多く、次いで修法の基本をなす不動法が一二、護身法が八ある。また内容は定かでないが作法書が一〇、秘決集が二ある。諸尊では、修験道の本尊不動明王が二〇で最も多く、役行者と十一面観音がこれについでいる。ただ如意輪七、観音二を加えると観音が二六で最多となる。その他は仏七、菩薩一三、明王・天各三、民俗宗教五である。諸経では役行者伝説と関わる孔雀経と祈願の転読で用いる大般若、七難即滅の仁王経九、法華経八が注目される。ただ常民生活と関わる分野では、葬祭三三、日・月・星の祭二四、風雨一二に対して治病や除災に関するものが少なくなっている。これらは作法集や秘決集に記載されていると思われる。なお尊海のものに比べて不動明王の秘法が少なく、光明真言が多いことが注目される。

次に本山派先達会津南岳院末で伊比（現只見地域）の七院をまとめる谷老僧の役を務めた龍蔵院の『聖教典籍文書類目録』に見られる行法符呪を紹介しておきたい[31]。本目録では聖教典籍を（1）経典類（一四―点数。以下同様）、（2）真言・陀羅尼・種子（六）、（3）疏釈・解書類（一六）、（4）図像（一三）、（5）修験道（九）、（6）神道（一〇）、（7）修法（二九）、（8）呪術・加持秘法（一五）、（9）祭儀・葬祭（六）（10）祭文・祝詞（一九）、（11）陰陽道・卜占（二二）、（12）切紙（四七）、

(13)技芸・巻物（一一）、(14)知識（一五）、(16)通俗仏書（七）、(17)地誌（六）、(18)由来・由緒（九）、(19)本山・講（一七）、(20)生活（五）に分類して形態、奥書、年記などをあげている。ただこれらの聖教典籍は僧侶、神職、陰陽師でなく里修験龍蔵院の活動を全体的に示すものである。そこでこの各分類に配されたものを里修験の龍蔵院が常民の宗教的希求に如何なる形で応じたかを解明するために、さきの般若院英泉の場合に準じて再分類してそれぞれの内容を示すとつぎのようになる。

(1)修法＝諸呪法四、護身法・十八道三、三時勤行・秘法・結大事・印相二、入仏安座、不動法、鳴鐘、祈祷、護摩、西吹風、身堅、灌頂、火生三昧、計二七

(2)諸尊＝荒神・聖天・稲荷・山神・熊野二、薬師、馬鳴、如意輪、地蔵、虚空蔵、愛染、四大明王、不動、孔雀、五大尊、弁才天、水天、十二天、摩利支天、一字金輪、蔵王、愛宕、弘法、計二八

(3)経＝陀羅尼五、法華経三、不動経・種子・観音経二、金剛経、決疑経、阿弥陀経、大日経、優婆塞戒経、地蔵本願経、真言、童子経、大般若経、仁王経、計二四

(4)神祭＝祭文五、祝詞四、中臣祓三、鳥居・祓二、釜神祓、遷宮、神事、神おろし、大道神祇、神前勤行、鹿火食、計二三

(5)卜占＝易五、方位三、吉凶・雑書二、属星・九曜星、筮文、簠簋、軌則集、九天玄女、御籤、姓名判断、御占い、九星、夢、手相、むらさきそうし、地相、五行、十死卦、計二八

(6)病気・産育＝疱瘡・安産・薬二、胎内十月、虫歯、万符、病、疱瘡、狂人静謐、計一二

(7)除災＝剣印・野狐三、九字、降神、物怪除、祟、邪気加持、金剛縛、計一二

(8)生活＝鎮宅二、施食、鹿火食、地鎮、虫除、計六

(9)葬祭＝光明真言・十三仏・葬儀二、施餓鬼、霊前作法、過去帳、引導、六盆、計一一

この他札には寺院三九、神社一二、権現・護摩・梵字三、安産・守護・御師二、牛王宝印、九字、剣、日天、呪歌、

位牌、除魔、光明真言、巡礼、人、計七六、版木に権現三、神・祈祷・宝珠二、竈神、日天、除災、護摩、息災、延命、護身法、御符、月祓、梵字、天下泰平がある。

これを見ると、諸尊二八、修法二七、諸経二四が多く、神祭二三、病気一二、除災一二、葬祭一一がこれに次ぐというように龍蔵院が修験道のみでなく、神道、陰陽道、葬祭にも関わっていることが注目される。それぞれの内訳を見ると修法には護身法、十八道など基本的なものが多いが、呪法、不動金縛、剣印、火生三昧など、修験独自のものが注目される。諸尊には山神、荒神、稲荷などがある。諸経には観音経を含めると五の法華経と陀羅尼や不動経が多く、神祭では祭文、祝詞や中臣祓が重視されている。卜占では星の他、雑書、簠簋など陰陽道の基本書と身近な手相、地相がある。治病、除災などは当山派の尊海のものと類似している。ただ葬祭は尊海の場合は〇だが、龍蔵院は般若院英泉と同様に多く、葬送だけでなく追善供養（十三仏）、盆にも関わっている。また札では社寺参詣をした時のもの、版木は祈祷などに関するものがある。

ところで龍蔵院の切紙「カーン西吹風御守」には首題に「加持」「兵杖利剣他人他方則得円満」「守毎日修行」「糞土之大事」とある。奥書には「右下野国権大僧都法印祐賢伝也」とある。この祐賢は天正一一年（一五八三）醍醐光台院亮淳の東国、奥州、下向に右筆として随侍した下野国金剛定寺の祐俊につらなるものとも思われるのである。[32]なお尊海の『修験常用秘法集』一巻の冒頭にもこの切紙があって、その最後に「モミズ守または俗にイタコ守とも云」とある。とすると本・当に限らずイタコも用いたとも思われるのである。

なお同じく只見村の本山派修験吉祥院の『聖教典籍文書目録』には、

修法＝諸大事（弁才天、引目の法、虫歯、疫病、狐おとしをあげる）、日常諸作法、九字

諸尊＝青面金剛、八大童子、恵比須、大黒、

経＝大般若、大道神祇

卜占＝雑書、簠簋、八卦、方位、選日、相性、

生活＝諸病見たて、馬の病、秘伝薬、癩病、生死を知る法、安産守、地鎮祭
葬祭＝十三仏、追善供養文、七日忌、百ヶ日忌、追善文、塔婆
というように、より常民の宗教生活に関わったものが多く認められる。(33)

第五項　越後金剛院の『行法十二巻』

前項でとりあげた当山派の尊海の秘法集、般若院英泉の聖教中の行法符呪、本山派の只見の龍蔵院・吉祥院のものは各次第が個別に伝わったものである。これに対して越後国高田の金剛院三世空我は、同院に伝わったものに加えて自ら各地の修験者の次第を集めて寛文年間（一六六一～一六七三）に、『伝法十二巻』を編集した。この越後には妙高山、八海山など霊山も多く、本・当両派の里修験が活躍した。そして『伝法十二巻』もそれを反映している。そこでまず高田金剛院と空我についてふれたうえで『伝法十二巻』の性格と構成、その内容を検討することにしたい。(34)

1　高田金剛院の歴史と伝承

『伝法十二巻』を伝来した金剛院には、「越後国頸城郡高田天照山霊験寺金剛院今井房略縁起」が伝わっている。ただこの略縁起は、近世後期に金剛院の住職が記したものと考えられる。(35)そこで、この略縁起以外の資料を見ると、まず金剛院について、近世後期になる越後の地誌『北越雑記』を見ると、仏寺の金剛院の項に「霊験寺本尊龍神に捧げし、七條の袈裟あり、毎年正月十六日にこれを披露する」とある。また神社の項には「神明社、高田関町にあり、別当洛陽新熊野別当勝仙院権僧正末寺金剛院」との記載がある。この勝仙院は、本山派の聖護院門跡の院家の住心院のことである。(36)

ところで近代後期の本山派の書きあげである『山伏帳』の最初に記された「本山近代先達次第」には、「諸国年行事」

の項に「越後、越州高田金剛院」とある。また『山伏帳』の越後の項には、同国は住心院の霞で、頸城郡高田城下の本山派修験として、年行事の金剛院以下、法性院、立宝院、胎蔵院、二王院、不動院、北成、福泉院（無住）をあげている[37]。

『訂正越後頸城郡誌稿』（同刊行会編、豊島書房、一九六九年）では、神明宮（別当金剛院）は高田市街関町にあって、祭神は天照大神と弘法大師作の雨宝童子で相殿に諏訪大明神を祀るとしている。なお雨宝童子は正式には金剛赤精善神雨宝童子と呼ばれ、大日如来の化身で天照大神が日向国に下生した姿を示すという。像容は額に白宝珠をつけ、頭上に五輪塔を頂き、白衣をまとい、右手に金剛宝棒、左手に赤色宝珠を持ち、白狸を踏む童子である。『雨宝陀羅尼経』によると、除災招福の働きがある。当初は伊勢神宮の奥院とされる朝熊山金剛証寺で祀られた神格である。一方、金剛院は、両峯山金胎寺金剛院と号し、本尊は弘法大師作の不動霊像であるとしている。

この神明宮は同書によると、天正一一年（一五八三）三月一六日に慶実法印が越後高田の春日山に天照大神を祀ったのに始まる。彼はさらに同年諏訪大明神を相殿に勧請し、別当の金剛院を開基した。慶実は信濃国木曽谷の出身で俗称は今井氏である。役行者を崇め諸国の霊山で修行したが、とくに羽黒山で菩薩の密法を修行した。その後、越後高田の春日山で六年間三密瑜伽の法を修した。その結願の日に霊夢のうちに天照大神を観じ、上記のように、天正一一年三月一六日に神明宮を創祀した。そして上京して勝仙院澄存（?〜一六五二）の弟子となり、金胎両部の法と弘法大師作の雨宝童子の像、大師の手になる啓白文、宝珠を授かり、さらに聖護院門跡から権大僧都法印の位を贈られて帰国した。

その後神明宮は、慶長五年（一六〇〇）四月には春日山から福島に遷座した。なお慶実は慶長一〇年（一六〇五）には、藩主の松平忠輝から越後国の山伏の頭役に任じられた。そして上京して勝仙院前僧正澄存にこの旨を伝えて、本山派の年行事に任じられた。彼の後継の金剛院二世円空は藩主から、高田出雲町に八〇間の土地を賜り、これを二分して東の方を神明社、西の方を諏訪社とし、両社の別当寺として福性院を設けて、弟子の長海僧都を住持とした。なお諏訪社はその後春日町七本杉に遷座された。また神明社は寛永三年（一六二六）に関町に遷座した。

ところでこの『伝法十二巻』は、奥書によると、三世の権大僧都法印空我がこれを書すとしている。この空我は二世円空の空字を通字としている故、神明社の関町遷座後、住職となった三世の空我がこれを著したと考えられる。ただ同書の執筆以外の空我の事績は定かでない。ところで『訂正越後頸城郡誌稿』によると、元禄年間（一六八八～一七〇四）に下越（岩船・蒲原二郡）の修験が上京して聖護院に直末になることを願い出た。そして宝永年間（一七〇四～一七一一）に下越の修験は金剛院の支配を離れている。ただこうした配下の分離にもかかわらず、金剛院は聖護院門跡から越後の正年行事職を認められていた。その後の金剛院の活動は高田藩の『記録便覧』巻一八の寛保三年から享保三年（一七四七～一八〇三）の「金剛院」の記載から知ることができる。そこで以下この記録を紹介することにしたい。ただ『記録便覧』の記事は年代順になっているが、ここでは、金剛院の聖護院や末寺との関わり、堂社の修理・再建やそのための勧進、祈祷・祭礼の三項にわけて記すことにしたい[38]。

寛延二年（一七四九）越後の松之山組光間村の千手院が定法に背いて新弟子をとった。これに関して金剛院は聖護院から咎めるよう命じられた。けれども私力では処しがたいとして代官中山新次郎に委ねている。ただこの一件は長期にわたり宝暦元年（一七五一）に決着した。こうしたことに対応する必要があったせいか、宝暦七年（一七五七）四月、金剛院は聖護院門跡から行列などの時に正年行事であることを示す鑓を持つことを許可された。明和五年（一七六八）、松之山組湯山村明王院の弟自教が寺法に背いたので、金剛院は藩の川浦役所に訴えた。同年五月金剛院はこのことに関して住心院江戸役所の烏森稲荷別当快長院から手紙を受けとった。それに応じて上京し、同六年二月、江戸の寺社奉行で裁許されている。

この間、明和元年（一七六四）八月には、信濃国松代の本山派年行事和光院で六年間にわたって修学した金剛院住職の倅、兼慶が帰山した。この和光院は中世末期には、吉田家に属する社家だったが、慶長一六年（一六一一）に聖護院から川中島四郡の年行事に任じられて、北信で大きな勢力を有していた。兼慶は明和八年（一七七一）隠居して北天院と名乗った父とともに上京して聖護院に赴き、正年行事の継目を認められた。この時従来は敷居の外で御目見得したが、その内で御目見得している。さらに大峰に入峰して、帰国後、大峰の祈祷札を藩主に届けている。ちなみに金剛院は宝暦七年（一七五七）の聖護院門跡増賞の峰入に供奉した際にも武運長久と五穀成就を祈念し、藩主に祈祷札を献上している。

寛政一〇年（一七九八）八月、金剛院は聖護院の摂州箕面山の峰入に藩から五両を拝受して参加している。この箕面山は役行者が龍樹から灌頂を授かり、また入寂したとされる修験の霊地である。金剛院では寛政一二年（一八〇〇）五月に役行者の一一〇〇年の御遠忌の法要を行なっている。この法要は役行者に神変大菩薩の諡号が授けられたのを寿ぐもので、神明社の雨宝童子を開帳して、星祭と大護摩供を施行している。また同年六月の聖護院による大峰山での役行者の御遠忌に参加し、大先達格に補任され、天照山霊験寺との山号と寺号を授かっている。ただ金剛院は享和二年（一八〇二）、同行の二王院を脱衣、腰縄としたことを咎められて、隠居、閉戸を申しつけられた。この結果同院は無住となり、春日町の法性院の預かりとなった。そこで翌年三月、金剛院の付弟の岩屋と隠居の哲我が上京して、住心院に陳情して、以後同行の七院（法性院、福泉院、胎蔵院、長覚院、立宝院、宝蔵院、不動院）が毎日順番で金剛院の法務を勤めることを許可された。ただほどなく、金剛院の再興が認められ、再度活発な活動をした。先にあげた「天照山霊験寺金剛院今井房略縁起」が記されたのは、この頃のことと考えられる。もっとも明治政府の神仏分離政策により、金剛院は復飾して今井美恒と名乗って、神明社の神職となった。爾来神明社は関町、出雲町、伊勢町の三町五三〇戸を氏子とし、五月二五日と二六日に大祭を施行している。

一八世紀後半には金剛院は勧進や興行によって資金を得て伽藍を整えた。その際には藩の許可が必要だったことから『記録便覧』から、その事績を知ることができる[39]。

まず寛保三年（一七四三）六月には加持祈祷に欠かせない本尊の不動明王を祀る護摩堂を修復するために相撲を興行している。また宝暦元年（一七五一）七月に地震で護摩堂と居室が大破した時は七月一三日から八月三一日にかけて、門弟三人が昼夜「行者和讃」を唱えて勧進修行している。生活の場である居宅と護摩堂は金剛院にとって何よりも必要な施設である。「行者和讃」は役行者の事績と利生を平易に説いたもの故、布教も意図したと思われる。明和元年（一七六四）一二月には信濃の和合院で六年間修行した兼慶が帰院したのにあわせて、同月から翌々月にかけて町々で昼夜「不動和讃」と念仏修行をして、護摩堂を建立している。越後の修験は年末から二月にかけては、廻檀して日待を行なっている。ちょうどこの時期に不動の和讃を語り、念仏を唱えて門付けをすることによって、町人たちの現当二世の利益をはかっているのである。

金剛院が別当を勤めた神明社に関しては、延享四年（一七四七）六月に本社は九尺四方から一丈四方、祝詞殿は六尺四方から九尺四方に拡張して造立する許可を求めて、完了後の七月三日から八月二日にかけて三昼夜にわたって秘仏の雨宝童子を開帳している。この雨宝童子は寛政一二年（一八〇〇）の神変大菩薩の御遠忌に開帳されたことに見られるように、同院にとって特に重要な祭典のみに開帳されているのである。なお、宝暦一三年（一七六三）八月には、この祝詞殿の前に拝殿を建立するために相撲と芝居の興行を行なっている。一般の権現造りの神社は、本殿、祝詞殿（幣殿、石の間ともいう）、拝殿の三殿から成っている。先にも述べたように、中世末期に吉田神道に属していた信濃の和光院で六年間にわたって修行した後嗣の兼慶の帰院に先立って、神明社に新たに拝殿を設けたとも考えられる。その後、明和七年（一七七〇）二月には神明社の境内に北辰の妙見尊を祀る小堂が設けられている。爾来、金剛院は陰陽道をとり入れ、星祭りを行なっている。

金剛院は宝暦三年（一七五三）九月一三日に藩から高田城の瓢箪稲荷と廓（曲輪）稲荷で正月・九月・一二月に祈祷することを仰せつけられている。祈祷料は年間で米三俵だった。寛政五年（一七九三）三月にはあらためてこの両社の祈祷を命じられている。さらに安永九年（一七八〇）八月には乙吉稲荷で祈祷している。また明和六年（一七六九）には町中の火防祈祷を二月二四日から二六日にかけて行なっていたのを、二月二六日から二八日に変更している。このことは火防祈祷が同院の恒例の祈祷であったことを示している。ちなみに『訂正越後頸城郡誌稿』では金剛院は府内鎮火祈祷道場であったとしている。なお神明宮の五月二五、二六日の祭礼には藩主の代参があった。そして金剛院では藩主に対して、先に述べた大峰修行の際の祈祷札献上のみならず、毎年年賀に祈祷札を献上している。

ところで『中頸城郡誌』では、近世の関町神明宮には天満宮、秋葉、稲荷（五社）、馬塚稲荷、十本杉諏訪社など一〇社の境内末社があったとしている。なお越後では諏訪社が水田開発の守護神として勧請され（同国内に一七一九社）、そのうち中頸城郡が最も多く二八六社を数えている。次に多いのが神明社だが、これも中頸城郡に多く地形的には山際の村に多いとされている。(40)

ここで「越後国高田天照山霊験寺金剛院今井房略縁起」（神明別当。天照山霊験寺金剛院今井房謹誌）に立ち返って、その内容を紹介して上記の史実に照らして検討することにしたい。まず天照山霊験寺の名称は寛政一二年（一八〇〇）に聖護院門跡から賜ったもの故、この縁起はそれ以降のものと考えられる。また同院は享和三年（一八〇三）に閉戸され、無住となっている。それ故この縁起はその後、化政期（一八〇四〜一八一三）頃に記されたものと考えられる。その内容は和銅五年（七一七）、白山の開山泰澄が春日山で修行中、神明・雨宝童子・生身の不動が出現した。彼は自らその不動を刻んで本院を開基し、天照山霊験寺と名づけたとする。これは前章でのべた能生の白山の影響と考えられる。その後弘法大師が本寺で聖の修行をして不動法と護摩法を修したら再び生身の不動が出現し、金剛界の法を修したら金剛界の曼荼羅が出現したので金剛院と号した。その後、信州今井村の今井兼平（木曽義仲の家臣）の末孫椎井丹空（兼忠ともいう）が修験となり天慶法印と名乗り、当寺にきた。この丹空は当寺二世の円空をさすとも考えられる。

戦国時代には春日山城主長尾（上杉）謙信が合戦の時、三六人の義士が現れて助勢したが、これは金剛院の不動明王の眷属の三十六童子だった。こうしたことから謙信は金剛院を外護し、川中島の合戦の勝利の祈祷を頼み、寺領を寄進した。さらに天官に奏上したことから同院は正年行事に補任された。その後本院の慶実法印が諏訪村の新田開発の時、日和乞の祈祷をして効験があったので仏供料を賜った。そして松平光長（一六一五〜一七〇九）が高田二五万石に転封された時に高田関町に移転し、神明宮と雨宝尊をあわせて祀った。本社に参拝すれば現世の願望を成就し、来世の仏果を得るとしている。

このように本縁起では、本寺で泰澄や弘法大師が修行したとし、それを山号や寺号と結びつけている。また先祖を木曽義仲の家臣今井兼平（?～一一八四）としたり、川中島の合戦の戦勝祈願の効験をあげている。けれども慶実が新田開発の為の日和乞に効験を示し、松平光長の外護を受けて繁栄したことは史実にもとづくと考えられる。なお全体として不動明王の霊験を強調していることは、近世期の里修験の本尊として不動明王が重視されたことを反映している。

2　『伝法十二巻』の性格と構成

『伝法十二巻』には全巻を通しての内題のほか表題はなく、各巻の表紙に「伝法十二巻内一」というように通巻名が付されている。そこでこの一二巻をまとめて『伝法十二巻』と通称した。全巻（八巻のみ上下二冊）とも厚手の料紙を二つ折りにし、折り部分を糸で綴じて、縦一五・五㎝、横一五㎝の横手帳に近い形にしたものである。各巻の構成を知るために、各巻の表紙（収録作法）、奥書（記入してあるもののみ）を記すと次の通りである。

伝法十巻の内一（以下巻数のみ表記）＝呪術、友を呼び出す、馬橋を渡る、馬船に乗る、衂血をとめる、病目呪、湯焼呪、目を覚ます術、糞虫の呪、烏を着ける術、蛇を出す術、犬に噛まれない術、面顔馬に成る術、人を喚う術、小便を他に移す、虫歯の呪、魚の骨抜き、曲刀を直す、寝言を言わせる、屋鳴り、釜鳴り、瘧を落す術、長座の人を立たせる、硯水を凍らせない、希念の術、我が心を夢に見せるために人を寝らせる、求子、鼻をしみさせる、源氏の附墨、野狐を仕う術、馬繋ぎの術、頭瘡を治す、かまいたち直し、鍋のかなけを去る術、味噌玉を鼠に食わせぬ術、土龍の持を除く、年長を打つ、馬の大魔を除く、錠を開る、盗物を取り返す、つば止め、鉄砲どめ（通番号1～52、数52。以下同様）

二＝移徒鎮宅屋堅法、馬屋祭、金神除、悪方塞除、一切地の祟りを封ず（53～59、7）

三＝呪詛八幅輪法、呪術：眼盲、狂乱、焼屋口論、髪病、落馬多品、疫病、盲眼の薬、胎堕、陰を詛う、催生薬、不食永生、鬮当て、戒法（人馬犬猫共に）。一体六色法、七色布法（60～85、26）

四＝牛王誓紙作法、神文焼呑事、類種趣請事、打金事、趣請返（86～92、7）

五＝童子経書写加持、寿延経書写、除厄法、同守（93～95、4）。寛文七未年　従開基三世、権大僧都、法印空我、書之、金剛院付物也（奥書、以下同様）

六＝八卦切続法、同守（96～101、6）。寛文八年十二月十日書之、金剛院什物

七＝日待法、月待法、庚申待（102～115、14）。寛文七丁未年七月下旬、三祖権大僧都法印空我謹書之、金剛院什物也

八上＝降童託宣法、多流品々之に記す（116～133、27）。寛文十庚戌年三月中旬、金剛院三世書之

八下＝降童託法、附縛法（134～140、7）

九＝九条・三条錫杖経、天神経、舎利礼、秘密観音経、薬師三願経、文殊経二通、般若心経八通（141～150、10）。法印空我書之、金剛院付物也

十＝御素木加持、万開眼：仏、明王、天部、菩薩、五輪、卒塔婆、経巻、幣帛、札守、人形、獅子、駒犬、結印の指の異名（151～158、8）。従開基三祖　権大僧都法印空我、書之

十一＝新建（堂社家屋）請地法、入仏作法、古仏修復、同勧請（159～162、4）。従開基三祖　権大僧都法印空我、寛文八戊申年　中冬吉日、金剛院什物

十二＝下遷宮、上遷宮、新社建立新神勧請、新鳥居勧請、諸神社祭大事（163～169、7）。于時寛文八年戊申年　季夏中旬此書之、従開基三祖権大僧都法印空我、金剛院什物、唯受一人法

この内容の検討は次項ですることにして、ここでは奥書をもとに『伝法十巻』の成立と性格について検討したい。同書は金剛院三世の権大僧都法印空我が寛文七年（一六六七）にまず五巻の諸経や七巻の日待・月待、翌八年に六巻の占い、十二巻の遷宮、一〇年に憑祈祷に関する八巻の上・下をまとめている。「空我書之」と記した九・十巻もこの頃のものと考えられる。これらに対して一巻から四巻は空我以前から同院に伝わっていたものや、近隣の里修験や常民が慣習として行なっていたものと考えられる。いずれにしても個々の次第には授受関係や年紀が記されていない故、詳細は

不明である。ただ空我は折にふれて独自にこの一二巻の個々の巻を編集して、金剛院の貴重な什物としたと考えられる。そして十二巻に「唯受一人の法」と記したように同書を一子相伝の秘法としたのである。(41)

3　諸次第の目的と作法

以下ではさきに各巻の表書の目次にあげられた『伝法十二巻』所収の諸作法の主要なものを儀礼目的に焦点をおいて紹介することによって、近世期に越後の本山派修験の重鎮であり、神明・諏訪・稲荷などの別当を勤めた金剛院がどのような宗教活動を行なって常民の宗教的要請に応えていたかを検討することにしたい。そのために上記の一二巻所掲の諸儀礼を大きく五分して、まず第一に里修験の金剛院が堂社を建立し（11、12―同書の巻数。以下同様）、仏などに入魂して開眼し（10）、神を勧請する（12）作法をとりあげる。第二に読経（9）、神祭り（12）日待・月待・庚申待（7）などの広義の祭祀に関するものを紹介する。第三に人々の運勢を知り（6）、託宣によって災因を明らかにする（8上・下）ものをとりあげる。第四に治病や生活上の諸問題に関する呪法（1、2）、さらに子供の生育や不老長生を願う（5）ものをとりあげる。第五に人間関係において強い結束をはかる一味同心の為の牛玉誓紙、逆にその裏切りや敵討ちのために行なう呪詛（3、4、8下）という順序で、この『伝法十二巻』所収の儀礼を紹介することにしたい。(42)

なお記述にあたっては、先の各巻表紙の表書でなく、実際に収録されている作法の儀礼名のあとに括弧を付して、巻数をあげておいた。

i　堂社の建立と入魂

堂社の建立に際しては、新堂や仮殿の土地を守る地神や地天に使用許可と守護を願うとともに、その土地を浄める「仏閣建立之時請地作法」（11）がなされる。ついで旧堂に祀られている仏像を仮殿に遷すに先立ってその魂を抜く「古仏修復撥遣」（11）が行なわれる。この修法は仏像の修復の際にもなされる。そして仏像を仮堂や新しい堂宇に遷した直後には「入仏の作法」(10)、その修理を終わって再び堂宇に安置する時には「古仏修復勧請」(11)を行なっている。なお新たに仏像を彫む場合には、その素材の木を加持して神聖なものにする「御素木加持」(10)がなされている。そして仏像が出来あがると入魂の「開眼之作法」(10)をする。その作法は仏像が如来部(10)、菩薩部(10)、明王部(10)、天部(10)、神祇(10)、祖師像(10)のいずれであるかによって違っている。この他に五輪卒都婆(10)、書写された経巻(10)、梵天や幣(10)、守・護符・札等(10)、人形(10)、獅子・駒犬等(10)の開眼作法もあげられている。

神社の遷宮に関しては旧社殿から仮殿へ神霊を遷す下遷宮、完成した新殿に神霊を迎える上遷宮、全く新しい社殿を建立して、そこに神霊を迎える作法の三種があげられている。ただし基本的にはほぼ同じ構成をとっている。そこでまず「新社建立新神勧請」(12)を紹介すると、作法に必要な用物を整えたうえで(「用物之日記」)、「勧請作法」をする。また「新社の棟札」、幣を準備する。そしてその幣に神さらに諸神を勧請し、「諸社の大事」がなされる。ここで諸神の本地は愛染明王で、通使は鳥と蛇としていることに注目しておきたい。このあと神楽、「三種神祇の印明」、祝詞・大中臣の祓・法楽の奏楽や読経があり、祭神の本地の呪を千返唱えている。

下遷宮(12)は旧殿の神を仮殿に遷す作法で、「新社建立」と違うのは、「下遷宮作法」のあと、「注連曳」「鳥居・鰐口の大事」があること、「諸社の大事」のあと「三種神祇の印明」がなく、両部神道の「麗気灌頂」があること、御神体(鏡・刀・鉾・玉・幣など)を神輿に遷す作法があることとである。上遷宮(12)には、仮殿で行なうものと、行列を組んで新殿に赴いて、そこで行なうものの二つの作法がある。前者は下遷宮とほぼ同じだが、棟札を書き、新殿を清める幣を切っていること、後者は「行列の次第」、饗膳の作法が加わっている点をのぞくと、「下遷宮作法」とほぼ同様である。

次にその他の神道の次第をあげると、「二十一社の本地」(12)、「新鳥居勧請」(12)、「鳥居之図」(12)、「諸神社祭の大事」(12)がある。ちなみに二一社の本地の項に、古来の二一社以外に、「他に」として白幡(旗か、本地十一面観音)、第六天(本地自在天)、牛頭天王(本地薬師)、諏訪(本地普賢)、十禅師(本地地蔵)、弥御神(弥彦か、本地如意輪観音)をあげているが、これは当時金剛院が崇めた神々と考えられる。なお上記の神社関係の諸作法と類似したものは、『修験宗神道神社印信』『修験道諸神勧請通用』（ともに修験道章疏Ⅱ所収）、両部神道、吉田神道の次第にも認められる。

ⅱ　読経と祭り

勤行などに用いる経としては「九条錫杖経」と「三条錫杖経」、般若心経、観音経などがあげられている。「錫杖経」は一条を終えるごとに錫杖を三回振るもので、九条から成るのが「九条錫杖経」（9）で、その最初の三条からなるのが「三条錫杖経」（9）である。ちなみに近世後期になる『本山修験勤行要集』でも、最初にこの経が唱えられている。般若心経は修験に限らず一般でも広く用いられているものである。その所為か六種の異訳と梵文のもの（9）をあげている。ついで巻尾から巻頭にと逆に唱える「逆心経」（9）をあげているが、これは呪いなどに用いるものである。観音経（9）は法華経第二五品の普門品であるが、同書には偽経の「秘密観音経」をあげている。これは観音経の経題と巻尾を意訳したもので、「七難即滅所願成就」を願う経としている。この他には読経の最後に万徳円満を願って唱える「舎利礼」（9）、薬師の功徳によって無病・即身成仏を願う「薬師三願経」（9）、般若の智恵を流通させることによって福智円満を願う偽経の「文殊経」（9）、天神の助けで疫障を除き福寿を得る「南無天満大自在天神経」（9）をあげている。この三経はいずれも我国で創られた偽経である。

神祭りの際にはさきに紹介した「諸神社祭の大事」（12）や「中臣祓」が用いられていたと考えられる。この他では第七巻に民間の日待・月待・庚申待などに金剛院が関わったことを示す作法が見られる。まず日待の作法には「日天恭敬」（7）がある。この作法は太陽に向かって日輪印を結んで日天の呪を唱え、大日・観音に帰命することを頌する。ついで太陽とその光を意味する摩利支天宝瓶の印を結んで「罪科は霜雪とともに消にけり、我れ世を廻り、天照す日に」の歌、日天の呪（一〇八反）、「錫杖経」、観音経、般若心経などをあげている。

月待では「七難即滅七福即生」が祈られる。まず全般的な「月天恭敬」（7）があげられている。この作法では「頼ぬる人の心を助けずば天か下にて名をば云れじ」、「月待て祈已之叶ずは、天が下にて名をや流さん」との呪歌を唱え、正念珠を結んで愛染明王の呪を一〇八反あげている。以下、一三夜（虚空蔵菩薩。7）、一五夜（普賢菩薩。7）、一六夜（不動明王。7）、一七夜（千手観音。7）、一八夜（聖観音。7）、一九夜（馬頭観音。7）、二〇夜（十一面観音。7）、二一夜（如意輪観音。7）、二二夜（准胝観音。7）、二三夜（勢至菩薩。7）、二六夜（愛染明王。7）の「月天恭敬」の作法をあげている。これらでは月に向かって、上記の呪歌と括弧内にあげた仏の呪を一〇八反唱えている。なお庚申待は庚申（カノエサル）の日に、上帝に人々の罪過を告げる三尸の虫を徹夜で祀る道教の信仰に基づくものである。この次第の「庚申恭敬」（7）では「オンコウシンレイ　コウシンレイ　マイタリマイタリ　ソワカ」との唱え言がなされている。

iii　運勢と託宣

運勢と託宣に関しては八卦と憑祈祷の作法があげられている。八卦は卜占の基本をなす易の思想である。それによると万物の根源は太極で、それが陽と陰の両義に分れ、陽から太陽と少陰、陰から少陽と太陰の四象、その太陽から、乾・天と兌・沢、少陰から離・火と震・雷、少陽から巽・風と坎・水、太陰から艮・山と坤・地の八卦が生じ、それが宇宙の運行を示すとする。これを方位に充当したもので広く用いられているのが「後天八卦図」（文王八卦図ともいう）で、離を南、坤を西南、兌を西、乾を西北、坎を北、艮を東北、震を東、巽を東南に充当させている。

第六巻にはこの八卦と星祭・星占いに関する諸法がおさめられている。まず「八卦内行之作法」（6）では南の離・火から、西の兌・金、北の坎・水、東の震・木というようにめぐる八卦のそれぞれの諸尊と「不動経」の偈の冒頭の文を区切って唱えている。表題の下に「病者続之事」とあるので、病人などに南から火・金・水などの力を与えて治病をはかった法と思われる。ついで、表書に八卦、裏書に九曜を記して、依頼者の星の変り目を守護する「八卦切続之事」（6）、節分・大晦日・一月六日・一月一四日に依頼者の病因となる星の変り目を知り、祈念する「八卦切続之秘術」（6）、「八卦切続略作法」（6）、上書にドーマン（九字）、裏書にセーマン（五行）の陰陽道の呪形を記した「八卦通用ノ守」（6）、一年の一二ヶ月のそれぞれの月を守護する「十二箇月守」（6）をあげている。この守は各月ごとに上方に

「尸」「星」「月」「山」「鬼」などを独自の形で組みあわせ、下方に「喼急如律令」の字を記した道教の符である。

託宣によって吉凶、災因などを知るために修験者は憑祈祷を行なった。これは修験者（験者）が稚児・神子などに、吉凶を支配したり災因となっている神・仏・生死霊などを憑依させて、運勢や祟っている理由を聞くものである。この修法は密教では阿尾奢法、日蓮宗では寄加持、御岳講では御座と呼ばれているものである。金剛院ではこの修法をとくに重視して、巻八を「降童託宣法」と総称したうえで、上・下二巻にわたって各流派の二〇の修法をあげている。また八巻の上の表紙に、これらの他に当寺（金剛院）で施行している「加持流一巻」があるとしている。なお憑祈祷の法には、憑依した神霊などを憑りましから離す、「離大事」が付されている。この「離大事」は、神・仏・死霊・生霊など憑依したものによって修法を異にしている。

八巻の上の表紙には「多流品々之を記す」とあるが、本文では諸流を記すのに先立って、まず一般的な憑りましに験者が幣を持たせて、それに神霊を憑依させる「降童託宣之作法」（8上）をあげている。以下、流派や寺院を明記したものをあげると、「大山流」（8上にイ・ロ―イは憑依の法、ロは離大事を示す。各二）、「伊勢流」（8上イ・ロ）、「十一面流」（8上イ・ロ。各二）、「天狗流」（8上イ・ロ）、「谷越の法」（8上）、神主等に良とあるもの（8上）、「飯縄法」（8上イ・ロ）、奥州より伝来した江戸当山派修験花厳院所持の秘密法（8上）がある。これらの諸法はそれぞれ内容を異にしている。なお作法の表記を見ると、降童の託宣（8上イ四、イ・ロ二、8下イ）、寄加持（8上イ・ロ、8下イ二、イ・ロ一）、神子加持（8上イ一、イ・ロ一）、験者加持（8上イ・ロ四）などがある。なおこの他、憑りましに神霊が憑いたがすぐ離れようとする時の法（8上イ・ロ）、憑いたが託宣がない時の法（8上イ）、神寄せの呪歌（8上イ）、神霊を返す時の神上げの大事（8上ロ）、物怪を離す為の呪歌（8上ロ）、神おろしの祭文とも思われる曲陀羅尼（8上）、神上げの曲陀羅尼（8上）、憑りましの幣（「託之大事」8上イ、8下イ）などもあげられている。

iv　治病や生活の呪法

日常生活の守護と挫折からの救済をはかる、いわゆる現世利益にかかる呪法は第一巻を中心に数多くあげられている。そこでこれらを治病、生活、動物に大別して紹介したい。まず子供の出生を願う「求子術」（1）、逆に避妊の「不求子術」（1二―一つ以上の収録数。以下同様）、妊娠後の「堕胎の術」（3三）がある。広義の病気のうち身近なものには「咽につかえた魚の骨を抜く法」（1二）、「眼病の治癒」（1、3）、「虫歯を治す術」（1）、「鼻血を留める術」（1二）、「首の上に出来た瘡（カサ、ハレモノ）」（1）、「火傷」（1）、「刀傷」（1）、「下痢」（一小便を他に移す術」とあるが、下痢にきくミソハギを用いる。1）、「疫病」（3）、「瘧」（ひきつけや癲癇1七）などを治す呪法がある。なおこれらの呪法を施す病は、治療不能ともいえる疫病を除けば、いずれも鼻血、虫歯など軽いものか、当時は神霊の障りと考えられたオコリが多いことが注目される。また呪法では、米・豆・小便・薬草（笹―火傷、ミソハギ―下痢）を用い呪歌を唱えている。

この他では「眠らせる方法」（1）、「寝言を言わせる方法」（1）、「寝覚めを良くする法」（1二）、男性の二五歳・四二歳・六一歳、女性の三三歳の「厄を除く法」（5二）、弓矢で悪魔を退けて長生きをする「年長打の術」（1四）などがある。また小児が病気にならないように祈る「童子経書写加持」（5）、寿命を延ばす「寿延経書写加持」（5）もある。

日常の暮らしに関わるものには、まず「金神の祟りを防ぐ」（2）、「悪方塞がりの方角に越す時の守」（2）、「鎮宅加持（火防）」（2二）、「屋堅札」（2）、「屋鳴りをさせる法」（1）がある。

食に関係したものには、糯米・黒大豆・黒胡麻の粉をこねて丸薬のようなものを食して長生きするもの（一不食永生術3）、「味噌玉を鼠に食べられない術」（1）、「鍋釜の鉄気をとる術」（1）。その他には「曲がった刀を直す」（1）、「硯の水が凍らないようにする」（1）、「錠を開ける」（1）、「盗まれたものをとり返す」（1）、「頼母子の籤に当たる方法」（3二）などがある。

特殊なものには、常民の生活に密接な関係を持つ、犬・猫・馬などの家畜や、神使として恐れられたり、行者が呪法に用いたと思われる狐や烏に関する呪法がある。まず犬や猫に関しては、逃げ出した時につれもどす「猫犬等の式」（3）、「犬に噛まれない術」（1）がある。馬については、「馬にぶつからない法」（1）、「馬を繋ぐ法」（1）と「放す時の法」（1）、「面顔を馬になす法」（1）、「馬に橋を渡らせる法」（1）、「逃げた馬や牛をつれもどす法」（3）、「落馬を防ぐ呪」（3二）、「馬屋祭」（2）などがある。これらの呪法は金剛院の信者に博労や農耕に牛馬を用いるものが多くいたことを示すと考えられる。その他では「蛇を出す術」（1）、「尾長虫（蛇カ）が家に入るのを防ぐ呪」（1）や、「烏を人に憑ける法」（1）、「野狐を使う術」（1三）などがある。この烏や野狐は修験者が呪法に用いる神使の動物と考えられる。

V　人間関係――愛と憎しみ

人間関係にかかわるものには男女、友人など身近な関係や誓約、それの破綻と結びつく呪詛などがある。まず男女の関係には、恋愛の成就を願う「希念の術」（1五）がある。この特殊なものには、『源氏物語』で光源氏が思う相手に墨をつけて恋を成就させたことにちなむ「源氏の附墨」（1二）、自分の恋情を相手に夢見させる術（1二）などがある。また女性が裏切った愛人を呪って陰茎を不能にする術もある（2）。また友人を呼び出す法（1三）や家出人を捜しだす「神つなぎ法」（3）がある。人間関係の絆を断つ術には「長座の客を立たせる法」（1二）、喧嘩をさせる法（2）、争いが嵩じて相手に切り殺されるのを防ぐ「鍔止め」（1）、鉄砲で撃たれるのを防ぐ「鉄砲口止」（1）など独自の法がある。

戦乱時の同盟や近世の百姓一揆など深い契を結ぶ時に「牛玉宝印」（4）にそれぞれの名前を記して血判を押す牛玉誓紙は古来、広く行なわれた。第四巻にはその「誓紙の作法」（4）、誓紙を焼いてその灰を飲んで一味同心を誓う「神文を焼いて呑む事」（4二）があげられている。なおこの誓紙を交わして起請したらその当事者の頬が腫れて露見するとされたが、その「頬腫れを防ぐ呪法」（4四）がある。また誓紙に名を記して起請したがよんどころない事情でそれを破っても罰にならない「起請返しの大事」（4）もある。この他、古代の裁判では熱した鉄棒を握らせたり、熱湯に手を浸させて火傷しないと真実であるとする神判がなされたが、その流れをくむと思われる法に灼熱した鉄棒を握っても火傷しない「鉄火之大事」（4）がある。もっとも近世期には、これは「火床三昧」（火渡り）と同様に、修験者が火を統御する力を得たことを示す験術として用いられていた。

人間関係の決裂は相手に対する呪いとなる。修験者が依頼者のその意を受けて行なうのが呪詛である。一般的なものは「呪詛の術」(3二)と呼ばれるもので、藁人形の中に相手の生年月日と氏名を書いた札を入れ人形を椿の枝で打つとしている。密教の調伏法には「八幅輪法」(3)があるが、これは邪物を催破する八幅輪になぞらえた修法で、この修法の最後には「京都真言宗智積院の伝也、高田寺町華園寺伝之　貞享三年四月吉日」と奥書されている。陰陽道の呪いに式神を使う「式の法」(3二)もある。また弘法大師作とされる呪いの方法に「一体六式の法」(3)がある。これは藁人形に呪符を入れて、荒神に祈念して、逃人には釜下、離別には渕、調伏にはその人の屋敷、敵にはその方角の砂中、物怪には辻に埋めるものである。なお独自の呪いに、勝軍木・モロコシなど七種の薬物を焼く「七色灰」(3)がある。なお呪詛にはより具体的に「鼻しみ(鼻風邪)にさせる術」(1)、相手を発狂させる「狂乱方術」(3)、「盲目にする法」(3)、頭髪を固めてしまう「髪病の薬術」(3)、相手の家屋を焼く「焼家亡身の術」(3)など特殊なものもある。

なお、修験者が呪詛や調伏、憑きものおとしに好んで行なったものに不動金縛法がある。これに関しては、信州川中島吉田村明光寺伝来の「不動縛法」(8上)、四国松山領の天台寺院高福寺から信州飯山専明院に伝わったものとされる「不動正縛法」(8下)、迦羅縛法(8下二)、縛法(8下)などがあげられている。

以上の『伝法十二巻』の内容から見られるように、金剛院は社堂の建立・遷宮、開眼、読経、祭、卜占、託宣、現世利益的な種々の呪法、呪詛や憑きものおとし、調伏など多様な宗教活動を行なっていたのである。

結

これまで修験道の行法符呪は東密、台密の行法を民衆化したものとされてきた。そしてこのことを修験道章疏Ⅱに中野達慧がまとめた『行法符呪集』を基本資料として検討されてきた。本節はそれを再検討するために、いずれも中世初頭になる覚禅の『覚禅抄』、台密の承澄らによる『阿娑縛抄』を紹介した。両書は特に流派に限定せず広く諸次第をとりあげ、尊像、行法、授受、その年紀が細かく記されていた。その際『覚禅抄』が諸尊法に重点をおいたのに対して、『阿娑縛抄』は、これに加えて、十八道、護摩などの加行、灌頂、諸本も含むより百科全書的性格を持っていた。そして両書とも修法者は信者の依頼に応じて、諸尊法の中からそれに通じたものを選ぶ形がとられていた。ただ『阿娑縛抄』では、施餓鬼、妊者帯加持など目的に応じた修法もあげられていた。なおこの両書所掲の諸次第は、その授受の記載によって正当性を明示する形がとられていた。そして爾来両書所掲の諸次第は事相の基本とされてきたのである。

中野達慧が編んだ『修験深秘行法符呪集』は彼自身の解題によると、三宝院義演集録の切紙、金峰山大先達勧修寺良勝の切紙、醍醐寺東院の仁寛、高野山の印融、豊山派の章如の切紙、智山派の隆誉の『十結次第』『修験抜集記』全一〇巻から三七六種四四〇法を撰んで編集したとしている。なおこのうち『修験抜集記』は実際には高野山に伝わっていたと思われる『秘術抜集記』の「秘術」を中野が修験と変えて記したとも思われるものである。そしてこの『抜集記』は近世中期に高野山、三宝院、智山、豊山など東密で中世後期から近世初期にかけて用いられていた切紙をまとめたと考えられるものである。そして中野はこの『抜集記』の切紙の大部分に一部印融や章如、隆誉の切紙を加えて、一〇巻のより体系的な『行法符呪集』を編んで表題に修験と付したのである。けれども、同書はむしろ東密の行法の民衆化した局面を示すと思われるのである。

そこで本節では『抜集記』の各巻にみられる直接東密に関わる作法、諸尊、経、仏具などに関する次第が一一に対して、日待・月待、降魔、治病など常民の宗教的要請に応じるものが一三二とより多くなっている事を指摘した。そして『行法符呪集』もこれと同様に、産育や治病、除災、息災や福徳、人間関係に関するものが多くを占めているのである。なおこの両者に所収の次第は年紀や授受関係は見られない。また次第名も直接儀礼目的で表現しているのである。

修験霊山や里修験の間には独自の行法が伝わっていた。ただその多くには授受関係や紀年は見られない。ただ羽黒山に伝わる火伏・湯伏の「宇津室神法切紙」は文化一一年（一八一四）に前鬼の五鬼童義雄から授かっていた。また彦山では山内の伝統大先達が後継者に授けるというように山内で授受がなされていた。そして羽黒山には生・死霊、鬼霊、疫神の教化や日の吉凶の秘事など独自のものがあり、彦山では「神道十種作法」のように呪歌を用いる神社関係の秘法が見られた。彦山六峰の一つ求菩提山では呪詛や生活上の諸問題に関する符や呪が多かった。

里修験は地域に定住したが、諸霊山や近隣の修験の所をまわって行法を習得した、当山派では西津軽郡円覚寺の尊海は不動明王の力を借りて金縛、解縛、火渡りを行ない除魔や治病の切紙を伝えている。また当山正大先達伊勢世義寺袈裟下の般若院英泉は彦山・米沢大善院などを巡って柱源神法など修験独自の修法を授かっている。また不動明王や観音を崇めると共に葬祭にも関わっている。本山派では会津の先達南岳院の霞の只見地域の龍蔵院は法華経と陀羅尼を重視すると共に陰陽道によるうらない、除災など多様な活動をしている。なお同地域の吉祥院もうらないや治病、葬祭に関わっていた。ちなみに同院所持の加持修法の「西吹風御守」は当山派の尊海やイタコの間でも用いられている。このように里修験は本・当に捉われず活動し、その影響はイタコなど民間宗教者にも及んだのである。越後高田の本山派年行事、金剛院空我は同院や近隣に伝わる呪術や切紙に加えて、寛文七年から一〇年（一六六九～一六七〇）にかけて自らが習得した修験独自の憑祈祷、日待、月待、うらないなどを一二巻にまとめて、「伝法十二巻」を完成した。そしてこれを同院の重要な什物として一子相伝するように指示したのである。

最後に全体的に見た場合、密教の行法符呪と霊山や修験の行法符呪の相違点を指摘しておきたい。密教の場合は諸尊法が中心で諸経、加行に関するものが多く、法流にもとづく授受関係、年紀、図像が明示されている。一方修験霊山の彦山では山内の伝統大先達からその後継者に伝授する形がとられている。里修験の場合は個人的に近隣の里修験や霊山で習得する形がとられ、切紙には特に授受関係や年紀は見られない。また日待、月待、星祭り、易産、治病など目的に則した修法の表記がなされている。なお里修験は易や陰陽道の雑書や簠簋、憑祈祷によるうらないを行ない、葬祭にも関わっている。そしてこれらの切紙を個別に存在し、弟子である自己に連なる者などに授けている。ただ越後の金剛院空我はこれを体系的に伝法十二巻にまとめていたのである。なおふり返って見ると、近世初期になる『抜集記』も密教の民衆化の視点でこうした試みをしており、中野の『行法符呪集』もそれをさらに体系化したといえるが、切り紙の内容は霊山や里修験のものとは異なっていると思われるのである。

注

（1）圭室諦成『日本仏教史概説』『現代仏教名著全集』八、隆文館、一九六〇年、一五三〜一六四頁。
（2）宮家準「修験道と庶民生活――修験深秘行法符呪集を中心として」桜井徳太郎編『山岳宗教史研究叢書』六、名著出版、一九七六年所収。
（3）中野達慧『修験道章疏』旧版解題、宮家準編『修験道章疏解題』国書刊行会、二〇〇〇年、三七一頁。
（4）清水善三「『覚禅抄』における各巻の構成とその成立過程」仏教美術七〇号、一九六四年。
（5）「勧修寺本覚禅抄目録」覚禅抄研究会編『覚禅抄の研究』龍王院堯栄文庫、二〇〇四年、四〇六〜四七六頁をもとに作成した。
（6）切畑健『阿娑縛抄――その成立と選者承澄』仏教美術七〇、一九六九年。
（7）「阿娑縛抄現在目録」大正新脩大蔵経図像部八、七四四〜七四六頁。同九「目次　阿娑縛抄一〇巻第五四〜第二二七」一〜六頁をもとに作成した。
（8）『修験道研究』一の二、一九二二年、一三〜一四頁。
（9）中島俊司『醍醐寺略史』醍醐寺、一九三〇年、一六三〜一七一頁。
（10）『義演准后日記』第一、醍醐寺、一九七六年、二〜三頁。
（11）「良勝」柴田賢龍『日本密教人物事典』上、国書刊行会、二〇一〇年、一六五〜一七一頁。
（12）「仁寛」上掲柴田『日本密教人物事典』上、一一九〜一二七頁。なお櫛田良洪『真言密教成立過程の研究』山喜房仏書林、一九六四年、三二九〜三八三頁参照。
（13）特別展『中世よこはまの学僧印融』横浜市歴史博物館、一九九七年、伊藤宏見『印融法印の研究　伝記篇』上・下（一九七〇、一九七一年。私家本）参照。
（14）稲谷祐宣『真言秘密加持集成』東方出版、一九九八年、一八頁。
（15）布施浄明編著『平成版　真言祈祷大系Ⅰ　諸大事十結』四季社、二〇〇三年、二五三〜二五九頁。
（16）「修験深秘行法符呪集　目次」修験道章疏Ⅲ、一四四〜一四九頁。
（17）南博『体系社会心理学』光文堂、一九五七年、五八九頁。

(18) 大山公淳『中院流の研究』高野山大学出版部、一九五六年、三三〇～五〇二頁。
(19)「聖不動経」『修験道勤行集』修験道本庁。
(20) 圭室諦成「治病宗教の系譜」日本歴史一八六号、一九六三年。
(21) 圭室諦成「江戸時代の山伏研究序説」『日本佛教の諸問題』岩波書店、一九三五年。
(22) 平岡好文『雑祭式典範』第一書房、一九八六年、一～五頁。
(23) 実運「諸尊要抄」大正新脩大蔵経七八、二八九頁。
(24) 圭室諦成『葬式仏教』大宝輪閣、一九六三年、一二八～一二九頁。
(25)『修験深秘行法符呪続集』上下、修験道章疏Ⅱ、一五二～一七七頁。
(26)「彦山修験最秘印信口決集」上下、修験道章疏Ⅱ、五一九～五五五頁。
(27) 上掲宮家編『修験道章疏解題』二四四～二四六頁。
(28) 重松敏美『豊刕求菩提山修験文化攷』豊前市教育委員会、一九六九年、一七三～二三八頁。
(29) 上掲中野『修験道章疏』旧版解題、三四三～三四五頁。
(30) 長谷部八朗・佐藤俊晃編著『般若院英泉の思想と行動』岩田書院、二〇一四年、二二七～二六七頁。
(31)『修験龍蔵院聖教典籍文書類目録』国立歴史民俗博物館、二〇一〇年。
(32) 久野俊彦「医家原田家書籍解題」『医家原田家書籍目録』只見町教育委員会、二〇一六年、三五～三七頁。
(33)『修験吉祥院聖教典籍文書目録』只見町教育委員会、二〇一四年。
(34) 宮家準解題・羽田守快解説『近世修験道文書――越後修験伝法十二巻』柏書房、二〇〇六年。
(35) 神明別当天照山霊験寺金剛院今井房謹誌『越後国頸城郡高田天照山霊験寺今井房略縁起』。
(36) 長沼寛之輔編『北越雑記』岡村書店、一九三六年。
(37) 宮家準編『修験道の地域的展開と神社』『神社と民俗宗教・修験道』研究報告Ⅱ、国学院大学、二〇〇六年、一五九頁。
(38) 越後頸城郡誌稿刊行会編『訂正越後国頸城群誌稿』下巻、豊島書房、一九六九年、一三三七～一三三八頁。
(39) 高田藩『記録便覧』巻一八、中村辛一編『高田藩制史研究　資料編』第五巻、風間書房、一九七〇年、一九七～二〇六頁。
(40) 斎藤秀平『中頸城郡誌』第四巻、新潟県中頸城郡教育会、一九四一年。
(41) 久保康顕「書誌解題　伝法十二巻の成立について」上掲『近世修験道文書』七七六～七七八頁。
(42)『伝法十二巻』所収の個々の儀礼の内容については『近世修験道文書』ならびに同書所掲の羽田守快の解説、またこうした儀礼のメカニズムや思想に関しては宮家準『修験道儀礼の研究』（増補決定版、春秋社、二〇〇〇年）を参照されたい。

第四節　四国遍路記における札所と修験道

序

四国遍路は阿波・土佐・伊予・讃岐の主として海沿いに一四〇〇㎞にわたって点在する弘法大師空海の遺蹟の札所八八ヶ所を巡礼するものである。この四国遍路に関してはこれまで近藤喜博、新城常三、五来重、宮崎忍勝など、その淵源を四国の辺路修行に求める歴史的研究、近世の遍路墓や過去帳さらに現在の遍路者の社会学的な分析をした前田卓、遍路者の接待や民俗に注目した武田明・真野俊和、近・現代に焦点をおいて、その構造的特質の解明を試みた星野英紀、道中記をはじめとする数多くの地方史料にもとづく喜代吉栄徳などの研究がなされている(1)。

こうした先学の諸研究に対して、本節では貞享元禄期（一六八四〜一七〇四）になる真念の『四国遍路道指南』と『四国遍礼功徳記』、彼から提供された資料にもとづいて寂本が執筆した『四国遍礼霊場記』、これらの先駆をなす賢明の『空性法親王四国礼場御巡行記』、澄禅の『四国遍路日記』を史料としてとりあげて、当時の遍路の札所に見られる修験的側面を検討することにしたい(2)。

第一項　四国遍路記の成立

四国遍路の八八ヶ所の諸札所に番号を付して順に紹介し庶民を遍路に導いた最初の書物は、二〇余度に及ぶ遍路をくりかえした大坂西浜町寺島の遊行聖宥弁真念が貞享四年（一六八七）に著し、大坂北久太郎町心斎橋筋の本屋平兵衛が刊行した『四国遍路道指南』（以下『道指南』と略記する）である。同書は紙札、札はさみなど遍路の準備、大坂から徳島または丸亀への渡海から始めて、四八八里の行程に点在する一番霊山寺から八十八番大窪寺にいたる各札所とそれぞれへの道順、道中の拝所を紹介した案内書である。各札所についてはおおよその地形、本堂の向き、所在地、本尊、その高さと作者、詠歌をあげている。真念はその翌年の元禄二年（一六八九）一二月には二七の遍路の功徳譚をまとめた『四国遍礼功徳記』（以下『功徳記』と略記する）を著している。

同年には、真念から資料を提供されて編集を依頼された高野山宝光院の学僧寂本（一六三一～一七〇一）が『四国遍礼霊場記』（以下『霊場記』と略す）全七巻を著している。(3) なお同書には、真念とともに遍路した高野山奥院護摩堂の高野聖洪卓の下絵にもとづいて、寂本が描いた札所の略図が付されている。また新義真言宗の学匠で智積院七世の運敞が序文を寄せている。同書には、大師の誕生地とされる善通寺から始めて、阿波、土佐、伊予の順に九四の札所の縁起、本尊、堂祠、奥院などが略図を付して紹介されている。ただし札所の番号はつけられていない。また各札所への道順などの記載はない。この三冊に先立って、運敞の弟子澄禅（一六一三～一六八〇）は、承応（一六五三）七月一八日から一〇月二八日にかけて高野山から阿波に渡り、持明院（願成寺）から始めて八五ヶ所の霊場を巡り、それぞれの縁起・祠堂、そこでの体験を記した『四国遍路日記』（以下『日記』と略す）を著している。(4) ただ霊場の縁起や祠堂の記載内容は『霊場記』と類似している。

さらにさかのぼって、寛永一五年（一六三八）の八月から一一月にかけては、後陽成天皇の弟にあたる大覚寺門跡空性法親王（一五七三〜一六五〇）が、伊予の菅生山大宝寺大覚院の僧賢明の先達で、同寺から伊予、讃岐、阿波、土佐をへて、ふたたび同寺に帰る順序で巡礼している。この巡礼を賢明が七五調の紀行文にまとめたのが、『空性法親王四国霊場御巡行記』である。これには後に八八ヶ所に数えられる札所も含めて一八九の霊場（うち四二は神社）が紹介されている。その中には土佐の仁井田の五社と足摺山の中間の別れ道に、真念が遍路者の宿泊のために設けた真念庵があげられている。このことや、澄禅の師匠運敞が『霊場記』に序文をよせていることなどからすると、当時の真言系の僧侶たちの間で真念の四国での遍礼、作善、勧進などの活動が広く知られていたことが推測される。また真然が、これら四国の霊地のうちから聖数の八八に因んで八八ヶ所を選んで番号を付して、現在の四国八十八ヶ所の遍路の原型を造ったとも思われるのである。[5]

もっとも四国の辺地に点在する霊地の数を聖数である八八とする伝承は、高野聖が唱導した説経「苅萱」の寛永八年（一六三一）四月刊の『じやうるり』や喜衛門版『せつきやうかるかや』（三巻本）以降のものに認められる。この話は、あこうの御前が黄金の魚が胎内に入る夢をみて生んだ大師とともに、「四国のへんど八十八ヵ所」をまわるというものである。さきに見たように、真念と四国を遍路した洪卓は高野聖である。ちなみに真念の『道指南』の最後には、「四箇国総八十八箇——中略——大師御辺路の道法は四百八十八里」と記されている。また正徳四年（一七一四）に澄禅の『日記』を書写した本主徳田氏は、「世間流布ノ日記」として「札所八十八カ所、道四百八十八里、河四百八十八瀬、坂四百八十八坂」（圏点は筆者）と付記している。こうしたことから、さきにもふれたように四国の辺路を巡礼する修行者の間に八八を聖数とする信仰があり、真念が四国の辺路に点在する霊地から八八を選んで、四国八十八ヶ所の札所を設定したと推測されるのである。

第一表　札所本尊一覧

国名		阿波		土佐		伊予		讃岐		計	
大日			1		1		3		1		6
薬師			7		5 （含医王如来）		5		6		23
観音	聖	0	4	1	4	0	8	3	13	4	30
	十一面	1		2		6		2		11	
	千手	3		2		2		7		14	
	馬頭	0		0		0		1		1	
阿弥陀		2	7	2	4	4	5	2	2	10	18
地蔵		3		1		1		0		5	
虚空蔵		2		1		0		0		3	
釈迦		3	4	0	0	1	1	1	1	5	6
弥勒		1		0		0		0		1	
不動			0		1		2		0		3
その他			0		文殊　1		大通智勝　1 毘沙門　1		0		3
計			23		16		26		23		89

第二項　八十八ヶ所の札所

真念の『道指南』の四国八十八ヶ所の番号順に、個々の札所の本尊・脇侍・縁起、境内の祠堂、御詠歌などの『霊場記』と『道指南』の記載を表化すると、節末の第三表のようになる。なおこの表の寺名欄は、『霊場記』所載の各札所の山号・寺号・院号（神社は社名。なお『道指南』では寺号のみがあげられている）、宗派欄は札所の宗派（ほとんど記載されていない）を示している。また行場（奥院）はこれらに関する『霊場記』の記載、その他はこれら以外の札所に関する記述、信仰欄には『道指南』の詠歌に見られる思想を要約しておいた。なお札所や奥院の祠堂や行場に関しては、『霊場記』所掲の略図によって補足した。個々の札所のこれらの事象に関してはこの表を見ていただくことにして、本項ではこのうちの本尊・脇侍・堂・鎮守・社祠の各国及び全体の特徴を考察することにしたい。

各札所の本尊の種類は第一表に示すとおりである。これを見ると観音三〇（総数。以下同様）で、とくに千手観音（一四）と十一面観音（一一）が多くなっている。国別では讃岐（一三）と伊予（八）が多いが、讃岐では千手（七）、伊予では十一面（六）が注目される。けれども観音につぐ薬師（二三）は国による差はあまり見られない。この観音と薬師が現世利益と結びつく仏であるのに対して、来世の信仰と結びつく阿弥陀（一〇）、地蔵（五）、虚空蔵（三）は計一八である。もっとも阿波の21（札所番号。以下同）大竜寺と土佐の24最御崎寺の虚空蔵は求聞持法の主尊として、また土佐の38金剛福寺、讃岐の86志度寺、87長尾寺の観音は補陀洛に仏として崇められたとも考えられる。これに対して真言宗の主尊の大日（六）、不動（三）はさして多くはない。なお阿波の釈迦三は1竺和山霊山寺、20霊鷲山鶴林寺など法華経にかかわる寺号や山号の札所が見られることと対応している。次に脇侍は、比叡山系の寺院に多い千手観音の脇侍の不動・毘沙門（八）、薬師の脇侍の日光・月光（五）、本尊を守る四天王（三）、阿弥陀の脇侍の観音・勢至（二）というように儀軌にのっとっている。ただこのほかに、薬師（五）、観音（四）、阿弥陀（三）など、本尊に多く見られた仏が脇侍とされている。

札所境内の堂宇は現在ほぼ全札所にある大師堂（御影堂も含む）が、当時はまだ四三ヶ所（阿波一三、土佐一一、伊予一一、讃岐一八）のみである。しかも大師の生国の讃岐は八で最小である。このほかでは弁才天（二〇）、仁王門（一五）、護摩堂（一二）、薬師・地蔵（各一二）、阿弥陀（一〇）、不動（六）・弥勒（五）、大日（四）、文殊（三）、求聞持堂・開山堂（讃岐出身で空海の甥にあたる円珍を祀る）・十王堂・観音・五智如来・愛染が各二となっている。

なお現世利益とむすびつく護摩堂・不動・薬師・弁才天をあわせると四九、来世信仰とかかわる阿弥陀・地蔵・弥勒・十王をあわせると二八で、現当二世のうち、現世利益が多くなっている。

現在の札所には全く見られないが、近世期には神社も札所とされていた。そこで以下『道指南』や『霊場記』をもとに、神社とかかわる札所を紹介しておきたい。まず阿波では、1霊山寺の奥院は阿波一宮の大麻彦権現である。また13大日寺は一宮にあるゆえ一宮寺とも呼ばれ、本尊十一面観音は一宮の本地とされている。なお一つの国に一宮が二つあって本家争いをすることはしばしば認められるが、これもその一つである。土佐には30一宮と37仁井田五社（本地は阿弥陀・薬師・地蔵・観音・不動）がある。伊予には41稲荷宮・57石清水八幡宮・62一宮（宝寿寺）、讃岐には68琴引八幡宮・79崇徳上皇（御霊神・摩尼珠院）・83一宮寺がある。このように各国の一宮と八幡（二）、稲荷・御霊神・五社（各一）など一般の広い帰依を集めた神社が札所にとり込まれている。

札所寺院の境内には、鎮守やその他の神祠（六）がある。このうち、ただ鎮守とのみ記されていた二一（第三表の鎮守の欄の総数）以外は社名が記されている。これを見ると熊野（一五）、天照（含伊勢。一〇）、蔵王・天神（各六）、春日・天神（各四）となっている。なお上記の熊野、蔵王以外に社名に権現を付したものが一七（うち山王五、白山四、石鉄二など）ある。(6)熊野、蔵王も加えると権現の総数は五五になる。こうしたことからすると、四国遍路の各札所には山岳信仰が大きな影響を与えていたと考えられる。なおこれを国別に見ると、阿波七（熊野四、蔵王も含む権現三。以下この順序で記す）、土佐三（二、一）、伊予一三（七、六）、讃岐七（二、五）となり、熊野先達の活躍が顕著な伊予・阿波・讃岐に権現が多く祀られている。(7)また伊予は石鎚修験、讃岐と阿波は備前児島の五流修験の影響の強いところである。こうしたことから、四国遍路の札所に修験が深くかかわっていたことが推測されるのである。

第三項　奥院の行場と修験

『霊場記』には、修験の行場を思わせる奥院について記載された札所も少なくない。そこで以下各国ごとにその主要なものを紹介しておきたい。阿波国ではまず12焼山寺奥院がある。ここでは登り口に祇園と三面大黒の祠・蚍の窟、中腹に護摩・求聞持の窟、山上に弥山権現（蔵王）の祠があって、山頂に登拝する禅定修行がなされていた。13大日寺の行場は女人禁制で、山上には薬師堂・求聞持堂跡・滝権現（本地不動）があった。20鶴林寺は、地蔵の化身の鶴を射た猟師が開いた灌頂山を奥院としている。ここには二つの滝や胎内くぐりの窟、不動・十一面を祀る慈眼寺があった。21大龍寺には、大師が捨身修行をした捨身岳に不動明王が祀られ、山腹には、不動・龍王の二窟と瀧がある。澄禅の『日記』では、この寺に備前衆の長寿院が牛王を納めたとしている。ちなみにこのさきの浅川には、浅川天神社の修験吉祥院興栄が開いて轟龍王権現を祀った轟の滝と呼ばれる行場がある。澄禅はこの浅川で、本山派修験の吉祥院が住持をしていた地蔵院に泊っている。本山派に属する備前児島の五流修験では、五流の讃岐国塩飽本島の吉祥院が大きな勢力を有していたが、その影響がここにも及んでいたと考えられる。

土佐では大師が虚空蔵求聞法を修した24最御崎寺（東寺）に彼が毒竜を封じ込めた大窟がある。また26金剛頂寺（西寺）近くの行道岬には、不動と弁財天を祀った行道窟がある。ここで大師が不動火界呪を唱えて天狗を退けたと伝えられている。この両寺の行場はともに女人禁制である。32禅師峰寺の奥院では大師が二つの竜穴に毒蛇を封じ込めて、禅観の修行をしたとされている。補陀洛渡海の霊地の38金剛福寺には宝満・愛満・熊野の三つの瀧と役行者堂があり、金峰上人が魔を封じ込めたとの伝説がある。明応三年（一四九四）には二二代聖護院門跡道興もここを訪れている。近くの月山には大きな石仏があり、澄禅が訪れた時には、当山正大先達内山永久寺同行の妻帯修験千手院が祀っていた。また39延光寺には南光院という妻帯修験がいたという。なお30一宮の神宮寺では千部法華経修行、34種間寺では大般若転読がなされていた。

伊予では、まず石鎚山南麓の44菅生山大宝寺とその奥院の45海岸山岩屋寺がある。菅生山の山号は猟師が山中の光明の中で発見した十一面観音を、菅を敷いてその上に安置して祀ったのに因んでいる。この猟師は後に白日昇天して高殿明神として祀られた。澄禅は、大宝寺は六十六部の納経所であったと記している。岩屋寺は尸解した仙人の窟や、法華経を手に持った仙人像を祀る仙人堂、仙人が岩を押し分けて作ったというせまい岩の間で修行する「逼割禅定」の行場、白山権現が砂鉄で作った梯子、高祖（役行者か）権現社・勝手・子守・金峰・那智の神祠がある典型的な修験の行場である。なお澄禅の『日記』には、43明石寺には上の坊という山伏、熊野権現を祀り修験道場の長床を持つ47八坂寺には妻帯の山伏がいたと記されている。やはり熊野権現を祀る51石手寺にも長床があった。澄禅は食を乞う大師の鉢を八つに割ったことから罰を受けて八人の子供を失い、二一度の懺悔滅罪の遍路の末に12焼山寺で大師に河野家の子として生まれることを願って死亡し、石手寺で再生した右衛門三郎は、この長床に奉仕する長床衆であったとの伝承を紹介している。

60横峰寺には石仙が開いた石鎚の弥山遥拝所があり、64里前神寺には役行者が蔵王権現を示現させたとの伝説がある。なお石鎚山では五ヶ所の鎖をたよりに山頂をきわめる石鎚禅定が六月一〜三日にかけて行われていた。山頂近くには大師が護摩修行をした天然の石塔、薬師を祀った仙窟がある。また65三角寺の奥院の釈迦ヶ岳にも仙人堂が認められる。

讃岐では66巨鼇山雲辺寺に、猟師閑成が阿弥陀の化身の鹿を射たことを懺悔して出家したとの伝説がある。ちなみに巨鼇山は大海亀の背中にのっているとされる渤海の仙人が住む霊山の名称である。68琴引八幡宮は澄禅の『日記』では権者（修験か）によって祀られたとしている。71弥谷寺の山内には大師が登頂した時に示現した鎮守の蔵王権現、求聞持修行をした求聞持窟がある。また不動・弥勒・阿弥陀の像を祀った護摩窟、薬師の石窟も見られる。このほか全山に五輪塔や死骨をおさめた岩穴、阿弥陀などの磨崖仏がある。このように死霊の山ともいえるこの寺の山門の外に産の宮があることが注目される。讃岐五山（鷲峰・青峰・赤峰・黒峰・白峰）の一つ81白峰寺には蔵王権現が祀られているが、山の主は崇徳上皇に仕えた相模坊という天狗である。なお札所ではないが、金比羅権現にも天狗が祀られ、山内には役行者堂がある。このほか85八栗寺には山上に蔵王が祀られ、山腹には大師が修行した求聞持窟をはじめとする七つの仙窟がある。また88大窪寺には阿弥陀と観音を祀った岩窟と、大師が独鈷で加持して浄水をもたらした閼伽井がある。なお78道場寺ではここに配流された高野山の道範（一一八四〜一二五二）が日想観を行ない、84屋島寺では鑑真が『法華経』と『華厳経』「行願品」を誦し、86志度寺では行基が法華八講を修したと伝えられている。

以上各国ごとにあげた行場（奥院）の、全体的な特徴や山岳信仰に関する伝承を見ると、多くは捨身岳、岩屋寺、石鎚山、室戸岬など岩石が累々とした岳・峰・岬などである。またその多くには洞窟があって、そこで大師が虚空蔵求聞持法を修したり、大蛇を封じこめたとの伝説が認められる。また滝、渓流、池などもある。次に伝承では、山中で猟師が仏・菩薩の化身である動物を、そうとは知らずに射たことを改悛して出家したとの話や、仙人・天狗にかかわる話がある。またその多くは修験の行場で、女人禁制の霊地とされていた。なお修行の形態を見ると、霊山が多い阿波と伊予では、山頂をきわめる禅定や窟修行、比較的平地の土佐と讃岐では誦経がなされている。

『霊場記』や澄禅の『日記』が札所とあわせて行場（奥院）について記しているのに対して、真念の『道指南』には、八八の札所については地形、本尊とその作者、詠歌を記すのみで行場を思わせる奥院の記載は全くない。けれどもそれにかわって札所から札所への距離、道中の村、そこに見られる寺社や祠堂が細かく記されている。つまり同書では各札所の行場での修行ではなく、札所の大師堂を拝し、光明真言・大師の宝号を唱え、その詠歌をうたい、道中の寺社や祠堂を拝礼することに重点がおかれている。そこで以下各国ごとに、遍路道に点在する堂社の種類とその数をあげておきたい。

まず宿でもあったと思われる大師堂は、全体で二二（阿波三、土佐三、伊予一五、讃岐一。以下この順序で数字のみあげる）である。[8] 次に寺は一四（五、四、四、一）、堂宇は地蔵四六（一二、一九、一三、二）、観音九（一、一、七、〇）、薬師八（一、一、六、〇）、阿弥陀・十王・閻魔五（〇、〇、四、一）、その他七（一、二、三、一）である。これらの仏教関係の寺や堂の総計は一一一（二三、三〇、五二、六）で、国別では伊予が圧倒的に多くなっている。なお来世に関するものが五一（地蔵・阿弥陀・十王・閻魔）と、現世利益にかかわるもの二一（薬師・観音・不動・毘沙門）の二倍以上になっている。次に社祠は八幡一一（〇、三、五、三）、権現三（〇、一、二、〇）、その他一三（二、二、六、三）である。この社祠の種類を見ると、熊野が全くなく権現も少なく、八幡（一一）など、一般の氏神に類するものが多くなっていることが注目される。

これらをすべてあわせると、一三八（二五、三六、六五、一二）となる。ちなみに、このほかに水場（泉・井戸。三）、瀧（二）、奇岩（二）、右衛門三郎の遺蹟（二）などがあげられている。ここに見られる国による数の相違は、各国内での遍路道の距離（阿波五七里半三町・土佐九一里半・伊予一一九里半・讃岐三六里五町）に対応する。すなわち距離が長く、しかも山道が多い伊予が六五と最も多くなっている。これに対して短かい距離に一三の札所があり、しかも平地が多い讃岐は一二と最も少なくなっているのである。

第四項　四国遍路の功徳

真念の『道指南』には、節末の第三表の信仰欄にその要旨をあげた各札所ごとの詠歌があげられている。そしてこの詠歌は遍路者がそれぞれの札所で大師の宝号、光明真言とあわせて三遍よむように指示されている。それゆえ、このことを通して彼らがそこに詠まれている思想を、自己の信仰とさせていると考えることができる。そこでその内容の検討を通して当時の遍路者の信仰を推測することにしたい。その際八八ヶ所の詠歌の内容を札所の聖性、修道、現世利益、来世利益に分けて、それぞれに属するものの個別及び全体の数をあげると、第二表のようになる。

第二表　詠歌にみる信仰

信仰＼国別		阿波	土佐	伊予	讃岐	計	総計
札所の聖性		2	3	4	4	13	13
修道	滅罪	2	2	2	2	8	33
	修行	1	1	4	2	8	
	仏・法・僧の帰依	3	3	3	8	17	
	小計	6	6	9	12	33	
現世利益（現益）	守護	1	2	2	3	8	19
	豊穣・繁栄	0	2	0	1	3	
	治病	1	1	1	1	4	
	その他	1	0	1	2	4	
	小計	3	5	4	7	19	
後世利益（当益）	極楽往生	5	1	3	0	9	21
	成仏・供養	3	1	3	0	7	
	現世の苦は来世のため	3	0	2	0	5	
	小計	11	2	8	0	21	
現当二世の利益		1	0	1	0	2	2
総計		23	16	26	23	88	88

これを全体としてみると、修道が最も多く三三を占め、次いで後世利益（二一）、現世利益（一九）となっている。また現当二世の利益を詠ったものも二つある。ただ札所の聖性を詠ったものは一三でさして多くはない。次に国による違いを見ると、札所の聖性・滅罪・守護がほぼ各国均等であるのに対して、阿波と伊予は後世利益、讃岐は現世利益が多くなっている。土佐も札所の数が一六と少ないことを考えると、現世利益が多いといえよう。修道の内容を見ると、阿波と土佐が滅罪・修行と仏・法・僧への帰依が各三であるのに対して、伊予では滅罪・修行が六、讃岐では仏・法・僧への帰依が八となっている。これは伊予は石鈇山、岩屋山など山岳霊場を擁していること、讃岐は弘法大師や智証大師円珍の生誕地であることによ

ると考えられる。なお伊予で後世利益が多いのは、時宗の開祖一遍の生誕地で、菅谷山の44大宝寺や45岩屋寺で一遍が修行したことにもとづくとも考えられる。ちなみに武田明は死霊や祖霊があつまる札所として阿波の10切幡寺・12焼山寺・20鶴林寺・21大龍寺、土佐の24最御崎寺・32禅師峰寺、伊予の45岩屋寺・60横峰寺、讃岐の71弥谷寺・88大窪寺をあげている。(9) このように阿波の札所には死霊が集まるとされるところが多いことから、後世利益をとく詠歌も多くなっているといえよう。

ところで、真念の『功徳記』には四国遍路をすれば必ず大師に会って利益を得ることができるとして、その霊験を示す二四の具体的な例とその総轄ともいえる、懺悔・立願して遍路すれば念願がかなうこと、遍路には前行は不要、遍路者を接待すると功徳を得るとの三つのことが記されている。この二四例の功徳は、大きく三つに分けることができる。(10) 第一は大師に帰依して遍路することによって受ける利益（計八）、第二は遍路者を接待することによって受ける功徳と逆に邪険にすることによって受ける罰（計一〇）、第三は大師（身をやつした大師も含む）が人々に幸をもたらした話（計七）である。

そのうちわけをみると第一は遍路することによって、どもり（二一―『功徳記』の番号を示す。以下同様）・疝気（一二）・癩病（一三）・痢病（一四）が治ったもの、難をさけ得たもの（二〇）、捨身行を成就したもの（七）である。そのほか大師に願をかけて病気がなおったので、御礼に遍路をしたもの（二一、二二）もこれに含めておきたい。このように、第一の遍路をすることによって受ける功徳には病気の治癒に関するものが六ともっとも多くなっている。

第二の接待による功徳は、遍路者を泊めて札打ちを頼んだことによって女房の病気が治った話（五）、遍路者に布を切って施したところ、その後は布をいくら切っても尽きることがなくなった話（一）、遍路者に宿を提供し続けた家が類焼をまぬがれた話（六）、遍路者に宿を借して、そのすすめで遍路したことによって病気が治った話（一〇、一一、二三）、遍路者（大師）に与えたので塩がなくなったが、大師がその志に感謝して塩の出る井戸を授け、その御礼に遍路する話（三）、遍路者に与える芋を植えたところ、豊作にめぐまれた話（一九）がある。なお遍路者を邪険にして罰をうけたが、遍路を二一回くり返すことによって国主の子に生まれた右衛門三郎の話（二四）もこれに含めておきたい。

第三の大師によって功徳を与えられたものには、大師が楊枝で加持して水を涌き出させた話（八）、川の中のとがった蜷貝を丸くして、歩いて渡る遍路者の足が傷つかぬようにした話（九）がある。また大師に乏しい水を与えたことによって清水を授かった話（四）、やつした大師が泊めてもらって栗を施されたのに応えて、四季にわたって栗の木を稔るようにした話（八）のように、大師が接待に応えて功徳をもたらしたものもある。一方やつした大師が芋（一五）・貝（一六）・桃（一七）の施しを乞うたのを、邪険に断ったために、以後収穫がなくなったり、石（一六）と化して食べられなくなった話がある。

これを全体として見ると、立願にしろ、宿泊させた遍路者に勧められたにしろ、大師を崇め遍路をすることによって病気が治ったとの話が八例と多くなっている。さらに右衛門三郎のように遍路をくりかえすことによって再生した話もある。これに対して、遍路者や姿をやつした大師を接待した場合には、より多くの生産物や食べ物を与えられる（計五）が、逆にそれをことわると不作や不食をもたらされている（計五）。このように、遍路者や大師に接待することによって豊穣がもたらされている。要するに遍路をすることによって病気がなおり、一方、遍路者を接待することによって生活上の幸がもたらされるとしているのである。この接待による利益の唱導は、遍路を続けた真念自身が、接待を求め、またそれに助けられた体験にもとづいているとも思われる。そして彼自身も、真念庵などの宿泊施設を設けるとともに、在地の人々の喜捨を得て、遍路道に数多くの道標を立てているのである。

結

庶民を主体とした四国遍路の成立期の札所をみると、大師の遺蹟を廻るとしながらも、大師堂がある札所は四三にすぎない。また一〇ヶ所は神社である。その他にしても宗旨はほとんどふれられず、真言と明記したのは五（うち新義一）

でほかには修験・客僧（四）、天台・禅（各三）、時宗・律（各一）と多様である。本尊は、観音（三〇）、薬師（一三）、阿弥陀と地蔵（一五）というように、現当二世の利益、なかんずく治癒を求めて遍路する人に対応して薬師が多くなっている。山内の仏堂は地蔵堂・薬師堂が多く、道中の仏堂も接待所でもあった大師堂（一一）に対して地蔵は四六、観音九、薬師八で総計は六三に達している。札所には必ず鎮守が祀られているが、山の神を神格化した権現が圧倒的に多く五五を数え、なかでも熊野がそのうちの一五を占め、札所の多くが熊野などの修験の道場であったことが推測される。事実『霊場記』所掲の札所のうち二五余りは行場（奥院）をもっている。これらは石鎚などに見られるように岩山で洞窟や滝があり、胎内くぐり、禅定、虚空蔵求聞持などの修行がなされていた。また猟師の開山伝承が三あり、仙人（四）や天狗（三）の伝承も認められる。これらの展開とも思える修験がかかわる札所は二一を数えている。ちなみに『道指南』に掲げる本尊の製作者は、大師が四〇、行基が一五である。こうしたことから四国八十八ヶ所の札所は、修験道をはじめとする多様な民俗宗教の霊地に、大師の遍歴修行の伝承を付加して編成されたと考えられるのである。

また四国八十八ヶ所には、すでにそれ以前からあったとも思われる地域ごとの霊地が包括されている。すなわち阿波では、春秋の彼岸に1霊山寺を出発して死霊のこもる10切幡寺までの十里十ヶ所巡りが、そのまとり入れられている。また21大龍寺から24最御崎寺への道は空海の抖擻に因んだと思われる。土佐では、室戸・足摺の両霊地に国府近くの霊地を加える構成がとられている。伊予は宇和と、石手寺を中心とした松山、国府の今治、石鎚山系がそれぞれ独自の霊場地域となっている。讃岐では、71弥谷寺から始まって77道隆寺に至る新仏のための七ヶ所まいり、80国分寺から87長尾寺の七観音巡りの二つをまとめる形がとられている。このように四国遍路の八八ヶ所の札所は貞享・元禄期にそれまで修験者や遊行聖が修行し、空性法親王、澄禅などの真言僧も巡った霊地を、民間宗教者の真念が高野聖や高野山の学匠の寂本らの援助のもと、庶民の遍路にふさわしい形に整えたものと推測されるのである。

注

(1) 近藤喜博『四国遍路』桜楓社、一九七一年、同『四国遍路研究』三弥井書店、一九八二年、新城常三「四国遍路」『新稿社寺参詣の社会経済史的研究』、塙書房、一九八八年、五来重『遊行と巡礼』角川書店、一九八九年、宮崎忍勝『四国遍路――歴史とこころ』朱鷺書房、一九八五年、前田卓『巡礼の社会学』ミネルヴァ書房、一九九四年、武田明『巡礼の民俗』岩崎美術社、一九六五年、真野俊和『旅のなかの宗教――巡礼の民俗誌』日本放送出版協会、一九六五年）星野英紀『四国遍路の宗教学的研究――その構造と近現代の展開』法蔵館、二〇〇一年、喜代吉栄徳『四国辺路研究』一―二六号、一九九三～二〇〇二年ほか。

(2) 本節では『四国遍路記集』『伊予史談会双書』第三集、伊予史談会、一九八一年所収の諸本を史料として使用した。

(3) 寂本の伝記に関しては『高僧行状之部』巻之三『紀伊続風土記』四　高野山部三六、歴史図書出版社、一九七〇年、七八七頁参照。

(4) 同書に関しては、宮崎忍勝『澄禅、四国遍路日記附、解説校注』大東出版社、一九七七年で詳細な検討がなされている。

(5) 白井加寿恵「四国遍路八十八カ所起源考」『郷土文化サロン紀要』一、一九七四年参照。

(6) 田村圓澄「権現の成立」山岳修験二、一九八六年。

(7) 宮家準『熊野修験』吉川弘文館、一九九二年、一九一～一九八頁参照。

(8) 大師堂は宿泊など接待の場所でもあった。上掲武田『巡礼の民俗』七一～八七頁。

(9) 上掲武田『巡礼の民俗』一一〇～一二二頁。

(10) 真野俊和「四国遍路の行者とその宗教活動――宥弁真念『四国巡礼功徳記』を中心に」『日本遊行宗教論』吉川弘文館、一九九一年参照。

第三表　貞享・元禄期の遍礼札所一覧

国名	番号	寺名	宗派	本尊	脇侍	縁起	大師堂	堂他	鎮守	祠	行場（奥院）	信仰（詠歌）	その他
阿波	1	竺和山霊山寺一乗院	（法華）	釈迦		聖武御願、大師	○	大日・阿弥陀	天神	明神・西宮	大麻彦権現（一宮）求聞持堂	罪障消滅	
	2	日照山極楽寺	禅	阿弥陀	薬師・大師	行基開山		五輪塔	○			極楽往生	
	3	亀光山釈迦院金泉寺		釈迦	千手	大師開基、亀山御願	○	宝塔（五仏）	春日	牛頭・天神	金泉	極楽の宝池	

4		黒岩山遍照院 黒谷寺		大日		大師、応永年中松法師中興			天照			白妙の月に僧を思え	
5		無尽山荘厳院 地蔵寺	熊野	地蔵	阿弥陀・薬師	熊野神が大師に霊木を授く		多聞・持国（護摩堂）	熊野	天照	摩尼珠山、勝軍地蔵・弁才天	後世往生	万病丹
6		瑠璃山日光院 瑞運寺		薬師	弥勒		○		天照		温泉	安楽国	（駅路山安楽院）
7		十楽寺		阿弥陀			○					八苦を離れて九品の十楽へ	
8		普明山真光院 熊谷寺		千手	不動・毘沙門		○	中門（二金剛）	熊野	八幡	（法華経を千部読誦して開帳）	後世のために採薪汲水	本尊内に一二六の仏舎利
9		白蛇山法輪寺		釈迦								転法輪	
10		得度山灌頂院 切幡寺	（山伏）	千手	不動・毘沙門	天からおちた幡の半分がここに降る	○	大日・多聞・持国	○		竜王（大師が閼伽井を加持）	欲心をすてる	
11		金剛山藤井寺	禅者	薬師	（二天二菩薩）			地蔵・仁王門	○	（十二神）	岩間の淡水清し	無比中道・真如の世界	
12	△	摩廬山性寿院 焼山寺		虚空蔵		大師が杖立、右衛門三郎の墓	○	地蔵	熱田	十二所権現・蔵王	祇園・大黒、窟（三）、弥山	後世のことを考えて恭敬	護摩、蛇、求聞持窟
13	△	大栗山華蔵院 大日寺		十一面	一宮の本地			薬師、滝権現の本地の不動		山上に滝権現	求聞持堂、女人禁制	現世・後世の祈願	一宮寺ともいう
14		盛寿山常楽寺		弥勒					山王			弘誓の船で常楽の岸へ	
15		法養山金色院 国分寺	客僧	薬師					春日			流転生死を思う	脇屋義助の墓
16		光耀山千手院 観音寺		千手	不動・毘沙門	大師開基、十七世紀に宥雄修復	○		○			阿弥陀の浄土に導く	

国名	番号	寺名	宗派	本尊	脇侍	縁起	大師堂	堂他	鎮守	祠	行場（奥院）	信仰（詠歌）	その他
△	17	瑠璃山明照寺真福院		薬師	日光・月光・四天王	聖徳太子・行基・大師建立		弁才天	八幡	楠明神、若宮		井戸の水で心の垢をとれ	井戸寺ともいう
	18	母養山恩山寺宝寿院	（真言）	薬師		聖武の勅で行基建立	○	大師の母の墓、仁王門	○			両親の供養	大日山福王院密厳寺とも
	19	橋池山地蔵院立江寺		子安地蔵		聖武が安産祈願のため建立	○					弘誓の船に乗って往生	
	20	霊鷲山鶴林寺宝珠院		地蔵		鶴が守っていた像を大師が祀る	○	護摩堂、六地蔵・弁才天	熊野	鶴守神、天照・八幡・春日・荒神・竜神	月頂山慈眼寺、十一面・不動（覚鑁作）滝（二）、胎内くぐり	鶴の林の中に大師がいる	漁師が鶴とまちがえて本尊を射て出家
	21	捨身山常住院大竜寺		虚空蔵		大師が求聞持法を修す	○	宝塔、弁才天・毘沙門天、捨身岳に不動	○	蔵王・天照・荒神	捨身岳、竜王・不動窟、大師が捨身修行の滝	岩屋の大滝が文殊を守護	備前衆長寿院が牛王を納める
	22	白水山医王院平等寺		薬師		大師開基、清泉（穢人が汲むと濁る）					一月二十六日に法会	仏は平等でへだてをしない	大師の蛤貝加持伝説
	23	医王山無量寿院楽王寺		薬師	日光・月光・十二神将	大師が四十二歳の厄除けに建立	○	千手・釈迦・護摩堂・仁王	白山	住吉・愛宕	玉厨子山（窟）、天狗岳、求聞持所	病める人に護符	行基開山ともいう
土佐 △	24	室戸山明星院最御崎寺		虚空蔵		大師が求聞持法を修した	○	求聞持堂	愛満権現	天照	大窟（大師毒竜を封じ込める）	明星が出るので迷いがない	東寺、女人禁制
	25	宝珠山真言院律照寺		地蔵							行道岬（不動）	法の船に乗せてほしい	律寺ともいう
	26	竜頭山光明院金剛頂寺		医王如来		大師が建立し、智弘にあたえる	○	行道岬の窟に不動、山上の清泉に弁才天	若一王子	十八神	大師が天狗を火界呪で退ける	往生の望みを証する	西寺、女人禁制

△

27	竹林山神峰寺		十一面			○	麓に養心庵	○			仏の誓いの心を持て	くわず貝の話
28	法界山高照院大日寺		大日		行基、大師が楠に薬師を彫る		大日経塔、薬師	○		薬師の脇から霊水	大日が罪を照らす	昔は二十五ヶ寺、寺領七、八〇〇石
29	摩尼山国分寺宝蔵院		千手	不動・毘沙門（行基作）	聖武天皇	○	十王堂、地蔵、仁王門	○	崇道天王、楠山王		国分寺は来世まで利益あり	
30	一宮百々山神宮寺	（天台僧）	阿弥陀	観音・勢至	雄略天皇に配流された一言主を祀る		弁才天			十月に千部法華経修行	一宮は今も昔も栄えている	祭神は高鴨明神（大己貴の子）
31	五台山金色院竹林寺		文殊		行基（開山堂に祀る）	○	三重塔（大日）、山王、仁王門、弁才天、牛堂（大威堂）			大師が加持して独鈷水を涌出	文殊の智恵がほしい	本坊には阿弥陀
32	八葉山求聞持院禅師峰寺		十一面		大師開山	○	仁王門	○		竜穴二（大師が毒蛇を封ず）	自分の心を法の船に乗せる	大師が禅観
33	保寿山高福寺（雪渓寺）	禅	薬師	日光・月光							有明の月を見る	長宗我部菩提所
34	本尾山朱雀院種間寺		薬師		百済僧、藤原信衡中興	○	弁才天	○		毎年大般若転読	如来から五穀の種を授かる	
35	医王山清竜寺鏡智院	（真言）	薬師	日光・月光・十二神将	真如親王がこの寺に入る	○	真如親王の墓	○	（麓に八幡）		澄んだ水で心が清まる	
36	独鈷山青竜寺伊舎那院		不動		大師が唐から投げた独鈷の落下地	○	薬師	白山	竜王の宮（雨乞）	石龕、不動の石像	泉水の青竜が仏法を守護	
37	仁井田五社（別当岩本寺）		阿弥陀	薬師・地蔵・観音・不動							五社の神が塵を祓う	前に仁井田川がある

国名	番号	寺名	宗派	本尊	脇侍	縁起	大師堂	堂他	鎮守	祠	行場（奥院）	信仰（詠歌）	その他
△	38	蹉跎山補陀洛院金剛福寺		千手	（不動・毘沙門・十八部衆）	金峰上人が魔を呪伏。大師が唐から金剛杵を投げる	○	愛染・薬師、十三重の石塔、役行者	熊野	天神・伊勢・大黒	宝満岳、大師が建てた鳥居、上に窪のある大石（塩干満石）（宝満・愛満・熊野の三滝）	補陀洛から船出する	（近くの月山に内山永久寺同行の修験千手院
△	39	赤木山寺山院延光寺		薬師			○	仁王門	五社		奥院に滝	諸病悉除の願がかなう	（修験南光院）
伊予	40	平城山薬師院観自在寺		薬師	観音		○		○		隣りに竹藪	心願成就	大守遊息の亭
	41	稲荷宮		（十一面）		近年道清が社と寺を再興	○					稲荷は密教を守護する	
	42	一顆山毘盧舎那院仏木寺		大日		大師が光った古い楠を伐って大日を刻んで祀る	○	地蔵・弁才天	熊野三所権現			草も木も成仏する	本堂脇に仏木
△	43	源光山明石寺円手院		千手	二十八部衆	境内の白王権現石に因んで明石という		薬師・地蔵	熊野十二所権現	伴社	境内に籠所あり	千手の力で岩を持ちあげる	
△	44	菅生山大宝寺大覚院		十一面	高殿明神（猟師）	大宝元年猟師が仏像を菅を敷いて祀る	○	阿弥陀・文殊・弁才天・十王	赤山権現	三島・天神・耳戸明神	百々尾権現	大悲の恵みがある	
△	45	海岸山岩屋寺		不動		仙人の窟、尸解の伝承	○	阿弥陀・不動（岩窟）	白山	勝手・子守・金峰・那智	仙人堂（法華仙人）、逼割禅定	不動を祈ると岩中に極楽が出現する	竜と虎の形の岩
	46	医王山養殊院浄瑠璃寺		薬師	日光・月光・十二神将				牛頭天王		左右に竹藪	極楽浄瑠璃世界に住す	
△	47	熊谷山妙見院八坂寺	（修験）	阿弥陀			○	近くに右衛門三郎の子の墓	（熊野）		（長床）	歌を詠んで仏乗を讃じる	

	48	清涼山安養院 西林寺		十一面		大師が杖で加持して池を作る			三所権現			西林寺で弥陀の世界が開ける	池名は「杖の淵」
	49	西林山三蔵院 浄土寺	浄土	釈迦		孝謙天皇（在位七四九―七五八）勅願	○	阿弥陀・弁才天				十悪の身のまま往生	空也、聖光の影響
	50	東山瑠璃光院 繁多寺		薬師		孝謙御願寺、寛文初年竜孤修復		護摩堂（不動）、弁才天	熊野		求聞持堂（長床）	怠らずに諸病平癒を祈れ	
△	51	熊野山石手寺	法相、真言（弘仁から）	薬師		天平元年伊予の大領玉興建立	○	弥勒・阿弥陀・弁才天	熊野十二所	白山・三島・愛宕	天徳二年伝法灌頂、元久元年権現祭	十楽を得て西方浄土にいける	右衛門三郎が再生
	52	滝雲山護持院 太山寺		十一面		聖武天皇建立、行基本尊招来		地蔵・五智如来・弁才天	五社		岩場の飛泉で閼伽行	登拝の汗も極楽往生のため	
	53	須賀山正智院 円明寺	新義真言	阿弥陀		行基草創、大師中興	○	弁才天、仁王門	市杵島明神		法華行	来迎の弥陀の明るい光	
	54	近見山不動院 延命寺		不動					国中の総鎮守		四隣は竹林	鏡に心の影をうつす	
	55	大積山金剛院 光明寺	三島明神の別宮	大通智勝仏		軻遇突智の化身大山積神を祀る	○				大三島の大山積神を遥拝	別宮も三島と同じく垂迹	宮守は金剛院南光坊
	56	金輪山泰山寺		地蔵		大師開基			○			人々がここで引導を頼む	（寺主なし）
	57	石清水八幡宮（浄寂寺）		阿弥陀		河野親経が源頼義と建立		阿弥陀堂・牛王堂、大塔		登り口に道祖神		この世では弓矢を守り、来世で救済	
	58	佐礼山千光院 仙遊寺		千手	二十八部衆	天智天皇勅願			○			立ち寄って六字名号を唱え経をよめ	

国名	番号	寺名	宗派	本尊	脇侍	縁起	大師堂	堂他	鎮守	祠	行場（奥院）	信仰（詠歌）	その他
	59	金光山国分寺最勝院		薬師		聖武天皇			○			薬師に守護を祈る	脇屋義助の墓
△	60	仏光山福智院横峰寺		大日	持国・多聞・如意輪・大師	石仙開基		阿弥陀（石鉄の本地）、仁王	石鉄権現	三十六王子社	鉄の鳥居（弥山の遥拝所）、独鈷石	峰や山辺に寺を建て、人を救う	六月一―三日、石鉄禅定
	61	梅檀山教王院香苑寺		大日		大師が梅檀の匂いをかいで建立					南の山々に雲霞がおこる	後世を望む人は白滝を拝せ	（寺はあれど住持なし）
	62	天養山観音院宝寿寺		十一面		一宮と号す		護摩堂	○			五月雨の後の玉の井の一宮	
	63	密教山胎蔵院吉祥寺		毘沙門		天正十三年毛利氏に焼かれる	○		天神		一町ばかり上に大師が涌出の泉	悪心を捨てて吉祥を祈れ	
△	64	里前神寺（石鉄山の里坊）		阿弥陀		役行者が蔵王権現を示現 石仙開基		護摩堂	石鉄権現		五ヶ所の鉄鎖で禅定、石塔、薬師を祀った仏窟	前の神、後の仏が罪を砕く	山頂は兜率天の内院、池
△	65	瘦嶺山慈尊院三角寺		十一面	甲子の年に開帳	釈迦ヶ岳で大師が御修法		弥勒・阿弥陀・文殊、護摩堂	○	雨沢・竜王	釈迦ヶ岳が奥院、仙人堂、窟	心を丸くして阿弥陀を念ぜよ	
讃岐	66	巨鼇山雲辺寺千手院	（古義）	千手	不動・毘沙門（二十八部衆）	阿波の城主建立、四ヶ寺あり	○	千体仏堂、仁王	○	伴社	閑成という猟師が鹿（阿弥陀）を射て改悛して祀る	雲辺寺で日・月を麓に見る	巨鼇は仙聖の種
	67	小松尾山大興寺	天台と密教兼帯	薬師十二神将	不動・毘沙門	大師開山	○	天台大師御影	熊野			法の教えの風が吹く	
△	68	琴引八幡宮	（修験）	阿弥陀		大宝三年日証が宇佐より勧請		弁才天、青丹大明神	武内	住吉・若宮・七十五伴社		願うも誓うも琴の音	遷座の時、琴の音

	69	七宝山観音寺		聖観音	薬師・四天王	大師が琴引宮の託宣で建立		薬師・四天王・弥勒・愛染、宝塔	五所権現	荒神	全山は金胎不二、兜率天という。九所の秘穴	観音の大悲で滅罪	石塔四九あり
	70	本山寺宝持院		馬頭観音	阿弥陀・薬師		○	仁王、五輪塔五十六基	五所権現			春の花を本山寺に手向ける	
△	71	剣五山弥谷寺千手院		千手	不動・毘沙門	行基開基、大師が求聞持法を修すと五つの剣が降下		護摩窟（不動・弥勒・阿弥陀）、求聞持窟、薬師窟、仁王・弁才天	蔵王	二尊産の宮	仏谷に五輪塔・卒塔婆・遺骨をおさめた岩穴・磨崖仏	かりそめの友と同行する	山越の行道
	72	我拝師山曼荼羅寺延命院		大日		大師が七仏薬師を刻む		護摩堂	権現		（峰の上に昔の堂跡あり）	曼荼羅を拝む	西行寓居跡
	73	我拝師山出釈迦寺		釈迦		宗善建立、大師の捨身伝説	○	石像の文殊、弥勒			捨身岳、峰に大師が納経	迷っている六道の衆生を救う	曼荼羅寺の奥院
	74	医王山多宝院甲山寺		薬師							後は山林	十二神を味方にして戦う	
	75	五岳山誕生院善通寺		薬師三尊	四天王	大師の父善通の家	○	護摩堂・地蔵・観音・釈迦	八幡	天神	五岳は筆山・中山・大山・我拝師山・甲嶺山	大師が住んで、法灯を立てる	
	76	鶏足山金倉寺宝幡院		薬師		智証誕生地、智証開基		智証御影堂、弁才天・仁王	八幡	山王権現		真言加持の霊地	道善寺ともいう
	77	桑田山道隆寺明王院		薬師	桑の木の小像	八世紀初期和気道隆開基		弥勒堂、護摩堂	妙見		弘仁末期朝祐結縁灌頂	心願を僧道隆に託せ	
△	78	仏光山道場寺	時宗	阿弥陀					○		道範日想観を修す	踊り念仏は拍子をそろえ鉦をうつ	
	79	金花山妙成就寺摩尼珠院		崇徳（本地十一面）		崇徳上皇の御霊社、社僧が祀る		観音堂、山腹に石の薬師	金山権現	城山大明神	佐留霊公の再生譚	常楽の浮き世では天皇すらさすらう	「指南」では崇徳天皇

国名	番号	寺名	宗派	本尊	脇侍	縁起	大師堂	堂他	鎮守	祠	行場（奥院）	信仰（詠歌）	その他
	80	白牛山国分寺千手院		千手		行基開基		薬師・仁王（地蔵）	春日	伴社四十末社	不増減水あり	国を出て野山を越えて来た人を救う	
△	81	綾松山白峰寺洞林院		千手	相模坊（本地不動）	大師が宝珠を埋めて国家の鎮とする	○	地蔵・薬師・千本仏	崇徳天王社	（蔵王）	天皇の廟（前に為義・為朝）	寒い寺で御経を唱える声がする	智証開基ともいう
	82	青峰山根香寺千手院	天台と密教兼帯の寺	千手		弘法開基、智証遊息		智証の御影堂	山王	（蔵王）	山上に堂（「道指南」）	霜の消えた跡勤行の声がする	弘法か智証の袈裟、円鏡あり
	83	蓮華山一宮寺大宝院		聖観音		一宮は田村大明神（猿田彦）				稲荷	花の井という泉水あり	一宮の前で神の心を知る	
	84	南面山屋島寺千光院	（律）	千手		鑑真が老翁の指示で建立、後大師が千手を刻んで安置		阿弥陀・薬師・釈迦・千体仏・地蔵・仁王	熊野	荒神	獅子窟、鑑真が普賢像を安置し法華・華厳経を誦す	勇む武士は祈願せよ	
△	85	五剣山八栗寺千手院		千手		大師が蔵王の指示で求聞持法を修す	○	五智如来・弁才天	蔵王	天照	七所の仙窟に仙人の木像	煩悩を胸の智火で焼け	大師が奥院で窟修行
	86	補陀洛山志度寺清浄光院		十一面		推古三三年補陀洛より観音影向		閻魔・姥堂・弁才天	○		行基が法華八講を修す	最後の夜（死度）をここですごす	閻魔と観音は一体
	87	補陀洛山長尾寺観音院		聖観音	阿弥陀	聖徳太子開基、大師中興		仁王	天照		閼伽井、巡礼人の寄宿あり	秋の夜長に弥陀の名号を唱えよ	
△	88	医王山大窪寺遍照光院		薬師		行基開基、大師中興	○	阿弥陀堂（如法堂）、弁才天	権現		岩窟（阿弥陀・観音）	薬師に諸病なかれと願え	大師が加持して霊水を得た閼伽井

△印は行場があり、修験の影響がみられる札所、括弧内は澄禅の日記の記載、○は存在することを示す

第四章　浄土教と山岳修験

第一節　浄土教の列祖と山岳修験

序

日本では古来山岳や海の彼方（島も含む）は霊魂の原郷、死霊の赴く他界とされてきた。そして死後の霊魂は時を決めて子孫の処を訪れて守護するとも信じられた。外来の仏教もこれと習合して霊山を阿弥陀の極楽浄土、弥勒菩薩の兜率天、法華経の霊山浄土になぞらえたり、海の彼方や山中の湖を補陀落浄土と捉えている。そしてこうした信仰を民間に唱導した宗教者は聖《ひじり》と通称されている。私はこのひじりの「ひ」は霊をさし、ひじりは「神聖な霊力を左右出来る人」と考えている。(1)

こうした聖による霊山の修行は一〇世紀の空也の頃からなされていた。彼らは念仏などによる極楽往生を唱導し、あわせて修験的な活動もしていたのである。ただ修験道の成立は一三世紀末でその確立は一六世紀まで下がる故、本節ではそれ以前の聖を安易に修験道と結びつけることはさけて、「山岳修験」と捉えることにする。ところでさきに聖の語義を霊力を左右出来る人としてが、この見方はアニミズムとそれにもとづくシャマニズムの世界観を前提としている。日本古来のシャマニズムは『古事記』の次の記述にその典型を見ることが出来る。

天皇御琴を控《ひ》かして、建内宿禰大臣、沙庭に居て、神の命を請ひまつりき。是に大后帰神《かむがかり》して、言教へ覚詔《さと》したまひつらく―以下略(2)

これを見ると、天皇が琴をひいて、武内宿禰が沙庭（仲保者）となって神功皇后が帰神して、神の教え（神託）を得ているのである。このように仲保者が巫者に神霊を憑依させて託宣を得る方法は、平安時代には密教の験者が行ない、後に修験道の憑祈祷にと展開する作法である。

本節ではまず初期の念仏聖の空也と良忍をとりあげる。ついで往生思想を体系化した源信と、当時の往生者の列伝を紹介する。その上で浄土教の先駆となった法然と、その継承者の親鸞、一遍をとりあげる。彼らに関してはこれまで、仏教史学、仏教思想史、教学の立場から詳細な研究がなされている。その際、仏教史学は同時代史料をもとにその実像の解明を目指している。また仏教思想史ではその著作をもとにその前駆をなす思想、同時代、後代への影響を比較研究している。教学では思想内容の解明とあわせて、それを現代にどう生かすかという問題意識に立っている。

ただ私は代表的な先学の研究を参考にしつつも、彼らの死後ほどなく作られた伝記、絵巻に注目したい。というのはこうした伝記、絵巻は作者が開祖の像を当時の人々の宗教生活に照らして描くことによって民間への浸透をはかったもので、その中には当時の民俗宗教、山岳修験の状況が盛り込まれていると考えられるからである。そこでこの検討を通して浄土教と山岳修験の関わりを解明することにしたい。その際とくに師弟関係、山岳などでの修行、回心とそれにもとづく活動、往生のあり方を山岳修験との関わりを視野に入れて紹介する。そして最後に彼らが関係した霊山、修行、回心、救済観、往生観を比較検討することにしたい。

第一項　空也と良忍

念仏聖の先駆者空也は延喜三年（九〇三）生まれとされるが、出自は定かでない[3]。少壮の頃には優婆塞として五畿七道を巡って各山の霊窟で修行し、死骸を見れば阿弥陀仏の名を唱えて焼いた。二〇余歳の時尾張国分寺で剃髪し、空也と称し、播磨の揖保郡峯相寺（現姫路市鶏足寺）で経論を学んだ。その後阿波、土佐の国境いの湯島（現阿南市伊島東山）

の観世音菩薩（同地西光寺の十一面観音に比定）の宝前で穀粒を断ち、腕上に焼香して七日間不動不眠の行を積んで、観音の光明を感得した。この後、背に仏像と経典を負い、法螺を吹いて巡錫した後に京都に入った。この修行と巡錫は後の山臥を思わせるものである。なお真福寺本にはその後書のあとに別筆で「愛岩《ママ》護山東面月輪寺毎月十五日念仏上人被始」と記されている。これは彼が京都で愛宕山に籠ったとの伝承があったことを示すと思われる。ただその後は市井で乞食し、その布施を貧民や病人に施したので市聖と呼ばれた。また長髪のままで何時も南無阿弥陀仏と唱えて、囚人に仏像を拝させたり、井戸を掘るなどしたので阿弥陀聖とも呼ばれた。そして神泉苑の老狐を救ったり、錫杖を振って蛙を呑もうとした蛇を度している。なおいつも阿弥陀如来に死後生まれる土《くに》を見ることを願ったせいか、夢で極楽の蓮華に座した自分を垣間見た。そこで天慶七年（九四四）には阿弥陀浄土変や観音三十三身像を補修のうえで供養した。また藤原師氏の葬儀では閻魔王にその霊を手厚くあつかうよう願った手紙を二〇世天台座主余慶に読ませている。

彼は天暦二年（九四八）には比叡山に登り一五世天台座主延昌（八八〇～九六四）から受戒し、光勝の名を授かったが、依然として空也を名乗っている。同五年には一丈の金色の観音像、六尺の梵天・帝釈天・四天王像を造り、西光寺に祀った。また金泥の大般若経一部六〇〇巻の写経を発願し、応和三年（九〇三）に完成した。そこで鴨川の西に宝殿を造り、供養会を行なって一〇〇人の乞食比丘に中食を施した。その折、八坂寺の浄蔵（八九一～九六四）が一人の乞食を見て驚いて上座にすえて食を施して去った。後で文殊菩薩が空也の行に感じて現れたと説明したという。ちなみに浄蔵は熊野、金峰、葛城で修行し、護法を使役する験力を有した修験者である。(4)

天禄三年（九七二）九月一一日空也は西光寺で沐浴して浄衣を着、香炉をささげて端座して、西方に向かって瞑目した。天からは音楽が聞え、異香がただよった。彼は気絶えた後も香炉をかかげていた。享年七〇歳だった。ちなみに西光寺は貞元二年（九七七）天台宗六波羅蜜寺となった。同寺には鹿杖をつき金鼓を打って口から六字名号を示す六体の阿弥陀仏が化現したことを示す鎌倉期の空也像が祀られている。

以上『空也上人誄』をもとにその伝記を紹介した。これを見ると、彼の最初の回心が阿波の湯島での観音（十一面カ）

の光明の感得である。この後東北を山臥を思わせる姿で巡錫し、帰京後、愛宕山で修行したともされている。勿論、彼の主要な活動は市聖、阿弥陀聖と通称されるように念仏を唱えて死骸を焼いたり、貧者や病人に施すものだった。彼自身は極楽を夢見し、阿弥陀浄土変を描いて供養し、閻魔王に手紙を出すなど浄土の信仰を持っていた。しかし今一方で神泉苑の老狐の救済や錫杖を用いて蛇を度す話は修験にもつながるものである。大般若会の供養会では修験者の浄蔵との接点が認められる。なお彼が大般若の写経を重視したり、空也の沙弥名にこだわったのは、般若経典の「空」の思想を持ったことによると思われないでもない。また彼が天台座主延昌から受戒し、大般若経の写経を成就し、盛大な供養会を開催したことは、晩年には広く貴紳の帰依を得ていたことを物語っている。

融通念仏を唱導した聖で天台声明の祖とされる良忍は延久四年（一〇七二）父尾張国知多郡領主秦道武、母熱田社頭大宮司の娘の子として生まれた(5)。一二歳で比叡山に登り、東塔の檀那院良賀の下で得度し良仁と名乗った。青年期には比叡山東塔の堂僧として常行堂の念仏や声明に携わると共に『摩訶止観』や鳩摩羅什の『讃阿弥陀経偈』、曇鸞の『略論安楽浄土義』など、浄土教関係の書物を書写した。この間菩提心を求めて四年間にわたって毎年一〇〇日間無動寺に参詣している。そして一一世紀末に東塔系の大原の別所に入り、良忍と改名した。そして毎日二時の行法の他、法華経を読誦し、念仏を六万遍となえた。法華経を六部書写しもした。また手足の指を切って燃やして自他を供養した。その後、仏像や堂舎を造りもした。長承元年（一一三二）に遷化したが、その遺骸の顔は極楽に往生したかのように暗夜に仏の相好が見られるなど極楽に往生した瑞祥が見られた。棺は鴻毛のように軽かった。その後、大原の覚厳の夢に現れて、融通念仏の力によって本意通り上品上生にあると語ったという。ここでいう融通念仏は建長六年（一二五四）橘成季撰の『古今著聞集』所掲の良忍が天治元年（一一二四）四六歳の時に、夢中で阿弥陀如来から授かった「一人の念仏と衆人のそれが互いに融通しあって往生の機縁となる」との教えを指すと考えられる(6)。なお井上光貞はこの融通念仏の力というのは、念仏が自他に融通するという天台念仏の展開、同行同志の依存関係、良忍が勧進上人だったことを示すとしている(7)。

このうち彼が勧進聖でもあったことは、紀州粉河寺裏の産生神社（丹生神社）経塚出土の如法経の銘文に、

奉納妙法蓮華経一部八巻　天治二年（一一二五）九月五日癸酉助教清原信俊勧進六口大法師願尊良忍忍昭勝聞堅俊聞覚、四七日間於芹生別所如法如説奉書写畢　是依霊験所奉埋粉河宝前也　願以此善根生兜率内院結縁　衆相共値遇慈氏尊法界衆生平等利益　敬白。(8)

と良忍の名があることから明らかである。

ところで『古今著聞集』には、さきにあげた天治元年（一一二四）の夢中での阿弥陀仏からの融通念仏直授の話についで、彼の念仏を受けて勧進に応じた人を記入した「名帳」（念仏帳）に三二八二人が名を列ねていた。そしてある早朝、彼が夢うつつの時に、青衣の壮年僧が訪れて、自分は名帳に入るべきだといって、名帳を見て姿を消した。後で名帳を見ると

奉レ請念仏百反、我是仏法擁護者、鞍馬寺毘沙門天也。為レ守二護念仏結縁衆一所二来入一也五百十二人如レ此人給へり。

とあった。また天承二年（一一三二）正月四日、良忍が鞍馬寺で通夜して念仏している時の夢に自分と同様に惣冥衆も、汝を影の形に従うように守るので、結衆に入帳したいとの告げがあった。そして夢がさめて名帳を見ると「梵天王部類諸天以下一切諸王諸天九曜二十八宿惣三千大千世界及至微塵数所有一切諸天神祇冥道」の名が記されていたとしている。これは鞍馬の毘沙門天やその眷属が彼の勧進に応えて、念仏衆の守護を約したことを示している。さらにこれを裏付けるかのように三二八二人のうち、六八人については往生した日時が記されていたという。

この記事に関して橋本章彦は鞍馬寺が嘉禎二年（一二三八）閏二月一六日に焼失し、宝治二年（一二四八）二月二四日に勧進によって再建したこと、その数年後にあたる建長六年（一二五四）橘成季撰の『古今著聞集』に、良忍の三二八二人が名を列ねた勧進の名帳と鞍馬山の毘沙門天とその眷属の念仏衆の守護の話がのせられていることに注目する。そして成季が良忍の晩年にあたる大治元年（一一二六）一一月一九日に鞍馬寺が焼失した史実と結びつけて、鞍馬山の毘沙門天とその眷属が彼を護持し、それに応えて良忍が鞍馬寺を再建したとの話を創作した。その背景には一三世紀初期

に良忍の流れをくむ勧進聖がその活動を通して鞍馬寺と密接に関わっていたことがあると推測している。(9)

以上の良忍の伝記によると彼は二〇代前半には比叡山東塔の堂衆として止観や浄土教に接すると共に無動寺に千日参詣した。また二〇代後半に東塔系の大原別所に籠り、念仏、読経、法華経を書写すると共に、焼臂誦経の苦行を行なった。そして死後は融通念仏の力によって上品上生の往生をとげている。この融通念仏は一人の念仏が衆人のそれと融通して、往生の機縁になるという意味だが、その中には同行同志の相互依存、勧進の意味も認められた。そして彼の継承者の間では、ほぼ一世紀後の『古今著聞集』に記されたように、この融通念仏は阿弥陀如来から感得したものとされている。また彼らが大原に近い鞍馬寺再建の勧進に努めたこともあって、同寺が融通念仏と密接な関わりを持つことになったと考えられるのである。

第二項　源信と往生伝

主著『往生要集』によって念仏聖に大きな影響を与えた源信は天慶五年（九四二）大和国の二上山麓の葛城下郡当麻郷に生まれた。(10)男子を授かることを願った篤信家の母が近くの高雄寺の観音に祈って授かったという。一五歳頃の夢の御告げで比叡山の横川に入り、良源（九一二〜九八五）に師事した。法華経、止観、因明に秀いで、天延元年（九七三）には三二歳の若さで広学竪義を勤めている。ただ当時比叡山では増賀（九一七〜一〇〇三）が多武峰、後に「阿弥陀和讃」を作った千観（九一八〜九八三）が箕面、性空（九一〇?〜一〇〇七）が霧島、筑前の背振山をへて書写山に入るなどしていた。彼の母も名利よりも隠棲をすすめていた。康保元年（九六四）には慶滋保胤（九三一〜一〇〇二）を中心として天台の学僧と大学寮の学生四〇名位が毎年三月と九月の一五日に集まって、朝に法華経を講じ、夕に阿弥陀仏を念じ、夜仏讃の詩を作る勧学会を始めている。保胤は永延年間（九八七〜九八九）頃、往生人四五人の行業を収録した『日本往生極楽記』を編集している。

源信も浄土教に関心を持ち、天元四年（九八一）には『阿弥陀仏白毫観（白毫観法）』を著した。そして延暦寺の首楞厳院で永観二年（九八四）一一月から主著『往生要集』の執筆にとりかかり、翌寛和元年（九八五）四月に完成した。同書は六道輪廻の迷いを捨てて、阿弥陀仏の極楽浄土に生まれることを勧め、その為には何が必要かを一六〇余の経論を引用して、（1）厭離穢土、（2）欣求浄土、（3）極楽の証拠、（4）正修念仏、（5）助念の方法、（6）別時念仏、（7）念仏の利益、（8）念仏の証拠、（9）往生の諸行、（10）問答料簡の一〇の大門について論じたものである。[11]

各大門の内容を簡単に紹介すると、（1）「厭離穢土」では等活、黒縄、衆合、叫喚、大叫喚、焦熱、大焦熱、阿鼻の地獄と、餓鬼、畜生、阿修羅、人間、天の六道を記す。（2）「欣求浄土」では極楽往生の際には聖衆が来迎し、蓮華が開き、阿弥陀如来が左右に観音、勢至を伴って現れる。念仏者はそれに見え、聞法し、供養し、仏道を究める喜びを得ることが出来るとする。（3）「極楽の証拠」では弥勒の兜率天と比べて阿弥陀の極楽浄土が勝れていることを示す。（4）「正修念仏」では阿弥陀の礼拝、讃嘆、菩提心をおこす作願、その姿を観じる観察、廻向について記す。特に観察では阿弥陀の各部分を個別に観じる別相観と全体を観じる総相観、最も重視する額の白毫を観じる雑略観をあげている。（5）「助念の方法」には念仏を行なう場所、念仏、観相の心得が記されている。（6）「別時念仏」には平生の念仏と臨終の行儀をあげ、平生の念仏は一・二・三日乃至七日、或いは一〇日、九〇日の念仏を望みにまかせて行なうものである。このうちの九〇日の念仏は常行三昧のことである。臨終の行儀では病者にまず念仏を一〇回続けて唱えさせ（十念）、顔を西に向け、仏像を拝させる。次いで阿弥陀如来を観想し、浄土に生まれるという想いと、蓮華に乗った阿弥陀や菩薩が親しく迎えに来るとの想いをいだかせる。そして看護人は病人にこの時見た情景を語らせて、それを書き留める。その内容は光明、音楽、異香、諸仏の来迎、極楽の様相である。これは古来の沙庭が巫者に神託を求め、それを書き留める巫術を思わせるものである。[12]（7）「念仏の利益」では念仏には往生のみでなく、罪障消滅、神仏の加護、仏に見えるなど多様な利益があるとしている。（8）「念仏の証拠」では念仏は万人にとって最も易行ゆえ、臨終に往生を願うには念仏にしくはないとする。（9）「往生の諸行」では往生の方法には念仏のほかに顕密経典、真言陀羅尼の読誦、持戒、その他もあるとする。そして(10)「問答料簡」で個別の疑問点に応えている。このように同書は同信同行の念仏全体の指南書ともいえる性格を持つものである。

この『往生要集』完成の翌年五月、源信の弟子覚超ら二五人の僧が毎月一五日夕に念仏三昧を修し、臨終の十念で往生を祈ることを目的として「二十五三昧会」を発足させた。しかし当初は源信も、同年四月に出家して寂心と名乗って横川に入った保胤も、これに加入していない。なおその頃には保胤が中心となった勧学会も消滅していた。その後しばらくして、この二十五三昧会に源信、保胤、花山法皇などが加わった。そして永延二年(九八九)六月一五日に源信が十二ヶ条から成る「横川首楞厳院二十五三昧式」を撰している。それによると、結衆は毎月一五日に集まって、正午から法華経の教理を聞き、夜は飯米と灯明を阿弥陀仏に供えて、不断念仏を修した。この他光明真言を唱えて亡者の骸に土砂加持をしている。なお結衆は父母兄弟の思いをいだいて相互に交わり、それぞれで自己の三業(身・口・意)を護る事を定めている。結衆の間に病人が出たら訪問して看護する。いよいよ死がせまると、往生院と名付けた房室に病人を移す。往生後には安養廟と名付けた結衆のための廟所に死後三日以内に葬って一基の卒塔婆を立て、そこに集まって念仏を誦えて極楽往生を祈る。なお起請に従わず懈怠する者は衆中から擯出するとしている[13]。

源信は横川の楞厳院の東南に精舎を建立して花台院と名付け、ここに丈六の阿弥陀仏を祀った。そして菩薩や聖衆に扮した僧俗が音楽や念仏にあわせて西方の花台院の阿弥陀如来のところに進む迎講を行なった。参加者はこれによって弥陀来迎のさまを眼前に見て、極楽往生したような気持になったのである[14]。なお源信はみずから経文にもとづいて弥陀来迎の像を描いたという。そしてこの伝承をもとに一二世紀末の「阿弥陀聖衆来迎図」(高野山有志八幡講蔵)、正暦五年(九九四)一二月の伝源信賛を付す金戒光明寺の「山越阿弥陀図」が作られたと考えられるのである[15]。なお彼は正暦年中(九九〇~九九五)に花台院の南に釈迦如来を祀る霊山院を建立して、そこで毎月晦日に法華経を講じる釈迦講を行なってもいた。そして一生の間に阿弥陀念仏三〇億遍、法華経一〇〇〇部、般若経三〇〇〇余部、阿弥陀経一万巻を読み、阿弥陀大呪百万遍、千手陀羅尼七千万遍、尊勝陀羅尼三十万遍、阿弥陀小呪・不動真言・光明陀羅尼・仏眼の呪を無数回となえ、仏像を彫り、多くの経巻を書写し、布施を行なったとされている。[16]

源信は自己の往生に関して慶祐に「死が近いと感じたある日、西方に向かって念仏し、極楽の上品下生に往く事を願った。すると二人の天童が現れて、自分は弥勒菩薩の使者だが、聖人が法華経を持されたので兜率天から迎えにきたといった。そこで自分は極楽に往生して阿弥陀如来に見えたいので、慈尊に極楽に送るように頼んでほしい。そうすれば極楽で弥勒を拝するといった。最近観音がしばしば現れるので、必ず極楽に生まれる」と語っている。[17] 実際には、彼は寛仁元年（一〇一七）六月一〇日寅の刻（午前四時）に遷化した。臨終の際には西から東へ微妙な音楽が聞え、また東から西へ香しい風が吹き、草木も西になびいたという。これは来迎会に見られる弥陀の来迎と迎接を示すと考えられる。一方保胤は長徳三年（九九七）に東山の如意輪堂で往生した。その後彼はある人の夢に現れて、自分は衆生を利益させる為に浄土から帰って娑婆にあると語ったとされている。[18]

慶滋保胤が『日本往生極楽記』（傍線は第一表の略号。四二人―収録往生人数。以下同様。九八三～九八六頃）を編集して以来、次の諸往生伝が編まれている。[19]

大江匡房『続本朝往生伝』一巻（四二人。一一〇一～一一一一頃）

三善為康『拾遺往生伝』三巻（九四人、一〇九九～一一一一頃）

三善為康『後拾遺往生伝』三巻（七五人、一一二三～一一三九頃）

沙弥蓮禅『三外往生記』一巻（五〇人、一一三九以降）

藤原宗友『本朝新修往生伝』一巻（四一人、一一二二）

行仙『念仏往生伝』一巻（四九人、一二六二～七八）

法界寺如寂『高野山往生伝』一巻（三八人、一一八七以降）

この他長久四年（一〇四三）頃成立の鎮西編『大日本法華経験記』（一一二九人）にも若干の往生者の伝記が収められている。[20]

そこで上記往生伝所携の後に修験道場となった諸霊山ごとの聖（往生者）の行業を臨終の状況を表化すると次頁の第一表のようになる。このうちまず円仁の東塔常行堂での常行三昧の始行に始まる不断念仏がなされた比叡山とその関係のものをとりあげる。すると常行堂の不断念仏を推めた空也の戒師延昌は阿弥陀と糸で結ばれて往生し、横川に常行堂を建立した源信の師良源は西に向かって念仏を唱えて往生している。この横川では相応と覚尊が抖擻行をしたが、ともに最後は念仏を唱えて往生した。覚尊の念仏は音曲をつけたものである。また護法を使役した遍昭はその擁護を受けて聖衆に迎えられている。なお相応が修行した比良山の持経者蓮寂は兜率天に行き、弥勒に見えている。

良源から離れて比叡山末の多武峰に隠棲した増賀は法華経を誦して入定した。もっともその弟子の仁賀は念仏を誦えて修行し、死後も身体は朽ちなかった。また空也の教えに従って叡山を離れた千観は箕面に籠り、「阿弥陀和讃」を作り、それを唱えて蓮花の船に乗って西に向かったという。ただ同山の永慶、陽生は共に法華経を読誦して修行して往生している。近くの勝尾寺の善仲、善算は共に坐禅修行したが、善仲は草座に乗って西行し、善算も西に向かって昇天した。その弟子開成は阿弥陀を本地とする八幡神の外護で大般若経を書写し、弥勒を観じて往生した。また教信と証如はともに阿弥陀を念じて修行し、極楽往生した。

代表的な修験道場金峰山には第一表にあげた一三人の聖がいたが、護命をはじめ八人は法華持経者である。念仏修行をしたのは一人だが五人が臨終の時に念仏を唱えている。なお金峰山の法華持経者永快は天王寺で念仏を一〇〇万遍唱えて往生している。同じく法華持経者の明蓮と道命は兜率天に往生しているが、これは金峰山が兜率天の内院とされていることによっている。この他では『扶桑略記』所掲の修行中に気息を断って金峰山の他界に赴いて道真の霊にあい、最後は尸解した日蔵（道賢）が注目される。熊野の那智は花山法皇の修行伝承で知られるが、その妙法山上で応照が火定している。なお空也の大般若の法会に招かれた浄蔵は金峰や熊野で修行し、父を蘇生させるなどしたが、自身は西をむいて往生した。

空也の籠山伝承がある愛宕山の聖は八人いるが、うち七人は法華持経者で、念仏に専念したのは阿弥陀房のみである。

第一表　諸霊山の聖の行業と臨終

山名	聖	行業	臨終	出典
比叡山	延昌	弥陀讃、法華、不断念仏	弥陀・尊勝の像から手に糸	往生16
	良源	横川に常行堂、『九品往生義』	念仏を唱え、心に実相を観ず	後拾遺中1
	相応	法華、供華、金峰でも行	焼香、散花、面を西、念仏	拾遺下1
	遍照	護法を使役	護法衛護、聖衆来迎、管弦	続本朝6
	覚尊	念仏、止観、抖擻	臨終正念、音曲をつけ仏名	続本朝28
比良山	蓮寂	法華、山岳の峰・谷で修行	兜率天で弥勒に会う	験記18
多武峰	増賀	法華経、止観	金剛合掌、法華経、坐禅	続本朝12
	仁賀	念仏	死後身体が爛れ壊れず	続本朝13
箕面	千観	「阿弥陀和讃」を作り、唱う	蓮花の船に乗り、弥陀讃を唱え西へ	往生18
	永慶	法華経読誦	今生の善を以って菩提を期す	験記53
	陽生	法華経読誦	頭を北、面を西にして往生	験記42
勝尾寺	善仲、善算	坐禅	草座に乗り西行、西にむかい昇天	拾遺1
	開成	大般若書写、弥勒を観じる	香炉を捧げ、西に向い入滅	拾遺2
	教信	昼夜弥陀の号を称える	極楽往生に証如を迎える	往生22
	証如	阿弥陀経500余巻	金色の光、香気、雲上に楽、瑞坐	後拾遺17
金峰	護命	法華	正心念仏、音楽、雲、香、水音	拾遺下3
	転乗	法華経	法華読誦、毘沙門天の導き	験記93
	日蔵	他界遍歴、道真の霊にあう	尸解	扶桑略記25
	明蓮	法華持経	法華読誦、兜率天	験記80
	道命	法華持経	法華読誦、兜率天	験記86
	蓮長	法華持経者	法華経を読誦	験記49
	永快	法華持経者	天王寺で念仏一〇〇万遍、西海	拾遺下4
	寂禅	毎日一〇〇〇遍の礼拝	西に向かって入滅	後拾遺下19
	日円	穀断	中国天台山で入滅、臨終の相に往生	続本朝30
	蓮持	穀・塩断、法華経一万部	金剛界曼荼羅に座す、西天に雲	拾遺上17
	中原義実	法華経三〇〇〇余部、念仏	蓮花を持つ童子に導かれる夢	拾遺中33
	平時範	法華経埋経	念仏五遍、死後左右の頸に蓮花	拾遺下14
	道寂	金峰山に観音像を納める	仏の手から五色の糸、念仏三〇回	本朝新34
那智	応照	法華経	火定、虚空に光	験記9

熊野	浄蔵	父を蘇生	西に向かって遷化	拾遺中1
愛宕	真縁	法華経	八幡（本地阿弥陀）に見える	続本朝16
	好延	法華懺法、阿弥陀	蓮花に登り、西に向かい法華経	験記34、三外4
	光日	法華経万余部	法華往生	験記21
	法秀	法華懺法	法華往生の七年後に極楽往生	験記55
	睿実	法華、験力あり	法華往生	験記66
	仁鏡	法華	兜率の内院で弥勒にあう	験記16
	阿弥陀房	念仏	西方から金色の光	拾遺下31
	円久	法華経	西にむかい法華経誦す	験記39、三外15
鞍馬	峰延	毘沙門天の呪	西にむかって阿弥陀を念じる	拾遺下2
	覚真	法華経	西にむかって法華経をとなえる	続本朝26
	重怡	阿弥陀の宝号	上品の浄界に往生	本朝新25
小田原	教懐	阿弥陀供養法、真言、不動	瑞相奇雲天楽の中に西へ	拾遺上10
	経源	念仏、真言、法華経	念仏、観音の呪	後拾遺中2
安倍	暹覚	禅定	定印、異香、西方に飛去（夢）	本朝新23
書写山	性空	法華経	坐禅して法華経を誦す	験記45
	平源	法華経	念仏と懺法	験記40
雪彦山	玄常	法華持経者	洞窟で法華経を誦す	験記74
宝満山	高明	念仏、法華経書写	西に向かって念仏往生	続本朝23
	正範	四〇年間法華経暗誦	西に向かって長音で曲をつけて念仏	拾遺下6
	禅僧	法華経を読誦	阿弥陀の相を見て往生	拾遺下7
鰐淵寺	永遍	法華経書写、天王寺で念仏三万遍	天王寺西門で定印を結び往生	後拾遺16
室戸金剛頂寺	一上人	往生の念切なり	西に向い念仏して火定	三外20
戸隠	長明	毎日法華経一〇〇部	火定して兜率天へ	拾遺下17
白山平清水	勝義	阿弥陀供養法	同法で往生	三外31
立山	女性	地獄におちる	両親の法華経書写で忉利天往生	験記124
伊豆走湯山	恒舜	権現の導びきで天王寺別当となる	香をたき念仏、西に向かい遷化	続本朝16

なお真縁は臨終の時阿弥陀を本地とする八幡に見えてこれを往生のあかしと考えている。この他では仁鏡が臨終の時、兜率天で弥勒にあうことを願っている。良忍の勧進伝説がある鞍馬山の峰延は毘沙門天（鞍馬山本尊）の呪を唱えて修行したが、臨終の際には西に向かって阿弥陀仏を観じて遷化した。また重怡も阿弥陀の法号を唱えて修行し上品の法界に往生した。ただ覚真は法華経を誦して修行し、臨終の時はこの経を誦して西に向かって往生した。

興福寺の別所小田原では教懐が阿弥陀供を修していたが、その後高野山に移り、高野聖の祖となった。彼の往生には奇雲、天楽などの瑞相が見られた。また経源は念仏を唱え真言を修行し、臨終に際しては念仏と観音の呪を唱えて往生した。なお高野山に関しては『高野山往生伝』に教懐を筆頭に三〇人の念仏聖があげられているが、このうち七人は『拾遺往生伝』『三外往生記』と重なっている。その他を見ると、仁和寺、興福寺など多様な出自の聖から成り、念仏と真言を唱えて修行し、臨終に際しても念仏と真言を唱えている。彼らは高野聖と考える事が出来る。なお興福寺別所の安倍では暹覚が禅定修行し、阿弥陀仏にむかって念仏を唱えて往生している。

播磨の書写山は法華持経者性空が霧島、筑前の背振山で修行後に開いた霊山で、源信、花山法皇も訪れている。彼はここで法華経を読誦して往生した。その弟子の法華持経者平源は臨終の際は懺法を誦し、念仏を唱えている。ただ近くの雪彦山の法華持経者玄常は洞窟で法華経を誦して往生した。性空が修行した背振山近くの宝満山にも三人の持経者がいたが、彼らは臨終の時には念仏を唱えている。蔵王権現も祀られている出雲の鰐淵寺の永遍は法華経を書写して修行していたが、後に摂津の天王寺に行って念仏を三万遍唱えて、その西門で往生した。四国の室戸岬の金剛頂寺では一上人が火定している。また信濃の戸隠でも持経聖の長明が火定して兜率天に往生した。白山麓の平清水（平泉寺）では常に阿弥陀供養法を修した勝義が臨終にもその法を修して往生した。また立山では地獄に落ちた女性が両親の法華経書写の功徳により、忉利天に往生した。伊豆走湯山では延暦寺僧恒舜が同権現で説法し、その加護を受けて天王寺別当となり、西門で念仏を唱えて往生している。

以上のようにそれぞれの修験霊山で念仏聖が行業をおさめ、臨終を迎えているが、聖それぞれの個性が中心で特に山による顕著な相異は見られなかった。なお本項では八点の往生伝を一律にあつかったが、すでに重松明久が指摘したように『日本往生極楽記』など七点（『高野山往生伝』をのぞく）の往生伝の間で特に聖の行業に大差はみられない。そこでここでは、彼がこの七往生伝と『大日本国法華経験記』に見られる行業の類型として（1）法華経の読誦、写経、講経ならびに法華・念仏の兼修、（2）観想的ならびに称名的な念仏、（3）坐禅、（4）観音信仰をあげていることを紹介しておきたい。[21] もっとも本論でとりあげた霊山の聖では数の上では、（1）の法華経や法華と念仏の兼修が多くなっている。ただ一二世紀前半成立の『今昔物語』一五巻所収の五四例中、一〇世紀初期になる『日本往生極楽記』所収のものと同一人物の四二話を比べると、『往生極楽記』が観念の念仏を重視しているのに対して、『今昔物語』巻一五で口称の念仏に重点が移っている事が石橋義秀によって指摘されている。[22]

次に各霊山の念仏聖の臨終のあり方に関しては、第一表に簡単に紹介したが、往生伝の性格もあってすべての往生人について細かく記されている。幸いにして西口順子が『高野山往生伝』以外の六往生伝記載の臨終形態とその数を表記しているので、第二表としてそれを転載させていただいた。[23] これを見ると、浄土への往生を切に願求する当事者が、それを予告し、西に向かって入滅し、その折音楽、紫雲、来迎などの奇瑞がある。またその後弟子などの夢に現れて往生したことを告げ、これを契機に諸人が結縁するという、念仏聖の一般的な臨終形式があり、本項で紹介した諸霊山の持経聖や念仏聖の往生の多くも、ほぼこの形がとられているのである。

第二表　『往生伝』にみられる臨終の幸瑞・夢告

	往生極楽記	続本朝往生伝	拾遺往生伝	後拾遺往生伝	三外往生記	本朝新修往生伝	計
収録人数	45	42	94	74	50	41	346
浄土願生	15	14	41	24	22	15	131
往生予知の夢	5	2	19	28	6	12	72
往生予告	13	2	38	21	9	12	95
向西入滅	6	6	37	26	13	4	92
五色糸所持	1	1	8	9	6	2	27
遇善知識		3	4	2	4	11	24
往生奇瑞	21	16	42	30	28	17	154
往生夢告	9	7	45	29	12	14	116
蘇生		2	1		1	2	6
現報	2		1				3
追善往生	1		1	1			3
諸人結縁	1		8	16	11	6	42

第三項　法然とその門流

法然は源信の『往生要集』や善導の『観無量寿経疏』に導かれて、専修念仏を提唱し、民間の念仏聖を収攬して浄土宗を創始した。そこで山岳修験との関わりを考慮してその活動を紹介したい[24]。法然は美作国久米南条稲岡庄（現久米郡久米南町）の久米郡押領使漆間時国を父、秦氏を母として長承元年（一一三二）に生まれた。伝承では両親が近くの天台宗岩間山本山寺（本尊十一面観音）に子授けを祈って授かったという。同寺は縁起では役行者が修行したとする金刀比羅山にある。九歳になった保延七年（一一四一）稲岡庄の預所明石定明の夜襲で父が打たれ、母の弟で比叡山で学んだ観覚がいた那岐山麓の菩提寺（勝田郡那義町）に身をよせた。これは父の仇討ちをせず自己の菩提を弔い、解脱を求めるようにとの遺言によるとされている。なお菩提寺（本尊十一面観音）は寺伝では山号を高貴山・諾山といい役行者開創としている。時代は下るが文明一六年（一四八四）、享禄四年（一五三一）には熊野先達として美作一円に檀那を有していた[25]。

彼は一三歳になった久安元年（一一四五）観覚の紹介で比叡山西塔北谷の源光を訪れた。そしてその推挙により東塔西谷の天台本覚論の碩学皇覚の弟子皇円に入門した。彼はここで天台三大部を読了している。そして久安六年（一一五〇）一八歳で黒谷の叡空から円頓戒を受け、法然房源空と名乗った。この叡空は融通念仏の良忍の弟子である。保元元年（一一五六）には嵯峨の清涼寺で七日間参籠した。その後南都に行き、興福寺に法相宗の蔵俊を訪ねている。また京都の醍醐寺で三論宗、仁和寺で華厳宗を学び、これらに見られる本願と他力を強調する善導の『観無量寿経疏』（『観経疏』）に比重を置いた浄土教にふれている。この間『往生要集』を読み『往生要集釈』を著している。四三歳になった安元元年（一一七五）には西山の広谷にいた念仏によって霊証を得た円照と交わり、その影響を受けた。そして彼自身も同年善導が獲得した専修念仏による自内証を確固なものとした。この回心によって本願、他力を経験した法然は、比叡山をおりて東山の大谷に住して積極的に専修念仏の教えを唱導し、多くの念仏者の心を捉えていった。そこで文治二年（一一八六）天台座主顕真は自坊の大原勝林院に法然を招いて、光明山の明遍、笠置山の貞慶、東大寺大勧進の重源、天台宗の証真らと談義させた（大原談義と通称）。文治五年には九条兼実に往生を講じ、建久元年（一一九〇）には重源の求めに応じて東大寺で浄土三部経を講じている。この頃から彼はしばしば兼実やその家族に授戒して効験をもたらした。また建久五年（一一九四）には安楽房遵西の父中原師秀の求めに応じて寿命長遠の為に逆修説法を行なっている。建長八年（一一九七）には後に鎮西派の祖となる弁長（一一六二～一二三八）が入門した。

建長九年（一一九八）、六六歳の法然は三・七日間毎日七万遍の念仏を唱えた。そのある夜、夢の中で大河を越えて大山に登る。そして山腹から西を見ると紫雲がたなびき光りの中で腰から下が金色で上が黒衣の僧姿の善導が「汝が専修念仏を広めることが貴い故に姿を現した」といって消えた。そこで彼はこの姿を画工に描かせた。「夢の善導」という絵がこれである。浄土宗ではこれを法然が現身に証を得て、善導と同等の境地に達して口称念仏を発したとして、三昧発得と呼んでいる。(26)なおこの年、彼は九条兼実の求めに応えて『選択本願念仏集』を撰述した。この年に一念義の祖幸西（一一六三～一二四七）が入門し、建仁元年（一二〇一）には親鸞が門下になっている。このほか彼に帰依する人があいついだ。

こうしたことから旧仏教側が強く反発し、元久元年（一二〇四）には延暦寺衆徒が専修念仏停止を朝廷に訴えた。そこで法然は「七箇条の制戒」を出して弟子に争論や軽侮を誡めた。これには彼とその弟子一九〇名が署名した。そのうちわけを見ると、僧一一人、阿弥・阿弥号一八人、沙弥及び在俗者一六二人というように、念仏聖とその信者が多くを占めている。(27)元久二年（一二〇五）には興福寺衆徒が貞慶の記した新宗を立てる、新像を図する、釈尊を軽んじる、万善を妨げる、霊神に背く、浄土に暗い、念仏を誤る、釈尊を損じる、国土を乱すとの九失をあげた「興福寺奏状」を掲げて念仏の禁止を訴えた。その翌年、後鳥羽上皇の熊野御幸の留守に院の女房が彼の門下の住蓮、安楽に近づいたことから両僧は死罪となった。さらに建永二年（一二〇七）二月、七五歳の法然は土佐、親鸞は越後に配流された。同年暮れには赦免されたが、法然の入洛は認められず、四年間摂津の勝尾寺に留まった。その後建暦元年（一二一一）許されて帰京し、大谷の小庵に住した。ただその翌年病気になり、一月二五日に「往生極楽の為には南無阿弥陀仏と申して、疑いなく往生するぞと思い取りて申外には別のしさい候はず」との「一枚起請文」を弟子の源智に授けた。また門弟の一人に元いた既知の故里の極楽浄土に帰って往生すると語った。そして頭北、面西に横臥した。その上には円仁の袈裟が掛けられた。そして正午頃、仏号を称えて眠るように入滅した。享年八〇歳だった。

法然の死後、かつて青年期の法然と共に叡空のもとにいて、その後彼の弟子となった信空はその死後廟堂を建て智恩講を始めた。嘉禄三年（一二二七）六月延暦寺の衆徒がこの廟堂を破壊した。けれども文暦元年（一二三四）に源智が再興した。なお源智は近江国信楽町勅旨の真言宗王桂寺に四万五千人の結縁者の名と自己の願文を納めた阿弥陀像を残している。もっとも信空と源智は特に門派は形成していない。なお浄土宗の主要な門派には一回の念仏のみを強調する幸西の一念義、生前の念仏と臨終の念仏のうち、特に後者を強調する隆寛の多念義、北九州を拠点に鎌倉・京都に教線をのばした弁長の鎮西義、自力の弘願念仏をとく証空の西山義、念仏以外の諸行も認める長西の諸行本願義（九品寺流）などがある。

ここで法然と関わりを持ったとされる修験についてふれておきたい。『法然上人絵伝』巻二六によると、遠江国久野の作仏房という山臥は役行者の跡をおって四八度にわたって大峰をへて熊野に参詣したが、その都度証誠権現の宝前で迷いを離れる肝要の道を示すように祈願した。すると四八度目の満行の時、京都の法然の処に行って尋ねるように指示された。そこで法然に会って念仏、往生の教えを授かり、一向専修の行者となった。生国では市で染物などを売って生活した。往生に際して念仏を唱えて本尊（阿弥陀仏）に向かって端座し合掌した。すると紫雲があらわれて美しい顔をして往生したとしている。[28] また中世後期以降当山正大先達寺として盛えた興福寺末の菩提山正暦寺の中尾谷には建暦年間（一二一一～一二一三）に法然の弟子蓮光が迎接院を建立して、闇室で念仏を唱えて、阿弥陀像に浄土の相を観じて称名の業を遍修している。なお同寺のある中尾谷は東大寺三論宗の別所光明山寺永観の系統の別所である。[29] この他伊豆山の尼妙真房は当初法華経を誦し、密教を修したが、その後法然にあって多行を捨てて一向念仏し、常に仏陀を拝した。

ある時明日の申刻に往生すると告げ、端座し、合掌のまま往生したという。[30] また親鸞の高弟性信は元久元年（一二〇四）、熊野参詣の際、京都で法然の説法を聞いて帰依した。その後法然が親鸞に彼を託したとされている。

法然の主著『選択本願念仏集』は、冒頭に自筆で「南無阿弥陀仏、往生の業には、念仏を先とす」と記したように、彼が三昧発得によって体得した称名こそが阿弥陀仏の本願で、これによって衆生が極楽に往生し得ると確信した根拠を体系的に述べた浄土宗の基本経典である。その内容は次の一六の部分から成っている。それは（1）浄土教の二祖で善導の師である中国の道綽（五六二〜六四五）が、聖道、浄土の二門を立て、浄土の道を選ぶように勧めた文、（2）善導が往生の行を往生浄土を明かす経典にもとづく正行とその他の雑行に分け正行を勧めたこと、（3）阿弥陀如来は念仏を往生の本願とすること、（4）浄土を願う者には上位（出家修行者）、中位（ひたすら阿弥陀仏を念じ喜捨する人）、下位（十念する人）の三輩があるが、いずれも往生出来る事、（5）念仏の利益、（6）末法の後他の教えはすべて消滅するが念仏のみは存続すること、（7）阿弥陀の光明は念仏行者のみを照らし救うこと、（8）念仏行者は至誠心、深心、廻向発願心の三心を持つべきこと、（9）念仏行者は長時修（初発心から菩提まで絶えず浄土に往生する勤めをする事）、慇重修（敬いつつしむ事）、無余修（常に念仏して往生を願う事）、無間修（ひたすら極楽往生を願い阿弥陀仏に礼拝し、み名を唱える事）の四修の法を納めること、（10）阿弥陀仏は念仏行者が念仏したことのみを讃えて迎えに来る事、（11）さまざまな善と勤めの中で特に念仏を讃嘆する事、（12）釈尊は念仏のみを阿難に伝えたこと、（13）念仏は多くの善根を生じるが、その他の善は少しの善根しか生じないこと、（14）六方の多くの仏が念仏によってのみ往生が定まることを証誠していること、（15）六方の諸仏が念仏の行者を護念していること、（16）釈迦が阿弥陀仏の名をねんごろに仏弟子の舎利仏に伝えたこと、である。なおこの一六項目のうちの（8）の三心の中の廻向発願心の項で、廻向には浄土に往生する事を願う往相廻向と、浄土に往生した者が大慈悲によってこの世に還って迷える人を救う還相廻向をあげ、三心を備えていればこの還相が出来るとしていることに注目しておきたい。『選択本願念仏集』では上記のことを、浄土三部経の要文を引用し、善導の解釈をもとに経意を述べ、最後に自己の解釈を付して立教の主旨を明らかにしているのである。[31]

第四項　親鸞とその家族

浄土真宗の開祖親鸞は承和三年（一一七三）日野有範の子として生まれたという。[32]幼少の頃母が死亡し、九歳で比叡山に登り、善信と名乗った。青年期には常行三昧堂の堂僧として不断念仏に携わった。建仁元年（一二〇一）二九歳の時、京都の六角堂（頂法寺）に一〇〇日間参籠した。この堂は四天王寺とも関わりを持つ観音霊場である。その九五日目に夢の中で聖徳太子の本地救世観音から、

行者宿報設女犯　我成玉女被犯　一生之間能荘厳臨終引導生極楽――中略――此は我が誓願なり。善信此の誓願の旨趣を宣説して一切群生に聞かしむべし。[33]

との告命（「太子廟窟偈」）を得た。なお夢で見た御堂の正面には峨々とした岩山があり、数千万億の有情が群集していたという。そこでこれを契機に後世をさぐる道を求めて、吉水の法然を訪ねて入門した。この救世観音の誓願はすでに当時結婚していた親鸞の生活を正統化する為のものと思われないでもない。[34]

けれども承元元年（一二〇七）三五歳の時、法然の配流に連座して藤井善信との俗名を付されて、越後国府に配流された。この時彼の妻恵信尼は父三善為教が越後に所領を持ったことから同行した。この配流に際して彼は自分は僧にあらず俗にもあらずとし、禿字を姓とし、愚禿親鸞と名乗った。なお国府近くには修験霊山の妙高山がある。中世期にはその山頂には雲上寺阿弥陀堂があり、善光寺分身仏を思わせる阿弥陀如来像が祀られていた（現在関山神社妙高堂に安置）。山麓には関山三所権現があり、同権現別当宝蔵院は山伏寺だった。こうしたことから彼が配流地で妙高山の信仰や善光寺如来の信仰にふれていたともされている。[35]けれども『親鸞聖人門侶交名牒』には越後国では覚善しか見られないゆえ、蟄居していたと考えられる。ちなみに親鸞は恵信尼との結婚に先き立って、今一人の妻（九条兼実の娘玉日とも）を持ちその間に二人の子がおり、恵信尼との間に五人の子供がいた。

建暦元年（一二一一）、法然とあわせて親鸞も赦免された。けれどもその翌年春に法然が死去したこともあって、彼は越後に留まった。そしてその三年後の建保二年（一二一四）上野、武蔵、下総をへて恵信尼の父三浦氏の飛地がある常陸国稲田に彼女と共に移住した。その旅の途中、上野国佐貫で親鸞は衆生の利益の為に浄土三部経を一〇〇〇部読経しようとした。けれどもその途中でふとこれは自力だと感じてやめている。(36) 稲田定住後は一向専修の念仏を積極的に広め、その信者も増えていった。こうした中で一人の山臥（辨円）が害心をおこして親鸞がいつも通る板敷山で待伏せしたが、会えなかった。そこでその禅室におしかけた。彼はそこで聖人の尊顔を拝したちまち改悛し、刀を捨て頭巾、柿衣をあらためて帰依し、明法房と改名した。(37) 寛喜三年（一二三一）親鸞は風邪をひいた時に浄土三部経を誦え始めたが、途中で自力と感じて止めている。彼はこれに先き立つ元仁元年（一二二四）頃から主著『教行信証』の執筆を始めた。そして文暦元年（一二三四）頃に家族と共に帰京した。なお『親鸞伝絵』ではその旅の途中に箱根で箱根権現の饗応を受けたとしている。

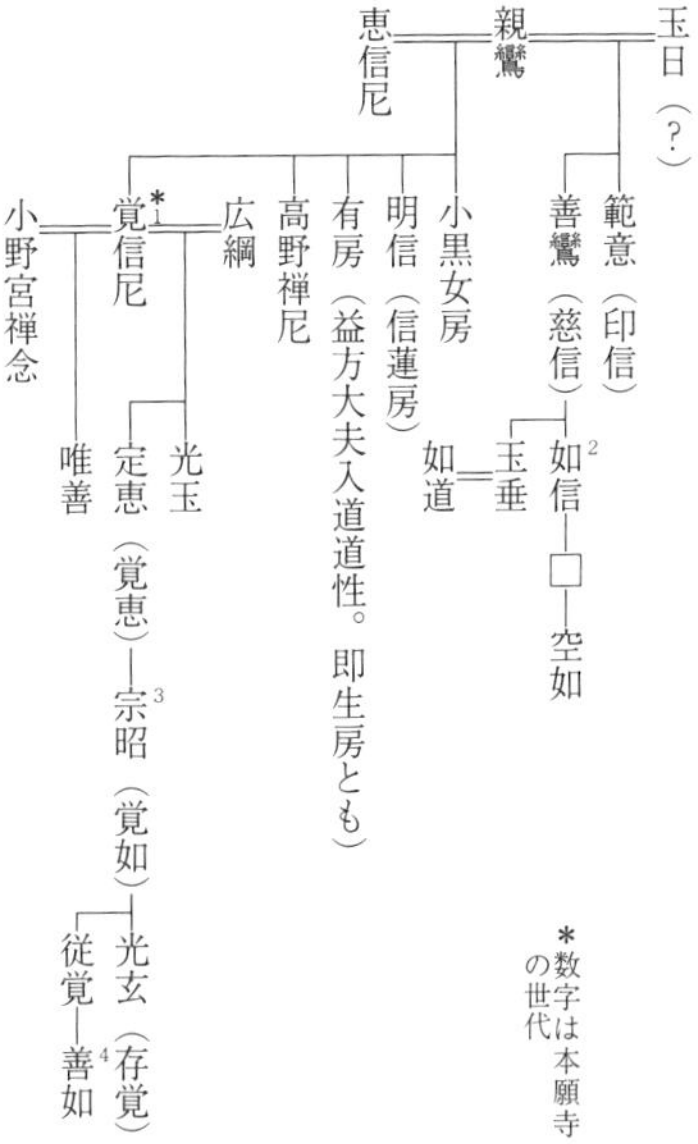

それまでの関東滞在中に彼は常陸を中心に奥羽、下野、下総などに「親鸞聖人門侶交名牒」所掲だけでも四八人の門弟を育てている。彼らは私宅や村堂を道場として同行、同朋とも呼ばれた同信者の組織を形成した。主な門弟には下野国高田の真仏（高田派の祖）、下総国横曽根の性信、同国河和田の唯信（『歎異抄』の著者）などがいた。ところで『善信聖人絵』によると常陸国那荷西郡大部郷（水戸市飯富）の平太郎は領主の熊野詣の供奉を命じられた。そこで京都でそのことの是否を親鸞に尋ねた。すると彼は本来は阿弥陀の本願を信じる者が諸神を拝礼するのは良くない。しかし証誠殿の本地は阿弥陀如来ゆえ本地の誓願

を信じて念仏すれば良いと答えた。彼が証誠殿に詣でて参籠した夜、衣冠正しい俗人の姿をした熊野権現が現れた。そこで親鸞の教えに従って参拝し念仏を唱えたと話したところ、権現は笏を正して真の仏として拝礼したとの話をのせている。[38]なおこれにもとづくのか彼は出家して真仏と名乗っている。

親鸞と共に帰京した恵信尼はその後末娘の覚信尼を残して他の子供たちと越後に帰国した。先妻（玉日カ）の子供の善鸞も親鸞の傍らにいた。親鸞は『教行信証』の改訂に努めると共に『愚禿鈔』などの著作や「浄土和讃」など和讃の作成に専念した。その生活は関東の門弟たちの仕送りに頼っていた。ただ彼らの中には異説を唱えたり、悪事を犯しても念仏で往生出来ると主張したり、諸仏諸神を誹謗する者もいた。これに対して彼は門弟たちに手紙を出して戒めている。これらの手紙にはその信仰の中心をなす「即得往生（念仏により仏智を領解すればその時点で死後の成仏が確定している）」と「自然法爾（自力のはからいを捨てて仏の手にすべてを任せきること）」が繰り返し述べられている。[39]ただ手紙だけでは不十分だと思ったのか、東国門徒の異解を鎮める為にその子善鸞を派遣した。これが大きな事件を引きおこすことになるが、これにふれる前に恵信尼とその子供たちの生活と信仰に目を向けることにしたい。

恵信尼は覚信尼あての手紙の中で、親鸞が六角堂に籠った際に聖徳太子の本地救世観音から既述の告命（「太子廟窟偈」）を授かったことを回想している。また彼女は常陸国下妻で親鸞が観音の化身との夢を見て、その往生は確実と考えていた。けれども自分は「即得往生」し得るとは考えず、臨終の際には死衣裳を整えて念仏を唱え、阿弥陀の来迎を得て往生したいと願っている。さらに子供たちに五重の石塔を建立して追善供養するように依頼している。[40]なお恵信尼を慕っていた末娘覚信尼も、父の死に際しては臨終正念や臨終時の奇瑞を期待していた。[41]次に系図にあげた恵信尼の子供達を見ると、明信（信蓮房）は栗沢に住したが、この地には神主、巫女系の地名が残っている。有房（益方大夫入道性、即生房）の住所は宮桝方（現上越市桝方）だが、大夫入道を名乗っているゆえ、中之宮の大夫だったと思われる。小黒女房は現安塚町小黒、高野禅尼は関川に近い平場に住んでいたが、そこはもとその東方の高野山（仏山）麓の住民が移住したところで「十二」「諏訪の神社」「浄見寺」「坊ノ浦」の社寺、さらに「たての内」などの地名がある処である。こうしたことから恵信尼は越後で女子一期相続令によって生活し、男子を僧籍に入れ、女子は近隣の豪族に嫁入りさせていたと考えられる。[42]このように恵信尼と彼女の子供は民俗宗教的世界で生活していたと考えられるのである。

親鸞には先妻（玉日カ）との間に範意（印信）と善鸞（慈信）の二人の子があった。範意の伝記は未明だが、善鸞は親鸞配流後は京都の実母の家で育ち、親鸞帰京後その教えを受けて信頼されていた。そこで建長五年（一二五三）に親鸞に東国門徒の異解を解決する為に関東へ派遣された。彼は当初は常に無礙光如来（阿弥陀如来）の名号を唱えて活動した。けれども当時東国では、さきにあげたかつて山臥だった明法房の話から推測されるように、巫女を使役して憑祈祷したり、呪符を用いて治病などする修験的な活動が盛んだった。やがて彼もその影響を受けるようになり、相模の大山近辺で巫女を伴って遊行し、阿弥陀仏の名号を書いた符を用いて、治病、呪詛などの活動をするようになった。[43]例えば覚信尼の子覚恵と孫の覚如が東国を訪れた時、覚如が病気になった。そこで善鸞が符を準備し、その子如信が覚如に飲ませようとした。しかし覚如はこれを飲まなかった。これを父覚恵は心苦しく思い、善鸞は不満をもらしたとされている。[44]やがて善鸞は東国の多くの門徒のみならず、北条貞時の二所詣に供奉するなど権力者の外護を得た。そして自分の意に従わない関東門徒を幕府に訴えるなどした。ただこの訴訟は性信などの努力で却下された。これを怒った親鸞は建長八年（一二五六）善鸞を義絶した。

親鸞はこうした苦悩をかかえながらも著作に没頭したが、弘長二年（一二六二）一一月二八日に九〇歳で頭北面西して臥し念仏を唱えながら入滅した。覚信尼は日野広綱と結婚し、光玉と覚恵を儲けた。けれども二〇歳の頃広綱と死別後は、親鸞の世話をした。その後小野宮禅念と再婚し唯善を生んだ。そして親鸞の死の一〇年後に禅念の土地に東国の門弟の協力を得て大谷廟堂を建立した。その後廟堂の土地を禅念から相続した彼女はこの敷地の権利を放棄して、廟堂のものとし、そのかわり廟堂の留守職を門弟の意にかなう自己の子孫に任じる事を門徒たちに認めさせ、弘安三年（一二八〇）八〇歳で留守職を覚恵にゆずって死亡した。一方禅念と覚信尼の子唯善は、仁和寺の相応院守助のもとで山臥となっていた。けれどもその後常陸国河和田（現水戸市）の唯円に師事した。そして廟堂の横領を企てたことから退けられ、相模国常葉に退いた。なお善鸞の子如信は幼少の時から親鸞の教えを守り、善鸞と共に関東に赴いた。彼は覚恵、覚如父子に真宗の要義を伝授したこともあって、本願寺三世となっている。以上親鸞とその家族について述べたが、特に善鸞、唯善などが修験的な活動をしていることが注目される。

親鸞の主著『教行信証』は「教」「行」「信」「証」「真仏土」「化身土」の六巻から成っている。まず「教」巻では無量寿経を仏陀の本心を示す真実の教えとする。「行」巻では阿弥陀仏の名号を専心に唱えることが往生浄土の真実の行であるとする。「信」巻では無量寿経の第一八願（念仏往生観）の至心（如来の真心）、信楽（如来の本願を信じ疑わないこと）、欲生（極楽に生まれようと欲すること）の三位をもとに信は自力ではなく、他力廻向によることを明らかにする。「証」巻では往相（衆生が浄土に往生する面）、還相（一度往生して再びこの世に帰って救済の働きをする面）の両面を説いたもので、同書の中心をなしている。「真仏土」巻では真宗で目指す仏身仏土が一切の衆生が往生しうる唯一の仏土であるという事、「化身土」巻は無量寿経であげる法蔵菩薩の四八願のうちの一九願の来迎引接願と二〇願の功徳を積み廻向する「係念定生願」を方便として一八願に導く三願転入を説いている。[45]

第五項　一遍と時宗

時宗の祖一遍は延応元年（一二三九）河野道広の次子として生まれた。[46] 河野家は伊予水軍の雄だったが、承久の乱の時、祖父道信が後鳥羽上皇方に与したことから奥州江刺に配流され、父道広は出家して如仏と号した。彼は建長三年（一二五一）一三歳の時出家して随縁と名乗り、父の紹介で筑紫の宝満山近くの原山寺（太宰府市）に聖達を訪ねた。聖達は浄土宗西山流の祖証空（一一七七～一二四七）の弟子である。ただ彼は随縁を肥前清水の華台を訪ねさせた。華台は彼に智真の名を与えたうえで、翌年には聖達のもとに帰し、彼はここで二五歳まで修行した。けれども弘長三年（一二六三）父が死んだことから帰国し、還俗の上で結婚もした。けれども骨肉の争いが起こったことから再出家して異母弟聖戒と共に聖達を再訪した。

　彼は文永八年（一二七一）春、信濃の善光寺に参籠した。ここで彼は善光寺如来に前世からの因縁が深かったので思いがけず会うことが出来たといわれ、二河白道の図を写して帰国した。同年秋には伊予国浮穴郡窪寺（松山市窪野）に閑室を設けて、二河白道の図を東の壁に掛けて本尊として三年間にわたって念仏三昧の行をした。そして「十劫正覚衆生界、一念往生弥陀国、十一不二証無生、国界平等坐大会（十劫の昔の弥陀の成仏と衆生の一念往生は絶対不二で、ここに生死を超えた真実の証がある）との頌偈（「十一不二頌解」）を得て、自己の身命を仏法に捧げ、衆生救済に努める決心とした。彼はこれを契機に一遍と自称したと考えられる。ついで文永一〇年（一二七三）七月には聖戒と共に伊予の菅生の岩屋寺（四五番札所、上浮穴郡美川村）の不動堂に籠った。この堂の上には仙人堂、近くには三つの岩山があり山上に祠、山腹に弥勒の兜率天になぞらえた四九窟と観音三三所の霊堀があった。なお岩屋寺の鎮守は白山大明神である。一遍はこの不動堂で聖戒と不動明王を証誠として一緒に悟りを開こうと約束した。

　文明一一年（一二七三）一遍は妻の超一、娘の超二と弟子の念仏房を伴って伊予を出立した。聖戒は桜井（今治市）まで見送った。彼はここで聖戒に名号と十念（十回南無阿弥陀仏と唱える）を授けて、臨終の時の再開を約して旅立った。一遍の一行はまず摂津の天王寺に参詣した。ここは聖徳太子が建立した釈迦の転法輪に因む寺で、海上の落日を拝する極楽の東門とされていた。一遍はここに十戒を守るという十重の制文を納めた。そしてこれを契機に念仏札を配り、衆生済度を始めた。ついで高野山に参って、極楽浄土と法縁を結んだうえで熊野に向かった。

　熊野山中で一遍は一人の僧に一念の信をおこして南無阿弥陀仏と唱えて念仏札を受けるようにすすめた。けれども僧は一念の信が起きないので受け取ることは出来ないといって断った。ただ熊野道者が見ていたので、信心がなくても受けるようにといって渡し、他の熊野道者たちも札を受け取った。このことがあったので、一遍は熊野本宮証誠殿の宝前で念仏を勧める心構えについて神託を仰いだ。すると御殿の御戸が開かれ、長頭巾に袈裟をつけた白髪の山臥姿の熊野権現が現れ、長床にいた三〇〇人位の山臥が一斉に敬礼した。権現は、融通念仏すすめる聖、いかに念仏をばあしくすすめられるぞ、御房のすすめによりて一切衆生はじめて往生すべきにあらず、阿弥陀仏の十劫正覚に一切衆生の往生は南無阿弥陀仏と決定するところ也、信不信をえらばず、浄不浄をきらわず、その札をくばるべし。

と告げられた。そして境内にいた一〇〇人近い子供が札を受けて、南無阿弥陀仏と唱えて消え去った。このことは熊野本宮証誠殿で一遍が権現から融通念仏の聖として賦算の指示を受け、権現に従う熊野の王子を示すと思われる子供たちがその実践を助けたことを示している。この神託が一遍の賦算の契機となったのである。

一遍は本格的に賦算をすすめる為に三人の同行を帰し、「南無阿弥陀仏決定往生六十万人」と記した念仏札の形本と「六字之内、本無生死、一声之内、即証無生」（南無阿弥陀仏の六字の名号に生死の迷いはない、一声の念仏のうちに生死を越えた悟りが開かれる）との頌偈を作った。以後彼の賦算の旅が始まるが、ここではその場所と特に注目すべき事のみを列記する。

一遍は熊野を出て京都を巡り、九州に行き、建治元年（一二七五）に伊予に帰った。翌二年には再び九州に渡り聖達に会って「十一不二頌偈」の事を話した。ついで大隅正八幡宮に詣でて八幡神（本地阿弥陀）から「とことはに南無阿弥陀仏と唱ふれば　なもあみだぶに生れこそすれ」との神詠を授かった。続いて訪れた豊後ではのちに時衆二祖となる真教が入門し、以後同行した。弘安元年（一二七八）には安芸の厳島に参詣し、備前福岡では妻の入信を怒って彼を襲った吉備津宮の神官を始め二八〇余人が入信した。翌二年には京都因幡堂参詣後、善光寺に参詣し、その後小田切の里（北佐久郡臼田町小田切）で空也の先例にならって踊り念仏を始めた。これは信心の喜びを踊りの形で示し、鉦の音も阿弥陀が聴許したことを確信するものである。同三年には奥州に行って祖父道信の墓に詣でた。その後、常陸、武蔵を遊行し鎌倉に向かったが、警護の武士に制止され、片瀬の地蔵堂で賦算した。この後伊豆の三島大社、尾張の甚目寺、近江の関寺をへて京にはいった。京では因幡堂、六波羅蜜寺などに詣り、先達として崇めた空也の遺跡の市屋に滞在した。

弘安七年（一二〇四）一遍の一行は山陰に向かい、亀岡の観音巡礼二一番札所穴太寺に詣で、因幡、伯耆をへて、美作一宮に参詣した。その翌年には天王寺、住吉神社、聖徳太子御廟をへて、当麻寺に入った。そして当麻曼荼羅の頌にこの地が法喜菩薩の再来の役行者が仏事を行なった霊地で、西方浄土に近いところとあったことに注目している。弘安九年（一二八六）の冬には石清水八幡宮、天王寺に詣り、翌年には法華経の聖地書写山を訪れている。この頃、遊行聖の持物の十二道具（引入〈椀・鉢〉、箸筒、阿弥衣、袈裟、帷〈夏衣〉、手巾、帯、紙衣、念珠、衣、足駄、頭巾）のそれぞれに阿弥陀の十二光の徳を充当した持ち物を定めている。ついで備後の吉備津神社、安芸の厳島をへて伊予に帰り、菅生の岩屋寺に立ち寄ったうえで、松山の繁多寺に父如仏が所持していた浄土三部経を奉納し、河野家の氏神、伊予一宮の大三島神社に参拝した。

正応二年（一二八九）には讃岐の善通寺、近くの曼荼羅寺（出釈迦寺）をへて阿波に入った。この頃から体調をくずしたが、淡路に渡り、和田岬（神戸市兵庫区）の観音堂に入った。同年八月一〇日、ここで所持の聖教を阿弥陀経をあげながら焼き捨てて「一代聖教みなつきて、南無阿弥陀仏になりはてぬ」と述懐した。八月二一日には西宮神社の神主に十念を授けた。そして二三日午前七時、懺悔の帰依三宝を唱えながら禅定に入るように静かに往生した。

以上の一遍の伝記を見ると、その当初は天台的色彩が強い西山義を学んでいる。ただ再出家後は伊予の窪寺での「十一不二」の悟り、岩屋寺での籠山、熊野権現の神託、念仏を唱えている時こそ、臨終、往生の時で救済の時であることを身体で感じさせる踊り念仏の開始が、活動の主要な契機となっている。このうちの窪寺や岩屋寺での修行、熊野権現の神託は山岳修験との結びつきが感じられるものである。思想的には一遍は南無阿弥陀仏を「阿弥陀仏の四字は本願にあらず、南無が本願なり、南無は始覚の機、阿弥陀は本覚の法なり、然れば始本不二の南無阿弥陀仏也、称すれば頓に迷悟を離れるなり」[47]というように、天台本覚思想の影響を受けている。なお彼が興願僧都にあてた「よろず生きとしいけるもの、山河草木ふく風たつ浪までも念仏ならずといふことなし」[48]との法語は、修験道で依経を「法爾常恒の経」とし、具体的には山中の風にそよぐ木々の音、滝や清流が砂石を打つ音を法界の音声（経）として覚知すると説くことにつながるとも思われる。

一遍の死後、聖戒は京に入ったが、真教（一二三七〜一三一九）と一部の門弟は六甲山系北方の丹生山に入り断食をして師に殉じるつもりでいた。その時山麓の淡河の領主が念仏札を授かりに来た。そして引き続き賦算して念仏を勧めてほしいと要望した。そこで一同は相談のうえで長く一遍に従いその教えを理解している真教（他阿弥陀仏）を頭として再出発することにした。[49]そこで真教はまず越前国府の総社に七日間参籠したうえで、その近辺で賦算し、暮には総社で別時念仏を行なった。以後加賀、越中で賦算した。正応四年（一二九一）には後に時宗三世となる智得（一二六一～一三二〇）が入門し同行している。永仁二年（一二九四）真教は善光寺に参詣し、翌三年には甲斐をへて相模に入った。ちなみに富士吉田の西念寺（本尊来迎弥陀三尊）はこの折真教が中興したとしている。彼は同四年には相模、五年には上野を遊行した。なおこれらの地域は善光寺如来の信仰が強い処である。翌六年彼は武蔵国村岡（熊谷市）で病になった。そこでこの地に滞在して時宗の心得を記した『同行用心大綱』を執筆した。その後、正安二年（一三〇〇）、上野国板鼻（安中市）を遊行した。この折、後に時宗四条派の祖となる真観（浄阿弥陀仏）が入門した。翌年には伊勢に参宮して、内宮で念仏を修している。乾元元年（一三〇二）には近江国志賀（大津市）の小野神社の神主実信の霊夢にもとづく招請に応じて同社に参詣し、爾来小野大菩薩を守護神と崇めている。彼は同年八月摂津の兵庫で一遍の十三回忌の法要を営んでいる。

嘉元二年（一三〇四）正月、六八歳の真教は遊行の法灯を智得（量阿弥陀仏）に譲って、鎌倉に近い相模国当麻（相模原市当麻）に無量光寺を建立してここに止住した。一方、一遍の義弟聖戒はすでに一遍が熊野本宮で賦算に関する神託を受けた後、彼から形木名号を与えられていた。ただ一遍の死後は京都にあって、関白九条忠教の外護を受けて『一遍上人絵伝』の製作に没頭して、さして賦算はしなかったようである。これに対して真教は弟子宗俊に『遊行上人縁起絵』全十巻を作らせた。しかしこの『縁起絵』の一遍の伝記は四巻までで、あと六巻は上記の真教の当麻止住までの事蹟である。真親はこの『縁起絵』の完成をまって、嘉元四年（一三〇六）熊野本宮に詣でて、この『縁起絵』を奉納している。これは彼が当麻に拠点をかまえた後、熊野に詣でて熊野権現から自分が一遍の後継者であることの承認を得ようとしたものと考えられる。なお彼はその後も延慶三年（一三一〇）、正和三年（一三一四）と二回熊野に詣でている。

無量光寺を時宗の本山とした真教は各地の道場の門下の掌握を考えて、嘉元四年（一三〇六）には「道場誓文」を定めている。なお彼は既述のように北陸、信濃、甲斐、武蔵と善光寺信仰が見られる地域をその地の土豪の協力を得て遊行した。そして既存の新善光寺、熊野堂、八幡社を時宗の道場とした。またその掌握のために知識への絶対服従を命じる帰命戒を定めて、それに反した場合は極楽往生の証として念仏札を渡したことを示す「過去帳」に記入した名前の上に「不」（往生できないことを示す）を記すなどして統制した。なお真教は歌人でもあり、神詠や和讃を作って唱導に努めている。また歌道を通じて京都の貴族や鎌倉の武士に接してその外護を受けもした。こうして時衆の組織を確立したうえで元応元年（一三一九）八三歳で当麻の無量光寺で死亡した。

最後に真教に師事した四条派の祖真観（浄阿弥陀仏）と時衆三世の智得（量阿弥陀仏のちに他阿弥陀仏）について簡単にふれておきたい。真観は建治元年（一二七五）上総国の牧野太郎頼氏の子として生まれた。同国丹生山円通寺で出家、鎌倉の極楽寺で忍性（一二一七〜一三〇三）に律、紀伊国由良の無本覚心（一二〇七〜一二九八）から禅を学んだ。そして覚心のすすめで熊野に行き、新宮で夢告により念仏の形木を授かり、一阿弥陀仏を名乗った。そしてこれを聞いた覚信の印可により念仏をすすめる遊行聖となった。その後正安二年（一三〇〇）に上野国板鼻で真教にあって弟子となり、浄阿弥陀仏と改名した。そして延慶二年（一三〇九）に京都の四条京極の祇陀林寺に入った。さらにその翌々年、後伏見上皇妃の難産の際、新宮で授かった念仏札を奏進し、無事に光厳天皇が誕生した。喜んだ上皇は祇陀林寺を金蓮寺と改めさせた。さらに彼は真観の弟子だった北条氏有縁の波多野道憲の仲介で六十万人知識の形木名号と賦算の印可状を授かり、京都で賦算する許可を得て四条上人と称した。暦応四年（一三九一）金蓮寺で没した。享年六七歳。以後、彼の後継者は代々浄阿弥陀仏・四条上人と呼ばれている。(50)

智得は加賀堅田の出身で、真教が同地を訪れた正応四年（一二九一）に弟子となり、その遊行に同行した。そして嘉元二年（一三〇四）四四歳の時、無量光寺に定住した真教から遊行上人の名と他阿弥陀号と授けられ、賦算を委ねられた、ただ『往古過去帳』は渡されなかった。そこで智得は自己専用の『過去帳』を持って、天応元年（一三一九）に真教が死亡するまで一五年間にわたって関東、東北を遊行した。彼は真教の死後は師の後を継いで当麻の無量光寺に住して、時宗三世となり、他阿弥陀仏、中興と称した。そして『知心修要義』『念仏往生綱要』を著して念仏の意義を説くと共に、知識帰命の論理をもとに時宗の組織の確立に努め、元応二年（一三二〇）七月一日に無量光寺で死亡した。(51) なお無量光寺は鎮守として、熊野、妙見、白山を祀っているが、このうちの白山の御神体は智得作とされている。(52)

結

日本における浄土教の先鞭をなす空也、良忍、源信や『往生伝』所掲の念仏聖、その展開を主導した法然、親鸞、一遍などの活動には中世初期に成立した修験道や日本古来の民俗宗教につらなるものが認められる。そこでここでは、彼らが関わった霊山、修行、立教の契機をなった回心、臨終、往生観、救済活動などにみられるこうした要素をまとめて検討することにしたい。

まず彼らのほとんどはその活動の当初霊山と関わっている。すなわち空也は全国の霊山をめぐり、愛宕山に籠ったとされている。良忍、源信、法然、親鸞は当初比叡山で修行し、のちにはその別所で活動した。もっとも法然は幼少期に美作の那義山の菩提寺ですごし、親鸞も配流先で妙高山信仰にふれたと思われないでもない。また伝承では箱根権現の饗応を受けたともいう。(53) 一遍は伊予の岩屋寺の岩山の不動堂に籠り、熊野本宮証誠殿で賦算に関する神示を受けている。源信は大峰と並ぶ修験霊山の葛城山系の二上山麓の当麻で生まれている。慶滋保胤の『日本往生極楽記』に始まる七種の『往生伝』所掲の念仏聖が籠った霊山は、金峰山一三（人数、以下同様）、愛宕八、箕面と勝尾七、比叡山五、宝満山・鞍馬山各三、熊野・書写山各二、比良山・戸隠・白山・立山など各一となっている。このうち金峰山（吉野）は熊野と共に修験の根本道場大峰山の入口である。この山は弥勒菩薩の兜率天の内院とされ、金峯山寺には鎌倉初期には弥勒堂があり、山内の来迎院、石蔵寺常行堂では不断念仏がなされていた。(54) また道賢は金峰山の他界に赴いて、醍醐天皇や菅原道真の霊に見えている。[55]一方熊野本宮証誠殿（本地阿弥陀如来）には長床衆と呼ばれる修験者がおり、那智の妙法山では応照が火定し、その浜は観音の補陀落浄土とされている。

『往生伝』には見られなかったが、源信の出生地の二上山麓の当麻寺は当麻曼荼羅で知られる浄土教の聖地である。そして一五世紀中頃にはその背後の二上山の岩屋で当山方修験が大峰葛城を抖擻したあと、秋に二上岩屋大念仏会を行なっていた。[56]なお葛城山は華厳経で迦葉の化身とされる法喜菩薩を主尊として祀り、葛城で修行した役行者はその化身とされている。「一遍上人絵伝」で一遍が当麻寺で見た「当麻曼荼羅」の頌にここは法起菩薩の化身の役行者が仏事をしたところで西方浄土と縁が深いとしているのは、当山方の大念仏会を知ってのことと思われる。

箕面には一〇世紀半ばには、「阿弥陀和讃」を作った千観が籠り、陽生などの聖もいた。一三世紀中期の『私聚百因縁集』所収の「役行者之事」では、この箕面の滝上の竜穴は役行者が龍樹から受法した処とされている。[57]また正中二年（一三二五）に勧修寺の栄海が編んだ『真言伝』では、役行者はこの奥の天上ヶ岳から母を鉢にのせて渡唐したとしている。[58]箕面の滝の上方に位置する勝尾寺は法然が赦免後に入京を許されず留まった所で、それ以前にも教信、証如などの念仏聖がいた。その後室町初期には同寺の修験者が熊野先達として活躍している。[59]

空也が籠ったとされる京都の愛宕山は寺伝では平安中期に千観が念仏寺を開いたのに始まるとする。中世期には月輪寺（本尊阿弥陀如来）があった。同寺が鳥辺野入口の墓辺寺だったことから空也の修行伝承が作られたと思われる。なお中世後期の愛宕修験では、役行者が愛宕の大杉の上に白馬に乗った勝軍地蔵を感得して雲遍上人（泰澄）と共に祀ったとしている。また大天狗太郎坊の居所とされていた。

良忍の勧進伝承が見られた鞍馬山中腹には延暦一五年（七九六）に藤原伊勢人が貴船明神の神託にもとづいて毘沙門天を祀った鞍馬寺がある。ここには中世期に修験者と思われる峰延が毘沙門天の呪を唱えて蛇を調伏したとの伝承があり、現在鞍馬の火まつりの竹伐りでこれを再現している。

性空が書写山を開く以前に修行した霧島や背振山は修験霊山である。この背振山近くの宝満山では数多くの持経聖が修行して往生している。この山に中世後期には彦山の山伏が峰入をしていた。中世初期の彦山には弥勒の兜率天の四九院になぞらえた四九窟があった。なお書写山は修験の山とはいいがたいが、近くの雪彦山は修験霊山として知られている。北陸の白山・立山、親鸞がその山麓で流人生活を過ごした妙高山、相模の伊豆山も修験霊山である。ただ何故か、月山に阿弥陀如来を祀る出羽三山や彦山には浄土教の宗祖は訪れず、往生伝にも見られない。ちなみに中世初期の『梁塵秘抄』には聖の住所として大峰、葛城、石鎚、摂津の箕面と勝尾、播磨の書写、熊野の那智と新宮、出雲の鰐淵や日の御崎（二九七、二九八）、四方の霊験所として伊豆走湯、信濃戸隠、駿河富士、伯耆大山、丹後成相、土佐の室戸、讃岐の志度の道場をあげている。(60)

次に宗祖の教学と修行を検討する。まず教学に関しては空也は播磨の峰相寺で経論、良忍は比叡山で天台や浄土、源信も比叡山で聖道と浄土教、法然は比叡山で天台や浄土、高野山で密教、南都で六宗、親鸞も比叡山や法然のもとで念仏、一遍は聖達の下で自力も認める浄土宗西山義を学んでいる。修行では空也は全国の各山や霊窟を巡っており、良忍と親鸞は比叡山の常行堂で不断念仏、一遍は窪寺や岩屋寺に籠っている。回心との関わりを見ると、空也は阿波の湯島の霊窟で腕上焼香して観音の光を得、良忍は比叡山東塔の別所で手足の指を切って燃やして法華経を供養することによって、融通念仏の霊示を得ている。法然は四二歳の時、高声念仏を誦えていた際に見た夢の中で山上の善導と対面している（二祖対面の霊感）、また六六歳の時に二・七日毎日百万遍の念仏をした時には夢中で極楽に行き弥陀三尊に見えて専修念仏を広める決心をした。親鸞は三一歳の時、六角堂に一〇〇日籠って念仏し、救世観音の啓示を得た。一遍は窪寺で三年間念仏して「十一不二の偈」を得ている。これを見ると空也と一遍の回心は霊山での修験的な行がもたらした神秘体験が契機となっている。一方良忍、法然、親鸞は堂に籠って念仏を数限りなく唱えることで神秘体験を得て回心している。なお『往生伝』所収の念仏聖には、回心に関する記述はあまり見られない。ただその多くは法華経を読誦し念仏を唱えて修行している。

回心をもたらした神格を見ると、空也は湯島の観音、親鸞は六角堂の救世観音、源信・法然は弥陀三尊だが、法然は善導にも見えている。一遍は熊野権現である。源信、法然には観音の申し子伝承もある。なお回心や往生には夢が関わっている。すなわち空也は夢の中で極楽に行き、良忍も夢中で阿弥陀如来から融通念仏の教えを授かっている。法然も夢の中で善導や弥陀三尊に見えている。なお良忍や『往生伝』所収の念仏聖は死後に縁者の夢に現れて、自分が極楽にあることを知らせている。また生前に極楽往生や弥陀の来迎を擬似体験して、死後の往生を確信する試みもなされている。前者には当麻寺の迎講や立山の布橋灌頂、後者には石鎚山や播隆が開いた槍ヶ岳の山上で太陽の中に見える自己の影を阿弥陀如来と観ずるブロッケン現象がある。源信に淵源があると説かれる弥陀来迎図や山越阿弥陀図はこれを思わせるものである。

　救済活動を見ると空也は念仏を唱えて死体を埋葬したり、写経の他に錫杖による祈祷も試みている。良忍は勧進や声明による鎮魂、法然は念仏往生を説く一方で、授戒による治病や長寿のための逆修説法を行なっている。親鸞も専修念仏を説く一方で現世利益和讃を作り、治病のために誦経している。一遍の賦算や踊り念仏による往生の保証も注目される。ちなみに親鸞の子善鸞は符や巫女を用いて、修験的な活動をし、覚信尼と小野宮禅念の間の子唯善は山臥だったともいわれている。また時宗四条派の祖真観の念仏札は安産祈願に用いられていた。こうして見ると、彼らにおいても現世利益的な局面が見られるのである[61]。

　臨終のあり方を見ると、空也は浄衣を着け、香炉を掲げ、端座して西に向かって瞑目したが、奇しくもその時天から音楽が聞え芳香がしたという。良忍の遷化の時にも極楽往生の瑞祥が見られている。これに対して法然は頭を北、面を西にして念仏を唱えて、眠るが如く往生し、面色は鮮やかだった。親鸞も同様に頭北、面西で、右脇に臥し念仏を唱えながら入滅した。一遍は人々が「懺悔の帰三宝」（仏法僧の三宝に帰依する文）を唱えている間に、禅定に入るかのように息を引きとった。彼らの臨終には奇瑞はなく念仏などを唱えて静かに遷化している。

　源信は『往生要集』の中で細かく臨終の作法を定めていた。それによると病者は金色の阿弥陀如来を祀る往生院に移される。そして堂内を清め散花し、病人の顔を西に向け念仏を唱え、阿弥陀仏を観想し、浄土に生まれるという想いをいだかせ、聖衆の来迎があると期待させる。そうすると必ず来迎が見られるという。そこで看護人が病人に何が見えたかをただし、病人がそれについて応える。その返事を聞いて、人々は往生が成就したと確信するとしている。事実、源信や保胤の二十五三昧会ではこのような営みがなされていた。この臨終行儀は序で述べた武内宿禰が神功皇后のさにわになって、その託宣を求め聞きとった営みと類似している。また平安朝期の密教の験者による阿尾捨法や中世以降の修験者が巫女を用いて行なう憑祈祷と類似している。そして善鸞は巫女を用いてこうした活動をしたと推測されるのである。なお一遍は踊り念仏において、参加者に一緒に高声で念仏を唱えさせ、その折打つ鉦の音を念仏の効果のあかしと説明することによって、参加者をシャマニズムのトランスに近い境地に導いていたのである。

ところで法然と親鸞は念仏の回向として、念仏の功徳を一切衆生にふり向けて共に往生する往生廻向と、一度浄土に往生した人が今一度現世にもどって一切衆生を浄土に向かわせる還相廻向の二つをあげている。慶慈保胤は自分は衆生を利益させる為に、浄土から帰って娑婆にあると知人の夢の中で語っている。また法然は自分はもと極楽浄土にいたのだから、死後はその浄土に帰っていくといっている。田村円澄はこのことは法然にとって浄土は既知の旧里であり、魂の家郷だったことを示すと解している。(62) 周知のように、日本の民俗宗教では母胎から出た生児は山や海の他界からもたらされた霊魂を授かることによって生を得る。けれども死によって肉体を離れた霊魂は山や海の他界に帰って、死霊、祖霊さらに氏神となり、盆、正月、春秋の祭りなどにはこの世に帰って子孫を守護するとしている。往生廻向、還相廻向、慶滋保胤や法然の言葉は、この民俗宗教の思想につらなるとも思われるのである。

空也、良忍、一遍は特に著作は残していない。彼らは特に教派を作る意図は持たなかった。ただ法然のもとにはそれまで彼が『選択本願念仏集』を著わしたにもかかわらず死後多くの門流が成立した。親鸞の死後は覚信尼の働きもあって、その廟所を中心に彼の子孫が門徒の支えを受けて教団を形成した。一遍は組織の存続は全く考えなかったが、その弟子真教によって、その活動は継承された。そして、これらの宗派の聖達は種々の形で霊山の修験に影響を与えたのである。例えば一遍の『道具秘釈』に見られる時衆の十二道具を十二光仏に配当して説明する試みは、『修験三十三通記』

などの中世後期の修験教義書の冒頭の「山伏十二道具」を想起させる。[63] また一遍の法語に見られる山河草木と吹く風、立つ浪の音をそのまま念仏と観じる思想は、修験道のこれらをその依経の法爾常恒の説法とする思想とのつながりを感じさせるものである。

注

(1)「ひ」「原始的な霊格の一、活力のもととなる不思議な力」(『岩波古語辞典』一〇六九頁)「ひじり：(聖) 神聖な霊力を左右できる人」(同上、一〇八四頁)。なお、ひじりの語義については日知り(『和訓栞』、柳田国男)、秀識の義(『塩尻』)、火治り(五来重)説などがある。

(2)『古事記』岩波文庫、一二四頁。

(3)空也に関してはその死後まもなく記された源為憲の『空也上人誄』(最良原本は名古屋市真福寺蔵の鎌倉末写本)、その研究書には石井善長『空也上人の研究――その行業と思想』法蔵館、二〇〇二年(なお同書一三四～一四五頁に真福寺本『空也上人誄』とその校訂、訓読をあげる)、堀一郎『空也』吉川弘文館、一九六三年などがある。

(4)『大法師浄蔵伝』『拾遺往生伝』巻九『往生伝・法華験記』日本思想大系七、岩波書店、一九七四年、三一九～三二五頁。

(5)「上人良忍」『後拾遺往生伝』中一九、上掲『往生伝・法華験記』六六〇～六六一頁。井上光貞『新訂日本浄土教成立史の研究』山川出版社、一九七五年、二〇五～二〇八頁。佐藤哲英、横田兼章「良忍の融通念仏とその思想背景」印度学仏教学研究五八、一九八一年。

(6)『古今著聞集』上、岩波文庫、六三～六四頁。

(7)上掲井上『新訂日本浄土教成立史の研究』二〇七～二〇八頁。

(8)「和歌山県粉河経塚出土銅鋳製経筒身刻銘天治二年」『経塚遺宝』東京美術、一九七七年。

(9)橋本章彦『毘沙門天――日本的展開の諸相』岩田書院、二〇〇八年、一三五～一六〇頁。

(10)「楞厳院源信僧都」『大日本法華験記』巻下八三、上掲『往生伝・法華験記』一五九～一六二頁。速水侑『源信』吉川弘文館、一九八八年。

(11)石田瑞麿『源信』日本思想大系六、岩波書店、一九七〇年、石田瑞麿訳『往生要集――日本浄土教の夜明け』平凡社、東洋文庫八・一二、一九六三年・一九六四年。

(12) 西口順子「浄土願生者の苦悩——往生伝における奇瑞と夢告」伊藤唯真編『阿彌陀信仰』雄山閣、一九八四年、二〇九〜二一五頁。

(13) 奈良弘元『初期叡山浄土教の研究』春秋社、二〇〇二年、一四九〜一五四頁。

(14) 上掲速水『源信』二〇八〜二一五頁。

(15) 石田一良『浄土教美術——文化史的研究序説』ぺりかん社、一九九一年、八二〜八三頁。

(16) 『続本朝往生伝』九、上掲『往生伝　法華験記』二三四〜二三五頁。

(17) 『大日本国法華経験記』巻下、八三、上掲『往生伝　法華験記』一六一〜一六二頁。

(18) 『続本朝往生伝』三一、上掲『往生伝　法華験記』二四七頁。

(19) いずれも上掲『往生伝・法華験記』所掲。第一表はこれをもとに作成した。なお重松明久『日本浄土教成立過程の研究』平楽寺書店、一九六四年、一二二〜三〇九頁。

(20) 『大日本国法華経験記』には本節でとりあげた念仏聖以外の持経聖もあげられている。これらも含めた聖の活動が見られる霊山は次の通りである。吉野・大峰（一〇、一一、三五、四四、四九、五六、八〇、九二、九三——説話番号。以下同様）、熊野（九、一三、一四、六〇、一二九）、葛城（九二）、箕面山（四二、五三）、愛宕（一六、二一、三四、三九、五五、六〇）、比良山（一八）、書写山（四〇、四五）、雪彦山（七四）、伯耆大山（八〇）、日光二荒山（五九）、越後国上山（七九、八一）。このうち念仏聖が関わったものは、第一表に掲載した。ちなみに平安初期に薬師寺の景戒が編んだ『日本国現報善悪霊異記』一一六話のうち、聖の活動が見られる霊山は葛城（上四・五三）、吉野（上五・三一、中二六、下六）、熊野（下一・二）、奈良東山（中二一）、生駒（中七）、近江御上山（下二四）、石鎚（下三九）である。その他『本朝神仙伝』には吉野四、大峰九、葛城・比良山・愛宕・月山・比叡各一をあげている。

(21) 上掲重松『日本浄土教成立過程の研究』二二九〜二三二頁。

(22) 石橋義秀「『日本往生極楽記』と『今昔物語』巻一五」大谷学報五〇巻三号、一九七一年。

(23) 上掲西口「浄土願生者の苦悩」二〇二頁。

(24) 『法然上人絵伝』上・下、岩波文庫、二〇〇二年、大橋俊雄『法然、一遍』日本思想大系一〇、岩波書店、一九七一年、田村円澄『法然』吉川弘文館、一九五九年。

(25) 『熊野那智大社文書』第二、続群書類従完成会、一九七二年、一六〇頁、同第三、一九七四年、二七〜二八頁。

(26)『法然上人絵伝』上、岩波文庫、六六～六七頁。
(27)吉川清『時衆阿弥教団の研究』芸林舍、一九五六年、四四～五一頁。
(28)上掲『法然上人絵伝』上、二一四～二一五頁。
(29)大原眞弓「和州菩提山正暦寺中尾谷と浄土信仰」史窓四九、一九九二年三月。
(30)『念仏往生伝』三六、上掲『往生伝・法華験記』七〇五頁。
(31)『選択本願念仏集』上掲『法然、一遍』八八～一六二頁。
(32)親鸞に関しては『善信聖人絵・慕帰絵』『日本絵巻物全集』二〇、角川書店、一九七八年、赤松俊秀『親鸞』吉川弘文館、一九六一年参照。
(33)『善信聖人絵』上巻詞書、上掲『善信聖人絵・慕帰絵』七五頁。
(34)今井雅晴は恵信尼の父三善為教が念仏信仰を持ち、法然を支えており、親鸞と恵信尼との結婚を仲介したのではないか推測している（今井雅晴『親鸞と浄土真宗』吉川弘文館、二〇〇三年、四七～四八頁）。
(35)五来重『修験道の修行と宗教民俗』『五来重著作集』五、法蔵館、二〇〇八年、二四三頁。
(36)「恵信尼消息 第五通」今井雅晴『現代語訳 恵信尼からの手紙』法蔵館、二〇一二年、五三～六七頁。
(37)「善信聖人絵」上掲『善信聖人絵・慕帰絵』下、第二段、七八頁、絵三八。
(38)『善信聖人絵』下、第四段、上掲『善信聖人絵・慕帰絵』七八～七九頁。なお、同伝の絵、図三二、四〇頁では熊野の社殿で真仏と権現が対座している状景が描かれている。
(39)井上光貞『日本古代の国家と仏教』岩波書店、一九七一年、三一〇～三一六頁。
(40)恵信尼消息第八通、上掲今井『現代語訳 恵信尼からの手紙』七七～八六頁。
(41)小山聡子『親鸞の信仰と呪術——病気治療と臨終行儀』吉川弘文館、二〇一三年、一六八～一七八頁、一九七～二〇一頁。
(42)井上鋭夫『山の民・川の民——日本中世の生活と信仰』平凡社、一九八一年、八七～九一頁。
(43)上掲小山『親鸞の信仰と呪術』一七八～一九四頁。なお大原性実「善信房善鸞の異義について」龍谷大学論集三五三。
(44)「最須敬重絵詞」上掲『善信聖人絵・慕帰絵』第五巻、七段、六二頁。
(45)星野元豊「『教行信証』の思想と内容」『親鸞』日本思想大系一一、岩波書店、一九七一年、四九五～五一〇頁。なお同書には『教行信証』が収録されている。
(46)本項の一遍の伝記は主として『一遍上人絵伝』（日本の絵巻二〇、中央公論社、一九八八年）と金井清光『一遍と時宗教団』（角川書店、一九七五年）によっている。なお橘俊道・梅谷繁樹訳『一遍上人全集』春秋社、一九八九年参照。
(47)『播州法語集』七三、大橋俊雄校注『一遍上人語録、付播州法語集』岩波文庫、一九八五年、一九四頁。
(48)「消息法語」上掲橘・梅谷訳『一遍上人全集』二二一〜二二二頁。
(49)真教については『遊行上人縁起絵』日本絵巻物全集二三、角川書店、一九七〇年、上掲金井『一遍と時宗教団』参照。
(50)『浄阿上人伝』続群書類従九上、二一八〜二一九頁、「浄阿上人絵詞伝」『定本時宗宗典下』、大橋俊雄『時宗の成立と展開』吉川弘文館、一九七三年、上掲金井『一遍と時宗教団』四一三〜四二〇頁。
(51)上掲金井『一遍と時宗教団』二五二〜二五五頁。
(52)『新編相模国風土記稿』高座郡の部。
(53)今井雅晴『親鸞聖人と箱根権現』自照社出版、二〇一五年。
(54)『金峰山創草記』修験道章疏Ⅲ、三六三〜三六四頁。
(55)「道賢上人冥途記」『扶桑略記』二五巻、朱雀天皇の条参照。
(56)『大峰当山本寺東金堂先達記録』修験道章疏Ⅲ、四〇七頁。
(57)『私聚百因縁集』大日本仏教全書九二、一三六〜一四〇頁。
(58)『真言伝』大日本仏教全書一〇六、五〇頁。
(59)小山貴子「中世の寺院における山伏の実態について——摂津国勝尾寺を題材に」風俗史学一八号、二〇〇二年一月。
(60)『梁塵秘抄』三一〇、岩波文庫、一九三三年。数字は同書の歌の番号を示す。なお志度の道場は崇徳上皇崩御の地である。
(61)上掲小山『親鸞の信仰と呪術』参照。
(62)上掲田村『法然』二〇三頁。
(63)「衣体分十二通」「修験三十三通記」修験道章疏Ⅱ、四一〇〜四一七頁。

第二節　一向宗と山岳修験

序

一向宗は狭義には浄土真宗の別称、広義には一心一向に阿弥陀如来に帰依することを旨とする浄土教系の宗派をさしている。中世には一遍の時宗、その系統の一向俊聖（一二三九～一二八七）の一向派、親鸞系統の各派の総称とされ、中世後期の彼らによる政治闘争は一向一揆と呼ばれた。もっとも本願寺八世蓮如は自派を浄土真宗と称している。本節では一向宗を広義の意味で使用し、特に親鸞の流れをくむものに重点を置くことにする。山岳修験に関しては、熊野、白山、立山、吉野をとりあげる。なお修験者・山伏は、霊山での抖擻、誦経などの自力の修行と、それによって得た験力にもとづく呪術宗教的な活動をもとに治病などの救済活動を行なうことを旨としている。そして天台宗や真言宗に寄生した形で展開した。

ところで天文二四年（一五五五）になる肥後国人吉の相良家法度には、

一、他方より来り候ずる祝、山伏、物しり、宿を貸すべからず候、祈念等あつらへべからず、一向宗基たるべく候

一、一向宗の事、いよいよ法度たるべく候、すでに加賀の白山もえ候事、説々顕然候事

一、男女によらず、素人の祈念、医師取いたし、みな一向宗と心得べき事

としている。(1) この法度は当時一向宗のもとが祈祷を行なう山伏や白山などの霊山にあると考えられてきたことを示し

ている。[2] そこで本節では広義の一向宗が修験道や修験霊山とどのように関わっていたかを考えることにしたい。

第一項では、一向宗の歴史と親鸞の教えを受け、その血脈を授かったとする諸派と、親鸞の血統を継ぐ本願寺三世覚如が創始し、八世蓮如が確立した本願寺との対峙、本願寺内の覚恵・覚如と唯善、覚如とその子存覚の葛藤を山岳修験に焦点を置いて概説する。第二項では、存覚の『諸神本懐集』、存如の『熊野教化集』の熊野に関する記述をもとに、彼らが熊野さらには神祇をどう捉えていたかを考察する。第三項では蓮如の活動と南都や天台の旧仏教や白山などの修験霊山との関わりを考察する。また彼の門徒への生活指導や現世利益への考えを紹介する。第四項では、まず白山に関しては加賀馬場の白山寺長吏、越前馬場の平泉寺や白山豊原寺、美濃馬場の石徹白の本願寺との関わりを紹介する。立山については、立山の絵（曼荼羅）と「蓮如絵伝」との関わりなどに注目する。第五項では吉野の本願寺門徒が山上ヶ岳の宿坊などを焼いたにも関わらず、近世期の山上ヶ岳を阿弥陀の浄土とする信仰が見られることに注目する。そして最後に上記のことをもとに、中世後期における一向宗と山岳修験の関わりを全体的にまとめておきたい。

第一項　一向宗の正統と異端

親鸞は常陸国新治郡稲田で彼に害心を抱いた山伏弁円を弟子にして明法房と名乗らしている。また同国大部の平太郎が主君の熊野詣に供奉することの是非を尋ねた際に熊野権現の本地は阿弥陀如来ゆえ詣でても良いとこたえた。彼が本宮証誠殿に詣でると、権現が彼に真仏（一一九五～一二六二）の名を与えたともされている。[3] その後真仏は親鸞が下野国高田に建立した如来堂（後の専修寺）を継承して高田派の祖となった。その弟子顕智（一二二六～一三一〇）は上京の途中三河国矢作の薬師寺で念仏を広めた。彼の著書『三河念仏相承日記』には「顕智ヒジリ」と記銘している故、念仏聖を認じたと思われる。この高田派の一〇世真慧（一四三四～一五一二）は、手次坊主をへず彼に直参する門徒をとり立てた。そして葬儀の際に棺を覆う野袈裟や名号を授けるなどして、三河、伊勢、越前、加賀に教勢をのばして蓮如と対峙した。

なお名古屋市熱田の祐誓寺には、彼に仮託した、「一、即位即身成仏大事　二、衆生本有名号即身成仏大事　三、即身往生記　源信　四、臨終知識大事　五、臨終大事　六、四儀不退念仏　源空　七、不念仏念仏　源信　八、十念大事　九、文大事　十、浄土第五重口伝血脈」が伝わっている。(4)

真仏の弟子源海（一二一二〜一二七八）は武蔵国荒木に満福寺を開き、荒木門徒を形成した。その弟子の了海（一二三九〜一二九三）は比叡山で天台を学んだ後に源海の門に入り、同国阿佐布（麻布）に善福寺を開いた。『阿佐布善福寺上人絵伝』では大井の鎮守蔵王権現の申し子とされている。彼は著書『他力信心聞書』『還相廻書』で、善知識を阿弥陀如来の働きと願いを体現した存在としている。(5)了海の養子誓海（一二六六〜一三一六）は鎌倉の甘縄に道場を設けて『真宗用意集』『真宗教化集』を著した。その弟子明光（一二八六〜一三五三）は摂津や備後に教線をのばしている。これらの荒木門流は交名を作って組織を固めると共に、「光明本尊」をもとに唱導した。これは「南無不可思議光如来」の九字から光明を放ち、そのさきに先徳の像を描いたものである。この諸先徳の顔相はいずれも比叡山で念仏を唱導し、箱根山とも関わった安居院の聖覚（一一六七〜一二三五）と類似している。(6)彼の弟子了源（一二九五〜一三三六）は上京して本願寺覚如に入門し、京都山科に興正寺を建立した。その後、彼が帰依した覚如の長男存覚が三十谷に移転していた同寺を仏光寺と名づけた。了源は上記の真仏に始まる血脈を仏光寺派と名づけ自己を親鸞、真仏、源海、了海、誓海、明光につぐ七世とした。なお、この了源については後述する。

一方親鸞の直弟第一の性空（一一八七〜一二七五）は、熊野参詣後、法然に帰依したが、その後親鸞に託された。彼は下総国横曽根に報恩寺を開き、横曽根門徒を形成した。なお、これとあわせて親鸞が留まった上野国佐貫庄の伊豆走湯山末の伊豆山宝福寺を中興している。

ここで親鸞の子孫（血統）と門弟の継承者（血脈）の関わりに目を向けることにする。親鸞によって東国の門徒の異端を鎮める為に派遣された長男善鸞（?〜一二九六）は、彼の意に反して相模の大山近くで巫女を用いて修験的な活動をした。この時は性善や『歎異抄』を著した常陸国河和田の唯円（一二二二〜一二八九）が門弟の離反をくいとめている。なお覚信尼の子覚恵と孫の覚如が東国を巡見した際に、覚如が病気になった。その時、善鸞が符を飲ませようとし、密教も学んだこともある覚恵もそれに同調し、善鸞の子如信が覚如に符を渡した。けれども覚如はそれを飲むふりをして飲まなかったという。(7)

弘安六年（一二八三）覚信尼は東国の門弟に親鸞の廟堂（御影堂）留守職を覚恵に譲って死亡した。一方異母弟の唯善（一二六六～一三一七）は、仁和寺相応坊守助僧正の弟子で山伏だったが、東国に下り唯円に学んだ。その後覚恵の招きで上京し、廟堂の隣に住した。けれども徳治元年（一三〇六）に覚恵が病気になると、廟堂の鍵の譲与を強要した。もっとも廟堂とその敷地は門弟の惣有で、留守職与奪の権限は門弟に委ねられていた。そこで覚恵の死後、親鸞の弟子蓮位の子孫下間性善が廟堂を管理した。これに対して覚恵の子覚如は延慶三年（一三一〇）七月二六日付で、門弟にその意向にそって廟堂を預かる事を誓った懇望状を提出して留守職に就任した。これ以後下間性善の子孫が本願寺の代官職を勤めている。なお覚如は元弘元年（一三三一）に『口伝鈔』を著わし、自己の親鸞の長子善鸞の子如信からの血統相承を強調し、親鸞の子孫による大谷廟所継承の正統性を主張した。そして翌元弘二年九代将軍守邦親王から本願寺（大谷廟堂）を祈祷所とし、留守職を安堵する令旨を受けた。これによって本願寺が成立したのである。(8)

覚如の長男存覚（一二九〇～一三七三）は、当初父と共に巡教し、了源を導くなどした。けれども元亨二年（一三二二）、勘当されて大谷を出て関東、陸奥などを巡った後に了源がいた山科の興正寺に寄寓した。同寺はその後洛東渋谷に移り、仏光寺と改称した。存覚は了源のために『浄土真要鈔』『諸神本懐集』『持名鈔』『女人往生聞書』などを著した。了源は「名帖」や「絵系図」を用いて積極的に布教した。この名帖は一味同心の衆の名字を書き記した相伝系譜で、絵系図は肖像画でそれを示したものである。門徒はこれに記されることによって往生を保証された。こうして彼は仏光寺を創設し、派祖を真仏に仮託したのである。けれども建武二年（一三三五）伊賀巡教中に暗殺された。

三河和田の高田派の円善に師事した如道（一二五五～一三四〇）は越前大町で布教した。彼は善鸞の娘王垂を妻としたこともあってか、覚如から『教行信証』を授かった。唯その後親鸞の和讃を重視し、朝夕の勤行にはもっぱらこれを唱えさせて門徒を増やし、越前大町に専修寺を創設した。(9)けれども、覚如に秘事法門とされ、破門された。そしてその弟子の横越の道性の証誠寺、鯖江の如覚の誠照寺と彼の専修寺の三寺の門徒から成る三門徒派が成立した。なおこの宗派名は彼らが親鸞の和讃のみを唱えるので「讃門徒」を意味するとも言われ、本願寺からは異端とされたが、越前を中心に多くの門徒を擁した。(10)

覚如の次男従覚（一二九五～一三六〇）は兄の勘当後寺務に携わり、覚如の伝記『慕帰絵詞』を著したが、観応二年（正平六年〈一三五一〉）覚如の死後本願寺四代はその子善如（一三三三～一三八九）が継承した。彼の在任中の延文二年（正平一二〈一三五七〉）には本願寺は勅願寺となった。その子綽如（一三五〇～一三九三）は五代目を継承したが、その職を嗣子巧如（一三七六～一四四〇）に委ねて北陸に教化に赴き、越中砺波郡井波の瑞泉寺を建立した。なお同寺は南北朝の金銅仏を本尊としており、元天台寺院だったとも考えられる。(11)六代巧如は応永一八年（一四一一）に親鸞一五〇年忌を行なうと共に父の後をついで、北陸の巡教に勤しんでいる。なお彼の弟周覚は越前の永平寺近くの華蔵閣に住している。また彼の長女は時宗の尼、二男妙宗は時宗長崎称念寺住職、四男妙順は白山の平泉寺両界院の住職となっている。

巧如の子存如（一三七六～一四五七）は北陸教化を引きつぎ、越前石田西光寺、加賀木越光徳寺、長沼浄興寺の他、近江の堅田本福寺も拠点として活動した。また彼は『教行信証』の末尾の「正信偈」や「三帖和讃」を普及すると共に、本願寺に阿弥陀堂を造営している。

次に周覚の二男妙宗が入門し、当時一向宗と見られた時宗と一向派についてふれておきたい。時宗の祖一遍（一二三九～一二八七）は、名号にすがる一念で弥陀の浄土に往生出来るとした。そして熊野権現から万人に賦算するよう託宣を受け全国を遊行して賦算と踊り念仏でこの教えを広めた。その弟子真教（一二三七～一三一九）は一遍の死後、賦算をひきつぎ、近江から北陸、関東を遊行した。また相模国の当麻に無量光寺を開創し、時宗の本山とした。彼は一遍と自己の伝記をまとめた『遊行上人縁起伝』を完成して熊野権現に供えている。なお赤松俊秀は仏光寺派の名帳や絵系図は一遍の賦算の影響を受けていると推測した。また蓮如が活躍した文明年間（一四六九～一四八七）に本願寺が時宗寺院の多

くを包括したとしている。(12)

一向派は播磨の書写山で天台を修めた後に浄土宗鎮西派の良忠（一一九九～一二八七）に師事した念仏聖俊聖（一二三九～一二八七）を祖としている。彼は加賀、薩摩、大隅、宇佐、讃岐、備中を遊行して踊り念仏を行なった。そして弘安七年（一二八四）に近江国番場（米原市）に蓮華寺を開いて本山としたが、同九年にここで死亡した。

第二項　一向宗と熊野

本願寺を創始した覚如は永仁年間（一二九三～一二九九）に熊野に参詣した。その長男存覚は仏光寺派の始祖了源の為に著した『諸神本懐集』の中で熊野について記している。また北陸に教線をのばした七代存如は談義本『熊野教化集』を著している。本項では『諸神本懐集』と『熊野教化集』の熊野に関する記載を紹介し、この両書が熊野をはじめとする神祇を「弥陀本願の名号を信受することにより極楽往生が決定し、以後報恩感謝の念仏生活をするように説く」真宗の教えとどう関係づけているかを考察する。

『諸神本懐集』はその跋語によると、元亨四年（一三二四）、三五歳の存覚が、了源の求めに応じて著し、門徒の間に流布していたものを、永享一〇年（一四三八）に存如が伝写本の義理不明の部分を添削して完成したものである。その目的は日本の神祇の本意は衆生を念仏に帰入するように勧めることにある。同書の底本について宮崎円遵は、熊野権現と阿弥陀の本迹関係にふれていることや『一遍聖絵伝』所掲の八幡宮の託宣が引用されていることなどから、時宗関係の典籍としている。また北西弘は存覚が応永二〇年（一四一三）に信濃国屋代庄の法華寺僧が書写した『神本地之事　全』を『広疑瑞決集』と参照して添削して完成させたと推測して、この『神本地之事　全』を翻刻している。(13)

同書ではまず冒頭に、神明は仏陀の垂迹であり、それゆえ垂迹の神明に帰す為には、本地の神（仏陀）に帰すべきだとしている。(14)そして以下第一に神には仏菩薩が神明の形で現れた権社、第二に悪鬼悪霊などの邪神である実社があるとし、第三に仏法を行じ、念仏を修することが、諸神の本懐であるとしている。そしてまず第一で権社の代表として熊野権現を紹介する。それによると、熊野権現はもと中印度の摩訶陀国の慈悲大顕王だったが本国に恨み事があって、崇神天皇元年（ＢＣ九七）に有縁の地に留まるように念じて五つの剣を投げた。するとそれぞれ紀伊国牟婁郡、下野国日光山、出羽国石城郡（出羽三山カ—宮家）、淡路国諭鶴羽の峰、豊後国彦山に留まった。彦山には三尺六寸の水晶の形で現れ、万民がここを訪れた。

この熊野権現の牟婁郡での示現は次の通りである。紀伊国岩田河の辺に住む漁師阿刀の千世が山中で熊を射て、その血の跡を追って行くと、楠の木の根本に至った。犬が梢を見て吠えるので上を見ると、木の上に三つの月があった。そこで彼が月に「何故空を離れて梢にかかっているのか。天変か、光り物か」と尋ねた。すると月は自分は天変でも光物でもなく、仏生国のインドから日本に来た。ここに熊野権現として示現したいと思う。直ちに社殿を造り崇め祀るようにと告げた。そこで阿刀の千世は渇仰の念をおこし、これに帰依して祀った。爾来貴賤ともに現世、後世の為に参詣してこれを崇めた。

熊野十二所権現の神格をあげると、まず証誠殿は阿弥陀如来の垂迹で、その誓願は来世の避けがたい穢れから衆生を救い、慈悲の光で行者を照らすことである。両所権現のうち西の御前（那智・結）は千手観音で、その名を一心に唱えると、生老病死の苦を払い、一度び礼拝すると無数の願いをかなえてくれる。中の御前（新宮・速玉）は薬師如来で、一二の大願を立てて、流転する衆生に良薬を与えて重病を治癒してくれる。五所王子の若王子は十一面観音で、禅定に入り、阿弥陀の大悲を司って三界の衆を救済する。禅師宮は地蔵菩薩で大慈大悲の心で今世・後世を導く。聖宮は龍樹菩薩で千部の論蔵を作り、中道にのっとった大乗の教えをもとに極楽往生をすすめる。児宮は如意輪観音、子守の宮は聖観音でともに阿弥陀の分身で、救済の利益は無限である。四所宮の一万・十万のうち、一万の宮は釈尊の九代前の祖神で中国の五台山の念仏道場竹林精舎を出て日本に顕現した。十万の宮は普賢菩薩で極楽往生をすすめ懺悔の方法を教えて滅罪させる。勧請十五所は釈迦如来で衆生を西方に送り仏弟子阿難陀に託して仏語、名号の要法を教え往生に導く。

飛行夜叉は不動明王で智慧の利剣を振るって生死の魔群を摧破する。米持金剛菩薩は毘沙門天で金剛の甲冑をまとって煩悩の怨敵を降伏する。このように熊野権現は日本第一の霊社として娑婆世界に無量劫にわたって利益をもたらして盛えているとしている。

これを見ると証誠殿のみならず、若王子（十一面）、児宮（如意輪）、禅師宮（地蔵）、聖宮（龍樹）、十万（普賢）なども極楽往生に導く仏としていること、特に如意輪観音（児宮）を阿弥陀の化身としていることが注目される。なお熊野とあわせて鹿島、香取、箱根、三島、八幡、日吉、白山、熱田の諸神の本地もとりあげている。このうち山岳修験に関わる箱根三所権現の本地は法体の文殊、俗体の弥勒、女体の観音としている。また白山妙理権現は十一面観音の化身と捉えている。そして最後に諸社の本地はそれぞれ異なっているが、皆阿弥陀一仏の智慧に収まっている。それゆえ阿弥陀に帰依すれば、すべての仏菩薩、さらに垂迹の神明にも帰依することになるとしている。

第二に実社の邪神は生霊、死霊の神で祟りをもたらす神ゆえ、これに仕える必要はない。ただ阿弥陀一仏に帰して浄土を願うと、諸々の権社の神明が守り、実社の神がもたらす災禍も自ら除去されるとしている。第三では、諸神の本懐は仏道に入り、信心を持って浄土を願う人を守ることにあるとする。そしてこのことを、熊野三山検校を重代職とする園城寺の鎮守の新羅明神と熊野権現を例にあげて説明する。まず円珍が唐から招来した新羅明神が同寺の僧に、発心して阿弥陀如来に帰依し名号を唱えて出離生死の志がある人は、神明の心に適うゆえ守護すると語ったとの話をあげている。次に熊野権現については、聖徳太子が二七歳の時、黒駒に乗って全国を巡見したのち、熊野本宮で通夜した際に受けた権現の託宣をあげている。それは自分が極楽浄土を出て穢土である国土に現れたのは衆生を西方の浄土に往生させる為だが、人々が菩提を願わず、子孫の繁栄や現世の寿福を願っているので失望した。けれども太子にあって、無上の法味を味わったので初心に帰ったとしている。また寛治三年（一〇八九）一月一五日に熊野権現が、生死を厭い浄土を願って阿弥陀に帰して名号を唱える人は、自己の垂迹の素意や本地の誓約に適う故、諸天善神が喜んで守ると託宣したとしている。これは同四年一月二二日に白河上皇が熊野御幸され、園城寺の増誉を熊野三山検校に補された史実にもとづく創作と考えられる。

そして同書では最後に日本の神明の本地の釈迦、弥陀、薬師、弥勒、勢至、普賢、文殊、地蔵、龍樹などはことごとく弥陀一仏の智慧ゆえ、弥陀の名号を称えることは、諸仏菩薩を念じ、その垂迹の諸神を信じることになる。そしてこれを信じ実践する念仏の行者は諸天善神の守護を得ることが出来る。こうして一切の災障は自然に消滅し、現世は安穏で後世は往生しうるとしている。

本願寺七代存如の『熊野教化集』は、熊野正体の供養儀礼の場に参集した人に念仏者が熊野の本地、観音、地蔵、薬師、法華経、物忌の六項について教えを述べる形の談義本である。現在存如真筆の高田市浄光寺本（応永三二年〈一四七五〉）、金沢専光寺本（永享一一年〈一四三九〉）ほか六本がある。(15) 同書では冒頭に「一向念仏を修するを往生の根本とする」と記している。そして第一に熊野の証誠殿の御正体は阿弥陀如来ゆえ、念仏を申し極楽を願う者が熊野に参詣すると、権現はその本意を知り往生させてくれるとしている。なお、これとあわせて、ここで神には権社と実社の二種があるとし、権社は阿弥陀を本地とする熊野の証誠殿のように垂迹の神で、実社の神はアラヒトガミで邪神であるとしている。第二に観音は慈悲利生の仏とされているが、それは阿弥陀が慈悲をもたらすために観音を遣しているので観音に帰依して念仏すれば利益を与えてくれるとしている。第三に地蔵菩薩は極楽の聖衆であるので念仏すれば喜んで救ってくれるとする。第四に薬師如来は諸病悉除の願いを持つとされているが、本身は阿弥陀ゆえ、一心帰命の信心をおこし念仏を唱えれば、薬師の名号を唱えたり、薬師経をあげなくても病を治してくれるとしている。第五に法華経は甚深の妙法だが、南無阿弥陀仏の名号の中には八万四〇〇〇の法門が籠っているので名号を唱えれば、法華経に限らず一切経を読むのと同じであるとする。また釈迦如来は弥陀の本願を説き広める事を志したのであるから、その恩に報いる為には念仏を唱えることが肝要であるとしている。

第六では物忌について、忌は己が心のことである。そしてこれには仏心の忌と凡夫の忌がある。仏心の忌は生死を厭い後世を願うこと、凡夫の忌は命を惜しみ死ぬことを忌々しく思うことで、仏心の忌こそ大切であるとする。そして総じて阿弥陀如来は名号を唱える者を影が形に従うように昼夜守護しているとする。このようにこの『熊野教化集』では、諸仏菩薩はすべて弥陀の従者で弥陀一仏に帰入するゆえ、念仏者は弥陀一仏に恵念することが肝要である。これによって他の仏菩薩やその垂迹の諸神である権社の守護をえ、実社の邪神の祟りも克服しうるとしている。また世俗の物忌でなく、生死を厭い後世を願う仏の物忌が大切であるとしている。

第三項　蓮如と山岳修験

蓮如（一四一五〜一四九四）は応永二二年（一四一五）存如と召使の女性の間に生まれた[16]。ただ母は応永二七年（一四二〇）存如が正妻如円を迎えたことから蓮如を残して出奔した。このこともあってか、彼は少年の頃一時父の従兄の興福寺大乗院門跡経覚の稚児となっている。その後本願寺に帰り、永享三年（一四三一）本寺の青蓮院で剃髪した。そして結婚し、『教行信証』や存覚の『六要鈔』を学び、その内容をわかりやすく記した消息文（御文）を用いて北陸を始め各地で巡教した。そして長禄元年（一四五七）父存如の死後その譲状や叔父の如乗の援護もあって正妻の子応玄を退けて、四三歳の時本願寺第八代となった。彼は勤行では親鸞の「正信偈」と「三帳和讃」を中心においた。また本願寺の護摩壇を取り去り、不要な仏像や経典を焼却した。そして御文や本尊の下付などによって近江の堅田とその周辺に急速に信者を増やしていった。

ところがこれに反発した延暦寺西塔院の衆徒が寛正六年（一四六五）に大谷廟堂を破壊した。そこで彼は各地を転々とした上で文明元年（一四六九）堅田門徒の支援を得て、園城寺南別所の近松満徳寺の寺内に顕証寺を建立して、ここに親鸞の御影を安置した。その後越前、加賀を巡教し、文明三年に両国の国境の興福寺大乗院の庄園、河口庄、細呂宜郷内の吉崎に道場を設けた。この折には、三河国からこの地に入って同庄の庄官になっていた和田本覚寺蓮光が朝倉氏の諒解をとるなどのお膳立てをしている。

北陸にはすでに時宗の真教によって念仏がもたらされ、本願寺でも五世綽如、六世巧如、七世存如が巡教して道場を設け門徒も多かった。そこで蓮如は御文、正信偈、三帖和讃を用いての唱導、本尊の下付などをもとに積極的に布教した。この結果吉崎には数多くの門徒が群参した。そして、各地の道場では競って吉崎に詰所（多屋と呼ばれた）を設置した。この結果吉崎は巨大な宗教都市になっていった。なおこの吉崎は交通の要衝であると共に、山上に位置した要害でもあった。もっとも越前や加賀ではすでに高田派の真慧や如道の流れをくむ門徒や、和讃を重視する三門徒が勢力をのばしていた。そこで彼はこれらの門徒を秘事法門とし、これを信じたら地獄におちると説いて対峙した。これに対して他宗とくに白山・立山などの修験霊山に対しては、文明五年（一四七三）九月下旬の御文で、念仏者は弥陀の四八願の中の一八願で、五逆罪を犯したり、仏法を誇る事を戒めているのだから、越中の立山、加賀の白山、越前の平泉寺や白山豊原寺などを誹謗しないように諭している。けれどもこれらの諸山や仏教諸派では、越前、加賀の守護に吉崎の弾圧を求めるようになった。そこでこれを避ける為に彼は同年の御文で、門徒の吉崎群参を禁じている。

その一方で蓮如は加賀の門徒の保護も考えて、応仁の乱で東軍方についた加賀国北半分の守護富樫政親（一四五五～一四八八）に接近した。ところがその弟幸千代は高田門徒に組みして本願寺門徒を圧迫した。そこで文明六年（一四七四）七月吉崎の門徒は政親を中心とした国人の山川、本折、棚橋や、白山宮の長吏澄栄に率いられた白山衆徒と共に挙兵して、幸千代方の高田門徒、額・沢井・阿曽・狩部・大杉などの国待を破った。ところが本願寺門徒はこの勝利に傲って年貢などを収めなくなったので、守護の政親は門徒の鎮圧を試みた。これに対して吉崎の門徒は蓮如の意に反して本願寺代官下間蓮崇のもとで結束して政親を敗った。けれどもこの結果吉崎は東軍を敵とすることになり、戦乱にまきこまれる恐れが出てきた。

そこで蓮如は文明七年（一四七五）八月吉崎を去って河内国茨田郡出口村に草坊を建立した。その後文明一一年（一四七九）には京都の山科に本願寺を建立して、大津の顕証寺に預けていた親鸞の影像をここに移して、ここを拠点に報恩講を営むなどして活動した。なお長享元年（一四八八）六月に加賀国一揆衆は越前能登・越中の一揆数万人と共に加賀の高尾城をとり囲んで落城させ、富樫政親を自害させた。これを怒った将軍足利義尚（一四六五～一四八九）は蓮如に加賀門徒を破門するように命じたが、細川政元（一四六六～一五〇七）の仲裁で、蓮如が守護者の木越見徳寺にお叱りの文書を出して解決している。(17)

ところで蓮如はその生涯に次々と五人の妻を持ち、男子一三人、女子一四人を儲けた。そしてその多くに本願寺の末寺を託したり、一向宗の他派から転じた寺院の僧に娘を妻せて、本願寺の基盤を確立した。(18)その詳細は割愛して、ここでは彼の子女と白山など山岳修験との関わりのみをとりあげておきたい。まず彼の二男蓮乗は五代法主綽如が開いた旧天台寺院で白山とも関わった越前国砺波郡井波の瑞泉寺を兼住している。そして四男蓮誓は加賀国小尾鉱山に連なる元白山末院の波佐谷坊、鮎滝坊に住している。また彼の五男で後に九代本願寺法主となった実如は美濃の白山長滝寺内の三船西了に本尊を下付している。ちなみに蓮如の五番目の妻蓮能は文明一二年（一四八〇）一六歳の時法華経六部を書写して、能登国の六ヶ所の大社に納めている。このように蓮如はその子女を通じて山岳修験との結びつきを考えていたとも思われるのである。

最後に蓮如の御文に見られる門徒に対する平安な生活の指示と病気などの挫折からの救済に関する考えを紹介しておきたい。まず前者については、文明五年（一四七三）一二月一三日の御文で、身命を支えるのは衣食である。それ故これを与えてこの世で安心して生きさせてくれる御主や阿弥陀の恩に報いる為に行住坐臥念仏するよう指示している。次に治病の祈祷に関しては、年月未詳の御文（教行寺本）で、往生を一大事と思って信心決定して極楽を願えば、後生を助かるだけでなく、今生の望みもかなうとしている。換言すれば、念仏によって祈祷で得られる現世利益も叶えられるとしているのである。なお彼は文明七年（一四七六）七月一五日の御文では、門徒に対して、(1)神社を軽視ししないこと、(2)諸仏菩薩、諸堂を軽んじないこと、(3)諸宗諸法を誹謗しないこと、(4)守護、地頭を疎略にしないこと、(5)日頃の悪心をひるがえして善心におもむくこと、(6)他力信心を内心に深く決定すること、の六ヶ條の掟を掲げて、これを守って念仏修行するように説いている。これが蓮如の宣教の基本方針ともいえるものである。(19)

第四項　白山・立山と一向宗

白山には加賀馬場に白山本宮（白山寺）、越前馬場に平泉寺や白山豊原寺、美濃馬場に長滝寺や石徹白（白山中居神社）があって、いずれも一向宗と関わっている。そこで以下、この三者のそれぞれと一向宗の関わりについて紹介する。まず加賀馬場については白山本宮長吏と本願寺の関係と、南加賀（江沼郡）の一向宗寺院と白山の関係について考察する。[20]

蓮如が吉崎に坊舎を構えた文明三年（一四七一）頃に長吏になった澄栄は既述の文明六年の一揆の際には、東軍（将軍義政と細川勝元）の加賀北半分の守護富樫政親の側について本願寺に一山衆徒を率いて加担して、政親の弟の幸千代と高田門徒を破っている。この後、蓮如の二男蓮乗は河北郡二俣に本泉寺、三男蓮綱は能美郡波佐谷に松岡寺、四男蓮誓は江沼郡山田に光教寺を開き、本願寺の加州三ヶ寺体制が成立した。次の長吏澄栄の子澄賢は文明一七年（一四八三）に上京して将軍義政・義尚に会っている。ちなみにこの翌年聖護院門跡道興（一四三〇～一五〇一）が白山禅定している。ところが長享二年（一四八八）に加賀国一揆数万人が蜂起して政親を自害させた時には、近世の軍記『官地論』には白山本宮と金剣宮の三〇〇〇余騎が本願寺に加担したとしている。

次の長吏澄祝は山科言継（一五〇七～一五七九）の伯母を妻としていた。そして大永七年（一五二七）正月から一〇月まで、弟の平等坊、等覚坊、上乗坊の加賀衆と山科家に滞在した。この折本願寺の仲介で白山造営の綸旨を賜わった御礼に同寺を訪れている。彼は享禄四年（一五三一）超勝寺と本覚寺が本泉寺・松岡寺・光教寺の三ヶ寺方と争った際には、超勝寺方についた。そこで本願寺代官下間備中頼盛が軍勢を率いて白山宮にきて、超勝寺、白山衆と共に本泉寺、金剣宮などを焼いている。次いで天文六年（一五三七）に、超勝寺、本覚寺など本願寺方が三ヶ寺方を襲撃した際、澄祝の弟の平等坊やその被官が三ヶ寺方について敗北した。この折、平等坊は白山山頂を超えて越前に亡命した。これを責められた澄祝は親しかった超勝寺七代顕祐の助言に従って、弟の理性坊澄範を本覚寺に人質として差し出して本願寺側の白山への攻撃をさけている。

澄祝の子澄辰は天文一三年（一五四四）正月から一〇月まで桂林院や仏眼坊と共に山科言継邸に滞在した。この間の五月二五日には石山本願寺を訪れて白山宮造営の為の杣取の権利を門徒の白山山内の加賀本宮側の尾添村と越前平泉寺側の牛頭・風嵐両村が争った訴訟で加賀側の尾添村に勝訴をもたらしている。なお彼が長吏を務めていた天文二三年（一五五四）には白山が噴火した。そこで山伏宝乗らに踏査させている。次の長吏澄辰の子澄明は娘を儲けたが、男子がいなかったので、広橋大納言兼秀の弟澄勝を娘婿とした。彼は慶長一八年（一六一三）に七六歳で没した。ただこの二人と本願寺の関係は定かではない。なお澄祝、澄辰、澄明、澄勝の院号はいずれも白光院である。

加賀馬場側で最も重視された一二世紀後半になる『白山記』には、加賀馬場に存在した寺院として白山五院（柏野、温泉寺、極楽寺、小野坂、大聖寺）と三ヶ寺（那谷寺、温谷寺、栄谷寺）をあげている。このうち上記の澄栄から澄勝までの六代（一四七五〜一六一三）の間に存在したのは、いずれも江沼郡の柏野寺（加賀市柏野、現在白山神社あり）、温泉寺（加賀市山代温泉、現真言宗智山派薬王院）、大聖寺（加賀市大聖寺萩生町、現真言宗慈光院）、那谷寺（現小松市那谷町、大永五年〈一五二五〉彦山修験即伝が来訪）のみである。このうち那谷寺は門徒でもあった木地師が崇敬したことからその子院には本願寺に属したものもあった。そこで以下、江沼郡の一五世紀後半の一向宗寺院をとりあげて白山との関係を考察する。

江沼郡の本願寺の主要な寺院には蓮如の四男蓮誓（一四五五〜一五二一）が住職を勤めた山田光教寺がある。この寺は打越勝光寺、萩生願生寺、川崎専称寺の三坊主によって支えられた。このうち勝光寺は天台寺院だったが、応長元年（一三一一）覚如が北陸を留錫した時に転派したとされている。なお井上鋭夫は同寺に顕密の法器があったことなどをもとに白山の末院だったと推定している。萩生願生寺は白山五院のうち大聖寺の後裔の慈光院と同じ萩生に立地している。川崎専称寺は越中から移転した天台寺院で、井上鋭夫はワタリとの関係をもとに、白山の末院だったと推測している。(21)

次に蓮如の一〇男実悟は、鶴来の金剣宮近くの清沢に建立した光明山願得寺と白山の関わりについて、その著『拾塵記』の中で「白山権現はイザナミの尊で、もと唐の国主だったが、日本の石動山に来て石動権現と夫婦となり、後に白山に移られた時、剣村の上院の水をお手水にさしあげた際に、清き□といわれたので、この地を清沢と名付けた。またその時光明が見られたので、この寺の山号を光明山とした」と記している。[22]

ところで永正の一揆（一五〇六）で朝倉氏に破れた越前の和田本覚寺と藤島超勝寺は加賀に逃げこんだ。その折、超勝寺は江沼郡の白山本宮系諸寺の近くに滞在した。その後享禄四年（一五三一）五月、加州三ヶ寺（本泉寺、松岡寺、光教寺）や上記の江沼郡の三坊主は、白山本宮や白山の山内衆の加勢を得た超勝寺や本覚寺に破れた。爾来この両寺が加賀一揆の中核となって、天文一五年（一五四六）に金沢御坊を建立したのである。ちなみに超勝寺五代住職実顕の孫娘（六代実照、七代顕祐の姪）は白山長吏（澄辰か澄明）の妻になっている。そうしてこれらのことを通して白山本宮は超勝寺を中心とする金沢御坊、その背後の本願寺に服属することになったのである。

越前馬場の平泉寺に関しては、本願寺六世巧如の弟周覚が曹洞宗の永平寺近くの荒川（現福井市）に華蔵閣を建立し、その四男如順を平泉寺両界院の住職にしている。蓮如は吉崎道場を開いた際、門徒に平泉寺や白山豊原寺を誹謗することを戒めると共に、文明四年（一四七二）二月には自ら平泉寺に参詣して阿弥陀如来像を納めている。ただ元亀年間（一五七〇～一五七三）には同寺南谷の宝光院と玉泉坊が争った際に、玉泉坊が織田信長から平泉寺の「一山惣務」の朱印状を得ようとした。そこで宝光院は一向宗徒の力を借りて玉泉坊の坊舎を焼き、妻子を殺害した。けれどもその後平泉寺は朝倉景鏡を頼った。これが一揆衆の反発をかい、天正二年（一五七四）四月一四日に彼らによって全山焼き討ちされた。[23]

白山豊原寺は元禄一六年（一七〇三）筆写の『白山豊原寺縁起』によると、泰澄開基とされ、かつては修験と衆徒がいた。一五世紀中頃には平泉寺と争っている。なお蓮如の一〇男実悟の『実悟記』には、豊原寺の麓の小黒には、本願寺から名号を授かったが火難にあったので灰を箱に入れたら一夜にして金の阿弥陀三尊になったとの伝承がある。[24]天正五年（一五七三）、織田信長は朝倉氏を滅した。けれどもその翌年越後で大規模な一向一揆がおこり、加賀から坊官の七里頼周が越前に入って豊原寺に陣を構えた。さらに本願寺からは下間頼照も着陣し、同寺の西方院、華蔵院や衆徒が一揆の中心になって活躍した。けれども同三年越前に入った信長によって、豊原寺は全山焼き討ちされた。その後関ヶ原の合戦後越前に入国した結城秀康が五〇石を寄進して再興した。(25)

美濃馬場は郡上郡白鳥町の長滝寺をさし、ここからの登拝は桧峠を越えて石徹白を拠点にして別山に登り御前峰に至った。このうち長滝寺には白山三所権現と本尊釈迦三尊が祀られていた。この長滝寺塔頭の西村坊の西了は文明五年（一四九九）に蓮如の法弟となり、その後明応八年（一四九九）に郡上八幡の安養寺（勝興寺とも）を介して、実如から「方便法身尊像」を授かっている。石徹白には白山中居神社があり、飛騨、美濃さらに東海からの白山登拝の拠点とされていた。そして同社の社家はこれらの各地に檀那場を持つ御師として宿坊を営んでいた。また一五世紀末頃からは美濃、飛騨などから本願寺の教線がのびてきた。そして同村の三集落の上在所には円周寺、中在所には威徳寺、西在所に道場が設けられていた。(26)

このうち上在所の円周寺の浄通、中在所の威徳寺の道幸はともに飛騨の白川郷の照蓮寺を介して本願寺第九世の実如から明応五年（一四九六）に本尊の方便法身尊像を授かっていた。この照蓮寺は越後高田の浄興寺を開いた親鸞二十四輩の一人、善性の子善俊が創建した。ちなみに高田浄興寺は既述のように存如真筆の『熊野教化集』を所蔵した寺である。西在所の道場は郡上八幡の安養寺（勝興寺とも）に属したが、永正一一年（一五一四）にやはり実如から本尊を授かっている。この安養寺はともに蓮如の孫にあたる実玄とその妻妙勝がいた寺で、当初近江にあったが、寛正年中（一四六〇～一四六六）に美濃の安八郡大榑村に移り、さらに天文年間（一五三二～一五五五）に郡上八幡にきた有力寺院である。(27)

ここで石徹白の寺院や道場の成立の契機を見ておきたい。文明三年（一四七一）に蓮如が開いた吉崎道場に飛騨や美濃から行く時は、石徹白に泊まることが多かった。さきにあげた飛騨の白川照蓮寺の住職明信は、吉崎詣の途中に石徹白の神主の家に泊まった時、真宗の教えを説いた。それを聞いた神主が真宗に帰依して道場を建てた。これが円周寺である。さらにこの神主の母が吉崎に参詣して、蓮如から六字名号をいただいて照蓮寺末の石徹白道場とした。これが威徳寺である。西在所の道場が実如から本尊を授かったのも、安養寺住職が吉崎に参詣の時に石徹白に宿泊したことが機縁になっている。なお石徹白の中居神社の社頭石徹白長澄は天正一五年（一五八七）に照蓮寺に中野と小石川の土地を寄進している。彼はその後土岐氏の被官だった金森長近が豊臣秀吉の意を受けて石徹白から白川をへて飛騨の三木氏を攻めた時に戦功をたてて小島、白川に一五〇〇石を授かっている。

ところが西在所の道場は上村丹右衛門が道場役となって管理していた。また上在所の円周寺も当初は道場役が管理していたが、その後白山中居神社の神主家の家の者が住職となった。中在所には当初道場がなく忠助という家に本尊や掛軸二幅を預けて道場としていたが、その後道場が出来、さらに照蓮寺から威徳寺という寺号を与えられたとされている。

立山は佐伯有頼が射た熊が金色の阿弥陀如来と化したので、彼が出家して慈興と名乗ってこれを祀って開山したとされている。その在所の越中には南北朝期に覚如や存覚が布教し、一四世紀後期には水橋（現富山市）門徒が成立した。さらに既述のように五代綽如も砺波郡井波に瑞泉寺を開いている。そして越中には蓮如の吉崎進出以前に七六ヶ寺があり、蓮如も瑞泉寺を拠点に三度にわたって巡教している。(28)

なお高岡市にある称念寺（現本願寺派）は寺伝では立山を開いた佐伯有頼（慈興）の子有信が出家して慈現と名乗り、慈興から自作の阿弥陀如来を授かって立鷹山金光院を創始したのに始まるとしている。三代慈耳の時、真言宗となり、立鷹山金光明院塚原称念寺と称して代々立山の別当職を務めていた。けれども文明年間（一四六九～一四八七）、三三代順照の時一向宗となり、永正一二年（一五一五）実如から「方便法身尊像」を授かり、慶長年間（一五九六～一六一五）に高岡に移住したとしている。同寺は木像の立山権現本地仏（阿弥陀）、「立山曼荼羅」「立山縁起」を所蔵している。そして文政三年（一八二〇）五月一五日から二一日までの立山開山慈興大師一〇〇〇年忌に同寺でこれらを開帳した。そして翌年には五月一日から一〇日に能登七尾の光徳寺でも開帳している。

ところで近世後期には蓮如の生涯を描いた『蓮如絵伝』が二〇〇本近く作られている。これは『親鸞絵伝』のように本山から授かったものではなく、各寺院や門徒が地方絵師に私的に描かせたものである。年代的には蓮如の三〇〇年忌があった寛政一〇年から四〇〇年忌の明治三一年（一七九八～一八九八）の間に作られている。これは立山の絵（曼荼羅）

が作成された時期とほぼ対応している。またその分布は北陸諸国と美濃・三河、とくに三河が多くなっている。これは越中に三河門徒が入ったことや、立山芦峅寺の檀那が三河に見られることに対応している。

この『蓮如絵伝』には、蓮如が明応八年（一四九九）三月二五日の往生の際に、自分の遺骸を真影（親鸞の木像）と並べて拝礼するように指示したと記されている。これは彼が門徒に自分を親鸞の生まれかわりで生き如来と崇めさせていたことを示している。時代は下るが富山藩の国学者岡崎乙彦が明治二年（一八六九）に著した『曽理能綱手』には親鸞の命日が一一月二八日なので、これに因んで門徒が六月二八日に立山に登拝する慣行を記している。これは彼らが立山に登ってその山頂に現れる御来光（ブロッケン）を親鸞や蓮如の本身である阿弥陀如来と観じたことを示すとも思われるのである。なお魚津市の大谷派大徳寺ではかつては門徒が毎年親鸞の木像を背負って、立山に登拝したとされている。(29)

第五項　吉野の一向宗と山上ヶ岳

一向宗は吉野にも伝播し、修験と対峙している。その嚆矢は親鸞の弟子聖空（?～一三五六）が下市の善城山麓秋野川に藤谷滝上寺を開いたことである。なお井上鋭夫は同寺文書をもとに彼を金峰山吉水院に属した修験者と推測している。(30)聖空は楓ヶ谷と栗飯谷にも道場を開き、前者はその後光円寺、後者は正西寺になっている。また覚如は近江瓜生津の錦織寺の愚咄と性（聖）空を伴って大和に入っている。この錦織寺は円仁（七九四～八六四）が創立したとする平安期の毘沙門天を本尊とする旧天台寺院で、愚咄の弟慈空（?～一三五一）に始まる木辺派の本寺である。覚如の子存覚は慈空の継嗣になるよう乞われたが、それを辞して、康永三年（一三四三）以後大和に入り、その墓は下市の秋野川にある。このことから吉野には木辺派の法流が入っている。なお木辺派（錦織寺）は本拠の近江や大和だけでなく、伊賀、伊勢などの山間部にも門徒を増やしていった。

蓮如は稚児だった興福寺大乗院経覚の後だてもあってか、長禄四年（一四六〇）に奈良に藤原道場を開いている。そして明応二年（一四九五）には秋野川の存覚の墓所に願行寺（下市御坊）を創設した。ところで錦織寺は慈空の後、本願寺と密接な関係を持つ慈観（存覚の子）、慈達、慈賢、慈範と続いたが、次の勝慧の時一部門徒との間に不和を生じ、一九歳の彼は明応二年（一四九五）大和、伊豆、伊勢の四〇ヶ所の門徒を率いて本願寺に帰入した。蓮如は彼を山城の三栖に住まわせ八女妙勝と妻せた。そして妙勝が死ぬと一三女妙祐と結婚させ、下市の願行寺の住職とした。なお吉野を重視した蓮如は飯貝に文明八年（一四七六）本善寺を建立し、一二男実孝を住職として本尊と宗祖の御影を授けていた。(31)この本善寺の門徒には地縁的名主と油屋、薬屋など行商的商人がいた。吉野にはこの本善寺、願行寺の両御坊を頂点にして、上市の大西寺、浄宗寺、沢井寺を含む集会寺院二〇ヶ寺、与力寺院三二ヶ寺、下寺寺院一九ヶ寺、立合下手七ヶ寺、寺中支坊四ヶ寺、呼寺号二寺、通寺二ヶ寺が見られた。(32)

一五世紀後半大和では一向宗徒は興福寺の僧兵ともいえる六方衆から再三弾圧を受けていた。(33)その後享禄四年（一五三一）六月畠山義英、三好元長、筒井順興が、細川惣領家の細川勝元の臣三好政長のいた河内の飯盛城を囲んだ際に、勝元はその救出の援軍を本願寺に求めた。そこで本願寺勢三万がそれに応じ、義英、元長を敗死させた。これに力を得た国中や吉野の一揆衆は長年弾圧を加えられた興福寺を襲い諸坊に放火した。ただ大乗院、一乗院は焼いていない。一揆勢はこの後越智氏の高取城を攻めたが敗れて、吉野などに逃れた。(34)そこで天文三年（一五三四）四月一六日に越智氏らが吉野の竹林院らと語らって、飯貝の本善寺や吉野八郷のうち口五郷の一向宗の道場を焼きはらった。そこで残った黒滝郷中タウ、三吉野、堂原の口三郷の一揆衆が、吉野山、安禅の取出茶屋、さらに山上ヶ岳の小松坊、上辰尾寺、中院、小鳥居坊、湯屋、惣坊、浄名院を焼いた。そこで吉野一山では山上の行事を天川村洞川で行なっている。(35)その後、筒井順慶は天正六年（一五七八）一〇月九日吉野に出兵し、下市、上市に火をかけ一揆を制圧した。そして下市に城を構えて一向宗徒を監視した。

ところで中世末から近世にかけて秋野川ぞいには大峰登拝路があった。さらにここから奥吉野、天川弁才天への道も開けていた。そして下市では市が開かれ商工業が盛んだった。上市は吉野川辺に開けたところで材木取引きなどの市が開かれ、飯貝はその拠点だった。なお吉野川には桜の渡しがあり、大峰登拝の要所となっていた。また下市、上市ともに大和東部の三輪、桜井、多武峰方向から龍門をへて、吉野山に入る拠点でもあった。同時に下市は願行寺、上市は本善寺の寺内町の性格も持っていた。

時代は下るが万治二年（一六五九）の『飯貝村宗旨改帳』によると、同村の寺院は真宗＝本善寺（六三三―登録人数。以下同様）、本願寺直属門徒（二六二）、弘願寺（八）、立興寺（一〇）、常楽寺（一）、万法寺（五）、正林寺（一七）　計九三六、浄土宗＝如意輪寺など四ヶ寺　計一八、大念仏宗＝光明寺（一）、その他の諸宗＝桜井寺など六ヶ寺（一二）と、ほとんどが真宗及び浄土宗系で占められている。なお明治九年（一八七六）の『下市願行寺記録』によると、吉野郡の門徒寺院は九一を数えている。(36)

周知のように金峰山は平安中期には弥勒菩薩の兜率天の内院とされていた。また鎌倉初期には、山上ヶ岳は役行者が守護仏を求めて祈念したところ、釈迦、千手、弥勒に続いて金剛蔵王権現が出現した地とされている。そして『諸山縁起』には山上ヶ岳をさすと思われる霊地に関して「微細会大日如来、金精明神の峰なり　常身不清浄会なり　大日如来、弥陀の同じく居す所の峰なり」との記述がある。(37)ただその後は『大峰縁起』には「山上の大温屋の上に行者の御経坐、之を拝す」(38)とあるのみで、ほとんど説明がなされていない。

ところが一七世紀末になる学峰雲外の『峰中秘伝』には、吉野山の項に「阿弥陀仏菩提の為の弥陀なれば、善悪ともの蓮なりけり」「南無阿弥陀仏申す念仏のたのもしや、人弗《ハテ》ぬれば仏なりけり」「南無阿弥陀申す念仏の音音は無量寿仏と是を云らん」「立ち入れば胸の阿弥陀も我なれや、釈迦大日は弥陀の一音」「極楽と聞て来れば吉野山、皆妙法の蓮なりけり」との秘歌をあげている。山上ヶ岳の阿弥陀如来を本尊とする金懸の行場には「金懸に登りて見れば金もなし、心の弥陀に会うぞうれしき」「虚空より虚空に来る心こそ、南無阿弥陀仏の身にはなりけり」「極楽の内にはたそとこととへば何もすずし松風のおと」「阿弥陀仏音のすみかは何くやらん、皆妙法の蓮なりけり」「妙法の蓮の上に何か有、いつくも月は独りほがらか」などの秘歌がある。そして西の覗きについては「西の除と申すことは一乗菩提の峰なる故に菩提門と申すことは、西方極楽世界を除に依て、是を西之除菩提門とも云也、先つ極楽世界に至るには貪欲瞋恚愚癡の煩悩を除と者、此五欲を離れて仏になると申す也」との説明がなされている。(39) ちなみに現在は、西の覗きでは「ありがたや西の覗きで懺悔して、弥陀の浄土に入るぞうれしき、オンアビラウンケンソワカ」との唱えごとがなされている。これらを見ると、大峰登拝の入口にあたる飯貝の門徒の影響もあってか、吉野や山上ヶ岳を阿弥陀の浄土とし、掛念仏を唱えながら登拝して往生したと観ずる信仰が認められる。もっともこの場合はいわば自力往生を願う念仏とも思われるものである。

なおこうした自力も考慮した念仏は吉野門徒の始祖ともいえる存覚の思想にも瞥見される。彼は行を重視し、自力の修行を認め自力の行者は辺地での往生をとげることが出来るとしている。さらに彼は住吉神社に参詣し、信貴山の「鎮守講式」を作り、追善供養をすすめている。さらに加持による治病の効果も肯定していたのである。(40)

結

中世後期には一向宗は親鸞の教えに従う諸派の他に時宗なども含み、山伏や熊野、白山、立山などの修験霊山とも関わっていた。親鸞自身も妙高山麓での配流生活の後に常陸に来て山伏の弁円や熊野詣をした本仏を弟子としていた。親鸞に勘当された善鸞は巫女を使って修験的な活動をし、本願寺を樹立した覚恵や覚如と争った異母弟の唯善は山伏だった。またその覚如から勘当された長男存覚は吉野門徒と深く関わっていた。このほか高田派の武蔵阿佐布（現麻布）に善福寺を開いた了海は蔵王権現の申し子と伝えられている。このように本願寺と対峙した教派、本願寺の法首から排された者の活動には修験的な面が見られるのである。

特に熊野に関しては、存覚が『諸神本懐集』で本宮証誠殿の本地の阿弥陀如来は諸仏諸尊の本源で、諸社の神格の本地はいずれも阿弥陀如来の化身としている。そして園城寺の鎮守の新羅明神、箱根や白山の権現も紹介している。また存如の『熊野教化集』では阿弥陀如来は衆生を決定往生させる仏として紹介したうえで、阿弥陀に帰依すれば観音、地蔵、薬師も救済してくれるとし、念仏は法華経をはじめ一切経と同じ功徳があるとする。また物忌は生死を厭い後世を願う己が心であると説明している。

本願寺を確立した蓮如は近江では園城寺に支えられ文明三年（一四七一）に吉崎に道場を開いた後、自ら平泉寺に詣でて阿弥陀如来を奉納している。また同寺のみでなく白山、立山、石動山など修験霊山を誹謗しないように指示している。そして文明六年に高田門徒と争った文明一揆の時には加賀の白山衆徒の助力を得ている。なお彼は念仏を唱えれば来世のみでなく、現世でも救われると説いて祈祷を肯定している。

こうした蓮如の方針もあって白山は本願寺と密接な関わりを持つようになった。すなわち加賀馬場の白山寺長吏は文明一揆では本願寺に加担した。そしてその後は本願寺の仲介で白山宮造営の綸旨を得たり、白山造営のための杣取の権利を自領の尾添村にもたらしている。また吉崎近くの加賀国江沼郡の勝光寺・萩生願成寺・川崎専称寺の三寺は白山とのつながりが推測されている。美濃馬場の平泉寺では六世巧如の四男がその子院の住職となり、蓮如も阿弥陀像を納めている。ただその後朝倉氏と結びついたので、天正二年（一五七四）一揆に焼き討ちされた。一方白山豊原寺は一向一揆に組したことから織田信長に破壊された。美濃馬場の石徹白は美濃や飛騨からの吉崎詣の宿ともされたので、中居白山宮の社家などがこの両国の有力寺院の弟子となり道場が作られた。立山では高岡市の称名寺のように旧立山別当と称した寺院が立山の絵の開帳をしている。また近世末には親鸞の命日にあわせて登拝していた。

吉野には下市の存覚の墓所に設けられた願行寺がある。蓮如は吉野を拠点として錦織寺から帰入した勝慧に自己の娘を妻して同寺を託し、さらに上市の飯貝に本善寺を創建して、一二男実孝を住職として送り込んでいる。この吉野門徒は高取城の越智氏や吉野の竹林院らによって道場などが焼かれた報復として、天文三年（一五三四）に吉野山の安禅寺の茶屋や山上ヶ岳の宿坊などを焼いている。もっともこの吉野門徒からの影響があったのか、近世初頭の『峰中秘伝』には吉野や山上ヶ岳を阿弥陀の浄土とし、そこに登って往生を観じる自力の念仏信仰が育まれているのである。

このように中世後期の一向宗は山伏や修験霊山とも関わりをもって展開したのである。

注

（1）「相良氏法度」『中世法制史料集』三、日本思想大系二一、岩波書店、一九七二年。

（2）神田千里『一向一揆と戦国社会』吉川弘文館、一九九八年、四〇～四七頁。なお神田は同書で享保一〇年（一七二五）に薩摩藩が一向宗取締を指示した「一向宗時々被仰渡候御書付写」で「山伏神子（巫女）、門長（未詳）類が占、祈祷による一向宗」を勧めている事を指摘している。

（3）覚如『親鸞絵伝』熊野霊告段。

（4）平松令三「真慧上人にかかわる秘事書の変造について」『真宗史論攷』同明社、一九八八年所収。

（5）金龍静「総論」『仏光寺の歴史と文化』法蔵館、二〇一一年、八頁。なお西岡芳文「初期真宗門流の展開」上掲『仏光寺の歴史と文化』、四六頁。

（6）金龍静「総論」上掲『仏光寺の歴史と文化』一二～一三頁。

（7）『最須敬重絵詞』第五巻　第一七段、小山聡子『親鸞の信仰と呪術――病気治療と臨修行儀』吉川弘文館、二〇一三年、一八四～一八五頁。

（8）重松明久『覚如』吉川弘文館、一九八七年参照。

（9）草野顕之「仏光寺了源と有覚」上掲『仏光寺の歴史と文化』六三～八三頁。

（10）小泉義博『越前一向衆の研究』法蔵館、一九九九年、四四～一二五頁。

（11）「瑞泉寺の建立」赤松俊秀・笠原一男編『真宗史概説』平楽寺書店、一九六三年、一六二～一六四頁。

（12）赤松俊秀「一遍上人の時宗について」史林二九―一。

（13）北西弘「諸神本懐集の成立」宮崎円遵博士還歴記念会編『真宗史の研究』永田文昌堂、一九六六年、二〇一～二一七頁。

（14）大隅和雄校訂「諸神本懐集」日本思想大系一九、岩波書店、一九七七年、一八二～二〇七頁。

（15）北西弘「熊野教化集について――原本の校異とその解説」大谷史学四。本論には室町末書写の大阪府光徳寺本の翻刻と存如真筆本との校異があげられている。

（16）笠原一男『蓮如』吉川弘文館、一九六三年、『蓮如・一向一揆』日本思想大系一七、岩波書店、一九七二年参照。

(17) 井上鋭夫『一向一揆の研究』吉川弘文館、一九六八年、三五七〜三七三頁。
(18) 笠原一男「蓮如略系図」『不滅の人 蓮如』世界聖典刊行協会、一九九三年、二六九〜二七三頁。
(19) 笠原一男「蓮如――その行動と思想」上掲日本思想大系一七、六〇一〜六一一頁。
(20) 由谷裕哉「一揆時代における加賀白山」『白山・立山の宗教文化』岩田書院、二〇〇八年、一九五〜二一八頁。
(21) 上掲井上『一向一揆の研究』勝光寺　三三七頁、専称寺　二八三頁。
(22) 上掲由谷『白山・立山の宗教文化』二三六〜二三八頁。
(23) 白山芳太郎「吉野・室町時代の白山神社」『白山神社史』白山神社、一九九二年、一六五〜一六八頁。
(24) 「実悟記」上掲井上『一向一揆の研究』一八六頁。
(25) 角明浩「中世越前における豊原寺の再考察――一次史料からのアプローチを中心に」山岳修験四八、二〇一一年。
(26) 上掲井上『一向一揆の研究』二七二〜二七三頁。
(27) 千葉乗隆「白山麓石徹白の宗教」『中部山村社会の真宗』吉川弘文館、一九七一年、上村俊邦『石徹白の真宗寺院』石徹白郷シリーズ11、私家版、二〇〇九年参照。
(28) 上掲赤松・笠原編『真宗史概説』一六二〜一六四頁。
(29) 蒲池勢至「真宗門徒と立山信仰――二つの阿彌陀信仰」特別展『立山と真宗』立山博物館、二〇〇四年、六〜一〇頁。
(30) 上掲井上『一向一揆の研究』一七四頁。
(31) 井上鋭夫『本願寺』至文堂、一九六二年、一〇五〜一〇六頁、首藤善樹『金峯山寺史』金峯山寺、二〇〇四年、一一九頁。
(32) 『吉野町史』上、吉野町、一九七二年、一七八〜一八七頁。
(33) 『大乗院寺社雑事記』長禄二年（一四五八）七月一七日・一九日、一〇月二日、文明一三年（一四八一）九月三日・一八日の条。
(34) 永島福太郎「一向宗の大和進出と興福寺」国史学二九、一九三六年、一六〜二〇頁。
(35) 上掲首藤『金峯山寺史』一一九〜一二〇頁。
(36) 石田善人「畿内真宗教団の基盤について」国史論集一、読史会、一九八二年、九一二〜九一三頁。
(37) 『諸山縁起』『寺社縁起』日本思想大系二〇、岩波書店、一九七五年、一〇二頁。
(38) 「大峰縁起」『熊野金峯大峯縁起集』臨川書店、一九九八年、一七二頁。
(39) 『峰中秘伝』修験道章疏Ⅰ、二〇六〜二一七頁。
(40) 小山聡子「存覚と自力信仰」『親鸞の信仰と呪術』吉川弘文館、二〇一三年、二二六〜二三八頁。

第三節　近世遊行聖・行人の念仏と修験

序

近世の朝廷・幕藩体制下の寺院は各宗派の本山を中心とした本末制度のもとにあった。そして本所である本山は開祖の権威に加えて、朝幕体制によって支えられた。また各藩ではこの体制のもとで藩内の各派の寺院を藩主有縁の触頭を通して統轄した。地域社会の寺院は檀家制度に基づいて住民の葬祭や加持祈祷を行なう対価として、寺院の護持、本山への上納金などを要請した[1]。地域社会には各地を遊行する聖が訪れることも多かった。柳田国男は『俗聖沿革史』で、阿弥陀の聖・弥勒聖の遊行、回国に注目し、その事例として、高野聖などをとりあげた[2]。折口信夫は他界から訪れる来訪神を「まれびと」と捉えている。堀一郎はこの折口のまれびと論を、柳田の俗聖に適応させ、近世期の遊行の聖を、人神の観念と結びつけて、「修験系」「念仏系」「俗神道・陰陽道系」に三分して、この三者を中核とした壮大な日本の民間信仰史を描き出した[3]。

五来重は高野聖の詳細な研究をもとに、善光寺聖、弾誓、円空・木喰行道などの遊行聖の本格的な調査研究を行なった。そして、これをもとに柳田がヒジリの語義を「日知り」と解したのに対して、「火知り」とし、この火を祖霊のシンボルと捉えている[4]。ただ私はその語義をむしろ「霊（ヒ）治り」と解し、聖を精霊を操作する宗教者と考えている[5]。なお五来は上記の研究をもとに木食遊行聖の特性として、（1）遊行廻国と行道（一所不住）、（2）木食行と断食行、（3）

懺悔滅罪と苦行（千日行、垢離・水行、精進）、（4）窟籠りと禅定・山籠り・島渡り、（5）加持祈祷と託宣（除災招福、治病、雨乞）、（6）勧進（講作り、札配り）、（7）作仏（千体仏、万体仏、神像、自刻像）、（8）作歌（和歌、祭文、願文）、（9）一心観（禅観、唯心観、心字花押）、（10）即身成仏の自覚（仏号、菩薩号、阿弥陀仏号）、（12）入定と捨身の一二項目を挙げている。(6)

遊行聖の研究では念仏聖が注目された。それを主導した西海賢二は、研究史を整理すると共に木食観正と徳本の詳細な調査研究を試みた。(7) そして本節でもとりあげる円空、木喰行道、徳本を含む遊行宗教者の宗教活動をその心意を中心に次の五つに分けて該当者をあげている。

（1）既成宗教離脱　雲居希膺（一五八二～一六五九、禅教団の外で念仏禅の復興を試み東北などで遊行）
（2）自己修行完結　円空（一六三二～一六九五、作仏ほか）
（3）生得環境　木喰行道（一七一八～一八一〇、父が巡礼者）
（4）既成宗教伝播（再編成）　徳本（一七五八～一八一七、浄土宗捨世派確立）
（5）滅罪遊行　木食観正（一七五四～一八二四、百姓一揆参画の滅罪）(8)

本節ではこの西海の分類を参考にして、近世初頭から近代初頭に至る、いずれも霊山に関わった目次にあげた遊行聖・行人などを年代順にとりあげる。詳細は各項で述べ、これらの相関は結論で検討するが、本節の意図を知っていただくよすがとして、以下項目の順に聖、行人などについて簡単にふれておきたい。

弾誓（一五五一～一六一三）は幼少時に沙弥となり、佐渡の檀特山での神秘体験をもとに山居して念仏修行をした。円空は大峰山で修行し園城寺に属したが念仏もした作仏聖である。円空と並ぶ著名な念仏もした作仏聖として知られる木喰行道は二二歳から五六歳位まで相模大山で修行すると共に御師を務めたあと九三歳で死亡するまで廻国した。徳本は青年期に浄土宗寺院で得度し、吉野・熊野・富士で修行後上府し、増上寺、伝通院の外護のもとに東国で遊行した。播隆は一向宗の内道場の家に生まれ、槍ヶ岳を開山し、阿弥陀仏などを祀り、念仏講を組織した。湯殿山の行人の多くは、罪を犯して湯殿山に逃げこみ、一世行人となり真言念仏を唱えて木食行を行なって即身仏とされた。霧島周辺の隠れ念仏は、近世末期に真宗を禁じた薩摩藩内で、霧島山の阿弥陀信仰と真宗を習合した形で、葬儀や死者の口寄せなどを行なった秘儀集団である。本節の各項では彼らの霊山での修験的な修行、回心、遊行、念仏などによる救済活動、葬祭などに焦点をおいて紹介することにしたい。

ところで、これらの民間の遊行聖は多くの在野の研究者の注目を集め、五来重の調査研究に見られるように、その足跡を追ったすぐれた著書を生み出した。主なものをあげると、弾誓やその修行者の但唱の宮島潤子、円空学会の小島悌次、棚橋一晃ら、木喰行道の柞木田龍善、播隆の穂苅三寿雄・貞夫父子、湯殿山の即身仏の日本ミイラ研究グループの松本昭、隠れ念仏の村田清美らなどがこれである。本節の記述はそれぞれの注記にあげたように、諸先学の研究とあわせて、これらの諸氏の研究に基づいていることを付言しておきたい。

第一項　弾誓とその継承者たち

近世初頭の念仏聖、木食聖の祖弾誓は天文二一年（一五五二）尾張国海部郡に生まれた(9)。幼名を弥釈麿とよんだ。九歳で出家し弾誓と名乗った。そして美濃国の国府近くの塚尾観音堂で六年間、さらに武儀郡の草庵で一七年間修行した。天正一三年から一八年（一五八五～一五九〇）にかけては、近江国守山、京都をへて摂津の一の谷で古戦場の亡霊を念仏で供養した。さらに熊野本宮証誠殿に参籠し、巡礼の女人が納めた八葉の鏡を授かり、以後これを権現の御霊代として捧持した。天正一八年（一五九〇）四〇歳の時、佐渡に渡り、河原田の常念寺で剃髪後、同一九年檀特山に入って六年間にわたって洞窟に籠って木食で称名念仏を修行した。

慶長二年（一五九七）、この修行のある日、岩泉に浴している時、伊勢・熊野・八幡・住吉・春日の化神があらわれた。そして彼の背中を切りさき、骨を抜きかえ凡血を出して神水を注ぐ「換骨の法」を行なった上で神道の奥義を授けた。同年一〇月一五日の夜には阿弥陀如来が彼に「十方西清王法国光明禅誓阿弥陀仏」の名を授け、説法された。彼はこの説法を「仏説無量弾誓経」六巻にまとめた。この「弾誓経」の巻一は「大一仏説弾誓経」、巻二は「大仏説撰阿弥陀弾誓経」、巻三・巻四は「仏説無量弾誓経」、巻五・巻六は「太一仏説弾誓経」である。なおこの太一は天地創始の混沌とした元気を示している。なお説法が終わると観音が伝法の印璽として仏頭を弾誓に与えた。阿弥陀如来は更に初三重、後三重の秘決を授けた。この初重の前三重の第一は自性本具伝、第二は逆相十念、第三は順想十念、後三重の第一は十界一如十念、第二は五輪五仏具足伝、第三は㊒空十念である。そしてこれらを通して南無阿弥陀仏に決定して極楽に往生するとしている。(10) ちなみに「弾誓上人絵詞伝」には大きな阿弥陀如来に左手で抱かれ、観音から仏頭を授けられる弾誓を描いた「仏頭伝授の図」があげられている。

弾誓はこの檀特山での回心後、越後をへて信濃に入り、虫蔵山の洞窟で修行し、大町の仁科・松本をへて、諏訪に入り、唐沢に光明山阿弥陀寺を建立して、その背後の洞窟で修行した。そして念仏は阿弥陀如来のもので、念仏する人はそのまま阿弥陀如来となり、永遠の生命を持つとする「常念仏」の思想に立って、人々に「念仏十念」を授けていった。そして甲斐をへて江戸にむかい、慶長八年（一六〇三）神田の新知恩寺で浄土宗の幡随意院白道（一五四二～一六一五）から白旗流の法を授かった。この折彼は素絹に如法袈裟で蓬頭長髪姿だった。この後彼は箱根に入り塔の峰の岩窟に籠って修行し阿弥陀寺を開いた。この折箱根権現が貴女の姿で現れ、弾誓から血脈を授かり、その布施として法螺貝を贈ったという。この後彼は箱根の一の沢の洞窟で修行し、桜の木に自刻像を彫刻したり、岩壁に爪で阿弥陀像を刻むなどし、一の沢に浄発願寺を創建した。この後遠江、尾張をへて京に入った。その道中、浜名湖岸の堀江に蓮華寺を開き、遠州大念仏を始めたともいわれている。

京都では大原の古知谷の一心帰命決定阿弥陀寺に居を定めたが、多くは近くに弟子が掘った洞窟で修行した。なお京都守護板倉伊賀守勝重（一五四五～一六二四）が外護したこともあって、多くの信者が訪れた。彼はこれらの信者に名号を与え、自らがつくった「七十五箇條制戒」にもとづいて導いた。その制戒では彼らに一日一〇〇回の日課念仏を課し、往生の時は西に向かって十念することなどを定めている。弾誓は慶長一八年（一六一三）五月二五日、日中の勤行回向のあと、「自分は極楽往生するが、そこには久しくいないで、此の地に帰って人々を遍く救済する」と遺言して念仏を唱えて往生した。遺骸は山林に七日間安置のうえで、埋葬された。ただ現在は洞窟に石棺を安置して入定留身した形で祀られている。

弾誓の後継者の但唱は天正七年（一五七九）に摂津国多田郡で生まれた(11)。そして一八歳の時、佐渡の檀特山に行き弾誓の弟子となり、法名を浄円と号したという。なお、多田郡には多田鉱山があり、彼は若い時から鉱脈や良林を見分ける山見分けの能力に秀でていた。二八歳の時越後に入り、米山で弾誓から名号札と十念を受け、作仏をすすめられた。これを契機に千体仏、万体仏といわれる数多くの仏像を彫刻した。そして箱根の一の沢で弾誓から仏頭、円頓戒の血脈と「十念大事」を相伝し、「称帰命山」の名を授かり、弾誓二世となった。その後彼は信濃の川中島近く、越後の矢代などで念仏を広めた。そして寛永二年（一六二五）には四阿屋山の四阿屋権現社を再興し念仏会を催した。また山麓の帰命山万竜寺では千体仏を彫り、千日別時念仏会を修している。さらに駿河、伊豆三島、富士山麓の須走などに堂を建てて千体仏を安置している。

寛永九年（一六三二）秋、但唱は駒ヶ岳山麓の駒ヶ根の安性寺で結願した二万体の仏像を完了し、これについで伊那の山吹村（現松川町大島地区）で弟子の閑唱と巨大な木像の五智如来の作成にとりかかった。そして寛政一一年に完成すると、それを天龍川で筏に乗せて太平洋岸の掛塚（現磐田市）さらにそこから船で江戸に運び、山見分けの仕事を通して知りあった天海から東照権現の冥福を祈って常念仏を修するために授かった江戸高輪の帰命山如来寺大日院に安置した。なお当時奥多摩の一石山（湯殿山とも）は梵天岩や一石山大権現を祀る鍾乳洞の大日の岩屋がある霊場として知られていたが、その山林は良材に満ちていた。そこで天海はこの一石山の山主となり、その差配を但唱に一任した。彼はこの湯殿山信仰の一石山の大宝寺を如来寺の兼帯とした。なおこの近くには羽黒山、月山も勧請されていた。ちなみに寛永元年（一六二四）には東照権現別当大楽院行恵は日光山に湯殿権現を勧請し、翌二年には天海が日光山中に月山・羽黒山も勧請した。そして天海は融通念仏による湯殿山の勧化を公認した。また寛永一六年（一六二九）には如来寺は寛永寺の末寺となり、但唱は天海から天台宗の常念仏と融通念仏の行業の許可を得た。ただ彼は寛永一八年六月一五日如来寺で死亡した。享年六一歳、死後その遺骸は火葬されている。

ここで但唱以後の歴代について図の系譜をもとに簡単にふれておきたい。如来寺二世の閑唱は但唱と一緒に富士で洞窟修行をすると共に戸隠山に作仏を残している。そして万治三年（一六六〇）の弾誓の五〇回忌にあわせて千体仏の作成を成満した。その相弟子の長音は寛永四年（一六二九）に但唱から「心」「袈裟之大事」などの切紙を授かり、松本に光明山念来寺を開き阿弥陀如来の座像を祀っている。なお長音は目黒不動（滝泉寺）の子院安養院を中興したが、同院は同じく同寺塔頭の湯殿山系の木食寺の大円院と共に東叡山護国寺に属している。なお彼はこの他に秋田に佐竹家が創建した将軍家御霊屋の帰命寺の別当も務めている。彼は晩年には「弾誓経」の上梓をし、延宝六年（一六七八）八月一六日に帰命寺で生きながら土中に入って入定した。この帰命寺にはその後湯殿山の一世行人、鉄門海が住している。

空誉は秋田の佐竹家有縁の僧で目黒の安養寺に入り、長音のもとで、木食行と作仏の修行に勤んだ。そして弾誓が開いた箱根一の沢の浄発願寺を東叡山学頭寺の凌雲院末寺として再興し、弾誓系木食寺院の総本山とし、二〇〇ヶ寺近くの末寺を統括した。彼の弟子明阿（一六五五〜？）は松本の光明山念来寺六世として四〇年にわたって住職を務めている。その弟子の山居は虫倉山の薬師洞窟（上水内郡小川村）で修行したうえで、明阿から松本の念来寺を引き継ぎ千体仏を安置した。また融通念仏十万人講を組織してその唱導にあたった。彼は七〇歳の享保九年（一七二四）九月七日大町の弾誓寺観音堂の地下で鉦をならして念仏を唱えながら入定した。

弾誓の活動を私淑し、同様の宗教活動をして、後述する徳本につらなる流れを形成したのが、澄禅（一六三一〜一七二二）である。[12] 澄禅は近江国日野の川屋氏の出身で、幼児の頃から非凡の才を持ち、志気にあふれていた。一四歳の時に出家して大聖寺の在心に師事した。その後東の出羽の湯殿山から始めて、西の厳島に至る各地を巡錫した。道心堅固で深く仏に帰依し、一八歳の時に増上寺で宗戒二門を相承した。ただ教学よりもむしろ座して称名を唱えることに専念し、隠

弾誓—但唱—閑唱
　　　　　└長音—空誉—明阿—山居

棲してもっぱら頭陀をこととした。貞享元年（一六八四）八月一五日には、弾誓の塔の峰阿弥陀寺を中興した三誉融弁が同寺で開いた不断念仏会に参加し、これを契機に各地の霊山、聖跡の巡歴を始めた。

三七歳の貞享五年（一六八八）二月には箱根の曽我兄弟の守本尊やお虎の像がある曽我の岩窟に一〇〇日間籠って蘿蔔（大根）を食し、念仏三昧にふけった。なおこの地には彼が建立したとされる宝篋印塔とその時着用した袈裟が残されている。ついで彼は箱根の塔の峰阿弥陀寺の弾誓が籠った岩窟で幣衣をまとい、木の実を食し行住坐臥の間も念仏を唱えつづけたという。同年九月には富士山に登った。そして雪中に坐臥し、五穀を断って業障を懺悔し、念仏を唱えて見仏を願った。その時突然の声で驚覚した。すると、空中に白雲がたなびいて五重の宝橋が現れた。橋の端には手に白払を持った神童がいて澄禅を橋の上に導いた。彼がそこに行くと端厳とした相好の富士山の二倍近い大きな阿弥陀如来が光を放っていた。そして最上乗を説いた。澄禅は豁然として悟り、喜んで恭礼した。気が付くと塔の峰の麓の旧居にいたという。彼はさらにその秋から春にかけて塔の峰で苦修練行した。以後しばしば阿弥陀の尊容を拝するようになったという。

翌年八月また富士山に登り身命を惜まず念仏を唱えていると、異香がただよい花が散っている中に七世紀中頃インドから渡来して播磨の法華山一乗寺などで修行したとされる法道仙人が現れた。そしてインドから持参した霊鷲山の木蓮木で作った観音像を授けた。彼がこれを捧持したこともあって、多くの人々の帰依を得た。その後彼は近江国日野町の平子山（錦向山とも）に居を移し、一六年間にわたって苦修練行した。その後弾誓が開いた古知郡の阿弥陀寺に移り、大原山に登って修行した。そして毎夜施餓鬼法を修し、毎日一〇万遍の念仏を日課としたので、貴賤男女のみでなく山神、鬼類も、彼を敬い、法を聞き救いを求めて訪れた。

澄禅は享保五年（一七二〇）、死期が近いことを知り、後事を常宇隠士に託した。そして翌六年四月山に登り、堂に入って結跏趺坐して西に向かって往生した。弟子達はその活動中の容貌は、慶長一八年（一六一三）五月二五日に臨終した弾誓と同じで、まさに澄禅は弾誓の後身だと称えたとされている。

第二項　円空の修行と思想

美濃出身の修験者円空（一六三二～一六九五）は、大峰・日光を始め各地の霊山で修行すると共に、特に東日本を巡錫して五三五〇体余の素朴な神、仏の木像を残したことから、特に近年注目された。ここではその伝記を追う形で霊山での修行、彼自身の成仏観と往生、他者の往生を願っての活動について紹介したい。[13] 円空は彼が本拠とした美濃美並村粥川寺旧蔵の大般若経の円空直筆の奥書によると中嶋郡中村（現羽島市上中島）で生まれた。高賀山の木地師の出身ともされている。[14] 寛文三年（一六六三）に出家した。郡上郡美並村根村の神明神社の棟札によると、この年に同社の天照皇太神像など三体を造顕している。これが彼の最初の作像である。翌寛文四年には同村木尾白山神社の十一面観音（白山御前峰、白山妙理大菩薩、本地）、阿弥陀如来（同大汝峰、大己貴命、本地）、聖観音（同別山、大行事、本地）の白山三所権現の本地仏を造顕している。ここから彼が当初白山信仰を持っていたことが推測される。もっとも彼は当時伊吹山八合目の平等岩と呼ばれる南斜面に突出した一五ｍの大岩壁で修行している。

翌寛文五年（一六六五）暮には海路津軽にむかい鯵ヶ崎あたりに上陸し、岩木山に登拝した。その後弘前の西福寺にいたが、津軽藩によって追放され、青森の油川の浄満寺、東津軽郡三厩村の三厩庵（現義経寺）などに留錫した。なおこれらの寺庵はいずれも一念業成を説き、口伝を重視し善光寺とも関わった浄土宗名越派である。寛文六年（一六六六）円空は津軽から北海道に渡り、六月には広尾郡広尾町の禅林寺に観音像を残している。また洞爺湖近くの有珠善光寺に善光寺如来像など二体を納め、その奥の院の礼文華窟に五体の木彫を祀っている。さらに七月二八日には洞爺湖中ノ島の観音堂に「伊吹山平等岩僧」と記名した観音像を納め、近くの臼杵山にも仏像を残している。そして同年八月一一日には、南の内浦山（駒ヶ岳）をへて西海岸に出て、現大成町の帆越岬の大日権現に多くの仏像を残したのを菅江真澄が目にしている。[15] さらに八月一一日には寿都郡の海神社に観音像を祀っている。五来重はこれらの津軽半島から北海道の海岸近くの観音像の多くが、岩座または臼座に乗り、定印の上に小さな蓮台をのせていることに注目する。そしてこれは『法然上人行状絵図』などの来迎図の観音や来迎会の観音の「持蓮台」と同じ像形ゆえ「来迎和讃」で、観音が死霊を蓮台に乗せて浄土に導くと唱えていることにもとづく表現と解釈し、この像容の観音を「来迎観音」と名付けている。そしてこの来迎観音像は海難者の往生を願って造顕したものと考えている。(16)

寛文九年から一二年（一六六九〜一六七二）にかけて円空は郷里の美並村を拠点に武儀村の白山神社の白山三尊、白山美濃馬場の白島町長滝寺別当阿名院の十一面観音像などを造顕している。この間、同一一年七月一五日には法隆寺に赴いて、巡尭春塘から「法相中宗血脈仏子」の血脈を授かり、翌年には大峰山麓の吉野郡天川村栃尾観音堂で聖観音と脇侍の弁才天、金剛童子、護法神を彫っている。この後彼は志摩に行って志摩町片田の三蔵院蔵と阿児町立神医王寺蔵の大般若経六〇〇巻を修復し、前者には五四枚、後者には一二八枚の添絵を描いている。このうち医王寺蔵の大般若経六二巻の末尾には「イクタビモタエテモタルル法の道、五十六オク末世マテモ、歓喜沙門」と墨書している。これは音楽寺、荒子観音寺、立神、片田、高賀社に納めた像背にも書かれたもので、仏滅後五六億七〇〇〇万年の弥勒出世まで仏法を護持させたいとの心願を示している。

延宝二年から三年（一六七四〜一六七五）頃、彼は大峰山で修行して仏像を残すと共に、その修行体験を詠んでいる。まず仏像では阿弥陀の浄土とされる山上ヶ岳の大峯山寺（当時は山上蔵王堂）に阿弥陀如来像を納めている。なおこの折あわせて役行者像（現大和郡山市松尾寺蔵）も彫っており、その背銘には「延宝三乙卯九月於大峯　円空造之　金峯山寺法印二ノ宿」とある。この二の宿は当山正大先達衆の役職名である。なお彼は大峰山中の前鬼の森本坊でも観音像を彫造している。円空はその歌集にも次の大峰山で詠んだ歌を納めている。(17)まず当山正大先達衆の宿小篠での「昨日今日小篠の山に降る雪は、年の終の神の形かも」(885)天川弁才天の奥の院の弥山でのものと思われる「大峯や天川に年をへて又くる春に花や見るらん」(867)、笙の窟での夜籠りの際の「こけむしろ笙窟にしきのへて長夜のこるのりのともしひ」(570)、「大峯や神の使も守るらん、照る月清き我が庵」(843)、鷲窟での「しずかなる鷲窟に住なれて、心の内は苔の

むしろ□（虫）」（641）がある。(18)

延宝七年（一六七九）大峰での籠山をおえて本拠の美並村に帰った円空は杉原熊野神社に白山妙理権現本地の十一面観音、同社別当千長院に白山第一王子の本地不動明王を彫って納めている。この両像の背銘には「白山詫告言、千多羅滝是有廟即世尊、延宝七乙未年六月十五日、円空敬白」とある。これは彼が千多羅滝で修行中に白山の十一面観音と一体化し、神託を得たことを示すと考えられる。丁度この頃造られた泰澄開基と伝える岐阜県国府町清峰寺の千手十一面観音では、この像の下方の腰までもりあがった岩座に円空を示すと思われる円頂僧形合掌像が刻まれている。これは岩陰で修行している円空の処に白山の本地仏十一面観音と千手観音が一体となって出現し、彼自身が即身成仏したと観じたことを示すと考えられる。このモチーフは前項で見た「弾誓上人絵詞伝」の「仏頭仏授の図」と同一のものである。(19)円空は大峰山などの岩屋での籠山、白山と関わる千多羅滝での修行をへて、上記の即身成仏の境地に達したのである。天保一五年（一八四四）五月全栄撰の「円空上人小伝」には彼の修行を「坐禅観法、勇猛精進にして昼夜不臥、以て往生の浄行を修す」としている。(20)この往生の浄行は天台宗の常行三昧のように念仏を間断なく唱える修験道的専修念仏を思わせるものである。修験道ではこれによって無念無想のうちに仏や神と一体化した境地に達することを目指しているのである。

翌延宝八年（一六八〇）円空は関東に行き、その翌々年の天和二年（一六八二）には上野国一宮の貫前神社の大般若経の裏に山伏の修法や口伝を記している。その一つ「スカラ童子法」には「天和二年（一六八二）戌九月吉日　沙門高岳円空示」と記されている。円空は高岳のこれも含めた種々の修法の授法の御礼に同年九月九日に日光の円観坊で十一面千手観音を造顕して高岳に贈っている。(21)なお天明八年（一七八八）になる伴蒿蹊の『近世畸人伝』では円空は「白山権現の示現をもとに美濃池尻（現関市）に弥勒寺を建立したとしている。(22)この示現をさきの白山の神託ととれば、これは延享七年（一六七九）のこととなる。なお彼はこの年の七月五日には園城寺の尊栄から「仏性常住金剛宝戒相承血脈」を授かっている。そして元禄二年（一六八九）八月九日にはさらに尊栄から「授決最秘師資相承血脈譜」を授かり、これを契機に弥勒寺は天台宗寺門派内霊鷲院兼日光院の末寺となっている。なお彼はこの他に武儀郡の高賀神社や伊吹山の太平寺とも関わっている。

弥勒寺蔵の木版の妙法蓮華経、無量寿経の裏に円空が記した「円空手控帳」には、彼が定めた勤行の次第などがみられる。(23) そこでこれをもとに彼の思想と活動を紹介しておきたい。まず「諸仏唱礼文」では「清浄法身・円満報身・千億化身の三身如来に一心敬礼したうえで、十方と中央の一切諸仏、ついで釈迦、無量仏、弥勒仏、文殊、虚空蔵、観音、不動、愛染、毘沙門天、善女竜王、弁才天、金剛神、普賢に帰依を表明している。次に「諸神唱礼文」では諸仏の場合と同様に、三身の爨竈神への一心敬礼に続いて、十方と中央の一切の竈神、一切の草木神・美風神・火徳神・波水神・土公神、日天子、月天子、妙星天子、十二神、昼夜鎮護神に帰依を表明し、さらに清浄円満・千億化身の社宮神への一心敬礼、十方と中央の一切の社宮神、過去・現在・未来の無量の社宮神、宇賀神、摩訶天神、五性玉女、伽藍神、百山護法神、吉祥天女、舎宅神、功徳天女、駄天功徳女、福田龍女神、鎮守三光天子に帰依している。また山岳などの神々として、伊勢（○―周辺に円空仏がある事を示す。以下同様）、八幡、春日、富士山、筑波、日光（○）、羽黒（○）、鳥海、釜臥山（恐山○）、内浦山（駒ヶ岳、北海道○）、臼岳（有珠山、北海道○）、岩木山（○）、立山（○）、駒ヶ岳（信濃○）、御嶽（木曽○）、乗鞍（○）、白山（○）、伊吹山（○）、愛宕山、金峰山（○）、伯耆大山、阿蘇、霧島、天童山（対馬）、石鎚（○）、神岳・南海、北山（所在地不詳）をあげている。これを見ると特に近畿以東が多いことが注目される。このほか弥勒寺には彼が依頼者の身体の状況から病状を判断した「脈とり」と記した覚書が伝わっている。なお一八世紀中頃になる『飛州志』の「釈円空之説」には、円空の生活について「食求ムルコトナシ、適食物ヲ与フル人アリト云エドモ煮テ食フモノハ請ス、生ニテ食フベキヲ請ル」とある故、彼が木食行をしていたことがわかる。(24)

円空は六四歳になった天和三年（一六八三）八月二三日に児島五流の報恩院隆澄から桃地結袈裟の許状を受けた弟子の歓喜院円政に「授決集最秘師資相承血脈」を与えたうえで、弥勒寺で七月一五日に入定した。なお弥勒寺近くの長良川畔の円空入定の地には塚が残っていて、円空が穴を掘ってその中に入って、節を抜いた竹を立てて、生きながら埋められたとの話が伝わっている。

第三項　木喰行道の廻国と信仰

木喰行道は享保三年（一七一八）に甲斐国西八代郡古関村丸畑（現南巨摩郡身延町下部）の農民伊藤六兵衛の次男として生まれた。[25]父六兵衛は西国巡礼や四国遍路をしたという。享保一六年（一七三一）一四歳で江戸に出て奉公した。二二歳の時相模大山の雨降山大山寺の石尊権現に参籠した後、同寺の僧の弟子となった。大山寺は高野山末で不動明王を祀り、山内には阿弥陀堂もあった。彼はこの大山で修行し、御師として配札にあたると共に、近隣の諸寺を巡拝もした。そして四五歳になった宝暦一二年（一七六二）には常陸国の水戸近くの五百羅漢を祀った御室仁和寺末の羅漢寺で木食観海（一六九四〜一六七三）から木食戒を授かり「木食行者行道、三界無庵無仏」と名乗った。観海は水戸周辺で広く勧進活動にあたると共に、明和七年（一七七〇）には本山・当山の修験と共に雨乞に呪験を示し、安永二年（一七七三）には大僧正となり、水戸羅漢寺開山玉樹山相承院十四寺勅賜上人木食上人と号していた。[26]

木喰行道は晩年に著した「四国堂心願鏡」の冒頭に、廻国行脚の本願として、「日本順国八宗一見之行想拾大願之内本願として、仏を仏師国々因縁有所にこれをほどこす、みな日本千躰之内なり、帰命頂礼法身阿字一念仏法至心信広説普通誓願事、懺悔衆生法門度法界金剛諸仏同一躰、三世浄妙自在、無家木食五行常願心コレハ自至心信常心の本願なり」と記している。彼が観海から授かった木食戒は最初に記した十大願[27]や彼が一生持ち続けたこの信仰を育んだものと考えられる。

安永二年（一七七三）二月、五六歳になった木喰行道は廻国して霊験がある寺社に納経して現当二世の安楽を祈願することを寄進者に約して勧募し、その名、戒名、喜捨の品を記した『万人講帳』を作っている。これによると一三九人から一五両四六二文の喜捨を得ている。そして鼠衣を着て、笠をかぶり首に念珠、腰に金王、背に本尊、納経版木を入れた笈を背負い、草鞋をはき金剛杖をついて相模国大住郡田中村片町を出立した。この折の心境を「身を捨てる身はなきものと思ふ身は、天一自在うたがいもなし」と詠んでいる。なおその後四〇年近くに及ぶ彼の廻国は、札所・国分寺・一宮・霊験寺社などの納札、山岳の修行、作仏を中心としている。以下文化七年（一八一〇）の死までの廻国を年代をおって地域ごとにまとめて紹介する。その際、札所名、主要寺社、修験霊山、長期滞在地、残した仏像・神像などを通して彼の信仰をたどることに焦点をおきたい。

安永二年から七年（一七七三〜一七七八）には相模から関東・東北を巡っている。まず二年には坂東札所・秩父札所、鎌倉の寺社、時宗の無量光寺、箱根の道了尊、翌三年には甲斐の岩殿山、安房・上総・下総の諸寺社をへて、筑波山・日光二荒山神社など、三年目の安永四年の暮から翌年三月までは常陸黒子の千妙寺に一〇〇日間、さらに東叡山に一〇〇日籠っている。この間に仏像彫刻の技術を身につけたと思われる。その上で木食戒を授かった水戸の羅漢寺を訪れた。ついで八溝山日輪寺、出羽三山、鳥海山から米沢、会津をへて、磐城の常瑞寺に一〇〇日参籠して、翌六年六月には再び富士山に登った上で五年ぶりに丸畑に帰郷し一月ほど滞在した。安永七年（一七七八）には磐城の稲荷大明神の唐獅子を彫刻し、秋には鑁阿寺に二〇日間日参した。そして金華山、中尊寺、毛越寺をへて早池峰山に納経している。この後南部糠部三十三観音を巡礼するが、この折、寄峯学秀の「千仏」が多くの観音堂にあったことに注目している。また恐山の円通寺で円空の千躰地蔵像に見えている。このようにこの期の廻国は納経や修行に重点がおかれている。

安永七年には下北半島の田名部から蝦夷に渡り西海岸の江差の金剛寺を拠点に一年すごしたあと、東部に行って恵山地蔵に納経した。そしてまた江差に帰り、熊石法蔵寺に地蔵二体、その近隣にも地蔵四体、薬師・阿弥陀各一体の仏像を残している。さらにこの北の太田山の阿吽寺の太田権現に詣でて円空仏に見えている。また有珠の善光寺にも行っている。そしてこの二年間の蝦夷滞在中に三〇体以上の地蔵菩薩を主とする仏像を彫り、光明真言を唱えて供養している。安永九年（一七八〇）五月彼は田名部に帰り、恐山の奥院で極楽世界とされる仏の浦を訪れ、その後南部の天台寺から仙台、会津をへて、下野国の藤原町独鈷沢の十王堂に十王像や葬頭河婆像など一〇体余の仏像を残している。また鹿沼市栃窪に五ヶ月滞在して、薬師堂を建立し、弟子の白道と共に刻んだ薬師三尊と十二神将を祀ったうえで、江戸に入っている。ついで浅間山、善光寺、戸隠、米山薬師をへて天明元年（一七八一）には三島郡の出雲崎に滞在後、佐渡の小木に渡った。

佐渡では小比叡山蓮華峰寺、一宮、国分寺、金北山の里宮に納経した。また檀特山に釈迦堂を建立し、薬師と地蔵の像を刻んだ。この後両津市梅津平沢に九品堂を建立し、九品仏、大黒天、弘法大師、自刻像などを納めている。なお佐渡にはこのほか二五体の仏像と一〇〇点近くの軸を残し、九品寺は弟子円満に継がせている。この佐渡の木喰仏は大黒天が多く、他は薬師、地蔵、阿弥陀などで、軸には南無阿弥陀仏、天照大神、青面金剛、年徳神などの神名が記されている。天明五年（一七八五）五月には越後に渡り、弥彦山の一宮、妙高山、善光寺、軽井沢、八王子などをへて九月には丸畑の実家に帰り、二週間滞在した。この後信濃の八ヶ岳山麓の田沢村に十一面観音、乙事村に十一面観音、諏訪に数体の木喰仏を残したうえで、飛騨一宮、能登の石動山、加賀の那谷寺、越前の永平寺、近江の竹生島に納札している。この後は近江の鋳物師の家に二〇日間滞在した。

ついで西国三十三観音巡礼の札所をめぐるが、これとあわせて伊勢、朝熊山、三輪山、高野山、比叡山のほか、修験道の熊野、箕面山、金剛山などにも赴いている。ついで美作一宮、浄土宗の誕生寺などに納経したうえで、備中の下津井から讃岐に渡り七七番札所道隆寺に納経している。なお西国巡礼の札所や、これらの霊地での行脚では納経のみで仏像はほとんど残していない。またこの後逆まわりで四国遍路をするが、納札が主で、三三番札所観音寺の閻魔大王、伊予三島市中之在町光明庵の如意輪観音と子安観音、高松市鬼無に一体の木喰仏を残すのみである。なお彼は伊予では石鎚山に登り、淡路島では一宮や国分寺に納札している。

天明三年（一七八八）三月一二日には、豊後一宮、国分寺をへて日向に入り、笠野村で吉祥天女を刻み、一宮柞原八幡に納経後、頼まれて日向国分寺の住職になった。ただ三年目の安政三年（一七九一）に失火で同寺が焼失した。そこで近隣を勧進して同六年に再建すると共に本尊の五智如来像、自刻像、弘法大師像を完成し、これを契機に「五行菩薩、天一自在法門」と名乗っている。けれども、この伽藍再建の翌年の四月には国分寺を出て霧島に登った。そして鹿児島、熊本の諸寺院に納経したうえで、長崎に入って市内や近郊の寺院に納経している。この一年近くの長崎の滞在中に一〇八首の歌を納めた「長崎詩集」を著したが、その最後にも「天一自在法門、木喰五行菩薩七十九歳」と署名している。この「天一自在」は、安永二年（一七七三）に彼が相模国を出立した際に詠んだ歌にこめた語である。なお彼はこの他「日月の心の光、みる人は一見阿字の心なりけり」など五五〇首に及ぶ心情を吐露した歌を詠んでいる。この後日向にもどり、佐土原の金柏寺に釈迦牟尼像を彫って納めたうえで、国分寺に帰って正式に住職を辞して、再び出立した。そして別府で休養し、豊前の敷田村の薬師堂で禅画家の仙厓と歓談している。

寛政九年（一七九七）七月には小倉をへて下関に渡り、長門国分寺、萩の梅蔵院に釈迦像を納めたあと、秋芳洞に毘沙門堂を建立して、毘沙門天、大黒天、十二神将、自刻像を安置した。なお彼は同地の村上俊男家に伝わる「聖観世音大士」の背に打ちつけた松板に「心願寿百万、千躰之内サ（観音の種子の梵字）、聖観世音大士、国王国中、父母安楽、日本順国八宗一見正作天一自在法門木食五行菩薩、八十歳、寛政九己年十二月四日ニ成就ス、仏法ハ行くももどるも一ト船に大じ大日のちからなりけり」との歌を記している。ここからその頃彼が千体仏の彫刻を発心していたことがわかる。この後再度萩に帰り、次いで北の阿武郡に入り、諸寺に仏像を残したが、特に福栄村榎屋の願行寺の榧の木に彫った耳薬師、本堂の如意輪観音光背の杉板に記した「木食のかがみのふでもなむあみだ　かへしかへしもたのむあみだ仏」の歌が注目される。この後は江崎浜の観音堂に一〇日間滞在して、仏像を刻んでいる。これらには「日州児湯郡府中勅願所　五智山国分寺隠居事木食五行菩薩」と署名している。ここからは山陰道を進んで倉吉の秋葉山堂などに四体を残している。

寛政一一年（一七九九）には倉吉から津山、備前、備後、さらに安芸の宮島から山口に入り、浄土宗法界寺に観音・地蔵・大黒・西宮恵比須の四体、その近隣の寺に四体、宇部市二俣瀬の極楽寺に五体、防府市岩鼻の極楽寺に五体、阿弥陀寺に十一面観音、柳井市の浄土宗長命寺に如意輪観音と准胝観音を納めている。そして柳井の遠崎の港から四国に渡って、半年ほどかけて順まわりに札所をまわり、同年一〇月に大坂に上陸した。そして四日市をへて、三河一宮に納経し、鳳来寺に虚空蔵菩薩、新城市の徳蔵寺に子安観音を納めている。ついで遠江に入り奥山方広寺（通称三尺坊）に准胝観音・子安観音・大吉祥天女、森町の八形山蓮華寺に子安地蔵、藤枝市高田の常楽院の毘沙門天など、多くの仏像を刻んだ上で寛政一二年（一八〇〇）一〇月二五日に、郷里丸畑に帰った。実に二七年かけて、日本廻国の大願を達成したのである。

木喰行道は内畑の永寿庵に、本尊五智如来と山神像を彫刻して安置した。さらに四国八十八ヶ所の各札所の八八体の彫像とこれを祀る四国堂の建立を発願し、享和二年（一八〇二）に完成した。また自伝『四国堂心願鏡』と、彼が廻国の際に寺社で唱えたと思われる「懺悔経諸鏡」を著わした。この「諸鏡」ではその冒頭に「コノサンゲ、キョウハ、ヨクツネニ、トナエテ、ガウショウ（業障）ヲメツシテ、ゴクラクヲウジョウ至心ナレバ、ウタガウナカレ、サンゲセバ、心ノツミハキエウセテ、ボサツモヲナジ心ナリケリ、因果弟子コノ大トク（徳）ヲモトムル三人ノモノハコノサッケ（授）ヲツネニ心ニカケテ身（信）スレバスナワチボサツノクライ（位）ナリ」[28]と記したうえで、如意輪観音、光明真言、准胝観音の真言、その解説、和歌などをあげている。これを見ると、彼が懺悔して業障を滅し、光明真言、如意輪観音、准胝観音などの真言を唱える事により、菩薩となり極楽往生をはたし得ると信じて、それを唱導すると共に、納経札とあわせて、地蔵、観音などの仏像を寺社に納めていたことがわかるのである。ちなみに彼は多くの仏像の円形の光背の周囲に鋸歯文を刻み、その内側に光明真言を書いている。これは大日如来とそれぞれの仏像の法力による光明真言の効果を示すと考えられる。なお彼の生家である内畑の伊藤家に伝わる五輪塔型納札版木の裏には「寛政六寅四月八日ニ成就、奉納大乗妙経、作天一自在法門（花押）、日本廻国木食五行菩薩　年七十七才」とある。[29]仏生会に作られたこの版木は六十六部法華経納経に因むものである。これらから彼が六六部に準じて、国分寺、一宮、諸寺社に納経しながらも、その根底には光明真言などにもとづく、真言念仏による極楽往生を考えていたと思われるのである。そしてこの信仰に立って、彼は大日如来の徳をあらわす五智如来を崇めたと思われる。ちなみに彼が五行菩薩と称したのは、布施・持戒・忍辱・精進・止観の五行を修めたことを示している。なお彼が廻国巡礼成満のあと四国堂を建立し、八八ヶ所の彫刻と自刻像を納めたことは、逆・順の二回にわたって行なった四国八十八ヶ所の遍路を通して、光明真言の光を自らの体内にとり込むような霊威を受け、それが心に残ったからこそ、郷里に四国堂を建立し、自叙伝『四国堂心願鏡』を著したと思われるのである。(30)

もっとも八五歳の木喰行道は享和二年（一八〇二）再び廻国の旅に出る。まず勝手を知った信濃国岡谷の行者宿矢崎喜久家で阿弥陀如来、西宮大神宮（恵比須）、大黒天などを彫っている。これらの他に文殊大聖三世仏・如来蔵普賢菩薩・正八幡大菩薩・千手千眼観世音大士・金剛界大日如来・大日大聖不動明王・二十三夜勢至菩薩・福一満虚空蔵菩薩の八尊名を記した軸、浅間神社の軸を書いている。なお同地の高木敏家には上に梵字を六字書き、その下に「大峯三社大権現、左右に神変大菩薩・金毘羅大権現　享和二年四月八日書　八十五歳」と記した軸が伝わっている。また伊那市狐島の龍光寺には通力上人像がある。この後長野の善光寺にも行き仏像を残している。さらに越後に行き、小千谷市小栗山坂の上の観音堂で三十三体仏を完成した。なお同市の四ツ子大日沢には全国で唯一の石の木食仏がある。さらに長岡市白鳥町宝生寺で三十三体仏、同市上前島金毘羅堂で三六体の仏と百観音をめざした作仏をしている。また、刈羽郡上小国町太郎村の真福寺では巨大な仁王像を作っている。柏崎では十王堂の閻魔以下一二体、賓頭盧尊者像、木喰堂の興教大師、弘法大師、大日如来像を作成した。このほか同市椎の下観音堂にも一三体の仏像を納めている。

八八歳になった文化二年（一八〇五）には一度郷里の丸畑に帰ったが、一〇月には丹波路に向い、京都府船井郡八木町諸畑の清願寺で十六羅漢などを彫っている。なお同寺には梵字の南無阿弥陀仏の六字のそれぞれの下に歌を書いた軸が残されているが。その最初の「南」の下には「なに事も忘れてもとのふるさとへ、なをのこしてやなむあみだ仏」、終りの「陀」と「仏」には「大慈悲は大慈大悲の御本願、大事にかけてなむあみだ仏」「仏法はしるもしらぬもへだてなく、仏法一心なむあみだ仏」と記し、さらにこの六字の下の歌の下段に「三界万霊有縁無縁等　文化三年寅年九月十八日、コレヲカク　天一自在法門木喰五行菩薩　印　八十九歳（花押）」とある。(31)同年一二月八日、清願寺で十六羅漢の本地仏釈迦如来像を完成した夜、東方から光がさし紫雲がたなびく中に弥陀三尊が来迎して「汝の願望、莫大なり、よって六百歳の延寿を与うべし、其の名を改めて神通光明明満仙人と号せよ」と告げられたとして、以後「明満仙人」と号している。文化四年には丹波と摂津の境の上阿古谷の毘沙門堂で「善称名吉祥王如来」「金色宝光妙行成就如来」「薬師瑠璃如来」「法界雷音如来」「法海勝慧戯神通如来」「明満仙人自刻像」「無憂最勝吉祥王如来」の七体の仏像を刻んでいる。この後甲府に帰って文化五年三月に甲府善光寺に長さ五m、幅一・五mの大幅の阿弥陀如来の軸を描いている。そして文化七年（一八一〇）六月、木喰行道は九三歳で北都留郡島沢村円福寺奥の富士山が遠望出来る上人屋敷で入定したとされている。

第四項　徳本と浄土宗捨世派

徳本は宝暦八年（一七五八）紀伊国日高郡志賀谷久志村（現日高町志賀）で農家の子として生まれた[32]。幼名三之丞、のちに重介と改めた。一八歳の頃から念仏を唱え、同郡大滝川村浄土宗月正寺で時折り七日間引籠って別時念仏を修するなどした。天明四年（一七八四）二七歳の時、同郡財部村の浄土宗鎮西派往生寺の大円の弟子となり、出家して徳本と名乗った。もっとも彼はもっぱら月正寺に引籠って高声念仏した。そして翌天明五年には同郡千津川村の山辺に小庵をかまえて、深夜二時には草庵下の川で水垢離をとり石上で懺悔文を唱えた後、庵に帰って念仏を毎日三〇〇〇から一万回くり返したという。そして寛政三年（一七九一）三四歳の冬から三年間は同郡萩原村の草庵で念仏修行し、さらに海部郡塩津の山の小庵で念仏修行した。この頃念仏を唱えて雨乞を行なっている。なおこの後熊野と吉野を訪れたともされている。その後出国して摂津の住吉で三年間にわたって念仏修行した。ただ寛政一二年（一八〇〇）藩主徳川治宝の命で帰国し有田郡須谷村の山上に庵を設け、翌享和元年（一八〇一）一〇月まで念仏修行した。その上でまた国を出て、法然ゆかりの摂津の勝尾寺で念仏修行を行なった。なお享和三年（一八〇三）には富士山に登って「南無阿弥陀仏、ふしの山より大身のおはしますぞと唱へていれば、往生願いはふじの高根仏まごふべきなき功徳ぞと聞く」との歌を詠んでいる。

同三年一〇月には京都の獅子ヶ谷の法然院で頭を剃り、単物の上に袈裟を着用した。そして同年一一月江戸に行き小石川伝通院に寄錫し、貫主の智厳から五重相伝を受法した。この後は日光に参詣して摂津の勝尾寺に帰っている。この伝通院の受法などを契機に徳本は上府を志した。また増上寺などでも関西で多くの信者の帰依を得ている徳本を招きたいとの志向も高まった。そこで徳本は文化元年（一八〇四）四月に増上寺の役者に自己の修行に関する覚書を提出した。そして自分は世俗を離れ信施を断って山林の小庵に長髪のまま裸行に袈裟だけを着て修行した。その際には五穀を断って木食し、睡眠もせず専心念仏し、宗祖円光大師の一枚起請文の実践に努めてきた、異様な風体は専心念仏に集中し身辺にかまわなかったことによるとしている[33]。そして増上寺でもこれを受けて、寺社奉行に、徳本の修行は自行の為の苦修忍行で、具体的には毎年一一月に別行をしているが、その節は前行一〇〇日、本行一七日、後行一〇〇日の別行で、その節昼夜水垢離をとり日々三〇〇〇回礼拝を勤めるものである。そして下根の人を六字名号により極楽往生に導くことに努めているのであって、何ら宗法に悖るものではないと申し出ている[34]。

徳本を江戸に招くにあたって中心となったのは伝通院の鸞州と増上寺の典海、神田橋の治済で紀州藩の大真や藩主徳川治宝の助けもあって文化八年（一八一四）六月に実現した。鸞州は円空、木喰行道も訪れた蝦夷の有珠善光寺から伝通院に入ったゆえ、木喰行道の活動も良く理解していた。また典海は紀伊出島（和歌山市）の出身で大阪天満の大信寺で出家し、寛政三年（一七九一）同寺学頭を務めていた。当時典海や鸞州らは寺檀制度に安住し、さして修行しない宗門僧侶の現状を打破して厳しい修行をし、法然の原点に立ち返りたいという希望があった。徳本もこれを察して「一枚起請文」の精神に立って修行したと主張したのかも知れない。

入府した徳本は伝通院内の丈六の阿弥陀仏を祀った鸞州の隠居庵の清浄心院内の念仏堂に居を定めた。そしてここを拠点に江戸で教化活動をすると共に、積極的に東国各地で唱導にあたった。『蓮華勝会教化記録』によると、（1）文化一一年（一八一四）九月二一日から一〇月二三日まで相模、（2）同一二年八月一四日から一〇月まで伊豆・相模、（3）同一三年二月一七日から三月七日まで下総、（4）同年三月二〇日から九月七日まで信濃・加賀・越中・越後、（5）同一四年一月二三日から四月二日まで下総・上野・下野、（6）同年七月一七日から一〇月九日まで下総、（7）同年一一月二日から一二月一〇日まで川越と七回にわたっている。[35]その総日数は四九四日で、江戸滞在期間の三分の一は府外での教化にあたっている。

彼はこれらの各地で在地の浄土宗寺院・堂などに集まった人に十念を授けて極楽往生を説いたのである。この十念は彼が南無阿弥陀仏の名号を一〇回唱えて信者に阿弥陀仏と結縁させ、極楽往生を保証し、現世の安穏を与えるものである。十念は治病などにも効果があるとされ、トッコサンの念仏として広く知られていった。そして同一地域の信者が集まって念仏講を組織し、彼が授けた南無阿弥陀仏の名号軸の前で高声で念仏を唱和した。その際高声の念仏とあわせて、木魚や鉦を交互に激しく乱打することによって、参加者を念仏三昧に導びいた。この法悦感が講員の結束をもたらしもした。なお名号軸は講員が五〇人以下は小、五〇～一〇〇人は中、一〇〇人以上は大というように、講員数によって大きさが異なっていた。講員は祈念とあわせて報謝の気持ちを込めて、集会した堂の境内などに徳本直筆の名号を刻んだ名号碑を建立した。文化一三年（一八一六）以降に作られた名号碑は信濃一八一、武蔵五二、越中三四、相模一四、越後五、加賀三、伊豆二、摂津・三河・陸奥・紀伊各一である。[36]その多くは大型の自然石にダイナミックな書体で南無阿弥陀仏の名号を刻んだものだが、趣訪の阿弥陀寺には五ｍを越す巨大な磨崖仏がある。なお名号碑は徳本存命中のみでなく、その死後に建立されたものも少なくない。相模の厚木地方では八菅修験など、修験の分布地域に多く見られることが注目される。[37]

徳本は念仏者は十念をうけ念仏することによって安らかに往生出来るとしている。すなわちその往生は寝入った心地で極楽の東門に達し、そこで阿弥陀が死者の頂に心水を注ぎ、観音が台を用意し、勢至菩薩が宝冠と衣を与え、二十五菩薩が音楽を奏して迎えるとしている。[38]そこで「往生伝」から相模国の三つの事例を紹介しておきたい。厚木の妻田村の田村善太郎は三歳の時、腰抜けとなったが、徳本の化益と念仏で平癒した。その臨終の際は徳本の肖像の前で鉦を打ち念仏を唱えて往生した。平塚の中原村の浅井はるは、徳本から六字名号を授かって至心に念仏修行した。その死の時には十念を三〇反授与されて、端座合掌して眠るが如く往生した。中原村の金四郎は病気の際に十念を授かり、臨終の時に今、上品に上ったといって端座合掌して息を引きとった。このように人々は切に極楽往生を願って徳本から十念や名号を授かったのである。(39)

徳本は文化一一年(一八一四)以降の各地の巡錫では、彼が実践上の師と仰いだ弾誓や澄禅の遺跡を訪れている。例えば同年一〇月六日には足柄下郡曽我の澄禅の旧跡を訪ね、彼が残した宝筺印塔や宝筺印陀羅尼板、籠った洞窟の石塔を回向し、澄禅真筆の普門品、阿弥陀経、陀羅尼などを拝見している。またこの後には箱根塔の峰の弾誓開基の阿弥陀寺に詣でて、その遺物の輪宝に廻向している。

こうした徳本の教化活動に期待をかけた江戸の信者や僧侶は、伝通院に仮寓の徳本に住庵を提供して永住を希望するようになった。そして文化一四年(一八一七)には、寛永一一年(一六三四)に本誉春貞が開基した無量院を本寺とする知恩院末の一行院を、増上寺が捨世寺として許可して徳本に与えて中興開山とすることにした。徳本はこれを受け入れて、ここを拠点に教化活動にあたった。一行院ではのべ五八四三人の念仏講社の人々の応援を得て、文政元年(一八一八)八月二八日に本堂を完成した。なお徳本は「天暁山現約(内題は一行院現約)」を定めたが、その内容は戒律堅護に始まり、寺内制度、衣食、作法、教化方法など質素で如法な生活を定めた捨世と律を旨とした寺内法度である。特に注目されるのは幼年から入院した弟子を剃髪させたうえで、檀林に掛錫させ、宗義の伝授をうけ法系を相続することを命じていることである。これは彼が自己の独自の苦行を強制することなく、浄土宗捨世派の確立をめざしたことを示している。徳本は文化一四年一〇月六日に六一歳で入寂したが、その死の前日「仮の宿、帰らでならぬ我国も残りし人を哀れに思う」「わかれても又逢事の遠からじ、しばしまどろむ夢の様なれば」との辞世を残したとされている。(40)なお一行院は彼の死後弟子の本仏に委ねられた。

徳本の死後編まれた「行状記」や「行者伝」には、彼を阿弥陀如来の化身として崇めたり、修験霊山と関係づけた伝承が散見する。主なものをあげると、徳本は紀伊国有田郡須谷村の権現某という農民の子で、その母が熊野本宮に立願して阿弥陀如来から仏舎利一粒を授かって妊娠し、宝暦八年（一七五八）に誕生した。彼が幼少の頃、母の夢に異僧が現れて、自分は熊野新宮の本地薬師如来だが、この子が阿弥陀如来の化身である事を知らせる為に現れたと語ったとの話がある。(41) なお類話には蝦夷善光寺の弁済が西天竺伝来の筐を開いたところ「徳本行者弥陀化身、為度衆生来入火宅、汝等仰信莫生疑心」との六句偈があったというものがある。(42)

霊山の権現に関する話をあげると、彼は天明五年（一七八五）頃、十一面観音の夢告に従って翌年二月一七日名草郡落合村（現和歌山市）に来たところ白山権現の社があった。その本地仏がまさに夢で見た十一面観音だったので、近くに草庵を設けて修行したという。なおこれにはこの夜同地の二人の女性が紫雲の中から手に柄香炉を持った多くの菩薩が現れて草庵に入った夢を見た。そこで来訪した徳本を仏として崇めたとの話が加えられている。(43) さきに述べたように徳本は寛政六年（一七九四）に熊野と吉野に詣でたが、その折の奇瑞を示す話をあげると、まず九月の熊野詣の際に山路を念仏を唱えながら進んで行くと汚いが威厳がある童子に出会った。翌日件の童子が現れて岩上に立って徳本の拝を受けたという。これは熊野の王子の一人が彼の念仏に応えて現れたことを示している。さらに彼は熊野社に詣でた夜、束帯の人と金色の六尺ばかりの烏を夢見た。これは熊野権現とその神使の八咫烏に見えたことを示している。同年一一年に彼が吉野の奥で修行することを考えて錫杖を持って出立した時の奇瑞は、この折随行した本名、本勇の二人の尼が小社の柱に寄りかかってまどろんでいると、光明の中に阿弥陀如来を見たので、驚いて石段を三段ばかりころげ落ちながら南無阿弥陀仏と唱えたとの話である。(44) 文化一三年（一八一六）に彼は戸隠山に登って奥院で法楽し、さらに霊窟に入った際、金色の竜神の姿をした権現に会ったので十念を授けたとの話もある。(45)

周知のように修験者はその修行によって護法などの外護を得ることが出来るとされている。徳本も有田郡須ヶ谷の岩山で念仏中に妖女にさらわれた時、金剛力士に助けられている。また彼が縄床で閉目して念仏している時、何物かが胸の上にとびかかってきた時、金剛力士がこれを退けたという。[46] なお天狗などの魔障に対しては「神も見よ、天狗カミなり魔をはらへ、こちは行のこ、そちは役人」との呪文を書いた軸を用いている。[47] なおある狩人が動物を殺戮する故、山の神が怒り、成仏は出来ないのではないかと考えていた。ところが徳本が念仏を唱えると山の神が雷のような形で来臨して彼に三礼してとび立った。徳本は狩人の鉄砲の玉入袋に名号を書き、「鉄砲の玉も今より数珠の玉、心の魂も入れかわりけり」と唱えて、十念を授け、念仏三昧に入らせたという。[48] これは徳本が山の神の許しのもとに狩人の殺生の罪を念仏によって消除し、極楽往生を保証した話とも思われるのである。

以上の徳本の修行や救済譚に見られる念仏と結びついた修験的な要素は、彼の信者の間に修験者と接していた者も多く、それを心服させるためにこうした話を徳本の活動と結びつけて創作したとも考えられるのである。

第五項　播隆とその思想

飛騨の笠ヶ岳、槍ヶ岳を開いた播隆はそれに先き立って美濃の南宮山、伊吹山などに籠って木食行を中心に修験的な修行をした念仏者だった。そこで本項では彼の伝記とその浄土思想を紹介したい。[49] 播隆は天明二年（一七八二）越中国新川郡大田組河内村（現上新川郡大山町河内）に中村左右衛門の次男として生まれた。中村家は古来一向宗の内道場で、彼は少年の頃から念仏に親しんでいた。そして寛政一二年（一八〇〇）一九歳の時に和泉国阿辺ヶ峰の宝泉寺の見仏上人の弟子となり仏岩と名乗った。もっとも実際には同寺に留まることなく、諸山諸寺を廻って念仏三昧の修行を独自に行なうと共に諸宗について修学した。そして三七歳になった文政元年（一八一八）には山城国伏見下島羽一念寺蝸誉上人の弟子となった。この頃『諸宗皆祖念仏正義論』を著している。この中で彼は浄土、真言、天台、禅、日蓮、律の各宗にふれ、「一切諸宗において悉く弥陀の本願を信ぜずと云う事なし」としつつも、「我宗旨として念ずる事は、弥陀の本願、諸仏の証誠、釈迦の附属、『無量寿経』中の第十八の願いに、念仏往生の誓をたてさせ玉ふが故、是によりて我常住念仏宗と定置也[50]」としている。

その後文政四年（一八二一）には吉城郡上宝村岩井戸の烏帽子ヶ岩の窟に籠って草や木の実を食し二〇〇〇日間別時念仏し、さらに翌年もここで参籠した。そして文政六年同村の笠ヶ岳（二八九八m）への登拝を発願した。この笠ヶ岳にはつとに文永年間（一二六四～一二七五）に山麓の臨済宗本覚寺の道泉が登頂し、その後元禄年間（一六八八～一七〇四）には円空が登頂し、大日如来を安置している。そして天明二年（一七八二）六月には美濃高山の宗猷寺一〇世の南裔が高原郷の名主今見右衛門公明や高山の役人と登頂して笠ヶ岳大権現に阿弥陀、薬師、不動、大日の四尊を安置した。さらに古川の林昌寺の古林禅師も十一面観音を安置している。ただこれ以降登山道が跡絶えていた。そこで播隆は文政六年（一八二三）六月地元の協力で登山道を完成した。そのうえで同年七月二九日登頂し、山頂で勤行のうえで下山し、地元笹嶋村の円通堂（現観音堂）で二夜三日の別行念仏を勤修した。そして更に八月五日地元の同行一八人と再度登拝した。この折一行は阿弥陀如来出現の奇瑞（ブロッケン）に見えている。

この奇瑞に感激した播隆は登山道に道標の石仏を立て、頂上に阿弥陀像を祀ることを発願し、飛驒、美濃の各地を巡錫して浄財を集めて仏像を準備した。この間不破郡垂井の南宮神社に参詣し、南宮山に登っている。文政七年八月九日、播隆と六〇人の同行は彼が拠点としていた釈子窟を出立した。一行は山頂に到着すると、銅の厨子を安置してその中に阿弥陀の銅像、大日、不動の小銅像、大権現の神鏡、五尊の宝印を祀った。そして笠ヶ岳全体を九品の蓮台になぞらえ、頂上の阿弥陀如来を上品上生とし、以下上品中から里の下品下までのそれぞれに充当した阿弥陀の石像を、道標として安置した。またあわせて鳥居、石燈籠も設けた。さらに彼が拠点として釈子窟にも阿弥陀如来と勢至・観音両菩薩の三尊を祀った。なおこのそれぞれの施主は「再興勧請施主名簿」に記されている。[51]同年秋、彼は再び南宮山に山籠りした。ついで伊吹山八合目の岩窟に籠って一〇〇〇日間別時念仏を行なった。なお近隣の天台宗、禅宗の僧侶も彼の処を訪れて、共に念仏を唱えたという。この間、彼は何時も法然上人の「一枚起請文」を三度拝誦し、念仏以外は一切唱えなかったといわれている。

文政九年（一八二六）夏、播隆は信濃側からの槍ヶ岳（三一八〇ｍ）の登頂を考えて、松本東郊の玄向寺住職立禅の仲介で南安曇郡三郷村の中田又重郎に案内を乞い、快諾を得た。そこで周到な準備のうえで、同年八月山麓の大日堂を出発して苦難の末に、山頂近くの坊主の岩窟へ辿り着き、籠って修行した。晴天の時、岩山越しに山頂を拝し、ここに阿弥陀如来を安置することに心に決めて、岩窟の岩壁に名号を刻んで下山した。そして二年間にわたって美濃、尾張、三河を勧進して得た浄財で阿弥陀如来を鋳造した。文政一一年七月、彼はこれを持って中田又四郎の処を訪れて二度目の登拝を計画した。二人は前回の登拝経験をもとに坊主の岩窟に泊り、岩壁に刻んだ名号を拝し、翌朝岩壁をよじ登って山頂に到達した。そして岩を組み合わせて祠を作り、阿弥陀如来、観世音菩薩、文殊師利菩薩の銅像を槍ヶ岳の寿命神として祀り、「末までも世を守らなん我をもる、仏を槍の嶺に納めて」「極楽の花の台か槍ヶ嶽、登りて見れば見えぬ里もなし」などの歌を詠んだ(52)。この後、彼は坊主の岩窟に一人残って参籠して、晴れた日には頂上に登って念仏を唱えた。そうした折たびたび阿弥陀如来に見えたという。こうして四八日間にわたって窟に籠って口称三昧の別時を勤修した。なお下山した又重郎もしばしば登拝して、彼と共に岩窟に参籠した。

この槍ヶ岳での別時の口称三昧念仏の満願後、播隆が小倉村に下山すると、その修行の成満を聞いて数多くの近隣の人々が彼のもとに集まった。彼は自作の「只一心に阿弥陀仏の本願を信じ、南無阿弥陀仏と唱えれば、必らず往生する」とした彼独自の「一枚起請文」をもとに、念仏の功徳を説いたうえで別時を修め十念を授けて生き如来のように崇められた。なお播隆は文政一一年（一八二八）八月一日には、槍ヶ岳から一〇里ばかり南に位置する穂高岳（三一九〇ｍ）の山頂に南無阿弥陀仏の名号石を安置している(53)。天保元年（一八三〇）には撮斐藩の岡田伊勢守善功の家老芝山長兵衛が播隆に帰依して、撮斐の城台山に阿弥陀堂を寄進した。そこで彼はこの播隆院阿弥陀堂を拠点にして美濃を中心に唱導を続けていった。

天保四年（一八三三）八月、播隆は見岩、隆芝、隆応、隆道、隆載の五人の弟子と共に小倉村の中田又十郎家を訪れて、三度目の槍ヶ岳登拝を告げた。そして又十郎やこの五人その他の信者と登頂し、口称三昧別時を勤めた。この後、弟子たちを下山させ、坊主の岩窟に一人籠って七日間別時を勤めた。ただ衰弱がはげしかったので又四郎が背負って下山した。翌年六月一八日には新たに作った釈迦如来の銅像を持って再び登頂した。そして山頂を平坦にして木の祠を建立し、そこにさきに納めた三体の仏像とあわせて、この釈迦像を祀った。また頂上手前の一〇〇間の岩場のうちの七〇間に藁で縄を編み、その間に木の鍵を結びつけて足場にした「善の綱」をつけて登拝者の便をはかった。これが完成した八月一日に山頂の祠で本尊の供養をした。すると五色の光がさし込んだ。さらに八日朝には御来光の円光が見られた。

この槍ヶ岳山頂の円光を阿弥陀如来が自己の信仰を証誠したと信じた播隆は下山後、積極的に念仏講を組織して自筆の六字名号を授けて、毎月八日にそれを掛けて念仏を唱えるなどしてその教えを唱導した。槍ヶ岳念仏講と書いた名号軸もある。また槍ヶ岳登拝講も結成された。講中では六字名号の石碑を建立しもした。なお彼は活動の拠点を撮斐の城台山播隆院阿弥陀堂に置き、その維持と弟子の養成の為に永代念仏阿弥陀講を組織した。この講では毎月一五日に講員が集まって念仏、勤行、霊名惣読供養をし、正月一六日供養、三月一五日開扉、七月一六日施餓鬼、一〇月一五日に年内惣回向をした。そして七年を単位として、夏・冬各二升計一斗四升を納めさせるというものである。(54) もっとも彼は同寺の運営は二世の隆賢にまかせ、自身は冬は寒修行をするとともに七墓めぐりと称して、近隣七ヶ村の墓地や葬所を念仏回向して廻っていた。

播隆は天保五年に槍ヶ岳登拝の便の為に掛けた善の綱を鉄鎖にすることを考えた。そしてその勧募のために天保七年に槍ヶ岳とその開山の経緯を記した『信州鎗ヶ嶽略縁起』を著わし、それを大坂屋佐助が刊行した。彼はこれを持って信濃、飛驒、美濃の三国を勧進して浄財を得て鉄鎖を完成して山麓に運びこんだ。ただ当時は天保の大飢饉で、播隆が清浄な槍ヶ岳を汚したので神が怒って凶作をもたらしたとの流言が広まっていた。そこで松本藩ではこの鉄鎖を差し押えた。けれども天保一一年は豊作になり世間も落ちついたので、同年七月藩から山上までの絶壁の六ヶ所に鎖を掛けることが許可された。

ところで播隆はこれに先き立って天保一〇年（一八三九）五八歳の時、名古屋の光覚院住職称誉覚然のすすめで下総国葛飾郡行徳村（現市川市行徳）の徳願寺の徳順和尚の下で和上位の修行をおさめて律宗の僧となっている。ただその帰途の七月頃病になった。そこで弟子たちが槍ヶ岳に登頂して山頂からの絶壁の六ヶ所に計五七mの鎖を掛けた。播隆は帰郷の途中で篤信家の美濃大田の林市右衛門の家で病の床に臥した。そして一〇月二一日「これから極楽浄土に赴く、この床で弥陀如来の御来迎を受けて日頃の宿願の上品上生することは疑いない」といって、善導の「先きたたば後する人を待ちやせん、花のうてなになかば残して」との歌を唱えて往生した。法名は「曉道播隆律師」。また徳順から和上位を授かったことから「念蓮社仏誉上人唱阿仏岩播隆大和上」ともいう。遺骸は美濃大田下町の弥勒寺に葬られた。

　播隆の思想は文政一二年（一八二九）七月愛知県葉栗郡森の村の虫賀姓曉晴が彼の法話や書き物をまとめた『念仏法語取雑録』から知ることが出来る(55)。

　同書にはまず「念仏諸用議章」（念仏講は念仏を唱える事で、衆生が念じる機と如来の助け玉う法が一体となって安心を得る仏法の本意に叶うものであるとする）、「念仏行道講義」（踊躍して念仏勤行するのは勧善信楽を示すものである）、「念仏安心章」（頼むべきは弥陀如来、往生するは本願の力、念仏申すべきは衆生の所作と存じて懈怠なく念仏することが肝要である）、「岐阜廻行業」（ただ南無阿弥陀仏と申して往生する事は仏の本願と心得て、念仏する事が肝要である）で念仏の意義を説いている。

　また『無量寿経』に説く阿弥陀の十二種の光に準えた「十二種の歌」と「十二光和讃」が納められている。さらに弥陀の「利益和讃」「悲願和讃」「取集歌」（念仏の利益）をあげる。また南無阿弥陀仏の六字に配した「六字うた」と「六字の功徳」が説かれている。なおこの六字の功徳で南（八百万神—含意。以下同様）無（無量の諸天）阿（三世の諸仏）弥（一切諸菩薩）陀（八万諸聖）仏（十方衆生）をあげ、その功徳を信じて唱えれば極楽往生しうるとしている事が注目される。このほか法蔵菩薩の四八願に因んで極楽の四八の相をあげた「極楽歌」、「南無あみだ唱ふる人は極楽の、花の台に身は栄えん」など極楽往生と、「唱えれば如何なる罪も皆きへて、たすけ給ふハ弥陀の誓ひぞ」「南無あみだほとけに任せ唱ふれば、後の世この世ともにやすけれ」というように、阿弥陀に滅罪、現・当二世の救済を祈った「取集歌」などが注目される。この他には「子育歌」（二〇首）、「女人罪歌」（二〇首）、「無常歌」（一二首）、「イロハ歌」（四八首）、「不動和讃」がある。これらの中には「疫病祈祷の祓には、南無阿弥陀仏の上はない」（「子育歌」）、「兎角女は遁りやせぬ、弥陀にまかせてやりめされ」（「女人罪歌」）、「八宗九宗そしるなよ、うやまいつつ唯お念仏」（「イロハ歌」）、「皆是弥陀の化現にて、不動も弥陀の慈悲なれば、南無阿弥陀仏と唱えつつ、参れば其の身に利益せり」（「不動和讃」）というように、念仏を説きながらも、現世利益、諸宗との協調、不動明王の利益をあげている。

『念仏法語取雑録』以外のものには、天保六年（一八七五）二月四日に河内の道場で説いた教えの「念仏の友は今度弥陀の浄土に往生をとげ、同所一蓮の楽しみとなる、身になりしことのうれしさ」というように一蓮托生を通して、念仏講の結集をよびかけたものもある。なお文政九年（一八二六）の母の三回忌の時に書いたものに「弥陀超世の本願には山谷海河、草木国土、ふく風たつ波のおと迄、悉皆念仏の声ならずということなし」との言葉がある。[56]これは修験道で依経を法爾常恒の経（山中の風にそよぐ木々の音、滝や清流が砂石を打つ音を経として見聞、覚知すること）としていることと結びつくとも思われるものである。このように播隆の思想には、専修念仏による往生を中核としつつも、仏教、修験道を始め、諸宗との共調、現世利益、世俗倫理を含んでおり、それ故にこそ多くの帰依を得たと思われるのである。

第六項　湯殿山の即身仏

弾誓や木喰行道には即身仏をめざして地中入定したとの伝承があった。ところが近世後期の出羽三山の湯殿山には行人をミイラ化した即身仏が崇拝を集めている。[57]そこで本項ではこれらについてふれておきたい。近世の湯殿山には表口の東田川郡朝日村に注連寺（新義真言宗智山派）・大日坊（新義真言宗豊山派）、裏口の西村山郡西川町に大日寺（豊山派）・本道寺（智山派）の真言宗寺院があった。この四ヶ寺はいずれも弘法大師を開基とし、湯殿山を薬師如来と大日如来を祀る修行成就、即身成仏の霊地とした。なお月山は阿弥陀如来、羽黒山は正観世音菩薩を本尊としている。近世期には湯殿山のこの四ヶ寺のいずれにも俗人で自己一代のみ行人となる一世行人がいた。彼らはこれらの寺院から空海の「海」

に因んだ海号を授かって、空海の弟子の一世行人と称した。そして表口の注連寺と大日坊は仙人沢、裏口の大日寺と本道寺は玄海を修行道場として、ここに籠って木食行をすると共に湯殿権現に参詣した。

近世初頭羽黒山の天宥は湯殿山四ヶ寺を天台宗に改宗させ、出羽三山を一括支配しようとした。これに対して湯殿山四ヶ寺は真言宗として存続することを主張して羽黒山と争った。湯殿山の側からその経緯を記した『対決日誌』の寛政四年（一七九二）八月の条には、湯殿山の一世行人は京都の醍醐三宝院門主から当山修験官の位を授かり、上り下りの行人と称したとある。(58)この一世行人は妻帯せず、独自の注連・宝冠を着して浄火を扱い、木食して一〇〇〇日から三〇〇〇日間仙人沢か玄海に籠山して修行し、湯殿権現に参詣した。その後信者の依頼に応えて加持祈祷したり、土木工事などに携わることもあった。そして死に際しては土中に石室を設け、その中に置いた木棺に入って、節を抜いた竹を通して空気が入るようにしたうえで埋められ、中で念仏を唱えながら往生して即身仏となることを理想とした。もっともその多くは死後人工でミイラ化して即身仏としたものである。この即身仏は現在注連寺、大日坊や行人が生前に関わった寺院などに祀られていて、広く民衆の崇拝をあつめ、出開帳もなされている。

こうした入定仏の信仰は高野山で空海が死後入定したうえで兜率天に生まれて、弥勒下生の時に弥勒と共にあらわれて人々を救済する為に肉体をこの世に留めておくとの信仰に基づくとされている。そして高野山四世座主の観賢（八五四～九二五）や藤原道長が高野山奥院の廟所で空海の即身仏に見えたとの伝承も認められる。(59)なおこの湯殿山における即身仏成立の背景には上記の近世初頭の天宥の湯殿山四ヶ寺を天台宗に改宗させて一括支配しようとしたことに対して、四ヶ寺側が一世行人の活動などをもとに真言宗として存続をはかったことがある。今一つは特に近世後期に飢饉などによる民衆の困窮と不安の中で一途に修行し験力に秀でた一世行人への崇拝と、死後の救世主としての出現を期待するメシア思想があったと考えられる。

以下湯殿山などで修行して即身仏となった行人を年代をおって本明海、全海、忠海、真如海、鉄門海、円明海、明海、鉄竜海、仏海の順にとりあげて、その略歴を修行と入定の仕方に焦点をおいて紹介する。(60)

本明海は元和九年（一六二三）に三河国吉田の藩主酒井忠勝の家臣斉藤徳右衛門の次男として生まれた。その後富樫家の養子となり、富樫吉兵衛と名乗った。藩主の病気祈願のために注連寺に詣でた折に霊感を受け、寛文二年（一六六二）木食して仙人沢で三〇〇〇日参籠した。そして夢の中で湯殿権現から不動明王と大黒天を授かった。そこで朝日村東岩木の本明寺にこれを祀り守護仏とした。元和三年（一六八三）五月八日に本明寺で即身仏となると告げて入定した。三年後に入定窟を開くとミイラになっていた。現在不動山本明寺の本堂右隣りの即身仏堂に安置されている。

全海は慶長七年（一六〇二）に新潟県鹿瀬町深戸で生まれた。俗名は長谷川善吉で農業と筏師を仕事としていた。寛永六年（一六二九）三四歳の時妻子と死別したことから発心して大日坊に入って行人となり、一九年間木食で水行などの修行をした。その後、郷里の深戸や津川、日出谷の当麻村、上川村、菱潟村など各地の草庵で水行などの修行に勤んだ。この間阿賀野川の改修工事に携わりもした。八〇歳位から入定を決心して五穀断ちの木食行をした。八五歳の時、死後は端座のまま即身仏として祀るよう遺言して、貞享四年（一六八七）一月八日端座して往生した。そこでそのまま堂に安置してミイラ化した。

忠海は元禄一一年（一六九八）、鶴岡城下の鳥居川原の富樫右衛門の次男として生まれた。おじの本明海を慕って出家して注連寺に入り仙人沢で木食行をした。また酒田の海向寺を中興するなどの活動もした。宝暦五年（一七五五）五八歳になった時、仙人沢で石堂に入って入定した。その後注連寺で線香とローソクで乾燥してミイラにした。現在は酒田の海向寺の即身仏堂に衣を着て袈裟をつけ結跏趺坐した姿で祀られている。

真如海は元禄元年（一六八八）に東田川郡朝日村大字越中山村の農家近藤仁左衛門の末弟として生まれた。武士と争って傷つけたことから大日坊に逃げ込んで行人となった。そして仙人沢の洞窟で五穀断ちのうえで修行し、湯殿山に日参した。天明三年（一七八三）九六歳の時、大日坊の東方の大日山に塚を築き、念仏の鉦を持って塚に入り、五年三ヶ月後に掘り出すように指示して、節を抜いた竹をたて中で念仏を唱え鉦を打って入定した。なお大日坊には三体の即身仏があったが、明治八年（一八七五）の火災で二体が焼け、真如海のもののみが残った。現在は本堂の後堂に安置されている。なお本堂の傍らの宝筐印塔は彼の発願になるものである。

鉄門海は享保八年（一七二三）、鶴岡市大宝寺村の砂田金七の子として生まれ、鉄と名付けられた。木流しや砂利取り人夫をしていたが、二五歳の時、武士と争って殺めたことから、注連寺に逃げ込んで行人となった。彼は寛延三年（一七五〇）頃、仙人沢に二〇〇〇日余にわたって籠って木食して修行した。また東岩本の本明寺の即身仏堂建立、酒田の海向寺再建、東田川郡立川町狩川の西光寺、盛岡の蓮正寺・金剛寿院の建立などをしている。彼は加持祈祷や呪法によって多くの信者の信頼を集め、加茂港と大山町を結ぶ加茂坂を彼らの協力を得て平坦な道にしている。そして文政四年（一八二一）頃には江戸に行って眼病治療の祈祷に効験を示している。文政一〇～一一年（一八一八～一八一九）頃には北海道の函館、松前、江差のあたりを巡錫したともされている。文政一二年六二歳になった彼は一二月八日に遷化すると予言した。そしてその日に注連寺に信者を集めて湯殿権現の宝前で法儀を行なった後、椅子によりかかって大日如来の真言を唱えて往生した。その後、弟子が遺骸を干しかためてミイラにした。現在注連寺の本堂中縁の左方に安置されている。なお彼が六二歳で遷化したのは空海が六二歳で入定したのに因んだともされている。

円明海は安永六年（一七七七）東田川郡余目町家根合の佐藤六兵衛の子として生まれた。鉄門海の徳を慕ってその弟子となり、注連寺や仙人沢で木食のうえで修行した。また鉄門海と共に各地を行脚し、治病や社会事業に貢献した。文政五年（一八二二）五月八日、五三歳の時、即身仏となる事を願って入定した。そこで死後注連寺で線香とローソクで乾燥してミイラとした。現在海向寺の即身仏堂に忠海の即身仏と一緒に祀られている。

明海は文政三年（一八二〇）米沢市小中沢の鈴木喜左衛門の長男として生まれ、俗名を春次と呼んだ。一三歳の頃失明した。そこで治癒を願って天保一二年（一八四一）湯殿山で祈誓して二夜三日断食をし、引き続いて一〇〇日間精進潔斎した。この間毎月八日に断食をし、さらに水垢離の修行をした。天保一五年（一八四四）に湯殿山裏口の西川町大井沢の大日寺に行って明海の海号を授かって一世行人となった。そして米沢の行屋を拠点として、霊感にもとづく治病などの祈祷に効験を示したが、文久三年（一八六三）四四歳で死亡した。遺骸は彼が安政六年（一八五九）に建立した石碑の下に葬られた。その後発掘して、即身仏として米沢市小中沢部落の観音堂に安置されている。

鉄竜海は文化三年（一八〇六）秋田県仙北郡横堀町の進藤某の子として生まれた。一六歳の時友人と争って殺した。そこで郷里を出奔して流浪し、川に身を投げようとした。その時通りかかった南岳寺の天竜海に助けられて、その弟子になった。そしてさらに鉄門海の弟子になって、安政六年から文久二年（一八五九～一八六二）まで、仙人沢で一〇〇〇日の籠山修行をした。その後慶応三年（一八六七）頃南部領内の盛岡で勧化して蓮正寺を再建した。また鉄門海が改修した加茂坂の補修をするなどもしている。彼は明治元年（一八六八）南岳寺境内の堂下に入定するつもりで石室を造ったが、病死したので遺骸をその石室に納めた。そして後にとり出して内臓に木炭を入れてミイラ化して南岳寺に祀った。

仏海は文政一一年（一八二八）新潟県村上市安良村の近藤家の長男として生まれた。一八歳で注連寺に入り、ついで本明寺で一五年ほど修行した。この間湯殿山に籠山した他、伊豆の天城山に修行に行き、酒田の海向寺でも三年間修行した。三五歳の時から木食行をはじめ、明治三六年（一九〇三）遷化するまで、四一年間続けた。慶応三年（一八六七）には本明寺住職となったが、明治七年（一八七四）には村上市の観音寺住職となり、晩年まで勤めていた。この間明治の神仏分離の際廃仏毀釈にあった湯殿山注連寺を再興した。そして明治三六年（一九〇三）三月に病没した。弟子や信徒は彼の遺言にもとづいて石室を造り、木棺に入れた遺骸を収めた。同年七月遺骸を発掘したが一部ミイラ化していた。

以下これらの湯殿山の一世行人の活動を全体としてまとめておきたい。まずその出身地は本明海が三河、全海と仏海が越後で他は庄内である。そして武士の本明海以外は農民で、全海は筏師、鉄門海は木流しをしていた。一世行人になる契機は武士を傷つけた鉄門海・真如海、友人をあやめた鉄竜海は湯殿山への逃避、本明海は主君の病気快癒の時の神秘体験、明海は自己の失明である。なお忠海はおじの本明海、円明海と鉄竜海は鉄門海の弟子というように師弟関係が認められる。

その修行場所は湯殿山裏口の大井沢大日寺に入った明海以外はいずれも表口の注連寺に入り仙人沢で修行している。その修行は一〇〇〇日余木食の上での水行、念仏、読経などである。そしてそれによって得た験力で治病などの加持祈祷にあたった。特に鉄門海や米沢で活動した明海は呪験力に秀でていた。彼らの多くは湯殿山の籠山以外は主に庄内とその周辺で加持祈祷にあたり、多くの信者の帰依を集めた。そして鶴岡、酒田などに寺院を開いている。また鉄門海や鉄竜海は信者と共に道路づくりなどにあたっている。なお鉄門海は南部藩の盛岡、江戸、蝦夷などでも活動し、鉄竜海も盛岡で勧進し、鉄門海が開いた蓮正寺を再興している。

行人は死が身近になると一〇〇〇日近く木食行をしたうえで、土中で念仏を唱えながら往生して、空海がそうであったように弥勒下生に見えることを熱望した。けれども実際に土中の石室で入定してそのままミイラになったのは本明海、真如海のみで、他は死後、弟子や信者が遺骸を乾燥してミイラ化している。けれども現在注連寺など生前有縁の寺院に祀られている彼らの即身仏は多くの信者から崇められているのである。ちなみに同様の弥勒下生信仰にもとづく断食往生者には富士山七合目の烏帽子ヶ岩で入定した富士講中興の祖、食行身禄（一六七一〜一七三三）がいる事を付言しておきたい。(61)

第七項　霧島周辺の隠れ念仏と修験

薩摩藩領の霧島山西麓の鹿児島県始良郡牧園町、横川町（共に現在霧島市）には通称「カヤカベ（正式名称、牧園横川連盟霧島講）」、同山東麓の宮崎県都城市の太郎坊町・高木町・野々美谷町・山田町・高城町・下水流町にはノノサン信仰（カヤカベ類似の宗教）、冠嶽西麓のいちき串木野市荒川、羽島地域にはダンナドン信仰と呼ばれる、隠れ念仏の結社が現存する。(62)このうちカヤカベは浄土真宗の隠れ念仏として注目された。一方ノノサン信仰、ダンナドン信仰にも浄土教の念仏の影響が認められる。この三つの結社は霧島や冠嶽の山岳信仰や修験道とも関わっていた。そこで本項ではこの三結社に見られる浄土教と山岳信仰、修験道との関わりを検討することにしたい。

薩摩藩では特に真言宗と曹洞宗を外護し、曹洞宗は玉竜山福昌寺、真言宗は大乗院を中核にして、ほぼ全域で各郷に祈願所として真言宗寺院、菩提寺として曹洞宗寺院を配したが、天台宗、浄土宗、時宗も認めていた。もっとも他藩と異なって寺檀制度をとらなかったので、各郷では祈願所や菩提寺の僧の影響を受けて、住民が独自に葬儀などの人生儀礼や年中行事を行なっていた。こうした中にあって、修験道は当山正大先達衆の三輪山平等寺の修験が、関ヶ原の合戦で敗れた島津義弘の帰国を助けたことや、戦国期に島津家が山伏を重用したことから薩摩藩から当山派のみならず本山派の修験も外護されていた。(63)

浄土真宗は永正三年（一五〇六）に本願寺九世実如（一四五八〜一五二五）が薩摩国千野湊の釈明心に授与した「方便法身尊像」が伝わることから、一六世紀初期には伝播したと考えられる。けれども島津義久（一五三三〜一六一一）は同宗の反封建的性格が藩政を阻害するとして、慶長二年（一五九七）頃、浄土真宗を禁制した。爾来近代初頭の明治九年（一八七六）に信教の自由令が出るまで禁制であった。(64)この間薩摩藩内には上記の三結社の他にも、真宗の隠れ念仏が存在したが、いずれも弾圧された。ただ上記三結社は、いまだに東・西本願寺とは無関係に隠れ念仏の信仰を保持しているのである。

カヤカベは一九世紀初期に薩摩国伊集院の修験道にも通じた宮原真宅を祖に仮託している。(65)彼は上京して本願寺で二二年間修行し、一一世顕如（一三四四〜一三九二）に師事し、鹿児島で教えを弘めることを申し出て、宗教坊の名を与えられ、「お伝え」と「お書物」七冊を授かった。帰郷後禁教下にもかかわらず藩士の橋口長兵衛と三島庄右衛門を始め多くの弟子を育てた。けれども上京中にこの二人に密告され、明暦（一〇五五〜一〇五八）頃に娘二人と共に処刑された。ただ彼が組織したこの結社の親元はその後五代にわたって鹿児島で密かに活動したが、六代目の前平三左衛門は始良郡栗野町植村に本拠を移した。同地にある彼の墓には宝暦三年（一七五三）の年紀がある。当時霧島では当山派の西霧島六所権現別当寺の霧島山錫杖院華林寺座主を法祖とする空順が、藩主島津吉貴の帰依を受けて、阿弥陀仏と不動明王を守護仏として念仏を唱導していた。彼は元文三年（一七七八）に島津家の長久を祈念して石室を作り、そこで入定している。(66)

カヤカベでは前平三左衛門の後、池田辻右衛門がつぎ、牧園町万膳に拠点を移し、その後浅谷の谷口伊右衛門をへて吉永市蔵（親幸、一七九七～一八七三）が牧園町中津川を拠点にその儀礼と組織を確立した。彼はひそかに西本願寺とかかわりを持って活動したらしく、カヤカベに伝わる「お書物」には文政七年（一八二四）八月二二日に西本願寺第一九世本如が浄土決定したことが阿弥陀如来から伊勢、霧島六所権現をへて親幸に知らされたとし、あわせて親幸を龍樹菩薩の生まれかわりともしている[67]。また彼の手になるとされる伊勢と霧島の供まわりの四十八人菩薩が説いたとするいろは四八文字のそれぞれにあてはめた信仰活動のあり方を示す御詠歌の最後には「ありがたや、三途をのがれ極楽に、行と思へば、喜し泪や　文政七年甲申九月廿八日書之　御伊勢　霧島六所権見《ママ》」とある[68]。文政七年は彼の二八歳の時にあたる。これからすでに当時彼がカヤカベの中心になっていて、「お伝え」や「お書物」をもとに儀礼を整えたと思われる。なお彼の妻鶴亀は阿弥陀如来から伊勢・霧島六所権現を通しての親幸への知らせによると、親鸞の妻玉ヤ（玉日カ―宮家）の生まれかわりで、彼女の妹おと松は浄土で阿弥陀如来に近接して、その教えを受けたとしている。特に鶴亀は浄土の阿弥陀如来とこの世をつなぐ杓取り（霊媒）として重要な役割をはたしていた。ちなみに彼女は後に親幸と別れて、牧園町横瀬に住む権次と一緒になって「権次法」という、カヤカベの別派を作っている。このことはカヤカベに於いて浄土と通信する杓取りが重要な役割をはたしていたことを示している。

親幸の死後カヤカベの親元は吉永家の世襲とされ、現在はその三代後の儀助とその妻（杓取り）が継承している。そしてその配下の各郡の郡親（コイオヤ）とその妻、数郡の郡親をたばねた中親とその妻の中房がいた。なお中房は杓取りの名代、郡親の妻は杓取りの手先きとして、浄土の霊とこの世をつなぐ霊媒として活動した。各郡内には知識と一般信者（同行衆）がいて、通常は郡親の処で座などの儀式がなされ、知識がそれを助けていた。なお知識以上の者は口伝えの「オツタエ」を暗唱して、座などの儀礼を主導した。

カヤカベでは親鸞の遺体はカチビル（ミイラ）になって西本願寺に祀られているとしている[69]。また極楽からの冥界通信は阿弥陀、伊勢・霧島をへて伝わるとしている。そしてこの三者を主要な神格として、阿弥陀は萱壁の中に隠し（カヤカベの名はこれに因むともされる）、神棚には霧島神宮と伊勢神宮の大麻を祀り、その前に祭壇を設け、花瓶、仏飾、香炉（線香は三本）、水瓶などを置いた。なお座などで用いる独自の房のない数珠は平素は郡親が保存していて御座などの時に貸与していた。特に毎月一一日の蓮如の命日、一三日の親幸の命日、一六日の親鸞の命日にはいずれもその前日の夜から当日の日没まで郡親の処で御座が開かれた。

御座ではオナグラ（阿弥陀の救済の御恩への感謝）、オガイケ（他力を唱えた蓮如の「頌解文」）、モウシワカイ（阿弥陀に供物を供える際の敬白文）、お経（「正信偈」と身体を前後に揺すって唱えるユリ念仏）、最後におつたえ（縁起を説く法話）がなされる。このうちユリ念仏は参加者をエクスタシーに導びくものである。「おつたえ」は次の一三である。[70]（1）かけひ（仏法や法門の起源）、（2）「御身の上」（親鸞と蓮如の物語）、（3）「十八願」（阿弥陀が女人救済の為に女性が死後おちる血の池の底に入って救済した。そして一月一日に出てきて、天に向かって吐いた息が日の出・日の入り、地に吐いた息が血となったとの話）、（4）「くはくはりちようし」（信濃の善光寺の縁起）、（5）「大ていいちゆふ」（世間のことを身体に位置づけて説明し、弥陀の慈悲と救済を説く）、（6）「大春もんとふ」（法然の大原問答）、（7）「しんしうはしまい」（真宗の始まり）、（8）「親幸様の所」（親幸が霧島神の託宣でカヤカベを中興したこと）、（9）「惣きよふぼなかれ」（宗教坊の伝記）、（10）「あせしよふ」（阿闍世王子の話）、（11）「ふつおふはしまり」（仏法の始まり、法然・親鸞による浄土の教えの創始）、（12）「しよふとくたいしくにはり」（聖徳太子の国家統治）、（13）「御てらはじまり」（信長と本願寺の争い）である。いずれもこのすべてを暗唱している知識が語り、時々あいづちが入っている。

ところでカヤカベでは口頭で伝承された「おつたえ」の他に、「御文」「お経」「御状」「法語」「四十八人菩薩」「八十四」「ミオチキ」の七部から成る「御書物」と呼ばれる文書を数ヶ所で秘匿していた。[71]その内容を順に紹介すると、「御文」は蓮如の御文、「お経」は「正信偈」など、「御状」は阿弥陀如来から伊勢、霧島をへて杓取りを通して親幸の処に届いた冥界通信、「法語」は法然やカヤカベ独自の教え、「四十八人菩薩」はいろは四八文字のそれぞれに充当した、伊勢と霧島の供廻りの四十八人菩薩の働き、「八十四」は阿弥陀如来が衆生に施す御利益一〇〇首、伊勢・霧島あての二

○首、伊勢・霧島・彦山権現あての次の文政七年（一八二四）三月一一日の年紀がある「ミチオキの話」に記された御霊神である聖大明神のうた一〇首、計一三〇首である。その「ミチオキの話」は唐から紀伊に渡来した女性が本願寺に来て上人と結婚して蓮如を生んだ。けれどもその後自分は六角堂の救世観音の化身だが、浄土への参詣人が増すことを願ってこの寺に来たと書き置きして出奔した。上人は彼女を偲んでその尊体を刻ませて本願寺に祀った。これを本願寺にいた下村勘七が授かった。彼は廻回の聖となって薩摩国に来た時に霧島山登拝口の中津川で殺された。そこで人々はその祟りを恐れて彼を聖大明神として祀ったというものである。なおこの話の中で「山伏法志《ママ》」が日本独自の宗教者としてあげられている事が注目される。

以上の親幸がまとめたとも思われるカヤカベの「おつたえ」や「御書物」を見ると、法然、親鸞のことや、時宗が関わった善光寺など浄土教全体を含めながらも、蓮如の伝記や教えが中核を占めている。ところが今一方で不動明王を祀り、うらないをする日本独自の「山伏法志」が登場する。また霧島のみならず彦山、熊野、白山と伊勢や当地で広く信じられた洞窟に鎮座する鵜殿権現が見られる。ここで彦山が見られるのは幕末期に彦山山伏が薩摩と大隅・日向にそれぞれ二三万戸余りの檀那を有して、春秋二回廻檀していたこともあってのことかも知れない[72]。この他では阿弥陀如来の便りを、伊勢・霧島権現から受けて親幸にとりつぐ役をはたした遊行聖下村勘七の御霊である聖大明神が注目される。

次にカヤカベの年中行事、年忌法要、現世利益に関する儀礼を紹介しておきた。まず年中行事には「ショーガツデイ」（正月礼、一月一日・八日、阿弥陀如来が血の池からあがった日）、「二十三夜待」（旧暦一月、九月、一一月の二三日）、「先祖トムレ」（弔い、七月八日）、吉永親幸の日（七月一三日）、春・秋の彼岸中日、「オカイ」（旧暦九月八日）、「霧島メイリ」（詣り、旧暦九月一四日）、「ゴホウジ」（一〇月八日）、報恩講（一一月）などがある。このうち先祖トムレには死者の願事が杓取り、その名代や手さきを通して、親幸の子孫の親元、中親、郡親のところへ届けられる。その内容の一部は「御書物」の「御状」にあげられている。また霧島詣では当日カヤカベの信徒が個々に霧島神宮に向かう。そして全員が神社にそろうと神職のお祓いを受けたうえで、特別に奥殿に昇殿し、一巡したうえで、神宮を出て近くの旅館で直会をしている。

人生儀礼では信徒に赤子が生まれると「生レ児ダノン」といって郡親の処に米や餅を持参して、仏前で名前を報告してもらう。成人した時も「ジツノダン」といってほぼ同じことをする。入信に際しては「ヒキイレ」の儀礼があり、経などを学びおえると「イツギ」を受けて知識になっている。葬儀では死者が息をひきとるとその衣類を持って郡親の処に行って御座を立ててもらう。これを「カケツケ」という。また中津川の親元の吉永家にも知らせて葬儀の許可を得る。納棺は「枕ナヲシ」と呼び信徒がする。このあと信徒の葬儀がある。まず浄土に行く道を開くための米を供える「オミカケ」、ついでその反対の阿弥陀如来が待つ方角に米を供える「オマツタケ」がある。このあと大夫さん（神職）の葬儀がある。なお葬儀がおわった後、信徒は郡親を通して親元に死者の往生のことをたずねる。すると親元によって憑依させられた杓取り（霊媒）を介して浄土の阿弥陀から伊勢、霧島さらに聖大明神を通して死者が往生したこと、それに要した時間を告げられる。以後は三〇日、四九日、一年、三年、七年、一三年の忌日にも昼間の大夫の儀礼と深夜の郡親のところでの御座がなされている。

現世利益に関するものでは、子授け祈願の「ハラゴノダン」（孕み子願）や「ヒザダノン」（膝頼み）がある。また、病気の時には病人の衣服を郡親の所に持参して魔よけの儀礼をしてもらう。このように現世利益に関しては修験の祈祷に類することがなされている。なおカヤカベでは、鶏・牛・馬の肉、牛乳が禁じられている。また供花には椿やツツジなど赤い色の花が禁じられている。これは阿弥陀如来が血の池からあがった時、地に吐いた血の色とむすびつくからとしている。

以上のようにカヤカベは親元、中親、郡親が杓取り、その名代、手先きなど霊媒を用いて、修験の憑祈祷に類する儀礼をしていた。そのことを記した「御状」などの「御書」は各町の霊媒の役割をはたした老女に伝わっていた。また血の池からの女性の救済をとく話を法蔵菩薩の四八願中の一八願に準じて「十八願」と名付けて重視している。これはカヤカベの中で女性が杓取りやその名代が親元や中親と並んで、否それ以上に重視されていたことを示すと思われる。また霧島、彦山など修験霊山の神格や御霊神が冥界通信の仲介者として重要な役割をはたしている事も注目される。

ノノサン（カヤカベ類似の宗教）は霧島東麓の都城盆地の高木町や下水流町などで見られる。ここでは寺元（ウラカタドン）と巫女が中心となっている。その信仰は阿弥陀如来の垂迹の霧島神が降臨し、信徒の祈願に応えると共に、死に際しては先祖霊と共に死霊を阿弥陀如来の処に導くとしている。そして年忌法要の際は伊勢神と霧島神に降臨を願って、浄土の阿弥陀如来を供養するよう願っている。ただカヤカベのように本願寺との結びつきはあまり見られず、むしろ民俗宗教の巫術や修験道の憑祈祷の影響が認められる。これは寺元の多くが山伏の子孫とされていることによっている。事実寺元の多くでは不動明王、役行者、前鬼・後鬼、先祖の山伏墓を祀り、錫杖、法螺貝など修験の法具を伝えている。

寺元で崇められる神格は阿弥陀如来の垂迹の霧島六所権現、伊勢大神宮、御天道様、月天、屋敷神、氏神、先祖様、荒神、地蔵、不動、役行者というように民俗宗教や修験道と関わる多様なものである。そして神祠に祀られている御神体は円鏡、鶴亀の像、伊勢・霧島の大麻、天照大神の軸、絵とき文書などである。祭壇には香炉（線香は一本）、仏餉茶腕、廻し茶腕などが置かれる。そして神祠の前を屏風でおおい、寺元はその中で秘かに儀礼を行なっている。唱える経文は融通念仏か六斎念仏の系統のものだが、あわせて「地蔵経」、「彼岸経」、光明真言、不動明王の呪、伊勢の祓い、霧島の祓いなどもあげている。年中行事には御初座（一月二日）、春秋の彼岸、種蒔き、水もらい、さのぼり、虫祈祷、厄よけ（六月）、七夕、精霊祭り（八月一二日）、十五夜祭（九月一七日）、初穂祭（一一月一日）、氏神祭（一二月一一日）、年中の納事（一二月二六日）などがある。また生霊戻し、災難よけの彦山講など現世利益に関するものもある。

葬儀に関するものには、枕外し、御願解き、御船乗り（入棺）、野辺送り、葬儀七日後の御座、四十九日、年忌がある。このうち特に注目されるのは、葬儀七日後に霊能者であるウラカタドンが葬家で神がかりになって、お爺様（お手引の先祖霊）の助けを借りて、死霊になり代わって生者と交流するお座である。葬家での御座が終ると、寺元は自宅に帰り葬家から受けた法蔵菩薩の四八願に因む四八個の餅と御神酒を神祠に供え、霧島様、高神様、氏神様、行者様、葬家の祖先に御礼をいい、死霊とお手引きのお爺様におさまりを願い、最後に御座と寺元での神座が一切終ったことを内神、祖先、高神に御礼をいう。この間寺元の妻は御仏餉を祭壇右のお天道様、左のおきくよ様（お月様）に供えている。なおこの寺元の神祠での儀礼はノノサンと呼ばれている。結社のノノサンの名はこれにもとづくものである。[73]なおこの御座をヤマボウシの寺元が経文を唱えて、その妻の巫女に死霊を憑依させて語らせることもあった。これは山伏の憑祈祷の形をとった新口寄せともいえるものである。

ダンナドン（旦那寺）は冠嶽西麓の串木野市西北の荒川、羽島地区の隠れ念仏である。[74]冠嶽には山頂に阿弥陀如来の石像があり、東山麓には冠嶽山鎮国寺頂峰院などがあった。なお島津義久（一五三三～一六一一）は冠嶽山鎮国寺宝泉坊の中原慶隆に近世期を通して薩摩大隅両国の当山派袈裟頭を務めた鹿児島の般若院を継承させた。また天明年間（一七八一～一七八九）には冠嶽修験の影響も受けた盲僧の透雲院仙竜が荒川に天台盲僧寺院西方山水徳寺を創設した。爾来この地域では冠嶽修験や地神盲僧が活躍していた。このダンナドン成立を直接的に語る伝承は、明治政府の神仏分離後に、僧侶が還俗して葬儀が出来なかったとき、荒川の城之園善兵衛が、藩政期に真宗の隠れ念仏地域だった、川内市青山町高貫集落から、仏像や仏具を「ウナツテゴ」（鰻手籠）に入れて持ち込んで始めたという話である。ただ薩摩藩の都城地域の新田開発の為に串木野から派遣された、土木工事に秀でた請負の仕明人が、ノノサン信仰を持ち帰ったともいわれている。

ダンナドンには上記の城之園家などの旧名頭家がなり、ダンナドンの戸主が勤めるトイナモンを中心に葬儀や年中行事がなされている。祀られる神格はオヤサマ（御祖様）、阿弥陀如来、二十五菩薩、善導、不動明王、役行者、彦山、愛宕山、山の神、山王、三宝荒神というように、浄土、修験と多岐にわたっている。御神体は鶴亀（立像や円鏡）が最も多く、阿弥陀三尊の懸け仏もある。信仰用具には神殿前の屏風、香炉（線香は二本）、餅を入れるムスタと呼ばれる箱などである。通常の祭りは、神の降臨を願う「お名乗り」の後、線香、花、賽銭、茶、酒、仏餉、丸目（餅）をそれぞれの唱え言をあげて供え、オヤサマのお経をあげて神棚を開き、四節座ほめ、四方門、座あげの順で唱えごとがなされる。年中行事には御前下げ（一月二日）、春祈祷（旧暦一月五日か六日）、二十三夜待（旧一月二三日）、彼岸、六月灯（旧六月二八日）ショロドン（精霊祭り）、ホゼ（放生会）祭り（旧九月）、霜月祭り（旧一一月二八日）、煤払い（旧一二月一六日）などがある。

葬儀は死者が出ると、身内の者が二人ダンナドンの家に米を持って行く。そこでそれを炊いた仏餉を茶碗に盛ってオヤサマに供える。トイナモンは「ノベゲシ」「カイモンドン」などの経文をあげて死者の蘇生を防ぐ。身内の二人は仏餉の残りを持ち帰って死者の枕飯にする。やがてトイナモンが来て枕辺で「ホネナヤマカシ」の呪文を唱えて死体を軟らかくする。ついで「ガンキビイ」(棺括り)の経本をあげて納棺する。そしてトイナモンの先導で葬列を組み墓地に行く。到着するとトイナモンは不浄祓いをし、「ヂワイ」(地割り)の経文を唱えて山の神に三三年間この土地を借してくれるように依頼する。喪家では死後三日から七日のうちにトイナモンと巫女に死霊を招く「カゼタテ」をしてもらう。巫女それに先き立ってまず仏壇に仏餉が供えられる。トイナモンは仏壇に向かって経をよみ、巫女に息を吹きかける。巫女は、シベ(幣)を持ち、「不浄祓いの経文」を唱えて、参列者を叩いてまわる。次いで同じ経文を唱えて、麻の緒で屋敷の各所を叩きまわる。そうこうしているうちに巫女は震え出し、両掌を面上で上下する。やがて巫女についた死霊が身内に言い残したこと、やってほしかったことを語る。これによって死霊はこの世の未練を断ち切って、あの世に旅立つことが出来るという。なおこのカゼタチは地神盲僧と巫女、巫女同志でも行なっている。(75) このほか年忌、四十九日にもトイナモンを招いてお経をあげてもらっている。

トイナモンや地神盲僧は「ワタマシ」と呼ばれる建葬儀礼、屋敷神や山の神の祭り、シベや錫杖を用いての不浄祓いの祈祷も行なっている。そしてこうした時にはそれぞれに応じたお経をあげるが、その経文の中には彦山権現、霧島様、蔵王権現、不動明王など修験の神格も認められる。(76) このようにトイナモンは阿弥陀如来を祀り、葬儀などの儀礼を行なっているが、浄土教の影響はあまり認められない。

以上の隠れ念仏を見ると、カヤカベの杓取りや中房を介して親元や中親が受ける御状、ノノサンの御座のウラカタドンが死霊の託宣を直接受けたり、ヤマボウシ(山伏)が巫女に死霊を憑依させて語らせる新口よせ、ダンナドンのトイナモンが巫女に死霊を憑依させて語らせるカゼタテのように、修験道の憑祈祷を思わせる儀礼が重要な位置を占めている。そして歴史的には霧島山を阿弥陀の浄土とする信仰をもとに、島津藩の保護もあって修験が展開し、藩も公認した浄土宗、時宗も浸透し、こうした中で禁制された浄土真宗の隠れ念仏が存続していた。そしてこれらの中で特に秘教化して独自に展開し、明治の真宗の開禁後も隠し念仏として存続したのがカヤカベと考えられる。

それに対して霧島、冠嶽などの霊山の阿弥陀信仰は、むしろ葬儀や死後の死霊の鎮魂をはかった。ノノサンの御座のウラカタドンを用いての新口寄せ、ダンナドンのトイナモンによる巫女を介してのカゼタテにと展開したと考えられる。浄土真宗の影響を強く受けたカヤカベも親元の杓取りを通しての阿弥陀、伊勢・霧島の神さらには御霊神を介しての冥界通信が重視されているのである。そしてこの根底には、修験道の憑祈祷さらにはトカラ列島のネーシの忌みあけの新口寄せなど南西諸島の巫術との関連が推測されるのである。(77)

結

近世の念仏系の遊行聖は弾誓に始まるとされている。そこで最後に今一度弾誓の思想の中核とその系譜を考察する事にしたい。塔の峰阿弥陀寺蔵の「弾誓流後三重之切紙　誓阿」（弾誓が誓阿に授けたもの）の「第三重空之十念血脈」には、図のようにある。

ト三身即一身一身息入出三字
㊃心
五智五仏五法具足空之十念
重々口授心伝極秘口伝有

これを伊藤唯真は「阿弥陀の三字を唱えれば、仏の三身と心は一体となり、十念すれば心は五感の対境たる森羅万象、大日如来の曼荼羅世界に融けこんでしまう」ことを示すとし、これをもとに弾誓の念仏を修験的なものとしている。(78)

この弾誓の流れは、但唱―長音―明阿―山居の東叡山と結びつく天台の流れと、但唱から閑唱、円空、木喰行道と続く作仏聖の流れ、弾誓から澄禅―徳本―幡隆の木食・籠居の三つのいずれも修験的な形をとった念仏にと展開した。なお但唱の流れは湯殿山の行人とのつながりが感じられる。また弾誓―澄禅―徳本の流れは近代には浄土宗捨世派とされている。今少し具体的に見ると、弾誓は夢の中での阿弥陀の働きかけにより「木食一心の正戒」を受け、それを秘持したと

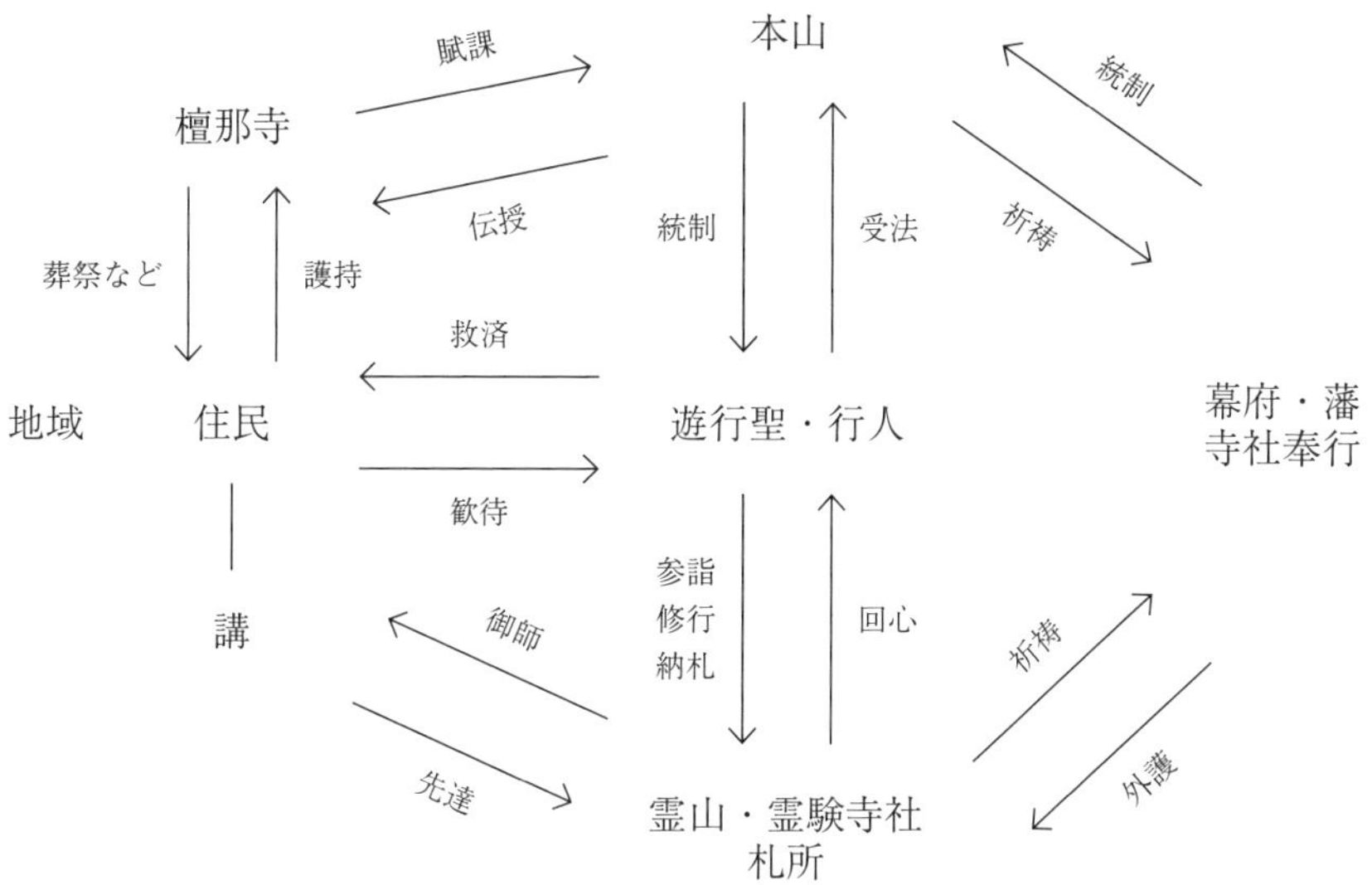

して「一心花押」を用いた。また円空や木喰行道もこの「一心の正戒」を秘持した。そして円空は造仏の台座に「一心」「心」字を記している。また両人とも弾誓と同様に「心」字をもとにした花押を用いている。[79]なおさきの「第三重空之十念血脈」では阿弥陀の名号を唱え十念することによって一体となる大日如来の曼荼羅世界を五智・五行・五法で表しているが、但唱は巨大な五智如来を作って如来寺大日院に納め、木喰行道は自己が再建した国分寺に自らが刻んだ五智如来像を祀っているのである。

なおこの系譜とあわせて本節でとりあげた遊行聖、行人の活動とその相関を近世仏教のあり方に位置づけて把握する為に、上記の概念図を作成した。中央に遊行聖、行人、上に本山、下に霊山・霊験寺社、右に幕藩の寺社奉行、左に地域社会の檀那寺を配している。遊行聖はかつて家が一向宗の内道場だった播隆、父が巡礼者だった木喰行道を含めて全員が農民である。唯但唱は鉱山、銘木の在所を判じる山見分けの能力を持ち、円空は木地師ともいわれている。彼らはその下欄にある霊山に籠ったり、霊験寺社、札所などを巡って修行した。まず修行した霊山を見ると弾誓は佐渡の檀特山と箱根の塔之沢の洞窟、但唱は信濃の四阿屋山、澄禅は富士山、円空は白山や大峰山、木喰行道は相模大山、徳本は吉野・熊野・富士、播隆は槍ヶ岳、湯殿山の一世行人は仙人沢で修行し、薩摩の隠れ念仏は霧島山の阿弥陀信仰と結びついている。なお澄禅が富士、播隆が槍ヶ岳のブロッケン現象を思わせる阿弥陀の来光に接した以外は、山中で木食のうえで水行をし、洞窟に籠って念仏、誦経を反復した結果、夢中などで阿弥陀から啓示を得て回心し、神霊を操作しうる聖（霊治り）になったことを確信している、そして弾誓は塔の沢や京都の古知野の洞窟近くの阿弥陀寺、その継承者の澄禅も同寺、播隆は槍ヶ岳近くの揖斐の播隆院阿弥陀堂というように主に修行した霊山の近くに拠点をおいて活動している。なお湯殿山の行人は仙人沢で修行し、湯殿山注連寺や鶴岡や酒田の寺院で活動し、死後ミイラ化された。薩摩の隠れ念仏は霧島や冠嶽近くの村落の結社である。これに対して但唱は天海から、徳本は伝通院から寺を賜わっている。

次に廻国した地域を見ると全員の出自が近畿から中部だったこともあって、全国を遊行した木喰行道以外はすべて東日本に限られている。その際、弾誓は佐渡、円空は蝦夷、木喰行道は佐渡と蝦夷というように島渡りをしている。なお木喰行道は四国遍路を順・逆二回した他、西国、坂東その他の巡礼札所、国分寺、一宮など六十六部に近い廻国を行なっている。また円空と木喰行道は廻国の途中折にふれて故郷に立ち寄っている。そしてそこに寺庵を設けて活動もし、最後を迎えていることが注目される。

霊山などでの回心によって活動に自信を得た聖は各地の住民に念仏を説き、往生を保証すると共に現世利益の期待にも応えている。彼らが訪れた地域社会には檀那寺があって住民の葬祭や加持祈祷を行なっていた。これらの檀那寺はそれぞれ特定の宗派に属し、本末制度により本山に規定されている。そして本山は幕府の寺社奉行の統制に服すると共に、それに応えて朝廷や幕藩の安泰の祈祷を行なっている。遊行の聖もこの体制に組みこまれざるを得ないために、弾誓は浄土宗白旗流の播随意院白道、円空は園城寺、徳本は増上寺・伝通院と結びついている。なかでも弾誓の弟子但唱は山見たての能力を通して天海に近づき高輪の如来寺大日院や武蔵の湯殿山の寺院を賜わり、これらを東叡山末としているのである。

地域社会の住民は檀那寺の葬祭や加持祈祷のみでは救済が不確かな場合には遊行の聖に頼ることになる。彼らは念仏聖から十念や名号を授かることによって往生の保証を得ているのである。そしてこれによって極楽往生した篤信者を列記した往生伝も編まれている。なお薩摩の隠し念仏では薩摩藩が檀那寺を設けなかったことから独自に葬儀や追善供養を行なっている。湯殿山の一世行人は厳しい木食修行などをしたことから霊験あらたかな聖として崇められ、信者の現世利益の希求に応え、死後は即身仏となって救済すると信じられた。円空、木喰行道に代表される作仏聖は、遊行の便宜をはかってくれた寺社や家に救済をもたらす阿弥陀、地蔵、観音などの仏像を残している。木喰行道などは自刻像を彫刻している。また阿弥陀如来による成仏の保証を説いた和歌や和讃を作って唱導している。なお木喰行道は当初相模大山の御師として在地の先達や旦那に講による登拝を呼びかけている。播隆も槍ヶ岳の登拝講を組織した。播隆や徳本は各地に念仏講を組織した。講では名号軸を祀って集会すると共に、名号を刻んだ石碑を建立している。

このように近世の遊行聖は古代末の空也や一遍が遊行のみを旨としたのに対して、結局は所住の寺院をかまえ、強弱はあるにしても、幕府、本山、特定霊山の枠内に取り込まれていったのである。

注

（1）高埜利彦「本山・本所・頭支配の勧進の宗教者」林淳編著『勧進・参詣・祝祭 シリーズ日本人と宗教四 近世から近代へ』春秋社、二〇一五年参照。
（2）柳田国男「俗聖沿革史」『定本柳田国男集』二七、筑摩書房、二四七〜二六〇頁。
（3）堀一郎『我が国民間信仰史の研究 宗教史編』、創元社、一九五三年。
（4）五来重『聖の系譜と庶民仏教』五来重著作集二、法蔵館、二〇〇七年、五来重『木食遊行聖の宗教活動と系譜』五来重著作集一〇、法蔵館、二〇〇九年。
（5）宮家準「修験道から民俗宗教へ」五来重『修験道の修行と宗教民俗』五来重著作集五、法蔵館、二〇〇八年、四七九〜四九〇頁、伊藤唯真『聖仏教史の研究』上・下、伊藤唯真著作集一・二、法蔵館、一九九五年参照。
（6）上掲五来『木食遊行聖の宗教活動と系譜』二八九頁。
（7）西海賢二『近世の遊行聖と木食観正』吉川弘文館、二〇〇七年（研究史も記載）、西海賢二『念仏行者と地域社会――民衆のなかの徳本上人』大河書房、二〇〇八年。
(8) 上掲西海『近世の遊行聖と木食観正』五五～五六頁。
(9)「弾誓上人絵詞伝」(箱根塔の嶺阿弥陀寺蔵)箱根町誌編纂委員会編『箱根町誌　第三巻』角川書店、一九八四年、三八六～四〇四頁、五来重「塔の峰本『弾誓上人絵詞伝』による弾誓の伝記と宗教」上掲五来『木食遊行聖の宗教活動と系譜』法蔵館、二〇〇九、宮島潤子『信濃の聖と木食行者』角川書店、一九八三年、宮島潤子『謎の石仏――作仏聖の足跡』角川書店、一九九三年、竹田盛康『弾誓上人――法国光明弾誓阿弥陀仏の思想』村田学園研究紀要一、一九九二年参照。
(10) 伊藤真徹「弾誓上人の信仰」『日本浄土教文化史研究』隆文館、一九七五年、二九六～二九七頁。
(11) 但聖については『御府内備考』続編　巻四〇　寺院部の「天台宗　歸命山佛性院如来寺」項の「但聖伝記」ならびに上掲宮島『謎の石仏――作仏聖の足跡』参照。
(12)「城州大原山沙門澄禅伝」『略伝集』浄土宗全書一八、浄土宗開宗八百年記念慶讃準備局、一九七五年、四七四～四七五頁、上掲五来『修験道の修行と宗教民俗』八四～九一頁。
(13) 円空の伝記には「釈円空之説」『飛州志』(一七四五年頃の調査)岐阜県郷土資料刊行会、一九六九年、「僧円空　附俊乗」伴蒿蹊『近世畸人伝』一七八八年、池之端甚衛『飛騨と円空――『飛州志』は語る』星雲社、二〇〇九年、三六頁、全栄「円空上人小伝」『浄海雑記』巻一(一八四四)、棚橋一晃『奇僧円空』人間の科学叢書、一九七四年、上掲五来『木食遊行聖の宗教活動と系譜』、円空学会編『円空研究』七(別巻二)、人間の科学社、二〇〇五年。
(14) 延宝八年(一六八〇)九月中旬の笠間市月崇寺の観音背銘に「御木地土作大明神」とあるのを「御」は木地師の守護神大皇大明神の敬称、「土」は「士(師)」の誤記とする五来重の解説による。上掲五来『木食遊行聖の宗教活動と系譜』二七一頁。
(15) 菅江真澄「蝦夷喧辞弁」「蝦夷迺天布利」上掲五来『木食遊行聖の宗教活動と系譜』九八～一二六頁。
(16) 上掲五来『木食遊行聖の宗教活動と系譜』一二七～一三〇頁。
(17) 長谷川公茂『底本　円空上人歌集』一宮史談会、一九六三年。なお括弧内の番号は同書の歌番号を示す。
(18) 長谷川公茂「円空歌集からみた円空の思想と信仰」上掲『円空研究』七。なお円空と修験道に関しては、水谷早輝子『円空と修験道』まつお出版、二〇一五年参照。
(19) 上掲五来『木食遊行聖の宗教活動と系譜』二〇〇頁、二四五頁。
(20) 上掲全栄「円空上人小伝」、上掲棚橋『奇僧円空』二四四～二四八頁。
(21) 上掲五来『木食遊行聖の宗教活動と系譜』二五二～二五三頁。

(22) 上掲「僧円空 附俊乘」、上掲池之端『飛騨と円空』三六頁。
(23) 「円空手控帳について」上掲棚橋『奇僧円空』二二一〜二三八頁。
(24) 「釈円空之説」上掲池之端『飛騨と円空』三四〜三六頁。
(25) 木喰行道『四国堂心願鏡』日本民芸協会編『新装版柳宗悦選集第九巻　木喰上人』春秋社、一九七二年、二九〜四一頁、上掲五来『木食遊行聖の宗教活動と系譜』、柞木田龍善『修験木喰』佼成出版社、一九七七年、『木喰の微笑仏』図録、朝日新聞社、一九九七年。
(26) 西海賢二「木食僧の系譜――観海・行道・観正」萩原竜夫・真野俊和編『仏教民俗学大系二　聖と民衆』名著出版、一九八六年、七四〜八一頁。
(27) 十大願は彼の「木喰うきよ風流和讃」によると供養、廻国、仏心、病見、説法、戒律、真言、念仏、奉経、作仏をさしている。
(28) 上掲五来『木食遊行聖の宗教活動と系譜』三四七頁。
(29) 上掲五来『木食遊行聖の宗教活動と系譜』三四五頁。
(30) 上掲柞木田『修験木喰』二二七頁。
(31) 上掲柞木田『修験木喰』三一四頁。
(32) 戸松啓真編『徳本行者全集』全六巻、山喜房仏書林、一九七五〜一九八〇年、上掲西海『念仏行者と地域社会』、田中祥雄「徳本と原町一行院について」大正大学研究紀要六二、一九七六年。
(33) 大阪高橋栄治氏所蔵史料、上掲田中「徳本と原町一行院について」一二七〜一二八頁。
(34) 増上寺役者祐海の徳本の身元についての覚書、上掲田中「徳本と原町一行院について」一二八頁。
(35) 「蓮華勝会教化記録」愛知県岡崎市九品院所蔵、上掲戸松『徳本行者全集』一。なおこの各地での活動に関しては、上掲西海『念仏行者と地域社会』参照。
(36) 「徳本行者　諸国名号石記　信州・野州・越州・武州」上掲戸松『徳本行者全集』二所収、上掲西海『念仏行者と地域社会』一二三頁。
(37) 上掲西海『念仏行者と地域社会』一六六〜一七〇頁。
(38) 「加州勧誡聞書」大橋俊雄蔵『徳本行者全集』第四巻、所収。
(39) 上掲西海『念仏行者と地域社会』一四二〜一四四頁。
(40) 上掲「加州勧誡聞書」上掲戸松『徳本行者全集』四、一七五頁。なお福田行誡編の『徳本行者伝』には辞世の歌として「南無阿弥陀仏、生死輪廻の根をたたば、身をも命もをしむべきかは」をあげている（上掲戸松『徳本行者全集』五、六〇頁）。

(41)「徳本上人行業記」神奈川県良心寺所蔵、上掲戸松『徳本行者全集』四、三三六〜三三八頁。
(42)「徳本行人伝」上掲戸松『徳本行者全集』三、五一六頁。
(43)「徳本行者伝　上」上掲戸松『徳本行者全集』五、一二〜一三頁。
(44)「徳本行者伝　上」上掲戸松『徳本行者全集』五、二一〜二三頁。
(45)「徳本行者伝　中」上掲戸松『徳本行者全集』五、五九頁。
(46)「徳本行者伝　中」上掲戸松『徳本行者全集』五、二七頁。
(47)「徳本上人行業記」上掲戸松『徳本行者全集』四、三四二〜三四三頁。
(48)「徳本上人行業記」上掲戸松『徳本行者全集』四、三五〇〜三五一頁。
(49)穂苅三寿雄・穂苅貞雄『槍ケ岳開山播隆』大修館書店、一九八二年、黒野こうき『播隆入門』まつお出版、二〇一四年。
(50)『諸宗皆祖念仏正義論』上掲穂苅『槍ケ岳開山播隆』一〇〜一一頁。
(51)「再興勧請施主名簿」上掲穂苅『槍ケ岳開山播隆』四七〜五〇頁。
(52)『念仏法語取雑録』一心寺蔵、上掲穂苅『槍ケ岳開山播隆』八五〜八六頁。
(53)「鎗ヶ岳仏像安置之記」上掲穂苅『槍ケ岳開山播隆』八五頁、九〇〜九一頁。
(54)「永代善光寺念仏千人講」上掲穂苅『槍ケ岳開山播隆』一五三〜一五四頁。
(55)上掲『念仏法語取雑録』、上掲穂苅『槍ケ岳開山播隆』二〇〇〜二二一頁。
(56)「母の三回忌に寄せる手紙」上掲穂苅『槍ケ岳開山播隆』一九三頁。
(57)松本昭「湯殿山系一世行人とその木食行について」日本ミイラ研究グループ編『日本ミイラの研究』平凡社、一九六九年、二五一〜二七八頁。
(58)「対決日誌」渡部留治編著『朝日村誌第一　湯殿山』朝日村役場刊、一九六四年、五六頁。
(59)松本昭「弘法大師入定説話成立の背景」上掲『日本ミイラの研究』二七九〜三一九頁。
(60)湯殿山系のミイラの列伝については、安藤更生・桜井清彦「現存する日本のミイラ」上掲『日本ミイラの研究』二一〜八二頁、戸川安章『出羽三山のミイラ』中央書院、一九七四年、七〇〜一八五頁、上掲渡部『朝日村誌第一』一三八〜一五四頁、岩鼻通明『出羽三山――山岳信仰の歴史を歩く』岩波書店、二〇一七年、一七八〜一九二頁。
(61)食行身録については、岩科小一郎『富士講の歴史――江戸庶民の山岳信仰』名著出版、一九八三年、一二〇〜一九七頁参照。
(62)森田清美『霧島山麓の隠れ念仏と修験――念仏信仰の歴史民俗学的研究』岩田書院、二〇〇八年参照。なお本項の多くは同書によっている。
(63) 永松敦『狩猟民俗と修験道』白水社、一九九三年、一六七〜二二七頁、宮家準『修験道の地域的展開』春秋社、二〇一二年、六九八〜七〇四頁。
(64) 桃園恵真「薩摩藩における禁教の背景」龍谷大学宗教調査班編『カヤカベ――かくれ念仏』法蔵館、一九七〇年参照。
(65) カヤカベについては、上掲『カヤカベ』、「カヤカベ」日本庶民生活史料集成一八、三一書房、一九七二年、六一三〜七〇五頁、上掲森田『霧島山麓の隠れ念仏と修験』参照。
(66) 空順に関しては、上掲森田『霧島山麓の隠れ念仏と修験』二二三〜二三五頁。
(67) 宮崎圓遵「カヤカベの系譜」上掲『カヤカベ』一一〜三〇頁。
(68) 「四十八人菩薩」上掲日本庶民生活史料集成一八、六四二頁。
(69) 「真宗のはじまり」『おつたえ』上掲日本庶民生活史料集成一八。なお高取正男はこの親鸞がミイラ（カチビル）になって西本願寺に祀られているとの信仰を第六項でとりあげた湯殿山のミイラ信仰と結びつけて解釈している（高取正男「お状を通してみたカヤカベ念仏」上掲『カヤカベ』七一〜七三頁）。ただ私は空海が即身成仏して高野山奥の院に祀られているとの信仰やカヤカベ信徒にも身近だった上記の空順の入定の史実にもとづく伝承と考えている。
(70) 『おつたえ』上掲日本庶民生活史料集成一八、六五二〜六九八頁。
(71) 「御書物」上掲日本庶民生活史料集成一八、六二一〜六五一頁。
(72) 宮家準『修験道――その伝播と定着』法蔵館、二〇一二年、二九〇〜二九一頁。
(73) 森田清美「シャーマンを信仰の核とする隠れ念仏の性格と文化の重層性について――霧島山麓を中心として」日本民俗学二三七、二〇〇四年、八〜一一頁。
(74) 森田清美『ダンナドン信仰――薩摩修験と隠れ念仏の地域民俗学的研究』岩田書院、二〇〇一年。
(75) 上掲森田「シャーマンを信仰の核とする隠れ念仏の性格と文化の重層性について」一五〜一八頁。
(76) 「ダンナドンの口伝経文関係資料」上掲森田『ダンナドン信仰』二四三〜三五八頁。
(77) 下野敏見『南西諸島の民俗』二、法政大学出版局、一九八一年、七九〜一〇三頁。
(78) 伊藤唯真「解説　五来『ひじり』学のフロンティア――木食遊行聖の世界」上掲五来『木食遊行聖の宗教活動と系譜』四四一〜四二三頁。
(79) 上掲五来『木食遊行聖の宗教活動と系譜』四四一〜四二三頁。

第五章　禅宗と山岳修験

第一節　臨済宗と山岳修験

序

禅の語は本来瞑想を意味する梵語、dhyāna の音訳である。[1] そしてインド古来の瞑想法や思想を整えたものが、六世紀初期に菩提達磨（?〜五三〇）によって中国に伝えられた。その後、慧可（四八七〜五九三）、僧璨（?〜六〇六）、道信（五八〇〜六五一）をへて五祖弘忍（六〇一〜六七四）門下の慧能によって南宗禅、神秀（?〜七〇六）によって北宗禅が起こった。このうち慧能のもとから南嶽（六七七〜七四四）、青原（六七一〜七三八）の両系が分れ、前者は臨済宗、後者は曹洞宗になったとされている。[2] 日本には入唐僧道昭（六二九〜七〇〇）が法相宗とあわせて、南宗禅系の慧満から禅を学んで帰国し、元興寺に禅院を設けたとされている。もっとも中世初期に栄西が臨済宗、道元が曹洞宗を導入するまでは、禅の典籍は請来されたが、定着しなかった。

けれども「禅」の語は、霊山などに籠って冥想して身心を統一し、煩悩を離れて静かに真理を考えることを意味するものとして広く用いられた。そしてその営みは禅定、宗教者は禅師、禅僧と名付けられた。宝亀三年（七七二）には戒律を持して禅定に努め看病の能力に秀でた一〇人の僧を内供奉十禅師に選んでいる。本節ではまず第一項で、栄西が虚庵懐敞から臨済宗を請来する以前の禅師などの活動と、霊山との関わりをとりあげる。ついで第二項で栄西の活動とそこに見られる天台、真言、戒や山岳修験との関わりを紹介する。ついでその弟子の栄朝と行勇に見られる同様の局面に注目する。第三項では栄朝の弟子神子栄尊をとりあげる。そして特に彼が宇佐八幡でえた託宣や、熊野・大峰での修行などの活動とその意味を検討する。第四項では、紀伊国の由良を本拠として、高野山・熊野と密接に関わった行勇の弟子無本覚心の活動と伝承を紹介する。第五項では、栄朝のすすめで入宋し無準の臨済禅を学んで帰国後、九条道家に招かれて禅を中心としつつも、天台・真言も兼ねた東福寺の開基となった円爾弁円の活動と、道家の東福寺創建の背景を彼とその兄慶政との関わりを通して解明する。また彼を祖とする聖一派についてもふれることにしたい。以上のように本節では天台、密教、戒などと併存する形で展開した鎌倉期の臨済宗に焦点をおいて、そこに見られる山岳修験の関わりを検討する。そして結では彼らの活動を比較して、それぞれの特徴を要約した。

第一項　禅宗の請来と定着の背景

九世紀初期になる『日本霊異記』所掲の役優婆塞伝では中国から最初に南宗系の禅を請来した道昭が新羅の山中で五〇〇匹の虎の請を受けて法華経を講じた際、その虎衆の中に役優婆塞がいたとの話をあげている(3)。虎は朝鮮では山の神とされている。この話は一二世紀末頃成立の慶政の奥書の『諸山縁起』所収の「金峰山本縁起」(役優婆塞伝)には、これに加えて、彼が道昭に母を鉢に乗せて渡唐し、唐の四〇仙中の第三座をしめ、昼夜八部衆(天、龍、夜叉、乾闥婆、阿修羅、迦楼羅、緊那羅、摩睺羅伽)を使役している。また三年に一度、金峰、葛城、富士に詣でていると話したとしている(4)。

八世紀から九世紀には禅や禅師の語が用いられたらしく、『日本霊異記』所掲の一一六話中、一七話は禅師の話である。ここに見られる禅師はいずれも山林修行によって験力を得て、それをもとに看病、滅罪、呪術などの活動を行なっている。また『諸山縁起』には、初代熊野別当禅洞、童子の鬼病を治した延禅、飯室に籠った尋禅、『熊野権現金剛蔵王宝殿造功日記』には熊野先達の東禅坊正実(5)など、その名に禅を付した禅定修行をしたと思われる僧侶の名が見られる。また大峰山中には禅師の宿、禅師の森、禅師還りの宿が見られ、熊野十二所権現の中には禅師宮がある。

葛城山中で修行して験力を得た道鏡（?～七七二）は孝謙天皇（後に再位して称徳天皇）の病を治したこともあって、太政大臣禅師に任じられている。宝亀三年（七七二）には戒律を持し、禅道に努め看病の能力に秀でた秀南、広達、延秀、延恵、首勇、清浄、法義、尊敬、永興、光信が内供奉十禅師に選ばれている。[6] このうちの首勇、清浄、法義、光信は行基（六六八～七四九）の弟子、広達は金峰山で修行して治病に効験を示した禅師、永興は熊野や金峰山で法華経や金剛般若経を唱えて修行した禅師である。

天平八年（七三七）には唐から道璿が渡来した。彼は北宗禅を創始した神秀（?～七〇六）の弟子普寂（六五一～七三九）から北宗禅と華厳を学んだが、鑑真（六八六～七六三）を招いた興福寺の普照（?～七三五?）にすすめられて、インド僧の菩提仙那（婆羅門僧正ともいう。七〇四～七六〇）とともに来日した。そして大安寺の禅院で坐禅観法を行ない、晩年は虚空蔵求聞持法の道場である吉野の比蘇寺に隠棲した。なお彼と共に来日した菩提仙那は大安寺に住し、東大寺大仏開眼供養の導師を勤めたが、『諸山縁起』では熊野本宮の主神証誠大菩薩を顕わしたとされている。[7] なお大安寺で道璿に師事して戒と禅を学んだ行表（七二四～七九四）も、比蘇寺で修禅し、弟子の最澄（七六六～八二二）に禅を教えている。最澄自身も渡唐した際に唐興県の翛然から牛頭宗の禅を受法している。またその後渡唐した円仁（七九二～八六二）も禅籍や禅法を請来し、これを受けて比叡山には赤山禅院が作られている。なお栄西はその主著『興禅護国論』の中で、円珍（八一四～八九一）が八宗の他に心意識を離れ、言説の相を離れた不立文字の禅宗（如来禅）を認めたとしている。[8] なおさきにあげた宝亀三年の内供奉十禅師の制度は、一四世紀中頃成立の『釈家官班記』によると、その後は天台宗のみに継承され、その際には山門三口、園城寺七口と円珍を祖とする園城寺の僧が多くを占めている。[9] これは当時園城寺の門跡が熊野三山検校として、山臥を掌握していたこともあってのことかもしれない。

空海（七七四～八三五）は青年期に阿波の大滝ヶ岳、伊予の石鎚山、吉野の金峰山などで禅定修行をした。そして入唐し恵果（七四六～八〇五）から密教を授かり、帰国後高野山を修行道場として真言宗を樹立した。その際、弘仁七年（八一六）に高野の地を乞うた上表文には、高野山は修禅にふさわしい山水ゆたかな高山深嶺ゆえ、ここで禅定行をなし、国の宝、民の梁となる禅客を養成することを切願するとしている。[10] その後覚鑁（一〇九五～一一四三）は、高野山を戒律を守り、禅定に努める禅窟と捉え、それを守る為に東寺の支配からの独立を試みている。

一〇世紀末から一二世紀初期にかけて成立した往生伝の中には、禅師と呼ばれた僧が数多く認められた。そして船岡誠によって、慶滋保胤の『日本往生極楽記』（九八三～九八六年頃成立）と、三善為康の『拾遺往生伝』『後拾遺往生伝』（一一世紀末～一二世紀初期成立）に見られる禅僧とその性格が紹介されている。ここではその全体的な特徴のみをあげておきたい。[11] まず保胤の『日本往生極楽記』には、いずれも十禅師とされた、延暦寺定心院の成意と春素、同寺楞厳院の尋静、梵釈寺の兼算、石山寺の真頼の五人をあげている。その性格は潔白で瞋恚の念を持たず、物惜しみしない者である。そして抖擻、念仏、不動明王の呪、般若経などを唱えて修行し、死に際して阿弥陀の来迎に見えたとしている。為康の両『拾遺往生伝』には数多くの禅僧があげられている。彼らは四種三昧、山林修行、法華経、観無量寿経などの読誦、念仏、不動慈救呪などの誦呪、断食などをしている。禅定をした者もいる。そしてその多くは、除病の祈祷、葬祭を行なっている。そして自ら極楽往生したのみでなく、信者も浄土に導いている。『往生伝』という性格もあるが、当時禅師と呼ばれた僧が、後に禅宗の基本とされる坐禅ではなく、禅定によって自分自身の心を統一するのみでなく、呪法などによる救済活動をしていることが注目される。

一二世紀初期に大日房能忍（生没年不詳）は天台宗を学んだ後、人間は本来菩提心を持つとの立場から、無行無修ででも自身即仏し、衆生を即仏させうると自ら悟って教外別伝の禅を主張した。彼は達磨に私淑し、『達磨和尚観心破相論』『達磨大師悟性論』『達磨大師血脈論』を学び、摂津国水田の散所に設けた三宝寺で禅を唱導し達磨宗を立宗して多くの信者を集めた。ただ師承でないことを批判されたので、文治五年（一一八九）弟子の練中と勝弁を渡宋させ、育王山の拙庵徳光（生没年不詳）から嗣法させた。拙庵は能忍に自賛を付した頂相と達磨像、『潙山警策』を贈った。このこともあって達磨宗はさらに盛えたが、比叡山の反発をかい弾圧された。なお彼の弟子の覚晏（生没年不詳）は比叡山無動寺末で修験も関わった多武峰で達磨宗の禅を唱導した。ただその弟子の懐奘（一一九八～一二八〇）や懐鑑（?～一二五一）が後に道元の門下に転じたこともあって、達磨宗は衰退した。

第二項　栄西とその継承者

栄西（一一四一〜一二一五）は永治元年（一一四一）に父、備中国吉備津神社神官加陽氏、母田氏の子として生まれた[12]。園城寺で学んだ父は八歳の彼に『倶舎頌』を教えたという。仁平元年（一一五一）一一歳の時、父と園城寺で一緒だった吉備郡の福山山麓の朝原山安養寺の静心に師事した。同寺は吉野山で修行した報恩大師（?〜七九五）開基とされ、毘沙門天を本尊とする一一世紀末の瓦経二〇八枚を出土した古刹である。同寺は建治三年（一二七七）七月一二日の寺規によると、衆徒に如法経修行、熊野詣、験競べ、看病にもあたることなどを定めている[13]。栄西は久寿元年（一一五四）には比叡山で具足戒を受けている。ただ保元二年（一一五七）、静心の死亡後、その遺言で同寺の千命に師事し、密教を学び虚空蔵求聞持法を授かった。その後比叡山の有弁から天台、顕意から台密を学んだ。仁安二年（一一六二）には伯耆大山で山岳修行をつんだ基好から両部灌頂を受法した。そして宿願の入宋をはたす為に、同年一二月に宇佐八幡に詣で、翌年には阿蘇山で修行した。さらに大宰府天満宮、宝満山の竈宮で航海の安全を祈っている。

仁安三年（一一六八）四月、入宋し、重源（一一二一〜一二〇六）と共に天台山万年寺に入り、ついで阿育山に登った。そして九月には重源と共に帰国し、時の天台座主明雲（一一一五〜一一八三）に天台の典籍六〇余巻を呈している。この入宋では彼は主として天台の教学に勤しんだと思われる。この後、報恩が拠点とした備前の法相宗金山寺で葉上流の灌頂を行なって、同寺を天台宗に改宗させた。また同国津高郡の日応寺で虚空蔵求聞持法を修するなど、郷里で過ごしている。そして安元二年（一一七六）には筑前国今津に中原氏の女が建立した誓願寺に入った。

栄西はこの誓願寺で文治三年（一一八七）の二度目の入宋まで著作に専念し、『出纒大綱』『菩提心別記』『菩提心論口決』など一〇冊近くの著書を通して、凡聖一如、衆生即仏の立場から性浄本源の理を信じて人間本来の菩提心の開顕をはかる密教の教えを唱導している。文治三年（一一八七）彼は入宋して天竺入りを目指すが許可されず、天台山に入って万年寺で臨済宗黄龍派の虚菴懐敞（?～七四四）の下で四年間参禅して印可を受けて、建久二年（一一九一）に帰国した。そして同三年には筑前糟屋郡の報恩寺で菩薩大戒の布薩を行なった。また筑前と肥前の境の背振山に茶園を開いている。さらにその後三年間にわたって筑前、筑後、肥前、薩摩、長門に八ヶ寺を開基した。

建久五年（一一九四）栄西は上京して禅宗を唱導しようとしたが、比叡山がこれに反対し、朝廷は大日房能忍の達磨宗とあわせて禅宗の布教を禁止した。そこで彼は建久九年（一一九八）『興禅護国論』を著して、禅宗を唱えることは天台、密教、禅、律を相承し、国を守る最澄の天台宗を復興することにあると主張した。またあわせて禅は戒をもって始めとし、戒は禅をもって究極とするというように禅を戒と結びつけている。またこの戒は小乗戒と大乗戒を含むとしている。(14) 翌元治元年（一一九五）九月鎌倉幕府は栄西を招いて、不動堂供養の導師を依頼した。その翌年には源頼朝の一周忌法要の導師を勤め、さらに北条政子が夫の追福の為に建立した寿福寺の開基となった。爾来戒律を尊ぶ律僧、密教僧として、『吾妻鏡』によると正治元年（一一九九）からその死の建保三年（一二一五）までの間に将軍家などの法要を二四回にわたって営んでいる。またこの間の建仁二年（一二〇二）には源頼家の外護を得て京都に建仁寺を開基した。ただ本寺は延暦寺末で真言、止観二院を置く、台密と禅の兼修道場の形をとっている。なお彼は建暦元年（一二一一）に『喫茶養生記』を著わし、後に源実朝に進呈してもいる。この間建永元年（一二〇六）には重源の後を受けて、東大寺大勧進に任じられている。そして建保三年（一二一五）六月寿福寺で示寂した。なお栄西は元久元年（一二〇四）に記した「日本仏法中興願文」では「倭漢斗藪沙門賜紫阿闍梨大法師位」と自署している。この記銘は彼が福山の安養寺などの修行や二度の入宋を抖擻ととらえていたことを示すと思われる。またこれをあわせて紫衣（受贈の確証はない）・阿闍梨・大法師と記すように権勢欲も強かったことを物語っている。

栄西にはいずれも禅・密・戒の三学を兼修した多くの門弟がいたが、ここでは次項以下でとりあげる禅僧に影響を与えた栄朝（一一六五～一二四七）と行勇（?～一二四一）を紹介しておきたい。栄朝は上野国那賀郡で生まれ、青年期に同国比企郡の慈光寺の厳耀のもとで修行し、伝法灌頂を受法した。さらに比叡山で学んでいる。なお慈光寺は天台宗で千手観音を本尊とする。寺伝では役行者が蔵王権現涌出の地に観音堂を建立したのに始まるとしている。彼は鎌倉で栄西に師事し、台密の葉上流の伝法灌頂を受けると共に黄龍派の臨済禅を伝授された。承久三年（一二二一）、新田義季の外護のもとに上野国世良田に台・密・禅の道場の長楽寺を開いて多くの門弟を育てている。なお『沙石集』巻六には、栄朝の説戒の場に現れた山臥が、彼が説く仏法の道理を聞いて感銘し、さらに持斎をすすめられて遁世したとの話をあげている。(15)

行勇（一一六三～一二四一）は四条家の出身とされ、当初は走湯山の供僧禅睿とともに園城寺で修行したが、一九歳の時幕府に招かれて鶴岡若宮の最勝王経の講衆となった。(16)爾来幕府の外護を得て正治元年（一一九四）九月二三日には源頼朝の一〇〇ヶ日供養をその持仏堂で行なっている。またその妻政子の剃髪の戒師を勤めてもいる。そして同年九月二六日に栄西が鎌倉で不動尊の開眼供養を行なった際に供奉したのを契機に鶴岡若宮の供僧を辞して栄西の弟子となり、寿福寺に住して黄龍派の禅を伝授された。承元二年（一二〇八）彼は北条義時（一一六三～一二三二）の依頼で、当時仁和寺にいた頼朝の子貞暁（一一八六～一二三一）を高野山に移した。この年政子は熊野詣の帰路、高野山に立ち寄って貞暁にあっている。

行勇は承久元年（一二一四）源実朝が暗殺された際にその冥福を祈る為に高野山に禅定院を開基した。なおこの折実朝の家臣葛山五郎景倫もその供養を志して高野山に入り、出家して願性と名乗り、行勇が開いた禅定院に入った。この折政子は実朝の供養料として願性に紀伊国由良庄の地頭職を与えている。なお承久の乱の時には行勇は鶴岡八幡の供僧の定誉と共に戦勝祈願を行なっている。その後行勇は禅定院を金剛三昧院と改称して、その第一世となり、願性を同院別当とした。そして幕府の外護のもとに高野山の金剛三昧院で兼修禅を提唱した。なお行勇は嘉禎年間（一二三五～一二三八）頃には東大寺大勧進になってもいる。そして仁治二年（一二四一）七月五日、北条泰時の妻が母の追善の為に建立して彼を開山とした東勝寺で七九歳の生涯をおえている。

第三項　神子栄尊と宇佐・大峰

神子栄尊（一一九五～一二七二）の伝記には、主なものに『肥前国勅賜水上山興聖万寿禅寺開山勅特賜神子禅師栄尊大和尚年譜』（以下『年譜』と略す）と、『水上山万寿開山神子行実』（以下『行実』と略す）がある。[17]本項では主に『年譜』をもとにその略歴を紹介する。神子栄尊は建久六年（一一九五）に筑後国三潴庄で、平康頼、母藤吉氏の子として生まれた。母が朝日を呑んだ夢を見て孕んだともされている。七歳になった建仁元年（一二〇一）、栄西の弟子だった同国柳坂の永勝寺の元琳から天台を学んだ。承元元年（一二〇七）一三歳で剃髪し近郊の霊地を巡拝した。建保二年（一二一四）二〇歳の時、肥前国小城郡小松山で三年間浄土教を学んだ。同五年（一二一七）宇佐八幡に七日間参籠して実相を証するにはどうすれば良いかを尋ねて祈念した。すると結願の日に聖僧が出現して出離の法を得る為には東方に行けと話した。そこでこれに従って東に向かい、まず京都の建仁寺やその周辺を遊歴した。そのうえで、貞応二年（一二二三）、弁円（円爾。当時は弁円と称していた）と共に上野国長楽寺に栄朝を訪ねて師事した。そのうえで天福元年（一二三三）渡宋を志して九州に向かった。その途中伊勢神宮に詣でた。その折彼が鳥居の外で祈念していたら、六、七歳の少女に神霊が憑依して、「自分は仏法を擁護している。彼の僧は戒を修め法理に達しているゆえ、神殿に招くように」と託宣した。社人たちもこれを信じて神殿内に導びいたので、中に入って参拝した。その翌年彼は筑後の永勝寺で元琳に再会した。

嘉禎元年（一二三五）四一歳になった栄尊は弁円と共に平戸の港から渡宋し、径山の無準（?～一二四九）に師事した。そして三年間にわたって修行したうえで、弁円を残して白色の舎利と袈裟を授かって出航した。その帰航中に暴風に見舞われ、船人はそれを鎮める為に彼が無準から授かった袈裟と舎利を納めた小塔を奪って海に投じた。すると波がおさまり、無事に築紫の鐘崎に着岸した。その折、海上から大亀が背中に舎利を納めた小塔を乗せて現れたので、彼は喜んでこれを受けとった。

翌延応元年（一二三九）、四五歳の時、長年の望みだった熊野に詣り、修験道の異見を破る為に墨染めの衣を着て大峰に入った。すると山の神が袈裟を栄尊に献じた。これをよく見ると、帰路の航海の際に難破を防ぐ為に海中に投じられた袈裟だった。彼はこの後吉野まで抖擻した。ところで『行実』には末尾に加えた数個の一つ書きの中に「熊野の善鬼、神子（栄尊）を見て髪を剃り、山中に在り」とある。この善鬼は熊野から大峰に入って、釈迦ヶ岳と深仙を管理した熊野の前鬼をさすと思われる。さきに見た栄朝に説戒を聞いて帰依した山臥や、当時知られていた親鸞を害そうとして帰依した弁円のように、この前鬼の山伏が彼に帰依して髪を剃った事を示すとも思われる。ちなみに熊野本宮の奥には古来船魂社があり、航海安全を守る神とされている。航海中に海に投じた栄尊の袈裟を山の神が返したという話は、この船魂神の信仰にもとづく創作とも思われるのである。

栄尊はこのあと九州に帰って、仁治元年（一二四〇）に娑羯羅龍王の第三女淀姫の託霊の廟である肥前の河上宮に詣でた。すると一人の僧が現れて、かつて善住上人がこの水上山で多年にわたって不動法を修していた。それに天が感応して大治五年（一一三〇）に宝剣を授けた。そこで天台寺院を開いてこれを祀って密壇を構えて観法を行ない、爾来霊場として知られていた。けれども最近、顕密ともに衰退したので悲しんでいるので、ここを禅寺にして欲しいといった。そこで彼はこの願いを受けて、ここに禅宗の水上山万寿寺を開基して、無準から授かった舎利と袈裟をこの寺の宝物とした。そして翌年には無準から禅規と円爾の号を授かって帰朝した円爾弁円をこの寺の二世として迎えている。なおこの頃栄尊は水上寺に落ちた雷（本身は善護慈済龍王）が化した人に袈裟を与え、その御礼に湧き水を授かっている。同寺の龍王池がこれであるという。同寺は、現在は臨済宗南禅寺派に属し、水上不動尊と通称されている。

寛元元年（一二三四）栄尊は渡宋成就の報謝に宇佐宮に詣でた。そして一ヶ月にわたって参籠して誦経し、以前宇佐神とかわした密約の大戒を授けた。すると小児が現れて、今戒を授かったので、その御礼に神師の号を与えると告げた。ただ彼はこの「師」を改めて「子」とし、「神子」を道号とした。なお彼はその後、宝治元年（一二四七）に宇佐八幡の弥勒寺金堂を改造している。この栄尊が宇佐神に授戒する話は禅僧が山神や土地神に問答や授戒によって弟子としてその援助で禅寺を創設する神人化度譚と類似している。[18] けれども本質的に違うのは、栄尊は宇佐神が彼を自己（神）の師と崇めたのに対して、自分は宇佐神の子（神子）と認識し、これ以後は自己の「道号」を神子としたことである。道号は自己の願い、体得したことを示す語である。周知のように「神子」は神に仕えその託宣を伝える巫者を意味している。そして宇佐神は、二度にわたってその託宣を得た弥勒寺僧神吽（一二三一～?）が正和二年（一三一三）に完成した『八幡宇佐御託宣集』に見られるように、託宣を真髄とした神である。[19] 栄尊も宇佐神から東方に師を求めるようにということと、称号の付与という二度の託宣を得ている。また彼は伊勢神宮や水上山河上宮などで託宣を思わせる奇瑞を体験している。それ故、彼が神子を道号としたことは彼自身、神と人の仲介者（巫者）を自認したことを示すと思われるのである。ちなみに彼が金堂を改造した弥勒寺は、建保元年（一二一三）成立とされる『彦山流記』によると、彦山の中興開山法蓮（?～七〇三～）が宇佐神（八幡大菩薩）から神宮寺として与えられた寺なのである。[20] それ故この伝承は栄尊と修験との関わりを示すものとも思われるのである。寛元四年（一二四六）神子栄尊は故郷の筑後国三潴郡大善寺村（現久留米市）に朝日寺を剣建した。この寺名は『年譜』に彼の母が朝日を呑んだ夢を見て妊娠した伝承に因んでいる。同寺には嘉元二年（一三〇四）の胎内銘を持つ栄尊の木彫座像と不空羂索観音・十一面観音・聖観音像を伝えている。次いで建長元年（一二四四）には、肥前国大町の宿で夢に見た薬師如来があった庵を報恩寺としている。さらにこの他に豊前の宇佐に霊松山円通寺、筑前に薦福寺を開基した。そして宝治五年（一二五三）には上京して二条良実（一二一六～一二七〇）の帰依を受け、大乗戒を説くなど京都で活躍した。

その間に加茂社に参詣しているが、この折は夢の中で加茂の神から貴人を迎えるよう指示された神主が一条河原で貴人（栄尊）に会い、僧衣のまま神殿に導いて参詣させている。栄尊は晩年には水上万寿寺に帰り、文永九年（一二七二）遺誡十一条で弟子に修行などを指示したうえで、同年一二月二〇日に七八歳で示寂し、同寺に埋葬された。嗣法の弟子には亨庵宗元、楽山、徴叟道映、一関祖丘、神光了因がいる。

第四項　無本覚心と熊野

無本覚心（一二〇七～一二九八）の伝記には『鷲峰開山法灯円明国師行実年譜』（以下『年譜』と略す）、『紀伊由良鷲峰開山法灯円明国師之縁起』（以下『縁起』と略す）、『法灯行状』（以下『行状』と略す）などがある。[21] ここではまず『年譜』をもとにその伝記を紹介する。無本覚心は承元元年（一二〇七）、信濃国神林県（現松本市）の常澄氏（恒氏とも）に生まれた。母が戸隠の観音に願をかけ、灯を授かった夢を見て妊娠したともされている。一五歳になった承久三年（一二二一）戸隠の神宮寺住職から経を学んだ。嘉禄元年（一二二五）一九歳の時東大寺の忠学律師のもとで学んで具足戒を授かり、次いで高野山に行き、伝法院の覚仏から密教、金剛三昧院の願性の紹介で行勇から禅、正智院の道範から経軌を学んだ。また三輪山の蓮道から密宗灌頂を授かっている。延応元年（一二三九）には行勇に伴われて鎌倉の寿福寺を訪れ、仁治三年（一二四二）には京都深草の極楽寺で道元から菩薩戒を受法している。さらに宝治元年（一二四七）上野国長楽寺の栄朝、翌年には甲府心行寺の生蓮を歴訪した。そして京都草河の勝林寺の思順に勧められて入宋を決意した。

建長元年（一二四九）博多を出港し、最初に観音霊場補陀落山に詣でたうえで、径山の癡絶道沖、道場山の謁荊叟珏などに参じ、天台山の石橋で羅漢を供養した。翌年は大梅山に登り、日本僧の源心に会い、一緒に杭州臨安府の護国仁王禅寺の無門慧開に参じて修行し、印可され『月林録』『無門関』の両書と袈裟を授かった。そして建長六年（一二五三）帰国の船に乗った。途中難破しそうになった時、覚心が観音の軸を掛けて祈念したら、暴風が鎮まり、無事博多に帰港した。直ちに高野山に登り、行勇が開いた金剛三昧院の首座となった。そして正嘉二年（一二五八）には由良西方寺の願性に招かれて、同寺を禅寺に改めて開山となり、金剛三昧院と兼住した。

弘長元年（一二六一）西方寺背後の鷲峰山に妖魔が三〇〇余の従者を伴って出現したが、覚心が三帰五戒を授けて征服した。また弘長四年（一二六四）正月一日から一五日間、愛染明王ならびに五大尊の法を修して妖魔を懺悔させたうえで、擁護に転じさせた。なおこの年の四月八日の灌仏会には旧知の聖達の亡魂が行者了智に託して、正月の彼の修法により今夜兜率天に再生したと語った。文永三年（一二六六）六〇歳になった時、信濃にいる母が会いたがっているとの神託を受けた。そこで信濃に行って母を由良につれ帰った。そして一緒に熊野の聖廟（妙法山阿弥陀寺か―宮家）に詣でた。また由良に修禅尼寺を設け、母を比丘尼にして妙智と号させ、同寺を託した。ただ翌年母が死亡したので、葬って供養の為に宝筐印塔をたてた。文永七年（一二七〇）には鷲峰山の岩窟で坐禅をしている覚心を弟子が観音に化身したと観じている。なお建治二年（一二七六）彼は浜宮（由良の鎮守か）の神殿にこの年に死亡した西方寺開基の願性が彼に贈った鏡を納めている。

建治四年（一二七八）紀伊国野上庄（現海南市野上）の石清水八幡宮別宮の野上八幡で次のように覚心の一連の問いに八幡神（大士）が憑依した女性に託して答える託宣の奇瑞があった。一月晦日申時（午後四時頃）共に一七歳の同庄下司木工助入道信智の娘延命、その長男の妻如意が突然巫病を思わせる重病になった。そして自分は当庄擁護の八幡大菩薩である。信智とはかねてから有縁の間柄だが、自分を忘れているようなので旧因を示す為に現れた。覚心と対談したいので由良に行って彼に来るように頼んでほしいといった。そこで二月一八日に信智が覚心にこれを告げた。彼はこれを受諾して数人の僧と一緒に野上に来た。そして翌一九日巳刻（午前一〇時）、誦経し坐禅したうえで二人を憑依させた。大士（八幡）はまず影像を描かした（憑依した女性が指で示したものを描いたと思われる）。その影像は黒衣の僧が三人（中央に右手に錫杖、左手に舎利を持ち、頂に日輪を戴いた大きな眉の老僧、左傍に不動明王を配する。その左の一人は蓮台を持ち、右の一人は合掌している。これを描きおえると、覚心が問い、大士（八幡、実際は憑依した女性）が答える形で、次の九題の問答がなされた。

（1）問「法相、三論、天台、華厳、真言、念仏、禅のうち、最も当代相応で利益広大なのは何宗か」答「禅が最も勝れている。一切の興念は非で、成仏を欲することは妄念である」、（2）問「一切の善悪を思量することなかれの文意は何か」答「その通りである」、（3）問「坐禅のみでなく、諸教は皆無念の理を説くのか」答「誦経は無念とはいえない、無念を説くのは禅のみだ」、（4）「法華でいう『身心寂不動』の境地は坐禅と同じか」答「同じである」、(5)問「大士(八幡)は結跏趺坐し、合掌している。これは異常か」答「合掌は一切衆生の心を掌中に観じることだ、それ故、師(覚心)の意(こころ)を観じる為に合掌している」、(6)問「それでは私(覚心)の心中をどう観じているのか」答「ほぼ無念に近い境地と思う」、(7)問「合掌が不十分ならば一念も起らないのか」答「その通りである」、(8)問「法華でいう「法は能解思慮分別の所にあらずという上古の祖師の教えと、今の禅法とどう違うのか」答「同じである」、(9)問「神殿におわす時の心地の趣向はどうか」答「坐禅と同じだ、禅宗は神慮にかなう故、形談の深義を示している」。

この数日後覚心は鷲峰山に帰った。すると三月一三日に大士(八幡)が西方寺に赴いて、如意(長男の妻)に託して、禅要について覚心と問答した(その内容は記していない)。

上記の託宣の内容を見ると、禅を諸宗の中で最勝とし、それは禅が無念の境地に導びくからだとしている。もっとも法華の「身心寂不動」の境地や、「法は能解思慮分別の所にあらず」という教えは、坐禅に通じるとしている。また神殿における八幡の心地は坐禅と同じで、合掌は無念に導びくというように、大士(八幡)の託宣という形で禅の教えを説いている。なお影像は八幡の本地の阿弥陀三尊を思わせる三人の僧だが、中央の老僧の脇に不動明王が描かれていた。これらを見ると、彼が理想とする無念に導びく手段として坐禅を最勝としつつも、その他に西方寺の背後の鷲峰(釈迦が法華経を説いた霊鷲山に因む)と関わる法華経や、不動明王の信仰、さらに託宣神として知られる八幡神(本地阿弥陀如来)の信仰も認められるのである。

なおこの覚心の野上の託宣の奇瑞への関わり方を見ると、前項で紹介した神子栄尊が、自らが八幡の神託を得ることを使命としたかのように、「神子」を道号としたのに対して、覚心は延命と如意の二人の女性(神子・みこと考えられる)を介して大士(八幡)と接し、それとの問答を通して(大士の答は神子の口から発せられる)禅のあり方を知っていることである。これは密教の阿尾捨法、その流れをくむとも思われる修験道の憑祈祷を想起させるものである。ちなみにこの野上八幡宮の託宣の奇瑞は『縁起』『行状』にも記されており、『沙石集』にもとりあげられているが、ほぼ同様のものゆえ、ここでは割愛したい(22)。

弘安三年（一二八〇）覚心は熊野那智山の死霊が籠るとされ、女性の入山も認められたことから女人高野とも呼ばれた妙法山に登った。すると昼間にも関わらず星座が現れ、峰に祥雲がたなびいた。なお同四年には亀山上皇の命で上京し、勝村寺で禅要を進講し、後宇多天皇に授戒した。天皇はこれに応えて皇居に禅宇を設けようとされたが、辞して西方寺に帰っている。そして同六年には西方寺に宝塔を建立し、四月二三日の願性の忌日にあわせて落慶法要を行なった。その折熊野権現が現われ憑りましを思わせる護法を介して禅談した。翌弘安七年には紀三井寺に報恩寺を建立した。そして正応二年（一二八九）にこの寺で母の一三回忌をし、同四年には卒塔婆を立てて怨魔を防いでいる。永仁五年（一二九七）には中国で師事した無門への報恩の為に護国寺を建立した。その際、母の菩提の為に愛染明王像を作ってこの寺の鎮守とした。そして翌年遺誡として西方寺の規法七ヶ条を記し、一〇月一三日に九二歳で示寂した。死後亀山法皇から法灯禅師を勅諡された。

以上の『年譜』所掲事項のうち、山岳修験との関わりが推測されるのは、熊野、八幡神、妖魔や龍女に関する伝承である。なお『縁起』や『行状』にはこの他にもこれらに関する伝承があげられている。そこで以下にそれを紹介しておきたい(23)。まず熊野に関しては『縁起』には弘安三年（一二八〇）に妙法山に登った時の奇瑞の他に『那智浜宮補陀落行処記』を引用して、彼が宋で補陀落山に参でた際に補陀落渡海の行法を学んだとしている。そして那智の滝本を真の補陀落と観じてそこに奥の院を建立した。爾来西方寺の住職は千手千眼観音を滝に向けて安置し、そこで坐禅をしたとしている。この奥の院は那智山では一山の葬儀を扱う寺である。『行状』には、熊野の神が由良の山中に水をもたらして草叢を茂らした話と、覚心が那智の滝を補陀落と見なし、七度詣でた。そこで後人がここに奥院を建立して彼の像を安置したとの話をあげている。

八幡に関しては『縁起』には、さきの野上八幡の託宣の話、『行状』には覚心が平岡八幡の大きな松の下で八幡と問答した話をあげている。妖魔については『縁起』には弘長元年（一二六一）の鷲峰での妖魔への三帰五戒の授与とあわせて、やはり鷲峰での龍女への菩薩戒の授法の話をあげている。また『行状』には、覚心が京都の神泉苑の龍女から清泉を得る話が見られる。なおこの他伊勢に関しては『縁起』に覚心が五台山で文殊菩薩から授かった袈裟を帰京後伊勢神宮に奉納した。その後この袈裟を東福寺の聖一派の別峰大殊（一三二一～一四〇二）が伊勢神宮で受けとった話をあげている。

この他では覚心没後二〇年の元亨二年（一三二二）に東福寺一五世の虎関師錬（一二七八～一三四六）が著した『元亨釈書』に彼の名声が南紀に広がり、熊野詣の道者は必ず西方寺（当時以降は興国寺）に立ち寄り、坐禅をする者もいたとしている。(24) なお紀伊国和佐庄の彼を祖とする法灯派の歓喜寺には、熊野道者の接待所が設けられていた。原田正俊は元禄七年（一六七四）の『興国禅寺諸末刹牒』と『紀伊続風土記』をもとに紀伊半島の法灯派の末寺一一七ヶ寺の分布図を作成して、熊野三山が最も多く、熊野詣の紀伊路の和歌山から田辺まで、伊勢と朝熊山周辺に分布している事に注目し、その淵源が説経所にあるのではないかと推測している。(25) なお元和八年（一六二二）の熊野新宮妙心寺の『由緒書上』には、正応四年（一二四九）に覚心が、神倉本願の妙心寺に入って、自分と母妙智尼の木像を納めたとの話をのせている。(26)

なお『縁起』には覚心と高野山の萱堂聖との関係を示す次の話をのせている。弘安九年（一二八六）、覚心が八〇歳の時、一人の俗人が西方寺に来て発心して弟子となった。覚心は彼に自分と同じ覚心の名を与えて、高野山の萱原に行って証鼓を打って念仏を唱えるように指示した。そこで彼が高野山の萱原でそうしていると、山内の大衆がこれを咎めて、証鼓をとりあげようとしたら、証鼓は高野山の八葉峰、八谷を鳴りながら三度にわたって飛びまわった。その夜高野山の宿老が、このことは高野明神、弘法大師と由良の覚心の約束にもとづくもの故、この者の活動を許すようにとの夢を見た。そこでこの地を九品の浄土として堂を建て念仏三昧の道場とした。そしてこの堂を萱堂と名付け、覚心を高野聖の中の萱堂聖の祖としている。

ところで『一遍上人行状』には、一遍上人が熊野詣の途次に紀州の西光寺で覚心に参禅し、「唱うれば仏も吾もなかりけり、南無阿弥陀仏の声ばかりして」との歌を詠んだが認可されなかった。この後彼は熊野本宮証誠殿で神託を得て回心して賦算を始めた。その帰りにふたたび西方寺を訪れて、覚心に「すてはてて身はなきものと思ひしに、さむさきぬれば、風ぞ身にしむ」との歌を詠んで印可を得たとの話をのせている。[27]なお覚心はその法語で「諸の雑言戯笑を除て、偏に念仏名号を唱べし」と述べて念仏を唱導している。[28]こうしたことを考えると、この一遍上人参禅説話は、西方寺を拠点とした覚心の流れをくむ法灯派の禅僧が熊野道者や時宗系の念仏聖を掌握する目的で案出した話とも考えられるのである。[29]

覚心に始まる法灯派は、その弟子孤峰覚明（一二七一～一三六一）、さらに抜隊得勝（一三二七～一三八七）にと継承された。孤峰は比叡山で天台を学んだ後、西方寺で覚心から印可を受けた。渡元の後、伯耆の船上山で後醍醐天皇に戒を授け、出雲国宇賀に霊樹寺を開いた。また興国寺を再興してもいる。その弟子抜隊は伊豆、相模などで転々と山中に庵を設けて修行したが、甲斐の武田信成の外護を受けて、塩山に向岳庵を開いた。彼は『塩山和泥合水集』などの仮名法語を著わし、「霊魂を識神とよび、生命の本とみなす」との法語を通して民衆の帰依を集めた。[30]このように法灯派は地方に伝播していったが、その流れの中からひるまき棒を持ち、紙衣を着、高足駄をはいて徘徊する暮露が見られるようになり、中世後期にはこれが深編笠をかぶり袈裟をかけ尺八を吹いて門付けする虚無僧にと展開した。そして虚無僧の起源についても、その淵源を覚心が宋から伴い帰った法譜（宝伏）、宗恕、周佐（周作）、理正の四居士とするなど法灯派と結びつけた伝承が作られているのである。[31]

第五項　円爾弁円と東福寺

円爾弁円（一二〇二～一二八〇）は建仁二年（一二〇二）に駿河国安倍郡栃沢村（現静岡市栃沢）に生まれた。父は平氏、母は税氏である。[32]建永元年（一二〇六）五歳の時、園城寺末の久能山の堯弁の童子となり、承久元年（一二一九）一九歳で園城寺で剃髪、諱名弁円を与えられた。そして東大寺で受戒したもののやはり園城寺で天台を学んだ。その後上野国長楽寺で栄朝、鎌倉の寿福寺で行勇に師事した。なお鎌倉では鶴岡八幡宮の法華講に参会している。この頃栄朝のすすめで入宋を決意し、博多の円覚寺に赴き、商人謝国明の庇護を受けた。そして嘉禎元年（一二三五）栄尊らと渡宋した。

彼は宋では天童山の癡絶道沖、浄慈の笑翁沙堪、霊隠の石田法薫、退耕徳寧らの南宗禅の禅僧を歴訪したうえで、杭州径山万寿寺の無準師範（？〜一二四九）に参じて、円爾の法諱を与えられた。またここで栄尊と再会した。こうして六年間にわたって南宗禅にふれた上で、仁治二年（一二四一）七月に帰国した。そして無準の処で共に参禅した大宰府の堪慧（生没年不詳）に招かれて横岳の崇福寺に住した。その後さきに帰国した栄尊から彼が開基した水上山万寿寺を託されもした。さらに謝国明が建立した博多の承天寺の開山にもなっている。寛元元年（一二四三）円爾は堪慧から朝廷で重きをなしていた九条道家（一一九三〜一二五二）に推挙された。そして九条家の月輪の別荘で彼に入宋して学んだ禅教融合の思想を説いて共鳴され、その外護を受けることになった。

九条道家は父は太政大臣九条良経、母は源頼朝の姪（一条能保の娘）という名門に生まれ、後鳥羽上皇の寵遇を受けた。また三男頼経、孫の頼嗣が将軍となるなど幕府とも密接な関係を持っていた。一方権門寺院とも、その子円実を興福寺大乗院門跡、慈源と慈実を天台座主、法助を仁和寺門跡、行昭と道智を園城寺長吏、深忠を聖護院門跡、勝信を東寺一長者・東大寺別当にするなどして、深く関わっていた。なお彼の兄慶政（一一八九〜一二六八）は園城寺で修行後入宋もしたが、正元二年（一二〇七）山城国松尾に遁世し『閑居友』二巻を著わしているが、本節の最初に紹介した『諸山縁起』（九条家旧蔵本）に奥書を記しているように修験にも関心を持っていた。

道家の経歴を見ると、後鳥羽上皇に親しかったことから、承久の乱後には、摂政を廃された。けれども妻綸子の父西園寺公経がその後の朝政を主導したことから復権し、その子頼経は四代将軍になっている。そして安貞二年（一二二八）には関白に任じられた。寛喜元年（一二二七）娘竴子が後堀川天皇に入内した。同三年に彼は関白職を長子教実に譲ったが、竴子所生の秀仁親王が四条天皇となったことから、外祖父として朝政を牛耳った。そして教実が夭死した後は摂政となっている。

もっとも道家は長子教実の死の頃から遁世を考えたのか、嘉禎三年（一二三七）には娘仁子の婿近衛兼経に摂政の職を譲り、暦仁元年（一二三八）には、京都東山の藤原氏の氏寺、法性寺で出家して行恵と名乗っている。そして翌二年には、この法性寺を発展させて、規模は東大寺、盛大さは興福寺にあやかって東福寺と名付けた寺を建立することを発願した。そして延応元年（一二七九）越中国東条、河口保などの寺領を施行して造営を開始した。この東福寺創建の意図と同寺の規模は、建長二年（一二五〇）一一月日付の「沙弥行恵（藤原道家）家領処分状案」によると、次のとおりである。[33]まずその意図は最澄は大乗、小乗、顕密戒を惣体とし、禅をこれに加えた。これを円仁、円珍が継承した。このように顕密八宗に禅を加えて九宗を考えるべきであるとした。この禅を最初に伝えたのは嵯峨天皇の皇后橘嘉智子（檀林皇后、七八五～八五〇）が承和年間（八三四～八四八）に招いた唐の義空（生没年不詳）である。けれども近年の禅宗には悟りを得たと称し、諸宗を誹謗する者が少なくない。それ故東福寺の止住僧は僧綱位や国家の仏事に公請することなく顕密僧とは異なった大陸風の袈裟を身につけさせる。そして当寺を鎮護国家の道場とするが、その繁栄は我家の繁昌と結びつくものであるとしている。

その伽藍は仏殿（釈迦―主尊。以下同様）、法堂（文殊）、二階楼門（多聞天、持国天）、二階鐘楼、経蔵、東西回廊、僧堂（文殊）、衆寮（聖観音）、方丈、知事頭首寮、庫裏、行者堂（観音）、人力堂、五重塔（五智如来）、灌頂堂（両界曼荼羅、八祖師）、一切経蔵、宝蔵、浴室、東司（烏瑟沙摩明王）、南門（金剛力士）の他、惣社（号成就宮）、阿弥陀堂（号最勝金剛院、阿弥陀）、円堂（号宝光院、愛染明王）、観音堂（号普門院、十一面観音）があり、周囲には報恩院（阿弥陀）、光明峯寺（大日如来）などの塔頭を配した。そして住僧として供僧（天台・密宗）三人、長老、六知事、頭主、待者などの公界人（禅僧一〇〇人）を置いた。他に阿弥陀堂には天台僧七人、円堂には密教僧（東寺）一八人がいた。このように東福寺は禅のみでなく、天台・真言も含むものであった。既述のように道家はその子を南都や顕密の大寺に配しており、東福寺を顕密も含めた大寺院とすることを意図したのである。

ところが寺領を施入し、造営を始めた延応元年（一二三九）道家は重病となった。そこで実兄の慶政が彼が住む法性寺に見舞いに訪れて祈祷したところ寺内にいた二一歳の伊与法眼泰胤の女で刑部権大輔家盛の妻に比良山の大天狗（藤原鎌足以前の摂関家の祖）が憑依して慶政と約五〇条について問答した。彼がその問答を記した『比良山古人霊託』によると、その内容は主として道家の病因とそれに応じた退治方法、天狗界の様子、現世人の消息などから成っている。[34] まず彼の病因は、崇徳上皇の祟り、後鳥羽院の怨念、長厳、仁慶、桜井僧正法円（以仁王〈一一五一～一一八〇〉王子）などの祟りによるとされている。このうち長厳は自分と同様に後鳥羽院の寵遇を受けていた道家が承久の乱後も権勢を持ったのに自分が陸奥に配流された恨み、仁慶（?～一二二九）は寛喜元年（一二二九）に道家に干渉されて天台座主の座を良快（一一八五～一二四二）に奪われて憤死（『明月記』同年四月二三日の条）、法円（?～一二三一）は建久七年（一一九六）四天王寺の別当に補されたが、道家の祖父関白九条兼実が慈円（一一五五～一二二五）を推したので罷免された恨み（『園城寺衆徒申状』貞応二年七月）による祟りである。なお後鳥羽院に深く帰依され、配所の同院に念仏往生の祈祷を委ねられ、その遺骨を自坊西林院に埋葬した大原僧正承円（?～一二三六、『百練抄』延宝元年五月一六日の条）も後鳥羽院の怨霊と共に祟ったとしている。[35] そしてこれらの祟りを鎮める為には執着を断って、真実心を持って経供養や不動法、五壇法を修するようにとしている。次に死後天狗になった人物として政争を好んだ九条兼家、近衛基道、慈円、四条天皇の生母竴子など九条家ゆかりの人々や高僧をあげ、その驕慢心、執着心ゆえに天狗になったとしている。

現世人の運勢の霊告を見ると、道家（六月と一〇月を慎しむと七〇歳まで生きる―霊告。以下同様）〈六〇歳で死亡―実際。以下同様〉、近衛家実（近いうちに変事あり）〈三年後に死亡〉、近衛兼経（短命）〈二〇年後に五〇歳で死亡〉、一条実経（短命）〈四五年後に六二歳で死亡〉というように事実とは異なってもいる。次に死後の消息については、極楽往生（高弁、慈恵、隆明―該当者。以下同様）、魔界（崇徳上皇、後白河院、仁慶、九条兼実、藤原基通、慈円、竴子、余慶、増誉）、地獄や畜生道（九条教実、法然、善念、性信）をあげている。そして比良山の大天狗は慶政のように旧仏教から離れて自らを律し、改革を目指す者を評価し、造営中の東福寺には、権勢に媚びず清廉実直な僧侶を住職に依頼し、顕密に励めば繁昌すると予言している。なお比良山は天慶九年（九四六）にその禰宜神良種の七歳の童男に菅原道真の霊が憑依して京都の右近の馬場に祀るように告げたことから、ここに北野天満宮を創祀したとの伝承に見られるように託宣で知られた霊山である。[36]

道家は清廉実直な僧侶を京都や鎌倉でなく、入宋した禅僧も多い九州に求め、大宰府の湛契の推挙をもとに円爾を都に迎えた。そして自らその教えを聴聞し、これに感銘して、聖一和尚の号を贈り、寛元元年（一二四三）同寺の住職を依頼したのである。円爾はこの道家の病気の回復を祈って東福寺の東南の鎮守成就宮の脇に十三重の石塔を建立した。この石塔は「東福寺伽藍図」には「比良明神塔」と記されている。またその脇には一m余の自然石（魔王、天狗）を祀った魔王堂もつくられている。[37]幸いにしてその病も治り、東福寺の造営も進展した。その際円爾は宋から持ち帰った「禅刹図」をもとに禅院としての寺観を整えた。また無準が定めた坐禅上堂の行事を行ないもした。ただ東福寺の完成は道家が没した三年後の建長七年（一二五五）で、三男の一条実経が落慶供養会を挙行し、円爾が開堂した。

円爾はこの間後深草、亀山両上皇や執権北条時頼に授戒し、鎌倉の寿福寺にも居している。また将軍宗尊親王の命で焼失した京都の建仁寺を再建した。このほか東大寺の大勧進にもなったが、弘安三年（一二八〇）一〇月一七日七九歳で示寂した。彼は死の前の同年五月二一日に認めた置文では同寺の内外典の門外不出、同寺の僧が坐禅工夫を本分とし、懈怠放逸することなく、無準の教えを伝えるように記している。[38]けれど今一方で北宋の永明延寿が建隆二年（九六一）に著わした法相、三論、華厳、天台、禅の融合を論じた『宗鏡録』を、後嵯峨天皇を始めとする貴紳に講じたり、密教を重視するなど諸宗の融合にも目をくばっていた。主著に『聖一国師語録』一巻、『聖一国師法語』一巻などがある。その門下には東福寺二世東山湛照（一二五四〜一三二六）、三世無関普門（一二一二〜一二九一）、蔵山順空（一二三三〜一三〇八）らがいて聖一派を形成した。そのほか彼の伝記『聖一国師年譜』をまとめた鉄牛円心（一二五四〜一三二六）、『沙石集』や『雑談集』をあらわした無住道暁（一二二六〜一三一二）などがいる。なお無住は『雑談集』で、その後の東福寺の状況について、宋朝風の行儀を重んじる老僧がいたものの、悟りを得たと自称して行の不要を説く者もいた。また檀越や外護者の期待に応えて陀羅尼が誦され、天狗もこの陀羅尼を恐れて仏法を乱さないといわれていたと記している。[39]

ところで東福寺三世無関普門の弟子に自然居士（?〜一三〇九）がいた。彼は東山の雲居寺や法城寺に住した。[40]この雲居寺は一遍が弘安七年（一二八四）に立ち寄った寺で、法城寺は五条橋中島にあった安倍晴明ゆかりの寺である。彼はここで禅をとき勧進などを行なう放下の僧だったと思われる。ただ比叡山の反対もあって、永仁二年（一二九四）にサラ大良、夢次良、雷光・朝露などと共に都を追われ、近江の佐々木氏を頼って伊吹山の観音寺などで活躍した[41]。その後、謡曲『自然居士』では当初山中に隠遁したが、後に里に出てササラなどを用いて芸能や勧進にあたる放下僧の祖とされている[42]。このように聖一派でも、法灯派の暮露と同様に雑芸者を生み出しているのである。

結

禅は七世紀末に道昭によってもたらされ、元興寺に禅院が設けられた。その後渡来僧によって禅籍が請来されたり、中国の禅宗の祖達磨の事績も伝えられた。そして日本で古来霊山などで煩悩を断ち、静慮して心を浄化する修行を禅定、そうした僧侶を禅師、禅僧と呼ぶようになっていった。人々は彼らの呪験力が、特に治病に効験をもたらすとし、朝廷でも宝亀三年（七七二）にはその中で傑出した一〇人を内供奉十禅師に補している。その後一二世紀初期には達磨に私淑した大日房能忍が摂津国川辺の散所の三宝院を拠点に達磨宗を開教した。

臨済宗の祖とされる栄西は二回目の渡宋の際天台山で虚菴懐敞から南宗黄龍派の臨済禅を伝授され、鎌倉の寿福寺、京都の建仁寺で密教とあわせて禅を説いた。その後上野国で長楽寺の開基となった栄朝、高野山に金剛三昧院を開いた行勇などの弟子を育てた。ただこの二人は栄西から黄龍派の禅を伝えられたものの渡宋はしていない。その後この長楽寺に掛錫して、栄朝に師事した九州の栄尊は渡宋して無準に参じて帰国後肥前に水上山万寿寺を開いている。また彼と共に長楽寺で栄朝に参じ、渡宋して無準に師事した駿河の円爾は帰国後やはり無準に参じた大宰府の湛慧に四条道家に推挙されて京都の東福寺の開基となり、聖一派を形成した。一方行勇が開いた高野山の金剛三昧院の寺領の由良の西方寺は入宋して無門慧開に師事した無本覚心に継承された。彼は西方寺とあわせて、高野山や熊野とも関わりを持ち、法灯派を形成した。

　ところで九世紀初期になる『日本霊異記』所掲の伝承では、道昭が新羅で五〇〇匹の虎（山の神を示す）と共に彼の法華経の説法に参加した役行者に見えている。また十禅師などの禅師には山林で禅定し、呪験力を得た者も少なくない。上記の臨済宗の祖師の活動にも霊山での修行や、それによって得た巫術や呪験力が認められた。そこで最後にこれをまとめておきたい。まず栄西は当初備中の福山山麓の毘沙門天を祀る修験系寺院の安養寺で修行し、虚空蔵求聞持法を学んでいる。さらに伯耆大山の基好に師事し、渡宋前には阿蘇山や宝満山に登拝している。そして『日本仏法中興願文』では、自己の二回にわたる渡宋や、これらの霊山の修行を回顧して「倭漢斗藪沙門」と自称している。また幕府に招かれて不動尊の供養をするなど、密教の験者の性格を持っていた。

　その弟子の栄朝は修験寺院の慈光寺で伝法灌頂を受法した。また山臥を弟子にしたとの伝承も認められた。行勇は園城寺末の鶴岡八幡の供僧出身の密教僧の性格も持ち、高野山でも活動した。神子栄尊は熊野・大峰で修行し、山の神から袈裟を授かったり、大峰山中で前鬼を弟子にしている。彼は宇佐八幡で八幡神から神託をえ、戒を授けた御礼に神師の号を授けられたが「師」を「子」とかえ、神子を道号とした。これは彼が神の託宣を受持する神子的性格を持つことを理想としたと思われるのである。

　これに対して無本覚心は戸隠の観音の申し子とされ、当初戸隠の神宮寺で修行した。そして渡宋の際にはまず観音霊場の補陀落に詣でたとされている。帰朝後は行勇・願性から引きついだ紀伊由良の西方寺で五大尊の法を用いて妖魔を退治している。また母と熊野に詣で母を比丘尼としている。さらに熊野の那智の滝を補陀落と見なしたり、妙法山や新宮神倉の比丘尼寺と関わったとの伝承もある。特に紀伊の野上八幡宮では女性に憑依した八幡神と問答するなど、修験道の憑祈祷を思わせる活動をしているのである。また西方寺（興国寺）が熊野詣道にあることから、道者がここで参禅することもあった。さらに興国寺の末寺の中には和佐庄の歓喜寺のように熊野道者の接待所に淵源があるものも認められる。さらに覚心は高野山の萱堂聖の祖とされたり、彼が念仏にも関心を示したことから、一遍が熊野詣に際して覚心に参禅したとの伝承も作られている。また中世後期の暮露やその展開ともされる虚無僧も彼を祖とする法灯派の流れをくむとされている。

東福寺の開基円爾は当初諱名を弁円と称し、園城寺で修行した。彼は入宋して無準に師事して、印可をうけ、円爾の号を授かっている。そのこともあってか、京都に禅寺を建立して、清廉な禅僧を住職にしようとした九条道家に、東福寺の開基を嘱望された。ただその建設中に道家が病気になり、修験にも関心を持つ兄慶政が祈祷した。その折比良山の大天狗が女性に憑依して、慶政の問に応えて、彼の病因をなす、祟りの根源や天狗の恐れについて語った。そこでそれに応ずる祈祷がなされたり、東福寺に天狗を祀る魔王堂や供養の為の十三重の塔が造られている。なお東福寺の名は東大寺と興福寺にあやかっている。そして実際には禅を主体としながらも、天台や密教も含む顕密禅の道場だったのである。また鎮守の成就宮には石清水、加茂、稲荷、春日、日吉の五社が合祀されている。ここには道家が幕府が建立した真言、止観、禅を兼ねた建仁寺に対抗する大寺を建立し、国家鎮護と藤原氏の繁栄を祈る意図が感じられるのである。もっとも彼を祖とする聖一派には東福寺三世無関普門の弟子自然居士のように芸能や勧進にあたる放下僧も現れた。

上記のように鎌倉末の虎関師錬（一二七八〜一三四六）や夢窓疎石（一二七五〜一三五一）に始まる室町期の五山体制以前の臨済宗には天台、真言、戒や山岳修験ならびに当時の民俗宗教の影響が認められるのである。

注

（1）中村元『仏教語大辞典』下、東京書籍、八五三頁。
（2）今枝愛真『禅宗の歴史』吉川弘文館、二〇一三年、九〜一〇頁。
（3）『日本霊異記』上、第二八話、角川文庫、五六〜五七頁。
（4）『諸山縁起』『寺社縁起』日本思想大系二〇、岩波書店、一九七五年、一一五頁。
（5）『熊野権現金剛蔵王宝殿造功日記』では、東禅房聖実は承徳二年（一〇九八）に二条関白の使いとして熊野に奉幣している。『熊野金峯大峯縁起集』臨済書店、一九四八年、一八頁。

（6）『続日本紀』宝亀三年（七七二）三月六日の条。新訂増補国史大系二、四〇二頁。
（7）上掲『諸山縁起』『寺社縁起』一七頁。
（8）「興禅護国論」第三門『中世禅家の思想』日本思想大系一六、岩波書店、一九七二年、四四～四五頁。
（9）『釈家官班記』群書類従二四。
（10）「続遍照発揮性霊集補闕抄」第九『三教指帰・性霊集』日本古典文学大系七一、岩波書店、一九六五年、三九六～三九七頁。
（11）船岡誠『日本禅宗の成立』吉川弘文館、一九八七年、七四～九四頁。
（12）栄西については『元亨釈書』第二、伝智一之二、建仁寺栄西、新訂増補国史大系三一、四二～四六頁、多田宗隼『栄西』吉川弘文館、一九六五年参照。
（13）『岡山県史』中世Ⅰ、岡山県、一九八九年、二二〇～二二一頁。
（14）多田宗隼「栄西の戒律思想について」上・下、金沢文庫一〇二・一〇三、一九〇四年。
（15）『沙石集』岩波文庫、一九四三年、二七五～二七六頁。
（16）行勇に関しては、葉貫磨哉『中世禅林成立史の研究』吉川弘文館、一九九三年、六～七六頁参照。
（17）『年譜』には末尾に建治元年（一二七五）一二月八日にその子の了因と公俊が記したとある。また『行実』には文末に了因が語ったことをまとめたと記されている（共に『続群書類従』九の上所収）。なお徳永誓子「中世における修験道の相対化――禅僧神子栄尊の大峰入り」山岳修験五二号、二〇一四年参照。
（18）広瀬良弘『禅宗地方展開史の研究』吉川弘文館、一九八五年、四一五～四二一頁。
（19）宮家準『神道と修験道――民俗宗教思想の展開』春秋社、二〇〇七年、二六八～二七六頁。
（20）『彦山流記』神道大系五〇、三頁。
（21）『年譜』は永徳二年（一三八二）由良西方寺（現興国寺）住侍聖薫編（『続群書類従』九の上）、『縁起』は弘安四年（一二八〇）覚勇撰、応永三一年（一四〇二）明魏改訂（興国寺蔵）、『行状』は妙光寺旧蔵、現花園大学図書館蔵。なお研究には萩原龍夫『巫女と仏教史』吉川弘文館、一九八三年、二二三～二五〇頁、原田正俊『日本中世の禅寺と社会』吉川弘文館、一九九八年、二〇二～二三二頁がある。
（22）『沙石集』上、岩波文庫、二五〇～二五二頁。なお上掲萩原『巫女と仏教史』二四一～二四四頁。
（23）上掲原田『日本中世の禅寺と社会』二〇九～二二二頁。
（24）『元亨釈書』第六浄禅一、上掲新訂増補国史大系三一、一〇二頁。

(25) 上掲原田『日本中世の禅寺と社会』二一六～二一七頁。
(26) 上掲萩原『巫女と仏教史』二三三～二三四頁。
(27) 『一遍上人行状』『続群書類従』九の上、二〇九頁。
(28) 『由良開山法灯国師法語』大日本仏教全書九六、二一六頁。
(29) この見方は原田正俊の説をもとにしている。詳細は上掲原田『日本中世の禅寺と社会』一五二～一九八頁参照。なお五来重は『行状』の写本表紙に「於二高野山一写二留之一」とある底本の作者を高野聖と捉えて、一遍参禅説話の唱導者を萱堂聖としている。五来重『聖の系譜と庶民仏教』著作集二、法蔵館、二〇〇七年、一九七～二〇三頁。
(30) 市川白弦「抜隊禅の諸問題」『中世禅宗の思想』日本思想大系一六、岩波書店、一九七二、五〇九～五三五頁。なお上掲原田『日本中世の禅寺と社会』二一九～二三四頁参照。
(31) 「虚鐸伝記国字解」中、十六丁、寛政七年刊、内閣文庫蔵。
(32) 「慧日山弁円」元亨釈書巻第七、上掲新訂増補国史大系三一、一〇九～一一九頁、『東福寺誌』東福禅寺、一九三〇年、一一～一四九頁。
(33) 『大日本古文書』東福寺文書一　9号、二一～六二頁。
(34) 「比良山古人霊託」『宝物集　閑居友　比良古人霊託』新日本古典文学大系四〇、岩波書店、一九九三年。なお木下資一「比良古人霊託解説」同書五六四～五七三頁も参照。また上掲原田『日本中世の禅寺と社会』五〇九～五三〇頁参照。
(35) 野村卓美「道家を悩ます人々――慶政筆録『比良山古人霊託』成立の背景」仏教文学一一号、一九八七年。
(36) 上掲宮家『神道と修験道』二二五～二二七頁。
(37) 上掲木下「比良古人霊託解説」五六四～五六五頁。
(38) 上掲東福寺文書一　16号、六八頁。
(39) 『雑談集』巻八、三弥井書店、一九八〇年、二七六頁。
(40) 「自然居士」『日本名僧伝』『続群書類従』八の下、四三七頁。
(41) 『渓嵐拾葉集』大正新脩大蔵経七六、五三四頁。
(42) 自然居士『謡曲集』上、日本古典文学大系四〇、岩波書店、一九六〇年、九六～一〇五頁。

第二節　曹洞宗と山岳修験

序

周知のように只管打坐を旨とする道元禅は仏教思想史の上に大きな影響をもたらした。今一方でこの道元を高祖に戴く曹洞宗は浄土真宗と並ぶ最大の仏教教団を形成し、総本山の永平寺は曹洞宗のみならず、日本宗教の聖地として広く知られている。本節ではこうした曹洞宗の発展の根底に、道元自身が永平寺の聖地の根源を白山や大海の龍宮に通じるとした九頭龍川に観じ、山中修行に関心を持っていたこと(1)、大祖瑩山紹瑾が自分を白山の氏子と称し、石動山の信仰もあったこととと、それにつぐ峨山韶碩とその弟子達に山岳修験やそれに関わる民俗宗教が見られることを考察したい。その際まず曹洞宗教団の確立期、次いで幕藩体制下における各地域への伝播・定着と白山や山岳修験との関わりを紹介する。そのうえで、各地域への定着をもたらした伝承と、葬祭、祈祷などの切紙、総本山永平寺の宗教的権威の確立の一助となった道元を始めとする祖師や永平寺に関する白山伝承を紹介し、その意義を指摘することにしたい。

第一項　曹洞宗の創立期と白山・山岳修験

道元（一二〇〇～一二五三）は入宋して諸山で修行後、天童寺で曹洞宗の法系に属する如浄の下で激しい修行の末に悟りを得たという。これはその師の如浄の「直に須らく深山幽谷に居して仏祖の聖胎を長養すべし、必ず古徳の証拠に至らん」(2)との教えにもとづくものと思われる。そして安貞二年（一二二八）に帰朝した後、天福元年（一二三三）、山城の深草に観音を本尊とした観音導利興聖宝林寺を開いている。この山名の観音は中国趙州の観音霊場観音院にも因んでいる。文暦元年（一二三四）、藤原鎌足の霊を祀った多武峰にいた日本達磨宗の覚晏の門弟孤雲懐奘（一一九八～一二八〇）や、越前波着寺を拠点とした懐鑑などが弟子と共に訪れて門人となっている。これは覚晏の師大日能忍によって一二世紀末に始められ大きな勢力を持った日本達磨宗が、建久元年（一一九四）に禁じられたことによるとされている。なおこの懐奘に影響を与え、共に道元の門下になった高麗僧、了然法明は、後に羽黒修験と密接な関係を持つ鶴岡の玉泉寺を羽黒神の導きで開いている。

道元は寛元三年（一二四五）白山越前馬場の平泉寺近くの志比荘の真言宗の古刹吉峰寺を譲り受けて吉祥山大仏寺とし弟子と共に移住し、翌年には同寺を永平寺と改称した。当時彼は近接した白山中宮の四至の一つ禅師峰寺にも赴いて教化したが、その折同地の行者窟の修験者とも接したと思われる。なお道元の「山は超古超今より大望の所居なり、賢人、聖人共に山を堂奥とせり、山を身心とせり」(3)の語は、彼が修禅の道場として山岳を重視したことを示している。そして大仏寺の開山にあたっては、「這の一片の地、主山北に高く、案山は南に横う、東岳は白山の神廟に連り、西流は蒼海の龍宮に曳く」(4)と述べている。このことから、彼が特にこの大仏寺（永平寺）を、白山に近く、三つの山を拝し、九頭龍川をへて龍宮に達するかえがたい聖地と考えていたことが推測される。なおこの道元の永平寺創建に関しては、近くの波着寺を拠点とする懐鑑のすすめ、平泉寺や豊原寺の白山天台衆徒が禅に関心を持ち、旧白山系天台寺院だった波着寺、禅師峰寺、吉峰寺が近くにあったことから、比叡山の圧迫を逃れるのに適し、さらに志比荘の白山信仰を持つ波多野義重の外護を受けて移住したとされている。(5)

永平寺二代孤雲懐奘の後を継いだ越前福井出身の徹通義介（一二一九～一三〇九）は一三歳の時波着寺の懐鑑の下で得度し、宝林寺にいた道元の門に入った。そして正中元年（一二五九）に入宋し、帰国後の文永四年（一二六七）懐奘から永平寺住持職を譲られた。彼は道元禅に密教を導入して大衆化をはかり、寺院経営にも才能を発揮したことから繁栄をもたらしたが、懐奘の直弟子で道元禅の伝統を重視する義演らと対立して同寺を去り、弘安六年（一二七三）、永平寺を去って、自らが旧真言寺院を改めて禅寺とした加賀大乗寺を拠点としてその勢力を延ばしていった。この他に独自の活動をした道元の弟子に寒巌義尹（一二一七～一三〇〇）がいる。彼は後鳥羽上皇と修明門院の子とされ、比叡山で天台教学を学んだうえで道元に師事して二度入宋して、肥後の河尻実明の外護を受けて大慈寺を開いて、真言、天台も包摂した大慈寺派を形成した。また渡橋や干拓などの事業も手がけている。ちなみに河尻氏が地頭職を務めた河尻荘は河口の公界の港として栄え、熊野水軍が拠点としたところである。[6]それ故、寒巌と熊野修験とのつながりが推測されないでもない。ちなみに熊野比丘尼と密接な関わりをもった紀伊由良の西方寺（興国寺）を開いた普化宗の祖無本覚心（一二〇七～一二九八）も道元から菩薩戒を授かっている。[7]

曹洞宗の大祖瑩山紹瑾（一二六八～一三二五）は越前多禰（福井）に生まれ、八歳で永平寺に入り徹通義介に師事した後、諸国を行脚して臨済や天台を学んだ。この折、無本覚心のところを訪れている。そして義介の後を襲って大乗寺二代となった。ほどなく同寺を明峰素哲（一二七七～一三五〇）に譲り、文保元年（一三一七）能登の石動山近くの賀島郡酒井保の地頭酒匂八郎頼親から土地の寄進を受けて、洞谷山永光寺を創建した。なお近世期には、この創建の際に石動山の山神が彼に松を贈ったとの伝承が伝えられている。瑩山は自分は白山の氏子と称し、自らが定めた「瑩山清規」には「仏法大統領白山妙理大権現」と記している。[8]彼はその後能登北部の鳳至郡櫛比荘の真言律院諸嶽寺の観音堂を住持の定賢から譲られて、元亨元年（一三二一）総持寺と改称して、ここを拠点にして積極的に活動した。なおこの観音堂の譲渡に関しては二人が共に観音の霊夢を見たことによるとされている。彼は永光寺に如浄の語録、道元の霊骨、懐奘の血経、義介の嗣書、自己の嗣書を石櫃に入れて納めた五老峰を設置している。やがて瑩山の名声は京都にも達し、同二年（一三二二）総持寺は御醍醐天皇から「日本曹洞賜紫出世の道場」と定められた。これによって総持寺が曹洞宗教団の中心として認められたのである。

彼の後に永光寺と総持寺の両寺を継承したのは能登出身の峨山韶碩（一二七五～一三六五）である。彼は比叡山で天台を学び、加賀大乗寺で瑩山に師事した後、諸国を巡錫し、正中元年（一三二四）、総持寺に入ってその住持となって、主要な弟子二五人（二五哲）を育てている。そしてそのうちの太源宗真（普蔵院―依拠する山内の塔頭。以下同様）、通幻寂霊（妙高庵）、無端祖環（洞川庵）、大徹宗令（伝法庵）、実峰良秀（妙意庵）の五人に始まる院を輪番で総持寺の住職とする五院制度を定めて、同寺の体制を確立した。この間永光寺も兼任し、石動山近くの永光寺から総持寺に至る山中の一五里の道を日夜通ったとされている。この道は石動山修験の抖擻の道であり、後には能登の観音巡礼とも結びついた。その後暦応三年（南朝興国元年〈一三四〇〉）永光寺に転住した。ちなみに同寺の本尊釈迦の脇士は観音と虚空蔵菩薩とされている。これは石動山天平寺の本尊に因むとされている。このほか彼は出羽国鶴岡の天台寺院龍華寺に巡錫した際、龍神に「三帰依」を授けている。なお同寺はその後文安三年（一四四六）に太年浄椿が龍沢山善宝寺としたが、その折に彼は同寺の二龍に授戒して守護神にしたという。爾来同寺は龍神信仰の寺として東北一円で広く崇められている。峨山と二五哲らは旧仏教や修験と融合して、葬祭や加持祈祷に関わるなどして曹洞宗の地方伝播に大きな足跡を残している。(9)以下その代表的な僧の活動を紹介したい。

まず五院の僧別に彼らが開いた上記の総持寺塔頭以外の開基寺院を見ると、太源宗真（？～一三七一）は加賀に仏陀寺、豊後出身の通幻寂霊（一三二二～一三九一）は丹波の修験寺院を永沢寺とした他、加賀に聖興寺、越前に龍泉寺、無端祖環（？～一三八七）は石見に龍雲寺、越前に祥園寺、実峰良秀（？～一四〇五）は信濃に霊松寺、備中に永祥寺、美作に瑞景寺と正本寺、伯耆に総泉寺、伊勢に正法寺、加賀に定光寺を開いている。また肥前出身の大徹宗令（一三三三～一四〇八）はまず美濃の伊吹山近くに妙応寺を開き、ついで越中立山の剣岳登拝口の不動明王の磨崖仏で知られる大岩山日石寺近くに立川寺（後に立山寺と改称）・眼目寺、能登に覚皇院、遠江に大興寺、尾張に瑞泉寺、大坂に護国寺を開いている。このうち立川寺の伽藍創建にあたっては立山神の化身の樵夫が一八人の匠と協力したと伝えられている。また後に大徹派を形成した一五人の門下は立山を水源とする白岩川と常願寺川流域に寺院を開いている。その一人普門元三の徳城寺は立山登拝口の岩峅寺近くに位置している。[10]

二五哲の中では源翁心昭（一三二九～一四〇〇）の開基寺院が山岳修験と深く関わっている。主なものをあげると、伯耆大山登拝口の退休寺、熊野修験の道場八溝山系の常陸結城安穏寺・下野烏山泉渓寺・磐城表郷村の常安寺、飯豊山近くの空海開基と伝える会津熱塩の示現寺、会津慶徳の熊野権現近くの慶徳寺、出羽の旧羽黒修験の道場を改めた鶴岡正法寺、鳥海山の永泉寺、同じく鳥海山信仰にかかわる最禅寺・東光寺がある。またこの他、陸中の示現寺、越後の雲泉寺・慈眼寺・東光寺、遠江の玄通寺、備中の化生寺、薩摩の玉泉寺というように全国に及んでいる。なお彼はこうした寺院の開基にあたっては、山の神を化度するなどしている。また温泉、塩井の発見など社会事業も手がけている。[11]

中世後期には総持寺末の地方寺院は塔頭の五院に所属していた。そこで五院の勢力を知るために各院別の末寺数を見ると、総数三三九のうち、普蔵院（太源）一〇三、妙高庵（通幻）八五、洞川庵（無端）五一、伝法庵（大徹）四九、如意庵（実峰）五一である。地方別に見ると、東海八九、北陸甲信越八六、東北七三、近畿三一、関東一八、中国四国一〇、九州一一で、東海、北陸甲信越、東北が多くなっている。国別では出羽三七、陸奥三六、遠江三一、尾張一五、能登一九、三河一七、信濃一六、越後一五、加賀・駿河・越中各一一で、ここから加賀・能登・越中・越後・出羽・陸奥の教線と、尾張・遠江・駿河から関東への展開が推測される。なお五院の分布上の特徴は、普蔵院が東海四六（うち遠江二七）、妙高庵が北陸一三、洞川庵が東北三四、伝法庵が東北一四と東海一三、如意庵が三河八、尾張七、能登六となっている。この他に総持寺の直末寺が三六あるが、その分布は東北一三、北陸甲信越・近畿・中国四国各五、九州四、関東三、東海一となっている。また庵末寺計七〇の分布は北陸甲信越一六、東北・東海各一三、九州九、中国四国・近畿各七、関東四である。[12] これに対して永平寺末は定かでないが、その勢力はこれに比して少なかったと思われる。

第二項　近世曹洞宗と山岳修験・民俗宗教

中世後期に総持寺末は東海とくに遠江に大きな勢力を有していたが、天正一一年（一五八三）徳川家康は袋井久能（現袋井市）の万松山可睡斎（本尊聖観音）を駿河、遠江、三河三国の東海総禄に任じ一〇万石を与えた。同寺は応永一四年（一四〇七）如仲天誾が久野氏の外護の下に開いた草庵にはじまる東陽軒を前身としている。その後一一世鳳林等膳が人質となっていた家康を助けたことから上記の外護を受けた。可睡斎は寛永二年（一六二五）火防の神三尺坊を祀る犬居の秋葉山秋葉寺の所属を浜松の当山派修験二諦坊と争った末に末寺としている。これは永禄一二年（一五〇九）可睡斎八代等膳が秋葉寺別当となっていたことによると考えられる。ちなみに秋葉山三尺坊は寒巌義尹（一二一七〜一三〇〇）の五代の法嗣で浜松普済寺にいた誓海義本が享徳年間（一四五二〜一四五五）に開いた秋葉山円通寺、天文一二年（一五四七）泰簾門察が越後の栃尾に開いた清瀧山常安寺にも祀られている。(13)

慶長一六年（一六一一）家康は総持寺の後見職芳春院象山の意見にもとづいて、江戸に近い下総の総寧寺、武蔵の龍穏寺、下野の大中寺の関三刹を関東総録として、東海総録の可睡斎が支配した駿河、遠江、三河以外の各国の末寺を国内の録所（中本寺にあたる）を介して支配させた。延宝九年（一六八一）の関東三僧録と東海総録可睡斎の配下国数、録所数、配下寺院数（以下この順にその数をあげる）は、総寧寺二一（うち直支配国は下総・相模。以下同様）・二八・七二一三、龍穏寺二三（武蔵）・六五・三九四七、大中寺二一（下野・常陸）・五四・三七七七、可睡斎四（駿河・遠江・三河）・〇・二六一二、計六九・一四七・一七五九九である。なお総寧寺と大中寺の末寺はすべて総持寺末だが、龍穏寺は永平寺末八七四、総持寺末三〇七三、可睡斎は永平寺末四九六、総持寺末二一一六、全体では永平寺末一三七〇、総持寺一六一七九で永平寺末は総持寺末の一割にも達していない。(14)

ここで関東総録の三ヶ寺を紹介しておきたい。(15) まず安国山総寧寺は下総の国府台にある。当寺は永徳三年（南朝弘和三（一三二一〜一三九一）によって近江国坂田郡に開基されたという。その後八世の時、兵火を受けて遠江国掛川に移り、さらに常陸国笠間をへて、天正三年（一五七五）に、下総国関宿に移り家康から二〇石を与えられた。そして寛永三年（一六二六）洪水をさけて国府台に移り、現在に至っている。武蔵国龍穏寺は入間郡越生町の衰微していた天台修験の寺院を将軍足利義教（一三九四〜一四四一）の命で越生氏出身の無極慧徹が再興した。ちなみに越生には本山派修験越生山本坊がいて年行事を務めていた。家康は天正一九年（一五九一）この龍穏寺に朱印一〇〇石を与え、慶長一七年（一六一二）関東三総録筆頭とした。なお当寺は延宝六年（一六七八）に江戸麻布に宿寺を賜り、住職はここに常住した。下野国下都賀郡の大平山大中寺は延徳元年（一四八九）、通幻派の快庵妙慶が開山した。当寺は近世初頭柏堂宗淳が家康から関東総録に任じられ、一〇〇石を与えられた。なお一五世紀以降の曹洞宗の活動がこれらの末寺による在地の住民に応じた葬祭や祈祷が多くなっていることを指摘しておきたい。

徳川幕府は元和元年（一六一五）に永平寺と総持寺に法度を出している。このうち「永平寺法度」には「日本曹洞宗の末派は先規の如く当寺（永平寺）の家訓を守べき事」と記している。これに対して総持寺が反発し両者の間で争いが起こっている。その後天明年間（一七八一〜一七八八）には永平寺は勅許により曹洞宗総本山出世の道場とされた。こうしたことから種々の形で永平寺の権威づけが試みられている。なお近世中期の曹洞宗末寺の全国分布は、横関了胤の「延享二年（一七四五）曹洞宗本末帖」によると、総数一六三五四で、東海が三七五六、北陸甲信越二六二九、東北二五五三、九州一八五七、中国四国一五九五、近畿一三三九で国別の上位一〇までは陸奥一五三七、遠江一一六七、出羽一〇〇五、甲斐八二六、駿河七三〇、三河六二七、越後六〇七、信濃五三一、尾張五一〇、肥前四八六である。(16)

ここで近世期に活躍した曹洞宗の高僧のうち、初期の復古運動にあたった月舟宗胡、中興の卍山道白、宗学の大成に努めた面山瑞方の三人を紹介しておきたい。月舟宗胡（一六一八〜一六九六）は、真言宗寺院で出家し、肥前の曹洞宗円応寺の宗芸に師事した後、諸国を遍歴したうえで、加賀大乗寺二六世となり、『正法眼蔵』の研究をすると共に『雲堂常規』『椙樹指南期』を著し、「瑩山清規」を上梓するなど宗統の復古に努めている。卍山道白（一六三六〜一七一五）は月舟の後をついで、二七世大乗寺住職となり、清規を改訂すると共に、師資の間の面授を重んじその形式を定めている。面山瑞方（一六八三〜一七八九）は、文明年間（一四六九〜一四八七）に建撕の道元伝『建撕記』を補った『訂補建撕記』、切紙を整理し集大成した『洞上室内断紙揀非私記』、『洞上伽藍諸堂安像記』『正法眼蔵沙典録』など百数十巻を著して、曹洞教学を確立した。(17)

最後に中世後期から近世に山岳修験や民俗宗教を包摂して多くの信者を集めた曹洞宗寺院を紹介しておきたい。(18)まず広く知られているものに箱根の大雄山最乗寺がある。当寺は了庵慧明（一三三七〜一四一一）によって応永元年（一三三九）に創建された。開山の了庵は相模国の出身で丹波の永沢寺で通幻寂霊の法を学んだうえで、総持寺一六世を務めていた時、生国に末寺の建立を志して帰国した。その折、大山明王の化身の丈夫が彼を箱根修験の行場だった大雄山に案内した。また彼の弟子の道了が伽藍の建造を助け、後に天狗・道了尊として伽藍神に祀られた。その後二人の異人が問法に訪れた。この二人は大雄山麓の地主神の飯沢明神と狩野川流域の足柄郡一八ヶ村の鎮守の矢倉明神で了庵の弟子となった。また箱根権現が老人に化してあらわれて、彼から血脈を授かり、御礼に山中に箱根の水を涌出させたとの伝承もある。爾来特に道了尊は出開帳などを通して多くの信者を集めている。(19)この最乗寺の一五世天巽慶順は康正二年（一四五六）に、円仁が弥勒菩薩と迦葉仏を本尊として開基した上野国の修験寺院龍華院を同寺の慈雲律師から譲られた。そこで新しい伽藍の建立をした際、迦葉仏の化身中峰が援助したので、この中峰を伽藍神の天狗として祀った。この迦葉山の天狗も多くの信者を集めている。

イタコの口寄せで知られる死霊の山とされる陸奥下北の恐山地蔵堂は、享禄三年（一五三〇）田名部の曹洞宗寺院円通寺の宏智聚覚が再興し、それまで同堂を管理していた修験大覚院と共に運営に携わった。その後明治の神仏分離以降はこの恐山地蔵堂は円通寺のものとなっている。ちなみに伊勢神宮の奥院とされる死霊の山朝熊山の空海開祖とされる金剛証寺（本尊虚空蔵菩薩）は、明徳三年（一三九二）鎌倉の建長寺五世東岳文昱が中興して以来臨済宗となっている。稲荷は里修験の間で広く崇められているが、伏見稲荷と並ぶ三河の豊川稲荷は嘉吉元年（一四四一）に寒山派の東海の拠点寺院浜松普済寺の開山華蔵義曇の弟子東海義易（?～一四九七）が、寒山の宋からの帰朝の時現れて以来同派に伝わっていた吒枳尼真天を祀って開創した妙厳寺の鎮守である。また江戸の豊川稲荷は大岡忠相邸に祀られていた同社の分祀だったものである。なお広義に解釈すれば、飯縄信仰、秋葉山の三尺坊も、この稲荷信仰につらなるものである。(20)

第三項　曹洞宗の地域定着をもたらしたもの

曹洞宗の各地への伝播と定着をもたらしたものとしては、中世後期の寺院の創設と、近世期の地域住民の葬祭や祈祷への要請に応えた活動が考えられる。前者は洞門僧の各地での寺院開創にまつわる説話、後者は葬祭や祈祷などの切紙によって知ることが出来る。まず前者の説話には神人の霊域指示、入室参禅、授戒、伽藍建立の助力や洞門僧の悪霊退治があり、これらを見聞した住民が帰依し、寺院の創設、発展に協力し、更に多くの信者が集まったというものである。なおこのうち、禅僧による神人化度の話は彼らに対する禅僧の優越を示し、悪霊鎮圧は同様の働きをする修験者などとの競合があったと考えられる。(21)

広瀬良弘は『曹洞宗全書』史伝上所収の二一種の僧伝に見られる四九人の霊験譚を大きく奇瑞二一（人数。以下同様）、神・仏の助力二九、神人化度（神に授戒など）一三、悪霊鎮圧一一、その他一に分類して紹介している。このそれぞれの主なものをあげると、神・仏の助力では、神が布教や寺院建立の土地を教えたり、助力したもの一一、山神・龍神が護法神となったもの六、神から修行などの助力を得たもの・土地神などが境内地を案内したもの各五が多くなっている。次の神人化度では禅僧が神に授戒し、神がそれに応えて恩恵を与えたもので、その恩恵には、泉などを授けたもの六、霊力を与えたもの・寺院建立を助けたもの・護法神となったもの各二となっている。悪霊鎮圧には悪霊・妖怪・毒龍を退治し、化度したもの八、疫病をもたらす山神を鎮めたもの二、その他は龍神を祀った旧寺を再建したものである。なお歴史的には神人化度は一五、一六世紀初期が多く、悪霊鎮圧は一六世紀前期と多少おくれている。(22)

曹洞宗の切紙は石川力山によると、洞門抄物と総称される禅に関する五種の注釈書の一種である。この五種は、（1）語録抄（聞書抄）、（2）代語・下語（公案の類）、（3）代語抄（代語の注釈）、（4）門参（参禅手引書）、（5）切紙（断紙ともいう）である。このうち切紙は嗣書、血脈、大事に関する口伝や種々の儀礼、在家法要、宗旨の秘決などを一項目ごとに紙に書いて師弟間で秘密伝授されたものだが、後には冊子の形にまとめられている。ちなみに切紙は密教・修験などでも広く用いられている。なお洞門の切紙の形式はほぼ本文、これを図示した大事、その内容を問答などの形で解説した参話（参、参禅とも記す）からなっている。[23]これに対して修験道などの切紙では、本文と大事が中心で参話にあたるものがロイ（口伝）として記されていない。[24]それ故この部分を検討することによって洞門の切紙の特徴を把握することが出来る。

洞門の切紙には多様なものがあり、面山瑞方の『洞上室内断紙揀非私記』のようにこれを整理して編集する試みもなされている。石川力山は数多くの洞門切紙を蒐集して検討したうえで、これらをその形態や機能を考慮して、（1）叢林行事（道場の作法）一（『揀非私記』所収の切紙の数。以下同様）、（2）行履物（禅僧の起居動作）一一、（3）宝塔伽藍一、（4）仏菩薩六、（5）追善・葬祭供養三、（6）室内（嗣書、三物、血脈）四一、（7）参話（宗旨、公案、口訣）八一、（8）儀礼（授戒・点眼・施餓鬼他）一四、（9）呪術・祈祷二一、（10）神仏習合五、（11）吉凶・卜占一に分類し、それぞれについて多くの事例をあげ、詳細な検討を行なっている。ここではこれらのうち地域への定着と密接な関わりを持つ、（5）追善・葬祭供養、（8）儀礼、（9）呪術・祈祷、（10）神仏習合、（11）吉凶・卜占の内容を紹介したうえで、これらに通底する洞門の切紙の特徴を指摘することにしたい。[25]

葬祭に関する切紙には次の七種がある。その第一は没後喚起（死の確認）と亡者授戒である。後者は本来仏葬は僧侶のみを対象としたもの故、俗人の葬儀ではまず授戒させたうえでしたことによる。第二は葬儀そのものに関するもので、葬場の四門（発心・修行・菩提・涅槃）、入棺、下炬、炬火、第三は葬儀後の墓所に関するもので、地取、鎮墓関係、第四は死後の亡霊に関するもの、第五は懐妊中の女性が死亡した際に胎児もあわせて葬儀する為のもの、第六は物怪や畜生に戒を授けて弔い成仏させる為のものである。追善供養に関しては、成仏過程の十界や、このうちの最初の六道とそれに対応する六地獄の切紙がある（石川八）。なお葬儀ではまず亡者の執着をとることが必要で、その為には禅僧は修禅し、座禅の力を得ていることが必要であるとしている(26)。

儀礼には授戒、点眼（開眼）、施餓鬼に関するものがある。授戒には上は天皇から在家、龍天、山神、地主神、畜生、餓鬼などに対するものがある。これはさきにとりあげた地主神、土地神、山神などに授戒して弟子とし、さらに伽藍神として祀ったことに結びつくものである。点眼には塔婆、観音などの仏菩薩、鐘楼などに関するものがある。この中には「役行者点眼回向」も見られ、洞門僧が修験寺院をとり込んで行ったことが推測される（石川二〇）。呪術祈祷には観音など特定の仏菩薩を本尊とする看経、念仏、「一切消炎呪」、「難産符」、「ヲコリを落す法」「大病者加持」「眼病加持」「病身の者平日加持」「伝尸病（結核）」など治病関係、「狐付之符」「疱瘡守」、「塚焼（亡者の鎮魂）」、「請雨」などと大般若関係のものがある（石川二一）。これらの切紙では陀羅尼や和歌が用いられ、参話の部分をのぞけば、密教や修験のものと酷似している(27)。

神仏習合関係には曹洞宗寺院で鎮守とされる白山妙理大権現関係のものが注目されるが、これについては次項で紹介することにして、その他のものをあげておきたい。まず全体的なものには「二十一社巡拝参」がある(28)。個別のものには「伊勢二字切紙」「住吉五箇条託宣」「三輪明神託宣」などがある（石川二三）。これらのうち山岳信仰を代表する三輪明神託宣に「我に神躰なし、慈悲を以って真躰となす。我に奇特なし、無事を以って奇特となす。我に心無し、無心を以って心と為す。我に道無し、正直を以って道となす」とし、これを神代の大善識の秘決としていることに見られるように、道徳的な教えを説いている事が注目される(29)。吉凶・卜占は陰陽道の慣習を取り入れたもので、「吉方勧請」「悪日連続」、修験道でも用いる「鵠之字の大事」、陰陽五行や三星の参がある。また特殊になものに胎児の男女を知る法があるが、これは産死者の胎児の性別を正しく知ったうえで、母子の葬儀をする為のものである（石川二三）。

最後に洞門切紙の特徴を示す事例として、京都市天寧寺所蔵の「廟火消滅切紙」を紹介しておきたい(30)。本切紙は寺院の塔廟が火災にあった時の鎮火の法である。まず冒頭に本切紙は道元以来の密法で要山一派の秘法としている。その修法にあたっては、火事場の地上に円を描き、「南無観世音、尋声自ら回向、火坑変成地」と三返唱えて、観音経の偈の「念彼観音力」以下の文を一度唱える。その上で坐禅し、各自が心得ている古則を念じ妄念を去りおえたと観じたら「菩薩清涼月衆生心水」と唱えて、枝で燃えているところをたたいて、「吾此火主霊魂に問う、汝が欲火は天に亘る、是れより必ず消滅すべし」「風火水地は是れ地水火風空」と唱えて再び坐禅し、最後に一喝している。これを見ると、観音に祈願した後、修法者が坐禅し、古則を念じて妄念を去ったうえで、火の霊魂に対して天命や五大種の理を説いて諭し、説得して枝で燃えているところを打ち、最後に一喝して火を鎮めている。このように観音への祈願、呪文、呪法を用いても、最終的には坐禅の力、古則（公案）の拈提、喝声という禅の霊力によって火の消滅がはかられているのである。

第四項　曹洞宗教団の確立と白山伝承

徳川幕府は永平寺を曹洞宗総本山出世の道場とした。また承応元年（一六五二）の「伝法公事」により、永平寺の住持は関三刹から昇住することになった。けれども末寺の数では永平寺は総持寺の一割にも満たなかった。こうした中で総本山としての永平寺の宗教的権威を高める一助となったのが白山伝承である。[31]最初に述べたように、道元自身大仏寺（永平寺）の建立に際して、この地は東の白山の神廟に連り、西流（九頭龍川）が龍宮に導くかえがたい地であると述べたように、永平寺の聖地としての根源を白山や龍神信仰に求めている。また貞応二年（一二二三）二月二四日に記したとされる「入宋祈願文」には「仏法大統領、白山妙理大権現」とある。[32]大祖瑩山は白山下に生を受けた自分は白山の氏子であると称している。永平寺近くの白山越前馬場の平泉寺は比叡山の末寺であり、越前から加賀の村堂はその影響を受けていた。当地の曹洞宗寺院の前身がこれらの白山天台の村堂だったとの説もある。[33]白山信仰は一方で平泉寺や白山比畔神社を起点に加賀、能登、越後をへて東北に、今一方で美濃馬場の長瀧寺を拠点に東海から関東に延びていた。これらの地域では白山妙理権現が鎮守として祀られ、その生まれ清まりの信仰が広まっていた。そしてこれらの地域に創設された曹洞宗寺院もその多くが白山妙理権現を鎮守としたのである。

ところで洞門の切紙の中に「鎮守切紙」がある[34]。これでは白山妙理大権現を鎮守にするとしたうえで、白山権現は垂迹の名、向上の偏位で、妙理は本体の名で洞上の正位で、この本迹不二、偏正叶通の神を曹洞宗の鎮守にするとしている。そしてこの鎮守の本体を円で示し、それを円通より出でて円通に入るとし、これを「浄穢一致生死不二神仏衆生蠢動含唯一円相の義」と着語する。そして、この観想をしたうえで、送葬の野辺から直に鎮守の白山妙理権現に詣でて、社前で「イメバイム、イマネバイマヌ、イムトイフ、イムトハ己ガ心ナリ。チハヤブル、我心ヨリナストガハ、何レノ神カ、ヨソニミルラン」と唱えることを定めている。この切紙は一般に葬儀を不浄として忌む慣習に対して、その直後に鎮守の白山に詣り、この修法をして、浄穢一致、生死不二と観じることによって触穢を超克することを浄化と受けとめさせて、洞門僧の葬儀への関与を推進したものと考えられる。なおその際白山妙理大権現の字義の説明に中世後期に禅僧の間に流布していた五位説の遍・正二字を本迹とあわせて用いることによって、この切紙を教義的に正当化していることが注目される。

ところで曹洞宗では龍天を仏戒を受けて護法神となった神格として崇めている。この龍天に関して既述の「瑩山清規」の「回向龍天功徳簿」の項には、「諸衆怠らず、看経持誦して、龍天護法の恩に報答す、頗るこれ寺院恒規の弁務なり」としている。また瑩山の自筆とされる「龍天白山洞答老納（花押・印）」と記した書が伝わっている。そしてこれにもとづいて洞門では「奉請龍天護法善神白山妙理大権現」と記した「龍天さん」と呼ばれる小軸を仕立てて護持している。

時代は下るが面山瑞方は「龍天白山考証記」の中で、この龍天を龍天善神とし、龍は難蛇などの諸龍、天は梵天四天王などの天、善神は一切諸神の総称とし、この龍天善神の語は「千手千眼観世音菩薩広大円満無礙大悲心陀羅尼経」に見られる。それ故この龍天善神の号を書いて、高所に掛けて常に恭敬を致してその恩に謝するようにとしている[35]。ここ

では龍天善神の根拠を観音信仰に置いているのである。ちなみに白山三座では御前峰は十一面観音、別山は聖観音、大汝峰は阿弥陀如来を本地としている。ところで道元の『正法眼蔵』には「観音の巻」があり、宝林寺の本尊が観音だったとされたり、宋より帰朝の船中で道元が観音の外護を受けたとの伝承がある。さらに能登の瑩山教団の拠点寺院の多くが能登三十三観音巡礼の札所であること、秩父三十四観音巡礼の札所のほとんどが曹洞宗寺院であるなど、曹洞宗が観音信仰と深く結びついていることに注目しておきたい。

さてさきの「龍天さん」の小軸を面山瑞方が図像化したものに、右図にあげた「妙理大菩薩神影」がある。[36] 彼は本図の説明文に「白山本記」を引いて、白山妙理大権現は七代孝霊天皇の時、伊弉諾尊の和魂が影向鎮座したものとする。その像容は美姫の姿で右手に十握剣、左手に五顆珠を執り、身体に白龍を纏うが、その龍の頭は美姫の頂にある。この図を誤って龍天と呼ぶものもいるとしている。この像は海中の岩上に立っている。なお十握の剣は素戔嗚尊が八岐大蛇を切った時に得た天叢雲剣である。五顆珠の意味は定かでないが、その像容は如意宝珠と法輪を持つ如意輪観音を思わせるものである。ちなみに修験道では不動明王の法剣にまといついた龍が剣先に頭をもたげた倶利伽羅不動（龍王）が崇められている。なおこの神影は延享元年（一七四四）に板行されている。

洞門における永平寺の重視はすでに一四世紀末から一五世紀になる『永平寺三祖行業記』『三大尊行状記』に見ることが出来る。その後文明年間（一四六九～一四八七）、永平寺一三世建撕（一四一五～一四七五）はこれらをもとに本格的な道元の伝記『建撕記』を著わし、爾来これが道元伝の基本書となり、その写本や補訂が次々と著された(37)。その中で延宝八年（一六八〇）の写本には、彼が帰朝にあたって『碧巌録』の書写の完成を期しがたく苦慮している時に白山権現が化した白衣の神人が助筆したとの伝承があげられている。ただ天正期（一五七三〜一五九二）の『建撕記』の写本では助筆したのは中国の山神大権修理菩薩となっていて、これが白山権現に変わった初見は寛文一三年（一六七三）刊の『日域曹洞列祖行業記』である。この伝承は、面山の『訂補建撕記』に踏襲されている。そして彼はさらに白山権現は道元の入宋に影随したとして、その根拠としてさきに紹介した貞応二年（一二二三）の道元の祈願文中の文句「仏祖大統領白山妙理権現」をあげている(38)。ただこの伝承は一五世紀に峨山二五哲の一人月泉良因に白山権現が随待したとの伝承や、永正五年（一五〇八）になる『白山禅定私記』にある。「仏法大棟梁白山妙理大菩薩」との記載にもとづく創作と考えられないでもない(39)。

白山神が霊石や霊水を授けて外護したとの伝承もある。大永二年（一五二二）には、仲心が永平寺復興に尽力した功によって、白山権現から白山石を授かっている(40)。その後延享二年（一七四五）用兼は永平寺復興にあたった時、瑞夢によって道元が白山で山籠祈祷に用いた白山権現の本地十一面観音の御神体の白山石を授かって成功したとされている(41)。白山水に関しては、白山権現が加賀大乗寺三世の明峰素哲に帰依して血脈を授かったお礼に御定水を寄進したとの伝承があり、爾来大乗寺では用水を白山水と呼んでいる(42)。白山水の伝承は永平寺、永光寺でも認められる。ちなみに永平寺では現在、修行僧は毎年一度白山に登拝して修行の成満を祈っている。

結

道元は只管打坐の修行に最適に道場として白山と九頭龍川に近く、古来白山天台や龍神信仰がみられる永平寺に拠点を置いた。この道元神を曹洞宗にと展開させる礎を築いた瑩山は自ら白山の氏子と称すると共に、能登の石動山近くに永光寺、その北方に総持寺を創設した。その弟子峨山と門弟らは密教や修験と接して北陸から東北、東海、遠く九州にと巡錫して末寺をふやしていった。これらの寺院では白山権現を鎮守とすることが多く、教団でも五位説などをもとに意味づけをした。近世期には秋葉山に関わった可睡斎、天狗の道了尊を祀った相模の大雄山最乗寺、その流れをくむ迦葉山、豊川稲荷、恐山円通寺など、山岳修験や民俗宗教と関わる曹洞宗寺院が繁栄した。

白山妙理権現の本地とされた観音の信仰は、道元が関心を持ったこともあってか、曹洞宗にも摂取されて、能登や秩父の観音巡礼の札所の多くは曹洞宗寺院になっている。鎮守とされた白山（シラヤマ）神は、生まれ清まりの信仰と関わりを持っていた。(43) 曹洞宗の僧侶は地域に定着するにあたっては、在地の山神や龍神の助力を得たとしたり、これらに授戒したとの神人化度説話や悪霊鎮圧の霊験を説いて、住民の帰依を得ている。そして在地での住民の救済活動では葬儀や祈祷、呪法を行なった。このうち禅僧が葬儀に関わることは、これまで不浄として忌まれることが多かったが、白山の生まれ清まりの信仰を導入して、葬儀後鎮守の白山妙理権現に詣ることによって、その不浄を除き得るとして積極的に関与した。祈祷や呪法では、修験も用いた陀羅尼や和歌の他に、観音の利益そして何よりも彼ら自身の坐禅によって得た霊力を救済力の根元として重視した。

曹洞宗教団では近世期には永平寺の末寺は総持寺の一割にも満たなかった。ただ幕府が永平寺を総本山としたことから、教団ではその聖地性の根拠を道元と白山信仰に求めて行った。そして道元が入宋にあたって白山権現に祈願してその外護を得たとか、帰国直前に『碧巌録』の書写を白山権現が助筆し、帰国の船でも白山権現が波を鎮めたとの伝説が作られた。また白山権現の御神体とされた白山石が永平寺の再建を助け、白山水が永平寺などにもたらされている。このように曹洞宗の発展の背景には、白山や山岳修験、それと関わる民俗宗教があったと考えられるのである。

注

（1）菅原昭英「山中修行の伝統から見た道元の救済観について」日本宗教史研究四、法蔵館、一九七四年。

(2)『宝慶記』日本大蔵経 宗典部 曹洞宗章疏一、七四八頁。
(3)『正法眼蔵』「山水経」の巻、大正新脩大蔵経八二、二八五頁。
(4)『建撕記』瑞長本、河村孝道編著『諸本対校永平開山道元禅師行状建撕記』大修館書店、一九七五年、五〇頁。
(5)岩井孝樹「道元の入越と白山修験」大法輪五六―一一、一九八九年、守屋茂「道元禅師と北陸移錫の真相」叡山学院研究紀要一一、一九八八年。
(6)中世後期肥後河尻津は児島五流修験の神領となっている（宮家準『修験道組織の研究』春秋社、一九九八年、六五一～六六一頁）。
(7)萩原龍夫『巫女と仏教史――熊野比丘尼の使命と展開』吉川弘文館、一九八三年、二三三～二五〇頁。
(8)「瑩山清規」大正新脩大蔵経八二、四二九頁。
(9)佐藤俊晃「石動山信仰と能登瑩山教団」宗教学論集一二、一九八五年。
(10)広瀬良弘『禅宗地方展開史の研究』吉川弘文館、一九八八年、一九七～二〇五頁。
(11)石川力山『禅宗相伝資料の研究』下、法蔵館、二〇〇一年、八九九～九〇五頁。
(12)竹内道雄『曹洞宗教団史』教育新潮社、一九七一年、九四～一〇二頁。
(13)田村貞雄『秋葉信仰』雄山閣、一九九八年参照。
(14)上掲竹内『曹洞宗教団史』一二一頁。
(15)萩原龍夫「著名禅宗寺院の謎とその解明――下総総寧寺と下野大中寺の場合」日本歴史三一九、一九七四年。
(16)上掲広瀬『禅宗地方展開史の研究』一七八～一八〇頁。
(17)佐藤秀孝「道元禅師伝に及ぼした面山の影響について」宗学研究三一、一九八九年。
(18)渡部正英「曹洞宗祈祷寺院の信仰」中野東禅編『曹洞宗祈祷大系』二、四季社、二〇〇三年。
(19)「最乗寺」『禅宗地方史調査年報』三、一九八二年。
(20)宮家準『神道と修験道――民俗宗教思想の展開』春秋社、二〇〇七年、三三六～三六七頁。
(21)葉貫磨哉「洞門禅僧と神人化度の説話」駒沢史学一〇、一九六二年。
(22)上掲広瀬『禅宗地方展開史の研究』四一八～四二二頁。
(23)石川力山『禅宗相伝資料の研究』上、法蔵館、二〇〇一年、二三五～二四一頁。
(24)修験道の切紙集成には『修験深秘行法符呪続集』二巻、日本大蔵経、修験道章疏二などがある。
(25)石川力山「中世曹洞宗切紙の分類試論」一～二三。一～一九は上掲石川『禅宗相伝資料の研究』上・下所収。二〇は駒沢大学仏

教学部論集二三、二一は同研究紀要五一、二二は同論集二四、二三は同紀要五二所収。以下の引用は石川、番号で表示する。
(26) 佐藤俊晃「祈祷と葬送と禅の霊力」宗教学論集二四、二〇〇五年。
(27) 佐藤俊晃「曹洞宗教団と祈祷の歴史」上掲『曹洞宗祈祷大系』二所収。
(28) 二十二社から生駒の龍田社をのぞいた二一社を対象とする。
(29) 石川二二、一三二頁。
(30) 石川二一、一一八〜一一九頁。
(31) 佐藤俊晃「白山信仰と曹洞宗教団史」一〜一九、傘松五五六〜五七五、一九九〇〜一九九一年、佐藤俊晃「白山の位相」石川力山・広瀬良弘編『禅とその歴史』ぺりかん社、一九九八年。
(32) 「入宋祈願文」『道元禅師全集』第七巻、春秋社、一九九〇年、二二七頁。
(33) 井上鋭夫『永光寺古文書調査報告』金沢市、一九七一年。
(34) 上掲石川『禅宗相伝資料の研究』上、三五四〜三六一頁。
(35) 面山「龍天白山考証記」『曹洞宗全書　清規』曹洞宗全書刊行会、一九三一年、一九〜二三頁。
(36) 面山「永平寺祖師得度略作法」上掲『曹洞宗全書　清規』八三三〜八三六頁。
(37) 上掲河村『諸本対校永平開山道元禅師行状建撕記』。
(38) 佐藤秀孝「道元禅師伝に及ぼした面山の影響について」宗学研究三一、一九九九年。
(39) 勝康「白山禅頂私記」『白山比咩神社文献集』加賀能登郷土図書館、一九三五年所収。
(40) 「龍文六大誌」透龍（雲庵）談古龍文寺蔵。
(41) 「丈六開山金岡禅師略記」郷土史談一一、六一頁。
(42) 「大乗寺」（曹洞宗）『貞享二年自社由緒書』上、『加越能寺社由来』上、石川県立図書館協会、一九七四年。
(43) 五来重「布権大灌頂と白山行事」高瀬重雄編『白山立山と北陸修験道』名著出版、一九七七年。

第六章　日蓮宗と山岳修験

第一節　日蓮とその門流と山岳修験

序

日蓮宗は日蓮（一二二二～一二八二）を開祖とし、久遠実成の釈尊を教主、法華経を所依の経とする。そして同経に見られる釈尊の悟りをあらわす「南無妙法蓮華経」の唱題を通して、この世に霊山浄土をもたらす事を理想としている。日蓮は国主に浄土、禅、律、真言を排し、法華経を国是として立正安国をはかるように諫暁した。またこれら諸宗の僧を折伏して法華経信仰に導びこうとした。その諫暁や折伏が激しかったことから幕府や他宗の反感をかい、しばしば法難を被り、伊豆や佐渡に配流されもした。けれども中世後期には日蓮宗の諸門流は祈祷などをもとに競合する形で展開した。そして近世以降は日蓮が晩年に隠棲し、その遺骨を埋葬した身延山久遠寺や中山法華経寺を中心に独自の修行と祈祷を通して興隆した。また唱題を中心とする法華経信仰は創価学会、霊友会、立正佼成会などの新宗教を生み出した。

本節ではこの日蓮宗と山岳修験のかかわりを次の順序で概説する。第一項では、日蓮の一生を霊山との関わりに注目して紹介する。まず彼が少年期を過ごした清澄山をとりあげる。彼はその後二一歳の仁治三年から建長五年（一二四二～一二五三）の三二歳までの間比叡山などで修学する。そしてその直後、清澄山に帰り、同年四月二八日にここで唱題を唱え立宗した。その上で房州、鎌倉で折伏、諫暁を試みるが、文永八年（一二七一）には佐渡に配流された。ここでは法華経を自己の体験をもとに読む（色読）と共に高山で唱題したとされる。赦免後、諫暁したが入れられず、身延山に隠棲した。彼はこの山を霊鷲山、天台山に準えている。

第二項では、まず日蓮もその流れをくむとされた法華持経者の活動を『本朝法華験記』をもとに紹介する。そのうえで日蓮の自己認識が法華持経者から法華経の行者、さらに上行菩薩にと展開した経緯をあとづける。あわせて修験道における法華持経者の主要道場である葛木山と大峰山の法華信仰を紹介する。第三項では、まず日蓮やその後継者が各地で修験者を折伏して配下とした事例を紹介する。その際まず甲斐の小室妙法寺の日伝が日蓮との論争、験くらべに敗れて弟子となった経緯を詳述する。また富士門流などに入った修験者を瞥見する。次いで近世期に日蓮宗の行堂で修行して験力を得て加持祈祷で効験をもたらした宗内の修験者を列記する。

第四項では、まず身延山の西に聳える七面山の龍神が身延山久遠寺の護法神七面大明神となった経緯と展開を検討する。富士山に関しては日蓮や富士門流の日興、その後継者の日順の富士信仰を紹介する。ついで近世後期の富士山頂の日蓮像、五合目の経ヶ岳の日蓮伝承を富士講を考慮して検討する。

そして最後の「結」では、上記の四つの局面における日蓮、日蓮宗と山岳修験のかかわりを総轄する。

第一項　日蓮と霊山

日蓮は承久四年（一二二二）に伊勢神宮御厨の安房国東条郷の漁村の名主層の家に生まれ、幼名を薬王丸と呼んだ。天福元年（一二三三）一二歳の時、郷里の清澄山の清澄寺に入り、天台浄土教の信奉者だった道善房に師事した。清澄山は妙見山（摩尼山とも）、露地山、金剛山、富士山（仙元山）、独鈷山、如意山、宝珠山、鶏𡸴山（鶏毛山とも）の清澄八山の総称で清澄寺はその主峰妙見山（三八三ｍ）にある。妙見山の山頂からは他の七山などの近隣の諸山、太平洋を望見することが出来る。清澄寺は寺伝では宝亀二年（七七一）に旅僧が柏の老木で虚空蔵菩薩を刻んで祀った小祠の地に円仁（七九四～八六四）が虚空蔵求聞持法の道場として創建したのに始まるとしている。

薬王丸は清澄寺で虚空蔵菩薩に大智慧を得て日本第一の智者になるように祈念した。すると生身の菩薩から明星のような宝珠を右の袖に受け、八宗や一切経の勝劣粗是を知るようになったという。(1) 一六歳になった嘉禎三年（一二三七）には出家して是聖房蓮長と名乗った。翌年には天台宗の口伝書『円多羅義集』を書写している。さらに延応元年（一二三九）には鎌倉に遊学し、帰山後『戒体即身成仏義』を著わし、諸宗に見られる戒を実体化する戒体を比較し、浄土教を批判し、真言宗を最良とすると共に法華経を真実の経としている。その上で比叡山に登り、本覚思想の恵心流で念仏、禅、真言に批判的だった俊範（？～一二二一～？）に師事した。この間高野山、園城寺、四天王寺などを訪ねている。

建長五年（一二五三）蓮長は清澄山に帰り、師の道善房や兄弟子に浄土宗や禅宗を邪法として批判する説法を行なった。なお一六世紀前半になり、宗内外に広く流布した『日蓮大聖人註画讃』には次の伝承をあげている。蓮長はこの年四月二一日から七日間を期して、清澄山の行場に籠って修行をした。そして満願の四月二八日行場を出て、旭日ヶ森で東方の海上から昇る朝日に向かって大声で「南無妙法蓮華経」の唱題を一〇回ばかり唱えた。そして、これを契機に、念仏を激しく批判し、法華経を宣揚した。(2) このことが道善房を困惑させ、さらに浄土宗の篤信者である地頭の東条景信の怒りをかい成敗されようとした。そこで道善房は彼を勘当し、ひそかに下山させた。

蓮長は故郷の父母を訪ね法華経に帰信させた。そして日蓮と改名し、安房の南無谷から船で三浦半島の米ヶ浜（現横須賀市）をへて、建長五年（一二五三）鎌倉の東南松葉ヶ谷に庵居し、ここを拠点に鎌倉に出て街頭で法華経のみが真実の仏法であるとの辻説法を行なった。また駿河岩本の実相寺で一切経を閲覧し、『立正安国論』を執筆し、文応元年（一二六〇）、これを国家諌暁の勘文として北条時頼に献上した。同書では、建長八年から文応元年（一二五六～一二六〇）にかけての鎌倉や京都の天変地異の災禍や疫病の流行などの一連の災害の原因は法然の念仏の盛行にある故、これを排し、法華経を国是としなければ内乱などの自界叛逆や他国侵逼がおこって衆生救済、国土安穏は期待出来ないとしている。この念仏を無間地獄の業因とする主張に反発した念仏者は文応元年（一二六〇）八月二七日夜、松葉ヶ谷の庵室を焼打した。また念仏者の訴えを受けた幕府は、「貞永式目」一二条の悪口の科にあたるとして日蓮を伊豆に配流した。

同三年赦免された日蓮は翌文永元年（一二六四）帰省して母の重病を法華経の経力によって治癒させた。けれども同年一一月一一日、東條景信の手下により小松原で襲撃され手傷をおった。

文永五年（一二六八）かねて日蓮が予言した他国侵逼を裏付けるかのように蒙古の世祖忽必烈から朝貢を促す使者がきた。また同九年には北条教時らが時宗に反して誅殺された。これに対して日蓮は執権北条時宗にかつて『立正安国論』の勘文で示した両予言が的中したとし、特に蒙古襲来の凶難を防ぐのは他宗でなく法華経の行者である日蓮のみであるとし、その正邪を決する為に念仏者や禅、律僧との公論を要求した。さらに異国調伏の祈祷を真言律の忍性や真言僧に行なわせることを批判した。そこで幕府は日蓮を捕縛し、龍口で斬首することにした。その刑場に行く途中、日蓮は鶴岡八幡大菩薩に釈迦に対して法華経の行者を守るように誓ったことを裏切ったと諫言した。その夜刑使が処刑しようとした所、江の島の方から光った毬のようなものが飛来したので、死罪を許して佐渡配流としたともされている(3)。ちなみに、『日本霊異記』には修験道の始祖とされる役行者は伊豆に配流されたが、夜富士で修行した。そのせいか、勅命で処刑されようとした際に処刑者の剣の刃に行者を許せとの富士明神の神文があらわれたので赦免されたとしている(4)。

佐渡の配所は文永八年（一二七一）九月の流罪当初は金北山麓の新穂村塚原の三昧堂だった。そこでの生活は衣は薄く食はともしく惨めなものだったが、土地の阿仏尼、国府入道に支えられた。その中で彼はこれまでの法難に照らして法華経を読みなおす色読を試みた。そして常不軽菩薩品二〇にあげられた万民を礼拝し、その嘲笑を無視して修行に勤んだ常不軽菩薩に自己を準えた。そして彼が被った法難に接して動揺する弟子たちの為に『開目抄』を著した。同書は法華経こそが末法の今必要とされる一念三千（一瞬の思いに全宇宙の現象が備わっている）の法門であることを示し、盲目の人の目を開くことをめざしたもので「人開顕」の書とされている。翌年四月には周囲を山に囲まれた一の谷の法華堂に移された。ここで彼は当地に配流されていた天台僧最蓮房（日学）を弟子にした。そしてその思想、行実、理想、教法、宗旨を根本的に示した「法開顕」の主著『観心本尊抄』を著した。これらを通して佐渡で日蓮の影響が広まるのを恐れた念仏僧や律僧は、日蓮を預かっていた武蔵前司宣時に「日蓮は昼夜高い山に登って日月に向かって大音声で上を呪詛し、その信者は阿弥陀仏を火中に投じたり、堂壇を破壊していると訴えた。(5) 佐渡には古来金北山、檀徳山などの霊山があり、山伏が活躍していた。そして日蓮の弟子になった阿仏尼が山伏を外護している。(6) こうしたことから日蓮がこれらの霊山で唱題したり、山伏と接したこともありうると思われるのである。

文永一一年（一二七四）日蓮は赦免された。これは蒙古襲来に備えて、その時期を聞き、戦勝祈祷を行なわせる為だった。日蓮は評定所に出頭し平左衛門尉に年内の来襲を予想し、真言僧らの調伏祈祷の依頼は事態を悪化するとしたが、彼への祈祷依頼は断った。そして時頼、時宗そして今回の三度目の諫言が入れられなかったので、檀越である波木井実長の所領の甲斐国身延山に隠棲した。そしてこれは蒙古が来襲し国が亡ぶと謗法もなくなる、その時身延の山中を法華経の道場とし、正法を顕揚することを考えてのこととしている。

日蓮が身延山の居とした草庵は鷹取山麓西谷の身延川沿いに位置する。近くにはかつて山伏がいたといわれる庵があり、日蓮はそこの岩にあがって説法したとされている。現在は妙石坊がある。この草庵の北には天に橋を架けたような身延嶽が聳え、南には仏弟子迦葉入定の山とされる鶏足山を思わせる鷹取山がある。西には鉄門のように岩壁が連なる七面山、東には富士山の太子とされる天子嶽がある。洞にでも入ったような場所にある草庵の傍らの身延川には滝が見られる。身延山と鷹取山を水源とするこの川と波木井川は、総門付近で富士川に流入し、さらに七面山麓の早川も共に富士川に合流している。峰では猿がないている。日蓮はこの身延山にいると天竺の霊山（霊鷲山）と、唐の天台山にいるかのような思いがする、としている。(7) そしてここに身を隠し、法華経を色読して、五四歳になった建治元年（一二七五）に『撰時抄』を著わした。同書の中で彼はこの末法の時には日本第一の法華経の行者である自分こそが従地涌出品一五にあげる地涌菩薩の筆頭である世界の霊的統一の使命を担う上行菩薩である、それ故、自分は日本国に於いて「主」「師」「親」の三徳を備えた大導師とならねばならないとの救世主的使命観をうったえたのである。

なお彼は文永一〇年（一一七三）に著わした『観心本尊抄』で示した本尊の原理にもとづく大曼荼羅を作成した。その図柄は中央は南無阿弥陀仏の題目、その左右上段に教主釈尊と法華経の真実を証明した多宝如来、その外に上行菩薩を始めとする無辺行・浄行・安立行の四大菩薩、中段に文殊・普賢などの菩薩と天部の諸尊、下段に鬼子母神、十羅刹女、天照大神、八幡大菩薩、最外に四天王や愛染・不動、最下部に日蓮の署名と花押を記している。(8) そして、これを門弟や檀越に与え、彼らはこれを用いて折伏に努めたのである。なお彼は建治二年（一二七六）には清澄寺の旧師道善房の供養の為に『報恩抄』を著わしている。ただ弘安二年（一二七九）には、駿河熱原（現富士市）の龍泉寺の院主行智が同寺の法華僧日秀・日弁らが念仏に帰依しないことを待所に訴えて処刑させた法難がおそっている。

弘安五年（一二八二）日蓮は病に冒され、常陸の温泉で療養するために身延山を出立した。けれどもその途中で武蔵国千束郷池上宗仲の邸で病床についた。そこで直弟子の日持、日頂、日向、日興、日朗、日昭を六老僧に任じ死後の門弟の育成を依頼した。また死後は身延山の草庵近くに廟所を立て六人が輪番で守護するよう遺言して弘安五年（一二八二）一〇月一三日に入定した。享年六一歳。そこで池上邸で荼毘に附し、同月二五日身延山に埋葬された。

ところで日蓮はこの身延山を霊山（霊鷲山）になぞらえていた。そこで最後に彼の霊山信仰を検討しておきたい。(9) 彼は『観心本尊抄』では、現実世界は時の流れを越えた永遠の娑婆世界で、そこに浄土が内在している。それ故法華行者が居住して一乗を修行するところは常寂光の都であって、そこに於いて天竺の霊山に見えることが出来る。それ故この霊山に住詣し、妻子もそこに導びかねばならないとしている。(10) ところが今一方で龍口の法難を回顧して「日蓮今夜頸切られ霊山浄土にまいりて」とか、「後生は霊山浄土にまいりあいまいらせん」(11) とのべ、さらにこれを敷衍して死別した肉親と霊山浄土であうことを霊山往詣と捉えている。たしかに身延隠棲当初は、身延山の情景の中に常寂光の浄土を観じて、そこで法華経を色読している。けれども池上宗仲邸での臨終に際しては身延山での埋葬を遺言したのである。一見矛盾したこの両志向の根底には、身延山を釈尊の治める仏国土の中心として位置づける思想があったと見られるのである。

第二項　法華持経者、日蓮と葛城、大峰

持経者は特定の経を受持する者を意味するが、そのほとんどは法華経を受持、読、誦、解説、書写の五種の修行をしたり、他者にすすめる法華持経者である。[12] またこのうち所定の規則にのっとって写経するのを如法経と呼んだが、この場合も法華経を書写することが多かった。なお写経を供養したうえで霊山などに埋蔵した経塚も全国に及んでいる。本項では日蓮が影響を受けたと思われる鎮源が長久年間（一〇四〇～一〇四四）に撰述した、『大日本国法華経験記』（以下『法華験記』と略す）所掲の法華持経者の活動を紹介したうえで、法華持経者日蓮がそれをどう展開させたかを考察する。ついで役小角が修行した葛城山の法華経廿八経塚、如法経修行、大峰山にみられる法華経信仰を紹介する。

仁治三年（一二四二）比叡山無動寺に入った日蓮が師事した俊範は天台本覚思想の基本をなす『三十四箇條事』（『枕双紙』）を著わした皇覚（一〇九六～一一七六）の弟子で、その兄弟子には『扶桑略記』を撰述した皇円（?～一一六四）がいた。この『扶桑略記』には、随所に『法華験記』が引用されている。それ故日蓮も『法華験記』所掲の法華持経者について知悉していたと思われる。[13] そこでまず、同書所掲の法華経受持者一二八名のうち持経者と明記されている二九人を見ると、そのほとんどは法華経の読誦をしている。ただその読誦は内容を理解するというよりも、何回となく唱えて憶持・暗記するというものである。これは奈良時代の律令体制のもとで法華経の暗誦が官僧認可の条件とされていたことによっている。そしてその為の密教的暗記法として重視されたのが虚空蔵求聞持法である。[14] 日蓮が当初入山した清澄寺は円仁が虚空蔵求聞持法の道場として創設したとされる寺である。ただ幼少の日蓮は虚空蔵菩薩に法華経の暗誦力でなく、八宗や一切経に通暁するよう祈念したことが大きく異なっている。

ところで高木豊によると『法華験記』所掲の一二八人中法華持経者二九人の読誦の目的の判明分は現当二世の利益を得ることにあるが、その内容を見ると、験力五、経力五、妙法威力四、妙法力九、持経法力一、法華力二、一乗力三、

妙法聴聞威力一、信力一一で、験力は祈祷の効果やききめ、経力は法華経の功徳、信力はその信心と同義としている。(15)なお法華経のどの品を暗誦、書写したかを見ると、播磨の雪彦山の玄常聖（方便品第二、安楽行品第一四、如来寿量品第一六、普門品第二五の四要品）、熊野那智山の応照（薬王菩薩本事品第二三）、比叡山西塔の実因（提婆達多品第一二）、香隆寺僧某（毎日如来寿量品）、藤原義隆（臨終の時、方便品）となっている。このうち那智の応照は「薬王菩薩本事品」所掲の喜見菩薩の焼身供養にあやかって焼身し、薩摩の持経者某、戸隠山の長明も焼身供養している。なお『法華験記』所掲の持経者の活動形態を見ると、寺院定住二四（比叡山一一、叡山関係四、醍醐寺二、その他七）、山林定住七（愛宕山三、大峰・吉野・那智・雪彦山各一）、山林修行六、その他八となっている。このうち比叡山の場合は横川、黒谷など別所的な所がほとんどである。

日蓮の持経信仰に関しては川添昭二の詳細な研究がある。それによると日蓮の遺文に見られる持経者及びそれに類する自称は比叡山修学後に限られている。年代順に見ると、まず駿河国岩本の実相寺での一切経の閲覧後の正応元年（一二五九）に著わした『守護国家論』（二二二一～二八二頁―『定本日蓮遺文』の頁。以下同様）の二ヶ所に持経者、今一ヶ所に「持経之人」、翌正元二年の『災難退治抄』（三一一～三二二頁）には「持経之人」とある。文元元年（一二六〇）には、北条時頼に上書した『立正安国論』（三八九～四一二頁）に「持経之人」『唱法華題目鈔』（三三八～三六〇頁）一ヶ所に持経者、『安国論広本』（三六一～三八九頁）に「持経之人」との記載がある。また翌弘長元年（一二六一）の『善神擁護抄』（四三七～四三八頁）に「持経者」、『同一鹹味御書』三ヶ所に「法華の持者」、翌年の『四恩抄』（四四〇～四四七頁）に「持経者」とある。ただ同年の『教機時国抄』（四四七～四五三頁）には「法華経行者」とある。文永元年（一二六四）の「南条兵衛七郎殿御書」（五三六～五四四頁）に「持経者」、同三年の『法華題目抄』（五九八～六一一）には持経者が二ヶ所見られる。(16)

日蓮が死を覚悟した文永八年（一二七一）の滝口の法難と、それに続く佐渡配流後には、同年の「四条金吾女房御書」（六八三～六八四頁）に「法華の持者」、翌九年の『開目抄』下（七九九～八三八頁）には「一乗の持者」、同一〇年の『観心本尊抄』（九四一～九六六頁）に「持経者」、「波木井三郎殿御返事」（九八八～九九四頁）に「法華経の持者」、翌一一年の持し、読、誦、解説、書写するものであることを記した品である。そして文永一一年の身延隠棲後になると、次のように持者、一乗の持者、持経者など、時によって、多様な表現が認められる。

文永一二年（一二七五）「曽谷入道殿許御書」（一一〇四〜一一二五頁）「持者」、建治元年（一二七五）『法蓮抄』（一一五四〜一一七〇頁）・「法師品の文」・『選時鈔』（一一八九〜一二四二頁）「一乗の持者」、「国府尼御前御返事」（一二四三〜四五頁）・「高橋殿御返事」（一二六七〜一二七三頁）・「法師品の文」・建治二年（一二七六）「松野殿御消息」（一三五四〜一三五八頁）・「忘持経事」（一三六一〜一三六三頁）「持経者」、『報恩抄』上（一四一五〜一四四二頁）「持者」、建治三年（一二七七）「下山御消息」（一五一〇〜一五四二頁）・『法華経二十重勝諸教義』（一六〇七〜一六一三頁）「法師品の文」・弘安元年（一二七八）「太田左衛門尉御返事」（一六五六〜一六六〇頁）「法華経の持者」、同三年『当体蓮華抄』（二〇八〇〜二〇八八頁）「法華の持者」、同五年『読誦法華用心抄』（二〇二九〜二〇三六頁）「持経者」。

右記の日蓮の持経者関係の表記の出典は真偽未決のものも含まれている。このこともあってきわめて多様である。ただ佐渡配流以降、特に身延隠棲後に法華経と明示したり、法師品第一〇と指定したものが見られることが注目される。これは彼が『法華験記』にあげる一般の持経者に対して、彼自身を法華経を色読した行者として認識した事を示している。その契機と思われるのは、文永元年（一二六二）一一月一一日の東条小松原での東条景信による襲撃の負傷で、その直後に記した「南条兵衛七郎殿御書」の「法華経の故にあやまたる人は一人もなし、されば日本国の持経者は未だ此の経文にはあわせ給はず、唯日蓮一人こそ読みはべれ、『我不愛身命但惜無上道』是なり、されば日蓮は日本第一の法華経の行者なり[17]」との文に見ることが出来る。彼は喜見の自虐的焼身供養を自己の法華経弘道の為の折伏や諌暁がもたらしたこの法難に殉ずる覚悟とむすびつけた。そしてこの法華経を自己の体験に照らして読む色読をもとにして法華経の弘道に邁進する自己を法華経の行者と認識したと考えられるのである。

更に彼は法華経本門最初の従地涌出品第一五で末法濁世の時に大地から金色で如来の三十二相と無量の光明を放つ、

数多くの菩薩が涌出する。その際上行・無辺行・浄行・安立行の四菩薩が主導するとされているが、自分はその上行菩薩であるとした。そしてこの上行菩薩である自分は本尊釈迦如来が霊鷲山で直授した法華経の肝心「南無妙法蓮華経」を本尊、題目、戒壇の三大秘法に開いて広宣流布する。この本尊は本有無作三身の教主釈尊、題目は自行・他行の南無妙法蓮華経、そして戒壇は王法仏法不即不離の仏光土の中心である霊山の浄土に建立されるべきであるとしている。(18) これは将来身延山を戒壇とする心願を示すとも考えられるのである。

ところで中世初期成立の『諸山縁起』は成立期の修験道を示すものとして注目されている。その第一五項「証菩提山は字大峰なりと云々」の項に、最初に行ない出した先達は役行者で、次に彦の寿元持経者、次に鎮西の高持経珍尊、次に伊予の芳元持経者、次に出羽の黒持経者との記載がある。これを見ると役行者の後の彦山、伊予の石鎚、羽黒の修験霊山を持経者が開いたとしているのである。(19)

同書の第一三項「転法輪山（字は葛木の峰なり）宿の次第」の項には、紀伊の加太から和泉葛城、大和葛城をへて二上山に至る葛城山系の九五の霊地をあげ、それぞれの特徴を記している。その中には次頁の第一表にあげたように加太の阿布利寺を序品、二上山の先きの普賢寺を勧発品第二八とし、その間に他の法華経二六品のそれぞれを埋経した経塚が作られている。(20) そして冒頭にこの葛城山系を歩まれた役行者の足の下には、法華経の六万九三八四字がおさめられている。(21) それ故、これを参考にして法華経の受持、読経、誦経、解説、書写の行をする法師は、華厳経普賢行願品にあげられている普賢菩薩の礼敬諸仏、称讃如来、広修供養、懺悔業障、随喜功徳、請転法輪、請仏住世、常随仏学、恒順衆生、普皆廻向の十の誓願を余念なく心を定めて修行するようにとしているのである。

この「宿の次第」の二八経塚も含む九五の霊地の説明の中には、如法経ありなど、そこで法華持経者が修行をしたことを思わせる記載が認められる。まず第一表にあげた二八品のそれぞれに充当された経塚の霊地に見られる如法経や法華経に関わる説明を見ると、譬喩品第三（19大福山―霊所番号と霊所。以下同様）如法経、法師品第一〇（51大威徳寺）如法経、勧持品第一三（57灯明峰寺）釈迦、如来寿量品第一六（62今泉の水の宿）持経の原、分別功徳品第一七（64転法輪嶽）如法経、

第一表　法華経二八品経塚の霊地

	法華経二八品	字数	霊地	霊地の特徴	葛城修行灌頂式
迹門	序品一	四〇八二	1阿布利寺[*2]	蓮花池	島岩屋
	方便品二	四八五四	3一の宿	国見の丘、八幡、仙処	伽陀（寺）
	△譬喩品三[*1]	六五九一	19大福山（役行者開創の千手寺あり）	第二福集童子（十六仏の一、獅子相仏の垂迹、五部の大乗（華厳・大集・大品般若、法華、理趣）の如法経	釈迦嶽
	信解品四	三二六九	29入江宿	第五宿着童子（十六仏の一、度一切世間苦悩仏の垂迹）	高山
	薬草喩品五	一六五九	32光明寺		大福山
	授記品六	一七二〇	39西の持経者	（灯明岳の東西の覗か）41に東の持経者	雨師嶽
	化城喩品七	五九〇七	44関柱の宿	釈迦の水	竜宿
	五百弟子受記品八	三三〇〇	46鈴杵ヶ岳（犬鳴山）	役行者が唐の第三仙人の時に鈴杵、閼伽、火舎を埋める。火舎の火は弥勒下生まで灯る	一乗山
	人記品九	一三三七	48竜の宿、竜の多輪	行基の堂所が多輪に4、閼伽井、出世の法文・宝	七越（峠）
	△法師品一〇	二一六三	51石蔵王山（大威徳寺）	蔵王涌出の地、北岳に如法経、転法輪寺	岩涌
	宝塔品一一	三三六三	53萱の多輪の留	役行者が経護童子（本地須弥頂仏）を顕す。瑠璃の多輪、54七輿寺、如法経あり	柳の宿
	提婆品一二	一七五三	56朴の留	蔵王あり	神福山
	△勧持品一三	一三〇六	57堀越の宿、灯明峰寺	生死の闇を照す、光滝寺、光滝は釈迦、屋滝は多宝、下は准胝滝、49滝、岩屋、薬草	金剛山
	安楽行品一四	三二七三	58か、仏徳の多輪	（熊野権現）	石寺

本門				
従地涌出品一五	二七八二	61柿の多輪		大日嶽
△如来寿量品一六	二〇三二	62今泉の水の宿	梅ヶ辻（葛城山九二二m）、持経の原	牛頭
△分別功徳品一七	二六七一	64転法輪嶽	不動堂、如法経あり、口伝	朝原
随喜功徳品一八	一三〇九	67か、黒扨の多輪	梨子の留	水分
法師功徳品一九	三〇七七	70神福山（常光童子）	大唐第三仙人北斗大師、行者の母の為に千塔供養	堺那
△常不軽菩薩品二〇	一四八三	75石寺	本尊七（薬師三、弥勒三、月動大聖）、梅、梌、久清仙人の滝、行道所、法華経、如法経の石箱、般若経	金立
神力品二一	一一三八	76涌出岳	壊一切世間怖畏仏の垂迹末出光童子が坐す。般若心経一万巻、七寸の玉を埋める。77金剛山寺	神下
△属累品二二	四六三	80水越の宿	飛経ヶ岳、如法経四巻（法華経八巻中五～八）	石坐
薬王品二三	二八〇五	82堺那寺（葛木山）	北千房、本仏薬師、地主は牛頭天王宮の八王子、行者授法の本尊曼荼羅、三尊を安置、三重の閼伽水	切立塔
妙音品二四	二〇七〇	84小鷲の宿	滝	小嶽
△観音品二五	二七〇五	86高貴の留	本尊五大尊、八王子、如法経、弘法大師の一筆大般若、如法経、硯水の井	大嶽
△陀羅尼品二六	一二四〇	88二上石屋	世親の三重の石屋、中重は北斗の石屋、一尺二寸の金塔、醍醐の分水、香水は読経所、石塔、薬師、日光、月光、如法経、頓義の石屋に般若千軸、法華経	仏生谷
厳王品二七	三七三一	91大坂の隣下（峠）	（二上山の北）	田尻
勧発品二八	一七〇四	95普賢寺（千願観念を修める）	亀の尾の宿（亀瀬川に経石）	亀瀬
二八品、全八巻	七〇六八七	二八宿	この峰の草木悉く一乗の字に非ざるはなし、一切の草木皆これ如法と説くが故に	修験道章疏Ⅱ、62頁

＊1：△は二八経塚中如法経など法華経の説明あり。＊2：数字は霊地番号

第二表　大峰・葛城十六童子とその典拠

大通智証仏の王子名		大峰・葛城の十六童子		
担当方位	王子名	山名	宿名	王子名
東	阿閦 須弥頂	大峰 葛城	禅師 一乗山	検増 経護
東南	師子童 師子相	大峰 葛城	多輪 大福山	後世 福集
南	虚空住仏 常滅	大峰 葛城	笙の岩屋 金剛山	虚空 常行
西南	帝相仏 梵相	大峰 葛城	篠 二上岳	剣光 集飯
西	阿弥陀 度世間一切苦悩	大峰 葛城	玉来 入江	悪除 宿着
西北	多摩羅破檀香仏 須弥相	大峰 葛城	深山 鳴滝	香正 禅前
北	雲自在 雲自在王	大峰 葛城	水飲 二の宿	慈悲 羅網
東北	釈迦牟尼 壊一切世間怖畏	大峰 葛城	吹越 金剛山涌出口	除魔 未出光

常不軽菩薩品第二〇（75石寺）如法経・法華経、属累品第二二（80水越の宿）法華経五〜八巻、観音品第二五（86高貴の留）如法経・硯水の井、陀羅尼品第二六（88二上石屋）如法経となっている。これを見ると法華経の迹門が三品で本門が六品と本門が多く、特に寿量品では写経がなされたのか霊地名は水の宿で持経ヶ原とある。また観音品も如法経が二で硯水の井がある。この他属累品（水越宿）では法華経の本門にあたる五巻から八巻が納められている。このように日蓮も重視した本門が多く、特に寿量品と観音品に充当された霊地では写経もなされているのである。

次に二八経塚以外の霊地で如法経など法華経と関わる霊地をあげると、迹門が6二の宿、如法経（以下如法経との記載のみは霊地番号と霊地名のみを記し、その他や付記は括弧内に説明を入れる）、12高山寺（他に行者の御説経所）、13如法の宿、15飯盛山（ほかに釈迦如来）、17孝子嶽（ほかに行者人の経）、20堰の宿、22宇礼志嶽、24経の尾、26願成寺、36朽仏寺（法華経修行）、40大遺水、41東の持経者（霊地名）、54七興寺の一三であるのに対して本門は66今遺水、81今松の水の留、83金剛沙寺の三のみである。これを見ると迹門の経塚がある範囲は実数は多いが本門に位置づけられた役行者伝承と結びつく大和葛城、二上山の側が経塚を作るなど、より重視されていたことがわかる。

ところで『諸山縁起』には、葛城山と大峰山の各八ヶ所の重要な霊地には金剛童子が祀られている。この計一六の童子は第二表にあげたように法華経の化城喩品第七にあげる三千塵点劫の昔に世に出て八千劫の間、法華経を説いた大遍智証仏の十六王子の垂迹としている。(22)

このうち葛城山の未出光童子の在所の金剛山涌出口は神力品第二一を納めた涌出岳七六がこの地と思われる。この神力品は大地から出現した地涌の菩薩が釈迦の意を受けて法華経の弘布を誓い神通力を発揮することを誓う品である。本表の出典である『諸山縁起』は第一八項の「葛木峰の金剛童子の御名」の最後のこの未出光童子の説明には「東北方の仏を壊一切世間怖畏と名づく、第六（十六カ）は我釈迦牟尼仏なり」と付記している。これは葛城山系全体の鬼門（東北）にあたる釈迦を本地とする未出光童子が涌出してその意を受けて一切世間の怖畏を壊すことを期待する事を願うことを示すと考えられる。そしてこれは自己を釈迦の意を受けて末法の世の救済のために大地から涌出した上行菩薩と観じた日蓮の心意に通じるとも思われるのである。

大峰山に関しては『諸山縁起』第一項「大菩提山仏生土要之事」の冒頭に大峰は仏生国の巽（東南）の金剛崛（霊鷲山）の坤（西南）の一部が僧聴三年（五三八）八月一九日の夜半に飛来したとしている。しかしながら山中の霊地は胎蔵界と金剛界の曼荼羅の諸仏諸尊の位置づける形をとっている。けれども胎蔵界に充当された一〇六の霊地のうち三〇ヶ所には如法経・法華経が納められている。これに対して金剛界では二二の霊地のうち如法経と関わるのは一印会の千仏の山一ヶ所のみである。[23]ちなみに「法華験記」の「第十一吉野奥山持経者某」の項に沙門義睿が大峰山中で見えた法華持経者の山居の状況を記されている。[24]それは人跡絶えた幽谷の小庵で鳥の声が聞かれる。そこで持経者が法華経を一巻よむと風が吹いて巻きかえす、そして童子が奉仕している。中尾堯はこれは前項で紹介した日蓮が隠棲した身延山の四山四河に囲まれた沢近くの小庵で、猿の声を聞き檀越や弟子の奉仕で法華経を色読する姿を彷彿させるものとしている。[25]なお近世後期に定められた大峰七十五靡の四五番に身延山の行場七面山と同名の七面山がある。ただこの霊所は靡道からかなたの七面のウラと呼ばれる絶壁（七面山）を遥拝するもので、ここに鬼が住む窟があり、不動が祀られているとしている。[26]

第三項　日蓮門流と修験者

日蓮門流と関わる修験者には、日蓮の弟子となった修験者、中世後期に日蓮宗諸門流の僧の弟子となった修験者、近世期に日蓮宗の行堂などで苦修練行して験力を得て、祈祷に効験をおさめて修験者と呼ばれた者の三種類がある。第一の日蓮の直弟子となった著名な修験者には六老僧に次ぐ中老一六人の一人小室妙法寺の日伝（一二二二〜一三〇二）がいる。日伝は肥前国出身で寺伝では幼名を多聞丸といい鞍馬山で修行後、剃髪して善智（慧朝とも）と改め、真言修験となった。その後、東国を巡錫した際、甲斐国小室（現南巨摩郡富士川町）の役行者開基とされる東国修験の棟梁の真言寺院仁王護国院金胎寺に入寺した。そしてその学頭、さらに主職となり、肥前法印と呼ばれた。ところが日興、日朗を伴ってこの地を遊化した日蓮に折伏され、験くらべにも敗れ、帰伏して弟子となり、日伝と改名した。そして身延山の醍醐谷志摩坊に居して修行後小室に帰り、金胎寺を日蓮宗の徳栄山妙法寺とした。そして数十年にわたって折伏に従事し、乾元元年（一三〇二）七九歳で死亡した。その後妙法寺は三世日専の時に富士門流となって本迹勝劣を立てたが、本迹一致を説く久遠寺七世日叡に論破されて、至徳三年（一三八六）身延門流に回帰した。戦国期には武田家の外護を受けて繁栄した。そして身延山から末寺扱いされるのを嫌って、天正一一年（一五八三）徳川家康から無本寺を認められた。また慶安元年（一六八四）徳川家光から朱印地七石五斗を与えられ、歴代将軍に継承された。近世には末寺三五ヶ寺を擁していた。[27]

近世後期にこの妙法寺は、版本『甲州小室山伏問答記』（問者恵朝阿闍梨善智、答者日蓮大聖人）を京都の村上勘兵衛から版行した。同書はその後天保四年（一八三三）補刻され江戸、京都など六舗で売られている。そこで以下同書の概要を簡単に紹介しておきたい。[28] 肥前国出身とされる恵朝阿闍梨善智は一七歳の時に大峰山で一四日断食して岩上で座禅したうえで京都に出て、愛宕山・高雄山・嵯峨、比良、彦山、温泉ヶ岳（雲仙カ）、金毘羅、立山、白山、伯耆大山、出羽三山などの霊山で修行した。さらに熊野の那智滝で二一日間滝行した。そして密教の悟りの世界を究め、印真を学んで行力を得、加持祈祷に霊験を示すと共に、大地から水を湧出し、大磐石を動かすなどの験力を示し、西（東ヵ）国三十三ヶ国の山伏の司となった。日蓮は文永一一年（一二九四）五月一七日に身延山に隠棲したが、小室に験力に秀でた山伏がいると聞いて、その直後の同月二八日に日朗、日興を伴って小室にきて岩に腰掛けて四方を見ると、田植えの早乙女が血を吸う蛭を殺すのを見たので、蛭に加持して血を吸うのを止めさせた。そしてこの奇瑞を聞いて集まった村人に、岩の上で真言亡国、念仏無間、禅天魔、律亡国を罵詈雑言した。真言修験の善智はこれを怒って頭巾、鈴懸、磨紫金袈裟をつけ、一〇余人の山伏と共にその場に駆け付けた。そして日蓮の真言亡国の説法に論争を挑んだ。その論戦は次の通りである。

善智：そもそも大日経は天台大師が法華経をそう名付けたものである。それ故本経は十方仏土中の唯一の一乗経で、その印真は仏法の一念三千にあたる。弘法大師は真言第一、華厳第二、法華第三といっている。

日蓮：大日経の住心品は無量義経にあたる。また大日経の入曼荼羅以下は法華経と同じだ。大日如来は法華経を大日経と名付けて金剛薩埵に渡したのだ。法華経は十方仏土の中の唯一の経である。

善智：中国の三階禅師は法華経は末代の為に釈迦が説いたもので、今の世にそれを用いる者は阿鼻地獄に落ちるといっている。

日蓮：三階禅師はそういって多くの弟子を育てたが、その弟子の少女が法華経に帰依したと聞いて、大蛇になって弟子を呑んでしまった。こうした蛇道に入らず法華経を信ぜよ。

善智：善無畏は大日経の疏の中で、法華経の一念三千は理の法門だが密印や真言の事相はないといっている。また慈覚大師は大日経と法華経の疏を作り、仏前に供えて、どちらが優れているか伺った。すると弓矢が日輪を貫く夢を見た。そこで朝廷に天台座主は密教僧、仏像の開眼には大日如来の印明を用いるように奏上した。真言亡国は貴僧の独断だ。

日蓮：夢の話でなく、七〇〇〇の内典、三〇〇〇の外典の中に真言が法華に勝れているとの証拠を見せてほしい。

善智：返答に窮する。

日蓮：承久の乱の時、後鳥羽上皇は真言僧に幕府の調伏を依頼したので敗れた。釈尊から末法の世に全世界の人を救済する為に上行菩薩に託されたのが法華経である。それ故「南無妙法蓮華経」と唱えれば、必ず救済される。自分は日本第一の法華経の行者である。

日蓮はこう告げたうえで懐中から『立正安国論』をとりだしてその要旨を講釈した。これに対して善智は我宗の理である行力を示すといって、日蓮が座っていた岩に向かって、般若心経と不動明王の呪をとなえ、諸天善神に来下して行者と力をあわせたまえといって祈ると、岩が一丈ばかり空中に上って留まった。これに対して日蓮は天龍八部大菩薩、上行菩薩の功徳、題目、法華経宝塔品を唱えて、その岩を空中に留めて、善智にそれを下して見よといった。そこで善智が三密の呪や心経を唱えたが動かなかった。これに対して日蓮が不変真如の文を唱え、九字を切り、五つの心経の✡字を書き妙法を唱え祈念したら、岩はもとのところにおさまった。なお後にこの岩があったところに寺を創建して、妙石山懸腰寺と名付けている。善智はさらに呪力で川の水をせきとめた。これに対して日蓮は法華経薬王品を念じて水口を開き、川の水を流した。これに因んでこの地は口漏沢と名付けられた。二度も験くらべに敗れた善智はたまりかねて、峰入の斧で日蓮を打ち殺そうとした。これに対して日蓮は斧は役行者が峰入の時、悪魔降伏に用いたものだ、それで日蓮を殺すとは始祖の心を知らないのか、と咎めた。善智はとてもかなわないと感じ、日蓮に帰伏して、四、五日間『立正安国論』の説法を聞いた。

けれども内心は法論や験くらべに敗れたことを残念に思い、妻の助言で鴆の毒を入れた粟餅を持って身延山に行って日蓮にすすめた。怪しんだ日蓮がそれを白犬に食べさせたところ、死亡した。善智はこれを見て深く懺悔して赦免を乞うた。日蓮はこれを許し、弟子として能く身を持ち、「南無妙法蓮華経」と唱えよと命じて、大本尊を授け、肥前公恵朝阿闍梨日伝の名を与えた。また犠牲になった犬を哀れんで大塔婆を建立した。今身延山久遠寺身延文庫にある塔婆がこれである。なお別伝では善智が身延の日蓮のところに毒を入れた強飯を持参した。日蓮がそれに毒が入っていないか疑って、犬に食べさせたら死亡した。この後日蓮は強飯に向かって経文を唱えて、「毒を消したので、自分も食するので汝も食せ」といった。二人は共に食したが、死ななかった。善智は懺悔し、弟子となった。なお妙法寺ではこの後日伝が日蓮から授かったとされる毒消しの符を頒布している。

さて日伝は建治元年（一二七五）二月八日に身延山醍醐谷に草庵を作って、数年日蓮の教えをうけたうえで、小室に帰った。そして護国院金胎寺を日蓮宗に改宗し寺名も、徳栄山妙法寺とし、日蓮の尊像を刻み、開眼してもらって同寺に祀った。なお現在妙法寺には善智が所持したとされる上段に仏像を納めた笈、法螺貝、錫杖を伝えている。また西の峰の奥院には七面天女と妙見大菩薩を祀り、天狗の伝承も認められる。

この他甲斐国で日蓮宗に転じた修験寺院には伝承では休息（甲州市勝沼町）の立正寺、武川村高山（北杜市）の実相寺がある。立正寺は縁起では行基が開基し、子安地蔵寺と称した。延長三年（九二五）行蔵阿闍梨が真言宗とし、長和四年（一〇一五）には覚徳阿闍梨が金剛山胎蔵寺と改称した。永保三年（一二六八）一〇月、住職宥範が当地で休息した日蓮が『立正安国論』を講じたのに感服して弟子となり、日乗と名乗り、寺名を休息山立正寺とした。中世後期には七堂伽藍があり、寺中一八坊、末寺六ヶ寺、末庵が五ヶ所にあったとしている。(29) また武川村の実相寺は寺伝によるとその前身は日蓮がこの地を巡錫した際に当地の真言修験の庵を日蓮宗に帰属させた。その後承和元年（一三七五）に身延山五世の日台は、彼に師事して出家した波木井実氏を日立と名乗らせ、この庵を与え実相寺と改称させたとしている。(30)

なお天文年間（一五三二〜一五五五）の上曽根東養院所蔵文書によると、当時甲斐の本山派修験二四院、同派六一院、当山修験はおよそ二一四院で、小室妙法寺、休息立正寺、柏尾大乗院、七覚山円楽寺、窪八幡普賢寺、藤木法光寺が当時は修験の拠点でその行法を修していたという。(31) その後化政期（一八〇四〜一八三〇）の修験は『甲斐国誌』では府中（本山・当山）三六、山梨郡万力筋（本山・当山）二三、同栗原筋〇、八代郡大石和筋（本山・当山）一五、同小石和筋（本山・当山）一一、山梨郡中郡筋（本山・当山）四、八代郡中郡筋（本山・当山）七、巨摩郡北山筋（本山・当山）二〇、山梨郡北山筋（正宝院）、巨摩郡逸見筋（本山・当山）七〇、同武川筋〇、同西郡筋（本山・当山）二九、八代郡西郡筋（本山）一二、巨摩郡西河内筋（修験）三、八代郡東河内領（当山）一五、都留郡郡内領〇、計二四六寺である。[32] その後、慶応四年（一八六八）の『甲斐国社記・寺記』では、甲府（本山一二、当山二〇。以下この順序）、東山梨（一五、三一）、東八代（一五、二二）、西八代（五、一八）、北巨摩（二一、九一）、中巨摩（五、二一）、南巨摩（〇、〇）、北都留（三三、三）、南都留（一六、二〇）、計（一二二、二二六）。これを見ると巨摩郡の修験が多く、特に慶応四年では特に当山派修験が多くなっている。[33] ただ同年に身延山がある南巨摩郡が〇となっている事が注目される。

次に日蓮以降の有力門流に包摂された修験を紹介したい。まず富士門流の祖日興（一二四六～一三三三）の弟子本六人の一人寂日房日華がいる。彼は甲斐国鍬沢出身で領主秋山信綱の子といわれている。少年時代に中道町（現甲府市）の日本最古の平安末の役行者像を伝える修験道の古刹七覚山円楽寺で修験の法を学び長意法印と号した。二五歳の時、日興の門に入り、寂日房と号した。そして正和年間（一三一二～一三一七）兄弟の泰忠の外護をうけて、讃岐の田村に法華堂を建立した。けれども日興の死後富士に帰って、南条時光の旧宅を妙蓮寺とした。その後建武元年（一三三四）八三歳で死亡した。[34] 同じく日興の弟子日目（一二六〇～一三三三）に師事した日郷は元徳元年（一三二九）頃南九州の日向に下った。そして建武元年（一三四五）には細島（現日向市）の行縢山の熊野三所権現別当の真言修験甲斐法橋除覚の子薩摩法印を折伏して弟子とした。彼はその父除覚が死亡すると行縢山の阿弥陀堂を法華堂に改め、さらに日蓮宗定善寺とした。その上で薩摩法印は元弘三年（一三三三）同信者一八人と共に富士の大石寺に行き上蓮房日仙の門に入り、翌建武元年、日叡と名乗った。そして帰国後は定善寺を拡充すると共に、同国に本善寺、妙国寺などを建立し、康永三年（一三四四）には日郷から富士門流の日向先導職に任じられた。応永二年（一三六九）六一歳で死亡した。[35]

日蓮から遺言で京都での布教を託された日像（一二六九～一三四二）はまず北陸で布教後京都に入った。その北陸の能登で石動山の修験が彼に折伏され、日続の名を与えられた。彼は京都に同行して本覚寺に居して日像を助けたが、その後暦応年間（一三三八～一三四二）に上総国夷隅郡に移住して、総野村に長慶寺を開き、さらに勝浦の真言修験長寿院を改宗させて本行寺としている。[36] この他東北の天台宗羽黒山東光寺の玄妙は同寺で学僧を指導していたが、日蓮宗に関心を持ち、会津に行って富士門流の黒川門徒に帰伏した。けれどもこれに満足せず中山法華経寺に行って学び、後には同寺の学頭になっている。[37]

このように中世後期には富士門流などでは修験者を包摂している。これに対して厳格な法華信仰を主張し、京都の本法寺を拠点に折伏、諫暁を行なった日親（一四〇七～一四八八）はその著『伝灯抄』の中で「門流によっては山伏道なんどの檀那を奪い合う様に」しているとして、日蓮僧の修験への接近やそれをめぐる争いを批判している。[38]

近世初頭以来日蓮宗では行堂での厳しい修行により験力を得て檀越の依頼に応じて祈祷して効験をもたらす宗門の修験僧が注目されるようになった。主なものをあげると、身延山には仙寿日閑（一五〇四～一六〇一）がいる。彼は身延山東谷積善坊一〇世で、日夜読経と唱題に専念したうえで七面山に一〇〇〇日間籠山した。その行満の時七面天女の宝前で花瓶の柳の一枝を授かった夢を見た。そこでこれを用いて祈祷に効験を示し、当初は山内僧衆さらに檀越の信者の帰依を得て、積善坊流という行法の一派を形成した。[39] 中山門流には教行院日受と経王院日実が現れた。日受（一五一三～一五九八）は日親の孫弟子にあたるが、京阪に多くの信者を得、諸国の大名や宮中の祈祷に携わった。徳川家康の娘督姫の疫病を平癒させもした。そしてその生母西郡の方から京都の伏見西境町に祈祷所を賜り、これを本教寺としている。日実（?～一六〇六）は円教坊ともいった。下房国高石神（現市川市）の泰福寺で二五年間にわたって毎日法華経二部を読誦した。これに感動した代官の朝比奈泰勝がここに自己の守護神、八幡大菩薩像を祀らせ武運長久を祈らせ、さらに文禄五年（一五九六）に寺院を寄進している。関西では六条門流本圀寺末の尼ヶ崎長遠寺六世の日鎮の祈祷が広く知られ、天正一六年（一五八七）、国家安全の祈祷の綸旨を授かっている。[40]

近世初期には中山法華経寺に遠寿院流を創始した日久（一六六三～一七二七）が行堂で加行させたうえで祈祷法を伝授した。このこともあって爾来すぐれた修験僧が輩出した。その中から影山堯雄が紹介した桑名の円妙寺開基の通明院日隆、身延山三三世遠沾日亨、京都堀川本蔵院六世一道日法を紹介しておきたい。[41] 日隆（一六三三～一七一〇）は駿河国興津の生まれ、身延山久遠寺二六世日暹に師事して身延山の行堂で積善坊流を修め、桑名城主松平定良の病を治癒させた。そこでその子定重が円妙寺を創設して開山に招請している。日亨（一六四六〜一七二一）は京都出身で妙伝寺、立本寺、京都岡崎満願寺をへて身延山に入り三三世となった。宝永三年（一七〇六）永代紫衣着用の勅許を賜わって国家安全、宝祚長久の祈祷を命じられた。爾来毎年、宮中に祈祷巻数を献上している。

日法（一六五九〜一七一九）は甲斐国に生まれ、京都に出て、五条堀川本蔵寺に入った。そして鴨川で一〇〇〇日の荒行をしたことから庶民のみならず貴紳の帰依を得た。宝永五年（一七〇八）五月には本蔵寺内に陀羅尼六十六万巻読誦成就供養塔を建立した。翌年三月には霊元上皇の御所普請成就の祈祷をしたことを契機に上皇から常時加持祈祷を依頼され、効験をおさめて「大験者上人」の称号を与えられた。なお上皇の還暦除厄の祈祷を御所に参内して行なった際、上皇から「日蓮大菩薩」の宸翰を授かっている。また彼の弟子で本蔵寺を継いだ日友（?〜一七三六）も伏見邦永親王の加持に効験を示している。この他京都では日勇（一六三九〜一六九一）が唯観流をおこし、その孫弟子日栄がその著『修験故事便覧』で修験僧の祈祷を紹介している。また身延山の積善坊流は化政期（一八〇四〜一八三〇）には二二代日憲、二三代日行が現れて隆盛した。

このように近世期の日蓮宗では日蓮の折伏や諌暁よりも、きびしい修行をした修行僧が加持祈祷で効験を示し、それを法華経や題目によると説明して信頼を得ることによって民間に浸透していったのである。

第四項　七面山と富士山

日蓮が隠棲した身延の庵室からは北に身延山、南に鷹取山、西に鉄門を思わせる七面山、東に王子ヶ岳と富士山が見られた。このうち七面山は近世期には、身延山の鎮守、行場として、富士山は日興ら富士門流に崇められ、近世後期には日蓮と関連づけた霊所も設けられている。(42) そこで本項ではこの両山について紹介したい。

七面山は古来山麓で水分の山として崇められ、幾つかの伝説が知られている。その第一話は西北の山麓雨畑村の猟師が同山で仏像に似た古木を拾って持ち帰って飾っていたところ、家中の者が病気になった。そこで近隣の篤信者に預かってもらった。すると彼が夢の中で、神を思わせるような人から、九月一九日に七面山頂の池の傍に祀るように指示された。そこで村人が小祠を建てて池の大神として祀ったという話である。第二話は、山麓では七面山上に七つの池があるといわれていた。うち六つまでは在所がわかっていたが、今一つは不明だった。ある日七面山の山奥で道に迷った木こりが夜中に闇の中を進んで行くと、夜明け方に大きな池のところに出た。朝日が池面をさすと池から金鱗、銀鱗の龍が現れて昇天した。おどろいた彼は斧をなげ出して逃げ帰った。里人はこれは第七の池ではと噂したという話である。

第三話は一三世紀末、子供に恵まれなかった京都の公卿、中納言京極師資が厳島の弁才天に祈って娘を授かった。絶世の美女に成長した彼女に皇族の池の宮が求婚した。けれども彼女は業病になり薬石も効かなかったので師資が厳島の弁才天に祈ると、甲斐国波木井郷に毘沙門天の城、吉祥天の国を写した七つ池の霊山がある。この池の水で浄めると平癒するとの託宣があった。そこでここに赴いて姫が池の水を浴びると業病は快癒した。ところが姫は妾はこの地に棲む因縁があるといって池に飛び込んだ。ほどなく二〇尋（四〇ｍ）ほどの大龍が姿を現して「末法在時、現則護法」と唱えて、池中に沈んだ。一方池の宮は霊薬を準備して姫を追ってこの池近くに来て、姫の消息を聞き、絶望してその池に身を投じて池の大神として祀られたという悲話である。

これらに対して寛文六年（一六六六）五月一六日に身延山の草山元政が僧某の求めに応じて記した『七面大明神縁起』では、建治三年（一二九七）日蓮が身延山で説法していた時、聴衆の中に二〇歳位の美女がいた。聴聞していた南部実長が何人かと訝った。そこで日蓮が彼女に本身を示すように求めた。すると彼女が「一汲の水を授かれば」と応じたので花瓶を与えた。すると彼女は一丈余の大蛇になって花瓶に纏わりつき、首をもたげて舌を出した。実長はその姿を絵師に画かした。ほどなくして大蛇は美女にもどり、妾は七面山の龍神だが、今後は身延山を守り、一乗受持の者の祈願を満足させると誓ったとしている。(43) この話はさきの第三話の厳島弁才天の申し子の姫が七面山の池で龍神に化して、

「末法在時、現則護法」と唱えて池に消えた話を日蓮と結びつけた形で展開させたとも思われるものである。その後『別祖高祖伝』『別頭統記』などはこの説を受け、貞享年間（一六八四～一六八八）の謡曲「現在七面」もこれをとり入れている。もっとも貞享二年（一六八五）に久遠寺三一世日脱がまとめた『身延鑑』では、まず身延山から、天狗妙太郎の在所の大郎峰、天狗法太郎の在所の次郎尾をへて、赤沢部落に下り、そこから青木沢をさかのぼって一の鳥居から七尾山山頂の奥の池に到る七面山登拝道をあげている。次いで身延山二一世日乾がこの道をへて七面山山上に到り、参籠した時、池の大神が現れた。案内した老僧がその本地は鬼子母神の御子弁才天功徳天で、右手に施無畏の鍵、左手に如意宝珠を持っている。本来阿毘曇荼城妙華福光吉祥園にいますので、吉祥天とも名付けている。この山には八方に門があるが、そのうちの鬼門を閉じて七面を開いて、七難即滅、七福即生をはかっているので、七面山とも呼ばれている。建治年中（一二七五～一二七八）に日蓮の庵室に美女が現れ、七面山の池に棲むが苦を逃れたいので、結縁してほしいと願った。そこで日蓮が大曼荼羅を授けると、自分は厳島の弁才天だと名乗った。日蓮が姿を見せるようにといって花瓶をだしたら赤い大蛇となって、それに纏いついた。その後再び美女となり、自分は霊山会上で仏から授記を得たので、末法の時に法華経受持の者の難を祓い、七福を即成させ、身延山の七堂を守るといって、再び大蛇となった。その蛇形を狩野大蔵が画き、日蓮がこのことを併記した。なおこの花瓶は身延山にあり、日蓮が与えた大曼荼羅は厳島に納められている。そしてこの後にさきの京都の公卿京極師資が厳島の弁才天から授かった娘が七面山の池に入り、その後をおって池の宮（本地毘沙門）が入水した話をあげている[44]。その後説法する日蓮に大蛇（龍）と花瓶を配した説法図が画かれ、神奈川県の依知妙純寺などに所蔵されている。なお時代は下るが、享保一八年（一七三三）に大野山本遠寺一二世智静院日孝が著した『七面山本地記』では、七面天女の本地を法華経提婆品の龍女としている。

この七面山の龍女を身延山の日蓮と結びつける伝説の成立には、山梨郡出身の身延山一四世善学院日鏡（一五一〇～一五七二）、幼にして身延山に入った一五世宝蔵院日叙（一五二三～一五七八）、この二人の弟子の一六世琳林院日整（一五六三～一五七八）、巨摩郡に生まれ小室山妙法寺一七世をへて身延山一七世となった慈雲院日新（一五三五～一五九二）など、さきにあげた一〜三話の山麓の七面山の伝説が在地で広く信じられていたことを知悉していた歴代山主の関与があったとも考えられるのである。

史料上の七面天女の初出は後に大坂雲雷寺開山となった日宝が、身延山の学僧だった天正二〇年（一五六二）一二月八日に画いた本尊（曼荼羅）への「南無七面大明神」との記入である。その後身延山の伽藍を整えた身延山久遠寺一八世妙雲院日賢が大曼荼羅に「文禄五年（一五九六）丙申夏吉日　七面大明神宝殿　常住之本尊也　願主真善坊日妙」と脇書している。それ故この頃七面山大明神の宝殿が造られたと思われる。この大曼荼羅の七面大明神の像容は吉祥天に似た宝冠、鐶釧で左手に宝珠、右手に宝鍵を持って岩座に腰をかけて足をたらした姿である。(45)ちなみにさきに紹介した『七面山大明神縁記』の作者草山元政が著わした『播州原田法華寺日雄法師行状』には、慶長一三年（一六〇八）に日雄が七面山で読誦三昧に入り千度読誦を満了した。その折七面明神宝殿前の池や堂で奇瑞にあったと彼の弟子日達が聞いたとの実話をあげている。それ故一六世紀末から一七世紀初期にかけて七面山に七面明神の宝殿などがあって、日蓮行者が苦修練行していたことが推測される。爾来七面山は七面山大明神示現の地とされ、天女姿の大明神は吉祥天の垂迹、その吉祥天は鬼子母神を母、徳叉迦（序品所掲の八大龍王の一つ徳叉迦龍王）を父とするとの意味づけがなされたと考えられるのである。

もっとも当時七面山は赤沢の真言寺院妙福寺が管理していた。そこで身延山二四世日要は妙福寺の日照に働きかけて七面山とその登拝路の六ヶ坊を身延山に委ねさせ、同寺を七面山の別当とした。爾来同寺は毎年一月一日に七面山の七面明神宝殿の開扉を行なっている。そして登拝者は同部落からの登拝口にある白糸滝で水行のうえで登拝していた。なお元和五年（一六一九）には身延山二二世日遠の篤信者の徳川家康の側室養珠院（お万の方）が女人禁制を犯して七面山に登拝したこともあって、七面山大明神は広く崇められるようになった。

こうした赤沢村の動きに対して、古来山頂の池の大神を祀っていた雨畑村は、慶安四年（一六五一）に山頂の所有権を主張して赤沢村を領主の千松君、徳松君に上訴した。これを受けた寺社奉行は七面本社から山の中腹までの八町四方を身延山久遠寺の所有地とした。こうして七面山が身延久遠寺のものとなったことから、延享三年（一六七五）には仙石越中守政明の内室、甲斐大島村渋谷又左衛門、同国小笠村内藤氏、中川佐渡守久恒などの有力檀越の寄進によって七面社本宮、幣殿、拝殿、廊下、御供所、庫裡、客寮、籠堂、池大神宮、随神門、推鐘及堂から成る伽藍が完成し、同年八月に遷座式が行なわれた。もっとも雨畑村が関わる池大神宮はこの中では小祠となっている。七面山ではその後元禄一六年（一七〇三）には別当寮、籠堂を新築し登拝者も増加した。

ところが安永五年（一七七二）一〇月一一日夜、突然出火し七面山上のすべての堂宇が焼失し、参籠中の男女五〇人余が死亡した。この火災に関してかねてから法華経に無縁の神々を祀ることは雑乱勧請にあたると批判していた身延山四六世日唱は、この火災はそれを犯した報いであるとした。そして今後七面女神は祀らず、堂宇も造営しないと申し渡した。これに対して翌六年身延山西谷檀林の大衆は寺社奉行にその非をあげ、申し渡しのとりさげを求めて上訴した。この訴えを寺社奉行が認めたことから日唱は追放され、歴代からも除かれた。身延山ではこれを除歴唱師事件と呼んでいる。こうして危機を乗り越えた七面山は身延山久遠寺法主管轄の敬慎院とされ、七面天女を祀る七面本社、池大神の願満社、参籠殿などをもとに活況を呈している。(46)

最後に近代における身延山からの七面山登拝路を紹介しておきたい。登拝者は身延山の三門から身延川沿いに八丁進み、日蓮が七面天女に見えた高座石がある妙石坊に至る。ここには元禄一〇年（一六九七）の標石、祖師堂、妙太郎・法太郎の天狗（妙法大善神）を祀る妙法堂、清澄堂が見られる。その一〇丁先きに日蓮が身延山奥の院参拝の際袈裟を掛けた袈裟掛松（松樹庵）、すぐ先きの奥院道との分岐点の追分感井坊をへてさらに二〇丁進むと、妙太郎・法太郎の妙法二天狗出現の太郎峰、次郎尾下に十万部寺がある。ここから八丁下ると七面山遥拝所の宗説坊に達する。さらに坂を下ると赤沢部落に入り七面本社の鍵を管理する妙福寺に詣でる。ここから早川にそって進み、その支流春木川をさかのぼると妙法大善神を祀る神力坊が管理する白糸滝、弁才天社持ちの雄滝があり、ここで水行をする。ここが登拝口で山道を一一町登ると肝心坊、さらに一〇丁先きの中適坊、一三丁先きの晴雲坊をへて山頂の総門に達する。山上の敬慎院には本殿、一の池傍らには池の大神がある。ここの参籠所で一泊して翌朝富士山遥拝所で御来光を拝する。二の池の傍には七面天女の影向石がある。ここからは北（裏）参道を赤沢部落北の角瀬へと下る。まず山頂から一二丁下ると明浄坊、さらに八丁で安住坊に達する。そこから一二丁下ったところに日朗袈裟掛松、ここから七丁進むと高住の北参道入口の大鳥居に達し、七面山登拝をおえるのである。

富士山に関してはすでに日蓮や富士山麓に大石寺を開いた日興とその弟子がふれている。まず日蓮は南条時光の母尼に送った手紙の中で「（法華経は）か、る不思議の徳まします経なれば、この経を持つ人をば、いかでか天照大神、八幡大菩薩、富士千眼（浅間か）大菩薩すて給ふべきまじ」と天照大神と八幡と並ぶ法華経の外護神としている。[47] そして建治二年（一二七七）二月から翌三年一〇月の間に画いたとされる六軸の大曼荼羅には千眼天王と記しているが、これは富士浅間菩薩とも考えられる。このように日蓮は富士の祭神浅間大菩薩を三十番神とは別格の天照大神、八幡と並ぶ神格と崇めているのである。

六老僧の一人で富士門流の祖日興はその著『三時弘経次第』に富士山を次のように自己の教学の中に位置づけた。すなわち仏法は正法千年の間は小乗権大乗、像法千年の間は法華経迹門、末法の万年は法華経本門が流布する。日本ではこのうち像法の時に桓武天皇と最澄が迹門をたて像法をのり越えて国土を護持した。そしてこれを「迹門寺、付属の弟子は薬王菩薩、伝教大師、比叡山、始成の釈迦仏、迹化垂迹の師壇、像法垂迹神（天照大神　八幡大菩薩）、桓武天皇」と表記した。けれども末法の今は、日蓮聖人が本化垂迹の師壇として本門を立て、末法を乗り越えて国土を治める事を決意された。そしてこれを「本門寺、付属の弟子の上行菩薩、日蓮上人、富士山、久成の釈迦仏、本化垂迹の師壇、垂迹神天照大神　八幡大菩薩、当御代」と表示した。これは末法の今は本化垂迹の師壇である日蓮と自分が富士山麓に本門寺を建立して治国の実をあげることを宣言したものである。これをもとにして彼は永仁六年（一二九八）二月に重須に本門寺を建立し、そこに上行菩薩・日蓮を祀る御影堂、天照大神、八幡をあわせて本化垂迹師壇の富士山を祀っている。そして晩年の著とされる『法華本門宗要鈔』では「日本無双の名山富士山に籠居す、我が弟子もし本門寺の戒壇の勅を申請し、戒壇を建てんと欲せば、須らく富士山に築くべし」としている。これは比叡山に迹門の戒壇があるのに対して、富士山の地にある本門寺に本門の戒壇を立てることを意図したものと考えられる。

日興の孫弟子にあたる日順（一二九四～一三五四）は文保二年（一三一八）一一月の天台大師講の表白文で、この富士山の麓は四周の峰山を外郭とし、天竺の王舎城を超え、漢土の長安城にも過ぎた場所である。そこで此処に帝都を立て、一切衆生が仏法を崇め奉れば、現世安穏後世善処を得ることは何等疑いがないと述べている。ちなみに富士門流ではいずれも富士山麓にある日興が開いた上条大石寺、北山本門寺とあわせて、下条妙蓮寺（日華―開山、以下同様）、小泉久遠寺（日郷）、西山本門寺（日代）を富士五山と総称している(48)。

近世中期以降には身延山や七面山に参詣する日蓮信者の中には富士登拝もした者もいたようで、「身延山絵図」には遠く富士山が描かれている。そして幕末期の嘉永元年（一八四八）に江戸築地鉄砲州の富士講月三講先達長島庄次郎（行名泰行）が富士吉田からの登拝路を画いた『富士真景之図』には五合五勺の「小御嶽横吹一の鳥居」の日蓮堂の傍に「弘化二己（一八四五）年日連《ママ》祖師堂経ヶ嶽より引いて立つ」と記している。また説明文には「経が嶽、道より南の岩幅をいう。庚申の歳には女も此処迄のぼるなり。是より中道巡りの道あり」とある。又次の砂篩小屋の図の左半分には「文永六年（一二六九）妙経一部ヲ埋テ経ヶ嶽」との見出しの下に木が茂った丘に「南無妙法蓮華経」の文字、姥が懐と書いた洞窟、そこにむかう二人の道者を描いている(49)。

この他一九世紀半頃戯作者四方（松園）梅彦が著した『富士山道知留辺』の経ヶ嶽の項には、ここは文永六年（一二六九）日蓮が妙法蓮華経を一部書写して不二山の半腹に埋めたとその年譜に見えるとしている。そしてかつてはここは日蓮参籠の地で草庵があったが、弘化二年少し下に移したと『富士真景図』と同様の説明がなされている。この草庵と同じく経ヶ嶽からこの下の地に移された日蓮像は上吉田の塩谷平内左衛門家の持ちである。同家には日蓮から授かったとする、

於其地一百日之行須帰依之仁等、被加哀憐雖令満願諸宗之謗壮間讒者多既佐渡ヶ島為浪人雖空日月送、法徳顕然之

恵を受け三国無比類蒙赦免帰願増天下弘経法事帰依之人等為悦達文通披露可有之候其地末至対面事互応因縁而已
文永十一甲戌臘月廿八日　日蓮在判
塩谷平内左衛門殿

の文書がある(50)。吉田御師が日蓮宗の講員に働きかける為の偽文書と思われる。なお経ヶ嶽の姥ヶ懐は日蓮が風雨を避けたところ、その少し上にある不浄ヶ丘は近年まで六月・七月の間山伏が籠って登拝者に不浄解除の祓をしたところとされている。

富士山の山頂では御神体とされるお鉢（噴火口）の周囲を巡って霊地や御来光（ブロッケン）を拝する信仰がある。『富士山真景之図』ではその「吉田須走拝所」の後に法華塔が描かれている。また『富士山道知留辺』にもやはり初穂打場（吉田須走拝所）の少し下に題目銅塔があると記されている。なおこの塔は明治政府の神仏分離の際に下山させて日蓮が文永一一年（一二七四）五月に鎌倉から身延に入る際に一泊したところとされる裾野市東坂の祖師堂に安置されたという。なお現在この祖師堂にある日蓮像の台座には天保一一年（一八四一）六月に須走口浅間神社神主小野大和と江戸伝馬町講中が本願主となって、その九つの講中が富士山頂上に奉納したと記されている(51)。このように近世後期には富士講中の中には日蓮宗徒もいて吉田の御師や神職の唱導もあって、富士信仰の中核をなすお鉢まわりや中道めぐりの拠点に日蓮に因む遺跡を創設したと考えられるのである。

結

日蓮は安房の漁村で名主層の家に生まれ、少年時代に清澄山の清澄寺に入って虚空蔵菩薩に経典を学ぶ智慧を得るよう祈願した。そして同寺の師道善から台密や浄土教を学んだ。その後比叡山の別所無動寺で天台本覚論を学ぶと共に法華持経者に関心を示しもした。また東密にもふれている。その上で清澄寺に帰り、建長五年（一二六五）山上で海から昇る御来光を見て唱題を発願する。そして鎌倉に出て、念仏や禅を排斥して釈尊の真の教えである法華経に帰依するように辻説法した。また『立正安国論』を北条時頼に献じて念仏を排し法華経を重んじるよう諫暁した。その為に伊豆に配流された。なお赦免後故郷で母の病気を法華経の経力で治癒させたが、小松原で念仏信者の地頭の兵に襲われている。けれどもこれに屈せず、当時頻発した天変地異や疫病の災因が念仏や禅などを重視し法華経を無視したことにあると批判したことから、佐渡に配流された。佐渡では高山で唱題し、法華経を色読して、『開目抄』や『観心本尊抄』を著わした。その後彼が予言した蒙古襲来がせまった事から赦免された。けれど念仏、禅のみならず真言、律も排し法華経を顕揚するよう諫暁したが入れられず、身延に隠棲した。そしてここを霊鷲山、自分を末法の今、釈迦から法華経の宣布を託された上行菩薩と観じ、弟子や檀越の教化を試みた。もっとも晩年には身延山を死者が赴く霊山浄土と信じ、死後はここに埋葬するように遺言した。

平安中期以降法華経を受持、読誦、解説、書写する持経者が増加した。日蓮も当初は持経者を自任した。やがて自己の法難を誹謗、妨害を乗り越えて礼拝に終始した常不軽菩薩に準えて法華経に殉じる覚悟で法華経の行者を名乗り、さらに自己を末法の時に大地から涌出して法華経を弘通させる上行菩薩と確信した。そして娑婆世界である身延山を寂光浄土とも観じたのである。ところで修験道の主要道場である葛城山系は法華経の霊鷲山に準えられていて、法華経二八品のそれぞれを納めた経塚がある。またここでは数多くの法華持経者が読誦、写経したとの伝承が認められる。また大峰山も霊鷲山の坤の一部が飛来したものとされている。

中世後期には各地で修験者が霊山の修行で得た験力をもとに活動した。その中には日蓮やその門流の僧に折伏されて門下になった者もいる。特に広く知られているのは、もと甲斐国小室の真言修験の棟梁だったが、日蓮との論争や験くらべに敗れて弟子になったと伝えられる日伝である。日蓮は同国の勝沼町休息の修験者宥範や、武川村の修験の庵を日蓮宗としている。配流中の佐渡でも山伏を弟子としている。門流では富士門流の祖、日興の弟子日華はもと甲斐国七覚山円楽寺の修験、九州の日向に赴いた日興の弟子日郷に折伏されて同門流に加わった日叡は同国の行縢山の元修験者である。この他に日蓮に京都布教を託された日像が入京前に北陸で折伏した石動山の修験日叡がいる。彼はその後勝浦の真言修験長寿院を日蓮寺院本行寺としている。また羽黒山東光寺の修験玄妙は後に中山法華経寺の学頭になっている。なお近世期には中山法華経寺の遠寿院、身延山の積善坊など行堂で修行して験力を得て加持祈祷に従事する日蓮宗内で養成された修験者が活発な活動を行なっている。

身延山の西の七面山では古来山麓の雨畑村の里人によって山上の池の大神が祀られていた。また赤沢村の妙福寺は真言系修験が行場としていた。その後一六世紀初期には身延山の日蓮僧が赤沢村に下ったうえで白糸の滝で水行し、同山に籠って修行した。こうしたことから七面山の龍神が美女に扮して身延山で日蓮の説法を聞き、身延山の守護神となることを約して鎮守七面社として祀られたとの縁起が作られ、爾来七面山は日蓮宗の僧俗の行場となった。ただ安永五年（一七七六）の火災で伽藍が焼失し五〇人余の死者が出た時、身延山主の日唱がその原因は法華経の神を無視して俗信の龍神を祀った祟りとし、再建を認めなかった際、大衆がこれに反対し上訴のうえで、復興し以前にも増して盛況した。このことは当時身延山では日蓮の廟所につらなる祖霊崇拝と七面山登拝それで得た験力にする加持祈祷というように霊山や修験的な信仰が日蓮や法華経と結びつく形で浸透していたことを示すと思われるのである。

この七面山から望見される富士山に関しては日蓮は天照大神、八幡大菩薩をあわせて浅間菩薩を崇拝していた。また日興に始まる富士門流には富士山を日本の中心とし、ここに本門戒壇を建立する思想が認められる。また近世後期の富士講では中腹の五合目の中道めぐりの出発点の経ヶ岳は日蓮が修行して経を納めたところとし、お鉢めぐりの吉田と須走の御師と講員の配所に日蓮像を建立しているのである。

以上のように日蓮は清澄山、比叡山、佐渡の高山、身延山で法華経を色読することによって法華経の行者、さらには上行菩薩を自任した。この法華経と結びつく霊山信仰は修験道では葛城廿八経塚や如法経信仰に認められる。このように両者が類似した面があってか、在来の修験者の中には日蓮やその門流の僧に折伏され門下となったものも認められる。さらに近世期には日蓮宗内でも行堂で苦行し験力を得て加持祈祷に秀でた者を修験と呼んでいる。また身延山では七面山の龍神を鎮守とし、富士講では富士山の経ヶ岳、お鉢まわりの霊地を日蓮と結びつけているのである。

注

（1）「清澄寺大乗中」立正大学日蓮教学研究所編『昭和定本日蓮聖人遺文』（以下『定本日蓮遺文』と略す）一三四九頁。
（2）日澄『日蓮大聖人註画讃』梅本正雄編『日蓮上人伝記集』。
（3）「妙法尼御返事」『定本日蓮遺文』一七〇七頁。
（4）「日本霊異記」上巻、第二八話。
（5）大野達之助『日蓮』吉川弘文館、一九五八年、一四八頁。なお「光日坊御書」『定本日蓮遺文』一三八八頁参照。
（6）高木豊『日蓮とその門弟』弘文堂、一九六五年、五九頁、「千日尼御前御返事」『定本日蓮遺文』一六九二頁。
（7）「松野殿女房御返事」『定本日蓮遺文』一七七六頁。
（8）中屋尭『日蓮聖人の法華曼荼羅』臨川書店、二〇〇四年参照。
（9）小松靖孝「日蓮の霊山往詣思想」中尾尭編『日蓮宗の諸問題』雄山閣、一九七五年参照。
（10）『観心本尊抄』『日蓮』日本思想大系一四、岩波書店、一九七〇年、一四六〜一四七頁。
（11）「種々御振舞御書」『定本日蓮遺文』一三六九頁。
（12）『法華経』（法師品第十）岩波文庫本中、一四二頁。
（13）川添昭二『日蓮とその時代』山喜房仏書林、一九九九年、四七〜四八頁。
（14）薗田香融『平安仏教の研究』法蔵館、一九八一年、二七〜五二頁、菊池大樹『中世仏教の原形と展開』吉川弘文館、二〇〇七年、四四〜六九頁。
（15）高木豊『平安時代法華仏教史の研究』平楽寺書店、一九七三年、三九一〜四二五頁。
（16）上掲川添『日蓮とその時代』五一〜五二頁。
（17）「南条兵衛七郎殿御書」『定本日蓮遺文』五四四頁。なお、渡辺彰良「日蓮聖人における法華経の行者と持経者」日蓮教学研究所紀要二二、一九九五年参照。
（18）「三大秘法禀承の事」『定本日蓮遺文』一九五三〜五七頁。
（19）『諸山縁起』『寺社縁起』日本思想大系二〇、岩波書店、一九七五年、一三一頁。
（20）上掲『諸山縁起』一一七〜一二八頁。
（21）六万九三八二字は法華経の総字数をさす。この字数は隋の曇捷の「法華字釈記」、伝智顗作『略法華経』にあげる字数で、現行の鳩摩羅什訳の八巻本（岩波文庫本）とは異なっている。日蓮は『閑日抄』などの遺文ではこの『略法華経』の字数を用いている。

(22) 上掲『諸山縁起』大峰一一五頁、葛城一三五頁。
(23) 上掲『諸山縁起』九〇～一〇二頁。
(24)『往生伝・法華験記』日本思想大系七、岩波書店、一九七四年、六六～六九頁。
(25) 中尾堯『日蓮信仰の系譜と儀礼』吉川弘文館、一九九九年、六九～七一頁参照。
(26)「大峯奥駈道調査報告書」『近畿地方の歴史の道』五、海路書院、二〇〇五年、六八頁。
(27) 池原日祈監修『小室山徳栄山妙法寺』徳栄山妙法寺、二〇〇〇年。
(28)『甲州小室山山伏問答』徳栄山妙法寺、二〇〇四年（翻刻刊行）。
(29) 日亨（久遠寺三三世）『身延山房跡録并日本国参詣宿坊定』林是晋『身延山久遠寺史研究』平楽寺書店、一九三三年、三五七頁所収。
(30)『本化別頭仏祖統記』二四七頁。中里日応「日蓮聖人身延御入山以前の七面山と身延」棲神四二号、一九七〇年、五四頁。
(31) 上掲中里「日蓮聖人身延御入山以前の七面山と身延」四一～四二頁。
(32)『甲斐国志』上掲中里「日蓮聖人身延御入山以前の七面山と身延」四二～四三頁。
(33)『甲斐国 社記・寺記』上掲中里「日蓮聖人身延御入山以前の七面山と身延」五〇～五一頁。
(34) 林是幹「甲斐日蓮教団の展開」上掲影山『中世法華仏教の展開』三八六頁。
(35) 川添昭二「九州における日蓮宗の発展」田村芳朗・宮崎英修編『講座日蓮』三、春秋社、一九七二年、五七～六一頁、影山堯雄『日蓮教団史概説』平楽寺書店、一九五九年、三〇頁。
(36) 上掲影山『日蓮教団史概説』二五頁。
(37) 宮崎英修『日蓮教団史研究』山喜房仏書林、二〇一一年、八～九頁。
(38) 日親『伝灯抄』高木豊「京畿日蓮教団の展開」上掲影山『中世法華仏教の展開』四五六頁。
(39) 影山堯雄『日蓮宗布教の研究』平楽寺書店、一九七五年、三八六頁。
(40) 上掲影山『日蓮宗布教の研究』三八六～三八七頁。
(41) 上掲影山『日蓮宗布教の研究』三九一～三九七頁。
(42) 七面山に関しては、「七面山の信仰と儀礼」上掲中尾『日蓮信仰の系譜と儀礼』所収、室住一妙他「七面大明神縁起」七面大明神奉賛会、一九六〇年等参照。
(43) 草山元政「七面山大明神縁起」。

(44) 日脱（身延山三一世）新版『身延鑑』（兜木正亨・藤井敬雄編）立正大学日蓮教学研究所。
(45) 宮崎英修『日蓮宗の守護神』平楽寺書店、一九五八年、一二三～一二五頁。
(46)『身延山史』身延山久遠寺、一九七三年、二一七～二二三頁、上掲林『身延山久遠寺史研究』九六～一〇六頁。
(47) 宮崎英修『日蓮宗の祈祷法』平楽寺書店、一九八〇年、九二頁、「南条時光日尼に送った書」『定本日蓮遺文』八一六頁。
(48) 宮崎英修『日蓮教団史研究』山喜房仏書林、二〇一一年、一四〇～一四六頁。
(49) 長島泰行『富士山真景之図』名著出版、一九八五年、四五頁、四九頁、六三頁。
(50) 松園梅彦『富士山道知留辺』すその路四、一九八二年、五四～五六頁、六九～七〇頁。
(51) 望月真澄『身延山信仰の形成と伝播』岩田書院、二〇一一年、九〇～九七頁。

第二節　近世日蓮宗と修験道の常民教化――『修験故事便覧』と『修験檀問愚答集』

序

日蓮宗では近世から近代初期には身延山の積善房流、中山法華経寺の遠寿院流と智泉院流の加行や祈祷の流派があった。また京都では一七世紀後期に日勇（一六三九～一六九五）が創始した唯観流があり、一八世紀初期にその孫弟子の日栄（生没年不詳）が継承した。このうち中山の両流は「修験」と称し、日栄も享保一五年（一七三〇）に『修験故事便覧』（『法華行者修験書』ともいう）を著わしている。そして一八世紀末頃中山法華経寺の二院は寺社奉行松平輝和（右京亮）に日蓮宗における修験の由来に関して上申書を提出している。それによると日蓮宗の修験は日蓮が中山法華経寺の初代常尊（日常、一二一六～一二九九）に伝授された加持法を歴代貫主が秘伝した。その後中山十世日佺（一五一五～一五九八）が遠寿・智泉二院に加持伝授所を置いて有志の行人に伝えたものとしている。(1) また積善房一〇代日閑（?～一六〇一）は七面山で修行し、修験の利益をもたらしたとされている。(2) 日栄の『修験故事便覧』は日蓮宗の加行や加持祈祷、民俗宗教に関わる事項を故事に照して説明したもので、日蓮宗におけるこの分野の唯一の刊本として、享保十七年（一七三二）に刊行、安政三年（一八五六）に再版され、広く読まれていた。もっとも『修験道章疏』三や、服部如実編『修験要典』に収録されたことから、これまで修験書としてあつかわれている。

けれども同書にさきだつ宝永四年（一七〇七）に武蔵国釜田寺の融鑁（生没年不詳）が『修験檀問愚答集』六巻（内題

『和漢群談故事』）を著して享保三年（一七一八）に刊行している。同書は彼自身が役氏末流本山派修験と名乗っていることに見られるように純粋に修験道の立場に立つものである。そこで本節ではまず日栄と融鑁の両著者と両著の性格を記す。次いで両著の内容を民俗宗教と関連づけて紹介する。その上で両者を比較することによって、日蓮宗でいう「修験」の性格が如何なるものかを考察する。そして最後に民俗宗教としての修験について検討することにしたい。

第一項　日栄と『修験故事便覧』

日栄が継承した日蓮宗唯観流は唯観院日勇（字天慧、号法性院）が京都妙伝寺で創始した祈祷の一派である。彼は安部氏の出で、寛永一六年（一六三〇）武蔵国豊島郡で生まれた。一三歳で薙髪し、一六歳の春に下野国の野呂檀林に入り、教学に勤しむと共に、修行による観想を求め、檀林の鎮守妙見菩薩に所願成就を祈念し続けた。するとある夜香衣の梵僧から如意を授かった夢を見た。その後父の安部時直の紹介で身延山久遠寺二四世日要（一五七五〜一六二三）に師事した。そして三年間にわたって昼夜波木井川で水行し、総持品を誦えて修行した。延宝三年（一六七五）三七歳の時、久遠寺の鎮守の七面山に一〇〇日間参籠して、社壇に六寸の楊枝を供えて、毎日総持品を二〇〇回誦えて霊瑞を示すよう祈念した。すると供えた楊枝が彼の手に飛び移って起動した。これを契機に師から積善房流の楊枝法や宗祖の『祈祷経』を授かった。さらに彼は『摩訶止観』の「病患業相魔時事境」を自得し、それをもとに自らが法華経から選んで編集した『三宝讃嘆祈祷経』を所依として、唯観流を創始した。また祈祷に際しては楊枝を使用した。その後上京して師の日要がかつて住した京都妙伝寺の一四世となった。そして後水尾上皇、東福門院らに説法した。けれども晩年は甲州巨摩郡西之入村の唯観堂に移り、元禄八年（一六四五）に結跏趺坐して五七歳で入寂した。著書に『江戸山谷正法寺歴』『法華源心録』『三宝讃嘆記』がある。(3)

『修験故事便覧』（『法華行者修験書』）の著者日栄（字忍辱鐙、号覚耀院）は京都の寂光山に住していたが、享保三年（一七一八）に光明山本瑞寺九世となり、学僧として知られた。けれども檀家から妖病の加持を求められたのを契機に祈祷法の習学を志した。そして日勇の真弟に入門し、その指導で浄衣を着て百日間斎戒沐浴して苦修練行のうえで妙術や秘符を授かった。そしてこれらや当時民間で行なわれていた行事や伝承をとりあげて、これを和漢の経疏、外典、史書などを博引傍証した同書を享保一五年（一七三〇）に著わし、同一七年に刊行した。なお同書は安政三年（一八五六）に再版されている。彼は同書で唯観流を、身延山積善房流、中山二流と並ぶ流派と誇示し、その継承には一〇〇日間の加行を必須とした。けれども後継者に恵まれなかったせいか、同派は断絶した。なお著書には同書の他に『法律門梨樹章』二巻がある。(4)

『修験故事便覧』全五巻は日蓮宗の祈祷のみでなく、四九項目にわたって一一七の問を発し、その是非や故実にもとづく説明をあげている。その際にインド、中国、日本の一一五に及ぶ経、疏、外典などからの引用がなされている。それ故同書を通して当時の民俗宗教とそれに対する日蓮宗の見方を知ることが出来る。なお回答の最後に「尚ほ有識の人に尋ね明証を聞かるべし」と記したものもあって、日栄が謙虚な学僧であったことを示している。各巻の内容は次の通りである。(5)

巻一、1魅女、2幣、3注連、4敷符、5加持杖、6加持名義、7壇鏡、8諸符、9筒封、10瘧鬼、11疫病、12蘇民将来、13疱瘡、14野狐、15鬼病、16鬼は唾を嫌うこと。

巻二、17守并⺭字、18札に王舎城と書する所以、19求子、20石榴、21鬮、22絵馬、23九字、24雷、25祈祷、26正五九月の祈祷、27七難九厄。

巻三、28金神、29鬼門、30星祭、31月待、32日待、33牛王宝印、34寺門に獅子の像を置く事、35社壇双方の二神。

巻四、36大黒天神の弁、37甲子に大黒天を祀ることの評、38三宝荒神、39妙見菩薩。

巻五、40地祭、41庚申、42忌火弁、43忌経水、44臣供養、主祈祷、45所願成不、46験者用心、47病人教化、48平形念珠、49祈祷相承書。

これを見ると巻一と巻五の後半に日蓮宗の祈祷に関する項目をあげている。特に巻五49の「祈祷相承書」の項では、日蓮宗の祈祷の伝承とさきに紹介した唯観流の祖日勇や彼自身の修行についてふれている。そこで本項をもとに日蓮宗における祈祷の伝承を紹介しておきたい。

日蓮は佐渡配流中に弟子の最蓮房に『祈祷経』を伝授した(6)。これは彼が息災延命の祈祷に用いる為に法華経所掲の釈尊の金言の中から効果がある偈を選んでまとめたもので、彼自身も毎日これを誦したので大難を克服し得た。そこで最蓮房に毎日これを読誦するよう指示して授与したものである。爾来この『祈祷経』は三世諸仏の出世の本意である一切衆生悉皆成仏を示し、息災延命、所願成就をもたらすものとして六老僧にも授けられた。さらに中山法華経寺の初代日常（一二一六～一二九九）に授けられ、同寺では二世日高（一二五七～一三一四）、三世日祐（一二九八～一三七四）以来代々伝えられた。もっともこの歴代の『祈祷経』相伝にあたっては、それにさきだつ一〇〇日間の苦修練行が課せられた。

この一〇〇日間の練行は日蓮に京都での法華経の弘通を託されて妙顕寺を開いた日像（一二六九～一三四二）に始まるという。それによると日像は永仁元年（一二九三）一〇月二六日から百日間毎夜鎌倉の由比ヶ浜の海に入って法華経寿量品の「自我偈」を一〇〇遍唱えた。そして満行の日に京都での伝道の成就を願って、海水ですった墨で紙に「南無妙法蓮華経」の題目を記して波間に浮べるとそれが龍になった。そこでこれに励まされて上京して法華経の弘通に努めた。一〇〇日間の苦修練行はこれに因むとされている。なお日像は『祈祷経』の注釈書『祈祷経之事』を著している。

その後日親（一四〇七～一四八八）は二〇歳の時、中山法華経寺で秋から冬にかけて一〇〇日間、苦修練行し、毎夜に日祐の廟墓で「自我偈」を一〇〇回誦した。その満行の時、日祐も高声で「自我偈」を唱えたと観じた。さらにその夜夢の中で日祐から『祈祷経』と「弘通成就の印」を授けられた。そこで上京して本法寺を拠点にして法華経の弘通に努め、六代将軍足利義教（一三九四～一四四一）に『立正治国論』をもとに諫暁した。さらに妙顕寺一八世となった日耀（一六三六～一六九七）も、天和元年（一六八一）に一〇〇日間『祈祷経』をもとに練行した。このように冬の一〇〇日間『祈祷経』をもとに苦修練行する伝統は、唯観流の日勇、日栄にと継承されたのである。なお身延山の日遠は『祈祷経』の綱要を注釈した『祈祷瓶水鈔』を著している。[7] さらに彼は身延山の「掟」を定め、一山を確立すると共に祈祷法を整理し、『祈祷相承書』を作成した。なお日栄は『祈祷相承書』は衆病悉徐の妙符を始めとして、鬼病、生死の霊気、衆怨退散の札守及び野狐、疫神遠離の秘文など諸病の加持、一切の呪術を皆な悉く記した書としている。[8]

以上から日蓮宗では一〇〇日の行法を修めることが、加持祈祷の実施には必須とされていることがわかる。けれども日栄の頃の一〇〇日の荒行がいかなるものだったかは定かでない。そこで参考までに現在の中山法華経寺荒行堂での毎年一一月一日から翌年二月一〇日の間の行法を簡単に紹介しておきたい。なおこの行中は毎日七回の水行と法華経の読誦がなされている。以下順をおって記すと、まず秘密五段と呼ばれる（1）死霊壇（亡魂の怨念の軟化。一一月一～七日）、（2）生霊壇（苦悩を脱する。一一月八～一四日）、（3）狐著壇（野狐を退ける。一一月一五～二一日。初日には水神明祭）、（4）疫神壇（鬼魔を退け金剛心を得る。一一月一六～二八日）、（5）呪詛壇（怨みを去り禅定に入る。一一月二九日～一二月四日）が三五日かけて行われる。これらは自利の修行である。次いで利他行に入り、総加行壇（『祈祷経』など秘伝書の書写。一二月六日～一月九日。この間の一月二日からは法華経序品第一の肝文にあわせて九字を切る木剣加持の実習がある）、敷紙の加行壇（敷紙は魅女の膝下に敷く符である。符の伝授。一月一〇～三〇日）、祈祷瓶水加行壇（祈祷肝文三十三反、唱題、如来寿量品、陀羅尼品などを唱えて誓願満足を願う。一月三一日～二月六日）、報恩加行壇（修行を外護した壇信徒への感謝。二月七～九日）がなされる。そして最後の二月一〇日に出行し、満行会、満行の法要がなされる。[9] なおこれらの各壇ではそれぞれに充当された法華経の諸品の読経がなされるが、割愛した。

第二項　融鑁の『修験檀問愚答集』

『修験檀問愚答集』（内題『和漢群談故事』）は序によると、武蔵国図師山釜田寺の役氏末流本山派修験融鑁が檀信徒の問いとその答えを宝永四年（一七〇七）に全六巻にまとめたものである。[10] この図師山の山号は南多摩郡忠生村大字図師（現町田市図師町）、寺名の釜田寺は同村の釜田坂に位置したことによる。『新編武蔵国風土記稿』によると、村名の図師は承久（一二一九～一二二二）の頃に当地にあった白山権現とその周辺の絵図を同権現別当の大蔵坊が領主小山田三郎重義に献上した。これを愛でた重義は大蔵坊を図師法師と名付け、この地を白山権現領として寄進したことによる。近世期の白山権現社領は五石一斗、同権現の本地仏は正観音である。(11) 大蔵院は他に村内の熊野社二社、神明社二社、稲荷社、若宮八幡社を擁し、本山派の多摩郡年行事を務めていた。この大蔵院が釜田寺をさすと考えられる。なお村内の半沢には文明一八年（一四八六）、聖護院門跡道興（一四三〇～一五〇一）が相模の大山詣の後に立ち寄って「水なかば沢べをわくやうす氷」の句を残している。この半沢には、中世後期から近世にかけて覚円坊という本山派の先達がいて、一時は真福寺とも称し、多摩郡横沢の新義真言宗豊山派の大悲願寺に属している。(12) ただこの覚円坊と大蔵坊の関係は定かでない。けれども融鑁はこの図師の大蔵坊（釜田寺）の修験で、真言宗とも関わりを持った本山派修験とも思われるのである。

同書の表題の『檀問愚答』は、序によると、彼の檀信徒が修験道や彼らが関わっている民俗宗教の諸事象に関する故事について尋ねたことを、和漢の典籍に照して回答して、その盲を開くことを考えて六〇項目、全六巻にまとめて弟子に託した。そこで人を度する行者は同書をもとに衆生を導びいてほしいとしている。内題の『和漢群談故事』は広く一般にも読まれる事を意図してのことと考えられる。なお同書は享保三年（一七一八）六月吉日に京都六角通御幸町西江入町、関権兵衛より板行されている。全六巻の項目と付は次の通りである。

巻一　1師壇（付―以下略。布施）、2年行事（札、守護）、3御符（急急《ママ》如律令）、4枝巻数（僧都、桃木、鬼門）、5乂形の義（経題などに書く）、6蘇民将来（薬師の種子、安倍晴明の判、年徳神、正元字義）、7名越祓（盂蘭盆供）、8数珠（最多角、聻字、疫神流行、送神）。

巻二　1妻神祭（柴灯、左義長、蚕神）、2天狗（飯縄）、3備社講（稲荷、白狐、使者）、4日待（弁天待）、5日待魚肉用捨（日天、御直礼）、6仏神への薫香（麝香）、7甲子祭（鼠を福神とする事）、8庚申待（諸説）、9荒神（竈神）。

巻三　1注連（幣帛）、2祓除（茅輪・擲櫛、箕）、3忌に別火（懸魚、産穢）、4鳥居、5絵馬、6流行神、7仏神願書

（呪詛）、8神託、9夢。
巻四　1オハケ（鹿島立ち）、2修験妻帯、3五辛制停、4本山・当山（蔵・宝二字、山伏・修験名目）、5大峰鬼形（難苦二行、固化の行）、6祈祷大意。
巻五　1妖怪、2牛王宝印（十一面観音名目）、3九字（鬮、亀占、修験卜占）、4時日吉凶事（五行配属）、5起請、6墓、7不動本誓・七仏通戒偈（布施の偈）、8痘瘡（呪薬）。
巻六　1勝木を礼に用いる事、2夢（節分、追儺）、3十二時に鐘を撞く事、4入梅、5神無月（諸神出雲集）、6神の祟（善悪因果）。

このうち、巻四の4山伏・修験の名目、蔵・宝二字、本山・当山の項で修験の歴史、5大峰鬼形、難苦二行、固化の行、6祈祷大意、巻一の1師壇、2年行事、巻四の2修験妻帯の項で地域における修験のあり方について記している。なお里修験の活動については他の諸項目でもふれられている故、それについては後述することにして、ここでは上記の項目に見られる融鑁の山伏や修験の見解を紹介しておきたい。まず彼は山伏は吾宗（本山派修験）に限らず仏道に心を発して山林の樹下にあって諸煩悩を断ち、魔を降伏する修行の道を学ぶものの総称であるとしている。ただ我宗（本山派）では山伏は大峰山（菩提の峰）や葛城山などの諸山で山中の岩窟の苔の床に伏したり、曠野の草枕に臥して、本有仏性の妙理を観じ、事理不二の始覚を得ることを目的とするとしている。

次に山伏の字義は「山」は縦三画は法身、報身、応身の三身のそれぞれをさし、これを横一画が結ぶことによって三身即一、「伏」は「イ」は人で法性、「犬」は畜生で無明をさし、両方あわせて無明法性二而不二を示すとする。また山伏は修験、客僧、客侶、先達と呼ばれるが、このうち修験は「修」は修生始覚の修行、「験」は本有本覚の修行で、両者で始本弁備の者をさす。客僧、客侶の「客」は旅客が他宿するように一所不住で遊行することを示し、「僧」と「侶」はいずれも衆生と比丘を和合させる者をさすとしている。先達は俗人の先に立って山路、峠道を案内し、諸法の道理を悟らせることを意味するとしている。なお山伏の修行（固化の行）は山中で難行苦行して、十界一如、即身即仏の無上菩提の深理を得る自利の行と、金剛堅固な心を持って衆生を化度する化他の行の両者を含むとしている。

一般には修験道の始祖は葛城山で修行し、大峰山を開いた役行者とされ、融鑁も役氏末流を自称している。役行者は大峰山では山中で悪事を働いていた前鬼、後鬼の二鬼を教化して修善の心を起させ、その角をとって人身として峰入の修験者を助けさせたが、文武天皇の大宝三年（七〇三）に入唐した。その後峰入が跡絶えていたが、宇多天皇の寛平七年（八九五）に聖宝（八三二〜九〇九）が大峰の峰入を再開した。そこで役行者の修験を本山、聖宝からの修験は当山というとしている。なお役行者の法統一二代目の円珍（八一四〜八九一）は大峰山で修行したが、この系統も元からあるという意味で本山派を称している。聖宝の系統は彼が真雅の弟子ゆえ真言宗、円珍の系統は天台兼学である。なお本山、当山の修験者の院名には「蔵」と「宝」の字を用いる事が多いが、「蔵」は浄蔵、「宝」は聖宝に因むとしている（以上巻四4。以下巻は略す）。このうち浄蔵（八九一〜九六四）は宇多法皇の弟子とされ、熊野の那智や大峰山で修行して験を修め、護法を使役したとされている[13]。

近世期の本山派にはほぼ郡単位の地域の配下を支配する年行事が置かれていた。融鑁はこの年行事は山林抖擻・採果・汲水・拾薪の四行などの難行苦行によって、上求菩提の事理を究め、年中の季節ごとに国家安全と五穀豊穣の祈願をして、檀那の繁盛と子孫の繁栄を祈り、四季に札や守を配る下化衆生の行をするとしている（一2）。なお修験者は檀那と師檀関係を結ぶが、これは檀那の財施に対して、修験者が法を説く法施を施すゆえ、相互に檀那と呼ぶべきであるとしている（一1）。また修験者が妻帯をするのは天地に陽・陰両義があるように夫（陽）、妻（陰）を備える法理にかなうものである。またこれによって一般の俗人と同様に塵埃に染まって、和光同塵の本意を顕わすことが出来るとしている（四2）。このように同書ではその冒頭で近世における里修験のあり方を示し、これをもとに檀家の質問に交えて法施を与える姿勢を示しているのである。

第三項　『修験故事便覧』に見る民俗宗教

さきにその目次をあげた『修験故事便覧』でとりあげられている民俗宗教とその故実を、以下に紹介することにしたい。

1　社寺と神格

日蓮宗の三十番神や明神を祀る社壇には衣冠を正し、弓箭を持つ二神を安置するが、これは神道の社壇に準じて豊磐間戸神、櫛磐間戸神を祀って守衛させることを意味している（三35）。また寺の山門に獅子を置くのは昔仏師の定朝が金峰山の蔵王権現に二体の狻猊（獅子）を刻んで配したことによっている。なお総じて神と仏とは名を異にしていても、その実は同じであるとしている（三34）。

神格に関しては日蓮宗で祀られることが多い鬼子母神、大黒天、妙見と民間で広く崇められている三宝荒神、地神、庚申をあげている。鬼子母神は祈祷の本尊とされ中山法華経寺などで祀られている。『鬼子母経』によると、天竺の大兜国の鬼女で、常に人の子を盗んで食した。そこで釈迦がその愛子を隠して改悛させ、五戒を授けて安産や子授けの神格とした（三19）。なお鬼子母神には石榴を供えるが、これを世間ではその実が人肉の味がする故としているが、中国の『太平御覧』にあるように、その房中に実が多いことから、求子の為ではないかとしている（三20）[14]。大黒天は日本では大国主神とされているが、不空訳の『仁王護国般若波羅蜜多経』所掲の「摩訶迦羅大黒天神」がこれにあたる。大黒と大国が同音ゆえ、日本では大国主神とされている。その像容は身体は黒で左手に慈悲を示す袋、右手に智慧を示す槌を持つが、これは釈迦如来の示現の姿である（四36）。また大黒天を甲子に祀るのは、甲は十干の始め、子は十二支の始めだからである。その使いを鼠とするのは大国主神の窮地を鼠が救ったことによるとされている[15]。妙見菩薩は『北辰菩薩陀羅尼経』によると、北辰の菩薩で、閻浮提に住する衆星中の最勝の神仙、菩薩の大将でその妻は喜徳女である。なお円珍は妙見は尊星王のことで、妙見の名は本地報身の如実知見を意味するとしている。この他『神国決疑編』では妙見は度会氏の祖大内人高主の娘と大物忌神（大国主神）の子で十五歳の時御贄川で死んだので、一五日を縁日とするとしている（四39）。なお妙見菩薩は中山法華経寺を外護した千葉氏の氏神だったことから日蓮宗では広く崇められた[16]。

三宝荒神は『谷響集』に役優婆塞が葛城峰から東北の山を望んだ際に紫雲の中から現れて悪人を治罰する麤乱荒神と名乗り、四万八〇〇〇の夜叉眷属を擁し三宝を衛護すると誓ったので三宝荒神と号させたとしている。なお世間では竈の神を三宝荒神としているが、道教の『酉陽雑俎』には竈の神は美女で晦日に天に上って罪状を告げるが、丑の日に祀ると福をもたらすとしている（四38）。なおこの三宝荒神の項ではあわせて鐘馗を前身は科挙に落ちて自殺して終南山で鬼となった進士としている。地神は正式には堅牢地神と呼ばれ、地祭の際に祀るとともに祈祷の本尊にもするとしている（五40）。また庚甲は道教の信仰で本地は青面金剛とされる。仏教では帝釈天で、その使いを猿としている。日本では猿田彦大神とされている（五41）。

2　待と祭

まず祭りの始原は中国の天子が天を祀る日・月・星の祭り、地を祀る五岳（泰山、華山、衡山、恒山、嵩山）、四涜（揚子江、黄河、淮水、済水）など山川の祭りにあるとする（三30）。そして正・五・九月に祭りが多い理由、日待、月待、星祭り、天と関わる庚申待と地祭をとりあげている。正・五・九月に関しては、正月は衆生現生の始め、五月は興盛の中、九月は蔵胎に関わるので長月とし、その初日（一日）に斎をするとしている（二26）。日待は日天子を礼拝することで儒教、仏教、神道で行なわれる。その際は法華経を唱えると、日天子の威力が増し、持経者を擁護する。なお他宗では日天子を大日如来の変作、観音、勢至の変作としているが、日蓮宗では日天子の本地を釈尊とし、日・月・星宿及び春夏秋冬の四季はいずれも釈尊が法慮虱吒仙人だった時に定めおかれたことに基づくとしている（三32）。月待は二三夜に月を待って拝礼することで、妙経文句第二には「名月は是れ宝吉祥月天子、大勢至の応作」とあるとしている（三31）。星は衆生の貴賤、寿命と結びつき、経を誦えて祀ると功徳をもたらす。特に日月に随行して衆生が生まれた月日と結びつく二八宿が仙人に祀られた。また大日経では、日・月・火・水・木・金・土の吉星と、計都・羅睺の凶星を九星としている。なお文永八年（一二七一）九月十三日の夜、日蓮が「自我偈」を誦して月天下で法楽をした際に、衆星が降臨して庭の梅の梢に留まったが、そのうちの一星が童子となり、聴聞の為に訪れたと話したとの故事があげられている（三30）。庚申待は庚申の夜に眠っている間に頭、腹、足に潜んでいる三尸の虫が天にのぼって司命（生命を支配する神）に罪過を告げるので、徹夜して帝釈天を祀る道教の信仰にもとづくものである（五41）。地祭は漢の武帝が河東に行幸して后土を祀ったのに始まり、爾来天子が夏に北郊の池中の島で楽を奏して地祭を行なった。なお日蓮宗の祈祷相承書には堅牢地神を祀る地祭の次第があげられている（五40）。

3　禁忌と符

禁忌に関しては、鬼門と金神、厄年と出産や死の忌火、女性の経水をあげている。鬼門（艮・東北の隅）は『山海経』には東海の度朔山に三千里にわたって枝を広げた桃の巨木があって、その東北から万鬼が出入し、これを神荼鬱壘の二鬼が統御した。そして元旦に桃の板にこの二神の像を画いて門戸を置いて魔除けとした。日蓮宗では桃板に法華経を受持する者を擁護する鬼子母神と十羅刹女の尊号を書いて、艮の隅に置いて鬼門の悪鬼を防いでいる（三29）。金神はその年の干支によって遊行する祟りの強い方位神で、この金神のいる方位で普請などをすると、身内の七人が死亡するとして恐れられた。これに関して『簠簋内伝』には金神は巨旦大鬼王の精魂で、その七魄が遊行して人を殺すので金神七殺というとしている（三28）。厄年は男性は陽で陰を根ざしとするので陰数の四二歳を大厄とし、女性は陰で陽を根ざしとするので陽数の三三歳を大厄とする。この年には釈尊に祈念して「苦悩、死厄に於いて能く依怙と為る」との経文を念じ陀羅尼を誦せば、苦を離れて安楽を得る（二27）としている。なお神は清明にして清浄を求める故、出産や死の穢れを忌むが、心の内が精通明潔で天真如然ならば、神もこれを許すとしている（五42）。また月経中の女性は社参や仏詣を憚っている。けれどもこれに関して日蓮が月水は外から来た不浄でなく、女性が生の種を育む為のものとして忌まなかったように汚れではない。その時は空に向かって「南無妙法蓮華経」と唱えれば良いとしている（五43）。なお総じて不徳無行、薄信の者は忌を恐れるが、徳を積み、修行し、信念を深めれば恐れることはないとしている。

符に関しては符一般、守、札と蘇民将来、牛王宝印などの例、絵馬、籤をとりあげている。符は経の要文、神呪などを記したものを貼着、携行、服用するもので、道教では老子が神明から授かったもので、これを授かった人が一心無二に信ずれば験があるとしている（一8）。守は経文、神呪などを記した衣服などに掛けるもので、これによって一切の諸悪が退散する。なお守や札の上に記された〻字は梵語の心字である（二17）。蘇民将来の符は小札に蘇民将来の子孫と記して行疫神を防ぐものである。これは行疫神の牛頭天王（本地薬師如来、日本では素戔嗚尊）が南海に妻問いに行く途中で宿を求めた際に断った巨旦大王の一族を殺し、提供してくれた蘇民将来の一族を助けた故事に因んで、自家の者は蘇民将来の子孫である事を示して疫病を防ぐ『簠簋内伝』所掲の故事に基づくとされている（一12）。牛王宝印は熊野などの神社で出す多くの烏を組み合わせた牛王宝印の字を書いて印を付した符である。これについては『雍州府志』では生土の生の下の一を土の上にたけもので生土（産土）の印璽としている。けれども涅槃経では「牛王」は如来を「人中牛王」と呼ぶこと、「宝印」は仏の種子の梵字をさすとしている（三33）。

絵馬は神仏に願をかける時に本来は乗物の生馬を献じてきたが、その代りに馬を画いた絵に願事を書いて神前に供えたものである。なお日本の神社では日吉山王の猿、八幡の鳩、熊野の烏というように神と人との間を取り持つ動物が崇められ、これを描いて捧げる信仰も認められる（二22）。鬮に関しては参拝者が社寺の宝前で吉が出るまで七度ひくことの是非を尋ねている。これに対して鬮をひく時は、疑念をおこして引くというよりも、自己の心中の所願の成就を願う心意にもとづくもの故、それが出るまでひく意図によると解している（二21）。

4　災因と加持祈祷・寄加持

ⅰ災因＝災因としては病気、雷、野狐などの動物霊の憑依をあげている。まず疫病、疱瘡、瘡疹（できもの）、瘧（おこり、マラリヤ）などの病気は身体や五臓からおこるものではなく、病人が幻または夢の中で異類の鬼を見るゆえ鬼魔によるとする。そして『摩訶止観』をもとに、鬼病は業病ゆえ神呪、陀羅尼によって治すべきであるとする。その際には内に信心を持ち、懺悔が必要であるとしている（一15）。なお鬼は唾を嫌うので夜道などで唾を吐くようにすすめている（一16）。『摩訶止観』ではこれらの病人の加持に際しては四種三昧を修した者の道力、冥加、治法、不惜身命の心が必要で、病者も験者の教化を信受し、法華経を受持読誦するようにとしている（五17）。

個々の病を見ると、まず疱瘡（天然痘）は全世界に見られる気血の毒によって皮膚に黒い豆状の水泡が出来る病である。『元亨釈書』によると、天平八年（七三六）に藤原鎌足がこれにかかった時、泰澄が十一面観音の法を修して治癒させた。けれども法華経を持って加持すれば治癒することが出来る（一13）。瘧は瘧鬼による。この鬼は小さい故、巨人、貴人を犯さないとされているが、実際には天元四年（九八一）円融天皇の瘧を比叡山の良源、法然のそれを弟子の聖覚が治癒させたように貴人でも瘧鬼に犯されるとしている（一10）。疫病は疫鬼、行疫鬼による。日本では大已貴神の祟りとされている。この病に対しては、法華経を受持すれば疫鬼は遠離するだけでなく、捨邪帰正して持経者を守護するという。なお節分の追儺では太鼓を打って疫鬼を駆って無病息災を祈っている。

雷除けに関しては普門品の偈に「曇ってきて雷がなり、稲妻がひらめき、雹を降らし、大雨が降っても観音の力を念ずれば、直ちに消散することを得ん」とある。なお『元亨釈書』には、雷が越後の国上山で檀信徒が建立した堂塔を破壊した。そこで泰澄が雷に向かって法華経を誦したところ、童子姿の雷神が雲中から落ちた。そしてこの堂塔の建立によって土地を犯された山の地主神の依頼で破壊したが、法華経の力で地主神は去り、自分も改悛したといった。そして泰澄の依頼に応えてこの地に清泉を涌出させたとの話をあげている（二24）。野狐の憑依による病気に関しては、『神社考』所掲の近衛院の侍女玉藻の前が不予になった時に陰陽師の安倍泰成が玉藻の前に御幣を持たせて祝詞をあげたところ、幣が白狐となって那須が原に去ったという話をあげている（一14）。

　ii加持祈祷＝加持の「加」は加被、「持」は任持を意味し、仏の加被の力を行者が任持すれば除災招福をもたらすとしている。祈祷の字義は「祈」は祭者が事を請う意、「祷」は事を告げて福を求めることを意味する。日本では天照大神が天の窟に入られたときに天太王命と天児屋命が祈祷（みいのり）をしたのに始まるとしている（二25）。なお加持祈祷にあたっては、大悲心を持って衆生を慈しみ、修善の心を持って一心に修することが必要で、何よりも堅固な志を持ち、勇猛精進することが肝要である（五46）。祈祷に際しては命の限り「南無妙法蓮華経」と題目を唱えて、強盛な念力で祈れば、如何なる宿怨も転滅する。祈祷がかなわないのは信力が足りないことによるので、不惜身命で心から題目を唱えることが必要であるとしている（五14）。ちなみに主人が祈願しなくても、家来が法華経及び持経者を供養すれば主人の病気も治癒するとしている（五44）。なお加持祈祷に用いる念珠は『木槵子経』をもとに百八個の珠から成り、百八の業を除き常楽を得る法具としている（五48）。

　iii寄加持：寄加持は行者が注連をはり、壇鏡を設えた祭場で、幣を持ち敷紙の上に座した魅女に加持杖を用い九字を切るなどして神霊を憑依させて託宣を得たり。病者に憑依している邪霊を移しとる作法である。これは密教の阿尾奢法に淵源があるが、同書の巻一にこの作法に関する問答がまとめてあげられている事は、日蓮宗でこの作法が注目されている事を示している。魅女に亡魂や邪鬼を憑依させてその瞋意や怨念を聞く修法の淵源は不空訳の『速疾立験摩醯首羅天説阿尾奢法』にある。それによると童女の面を覆い、行者がそれに向かって印を結び真言を唱えると、童女が顫動する。これは童女の身体に神霊や鬼霊が入ったことを示す。そこで行者が直ちにその神霊や鬼霊に善悪一切のことを聞くのである。この阿尾奢法は中国でなされ、日本では行尊（一〇五五～一一三五）が永久元年（一一一三）に行っている。なお魅女は陰、邪鬼・妖魔も陰なので同気が相応して託しやすいという（一1）。その際に魅女に幣を持たせるのは不可見の心法を可見の幣に移してその動揺によって霊託を知り、その後、幣に向かって疾病の因、怨念の由を尋ね、呵責したり慰諭するのである。

この寄加持の祭場に注連をはるのは、これによって浄穢を分つためである。これは法華経宝塔品に娑婆世界を清浄にする為に地に瑠璃を敷き宝樹を荘厳にし、黄金の縄を境にして浄穢を分ったことに因っている（一3）。敷符は鬼子母神の神号や神呪を書いた符で、これを魅女の膝の下に敷くのは鬼子母神の大悲代受苦の誓願を示すと共に妖魔を畏怖させる為である（一4）。祈祷の壇場に壇鏡を掛けるのは、妖魔は鏡中ではその化身を隠すことが出来ず真身を示すとされていることや、鏡が邪魅を避け、払う力を持つからである（一7）。なお行者は加持杖（一尺余の桃木）を持ち、これで魅女の肩をたたいたり、病者の痛む所を打つが、これは桃の木に邪気を畏怖させる力があるからである。またこれによって魅女の心の憂愁を祓って、神霊が入りやすくする為ともされている（一5）。

寄加持では魅女に移した邪霊に向かって九字が切られている。九字は道教の『抱朴子』内篇所掲の道士が入山に先きだって無明を切る為に、「臨兵闘者皆陳列在前」を唱えて右手の親指で四縦五横に切る作法である。なお最後に行を加えて十字とすることもある。けれども日蓮宗では、法華経の中の一句九字の要文（例えば序品の「令百由旬内無諸衰患」など）を唱えて、五陰魔、煩悩魔、死魔及び一切の悪魔魔民を切断するとしている。そしてその根拠は九は陽の満数で、悪魔・魔民は陰気ゆえ、陽をもって陰を伏する事を意味するとしている（二23）また丹精をこめて祈祷しても邪神邪霊が降伏しない時は、これを筒に入れて呪縛し、焼き、または流すことによって病気を癒す筒封じの修法がなされている（一9）

第四項　融鑁『檀問愚答集』に見る民俗宗教

本項では、『檀問愚答集』に見られる民俗宗教の諸局面を、『故事便覧』の場合と、ほぼ同様の（1）社寺と神格、（2）祭り、年中行事、（3）禁忌と符、（4）災因、うらないと加持祈祷の順序で紹介する。なお同書は享保一五年（一七三〇）梓行の『故事便覧』より早く、宝永四年（一七〇四）に梓行されている。けれども『故事便覧』には同書の引用は全く見られない。ただほぼ同一内容のものが散見される。その際には括弧内に『故事』と付記しておいた。

1　社寺と神格

仏と神は仏は本地、神は垂迹の関係にあるが、共に父母が慈悲を持って接するように、現世、来世を守ってくれる。けれども信を持って祈らないと神仏の感応は得られないとしている（三7）。また寺は先祖の宗廟である。神棚には大神宮と氏神を勧請し、内外清浄して祀れば家内安全、息災をもたらすとする（四1）。なお修験では墓を梵天というが、これは大峰などの霊山を他界とし、梵天を立てる信仰にもとづいている（六6）。なお神社の鳥居は『宝基本記』に記すように、二本の柱は陰陽、これを横木で結ぶことで和合を示している（三4）。

仏教の主尊の釈尊には過去七仏が受持した七仏通戒偈を誦えて祭りをせよとし、修験道の主尊の不動明王の本誓は「見我身者発菩提心、聞我名者断惑修善、聴我説者保大智慧、知我心者即身成仏」であるとする（六7）。また霊山の多くで崇める十一面観音は不空訳『十一面観自在菩薩心密言念珠儀軌経』には、その像容の頭上の十一面の前三面は寂静、左三面は忿怒、右三面は利益、後一面は笑怒、最上の一面は如意相を示すとし、その供養には『十一面観世音神呪経』を誦えよとしている（六2）。

次に『故事便覧』にも見られた大黒天と三宝荒神がある。大黒天は「仏説大黒経」によると、昔は大摩尼珠菩薩と号したが、娑婆世界に来て大黒天となった久成法身の仏体の、福寿満願の神格で、釈迦の指示で毘沙門天に属し、大黒福寿天神と号した。俗説では大国主神といい鼠を使者とし、甲子の日に祭りをするとしている（二7）。三宝荒神は役行者が葛城山で見えた神格である（『故事』）。なお修験道の『資道什物記』には、三宝荒神は大日如来の変化身で、胎内では衣那神、出胎の時は産生神、墓所にあっては立増神と称すとしている（二9）。三宝荒神は竈神ともされる。某氏の伝によると、竈に塗る土は埴山媛（本地大日如来）、釜を鋳る金は金山彦神（本地阿弥陀）、炊く水は罔象女（本地釈迦）、焚く木は句句廼馳（本地薬師）、焚く火は軻遇突智（本地宝生如来）を示す。そして祭りには一二ヶ月を示す一二の注連を張り、五本の幣を立てるとしている（二9）。その他では弁才天、稲荷、天狗、飯縄、流行神をあげている。

弁才天は『簠簋内伝』によると辰狐王の三女が日本に飛来して天女は厳島、赤女は竹生島、黒女は江の島に垂迹したとしている。その本地は十一面観音という（二4）。稲荷は伊弉冉尊が飢時に生んだ神で倉稲魂命といい五穀を司どった。仏教では荼枳尼天と呼ぶ。その後伏見の稲荷山に地主神として祀られた。なお『神社便蒙』には、空海が門前に老翁の姿で稲を荷って現れた老翁を稲荷と名づけたとしている。なお稲荷は宇迦之御魂神とも呼ばれ、狐を使いとし、二月初午に祭りをするが、これを備社講とよんでいる（二3）。

天狗は山伏に似ているが、両翼を持ち高鼻で空を飛ぶ、神力自在の存在で火災や災いをおこすが帰依すると福をもたらす。生前に驕慢で名利を求めた者が死後天狗になるとしている（二2）。飯縄権現は天狗のように両翼、高鼻で火災を背おい、白狐に乗っている。当初は信濃国水分郡飯縄山に祀られていた。本地は不動とされる。荼枳尼天の異名ともされている（二2）。なおカミの語はカガミの「ガ」を略したものである。その元をなす鏡は清浄・不測の正体で自然の真用である。この鏡のように神は正直止悪の心を持ってその助けを願うと感応して利益を与えてくれる。それ故どんな願いも必らず満たしてくれると信じて、疑うことなく祈念すると感応して利益を与えてくれる。この心理が流行神を生み出すとしている（三6）。

2　祭りと年中行事

祭りに際しては斎場の周囲に注連を張り、祭壇に幣帛を設える。注連は浄域を不浄から仕切ること、幣帛は習合神道では摩訶陀国の明王山にある大日如来の所変とされる幣帛という木に因むとされている。ただ『中臣祓鈔』では幣帛の始めは和幣で、これには青和幣（東、日、魂を示す）、白和幣（西、月、魄を示す）の二種類がある（三1）。これを用いて祓いをするが、これは伊弉諾命が檍原でわが身の濁穢をさるために禊祓をしたのに始まるとしている（三2）。仏教では香を用いるが、これは不浄の臭気を除く為である。なお修験では焼香を護摩の略義としている（二8）。仏教では修行者が臭味の激しい、にら、ねぎ、にんにく、らっきょう、はじかみ（さんしょう）の五辛を食すると、法身を殺し、清浄の道を汚し、福徳をもたらす天衆から見離されて、諸鬼に支配されるとして、食用を禁じている（五3）。

年中行事の最初の正月一日は元旦と呼ぶが、正月は王者が正に居ること、元旦の「元」は「大」「善」「長」「首」を意味している。正月には天神地祇、冥道、冥衆や日本の諸神、年徳神を祀る。このうち年徳神は『簠簋内伝』によると、十干の陰陽が交わって万物を生じる徳のある方位（恵方）に坐す神である（一6）。なお大晦日の夜には爆竹を鳴らし、竹を焼いて音を立て悪鬼を祓っている（一1）。一月二日の夜には宝船や貘の絵を寝床の下に敷くが、宝船は初夢が吉夢であるようにとの願い、貘は悪夢を食わせることを意味している（四2）。一月一五日には妻の神（道祖神）を祀る火祭の左義長がある。これについて『破邪論』には、後漢の明帝の永平一四年（七一）に、仏教と道教が対峙した際に壇上左に仏教の舎利と経、右に道教の経典において、香を焼いた。すると仏教の舎利が光を放ち天から音響が聞えた。そこで左の経が勝ったので「左経勝」とはやしたのが左義長となったとある。この他には旧一月一五日に天地人を示す三本の毬打（キッチョウ）を陽の形にして焼く「三キッチョウ」が左義長となり、陽を祀る日とされたとの説もある。なお一月一五日にはこのほかに団子を作って繭玉と名付けて蚕神に供えて養蚕を祈ったり、小豆粥を煮て東方に向かって長跪したうえで食して無病を祈る天狗祭もなされる（二1）。

二月の初午にはさきにあげた稲荷を祀る備社講がある。五月下旬の長雨が始まり、梅の実が黄色になる頃を入梅とし、おさまる時を出梅としている（四4）。六月晦日の夜に河原で祓をするのを名越の祓いという。『下学集』ではこの日は夏、秋交代の時で、夏は火、秋は金で、火、金は相剋ゆえ、夏の「名」を越して相剋の火を払うので名越の祓いというとしている（一7）。盂蘭盆は七月の聖霊会のことである。この月には陰気が発動するので、無常の思いを発して、先亡の聖霊を招いて供養する。その本拠は『盂蘭盆経』にある。目連が地獄におちた母を救うために釈迦の教えに従って七月一五日に供養の法会をしたという「目連救母譚」にもとづいている（一7）。一〇月は、全国の諸神が出雲に集まって神が不在となるので神無月という。なお一〇月は極陰の月で、天下に陽がない月ともされている（四5）。

日待は己巳の日で弁才天を本尊として、内外清浄のうえで、壇を設けて魚肉を供え、諸願の詞を申し述べたうえで徹夜して翌日の朝日を拝する行事である。月待の時も同様に魚肉を供えて月の出を待って月を拝している（一4〜5）。庚申は庚申の日に眠っている間に三尸の虫が天に昇って上帝にその人の罪を告げるのを徹夜して防ぐとともに青面金剛にこのことの成就を願う行事である。『庚申縁起』には大宝元年（七〇一）の春の庚申の日に大坂の四天王寺に青面金剛が降臨して守ってくれた故事にもとづくとしている（二8）。

社参や物詣では出立のことを鹿島立ちといっている。これは高皇産霊尊が皇孫をこの国に降臨させようとした時に大国主神を守る邪神が通路を塞いだが、武甕槌神（鹿島明神）と経津主神（香取明神）がこれを退けて、降臨を助けたので、以後道中安全と諸願成就を願って、出立を鹿島立ちとよんだとしている（四1）。なお祭りの際に当屋を務めたり、家人が参宮や物詣でに出立した家では軒に青竹の先きに御幣や神符をつけたオハケを立て掛けている。これはそれに神を勧請して家内安全、道中安全を祈る試みとされている（五1）。

3　禁忌と符

忌に関しては神明は死と産を憎むとされている。ところが忌は「己」と「心」からなっている。このことは浄穢は魚肉などの物によるのではなく、心によることを示している。それ故心が清浄ならば物を忌む必要はないとしている（二3）。鬼門は東海の度朔山にある桃の大樹の北東にある夜に万鬼が出入りする門としている（『故事』一4）。札守には共に守護と書いて万の災難を防御することを示している。なお修験の守では内符に五如来（大日・阿閦・宝生・弥陀・釈迦）、表に五大明王（不動・降三世・軍陀利・大威徳・金剛夜叉）の種子を記すが、これは内に菩薩の行を秘め、外に声聞の教えを示すとしている（一2）。また札に勝軍木（ぬるで）や桃の木を用いるのは、これらの木が魑魅魍魎を防ぐ力があることによる（六1）。また札の上に書く「聻」の字は死んで鬼となった人を意味し、この鬼が百鬼を退けること（一9）「㕥」

の形は梵字の心で、四方を堅める義（一5）を示している。なお札には祈祷の際に読経した経の名、巻数を書いたものもある（一4）。特殊な札には蘇民将来の札（『故事』一6）、牛王宝印（『故事』六2）がある。なお牛王宝印は起請文にも用いられるが、これはそれに背くと牛のように殺されることを意味している（六5）。また絵馬についてもふれられている（『故事』一5）。

4　災因、うらないと加持祈祷

疫病の原因は牛頭天王、その八人の王子などの行疫神である。この行疫神は異常な神霊なので、古来国、郡、村の境いで楽器などによって、これを慰め祀ってその本所に送り返している（一10）。また疱瘡などは流行神によっている（六8）。この他悪所とされる家屋敷には邪鬼、魍魎のような妖怪が居住していて、その祟りで幼児などを傷つけることがある。もっともこうしたところを怪しいと思う心情が発動すると邪気がついて病気になるともしている（五1）。ところで善悪因果は三世にわたるもので、順現、順生、順後の三種がある。順現は現世で諸悪をなして悪報を受けるもの、順生は今世で罪悪を犯しても前世の善因によって福を得るもの。順後は過去の悪業が強いので、善をなしても現世では報われず、来世で福を得るものである。基本的には善には善報、悪には悪報があるといわれている（六6）。

陰陽道では『簠簋内伝』にあるように星宿、日時の善悪をいい善を選び悪を避けさせている。けれども吉人は凶を吉とし、凶人は吉を凶とするというように吉凶は人によるとする内典・外典もある（五4）。また神託は神明が自己の内証を巫覡や神子の体に託して述べることである。けれども託宣には実託と虚託の二つがある。実託は童男童女法師などに神霊が移託して天然不測の妙理を示すもの、虚託は神子や巫が奇言妖語で人を眩惑するものである。なお法華経の如来神力品第二〇には諸仏は世を救うために大神通によって衆生を悦ばす、正直積善の家には神明や仏陀の冥感がある、と記されているが、これは神託にも通じることである（三8）。夢占いに関しては、『周礼』の春巻には、日月星辰をもとにして正夢（安静）、噩夢（驚愕）、思夢（平時の思い）、寝夢（覚めた時思うこと）、喜夢（喜悦）、懼夢（恐れ）の六種の夢を占うとしている（三9）。

修験道では本来卜占を用いなかったが、浄蔵（八九一～九六四）が化度方便の為に天文をもとに吉凶を占い、その後「三世相」をもとに陰陽八卦の法にもとづいて占いを行なっている（六3）。祈祷などには最多角の数珠を用いるが、『資道什物記』によると、この一〇八珠は一〇八尊の不動明王の力で煩悩を摺り破ることを意味し、その際に上下に摺るのは上求菩提、下化衆生を示している。なお強く摺っても緒が切れないのは大吉祥の成就を示すとしている（一8）。なお立願の際の供物は修法者の至誠を表わすが、祈祷には誠の心があれば、仏神は行者を護って願をはたしてくれる。ところで神は善事を願えば善神となり、悪事を願うと悪神となる。なおこの神が悪神になるというのは、己の心が悪だからそうなるので、悪心をおこして呪詛することは天にむかって唾を吐くようなもので、結局は自分を害することになるとしている（三7）。なお九字は『抱朴子』の内篇の入山にあたって魔を防ぐ作法である（『故事』六37）。総じて祈祷には本尊の加被力、行者の祈念力、施主の信心力の三力が和合することが必要で、これを通して、入我我入の境地に達すれば所願が成就するとしている（五6）。

第五項　日蓮宗の『便覧』と修験道の『愚答』の比較

以上『便覧』『愚答』の著者とその背景、両著書の内容を個別に紹介した。そこでこれをもとに両者を比較対照し、その共通点と相異点、それをもたらした背景について考察したい。すでに最初に述べたように両書はともに信者や檀那さらに一般の人に日蓮宗や修験の活動、当時の民間伝承や行事に関する故事や意味を数多くの和漢の典籍をもとに回答したものである。その際に日蓮宗や修験の立場、自己の信仰も吐露している。そこで本項では、両書の構成、回答内容、引用された典籍の三つの局面を通して近世における日蓮宗と本山派修験に見られる常民教化の特徴を推測することにしたい。

まず両書の表題を見ると、日栄の著書は『故事便覧』とあるように、日本のみならず、中国、インドの故事にも目をくばっている。ただ内題を『法華行者修験書』としたように、日蓮宗の行者が修行し、祈祷する主旨を日蓮宗に関心を持つ人に知らせる姿勢が認められる。これに対して融鑁の場合は、むしろ檀那や信者の問いに答えるという姿勢が強く、内題を『和漢群題故事』としていることは、修験の檀那のみでなく、一般の人にもその事項に関する故事を紹介するという姿勢に立っている。この相違は日栄は当初の檀林の僧であり、融鑁はいわば里修験であることによると思われる。

両書の構成を見ると、『便覧』では巻五の最後に「祈祷相承書」の項目を立て、その最初に日蓮宗の行門には日蓮の最蓮房ならびに六老僧に授与した『祈祷書』、それを近世初期に身延山の日蓮が注釈した『祈祷経瓶水鈔』と祖師以来相伝された「祈祷相承書」がある。この「祈祷相承書」の大綱は衆病悪除の妙符を始め、鬼病、魔病、生死の霊気、衆病退散の札守、及び野狐、疫神遠離の秘宝など諸病の加持、一切の呪術などについて記したものとしている。そしてこの後にさきにあげた唯観流の祖唯観と著者の日栄の伝記と一〇〇日の荒行をあげている。そして巻一はこの「祈祷相承書」にあげられているものの解説と考えられよう。あわせて巻二に九字（23）、祈祷（25、26）、巻五にも祈祷（44、45）、験者（46）、病人教化（47）をあげている。けれども民間伝承関係のものは巻二の守札（17、18）、巻三の金神（27）、日待（32）・月待（31）、巻四の大黒天（37）、妙見（39）、三宝荒神（38）などの神格、巻五の地祭（40）、庚申（41）というように各巻ごとにほぼ同類のものを包摂している。こう見てくると同書はむしろ内題に『法華行者修験書』とあるように、檀林の学僧だった日栄が唯観派の行者の為に加持祈祷を通しての信者教化の手引きとして著わしたと考えられるのである。

これに対して『檀問愚答集』では、巻四の4に山伏、修験名目、本山・当山と修験の眼目をまとめ、次いで修験妻帯（2）、大峰の修行（5）や祈祷（6）をあげ、巻一の冒頭に里修験のあり方をあげた以外は、各巻にばらばらに民間伝承に関する事項が配されている。これは同書の序文に融鑁自身が時毎に檀信徒が閑居にきて尋ねたことを識り得る範囲内で回答したことをまとめ、弟子に付したとしていることを示すと思われる。ただ巻一の冒頭に師檀関係や年行事のことを記しているのは、彼が図師村の鎮守白山権現を始めとする七社の別当で本山派の多摩郡を支配する年行事だったことにもとづくと思われる。そこでは年行事は檀那の年中行事などを助け繁栄を祈るとしたり、彼自身も財施と法施を内容は違っても相互に施しあう檀那仲間であるとしているのは、このことを示している。そしてその内容も修験の主尊の不動明王や霊山で祀られる事の多い十一面観音だけでなく、弁才天、三宝荒神、稲荷、天狗、年中行事や占いに関するものが多く、加持祈祷に関するものが少ないのは、行者よりも在俗の里人に彼らが行っている行事などの故事を教える姿勢に立っている事を示している。

次に回答に見られる特徴を考えてみたい。まず『便覧』では仏典を中心とする幅広い分野の書物が引用されているが、中でも日蓮宗の依経である法華経を日蓮に結び付けた説明が強調されている。具体的には日天子の本地を釈尊とし、月天子を祀るのに法華経、星祭りには法華経寿量品の「自我偈」を用いるとしている。また地祭は日蓮宗の「祈祷相承書」によるとしている。鬼門よけの札には鬼子母神と十羅刹女の名を記し、魅女が敷く敷紙にも鬼子母神の名が記されている。さらに治病の祈祷には法華経や観音に頼ることが求められ、月経の時は題目を唱えれば良いとしている。さらに祈祷の九字に関しては道教や修験で用いる「臨兵闘者皆陳烈在前」だけでなく、法華経の九字の偈を用いるとしていることが注目される。この他日蓮による月水は生児を育む受胎に関わるものゆえ穢れではないとの説明も注目される。

さらに鬼病の祈祷などの場合には何よりも信心が大切で不惜身命で題目を唱える事を強調している。ちなみに修験道に関わることでは蔵王権現の二体の狻猊（からじし）を寺門の獅子と関連づけたり、泰澄が法華経を誦えて、雷の化身の童子を改悛させたことがある。なお泰澄は疱瘡の治療に「十一面観音法」を修したが、日蓮宗では法華経によって治すというように法華経と関連づけている。

ところでさきに述べたように、『故実』の最後の「祈祷相承書」の項では、日蓮が編んだ『祈祷経』を祈祷の根本経典としている。そして現に日蓮宗の加行の中核をなす中山法華経寺の荒行堂の一〇〇日行では、同書で病気などの災因の主要なものとした死霊、生霊、野狐、疫神、呪詛に対応するかと思われる秘密五壇の行法、祈祷法などの秘伝書や、符を思わせる敷紙の伝授や木剣加持、九字の伝授がなされている。そこでここで祈祷経の内容と秘密五壇の肝文の意味を紹介しておきたい[17]。

『祈祷経』は法華経の要文を唱えるものである。ここではその主旨のみをあげておきたい。前半は迹門の部分で、仏法は大信力（方便品二―援用した法華経の各品。以下同様）と安穏をもたらすものである（化城喩品七）。これを聴聞した菩薩は歓喜し、禅定に入って大神通・理解力を得て衆生を教化する（五百弟子授記品八）。また釈尊は法華経の一偈一句を聞いて随喜し、書写し、読誦し、供養し、説く者に対して温和な心と忍耐を与えてくれる。ただこれを謗る人には罰を加える。そして比丘、比丘尼を遣わして衆生を引導する。また障害から守護する（法師品一〇）。この法華経の教えは真実そのものである（宝塔品一一）。なお法師品からの引用のみが七ヶ所あるのは、迹門では特に行者・法師らを導びくことを示すと考えられる。

後半の本門の部分では、まず題目をあげて、仏を勧請する。次いで釈尊の成仏以来無量の時がたった（寿量品一六）。けれども仏法は長遠で（分別品一七）、一念信解すればその功徳は無限である（随喜品一八）。そしてこの経を説けば無量の福を得ることを疑うべきではない（不軽品二〇）。また法華経を道場に安置すれば無辺の功徳をもたらし歓喜させる（如来神力品二一）。このように法華経を説く釈尊は一切衆生の大施主である。この法華経を汝に授けた。そこでこれを受持し、読誦し、修行すれば安穏を得、煩いを除去出来る（羅尼品二六）としている。なお神力品のみ四偈がとられている。それ故後半は法華経にもとづく下化衆生を説いていると思われる。

死霊、生霊、狐著、疫神、呪詛の秘密五壇は、現在一〇〇日行の初勤に各七日ずつなされる法華経の読誦を中心とするものである。ここではこの五種の怨霊の邪気を払うとされる「祈祷肝文」の意味のみを紹介する[18]。死霊壇の肝文は釈尊に絶対の信を捧げその慈悲にすがって墜地獄の苦界から脱する破地獄の文である。生霊壇は蘇生の符といわれるもので、日蓮が母の病気を救う為に薬王菩薩本事品二三からとったもので、本経を聞けば良薬を服用したように病は即滅し不老不死を得る。狐著壇は狐をはじめすべての動物も仏陀の慈悲に接して解脱を得るとの如来寿量品一六の偈で、狐つきをおとすのに用いるとしている。疫神壇は疫神は夢にあらわれて悩ますが、この呪に従わないとその頭を七つに裂いてしまうとの陀羅尼品二六の偈である。呪詛壇では他者の呪詛で毒薬によって殺されそうになっても法華経の力を思い描けば呪詛した人が自滅するという偈（普門品二五の偈）である。このようにこの五壇の肝文は行者が死霊、生霊、狐霊、疫神、呪詛を克服して修行に努めることを悟らしめるものである。

『愚答』の各項の説明ではさきにあげた直接修験と関わる事項以外の部分で、修験と結びつけた説明には次のものがある。まず墓を梵天という事を、他界とされる霊山に梵天を立てたり、梵天を持って登拝する（例、岩木山）ことに因むとしている。また役行者が葛城山で三宝荒神に見えた話（二－9）があるが、これは『故事』にも記されていた。また天狗と山伏の類似は広く知られている。また飯綱権現は信濃の飯縄山の神格とし、本地は不動明王としている（二－2）。特に焼香を修験では護摩の略義とすることや、修験で出す守の内符の五如来は菩薩行、外の包みの五大明王は声聞行を示すとの独自の解釈（一－2）が注目された。また修験は本来卜占を用いなかったが、浄蔵以降用いるようになったとの説明があった。

	故事便覧	檀問愚答集
総数	115	159
仏教	63	54
神道	3	15
道教	3	8
儒教	1	10
陰陽道	0	7
修験道	0	2
史書	12	17
文学書	11	10
医学・植物	5	6
民俗	5	4
辞書	2	6
不明	10	20

修験書の引用では『資道什物記』をもとに三宝荒神の胎生、出生、墓所での異名（二－9）、念珠を上・下に摺るのは上求菩提、下化衆生を示すとの説明（一－8）が認められた。この『資道什物記』は同書の山伏の字義の説明（五－4）を詳述した『山伏二字義』を著わした日向国の学僧宥鑁の手になるものである。また『修験心鑑鈔』を引用して九字は禁令を設けて奸や賊を防ぐことをさすとしている（二－3）。この書は寛文一二年（一六七二）に会津の当山派修験常円の著で、融鑁が当山派の教義書にも目をくばっていたことがわかる。この他、修験も広く利用した安倍晴明（九二一～一〇〇五）著とされた『簠簋内伝』の引用が弁才天（二－4）、年徳神（二－6）などにも見られる。

『故事便覧』の著者日栄、『檀問愚答集』の著者融鑁はともに博覧強記で引用書の数は、『故事便覧』は一一五、『檀問愚答集』は一五九を数えている。ただ『檀問』は巻数が一巻多いゆえ、ほぼ同数とみなすことが出来る。その分類別の数は前頁の表の通りである。

両者を比べた場合、日栄は檀林の学僧だったこともあったことから、仏書が多いのに対して、融鑁は神道、儒教、道教、陰陽道と多くの宗教に目を配っている。これは修験道が古来仏教、神道、道教、儒教、陰陽道を習合した性格を持つ事によると考えられる。また融鑁が辞書類を利用している事が注目される。仏書の内容を見ると日栄は『法華経』、『法華玄義』、『法華句』など法華経に関するものと『摩訶止観』、『涅槃経』を多く引用している。これに対して融鑁は『蘇悉地経』、『大日経』など密教関係と『優婆塞戒経』、『大智度論』、『般若経』が多く、その他の宗教では融鑁は道教の『抱朴子』、陰陽道の『簠簋内伝』、神道の『延喜式』や『中臣祓』などが多く引用されている。なお両書とも日本、中国、インドの内典、外典に目がくばられている。

結

本節では日蓮宗唯観流の日栄の『修験故事便覧』（『法華行者修験書』）と、本山派修験融鑁の『修験檀問愚答集』（『和漢群談故事』）をとりあげて、日蓮宗と修験道の常民教化の相違を検討した。まず両著者を見ると、日栄は京都の檀林の学僧で祈祷を志して百日間の荒行をした法華行者、融鑁は聖護院門跡道興も訪れた図師の白山権現別当、武蔵国の年行事を務めた里修験である。そのこともあってか、『故事便覧』では巻五最後の「祈祷相承書」の項に、唯観派の創始者日勇と彼の修行、『檀問愚答集』では巻一に地域に於ける檀那と里修験のあり方、年行事の記載がなされていた。両書のその他の内容は民俗宗教の中心をなす社寺と神格、待、祭、年中行事、禁忌と符、災因・加持祈祷をほぼ網羅し、これに関する三国の仏書を中心とする典籍をもとに故事を紹介したうえで、自己の立場を示す形をとっていた。ただ『故事便覧』の方は内題を『法華行者修験書』としたように、著者自身がそうだった法華行者の加行、寄加持などによる鬼病の治療など日蓮宗のものが多かった。一方『檀問愚答集』の方は、山伏や修験の字義、本山派・当山派の区別、妻帯など山伏のあり方を示しはするものの、その内容は、内題に『和漢群談故事』とあるように一般の里人の問いに答える性格をより強くもっていた。

　ところが両者はいずれも表題には「修験」の文字を用い、日栄は別題でも「修験書」としていた。そして日蓮宗では、身延山、中山法華経寺、唯観流とも日蓮に始まる加行や祈祷法を修験と称していた。なお修験道本山派の融鑁は『愚答集』の中で、「山伏の名は必らずしも吾宗に限るべからず」（四４）としている。もっともその後では、大峰、葛城の峰入では事理不二の妙観を悟るのが吾宗独り山伏の名を得る畢竟なり（四４）としている。ただ彼は山伏の語を諸宗の通称としたように、修験の語に関しても、同様の考えを持ったとも思われる。なお『国語大辞典』では、「修験」の語は「呪法を修めて効験をあらわす意」としている。[19]ところで近世初頭に幕府から修験道法度により、教派をされた本山派修験では、在地の修験は総本山の聖護院門跡から先達、年行事の職や位階を与えられていても、総本山では特に諸宗の檀林にあたるものは設けていない。そして各地の修験者はそれぞれの在地での師弟関係をもとに呪法を学んでいた。それ故その内容は千差万別だった。

　これに対して日蓮宗の修験は中山、身延、唯観流などの荒行堂や檀林で日蓮が法華経の中から選び出した偈をまとめた『祈祷経』などを根本とした、ある程度まとまった行法と、檀林などで学ぶ仏教によるその意味づけが成立していた。けれども日本の民俗宗教に位置づけて修験道を考える場合には、修験の語は「修行によって獲得した験をもとにして加持祈祷を修する」というように広義にとらえて考察することが必要とされるのである。そして近世期の教派修験体制下においても、里修験は、融鑁の『檀問愚答集』に見られたように諸宗教を援用して活動したり、檀那に説明したのである。日蓮宗の『故事便覧』の引用が仏書が主体だったのに対して、『檀問愚答集』の引用が、神道、道教、陰陽道と多岐にわたっているのはこのことを示している。そして修験道を通して民俗宗教を解明するという立場に立った場合には、この『檀問愚答集』のような資料を、日蓮宗の『修験故事便覧』と比較検討することが必要と考えられるのである。

注

（1）斎藤巍鑒「吾宗修験者ノ由来」『法華験家訓索』巻一、25丁、宗栢寺。
（2）「身延積善坊第七代日閑法師付日伝、別頭統記」享保一五年（一七三〇）、宮崎英修『日蓮宗の祈祷法』平楽寺書店、一九八〇年、一五八頁。
（3）宮崎英修「唯観流」上掲宮崎『日蓮宗の祈祷法』一八八～一九〇頁。なお『修験故事便覧』巻五、修験道章疏Ⅲ、六三八～六四〇頁。
（4）上掲宮崎『日蓮宗の祈祷法』一九〇～一九一頁、上掲『修験故事便覧』第五、六四〇～六四一頁。
（5）『修験故事便覧』修験道章疏Ⅲ、五二五～五三〇頁。
（6）「祈祷法について」上掲宮崎『日蓮宗の祈祷法』五九～九七頁。
（7）「『祈祷瓶水鈔』について」上掲宮崎『日蓮宗の祈祷法』一三一～一三八頁。
（8）『修験故事便覧』巻五、修験道章疏Ⅲ、六三六頁。
（9）田中日常「行法次第」『日蓮宗行法の研究』国書刊行会、二〇〇五年、九一～一一四頁。
（10）『修験檀問愚答集』第六巻（京六角通御幸町西江入町関権兵衛、享保三年六月）。
（11）『新編武蔵国風土記稿』第五巻、雄山閣、一九九六年、六一～六二頁。
（12）「武蔵国半沢覚円坊について」新城美恵子『本山派修験と熊野先達』岩田書院、一九九九年、一一七～一四一頁。
（13）「浄蔵伝」『日本高僧伝要文抄』新訂増補国史大系三一、二四～二七頁。
（14）鬼子母神に関しては、宮崎英修編『鬼子母神信仰』民衆宗教史研究叢書九、雄山閣、一九八九年参照。
（15）大黒天に関しては、大島武彦編『大黒信仰』民衆宗教史研究叢書二九、雄山閣、一九九九年参照。
（16）妙見信仰に関しては、佐野賢治編『星の信仰、妙見、虚空蔵』北辰堂、一九七四年参照。
（17）近世後期の『祈祷経』の文については、上掲宮崎『日蓮宗の祈祷法』七七～八八頁参照。
（18）上掲田中『日蓮宗行法の研究』一三一～一七一頁参照。
（19）「しゅげん」『国語大辞典』小学館、一九八一年、一二三七頁。

第三節　近世における日蓮宗の寄加持と修験道の憑祈祷

序

享保一五年（一七三〇）になる日蓮宗唯観流日栄の『修験故事便覧』（『法華行者修験書』とも）では、巻一の冒頭に魅女に亡魂・邪鬼を託して、災因が瞋恨、怨嫉にあるとの告げを得ることの本拠が不空訳の「速疾立験摩醯首羅天説阿尾奢法」にあり、比叡山回峰行の祖とされる相応や、大峰・葛城・熊野三山で修行した行尊がこの修法を行なったとしている。そして近年この阿尾奢法が平安中期から後期に治療儀礼として広く用いられたことが、当時の密教の次第や文学作品を通して研究されている。(1) けれども日栄が同書を著した近世期に法華行者によって行なわれた寄加持、修験道の憑祈祷の次第に関しては、これまであまり研究がなされていない。(2) そこで本節では次の順序でこの阿尾奢法に淵源があるとされる寄りまし（魅女）に神霊を憑依させて災因を明らかにする寄加持・憑祈祷の次第を紹介することにしたい。

第一項では、まず日栄が注目した「速疾立験摩醯首羅天説阿尾奢法」と、相応、行尊の修法、ついで寛政（一七八九～一八〇一）頃に長崎の密教寺院宝輪寺が行なった憑（因）祈祷を紹介する。(3) 第二項では、日蓮宗における寄加持の定義とその歴史を紹介する。そしてその流れの中に次項でとりあげる文化九年（一八一二）に『寄加持并飯縄返之巻』を書写した相模国三浦郡佐野村（現横須賀市佐野）の妙栄寺利生院日運を位置づける。(4) 第三項では、同書の最初にあげられている「寄加持并飯縄返」の翻刻をあげ、その儀礼内容と同書所掲の他の次第の要旨を紹介する。第四項では、まず元文二年（一七三七）に恒端卓盈が著した『修験道初學弁談』の憑祈祷の記述や、五流尊瀧院蔵の「無言加持之次第」を紹介する。そのうえで寛文年間（一六六一〜一六七五）に越後高田の本山派修験金剛院空我が著した『伝法十二巻』の巻八所収の憑祈祷の次第を紹介する。(5) そして結では近世における日蓮宗の寄加持と修験道の憑祈祷を比較検討する。

第一項　阿尾奢法と長崎の憑祈祷

阿尾奢法の阿尾奢は遍入を意味する梵語、āveśa の音写で、本法は童男童女（寄りまし）に天神などを請降して、その肢体に遍入し、未来の善悪吉凶を語らせたり、災因をもたらす邪神邪霊を遍入させて呪縛して改悛させ除災をはかる修法とされている。空海、円仁、円珍らによって日本に招来された不空訳の「速疾立験摩醯首羅天説阿尾奢法」によると、この法はインドの香酔山で那羅延天（ヴィシュヌ）が、託を得るために使役する迦楼羅（天狗）が世間所求の事に速やかに応じないのを嘆いたので、摩醯首羅天（シヴァ神。大自在天）が説いた未来のことを知るための秘法である。それは聡明な七、八歳の童男童女四〜五人を選んで沐浴させ、身体に香を塗り、赤い花を持って壇上に立たせ、両掌で両目を覆わせたうえで修法者が摩醯首羅天になったと観じて印明を用いて加持をする。そうすると童男、童女が戦慄し、聖者がその身中に入り込んだことがわかる。そこで未来・善悪一切の災障などを尋ねて託宣を得るというものである。(6)

日栄がこの阿尾奢法を修したとして紹介した相応（八三一〜九一八）は比叡山で籠山中に毎日中堂に供花したことを円仁に認められてその弟子となった。そして貞観元年（八五九）比良山の葛川で不動明王を感得し、同七年比叡山に無動寺を創建して後に回峰行の祖とされた。『天台南山無動寺建立和尚伝』によると、彼はこの不動明王感得後の貞観三年三月八日、清和天皇の依頼によって当時蔓延していた赤痢の災因を知るために内裏で阿尾奢法を行なった。その際憑座の童子にむかって十回位呪を誦えると、二童子に神霊が憑依した。そこで彼が何者かと尋ねると、松尾明神と答えた。そこに天皇が御されて、堀河左大臣に神霊に赤痢蔓延の理由を明かすように尋ねさせたが答えなかった。その後典侍藤原ム子が他の事について尋ねたがこれにも答えなかった。そこでム子がこうした問に応じることが出来ないとすると、汝は松尾明神ではなくて狐狸の類かと難詰した。すると松尾明神の祟りにあったのかム子は病気になり、四日後に死亡した。そこで天皇は相応の修法により赤痢の蔓延が松尾明神の祟りによることがわかったとして、その功に対して度者と御衣を賜ったが、相応はこれを辞退したという話である。(7)

行尊の憑祈祷は『元亨釈書』の「行尊伝」によると、後三条天皇の皇女が妖病にかかったので、行尊に加持を依頼された。彼は少女に魅（妖魔カ）を移して、皇女の病を全快させたという話である。(8) ここでは特に阿尾奢法を用いたとは記されていないが、日栄の『修験故事便覧』では、これを阿尾奢法につらなるものと捉えているのである。

次に寛政八年（一七九六）一〇月に長崎の密教寺院宝輪寺が長崎奉行に提出した「因（憑）祈祷ノ事ニ付テ口上書」所掲の因祈祷を紹介しておきたい。(9) それによると因祈祷は本名を阿尾奢法という深秘の法式で、原因不明の病に冒された施主に依頼された時に自己の壇場または山中の清浄地で行なう。まず前行では荘厳した壇場に不動明王を祀る。そして修法者は七日間あるいは二夜三日間、毎日三時に不動明王の秘法を修し、八大童子、十二天、日本国中の大小の神祇を勧請する。またこの間二人から八人の助法する結衆に浄衣を着せ、聖無動尊大威怒王秘密陀羅尼経、ならびに諸天童の真言などを奉誦させる。

なおこの前行にさきだって、施主の身内の八～九歳、一二～一三歳或いは一五～一六歳の聡明利発で傷跡やほくろのない者を降童（よりまし、または因童〈よりわら〉という）に撰び、沈香を入れた水で沐浴させ、新しい衣服を着せ、安息香で身体を薫じる。また二間から四間四方位の壇場に大きな床机の壇を設け、その上に二枚の新しい畳を敷き、白い幕で覆い、四方を注連で囲う。畳の中央には布の壇敷を敷き、その上に身を清めた降童を座らせる。

そして降童にむかって清めの加持をしたうえで、その面を覆い包んで（白帷子を頭の上から覆せても良い）、赤色の紙で作った蓮華を持たせる。正験者は降童の正面に安座して摩醯首羅天（宇宙を主宰する大自在天）と同化して、八大童子等大小の神祇を降童の身体に入れる加持の作法（遍入の法）をする。やがてこの秘法に感応があり、降童が持つ蓮華や幣が振動する。これは天神地祇あるいは邪鬼・怨霊などが降童の身体に入った事を示している。そこで正験者は事の由を申したて、問を試みる。すると誰それの怨霊、何々の邪鬼と病因を語る。また世間の吉凶等の託宣がある。この因祈祷の間、助法の結衆は所定の座で五大明王の真言や名号、不動明王の慈救の呪、般若心経などを読誦する。なおこれにさきだって施主である病者が邪気あるいは怨霊などの障りを受けた心覚えがあるかないかについて細かく承っておく。これをおえると降童の身体に入った神祇をそれぞれの本土に送り返す。また邪鬼怨霊などの際はその場で教化して邪念や怨念をはらす。もっとも怨念が強い時は降伏の祈祷をする。なおこのようにして託宣を得ることを「口白」という。また浅略では「幣白」ともいう。もっともこの修法は年功を積み、堪能な修法者のみが行ないうるものとし、最後に卯月十月宝輪寺と記している。

ちなみにこの後に、この口上書などを含む『祠曹雑識』の編者（姓名不詳、ただ巻頭の「題言」の末には麻谷老愚とある）が、「大僧正行尊天治二年（一一二五）六月一日、新若宮俄御悩加持ノ賞トシテ同七月一日牛車宣下の事『初例集』に見ユレバ、当時ノ験者ナルベシ」と行尊の憑祈祷を紹介している。そして更にこの後に「日蓮上人此遺法ヲ相承シテ其弟子下総千葉ノ日常ニ伝附ス。今ノ中山流因祈祷是ナリ」としている。このことから当時日蓮宗の寄加持が広く知られていたことが理解されるのである。

第二項　日蓮宗の寄加持と三浦の妙楽寺

日蓮宗では日蓮以降も権力者に対する諫暁、他宗に改宗を迫る折伏によって布教を試みてきた。けれども天正七年（一五七九）に織田信長の奸策による浄土宗との安土宗論後断圧された。また文禄四年（一五九五）の豊臣秀吉の京都東山大仏千僧供養会の出仕をめぐっての受・不受の対立後、慶長一四年（一六〇九）の徳川家康によって不受不施派が禁止された。そして受布施派は身延山を本山として日蓮宗を統轄した。爾来幕府の各宗への教学振興策にのっとって、檀林を設けて文書による布教を試みた。今一方でそれまで中山法華経寺の遠寿院と智泉院を中心とした行堂とは別に身延山にも行場を設けて、積善房流を確立した。一方京都でも唯観（一六〇四～一六五〇）を始祖とし、『修験故事便覧』を著した日栄を育んだ唯観流が成立したが、その後消滅した。そしてこれらの行堂で修行して験を得た修験僧は祈祷によって庶民の現世利益に応えることを通して布教を試みたのである。近世期の寄祈祷はこうした卓越した修験僧が実施した修法だったのである(10)。

この「寄加持」について日蓮宗刊行の『日蓮宗事典』には寄り代を使用する修法としてうえで、次の説明を加えている。まず寄り代を神女、託女、神子、巫女などと称するとし、上記の「速疾立験摩醯首羅天説阿尾奢法」の記述をもとに、七～八歳の童男童女を使用するとしている。そして古来諸宗教には憑霊者がいて、予言、霊告などを行なってきた。わが国の民間のイタコ、霊媒も寄り代と同一であるというように、寄加持を宗教現象一般に通じるものと捉えている。そのうえで「修法に寄り代を使う場合は、まずその者の身体、着衣を浄め、修法師の後に正座合掌させ、読経唱題して、本人が憑霊状態に入った時、尋問して憑依の由来願望等を知り、随時教化修法して得脱させる。難治の苦患災難などで原因究明が困難な時に行なうが、妄りにこれを行ない、また軽信散慢な者を使用することは厳に戒めるべきである。寄り代になる者は常に水行あるいは長時間唱題行をさせて強盛な信仰に徹底させることが肝要であり、初心の験者が寄加持を行うことを先師は強く禁じている」としている(11)。

ここに見られるように日蓮宗では寄加持は厳しい修行をへた行者に伝授されるべきもので、一般行者が妄りに行なうことを禁じていた。そのせいか寄加持に関する史料は、妄りに寄加持をすることへの禁制や、寄加持の秘法伝授の記録のみで、その次第の内容は未公開であった。そこでまず管見に及んだ禁制と伝授の記録を紹介しておきたい。

その初出は宝徳二年（一四五〇）、京都の本能寺開山で法華宗本門流開祖慶林坊日隆（一三八五～一四六四）が出した一三ヶ条から成る「信心法度」の第二条の「みこかんなぎつかふべからず。同じくおこりおとさせるよろずのきとうさすべからず」との禁制である。これはおこり（瘧、マラリヤ）の災因をなす鬼を巫女に移しておとす修法などを禁じたものである。なお同三条には檀家の依頼に応じて、他宗の僧に治病などの祈祷の紹介をすることを禁じている。[12]裏返していえば、当時治病の為に寄祈祷がなされ、地域では宗派を越えて祈祷者の紹介がなされていたことを示している。その後中山法華経寺の基盤を確立した同寺一〇代賢聖院日侊（一五一五〜一五九八）が天正一九年（一五九一）「門弟中江申渡之条々」で、「一．万事祈祷の義は則ち相伝の旨を守り、時に臨んで私を雑えず、如法に修行すべき事、一．相伝の秘書他見を許さず、相承の旨口外すべからざる事、一．寄立て祈念猥りに修行すべからざる事、勿論利益得失を考えて之を取り行ふべき事」を定めている。[13]

近世に入ると身延山を中心とした教団体制が確立したこともあって、寛文五年（一六六五）九月二六日付で関東諸本寺の玉沢日養、池上日豊、身延日奠、中山日徳など九名が連判の上で「法式之条目十一ヶ条」を定めたが、その一〇条には祈祷者に対して猥りに寄祈祷致すべからず、但し叶はざる心細これあるにおいては諸門流の頭寺に相談すべき事、付たり売僧まじき奇怪の事はこれをすべからざる事」としている。[14]ところが実際には寄加持の伝授がなされていた。すなわち元禄五年（一六九二）一〇月二六日には中山法華経寺遠寿院を確立した日久（一六六三〜一七二七）が中山浄光院の法性院日逮（後に日諦を名乗る）から飯縄返と寄加持の大事を伝授されている。またほぼ同じ頃孝東院日彰が、寄加持大事、疫神遠離秘法を身延山に伝えている。[15]

そして享保一五年（一七三〇）には冒頭にあげたように唯観流日栄が『修験故事便覧』巻一の魅女の項などで寄加持について詳述している。この「魅女」の項ではこの修法の本拠は阿尾奢法にあることを述べ、さらに中国でも『宋高僧伝』第一の「金剛智伝」に金剛智が宮中で二女子を用いて魅女の法を修したとしている。また壇場の荘厳にふれて注連は神道のみならず、法華経見宝塔品一一で瑠璃を地とし宝樹をもって荘厳し黄金色の縄で界を示したことに因むとする。また壇場に設える壇鏡は邪鬼を避け、災厄を払うもの、魅女が膝の下に敷く敷紙には鬼子母神の神号、鬼神王の神呪を書いて鬼魅を降伏するものだが、凡女の脚下に守護神の尊号を敷くことになるので、唯観流では用いないとしている。また修法で使用する加持杖は悪鬼を払うものとする。この他、魅女に憑依した妖魔を筒に入れて焼いたり、流す筒封じがあることや、日蓮宗の九字には道教の臨兵闘者皆陳列在前の他に、法華経序品の「令百由旬内無諸衰患」などの偈を用いるとしている。また験者が結跏趺坐するのは、龍が蟠まることに因んで魔王を憂怖させる為としている。[16]ただ寄加持の次第については全く触れていない。

その後明和年間（一七六四～一七七二）幕府の寺社奉行は寄祈祷禁止の町触を出している。[17]ところがこのころ完道院日学は身延山の積善房で「現加持祈祷作法之事」と題した古記録を書写している。この中には「寄加持之事」「神女之事」「代寄之事」などの切紙が含まれている。なお日学はその後仙台法華寺第一七世住職となっている。[18]この他文政九年（一八二八）になる『治政談』には日蓮宗中山流の寄加持が紹介されている。[19]ちなみに中山法華経寺智泉院二一世日啓は、一一代将軍家斉の愛妾中野於美代と同胞だったこともあって、文化六年から天保一二年（一八〇九～一八四一）頃、寄加持を行なって大奥の女性の信仰を集めたとされている。[20]

ここで本節でとりあげる『寄加持并飯縄返之巻』を書写した利生院日運（字啓猷、？～一八二八）が三四世住職を務めた相模国三浦郡佐野村（現横須賀市佐野町）の妙栄寺についてふれておきたい。寺伝（「妙栄寺縁起」）によると、同寺は応永三年（一三九八）頃は、当地の浄土宗の用仙房の庵室だった。ところが用仙房は当時三浦郡の有力な法華寺院金谷山大明寺の中興の祖日栄に法論を挑んだが敗れてこの地を去った。そして彼の弟子の妙栄院日豪がこの庵室を大明寺末の法華道場にしたとしている。[21]もっとも『日蓮宗年表』では豊臣義俊撰『山城新編法華霊場記』と、六牙院日朝撰の『本化別頭仏祖統記』をもとに、大明寺は応永六年（一三九九）に日栄が創設したとしている。[22]

ただ『新編相模国風土記稿』の三浦郡の項には、この金谷山大明寺は京都本圀寺末で、その創建は建長五年（一二五三）秋に日蓮が三浦郡を巡錫した時、漁師の石渡左衛門の請に応じて、米ヶ浜（深田村に属す）に草庵を建て米ヶ浜道場、あるいは法華堂と号したのに始まり、以後左衛門の子孫が運営に関わったとしている。[23]ちなみに建長五年は日蓮が比叡山から安房の清澄寺に帰り唱題を立案し、日蓮と改名した年である。なお同寺の在所の金谷村の鎮守は蔵王権現で、三十番神を合祀している。また妙栄寺はこの大明寺末で本尊は三宝尊師、開基は永禄元年（一五五三）に死亡した日豪としている。なお同寺にも三十番神が祀られている。これらから推測すると妙栄寺の寺伝は、この『風土記稿』の伝承をもとに、実際に大明寺を創建した日栄を同寺の中興の祖とし、永禄元年に妙栄寺を創建した日豪を応永三年に大明寺を創始した日栄の弟子としているのである。これは大明寺が豊臣秀吉が北条氏を滅ぼした小田原の陣の時に同寺に制札を出したことや『日蓮宗年表』に同寺の歴代住職の名と死亡年が記載されているなど、当地方で大きな勢力を持っていたことから、その始祖日豪を日栄の弟子とした寺伝を編んだと考えられるのである。

第三項　日運の寄加持の次第

日運が書写した『寄加持并飯縄返之巻』には、1「寄加持大事飯縄返」（以下一つ書きに番号を付与）の他に、2「別伝加持祈念大事」、3「現祈祷之秘事」、4「狐著《ママ》現加持秘法」、5「飯縄返」の四種の短かい修法と、6「天下泰平国土安穏事」、7「天長地久祈願皆満足」の文をあげ「文化九壬申年霜月二十八日、相州三浦佐野村妙栄寺現住、利生院日運（花押）」と奥書されている。同書は未刊の日運の手になる写本ゆえ、本項ではこの中心をなす1「寄加持大事飯縄返」の翻刻をあげたうえで、その内容を紹介し、2〜5についてはその要旨を記す。なお5・6は「寄加持大事飯縄返」に包摂されている。また1は表題には「寄加持大事飯縄返」とあるが、飯縄返は5をさすのか、含まれていない。

1　「寄加持大事飯縄返」の翻刻

一寄加持大事飯縄返
一天下泰平国土安穏抄
一天長地久所願満足抄
一当家一流加持口伝秘法

唯我一人能為救護仏所護念如我昔所願今者已満足充満、其願清涼池能満一切諸渇乏者　三返

南無平等大会一乗妙法蓮華経

南無久遠実成釈迦牟尼仏

南無證明法華多宝如来

南無本化迹化諸大菩薩等

南無法主日蓮大菩薩等

南無不動愛染金剛力士等

南無梵天帝釈四大天王等

南無鬼子母神十羅刹女等

南無法華守護三十番神中にも天照大神正八幡大菩薩乃至日本国中大小神祇指神聞神玉女神三宝荒神等各々此砌来臨影

向シテ法華読誦法音ヲ全納受給江、此幣社ハ神ノ乗物ナリ速ニ託シ給江ト云々

次念珠

南無東方天龍王神、嗡々如律令

南無西方天龍王神、嗡々如律令

南無南方天龍王神、嗡々如律令

南無北方天龍王神、嗡々如律令

南無中央天龍王神、嗡々如律令　各々廿一返宛

天上天下唯我独尊、法味観念悉皆慈尊

而今此処多諸患難　唯我一人能為救護　七返

君ガ代ノ神代モキカジ、誰ユエニ

ヨリノ頭ニ渡ル嬉シヤ　七返

若欲懺悔者　端座思実相　諸法実相尓時

宝塔中出大音声　七返

一、車ト云字ヲ本尊ノ眉間ニ可書　三返

南無不動愛染明王七返、天諸童子以為給使文　七返

童子シメヨ行者ハナサズンバホドクベカラズ　七返

妙法蓮華経従地涌出品第十五　当於此土而広説之　七返

山ハ三ツ谷ハ九ツコレヤコノヨリノ頭ニ移ル嬉ヤ　七返

妙法蓮華経、如渡得船、呪詛生霊死霊乃至邪気等

乗此宝乗頭ニ納受ト　七返

無有魔事雖有魔及魔民皆護仏法　七返

稲荷ヅカ松ノ村立故曽申古久、我ガヤル法ノ祈コソスレ　七返

爾時多宝塔中出大音声歓言、善哉善哉釈迦牟尼世尊、如所説者皆是真実　七返

鵲ノワタセルハシニヲリシモノ法ヲ渡スゾ妙法蓮華経　七返

ウキ川ノ瀬ニタツ本尊忽ニ渡セヤ渡セ法ノ船人　七返

一切天人皆応供養　七返

チハヤフル神代モ聞ズ誰故ニヨリノ頭ニ渡ル嬉シヤ　七返

十羅刹女十名マデ七返　同呪七返

若不順我呪、悩乱説法者、頭破作七分、如阿梨樹枝　七反

物ノケヲ引テ放ゾアヅサ弓、請取リタマエ今日ノ聞神、放ツ時　七返
如日月光明　能除諸幽冥　斯人行世間　能滅衆生闇　七返
童子シメヨ行者ハナサズンバホドクベカラズ　七返
右一流法実ナレドモ行者ノ信心ニ依ル。不信ノ者ニハ不可見、千金莫伝、唯授一人也

一、寄ニ立ル人ト病人ト相生吉　相克凶、三十五年ノ女吉、一日精進サセテ立ル。但シ月水十二日凶。口伝有之度々其覚有之病人ノ付物ニ依テ也ト覚タリ、清衣ヲ着セ、沐浴サセ白キユカタヲ着セル也、七五三ノ注連引シメ連縄付ル経文「如獅子王月日体風」ト云字ヲ書キシメノ十文字ニ付ル。亦聞神ノ方ヨリ笹ヲ切テ可ㇾ持ス

一、散米四方ニマク也

一、本結ノ髪ノ文ニハ剃除鬚髪文可書也

一、笄ノ文毎自作是念、以何令衆生、得入無上道　速成就仏身是文可書

一、帯ノ文神力品四句之要文ヲ書也

一、笹ヲマク紙ニ毎自作是念之文カク也、其上ヲユウ、コヨリニ右ニ十羅刹女、左ニ鬼子母神トカク也

一、紙ニテ幣ヲ胴切テ持スル時口伝事

一、幣ノサガリニハ不動ノ梵字ヲ八宛両方ニ書ク也。二ツトモ不動ノ梵字ナリ、則チ十六善神ヲ表スル也、同鷲ノ可ㇾ書ナリ

一、幣ヲ以テ頭ニ三度イタダカスル時誦文ニ、明天夜叉地夜叉虚空夜叉ト三返可唱也

口伝云幣串ヲ以テ二本ニシテ
頭ニ書也

誦文　チハヤフル神代モシラズ誰故ニ　今コソ神ノ祈リナリケリ
　　　チハヤフル神代モ聞カズ誰故ニ　頭ニ移ルコトノ嬉シヤ

一、幣ヲ寄ニ持スル時ハ次ノ歌ナリ
　万世の神モアラタニ久シケレ　今ヨリマサノミコトコソナレ
能々祈念シ、神ヲ下シ、其身、甚清浄之弟子檀那別シテ妙ノ一ナリト神ヲ念ズベシ、一誦文歌云
　経経ノ其ノ魂ハ何物ゾ、是コソ是ヨ妙法蓮華経

一、寄ニウツス呪大事、但シツキカカルツカサル時是ヲ手ノ内ニ書ク

右ノ手ニ

上下ニナルノリノ事モ
同ク上下ナリ

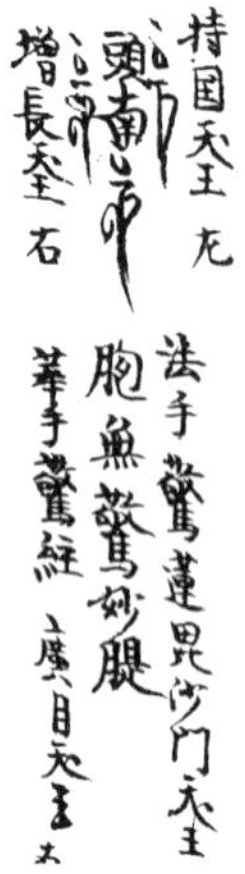

左ノ手ノ内ニ
右ノ手ノ内ニ

額ニ

口決云是即五百由旬、宝塔、十羅刹女ト者尊時引入給事是妙故也、十羅刹女ト者本鬼神躰ナリ、此守身ノ内ニ放ル也、
則チ下ニ書愛染ノ梵字也

一、寄立ル時験者誦文
法花妙理釈尊金言、当生信心無有虚妄　百返
一者不得作梵天乃至速得成仏文　五十返
諸余怨敵皆悉摧滅　天諸童子毒不能害　五十返
此経則ヨリ不老不死マデ　五十返
呪詛諸毒薬ヨリ還着於本人マデ　五十返

一、上ノ寄ノ布紙ニテ不レ寄ラ時ノ守ノ事

卐　此守半枚程ニ可レ書。或ハ寄ニ可レ布ヲ　　大勢ニハ地祈祷サセテ行者ハ加持文ヲ可繰ナリ

是ハ胸ニ書キ下ス願

鬼南天形星王、三宝荒神

一、我座ニ車ト云字ヲ小刀ノ先キニテ三ツ書キ、南無与薬ト可レ唱也

一、悪霊ヲ読付不レ迯事

寄ノ左ノ手ノ内ニ大持国天王ト書ク口伝有。早ク祈付時ノ事、染染ト額ニ書キ、妙ノ五字ヲ書キ元結ニハサムナリ、サテ即説呪曰ト三返可レ唱也

一、験者加持ノ時、他人ヨリ不レ可レ令レ著ト思ウ時ノ呪ニハ寄ニ向テ鬼字ヲ書キ、他人祈念ノ間右ノ手ニ念珠ヲクリ始終呪ヲヨムベシ、サスレバ他人如何程祈念スレドモ不可着、其ノ例証多クアリ、余所ニテ山臥肝胆ヲクダキテ祈ルニ、当宗ノ人傍ニカクレ居テ、寄ニ向テ鬼ノ字ヲ書テ右ニテ念珠ヲクリテ、ヤガテ著ント思ウ時、左へ取リナオシ、自我偈ヲ誦セバ終ニハ不レ著也、山臥祈ル事、数度ニ及ブト申セトモ終ニハ不レ著事多シ、口伝云々

一、自宗祈祷スル時、他人コレヲ呪ト思ハバ此方ノ寄ニ向テ額ニ鬼ノ字ヲ書ク、鬼ノ字ニ口伝アリ
他人ヲ呪時ハ鬼鬼鬼トシタタメ、メムロノ占ヲ強ク押スナリ、自身ノ方ニ書ク時ハ人ト云字ヲ書クナリ、鬼即チコレナリ

一、祈ル時鳥居ノ竹ノ笹ヲ三本結ウナリ、打竹一尺二寸ナリ、胸ニ使ト云ウ字ヲ三ツ書ククナリ、口伝多之

一、祈リツケテ物云イカヌル時、乳ノ上右ニ愛染の梵字、左ニ開ト書キ「頓々」ト云ナリ、何トシテモ云ワザル時、是ハ秘中ノ秘、毎自作是念ノ文ヲ逆ニ書テ、幣ノサガリヲ切テ寄ニ敷カセル也

幣ノサガリハヒソカニ切ッテ文ヲ書ク
一、打竹、幣ノ串ハ聞神ノ方ヨリ切ル。二尺八カ三寸也、神ハ二ツ目カ三ツ目ニ吉シク
一、神女ニ敷カセル菰ハ二尺八寸四方也
一、神女ノ懐ニ入レル守還着於本人
一、幣ニハサム紙ニ赤絹ヲ三寸四方ニハサム也
一、寄不レ付時ハ横ノ九字ヲ両膝ノ下ニ敷カス也
一、向様ノ事、昼ハ三ツメ、夜ハ七ツ目、但シソノ日ヨリ
一、寄ノ口開ク符、兜醯、兜醯、兜醯是ヲ含メテ責ナリ
一、病者ニ直ニ読ミ付ルニハ病者ノ小鬢ニ出ト云字ヲ年ノ数書ク也
一、寄ノ御使ノ符兜醯《不動の種子・愛染の種子》ヨリ語ル時、額ノ分ケ目ニノリニテコノ符ヲ押シテ祈ルナリ。寄ガ物ヲ一言モ不レ言ニハ多醯愛染（梵字）不動（梵字）・如レ此書イテ、口ニ含メテ普賢呪又呪詛本人ノ文ヲ操ルナリ、重々口伝アリ
一、寄ヲ僧ノ真中へ入テ可レ祈ル。寄女ニ精進サセテ髪ヲ洗イ流散シテ白キハカマヲ著テ行者ニ渡ス、請取リテ聞神ノ方ヨリ入テ同方へ向ワスベシ、成ル程ニ洗米ヲ寄ノ頂ニ当テテ撒クベシ、口伝
一、病者ニ直ニ付ル時ノ祈念ニハ、先病者ノ額ニ還着ト云字ヲ其人ノ年ノ数書キ、祈念ハ如レ寄　口伝
一、牛ノ歯ヲ一ツ取ッテ丹精ヲツクシテ七日訪エ、其後其方我ガ大事ヲ祈ラバ、汝イカヨウナル悪霊成リトモ急ギ出テクレヨ、其ノ報謝ニハ汝ニ妙忍ト名付テ可レ訪ト能々頼テ訪也、祈念ノ時ハ男女ノ替リニ依テ膝ノ下ニ敷テ居テ祈ル也、秘密秘密
一、三十三年忌ノ塔婆ノ意趣ト云字ヲ削リ取ッテ夫レニテ墨ヲスリ寄ノ額ニ十ノ字ヲ可書。其後祈念スベシ
一、額ニ還着ト書キタル上ニ出ト云字ヲ書キ、亦真上ニ鬼、此字ヲ年ノ数書く也
一、称念ニハ方便品世雄偈マデ寿量陀羅尼（自我偈カ）成程同音ニ可レ誦、惣テ寄ニ付ズンバ、験者ハ法華ノ妙理等可レ

誦、若付ズンバ、一者不得ニヨル、成仏文、諸余ヨリ摧滅文、於閻浮提無令絶文、諸天昼夜ノ文、天諸童子文、但見妙事マデ、此経則為ヨリ不老不死マデ可レ繰也。六之巻之十界地獄聲ヨリ仏聲マデノ文、今此三界ノ文、此経難持ホタル也

一、払ニハ還着於本人　七返、衆怨悉退散マデ念者決リトモ、二念ハ不レ可レ続ト云テ一旡二旡三旡ニ可レ放ス　口伝

悪霊死霊天魔破旬モ皆離

急ケ人御法ノ船ノ出ヌマニ乗リ遅レテハ誰カ渡タセン

口伝云、本尊ノ前ニテ毎日毎夜三度宛洗米一度一度ニ取リ替テ大信力ヲ取テ可レ祈二一座ニ三度宛一一七日ノ間也、其後彼本尊ヲ掛サセテ置テ、本尊ヲ眼ニマモラセ、守ヲ掛サセテオイテ聞神ノ方ノ笹ノ葉ヲ取リ寄セテ、本ヲ紙ニ包ミ、寄ニ持セヲイテ祈ルナリ、寄ヲモ聞神ノ方へ向テ置ク、本尊モ同方エ祀ルナリ

本次第には冒頭に「寄加持大事飯縄返」とあり、次に「一、天下泰平国土安穏抄」、「一、天長地久祈願満足抄」の表題のみあげている。この両者は5・6をさすと思われる。この「天下泰平国土安穏抄」には、最後に「日蓮御判アリ」と記されている。その内容は自分は仏の子として生まれ、法華経を学んだ。この経は釈尊が一代五時にわたって説いた八万の法蔵の眼目である。それ故これを重んじれば国土は安穏し、天下も泰平になる。さらに現世は安穏で後世は善処に導く、また陀羅尼はこの法華経を信じる行者に鬼神魍魎を降伏させる力を与える。そして戒徳が備わらなくても南無妙法蓮華経と唱えれば、必ず守護してくれるというものである。次の「天長地久祈願成就抄」では南無妙法蓮華経を念ずれば、七難九厄を除き、疫神を遠離し、延命などの悉皆成就を円満させるとしている。

この両文を読誦した後、これから自分が修する当家一流の加持の秘法は必ず依頼者を救助しその渇望を満たすものだと三度唱えたうえで、法華経、釈迦、多宝如来、法華経所掲の諸大菩薩、日蓮ならびに不動、愛染、金剛力士、梵天、帝釈天、四大天王等、鬼子母神、十羅刹女、三十番神、天照大神、八幡、日本国大小の神祇、祈祷に関する指神、聞神、

玉女神、三宝荒神に来臨して法華経読誦の法音を納受するよう謹上している。なおここまでは完道院日学が身延山の積善房で謹写した「加持祈祷作法之事」の冒頭部分と同文だが、その後に「此幣ハ社神ノ乗物ナリ、速ニ託シ給ヘ」との文が付されている(24)。そのうえで五方の天龍王神に結界を願い、自分だけが依頼者の諸艱難を克服して救済しうると確信している。

次いで懺悔し、諸法実相を観じたうえで、不動、愛染に帰依して童子を使役して災因をなす生死霊、邪気を寄の頭に移して縛させる。すると宝塔から釈尊が現れて、この行ないを愛でるとしている。次いで陀羅尼品二六にあげる法華行者を擁護する十羅刹女の呪を唱え、それに従わないで行者を悩乱すると頭が七つに裂けると威嚇したうえで生死霊、邪鬼を弓矢を用いて聞神の方向に送り出して受けとめさせている。そして再度これを童子に縛させている。なお最後にこの修法の成否は行者の信心によるとしている。

この後は「寄」（よりまし）やその装い、修法の内容などについて備忘的な個別の説明がなされている。そこでこれらを私なりにまとめて紹介しておきたい。まず「寄」は病人と相性で三五歳位の女性を吉とする。月水の時は忌む、「寄」には修法にさきだって沐浴させ、白色の清い浴衣と袴を着せる。「寄」の元結には「剃除鬚髪の文」、笄には「毎自作是念、以何令衆生、得入無上道、速成就仏身」、帯には「法妙蓮華」（如来神力品二一の四句の要文）を書く。そして周囲には注連を張り、「師子王月日体風」と書いた紙を結びつける。また聞神の方角の笹を切って来て、中央に「毎自作具念」の文、右に十羅刹女、左に鬼子母神と書いた紙を巻きつける。この他に御幣を準備するが、その八つのさがりのそれぞれに二つの不動の梵字と「鷲」の字を書く。計一六の梵字は般若経の誦持者を守護する十六善神を意味している。これを「寄」に持たすことによって法華行者守護の十羅刹女、鬼子母神とあわせて、不動と般若の十六善神の霊力を付与すると考えられる。なお御幣には赤絹をつけてもいる。

修法にさきだつ七日間の前行では、聞神の方向に向けて掛けた本尊の前で毎日毎夜三度洗米を供えて祈る。「寄」も聞神の方を向き、首に本尊の御守を掛け、手に上記の聞神の方からとってきた笹を持って祈らせる。修法に入ると、まず「寄」を聞神の方角から僧達の真中に入らせる。そして御幣を三度頭にいただかせて、天夜叉、地夜叉、虚空夜叉と唱え、図にあげた「妙」の字の一画一画を書きながら、妙、法、蓮、華、経、序、第、一、品の九字のそれぞれと鬼子母神、十羅刹女の名をあげる。そして「チハヤフル神代モ知ラズ誰ユエニ今コソ神ノ祈リナリケリ」「チハヤフル神代モ聞カズ誰ユエニヨリノ頭ニ移ルコトノ嬉シヤ」と唱える。ついで「寄」に幣を持たせて「万世ノ神モアラタニ久シケレ、今ヨリマサノミコトコソナレ」と祈念する。そしてその身を清浄にした弟子や檀那は神と「妙一」だと念じ、「経ノソノ魂ハ何物ゾ、是コソ是ヨ妙法蓮華経」と唱えている。これは夜叉を防いだ上で、鬼子母神、十羅刹女を通して妙法蓮華経にすがることを示すと考えられる。

そのうえでいよいよ「寄」に神霊を移す修法に入る。そして「寄」の左右の掌に背中あわせに鬼と鬼の字を書き、この両文字の両側に不動と愛染の梵字、頭と南の字の左右に同じく不動・愛染の梵字、胸に無驚妙提字周囲に四天王の名を書き、これらが「寄」の身を守ると観じる、そして「寄」の頭上に散米を撒き、法華経の功徳を書いた偈の「法華妙理釈尊金言、当生信心無有虚妄」一〇〇返、「一者不得作梵天乃至速得成仏」五〇返、「諸余怨敵皆悉摧滅天諸童子毒不能害」五〇返、「呪詛諸毒薬」五〇返などを唱える。(25) また鬼子母神の助けによって、「寄」がその力を出すことを促すかのように卍の間に鬼子母神、鬼、鬼、門出、明出の字を書き、両側に不動と愛染の梵字を記した敷紙を敷かせる。この鬼は、角（鬼のノ）をとって使役神となった鬼に、力を出さすことを示している。また「寄」の胸には、南天形星王、三宝荒神と書き、その座に小刀の先で車という字を三つ書いて、「南無与楽」と唱えて祈念をこめて、神霊を招いている。なお「寄」に悪霊をとじ込めて外に出さないようにするためには、「寄」の左手に大持国天王と書く。また早く祈り付けるためには、「寄」の額に「染染」と書き、妙法蓮華経の五字を紙に書いて、元結に挟んで「即説呪曰」と三返唱える。

この験者加持の際、他の行者が「寄」に何かを憑けて邪魔をするのを防ぐためには「寄」に向かって額に鬼の字を書き、念珠を繰り終始呪を誦えれば良い。山伏がこうした試みをするのを防ぐためには、同様に「寄」に向かって鬼の字を書き、右手で念珠を繰り、法華経寿量品一六の自我偈を唱えれば良い。逆に他人を呪う時には、鬼鬼鬼との「メムロ」の呪法をすれば良い。

祈る時には一尺二寸の笹三本を用い、「寄」の胸に「使」という字を三つ書く。なお祈っても「寄」がものをいわない時は、「寄」の乳の右上に「愛染明王の梵字」、左上に「開」と書き「頓頓」という。また「兜醯兜醯」と書いた符や「多醯」（ともに陀羅尼品二六の呪）の両側に愛染と不動の梵字を書いた符を「寄」の額に押しつけて普賢菩薩の呪を唱える修法もある。なお病者に憑いた悪霊を「寄」に移す際には病者の小鬢に「出」の字を病者の歳の数だけ書く。この他、病者の額に歳の数だけ還着と書いて憑依霊にもとの住処に帰るよう祈念する方法もある。その際にはこのように祈ったので、病者から急いで出てくれ、そうすればその報謝に汝に「妙忍」の名を与えるという。なお死霊が憑依した際には三十三年忌の塔婆の「意趣」という字を削りとってそれで磨った墨で寄の頭に「十」字、額に「還着」その上に「出」さらにその上に「鬼」の字を歳の数だけ書く。なおこれらの祈念には方便品二の「世雄不可量」で始まる偈（如来が修行して得た教えは量り得ないぐらい深いと説く）、寿量品一六、陀羅尼品二六などの法華経の妙理を誦したうえで成仏の文をあげる。そしてこれによって諸々の怨みがはれ、退散するよう念じている。さらに「急ケ人、御法ノ船ノ出ヌマニ乗リ遅レテハ誰カ渡サン」との呪歌を唱えれば、悪霊、死霊、天魔も皆離れるとしている。

以上さきに本文を翻刻した「寄加持大事」の内容を理解し得た範囲内で解説した。次に同書所掲のその他の修法の要旨を記しておきたい。

2　「別伝加持祈念大事」

四方に「出」四方斜めに願事を書いた敷紙と中央に「出」とその左右に不動・愛染の種子、上右に大日天王、左に大月天王、その下に讃斉鬼子母神と上左右に出・出、下に十羅刹女と出・出と書いた敷紙を用い、道場に注連を引き、十羅刹女と書いた紙を挟む。そして「寄」に幣を持たせる時に「今は神の御子となる」との唱えごとをし、方便品二、寿量品一六、陀羅尼品二六の読誦後、普賢呪を三度あげて「正尊ノ姿ハカリニ魂トナリ、其名ヲ替テヨリマサノ神」と唱えている。

3　「現祈祷之秘事」日逮師伝

この秘事を伝える日逮は中山法華経寺浄光院住職で、既述のように同寺内に遠寿院を確立した日久に寄加持と飯縄返しの大事も伝えている。その内容は託女には口が軽く言葉が多く、心に不足がある月水前の小女が良い。そして中央に「車」、東・西に愛染、南・北に不動の梵字を書いた紙と、「車」を右むきに書き東・西に不動、南・北に愛染の梵字を書いた紙を重ね、白紙で覆った敷紙の上に「寄」を座らせ、序品一、方便品二、寿量品一六を読誦している。この他にも縦横に南無妙法蓮華経、中央に鬼、斜め四方に怨敵・呪詛の退散、周囲に「呪詛諸毒薬、所欲害身者、念彼観音力、還着本人」の観音経の偈を記した敷紙をあげている。そして修法では「臨兵闘者皆陳烈在前、妙法蓮華経、怨敵退散、八幡、金胎諸尊、摩利支天、アビラウンケンソワカ」を唱えている。

4　「狐著現加持秘法」

狐が憑いて病気になったと思われる時、憑依霊にその理由を語らせたり、憑依を止めさせる修法である。病者に物をいわす時は、病人の口に向かって鬼魍の二字を書く。またそれを止めさせる時には鬼鬼と書く。これは角（鬼のノ）をとって使役神となった鬼に問い答えて口を開くことや止めることを命じるものである。また病者の膝の下に不動・愛染（共に梵字）、十羅刹女、天照大神、八幡大菩薩の助けで還念本誓し、病を消滅させる事を示す敷紙を敷く方法もあげている。この他「寄」に神霊を憑依させる「チハヤフル雲井ハルカニ渡リ来テ、ウツリ玉ヘヤ寄ノ御幣ニ」との神歌や、放つ時の「チハヤフル雲井ハルカニ渡リキテ返リ玉ヘヤモトノ住家ヘ」などの神歌もあげている。

5 「飯縄返」

次の内容の飯縄権現、天狗の祭文である。「そもそも飯縄三郎大権現と申すは、大唐熊野王子の御変化なれば色をかえ、様をかえ、ある時は指神と現じ、義女義男と現じ、大先達、天狗と現じる」と述べたうえで、天狗の形姿、活動、日本全国の十六天狗をあげ、最後に「火難、風難、水難、盗賊難などを千里の外に除いて、月の光を家の内に移し、息災延命、喼急如律令、愛宕山大権現太郎坊十六天狗　敬」で終っている。

なおこの後の6「天下泰平国土安穏之事」と、7「天長地久所願皆満足」はさきに説明した「寄加持并飯縄返」に包摂されたものである。

さて上記の内容を全体として見ると、基本的には古来の憑祈祷と同様に「寄」に神霊を憑依させたり、神託を得たり、災因をなすものを「寄」に移し、呪縛したうえで読経、誦呪によって改悛させて退散させている。主にとりあげた「寄加持大事」では、冒頭で題目は魑魅魍魎を降伏し、七難九厄を除くと説いたうえで、法華経、日蓮、彼が立教直後の建長六年（一二五四）に感得したとされる不動と愛染、主尊の鬼子母神、十羅刹女、三十番神、指神、聞神、玉女神、天照大神、八幡大菩薩などの諸神を勧請している。次いで天龍王によって五方を結界する。そのうえで三五歳位の女性の「寄」を沐浴させ、浄衣を着せ、不動、毘沙門、鬼子母神、十羅刹女や法華経の力を付与した敷紙の上に座らせ、不動の力を付与した幣を用いて神霊や災因をなす邪神邪霊を「寄」に憑依させている。そして災因を語らせ、懺悔、改悛し仏法に帰依するように勧めている。このように日蓮宗の寄加持は法華経の偈、日蓮が感得した不動や愛染、法華行者の守護神である鬼子母神や十羅刹女の力を借りて、改悛して角（ノ）をとった鬼を操作して神霊や災因をなす邪霊、生死霊などを「寄」に憑依させたうえで、調伏し改悛させて元の住所への帰還させているのである。

なおこの「寄加持大事」はその中に日栄が身延山の積善房流次第を書写したとされる「現加持祈祷作法」を取り入れていることからすると、身延山積善房流の流れをくむものが中山法華経寺の日逮、遠寿院の日久をへて、三浦郡の妙栄寺や、千葉の光徳寺に伝わったと考えられる。

第四項　修験道の憑祈祷

元文二年（一七三七）に下総国葛飾郡の修験者恒端卓盈が著した『修験道初学弁談』では、阿尾奢法は当今、「魅《ヨリ》」祈祷と呼ぶ修法のことで、この阿尾奢は病鬼をさし、その修法は制吒迦童子などの真言を用いて、これを「寄」に憑けて摂伏する修法としている[26]。そして不空訳の「速疾立験摩醯首羅天説阿尾奢法」を引用する形で、この法は未来のことを知る為に七～八歳の童男女を撰んで沐浴させたうえで浄衣を着せ、壇場に立たせて香をたき、両掌で面を覆わせ大印を結び、呪を七反唱えると戦慄する。これは聖者が入った証ゆえ、ここで未来の善悪一切の災祥の事を聞くものとしている。また病魔などを支体（魅）に入れて災因を聞くこともあるとしている。なお同書では修験者が妻などを憑りましにして憑祈祷をするが、これは神道で神子（巫女）を用いたことにその根拠があるとしている。

近世期には修験者が神子に災厄をもたらしている邪神邪霊を憑依させて、災因を聞き出し、それに応じて加持祈祷をすることが、広く認められた。この神子は修験添合神子とよばれていた[27]。ただその次第については、わずかに私が五流尊瀧院所蔵の近世末の「無言加持次第」を紹介したにすぎなかった。その概要は次のようなものである。修法者は護身法後、不動明王の三種の印明によって不動と同化する。そして五大尊の印明によって四方を結界する。次に幣を持った神子（憑りまし）の仏性を開かせ、神霊にその頭につくように呼びかける。その上で、今一度不動明王の印により不動と同化のうえで、二童子の印を結び、ついで鉤召の印明、請車輅の印明「神子の頭にうつるうれしや」との唱えごとによって神霊を神子のところに招いている。あわせて運行を示す真言を唱えている。これらのことを童子にさせているのである。なおこれとあわせて数人の持者が周囲で錫杖を振りながら、五大尊の印明や呪文を唱える。そうこうしているうちに神子（憑りまし）が戦慄し、修法者の問いに応えて託宣をするのである。なお託宣がおわると、修法者は外獅子、大金剛輪の印明後、「物の気を引いて放すぞ梓弓、受けとり給へ今日の聞神」などの呪文を唱え、神子の幣をとりあげ水を掛けておとしている。(28)

本項では本書第三章第四節に紹介した近年発見された寛文年間（一六六一〜一六七三）に越後高田の本山派修験金剛院空我が著した『伝法十二巻』所収の憑祈祷の次第をとり下げる。

同書の第八巻には憑祈祷関係の修法が二一法納められている。ただ八巻上の表書には、この他に当寺（金剛院）で施行している「シラ加持流」一巻があるとしている。この二一法は、上巻に（1）、降童託宣之作法、（2）降童加持託ノ大事・離大事、（3）寄魔子加持託ノ大事・離大事、（4）神子加持託之大事・離大事、（5）験者加持ノ大事・離大事、（6）験者託ノ大事・離大事、（7）験者加託ノ大事・離大事、（8）託之大事、（9）降童託之時ノ大事、（10）降童神着渡而居所ニ不レ留時ノ大事・解脱スル大事、（11）神子神着渡而不レ託時ノ大事、（12）験者託之大事・神女解、（13）曲陀羅尼六法、（14）惣降童加持等ニ可レ用神寄セノ歌、（15）降童託了而神上ニ可レ用曲陀羅尼六法、（16）神上ノ大事、（17）物怪離ニ可レ用惣歌。下巻に、（18）寄持四垂幣、（19）降童託宣之作法、（20）寄加持法、（21）病人直着ヶ加持　支度・霊返シの二一法が見られる。(29)

これらの諸修法について第八巻上の表紙に「多流品々これを記す」とある。ただ（1）降童託宣之作法は一般的なものだが、特に流派は記されていない。その他に見られる流派には、大山流（2、3—以下、上記の次第の番号のみを括弧内にあげる）。伊勢流（4）、十一面流（5、6）、天狗流（7）、谷越の法（8）、神主などに良とあるもの（9）、飯縄流（12）、奥州より伝来した江戸当山派修験花厳院所持の法（20）、があり、それぞれ多少内容を異にしている。次に修法の表記を見ると、降童の託宣（1、2、9、10、14、15、19）、寄加持（3、18、20）、神子加持（4、11）、験者加持（5、6、7、12）というように、憑依者名と修法する験者の両者が見られる。この他、憑りに神霊が憑いたが、すぐに離れないようにする時の法（10）、憑いたが託宣がない時の法（11）、神寄せの呪歌（14）、神霊を返す時の神上げの大事（10）、物怪を離す時の呪歌（17）、神おろしの時に行者が唱える曲陀羅尼（13）、神あげの曲陀羅尼（15）、憑りましの幣（8、18）などがある。これらは前項であげた日蓮宗の「寄加持并飯縄返」の後半の部分的な説明に類するものである。本項ではこれらのうち、本山派一般のものと思われる（1）降童託宣の作法、（2）大山流の「降童加持託の大事」とその「離大事」、(20)奥州から江戸当山派花厳院にもたらされた「寄加持法」の次第を紹介する。

降童託宣之作法（1）

神子（よりまし）は願主と相生の者。木性、水性を吉とする。火性も良い。老女、幼稚の者、悪女、不仁の者、懐胎の女は忌む。気軽で利口な壮年の美女を吉とする。七日間潔斎させ、月水、産後の穢、淫欲、肉食の穢をさける。吉日良辰の夜、浄水で身を清めたうえで新裳（袴）を着、頭髪や眉を粧い、不義を除き心を正す。正験者、脇験者の潔斎もこれに準じる。修法に先き立って道場を掃き清め鑽火（切火）をし、注連を曳く、或は塩水を灌ぎ、新筵を敷き、本尊の不動あるいは五大明王の軸を三間神の方へ向けて掛けて、前に机を置き、灯明、供具、香、華などを供え、いずれも二尺五寸の本尊の幣一本（不動の時）、五本（五大明王の時）を設ける。他に一尺三寸の本尊の串と二本の払幣を安置する。正験者は手を洗い、口を漱ぎ、浄衣を着て念珠を持つ。修法に入ると、まず八方を固め、次いで護身法、五大尊の印で八方のそれぞれに成就を願う一字金輪の種子（ボロン）を書き、不動明王の慈救の呪を唱えて、九字を切る。中央上下には不動の種子を書く。これはもっぱら外障を除く為のものである。脇験者は三五人あるいは一五人の優婆塞（俗人でも可）で、各々手を洗い、口を漱ぎ、前後左右に居し、二尺一寸ばかりの青竹を持つ。別に机の前には新筵を一枚敷き、正験者と神子がこれに座す。

降童加持託ノ大事（2）大山流

紙を八葉に切ってそれに大日如来の五字明（アビラウンケン）を書いて、降童（よりまし）をその上に結跏趺坐させる。行者は本尊に向かい本尊を背にした降童に向かって念珠を繰り、五大明王の印明を結び勤行する。脇験者は竹を持ってその周囲の五方を打ち、慈救呪、曲陀羅尼などを唱えて祈る。ここには曲陀羅尼はあげていないが、(13)の曲陀羅尼には不動、大日、日月星、文殊、観音や「降童の頭に早々渡り給へ」との呼びかけなどが見られる。

ここで正験者は護身法後、降童の額にバン（大日の種子）、胸に五字明、両膝にカンマン（不動の種子）を書き、降童に幣を持たせる。そして内縛の印を結び、二大指（親指）で三度招き、その明を唱え、降童に息を吹きかけ「オンジノウジキヤ、エイケイキソワカ」と三度、さらに同じく内縛の印で「オンロキヤ已降臨影向諸言諸孝叶」と三返唱える。その上で大金剛輪印を結んで二大指で招き、拝礼し、ソワカと三度唱える。次いで金剛界大日の智拳印で五字明を三返、不動の火印で慈救呪を三返あげる。その上で被甲護身の印を結んで「年を経て身を妨げる荒御前今かり連れて渡る物怪」の神歌を三度唱え、般若心経を三度あげている。

離大事（脇験者は参加しない）では、まず外五牯印を結んで五字明を三反唱える。そして憑いたのが神の時は送車輅印を結んで「神々は雲井遥かに分け行けば、君が家には何事もなし」との神歌と、「ゲツシヤゲツシヤソワカ」の呪文を数回唱える。仏の時もやはり外五牯印で「深入神定具十方仏」と唱えて、神の時と同じ呪文を唱える。生霊には同印で「呪詛諸毒薬所欲害身者念被観音力」の観音経の偈に続いて「還着於本人」と唱え、同呪をあげる。死霊の時は迷故の文か光明真言の呪をあげている。なおこの修法の最後に「千金莫伝」としている。[30]

寄加持法(20)

この修法ではまず初めに六根清浄祓、中臣祓、観音経、般若心経をあげる。なお「寄」と験者の周囲では脇験者が「一寄、二験者、三加持、四祓、五たいの巻物、六識祭文、七幣揃で八方堅めて供物を備えて十分祈れば家内の三宝大荒神、所の鎮守あがらせ給いあそばせ給ひ」との曲陀羅尼で祈る。一方修法者は刀印で「寄」の額にウーン（金剛童子）、ついで外五牯印で「寄」の口にボローン（一字金輪）、耳にバン（金剛界大日）の種子を書きながら、「神門の扉を開くたびごとに和光の利益いや増にけり」との秘歌を唱える。ついで「寄」に向かって降三世明王の印を結び、その真言を三度唱え、合掌して「寄」に向かって「志、唯願を納受せしめ給へ」と三度いい、同印にて懺悔文をあげ、護身法の上で不動明王の剣印で大呪を三返あげる。そして請車輅、送車輅の印明を三度、火界呪、招請印、大呪（三返）、大日如来の無所不至の印明（三返）、内縛の印で「かなうなふアミリテイウンバッタソワカ」（三反）、降三世の印明後、合掌して「至心唯願納受噁急に如意せしめ給へ」と唱える。次いで地結印と天結印で五大尊に謹請する。ここで「寄」を睨み、五大尊の呪を唱えて自己の手前に引き寄せる。また周囲に散米する。「寄」が物をいわない時は、五大尊の印で慈救の呪を唱えて、「寄」の持つ幣を上下させる。

やがて「寄」が持つ幣がゆれたと思われると、「天もゆらゆら地もゆらゆらとゆらめく御幣の面白さよ、持たる御幣のゆらゆらとゆらめく尊者の心、雲居にあがらせ給う」と唱える。なお幣がゆれても託宣がない時には、「怨念深い邪が狂えば、高天原にほど（御幣）を立て、火の剣をふませべいか、剣のまえに掛けべいか」と、語るまで、責め続ける。託宣が終り、「寄」を本心にもどす時には、降三世の印明、内縛印、八葉印で観念をこらし、竪に九字を切る（この後口伝）。そして「寄」の背中に刀印でボロン（一字金輪の梵字）を書く、それでも「寄」が本心にならぬ時は刀印をもって「寄」の膝にカン（不動の種子）、足の親指の先にボロンを書いて水を一口飲ませるとしている。(31)

以上の修験道の三修法を見ると、本山派の（1）降童託宣之作法では神子の性格、修法道場が中心で、修法については正験者が護身法後五大尊の印で八方を固め、九字で外障を除いて正験者が神子に対し、周囲の青竹を持つ助験者を周囲に配している。（2）降童託ノ大事では、降童を大日如来の明を書いた敷紙の上に座させ、その身体にも大日や不動の種子を書いた上で神霊を招いて憑依させている。その際に脇験者が不動、大日の真言や降童に移るように呼びかける曲陀羅尼を唱えている。そして離す時は外五貼印、五字明後、神、仏、生死、死霊それぞれに応じた唱え言で返している。これに対して当山派の寄加持ではまず験者が「寄」に向かって六根清浄祓い、中臣祓、般若心経をあげ、脇験者が三宝荒神、鎮守などを招いている。次いで験者が「寄」に向かって降三世明王や不動明王の印明で神霊を招いている。そして「寄」が持つ幣がゆれると、それを促す神歌、憑かぬ時は威嚇する神歌を唱えている。そして託宣をおえると、降三世明王の印明、九字の後「寄」の背中さらに膝を不動の剣印で加持し、水を飲ませて本心にもどしている。

このように修験道の憑祈祷では護身法、結界、大日如来や不動明王の印明とあわせて、脇験者が曲陀羅尼を唱えている。ここでは験者の印明を中心とする修法と脇験者が周囲で唱える曲陀羅尼が重要な役割をはたしている。また憑依した神霊などを返す時にはきわめて具体的な所作をしている。なお当山派では六根清浄祓いや中臣祓いを用い、曲陀羅尼でも三宝荒神やバン字が唱えられている事が注目される。

結

本節では日蓮宗で文書布教とあわせて祈祷にも秀でた日栄がその著『修験故事便覧』の冒頭でとりあげた魅女を用いる寄加持をとりあげた。そして彼が引用した空海、円仁、円珍らによって招来された「速疾立験摩醯首羅天説阿尾奢法」所掲の本来童男童女に聖者を憑依させて、善悪一切の災障を知る阿尾奢法と日栄がとりあげた相応と行尊のこれにもとづく祈祷を紹介した。ただ日栄は実際には彼自身も行なったと思われる寄加持の修法に関しては全くふれていない。そこで近世期の寄加持の概要を知る為に長崎の密教寺院宝輪寺が寺社奉行に提出した口上書をもとに、幣を持った「寄」を敷紙の上に座らせ、験者が大自在天を念じて修法し、あわせて周囲の助法者が不動の呪や心経をくり返し唱えると、「寄」が持つ幣が振動する。そこで験者がすかさず「寄」から災因や吉凶の託宣を得る修法を紹介した。

日蓮宗の寄加持は験力に秀でた修験僧が行なったとされ、それに関する禁制や伝授の記録があるが、これまでその内容は不明だった。幸いにして一八世紀初期の中山遠寿院日久の次第につながる文化九年（一八一二）に相模国佐野村妙栄寺現住利生院日運の手になる「寄加持并飯縄返之巻」の複写を入手したので、その最初にあげられている「寄加持大事、飯縄返」を翻刻し、その内容を紹介し、あわせて同書所掲の他の修法の要旨をあげた。その手順は長崎宝輪寺のものと類似している。けれども根本的に違うのはその修法全体が法華経（特に題目）、日蓮が開教時に感得したとされる不動明王、愛染明王、日蓮宗の祈祷本尊の鬼子母神の力を用いて使役神ともいえる十羅刹女、十六善神や改称して鬼の角（ノ）をとった鬼を使役して「寄」に神霊などを憑依させて託宣を得たり、病者に憑いている邪霊、死霊、悪霊を「寄」に移し、呪や法華経の偈を唱えて、改悛するように教化し、聞かない時は威嚇して立ち去らせる形をとっていることである。このように日蓮宗の寄加持は法華経や日蓮宗の守護神とその呪験力を修法を通して受者や参加者に知らせる布教活動の面を持っているのである。

修験道では近世期には修験者が自己の妻などを憑りましにして、守護神霊や災因をなす邪神邪霊を憑依させて、吉凶を尋ねたり災因を明らかにしてそれに応じた祈祷を行なうなどした。ただその次第についてはこれまではかつて私が紹介した五流尊瀧院の「無言加持次第」以外は知られなかった。そこで本節では、近年発見された越後高田の金剛院空我が寛文年間（一六六一～一六七三）に著わした『伝法十二巻』所収の本山派の「降童託宣作法」（八巻上1）と「降童加持託の大事」（同上2）と当山派の「寄加持法」（同下20）を紹介した。これを見ると、本山派の作法は験者が不動明王、五大尊などを招く神歌を唱え、脇験者の真言や心経から成る曲陀羅尼や唱えごとの助けを得て神霊、邪霊を憑依させていた。そして憑依霊を返す時は外五貼印や五字明と神、仏、死霊、生霊で異なる唱えごとを用いているなど、密教的な色彩が強かった。これに対して当山派では験者の修法や曲陀羅尼に密教に加えて神道の色彩が見られることが注目された。ただどちらの場合も修法が中心で日蓮宗の寄加持のように法華経の教えや日蓮宗の守護神の働きを具体的に示すことはなされていない。また日蓮宗のように憑依霊を強く威嚇することや、他の験者の妨害への対応を示すなどのことは見られなかった。また修験者の憑祈祷では脇験者が重要な役割をはたしていた。

ところで近年、現代における日蓮宗の寄加持が注目されている。(32) また美作の護法まつり(33)、福島県の葉山まつり(34)、木曽御嶽の御座(35)など、近世期の日蓮宗の寄加持や修験道の憑祈祷の流れをくむと思われる近・現代の民俗宗教の憑祈祷が注目されている。本節でとりあげた近世の寄加持の次第が、これらを理解するよすがとなれば幸いである。

注

（1）小松和彦『憑依信仰論』講談社、一九九四年、小山聡子『親鸞の信仰と呪術――病気治療と臨終行儀』吉川弘文館、二〇一三年、二七～四七頁、酒向伸行『憑霊信仰の歴史と民俗』岩田書院、二〇一三年、五三～一〇二頁。小田悦代『呪縛・護法・阿尾奢法――説話にみる僧の験力』岩田書院、二〇一六年参照。

（2）日蓮宗に関しては、宮崎英修『日蓮宗の祈祷法』平楽寺書店、一九八〇年、三〇一～三〇九頁、修験道については、宮家準「修験道の憑祈祷」宮家準『修験道儀礼の研究』増補決定版、春秋社、二〇〇八年、三三四～三七二頁参照。

（3）福井保『祠曹雑識』第一巻、汲古書院、一九八一年、一二～一五頁。

（4）『寄加持并飯縄返之巻』文化九年壬申年霜月二十八日、相劦三浦佐野村妙栄寺現住利生院日運。なお宮川了篤師のご教示によると、本次第と同文のものが、千葉市光徳寺にも伝来し、その奥書には「元禄五壬申十月二十六日伝、法性院日逮師伝受書写畢遠寿院日久（花押）」とある。この奥書にある日久（一六六三～一七二七）は遠寿院の加持や祈祷を確立した同院三世であるので、この三浦妙栄寺本も中山遠寿院から相伝したものと考えられる。

なおこの千葉市光徳寺所蔵『寄加持并飯縄返之巻』は「中山秘蔵書　直伝歓喜院」と記した冊本に収録されている。同書には妙栄寺旧蔵の上記の次第の前に「死霊遠離教訓」（奥書元禄五年壬申年十一月三日付中山遠寿院日久）、後に「呪詛遠離秘法」（奥書応仁（ママ）六戊戌日高聖人授与之、日常御判）元禄壬申年七月十三日、中山徒遠寿院日久が収録されている（日高と日常の伝記は未詳である）。

（5）宮家準解題、羽田守快解説『近世修験道文書――越後修験伝法十二巻』柏書房、二〇〇六年、三五五～三六五頁。

（6）不空訳「速疾立験摩醯首羅天説阿尾奢法」大正新脩大蔵経二一、三二九～三三一頁。

（7）「天台南山無動寺建立和尚伝」（山本彩翻刻「龍谷大学本」奈良女子大学人文文化研究所年報一四、一九九九年）。なお、小山聡子「憑祈祷の成立と阿尾奢法――平安中期以降における病気治療との関わりを中心として」親鸞の水脈五、二〇〇九年、三〇～三三頁。

（8）『元亨釈書』巻一二、「園城寺行尊」新訂増補国史大系三一、一八二頁。小田悦代「相応伝に記された阿尾奢法――その構造と病気治療との関係」上掲小田『呪縛・護法・阿尾奢法』所収。

（9）上掲福井『祠曹雑識』第一巻、一二～一五頁。同書は文政から天保（一八一八～一八四四）頃、寺社奉行所の役人が寺社の行政訴訟に関する記録、見聞を集めて解説したものである。同様の口上書を長崎大行寺も提出している。

（10）影山堯雄『日蓮宗布教の研究』平楽寺書店、一九七五年、三七七～四一八頁。

(11)日蓮宗事典刊行委員会編『日蓮宗事典』復刻版、東京堂出版、一九九九年、九五八頁。
(12)上掲宮崎『日蓮宗の祈祷法』一二一頁。
(13)上掲宮崎『日蓮宗の祈祷法』一七六頁。
(14)「寛文五年九月二六日の法式の条目」『身延山史』、身延山久遠寺一九七三、一三八～一三九頁。
(15)上掲宮崎『日蓮宗の祈祷法』一七九～一八一頁。
(16)『修験故事便覧』修験道章疏Ⅲ、五三一～五三八頁。
(17)「遠寿院文書」上掲影山『日蓮宗布教の研究』四〇四頁。
(18)上掲宮崎『日蓮宗の祈祷法』三〇四～三〇九頁、上掲影山『日蓮宗布教の研究』四一六～四一七頁。
(19)「治政談」『日本経済大典』第四五巻、明治文献、一九七〇年。
(20)宮崎英修「天保年間における鼠山感応寺の興廃」『日蓮教団史研究』山喜房仏書林、二〇一一年、望月真澄『江戸の法華信仰』国書刊行会、二〇一五年、一四三～一四五頁。
(21)『妙栄寺縁起』妙栄寺。
(22)立正大学日蓮宗史料編纂会編『日蓮宗年表』立正大学、一九四一年、四四頁。
(23)『新編相模国風土記稿』第一一四巻、大日本地誌大系五、雄山閣、一九九八年、大明寺の項（三〇三～三〇四頁）、妙楽寺の項（三一五頁）。
(24)上掲宮崎『日蓮宗の祈祷法』、七〇四頁。
(25)この文は「現加持祈祷作法之事」（学師御伝書）の「寄増之時験者誦文」とほぼ同じである。上掲宮崎『日蓮宗の祈祷法』三〇四～三〇五頁。
(26)『修験道初学弁談　上』上掲修験道章疏Ⅲ、一〇三～一〇四頁、一一三頁。なお同書の『修験道章疏』所収本の底本は妙顕寺河合日辰所蔵の書写本である。この妙顕寺は建武元年（一三三四）に日像が京都布教の拠点として創始した日蓮宗の古刹である。
(27)「弘化四年（一八四七）正月一日付、当山本山修験談合神子免許人数名簿」三峰神社蔵、西田長男「修験添合神子」「神道及び神道史」七、一九六八年。
(28)上掲宮家『修験道儀礼の研究』三五一～三五六頁。
(29)上掲『近世修験道文書』二五五～二六五頁。
(30)「降童託宣作法」一「降童加持託の大事」二、上掲『近世修験道文書』二五六～二六二頁。

(31)「寄加持法」二〇、上掲『近世修験道文書』三四四～三五五頁。
(32)長谷部八朗『祈祷儀礼の世界——カミとホトケの民俗誌』名著出版、一九九二年、二七六～二八三頁。
(33)中央町・久米南町・旭町教育委員会編『美作護法祭』一九九四年。
(34)岩崎敏夫『本邦小祠の研究——民間信仰の民俗学的研究』岩崎博士学位論文出版後援会、一九六三年、二七～一一四頁。
(35)菅原壽清『木曽御嶽信仰——宗教人類学的研究』岩田書院、二〇〇二年。

第七章　近代の真言・天台教団と修験教学者

序

明治元年（一八六八）の神仏分離令の結果、吉野、羽黒、彦山など修験霊山の多くは神社化され、里修験も復飾神勤するか帰農した。その後明治五年（一八七二）には、修験宗廃止令が出され、修験者は本寺所轄のまま天台、真言に帰属するよう命じられた。この結果、本山派修験は聖護院統轄のまま天台宗に、当山派は醍醐三宝院所轄のまま真言宗に所属させられた。天台・真言両宗では旧本・当両派の修験に対して、先達、年行事などの職を廃し、両宗の教法、勤行、祈祷を習得させ、その法服を着用させた。ただ修験者は両宗僧侶の次席とし、秘法、秘密灌頂、大法等の阿闍梨、導師などは勤めさせない。修験寺院の法資が幼少の時は、後見人に任せるが、永続の見込みのない寺院は処分することにした[1]。

ところで、真言宗の醍醐寺では、明治二七〜二八年（一九九四〜一九九五）に多くの末寺が新義真言宗に転じたことから教団基盤を修験者に求めざるを得なくなり、編入修験者の真言化がはかられた。また吉野山、羽黒山では旧修験が天台寺院に復帰し、独自の形で仏教化が行なわれた。他方こうした教団や霊山と無関係に在野にあって修験道に関心を持ち、その典籍を集め、修験道の振興を試みる有識者もあらわれた。本章では、まず、第一節では醍醐寺の修験への対応の経緯を紹介したうえで、教学面で真言宗との共存を計った海浦義観と、その後同寺の機関紙『神変』の主筆を勤めた大三輪信哉と細川孝源を紹介する。

次いで第二節では、近代初期の天台教団と修験の関わりを紹介したうえで、旧本山派修験の牛窪弘善、後に天台寺門宗管長となった三井豊興と、聖護院の機関紙『修験』の初代主筆宮城信雅をとりあげる。第三節では大峰山中で峰入の修行者を支えた前鬼の森本坊五鬼上義円と、行者坊五鬼上義真に師事した実利の「転法輪」をとりあげる。ついで羽黒山の峰入を再興した島津伝道の教学に注目する。第四節では、本山派修験の出自でありながら、教部省や内務省社寺局に勤め『縮刷大蔵経』を編集した島田蕃根と、在家の出身で『日本大蔵経』を編集し、その中に『修験道章疏』を収録した中野達慧を紹介する。ついで、醍醐三宝院に属しながらも静岡県と中心として僧俗の修験研究会を組織した高井善証、野々村慧雲が発刊した「修験研究」をとりあげる。なお、上記の各教学者の教学内容に関しては、その要旨を紹介する。ただしその是非などについてはふれないことにする。

そして結では、真言・天台の教派に直属した教学者、霊山の教学者、在野の教学者のそれぞれの特徴と相関、共通点を要約する。

第一節　真言宗と修験教学者

第一項　近代の醍醐寺と修験道

明治五年（一八七二）九月一五日の修験宗廃止令によって当山派の修験は醍醐三宝院所轄の形で真言宗に帰属した。(2)この編入された修験者は、明治九年には雑宗と呼ばれ、同一二年に三宝院では修験者を「近士」と称させた。明治一七年（一八八四）八月一一日、政府は各宗派に宗制を作って独自に住職の任命、進退など運営にあたらせた。当時真言宗には、醍醐寺、高野山、仁和寺などを本寺とする古義派と、智積院、長谷寺などを本寺とし、そこで覚鑁以来の教学を学ぶ新義派が包摂されていた。そして新義派は醍醐寺、高野山など古義派の本山で密教の法流を相承していた。特に多くの新義派寺院を擁した醍醐寺では、同寺で嗣法した寺院を「公称寺院」と名付けていた。こうした中で明治二〇年（一八八七）醍醐寺では公称寺院の了解を得ないまま、寺法を制定し、公称寺院にも各寺二〇円の寄付を募った。これに反発した末寺の意を受けた智積院は明治二七年（一八九四）、醍醐寺公称寺院の末寺一〇〇九ヶ寺と共に醍醐寺から離脱した。そして翌明治二八年には長谷寺も同じく醍醐寺公称寺院の一四四五の末寺と共に醍醐寺から離脱した。この結果、公称寺院が末寺の大部分を占めていた醍醐寺では、その末寺が一六〇ヶ寺に激減した。こうした中で明治三一年（一八九八）真言宗の修験は、内務大臣に旧籍復帰を出願したが認められなかった。なお、明治三三年、醍醐三宝院では神変大菩薩、一二〇〇年忌記念の大峰山入峰を行なっている。

この明治三三年、真言宗では古義真言の醍醐派・御室派・大覚寺派・高野派、新義真言の智山派（本山智積院）、豊山派（本山長谷寺）の各派が分離独立した。醍醐派では翌三四年（一九〇一）宗制を制定して、近士を修験と改称し、宗派内に修験部を新設し、同部に学林を設けて修験部の僧侶に十善戒を授けて、度牒を与えて、入峰修行させ、灌頂を授けて、恵印法流を相承させた。また宗議会に修験部会を設けて、全国一一教区から各一人の議員を選出させた。けれども明治三六年には修験部は宗祖聖宝に始まるとした恵印法流に因んで恵印部と改称された。そして明治四一年（一九〇八）五月に醍醐三宝院では、理源大師一〇〇〇年忌法要の大曼荼羅供を行ない、これとあわせて高見寛応撰の著書『理源大師』を刊行している。

明治四一年には醍醐寺内に海浦義観、大三輪信哉らが聖役協会を設立し、翌年から月刊誌『神変』を刊行した。この聖役協会はその綱領で、(1)聖徳太子、神変、理源の遺訓をもとにする、(2)事教二相を修養の根底とし、霊異相承の秘訣を家風とする、(3)真俗不二の祖訓をもとに護国利民をはかる、(4)加持祈祷を滅罪生善の秘術とする、(5)上記の目的達成のために恵印部が一致団結する、としている。[3] その後、明治四三年（一九一〇）四月の『神変』一二号の巻頭には、この『神変』誌刊行は修験乗の宗旨にもとづいた「安心」を講究するのが目的だった。それ故、修験の教師のみでなく、家庭の子女の読物として広く安心を与えるように、紙面を刷新すると宣言している。なお大正末年頃までの『神変』誌の内容は、論説、教義、峰入、儀軌の説明、霊験譚、恵印部の活動記録、仏教界の状況と多岐にわたっている。またあわせて、法具、薬などの宣伝ものせている。

なお明治四三年の真言宗醍醐派の教勢は、真言部寺院一六二、同教師一七五人であるのに対して、恵印部寺院八四〇、同教会一〇四、同説経所四、同教師一四五六人で恵印部が圧倒的に多かった。ただその大部分は一世行人だった。なお真言宗醍醐派ではこの年に大峰山の山上ヶ岳登拝の拠点寺院洞川龍泉寺を醍醐寺末とした。また三宝院で恵印灌頂を開壇し、翌四四年には聖宝が同灌頂を開壇した吉野鳥栖の鳳閣寺を再建している。そしてこの年真言宗醍醐派管長和気宥雄は、「真言宗と修験道」と題する次の要旨の談話を「六大新報」に掲載した。[4]

修験道の大祖は役行者だが、その後理源大師が大峰山で毒蛇を退治し、峰入を再開した。その折大師は役行者から我即大日の大事、無相三密の峰中法流を授かった。大師はさらに金剛蔵王菩薩から滅罪、覚悟、伝法の三種の灌頂（恵印灌頂と総称）、両部大日の印明、護摩大事、灌頂の秘密印明から成る「霊異相承儀軌」を授かり、この法を最勝恵印三昧耶法と称し、その流れを峰受三昧と名づくべしと命じられた。醍醐寺の修験のことを恵印部と呼ぶのは、この恵印三昧耶を専要とするからである。恵印部では、授戒、得度、加行、峰入修行、伝法がなされるが、特に峰入修行と大峰で授ける内観にもとづく峰中灌頂と法楽の護摩が重要である。要するに真言宗と恵印部は儀相では小異があるが、その根底は同じ深趣を伝えるものである。

明治三四年（一九〇一）一二月に宗会で修験部を恵印部と改称したのは、この伝承にもとづくものである。なお、恵は戒定恵の省字、印は身密と語密をさしている。また修験の名義は修は修行、験はしるしで、戒定恵の三学を修し、三密の修行の力によって、その効験を現わすことを意味している。修験の本尊は不動明王だが、この他、大峰山の本尊蔵王権現、弁才天、聖天、荼吉尼天、役行者が念じた孔雀明王も崇めている。その儀礼には柴灯護摩の他、火生三昧、刃わたり、湯立の秘法もある。恵印部の階級は試補、律師、少僧都、中僧都、大僧都、権僧正、僧正から成るが、他に大先達、正大先達というのもある。なお修験道では当相即道、即事而真の教えをもとに在家即出家、世諦即第一義諦の立場に立つゆえ、肉食妻帯する。

大正四年（一九一五）には「恵印部制規」が定められたが、その後恵印部内で同部の撤廃を求める気運が高まり、これを受けて醍醐派では、大正八年（一九一九）には恵印部寺院七六八ヶ寺を真言本宗に編入させた。ただこれには一世行人を含めず、翌九年に一世行人の為に「修験制規」を定め、修験宗務庁を設置した。この結果修験寺院が真言に傾斜した。そして修験道の活動は地方の心ある修験寺院や在家の一世行人の活動に委ねられることになった。これに関しては第四節第三項で紹介する。

第二項　海浦義観

1　出自とその活動

海浦義観は安政二年（一八五四）陸奥国深浦（現青森県西津軽郡深浦町）の当山派修験円覚寺住職尊海の長男として生まれた。[5]深浦は古来天然の良港で近世期には北前船の風待ち避難港として栄えていた。円覚寺（本尊十一面観音、伝聖徳太子作）は寺伝では貞観年間（八五九〜八七七）に円覚法印が建立し、寛永二年（一六二五）津軽信枚（一五六八〜一六三一）が再興したとしている。境内には本尊の十一面観音堂、薬師堂、金毘羅堂があった。同寺には県の重要民俗文化財に指定されている船絵馬一〇六点が伝わっている。なお同町大字追良瀬字初瀬山草分には円覚寺の末寺の一四世紀末に大和国宇多郡神願寺二世の木食万良が開いた懸崖造りの大悲山観音堂（本尊如意輪観音。通称山の観音）がある。[6]義観の父尊海は、その父尊岸と大行院永朝に仏典を学んだうえで、岩木山の百沢寺朝海から悉曇や諸尊法を学んだ。そして嘉永五年（一八五二）に大峰に峰入して峰中灌頂を受法し、さらに醍醐寺の仏眼院僧正から諸法式を授かった。また円覚寺相伝の切紙をまとめて『大聖不動明王深秘修法集』一巻、『修験常用秘法集』一巻、『修験常用秘法集』三巻を編集している。[7]

義観は円覚寺で得度後、祖父尊岸から仏典、漢学を学び、父尊海から恵印の加行、灌頂を授かった。そのうえで明治一二年（一八七九）から二年間にわたり、醍醐寺で修行し、同寺報恩院の大原演護、光台院の広橋善海に師事した。その間に醍醐寺所蔵の修験の経疏、儀軌を書写して宗学を研究した。そして恵印法流や峰中法流を伝授され、明治一四年（一八八一）七月三日に父の病気のこともあって帰郷し、円覚寺二六代住職となった。なお明治一六年九月には尊海と義観は円覚寺に高野山大教正獅岳快猛を迎えて、三日間にわたって血脈相承法会を行ない、五〇〇から六〇〇人の参加者を得ている。そしてこれを契機に高野山に弘法大師像を誂えて、円覚寺に祀った。また同寺の護摩講中の信施金に加えて、高野山、醍醐三宝院、旧藩主津軽家からの助成を得て伽藍を整備した。一方郷里の伝統保存に尽力し、深浦探勝会を設立し、『深浦沿革誌』を著わしている。ちなみに柳田国男は本誌に注目して彼に会い、その印象を著書『海南小記』の中で、「阿倍比羅夫の直系をみたような昔の侭の山伏で、一宗の事相の淵底を究めた篤信の聖で忘れがたい人である」と記している。(8)

海浦義観は活動の拠点を深浦の自坊においたが、常に本山醍醐寺や、修験道の復活に心をくばっていた。そして明治一六年一一月二一日には、同一四年に開校した恵印本黌へ次の計六〇冊の恵印法流の次第と峰中法流の次第を献納している。

恵印法流＝得度作法、普通秘法次第、七壇作法、両祖師供作法、十二天供作法、護摩法、両祖師供養法、引導法、引導軌則、極印灌頂法、滅罪灌頂、覚悟灌頂、伝法灌頂、結縁灌頂、極印灌頂三祇師補闕分軌、灌頂道場手鏡、灌頂秘口決、玄深口決、儀軌、恵印声明

（切紙印可）伝統印証状、灌頂血脈、伝統印信、金剛界印信、胎蔵界印信、第二重、第三重、第四重、第五重、秘密究竟内呼麼儀、三身灌頂大事、光明真言灌頂印明、法華経灌頂大事、深奥玄極伝統印信、第五秘密印信、印可灌頂大事

峰中法流＝柱源神法、柴灯護摩法、峰中正灌頂外場作法、同内道場作法、得度作法、柱源正灌頂儀則、柱源神法護摩法、庭壇護摩供次第、

（切紙印可）日用床堅大事、峰宿床定大事、長日自供養法大事、舎利塔供養大事、柱源供養法大事名義事、峰中灌頂無相三密之事、峰中正灌頂顕密禅三宗一致之事、峰中十界形儀之事、山伏道一身三観之事、神仙灌頂口決、依正報法五大之事、柱源之事、四器前具作法之事、壇板之事、柱源誦文之事、正灌頂乳木之事、如意宝珠之事、以息風為念之事、鼻端観唵之事、無作三学之事、本有戒体之事、床堅第二重印信、床堅第三重印信、柱源二重秘口決、自供養法大事、極秘印信、修験四重阿字大事、修験中道之事、三有六大之事、数息観之事、六大理観柴灯大事、柱源供

養法

開山大師御読経作法、両祖前法華三昧作法

また明治二四年（一八九一）五月二四日には円覚寺住職の資格で次の五〇冊を東京帝国大学図書館に寄贈している[9]。なおこの中に自著『修験安心義鈔』二冊、『修験二字義』『大般若趣智品愚註』が含まれている。ただこの五〇冊は関東大震災の際に焼失した。

修験秘奥鈔、霊異相承儀軌、恵印三昧耶法玄深口決抄、理智不二界会礼讃及峰中灌頂、私記修験道、十八箇驚策、資道什物記、修験三十三通記、修験頓速証集、修要秘訣集、修験心鑑鈔、修験法具秘訣精注、役君形生記、修験峰中秘伝、山伏二字義、金剛法螺記、修練秘要義、修験道峰中大堂書、修験道無常用集、修験伝記略解、修験日用見聞抄決判、修験依的患集、当山門源記、木葉衣、踏雲録事、修験峰行記、修験之大意

（自著）修験安心義鈔、修験二字義、大般若趣智品愚註

（修験以外）安親（心カ―宮家）集

今一方で彼は本来の修験道のことを真言宗の人々に知らせる事を考えて、真言宗伝灯会の機関紙『伝統』に「修験大意」と題した小論を明治二三年（一八九〇）五月の第五号から一〇回にわたって投稿した。本稿は秘密乗である修験道の法灯が消えようとしていることを慨嘆し、それを知らせることを意図したものである[10]。この内容については次項で紹介する。

ところで明治初期には仏教各宗で修行や教えにより心を不動にする「安心」のあり方が注目された。浄土教では極楽往生を信じることによる「安心」を説き、禅では「禅定」、天台では「止観」を説いた。これらに対して真言宗では即身成仏説をもとに凡聖不二の境地を「安心」と捉えている。そして明治一〇年（一八九七）には真言宗管長で大教正の釈良基が『密宗安心鈔』を著わして、印明・阿字観などをもとに即身成仏を確信することによる「安心」をすすめている[11]。そして明治一二年真言宗合同後の布教会議で同宗各派に共通した一宗安心について関係者の意見を求めた。その後

同一四年にこれを高野山で学ぶと共に顕密にも通じた釈雲照（一八二七〜一九〇九）に一六章からなる『密宗安心義章』全二巻にまとめさせた[12]。海浦はかねてから雲照を私淑し、明治二五年には大般若経六〇〇巻に訓読を付けて彼のもとに送り、その教示を得て、著書『大般若趣智品愚註』二巻を著わしている。このこともあってか雲照の『密宗安心義章』の一六章のそれぞれに記された安心に対応させて修験の安心を説いた『修験安心義章』を著わしている。

醍醐三宝院では門跡和気宥雄が明治三二年（一八〇九）五月六・七日に醍醐寺で神変大菩薩一二〇〇年忌の大曼荼羅供を施行し、七月には大峰山に峰入した。そこで海浦はこれにあわせて『神変大菩薩寔録』を執筆し、同門跡の校閲を得て、同門の多田信道のところから刊行し、さらにこの御遠忌を記念して『修験道法具要解』を執筆して京都の仏具店の林勘兵衛から刊行している。なお海浦は明治二九年から二年かけて、日清戦役の戦死者の菩提を弔うために、梵字の光明真言を細字で浄写した五輪宝塔（紙本幅五尺、長さ八尺）を作成した。この他にやはり細字の梵字の「出山釈迦尊像」「聖観音尊像」「阿彌陀尊像」を完成させている。また日露戦争に際しては国家鎮護の祈祷の為に、京都の仏画師武藤有芳が描いた三三体の観音像に、全国の信男信女八万四千人の頭髪を集めて、一針ごとに一真言を唱えて、「毛髪刺繡観世音三十三体影像曼荼羅」三幅を明治三四年から三ヶ年をかけて完成した。そしてこれは煩悩を意味する黒髪で仏を刺繡することによって「即事而真」の思想を示すと説明している。

なお、彼が中心となって明治四一年（一九〇八）に設立した聖役協会の「聖」は聖徳太子、「役」は役行者をさし、その綱領の冒頭で、修験道は聖徳太子、神変大菩薩、理源大師の三聖の遺訓をもとに世界宗教を目指すとしている。なお彼は晩年の大正一〇年（一九二一）に記した論考「聖徳太子と我修験道では、聖徳太子は仏教を中心に日本文明の根本を造った我国の大乗仏教の教主であり、我国を物質的にも精神的にも開明ならしめた日本文明の創始者である」とし、我が役君神変大菩薩は、聖徳太子の御精神を讃嘆し奉り、日本大乗仏教を受法弘通し、平民的に山林的に家庭的に修練験得を大成したとしている[13]。

海浦は『神変』発刊後は、ほとんど毎号に小論を掲載している。以下その主要なもののみ教義、恵印法流、儀礼の順序であげておく。
「修験大意」、神変一〜五号（以下、神変は略す）、一九〇一年五〜九月
「十界依正互具」上下、一三〜一四号、一九一〇年五〜六月
「修験二字義」一〜四、二一〜二五号、一九一一年一〜五月
「三世因果の教相」上下、一三〜一四号、一九一〇年
「我恵印部の本尊（大日・不動・峰・宿・床を本尊とする）」、四六号、一九一三年二月
「恵印法流の相承」、三五号、一九一二年三月
「恵印部の法流と修験風儀」、三七号、一九一二年五月
「大峰山記」一〜一五（七五靡の解説）、三〜一八号、一九〇九年七月〜一九一〇年一〇月
「大峰逆峰修行四十二宿七十五路記」、三号、一九〇五年七月
「床堅観文講演」一・二、二八〜二九号、一九一一年八〜九月
「修験道火生三昧」、六号、一九〇九年一〇月
大正元年（一九一八）九月、六〇歳をむかえた海浦は仏画の揮毫を志し、旧知の京都の仏画師武藤有芳に二ヶ月間師事したうえで帰郷し、金・胎両部の曼荼羅の完成を目指した。そして金剛界を完成し、胎蔵界作成中の大正一〇年（一九二一）七月二七日脳溢血で倒れ逝去した。享年六七歳、死後醍醐寺から篤学院の号を与えられている。

2　「修験大意」

海浦義観は真言宗の啓蒙誌『伝統』に修験道が秘密乗であることを知らせる為に「修験大意」の表題の下に明治二三年（一八九〇）五月の第五号から一〇回にわたって各回二五〇〇字から三〇〇〇字程度の小話を寄稿している。以下各回ごとにその要旨を紹介する。

（1）修験道は自受法楽、無相三密の内証、十界不二、法・報・応の三身即一を説く。修験者の姿は迷悟を脱した金胎本具の直体で即身頓悟、凡聖一如を示す。その教えは心を一にして阿字本不生（万物は大日如来の自内証の真実と悟る）、万物が六大四曼の体相を備えていることを知らしめることにある。聖宝の秘決によると、修験の「修」は修正始覚の行、「験」は本有本覚の験徳で、この両者で始本兼備を示す。なお修験者は床堅の形儀に住し、柱源の密法を修することによって即身即仏の三昧に入る事が出来る。（五号、明治二三年五月）

（2）修験道では字義に即して教えを説く。すなわち、山伏の「山」の縦三画は三身、空仮中の三諦を示し、これを横一画で結ぶことによって三身即一、三諦一念を示す。「伏」のイ（人偏）は衆生所具の本有の仏性、犬は衆生所起の妄想・無明を示す。そして妄想を持つ衆生でも自身を改めす、覚位に達するとしている。次に山臥の表記の「山」は本有八葉の心蓮で、「臥」はこの蓮台に住することによって不苦不楽、無相真如の位にあること、すなわち自性の心蓮が無作本有の実体である事を示す。（六号、明治二三年三月）

（3）修験道は「客道」、修験者は「客僧」とも呼ぶが、この「客」は無所住の心地に住して、阿字本不生の覚位を証することを示す。「道」は、修験道の「道」にも通じるが『高祖秘伝記』によると、「道」の字は「首」に「之遶」と付しているが、「首」は生の始め、「之」は終りで、生死去来の二道を覚って中道不生の心地に達することを示している。なお修験道は如来が法を説く以前の一切諸法の色心（物と心）を本不生と知ることを宗旨とする。その依経は他宗のように仏典でなく、樹頭を吟ずる風、砂石を打つ波の音を法界の音声で、法爾常恒の経としている。そしてその修行の中心をなす峰入で、（1）業量（地獄）、（2）穀断（餓鬼）、（3）水断（畜生）、（4）相撲（修羅）、（5）懺悔（菩提心を示す、人）、（6）延年（天）、（7）比丘の形儀（声聞）、（8）頭襟を着する（縁覚）、（9）六波羅蜜（菩薩）、（10）床堅・正灌頂（仏）の十界修行をすることによって、一身に本有の十界を示しうるとする。（八号、明治二三年八月）

（4）曼荼羅とされる大峰山の峰入には、上求菩提・従因至果の熊野から吉野への順峰と、下化衆生・従果向因の吉野から熊野への逆峰がある。この順逆の峰入によって、修験者は自身を本有の曼荼羅と観じるのである。なお修験者にとっては日常の形義、斎戒、作善、挙手、低頭などすべては密印、密語である。修験者の自性は両部不二の実体ゆえ、修験者は心源を覚知している。それ故経論を知らなくても有智の人で、その現身が本有金剛の法身であることを確信している。（二四号、明治二四年二月）

（5）十界修行の最後の床堅は自身即曼荼羅と観じる作法である。この床堅の字義は「高祖伝記」によると、「床」は金胎両部の曼荼羅、十界同居の道場、「堅」は堅固法身の五大を意味する。その作法は自身の身体の部位（1―表の番号。以下同様）を地水火風空の五大（2）、さらにそれに対応する形（3）、色（4）、種子（5）、業（6）、性分（7）と観ずるものである。

1身体の部位	2五大	3形	4色	5種子	6業	7性分（五徳）
腰より下	地	方	黄	ア	持	堅
臍	水	円	白	ビ	摂	湿
心	火	三角	赤	ラ	熟	燸
額	風	半月	黒	ウン	着	動
頂	空	図形	青	ケン	不障	無礙
	識				了別	

このうち五大のそれぞれの形を組みあわせた五輪塔が広く知られている。修験道では山河大地草木の自然はそのまま五輪の塔姿として、その理を悟り成仏することを目指している。（一五号、明治二四年三月）

（6）五大のそれぞれの性分・（徳）（7）のうち、「堅」は自身の法体が堅固で万徳を持つ事、「湿」は発心修行、「燸」は煩悩を焼尽する事、「動」は随縁真如、「無礙」は自身法体を意味している。なおこの五大に遍満する「識」は「了別」の徳を示している。（一七号、明治二四年五月）

（7）万有の本体である六大（五大と識）、五形、五色、種子、業を加えたものが二六徳である。修験道では床堅によっ

て自身即仏の法体となることによってこの二六徳を兼ね備えることが出来る。（一八号、明治二四年六月）

（8）床堅の秘法は高祖役行者が箕面の瀧口で龍樹から授かったものである。その後弘法大師が禁裏でこの法を修して法身と化し、五智の霊光を発したので嵯峨天皇が大師号を授けられた。（二四号、明治二四年一二月）

（9）役行者は金峰山で六度の行をした上で、大峰山に入り、この山を一乗菩提の峰と名づけて二八の厳窟に法華経二八品を納めた。そしてここから西を胎蔵界・順、東に向かい北に廻るのを金剛界・逆と定めて修行した。その後この大峰修行を後継者の義学、義元、義真、寿元、芳元の五代山伏が継承した。役行者は各国一ヶ所の霊山を国峰に定めた。なお役行者のあと大峰山には毒蛇が現れて、峰入が途絶したが、聖宝がこれを再開した。そして役行者の導きで龍樹から理智不二の秘密灌頂を授かった。この法が「最勝恵印三昧耶法」（峰受三昧とも）で、その流れを霊異相承といい、爾来醍醐寺の観賢、貞崇をへて醍醐三宝院、さらに当山十二正大先達にと伝わった。なおこの峰受三昧の相承は、峰中の諸宿に建立された碑伝によって示されている。（二五号、明治二五年一月）

（10）修験道には入峰修行の眼目の峰中本有の灌頂に柱源秘法があり、これを理の血脈としている。この法によって修験行者はその行往坐臥の四威儀が直ちに如来の三密と化すのである。こうして修験行者はさきにあげた床堅とこの柱源秘法により、如実知自身の境地に入り、大日如来の直体となるのである。そしてこのように自身即仏の境地に入っている故、修験者の葬儀には特に導師は必要でない。（二六号、明治二五年二月）

以上、『伝統』誌に一〇回にわたって投稿された「修験大意」の要旨を紹介した。これを見ると修験道では峰入の修行を通して万物が六大四曼の体相を備え、自己の三業が大日如来の三密と同じと観じることによって即身成仏に達するというように密教の基本的な思想を取り入れている。すなわち峰入修行の中心道場である大峰山は金胎の曼荼羅で、そこで十界修行を行なうと、この十界修行によって自己の本有の一身に十界が備わっていることを自内証しうるとしている。なおこの十界修行の最後に床堅と柱源の法を授けている。このうち床堅では自己の身体の各部分に五大とその徳を観じる修法をしている。また柱源は峰中本有の灌頂で、これによって自己の三業が如来の三密と同じであることを認識させている。そしてこうした修験道の教えは仏教諸派のように経典ではなく、峰中の自然の音の中で自内証し、中道不二の心地で生から死に至る間を生きることを求めている。このように、峰入とそこで感得する自然法爾の経のうちに顕密諸派と異なる修験道の独自性を求めていることが注目されるのである。

3　『修験安心義章』

海浦義観が明治二二年（一八八九）に著わした『修験安心義章』（以下、本項では『修験』と略す）では、その凡例に、「本書は修験門の安心の大綱を後学や新発意に知らせて如実知自身の境地に導く階梯を示したものである。ただ修験門は密宗と大同小異ゆえ、密教から修験門に導けばわかりやすい。そこで釈雲照師がその著『密宗安心義章』（以下、本項では『密宗』と略す）で、一六章に分けてあげた密教の安心のそれぞれに対応する形で修験の安心の大綱を説くことにした。その際『密宗』と同一句をそのまま引用した部分もある」としている。[14] 本項では以下、密教の安心との関わりを考慮して修験道の安心を理解することを考えて、釈雲照が密教の安心の要旨とした各章ごとにその章題をあげ、次頁の表の上欄に『修験』における『密宗』からの引用部分の要旨、下欄に『修験』の安心の説明部分の要旨をあげる形で同書の内容を紹介する。なお『密宗』からの引用文の中ですでに「密宗安心」の「密宗」の語を「修験」に置きかえて「修験安心」としているものもある。その場合には上欄の『密宗』の引用では「修験」とし、傍線を引いて示しておいた。なお同書はその後明治三一年（一八九八）一一月に三宝院門跡の「修生陰徳」との揮毫を得て、彼の住坊である深浦の円覚寺から刊行されている。

ところで真言宗では、この釈雲照の『密宗』以後多くの安心に関する書物が著わされ、長谷宝秀が大正三年（一九一四）にこれらをまとめて『真言宗安心全書』上下を編集している。そしてそれに付した長谷の『真言宗安心要義』ではより簡潔に真言行者の安心を凡聖不二、この理を信じ（因）、それを行として修し（根）、それによって果を期すること（究意）としている。また『大日経』をもとにして「安心」は「大悲為根、方便為究竟」にあるとしている。[15] なお同書の

『修験』『密宗』対応表

安心の要旨	『密宗』の引用	『修験』独自
（一）己心仏土	修験安心は如実知自身、自身の実相に安住して動転しないことにある	床堅（十界本有印）、柱源（穀気で自供養）
（二）横竪二類	修験行者は凡聖不二、自身即仏、横は本有曼荼羅、竪は十善業	横は十界一如、竪は十界修行
（三）十善為本	十善戒は自身の本源	阿闍梨大先達から受得せよ
（四）二諦（真と俗）不二	三業の悪を離れ、十善業を修し、如来の三密に随順修行する、これを二諦不二という	衆生の色心、十善体性は、皆六大四曼三密の体性で凡聖同一である
（五）三三（自身・仏・衆生）平等	修験行門は三三平等を宗とし、三密を行とする	衆生の三業と仏の三密は互いに平等で、しかも一で、一にして而も三である
（六）輪円（曼荼羅）浄土	胎蔵界十三大院の曼荼羅が十方浄土である	自身不動と観じた行者は胎蔵界八葉院にある（袈裟の八幅輪はこれを示す）
（七）不取二相	修験門は即身に頓悟して法爾に大総持を証得しているので、阿弥陀、弥勒の浄土の相はとらない	修験では床堅によって即身成仏の境に入るので極楽、兜率天の二相の浄土観はとらない
（八）三品悉地（三密の行業が相応して妙果を得る）	一切衆生は三品悉地して即身成仏し、毘盧遮那仏の平等智身となる	床堅の形儀に住し、三密相応の観行を修せば、凡体がそのまま法性、塔婆の妙体となる
（九）桟類（衆生）の差別（救済）	専心に真言陀羅尼を読誦せば、誰でも往生しうる	全ての衆生は発心、修行により無相三密の妙果をえる
（十）結縁勝徳	何等かの結縁があって教えを聞くと勝徳を得る	劣智の者でも信をもって結縁し聞法すれば功徳がある
（十一）深信頓悟	専心に誦呪の功徳を積めば三密相応して無明を断除し、自証を得る	深信と勤行力を以て本有の徳を開発すれば頓悟しうる 以上巻上、以下巻下
（十二）顕密不問	顕教は阿弥陀・弥勒の浄土への往生を説くが、三密双修する者は現身往生する	峰中正灌頂は顕密禅三宗一致具足の形儀なり
（十三）教益甚深	陀羅尼の功徳力、如来の加持力により、頓に悪趣から解脱し得る	我功徳力如来加持力法界力により極楽浄土への往生を願う
（十四）倶信無智	無信無知の者も阿闍梨大先達の加持及び陀羅尼の功徳で解脱しうる 以上巻上、以下巻下	愚俗の衆生も毘盧遮那如来が示した秘密法で修行すれば、功徳は無量である
（十五）問答決疑章	『修験』には『密宗』の引用はない。『密宗』の本章の内容は十善、十悪、因果、密宗の教意と相承など、『修験』独自のものの概要は欄外に記載	
（十六）発願廻向	無量無辺の十悪業を懺悔し、未来には為さじと誓心決定し、昼夜礼拝、念誦発願して往生の正業に廻向すべし	行者は昼夜、勝義（抜苦、与楽、慈悲）、行願、三摩地に住せよ、一切の善根を修するには廻向が必要

（十五）問答決疑の『修験』の記述（前項の「修験大意」と同様の内容のものは略す）

宗旨：修験道は万法を総持し、一切の法門を生ずる。陀羅尼（総持）により成立、「道」は顕・密・禅と、諸宗に通じることを意味する。

立義：十界依正：森羅万法は悉く法身の体性ゆえ、万物の当体は毘盧遮那仏の万徳を備えて、円明遍照であると開眼する。一切衆生の欲、瞋などの煩悩は法曼荼羅の三摩地に入る時、自性清浄の心性に相応し、蓮華清浄の定に入り、その体を改めずして法、菩薩の体となる。

山伏の形相：俗衣だが、即身即仏の形儀で十界一如、和光同塵の意を示す。

本尊の不動明王：内慈外忿の尊、理智不二の妙体で、十方諸仏と共通の体をなす。

高祖・神変大菩薩：十善法を修して人を救うよう遺誡した。

峰入：峰中十種の形儀を重視し、これにより自身是仏と覚り、金剛法身を体得する。

護摩：事観の護摩（無明煩悩の薪を焼盡して本有五仏の心地に還帰する義）と理観の護摩（行者、本尊、施主の六大理観が三三平等の妙理に住し本有無垢の三密金剛を顕発する）の両者が伴って除災与楽をもたらす。

秘密真言陀羅尼：その功徳は広大ゆえ、末世愚鈍の凡夫、重罪を犯した者も速疾に解脱し、涅槃に導く。

修験の安心：三界は唯一心、万法は唯識（心）で、三心（至識心、深心、廻向発願心）は、平等と知り、大覚を得ることを安心とする。

下には、新義真言宗の三種の「真言安心和讃」があげられている。

こうした教界の状況もあってか、海浦も明治四三年（一九一〇）に次の「修験安心和讃」を作成している[16]。

帰命頂礼両部尊九会八葉の蓮壇は一切諸仏の秘要にて衆生心土の曼荼なり。床堅本有の印明は六大法身の体用にて修する其身は其ままに如来の姿ぞ験わる。かかる本有の妙徳を我等煩悩の肉身に開きて示し宗なれば、修験宗とぞ号したる。世尊霊鷲の御修行を如説に勤むる入峰の五濁悪世の此ごろも正像末のへだてなく一念一時一生に修練苦行の不思議にて無量の功徳円満し即身成仏せらるべし。日蔵上人のいう如く真如法性の山に入り、無明煩悩を亡ぼせば又山伏と号したり。十界自爾の内証は一切根源の道なれば出家在家も勤むべく貴賤老少も奉ずべし。下根劣機の輩も決定諦信いたしなば一度入峰の功力にて菩提を得ると説玉う。もし又善業の報いにて跛躄盲聾の輩に生れて入峰することも法門見聞もならぬ身は諸仏の慈悲にも漏ぬべし。かかる衆生を救うには他力の方便勝れたる修験の法にしくはなし。法螺の声を聞く時は一切の魔軍跡を絶ち癡鈍煩悩の眠りさめ阿字の不生をさとるべし。大悲利物の錫杖は六道受苦の衆生をして三業所犯の罪ほろび菩提の果位に到らしむ。中にも唱うる真言は法身遮那の秘呪にて一字に千里を含むゆえ、無辺の功徳具われり。安心定めて唱えなば一密加持の功力にていかなる宿世の業感も往生の素懐を遂ぬべし。南無神変大菩薩、南無神変大菩薩、南無神変大菩薩。

ここで彼は開祖神変大菩薩への帰依と、入峰して修練苦行して、床堅、本有の印明により即身成仏し、往生の素懐をとげ安心を得ることが出来るとしているのである。

第三項　大三輪信哉と細川孝源

大三輪信哉は明治元年（一八六八）高知県土佐郡潮江村で士族森本耕吉、ぬいの次男として生まれ、延弥と名づけられた[17]。小学校卒業後郷里の遠来学舎で漢籍、国文を学んだ。同一五年親類の大三輪家の家名を継承した。またこの年、私立香長学舎に入り、中等教育を受けた。一七歳の時病気になり死線をさまよったことから宗教に関心を持ち、明治一九年京都に出て仏教研究を志した。その後浄土宗西山派の豊後大橋寺の釈祥礼のもとで宗学を学んだが、病気となり帰郷した。郷里でキリスト教に反駁することも考えて、仏典を独学したが、研究を深めるために東京、京都で仏教者と交わった。明治二三年（一八九〇）には京都の建国新報社に入社したが、翌年には同社を辞職して、全国有志仏教聖話会設立運動に加わった。明治三二年（一八九九）には四国遍路をし、翌三三年には暹羅国（現タイ国）に赴いて仏骨を奉迎する運動に加わった。その後中外日報の記者となった。なおこの頃は臨済宗南禅寺山内正的院に住していた。

明治三九年（一九〇六）、法学士内海呑海の紹介で醍醐寺に入り、光台院平之亮禅の徒弟となり門跡和気宥雄のもとで得度し、これを契機に信哉と改名した。なお翌年には真言宗管長佐伯法遵から鎌倉の泉谷山浄光明寺の住職を拝命した。この浄光明寺は建長三年（一二五一）北条長時によって、持戒念仏の真阿を開山として開基され、中世後期には鎌倉公方の外護もあって繁栄したが、近世期には衰退し、近代初頭は無住の時もあったが、関栄覚が中興の礎を築き、彼がこれを引き継ぐ形で住職となったのである。ただその後も醍醐寺と関わり、文才があったことから当時同寺の事務局長だった平之亮禅の推挙もあって、明治四三年（一九一〇）には聖役協会文書伝道部長嘱託となり、翌年同協会から機関紙『神変』が発刊されると主筆となった。そして以後ほとんど毎号に大峰山人の筆名で啓蒙的な論考を掲載している。主なものには「醍醐山志」一〜六、（神変—以下神変を略す、四五〜四八、五一、五二号、一九一三）、「醍醐史蹟」一〜五（一三八、一四〇号、一九〇〇。一四三、一四五号、一九二一）、「入峰所感」（一七号、一九一〇）、「生ける蔵王権現」（一八一号、一九二四）、「大聖不動明王」一〜二（二五、二七号、一九一一）、「恵印一夕談」一〜三（一三五、一三七、一三九号、一九二〇）、「仰ぎ見る修験形姿の理源大師」（一三二号、一九二〇）などがある。

大三輪は明治四二年（一九〇九）東京大学史料編纂所の黒板勝美の醍醐寺古文書調査の依頼に応じて醍醐寺古文書調査嘱託となり、光台院に事務所をおいて共同でこれにあたり、現在に及ぶ同研究所による醍醐寺古文書調査を推進した。その後大正二年（一九一三）病気になったこともあって、翌三年『神変』誌の主筆を高野山から醍醐寺成身院に入った細川孝源に譲った。そして一時京都の臨済宗東福寺山内の光明院に寄寓したが、その後は鎌倉の浄光明寺に住して、同寺が所属した明治四〇年に独立した泉涌寺派内で活躍した。けれども今一方で醍醐寺の教学振興の為に『修験聖典』の完成に心をくばった。そして昭和二年（一九二七）に岡田戒玉、高井善証を代表として同聖典が刊行された時には、祝辞をよせている。あわせてこの年に論文「修験道概観」を発表した。さらに昭和一一年（一九三六）には著書『神変大菩薩』を興教書院から刊行するなど、修験道にも関心を持ち続けたが、昭和二七年（一九五二）浄光明寺で享年八五歳で逝去した。以下彼の修験道観を示す「修験道概説」の要旨を紹介しておきたい[18]。

修験道の開祖は役行者の名で知られる役小角で、「行者」と呼ばれるのは修行者の理想とされたことによっている。役行者は葛城山麓で生まれたが、出雲の素戔嗚尊の流れをくむ素封家の父は、彼の誕生後に出雲に帰ったので、母のもとで生育した。そして七歳の頃から毎夜仙人の居所とされる葛城山で瞑想にふけった。二五歳の時天からの霊光に導かれて摂津の箕面の滝に至った。そこで入定三昧に入ると、彼の霊魂が身体から離脱して、霊光の本源である滝壺に入った。すると門があり、そこにいた徳善大王（深沙大将）と弁才天に金胎十五童子に守られた龍樹のところに導かれた。そして龍樹から九界を超越して直ちに法身仏の大日如来となる十界灌頂の極大甚深の印明を授かった。この後彼の霊魂は再び身体に戻ったという。大日如来は十界互有の法身仏で、その極意は即身即仏をもたらすことである。なお日本では聖徳太子が神道本位の三教（神・儒・仏）融合の思想を創られたが、役行者がこれに道家も加えて展開させた。

修験道の名は平安時代からで、それ以前は山伏道と呼ばれていた。そして真言宗醍醐派に属していることからわかるように密教をもとにしている。ただその密教は平安以前の古密教である。修験道は次の四つの特徴を持っている。第一は外来の仏教でなく、日本独創の仏教であること、第二は所依の経典を持たず、樹頭に吟ずる風、沙石を打つ波の音のように法爾常恒の経を所依としていること、第三は社殿に仏像を置かず、別に本地堂を設けて祀るというように神本仏迹説をとっていること、第四に役行者自身が在家だったので、毎日の食事を自身自供養と考えるように日常生活に立脚していることである。

修験者は一夏九〇日間山に籠って、捨身誓願の修行をするが、それをおえると家業に従事した。その根本道場は大和の大峰山である。この山は役行者が開いたが、その後、毒蛇が現れて修行できなかった。醍醐寺の開山聖宝はこの毒蛇を退治して山に入り、役行者の導きで龍樹に見えて恵印灌頂を授けられた。そして昌泰三年（九〇〇）六月、吉野鳥栖の鳳閣寺で恵印灌頂を開壇した。醍醐寺では三十六正大先達を包括してこの在家本位の恵印灌頂を普及させた。なお日本の六十六ヶ国のそれぞれには代表的な霊山があり、それを廻って修行する六十六部行者は修験者のことである。

大正三年（一九一四）に大三輪信哉から『神変』の主筆を委ねられた細川孝源は明治二一年（一八八八）香川県三豊郡麻村（現三豊市高瀬町）の細川熊造の長男として生まれた。一五歳の時醍醐三宝院の和気宥雄の下で得度し、一九歳で高野山に入り、大正二年高野山大学卒業後高野山中学に奉職したが、翌年醍醐寺成身院に入った。そして同三年嘱望されて『神変』の主筆を引き継いだ。そして南湖の号を用いてほぼ毎号巻頭言などを執筆した。なお大正六年には醍醐寺山上事務となってもいる。また郷里の香川県仲多度郡白方村（現多度津町）の上生寺を自坊としたほか京都の日出新聞の記者を兼務した。けれども大正九年（一九二〇）一月、三三歳の若さで死亡した。以後『神変』は岩城勝躬が担当した。

細川は『神変』には「密寺三大の綱領」一〜一二（五八〜六八号、一九一四）、「諸天善神略出」一〜三（六三、六七、七九号、一九一五）、「大我の哲理」一〜二（七三〜七四号、一九一五）、「天台の物心同体論」（七六号、一九一六）、「真の自覚」（八〇号、一九一六）、「宗教としての真言宗」（一二五号、一九一九）などの論考を寄せている。彼の主著は大正五年（一九一六）醍醐寺恵印伝法院の講義用テキストとして海浦義観の校閲を経て、聖役協会から刊行した『修験摘要記』である。同書には当時の恵印法流の教えの概要を簡単にまとめている。そこで、以下その要旨と特徴をあげておきたい[19]。

同書によると近年の仏教研究では事実にもとづく批判にたつ究理的研究がなされている。けれども修験行者は唯授口伝により密法を実修実証すべきであるとする。その上で次のように名義、相形、法系、法義、入峰、成仏、色心に関する深理を述べ、その実修実正を求めている。まず名義では山伏は始覚・修生、山臥は本覚・本有、修験は始本双修、客僧は始本不二を示すとし、その相形（髪形）の優婆塞形（有髪）、摘髪（一寸八分）、比丘形（剃髪）はそれぞれ法身、報身、応身を意味するとしている。法系には役行者が龍樹から授かった峰中法流と、聖宝が役行者の霊気誘導によって龍樹から直伝された恵印法流があるとし、後者の醍醐三宝院の当山派血脈をあげる。そして法義を示す書物として、建長六年（一二五四）になる内山永久寺旭蓮の『峰中灌頂本軌』、一六世紀初頭の即伝の『修験修要秘決集』を紹介する。入峰に関しては十界修行、春の胎蔵界・順峰・因、秋の金剛界・逆峰・果の他に、三宝院独自の夏六月の花供の峰をあげ、これを順逆不二、因果不二の峰としている。成仏には即身成仏・始覚、即身即仏・本覚、即身即身・始本不二の三種をあげ、即身即身を即時而真の本義としている。

最後の色（物質）、心（精神）論では、真言宗の地水火風空の五大を色、識を心として六大を立てるが、修験道では色心共に阿字に収斂されるとし、その阿字は吾人の息風であるとする。そしてこれを生有（現在の生存）、中有（生有、死有の中間）、死有（死後）の三有と結びつけて、生有は父母の和合によって作られるこの世の身体、中有は法界の一気を受得することによって成立する吾人の命息（呼吸）、死有は命息が法界に帰入することで、これは死を意味するとしている。そしてこれを修法で示すのが正灌頂で授ける柱源であるとしている。またこの三有を六大に結びつけ、生有により身体の六大が形成され、中有でそれに法界の気が入って自性本具の六大が成立する。そして最後の死有で身体・自性の六大が法界に帰入する。この法界における六大が本有の六大であるとしている。この色心を三有六大と結びつけて説明する生死観は、これまでの教学に見られない、同書で特に注目されるものである。また名義、成仏における本覚思想にもとづく説明は即伝の思想に見られるものである。

注

（1）明治六年五月、天台・真言両宗管長より教部省への回答。

（2）明治初期の真言宗醍醐派の状況に関しては、宮家準『山伏――その行動と組織』評論社、一九七三年、二八四～二九一頁、林淳「修験道研究の前夜」時枝務・長谷川賢二・林淳編『修験道入門』岩田書院、二〇一五年、一二一～一二五頁参照。

（3）「綱領」『神変』創刊号の巻頭、明治四二年六月。
（4）醍醐派管長、和気宥雄大僧正談「真言宗と修験道」六大新報四〇一・四〇二、一九一一年五月。
（5）海浦の略歴に関しては、『深浦町史』下、深浦町、一九五五年、五六二～五六四頁、『深浦町史年表』深浦町、一九五五年、四四七～六〇九頁参照。
（6）上掲『深浦町史』下、四五七～四六五頁。なお船絵馬に関しては同書五〇〇～五〇九頁。
（7）修験道章疏Ⅰ、二〇九～二五〇頁。なお宮本袈裟雄によるこの三著の解題（宮家準編『修験道章疏解題』国書刊行会、二〇〇〇年、一六二～一六五頁）参照。
（8）柳田国男『海南小記』『定本柳田国男集』一、筑摩書房、一九六二年、二三二頁。
（9）「修験乗書籍目録」神変一四、一九一〇年、二〇～二二頁。
（10）「修験大意」『伝統』五号（一八九〇年五月）、六号（同六月）、一一号（同八月）、一四号（一八九一年二月）、一五号（同三月）、一七号（同五月）、一八号（同六月）、二四号（同一二月）、二五号（一八九二年一月）、二六号（同二月）。
（11）大教正釈良基述『密宗安心鈔』真言宗大教院、一八八四年、明治仏教思想資料集成編集委員会編『明治仏教思想資料集成』第五巻、同朋舎、一九八三年所収。
（12）釈雲照『密宗安心義章』一八八三年刊、長谷宝秀編『真言宗安心全書』巻上、六大新報社、一九一三年所収。
（13）海浦義観「聖徳太子と我修験道」修験研究一―一、一九二一年、九頁。
（14）海浦義観『修験安心義章』円覚寺、一八九八年、一頁。
（15）長谷宝秀「真言宗安心要義」長谷編『真言宗安心全書』巻下、三密堂、一九一四年、九九七～九九九頁。
（16）海浦義観「修験安心和讃」神変一〇、一九一〇年二月、六～七頁。
（17）大三輪信哉に関しては大三輪龍哉氏から資料をいただいた。
（18）大三輪信哉「修験道概観」明治聖徳記念学会紀要三七、一九三二年。
（19）細川孝源『修験摘要記』聖役協会、一九一六年。

第二節　天台宗と修験教学者

第一項　近代初期の天台宗と修験道

明治五年（一八七二）九月の修験宗廃止に際しては、旧本山派の修験は聖護院所轄のまま、比叡山を総本山とする天台宗に所属した。[1] 翌六年三月一一日には聖護院住職に田中敬心が就任している。ただ近世期に東叡山末だった吉野山と羽黒山では一山が神社化された。天台宗では明治七年五月一九日に園城寺の山科祐玉が同寺を本寺とする寺門派の天台宗からの独立を申請し、許可された。そして同派の門跡寺院聖護院は園城寺の下で旧本山派の修験を統轄し、明治一一年（一八七八）には大津市坂本の西教寺が末寺と共に天台宗真盛派として天台宗から分派独立した。もっとも同派には修験者は含まれていない。なお近世期に本山派から離れて別本山となった天台宗の彦山は完全に神社化した。

吉野一山では明治一二年東南院が延暦寺塔頭宝珠院佐伯頼慎を住職として天台寺院に復帰した。また明治一三年には竹林院と桜本坊、同一九年には蔵王堂、同二一年には喜蔵院が仏寺に復帰した。そして明治二二年にはこの四ヶ寺が蔵王堂を本寺として天台宗金峯山寺を復活させた。また比叡山では明治一九年（一八八六）に無動寺谷の中山玄親は千日回峰行を成満し、同二七年（一八九四）には北嶺修験の拠点無動寺明王堂の上棟式がなされている。一方羽黒山では明治二一年天台宗の山寺立石寺住職壬生優円が荒沢寺住職を兼任した。

明治二九年（一八九六）天台宗では「修験道規則」を制定し、比叡山の東塔北谷竹林院に修験道事務本局をおき、金峯山寺を修験道大本山、同寺住職を修験道管領とした。また羽黒山荒沢寺を修験道の山形事務支局とした。なお本規則では金峯山寺住職は天台宗教師の中から天台座主が特任し、修験道所属末寺の住職は修験道教師の中から法類、組寺の協議をもとに選定し、修験道管領の承認を得て天台座主が任命するとした。なお教師は中学二年修了、またはこれに準ずる試験の合格を条件とし、以後大峰修行、山上参籠、霊場巡拝、大峰奥駈、灌頂受法にもとづいて昇進するとしている。

金峯山寺では大正四年（一九一五）に出雲の鰐淵寺から金峰山に入って蔵王堂解体修理を手がけた長尾智泉が同八年、金峯山寺内の修験社から機関紙『修験道』を発刊した。その法嗣で昭和九年（一九三四）に修験道管領となった長尾寂泉は昭和一五年（一九四〇）に金峯山寺から『天台宗修験道初等教科書』を発刊している。その著者は吉野山の山田文造である。同書は名称（修験、優婆塞、山伏）、教義、修行（十界修行）、修験道の沿革、開祖役行者、本尊蔵王権現、加持祈祷から成っている。その結説で「吾修験道は日本精神の権化にして、修験即日本精神と称するを得べし」としている。(2)なお、その後任として比叡山から入った三崎良泉が昭和一七年、修験道管領の時、大阪泉北郡八尾の梅田円鈔に依嘱して執筆させた『修験道教学大綱』は、天台宗総論（円頓戒、止観業、遮那業、念仏業、修験業、菩薩道）、三道大綱（神道、仏道、儒道、易道）というように宗教全体に位置づけて天台を学ばせて、その一つに修験道を位置づけている。これは近世末の神・儒、仏同体論にも見られたものである。ただ、実際には昭和一五年四月一日施行の宗教団体法にもとづく天台宗三派合併に伴ない、修験道大本山聖護院、別格本山金峯山寺となった時に、金峯山寺が天台宗全体を意識して、梅田円鈔に執筆させたとも思われるものである。

園城寺を本寺とする天台宗寺門派では明治二五年（一八九二）四月二〇日に「寺門派修験道細則」を定め、園城寺長吏（寺門派管長）が修験道検校を兼任し、聖護院を大本山とし、門跡を大日本修験道総監とした。なお聖護院ではこれに先き立つ明治一九年（一八八六）九月門跡藤谷雄真大僧正を大阿闍梨として嘉永二年（一八四九）以来三七年ぶりに深仙灌頂を開壇した。そして明治三二年（一八九九）には神変大菩薩一二〇〇年御遠忌を総本山園城寺、聖護院、箕面寺で実施し、記念大峰入峯、深仙灌頂会を行なった。また翌三三年には御遠忌記念葛城入峰を実施した。その後大正二年（一九一三）には大本山聖護院門跡に修験事務局を設置し、同三年には聖護院で修験道講習会を開いている。

大正一二年（一九二三）七月、聖護院門跡では後述する宮城信雅が中心となって機関紙『修験』を発刊した。その発刊の辞では「本道（修験道）は釈尊の聖教、龍樹菩薩の精神を基礎とし、神変大士の特異なる修行教法に表現されしものにして諸宗に能通する大道なるが故に、全仏教を我徒修養の資糧となし、高祖の要義なる抖擻修行によりて本覚の験徳を発揮し、真俗不二、無相三密の活動に便する処、是れ我徒の理想でなければならない。只吾人は現代に立ちて活動せんとするものなるが故に、仏祖の聖訓、高祖の遺教を新しく読解して、現代に処し、現代に活動する覚悟を要するを以って、温故知新の聖言に鑑み、茲に雑誌『修験』を発刊し、祖道を宣揚し、以って現代に活動せしめんと期するものである」としている。そして修験道は諸宗に能通するのみならず、神儒二道ともよく融合するもの故、宗教に関する記事、文芸、詩歌、地方の状況などを掲載するとしている。[3] 爾来、隔月刊で刊行している。なお、佐渡の旧本山派修験の牛窪弘善はこの創刊号から一二月にわたって『役行者及其教理』と題して寄稿している。また寺門派に所属し、後に同派管長になる三井豊興は、この創刊号に「修験道の宣伝に絶好の機会」との祝辞をよせている。この牛窪、三井、宮城の教学に関しては次項以下で紹介する。

第二項　牛窪弘善

1　その出自と活動

牛窪弘善は明治十三年（一八八〇）一月二七日、新潟県佐渡郡相川町（現佐渡市）に牛窪斉賢の三男として生まれた。本名は清という。[4] 生家は本山派修験光正山法教院である。同院は慶長九年（一六〇四）本山派修験の京都住心院の執事をしていた賢教によって開基されて以来、住心院に所属し、佐渡相川鉱山の鎮守の別当を務めた名刹である。

佐渡は近世以来修験の盛んな所で、天保年間（一八三〇～一八四四）には、本山派八四院、当山派七〇院の修験者が活動していた。しかしながら明治五年（一八七二）の修験宗廃止の際、県令奥平謙輔の命により、ほとんどの修験が復飾させられた。ちなみに明治六年の調査では、一四一院が廃され、内一九ヶ院は復飾して社人となり、一二二ヶ院は帰農したという。彼の祖父偆栄（一七八五～一八四五）は佐渡で初めて自身引導を行なった、また父斉賢は悉曇に秀でた篤学の修験者で法儀にもあかるく、佐渡奉行の帰信を受けていたが、この折やむをえず帰農して精一と名をあらためた。しかし彼はその後、明治一〇年には東京の浅草寺住職唯我韶舜の徒弟となり、天台宗の僧侶として活動する。修験道の廃滅をなげき、その復活につとめた斉賢は、法教院を中心とした佐渡における修験道の歴史を『御一新法中記録』という一冊の書物にまとめているが、これは現在『神仏分離史料』下巻に収録されている。(5) 弘善はすでに四歳の時、父斉賢から経典の読誦を教えられたという。そして五歳の時すなわち、明治一八年（一八八五）には父の師である唯我韶舜から得度をうけ、弘善と名のり、さらにその翌年には四度加行や諸秘軌を授かっている。斉賢は明治二一年に六九歳で病没したが、その時弘善はわずかに九歳であった。もともと才能にめぐまれていた彼は、母の慈愛のもとで、全くの独学で勉学に勤め、教員の免許をとり、佐渡郡相川町相川尋常小学校に奉職した。明治三一年のことである。また寸暇を惜しんで仏教の研究にいそしみ大蔵経九三六巻を読破したという。その後も教職のかたわら、仏教や郷土史の研究にいそしみ数多くの論文を地元や新潟・京都・大阪の新聞や雑誌に発表している。

しかし郷土の先輩であった東京帝国大学の萩野由之教授のすすめで、亡父の遺志をついで、修験道の研究に専念することを決心し、その手はじめにまず、佐渡の修験を研究した。こうしたこともあって、彼は次第に同地の修験者と交流をもつようになった。当時佐渡では、かつて法教院が所属した旧本山派修験はわずかに一ヶ寺のみに激減していたが、当山派は一八ヶ寺、金峰山寺末は二一ヶ寺を数えていた。そこでおのずと、彼も旧当山派の醍醐三宝院と関係を持つことになっていった。幸いにして、その頃三宝院では海浦義観・大三輪信哉などが聖役協会を結成して、修験道の研究や復興に努めていた。亡き父の悲願であった修験道復活の空気にふれた彼は、喜んでその仲間に入っていった。そして、明治四五年（一九一二）から聖役協会の機関誌『神変』に「役行者及其教理」を連載することになる。またこれが機縁になって、大正三年（一九一四）には、三宝院から五等衣体着用の許可をうけ、同五年には権少僧都に補されている。なお教員のかたわら修験者として活動した彼は、この頃仏陀の在俗の篤信者維摩のことを書いた維摩経を熟読し、大きな影響を受けている。現在牛窪家には、その頃したためた『維摩経備考』が伝えられているが、大正六年には、それを抜粋した「維摩経一家言」を『神変』に連載している。

第四節で述べるように大正八年、中野達慧によって『日本大蔵経』の編纂が企画され、それに修験道の宗典を収録することが決定された。海浦義観・大三輪信哉らが積極的にこれにあたり、『修験道章疏』全三巻が完成するわけであるが、彼も積極的にこれを助け、父斉賢が残した資料を提供してもいる。特に本山派修験の儀軌や教義書を収録した第二巻及び史伝類をあつめた第三巻の解題は彼の手になるといわれている。またこの仕事を通して、聖護院の宮城信雅、醍醐寺の岡田戒玉など、のちの修験道界の指導者と関係を持つことにもなるのである。

大正一〇年彼は中央で自分の研究を大成することを志して、栃木県上都賀郡足尾町の本山小学校に転勤する。これはたまたま足尾鉱山につとめることになった義兄の紹介によっている。またこの頃、吉野金峯山寺の長尾智泉と親しくなり、同寺の機関誌『修験道』にも「役行者」「金峰山修験道」を連載している。やがて大正一三年には、聖役協会の主筆だった大三輪信哉の紹介で鎌倉小学校に奉職する。そして翌一四年真言宗高野山派の草繋全宜の持寺であった神奈川県高座郡渋谷村の蓮慶寺の住職となり、宗教活動にも直接たずさわることになった。なおその年には鎌倉郡瀬谷村の瀬谷小学校、翌一五年には同郡中和田村の中和田小学校、さらに昭和六年（一九三一）同郡中川村の中川小学校に転じるが、以後昭和九年に教職を退くまで、同校で教鞭をとるのである。この間が修験者としてまた修験教学者として最も充実した活動をした時期である。今その主要なものをあげておくと、まず教学関係では、大正一四年から「修験道綱要」を雑誌『修験』に連載、昭和三年には著書『文化史上に於ける役行者』を聖護院内の修験社から刊行した。また父の遺稿をまとめて「佐渡における修験の廃滅」を『明治維新神仏分離史料』に編入したのもこの頃である。さらに七年には、「修験伝記」「役行者伝」を『修験』に連載し、「神変大菩薩伝」を『修験』の特輯号として出版した。

蓮慶寺住職となってからの牛窪弘善は、修法の習得に勤め、昭和四年には三宝院で柴灯護摩法を受けている。そして翌五年には、群馬県の神力院の藤原大長僧都から、柱源護摩法・柱源供養法を授かり、六大縁起を相伝した。この時のことを彼は「二千年の聖の教え尋ねつつ上毛に入れば雪降りしきる」と歌っている。なおこの頃「般若心経法則」「験者必携」「修験道最極秘分三通」「天台修験無常用抄」など読経や儀軌に関する論考があらわされている。しかしながら教職・執筆・修行と無理な仕事がかさなったせいか、彼は次第に身体のおとろえを感じるようになる。そのこともあって、何とか自分の修験道の研究を完成させたいと感じた彼は、寸暇をおしんで、それまで雑誌などに発表した論考をまとめて一冊の本を作ることを計画する。そして昭和八年に「稿本修験道研究」を完成した。だがしかし、その時にはすでに彼の脳の血管の一部は切れていた。脳溢血で倒れるのである。幸いにして肉親の懸命の看護もあって健康をとりもどした彼は、昭和九年再度上毛に藤原をたずね、即身成仏の秘法である「自供養法」を相伝する。

けれども健康のこともあって、この年には教職を辞し、翌年には蓮慶寺住職も辞している。そして嗣子全浄氏が住職をしていた神奈川県高座郡有馬村の吉祥寺に居を移すのである。翌一一年には、横浜修験会の会長におされている。その後しばらくは読書と執筆の生活を送り「修験道概説」「役君古伝」「修験学匠伝」を『修験』に、「修験道小史」を『神変』に発表し、昭和一二年には、これらをまとめた私本『役行者と修験道と』を編んでいる。そして「稿本修験道研究」の刊行を計画していたという。しかしながらふたたび病魔のおかすところとなり、数年の闘病生活ののちに、昭和一七年八月一日、有馬村の吉祥寺でその六二歳の生涯をおえたのである。葬儀は、同寺でいとなまれ、滝窟伝灯権少僧都無染弘善道士と諡名され、新潟県佐渡郡相川町大乗寺墓地に葬られたが、その後、横浜市港南区市営日野墓地に分骨改葬されている。

2　その教学の特徴

牛窪弘善はただ単に教学の研鑽や修行によって自己の修験道の信仰を深めるというだけの修験者ではなかった。自己の信じる修験道こそが現代の世をすくう真の宗教であるという強い信念を持ち、積極的に社会に働きかけているのである。当時の教界の状況と修験道の使命について彼は次のように言っている。

既成仏教は全く堕落して仕舞つた。修験道の俗人宗に対して傲然清僧を以て尊大自負していた諸宗は今や修験の宗風に降参して仕舞つた。自ら清僧派と称して居てもその行為たるや俗よりも俗なのが多い。所謂清僧派の腐敗といつたら確かに仏教伝来後、未曾有の事に属する。果して然らば、この腐敗堕落の教界に獅子奮迅的布教を試みて大乗仏教の精華を発揚するといふ事は修験者の当然努むべき責務だと思ふ。(6)

教界の腐敗をすくうのは、在俗の宗教である修験道しかないと提唱して見たものの、当時の修験道界は旧本山派・旧当山派など種々の宗派間の争いがたえなかった。これに対して彼は、

今後の修験者は、大度量を以て諸名家の研究批評等を仰いで一致団結、旧時の本・当二派の反目敵視を一掃してから教線を張らねば、大なる活躍は出来ない事と断言する。(同書三三九頁)

と警告しているのである。こう確信した彼は一宗一派に偏することなく、旧本山派の聖護院の執事長宮城信雅、旧当山派の三宝院の事務長岡田戒玉らをはじめとし、両派の人々と親密な関係を持ち、両派の機関紙に寄稿している。また吉野金峯山寺の天台修験とも関係を持っていた。その他当時の修験教界を代表する教学者である海浦義観・大三輪信哉・中野達慧・服部如実らからも種々のことを学んでいる。(7)一方郷里の先輩である東京帝国大学教授の萩野由之の紹介で学会とも交流を持ち、神道学者加藤玄智、修験道研究の先鞭をつけた宇野円空・酒井沢智らの教示を受けている。このように彼は数多くの修験道教学者や研究者の影響を受けてはいるが、特定の人に師事するということはなく、あくまでも独学者としての姿勢をつらぬいているのである。

その教学の全体的な特徴をあげると、まず彼は修験道は基本的には在家仏教を代表するものと把握している。これは大正六年に「維摩経一家言」を著して以来一貫してつらぬかれている姿勢である。このことは具体的には、聖徳太子の崇拝や維摩経を修験道の所依の経典の一つに入れるようにとの主張となってあらわれている。修験道を在家仏教としてとらえるという立場は、教職を持ち在俗の生活をいとなみながら修験者としての信仰を持ちつづけた彼の生活信条であったとも考えられよう。

牛窪弘善の修験教学の中心をなすのは、役行者崇拝である。これは彼自身、「滝窟伝灯四十八代之遠孫」、すなわち役行者から正統な秘法を伝授されているとの主張となってあらわれている。そして晩年には役行善と自称するに到るのである。また未刊におわった最後の書物に「役行者と修験道と」との表題をつけている事からも、彼が役小角を修験道の中心においている事がわかるのである。そこで以下、彼の役小角研究についてふれておく事にしたい。彼の役行者研究はすでに明治四十五年、雑誌『神変』に連載した最初の論文「役行者及其教理」にあらわされている。これを要約したのが、昭和七年に『修験』の特輯号として出された「神変大菩薩伝」である。この書は彼の体系的な役行者伝ゆえ、次にその目次をあげておきたい。

一　種族及び誕生、二　少時の修行、三　鬼童の帰依、四　大峰及び熊野踏開、五　東北遊化、六　龍樹との霊感、七　行者と法華経、八　葛嶺苦行、九　蔵王権現の出現、十　山城地方修歴、十一　行者と当麻寺、十二　深山供養、十三　武相地方踏破　附安房・四国方面、十四　配流及び富士踏開　附江島・伊豆地方、十五　示寂及び法系、十六　勅諡及び勅令、十七　外人の渇仰

一見してわかるように、この構成は『役公徴業録』など近世期の修験道教学者の手になる役行者伝とほぼ同じ形式をとっている。すなわち、数多くの役小角伝承がその成立年代にさして考慮をはらうことなく、上記の項目ごとにまとめられているのである。ただし地方出身の牛窪の書物だけあって、役行者の地方巡錫に重点がおかれ、各地の伝承が数多く集められている。

修験道の開祖に仮託された役小角については、修験道が確立してくるにつれて、他の宗祖に匹敵しうるだけの宗教面あるいは、文化面での活動を物語る伝説が作りあげられていく。彼の『文化史上に於ける役行者』はこうした役小角の宗教活動に関する伝説をまとめたものである。もっとも彼自身はこうした伝説を教祖の活動として深く信じていた。このことはこの書の第一章が「学者から虐待された役行者」、第二章が「修験道の開創者としての役小角」であることに象徴的に示されている。ちなみに同書では役小角は、密教思想家、法華経の行者、富士をはじめとする霊山幽谷の修行者、神社仏閣の開創者、諸宗に超越した大菩薩、温泉や薬草の発見・植林など民衆の生活を導き、未開種族に到るまでも教化した人物としてえがかれている。またこの他美術・言語・お伽噺などに見られる役小角に関する記事もあげられている。

萩野由之を通して学会とも接触があった牛窪は、上記のような教学者的志向にもかかわらず、修験道研究者と自任していたようである。それは上記のライフワークの表題をあえて「稿本修験道研究」としていることからもうかがうことが出来る。こうした彼の研究の基盤をなすのは『修験道章疏』の解題である。この折彼が担当したのは本山派修験の儀軌・教義に関する第二巻と史伝の第三巻であるが、とくに第二巻収録の「修験修要秘決集」「両峰問答秘鈔」、第三巻収録の行智の著作や役小角伝、「山伏帳」「資道什物記」などから、大きな影響を受けていたようである。

これと並んで彼に大きな影響をもたらしたのは宇野円空・酒井沢智らの東京帝国大学の卒業論文である。牛窪はこうした研究者に資料を提供したり、自己の雑誌掲載論文を借すなどの協力をおしまなかったようで、現在牛窪家には彼とこれらの学者の交流を示す数多くの手紙が残されている。ちなみにその卒業論文の表題は、宇野のものは「平安朝の修験道」（一名、修験道の起源并其成立）、酒井のものは「山伏の史的研究」である[8]。同書中にもこれらの論文の引用が数多く含まれていることからもわかるように、牛窪の修験道史研究は宇野・酒井らの影響のもとになされたのである。もっとも彼の場合は佐渡修験など地方修験の資料が数多くあつめられている事が注目される。ただし、護教の念にもえる彼の研究では、修験道の歴史を他宗の教団史と匹敵させることをあせるあまり、さして史料考証することなく種々の史料を羅列したきらいがある事は否めない事実である。なお彼の手になるもっともまとまった修験道史に、昭和一一年（一九三六）に『神変』に連載した「修験道小史」がある事を付言して置きたい。

牛窪の研究は、歴史研究に重点が置かれ、独自の修験道の教義体系の構築には及んでいない。ただ修験道の教義の形成については、

室町の末すでに一々の形儀・作法固定し、多少教義上の組織も成立せし頃には、盛にこれら伝承的作法の表徴的説明を試み―中略―更に江戸時代に至りて盛に行はれし教義論のごときは、全くこれらの作法・衣体・器具に関する表徴的意義の争を出でざりき。故にもし修験道に宗義教理の特別なるものありとすれば、そはこれらの行法・威儀及びその名義文字に関する表徴的説明の複合発達したるものに外ならずとも観るを得べし。（同書二八八～二八九頁、傍点宮家）

と記している。

このように彼の教義研究はこの枠内のもので、自分が伝授された、護摩・柱源供養法・自供養法・床堅・入峰修行などの儀礼の表徴的説明、法具に関する細かい解説、山伏の字義などに関する解釈などである。特に法具の解説には力をそそいだようで、謄写ずりの『修験道法具略解』をあらわして（同書二九二～三〇六頁）、山伏十六道具や柱源護摩の法具の解説をこころみている。ただし、その内容は修験道章疏所収の『資道什物記』など法具に関する書物にもとづくものである。

なお牛窪は、特に佐渡の郷土史にくわしく、「佐渡に於ける修験の廃滅」を編集したのをはじめ、『佐渡事実文編三巻』『越佐における日蓮上人』『順徳天皇御遺蹟考』など数多くの郷土史関係の書物をあらわしている。また仏教一般にも通暁しており、「仏教お伽話」など、仏教に関する啓蒙的な論文を雑誌などに発表している。

3　『修験道綱要』

牛窪弘善が昭和八年に、それまで『修験』『神変』などの諸雑誌に発表した論文を加筆・訂正してまとめた彼のライフワークは「稿本修験道研究」にもとづく一九八〇年名著出版から刊行された『修験道綱要』である。その内容は以下にあげる七章から成っている。ただし各章はそれぞれ独立しており、相互の有機的な関係はあまり認められない。そこで以下各章ごとにその内容を簡単に紹介しておきたい。

第一章　修験道の伝播

修験道の法流を峰中法流と恵印法流に分け、前者には本山派・当山派（法相宗）・彦山・羽黒など、後者には当山派が属するとして、それぞれについて主として系譜をもとにして、その歴史を解説している。なお本章の最初の部分で修験道を大乗仏教の真髄とし、役小角は釈尊の遺法を行学した者としているところに、彼の教学の基本的な立場を見ることが出来る。

第二章　修験史要

主として『金峰山雑記』及び『金峰山創草記』などの記事をもとにして、朝廷・臣下・僧徒の金峰山参詣の伝説を紹介している。これらはいずれも古代のことであるが、そこからいきなり近世にとび慶長の佐渡大行院の袈裟筋争い、聖護院の入峰行列、山伏による尊皇攘夷運動がとりあげられている。修験道史の上で最も重要な中世期の記事を欠いているのである。それ故本章は修験道史上の諸問題をとりあげたもので通史とはいいがたい。彼の修験道の通史としては、同書よりもむしろ既述の「修験道小史」の方がすぐれている。なお本章の「総説」最初で、「修験道は役小角が、聖徳太子が大乗仏教を興隆し給へるを瞻仰開創したる教法」（同書一〇三頁）ととらえるというように、聖徳太子を特に重視していることが注目される。

第三章　修験教史

修験道教学史の上での諸問題をとりあげている。まず修験道の淵源は、優婆塞たちがとなえた明呪を中心とした雑密の祈祷によるとしている。そして、さらに「修験道なる密教は朝鮮・支那・印度の三国に流伝せる密教を総合統括して成立を見たるものの如く、加ふるに神道並びに道教の教義思想及び儀式等を以てして、後世の如き発達を助成せしなるべし」（同書一八〇頁）とし、修験道の思想が密教を中核とし、それに神道・道教が加わったことによって成立したとの立場をとっている。しかしながら現在では修験道の中核をなしているのは、むしろ我が国古来の山岳信仰とシャマニズム的な要素で、密教・神道・道教はその後導入されたものとの定説が出来あがっており、この点からも彼の研究が密教系教団内での修験道の位置づけを主眼としたものである事がわかるのである。

第四章　修験道の教理

修験道の根本は現世主義で、特に修験者が凡聖一如・十界一如・無相三密の仏となる事にあるとしている。そしてこのことを体得する儀礼として床堅・柱源供養法・自身自供養法をあげ、それぞれについて教義的説明を付している。この他、本章には所依の経・本尊・宇宙観・生死観・成仏観などがあげられている。なお所依の経としては、狭義上は法爾常恒の経とか法身寿命経がとりあげられているが、実際には各修験教団で具体的な経典が定められている。ちなみに同書には天台修験の依経として孔雀明王経、不動経、大日経、金剛頂経、蘇悉地経、金剛般若経、仁王護国経、般若波羅蜜経、金光明経、般若心経、九条錫杖経、真言宗醍醐派の依経として、大日経、金剛頂経、説一切有部、釈摩訶衍論、菩提心論などをあげている。なお同書に於いて修験道を在家仏教とする彼がこれらとあわせて維摩経を所依の経典に加えるように提唱しているのが注目される。

第五章　入峰修行

入峰修行は有相現前の大峰に無相法爾の曼荼羅を観じ、そこで修行することによって、十界一如・生仏不二の理を悟る事にあるとしている。そして、主として『修験道章疏』所収の「峰中式目」によって、入峰前・入峰・峰中・出峰の諸行事を紹介している。なおこの他、採灯護摩及び十界修行、とくにその中の四聖の修行の説明が加えられている。

第六章　修験の宗風

まず修験道の特徴が加持祈祷と在家の信仰にあることが説かれている。そして、とくに在家仏教である修験道で修験者が頭髪をのばし、蓄妻噉肉する事の意味を近世期の教義書にてらして説明している。またこの他、近世期における本・当両派の位階、衣体に関する解説もこころみられている。特に付録におさめられている「修験道法具略解」では、法具に関する要をえた説明がなされている。

第七章　験乗一家言

いわば彼の備忘録ともいえるもので、特に役小角の神格性を物語る記事を『修験道章疏』などからぬいたり、弘法や日蓮と小角を比較したものなどがおさめられている。天狗や鬼の伝承、霞場や長床の語義など興味をひくものもあるが、多くは牽強附会で、さしたる意味を持たないものである。ただし最後におさめられている「活修験の要求」の項の、修験道は在家菩薩教たれとの主張には、牛窪の修験教学者としての使命感のようなものが記されていて興味をひく。

付録　峰中秘名密言集

『修験修要秘決集』等に収録されている「山用名類集・修験道類字」所載の語を中心とする修験道関係の言葉に、「修験道章疏」収録の諸経疏などの記事を参考にして、解釈をほどこしたもので、簡単な修験辞典とでもいえるものである。ただし、単語のみあげられていて解釈が付されていないものも一五〇語位あり、今後の研究により、より完全なものが出来あがる事が期待されよう。

以上『修験道綱要』の各章ごとの内容を紹介し、問題点を指摘してきた。そこで最後に同書の全体的な特徴を述べておきたい。

同書は目次から見る限りでは、伝播・歴史・教史・教理・入峰・宗風・一家言というように、歴史・教理・儀礼の記述を含む修験道の概説的なものと推測される。しかしながら著者は、修験道史、なかでも第一章にみられるように本山・当山派を中心とする各派の系譜の研究に力をそそいでいる。おそらく彼はこの試みを通して、他の仏教教団に比しても遜色がないぐらい修験道の法脈が正しいこと、朝廷・貴族・すぐれた僧侶が修験道を信じていたことを示したかったと思えるのである。このように教学者である牛窪は同書を通して修験道が他宗に比して歴史的に見て決してひけをとらない宗教である事を示す事に全力をかたむけているのである。

第三項　三井豊興と宮城信雅

三井豊興は明治二二年（一八八九）福島市渡利で、もと本山派院家積善院の霞下で天台宗寺門派だった瑠璃光寺八幡院住職三井慈泉の子として生まれ、明治三三年には父の附弟となっている。(9) 明治四〇年（一九〇七）福島中学卒業後、父から宗学や儒学を学んだが、同四二年早稲田大学に入学し英文学を専攻した。卒業後修験の道を志し福島の岡村竜善の下で四度加行を収め、諸尊法を授かった。そして早稲田大学大学院に進み、宗教学・印度哲学を学び、修了した大正五年（一九一六）福島の真如院で鈴木智道のもとで得度し、翌年天台宗寺門派の准教師に補された。ただその年から埼玉県谷塚村（現草加市）の松寿学館で英語、国語、漢文の教師になっている。けれども当時から福島の修験霊山吾妻山で春・秋には峰入修行を始めている。そして大正六年には東京府南葛飾郡砂町（現江東区）の不動院に本部をおく修験宣揚会を設立し、『神変』や『修験』誌でとりあげられるなど注目された。そこで以下同会の概要を紹介しておきたい。(10)

本会では以下の趣意に賛同し会費三〇銭をおさめた会員のために研究会、抖擻会、読誦会を行なうと共に施主の求めに応じて祈祷をする。研究会は毎月一回修験道さらに宗教一般について講義する。抖擻会は富士山（三年に一度）、三峰山（二年に一度）に登拝し、東京近郊の霊所（毎年）の他、大峰山や諸国の霊山に団体で抖擻する事も考える。なお抖擻の際は山頂で天下泰平、国家安穏の祈祷をする。読誦会は毎月二八日本部の不動院で法螺を吹奏し、法華経、仁王経、諸尊の陀羅尼などを読誦する。この他一般向けの講演会を開く。その組織は総理兼会長三井豊興、名誉会長近藤慈潤、副会長鈴木寛雄、顧問鈴木寛治、幹事越村他数名とし、本部の他に各地方に支部をおくとしている。

大正七年（一九一八）三井豊興は著書『修験道』を東京森江書店から修験道宣揚会会長の肩書を付して刊行した。以下、目次の順にその要旨をあげ、特に注目される点を指摘しておきたい(11)。同書では、まず一で「役行者伝記」をあげ、ついて二「修験血脈」で本・当両派の血脈、三「修験分派」で本・当両派、羽黒派の歴史にふれる。四「修験道」では修験の名義は、「修」は苦修練行、「験」は験徳を意味し、捨身の苦行を修めて、実の如く自身を知り、即身即仏の実験を示すとする。五「山伏」でその字義、六「先達」で大先達、宿先達、柴灯先達、閼伽先達、峰先達をあげ、それぞれが五方、五徳、五智、五如来を示すとする。七「優婆塞」で修験行者は人生の自然に応じて、肉食妻帯し社会生活を営む俗人で、修験道は俗人衆であるとする。八「教祖と所依経」では修験道は本来法身法爾の説法による故、依経も教祖も存在しないとしつつも、法華経（特に普門品）、大般若経（特に理趣分）、般若心経、大日経、金剛頂経、蘇悉地、梵網経、金光明経、仁王経、不動経、錫杖経、阿弥陀経、法華懺法を専読の要経としている。

次いで修験道の眼目である九「入峰修行」の準備で、峰入前の勤行（心経、大日呪、慈救呪）と水行をあげる。次いで一〇「十界修行」で峰中の地獄（業秤）、餓鬼（穀断）、畜生（水断）、修羅（争）、人（懺悔）、天（延年）の六凡と、教えを聞く声聞・縁覚・菩薩・仏の四聖のそれぞれを説明する。一一「床堅」は自身の身体を大日如来の三昧耶形と観ずる修験の禅ともいえる作法とし、一二「峰中閼伽水」は万法の根源である閼伽水を先達に納める作法とする。一三「峰中灌頂」では灌頂の字義を「灌」は万法五大流出の根源である鑁水、「頂」は六大能生阿字不生の心地を示し、この灌頂を授かることによって金剛不壊の法身になるとする。そしてその血脈を示すものとして峰中に碑伝を建立するとしている。

一四「大採灯護摩」は護摩木の焚焼で死滅、その折、閼伽水をそそぐ事によって生善、両者で擬死再生を示すとする。一五「不動明王」で修験道の本尊不動明王は宇宙の本体である大日如来の教令輪身で、暴悪大忿怒の尊形のうちに、菩提心擁護の本質を内包するとし、一六「金胎両部」では金剛界大日＝堅・智・差別・心・精神・識大・大智・陽・父・仏・結果、胎蔵界大日＝横・理・平等・色・物質・五大・大悲・陰・母・衆生・原因と両者の特質を列記し、この金・胎は「二而不二」であるとする。一七「即神即仏」では修験道は聖徳太子が説いた神明の本性は真如で、三世の諸仏はこの真如、如来蔵から生じたとする神本仏迹にもとづく宗教で、修験の法印が神社の別当となり、神前で読経し、護摩を焚くのはこの故であるとしている。一八「修験の衣体・道具」では山伏十二道具の教義にもとづく説明をしている。なお同書には附録一として修験問答、聖護院門跡峰入の行列、道順、神変大菩薩和讃、附録二として採灯護摩、不動金縛法、不動の秘印、五穀両壇両部の秘歌をあげている。

大正一一年（一九二二）には三井豊興は郷里の八幡院住職となり、同一四年には天台宗寺門派から福島県第一法務支局管事に任じられた。そして昭和二年（一九二七）三月には園城寺一乗戒壇道場で長吏山科晃玉から受戒して、本山布教師に補されている。なお大正一二年（一九二三）聖護院から機関紙『修験』が発刊された際には、さきにふれたように祝辞をよせ、積極的に寄稿している。彼が『修験』に寄せた主要な論考には「修験道の意義とその生死観」（修験二号—以下修験を略す。一九二三年九月）、「山伏の意義如何」（六号、一九二四年五月）、「吾国体と修験道」（八号、一九二四年九月）、「神変大士と金剛蔵王出現の本懐」（一四号、一九二五年七月）、「出羽三山雑記」（一五号、一九二五年一一月）、「寒行のおすすめ」（一六号、一九二六年一月）、「神社と宗教の問題について」（二一号、一九二六年一一月）がある。ただ昭和三年（一九二八）三月に「鶴ヶ城の血戦と会津軍の献身犠牲録」（六号、一九二四年五月）以降は寄稿は見られない。

この頃から彼は福島にあって国峰吾妻山の春峰、秋峰の修行に専念し、その峰入は五三回に及んだ。さらに近隣の人々に吾妻山の登拝を呼びかけて、八幡院を本部とする登拝講を組織した。また出羽三山にも数回峰入している。ただ太平洋戦争末期から宗門の要請に応じた活動をはじめ、昭和一九年（一九四四）七月には天台宗審理局長、同二〇年社会部長を務めている。そして昭和二一年九月一二日に天台寺門宗が天台宗から分離独立後の二二年には宗機顧問に就任した。そして昭和二五年と二七年に大峰奥駈修行をし、二七年には木曽御嶽山頂、二九年には釜石市観音寺で管長代理として採灯護摩供を施行した。昭和三三年には阿闍梨位に登り、同三五年には天台寺門宗管長に就任した。けれども同三七年一二月二三日に逝去した。享年七四歳。

大正一二年（一九二三）の聖護院の機関紙『修験』発刊の中心となった宮城信雅は明治二五年（一八九二）九月七日吉野山喜蔵院宮城宏年の長男として生まれた。(12) この宏年が記した「護法山金剛寺喜蔵院来由并沿革」によると、同院は承和年間（八七四〜八四八）に円珍が開基し、得験院と称した。その後天和年間（一六一五〜一六二四）高野山からきた永尊が再興し、喜蔵院とした。爾来輪王寺宮の管轄下で聖護院の先達を兼任した。ただ喜蔵院は明治七年（一八七四）父信覚の時、復飾神勤を命じられた。宏年はその後再興運動に盡力した父の遺志をつぎ、明治二一年八月、喜蔵院を聖護院末の仏寺に復帰させ、住職となった。[13]ただ、明治三七年（一九〇四）一一月一二日に死亡した。この時一二歳の信雅は弟敏夫と共に聖護院に預けられ、門跡岩本恭随に師事し、喜蔵院には岩本光徹が入った。その後宮城は岩本恭随の下で得度し、加行を受け、大正七年（一九一八）京都帝国大学印度哲学科を卒業し、聖護院に勤務した。一方本寺の園城寺からも期待され、同寺の道友会の委員として活躍し、雑誌『慧命』の編集にも関わっていた。けれども『修験』発行後はこの職を辞して『修験』の主筆として編集に専念した。また大正一三年には柳田暹暻から四度加行、伝法灌頂を授かっている。今一方でその学識を評価され、天台宗の叡山学院、真言宗の種智院大学で教鞭をとっている。

仏教に関する広い知見を持ち、修験道を大乗仏教に位置づけて考えていた宮城は『修験』九号に「大乗仏教の精神と修験道」と題する論文を掲載した。そこで「大乗仏教は在家を尊重し、その精神は上求菩提と下化衆生の菩薩の誓願にある。そして神変大菩薩によって開かれた在家を主体とした優婆塞宗である修験道は、俗形をもって仏陀の光を民衆に授けられて慈善事業に邁進された大乗仏教の体現者である聖徳太子の活動を継承するものである。というのは、修験道は凡聖一如、真俗不二の観解に入って仏道を修するものであり、人生の自然に応じて肉食妻帯し、種々の社会生活上に自利、利他双修大慈悲の精神を持って大宇宙の霊的威力である不動明王に帰命して大活動する宗教だからである」としている。[14]

彼は修験道の概要を昭和一〇年（一九三五）に講習会のテキスト『修験要目』にまとめている。[15]その内容は第一講「神変大菩薩略伝」で、役行者の葛城、大峰の峰入、箕面の滝穴での龍樹からの受法、大峰山上での蔵王権現感得、回国化度などをあげる。第二講「修験道の沿革」では天台宗の修験道は不動明王を崇められた智証大師に始まる三井修験道で、これが本山派修験道となった。天台宗寺門派では、顕・密・修験三道を以って一派観行の根本としている。そしてこの三道、なかんずく修験に精励した増誉（一〇三二～一一一六）が、寛治四年（一〇九〇）白河上皇の熊野御幸の先達を勤め、その聖体護持の功を賞して聖護院を賜わったとある。第三講「修験道の教義」では、まず修験道の字義を「修」は修行、「験」は験徳、「道」は中道不生の心地を示すとし、次いで修験道の本体は金胎の曼荼羅だが、修行の本尊は一身のうちに十界を備えた不動明王である。またあわせて大峰山鎮護の金剛蔵王権現、不動明王の応化である神変大菩薩を崇め、この不動、蔵王、神変を三位一体の本尊とする。依経は法爾常恒の経としつつも、修行にあっては法華経、大日経、不動経、陀羅尼を所依とする。なお修験道の根本義は、密教の極意である無相三密の法義、法華の肝心である十界一如の妙理をもとに、真俗不二、凡聖一如、即身即仏の内証を得ることにあり、その教化にあたっては自己の菩提心を他に施し、神変大菩薩の理想、不動明王の本誓にもとづいて、人々を入峰修行に誘引して心身を練度せしめ、煩悩の病を癒すことにあるとする。

第四講「修験道の行法」では、まず入峰修行として法華経二八品を納めた葛城山、胎金の曼荼羅に比せられた大峰山、諸国の霊山の修行とくに大峰山での十界修行をあげる。ついで採灯大護摩、床堅（自身の六大と大日の六大を一体と観じる座法）、柱源（自身の本源、陰陽二気、胎金不二を体得する秘儀）、大峰山の中台深仙での深仙灌頂にふれる。第五講「修験道の衣体」では頭襟、斑蓋、鈴懸、結袈裟、法螺、最多角念珠、錫杖、縁笈、金剛杖、引敷、螺緒、簠簋扇、護摩刀、桧扇、八ツ目草鞋の一五道具の教義に照らした意味をあげている。

宮城は役行者に関しては、『修験』に論文「高祖大士の御生涯」を大正一五年から昭和二年（一九二六～一九二七、二一～二六号）かけて連載しているが、昭和一七年（一九四二）には、これをまとめた著書『山岳宗教の開祖役行者』を修験社から刊行している。同書では役行者を山岳宗教の開祖、登山修練道の提唱者として捉え、各種の古伝、関係古書をもとに現代的に叙述している。またその附録に「修験道の成立について」「山岳宗教の意義」「在家菩薩道の提唱」をあげている。このうち「山岳宗教の意義」では、山岳仏教を開いた最澄、空海、天台宗寺門派の円珍、増誉、真言宗の聖宝、日蔵をあげると共に、各宗の祖師が比叡山に籠って修行のうえで開教したことに注目する。そして「在家菩薩道の提唱」では、菩薩道は生活道徳と結びつけて、人々を上求菩提、下化衆生に導くものである。我国の在家仏教の祖、聖徳太子は神儒仏三道の思想を融合して国民精神に適応した日本仏教を唱えられ、わが優婆塞宗の開祖神変大菩薩もまた、神・仏・儒・道一如観の上に、日本独自の修験道を開創された。在家菩薩道は仏教発展のため、人間道完成のため、また今日の時代に最も適応したものであるとしている[16]。

ところで、天台宗寺門派では、派祖円珍の昭和一四年（一九三九）の一五〇〇年御遠忌を目指して、昭和五年（一九三〇）御遠忌事務局を設置した。その事務局代表に選ばれた宮城は翌六年、三三人の研究者などの寄稿を得て『園城寺の研究』を刊行した。そして自らも論文「智証大師及其門流と修験道」を執筆した。本論文では天台宗における修験道の結成の第一番は智証大師によってもたらされたとして、その熊野や大峰の修行を『寺門伝記補録』などをもとに紹介する。そしてその門流の修験道は密教を主眼として、天台法華をこれに融合したもので、天台宗寺門派の教学では、修験道、顕教、密教の三道を鼎立させているとしている[17]。

昭和一六年（一九四一）には天台宗では山門・寺門・真盛の三派が合併したが、宮城はこの天台宗の教学部長に就任した。ただ太平洋戦争終了後は、聖護院を総本山とする「修験宗」の独立、発展に総務として尽力した。また自坊の旧本山派院家積善院のほか、同じく旧院家の住心院、北の大峰といわれる京都花背の峰定寺住職を兼任すると共に、全日本仏教連盟評議員、京都仏教会理事の要職を務めたが、昭和三三年（一九五八）一〇月二四日に逝去した。享年六七歳。

注

（1）本項の天台宗の修験に関しては、渋谷慈鎧編『訂正日本天台宗年表』第一書房、一九三七年、三五九～四〇七頁、首藤善樹『金峯山寺史』国書刊行会、二〇〇四年、八一五～八二七頁、『羽黒町史年表』羽黒町史年表編纂委員会、一九八一年、一一一～一一九一頁による。

（2）山田文造『天台宗修験道初等教科書』金峯山寺、一九四〇年再版、六六頁。

（3）『修験』創刊号、一九二三年、一～二頁。なおこの創刊号から一九四四年の一二四号は、名著出版社から全一〇巻にまとめて一九八二年に復刊されている。
（4）牛窪弘善の活動については、牛窪全浄作「牛窪弘善略年譜・著作目録」牛窪弘善『修験道綱要』名著出版、一九八〇年、三五七〜三五九頁参照。
（5）「佐渡における修験の廃滅――御一新法中記録」『明治維新神仏分離史料』五、名著出版、三五七〜三五九頁。
（6）上掲牛窪『修験道綱要』三三八頁。以下、同書の引用は本文内に括弧を付して同書頁数で示す。
（7）服部如実は醍醐寺の伝法学院主監を勤め、著書『山に祈る』（平凡社、一九四八年）、『修験道要典』（三密堂、一九七二年）を著わした昭和前半期の真言宗醍醐派を代表する教学者である。
（8）宇野円空『平安期の修験道』は『神変』八九〜一〇六号（一九一〇〜一九一二年）、酒井沢智の『山伏の史的研究』の要旨は『神変』九九号（一九一七年）に掲載されている。
（9）三井豊興の活動については「三井管長の略歴」天台寺門宗報六三、一九六三年四月、参照。
（10）「修験宣揚会設立」神変一〇五、一九一八年、三七〜三八頁。なお、『修験』創刊号、一九二三年七月、三八〜三九頁参照。
（11）三井豊興『修験道』全、森江書店、一九一八年。
（12）宮城信雅に関しては宮城泰岳氏から資料をいただいた。
（13）「護法山金剛寺喜蔵院来由并沿革」首藤善樹編『金峯山寺史料集成』国書刊行会、二〇〇〇年、六〇二〜六〇三頁。
（14）宮城信雅「大乗仏教の精神と修験道」修験九、一九二四年、八〜九頁。なお、宮城は一九一八年に「大乗仏教興起の一面観――特に仏蔵経を読みて」との論文を『宗教研究』九号に発表している。
（15）宮城信雅『修験道要目』（聖護院門跡、一九三五年）。なお彼は、本要目のはしがきの最後に「修験道には諸派があるも、役氏の正統を継ぐ本派の伝承によるは論をまたず、役門後学先達信雅誌」と記している。
（16）宮城信雅『山岳宗教開祖役行者』修験社、一九四二年、六六〜九八頁。
（17）宮城信雅「智証大師及其の門流と修験道」天台宗寺門派御遠忌事務局編『園城寺の研究』園城寺、一九三〇年。なお後に村山修一編『比叡山と天台仏教の研究』名著出版、一九七五年に再録。

第三節　修験霊山の教学者

第一項　大峰山中の前鬼

前鬼は大峰山の釈迦ヶ岳の山麓に位置する峰中の重要な宿とされた集落である。ここには役行者の弟子前鬼が住んで五鬼熊、五鬼童、五鬼上、五鬼継、五鬼助の子を儲け、その子孫がそれぞれ行者坊、不動坊、中之坊、森本坊、小仲坊の宿坊を営んで、中世後期以降は釈迦ヶ岳や本山派の灌頂道場深仙を管理していた。また前鬼には不動・馬頭・千手の三重の滝、両界窟などからなる前鬼裏行場があった。中世初期に西行（一一一八〜一一九〇）は先達僧南坊行宗に導かれて、熊野から吉野へと大峰抖擻をした際に、この前鬼の三重滝で「身につもることはの罪もあらはれて、こころすみぬる三かさねの滝」との歌を詠んでいる。(1)

山奥の前鬼集落では明治元年の神仏分離、明治五年の修験宗廃止で吉野や熊野の修験が神社化した後も、五家の一部では修験が存続した。そして明治四年盛岡の本山派修験自光坊快孝（一八三九〜一八七四）は、行者坊五鬼熊義真のもとで修行したうえで、同六年吉野吉水院住職となっている。(2)また木曽御嶽行者実利（一八四三〜一八八四）は、明治三年に前鬼を訪れ、義真のもとで一〇〇〇日籠りの行をし、同七年その教えをもとに著書『転法輪』と著わした。(3)明治後期から大正期の前期では、森本坊の五鬼継義円（一八六一〜一九二四）が活躍している。義円は明治四三年（一九一〇）三月には『神変』誌の会員となり、同一一号に「修験宗意偈和解」を寄稿した。さらに明治四五年の『神変』三九号には「神変大菩薩和讃」を掲載している。また大正一一年（一九二二）の聖護院の大峰山深仙での灌頂会には、積極的に協力して成功に導いたが、翌大正一二年八月一九日に逝去した。享年六二歳。なお大正五年から六年（一九一六〜一九一七）にかけて、大沢円覚は前鬼山で義円のもとで修行した後に、この聖護院の深仙灌頂会に入壇し、名古屋に大国寺を創建した。そこで以下、この義円の「修験宗意偈和解」と「神変大菩薩和讃」を紹介しておきたい。

「修験宗意偈和解」は冒頭に「祖入滝窟悟鑁塔、此法儀軌経外伝、造次顛沛住三昧、開口呼吸輝三千」の秘偈をあげる。そして以下にまず宗意を述べたあと、この偈の四句を解説する形で修験道の教えを仏教と結びつけて説明している。(4)まず修験道の宗意に関しては、修験は自受法楽、無相三密の内証、十界不二、三身即一の宗で、凡聖一如となり、迷悟を絶する事を目的とする。「道」は能通の義を示す故、修験道、山伏道と「道」を付すが、修験はまた神変大菩薩が大悟した教えをもとに末流を導く処もあるので、修験宗とも言うとしている。

「祖入滝窟悟鑁塔」の句は神変大菩薩が箕面山の滝窟に入って自性清浄の「鑁」字を悟ったことを意味する。なおここで悟るというのは、他に求めることなく、自ら本具の仏身を見つける事を意味する。また鑁塔は修験の大事である床堅のことで、自己の身体を横鑁、縦鑁または五大（地水火風空）または五字明（アビラウンケン）と観じるものである。この五大と五字明は上は諸仏から下は万物の依り処となるもので、修験はこの五大を大日如来の法身とするとしている。大日如来の字義は、大は五大、日は識大、如は不変、来は随縁を意味する。そして塔婆を体相とする。鑁塔というのはこの塔婆をさしている。それ故我等の五大が大日如来の全体であるのみでなく、横は十方、縦は三世の万物はすべて大日如来の依身である。そして山河大地草木叢林は皆五輪の塔婆（鑁塔）である。神変大菩薩は箕面の滝窟で龍樹に謁して、この妙法を教わり、印璽を授かり、真俗不二の修験道を立てられ、大峰山、葛城山を道場として、末世下根の我々を仏乗に導いた。もっともある書には、山伏は神道を借りた日本の宗旨としている。

「此法儀軌経外伝」の偈は、修験の法は密教で説く諸尊の印契、尊像、壇場の作法、釈迦一代の説法とされる経とは別の形で伝えられる。というのは修験の法は具体的には、沙石を打つ波の音、樹頭で吟じる風の音など法界の一切の音声を法爾常恒の経として、これを以心伝心に学ぶべきもので、このことは段々と修行を積むことによって悟りうるとしている。次に「造次顛沛住三昧」の造次顛沛は、日常の行住座臥がそのまま修行であることを示している。換言すれば挙手動足は秘密の印、発する言語は陀羅尼と観じて心して行えば三昧の境地に入り、実の如く自身を知ることが出来るとしている。最後の「開口呼吸輝三千」は、草木、国土、山河、大地など森羅万象は悉く大日如来の法身ゆえ、ここで修行すれば自身が法身仏となって、口を開けば三千世界に照り輝くとしている。このように「修験宗意偈」では、神変大菩薩が自ら大日如来の鑁塔となって開いた修験の教えは、自然の中で修行して、自然の音声を法爾常恒の経と観じて三昧の境地に入れば、如実知自身の理を悟り、法身仏となって三千世界を照らすことが出来ると説いているのである。

『神変大菩薩和讃』は「帰命頂礼大峰山、行者神変大菩薩、大日不動の変化身」の語で始まる。[5] そして役行者がインドでは仏の化を輔けたあと迦葉、唐では香積仙、日本では七度生まれかわった後に金剛杵を飲んだ夢を見て受胎した葛城の賀茂の役公氏の母から生まれた。二〇歳で葛城山に入って岩屋などで座禅し、法起菩薩を祀り、孔雀明王や不動明王の呪を用いて天界や仙境に赴いた。大峰山では金剛蔵王権現を感得し、箕面では龍樹から三密の印璽を授かった。けれども一言主神の讒言で伊豆の大島に配流されはしたが、夜は富士山に飛行して修行した。大宝元年（七〇一）母を鉢にのせ渡唐したものの三年に一度は日本にきて金峰山、金剛山、富士山で練行しているとその略歴をあげる。またその尊形は不動明王と同じで真俗不二を示すとしている。

このあとに「前鬼は矜迦羅童子にて、智童は制多迦童子たり、将又入峰の練行は十界依正諸共に本具本有の曼荼羅にて、吾人所具の六大は金胎不二の覚体と、末世の行者に諭しける」と、修験道の峰入の要諦を前鬼が授かりそれを末世の行者に伝えている事を示すかのような文がある。ついで聖宝の大峰再興、聖護院門跡、三宝院門跡の峰入にふれたうえで、最後に「稽首神変大菩薩、入峰修行の真俗も、尊形礼拝結縁も、倶に護念を垂れ玉へ」と述べている。なおこの後に「高祖大菩薩大峰修行の者を見い出して、あふきても猶あまりあり大峰の喰霜臥嵐の苦修のいにしへ」との先祖を偲ぶかのような歌をあげている。

ところで明治初期に自光坊快孝、実利が師事した行者坊五鬼上義真の思想はその死後行者坊が転出したことから定かでない。ただ実利が明治七年に前鬼山で義真の教えをまとめた説経手文、『転法輪』が伝わっている。その内容は、（1）大峰の由来、（2）法華経の引用、（3）役行者譚、（4）修験の本義に整理される。そこでこのうち前鬼独自の伝承で、さきの義円に見られなかったものをあげておきたい[6]。

（1）大峰の由来：大峰は一乗菩提の峰と称される。特に深仙は両部の中台で大日如来の本宮、寂光浄土である。一度ここに峰入すれば、即身成仏するのみならず、妻子眷属まで未来は天に生まれることが出来る。

（2）法華経の引用：提婆達多品第一七（女人往生を説く龍女成仏譚）、方便品第二、譬喩品第三（火宅譚）をあげる。

（3）役行者譚：高祖役行者は夫婦の人食い鬼（前鬼、後鬼）の五人の子（鬼上、鬼次〈継カ〉、鬼助、鬼童〈熊カ〉、鬼童）を隠して子を失った親の苦しみを説いて改悛させて信者とした。爾来二鬼は高祖の左右を離れず随従して忠勤した。前鬼山ではその子孫が連綿として高祖の法門を守り伝えて、大峰抖擻者の春秋の入峰の案内、道開きなどに忠勤している。なお紀伊国伽陀浦の迎之坊は、高祖を友ヶ島の洞窟に案内した。高祖はそこで二一日間の座禅をして大悟し、葛城山の法華経二八経塚巡りの春の峰を始められた。

（4）修験の本義：修験の「修」は苦修練行の修、「験」は験徳の験を示す。修験の理には通・別の二理がある。通の理は修験は儒・仏・神道の三教合一の道を示す。別は春の葛城・従因至果、秋の大峰・従果向因の峰入により、自身即無作三身の覚体、自身即一念法界の内証ゆえに我が色心は本より仏体と観じる。そしてこの修行の善業を衆生に回向する。本覚讃は修験の要諦を的確に示している。また前鬼が関わる深仙灌頂は、高祖の正統な法脈である三印一授によって本覚の位に登り、内には毘盧本身の覚位に住し、外には一切衆生に万善福恵をもたらす仏聖となるものであるとしている。そして最後に「自分はもとより知るべの人に信心堅固の者あらばいざないさそいて入峰をはげみ、自他平等の御利益にて、家内安全、子孫長久、本来は九品の蓮の台に神変菩薩の御引導し玉うこと有難けれ」と記している。

第二項　羽黒山の島津伝道

島津伝道は明治一八年（一八八五）一月八日天台宗飯豊山金寿院住職島津憲典の五子として生まれ、頓吉と名付けられた。[7] 金寿院は近世期には羽黒修験の米沢十二先達の一院だったが、明治五年（一八七二）の修験宗廃止の際、憲典は天台宗に転じ、南陽市赤沢の末寺となった。頓吉は地元で小学校卒業後、教員養成所で学んだ。明治二六年（一八九三）東置賜郡青龍寺で得度し、伝道と改名した。明治三三年（一九〇〇）には上京して東叡山輪王寺門跡篠原守慶の弟子となり、天台宗中学に入学した。そして四度加行を修めた上で、東叡山灌室で入壇灌頂と開壇伝法を遂業して三部都法大阿闍梨となった。

明治三五年には羽黒山荒沢寺住職の守谷俊諦の弟子となり、僧籍を荒沢寺に移した。ただ在京して東洋大学東洋哲学科に学び、明治四一年（一九〇八）三月に卒業した。明治四四年秋には羽黒山荒沢寺に住して、羽黒山峰中教会を組織して本堂の建立や峰入の充実に努めた。当時羽黒山は天台宗修験部統括寺院の金峯山寺の下にあった。これに対して彼は天台宗修験部の中に金峰山部と並んで羽黒山部を認可するように運動した。その為に羽黒修験を内外に認めさせる為に、以下で紹介する『羽黒山修験道要略』を執筆して、荒沢寺から刊行した。[8] なお彼はその後これをさらに展開して一九三七年に『羽黒派修験道提要』を発表した。[9]

『羽黒山修験道要略』では、一「序論」で修験道は聞耳の学でなく実修体験すべきもので、実地に教祖能除聖者照見大菩薩の行跡霊窟を踏破し、身体の動きを通して不知不識の間に身心不二霊肉一致に至らなければならない。この捨身の山林抖擻の修行は三密相応の瑜伽の妙行である。教祖が常在する霊山の松風、嶺の嵐、谷を流れる水の音は千載にわたって絶えない教訓で、吾人の迷夢を破るものであるとしている。そして教祖照見大菩薩は早くから仏教に帰依し、聖徳太子の講経を参聴して、王法仏教同一の理を証得し、諸国を抖擻の後、羽黒山に入って、阿古谷、吹越、荒沢で苦修練行して宇宙の真諦、中道実相の理を証覚し、能除一切の本願にもとづいて慈悲方便の門を開いて一切衆生を救済する為に羽黒山修験道を立宗した。これが我国の山伏の濫觴である。その後役小角は我が教祖照見大菩薩の教理を継承して一派を形成したとしている。

二「羽黒山修験道の由来沿革」(一)では、照見大菩薩は羽黒山上に洒田港の流木に刻んだ本尊の正観音と脇士の軍茶利明王と地蔵、荒沢に不動明王と地蔵、月山に阿彌陀如来、湯殿山に大日如来を祀ったとする。そして三「同」(二)では、役行者は湯殿山をへて荒沢に来て照見大菩薩の遺法を継承し、その後空海がやはり湯殿山で大日如来の霊告に従って荒沢にきて修行した。爾来、出羽三山は真言宗だったが、近世初頭に天宥が東叡山の天海に師事したことから天台宗になった。このように羽黒山は役行者、空海より先きに照見大菩薩が開いたとしている。ちなみに同書を展開した『羽黒派修験道提要』には、彼は「照見大菩薩法孫　荒沢寺伝道」と自署している。また同書には自作の「開祖照見大菩薩和讃」をあげている。

四「羽黒派修験道の教義」では、まず修験の字義に関して「修」は修行・修証、「験」は験徳・験成の義、「道」は至道・中道実相・阿字不生の義としている。そして修験本来の面目は自心成仏の行にある。この自心は阿字本不生の義、すなわち万物は本来的に真実であると知る事で、これによって実の如く自身を知ることが出来る。特に所依の経論はなく六大本有の明呪(アビラウンケン)と本覚讃を本旨とするとしている。

五「羽黒派修験道の修行儀式と法具」では、まず本派の儀式は十界一如、即身即仏の妙体、事理不二を究める道である。特に中心をなすのは峰中の山林抖擻だが、この抖擻は身心を修治し貪欲を志断することで、これによって妄念妄相を一掃して、無垢清浄な本然の性情に帰すことが出来るとする。この峰入には春峰(一月一日から一七日間)=金剛界・従因至果・順峰、夏峰(四月一日から四八日間)=蘇悉地・因果不二・順逆不二峰、秋峰(八月二三日から一四日間)=胎蔵界・従果向因・逆峰、冬峰(一二月二三日から三日間)がある。このうち秋峰を一切衆生を参加させ化益をもたらすものとして重視している。峰入の衣体に関しては全体が即身即仏の姿を示すとしたうえで、頭巾、脚絆、摺衣、下袴、斑蓋、笈、結袈裟について個別に教義的説明をする。そして峰入には大先達（大日・法界体性智・空・方便究竟・鑁――教義上の意味。以下同様）、導師（釈迦・大円鏡智・地・発心・阿）、小木（阿閦・妙観察智・水・菩提・啊）、閼伽（弥陀・成所作智・火・涅槃・暗）、駈（宝生、平等性智・風・修行、唖）の五先達の指導の下で、（1）入宿床堅（地獄）、（2）穀断（餓鬼）、（3）水断（畜生）、（4）相撲（修羅）、（5）懺悔（人）、（6）鳴子（天）の六凡と、（7）声聞（四諦の教えを聞き因果を知る）、（8）縁覚（十二因縁を観じて生死を覚る）、（9）菩薩（大悲願を発して六度の行を修する）、（10）仏（自覚、覚他、覚行円満）の四聖からなる一〇種の行儀によって、一身に十界を互具していることを悟らせ、凡聖一如の実体を顕わすとしている。なお現在一般に公開されている秋峰では五先達に導かれて、この十界修行がなされている。

ところで島津伝道の子で元羽黒修験の総務だった戸川安章は、羽黒修験独自の峰入の教義的解説である「三関三渡説」が大正一〇年（一九二一）に荒沢寺に参籠し、その後も秋の峰に参加した三井豊興が注目したにもかかわらず上記の『羽黒山修験道要略』の峰入の項にも、後の『羽黒派修験道提要』にも見られないことに疑問を呈している。そこで以下これを羽黒修験の峰入思想の白眉とした戸川の「三関三渡説」の説明を紹介しておきたい[10]。

羽黒山の峰入に関する三関三渡の説は、羽黒山・月山・湯殿山を抖擻する夏峰と、羽黒山で籠山中に三つの宿に籠る秋峰の二つについてなされている。まず夏峰では、一関である羽黒権現の本地阿古屋権現は娑婆に有縁の化主ゆえ、ここで娑婆安穏を祈ると共に、後世極楽、往詣浄土の行を修し、その功力で娑婆の一関を越え、生死の海を渡って二関の月山の弥陀の極楽世界に往く。そして月山で善逝に結縁し妙法を聴問した功徳によって同居苦域の関を渡り、三関の寂光浄土である大日法身所居の湯殿山に入る三関三渡の峰入がなされる。次に秋峰に関しては三つの宿での修行の説明として、一の宿は胎内で仏界、二の宿は胎外で衆生界または真如大海ともいい、有為の海から無為の岸に到る修行をするから「大渡り」ともいう。三の宿は未来界で死の海を渡る、これを三関三渡と言うとしている。

注

(1) 前鬼に関しては、アンヌ・マリ・ブッシイ「実利行者と大峯山――特に前鬼山の生活を中心として」五来重編『近畿霊山と修験道』名著出版、一九七八年。

(2) 自光坊快孝と五鬼熊義真については、森毅「幕末維新と修験道――「奥州盛岡修験惣録」自光坊快孝について」岩手県立盛岡短期大学研究報告二五、一九七四年参照。

(3) アンヌ・マリ・ブッシイ『捨身行者実利の修験道』角川書店、一九七七年、一一一～一四八頁。

(4) 五鬼継義円「修験宗意偈和解」神変一一、一九一〇年三月。

(5) 五鬼上義円「神変大菩薩和讃」神変一一、一九一〇年七月。

(6) 「転法輪」上掲『捨身行者実利の修験道』一一一～一四六頁。

(7) 戸川安章「解説――著者の人なり、本書成立の背景」島津伝道『羽黒派修験道提要』再版、名著出版、一九八五年、一七三～二〇七頁参照。

(8) 島津伝道「羽黒山修験道要略」戸川安章編『出羽三山と東北修験の研究』名著出版、一九七五年、八七～一〇三頁。

(9) 島津伝道『羽黒派修験道提要』光融館、一九三七年。

(10) 上掲戸川「解説」二〇〇～二〇一頁、戸川安章「三関三渡」『出羽三山と修験道』岩田書院、二〇〇五年、四一三～四一四頁。なお「羽黒三山古実集覧記」修験道章疏Ⅲ、四四九～四五一頁参照。

第四節　在家の修験教学者

第一項　島田蕃根と「山伏考」

1　島田蕃根の出自と活動

島田蕃根は文政一〇年（一八二七）一二月八日周防徳山藩の本山派修験教学院住職で、儒者でもあった道乗の子として生まれ、円真と名付けられた(1)。祖父藍泉は修験とあわせて荻生徂徠（一六六六～一七二八）の古文辞学の碩学で徳山藩の藩校興譲館の創設者として広く知られていた(2)。教学院は寺伝では南朝の後醍醐天皇皇子懐良親王の家臣島田良義が安芸に住して山伏となったのに始まる。その後毛利元就の意を受けた聖護院門跡道増法親王が大友宗麟との和議をはかった時に、元就が安芸国草津にいた修験教学院良栄を聖護院の末寺として道増に仕えさせた。その子良円は元就の子で初代徳山藩主となった就訓に招かれて徳山に屋敷を賜わり、官禄寺院の教学院一世となった。爾来教学院は聖護院末の修験として本山派内で重きをなしていた。円真は一一世である。

彼は一八歳の時、園城寺に行き修験を学んだ。さらに臨済宗大成寺の関龍に師事し、その後伊予の金剛山晦巌の下で仏教や臨済禅を学んだ。今一方で幕末期には藩主毛利元蕃から徳山藩の形勢視察使に任じられ京阪に赴いて知見を広め、慶応元年（一八六五）には藩の政務座に出仕した。そして明治三年（一八七〇）には藩知事となった元蕃から藩校興譲館の助教と藩の権大参事に任じられ、修験を止めるよう指示された。なおこの折元蕃から一字を賜って蕃根と改名した。そして翌年には徳山藩内の寺院の改正、徳山藩を山口藩と合併し、廃藩置県の先鞭をつけるなどした。こうした活動が萩藩の出身で中央政府の司法大輔だった宍戸璣（一八二九〜一九〇一）に注目され、その推挙で教部省に入り、権大録さらに八等出仕となった。その後明治一〇年（一八七七）教部省が廃止されたことから、内務省社寺局に奉職し、唯一の仏教界出身者として重視された。なお明治一三年には参議山田顕義に教導職の廃止と神官の位階、僧侶の僧官の復活を求める建白書「教導職を廃する議」を提出している。その後は内閣記録局や修史局に出仕した。

この間明治一一年頃、真言宗山内瑞円を介して高野山管長御嶽快猛、西本願寺執事石原僧宣らと増上寺大教正福田行誡の協力を得て、同寺境内に山東直砥を社長に仰いで弘教書院を設立して八〇〇〇余巻の大蔵経を四一九巻にまとめた『縮刷大蔵経』の刊行を企画し、同一八年（一八八五）七月に完成した。彼は今一方で在家仏教運動を提唱した曹洞宗の大内青巒や河瀬秀治らと聖徳太子を在家仏教の先駆者として崇め、国家による仏教の宣揚を求める上宮教会を設立して機関紙『御国の光』を発行した。なお彼は自ら聖徳太子の『三経義疏』を出版すると共に、東京に太子堂を建設している。また仏教による慈善活動の必要性をとき、渋沢栄一や福地源一郎らの助成を受けて慈善団体福田会を組織して我国最初の育児院を創設した。彼は青春期に学んだ仏教、儒学の他に神道、歴史、文学にも造詣が深く、東京帝国大学に新設された仏教講座にも出講している。ただ自らは著作することはなく数多くの書物を購入し、その蔵書は三万冊に及んだとされた。また揮毫を得意とした。そして数多くの宗教家、文化人と交流した。八〇歳になった明治三九年には大内青巒、来馬琢道らが中心となって芝の青松寺で二〇〇余人の参加をえてその長寿を祝う延寿会を開いたが、その参加者には村上専精、南条文雄、井上円了、児玉源一郎、島田三郎、加藤咄堂、近角常観、島地黙雷らがいた。なお仏教界から天台三、真言四、浄土一三、臨済一、曹洞一八、真宗二三、日蓮四の各宗派の僧侶が参加した。ただ彼はその翌年の明治四〇年（一九〇七）九月二日、享年八一歳で逝去し、増上寺で葬儀が営まれ、青山墓地に埋葬された。

島田蕃根は藩知事の命で捨てた修験道に強く愛着を持ち続けたらしく、修験道の復興をめざしてその研究を進め、折にふれて周囲の人にこのことを話していた。そしてこれを聞いた雑誌『宗教界』の記者の依頼に応じて、修験道について語った話が同誌に「山伏の話」として納められている。そこで以下にこの記事の内容をその独自の主張に焦点をおいて紹介しておきたい(3)。

修験道の開山役公小角は開化天皇（BC一九八〜一五七）皇子彦座の命を祖とし、当初生駒ついで熊野、葛城を始め各地の霊山で修行した。特に富士山、彦山を踏開き、最後は豊前で死亡した。役小角の精神は天狗や仙人の示す神怪に認められる。実際に山に入って苦修練行すれば精力、気根が強まり、仙人や天狗のように神怪を示す事ができるものである。なお役小角の家には三種の神器に次ぐ神宝である一〇種の神宝が代々伝えられていた。こうした家柄の出自ゆえ、彼が立てた修験道は日本的宗教である。

山伏は山中に起臥して道を修することを本意とするので、本来は山臥と表記すべきである。上古の沙門は皆山伏的で、その中で修力に効験のある者をさして、修験者または験者と呼んだ。彼らは他の僧侶よりは実行的だった。僧侶と山伏（修験）が区別されるようになったのは、延喜（九〇一〜九二三）から天禄（九七〇〜九七三）の間の頃で、泰澄、聖宝、浄蔵、日蔵など験徳のあるものが現れた。役行者の本意は山林抖擻によって六根を清浄にすることで、それには深山に登るのが最も良い。特に山伏は伊勢、熊野、愛宕（京都）、富士山、白山、日光、三島の七社に必ず登らねばならない。そこに信者をつれて登るのを七社引道という。なおこの七社引道は幕府によって修験の職と定められていた。近世期には教学院は藩主の代参としてこの七社引道を行なっていた。

山伏は元々日本の惟神の道を宗教の形にし、それに仏教を加えたもので、最澄や空海もその流れをくんでいる。このように山伏、修験は天台、真言よりも古く本家本元である。ところが天台、真言がこれを真似して各々の宗旨に託して、行者のようなことをしたのである。けれども明治五年に「修験の儀は天台、真言の本寺に復帰すべきこととされたのは心外千万で、自分は早くから願い出て修験道恢復を企てている。とにかく修験道は日本で出来た純粋の日本の宗教で、その無形の感化力は今でも国民の間に伝わっている」と述べている。なお最後に参考書として『鈴懸衣』『資道什物記』

『三十三通記』『三峰相承法則』『北嶺行門記』をあげている。

島田蕃根の死後、彼の生家の本山派修験教学院相伝の典籍と、彼が蒐集した修験典籍二四三冊が京都大学に寄贈され島田文庫と名付けられ、そのうち貴重な一九五冊は目録が公表されている。(4)そこでその種類を『修験道章疏』全三巻収録典籍の宮家による分類項目にあわせて実数を示すと次の通りである。(5)なお比校する為に括弧内に『修験道章疏』収録の同分類に属する典籍をあげておいた。

一般（啓蒙書を含む）一二（七）、歴史一五（二六）、役行者伝一三（四）（なお理源大師伝二〈〇〉）、教義二〇（八）、衣体・法具一七（二）、諸経・講式二（七）、峰入二七（二〇）、灌頂・柱源七（一三）、恵印法流五（一四）、諸供作法二三（一三）、護摩二（一二）、祭・葬六（六）、符呪一一（九）、諸山二七（一二。なお諸山のうち彦山八〈四〉、金峰山八〈四〉、そのほか一一〈四〉である）。

なお島田文庫には神道灌頂や神道の名を冒頭につけた諸供作法が一二ある。

2　佚名氏の「山伏考」

明治三六年度の國學院雑誌には八回にわたって佚名氏「山伏考」が連載されている。(6)これはさきに紹介した雑誌『宗教界』の記者が島田蕃根が修験道について知悉し、その復活を願っていると聞いて訪れて「山伏の話」をまとめた三年前のことである。この佚名氏は島田の身近かにあってその教えをうけ、修験についても造詣が深かった三男の島田乾三郎と思われないでもない。(7)というのは、彼は父の死後の大正二年（一九一三）に「修験道の歴史より見たる阿吸房即伝」と題した論文を発表しているが、やはり名を伏せて「無能生」と署名している。(8)即伝は室町末に豊前彦山で活躍した教学者で、豊前の対岸の徳山で生育した蕃根は役行者の修行の地を豊前とし、即伝のものも含めて彦山修験の典籍を集めていた。乾三郎がこの論文を著わしたのは、このこともあってのことで、彼は父と比べて無能と謙遜したとも思われるのである。そこで以下「山伏考」と「修験道の歴史より見たる阿吸房郎伝」の内容を簡単に紹介して、それを通して島田蕃根の修験道観を推測するよすがとしたい。

佚名氏「山伏考」では、その緒言に「山伏、修験道が史上に経来たる沿革を通観する」と記している。そして第一章で山伏をその起因、開祖、根拠地、分派、行場、諸国の拝所（寺院）、衣体と平面的に捉えている。まず「起因」では、修験道は聖徳太子の崇めた三宝をもとにしている。また迷信から起こり、神が混じったが、その教えは顕密二教より出て、秘密総持により悉地を成就することにあるとする。次に修験道の「開祖」役行者は法喜菩薩の化身で、三宝を尊び、慈救呪を誦し、神通自在だった。その後聖宝が再興した。修験道の「根拠地」は、金峰山から深仙に至る大峰山で、その「分派」には聖護院の徒の本山派と三宝院の徒の当山派、大和一国の山伏の内山伏がある。なお「本山」は熊野三山、当山は大峰山をさし、前者は増誉、後者は聖宝を祖とする。諸国には国峰がある。本山派には院室、児島五流、諸国先達があり、当山派には正大先達三六院があったが、近世には一二院となった。大峰山中の行場は、常観房大咩編の『大峰逆峰修行四十二宿七十五路』に詳しい。なおこの後に全国の主要な拝所や修験寺院を各国ごとにとりあげて説明している。また山伏十六道具を文学作品を引いて説明している。

第二章は「各時代における山伏」で、最初は源平期でこれを仙人時代とし、験者が活躍した状況を文学作品をもとに紹介する。第二は鎌倉足利期で、大峰山などでの山伏の修行やその軍事活動を『太平記』などを用いて説明する。第三は江戸時代で本山派・当山派の成立を述べた上で随筆類などをもとに市井での山伏の活動に注目する。そして明治五年（一八七二）九月の修験宗廃止令により、役行者以来の修験道が跡絶えたと慨嘆しておえている。なお最後に近世期に刊行された二〇点の主要な修験書をあげているが、その最後に海浦義観が『修験安心義抄』一巻、『修験二字抄』一巻、『大般若趣智品愚註』一巻を著わし、さらに聖宝以来の修験書五〇冊を「修験宗教義書」としてまとめたことを賛じている。

無能生「修験道の歴史より見たる阿吸房即伝」では、最初に役小角が山林抖擻の教化を示した大峰山、諸国の主要霊山をあげ、特に七社引道は修験者の義務としている。そのうえで一六世紀前半頃に彦山に伝わった行軌をまとめて後の修験者に指針を示した即伝の『修験三十三通記』、『修験頓覚速証集』二巻、『修験修要秘決集』三巻、『三峰相承法則』一巻、『峰中相伝』三巻、『柱源秘底記』三巻を紹介する。(9)

またすでに彦山では即伝以前の一五世紀後半に宥快が瑢重に伝えた『修験道秘決灌頂巻』所収の二八の印信があったことを指摘する。また一五世紀末に即伝が承運から彦山の切紙を授かったことにふれている。ただ本書で筆者が即伝作とした『修験三十三通記』は、宥快の弟子智光、蓮覚がまとめたもので、即伝は同書をもとにして『修験修要秘決集』を著わしたのである。なお本論文ではこの即伝の教えが、その後近世初頭に宥鑁が即伝の『修験修要秘決集』の衣体分を朗然に仮託して説明した『資道什物記』や、やはりその山伏の字義を『山伏二字義』によって精緻化したこと、近世末に当山派の学匠行智も即伝に注目したことを指摘している。また『修験頓覚速証集』『修験三十三通記』は近世期に修験教学の指針とされた修験五部十巻書に包摂されたことにもふれている。このように本論文では蓄根が関心を持った、彦山の即伝に代表される修験教学が的確に紹介されているのである。

第二項　中野達慧と『修験道章疏』

中野達慧は明治四年（一八七一）紙問屋中野六三郎の子として奈良県五条市で生まれた。幼名を猪三郎という。明治二九年（一八六四）に西本願寺大学校を卒業した。その後東京のプロテスタント系神学校で神学、宗教哲学を学んだが、浄土真宗本願寺派の僧となった。その後東京帝国大学文学部講師の前田慧雲（一八五七〜一九三〇）と共に忍徴（一六四五〜一七一〇）の法然院の明版と建仁寺の高麗版の校合本をもとに全体に句読点、訓点を付した卍字蔵経（『大日本校訂訓点大蔵経』）を京都の蔵経書院から刊行した。ついでそれに収録されなかったものを集めて『大日本続蔵経』（卍字続蔵経）を刊行した。その後大正八年から一〇年（一九一九〜一九二一）にかけて、自らが中心となって、すでに刊行されている浄土教、日蓮宗関係以外の日本撰述の経、律、論の注釈書と諸宗の宗典を集めて『日本大蔵経』を編集した。それには明治政府に廃せられた『修験道章疏』三巻が含まれている。ここで中野がこの『日本大蔵経』に修験道の典籍を収録した根拠を知るために、彼が『修験道章疏』の解題に記した修験道観を紹介しておきたい[10]。

修験道の起源は山岳跋渉による身心の鍛錬で、役行者は孔雀明王法によってこれを実行した。その後修験道は自然に密教の修法や天台の観心と歩調を揃えていった。この「修験道章疏」や教義に属するものの根本思想は『大日経疏』の考え方そのままである。その他、仏教、神道、陰陽道のあらゆる思想や外形を悉く採り入れている。特に現今所謂る神道の行事と解せられる諸種の方面は殆ど修験道が与えたものではないかと思われる。インド以来の僧風を改造したのも、親鸞上人と修験の力であったように思われる。修験道はその内容を分析すれば、決して純一の発達を遂げたものではないのにも拘らず、人生生活の万般の方面にかけて、真底から支配しているように思われる。そこにおいては即身成仏という根本目標をめがけて、無相三密に住し、偉大なる霊力を得た験者が有相に出でて種々の表現をしているのである。まことに日本における宗教思潮の三大勢力として念仏の流行と修験の力と神社の力をあげることが出来るとしている。

このように考えた中野は『日本大蔵経』に修験道を入れることを考えて積極的に当時の修験教学者に呼びかけて典籍の提供を受けた。その多くの部分は海浦義観が明治初期から集めたものだが、他に本章で紹介した大三輪信哉、細川孝源、牛窪弘善、宮城信雅、五鬼継義円、島津伝道、島田乾三郎や聖護院の岩本恭随、河合日辰、原山知道などが秘蔵の典籍を提供したり、助力した。さらには東京帝国大学、同史料編纂所、京都帝国大学、仏教系大学、帝国図書館からも提供を受けている[11]。かれはこれらの提供された典籍を第一巻、旧当山派の恵印法流などの儀軌、峰中作法、教義書など五九点、第二巻、本山派の峰中作法、教義書など四四点、第三巻、近世の啓蒙書、史伝、羽黒、北嶺など五八点に充当して編集した。なお『日本大蔵経』は、同じ頃に刊行された史伝の収録に重点を置いた『大日本仏教全書』に対して、経律論の注釈書や、南都六宗、天台・真言、禅宗などの典籍を主要なものとしていた。その中に当時教界から雑宗と蔑まれていた修験道の典籍を包摂することは、卍字蔵経や卍字続蔵経を編集して、仏教典籍に精通していた中野にとっては大きな決断と編集上の苦労をもたらした。彼は当時『神変』の主筆だった細川孝源への書簡で次のようにその心情を

吐露している。(12)

各方面の御同情、御援助により続々送本有之、験乗書だけにても約二〇〇部御座候が、茲に編者として最も苦痛を感ずる特殊の一事有之、他の一般仏書は何れも第一流の傑作を撰する故、堂々たる大議論大論文たるに引換へ、験乗書は大冊の著述乏しき為め他宗との均衡取りがたき事に候、次にまた著書の一々を拝見仕候処、疑贋の書と拙文のものが多く、而も学究的に批判せば、編入出来かねるものに属する一事に御座候、而も学究的に疑贋書とせば験道の面目にも関し、信条法則に影響致すべく候間、知りて知らぬ振りをして編入致さねばならぬ苦痛御察し被下度候、これは大蔵経編纂者としての立場と責任を重視して、験乗を擁護するという愛道敬虔の微衷より取計らふ次第なれば、他宗の章疏に対する方計とは大々的に相違あるものと御賢察願上候―中略―由来修験の行者は山上の修行に没頭致されし故、寺院生活にて文筆を弄ばれし理想宗と同一視致し難き辺を十分承知致候。

けれども無事に編集をおえた大正一〇年（一九二一）、彼は『日本大蔵経』に『修験道章疏』を納めた根拠と、その意義を「修験道では独立した統率的な宗政機関が進歩しなかったので、表面的には振るわない観があるが、実際社会にあっては練行鼓吹と現益の効験をあらわしているのは、我国最大の宗派である真宗、浄土宗、禅宗ではなく、修験道と天理教のみである。それは加持祈祷をもってたちどころに疫病苦患を救うことにある。それ故異人でも容易に信仰帰依することが出来るからである。これは修験道が「ツライバルレリジョン」即ち一国民種族的な宗教に非ずして、「ユニバーサルレリジョン」即ち万民普済的宗教の要素を具備しているからである。特に秀でている点は日本古来の神道の粋を取って、日本の国民性に適応した神仏一致の融通・弘道に努めていることである。それ故真言、天台、法相、華厳など練行修行する宗派はことごとく修験道に包容されている。このように一宗一派に局限されない包容的世界的かつ最古の本宗が如何なる歴史資料を有したかを知る事は学者の間では積年の懸案だった。『修験道章疏』は正にこれに応える最善の試みだった」と誇示しているのである。(13)

この『日本大蔵経』の編集とあわせて、中野は日本のみならず、インド、中国、朝鮮にわたる仏教総合目録の作成や、日本、中国の古刹の仏書調査を行なった。そして晩年には覚鑁の研究に没頭し、『興教大師全集』を編集したうえで、昭和九年（一九三四）に『興教大師正伝』を著わしたが、同年逝去された。享年六三歳。

第三項　修験道研究社と『修験研究』

大正八年（一九一八）醍醐派では修験寺院を真言部に編入したことから、修験寺院が真言化した。だが今一方で在俗の一世修験者は修験のままとし、修験事務所を設け、「修験制規」にもとづく掌握を試みた。こうした中にあって、静岡県安倍郡麻機村（現静岡市麻機）の醍醐派の修験寺院智徳院の高井善証と同郡不二見村駒越（現静岡市清水区）の京宝院野々村慧雲は、修験本来のあり方を求めて二年近く模索したうえで、大正一〇年七月に同地で一世修験者を含めた修験研究会を立ちあげて、機関紙『修験研究』を発刊した。[14] 本研究会はこの二人が発起人となり、同県内の修験寺院一一院、五名の一世修験者と見られる俗人と県外から熊本県の本蔵院蔵本亮栄、長崎県嘉納寺大垣戒円、宮崎県龍仙寺谷山明実、広島県文学院織田善覚、兵庫県妙霊寺上野清純と青森県深浦の海浦義観が創立委員となって高井の智徳院を本部とし発足した。なお一六人を占める静岡県の委員の分布は駿河一一（庵原郡七、安倍郡二、静岡市二）、遠江四（引佐郡二、浜松・小笠郡各一）、伊豆一とほとんどが駿河である。他に特別賛助員として三宝院門跡平之亮禅、同執事長岡田戒玉と庵原郡（現静岡市清水区）の秋葉山峰本院の天野観明と柳田国男が名を連ねている。[15] なお秋葉山峰本院は清水の明治二一年（一八八八）醍醐寺から院家格を与えられた古刹である。また天野観明（一八八八〜一九七〇）は東京帝国大学印度哲学専攻を卒業し、後に『修験道の真髄』を著わした碩学である。また柳田国男は自らも修験に関心を持つと共に、その著『海南小記』で、海浦の修験者としての活動に注目していることから、彼の依頼を受けて特別賛助員になったと考えられる。駿河に創立委員が多いのは高井、野々村が共に安倍郡（現静岡市）であること、この地に中世末から近世にかけて恵印法流が伝わっていたこと、[16] すでに大正二年（一九一三）頃、清水の秋葉山に恵印法流の振興を目指す組織が作られて『神変』の主筆大三輪信哉を迎えて活発な活動をしていたことなどもあっての事と思われる[17]。

『修験研究』はその発刊の辞に「我修験道は遠くその濫觴を聖徳太子に発し、神変大菩薩に至って之を大成したるものにして、一切の宗教を包含したる処の世界的宗教たり。且つその信仰は最も日本化して古来より我国民の心情に喰い込んで血となり、肉となって我国民性より離すべからざる宗教である。今や我国民思想は渾沌として一大危機の重大時に遭遇している。—中略—この危機より我国民思想を救済するものは即ち我聖徳太子及び役行者の教えたる日本密教、修験道の使命である。私達は此に我が太子の一三〇〇年祭を機して『修験研究』と題する小雑誌の発刊を志した」としている[18]。そして海浦義観は本誌掲載の「聖徳太子と修験道」と題した小論で、これを受けて「我が神変大菩薩は聖徳太子の御精神を讃嘆信仰し奉り、日本大乗仏教を受伝弘道し、平民的に山林的に家庭的に修練験得を大成せり」としたうえで、修験道の歴史、峰入、最勝恵印三昧耶にふれている。そして修験者は入峰して断食、行水など苦の行をするが、家に帰ると世法即仏法の妙旨に立つとしている。

この創刊号には大三輪信哉（大峰山人）、牛窪弘善、中野達慧が祝辞をよせている。大三輪は修験の文字は上求の修行地での修証と、下化の験得にもとづく応用ゆえ、この両者の実践が必要であるとしている。牛窪は旧来のように本・当二派が反目することなく、天台二派（山門・寺門）と握手してほしい、大乗仏教の精華を発揚し、田中智学の日蓮宣伝を範とすべきであるとしている。中野は海浦への私信の形で自分は葛城、大峰に近い土地で育ち、役君を尊信するゆえ、祖道の復興への手段としての機関紙の刊行に心から賛同する。機関紙には同志だけでなく、中立者の公評と寄稿と基金が大切であると具体的な提言をしている[18]。

その後本誌発刊一周年にあたる第二巻六号には新修験道の大宣伝、真新修験行者の養成を目指して、儀礼では三時の勤行式、祈祷式、行法及び法則、切紙伝授、恵印法流（諸尊法から灌頂法まで）、峰中法流（峰中秘法から正灌頂まで）を伝授する。そして教義は牛窪弘善・大三輪信哉が教え、恵印法流と切紙の伝授は天野実栄・野々村慧雲、峰中法流と秘法の教授は海浦義円（義観の子）、高井善証が担当するとの事業計画を発表している。そしてその巻頭では「一．凡ゆる宗教道徳を包含する、二．現実世界に所謂極楽世界を建設する、三．何時の時代にも適応させる、四．真俗不二、自他不二、浄垢不二の二而不二の教えを徹底する、五．出家、在家を問わず、真俗不二を徹底する、六．実修により以心伝心する」の六項目からなる修験主義を標榜している。(19)

またこの年から『修験研究』では創刊号の牛窪の諸修験宗派の共存の呼びかけに応える形で、聖護院の牛窪（「修験雑志」正・続〈主要論文。以下同様〉二巻六号・二巻八号、一九二二）、天台宗寺門派の三井豊興（「起て大乗の菩薩」二巻一号、一九二二）、羽黒山の島津伝道（「今後の宗教に対する感想」三巻七号、一九二三）などの寄稿を得ている。そして創刊二周年にあたる大正一二年（一九二三）の『修験研究』第三巻七号では主筆の高井善証はこれをさらに展開させて、「大峰至上主義」を提唱している。それは修験道には真言宗の三宝院、天台宗の聖護院、吉野の金峰山の大本山があるが、それはいずれも宗派にもとづく結束である。ただこのいずれの本山も大峰山に峰入している。これからわかるように、大峰山は修験道の根本道場で総本山である。それ故修験道の諸本山は大峰山のもとに結集すべきだというものである。(20)

その後大正一二年暮の第三巻一二号では、その巻頭言で、修験道界には真言宗醍醐派に『神変』、聖護院に『修験』、金峯山寺に『修験道』の機関紙があるがいずれも宗派内外の動静、諭達が中心で教学面は疎略である。それ故本誌ではその本来の主旨に立って、宗派を越えた自由な論文を集めて読者必読の一誌にしたいとしている。そして一周年の時の諸宗派の教学者へ寄稿の呼びかけを更にひろげて、島津伝道（「天台真言二宗同異章講義」一・二、四巻二・三号、一九二四）、三井豊興（「修験道教義の研究」一〜三、四巻一〜三号）、大三輪信哉（「修験道観」一〜三、四巻一〜三号）などを連載している。けれどもこの充実の為に頁数を増やし定価をあげたことから、読者が去り、財政難におちいったこともあってか、結局大正末年に自然消滅した。

その後高井善証は醍醐三宝院の教学に携わるようになり、昭和二年（一九二七）には京都帝国大学を出た山田光円の協力もえて、醍醐寺執行長の岡田戒玉と共に恵印法流にもとづく『修験聖典』を編纂した。なお高井と山田はその後昭和八年（一九三三）に共著『修験要綱』を神変社から刊行したが、その最後に「修験道は一宗一派に偏せざるが為に他の宗教より種々なる作法等転化し流入せるものあり、即ち支那の道教・儒教、日本神道等の作法最も多し」とあることに注目しておきたい(21)。

最後にこの『修験研究』の内容を全体的に知っていただくよすがとして、分野別の主要な論文とその筆者をあげておきたい。

歴史：牛窪「修験道史要」（一巻三号、一九二二）、牛窪「修験道十八箇條警策」（二巻八号、一九二三）、牛窪「慶長の修験宗訴訟」（三巻七号、一九二三）、高井一斉「役行者略伝」一・二（一巻一・五号、一九二二）

教義：一記者「修験心鑑鈔和訳」（一巻一号、一九二二）、牛窪「恵印法流と我修験道」（三巻七号、一九二三）、三井「修験道教義について」一〜三（四巻一・二・三号、一九二四）、海浦「聖徳太子と我修験道」（一巻一・三号、一九二二・一九二四）

儀軌：野々村慧雲「修験最勝恵印三昧耶普通次第法鏡」一・二（一巻一・二号、一九二二）、野々村「光明真言七印口決」（一巻一号、一九二二）、野々村「切紙類集験導草」一〜五（一巻一〜五号、一九二二）、海浦「峰中正灌頂について」（二巻六号、一九二三）、牛窪「吾道の真髄（床堅・柱源・灌頂）」一〜三（二巻一・二・三号、一九二三）、定永勇「医学以外の療病法」一〜六（三巻五〜一〇号、一九二三）、大三輪「交霊術」（一巻三号、一九二二）

修験のあり方：金剛闘「行者の自信」（一巻四号、一九二二）、草繁全宣「修験研究と修験者の自覚」（一巻四号、一九二二）、牛窪「活修験の要求」（一巻一号、一九二二）、高木一斉「現代人の要求する新宗教」（一巻三号、一九二三）

この他では研究資料目録一〜五（一巻一〜五号、一九二二）や牛窪の「修験者の威霊」（一巻二号、一九二二）で、読者に霊験譚の投稿を呼びかけた記事などが注目される。

結

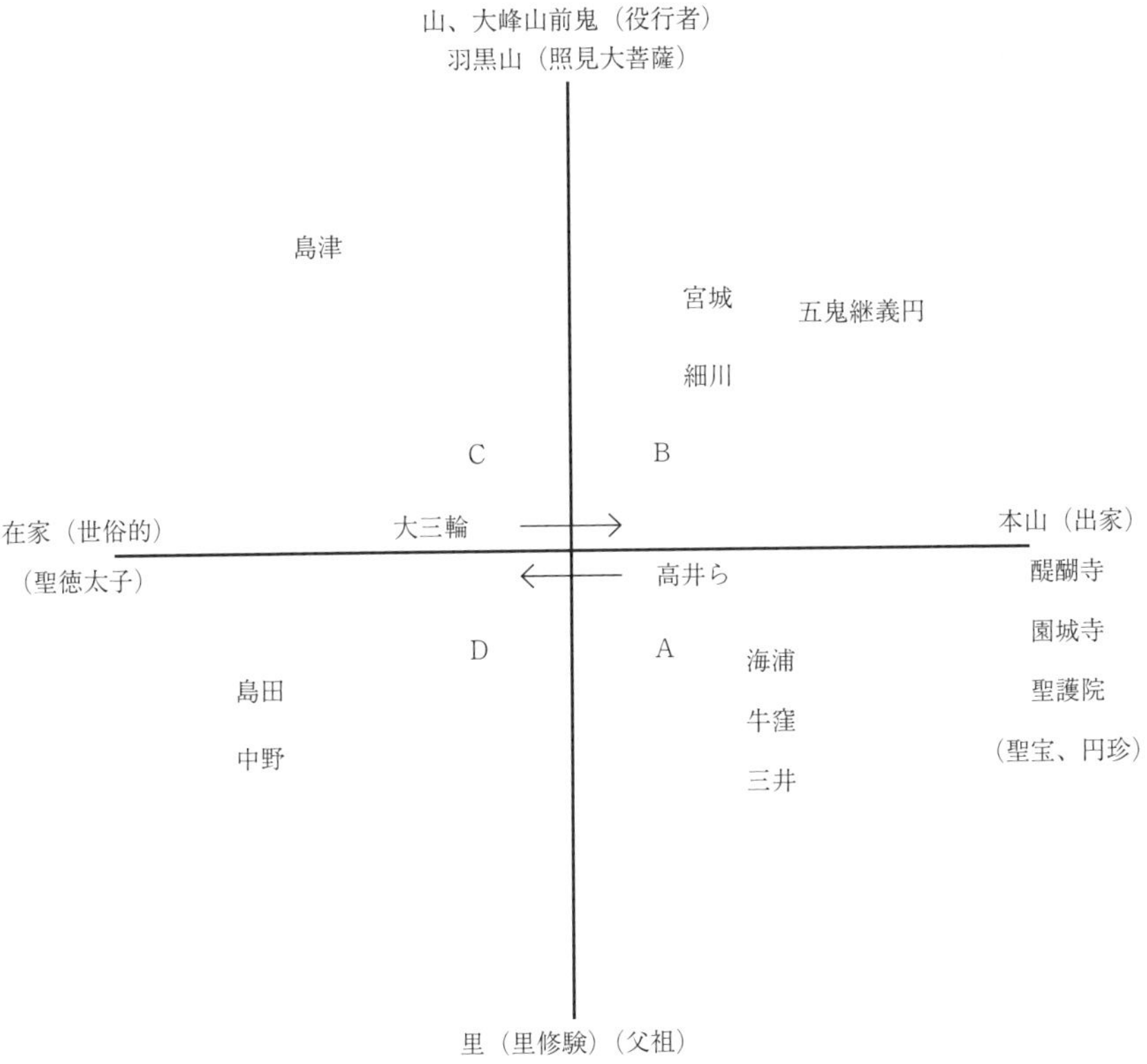

本章では明治五年（一八七二）の修験宗廃止後、醍醐三宝院統轄のまま真言宗に包摂された旧当山派の海浦義観・大三輪信哉・細川孝源、天台宗に包摂された旧本山派の牛窪弘善・三井豊興・宮城信雅、大峰山中前鬼の五鬼上義円、五鬼上義真に師事した実利と羽黒山の島津伝道、教団や霊山と無関係に独自に修験教学の振興を計った島田蕃根、中野達慧と高井善証らの修験道研究者の事績と教学内容を紹介した。その際彼らの教学の内容に関しては、その要旨をそのまま紹介して、是非を論じたり、相互の影響関係、その共通点などを論じることはしなかった。それはこれらの教学者の事績やその独自性を尊重したからである。この結においては、それぞれの活動の特徴と大凡の全体的特徴をまとめておきたい。その際、上記の諸教学者の立場と事績を位置づける概念図を提示して、まずそれにもとづいて説明することにする。

この図では縦軸の上に山（大峰山前鬼・羽黒山）、下に里（教学者出自の里、里山伏）を位置づけた。

周知のように古来修験者は縦軸のように山で修行して験力を得て、それを里で行使して人々を救済した。横軸は右に醍醐寺、園城寺、聖護院などの近代の修験本山、左に在家を位置づけた。なお天台、真言や霊山の教学者が崇めた宗教者を括弧内に入れ、本章でとりあげた教学者をA～Dの枡に位置づけた。この配当はそれぞれの出自や活動場所を考慮したものである。以下この枡のAから順に説明していきたい。

まずAの海浦義観は陸奥深浦の当山派の里修験の家に生まれ、祖父、父から学んだのちに本山で受法している。旧本山派の牛窪弘善も佐渡の里修験の父から学んだのちに聖護院で受法した。もっとも彼は『神変』にも寄稿し、一時三宝院からも補任をうけている。活動拠点を見ると海浦はほとんど深浦の自坊、牛窪は関東で教員を勤め、のちに神奈川の寺の住職になっている。次の世代を見ると『神変』の主筆大三輪信哉は在家の出身で病を契機に宗教に関心を持ち浄土教、臨済宗にもふれた上で醍醐三宝院で得度を受け『神変』の主筆となるが、生活の拠点は鎌倉の真言宗泉涌寺派の浄光明寺である。園城寺末の三井豊興は福島の本山派修験出身で父から修験を学んだうえで上京して、独自に修験宣揚会を組織した。ただ昭和初期には郷里の吾妻山の登拝運動に専念し、本格的に園城寺と関わったのは太平洋戦争後のことである。このように三宝院や聖護院の初期の教学者は本山の僧籍は持つものの生活や活動の本拠は地方の里であって、機関紙などを通して本山の発展に貢献している。

次にBに位置づけた聖護院の宮城信雅は吉野山喜蔵院出身で京都帝国大学卒業後聖護院に入り、爾来聖護院内で活動し、『修験』の創刊にも関わっている。また醍醐寺の細川孝源は香川県の修験寺院の出身だが高野山に入り、高野山大学で密教を本格的に学び、高野山中学の教師もしたうえで醍醐寺に入った。そして上醍醐の事務主任をしながら『神変』の主筆として活躍した。なお宮城と細川は本山の講習や学院の講師を勤め、そのテキストを執筆している。なお前鬼の五鬼継義円は大峰山中にありながらも『神変』に寄稿し、聖護院の大峰山中台深仙での深仙灌頂に協力している。

Cの島津伝道は、羽黒山荒沢寺に入り峰入りを再興し開山照見大菩薩和讃をつくる以前は、妻の実家が経営する小学校の教員を勤め、老子の研究を行なっている。Dの島田蕃根は本山派の里修験の出身でありながら藩知事の命でそれを捨て、聖徳太子を崇めて在家仏教運動に専念する中で修験書の蒐集などした。また中野達慧は在家の出身でありながら自ら編集した『日本大蔵経』に『修験道章疏』三巻を納めている。高井善証らの修験研究社の同人は、醍醐寺が修験寺院を真言に組み込んだのに反発して一世修験らによびかけて、地方で修験の活性化をはかったのである。

さて、教学の内容をまず修験本山に関わる教学者について見ると、海浦は密教に準拠した教義を説いているが、牛窪は密教の他に神道、道教にも目をむけている。なおともに聖徳太子を在家仏教と大乗仏教の宣揚者として崇め、役行者はそれを継承したとしている。宮城も大乗仏教、在家仏教の推進者、神・儒・仏の融合を計ったとして聖徳太子を崇めている。また彼は園城寺の祖円珍を修験道の中興者としている。なお大三輪は理源大師を修験者の雛形としている。次に霊山に依拠した前鬼の教学者を見ると、まず自分達の始祖が、役行者の弟子となり、大峰の峰入の要諦を授かり、それを大峰抖擻の修行者に伝えているとする。特に五鬼上義真の「修験宗意偈和解」では修験の教えは大峰山の流水や風の音を自然法爾の経として三昧の境地に入って、実の如く自身を知ることにあるとしている。羽黒山の島津伝道は開山の照見大菩薩を崇め自ら法孫と称し、その和讃を作っている。そして特に羽黒山の四季の峰入を紹介するが、一般にも公開する秋の峰の五先達の教義的意味づけを試みている。なお戸川安章は夏に一般講員が羽黒、月山、湯殿山を抖擻する夏の峰、秋の峰の三つの宿のそれぞれの作法をいずれも即身成仏と関わる三関三渡の修行と説明している。

在家の教学者に位置づけた島田蕃根は聖徳太子を「範」とした在家仏教運動を通して仏教各宗の僧侶と交わっている。そして修験道は日本で出来た独特の日本の宗教で、その無形の感化力は今でも国民の間に伝わっているとする。同じく在家主義の中野達慧は修験道は山岳での練行にもとづく効験をもとに神道、仏教をも包摂した普遍宗教であるとしている。なお高井善証らによる『修験研究』では修験道は聖徳太子に始まり、神変大菩薩が大成した世界的宗教であるとしている。このように真言宗醍醐派をブレイクスルーした彼らも島田や中野と同様の志向をもっているのである。

最後にこれらの近代修験教学者の大凡の特徴を列記しておきたい。まず第一に初期の教学者の多くは地方の里修験出身で、当初に父祖から教えを学ぶと共に、その在地に則した活動をしている。海浦は柳田国男も注目した『深浦沿革誌』を著わし、主に自坊で活動し、牛窪は佐渡修験の研究をし、三井は郷里の吾妻山の登拝を在地の人に呼びかけている。また高井は郷里で修験道研究社を組織した。第二に教学者の多くは諸宗を兼学している。大三輪は浄土、臨済、真言宗の泉涌寺派、中野は大蔵経の編集に加えて真宗、キリスト教、修験、新義真言を学び、島田も当初は修験、臨済を学び、上京後は在家仏教運動を通して諸宗の僧侶と交わっている。第三は在家主義である大三論・中野は在家出身であり、島田も還俗している。三井や宮城は在家の諸組織の結成を試みている。そして牛窪は修験道を在家仏教としている。第四は修験の教義書、儀軌などの典籍の蒐集である。特に海浦は積極的に行ない、その指示もあってか初期の『神変』には各地の里修験からの提供典籍のリストが揚げられている。また島田も独自に修験書をあつめ、京都大学図書館に島田文庫として保存されている。そしてこれらの典籍の集約の成果が中野の『修験道章疏』全三巻に結実したのである。第五は聖徳太子が日本に大乗仏教を導入し、在家仏教の範を示し、役行者がそれを受けて修験道を確立したとの見方である。第六に各教学者による役行者伝の執筆である。主なものには海浦の『神変大菩薩宴録』、牛窪の『文化史上における役行者』、山田文造『役行者』、大三輪『神変大菩薩』、宮城『山岳宗教の開祖役行者』がある。教説を説いた開祖を持たぬ修験道では、役小角を「理想的な行者」として描き出すことが必要とされたのかも知れない。なお大三輪によると、醍醐寺の開山聖宝（理源大師）、宮城による園城寺の開祖円珍（智証明大師）を修験道と結びつける論説もなされている。第七に密教にもとづく修験教義の説明である。これは海浦の『修験安心義章』によって先鞭がつけられたが、どの教学者にも認められる。第八は修験者を神道、仏教、道教、儒教を融合した日本独自の宗教とするもので、高井はこれを展開して世界宗教とすべしとし、中野は修験道の中に万民を救済する普遍宗教の要素があるとしている。近代の修験教学者は上記のような活動、主張のもとに明治政府によって廃せられ、天台、真言両宗に属した修験道の再興を模索したのである。

注

（1）島田蕃根の略歴に関しては、大内青巒「島田蕃根翁の生涯」島田蕃根翁延寿会（代表来馬琢道）『島田蕃根翁』同延寿会刊、一九〇八年所収。小林省三「島田蕃根小伝」徳山地方郷土史研究二八、二〇〇七年参照。
（2）荒木見悟『島田藍泉伝』ペリカン社、二〇〇〇年。
（3）島田蕃根翁談「山伏の話」上・下、宗教界三―九・一〇、一九〇七年九月・一〇月。
（4）島田文庫目録、京都大学図書館。
（5）「総合解題」宮家準編『修験道章疏解題』国書刊行会、二〇〇〇年、一九頁。
（6）佚名氏「山伏考」一～八、國學院雑誌九―一～六・一〇～一一、一九〇三年。
（7）牛窪弘善は「史料編纂官の鷲尾順教氏や『修験道』の著者三井豊興氏、医学博士島田乾三郎氏などはなかなかの研究家である」（牛窪弘善「活修験の要求」修験研究一―一、一九二一年七月、六頁）としている。
（8）無能生「修験道の歴史より見たる阿吸房即伝」仏教史学三―七、一九一三年一〇月。
（9）この五書のうち『修験三十三通記』は即伝のものではなく、『峰中相伝』については彼のものかどうかは定かでない。
（10）中野達慧「修験道章疏旧版解題」上掲宮家編『修験道章疏解題』四一三～四一六頁。
（11）上掲中野「修験道章疏旧版解題」四一六頁。
（12）南潮（細川孝源）「中野師の書翰を公開して」神変八八、一九一六年八月。
（13）中野達慧「修験道章疏刊行について」修験研究一―二、一九二一年八月。
（14）修験研究社、『修験研究』に関しては、石黒智教「一九二〇年代の修験――雑誌『修験研究』を素材に」仏教文化史叢五、二〇〇八年参照。
（15）修験研究一―一、一九二一年、二八頁。
（16）海浦義観「恵印法流と修験法義」神変三七、一九一二年五月、五～九頁。
（17）大峰山人（大三輪信哉）「駿河訪問記」神変四七、一九一三年三月、四七～四八頁。
（18）修験研究一―一、一九二一年。
（19）修験研究二―六、一九二二年、巻頭言。
（20）修験研究三―七、一九二三年、巻頭言。
（21）山田光円・高井善証編『修験大綱』神変社、一九三三年、九二頁。

結章

本書では日本仏教の概説書にならって、南都仏教と天台、真言、浄土、禅、日蓮の各宗別にそれぞれに見られる山岳修験との関わりを記してきた。そこでこの結章では、第一節で修験道の歴史を概説する。第二節では、古代の南都仏教、天台・真言や中世の鎌倉仏教、南都の戒律復興運動などの修験道の成立、確立への影響、相互の関係をとりあげる。第三節では、逆に修験道成立期の山伏や霊山、確立後の近世の天台・真言、鎌倉新仏教、南都仏教への修験道の影響を紹介する。そして、第四節では、常民の宗教生活とそれへの日本仏教・修験道の関わりを通して民俗宗教思想の展開とその基本構造を考察して本書をおえることにしたい。

第一節　修験道の成立、確立、展開

南都仏教の中心をなす東大寺と興福寺の堂衆はその奥山の若草山や春日山で採華汲水して、寺内の諸堂に供える当行と呼ばれる修行をしていた。特に法相宗の興福寺は禅定修行を重視し、一九代別当真喜（九三二～一〇〇〇）は、葛城山で修行した。その弟子定澄と扶公は寛弘四年（一〇〇七）の藤原道長の御岳詣の先達を勤めている。そして一一世紀中期以降は興福寺別当は金峯山寺別当を兼職した。当初この法相宗を請来した道昭（六二九～七〇〇）は元興寺に禅院を開いている。そして同寺の護命（七五〇～八三四）は法相を学び月の半ばは吉野に籠り、虚空蔵求聞持法を修したが、近江に崇福寺を開いている。その後元興寺で明詮（七八九～八九九）に法相を学び、東寺で密教も修めた。その弟子の三修（八二九～八九九）は近江の伊吹山で修行し、護国寺に長尾・弥高・大平の三寺を設けている。(1) また西大寺の常騰に法相を学び、元興寺に住した静安（七九〇～八四四）は比良山中に妙法寺、最勝寺を開基した。この比良山の奥の葛川明王院や対岸の伊崎寺は中世後期には比叡山の回峰行者の重要な行所となっている。

寛治四年（一〇九〇）園城寺の増誉（一〇三二〜一一一六）は白河上皇の熊野御幸の先達を勤めた功で熊野三山検校に補され、聖護院を賜わった。爾来熊野三山検校職が園城寺の重代職となったことから、熊野本宮長床に起居して熊野（本山）から大峰に峰入した修験者は園城寺と結びついた。一五世紀以降は聖護院門跡がこの熊野三山検校を重代職とした。そして二九代熊野三山検校の道興（一四三〇〜一五〇一）以後三代の門跡は各地を巡錫して、熊野先達を掌握し、本山派を形成した。[2]一方、中世後期には興福寺東・西金堂衆は吉野（当山）から大峰山に峰入した。これには大和を中心とする近畿の法相・真言などの寺院の修験が加わった。その後興福寺末の内山永久寺が中核となって四〇余りの寺院の先達が吉野から大峰に入り、小笹を山中の拠点にして、当山正大先達衆と呼ばれる組織を形成した。なお彼らは醍醐寺を開基し、東大寺に三論宗と真言宗の東南院を開いた聖宝（八三二〜九〇九）を役行者以来途絶した大峰の峰入を再開した祖師と崇めて結束した。この当山正大先達衆は諸国を遊行して各地に配下を擁し、勧進などにあたっていた。[3]なお正平二四年（一三六九）には聖宝の弟子貞崇（八六六〜九四四）が聖宝を慕って、その吉野鳥栖の旧跡に創建した鳳閣寺の廟塔が勧進聖の行長らによって再建されている。その後一四世紀末頃には当山正大先達衆が上醍醐の聖宝の御影堂の修造への勧誘などを契機に醍醐寺と結びついた。

中世初期には大峰・熊野・葛城の霊地やその縁起をあげた『諸山縁起』が編まれている。そして中期には金峰山の主尊金剛蔵王権現の本地、供養法などを記した『金峰山秘密伝』、大峰山の本縁、熊野権現、金剛蔵王権現の神格・本縁、役行者伝などを記した『大峰縁起』が作られている。当時大峰山では峰中の小木（採薪）・閼伽（汲水）・採灯の作法、修験の立義、峰入、柱源などに関する切紙が作られた。そしてその後内山永久寺の旭蓮がこれらをまとめた『峰中灌頂本軌』、大峰山や彦山の切紙をまとめた『修験三十三通記』が編まれている。そして日光出身で大峰をへて彦山に入った即伝が、これらをもとに『修験修要秘決集』を完成した。同書は巻上＝山伏十二道具と修験の大意、依経、巻中＝山伏の字義・名義、峰入、十界修行、巻下＝灌頂、血脈、役行者伝、葬祭、語彙集からなっている。彼はこの他、修験と関わる仏教語彙を解説した『修験頓覚速証集』を著わしている。なお『修験三十三通記』とこの即伝の二著、熊野系修験の『修験指南鈔』、近世初期になる体系的な役行者伝の『役君形生記』は、近世期には『修験五書』として重視され、刊行されている。また一五世紀初期には大峰山や葛城山の灌頂式も定められている。

醍醐三宝院では中世後期に、聖宝が吉野鳥栖鳳閣寺で大峰山で役行者と蔵王権現の導きで龍樹から授かったとする密教の滅罪・覚悟・伝法の三灌頂に準じた恵印灌頂を開壇したとしている。また役行者が大峰山で文殊菩薩から授かったとする菩提心を証する『三身寿量無辺経』、理智不二の本源は空であるとした伝聖宝作の『理智不二礼賛』を作成している。これらは吉野鳥栖に聖宝の廟塔が再建された頃になったと思われる。なお中世から近世にかけて熊野、吉野、立山、白山、富士などの修験霊山では、その神格、場景、伝承などを記した曼荼羅が作られている。

江戸幕府は慶長一八年（一六一三）に修験道法度を定めて、醍醐三宝院に当山正大先達衆を掌握させた当山派と聖護院を本寺とする本山派を公認して、両者を競合させた。ただ当山派では当初、当山正大先達衆がその配下の補任などに関しては合議の上で決定し、三宝院門跡がこれを追認する形をとっていた。けれども元禄八年（一七〇〇）三宝院門跡高賢は、江戸の直末寺院の戒定院に吉野鳥栖鳳閣寺の名跡を移して同寺を鳳閣寺とし、同寺住職を当山諸国総袈裟頭とし、当山正大先達袈裟筋の配下を直接掌握して組織基盤の確立を試みた。こうしたことから、本・当両派は教義、儀礼などの上で対峙した。すなわち本山派系では修験五書を中心とし、当山派では上記の恵印灌頂を中心とした恵印法流の実施とあわせて、聖宝に仮託して即身成仏の義を説いた『修験心鑑書』や行智による『木葉衣』などが作られている。そして両派はそれぞれ独自の袈裟、勤行集、峰入作法を定めている。また出羽三山、彦山でも独自の峰入りを行なった。この他、富士、立山、白山を巡る三山禅定もなされていた。

近世期に地域社会に定住して活動した修験者は里修験と捉えられた。彼らは妻帯したことから、親から行法や符呪を授かったが、中には近隣の里修験や修験霊山に伝わるものを学んでもいる。その内容は日待・月待、星祭、治病、除災など常民の宗教生活に応じたものである。彼らの中には巫女に神霊や災厄をもたらしている邪霊などを憑依させて、災因を明らかにし、それに応じた祈祷を行なう者もいた。また卜占なども行なっていた。この他各地の霊山登拝や巡礼、遍路の先達も勤めていた[4]。

明治政府は明治元年（一八六七）に神仏分離令を出して、修験者が祀る権現を神に変えさせた。このこともあって、修験霊山や里修験の多くは神社となった。さらに政府は明治五年（一八七二）には、修験宗を廃止し、本山派は聖護院統轄のまま天台宗、当山派は醍醐三宝院統轄の形で真言宗に所属させた。なお神仏分離令により、神社とされていた吉野山や羽黒山の旧修験も明治中期には天台宗に所属した。その後明治三三年（一九〇〇）真言宗から独立した真言宗醍醐派では、それに先き立つ明治二八年に二五〇〇余のその末寺が新義真言宗に転宗し、残留寺院が一五〇余となったので、旧当山派の修験寺院や在俗修験が中心となった。こうした中で醍醐寺では海浦義観・大三輪信哉、聖護院では牛窪弘善などの教学者が修験道の再生に尽力した。なお近代には在俗信者の大峰山を始め、諸霊山への登拝が活況を呈していた。太平洋戦争後の昭和二一年（一九四六）宗教法人令の施行にともなって、天台宗から修験宗（現本山修験宗）、大峯山修験本宗（現金峯山修験本宗）、修験道（五流尊瀧院）、真言宗から真言宗醍醐派が独立し、その他にも修験系教団が出現した。

注

（1）田中久夫は古代の山林修行には興福寺の法相宗の禅定、大安寺の三論学派、元興寺の法相宗の真言密教があるとし、そこに修験の淵源の今一つの流れを想定している。田中久夫『山の信仰』岩田書院、二〇一三年、一一五～一二六頁。
（2）近藤祐介「修験道本山派の成立と展開」『修験道本山派成立史の研究』校倉書房、二〇一七年。
（3）関口真規子『修験道教団成立史――当山派を通して』勉誠出版、二〇〇九年。
（4）宮本袈裟雄『里修験の研究』吉川弘文館、一九八四年。

第二節　修験道をもたらした日本仏教

本節ではまず修験道の確立期ならびに近代の再生期に役行者と同様に崇められた聖徳太子の伝承を紹介する。次いで山岳で修行した験者、法華持経者、念仏聖の活動を要約する。そのうえで鎌倉新仏教の開祖や鎌倉期に戒律復興に努めた僧侶の神秘体験と修験者の活動の接点をさぐって見ることにしたい。

聖徳太子（五七四〜六二二）は二〇歳の時叔母にあたる推古天皇の摂政となり、遣隋使の派遣、「憲法十七条」の公布など、政治上に多大の貢献をはたした。あわせて仏教を崇め、摂政就任直後の推古二年（五九四）に三宝興隆の詔を発し、法隆寺、四天王寺を創建した。また百済僧恵慈に師事し、『三経義疏』（『勝鬘義疏』、『維摩義疏』、『法華義疏』）を著わしたとされている。この聖徳太子と役行者との関わりについて、一四世紀に天台僧光宗が著した『渓嵐拾葉集』には、

役行者与二太子一一体事。見二大峰縁起一　役行者ト太子一体ト見タリ。[1]

とある。また文保年間（一三一七〜一三一九）になる『聖徳太子伝記』（醍醐寺蔵）には、

太子廿七才御時——中略——大峯ニ入リ、禅鬼等ニ鬼ヲ先達ト為メ、役ノ行者、法喜菩薩、生々世々、修行之秘所ヲ拝見ス也——後略。[2]

としている。この他万徳寺蔵『聖徳太子伝』巻三の「太子廿七才戊午夏四月」の条には、

太子忽ニ金峯山ノ金精大明神ノ杉ノ洞ニ至リ給イヌ——中略——我入滅ノ後一百歳ノ時ニ優婆塞ノ行者有リテ勤行セン、鎮護国家ノ峯ナルベシ、故ニ吾レ、此峯ニ登リテ、仏法弘宣ノ意ヲ啓白センガ為也。[3]

とある。本伝にはさらに「正法（聖宝カ——宮家）僧正を太子の後身と覚知する」ともある。また太子の巡検地として、

金峯山（蔵王権現涌出の岩屋、真弓河原、釈迦ヶ岳、仏生国の峰、三重の岩屋）、富士峰、筑波大峰、越後の古志山、立山、白山をあげている。こうした記述は、鎌倉末期に修験道側が役行者、聖宝、その中心道場の金峰山、大峰山、富士、白山、立山などを聖徳太子伝承と結びつける事によって、権威づけをはかったものと考えられる。(4) なお近代初期の修験教学者は聖徳太子が我国で大乗仏教を広め在家仏教の礎を築かれ、役行者がそれを継承したので、自分たちもそれを宣揚すべきだとしている。

東大寺の前身は若草山の山房金鐘寺で、良弁はここに法華堂を建立し、金剛蔵王権現の前身ともされる執金剛神を祀っている。彼はその後聖武天皇の意を受けて金鐘寺をもとに東大寺を建立し、華厳宗の総本山とした。この東大寺の法華堂と中堂の堂衆は春日山中で採華汲水の当行を行なった。なお当時は山中で浄行、禅行のうえで験力を示す禅師とも呼ばれる僧がいた。この禅は霊山などに籠って、煩悩から離れて静かに真理を考えることを意味している。また他に在俗のまま仏門に入って修行する優婆塞もいて、古代には役小角は役優婆塞と呼ばれた。奈良時代後期にはこの禅師や優婆塞の中には雑密によって加持祈祷を行なうものもいた。また東大寺の建立をなしとげた行基（六八八〜七四九）のように、自ら仏道を求め、他を救済したり、勧進などで偉業をなしとげた僧は菩薩と称えられた。この行基の師道昭（六二九〜七〇〇）は入唐して玄奘三蔵（六〇二〜六六四）から唯識を学んで帰国し、興福寺を法相宗の道場とした。ちなみに『日本霊異記』には、道昭が新羅の山で法華経を虎（山神を意味する）に講じた席に役行者がいたとしている。

最澄（七六七〜八二二）は吉野の比蘇山寺で自然智を求めて修行し戒律、華厳を学んだ道璿（七〇二〜七六〇）の弟子行表（七二四〜七九七）から天台とあわせて禅も学んでいる。彼は比叡山を円・密・禅・念仏の道場とし、大乗戒壇を開くことを誓願した。そして受戒者には一二年の籠山を課している。一方空海は阿波の大滝岳、土佐の室戸岬、伊予の石鎚、吉野の金峰山で修行した。そして入唐して密教を習得して帰国し、東寺を賜わって真言宗を開き、高野山に密教の修行道場を設けている。なお彼は東大寺別当にも補されている。その後東大寺には聖宝によって三論宗と密教の東南院が開かれた。こうしたことから南都の寺院には密教の影響が認められる。このように最澄、空海によって山岳仏教が開かれたので、平安時代にはその影響を受けた法華持経者、験者、念仏聖、修験の聖が輩出した。また平安後期から中世を通して、煩悩即菩提、生仏一如など相即不二を説く天台本覚思想が隆盛し、その影響は鎌倉新仏教、神道、修験道にも及んでいる。(5)一方、南都では修行者の菩提心を重視する戒律が復活し、律僧による作善活動が行なわれた。そこで以下、これらの流れと修験道の接点をさぐって見ることにしたい。

法華持経者は法華経を受持、読誦、解説、書写の五種の修行をし、他者にもこれをすすめる者をさしている。この活動は長久年間（一〇四〇～一〇四四）に鎮源が撰述した『大日本法華経験記』を見ると、法華経への信心を強め、法華経の力で祈祷に効験をもたらすことにあった。そして本『験記』所掲の法華持経者は比叡山の別所、大峰、愛宕、熊野、葛城、箕面、比良山などで修行している。(6)なお平安初期には密教を学び霊山などで修行して得た験力にもとづく加持祈祷によって治病などに効験をもたらす僧侶は験者と呼ばれていた。平安中期になるとこうした密教の験者は不動明王を本尊とし、護法童子を操作する修法や憑祈祷を行なった。そして中世初期にはこれらの験者が験を修める為に山岳で修行したことから、彼らが修験者の前身と見なされるようになったのである。(7)

今一方で寛和元年（九八五）比叡山横川に隠棲していた源信（九四七～一〇一七）は、地獄や極楽の場景、極楽往生の為の観法、念仏、臨終作法などを記した『往生要集』を著わして、念仏聖などに大きな影響をもたらした。また一〇世紀末に慶滋保胤（九三一～一〇〇二）が『日本往生極楽記』を著わして以来、『続本朝往生伝』『拾遺往生伝』『後拾遺往生伝』『三外往生記』『本朝新修往生伝』など往生伝が続出した。これらに所掲の往生者は称名、観想、法華持経、禅定、観音信仰により往生をはたしている。なおこの観想は弥陀の来迎を観ずるもので、霊山から弥陀が来迎する場景を描いた来迎図も作られた。

天台宗では台密を完成させた安然（八四一～八九八）が、『蓮華三昧経』冒頭の『本覚讃』や「自然覚了の仏」（因果を超越した本覚の仏）の語を用いて、現実を絶対的に肯定する天台本覚思想の先鞭をつけた。もっとも空海の現実の根底には大日如来が遍在するとした現実の絶対肯定の思想にも、その志向を見ることが出来る。この天台本覚思想は一二世紀後期に皇覚が記した、現実の中に理想を実現して現実を絶対肯定する諸相を列記した『三十四箇事書』（『枕双紙』）によって結実し、近世初頭に妙立（一六二七～一六九〇）が安楽律を提唱するまで、天台教学の中心をなすと共に鎌倉新仏教、神道、修験道、さらには文芸にまで影響をもたらした。そこで以下、鎌倉新仏教の開祖に散見される山岳修験の接点と彼らに見られる本覚思想を瞥見しておきたい。

浄土宗の開祖法然（一一三三～一二一二）は九歳の時、父が夜討ちにあって死去したことから、母の弟観覚が住職の美作国那岐山麓の菩提寺で出家した。この寺は役行者開基伝承をもち、中世後期には熊野先達を務めている。彼はその後観覚の勧めで比叡山に登り皇覚の弟子皇円に師事した。ただ比叡山の別所黒谷で融通念仏の良忍（一〇七二～一一三二）の弟子叡空から念仏に導かれ『往生要集釈』を著わしている。四三歳になった承安五年（一一七五）、かねてからその著書『勧無量寿経疏』を通して私淑していた善導（六一三～六八九）から専修念仏を授かったとの自内証を得て、浄土宗を開教し、東山吉水に居を移して念仏を唱導した。その後建長九年（一一九八）六六歳の時、二一日間毎日七万遍の念仏を結願した夜、夢の中で大河を越えて山に入り、西方の紫雲の光の中に腰から下が金で上が黒衣の善導が現れて、彼の念仏の唱導を賞讃した。浄土宗ではこれを「三昧発得」と呼んでいる。この翌年彼は主著『選択本願念仏集』を撰述した。その冒頭には「南無阿彌陀仏、往生の業には念仏を先とす」と記している。なお同書には、浄土往生を願う住相廻向と、往生後この世に帰って迷える人を救う還相廻向をあげている。なお彼は現世と来世の相対的二元論にたち、天台本覚論の影響はあまり見られない。また観想も認め、授戒も行なっていた。そして建暦元年（一二一一）「往生極楽のためには、南無阿彌陀仏と申して、疑いなく往生するぞと思いとりて、申す外には別のしさい候はず」との一枚起請文を残して、魂の家郷である古里の極楽浄土に行って往生すると遺言したとされている(8)。

親鸞（一一七三～一二六三）は九歳で比叡山に入り、常行三昧堂の堂僧となり善信と名乗った。そして建久元年（一一九〇）二九歳の時、京都の六角堂（頂法寺）で一〇〇日参籠を試みた。その九五日目に東方に峨々とした大山がある御堂で聖徳太子の本地救世観音から、行者宿報設女犯、我成玉女身被犯、一生之間能荘厳、臨終引導生極楽文―中略―比《は》是《れ》我誓願なり、善信此の誓願の旨趣を宣説して一切群生に聞かしむへし(9)。

との告命（「太子廟窟偈」）を得た。そこで、吉水に行って後世の往生を説く法然に入門した。その後永元元年（一二〇七）三五歳の時、法然の配流に連座して越後の国府に配流された。この配流中妙高山や善光寺の信仰に接したと思われる。建暦元年（一二一一）赦免されたが、文暦元年（一二三四）に帰京する迄は常陸国に留まり、念仏の布教と主著『教行信証』の執筆にとりかかった。なお彼は帰京の旅の途中で箱根権現の饗応を受けたともいわれている。彼の思想の根本は既得往生念仏（念仏により仏智を領解した時点で成仏が確定する）と、自然法爾（自力のはからいを捨てて、すべてを仏の手に任せきること）の教えである。なお彼のこの思想の根底には、「絶対不二（『教行信証』）」「煩悩菩提不二（高僧和讃）」の語に見られるように、その根底には仏凡一如の本覚思想が認められる。

一遍（一二三九～一二八九）は、文永八年（一二七一）三三歳の時、伊予の窪寺で善光寺如来から授かった「二河白道の絵」を掛けて念仏三昧の行をした。その折、弥陀の成仏と衆生の一念往生は絶対不二であるとの領偈（「十一不二領解」）を得て、自己の身命を仏法に捧げ、衆生救済に努めることを決心して一遍と名乗ったという。彼はこの後文永一〇年（一二七三）には伊予国菅生の岩屋寺の不動堂に籠っている。そしてこの後、熊野本宮で山伏姿の証誠権現（本地阿弥陀如来）から、

阿彌陀仏の十劫正覚（はるか昔に悟りを開かれた時）に一切衆生の往生は南無阿彌陀仏と決定するところ也、信不信をえらばず、浄不浄をきらわず、その札をくばるべし(10)。

との啓示を受け、各地を遊行して賦算に専念した。そして弘安二年（一二九九）に善光寺参詣後、小田切の里（北佐久郡臼田町）で、念仏を信じ唱える喜びを踊りの形で示し、鉦の音で阿弥陀如来の聴許を確信する踊り念仏を始めている。ちなみに一遍は遊行聖の持物の十二道具の説明をもとに教えをといているが、山伏十二道具はこれを範としたとも思われる。なお一遍の教えでは基本的には「南無は始覚の機、阿弥陀仏は本覚の法なり、しかれば始本不二の南無阿彌陀仏

なり」[11]というように称名が本覚思想に位置づけられている。一遍の死後、弟子の真教（一二三七～一三一九）は一遍の伝記に自己の活動を加えた『遊行上人縁起絵』を弟子の宗俊らに製作させて、嘉元四年（一三〇六）に熊野本宮に詣でてこれを納め、一遍の後継者としての承認を求めている。また真教の弟子の四条派の祖浄阿（一二七五～一三四一）は熊野新宮で得た夢告をもとに念仏札を作って賦算している。このように時宗は熊野信仰と深く結びついているのである。

南都では中世初期に遊行聖の慶円（一一四〇～一二二三）が東大寺別所の阿倍寺、吉野山などで修行し、多武峰では憑きものおとしをしている。なお彼は石清水八幡に参籠中に頼まれて葬儀をし、穢れたので参拝を憚った。すると釈迦の化身が死穢は禁足ではないといい、即身成仏の秘印を授けてくれた。そして室生に行き、善女竜王の求めに応じてこの秘印を授けている。この後彼は三輪山に行って平等寺を開いている。

治承四年（一一八〇）平重衡によって焼失した東大寺などを勧進により再建した重源（一一二一～一二〇六）は、上醍醐の堂僧として密教を学び、四国辺路を巡り、大峰に五度峰入して如法経修行をした。その後中国の五台山で文殊菩薩の霊光にふれ、天台山で羅漢に見え、阿育王山に登ったとしている。帰国後、善光寺に詣で不断念仏を修して阿弥陀如来に見え、仏舎利を授かった。ついで立山、白山に登拝した。彼は醍醐寺で造堂、造像し、高野山でも別所を開いた。そして文治元年（一一八五）からは東大寺の大仏、大仏殿などのための勧進、造営にあたった。この折には東大寺に設けた別所を拠点に良材がある周防から奈良に至る備中、備前、播磨、摂津、伊賀に別所を設けた。そしてこれらの別所には浄土堂を設けて阿弥陀如来を祀り、来迎会を行なった。あわせて湯屋を造り、浴湯の爽快さを成仏と結びつけて阿弥陀信仰を唱導した。そして「阿弥陀仏」を自称したのみならず、弟子、勧進聖、上人などにも阿弥陀号を与えて、極楽往生を保証した。この東大寺再建の大事業はこうした阿弥陀信仰に支えられた彼の経営手腕によって達成されたのである。

鑑真（六八八～七六三）に始まる南都の授戒は、その後、戒壇院で行なわれ、平安後期には東大寺・興福寺の四堂衆にゆだねられたが、衰頽し再開が期待されていた。こうした中で興福寺別所の中川成身院に隠棲していた実範（一〇八九

〜一一四一）は、興福寺西金堂衆の欣西らの依頼に応じて唐招提寺の老僧の教えをもとに「東大寺戒壇院授戒式」を著わした。そしてこれをもとに唐招提寺で授戒を再開して、律宗中興の祖とされた。その後明恵（一一七三〜一二三二）は高雄山神護寺で密教、東大寺で華厳経を学んだ。一九歳の時には仏眼法を修法中に仏眼仏母を母、釈尊を父と観じた。そして郷里の紀伊湯浅の白上峰や西苅磨島で釈尊を念じて断食の上で誦経し、山や島の自然と一体になったと観じた。彼は末法の中で釈尊を崇め、インド巡礼を目指したが、春日明神の託宣で中止している。その後、華厳と密教を融合した厳密思想を提唱し、菩提心を持って三宝に帰依することを記した本尊に向かって「南無三宝往生たすけ給え」と唱える易行による極楽往生をすすめた。その後仏光観中の妙相によって戒体を得て、道俗に説戒し、八斎戒を授けた。

興福寺学僧の貞慶（一一五三〜一二一三）は、春日明神を崇め、その法楽のために同信者と大般若経の書写を始めた。だがその完成間近かに同明神の夢告で弥勒菩薩の磨崖仏がある兜率天の外院とされた笠置山に隠棲した。そして写経をおえた大般若経を安置する般若台、釈迦を祀る十三重の塔を建立した。なお彼は春日明神の法楽のために『神祇講式』を作ったが、この講式は諸社や修験道でも用いられている。貞慶は晩年には近くの観音霊場の海住山寺に移り、『戒律復興願書』を記し、興福寺に律院の常喜院を開いた。その弟子戒如は自誓受戒にもとづく授戒を初め、唐招提寺の覚盛と西大寺の叡尊がそれを継承した。叡尊（一二〇一〜一二九〇）は醍醐寺や大和の釜口長岳寺で密教を学んだが、受戒を志して、覚盛らの自誓受戒の試みに加わった。そして東大寺の戒壇院で理智金胎不二の好相を得て、自誓受戒した。そしてこれをもとに西大寺を拠点にして、しばしば説戒、菩薩戒、八斎戒の授法を行なった。そして授戒後光明真言を唱えることで極楽往生できるとして光明真言会を開いた。また大衆に非人を文殊の化身と見なして施しをさせる無遮の大会を開いて、救済させたり、舎利を出現させる奇瑞をもとに興法利生活動を行なって西大寺を本寺とする真言律宗を確立した。

禅宗では鎌倉期に栄西によって臨済宗、道元によって曹洞宗が開教された。栄西（一一四一〜一二一五）は備前国の毘沙門天を祀る山寺安養寺で如法経修行をし、さらに伯耆大山で修行のうえで、比叡山で密教を学んだ。そして仁安三年

（一一六八）入宋して天台の典籍を請来し、台密の葉上流を開いた。その後文治三年（一一八七）再度入宋して、天台山麓万年寺の虚庵懐敞（一一八七〜一一九一）から臨済禅を授かり、帰国後上京して禅を唱導しようとした。けれども当時大日能忍（生没年不詳）が中国禅宗の祖達磨（?〜五三〇）に私淑して菩提心を持つことを悟れば即身成仏し得るとの自証独悟を説く達磨宗を立宗し、多くの信者を集めたことから、比叡山から弾圧され、栄西の臨済禅も忌諱された。そこで彼は建久九年（一一九八）に『興禅護国論』を著わして、正統な禅を唱える事は、天台、密教、禅、律を相承し、国を守る最澄の天台学を復興することになるとした。そして幕府の外護を得て、天台、密教、禅の三宗兼学の鎌倉の寿福寺、京都の建仁寺を開基した。また建永元年（一二〇六）には重源の後を受けて東大寺大勧進に補されている。彼の弟子には上野国世良田に台・密・禅の道場長楽寺を開いた栄朝（一一六五〜一二四七）や、寿福寺を継承すると共に北条政子が実朝の冥福を祈るために高野山に建立した禅定院の開基となった行勇（?〜一二四一）などがいる。

栄朝に師事した筑後出身の栄尊（一一九五〜一二七二）は嘉禎元年（一二三五）に渡宋して無準（?〜一二四九）に参じて帰国した。その後彼は熊野・大峰で修行し、前鬼の山伏を弟子にしている。そして寛元元年（一二四三）宇佐宮に参詣し、宇佐神に授戒した処、その翌日「神師」の号を与えるとの託宣を受けた。ただ彼は「師」を「子」にかえ「神子」を道号とした。これは彼が神の託宣を受持する神子的性格を持つことを理想としていたことを示すと思われる。

これに対して当初戸隠山で修行した無本覚心（一二〇七〜一二九八）は行勇、道元に学んだうえで建長元年（一二四九）入宋して慧関（一一八三〜一二六〇）に参禅し、帰国後紀伊国由良の西方寺（のちに興国寺）を拠点に真言密教と合わせて禅を唱導した。そして五大尊の秘法を修して妖魔を退治したり、同国野上庄の野上八幡宮で女性に憑依した八幡神と問答するなどの活動をしている。また母と熊野の聖廟（妙法山阿弥陀寺カ）に詣でて、熊野の那智滝を補陀落と観じて、そこに一山の滅罪寺の奥院を開いたとか、新宮神倉の比丘尼寺に関わったとの伝承もある。なお彼が開基した興国寺は熊野詣道にあったことから、中世後期には熊野詣の道者がここで参禅したとされ、彼を派祖とする法灯派の紀伊国の末寺の中にはかつて熊野道者の接待所だった寺もある。また彼が念仏に関心を示したことから一遍が熊野詣に際して覚心に参禅したとの話もある。さらに覚心は高野山の萱堂聖の祖とされたり、中世後期の虚無僧も法灯派の流れをくむともされている。(12)

東福寺開山円爾弁円（一二〇二〜一二八〇）は駿河国安倍郡に生まれ、園城寺で台密を学んだ上で、栄朝・行勇に師事し、そのすすめで栄尊と共に渡宋し無準に参禅した。帰国後大宰府の崇福寺に住し、顕・密・禅を提唱した。そして京都に真言、天台、禅を兼ねた東福寺の建立を計画していた九条道家（一一九三〜一二五二）に招かれて上京した。ところが同寺建設中に道家が病気になった。そこで実兄の園城寺僧の慶政（一一八九〜一二六八）が招かれて祈祷した。すると比良山の大天狗が女性に憑依して、道家の病因をなす祟りの根源や天狗について語った。この慶政の祈祷もあってか道家は治癒し、同寺は完成した。このこともあってか、東福寺には天狗を祀る魔王殿や供養の十三重の塔が作られている。円爾はここを拠点に顕・密・禅を加えた活動を行ない一派を形成した。その流れは彼の謚号聖一国師に因んで、聖一派と名付けられている。上記のように、虎関師錬（一二七八〜一三四六）や夢窓疎石（一二七三〜一三五一）に始まる室町期の五山体制以前の臨済宗には顕・密・戒のみならず山岳修験や民俗宗教の性格が認められるのである。

曹洞宗の高祖道元（一二〇〇〜一二五三）は幼時に父母を失い、一三歳で得度し、天台宗を学んだが、これに満足せず、入宋して南宋の曹洞宗の如浄（一一六二〜一二二七）に参禅し悟りを得た。そして帰国後の天福元年（一二三三）に山城国の深草に観音を本尊とする宝林寺を開き、只管打坐の曹洞禅の道場とした。この頃多武峰にいた日本達磨宗の懐奘（一一九八〜一二八〇）が弟子と共に門人となっている。その後寛元三年（一二四五）には白山越前馬場近くの永平寺に移住した。彼の『正法眼蔵』の山水経の巻には「山は超古超今より大望の所居なり、賢人聖人共に山を堂奥とせり、山を身心とせり」とあるが、(13)この永平寺の地は東は白山に連なり、三方は山に囲まれていた。もっとも彼がこの地を選んだのは、白山の天台宗徒が禅に関心を持ち、旧白山天台寺院が周辺にあったことにもよっている。なお彼は建長五年（一二五三）病となり、永平寺を懐奘に委ねて、療養の為に上京したが、同年五四歳で逝去した。ちなみに彼は修行を重視したことから、必ずしも天台本覚思想に同調しなかったが、「山河大地みな仏性海」などの自然観や、生死観、永遠観にはその影響が認められる。

日蓮（一二二二〜一二八二）は安房国東条郷の漁村に生まれ、一二歳の時その背後の清澄八山の主峰妙見山にある天台宗の清澄寺に入り、天台浄土教の道善に師事したうえで鎌倉に遊学し、帰山後『戒体即身成仏義』を著わした。その後比叡山に行き、天台本覚思想の恵心流で、念仏に批判的だった俊範に師事した。この後園城寺、高野山、四天王寺で修学し、建長五年（一二五三）清澄山に帰山した。そして一六世紀前半になる『日蓮大聖人註画賛』によると、彼は同年四月二一日から七日間清澄山の行場に籠って修行し、朝日に向かって「南無妙法蓮華経」の唱題を一〇回唱えて、これを契機に法華経後半の本門を宣揚する日蓮宗を開教した。(14) そして房州や鎌倉で、当時の天変地異や疫病の流行は法然の念仏にあるとした。なお彼は当時本覚思想の絶対的一元論に立って、法然の相対的二元論を批判している。さらに文応二年（一二六〇）『立正安国論』を著わして、法華経を国是としなければ内乱や他国の侵犯が起こると予言した。その後文永五年（一二六八）に蒙古の朝貢を促す使節がきた。また同九年には北条教時が北条時宗に反している。そこで彼はこの予言があたったとし、この国難を防ぎうるのは法華経の行者日蓮のみであるとし、これを明らかにするために念仏、禅、律との公論を求めた。幕府はこれを拒否し、日蓮を佐渡に配流した。彼は佐渡で『観心本尊抄』を著わして、本尊（久遠実成の釈迦）の原理を明らかにし、それを図示した曼荼羅を作成した。また佐渡の高山で日夜唱題に努めた。やがて蒙古襲来が必須となったことから、文永一一年（一二七四）日蓮は赦免され、真言僧らと共に調伏祈祷を命じられた。けれどもこれを断って甲斐の身延山に隠棲した。彼はこの山をインドの霊鷲山、唐の天台山を思わせる霊山とし、ここに籠って法華経を色読した。そして『撰時抄』を著わして、日本第一の法華経の行者である自分こそが末法の今、世界の霊的統一をなし得る上行菩薩であると主張した。ただ弘安五年（一二八二）病気となり、常陸の温泉で療養するために身延山を出たが、その途中武蔵国千足の門弟池上宗忠の邸で逝去し、遺言により身延山に葬られた。なお日蓮は『観心本尊抄』に「我等が己心の釈迦」「我等が己心の菩薩」「今本時の娑婆世界は三災を離れ、四劫を出たる常住の浄土なり」と記しているが、これは天台本覚思想にもとづくものである。(15)

注

（1）『渓嵐拾葉集』巻第八九　私苗、大正新脩大蔵経七六、七八九頁。
（2）『聖徳太子伝記』醍醐寺蔵、東京大学史料編纂所謄写本。
（3）『聖徳太子伝』万徳寺蔵、同朋学園仏教文化研究所紀要　第二号、一九八〇年。
（4）伊藤潤「中世太子伝に見られる修験性――太子・役行者・聖宝」伝承文学研究五四、二〇〇四年。
（5）田村芳朗「天台本覚思想概説」『天台本覚論』日本思想大系九、岩波書店、一九七三年、五四六～五四八頁。
（6）『往生伝・法華験記』日本思想大系七、岩波書店、一九七四年。
（7）徳永誓子「修験道成立の史的前提――験者の展開」史林八四―一、二〇〇一年。
（8）田村円澄『法然』吉川弘文館、一九五九年、二〇三～二〇四頁。
（9）宗昭『親鸞絵伝』一二九五年、新修日本絵巻物全集二〇。
（10）『一遍聖絵』第三、新修日本絵巻物全集一一。
（11）『一遍上人語録』巻下五〇、岩波文庫、九九～一〇〇頁。
（12）原田正俊『日本中世の禅宗と社会』吉川弘文館、一九九七年、二一六～二一七頁。
（13）『正法眼蔵』山水経の巻、大正新脩大蔵経八二、二〇五頁。
（14）日澄『日蓮上人註画讃』梅本正雄編『日蓮上人伝記集』所収。
（15）「観心本尊抄」『日蓮』日本思想大系一四、岩波書店、一九七八年、一三九頁、一四六頁。

第三節　日本仏教への修験道の関わり

本節では修験道とほぼ同時代に確立・展開した鎌倉新仏教（浄土、禅、日蓮）や真言律と修験道の関わりを検討することにしたい[1]。なお近世期に関しては、天台・真言と修験道との関わりについても考察する。

まず第一に注目されるのは、山伏が鎌倉新仏教の開祖やその後継者に接して弟子となっていることである。一四世紀初期成立の『法然上人絵伝』巻二六によると、大峰修行もした遠江国久野の作仏房が熊野証誠権現の指示で法然に会ってその教えに感銘し、一向専修の行者になっている。また性信は熊野詣をした際法然の事を聞き、京都でその教えに感銘して弟子となったが、その後親鸞に託された僧である。一方、常陸国稲田の山伏弁円は親鸞の同地での念仏の唱導に反発し、害心を抱いて襲ったが、彼に見えて改悛して直弟子となって明法房と名乗っている。この他同国大部郷の平太郎は親鸞の同意をえて熊野本宮証誠権現に詣でて念仏を唱えたら、権現が彼を真の仏と崇めたので真仏と名乗り、その後常陸に真仏寺を開き、親鸞の直弟二十四輩の第二となっている。なお一遍は前節であげたように熊野本宮で山伏姿の証誠権現から賦算の実践を勧められている。これらのことは浄土教が熊野本宮の阿弥陀信仰を尊重していることを示している。

親鸞の子善鸞、孫の唯善は修験と関わりをもっている。まず善鸞は親鸞に関東の弟子たちの異解をとくために派遣され、当初は無礙如来（阿弥陀如来）の名号を唱えて活動した。けれどもその後相模の大山近辺で憑祈祷をしたり、阿弥陀の名号を書いた符を用いて治病、除災などの修験的な活動をして、親鸞から義絶された。唯善は親鸞の娘覚信尼の再婚の夫禅念との子だが、仁和寺相応院の守助（一二四〇～一二九四）のもとで山伏となっている。ただ彼は後に親鸞の廟所の相続を望んだが、覚信尼の孫で本願寺を設立した覚如（一二七〇～一三五一）から追われて相模国常葉（鎌倉カ）に退いた。

覚如の長男存覚（一二九〇～一三七三）は仏光寺派の了源（一二九五～一三三六）を導いたことから父と対立した。彼はその著書『諸神本懐集』で熊野本宮証誠権現の本地阿弥陀如来は諸仏諸尊の本源で諸社の神格の本地はいずれも阿弥陀如来の化身であるとしている。さらに園城寺鎮守の新羅明神、箱根や白山の権現も紹介している。その後、七代本願寺門主存如（一三九六～一四五七）は『熊野教化集』を著わしている。同書では熊野本宮証誠権現の本地阿弥陀如来を衆生の往生を決定させる仏とし、この阿弥陀如来に帰依すれば、観音・薬師も救済してくれる、また念仏は法華経を始め一切経と同じ功徳があるとしている。この存如の後を継いで本願寺八世となり、その繁栄の礎を築いた蓮如（一四一五～一四九九）は、近江では園城寺に支えられ、越前の吉崎に道場を開いてからは白山と結びついて一向宗を繁栄に導いている。時代は下るが近世期の島津藩では浄土真宗は禁じられたが、その中で隠れ念仏衆は霧島山、冠嶽の阿弥陀信仰と念仏を結びつけてヤマボウシ（山伏）やダンナドンのトイナモンが巫女に死霊を憑依させて語らせる新口よせなど修験道の憑祈祷を思わせる儀礼を行なって、その信仰を守り続けている。

臨済宗では上野国に長楽寺を開いた栄西の高弟栄朝が青年期に修行した同国の比企郡の慈光寺は役行者が蔵王権現涌出の地に観音堂を建立したのに始まるとされている。また『沙石集』には彼の説戒の場に現れた山伏が感銘して弟子になった話をあげている。なお栄朝に師事した神子栄尊は山伏の異見を破るために緇衣（墨衣）を着て大峰に入り、前鬼を弟子にしている。曹洞宗では白山の氏子と自称した太祖瑩山紹瑾（一二六三～一三二五）は自ら定めた『瑩山清規』に「仏法大統領白山妙理大権現」と記している。また能登の石動山近くに永光寺（後の総持寺）を開いた時には石動山の山の神から松を贈られたという。その弟子峨山韶碩（一二七五～一三六五）は永光寺を継承後、その本尊釈迦如来の脇侍として石動山天平寺の本尊虚空蔵菩薩と観音を祀っている。彼には二五人の主要な弟子（二十五哲）がいたが、その中核の五人のうち通幻寂霊（一三二二～一三九一）は、丹波の修験寺院を永沢寺とし、大徹宗令（一三三三～一四〇八）は伊吹山近くに妙応寺、立山の剣山登り口に立山神の協力を得て立川寺（後に立山寺と改称）を建立した。その他の二十五哲の中では源翁心昭（一三二九～一四〇〇）が伯耆大山登拝口に退休寺、熊野修験の道場八溝山系に安穏寺、泉渓寺、常安寺、飯豊山近くに示現寺、会津慶徳の熊野権現近くに慶徳寺、出羽国の羽黒修験の道場を改めた鶴岡正法寺、鳥海山に永泉寺を開いている。なお彼はこれらの寺院の開基にあたっては山の神を化度して助力を受けている。この他慶長一六年（一六一一）徳川家康が関東総録三箇寺の一とした武蔵国入間郡越生の龍穏寺は天台修験寺院を六代将軍足利義教の命で越生氏出身の無極慧徹が再興したものである。

この他中世後期から近世にかけて修験霊山と結びついた曹洞宗寺院には、まず箱根大雄山の道了尊（同山最乗寺の伽藍神）、上野国伽葉山の伽葉仏の化身中峰（同山龍華院の伽藍神）など天狗信仰に関わるものがある。なお東海総録可睡斎はやはり天狗信仰の三尺坊を祀る秋葉山秋葉寺を末寺としている。秋葉山三尺坊はこの他浜松普済寺にいた誓海義本が享徳年間（一四五二～一四五五）に開いた秋葉山円通寺、天文一一年（一五四七）泰簾門察が越後国栃尾に開いた清瀧山常安寺にも祀られている。また三河の妙厳院は修験が関わることが多かった稲荷を豊川稲荷として祀っている。この他イタコの口寄せで知られる死霊の山とされる恐山の地蔵堂は近世末まで田名部の円通寺が修験大覚院と共に祀っていたが、明治以降は円通寺持ちとなっている。ちなみにやはり死霊の山とされる伊勢国朝熊山の金剛証寺（本尊虚空蔵菩薩）は、空海の開基とされ、その後修験も関わったが、明徳三年（一三九二）に鎌倉の建長寺五世東岳文晃が中興して以来臨済宗となっている。

日蓮宗では日蓮やその後継者が山伏を折伏して弟子とした伝承が作られている。日蓮に関しては甲斐国小室（現南巨摩郡富士川町）の真言修験の棟梁だったが日蓮に折伏され、さらに験くらべにも敗れて弟子となった日伝（一二二一～一三〇二）がいる。彼は自己の修験寺院護国院金胎寺を日蓮宗の徳栄山妙法寺としたが、その後同寺は日蓮宗の主要な寺院となっている。同国休息（現甲州市勝沼町）の真言修験金剛山胎蔵寺の住職宥範はその地で休息した日蓮の『立正安国論』の説法を聞いて弟子となり、寺名を休息山立正寺と改称している。同国の武川村高山（北杜市）の実相寺は寺伝では日蓮がこの地を巡錫した際に真言修験の庵を日蓮宗にかえさせたものとしている。

日蓮宗の有力門流に帰属した山伏には次のものがある。富士門流大石寺二世日興（一二四六～一三三三）の弟子寂日日華は、甲斐修験の古刹円楽寺で修行し長意法印と号していたが、日興に折伏されて、その門に入って妙蓮寺を開いてその弟子「本六人」の一人とされた。また日興の孫弟子にあたる日郷は一四世紀中頃日向国細島（現日向市）の行縢山にある阿弥陀堂の真言修験薩摩法印を弟子とした。彼はこの阿弥陀寺を日蓮宗定善寺とし、日郷から富士門流の日向先達職に任じられている。この他日蓮から京都の布教を託された日像（一二六九～一三四二）は、それに先立って北陸で布教中に能登で石動山の修験を折伏して日続と名乗らせ、京都に同行した。彼は京都で日像を助けた後、上総国に移住して総野村に長慶寺を開いた。そしてさらに勝浦の真言修験長寿院を改宗させ本行寺とした。また羽黒山の天台修験東光寺の玄妙は日蓮宗に関心を持ち、中山法華経寺で修行し、同寺の学頭となっている。

以上、主として鎌倉新仏教の開祖や後継者が山伏を弟子とした伝承を各宗ごとに紹介した。浄土教関係では熊野本宮証誠権現（本地阿弥陀如来）が、法然、親鸞などの門弟では入門の契機となり、一遍を賦算の決断に導いている。また臨済宗の無本覚心も熊野信仰と関わっている。一方曹洞宗では永平寺が白山に近く、総持寺が石動山と関わったこともあってか、各地の修験霊山の山岳寺院を包摂している。これに対して、日蓮宗の場合は折伏や験くらべが改宗の契機となっている。もっとも本書でとりあげたこれらの史料はいずれも、それぞれの宗派の伝承にもとづくものである。菊地勇次郎はこのうちの山伏弁円が親鸞に弟子入りした明法房の事例について、地方文書をもとに、その地で当時山伏が庶民の宗教生活に深く関わっていたことをとりあげて、親鸞がその活動を無視することが出来ず、明法房も親鸞に帰伏して後も、修験的な活動を断ち切れなかったのではと推測している。[(2)] また親鸞の子善鸞の修験的な活動、存覚や存如の熊野権現への注目などを見ると、鎌倉新仏教においても中世後期の展開期には修験霊山や山伏と関わっていたと思われるのである。

そこで次には近世期において天台・真言や鎌倉新仏教が修験道をどのようにとり込んで行ったかをまとめておきたい。

近世初期の寛永一一年（一六四四）に比叡山東塔北谷善学院二世の興運が著した『北嶺行門記』には比叡山は顕・密・修験を三本柱とするとしている。(3) またほぼ同じ頃、園城寺の学僧慶音院志晃（一六六二～一七二〇）が長吏の命で記した『寺門伝記補録』では、寺門派では顕・密・修験の三道を鼎立して、聖朝を護持し、国家を鎮護すると述べている。(4) このように近世期の天台宗では、修験道を顕・密と併存させているのである。なおこのうちの修験道と密教に関して、圭室諦成は修験道は密教を民衆化したもので、山伏の研究は江戸時代宗教史研究の中枢をなすものとしている。(5)

天台宗の比叡山では現在山内の住職となる為には千日回峰行の最初の一〇〇日と葛川明王院の五〇日間の参籠が課せられている。この回峰行は伝承では相応（八三一～九一八）の創始とされているが、一四世紀後期頃に南山の大峰、葛城の抖擻に対峙する北嶺修験の眼目として七〇〇日の三塔内の霊地巡拝、後九日間の断食、不眠のうえで不動呪十万遍を一洛叉とした常坐三昧、葛川参籠を中心とする形で成立したと考えられる。ところが元亀二年（一五七一）の織田信長による比叡山焼き打ちで一時中断したが、天正一三年（一五八五）好運によって、これに日吉山王の諸社巡拝、京都大廻りなどを加えて、青蓮院門跡が管轄した無動寺を本拠として再開され、近世期を通して三二人が行満した。なお同門跡末の国東の六郷満山の回峰行も、この比叡山回峰行の影響を受けたものと考えられる。ちなみに一七世紀末に大坂の遊行聖真念、高野山の学匠寂本（一六三一～一七〇一）によって四国八十八箇所の札所が定められたが、そのうち二五余りは行場を持ち、一五の札所は修験が関わっている。

近世初頭江戸幕府は仏教諸宗に対して本末制度により、本寺に末寺を統轄させた。また檀家制度により各家は特定寺院の檀家となり、葬祭などの依頼と檀那寺の行事や維持の経済的義務を課せられた。この結果慶長から寛永（一五九六～一六四七）にかけての、仏教寺院の活動は葬祭が中心となった。けれども修験寺院に対しては葬祭が禁じられたので、里修験は主として加持祈祷や符呪、霊山や社寺参詣の先達などを行なった。ただその後寛永末以降になると各宗とも末寺が増加し競合したことから、葬儀のみでなく加持祈祷なども行なうようになった。この結果諸宗においても修験的な活動をとり入れていった。以下密教、鎌倉新仏教などに見られるこうした局面を要約する。

まず密教では中世初期の東密の『覚禅抄』や台密の『阿娑婆抄』では、祈祷は諸尊法や読経によるものが中心だった。けれども近世のものでは古義真言の高野山の『秘術抜集記』では、諸尊、経、仏具に関するものの他、日待・月待、降魔、諸病や産育などがみられる。また新義真言宗では豊山派の章如の『五十通秘決』には葬祭、諸尊法の他、除災、治病、憑きものおとし、産育、智山派の隆誉の『十結抜次第』でも葬祭の他、権現・神社の祭、日待・月待、降魔、治病、産育などが見られる。これらはその種類においても、九字を用い真言を用いるなどその次第の内容も里修験のものとほぼ同様である。

浄土教はその淵源が空也などの念仏聖にあり、一遍に始まる時宗も遊行を宗是としたことから、近世期にも念仏系の遊行聖が活躍した。その先鞭をなすのは弾誓（一五五一～一六一三）であるが、彼が佐渡の檀特山や諏訪唐沢の洞窟で体得した「阿弥陀如来の念仏を唱えると、仏の三身と心が一体となり、十念すれば心は五感の対境である森羅万象、大日如来の曼荼羅と融合する」という教えは修験的なものである。なお彼は晩年は京都大原古知野阿弥陀寺の洞窟で修行した。そしてこの洞窟に石棺を置いて入定留身の形で祀られた。その弟子但唱（一五七九～一六四一）は弾誓から名号札と十念を授けられ、作仏を勧められ数多くの仏像を彫っている。彼は山見分けの能力があったことから日光山の天海（一五三六～一六四三）の知遇を得て、彼から天台宗の常念仏と融通念仏の行業の許可を得ている。

この作仏聖の伝統は円空、木食行道にと伝わった。円空（一六三二～一六九五）は美濃中嶋郡で生まれ、青年期には伊吹山平等岩で修行し、北海道にも渡った。四二歳の頃には大峰山で修行している。その直後郷里の杉原熊野神社千多羅滝で十一面観音と一体化した。その後も各地の霊山などを巡り、実に五三五〇体に及ぶ素朴な神仏像を残している。木喰行道（一七一八～一八一〇）は甲斐国西八代郡丸畑に生まれ、相模大山の御師をしていたが、四五歳の時、水戸の御室仁和寺末の羅漢寺で木食戒を受け、廻国、供養、仏心、病見、説法、戒律、真言、念仏、奉経、作仏の十大願を立て、北は北海道から南は九州まで回国した。この間西国巡礼、順・逆の四国遍路をし、千体余の微笑仏と呼ばれる円満な仏像を残している。

この他霊山などで修行し、遊行もした念仏聖に澄禅、徳本、播隆がいる。澄禅（一六三一～一七二一）は青年期に湯殿山で修行し各地を遊行後、増上寺で宗戒二門を相承した。けれどもその後弾誓に私淑し、彼が籠った箱根塔の峰の阿弥陀寺の岩窟で木食して昼夜見仏を願って念仏して、阿弥陀如来に見えている。徳本（一七五八～一八一七）は二七歳の時郷里の紀伊日高郡財部村の浄土宗往生寺で得度のうえで、熊野・吉野・富士・日光などで念仏行をし、関西で多くの信者を集めた。そこで江戸の伝通院の鸞州らに招かれて上京し、伝通院の念仏堂を拠点に関東各地に念仏講を組織して、彼が授けた南無阿弥陀仏の軸の前で講員に十念を授けて極楽往生を説いて、念仏の唱導に盡力した。増上寺ではこれに応えて伝通院の一行寺を捨世寺として彼に与えて中興開山とした。播隆（一七八二～一八三九）は越中国新川郡の一向宗の内道場の家に生まれ、一九歳の時、和泉国阿辺ヶ峰の宝泉寺で得度後、諸山諸寺で念仏三昧の修行をした。その後美濃国吉城郡の笠ヶ岳に登頂して阿弥陀如来に見え、さらに槍ヶ岳にも登頂してやはり阿弥陀如来に見えたことから、これを彼の信者にも体験させることを考えて、槍ヶ岳登拝講を組織した。この講の里の集会では阿弥陀如来に現・当二世の利益を願っている。この他独自のものに、阿弥陀如来を祀る出羽の月山の山麓の湯殿山の真言寺院の一世行人がある。彼らは妻帯せず独自の注連、宝冠を着し浄火を用い、木食して一〇〇〇日から三〇〇〇日湯殿山麓の仙人沢に籠って湯殿権現に参詣し、信者の依頼に応えて加持祈祷などを行なった。そして死に際しては土中の石室で断食のうえで念仏を唱えて往生し、死後はミイラとなって（そのほとんどは人工的にミイラとされたが）、即身仏として祀られて多くの人々から崇められた。

禅宗では中世後期には、常民のために積極的に葬儀を行ない、臨済宗の大林宝林（一四六八～一五四九）の『思桃録』では、総頁六六中葬儀が二三頁、禅宗が九頁、曹洞宗の菊隠（一四四七～一五二四）の『菊隠和尚下語』では葬祭が五〇頁中一九頁を占めている。近世期の曹洞宗では数多くの切紙が作られたが、同宗の面山瑞方（一六八三～一七六九）は、これを集めて『洞上室内断紙揀非私記』を編集した。それにもとづく石川力山の研究によると本『私記』所収の切紙中、常民の宗教生活に関わるものを見ると、葬祭に関しては死の確認、亡者への授戒、葬儀、墓所、死後の亡霊、妊婦の死、死産などがある。(6) なお曹洞宗の永平寺や加賀大乗寺では白山水を聖水としている。また同宗の末寺では鎮守として白山神を祀ることが多いが、住職は葬儀の導師を勤めた後この鎮守を拝している。これは白山の生まれ清まわりの信仰によって死の不浄を除くことが出来るとの教えに基づくものである。(7) この他本『私記』には祈祷、呪術として、曹洞宗寺院で本尊とすることが多い観音など特定仏菩薩の看経、産育、治病、消火、亡者の鎮魂、請雨などの切紙がある。これらを見ると、陀羅尼や和歌が用いられ、修験と類似している。けれども最終的には坐禅の力、古則（公案）の拈提、喝声といった禅の霊力が用いられているのである。

日蓮宗では近世期には行堂で厳しい修行をして檀越の依頼に応えて祈祷する修験僧が活躍した。身延山ではその修行として七面山の登拝などもなされていた。中山法華経寺の行堂では一一月一日から二月一〇日にかけて近世に淵源があると思われる一〇〇日間の荒行がある。この間は毎日七回の水行と法華経の読経がなされ、まず三五日間かけて各七日の死霊壇（亡魂の怨霊の軟化）、生霊壇（苦悩を脱する）、狐着壇（野狐を退ける）、疫神壇（鬼魔を退け金剛心を得る）、呪詛壇（怨みを去り禅定に入る）の秘密五壇がなされる。これらの修行で、災因となる死霊、生霊、狐霊、疫神、呪詛を克服する力を得ていると思われる。ついで利他行に入る。これは「祈祷経」などの修法の秘伝書の伝授、木剱加持、寄加持に用いる敷紙の伝授、祈祷願文の伝授、檀信徒への報恩加行から成っている。この秘密五壇の生死霊、狐、疫神、呪詛は修験では災因とされ、それを除く修法がなされている。また木剣加持は修験の九字、寄加持は憑祈祷というように、修験道の行法を法華経の要文を唱えたり、木剣を用いて行なっているのである。なお、木剣加持は身延山で積善坊流の行法を開いた日閑が七面山で一〇〇日間籠山して、七面天女から授かった柳の一枝を用いて始めた木片を打ちあわせる日蓮宗独自の祈祷法である。

京都の妙伝寺の日勇が創始した唯観流の祈祷や活動に関して、その孫弟子の日栄は『修験故事便覧』（『法華行者修験書』とも）全五巻を著わしている。同書では巻一で日蓮宗の寄加持、巻五の最後の「祈祷相承書」の項で、同書は日蓮が法華経の中から一切衆生皆成仏、息災延命、所願成就をもたらす偈をまとめた『祈祷経』や、衆病悉除の妙符、鬼病、生・死霊の祟り除け、衆怨退散の札や守、野狐、疫神遠離の秘文など諸病の加持一切の行法を記した書としている。なお日蓮宗の寄加持は千葉中山の遠寿院流のものと思われる『寄加持并飯縄返之大事』では、修法者が「寄」（よりまし）に法華経の題目、不動明王、愛染明王、日蓮宗の祈祷本尊の鬼子母神の力を借りて鬼（帰順して角〈ノ〉をとった鬼）などを操作して神霊を憑依させて託宣を得たり、病人に憑いている生・死霊、邪霊、動物霊などを「寄」に移して、その非を諭して法華経の偈などを説いて改悛させたり、威嚇して退去させている。これに対して修験道の憑祈祷では、修法者が不動明王と同化したうえでその童子などを使役し、神歌や呪文を用い、脇侍者の真言や心経から成る曲陀羅尼や呪文などの助けを借りて憑依させている。それ故、日蓮宗の寄加持は、修験道の憑祈祷を不動明王の代わりに鬼子母神と同化し、童子のかわりに鬼などを使役し、神歌の呪文のかわりに法華経の偈、題目などを用いたり、威嚇する形で退散させるなど、日蓮宗の修行に準じて変えているとも思われるのである。

注

（1）鎌倉新仏教と修験道成立との関係についてはつとに圭室諦成が『日本仏教史概説』（理想社出版部、一九四〇年）、『日本仏教論』（三笠書房、一九三九年）で注目されている。
（2）菊地勇次郎『浄土信仰の展開』勉誠出版、二〇一四年、二六七〜二六九頁。
（3）『北嶺行門記』修験道章疏Ⅲ、五〇〇〜五〇一頁。
（4）『寺門伝記補録』大日本仏教全書一二七、二六六頁。
（5）圭室諦成『江戸時代の山伏研究序説』岩波書店、一九三五年、一〇四七頁。
（6）石川力山『禅宗相伝資料の研究』上・下、法蔵館、二〇〇一年。
（7）佐藤俊晃「白山信仰と曹洞宗教団史」一〜一九、傘松五五六〜五七五、一九九〇〜一九九一年。

第四節　民俗宗教思想の展開とその基本構造

日本の原始信仰では日・月・星、山・川・石、水・火、無機物に人間も含む自然の中に精霊の存在を認め、諸々の現象はその現れと考えた。そして、そのあり方や動きを知るために予言、夢告を信じト占や託宣を行なった。また神霊を祀り、災厄は精霊の祟りや憑依によると考え、それを鎮めおとす儀礼を行なっていた[1]。三世紀初頭の『魏志倭人伝』には鬼神に仕え、よく衆を惑わす巫女的性格を持つ女酋卑弥呼を倭王に任じ、その弟が政治を補佐したと記されている。また八世紀初頭になる『古事記』では神功皇后は武内宿禰を沙庭にして託宣をしている。このように宗教学でいうアニミズムとそれにもとづくシャマニズムが古代の民俗宗教の基本をなしていた。なお六世紀頃には中国から陰陽五行説が伝わり自然に即した常民の生活を意味づけていた。

仏教は六世紀初期の欽明天皇六年（五三八）に百済の聖明王から仏像、経典が贈られたのを公伝としている。朝廷では仏を日本古来の国神に対する蕃神として、蘇我稲目に仏像を託して、その自宅に祀らせた。ところが疫病が流行したので、これをこの蕃神の所依にして、仏像を難波の海に流させた。けれどもその子の馬子は仏殿を設けて仏像を安置すると共に、渡来人の司馬達等の娘と女性二人を尼として奉仕させた。この時、彼が女性に仏教を習わせたのは、尼に古来の巫術的活動を期待したとも考えられる。稲目の外孫推古天皇の甥で摂政を務めた聖徳太子は三宝興隆の詔を出して仏教を国教化した。飛鳥の奥の吉野は古来仙境とされ、僧侶も入山して修行したが、天智天皇一〇年（六七一）大海人皇子は出家してこの吉野に隠栖した。その後壬申の乱を起こして天武天皇となり、天武朝を確立した。

東大寺の前身は法相・華厳に通じると共に看病禅師でもあった良弁（六八九〜七七三）が春日山麓に建立した金鷲寺で、

その法華堂の執金剛神はのちに吉野修験の本尊とされた金剛蔵王権現と同体ともされた。なおこの春日山は水谷川、能登川、佐保川の水源で竜神が祀られており、峰の薬師もあった。そして東大寺の法華堂衆と中門堂衆や藤原氏の氏寺興福寺の東西金堂衆は四月から六月にかけてこの春日山で採華汲水の当行を行なっていた。彼らは戒律を伝える律僧だったが、やがて吉野でも修行するようになり、当山方と呼ばれる修験者としての面も持っていた。ところでこの当山は吉野をさしているが、当の古字「當」は田の上に尚をあてている。吉野山は吉野川（その下流は紀の川）の水源で、そこには水分神（本地勝軍地蔵・阿弥陀如来）が祀られていた。それ故この当行の採華汲水は水分神に豊穣を祈る民俗宗教につらなると思われる。今一つ注目されることは奈良の奥山には峰の薬師が祀られており、良弁が看病禅師として聖武天皇から重用されていたことである。

奈良時代には吉野の比蘇山寺には、法相宗と三論宗を学んだ元興寺の神叡（?～七三七）が隠棲して自然智を得、芳野僧都と称された。その法流をつぐ護命（七五〇～八三四）は、一五歳の頃吉野山で苦行し、元興寺で法相を学んだが月の上半は深山で虚空蔵法を修し、月の下半は本寺で研鑽したとされている。薗田香融はこれをもとに比蘇山寺には神叡以来、虚空蔵求聞持法を修して経典暗誦のために記憶力（求聞持）の獲得を求める自然智宗と呼ばれる山林修行の伝統が形成されていたとしている。[2]そこで以下この自然智について再検討して見ることにしたい。石田瑞麿は『日本霊異記』に役行者は「自性生知して、博学一なるを得」[3]とし、行基は「器宇聡敏、自然生知、内に菩薩の儀を密し、外に声聞の形を現わしたまふ」[4]とあるのに注目し、この両者の「生知」を「自然智」と解している。[5]末木文美士は自然智の原語Svayambhu-jñāna は、他人によらず自己自身が得た智慧を意味するとしている。[6]一方、前谷彰・恵昭は、最澄が自己の大乗戒壇設立に反対した僧綱の代表護命に対して、彼は比蘇自然智に属するとされているが、入唐して師主からの学的相承はなく、ただ自らの体験をもとに仏教の奥義に精通したと主張しているにすぎないと批判している。[7]私はこれらをもとに「自然智」は吉野の山中などで修行することによって、自然のおのずからの動きを体得し、それをもとに人々を救済することを意味すると考えたいのである。例えば九世紀から一〇世紀頃に成立した『子嶋山寺建立縁起』には同寺の報恩（?～七九五）は、興福寺の法相宗の祖玄昉（?～七四六）に師事したが、その後吉野山で修行して、観音の呪法を体得し、桓武天皇の病を治し、内供奉十禅師に加えられ金峰山の開創者とされている。彼は自然智を得て、それを治病に用い菩薩行を修したとも思われるのである。(8)もっとも平安時代中期以降になると、霊山などに入って虚空蔵求聞持法を修して、虚空蔵菩薩の「聞持不忘」の力を借りて、法華経や陀羅尼の暗誦力を得ることが山林修行の一形態になったと思われるのである。

平安時代以降治病や除災などには主として密教の験者が加持祈祷を行なった。その際には目的に応じた効験がある諸仏諸尊に祈ったり、読経が行なわれた。また病気や難産などの災厄は邪霊の所依とされ、験者は不動明王などと同化したうえで、災因を明らかにする為に巫女にその邪霊を憑依させて語らせる憑祈祷をし、その上で不動の眷属の童子や護法を操作して邪霊を除去する修法を行なった。また陰陽道による吉凶の判断が重視され、陰陽師が活躍した。常民も、病気や自然災害は邪霊の祟りや自然の秩序を無視したことによるとして、これを防ぐ為にあらかじめ陰陽師に日時、方位の吉凶を尋ねもした。また災厄に侵された時には、遁世して霊山で修行し、さらに遊行して霊について知悉し、霊力を左右出来る聖（霊・ひ知り）に災因を明らかにし、それに応じた加持祈祷をするように依頼した。その多くは法華経を受持（読誦、解説、書写）し、それによって得た験力で予言、治病、鎮魂を行なった法華持経者だったが、密教の験者もこうした活動をした。やがて彼らが験を修めた者（修験者）と呼ばれるようになった。また彼らは死や死後の不安から、念仏聖の勧めで、平時または死に臨んで念仏をとなえたり、阿弥陀来迎図を拝して極楽往生を祈念した。そして立山、白山など霊山ではその地形にあわせて、地獄、極楽の場所が設けられもした。

中世前期には天台、真言、南都の諸大寺を離れた別所や霊山の山寺に隠棲した遁世僧が念仏、唱題、陀羅尼を唱える易行や簡単な受戒によって、現・当二世の利益がもたらされるとの教えを唱導した。浄土教の法然・親鸞・一遍、日蓮宗の日蓮、真言律の叡尊などがこれである。なお彼らの多くには、凡夫を不二・本覚の仏の現実の生きた姿として肯定する天台本覚思想の影響が認められるのである。ところでこれらの開祖などはその修行中に夢中であるいは神秘体験によって神格に見えるなどの奇瑞を得て、回心のうえで開教している。[9] その神秘体験には次のものがある。

一、仏菩薩、神格、私淑する祖師に見える

（1）融通念仏の祖良忍（一〇七二～一一三二）が夢で鞍馬の毘沙門天に見え念仏衆の守護を約される。（2）法然が夢で善導に専修念仏を讃美される（「三昧発得」）。（3）親鸞が救世観音（聖徳太子の本地）から極楽引導の唱導を託される（太子廟窟偈）。（4）一遍が熊野本宮で証誠権現（本地阿弥陀如来）から賦算の啓示をえる。（5）戒律復興の中で実践された自誓受戒（受戒にさき立って守護仏に祈念をこめ、出現した仏を光明などの好想〈神秘体験〉を得る）。

二、仏菩薩などに抱かれる体験

（1）救世観音の親鸞を抱くとの偈。（2）明恵の仏眼仏母尊を本尊として修法中、その懐に抱かれ同尊を母と観じた体験。（3）叡尊が自誓受戒の最初の夢告で実父から貴女との結婚を求められ、次いで金剛曼荼羅を観じて、前者を胎蔵界と見なし、胎金一致と解した話。（4）弾誓の阿弥陀に抱かれて観音から仏頭を授かる体験。（5）円空が滝行中に十一面観音（白山権現の本地）に抱かれた神秘体験。

これらは神秘体験のうちに女神との一体の希求があると思われて興味をそそられる。

三、山上などで修行中に自然の中に現れた神格に見える

（1）中国では文殊菩薩を祀る五台山頂で文殊の来現に見える仏光観が広く知られ、重源、明恵などは仏光観を理想化している。（2）日本では山上で朝日や夕日の光の中に阿弥陀如来の像を観じることが、極楽往生の証とされ、富士、白山、立山などの曼荼羅に描かれている。（3）近世の澄禅は富士山頂で念仏を唱えて阿弥陀如来に見えている。（4）播隆は笠ヶ岳や槍ヶ岳で阿弥陀の出現に見え、これを支えに登拝講を組織して念仏を唱導した。

これらに対して（5）相応は葛川の滝で修行中に現れた霊木に不動明王を観じ、それで不動明王を刻んだ。（6）役行者は金峰山上の大岩から涌出した金剛蔵王権現を本尊とした。

四、神霊などに導かれて他界に赴く

（1）明恵は栂尾石水院で受戒のための妙相を求めて修行中に文殊、観音の持つ杖に縋って弥勒の兜率天に導かれ、宝水を浴びて清浄になり、戒体を得ている。（2）役行者は箕面の滝穴で修行中、徳善大王の導きで龍樹の処に導かれ根本印を授かる。（3）聖宝は金峰で法喜菩薩（役行者）と蔵王権現に導かれて龍樹の処に赴き恵印灌頂、根本印を授かっている。（4）道賢が蔵王菩薩に導かれて他界に行って菅原道真の怨霊に災因を聞く話。

五、高僧などが女性などに神霊を憑依させて災因や霊界のことなどを聞く（平安時代の阿尾奢法、近世の憑祈祷、寄加持）。（1）園城寺の慶政が女性に比羅明神の神霊を憑依させて他界のことを聞く『比良山古人霊託』。（2）無本覚心が女性に憑依した八幡神から霊託を聞く話。

これらでは、高僧が憑祈祷の形で当時の常民が関心を持った霊界の状況や思想を示している事が注目される。

ところで古来常民の間では死は穢れとされたことから神社では死穢を忌避し、官僧は葬儀には関わらなかった。けれども後に三輪山に平等寺を開いた吉野などで修行した慶円は石清水八幡で身よりのない老婆の葬儀をしたことを釈迦の化身から認められて即身成仏の印相を授かり、やはり三輪山の常観坊は吉野参詣の途中で女の子の依頼で葬儀をしたが、吉野の神から参詣を促されている[10]。これらは霊山で修行した修験につながる遁世僧が神からすでに修行して清浄となっている故、穢れを厭わないとされたことを示している。なお中世後期には庶民の遺骸の処理、火葬、土葬などの死骸の処理や墓地、葬地の管理は三昧聖が行なっていた。そして仏教諸宗でも葬儀を行なうようになった。その際天台系は法華経、真言系は光明真言、浄土教では念仏、日蓮宗では唱題により成仏をはかっている。なお穢れについては曹洞宗寺院では葬儀後に鎮守として祀られている白山に詣でて生まれ清まわる事によって死穢を祓った。また叡尊の真言律では清浄の戒は汚穢しないとして授戒後、光明真言を唱える形で葬儀を行なっている。

中世末には庶民も死後に追善供養を行なうようになった。それには毎年の四月から一〇〇日の外夏居の修行をおえた僧に六月中旬に施餓鬼の上で供養を依頼する盆と春秋の彼岸の墓参と、三十三回忌までの一三回の年忌がある。盆には先祖は家に帰り、子孫の饗応をうけて守護を約するとされた。年忌には初七日から二・七日以下七・七日（四九日）までの七回と一・三・七・十三・三十三年の年忌がある。そしてこの一三回の法要のそれぞれに充当された仏（十三仏）の働きと僧侶や子孫の供養で、死霊は浄化して祖神と融合して神になると信じられるようになった。なお死霊がまだ鎮まらない初七日の仏が不動明王、三十三回忌の弔いあげの仏が地蔵菩薩の対偶仏で天に祖霊を導く虚空蔵菩薩とされていることに注目しておきたい。佐野賢治は死霊の山とされる伊勢の朝熊山の本尊が虚空蔵菩薩とされていること、近世期に各地に作られた逆修の十三塚、一三歳の時に虚空蔵菩薩を祀る山に登拝する成人式、作神として十三仏を祀る民俗に注目している(11)。

近世初頭江戸幕府の本末制度と檀家制度により、仏教寺院の活動は葬儀と追善供養が中心となった。常民はこの営みを通して死霊が浄化し、祖神さらに氏神となるように祈願すると共に、祖霊や氏神に生活の守護を願ったのである。その根底には法然、親鸞が説いた極楽に往生を願う往相廻向と、往生後はこの世に帰って迷える人を救う還相廻向の思想が反映していると思われる。なお柳田民俗学では水田稲作を営む常民の間では、春先きの四月八日に山の神が里に下って田の神となり、水田稲作を守護した上で、秋には収穫物をいただき、山に帰って山の神になるとし、これが氏神の春・秋の祭りの原形であるとしている。この四月八日は仏生会とされてもいる。

近世期には霊山に籠って木食のうえで禅定修行し仏と見えたと観じたうえで、諸国を遊行して念仏の唱導、加持祈祷、作仏、勧進にあたった遊行の聖が活躍している。また比叡山回峰行や大峰山の吉野から熊野迄の奥駈、葛城廿八経塚めぐり、出羽三山、英彦山、宝満山の修験道の抖擻が行なわれた。さらに各地の霊山でもその社寺の御師の働きかけで、在地の里山伏などが先達となって登拝した。特に近世後期には富士講、木曽御岳講が盛況を呈した。その際盆山、成人式としての十三まいりなど民俗宗教と結びついた登拝も行なわれた。また四国遍路、西国・関東・秩父の三十三観音巡礼のほか、一定地域内の遍路、巡礼もなされている。

常民の現世利益の希求に対しては、主として修験者、民間陰陽師、吉田神道などが対応した。修験者は加持祈祷、符呪に限らず、巫女を用いての憑祈祷、卜占なども行なった。また地域の年中行事、人生儀礼、俗信にも関わった。民間陰陽師は卜筮や地相、家相などを行ない、吉田神道も神社祭祀に限らず卜占、家祈祷などの雑祭も行なった。なお一七世紀後半頃から檀那寺も常民の現世利益に応じて加持祈祷などを、その宗旨に則した形で行なうようになった。また民俗宗教の諸事象の解説書も作られた。この他心学などでは儒教的な教えが説かれている。一方下級武士や神職の間には平田篤胤の門流の国学が侵透した。

幕末期には備前国の神職黒住宗忠（一七八〇〜一八五〇）が重い肺病を太陽神天照大神との同化体験によって克服したことを契機に黒住教を開教し、士族や有力町人の帰依を得た。また備中国の石鎚行者川手文治郎（一八一四〜一八八三）は自家に不幸をもたらすとされた金神を「天地金之神」と崇めて金光教を開教し、農民や商人の信仰を集めた。一方大和国山辺郡の中山みき（一七九七〜一八八七）は、長男秀司の病気の祈祷を頼んだ当山派内山永久寺の修験市兵衛の憑祈祷の寄り座しの代わりを勤めた際「天一将軍」が憑依した。そこでこれを主神、天輪王と名付けて崇めて、安産や治病の守り神として天理教を樹立した。このように民衆宗教が現れると共に種々の流行神も見られ、それぞれ多くの信者を集めていった。

明治政府は神道国教化政策をとり、天皇制を正統化する神話を中心とする思想を当初は大教院でその後は学校教育を通して浸透させた。ただその他の宗教には信教の自由を認めたことからカトリックが復活すると共に、プロテスタントの内村鑑三、新渡戸稲造らが現れた。仏教界では真宗大谷派の清沢満之（一八六七〜一九〇三）が木食行を思わせる禁欲生活がもとで発病した際、阿弥陀如来を絶対無限者と捉え、精神主義を宣揚した。日蓮宗では田中智学（一八六一〜一九三九）が日蓮主義にもとづく在家運動を起こしたが、後には日蓮主義と国体の一致を説く国柱会を組織し北一輝、石原莞爾など超国家主義者に影響をもたらした。一方宮沢賢治（一八九六〜一九三三）は法華経の教えを童話の形でわかりやすく説いている。なお日蓮宗の法華信仰にもとづく新宗教には、小谷きみ（一九〇一〜一九七一）と久保角太郎（一八九二〜一九四四）の霊友会、それから分れた立正佼成会や孝道教団がある。また日蓮正宗の在家信者の集まりから展開した牧口常三郎・戸田城聖の創価学会がある。一方関西では出口なお（一八三七〜一九〇一）とその養子王仁三郎（一八一七〜

一九四八）の憑依体験にもとづく大本教が現れた。その分派には谷口雅春の生長の家、岡田茂吉の世界救世教がある。

一方幕末期に成立した天理・金光・黒住の諸教、富士講の流れをくむ扶桑教・実行教、木曽御嶽講を母体とする御嶽教、出雲大社教や近代初頭の神道思想家を教祖とする諸宗は教派神道十三派として公認された。なお明治四五年（一九一二）には政府の主導でこの教派神道、仏教、キリスト教の代表が集まって国民の善導のために尽くすことを決議している。もっとも古来の氏神祭祀を母体としつつも、伊勢神宮と天皇制を正統化する神話、それにもとづく道徳から成る国家神道が国教化された。けれどもこうした中にあって、近世後期同様、檀那寺では葬祭に限らず檀家の依頼に応えて、地域の神社と共に常民の年中行事、人生儀礼、俗信に関わったのである。近世期には檀那寺、氏神と共存した里修験は、明治政府の神仏分離政策や修験宗廃止令後は、氏神の神主としてその活動を継続したり、仏寺となって加持祈祷、峰入・社寺参詣・巡礼や遍路の先達を勤めることにその活路を求めていった。また常民たちはさきにあげた新宗教、流行神に救いを求めると共に自主的に講を組織して登拝、巡礼、社寺参詣を行なった、昭和一五年（一九四〇）政府は宗教団体法を施行して、仏教やキリスト教の教団の大同団結をはかっている。

昭和二〇年（一九四五）太平洋戦争の敗戦により、国家神道は廃止された。ただ天皇制は存続した。そして神道界では神社本庁を組織して全国の神社の包摂をこころみた。一方、宗教法人令により教団設立が届け出制になったことから、仏教教団の独立が相つぐと共に数多くの新宗教が成立した。もっとも昭和二六年には宗教法人法により認証制になっている。ただ上記の戦前からの新宗教は繁栄し、創価学会は公明党を組織して政界に進出した。その後若者たちは一九六〇年の安保闘争、七〇年代の学生運動の挫折後は宗教に関心をむけ、オウム真理教、阿含宗など新々宗教を中心とした新霊性運動やオカルトブームがおこった。けれどもオウム真理教事件以後この動きも停滞している。今一方で急速な都市化で限界集落が増加した。そして都市では宗教産業が葬祭を主導し、各地で行政、デパート、ホテルが民俗宗教的なイベントを企画し、マスコミがこれを報道する形で方向づけているのである。

ところで私は本書の序章で当初の宗教は自然の中で生活を営む際の不安を聖なるものに頼って解消すると共に災厄の

除去をはかる自然宗教である。日本の場合はこの自然宗教が基盤となって成立した神社、外来の仏教などが習合する形で民俗宗教が成立したとし、修験道をこの民俗宗教に位置づけた。そこでこの視点に立って神社、仏教寺院、修験の相関を示す分析用の概念図を作成してみた。そこでこれをもとに以下、神社、日本仏教、修験の関わりを考察する。

本図中央に病・貧・争・自然災害など不安の根底である死を位置づけた。そして神格と関わる縦軸上端に産土、下に氏神・仏寺、機能を示す横軸左に鎮守（産土・氏神・鎮守の三者は一般には同様に用いられる[12]）、右に除災を配した。産土は産（出生）土（農業を営む大地、居住する里）を意味する。ちなみに鈴木大拙は日本的霊性の根源は人間が自然と交流する場である大地にあり、それは農民によって育まれたとしている[13]。この産土の神・産神は山にある神に託されて、生児に霊魂を付与して、その後は住民の誕生から死までの毎年の、そして一生の生活を守護する鎮守である（図b、c）。下端の氏神は死霊が浄化した神格で子孫（氏）の祭りに応えて、彼らやその地域を守護する鎮守である（d）。なおこの神格は清浄な山・森にあって、里人にその下（前）に神社を設けてそこで祭りを行なった[14]。

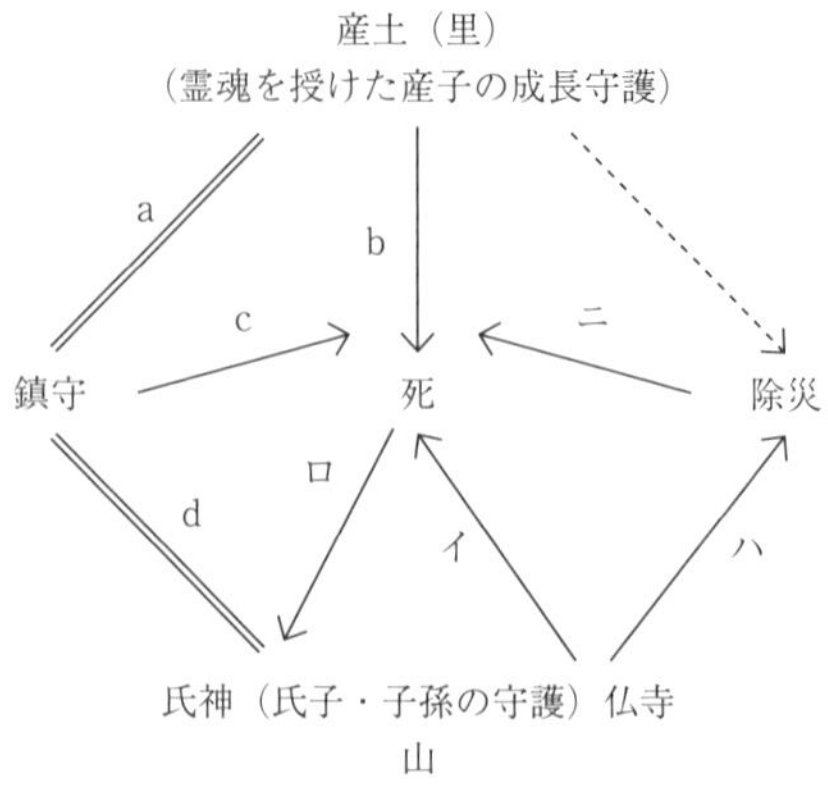

神社・仏寺・修験の相関

ところが本来神道では死を忌み、葬儀や追善供養には携わらなかった。そしてこの死霊を浄化して祖神にする活動は仏教寺院に委ねられた（図イ・ロ）。なお日本仏教は古来春日山、比叡山、高野山など山で修行した僧侶によって育まれた里の寺院でも山号を有している。この山で修行した僧侶や修験はそこで除災をはかる加持祈祷に効力をもたらす験力を獲得した（ハ）。そして縦軸bで示した里で生活する人々の災厄を除去し、死の不安をとりのぞいた（ハ）。一般に仏教に位置づけられる修験はこのうちの山での験の獲得（ハ）と除災の加持祈祷・巫呪（ニ）を中心としている。

神社はその神格の性格から見れば氏神・産土、機能から見れば鎮守で、この三つの性格を包含している（a、d）。また山にある仏教寺院は延暦寺と日吉山王、高野山の金剛峯寺と丹生津姫神社というように山の神を鎮守としている。里の寺院も伽藍神として鎮守を祀っている。また諸大寺が鎮護国家の寺とされている。私は以上の山と結びつく氏神・寺院(里の寺院も山号を持つ)、生児に山の神に託されて霊魂を付与し、その成長を守る産土、鎮守、除災は日本の民俗宗教を構成する中心的な要素と考えてその分析を進めている。

最後にこの民俗宗教の根底にある思想を簡単にまとめておきたい。日本人は天空の日・月・星を指針とし、山・川・海、島と豊かな自然の中で弥生時代以降、主産業として水田稲作を営んできた。その根底には万物が精霊を持つとするアニミズムが認められる。また前世や来世も現在の生活の場である里と接する山や海と結びつけて山中他界観、海上他界観を生み出した。生児は山の神、海の神から霊魂を授かって生を得、死後の遺骸(遺骨)は山辺や海辺に葬られるが、その霊魂は里の子孫や僧侶の供養を受けて浄化し祖神(氏神)になり、子孫を守護すると考えられた。また日・月・星も崇められて彼岸、盆、正月、祭りなど自然のリズムに則した祭を行ない勤勉に働けば、生活は安穏であるとされた。

そして病気、不慮の死、自然災害など思わぬ不幸に襲われると、その災因はそれを関わる悪霊、怨霊の祟りとされた。そしてそれを防ぎ、除去する為には強力な霊力を持つ神格や宗教者が求められた。仏教が蕃神として受け入れられ、華厳経に説く宇宙の力を体現した毘盧遮那仏が国家鎮守の為に東大寺に祀られもした。けれども民間ではより身近な霊力を自由に統御する力を持つ聖(霊知り)に救済が求められたのである。この聖は官僧と異なって神霊の居所とされる霊山や霊地に隠棲し、神霊を知悉し、統御する験力を所持するとされた。密教の験者(大日如来やその教令輪身の不動明王の力を持つ)、法華経聖(万人の成仏を説く法華経の功徳を体得)、念仏聖(極楽往生を保証する)、三昧聖(埋葬・墓地を管理)、禅師(霊所で禅定し霊力を得た)、修験聖(山岳修行で験を修めた)などの多様な聖が出現した。この中から密教(東密・台密)、浄土教(浄土宗、浄土真宗、時宗)、禅(臨済、曹洞)、真言律、修験道が育まれた。

こうした中で培われた民俗宗教の年中行事は自然のリズムと密接に関わっている。月の満ち欠けにあわせた小正月や盆、二三日の月待、日出・日入の大陽にあわせた彼岸、春夏秋冬の四季に合わせた祭がこれである。柳田国男は春祭りには山の神が里に降りて田の神となり、秋祭りには収穫後山に帰って山の神となるとしている。これに対して折口信夫は神職を神になぞらえて、秋祭りには神職（神）が収穫物を食し、冬祭りは山中に籠って山の神霊の力を身につけ、春にはその霊力を身につけた神職（神）が里に下って豊穣をはかるとしている。そして夏祭りは柳田、折口ともに夏の疫病の蔓延を防ぐためとしている。なお修験道の峰入は四季にあわせて行なうが、折口のいう神主の冬ごもりと同様、冬の間山に籠って年を越し、山の神が里におりて田の神となる四月八日に出峰する晦山伏の修行を重視している。ちなみに四月八日は仏生会である。日蓮宗の荒行も冬期（一一月一日〜二月一〇日）一〇〇日にわたって行なわれている。ところで仏教では僧侶が四月一五日から一〇〇日間、山中の堂などに籠る夏安居がなされていた。六月一五日の盆は本来はこの夏安居をおえて霊力を得た僧が災害をもたらす餓鬼を鎮めた（施餓鬼）うえで、檀家の先祖を供養し、祖神化をはかる行事とも思われるのである。

以上、常民が自然に抱かれた生活の中で不安の克服を願って営む年中行事、人生儀礼、除災の祈祷などを支える思想を紹介した。その基本はまず誕生後、山や海の神霊から霊魂をいただいて生を得る。そして自然の秩序に従い、先祖や神仏を祀り、四季の運行に即して年ごとの、さらに年齢に応じた祭りを行なって生を終え、最後は山や海の霊魂の郷里に帰っていくことを理想としていると思われるのである。仏教では外在する自然を心のうちにとりこんだものを自然《じねん》と呼んでいる。そして己のはからいを捨て自然に身をまかせて生きる自然法爾を理想としている。修験道では樹頭を吟じる風、沙石を打つ波の音を法爾常恒の経と観じ、自己の心身に即して禅定、抖擻し、自己本来のあり方を悟る事を自然法爾と呼んでいる。これは明恵が山林や窟での禅定や仏光観によって得た「あるべきように」といったことに結びつくと思われる。こうした思想はあるがままの具体的な現象の世界をそのまま悟りの世界として肯定する日本的な本覚思想ともいえるものと思われるのである。

注

（1）肥後和男『日本における原始信仰の研究』東海書房、一九四七年。
（2）薗田香融「古代仏教における山林修行とその意義」南都仏教四、一九五七年。
（3）『日本霊異記』上二八、角川文庫、五五頁。
（4）『日本霊異記』中七、角川文庫、八一頁。
（5）石田瑞麿『戒律の研究　上』日本仏教思想研究一、法蔵館、一九八六年、二四四頁。
（6）末木文美士『日本仏教思想史論考』大蔵出版、一九九三年。
（7）前谷彰・恵紹「最澄の著作に見える自然智の概念」密教文化二〇三、一九九九年。
（8）井上一稔「室生寺からみた古代山寺の諸相」久保智康編『日本の古代山寺』高志書院、一九九〇年、二四七〜二五五頁。
（9）上田閑照はこの根底には絶対者と自己との合一体験にもとづく神秘的合一といわれるものがあるとして、そこにおいて真の自己と絶対者に目ざめるとしている。上田閑照『非神秘主義――禅とエックハルト』岩波書店、二〇〇八年、一四一頁。
（10）『沙石集』上　四話、岩波文庫、二九〜三一頁。
（11）佐野賢治『虚空蔵信仰の研究――日本的仏教受容と仏教民俗学』吉川弘文館、一九九六年参照。
（12）新谷尚紀『氏神さまと鎮守さま――神社の民俗史』講談社、二〇一七年、三〇〜六五頁。
（13）鈴木大拙『日本的霊性』岩波文庫、四三〜五〇頁。なお鈴木はこの日本的霊性は仏教では農民の宗教である浄土教、その農民を支配する武士を担い手とする禅宗に典型的に見られ、修験道はその外郭にふれているとしている（同書二六頁、七七頁）。
（14）佐藤弘夫「山、古墳、浄土――日本列島における聖地観の変遷」宗教民俗研究二七、二〇一七年。

おわりに

私は一九七一年に『修験道儀礼の研究』（春秋社）を発表して以来、いわばライフワークとして修験道の研究を行なってきた。ただその当初から修験道を日本宗教全体や日本人の宗教生活に位置づけて捉えたいと考えて、一九七四年には『日本宗教の構造』（慶応通信）、一九八〇年には『生活の中の宗教』（NHKブックス）を発表した。そして折にふれて修験道に影響を与えた諸宗教との関係に注目した小論を発表し、一九九六年に刊行した『修験道と日本宗教』（春秋社）にこれらを収録した。

ところで一九四三年に『修験道史研究』（河出書房）を発表して修験道研究の先鞭をつけた和歌森太郎先生は、戦後は民俗学の成果をとり入れて修験道を全民族的な山岳宗教史に位置づけようとされた。また堀一郎先生はヒジリの活動に焦点をおいた『我が国民間信仰史の研究　宗教史編』（創元社、一九五三）第二部の最初の「山岳仏教の展開と修験者山臥の遊行的機能及び形態」で、修験系のヒジリを祖霊信仰や山中他界観と結びつけて論じられた。そして五来重先生は晩年には『修験道の修行と宗教民俗』（著作集六巻、法蔵館、二〇〇八）で宗教民俗学に焦点をおいて修験道研究を進められた。私もこれらの先学にならって宗教民俗学に位置づけて修験道を捉えようとして、その方法論を確立するために一九八九年に『宗教民俗学』（東京大学出版会）を発表し、一九九四年にはそれを日本に適用した啓蒙書『日本の民俗宗教』（講談社学術文庫）を発表した。一九九九年から國學院大学に奉職し、神道思想史の講義を担当したことから、それをもとに二〇〇七年『神道と修験道——民俗宗教思想の展開』（春秋社）を発表した。

周知のように修験道はその成立以来、天台、真言を始め仏教諸宗と密接に関わっている。そこでその後仏教研究を試みて、先学からの御教示をもとに折にふれて修験道と仏教諸宗について発表した。また新たに書き下ろした小論をまとめて本書を刊行した。

改めて巻末に、初出一覧と御指導や史料を提供して下さった先学、図版使用御承認寺院等をあげさせていただき、紙面を借りて御礼申し上げたい。

参考文献

本書執筆にあたって特に参考した文献を各章ごとにあげる。

序章

和歌森太郎『山岳宗教の成立と展開』山岳宗教史研究叢書一、名著出版、一九七五
宮家準『修験道と日本宗教』春秋社、一九九六
大野達之助『新稿日本仏教思想史』吉川弘文館、一九七三
時枝務、長谷川賢二、林淳編『修験道史入門』岩田書院、二〇一五

第一章

堀池春峰『南都仏教史の研究』上・下、法蔵館、一九八〇・一九八二
大神神社史料編修委員会編『三輪流神道の研究』名著出版、一九八三
小林剛『俊乗房重源の研究』有隣堂、一九七一
小林剛編『俊乗房重源史料集成』奈良国立文化財研究所、一九六五
追塩千尋『中世の南都仏教』吉川弘文館、一九九五
奥田勲『明恵　遍歴と夢』東京大学出版会、一九七八
奈良国立博物館編『解脱上人貞慶――鎌倉仏教の本流』奈良国立博物館、金沢文庫、二〇一二
舩田淳一『神仏と儀礼の中世』法蔵館、二〇一一

蓑輪顕量『中世初期、南都戒律復興の研究』法蔵館、一九九九
奈良国立文化財研究所『西大寺叡尊伝記集成』法蔵館、一九七七
松尾剛次『救済の思想――叡尊教団と鎌倉新仏教』角川書店、一九九六

第二章

国文学研究資料館編『熊野金峯大峯縁起集』臨川書店、一九九八（翻刻解題、川崎剛志）
田中貴子『渓嵐拾葉集の世界』名古屋大学出版会、二〇〇三
宮家準『修験道思想の研究　増補決定版』春秋社、一九九九
多田厚隆、田村芳朗、大久保良順、浅井円道『天台本覚論』日本思想大系九、岩波書店、一九七三
花野充道『天台本覚思想と日蓮教学』山喜房仏書林、二〇一〇
武覚超『比叡山仏教の研究』法蔵館、二〇〇八
武覚超『比叡山諸堂史の研究』法蔵館、二〇〇八
叡山文化綜合研究会編『葛川明王院』芝金声堂、一九六〇
元興寺文化財研究所編『比良山系における山岳宗教調査報告書』元興寺文化財研究所、一九八一
池上洵一『修験の道――『三国伝記』の世界』以文社、一九九九

第三章

櫛田良洪『真言密教成立過程の研究』山喜房仏書林、一九六四
八田幸雄『修験恵印総漫拏羅の世界』宗教研究二二七、一九七六
八田幸雄「修験恵印法流の儀軌と密教（一）恵印灌頂」日本仏教四〇、一九七七

八田幸雄「修験恵印法流の儀軌と密教（二）供養法・護摩法」密教文化一一八、一九七七
上掲宮家『修験道思想の研究 増補決定版』
宮家準『修験道儀礼の研究 増補決定版』春秋社、一九九九
伊予史談会『四国遍路記集』愛媛県教科図書出版、一九八一

第四章

井上光貞『日本浄土教成立史の研究』山川出版社、一九五六
石井義長『空也上人の研究――その行業と思想』法蔵館、二〇〇二
石田瑞麿『源信』日本思想大系六、岩波書店、一九六六
井上光貞、大曾根章介『往生伝・法華験記』日本思想大系七、岩波書店、一九七四
伊藤唯真『浄土宗の成立と展開』吉川弘文館、一九八一
赤松俊秀『親鸞』吉川弘文館、一九六一
小山聡子『親鸞の信仰と呪術――病気治療と臨終行儀』吉川弘文館、二〇一三
金井清光『一遍と時衆教団』角川書店、一九七五
笠原一男『蓮如』吉川弘文館、一九六三
井上鋭夫『一向一揆の研究』吉川弘文館、一九六四
五来重『木食遊行聖の宗教活動と系譜』五来重著作集一〇、法蔵館、二〇〇九
円空学会編『円空研究』別巻二 総集編、特集編年円空仏、人間の科学新社、二〇〇五
西海賢二『念仏行者と地域社会――民衆のなかの徳本上人』大河書房、二〇〇八
穂苅三寿雄、穂苅貞雄『槍ヶ岳開山播隆』大修館書店、一九八二

日本ミイラ研究グループ編『日本ミイラの研究』平凡社、一九六九
森田清美『霧島山麓の隠れ念仏と修験――念仏信仰の歴史民俗学的研究』岩田書院、二〇〇八

第五章

船岡誠『日本禅宗の成立』吉川弘文館、一九八七
今枝愛真『中世禅宗史の研究』東京大学出版会、一九七〇
多賀宗隼『栄西』吉川弘文館、一九六五
竹内道雄『道元　新稿版』吉川弘文館、一九九二
竹内道雄『曹洞宗教団史』教育新潮社、一九七一
広瀬良弘『禅宗地方展開史の研究』吉川弘文館、一九八八
石川力山『禅宗相伝資料の研究』上・下、法蔵館、二〇〇一
佐藤俊晃「白山信仰と曹洞宗教団史」一～一九、傘松五五六～五七五、一九九〇～一九九一

第六章

川添昭二『日蓮とその時代』山喜房仏書林、一九九九
高木豊『日蓮とその門弟――宗教社会史的研究』弘文堂、一九六五
中尾堯『日蓮信仰の系譜と儀礼』吉川弘文館、一九九九
望月真澄『身延山信仰の形成と伝播』岩田書院、二〇一一
宮崎英修『日蓮宗の祈祷法』平楽寺書店、二〇一一
田中日常『日蓮宗行法の研究』国書刊行会、二〇〇五

酒向伸行『憑霊信仰の歴史と民俗』岩田書院、二〇一三
長谷部八朗『祈祷儀礼の世界――カミとホトケの民俗誌』名著出版、一九九二
影山堯雄『日蓮宗布教の研究』平楽寺書店、一九七五

第七章
吉田久一『日本近代仏教史研究』吉川弘文館、一九九二
池田英俊『明治の仏教――その行動と思想』評論社、一九七六
土屋詮教『大正仏教史』青年仏教叢書三一、三省堂、一九四〇
宮家準『修験道組織の研究』春秋社、一九九九

結章
宮家準『修験道――その歴史と修行』講談社、二〇〇一
田村芳朗『鎌倉新仏教思想の研究』平楽寺書店、一九六五
末木文美士『日本仏教史』新潮社、一九九二
末木文美士『日本宗教史』岩波書店、二〇〇六
堀一郎『日本のシャーマニズム』講談社、一九七一

発表・初出一覧

本書の大部分は書き下ろしだが、一部は講演、学会発表やその後、論文として書きおろしたものである。そこで以下、

これらについて記す。

第一章

第一節　南都仏教と山岳修験

発表「奈良を中心として修験道の歴史と活動」第九回奈良県宗教者フォーラム、於東大寺、二〇一二

初出、同題、同フォーラム編『修験道の真実と未来』京阪奈情報教育出版、二〇一四

第二節　慶円の遍歴と三輪山

初出「中世の三輪山平等寺と大和の霊山・修験」大美和一二一、二〇一一

第二章

第一節　修験道の経典形成と天台宗

発表「修験道の経典形成と天台宗」東洋大学国際哲学研究センター主催研究会『文字化された宗教教典の形成とその意味』於東洋大学、二〇一三

初出、同題、東京大学宗教学年報三二、二〇一四

第二節　修験道と天台本覚思想——即伝を中心に

初出「修験道と天台本覚思想——即伝を中心に」山岳修験五五、二〇一五

第三章

第一節　当山派の恵印法流

発表「真言宗と修験道——当山派の恵印法流と高尾山薬王院」第三六回日本山岳修験学会、於高尾山、二〇一五

第三節第三項　行法符呪集と常民の宗教生活
初出「修験道と庶民生活」宗教学雑誌四、一九六四
第三節第四項　越後金剛院の『行法十二巻』
初出、解説宮家『近世修験道文書――越後修験、伝法十二巻』柏書房、二〇〇六
第四節　四国遍路の札所と修験
初出「民俗宗教としての四国遍路」頼瑜僧正七百年御遠忌記念論集『新義真言教学の研究』大蔵出版、二〇〇二

第四章
第一節　浄土教の列祖と山岳修験
発表、同題、二〇一五年度日本宗教民俗学大会特別講演、於大谷大学、二〇一五
初出、同題、宗教民俗研究二七、二〇一八

第五章
第二節　曹洞宗と山岳修験
発表「曹洞宗と山岳修験――その発展の根底にひそむもの」駒沢大学宗教学研究会公開講演会、二〇一〇
初出、同題、宗教学論集三一、二〇一二

第六章
第二節　近世日蓮宗と修験道の常民教化――『修験故事便覧』と『修験檀問愚答集』
発表、同題、東北民俗学会例会講演、於東北大学

初出、同題、東北民俗五一、二〇一七

第七章

第二節　旧本山派の教学者牛窪弘善

初出「解説　牛窪弘善」牛窪弘善『修験道綱要』名著出版、一九八〇

御教示・史料提供者一覧（敬称略）

本書執筆にあたっては、下記の諸先学、諸師から御教示、史料の提供をいただいた。紙面を借りて、心から御礼申しあげたい。

第一章　南都仏教と修験：蓑輪顕量（東京大学教授）、高橋悠介（慶應義塾大学斯道文庫准教授）、松村和歌子（春日大社国宝殿主任学芸員）

第二章　天台宗：天台本覚思想（花野充道、法華仏教研究会）、回峰行：武覚超（叡山学院教授）、柴田立史（日光輪王寺宝物館館長）

第三章　真言宗：恵印法流と伝法符呪：星野英紀（大正大学名誉教授）、藤田祐俊（大正大学講師）、立山曼荼羅：福江充（北陸大学准教授）、白山曼荼羅：小阪大（白山市教育委員会）

第四章　浄土教：伊藤唯真（知恩院門主）一向宗：曲谷裕哉（小松短大教授）、石徹白の真宗：上村俊耶・水上精栄（日本山岳修験学会員）、近世遊行聖：西海賢治（古橋懐古館館長）、弾誓：竹田盛康（弾誓研究家）、円空：水谷早輝子（日本山岳修験学会員）、霧島の隠れ念仏：森田清美（日本山岳修験学会理事）

第五章　曹洞宗：佐藤俊（曹洞宗総合研究センター研究員）
第六章　日蓮宗：浜島典彦（身延山大学学長）、宮川了篤（身延山大学前学長）、長谷部八朗（駒沢大学学長）、望月真澄（身延山大学教授）、戸田日晨（荒行堂・遠壽院）、奥野本源（身延山妙石坊）、小倉光雄（小室妙法寺）
第七章　近代の修験教学者：林淳（愛知学院大学教授）、福家俊彦（園城寺執事長）、宮城泰岳（聖護院執事長）、大三輪龍哉（鎌倉浄光明寺）

図版提供寺院等一覧（敬称略）

本書掲載の図版に関しては、次の諸寺院などのご高配をいただいた。紙面を借りて、心から御礼申しあげたい。

聖護院　八葉式熊野本地仏曼荼羅（南北朝）、雛壇式熊野本地仏曼荼羅（室町）、熊野垂迹曼荼羅（鎌倉）、役行者前鬼後鬼八大童子像（南北朝）
醍醐三宝院　役行者前鬼後鬼八大童子像（室町）
鈴木昭英　毛彫吉野本迹曼荼羅懸仏
金峯山寺　吉野曼荼羅図（南北朝）
如意輪寺　吉野曼荼羅図（室町）
武久家　那智参詣曼荼羅図、熊野観心十界曼荼羅図
日本山岳修験学会　白山曼荼羅（能美市蔵。『山岳修験』四八号より転載）
岩田書院　立山曼荼羅（富山県［立山博物館］蔵坪井家A本。福江充『立山信仰と立山曼荼羅』より転載）、三国第一富士禅定図（竹谷靭負『富士山の祭神論』より転載）

富士村山修験　富士曼荼羅図

著者略歴

宮家 準（みやけ ひとし）
1933年東京都生まれ。東京大学博士課程修了。文学博士。現在、慶應義塾大学名誉教授、日本山岳修験学会名誉会長、印度学仏教学会名誉会員。元日本宗教学会会長。著書に『修験道儀礼の研究』『修験道思想の研究』『修験道組織の研究』『修験道と日本宗教』『神道と修験道』『日本の民俗宗教』ほか多数。

日本仏教と修験道

2019年1月15日　第1刷発行

著者©　宮家 準
発行者　澤畑吉和
発行所　株式会社春秋社
〒101-0021　東京都千代田区外神田2-18-6
電話　03-3255-9611（営業）
　　　03-3255-9614（編集）
振替　00180-6-24861
http://www.shunjusha.co.jp/
印刷所　萩原印刷株式会社

©Printed in Japan　ISBN978-4-393-29131-3
定価はカバー等に表示してあります